문예신서
43

甲骨學通論

王宇信

李宰碩 譯

東文選

甲骨學通論

甲骨學通論

차 례

제10장 甲骨의 기록 및 소장 현황

제11장 甲骨學과 殷商史 연구의 중요 서적

제12장 甲骨學에 있어 공헌한 학자들 및 그 연구 특징

下 篇

제13장 甲骨學 연구의 새로운 분야 —— 西周 甲骨學의 형성

韓國語版 序文

《甲骨學通論》이 한국어로 번역되고, 아울러 東文選에 의해 한국에서 출판된다니 여간 기쁘지 않다.

내가 기쁘게 생각하는 이유는, 甲骨文이라고 하는 이 中華民族의 오랜 문명이 1899년에 발견된 이후 90년 이래로 중국과 외국 학자의 노력과 탐색을 거쳐 甲骨學이 이미 풍부한 연구 자료로 엄밀한 규율과 광범한 과제를 갖춘 전문적인 학문이 되었기 때문이다. 누구든지 중국 고대의 찬란한 문명을 이해하고 연구하고자 하면 반드시 甲骨學에 대해 일정한 지식을 갖추어야 한다. 그래서 甲骨文은 중국에서 적지않은 수의 애호가와 연구자가 있을 뿐 아니라 세계적으로도, 예를 들면 일본·캐나다·영국·미국·프랑스·독일·스위스·싱가폴·한국·이탈리아 등의 국가와 지역에서도 적지않은 학자가 甲骨學 연구를 위해 필생의 정력을 바치고, 아울러 탁월한 공헌을 하였다. 甲骨文은 이미 각기 다른 언어를 가지고 있는 각국 학자의 공동 언어 및 학술 교류의 교량이 되었으며, 또한 甲骨學은 국제적인 학문이 되었다고 말할 수 있다.

한민족은 유구한 역사와 위대한 창조력을 갖춘 민족이다. 중국과 한국은 자고 이래로 정치·경제와 문화 방면의 우호적인 왕래를 하고 있다. 나는 이 《甲骨學通論》이 한국에서 출판되어 장차 더욱 많은 한국 친구들이 중국 고대 문명을 이해하는 데 약간의 편리함을 제공할 수 있기를 희망한다. 또한 존경하는 한국의 동일 전공 학자들로 하여금 중국 학자가 甲骨學과 商史 연구 영역에서 탐색·연구하고 있는 과제를 이해할 수 있기를 희망한다. 이는 우리 양국간의 학술 교류를 강화하는 데 매우 큰 보탬이 될 것이다.

내가 기뻐하는 또 한 가지 이유는, 이 책이 한국에 출판된 이후 내가 외국에서 장차 더 많은 知音과 동호인——내가 이제까지 만난 적이 없는 독자 친구들을 얻을 수 있기 때문이다. 이 때문에 제일 먼저 《甲骨學通論》의 번역자——내가 존경하는 '小' 친구 李宰碩 박사에게 깊은 감사를 드린다.

주지하는 바와 같이 中文 학술 저작을 번역하는 것은 확실히 매우 곤고한 일이다. 특히 중국 고대 문명의 원천에 관련된 甲骨文・金文 저작의 번역은 더욱 힘든 일이다. 게다가 이것들을 한국어로 번역해서 출판하는 것은 말할 것도 없거니와, 이 저작들이 중국 내에서 출판되는 데 있어서도 일반 출판사는 어려워 감히 손을 댈 수 없는 까닭이다. 왜냐하면 甲骨文과 金文은 오늘날 통용되는 중국 漢字와 거리가 대단히 멀기 때문이다. 이 때문에 나는 東文選의 용기에 찬탄을 아끼지 않는다. 이것은 학술 발전의 복음이다. 나는 또한 나의 좋은 친구 李宰碩 박사의 학식과 높은 수준의 번역 기교에 탄복하는 바이다.

李宰碩 박사는 이 책을 번역하기 위해 장기간의 창조적인 일을 하였다. 그렇지만 나는 1990년 6월 11일 이후에야 《甲骨學通論》이 한국에서 번역되고 있다는 사실을 알았다. 5월 22-26일 사이 미국 로스앤젤레스에 가서 夏文化國際硏討會에 참가하였고, 회의가 끝난 후 비행기표를 바꾸어야 했기에 샌프란시스코에서 10일 동안 머물렀다. 北京으로 돌아온 지 얼마 안 되어 中國社會科學出版社가 李英華 양을 통해 나에게 주는 편지 한 통을 받았다. 이 성의 있는 아가씨는 東文選이 지금 《甲骨學通論》의 번역 사업을 추진하고 있으며, 아울러 책을 출판할 때 쓰기 위해 나에게 사진 한 장과 약력 한 부를 보내 줄 것을 요구한다고 말해 주었다. 그제서야 나는 비로소 李宰碩 박사가 이미 묵묵히 대량의 작업을 하고 있음을 알았다. 이렇게 수년 동안 국내와 외국에서 일찍이 만난 적이 없는 수많은 친구들이 있어서 서로 서신 왕래를 하며 학술과 인생을 탐색하니, 엄연히 수년을 사귄 좋은 친구이다. 이것이 바로 중국에서 항상 말하는 '以文會友'일 것이다. 나는 東文選 및 甲骨學을 공부하는 내가 모르는 그 친구들이 장래 北京(혹은 서울)에 함께 모여서 중국의 고대 문명과 한국의 고대 문명을 탐색할 수 있으리라고 믿는다. 그리고 이 친구들의 창조적인 노력은 장차 내가 한국에서 더 많은 친구——내가 존경하는 독자들——를 갖게 할 것이다. 나는 이를 큰 영광으로 생각한다.

내가 甲骨學과 중국 古代史 연구에 종사하게 된 것은 순전히 우연한 선택이었다. 나는 계승할 만한 '家學'이 없었으며, 초등학교 교사를 하는 부친

이 "忠厚傳家久, 詩書繼世長"이라는 가르침으로 나에게 평생토록 잊지 말라고 한 것 외에는 중국 고대 문화에 관한 더 이상의 훈도가 없었다. 그리고 나의 고향 平谷縣은 北京 동북부 산간 지역에 위치하고 있다. 비록 내가 縣城에서 살았지만, 해방 초기의 縣城은 오늘날 縣의 한 보통 촌락의 번영 정도에도 미치지 못한다. 이곳은 사방이 산으로 둘러싸여 있고, 縣城은 골짜기의 중앙에 자리하고 있으며, 작은 강이 縣城의 동쪽으로부터 흘러간다. 40년 전의 고향은 교통이 대단히 불편했는데, 기차가 없어서 이틀에 한 번 北京으로 가는 시외버스를 보고도 신기해할 정도로 꽉 막힌 상태에 처해 있었다. 당시 전 縣에는 공업이 하나도 없어서 전기도 없고 전등도 없었으니, 지금 거의 모든 가정에 있는 텔레비전이 없음은 더 말할 것도 없다. 그때 만일 누구네 집에 광석 라디오가 한 대 있다면, 그것은 사람들이 부러워하는 '사치품'이었다. 마을 사람들은 해 뜨면 나가서 일하고, 해 지면 들어와서 쉬며 대대손손 이 땅에서 노동을 하고 있었다. 당시에 나의 고향은 경제가 발달하지 못했을 뿐 아니라 문화도 매우 낙후해서, 전 縣에 오직 유일한 6년제 완전 초등학교와 '최고학부'라고 부를 수 있는 중학교가 있었을 뿐이다. (그러나 지금은 마을마다 초등학교가 있을 뿐 아니라 향진에도 고등학교가 설립되어 있다.) 1956년 나는 이 '최고학부'의 제3회 중학생으로 졸업한 후, 고등학교에 진학하기 위하여 16세에 고향을 떠나서 北京 동북으로부터 1백여 킬로미터 떨어진 北京 서남의 良鄕縣으로 가서 공부를 하였다. 당시 고등학교는 인근 각 縣에서도 매우 드물었기 때문이다. 나의 고향에 약간 있던 '고적'——서너 곳의 사당도 일찍이 일본인에 의해서 불태워져 기와 더미로 변했다. 이 때문에 나는 역사 교과서로부터 약간의 역사 지식을 배운 것 이외에는 비교적 많은 중국 고대 문화의 훈도를 받지 못했으며, 또한 받을 수도 없었다. 현재에 이르기까지 나와 친구들이 청소년 시대의 생활을 이야기하면 아직도 항상 '山野村夫'로 자칭하거나, 혹은 농담삼아 자신을 '土老冒(시골 사람)'라고 말한다. 이러한 환경 속에서도 오히려 문예 작품은 나를 심취하게 만들었는데, 이 책들은 나에게 내가 알지 못하는 또 다른 세계를 보여 주었다. 나는 또한 나의 붓으로 내가 본 고향을 묘사해서 다른 세계로 하여금 내 주위에서 발생한 모든 것을 알게 할 수 있을 것이라는 환상을 가지고 있었으며, 이름난 '작가'가 되기를 동경하고 있었다. 나는 "唐詩 3백 수를 숙독하면 詩를 지을 줄 모르는 사람도 詩를 지을 수 있게 된다〔熟讀唐詩三百首, 不會吟詩也會吟〕"는 계발하에서 필사적으로 내가 볼 수 있는 모든 문예 작품을 읽었다. 그래서 얼마 되지 않는 용돈을 아껴서 내가 흥미를 느끼는 장편소설·단편소설집·시가집·영화문화극본 등을 사서 읽고는 반복해서 사색하고 탐구하였다. 내가 다닌 고등학교는 집에서 비교적 멀리 떨어져 있었기 때문에 할 수 없이 평소에는 학교에서 먹고 자고 하였다. 경제적인 원인으로 인해 매해마다 단지 여름 방학과 겨울 방학이 되어야 집으로 돌아갈 수 있었다. 매번 토요일 오후와 일요일이 되면 집이 가까운 동학들은 모두 집으로 돌아갔다. 그런데 나는 고향을 생각하는 마음을 줄이고 좋아하는 책들을 읽기 위해서 곧 문화관의 열람실로 달려가서 각종 문예 잡지를 펼쳐 내 마음대로 지칠 줄 모르며 보기 시작하였는데 온 저녁과 낮을 이렇게 보냈다. 간혹 신소설이 출판되면 학교에서는 빌릴 수 없어서 먼저 보는 즐거움을 맛보기 위해 신화서점으로 달려가서 보았다. 기억하기로는 나에게 가장 깊은 영향을 준 《청춘의 노래 青春之歌》라는 이 유명한 소설이 바로 내가 서점의 책꽂이 옆에 서서 한쪽 한쪽씩 여러 차례로 나누어서 완독한 것이다. 약간의 책을 읽고서 시간이 나면 또한 무엇을 쓸 생각을 하였는데, 예를 들면 소설·시가·극본 등을 모두 시험삼아 써본 적이 있다. 비록 적지않은 것을 썼지만 교실에서 선생님에게 '範文'으로 뽑혀 읽히거나, 혹은 학교에서 거행하는 연환만회에서 내가 편집한 프로그램, 내가 쓴 낭송시가 연출된 것을 제외하고는 한 편도 인쇄되어 정식으로 발표된 적은 없으나 나는 역시 많은 격려를 받고 고무되었다. 편마다 뽑히지 않았어도 결코 내 스스로 문예 창작의 재능이 부족하다고 생각지 못하고, 오히려 스스로 문예 수양 방면이 부족하다고 생각할 뿐이었다. 그래서 영화의 '蒙太奇(화면 구성),' 시가의 '階梯式,' 예술의 '典型' 등은 모두 강렬하게 나를 끌어들였다. 1959년 고등학교를 졸업하기 전날 밤, 학교에서 우리에게 周口店 中國猿人 동굴 유적지를 참관시켰다. 차비를 절약하기 위해서 도보로 갔는데, 30여 킬로미터의 노정을 걸어서 목이 마르고 몹시 피곤하였다. 그러나 이곳은 '別有洞天'으로서, 우리 조상의 위대한 창조력은 사람들로

하여금 긍지와 정신을 느끼게 하고 이를 위해 분발하게 만들었다. 中國猿人 동굴 속의 불은 내가 고고학자라는, 조국의 명산대천을 돌아보고 인류 문명의 족적을 찾는 이 고상한 직업에 대해 부러워하는 마음을 불살라 주었다. 대학에 진학하여야 했는데, 마침 北京大學에 새로이 신설된 '考古學 전공'(현재의 考古學科)이 있으며 배양 목표는 考古學 전문가라는 신입생 모집 요강을 보았다. 이리저리 숙고한 끝에 나는 中文科를 들어가려는 다년간의 이상을 포기하고 北京大學 歷史學科 考古學 전공에 합격하였다. 한 차례의 격동과 기쁨 후에 나의 대학 생활이 시작되었다. 그러나 교실에서 매일같이 접촉하는 것은 모두 무미건조한 史實, 猿人의 頭骨·石器·骨器와 둥근 그릇들로서 내가 상상했던 "문학과 역사는 불가분의 관계에 있다〔文史不分家〕"는 것과는 확연히 달라서 매우 빠른 속도로 흥미를 잃고 있음을 느꼈다. 기억하기로는 당시 우리 반에는 나와 마찬가지의 동학들이 적지않았다. 그들도 원래는 文學을 좋아했으나 여러 가지 원인에 의해 考古學으로 전환을 하였는데 이것이 정말 '역사적 오해'임을 느꼈으며, 확실히 우리는 모두 전공 불만족에 따른 '통폐'를 한 차례 범하였다. 이 전공 불만족의 파동을 거치고 나서 동학들은 考古學에 대해 깊은 흥미를 갖게 되었다. 조국의 우수한 문화 유산과 하나하나 열리기를 기다리고 있는 '지하박물관'이 아주 깊숙이 우리를 끌어들였던 것이다……

30여 년이 지난 오늘날, 당시 대학의 같은 반 동학들은 전국 각지의 文物 考古 연구 단위 혹은 박물관에 퍼져 있다. 적지않은 사람들이 중대한 考古 발견을 책임지고 있으며, 현재 이미 학문적인 성취가 있어서 중국 내외에 상당한 명망이 있는 고고학자가 되었다. 언젠가 옛 동학을 만났을 때, 그는 자기가 거둔 수확을 이야기함과 동시에 대학에서의 그 '역사적 오해'를 애기하는 것도 빼놓지 않았다. 이 재미있는 회상을 하면서 한바탕 크게 웃었는데, 이는 우리가 젊었을 때의 천진함과 유치함을 웃은 것이다. 지금 모두가 느끼듯이 우리는 대학에서 考古學을 전공한 것이 결코 후회스럽지 않다. 우리는 또한 결코 중학 시절에 좋아했던 文學을 하지 못한 것에 대해 유감을 느끼지 않는다. 오늘날 비교적 유려한 문자로 연구 업적 혹은 연구 보고를 정리해 낼 수 있는 것은, 우리가 중학 시절에 닦은 언어 기초와 불가분의 관계를 가지고 있는 것이다. 속담에서 말하는 바와 같이 "말을 하면서 꾸밈이 없으면 멀리 전해지지 않는다〔言而無文, 行之未遠〕." 말하는 것은 남이 들어서 분명하게 해야 하고, 문장을 쓰고 책을 쓰는 것은 독자가 보아서 이해할 수 있게 해야 하는데, 이것은 연구를 하는 데 있어서 대량으로 자료를 점유하고 분석하는 것 이외에 문자 표현 또한 매우 중요한 고리임을 말해 주고 있다. 생각해 보자. 뱃속에 경륜이 가득하지만 찻주전자 속에서 만두를 삶듯이 뱃속에 재물을 가지고 있으면서 꺼내지 못하고, 게다가 많은 학문이 조리 있게 표현되지 못한다면 확실히 무척 유감스러울 것이다. 또는 언어가 난삽하고, 본래부터 매우 심오한 학문을 하여 이해할 수 없을 정도로 현묘하게 글을 써서 남들이 말한 바를 알지 못하게 하는 것도 취할 수 없는 것이다. 우리가 학문을 하고 문장을 쓰는 것은 마땅히 학계의 태두 郭沫若이 기세가 드높은 것처럼 마치 강물이 일사천리로 세차게 흘러내리듯 해야 한다. 혹은 대선배학자 顧頡剛처럼 섬세하고 진지해서 마치 구름이 가고 물이 흐르듯 흥미진진하게 표현해야 한다. 중요한 史實 혹은 심오한 文字 寶庫가 그들의 대문장을 통해 나옴으로써 흥미진진하게 읽혀지며 조금도 고심막측한 감이 없는데, 이 때문에 광대한 독자층을 확보했으면서도 "곡조가 너무 고상하여 화답하는 이가 적다〔曲高和寡〕"는 지경에 이르지 않을 수 있었던 것이다. 그래서 작가는 言語文字의 수양을 중시해야 할 뿐 아니라 학문 연구 작업에 종사하는 사람(自然科學이든 社會科學이든을 막론하고)도 반드시 청소년 시절부터 言語文字의 훈련을 강화해야 한다. 이것이 미래의 연구 작업으로 하여금 무궁한 보탬이 된다는 것을 나는 수년간의 연구 작업중에 절실하게 깨달았다. 현재까지도 나는 하나의 습관을 가지고 있는데, 그것은 내가 새로운 지역을 가거나 혹은 고대 문화 유적지를 답방할 때마다 언제나 몇 구절의 고시를 써서 기념으로 남긴다. 나는 이것을 나의 족적을 기록한다는 의미에서 '詠史詩'라고 부른다. 이로 볼 때 역시 "문학과 역사는 불가분의 관계에 있다."

　여기서 甲骨學과 중국 古代史 연구의 길을 걸어온 이 '우연한 선택'을 회상하는 것은, 내가 모르는 친구들인 한국의 독자들에게 중국 고대 문화 유산이 대단히 풍부하다는 것을 말해 주고 싶기 때문이다. 나처럼 이렇게 천성이 노둔한 사람도 일단 찬란한 중국 고대 문화의 전당에 들어서서 학문적인 성취를 이룰 수가 있다. "삼밭의 쑥은 받침대를 대지 않아도 곧게 자란다〔蓬生蔴中, 不扶自直〕"고 한다. 중국 고대 문명이 우리를 훈도하고 육성하였다. 나는 중국 고대 문화에 대해 흥미를 갖고 있는 한국 친구가 일단 門徑에 들어서면 곧 昇堂入室해서 중국 고대 문화 연구의 전문가가 될 것이라고 확신한다.

다행히 30년 전의 우연한 선택은 내가 甲骨學과 중국 古代史 연구로 걸어가는 길을 결정해 주었다. 지금 나는 이미 '天命'의 나이(50세)에 속하여 스스로 문예 세포가 부족함을 깊이 알고 있다. 비록 내가 작가처럼 붓으로 나의 고향과 조국에서 40년 동안 발생한 거대한 변화를 노래할 수는 없지만, 나는 붓으로 중국 고대 문화의 진품을 발굴하고 그것들 위에 묻은 역사의 때를 깨끗이 청소해서 그것들이 人類 文化 考古 속에서 빛을 발하도록 최대한 노력한다. 이것이 바로 나의 일이고 사명이며, 내가 게을리 하지 않고 분투해야 할 목표이다. 중국 고대 문명의 연구에 뜻을 둔 한국 친구들도 함께 노력하기를 바란다.

나는 여기서 다시 한 번 東文選과 《甲骨學通論》의 한국어판을 위해서 창조적인 노동을 한 李宰碩 박사에게 충심으로 감사를 표한다. 만일 이 책이 출판되어서 더욱 많은 친구들이 중국 고대 문화의 한 방면에 대해 이해하고, 아울러 흥취를 느낄 수 있다면 크나큰 기쁨이겠다.

우리 양 국가의 국민이 금후 학습 문화와 기타 방면의 교류와 합작이 강화되기를 바란다.

中國社會科學院 歷史研究所에서　王宇信

《甲骨學通論》序
胡厚宣

王宇信 동지가《甲骨學通論》의 저술을 마치고 나에게 序文을 써달라고 요청하였는데, 이것이 오히려 내 자신의 회상을 불러일으켰다.

나는 1934년 北京大學 史學科를 졸업한 뒤 中央研究院 歷史言語研究所를 들어가서 먼저 殷墟를 발굴하고, 이어서《殷墟文字甲編》釋文을 완성하였으며,[1] 후에 또《殷墟文字乙編》을 정리하였는데,[2] 그 중에는 1936년 제13차 발굴에서 얻은 127坑의 甲骨이 포함되어 있다. 시일이 오래되면서 곧 甲骨學 연구의 길을 걷게 되었다.

당시에 나는 甲骨을 연구하려면 제일 먼저 자료가 풍부해야 한다고 생각하였다. 甲骨文 자료는 歷史言語研究所에서 발굴한 것이 많지만, 이밖에도 중국 및 외국의 공공 기관이나 개인 소장가들이 소장하고 있는 것이 적지않았기 때문에 나는 곧 〈甲骨文 자료의 통계〉라는 글을 쓰고,[3] 나중에 계속적인 수정을 통해 1984년에는 〈85년 이래 甲骨文 발견의 재통계〉라는 글을 쓰게 되었다.[4]

亢日 戰爭이 발발하자, 나는 歷史言語研究所를 따라 南京에서 長沙(湖南省 소재)로 옮기고, 桂林을 거쳐 昆明에 이르렀다. 1940년 歷史言語研究所가 昆明에서 四川으로 옮겨졌을 때, 나는 歷史言語研究所를 떠나 成都에 있는 齊魯大學에서 교편을 잡고 학생들에게 甲骨文字를 강의하였다. 가르치는 데 참고하기 위해, 나는 甲骨學 概論 성격의 글을 썼다. 1943년에는 〈甲骨學概要〉를 썼고,[5] 1945년에는 〈甲骨學緒論〉을 썼으며,[6] 또한 1946년에는 〈甲骨學簡說〉을 썼고,[7] 1947년에는 〈甲骨學提綱〉을 썼다.[8]

1946년에는 또 〈甲骨文 발견의 역사〉[9]·〈甲骨學 연구의 경과〉[10]를 썼다. 내가《甲骨學商史論叢》을 편집할 때에는 책의 맨 뒤에다 〈甲骨文 발견의 역사 및 그 자료의 통계〉라는 글을 수록하였다.[11]

1944년 3월 20일《甲骨學商史論叢》의 自序를 쓸 때, 나는 일찍이 '甲骨文

字에 대해 전반적·총괄적으로 철저한 정리를 한번 해야겠다'고 다짐을 하였다. 먼저 전문 논저를 쓸 요량으로 《甲骨學商史論叢》을 편집하였고, 그런 후에 철저하게 정리하려는 숙원을 완성할 목적으로 《甲骨文字學》 및 《商史新證》이라는 두 책을 썼다.[12] 《甲骨學商史論叢》 4집이 成都에서 나왔을 때, 亢日 戰爭이 마침내 승리를 거두었다. 나는 후방에서 成都로 돌아와, 서둘러 자료를 수집하기 위해 南京·上海·北京·天津 등지를 돌아다니면서 일본에 의해 점령된 시기에 새로이 출토되고 흩어진 甲骨을 찾아다녔다.

1947년에는 上海의 復旦大學에서 교편을 잡고 《戰後京津新獲甲骨集》[13]·《戰後寧滬新獲甲骨集》[14]·《戰後南北所見甲骨錄》[15]·《甲骨續存》[16] 등 戰後에 새로이 얻은 甲骨들을 수록한 4종의 책을 차례로 완성하였다. 이밖에도 《殷墟發掘》[17] 등 소책자 여러 권을 출판하기도 하였다. 《甲骨學商史論叢》은 더 이상 계속 편집할 시간이 없었다.

1949년에 上海가 해방되자, 나는 전국의 인민들과 마찬가지로 비할 수 없는 환희와 고무를 느끼고, 서둘러서 《50년 甲骨文 발견의 總結》[18]과 《50년 甲骨學 論著目》[19]이라는 두 책을 발간하였다. 본래는 《50년 이래의 甲骨學》도 있었으나, 董作賓 선생이 이미 《大陸雜誌》에 〈甲骨學 50년〉[20]을 계속 발표하고 있었기 때문에 결국 방치하고는 발행하지 않았다. 이렇게 해서 나는 구중국 50년간의 甲骨學 연구에 대해 중간 결산을 하려고 하였다. 그런 후에 신중국에서 다시 학습을 통해 마르크스주의의 입장, 관점과 방법을 터득해서 甲骨學에 대해 새로운 연구를 할 생각이었다.

1953년에 人民出版社는 上海 復旦大學으로 사람을 보내서 나에게 원고를 의뢰하였다. 1954년 5월 28일에 나의 《甲骨學商史論叢》을 출판하기로 계약을 맺고, 아울러 나는 《甲骨學槪論》을 집필하기로 약속을 하였으며 일부 원고료도 미리 받았다.

1956년에 나는 갑자기 北京 中國科學院 歷史硏究所로의 전임 명령을 받았다.[21] 연구소에 도착하자마자 곧 '大鳴大放'〔1957년에 출현한, 군중이 정치활동에 참여하는 형식으로서 일종의 극좌적인 구호 방법. 의견을 제기하고 건의를 하는 등의 형식으로 자기의 관점·견해·요구 등을 나타내게 하였다〕과 '反右鬪爭'에 참가하여야 했다. 또 구소련에 한 차례 다녀왔다. 구소련에서 돌아온 후에는 줄곧 《甲骨文合集》의 편집을 준비하였다. 자료를 수집하기 위해 '3년 동안의 잠시 곤란한' 시기에 나는 '각지를 전전하며 싸우게 되어' 거의 전국을 두루 뛰어다녔는데, 확실히 적지않은 시간과 정력을 소비하였다. 1966년에는 '文化大革命'이 일어나서 《甲骨文合集》의 작업이 완전히 중단되었으니, 《甲骨學商史論叢》의 출판과 《甲骨學槪論》의 집필은 더 이상 말할 수가 없었다.

1978년 당의 제11차 三中全會〔中國共産黨 제11차 대표 제3차 中央工作會議〕이후가 되어서야 《甲骨文合集》이 지속적으로 완성되면서 계속 출판되었다.[22] 이 책을 편집하는 과정중에 甲骨學을 연구하는 우수한 후배들을 길러내었다. 《甲骨文合集》의 도판은 비록 전부가 나왔지만, 釋文·來源表와 選本 등은 아직까지도 총교정 및 편집중에 있다.

제11차 三中全會 이후에 국내 형세는 크게 호전되어, 대외적으로는 개방정책을 실시하고 대내적으로는 각종 체제를 끊임없이 개혁하여 전에 없이 안정되고 단결된 국면이 나타났다. 학문 연구에 백화제방하는 봄이 도래한 것이다. 甲骨學 연구도 물론 전에 없이 활발하여 학습·연구하는 사람이 증가하였으며, 출판되는 서적·잡지도 크게 증가하였다.

甲骨學의 학습과 연구가 전에 없이 활발하여 이른바 '갑골붐'이 일어난 이때, 1980년 蕭艾의 《甲骨文史話》,[23] 孟世凱의 《殷墟甲骨文簡述》,[24] 1985년 吳浩坤·潘悠의 《中國甲骨學史》,[25] 1986년 王明閣의 《甲骨學初論》,[26] 范毓周의 《甲骨文》[27] 등과 같은 甲骨學 槪論類의 전문 저작도 부단히 출판되었다. 또한 陳煒湛도 《甲骨文簡論》을 집필하였는데, 아직 인쇄중에 있다.[28]

吳浩坤·潘悠·范毓周는 나의 학생이자 연구생들이고, 孟世凱는 나와 함께 《甲骨文合集》의 편집일을 하였다. 蕭艾·孟世凱·范毓周가 펴낸 3종의 책은 篇幅이 비교적 작아 수만 자에 불과하다. 王明閣의 책은 16만 자에 달한다. 吳浩坤·潘悠의 책은 비교적 상세하여 28만 자에 달한다. 편폭이 비교적 큰 것으로는 '文化大革命' 이전에 출판된 陳夢家의 《殷墟卜辭綜述》[29]이 있는데, 애석하게도 지금까지 이미 30년이 흘렀기 때문에 새로 나온 자료와 연구는 기다렸다가 계속 입수해야 한다. 대만에서 출판된 嚴一萍의 《甲骨學》2책은 분량은 매우 많으나[30] 대륙의 자료와 연구를 완전하게 수록하지 못했는데, 이는 진실로 유감스러운 일이다.

王宇信 동지는 1964년 北京大學 歷史科(考古學 전공)를 졸업하고, 후에 내가 지도하는 연구생으로 선발되었다. 대학원을 졸업한 후에 中國社會科學院 歷史硏究所에 남아 나와 함께 《甲骨文合集》 및 《甲骨文合集釋文》을 편집하였으며, 나중에는 내가 담당한 《甲骨文合集釋文》의 총교정 작업을 도와 주었다. 그는 천성이 영민하여 지극히 어렵고 힘들었던 20년 동안 이미 단체 임무를 완성하고, 다시 《건국 이래의 甲骨文 연구》[31)와 《西周甲骨探論》[32) 등의 책을 집필하였다. 지금은 또 기존 연구의 기초 위에서 기존의 성과를 종합하고 아울러 자기의 소견을 제기해서 《甲骨學通論》을 집필하였는데, 발견에서 연구, 卜法에서 文例, 시대 구분에서 시기 구분, 辨僞에서 綴合, 문자에서 역사 등에 이르기까지 어느 하나라도 전면적으로 논술하지 않은 것이 없다. 아울러 근래 周原에서 새로이 발견된 西周 甲骨까지 매우 상세하게 언급하였는데, 50여만 자에 달하는 全書의 방대함으로 볼 때 진실로 '後來居上'이라고 할 만하다.

이 몇 년 동안 나는 《甲骨文合集》 편집작업조에서 《甲骨文과 殷商史》라는 부정기 학보를 책임편집하였는데, 발간사에서 나는 모두에게 먼저 전문 주제를 연구하고 난 후 전문 주제 연구의 기초 위에서 '甲骨學' 과 '殷商史'를 펴내는 방향으로 매진하도록 독려하였다.[33) 과연 얼마 전에는 彭邦炯 동지가 《商史探微》를 집필하고, 지금 王宇信 동지가 《甲骨學通論》을 완성해서 큰 성과를 거두었으니, 이는 경축할 만한 큰 호사이다. 나는 전에 《商史探微》를 위해 序文을 썼고, 지금은 또 《甲骨學通論》을 위해 序文을 쓴다. 내가 초기에 제기한 작업이 이미 그들에 의해 완성되었기 때문에 나는 매우 기쁘게 생각한다.

그러나 학문에는 끝이 없어서 더욱 정진해야 한다. 王宇信과 彭邦炯 두 동지는 계속 노력해서 더욱 정밀하고 깊은 저작을 써주기를 바란다. 불민한 나이지만 더욱 序文 쓰기를 원하노라.

1987년 4월 10일

《甲骨學通論》序
李學勤

王宇信 동지가 《甲骨學通論》의 원고를 완성하고 나서 나에게 몇 마디 쓰라고 요청하였다. 이것은 내가 그의 甲骨學 저작에 대해 세번째로 쓰는 序文이지만, 그러나 아직도 해야 할 말이 많음을 느낀다.

요즈음 사람들은 학계의 '정보 홍수'를 말하고 있는데, 이것이 보편적인 현상인지 나는 잘 알 수 없지만, 그러나 적어도 甲骨學 분야에서는 정보량이 신속하게 증가하고 있다는 사실만은 확실하다. 殷墟 甲骨의 발견은 이미 근 90년이 되었으며, 요 몇 년간 대단히 중시된 西周 甲骨의 발견도 30여 년이 되었다. 유관 저작은 숲을 이룰 정도로 많으며, 관련 범위가 광범해서 최근 몇 년간은 논저가 갈수록 더 많아지는 추세이다. 직접 통계를 낸 친구의 말을 들어 보면, 1986년에 발표된 이 방면의 논저는 수량적인 측면에서 다시 기록을 갱신했다. 이렇게 풍부한 자료에다가 중설도 분분해서, 설령 전문적으로 甲骨學 연구를 하는 사람이라고 하더라도 일일이 훑어보기가 어렵다. 이런 상황이므로 甲骨學에 관심을 가진 독자가 여러 학자의 학설들을 하나로 모은 종합 성격의 저작을 간절히 필요로 하고 있다는 것은 이해하기 어렵지 않다.

현재 모두가 항상 읽는 종합 성격의 甲骨學 논저는 주로 3종인데, 즉 陳夢家의 《殷墟卜辭綜述》, 島邦男의 《殷墟卜辭硏究》, 嚴一萍의 《甲骨學》이다. 앞의 두 책은 50년대에 출판되었고, 뒤의 책도 출판된 지 이미 10년 가까이 되어서 사실 이 세 저작은 지금 보기가 쉽지 않다. 모두가 기대하고 있는 새로운 綜論은 마땅히 이 학문의 최신 발전을 포괄해야 하는데, 바꿔 말해서 甲骨學에 대해 다시 한 번 총결산을 해야 한다. 총결산을 하려면 광범한 개괄을 해야 할 뿐 아니라 정심한 선별을 해야 한다. (이것이 더 중요할지도 모른다.)

王宇信 동지는 종합 성격의 논저를 쓰는 데 특히 좋은 조건을 가지고 있

다. 그는 다년간 《甲骨文合集》의 편찬에 참가해서, 《건국 이래의 甲骨文 연구》 및 《西周甲骨探論》을 집필하여 자료의 장악과 상황의 숙지 방면에서 이미 종합 성격의 논저를 편찬하는 데 필요한 토대를 닦아 놓았다. 그의 이 《甲骨學通論》은 앞의 두 전문 저작의 중복이 아니고, 시야를 더 넓게 해서 甲骨學의 전 영역을 포괄하고 있다. 이 책은 내용을 가지고 말하면 殷墟 甲骨 연구의 역사와 현상을 개술하고 아울러 西周 甲骨을 언급하였으며, 논점을 가지고 말하면 서술을 하면서 작자 자신의 견해를 표현하였으며, 體例를 가지고 말하면 어려운 내용을 쉽게 표현해서 여러 계층의 광대한 독자들을 고려했으며, 자료를 가지고 말하면 중국 내(홍콩과 대만 포함)외의 저작들을 최대한 인용하였으며, 아울러 여러 가지 공구성의 목록을 달아 검색에 매우 편리하게 하였다. 이렇게 여러 특징을 갖춘 《甲骨學通論》이기에 모두의 환영을 받게 되리라는 것을 믿어 의심치 않는다.

총결산과 전망은 불가분의 관계를 가지고 있다. 王宇信 동지는 《甲骨學通論》에서, 甲骨學의 장래에 대해 이미 많은 이야기를 하였다. 나는 이 기회를 빌려 다시 몇 마디 보충하려고 한다.

《건국 이래의 甲骨文 연구》에 쓴 序文에서 나는 3개의 과제를 제시한 바 있다. 첫째는 甲骨의 시기 구분이고, 둘째는 卜辭의 排譜(연·월·일로 배열한 系譜, 日譜·月譜·年譜 등)이며, 셋째는 甲骨文字의 지속적인 고석이다. 이 세 가지 점은 기초적인 작업이며, 또한 시기 구분은 연구를 정리하는 데 필요한 전제이다. 흥미로운 것은 殷墟 甲骨의 시기 구분에 대한 연구 검토가 근 10년 동안에 새로운 국면을 열었다는 사실이다. 열띤 토론이 전개되어 중국과 해외에까지 영향을 미쳤다. 토론하는 가운데 비록 의견이 일치되지는 않았지만, 이는 깊이 있는 연구를 촉진하였다. 현재 건국 전후에 발굴된 甲骨의 관련 자료(《殷墟文字甲編》의 坑位 기록과 같이 과거에 발표되지 않은 것도 포함)는 기본적으로 모두 이미 공포되었는데, 이는 바로 考古學 방법에 따르고 아울러 甲骨의 시기 구분을 하는 데 필요한 전에 없던 좋은 조건을 제공해 주었기 때문에, 내가 보건대 난제가 해결될 날이 머지않았다.

장기간 동안 사람들이 소홀하게 대해 온 것으로 또 하나의 상당히 중요한 과제가 있다. 바로 甲骨 卜辭에 반영된 禮制의 연구이다. 殷墟 甲骨은 商王

朝의 占卜 유물이며, 卜辭 중에는 고대의 禮制와 무관한 것이 하나도 없다. 甲骨이 발견된 초기에 일부 학자들은 시험적으로 甲骨을 통해 '殷代의 禮制'를 탐색하였지만, 후에 이 연구에 종사하는 사람은 점점 감소하여 卜辭에 나타난 당시의 제도를 고찰하면서도 번번이 禮制를 이탈하였으며, 심지어는 상상에 의해서 해석을 하기도 하였다. 이러한 현상의 출현은 유행하고 있는 견해와 관계가 있다. 많은 사람들은 甲骨文의 연구가 金文처럼 문헌 지식을 떠날 수 없는 것이 아니라고 생각한다. 왜냐하면 商代에는 전해 내려오는 문헌이 많지 않고, 《尙書》 속의 〈商書〉와 《詩經》 속의 〈商頌〉은 후세 사람들의 개작 내지는 위탁이라고 보기 때문이다. 商王朝에 관한 후세의 기록은 더욱 근거로 삼기가 어려워서 甲骨을 연구하는 데는 단단한 문헌적 기초가 있을 필요가 없는 듯이 보인다. 이렇게 본다면 商과 周라는 두 王朝의 제도와 문화의 연속성은 단절된다. 孔子는 일찍이 商과 周의 禮制는 서로 인습된 것이고, 商에서 周까지는 단지 손익의 관계일 뿐이라고 말한 적이 있다. 근래에 진행된 商·周 金文에 대한 탐색에서 상당한 정도까지 이 점이 증명되었다. 이 때문에 문헌과 기타 자료 속에 기록된 周代의 禮制로부터 商代의 禮制를 소급할 수 있게 되었는데, 이는 卜辭를 연구하고 商代의 역사와 문화를 인식하는 데 장차 큰 도움이 될 것이다. 일정한 의미에서 禮制의 탐색은 甲骨을 연구하는 데 필요한 열쇠라고 말해도 무방하다.

甲骨學의 당면 과제는 아직도 많이 있으므로 연구에 뜻을 둔 독자들은 王宇信 동지의 이 책을 통해 계발될 수 있을 것이다. 나는 甲骨學의 연구는 이미 끝난 것이 아니라 이제 막 시작한 것이라는 王宇信 동지의 말에 깊이 찬동한다. 몇몇 사람들은 이 학문에 엄청난 수의 논저가 있고, 목록 색인만 하더라도 상당한 분량에 이르는 것을 보고는 중대한 과제는 이미 다 연구가 되어 앞으로는 이를 넘어설 수 없을 것이라고 생각하는데, 이는 결코 학문 발전의 실제에 맞지 않는다. 진정으로 甲骨 연구에 깊이 들어간 사람은 이 분야가 비록 많은 사람들에 의해 개척되었지만 여전히 손을 대야 할 것 투성이라서 매우 기본적인 문제, 매우 중요한 문제들이 아직도 상당히 많이 해결을 기다리고 있음을 느낄 수 있다. 《甲骨學通論》의 출판은 더 많은 새 역량을 이 분야로 이끌어 올 것이 확실하다. 甲骨學은 바야흐로 이제 막 시작이다.

나는 일찍이 古文字學의 각 분야에는 모두 통론성의 저작이 있어야 한다
고 생각하였다. 저작은 1백만 자에 달하는 대형이라도 좋고, 다수의 독자가
읽기에 적합한 중소형이라도 좋다. 王宇信 동지가 완성한 《甲骨學通論》은
중형 분량으로 적당하게 편집되어 사회의 수요에 매우 적합하다. 이 책의 우
수한 점은 대강 펼쳐 보기만 하면 곧 환히 알 수가 있으므로 사실 내가 말
을 많이 해서 추천할 필요가 없다.

1987년 3월, 北京의 紫竹院에서

序

　1899년에 王懿榮이 최초로 甲骨文을 鑑定·收藏해서부터 현재까지 이미 87년의 역사가 되었다. 이 90년에 가까운 세월 동안 총 15만 편의 甲骨文 자료가 출토되었으며, 甲骨學 연구에도 커다란 진전이 있었다. 甲骨學 연구의 발전으로 생경하고 난해한 이들 商代 甲骨文에 기록된 고대 사회의 신비가 하나하나 사람들에게 밝혀졌다. 조금도 과장 없이 말해서, 중국 고대 사회의 역사와 문화를 인식하고 이해하려면 반드시 甲骨學에 대한 어느 정도의 지식과 연구가 있어야 한다.

　근래에 甲骨學 발전사상 이정표 역할을 하는 저작인 《甲骨文合集》이 출판되고, 1973년에 河南 安陽에서 殷墟 甲骨이 대량으로 출토되고, 1977년에 陝西省 周原에서 有字 甲骨이 대량으로 출토됨에 따라 중국 학계에는 적당한 '갑골붐'이 나타났다. 이러한 '붐'의 현상은 이 학문에 뜻을 둔 청년들이 장애를 두려워하지 않고 용감하게 甲骨學 연구의 고봉에 올라선 데에서 알 수 있고, 더 중요한 것은 甲骨文 자료를 다루는 학과와 이 귀중한 자료를 이용해서 商代 사회의 역사와 문화를 연구하는 학자들이 이전보다 훨씬 증가했다는 데에서 알 수 있다. 그들이 해마다 발표한 연구 논저는 '文化大革命' 전보다 수량이 배 이상 증가했고, 질적·양적인 측면과 연구 과제의 폭·깊이의 측면에서도 크게 앞섰다. 이 책의 부록 3과 부록 4에 열거된 논저 목록은 이 사실을 명확하게 반영해 주고 있다.

　일부 선배학자들, 특히 1928년 殷墟에서 과학적으로 甲骨文을 발굴한 이후의 학자들, 예를 들면 郭沫若·董作賓·胡厚宣·陳夢家·于省吾·唐蘭 등과 같은 대가들은 초기에 온갖 고생을 다하며 험로를 개척하기도 하고, 혹은 범례를 세워서 신비한 것을 통하게 했으며, 혹은 깊이 연구해서 隱微한 것을 밝히기도 하고, 혹은 오류를 수정·보충해서 총결산 및 창조를 하기도 하였다. 이렇게 여러 대에 걸친 학자들의 노력을 통해 甲骨學은 이미 엄밀한 규율이 있고, 독특한 연구 대상이 있으며, 풍부한 연구 자료 및 연구 과제를 축적한 전문적인 학문이 되었다. 선배 대가들의 수많은 훌륭한 대작들은 甲骨學의 형성에 견실한 기초를 세웠을 뿐 아니라, 우리 후배들이 甲骨學으로 걸어가는 데 입문서 역할을 하였다.

그러나 지금까지도 중국 내에서는 체계적이고 과학적으로 甲骨學의 기본 규율·기본 연구 방법과 연구 과제를 논술하고, 주요 甲骨學 논저와 학자들의 연구 특징을 소개하며, 아울러 근 90년 동안의 甲骨學 연구에서 얻은 성과를 반영한 通論性 저작이 출판되지 않았다. 이러한 通論性 저작은 초학자가 입문하는 데 참고가 될 뿐 아니라 상당한 연구 수준을 갖춘 학자가 연구의 최신 성과를 파악하는 데에도 도움이 된다. 그래서 가장 앞선 일선에서 출발해야 더 큰 성과를 얻을 수 있다. 이러한 《甲骨學通論》을 집필하는 것은 甲骨學 연구 발전의 필요에 의한 것이며, 선배학자들이 근 90년 동안 탐색해서 얻은 성과는 이 책의 집필에 가능성을 제공해 주었다. 필자는 우매함을 생각지 않고 이렇게 여러 계층의 독자들의 수요에 부응하는 《甲骨學通論》을 집필하리라 마음먹고, 여러 선생과 동학들의 격려와 지지·협조하에서 마침내 원고를 완성하였다.

이 책의 집필에 대해서는 할 말이 많다. 1964년에 나는 北京大學 歷史科에서 考古學 전공으로 졸업을 하고, 中國科學院 歷史研究所(현재 中國社會科學院에 속함)에 가서 胡厚宣 선생의 甲骨學 商代史 전공 대학원생이 되었는데(그후에는 '四淸'과 '文革'으로 인해 10여 년을 중단했으며, 진정한 학습은 1973년부터 시작되었다), 당시에 甲骨學의 체계적인 通論性 저작이 없음을 깊이 느꼈다. 나는 다행히 지도교수의 지도를 받을 수 있었으며, 또한 《甲骨文合集》의 편집에 참가해서 문제를 결부시켜서 학습을 할 수 있었다. 그러나 이러한 좋은 조건을 갖추지 못한 동년배들이 체계적으로 甲骨學 지식을 터득하려고 하면 매우 큰 어려움이 있게 된다. 甲骨學 논저는 3천 종에 가까워서 초학자들은 먼저 어디서부터 착수를 해야 할지 종잡을 수가 없다. 더욱이 출판이 비교적 이른 일부 논저들은 웬만한 도서관에서는 찾아볼 수도 없다. 그래서 나는 일찍부터 나의 학습과 甲骨學 연구의 이해를 결합해서 광대한 독학자(大學의 考古學·博物館·古代史 전공 학생들 포함)의 요구에 부응하는 입문서를 집필하겠다고 생각하였다. 이 생각은 일찍이 胡厚宣

은사·李學勤 선생·應永深 선생 등과 얘기된 적이 있으며, 그들의 지지를 얻었다. 그러나 상당 기간《甲骨文合集》의 작업으로 바빴고, 또 자투리 시간을 이용해서 약간의 연구를 진행하면서《건국 이래의 甲骨文 연구》·《西周甲骨探論》 등과 같은 책을 집필하였으며, 후에는 다시《甲骨文合集釋文》의 총교정 작업에 진력했기 때문에《甲骨學通論》의 집필은 지지부진해졌다.

1984년에 福建師範大學 歷史科의 젊은 교수 徐心希 동지는 나의 先秦史 연구실에 와서 연수를 하였다. 당시의 연구실 주임인 李學勤 선생은 그에게 甲骨學을 가르쳐 줄 것을 요구했는데, 이렇게 해서 온 정력을 甲骨學 방면에 기울이기 시작하였다. 徐心希 동지와 공동으로 학습하는 기간에 나는 내 자신이 알고 있는 甲骨學 지식을 체계적으로 그에게 소개하는 데 힘썼으며, 매번마다 상세한 강의 提綱을 작성하였다. 강의를 마치고 수만 자에 달하는 강의 提綱도 써내었다. 그해 8월과 9월에 胡厚宣 은사는 나더러 당신에게 협조해서《中國大百科全書·考古卷》의 3개 항목, 즉〈甲骨學〉·〈殷墟甲骨文〉·〈西周甲骨〉을 써달라고 하였다. 집필하는 중에 나는 관련 참고서를 뒤적이면서 '甲骨學이 무엇이다' 라고 정의를 내린 학자가 한 명도 없다는 사실을 발견하였다. 그후에 다시 그 강의 提綱에 일부 내용을 보충하고, 아울러 정리를 해서 조리 있게 만들었다.

1985년 10월에 나는 楊昇南과 함께 胡厚宣 은사를 따라 河南省 安陽市에 가서 '殷商文化國際討論會' 제1차 주비회의에 참가하였다. 회의가 끝난 후에 安陽師範專門大學 殷商 文化 연구반의 요청에 응해서 매일 상오에 甲骨學通論을 강의하였는데(하오에는 楊昇南이 商史 연구를 강의함), 총 33시간을 강의하였다. 이와 동시에 저녁에는 또 安陽市 문화국의 요청에 응해서 문화국과 박물관의 직원들과 安陽市의 甲骨書法 애호가 등에게 10여 차례 강의를 하였다. 나는 본래 말주변이 없어서 말을 잘하지 못하지만 나의 예상 밖으로 수업 효과는 그런대로 괜찮았다. 수강자들은 만족을 표시하고, 내가 하루 빨리 강의 원고를 정리·출판해서 초학자와 연구자의 급박한 수요에 부응해 줄 것을 건의하였다.

세 번에 걸친 강의 경험과 수강자들의 반응은 이 提綱에 대해 점차 자신감을 가지게 해주었다. 河南에서 北京으로 돌아온 이후에 바로 이《甲骨學

通論》을 정식으로 집필하기 시작하였다. 이 책의 원고는, 준비한 기간은 비록 길지만 정식으로 집필한 시간은 1년 반 정도에 불과하다.

사학계의 대선배이신 周谷城 선생이 90의 연세로서 매우 바쁘신 중에도 이 책의 表題를 써주신 것에 대해 감사드린다. 胡厚宣 은사와 李學勤 선생은 처음부터 끝까지 이 책의 집필에 관심을 가졌는데, 그들은 모든 원고를 자세히 읽고 수정 의견을 제기해 주었으며 보충 자료, 심지어는 원고 중의 오자도 일일이 지적해 주었다. 그들은 또한 이 책을 위해 序文을 써서 필자뿐 아니라 독자들이 크게 계발되게 해주었다. 이것은 나에 대한 최대의 지지이면서 격려였다. 진정한 친구 楊昇南과 후배 宋鎭豪도 모든 원고를 자세히 읽고 적지않은 고견을 제기해 주었다. 특히 宋鎭豪는 이 책의 부록 1과 부록 3을 위해 많은 자료를 제공하여 더욱 완벽하게 만들어 주었다. 집필하는 중에 필자는 항상 장·절에 대한 의견을 가지고 그들과 협의하였다. 매번 새로운 의견이나 스스로 마음에 드는 곳이 있을 때면 그들과 함께 의론하였다. 논쟁과 담소를 하는 가운데, 그들은 수긍을 하거나 보충을 하였다. 楊昇南과 宋鎭豪는 근래 갑골학계에서 주목받는 뛰어난 인물들이며, 이 책을 집필하는 데 귀중한 도움이 되었다. 나는 이러한 후의에 지극한 감명을 받았다. 만일 이 책이 학계에 공헌을 할 수 있다면, 그 공을 제일 먼저 위에 언급한 사우들의 관심·격려·지지와 도움에 돌린다.

이 책이 완성되었을 때, 중국의 출판계는 한창 불경기에 직면해 있었다. 출판·제본·발행의 경로가 순조롭지 못하고, 서적 인쇄가 격감하여 책을 내는 것도 어렵고 파는 것도 어려운 상황하에서 中國社會科學出版社는 학술 사업의 발전을 위해 흔쾌히 나의 《甲骨學通論》 원고를 받아 주었다. 모든 것을 돈으로만 보는 분위기가 팽배해져 출판계도 물들었을 때, 경제적 어려움을 돌보지 않는 中國社會科學出版社의 정신은 더욱 고귀한 것이다. 이러한 정신은 학계의 복음이다. 나는 이 자리를 빌려 그들에게 감사를 표하는 바이다.

이 《甲骨學通論》의 정식 출판 발행은 1989년쯤 될 것이며, 이 해는 신중국 수립 40주년과 甲骨文 발견 90주년이 되는 해이다. 나는 삼가 이 책을 작은 선물로 삼아 신중국 수립 40주년과 甲骨文 발견 90주년에 바친다.

제1장
緒　論

제1절 甲骨學이란 무엇인가

甲骨學은 고대 유적지에서 출토된, 占卜에 사용된 有字 龜甲과 獸骨을 연구 대상으로 삼는 학문이다. 이들 有字 龜甲과 獸骨은 주로 商王朝 後期(B.C. 14세기-B.C. 11세기)의 유물인데, 근래에는 山西省·陝西省·北京 등 西周의 유적지 중에서도 有字 甲骨이 출토되어 甲骨學의 연구 범위를 확대시켰다. 이에 대해 필자는 本書 下篇에서 전문적인 논술을 할 것이다.

이들 占卜 記事에 사용된 有字 龜甲과 獸骨이 바로 중국 사회 보고의 진품인 甲骨文이다. 甲骨文이 1899년에 발견된 이후 지금까지 이미 15만여 편의 자료가 누적되어 있는데,[1] 이것은 甲骨學의 건립을 위해 견실한 기초를 제공해 주고 있다.

甲骨學은 새로 일어난 학문이다. 87년 이래로 자료 출토의 부단한 증가와 자료 수집 수단의 점차적인 과학화, 중국 내외를 통한 조예 깊은 학자들의 문자 해독, 卜法과 文例의 탐색, 시기 구분의 확립, 문자 내용의 사회·역사와 문화 등에 대한 고증과 심층 연구 및 학문 자체 발전사의 건립 등의 요인으로 말미암아 甲骨學은 이미 엄밀한 규율과 다량의 중대한 연구 과제를 갖고 있는 신흥 학문이 되었다.

"이상을 실현시키기 위해서는 심신의 혹사를 달게 받는다"고 한다. 상당수의 갑골학자들은 초창기의 어려운 환경 속에서 불모지를 개척하거나, 혹은 범례를 세워 학문적인 발판을 마련하는 등 甲骨學을 위해 심혈을 기울였으며, 대량의 고되고 창조적인 노동력을 투입하였다. 중국 내외에서 호평을 받고 있는 갑골학자들의 이름은 앞으로 甲骨學史와 중국 근대 學術史에

서 중요한 지위를 차지하게 될 것이다. 적지않은 그들의 타당성 있는 소견
과 치밀한 연구 방법은 이미 甲骨學 영역에서 계승하고 연구해야 할 귀중한
재산이 되었으며, 아울러 앞으로 영원히 후학들을 계도하여 甲骨學 연구의
새로운 국면을 개척하는 데 중대한 의의를 가지고 있다.

고대의 占卜用 龜甲과 獸骨에 기록된 문자인 甲骨文은 甲骨學 연구의 중
요한 대상 중의 하나이다. 그래서 甲骨學은 전통적인 金石學 범주에 속한다.
'金石學'이란 중국 역대 金石의 名義·形式·制度·沿革 및 새겨진 문자 형
상의 體例·風格 등을 연구하는 학문이며, 위로는 儒家經典과 歷史書의 고
증, 문장의 義例로부터 아래로는 예술 감상에 이르기까지 그 범위가 넓다.[2]
'金'은, 즉 '吉金'으로서 銅器의 銘文과 기물의 형태를 포괄하는데, 주요한
것은 靑銅器에 주조된 銘文 및 度量衡器·刻符〔刻畵符號〕·璽印·錢幣·銅
鏡 등에 새겨진 문자와 형상 등이다. '石'은, 즉 '樂石'으로서 고대 石刻像의
문자 및 造形을 포괄하는데, 주요한 것은 碑碣·墓誌이며, 이밖에도 摩崖石
刻·造像·經幢·柱礎·石闕 등이 있다. 중국 전통 金石學의 형성은 최초로
는 西漢 시기까지 소급될 수 있다. 宋代에 이르러서는 크게 번성하여 형상
과 탁본(혹은 모사본)을 이용한 고대 기물의 형태와 고문자의 金石圖譜가
출현하였는데, 이때는 金石學이 정식으로 형성된 시기이다. 元代와 明代의
쇠퇴기를 거쳐 淸代에 이르면, 출토된 金石 자료가 증가하여 연구는 다시
흥성하게 된다. 이와 동시에 연구의 범위도 더욱 확대되어 陶器·簡牘·封
泥 등에 관련되어, 이미 '吉金'과 '樂石'에서 포용할 수 있는 범위를 훨씬
넘어서게 되었다. 특히 淸代 말엽의 甲骨文의 출토는 金石學에 새로운 내용
을 증가시켜 주었다.[3]

甲骨文 자료는 전통적인 金石學 자료인 金石文字 및 그 圖象과 마찬가지
로 고대로부터 남겨진 실물 자료로서 考古學的 발굴 수단을 통해 얻은 것
(특히 1928년 殷墟 甲骨文의 과학적 발굴 이후)이다. 그래서 甲骨學 연구는
또한 근대 필드 考古學에 예속된 분과 학문이다. 이른바 考古學이란 고대
인류 활동이 남겨 놓은 실물에 근거해서 인류의 고대 상황을 연구하는 학문
이다.[4] 만일 현대적인 학문 분류로 말한다면 실제상 銘刻學(Epigraphy)과 考
古學(Archaeology)이라는 두 학문을 포괄하고 있다. 北宋 時代의 금석학자

呂大臨은 《考古圖》의 序文에서 "기물을 관찰하고 새겨진 내용을 읽어보면 매우 유사하게 묘사되어 3대(夏·商·周)의 유풍을 소급할 수 있는데, 마치 그 당시의 사람을 보는 것 같다〔觀其器, 誦其言, 形容仿佛, 以追三代之遺風, 如見其人矣〕"라고 하였는데, 그는 고대 기물의 형상과 銘刻 文辭를 매우 분명하게 구분하였던 것이다.[5]

중국의 근대 필드 考古學의 형성은 1928년 중국 학자 스스로가 주관해서 진행한 殷墟의 대규모 과학적 발굴을 기준으로 삼는다. 1928년부터 1937년까지 安陽 殷墟 유적지에서 차례로 진행된 15차의 대규모 과학적 발굴 작업은 중국 필드 考古學의 기초를 세워 주었다.[6] 발굴 작업의 동기는 과학적으로 甲骨文을 수집하기 위해서였다. 필드 考古學의 발전은 과학적으로 발굴된 대량의 새로운 甲骨 자료를 얻게 해주었을 뿐 아니라 甲骨學 연구의 발전을 촉진시켜 주었다. 그래서 甲骨學은 필드 考古學과 밀접한 관계를 갖고 있으며, 아울러 考古學에 예속된 분과 학문이 되었다.

명확하게 해야 할 것은 甲骨文이 곧 甲骨學인 것은 결코 아니라는 점이다. 甲骨文은 단지 商代 후기에 남겨진 진귀한 문물과 사료일 뿐이며, 그것의 과학적인 가치는 甲骨學 연구의 발전에 따라 더욱 사람들에게 인식될 수 있는 것이다. 어째서 이렇게 말하는가? 甲骨文은 현재와 시기적으로 매우 멀기 때문에 고문헌 속에서도 기록을 잃어버렸고, 수천 년간 지하에 깊이 매장되어 있어서 알고 있는 사람이 거의 없었다. 학자들이 甲骨文을 인식해서 수집하기 시작한 1899년 이전, 安陽 殷墟에서 이미 30여 년 전에 '매장된 龜甲'이 출토되었으며, 오늘부터 시작된 것은 아니다.[7] 그러나 줄곧 그것이 어떤 물건인지 모르고 있었기 때문에 '龍骨'로 간주되어 대량으로 한약방에 팔리거나, 마른 우물을 메우는 데 사용되어 막대한 손실을 초래하였다. 甲骨文이 발견된 초기 단계에 이르러서도 학자들은 그 내용과 규율에 대해서 여전히 막연하여 아무것도 몰랐으며, 단지 남에게 보여 주지 않는 비밀스런 '골동품'으로서 소중히 간직되고 감상하는 것에 불과하였다. 이밖에 甲骨文은 매장할 때에 갈라지고 문드러졌으며, 발굴 과정중에 파손되고, 이리저리 수집되는 과정중에 파괴되는 등 대부분이 잘게 부서져서 '斷爛朝報'〔원래는 《春秋》經이 잔결되어 완전치 못함을 폄하한 宋代 王安石의 말인데, 여기서는 甲骨이 뒤죽박죽으로 되어 참고 가치가 없음을 비유한 것이다)로 불려지며 이용하기가 매우 곤란한 것으로 생각되었다.

그런데 甲骨學은 甲骨文을 연구 대상으로 삼는 전문적인 학문이며, 甲骨文 자체의 고유한 규율이 체계적이고 과학적으로 반영된 것이다. 바로 甲骨學의 부단한 발전으로 말미암아 '斷爛朝報' 중에 보존된 이들 고대 사회의 신비는 비로소 학자들에 의해 하나하나 밝혀지게 되었다. 그러므로 우리는 절대로 甲骨文과 甲骨學을 동일시해서는 안 될 것이다.

제2절 甲骨學과 다른 학문과의 관계

1899년 이래로 출토된 15만 편의 甲骨文과 지금까지 殷墟 발굴에서 얻은 대량의 유적·유물은 商代 사회의 면모를 회복시키기 위해 귀중한 제1차 자료를 제공해 주었다. 이는 바로 胡厚宣이 지적한 바와 같다.

현재 이 16만 편의 甲骨에는, 매 편마다 평균 10자로 계산해 보아도 이미 1백60만 자가 있는 셈이다. 포괄된 내용은 매우 풍부하다. 게다가 대량의 유적과 유물 등의 문화재가 남아 있어 商代史 연구의 근거가 될 뿐만 아니라, 商代 이전과 商代 이후의 수많은 古代史 문제도 여기서부터 탐색하여 해결할 수 있다.[8]

바로 갑골학자들의 노력과 甲骨學의 형성·발전으로 말미암아 이 15만 편의 甲骨文은 비로소 시대의 선후가 명확하고, 문구의 辭義가 관통하는 제1차적 학문 연구 자료가 되었다. 甲骨學은 漢語史·言語學·歷史學·考古學·古代科學技術史 등의 학문과 밀접한 관련을 갖고 있는 중요한 학문이 되었다.

우선 漢語史와 言語學의 연구에서 甲骨學은 중요한 위치를 차지한다.

주지하는 바와 같이 甲骨文은 현재와 3천여 년의 시간적인 거리가 있으며, 현재 중국에서 발견된 최초의 체계적인 문자이다. 甲骨文 자체는 이미 비교적 성숙된 문자인데, 이것은 중국의 문자 발전사상 또한 더 오래된 문자가 있어서 우리의 발견과 연구를 기다리고 있음을 말해 준다. 근래 일부 仰韶 文化 유적지, 예를 들면 陝西省 西安市 半坡, 長安縣 五樓, 臨潼縣 姜寨, 零口, 垣頭, 슴陽縣 莘野, 銅川市 李家溝, 寶鷄縣 北首嶺, 甘肅省 秦安縣 大地灣[9] 및 靑海省 樂都縣 柳灣[10] 등지에서 발굴된 陶器에서도 모두 刻劃된 부호가 발견되었다. 학자들은 "문자의 성질을 갖춘 부호"라 하기도 하고,[11] "후세의 문자 발명에 상당한 영향을 주었지만 그 자체는 결코 문자가 아니다"라고 주장하기도 하며,[12] "일부의 記號는 漢字에 흡수되었으며, 결코 그것들이 본래 문자였음을 증명할 수는 없다"고 주장하기도 한다.[13] 그러나 또 어떤 학자는 "結繩과 刻木 등이 비로소 진정한 원시적인 記事 방법이며, 중국의 조상들은 이러한 방법을 사용하였는데, 후에 刻劃된 표기로 발전하면서 점자 形·音·義를 갖추어 문자가 형성되었다. 陶器 부호의 발전은 바로 이러한 과정을 반영한 것이다"고 주장하였다.[14] 또한 일부 龍山 文化의 유적지, 예를 들면 山東省 靑島市 趙村,[15] 河南省 永城縣 王油坊[16] 등지에서도 刻劃된 부호가 발견되었다. 근래에는 夏 文化에 대한 탐색도 큰 진전을 보였는데, 河南省 偃師縣 二里頭 유적지에서도 刻劃된 부호가 발견되었다.[17] 특히 河南省 登封縣 告城鎭 王城岡 유적지에서는 이미 상당히 성숙된 會意字인 '共'字 등이 발견되었다.[18] 주의해야 할 것은 중국 동부에 분포되어 있는 大汶口 文化와 良渚 文化에서도 陶器 부호가 발견되었는데, 그 형체는 商·周 시기의 문자에 접근하고 있어서 문자의 기원을 연구·검토하는 데 새로운 빛을 던져 주었다. 大汶口 文化의 부호는 비교적 단정하고 규범화되어 있으며, 형상성이 있어 뒷날의 靑銅器 銘文과 매우 흡사하다. 대다수의 고문자학자들은 이러한 부호가 문자라는 데 동의하고 있다. 왜냐하면 그것들은 고문자의 규율에 따라 고증하고 해석할 수 있기 때문이다.[19] 甲骨文은 大汶口 文化, 登封縣 告城鎭 王城岡 등지에서 발견된 문자와 일맥상통하며, 중국의 문자 발전사상 중요한 위치를 차지하고 있다.

세계 각 민족의 문자는 기본적으로 3개의 계통으로 나눌 수 있다. 하나는 音素文字인데, 이것은 약간의 音素 부호가 있고 다시 音素 부호에 의해 音節을 구성하며, 약간의 音節이 의미를 나타내는 單語를 구성한다. 라틴어 계통과 슬라브어 계통이 音素文字에 속한다. 또 하나는 音節文字인데, 하나의 부호가 하나의 音節을 대표하고, 약간의 音節에 의해 의미를 나타내는 單語가 구성된다. 일본어가 이 音節文字 계통에 속한다. 또 다른 하나는 表意文字인데, 이것이 바로 중국의 漢字이다. 하나의 漢字가 일정한 音節을 대표하고, 또한 일정한 의미를 가지고 있으며, 비교적 상용되는 글자수는 4,5천 자 정도이다.[20] 4천여 년 동안 漢字가 비록 발전하고 변화하기는 하였지만 중간에 이어지는 자취를 알 수 있으며, 漢字는 中華民族을 형성하는 데 커다란 응집 작용을 하였다.

漢字의 造字 원칙인 이른바 '六書' 說에 관해서는 戰國 時代 말엽부터 제기되었으며, 西漢 말엽 이후가 되어서야 비로소 비교적 상세한 서술이 나왔다. 그러나 班固의 《漢書·藝文志》와 鄭衆의 《周禮·保氏注》에 기록되어 있는 六書의 명칭과 순서에는 차이가 있다.

東漢 時代의 許愼은 《說文解字·序》에서 다음과 같이 말하였다.

周代의 제도에는 아동이 8세에 小學에 들어가며, 保氏는 먼저 六書로 왕실의 자제를 가르친다. 제1종을 '指事'라고 한다. 이른바 指事는 한번 보자마자 곧 인식할 수 있고, 세밀하게 관찰하면 곧 그것의 뜻을 이해할 수 있는 것인데, '上'·'下' 두 글자가 바로 이러하다. 제2종을 '象形'이라고 한다. 이른바 象形은 그 사물을 그리고 그것의 형체에 따라 구부리는 것인데, '日'· '月' 두 글자가 바로 이러하다. 제3종을 '形聲'이라고 한다. 이른바 形聲은 사물에 근거하여 글자를 만들고 다시 하나의 비슷한 聲符를 취하여 배합해서 만들어지는 것인데, '江'·'河' 두 글자가 바로 이러하다. 제4종을 '會意'라고 한다. 이른바 會意는 2개 이상의 글자를 조합시켜 하나의 새로운 의미를 표시하는 것인데, '武'·'信' 두 글자가 바로 이러하다. 제5종을 '轉注'라고 한다. 이른바 轉注는 만들어진 이러한 문자를 대상으로 部首를 통일시켜서 하나의 同意字를 사용하여 돌려 가며 주석하는 것인데, '考'·'老'의 관계가 바로 이러하다. 제6종을 '假借'라고 한다. 이른바 假借는 본래 이 글자가 없어서 하나의 同音字를 차용하여 이 개념을 표시하는 것인데, '令'·'長' 두 글자가 바로 이러하다.

《周禮》: 八歲入小學, 保氏教國子先以六書. 一曰指事, 指事者, 視而可識, 察而見義, 上下是也. 二曰象形, 象形者, 畫成其物, 隨體詰詘, 日月是也. 三曰形聲, 形聲者, 以事爲名, 取譬相成, 江河是也. 四曰會意, 會意者, 比類合誼, 以見指撝, 武信是也. 五曰轉注, 轉注者, 建類一首, 同意相受, 考老是也. 六曰假借, 假借者, 本無其字, 依聲托事, 令長是也.

비록 許愼의 견해가 2천여 년 동안 표준으로 간주되었지만, 그러나 '六書' 說은 매우 큰 국한성을 가지고 있다. 바로 唐蘭이 1934년에 《古文字學導論》에서 "六書說의 결점은 첫째 정밀하지 못하다는 것인데, 우리는 그것으로 모든 문자를 분석할 수 없다. 둘째는 명확하지 못하다는 것인데, 우리는 그것들의 확실한 정의를 알기가 매우 어렵다. 이러한 학설은 일찍이 폐기되었어야 했다"라고 지적하였다. 그리고 먼저 '三書' 說을 제기하였다. 즉 "첫째는 象形文字이고, 둘째는 象意文字인데, 이 두 종류는 上古期의 그림문자[圖繪文字]에 속하며, 셋째는 形聲文字로서 近古期의 聲符文字에 속한다. 이 3종의 문자 분류는 일체의 중국 문자를 포괄할 수 있으며, 형체에 속하지 않으면 반드시 의미에 속하고, 의미에 속하지 않으면 반드시 소리에 속한다"라고 하였다.[21] 夏鼐는 기본적으로 唐蘭의 독창적인 견해에 찬동하고 한걸음 발전된 분석을 하여, 六書는 "실제상 象形·象意(象事 포함)와 象聲을 가리키며, 이 중 象形을 기본으로 삼고 있다. 象形의 글자는 하나의 원을 그려 태양을 나타내고, 하나의 반원을 그려 달을 나타내는 것처럼 비교적 쉽고 명백하다. 象意의 글자는 2개 혹은 그 이상의 象形字를 한 글자로 합해서 사람들이 의미를 이해하게 하는 것인데, 예를 들면 許愼이 말한 전쟁[戈]을 그치게 하는 것[止]이 '武'이고, 사람[人]의 말[言]이 '信'이라는 것들이다(會意). 또한 여러 개의 不成字의 점획을 이용하여 의미를 나타내는 것인데, 예를 들면 許愼이 말한 '上'·'下'라는 두 글자가 이것이다(指事). 象聲의 글자는 同音의 象形字를 이용하여 象形이나 象意를 할 수 없는 추상 개념이나 '虛字'(假借) 혹은 同音의 象形字를 나타내며, 또한 함의를 나타내는 象形字(후세에 '部首'라고 칭함)를 덧붙여서 한 글자로 합성한다(形聲). 이렇게 다른 部首를 사용하면 同音이면서 의미가 다른 글자들이 구별되어 혼동하지 않게 된다. '轉注'는 도대체 무엇을 가리키는가 하는 문제에 대해서는 2천 년 동안 여러 학설이 분분하였으므로 우리는 잠시 다루지 않기로 한다"라고 피력하였다.[22] 또 어떤 학자는, 甲骨文의 造字法은 象形·假借·形聲의 세 종류라고 주장하였다. 商代 武丁 시기(즉 제1기)의 甲骨文에는 이미 이 세 가지 유형의 문자가 존재하고 있다. 그러나 비교해서 말하면, 形聲字는 아직 그다지 발달하지 않은 반면에 象形字를 音符로 삼은 假借字는 비교적 많다. 商代 말엽인 帝乙·帝辛 시기(즉 제5기)에 이르러서야 形聲字가 비로소 발달하기 시작하였다. 오늘날의 漢字는 역시 象形字를 기초로 하고 있다. 여기에서 甲骨文은 이미 오늘날에 볼 수 있는 漢字 구조의 기본 요소를 갖추고 있었음을 알 수 있다.[23]

甲骨學 연구는 甲骨文의 文法도 기본적으로 오늘날의 漢語 語法의 요소를 구비하여 漢語 語法의 효시가 되었음을 밝히고 있다. 甲骨文의 품사는 기본적으로 名詞·대체사〔代詞〕·動詞·形容詞·접속사〔連詞〕·전치사〔介詞〕 등을 가지고 있다. 문장의 형식에는 주어·술어〔謂語〕·목적어〔賓語: 직접목적어 및 간접목적어 포함〕 등의 성분이 있다. 甲骨文의 文型에는 單文도 있고, 複文도 있다. 複文에는 主從式·竝列式·連動式 등이 있다.[24]

甲骨文字는 契刻이 힘 있고 배치가 조화로우며, 行款〔서체의 글자 배열과 행간의 형식〕이 가지런하지 않아 예스럽고 소박한 가운데 의미가 심오한 예술적 매력을 간직하고 있다. 그래서 甲骨書法은 후세의 篆刻書法에 대해서도 참고하고 연구할 만한 최초의 자료를 대량으로 제공해 주었다.

둘째, 甲骨學은 歷史學과 밀접한 관계를 가지고 있다.

이미 앞에서 서술한 바와 같이, 바로 甲骨學의 형성과 발전에 기인해서 15만 편의 甲骨文 속에 간직된 고대 사회의 신비가 비로소 학자들에 의해 하나하나 관찰되었다. 그리하여 甲骨文은 '골동품'에서 고대 사회 연구의 귀중한 사료로 탈바꿈하였으며, 그 학술적인 가치가 대대적으로 제고되었다. 87년 이래로 갑골학자들은 甲骨文 자료에 의거하고, 考古學·民族學과 고문헌 자료를 결합시켜 기본적으로 우리에게 商代 노예 사회의 면모를 기술해 내었다. 이 방면의 본보기는 바로 郭沫若이 책임편집한 《中國史稿》의 商代 사회에 관련된 논술일 것이다. 甲骨文 속에서 商代의 노예와 노예 지주계급의 활동에 관련된 기록은 학자들이 商代 사회의 계급 구조와 사회 성질을 논증할 수 있게 해주었다.[25] '衆'과 '羌'은 商代 사회의 주요 생산 담당자인데,[26] 다수의 포로들이 제사를 지내거나 혹은 殉葬을 할 때 '희생자〔人牲〕'와 '순장자〔人殉〕'로 사용되었다.[27] 노예와 평민들은 도망을 함으로써 노예 지주계급의 잔혹한 착취와 압박에 반항하였으며, 곳간을 불지르고 폭동을 일으키는 데까지 이르게 되었다.[28] 商王朝는 자기의 통치 기반을 공고히 하기 위하여 국가 기관을 한층 강화시켰다. 商王은 자칭 '余一人'이라고 하였으며, 아울러 上帝에 대한 신앙을 통해 王權을 신격화시켰다. 商王朝는 좌·중·우 三師의 군대를 창설하고, '內服〔京畿 이내의 지역〕'과 '外服〔京畿 이외의 지역〕'의 각급 관리들로 방대한 관료 기구를 조직하였으며, 전국 각지에 감옥을 설치하고 아울러 가혹한 형벌을 제정하였다. 후세의 '五刑'은 甲骨文 속에 이미 기원이 있다.[29] 商王朝는 노예와 평민의 반항에 대한 진압을 강화하였을 뿐 아니라 대외적으로는 항상 약탈성 전쟁을 하였다. 武丁에서부터 文丁 시기에는 주로 북방과 서북의 각 方國에서 전쟁을 하였다. 그리고 商代 말엽의 帝乙·帝辛 시기에는 주로 동남의 夷方에서 전쟁을 하였다. 甲骨文에 출현하는 적지않은 方名과 地名은 商代의 역사·지리와 강역을 연구하는 데 중요한 자료로 제공된다.[30] 商族과 관련된 새〔鳥〕 토템 유적과 친족 제도 및 '非王 卜辭' 등은 商民族의 기원과 가족 형태·종법 제도를 연구하는 데에도 매우 의의가 있다.[31]

셋째, 甲骨學은 古代科學技術史의 연구와도 긴밀한 연계를 맺고 있다.

중국 고대의 노동 인민들은 근면하게 일하고 끊임없는 실천 속에서 경험을 축적시켜 古代科學技術 영역에서 많은 창조와 발명을 하였다. 이것은 중국의 科學技術을 발전시키는 데 참고할 만한 고귀한 유산일 뿐 아니라 人類文化의 중요한 재산이다. 농업은 商代 사회의 중요한 생산 부문인데, 甲骨文에는 商代에 이미 기장〔黍〕·보리〔麥〕·벼〔稻〕·조〔粟〕 등의 농작물을 심었고, 아울러 이들 농작물의 전 재배 과정을 정확하게 파악하였다고 기록되어 있다. 식물의 水分生理學에 대한 기록은 고대 그리스의 관련 기록에 비해서 1천여 년이나 앞선다.[32] 商代에는 목축업도 매우 발달하여, 후세의 六畜인 말·소·양·닭·개·돼지가 商代에 모두 길들여졌으며 대량으로 비축되었다. 그 중에서 특히 말 기르는 것이 국가적으로 매우 중시되었고, 동시에 두드러진 발전을 하였다. 당시에는 이미 執駒〔망아지를 붙들어 매어 어미말과 격리시키는 것〕·攻特〔수말을 거세하는 것〕·相馬〔말의 우열을 살피는 것〕 등 우량 馬種을 개량하고 기르는 기술을 터득하고 있었다.[33] 商代에는 의학도 이미 비교적 높은 수준에 도달하였다. 甲骨文 속에서 商代 사람들의 질병에 관련된 기록에는 기본적으로 오늘날의 내과·외과·이비인후과·치과·비뇨기과·산부인과·소아과·전염병학이 이미 모두 구비되어 있다. 충치에 관한 기록은 이집트와 인도의 기록보다 7백 년에서 1천 년이나 앞선다.[34] 중국 전통의 '針灸學'은 세계적으로 명성을 누리고 있다. 중국 의학이라는 이 귀중한 재산은 甲骨文에 이미 관련된 기록이 있다.[35] 商代의 天文·曆法도 매우 높은 수준에 도달하였다. 商代 사람들은 氣象 관찰을 매우 중시하였는데, 甲骨文에 나오는 바람·구름·안개·비·우레·눈·우박·흐린 날씨 등에 관한 적지않은 기록은 고대 氣象學의 연구를 위해 최초의 문자 자료를 제공하였다. 日蝕과 月蝕, 星象에 관한 기록은 고대 天文學의 연구와 曆法의 定朔에 대해 매우 가치가 있다. 商代에는 음력과 양력을 합했으며, 武丁 시기에는 1년의 끝에 윤달을 두고 '13월'이라 불렀다. 祖庚·祖甲 때에는 1년의 중간에 윤달을 두었다. 商代에는 干支를 이용하여 날짜를 기록하였으며, 한 달을 3旬으로 나누고 아울러 하루를 여러 시간 단위로 나누었으며, 人文 혹은 自然에 의거하여 시간을 기록하는 고유명사인 時稱을 만들어 냈다.[36]

넷째, 甲骨學은 殷商 時代 考古學의 연구를 심화시키는 데 중대한 촉진 작용을 하였다.

河南省 安陽縣 殷墟의 발굴은 중국 근대 필드 考古學의 기초를 세웠다. 1928년에 과학적으로 殷墟를 발굴하게 된 까닭은 바로 甲骨文을 찾기 위해서였다. 殷墟 文化의 시기 구분은 殷商 考古學을 위해 표준을 확립하였으며, 殷墟 文化 시기 구분의 절대 연대는 바로 유적·유물의 考古學的 商代 연대를 가지고 甲骨學 시기·시대 구분의 성과를 참고 및 근거하여 확정한 것이다.[37] 수많은 商代의 중요 유적·유물의 성질과 연대의 考定, 예를 들면 세상에 널리 알려진 '婦好墓'의 연대 및 婦好의 역사상의 활동,[38] 王陵區 祭祀場

의 추정,[39] 人殉과 人牲의 연구,[40] 殷墟 서쪽 구역의 族墓葬의 연구[41] 및 江蘇省 銅山縣 丘灣의 商代 社祀[土地神에게 지내는 제사] 유적지의 추정[42] 등은 모두 甲骨學의 연구 성과와 불가분의 관계를 가지고 있다.

甲骨學은 과학적인 연구 속에서 이렇게 중요한 가치를 지니고 있기 때문에 갈수록 더 중국 내외 학계의 중시를 받고 있다. 중국의 일부 저명한 학자들은 연구를 할 때 고생을 두려워하지 않았다. 羅振玉의 말을 빌리면 "이를 비유하건대, 긴긴 밤의 어둠 속에서 행동하고 잠깐 새벽별을 보며, 은밀히 행동하면서 가시밭길을 밟고 근심이 쌓여 병이 될 지경이며, 격렬한 천둥소리도 듣지 못하고 오로지 글짓는 데 전념하여 때때로 먹고 자는 일을 폐하기 일쑤였다"고 하는데,[43] 그 고충은 말로 다 표현할 수가 없다. 많은 갑골학자들은 甲骨學의 발전을 위해 필생의 정력을 다 바쳤으며, 자신의 키만큼의 저작을 남겨 해내외에 명성을 날렸다. 이와 동시에 외국에서도 조예가 깊은 학자들이 甲骨學의 발전을 위해서 전심전력을 다해 부지런하게 탐구하여 매우 큰 성과를 얻었다. 세계 각지에 퍼져 있는 외국 학자들, 예를 들면 일본·미국·캐나다·영국·오스트리아·프랑스 등의 학자들은 많은 甲骨學 기록과 전문서 및 甲骨學 商代史에 관한 수준 높은 연구 論文을 발표하였다. 여러 대에 걸친 학자들의 노력을 통해 갑골학계는 이미 상당한 수준에 올랐다고 할 수 있다.

산하는 다르지만 함께 甲骨學을 연구하였다. 중국의 일부 대학과 학문 연구기관에는 전문적으로 甲骨學·殷商史와 考古學을 연구하는 학자들이 있다. 1984년 10월에는 전문 학술단체인 中國殷商文化學會가 창립되어 학자 간의 교류와 학술 활동을 촉진하였다. 甲骨學은 이미 중국에서 바야흐로 힘차게 발전하고 있는 '顯學'이 되었다. 외국에서는 거리상 매우 가까이 있는 우호적인 인접국 일본에도 전문적인 甲骨學 학술단체인 甲骨學會가 있으며, 아울러 전문 학술지인 《甲骨學》이 출간되는데, 현재까지 이미 12기가 출간되어 학술적 가치가 있는 論文들이 적지않게 발표되었다. 미국의 영향력 있는 학술지인 하버드대학의 《아시아 評論》과 古代中國研究會의 《古代中國》 등의 간행물들도 甲骨 論文, 혹은 중국 및 기타 국가에서 출판된 甲骨學 저작에 관한 평론, 혹은 어떤 특정 주제에 대한 토론 등을 발표하고 있다. 甲骨學은 이미 국제적인 학문이 되어, 중국과 외국간의 문화 교류를 강화시켜 주었으며, 외국 친구가 중국의 찬란한 고대 문명을 이해하는 데 갈수록 중대한 역할을 하고 있다.

제3절 甲骨學 연구에 성공하는 길

甲骨文은 中華民族의 우수한 문화 예술품이다. 甲骨文 자료를 충분하게 이용해서 商代의 사회·역사·문화를 연구하는 것은 中華民族의 우수한 전통을 계승하고 발양하는 데, 사회주의 정신 문명을 건설하고 중국의 민족 자긍심을 불러일으키는 데, 또한 광대한 인민 군중들에게 애국주의와 역사 유물주의를 교육하는 데 큰 의의를 가지고 있다.

甲骨文이 비록 유구한 역사를 가지고 있지만, 그러나 金文·石刻文字 등 金石學의 다른 분야와 비교해 보면 甲骨學의 '자료적 역사'는 오히려 상당히 짧은 것이다. 설령 87년 이래 甲骨學 연구가 상당한 진전을 이룩하였다고는 하지만 아직 많은 방면에서 진일보한 연구와 탐색을 필요로 한다. 甲骨文의 '고향'인 10억 인구의 기백 큰 우리 중국은 甲骨學 연구 영역에서 일련의 중대한 학술 문제에 대해 마땅히 발언권을 가지고 있어야 하며, 외국의 학자들은 우리에게 큰 희망을 걸고 있다. 그래서 甲骨學 연구의 신국면을 개창하고 甲骨學 연구 수준을 새로운 높이로 끌어올리는 것은 시대가 우리 갑골학계에 부여한 역사적 사명이다.

그러나 전국민이 대내적으로 경제를 잘해 나가고, 대외적으로 개방 정책을 실시하여 전심전력으로 중국적 특색을 갖춘 사회주의 현대화 강대국을 건설하고 있는 이때, 甲骨學 연구는 시대적인 요구에 훨씬 못미친다. 그 원인 중의 하나는 甲骨學을 연구하는 인원이 너무 적기 때문이다. 조예가 깊은 갑골학자들은 연세가 매우 많다. 근래에는 갑골학계의 큰 별인 唐蘭·郭沫若·于省吾 등과 같은 선배학자들이 잇달아 별세하였다. 아직 건재한 학자들이 촌음을 아껴 이전의 저작을 정리하거나 또는 연구생을 배양하고는 있지만, 다시 새로운 영역을 개척하는 것은 생각만 있을 뿐 힘이 뒤따르지 못한다. 지금은 이미 그들의 학식과 연구 경험이 조속히 계승되고 보충되어야 할 시점이다. 그리고 일부 소장학자들은 비록 주야로 각고면려하여 10년 동안 낭비한 고귀한 시간을 되찾아 현재 이미 甲骨學 연구의 전면에서 활약하는 핵심이 되었지만 인원수가 많지 않다. 근래에 독학한 전문가와 새로 교육받은 연구생들은 甲骨學 연구 대열에 신선한 활력을 보태서 바야흐로 성공을 향해 매진하고 있다. 현재 甲骨學 연구 인원은 10년동란〔文化大革命〕전에 비해 확대되었으나, 사회주의 정신 문명을 건설하자는 전반적 임무와 甲骨學 연구 발전의 수요 측면에서 보면 이 인원수를 가지고는 태부족이다. 동시에 이 1백 명 내외의 甲骨學 연구자들의 주된 힘은 모두 과중한 교학 업무와 甲骨 자료의 정리 및 공포 방면에 있다. 예를 들면 《甲骨文合集》·《小屯南地甲骨》·《甲骨文合集釋文》·《甲骨文字典》·《殷墟甲骨刻辭類纂》·《甲骨文考釋類編》·《甲骨文合集考釋》 등의 대형 자료서와 공구서들을 편찬하는 데 적지않은 인력이 소요되었다. 비록 이것들이 甲骨學의 발전에 도움이 되고 자손만대를 위한 기초 작업을 하는 데 도움이 되기는 하지만, 적지않은 갑골학자들의 정력을 소비하였기 때문에 甲骨學 연구 영역의 많은 과제들은 아직 연구하는 사람조차 없거나 혹은 심층적이고 전면적인 연구를 하지 못하였던 것이다. 이러한 상황은 우리가 되도록이면 빨리 바꾸어야 할 것이다.

기뻐할 것은, 현재 甲骨學 연구에 뜻을 둔 상당수의 청년들이 곤란을 무릅쓰고 '絶學'이라고 불리는 심오한 학문에 도전하고 있다는 사실이다. 그들은 우리 甲骨學 연구자들이 큰 기대를 걸고 있는 예비 역량으로서 무한한 잠재력을 간직하고 있다.

사실 甲骨學은 사람들이 상상하고 있는 것만큼 그렇게 곤란한 것은 결코 아니다. 단지 학습 목적을 명확하게 하고 방법을 타당하게 하여 수년간 꾸준히 하면 甲骨學이라는 난관을 정복하는 것은 어렵지 않다.

중국의 甲骨學 태두인 郭沫若은 1927년 大革命이 실패한 이후, 일본에 머물면서 사회 발전의 규율에 관한 학설을 선전하기 위하여 중국 古代史를 열심히 연구하였다. 그는 이미 알거나 아직 모르는 甲骨文字들의 상세한 서술을 통해 殷代의 생산 방식과 생산 관계 및 의식 형태를 이해하려고 생각하고,[44] 아울러 구학문을 하는 사람들에게 도전하기 위해[45] 甲骨文을 연구하기로 결심하였다. 그는 1928년 8월말에 일본 東京 上野圖書館에서 羅振玉의 《殷墟書契》를 찾아보기 시작하였는데, 비록 이 책에 보이는 것 모두가 약간의 고석도 하지 않은 拓片들임을 발견하였지만 그는 조금도 실망하지 않고 절실하게 "이 책을 독파하고, 이 책을 이용하며, 이 책의 비밀을 파헤쳐야 한다"는 신념을 가지고 이로부터 甲骨學의 심오한 경지에 도달하겠다고 결심하였다. 그해 9월초, 郭沫若은 또 東京의 文求堂 서점에 가서 甲骨學 입문에 관한 책을 찾다가 羅振玉의 《殷墟書契考釋》을 보았다. 그러나 유감스럽게도 그는 이 책을 사지 못하고 또 빌릴 수도 없어서 망연히 쳐다보고 탄식만 하였다. 다행히 郭沫若은 서점 주인 慶大郎處로부터 東洋文庫에 이러한 종류의 장서가 있다는 사실을 알게 되었다. 이에 郭沫若은 9월 상순에 신문기자인 山上政義의 도움을 받고 다시 작가인 藤村成吉의 소개를 받아서 山上政義가 중국에서 사용한 적이 있는 가명인 '林守仁'이라는 이름을 빌려, 東洋文庫 주임 石田干之助와 연계하여 1,2개월 동안에 東洋文庫에 소장되어 있는 甲骨文字와 金文에 관한 모든 저작을 다 읽었다. 이와 동시에 그는 중국의 考古 발견에 관련된 저작을 거의 다 읽고서, 중국 고대에 대한 인식은 자신 있게 파악한 셈이라는 것을 깨달았다.[46] 이로부터 郭沫若은 甲骨學이라는 이 신비한 전당의 대문을 열고 昇堂入室하게 되었다. 그는 1930년에 《中國古代社會硏究》를 출판하여 사학 연구의 새로운 장을 열었다. 《卜辭通纂》·《殷契粹編》·《甲骨文字硏究》·《殷契餘論》 등 그가 지은 일련의 甲骨學 저작은 甲骨學史上 중요한 지위를 차지하고 있다. 유명한 작가 鳳子는 일찍이 郭沫若과 함께 일본에 머물렀다. 어느 날 鳳子는 일이 있어 郭沫若이 사는 곳으로 가서 그가 온 심혈을 기울여서 甲骨文을 연구한 것을 보았다.[47] 鳳子는 호기심을 느끼고 郭沫若의 연구 자료를 펴보고서, 郭沫若의 이러한 각고해서 연구하는 정신에 깊은 감동을 받고 깊은 생각에 빠졌다. 郭沫若은 재빨리 甲骨 조각 몇 개를 들어 보이고, 그녀에게 관련된 문자 기록과 연구한 성과를 끊임없이 이야기하여 鳳子의 흥미를 불러일으켰다. 그는 웃으면서 鳳子에게 "흥미가 있습니까? 만약 흥미가 있다면, 나는 당신이 3개월만 배우면 곧 甲骨文을 식별할 수 있을 것임을 보장합니다"라고 말하였다. 그 당시 郭沫若은 자신이 한두 달 만에 甲骨文을 정복한 경험이 있기 때문에 鳳子가 3개월이면 甲骨文을 배울 수 있을 것이라고 보장한 것이다.

　필자가 郭沫若이 甲骨을 독학한 예를 든 것은, 甲骨學 연구에 뜻을 둔 청년들에게 甲骨學은 결코 몇몇 사람들이 말하는 것처럼 그렇게 배우기 어려운 것이 아니며, 매우 심오하여 이해하기 어려운 것도 아니라는 것을 설명하기 위해서이다. 물론 그때의 郭沫若은 이미 심후한 국학 기초와 해박한 학식을 갖추었고 과학적인 방법론에 정통해 있었으며, 또한 남보다 뛰어난 총명한 두뇌에다가 도전적인 태도를 가지고 있었기 때문에 초인적인 굳센 의지로 한두 달 만에 甲骨學의 신비를 통찰할 수 있었다. 이후에 그는 혼자의 힘으로 길을 개척해서, 거듭 신학설을 발표하여 甲骨學의 一代宗師가 되었다. 郭沫若(鼎堂)은 羅雪堂(振玉)·王觀堂(國維)·董彦堂(作賓) 등의 갑골학자와 함께 甲骨學史에서 '4堂'으로 불려진다.

　필자는 여기에서, 대학에서 考古學 전공의 체계적인 훈련을 거친 뒤 대학원에 진학하여 명가의 지도를 받고, 본인이 깊이 연구하여 甲骨學 연구 방면에서 이미 성과를 낸 동학들을 말하는 것이 아니다. 바로 대학에 갈 기회가 없는 사람들도 단지 학습 목적이 명확하고 방법이 정확하며, 필요한 甲骨 자료를 접촉할 조건을 가지고 스스로 게으름 피우지 않고 노력한다면 성공을 거둘 수 있다는 것이다. 현재 전국 각지에서는 "中華民族의 고유 문화를 발양하기 위해 선배 고문자학자들의 성과를 학습하고 계승하여 古文字學의 후계자가 되는 것"[48]을 자기의 임무로 삼는 청년들이 있으며, 이들은 甲骨學을 비롯한 古文字學을 정복하기 위해 노력하고 있다. 그들 가운데 어떤 사람은 몸에 잔병이 있음에도 불구하고 의지가 굳세서 "다른 사람이 두 다리로 산에 오른다면 나는 반드시 사지를 다 이용해서 기어서라도 가겠다"는 마음가짐으로 古文字學 연구 영역에 들어갔다.[49] 또 어떤 사람은 20여 년 동안 온갖 인생 경험을 다하면서 단지 여가 시간을 이용해서 독학하여 마침내 근면과 끈기로 고문자의 신비한 대문을 두드려 열어서 현저한 성과를 얻었다. 사람은 반드시 원대한 이상과 포부를 가져야 하는데, 이것이 바로 옛사람들이 말하는 '立志'이며, 거기다가 근면과 각고의 노력을 꾸준하게 지속하면 어떤 어려운 학문이라도 모두 정복할 수 있다. 고된 노동을 할 생각은 하지 않고 수확만을 생각한다면 이것은 그야말로 몽상일 뿐이다.[50] 上海靑年古文字學社에서 일하는 젊은 사람들 중에는 노동자 출신도 있고, 간부 혹은 대학에 재학중인 사람도 있다. 그들은 본연의 직무를 마치고 또는 공부를 한 뒤에 여가 시간을 이용하여 甲骨學 등의 고문자를 지속적으로 독학하고, 또한 정기적으로 모임을 갖고 학술을 교류하며 절차탁마하고 고문자학자를 방문하고 있다. 아울러 자기들이 습작한 것을 발표한 부정기 유인물인 《古文字》를 출간하고 있는데, 1984년에 이미 5기를 발간하였다. 수년 간의 노력을 통해 그들 중 어떤 사람은 석사와 박사 과정에 진학하고, 어떤 사람은 대학에서 강의를 하고, 어떤 사람은 박물관이나 출판사 또는 과학 연구기관에서 고문자의 연구 작업에 종사하고 있다. 그들 중에 陳建敏이라는 사람이 있는데, 그는 군인·노동자를 거치고 난 후에 독학을 통해 상당한 甲骨學 기초를 쌓아 上海社會科學院 歷史硏究所에 예외적으로 보조연구원으로 임명되었으며, 차례로 〈董作賓 후기의 甲骨學 연구〉(《中國史硏究動態》, 1981년 제8기)·〈甲骨學 연구의 진전〉(《社會科學》, 1982년 제4기)·〈午組卜辭의 稱謂 체계 및 그 시대를 논한다〉(《全國商史學術討論會論文集》, 1985년 2월)[51] 등의 論文을 발표하였다.

중국의 독학자들은 결코 고군분투하는 것이 아니며, 국민과 사회가 그들에게 관심을 기울이고 있고 아울러 그들에게 성장의 조건을 제공하고 있다. 어떤 사람은 깊이 있는 연구를 하도록 관련 기관에 파견되었으며, 어떤 사람은 전문가의 지도와 격려를 받았다. 유명한 사학자 周谷城은 일찍이 《古文字》의 속표지에다 노장학자들이 청년 후배들에게 간절한 희망을 걸고 있다는 내용을 썼다. 또한 어떤 학자는 큰 소리로 고문자학자들을 조직하여 고문자 각 분야의 개론, 예를 들면 《甲骨槪論》·《靑銅器槪論》·《戰國文字槪論》·《簡牘槪論》 등과 같은 입문서를 저술하여 보다 많은 古文字學의 인재를 배출하자고 외쳤을 뿐 아니라,[52] 또한 몸소 실행하여 《古文字學初階》(中華書局, 1985년)를 편저하였다. 이밖에도 《殷墟甲骨文基礎七講》[53]·《殷墟甲骨文簡述》[54]·《甲骨文史話》[55] 등의 甲骨學 입문서와 공구서는 甲骨學 연구에 뜻을 둔 청년들에게 독학 입문의 길잡이 역할을 해준다.

甲骨學에 입문하는 것은 결코 어렵지 않으며, 게다가 87년 이래 甲骨學이 발전하여 얻은 성과들도 독학자들에게 보다 빨리 성과를 얻을 수 있도록 훌륭한 조건을 제공해 주고 있다. 주요한 것은 아래의 서술 내용과 같다.

첫째, 현재는 연구 자료를 수집하는 것이 훨씬 더 편리하다. 甲骨 기록서는 우리가 하는 연구의 기초이다. 과거에는 기록서의 출판이 매우 적어 자료를 보는 것이 어려워서 많은 선배학자들이 자료의 제한을 받아 연구를 제대로 하기가 곤란했다. 孫詒讓의 《契文擧例》는 단지 1종의 책만을 참고했고, 羅振玉의 《殷墟書契考釋》은 단지 4종의 책을 참고했으며, 孫海波의 《甲骨文編》(1934년 초판)은 단지 8종의 책만을 참고하였다. 또한 陳夢家의 《殷墟卜辭綜述》은 40여 종의 책을 참고하고, 島邦男의 《殷墟卜辭綜類》는 60여 종의 책을 참고하였다. 그런데 지금은 甲骨을 기록한 각종 전문서와 論文이 모두 1백27종 이상이나 있어 《殷墟卜辭綜類》에 수록한 범위를 훨씬 초과하고 있다. 이밖에 과거의 甲骨 기록들은 출판이 비교적 이르고, 더구나 발행 숫자가 많지 않아 모두 갖추어 수집하기가 지극히 어려웠다. 그러나 현재는 단지 《甲骨文合集》·《小屯南地甲骨》·《화이트 등 收藏 甲骨文集》·《東京大學東洋文化硏究所藏甲骨文字》 등의 책만 있으면 자료는 기본적으로 완비되어 甲骨學 연구라는 광활한 천지에서 종횡으로 치달을 수 있다.

둘째, 과거에 기록된 甲骨은 조건의 제한으로 말미암아 일부 拓片(혹은 寫眞)의 인쇄가 깨끗치 못하여 연구하기가 매우 불편하였다. 지금은 甲骨 15만 편의 소장가가 모두 이미 분명하다. 적지않은 기록들은 가능한 새로운 탁본으로 대체되었다. 설령 개별적인 탁본이 깨끗치 않아도 실마리를 찾아 原甲骨을 찾아 대조하고 비교할 수 있다. 따라서 연구 과정중의 '장애물'은 갈수록 적어지게 되었다.[56]

셋째, 대형 공구서의 출판이 나날이 증가하고 있다. 1962년 이전의 甲骨文字 고석을 집대성한 《甲骨文字集釋》은 전서가 14권 8책으로서, 이미 李孝定에 의해 편찬·출판되었으며, 아울러 몇 차례에 걸쳐 재판되었다. 일본인 島邦男의 《殷墟卜辭綜類》는 60여 종의 甲骨 기록서의 卜辭를 조목대로 일정한 部首에 따라 한데 모아 1967년에 이미 출판되었으며, 1971년과 1977년에 또 여러 번 수정증보판이 나왔는데, 이 책은 연구시 자료를 수집하는 데 대단히 편리하다. 알고 있는 바에 의하면, 더 완벽하고 더 좋은 《甲骨文

字典》·《殷墟甲骨刻辭類纂》·《甲骨文字考釋類編》등의 책이 한창 편찬에 박
차를 가하고 있다.

넷째, 87년 이래로 甲骨學 연구는 장족의 발전을 하여 매우 풍성한 연구
성과를 내었다. 선배학자들의 연구 경험과 그들이 걸어온 길은 우리가 참고
할 만하다. 우리가 오늘날 甲骨學을 연구하는 것은 선배학자들이 세워 놓
은 견실한 기초 위에서 전진하는 것이다. 물론 시간을 벌어 귀중한 학문 연
구의 생명을 연장시켜야 더욱 새로운 영역으로 진입할 수가 있는 것이다. 즉
우리는 선배학자들의 성과를 발판으로 삼아 마땅히 이를 발전시켜서 더욱
큰 성과를 얻어야 한다.

세상에는 대대로 인재가 나오는 법이다. 오늘날 甲骨學의 연구는 전시대
보다 더 좋은 조건을 가지고 있으며, 우리는 마땅히 이를 백 배 소중히 해
야 한다. "천리길도 한걸음부터〔千里之行, 始於足下〕"라는 속담은 아주 좋은
말이다. 각고의 노력으로 인내심을 갖고 꾸준히 노력하면 틀림없이 甲骨學
의 최고봉에 오를 수 있다.

성공의 길은 바로 당신의 발 밑에 있는 것이다!

제4절 本書의 취지

언어문자학자가 甲骨學 연구에서 치중하는 점은 역사고고학자와 다르다.
언어문자학자가 甲骨學 연구에서 치중하는 점은 甲骨文字의 고석, 문자
발생의 역사와 어법 구조, 문장 구조 등 文字學 자체의 문제에 있다. 그것의
내용은 銘刻學의 자료를 포괄하고, 또 許愼의 《說文解字》 부류와 같이 銘刻
되지 않고 轉抄되어 내려온 문헌상의 관련 자료를 포괄한다.[57] 그래서 오늘
날의 언어문자학자들은 전통 古文字學의 形體·音韻·訓詁 방면의 지식과
방법에 정통해야 하고, 銘刻上의 각종 고문자 자료에 대해 연구해야 한다.

그러나 역사고고학자는 언어문자학자가 甲骨文字를 고석한 성과를 이용
하고 흡수하여, 歷史考古學의 각도에서 甲骨의 占卜 방법과 契刻의 규율, 문
자의 시기별 변화 및 문자 내용에 반영된 각 시기의 사회·정치·경제·문

화의 발전과 변화 등을 연구한다. 연구의 내용과 범위를 가지고 말하면, 言語文字學의 연구에 비해서 훨씬 풍부하고 광활하다.

필자의 이《甲骨學通論》은 歷史考古學의 각도에서 甲骨學을 학습하는 것부터 시작해서, 연구하는 과정중의 문제들에 대해 필요한 甲骨學의 기초 지식과 기본 연구 방법을 소개하고 있다. 甲骨學 연구에 뜻을 둔 독자들이 本書를 읽은 기초 위에서 本書에서 열거한 甲骨學의 기본 저작을 더 읽고, 수집한 자료를 환히 익히고 배워서 독립적으로 甲骨學 자체의 문제들 및 殷商史·考古學 등의 방면의 문제들에 대해 연구할 수 있게 되기를 바란다.

필자는 本書에서 87년 이래 甲骨學의 연구 성과를 충분하게 구체화시키려고 노력하였으며, 되도록 이미 해결되었거나 해결중에 있는 중요한 학술 문제들의 전후 관계를 분명하게 서술하였다. 또 일부 토론중에 있는 문제들도 소개를 하여 독자들의 관심을 불러일으켜 토론 속으로 참여하기를 기대한다. 책 뒤에는 신중국의 甲骨學 논저 목록을 붙였는데, 甲骨學에 어느 정도 기초가 있는 연구자들이 조금이나마 편리하게 이용하기를 바란다.

河南省 安陽縣의 殷墟 甲骨文이 비교적 일찍 출토되었기 때문에 축적된 자료가 매우 풍부하며 연구도 비교적 성숙되었지만, 그러나 西周 甲骨의 출토와 연구는 신중국 성립 이후의 일이고, 게다가 출토된 수량이 비교적 적어서 더욱 심층적인 연구를 기다리고 있다.[58] 따라서 전통적인 '甲骨學'이란 일반적으로는 殷墟 甲骨文의 연구를 가리키는 말이다. 필자의 이《甲骨學通論》은 여전히 殷墟 甲骨文의 연구를 위주로 하였는데, 이는 本書 上篇의 내용이다. 西周 甲骨의 연구와 필자의 일부 견해는 本書의 下篇에서 서술하였다. 西周 甲骨의 연구가 비록 자료가 한정되고 연구가 불충분하며, 내용도 殷墟 甲骨文만큼 풍부하지는 못하지만, 그러나 西周 甲骨은 신중국 성립 후에 발견되고 연구되기 시작하여 마침내 甲骨學 연구 영역에 하나의 새로운 분야가 되었다. 앞으로의 임무는 이를 보다 완벽하고 풍부하게 하는 것이다.

長江의 뒷물결이 앞물결을 밀어낸다. 필자는 甲骨學 연구에 뜻을 둔 친구들이 강인한 의지로 노력해서 학문을 성취하여 甲骨學 연구 영역에 발언권을 갖는 전문가가 되기를 간절하게 바란다.

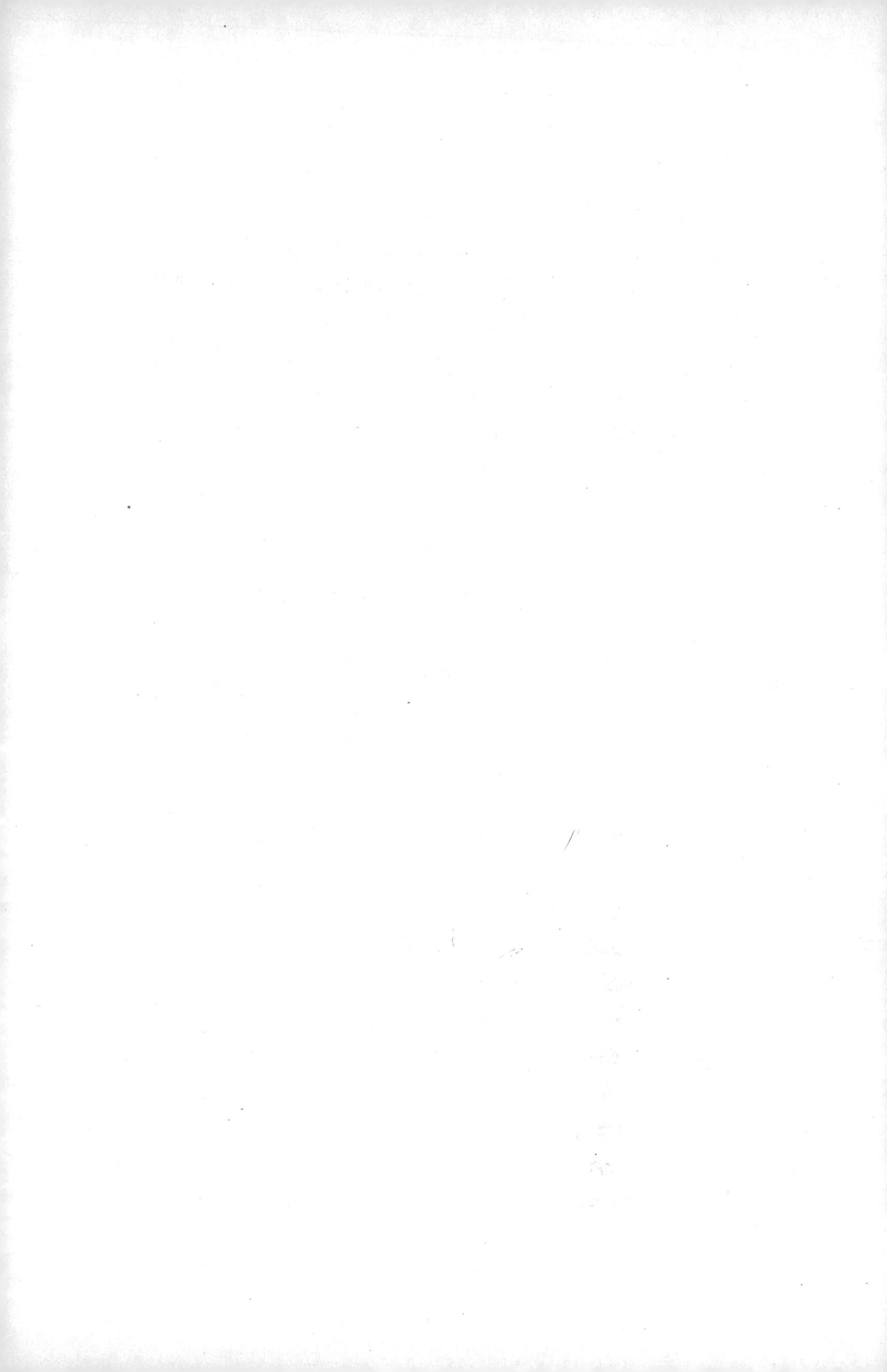

上　篇

제2장
甲骨文의 발견 연대와 발견자

　歷史學의 대가 王國維는 일찍이 "고래로 신학문의 흥기는 대부분 신발견에 기인한다"라고 깊이 있게 지적하였다. 아울러 중국 고대에 있었던 여러 차례의 중요한 발견을 예로 삼아 "孔子의 벽 속에서 책이 나온 이후 漢代 이래의 古文經學이 있게 되었다. 宋代에 고대 기물이 나온 이후 宋代 이래의 고기물과 고문자에 관한 학문이 있게 되었다. 晉代에 汲冢竹簡이 출토된 후, 동시기에 나온 杜元凱(즉 杜預)의 《左傳注》와 조금 뒤에 나온 郭璞의 《山海經注》에서 이미 그 학설을 이용하였다"고 말하였다.[1] 고대에도 이러했고, 근현대도 역시 이와 마찬가지이다. 곧 王國維가 살았던 清末・民國初에는 墜簡流沙, 敦煌의 寫經, 內閣大庫의 檔案, '四裔'의 碑銘 및 殷墟 甲骨文의 발견으로 말미암아 온 세상이 주목하는 여러 신학문이 무성하게 형성되었다. 특히 1899년 甲骨文의 발견과 조금 뒤의 과학적인 발굴은 甲骨學과 殷商 考古學이라는 완전히 새로운 학문을 형성시켰다. 이로부터 사료의 부족으로 말미암아 막바지에 다다랐던 殷商 文化의 연구는 기사회생하여 새로운 국면이 전개되었다. 甲骨學은 言語文字學・歷史學・考古學・古代科學技術史 연구 등의 학문과 밀접한 관계를 가진 當今의 '顯學'으로서 세계적인 학문이 되었다. 그래서 1899년 殷墟 甲骨文의 발견은 중국 학술사상의 일대 사건으로서 대서특필될 만한 가치가 있는 것이다. 이것을 최초로 감정하고 수집한 王懿榮은 중국 근대 학술사상, 특히 甲骨學史上 중요한 공헌을 한 사람으로 마땅히 사람들에게 존중되고 기억되어야 할 것이다.

　그러나 근래에 어떤 사람이 옛일을 다시 끄집어 내어, 甲骨文의 발견 연대와 이것을 최초로 감정하고 수집한 사람에 대해 다른 의견을 제기하였다. 이것은 갑골학계뿐 아니라 甲骨文이라는 중국의 우수한 문화 유산에 흥미를 갖고 있는 수많은 사람들의 관심을 불러일으켰다.

필자는 먼저 사람들이 비교적 관심을 갖고 있는 이 두 문제에 대해 답변을 하겠다.

제1절 甲骨文의 발견 연대는 1898년으로 앞당겨질 수 있는가?

필자가 여기에서 말하는 殷墟 甲骨文의 발견은 친히 甲骨 실물을 감정하고 문자를 보고서 그것의 가치를 인정하고, 아울러 그것을 진귀한 문물이라고 간주하고 의도적으로 수집·연구한 것을 가리킨다. 이 각도에서 말한다면 甲骨文의 발견은 마땅히 1899년에 王懿榮이 甲骨文을 감정하고 수집한 것으로부터 시작된다.

그러나 일반적 의미의 발견, 즉 甲骨文이 지하에서 발굴되어 나온 것은 1899년보다 2,30년 전에 시작되었다. 그러나 이러한 '발견'은 단지 그것이 '龍骨'로서의 약용 가치가 있다는 것만을 알고 있는 것이며, 이에 따라 학술연구에 중대한 손실을 끼쳤다. 이것을 어떻게 발견이라고 말할 수 있겠는가? 또한 보지도 못한 실물을 단지 항간의 떠도는 이야기로만 말하고, 골동품상이 "함께 앉아 그가 安陽에서 보고 들은 것을 이야기하였다"는 것에 의거해서 일종의 '古簡'이 아닐까 하고 의심하고 추측하는 것을 가지고 甲骨文을 '발견' 혹은 '인식'하였다고는 간주할 수 없는 것이다. 만일 이러하다면 처음에는 '보았으나 수집하지 않고서' 나중에야 '자기들이 본 것을 대중 앞에서 말했으며,' 마지막에는 '가지고 와서 판' 골동품상이 마땅히 甲骨文의 최초 발견자가 되어야 할 것이다. 그러나 실제로 골동품상은 마을 주민과 마찬가지로 '그것의 가치를 알지 못했으며'[2] 甲骨文의 일반 '古物'로서의 가치조차도 인식하지 못했다.

甲骨文이 1899년에 발견되었다고 하는 것은 董作賓[3]·胡厚宣[4]·陳夢家[5] 등 권위 있는 학자들이 명백하게 밝힌 것이라서 학계에서는 줄곧 아무런 이견이 없었다. 그러나 어떤 책은 근년에 어떤 사람이 "甲骨文 지식을 소개하려는 목적으로 현재 출판된 수종의 소책자는 甲骨文 지식을 보급하는 데 있어서는 유익한 점이 있다. 그러나 어떤 책은 甲骨文의 발견을 말할 때에 그다지 정확하지 못하거나 전면적이지 못하다"고 말하여,[6] 甲骨文이 발견된 해를 1898년으로 앞당기려고 애썼다. 이밖에도 《天津日報》·《天津文史資料》 등의 신문·잡지에 반복해서 이 견해를 피력하였다. 그 중요한 근거는 바로 王襄이 1955년에 쓴 유작 속에 수록되어 있는 "세상 사람들은 殷契가 1898년(즉 光緖 24년)부터 시작되었다고 안다"라는 말이다.[7] 이 말은 한때 학계의 중대한 뉴스거리가 되었다.

甲骨文은 결국 어느 해에 발견된 것인가? 1899에 발견되었다는 견해는 확실하고 적절치 못해서 마땅히 1898년으로 앞당겨야 하는가? 이 일을 분명하게 하는 것은 매우 필요하며 의의가 있다. 그러나 당사자들이 이미 작고하였기 때문에 그들에게 알아볼 수는 없는 일이다. 수정 제안자의 견해는 (정리된 '遺著'를 포함해서) 부적절한 곳이 있고, 모종의 주관적인 요소가 내포되어 있음을 부인하기 어려우며, 아울러 다 믿을 수가 없다는 것이다. 어떻게 할 것인가? 다행히도 적지않은 당사자 및 그들과 관계를 갖고 있는 사람들이 모두 발표된 글을 남겨 놓았다. 이것은 확실한 기정사실로서 수정 제안자의 의지로 해석할 수 없으며, 또한 비교적 정확하게 사정의 진실된 정황을 반영하고 있다. 그래서 필자가 그 일과 관계된 사람이 甲骨文 발견을 기술한 글들을 약간 배열하고 분석하기만 하면 명확하게 甲骨文이 결국 어느 해에 발견되었는가 하는 문제에 대한 결론을 얻는 것이 어렵지 않을 것이다.

王懿榮은 최초로 甲骨을 감정하고 수집한 사람 중의 하나이지만, 그 자신은 결코 우리에게 이 학문과 관련된 어떠한 글도 남기지 않았다. 그래서 필자는 단지 그 뒷사람의 추가 기록에 근거하고 아울러 그와 동시에 살았던 관계 있는 사람의 기록을 참조하여, 그가 甲骨文을 발견하고 수집한 시기만을 고증할 수 있을 뿐이다. 그의 아들 王漢章은 다음과 같이 회상하였다.

光緖 己亥年과 庚子年 사이를 회상해 보건대…… 골동품상이 고른 甲骨 중에서 조금 큰 것은 문자의 행렬이 정제되어 있는데, 篆文도 아니고 籀文도 아니라서 가지고 北京으로 돌아와 先公[아버지]에게 이를 말씀드렸다. 先公이

보여 달라고 해서 이를 자세하게 고증하였다. 그 문자는 확실히 篆文과 籀文의 중간에 있다. 이에 많은 액수의 돈을 주며 전부를 사가지고 돌아오라고 당부하였다.[8]

이 글은 王懿榮이 1900년 순국한 34세 이후에 쓴 것으로서, 그가 甲骨文을 감정하고 수집한 일에 관한 전면적인 기술이라고 봐야 한다. 王懿榮이 甲骨文을 발견했을 때 王漢章은 10세 전후에 불과했다. 그래서 그는 글 속에서 王懿榮이 甲骨文을 발견한 해가 '光緒 己亥年(1899년)과 庚子年(1900년)' 사이라고 말했는데, 당사자가 아닌 그가 들은 소식은 부정확한 점이 있음을 면하기 어렵다. 그러나 필자는 王懿榮과 동시기에 살았던 관련 인사들의 논저로부터 그래도 비교적 정확한 시간 기록을 찾을 수 있었다.

중국 甲骨學史에 맨 처음 기록되어 있는 《鐵雲藏龜》는 劉鶚이 1903년 자신이 소장한 甲骨 중에서 拓片을 정선하여 펴낸 것이다. 劉鶚이 소장한 甲骨은 王懿榮이 죽은 뒤 팔려고 내놓은 것의 대부분을 포함하고 있다.[9] 羅振玉은 《鐵雲藏龜》의 序文에서 다음과 같이 말하였다.

……光緒 己亥年에 古龜와 古骨이 출현하였다…….

그는 光緒 己亥年(1899년)을 甲骨文이 발견되고 수집된 해로 간주하였다. 劉鶚 자신도 《鐵雲藏龜》의 自序에서 다음과 같이 말하고 있다.

龜版이 己亥年에 河南省 湯陰縣에 속한 옛날의 牖里(즉 羑里)城에서 출토되었다…….

이 自序는 光緒 癸卯年 9월, 즉 1903년에 씌어진 것으로 己亥年과의 거리는 5년에 불과하다. 비록 劉鶚이 골동품상에게 사기를 당하고 羑里가 甲骨 출토지라고 잘못 믿었지만(이 설은 1908년이 되어서야 羅振玉에 의해 《殷墟古器物圖錄》이라는 책의 序文에서 밝혀졌다), 그러나 기본적으로 王懿榮과 동시기에 살았던 劉鶚이 기록한 甲骨 발견의 시기는 마땅히 믿을 만한 것이다.

이밖에 羅振玉의 머리말에 기록된 甲骨 발견 시기도 劉鶚과 마찬가지로 모두 光緒 己亥年(1899년)으로 되어 있다. 이것은 30여 년 후에 王漢章이 회상하며 이야기한 '己亥年과 庚子年 사이'보다 정확하다. 또한 일부의 논저에서도 甲骨文의 발견이 光緒 己亥年, 즉 1899년의 일이라고 기술하고 일일이 열거하지는 않았다. 우리는 단지 말년에 다른 견해를 갖게 된 王襄 자신이 초년에 기록한 글을 밝히는 것만으로도 충분하다.

王襄도 초기의 甲骨 수집가 중의 한 사람이다. 그는 1925년에 출판된《簠室殷契徵文》의 序文에서 일찍이 다음과 같이 피력하였다.

淸 光緒 己亥年에서 民國 紀元年(1912년)에 이르는 이 14년 동안에 출토된 甲骨은 대부분 구하였으며, 지난해에는《殷契類纂》을 펴내어 과거에 소장하고 있는 것을 겸해서 언급하였다……

그는 여기에서 甲骨이 발견된 해가 光緒 己亥年(1899년)이라고 생각하였다. 비록《簠室殷契徵文》이《鐵雲藏龜》보다 20여 년 늦게 나왔지만, 甲骨을 발견한 당사자의 한 사람인 王襄이 자신의 저작에서 회상하며 이야기한 甲骨文 발견 연대는《鐵雲藏龜》의 羅振玉과 劉鶚이 序文에서 기록한 연대와 일치한다.

1930년에 출판된 董作賓의《甲骨年表》(《史語所集刊》2本 2分)가 비록 甲骨의 발견자를 端方이라고 잘못 단정하였지만 甲骨文이 발견된 해에 관해서는 그래도 1899년의 난 안에 열거하였다. 8년 뒤인 1937년에 출판된 董作賓·胡厚宣 공저의《甲骨年表》는 1930년의《甲骨年表》에 근거하여 '증보 수정하여 다시 펴낸' 것인데, 새 표에서는 여전히 첫머리에서 요지를 밝히고 있으며, 제1란은 甲骨文이 발견되고 수집되기 시작한 해인 1899년이다. 이것은 지금까지 갑골학계에서 甲骨文이 1899년에 발견되었다는 견해에 관해 아무런 이견이 없었음을 말해 준다.

《甲骨年表》의 초판이 발행되고 재판이 발행된 8년 동안에 王襄은 또 다른 견해를 가지고 있지는 않았는가? 우리는 그가 이 기간에 두 차례에 걸쳐 기록한 글에서 甲骨의 발견과 그가 甲骨을 수집한 상황을 살펴볼 수 있다. 처음의 발표는 1933년에 하였는데, 그는 이렇게 기록하였다.

清 光緒 己亥年 이전에 河南省 安陽縣에서 貞卜文字가 출토되었다. 이해 가을에 濰縣의 상인들이 처음으로 가져와서 마을에서 팔았다…….[10]

이 서술은 그가 《簠室殷契徵文》의 序文에서 말한 것보다 더 상세하다. 두 번째의 발표는 1935년에 있었는데, 그는 甲骨文이 발견되기 1년 전의 겨울, 즉 글 속에서 말한 "때는 清 光緒 戊戌年(1898년) 겨울 10월이다"는 상황을 회상하며 다음과 같이 이야기하였다.

발견되었을 당시 농부가 땅콩을 거두어들이다가 우연히 땅 속에서 그것을 주웠는데, 그것이 귀중한 것임은 알지 못했다. 范氏 성을 가진 상인이 나의 서재로 골동품을 팔러 와서, 함께 앉아 그가 安陽에서 보고 들은 것을 이야기하였는데, 동향인 孟定生 선생이 이 말을 듣고는 古簡이라고 생각하고는 급히 수레를 타고 구하러 갔다…….

甲骨의 발견 연대에 관해서는 그가 이전에 여러 차례에 걸쳐 기술한 것과 똑같다.

다음해 가을(戊戌年의 다음해인 己亥年, 즉 1899년), 물건을 가지고 와서 팔았는데 龜版이라고 이름하였다. 세상에서 殷契가 있다는 것을 알게 된 것은 이로부터 시작되었다.[11]

위에서 인용한 王襄이 두 차례에 걸쳐 甲骨의 발견을 이야기한 문장 중에서, 우리는 다음과 같은 사실을 알 수 있다. 즉 《甲骨年表》가 두 차례 출판된 8년 동안에 그는 甲骨文이 1899년에 발견되었다는 견해에 대해서 아무런 이의를 제기하지 않았다는 것이다. 게다가 "세상에서 殷契가 있다는 것을 알게 된 것은 이로부터 시작되었다"라고 결단성 있고 단호하게 말했다.
그러나 1982년에 이르러, 즉 甲骨文이 발견된 지 83년 뒤에 王襄이 1955

년에 쓴 〈簠室殷契〉라는 글이 발표되었다. 게다가 그 글의 跋文에서, 학계에서 甲骨文의 발견에 관해서 "그다지 정확하지 못하고 전면적이지 못하기" 때문에 이 유작을 발표한 것이라고 강조하였다. 〈簠室殷契〉에서 그는 이렇게 적고 있다.

세상 사람들이 殷契가 있음을 안 것은 1898년(즉 淸 光緖 24년 이전)부터 시작되었다. 濰縣의 친구 范壽軒이 고대 기물을 팔러 와서 "河南省 湯陰縣(사실은 安陽)에서 骨版(실제로는 龜甲과 獸骨)이 출토되었는데, 거기에 문자가 있다"고 말하고 우리들에게 구하지 않겠느냐고 물었다. 당시 동향인 孟定生이 함께 말하였는데, 가서 구입하라고 나에게 간곡히 종용하고 그도 장차 사고자 한다고 말했다. 孟定生은 이 骨版이 고대의 簡策이라고 생각했다. 다음 해 10월, 范壽軒이 와서 骨版을 얻었다고 알렸다……. 그 물건임을 확인하고 다시 그 문자를 살펴보고서 그것이 三古(夏·商·周)의 유물임을 알게 되었다……. 孟定生과 王襄은 모두 가난한 선비였기 때문에 각자가 자신의 역량 내에서 수집했을 뿐이다. 들은 바에 의하면, 나머지 骨版은 王廉生(즉 王懿榮)에게 모두 3천금의 값을 받고 팔고서 기쁜 표정으로 말했다고 한다…….

물론 만일 확실한 증거와 설득력 있는 새 자료가 있다면 필자는 결코 甲骨文이 1899년에 발견되었다고 하는 견해에 구애받지 않을 것이며, 또한 甲骨文의 발견 연대를 앞으로 끌어당기는 데 반대하지 않을 것이다. 그러나 필자는 앞에서 인용한 王襄이 쓴 글에서 확실하고 전면적으로 甲骨文이 1898년에 발견되었음을 증명할 수 있는 유력한 증거를 찾을 수가 없다. 이것은 위에서 인용한 글이 사람들에게 설명할 수 없는 아래의 몇 가지 문제를 발생시켰기 때문이다.

첫째, 1955년에 씌어진 〈簠室殷契〉에서 말한 甲骨文 발견 연대와 동일 작자가 1925년에 발표한 《簠室殷契徵文》序文, 1933년의 《題所錄貞卜文册》과 1935년의 《題易穭園殷契拓册》에서 말한 것과 다르다. 특히 그가 1935년에 "다음해 가을(즉 1899년), 물건을 가지고 와서 팔았는데…… 세상에서 殷契가 있음을 알게 된 것은 이로부터 시작되었다"라고 운운한 것은 "세상 사람들이 殷契가 있음을 안 것은 1898년부터 시작되었다"고 한 1955년의 말과 동일한 일을 말하는 것으로서, 용어가 기본적으로 같으며 단지 시간상에 변화가 있을 뿐이다. 도대체 王襄이 초기에 기술한 시간이 정확한가, 그렇지 않으면 그가 나중에 기록한 시간이 정확한 것인가? 상식적인 이치로 말하면, 당사자가 사정에 대해 초기에 기술한 것이 나중에 기록한 것보다 좀더 확실할 것이다. 그래서 그가 초기에 세 차례에 걸쳐 甲骨文이 1899년에 발견되었다고 한 기술이, 그가 나중에 말한 것보다 좀더 확실하고 전면적이라고 생각하는 것은 이유가 있는 것이다.

둘째, 이미 글 속에서 골동품상이 고대 기물을 팔러 왔을 때 "河南省 湯陰縣에서 骨版이 출토되었는데, 거기에 문자가 있다"고 기술한 이상, 甲骨文의 최초 발견자는 응당 골동품상이 되어야 할 것이다. 왜냐하면 이때(1898년)에는 孟定生조차도 말만 들었을 뿐 실물을 보지 못한 상태여서 "이 骨版은 고대의 簡策이다"라고 추측하는 데 불과했기 때문이다. 그러다가 "다음해(즉 1899년) 10월, 范壽軒이 와서 骨版을 얻었다고 알렸다……. 그 물건임을 확인하고 다시 그 문자를 살펴보고서 그것이 三古의 유물임을 알게 되었다"고 하였을 때가 되어서야 비로소 진정으로 甲骨을 인식하고 감정한 때라고 할 수 있다. 그러나 이것은 〈簠室殷契〉 서두의 "세상 사람들이 殷契가 있음을 안 것은 1898년부터 시작되었다"는 말과 서로 모순이 된다.

셋째, 1899년에 范壽軒이 甲骨을 판 것은 도대체 王懿榮에게 먼저 판 것인가, 아니면 王襄과 孟定生에게 먼저 판 것인가? 王襄이 〈簠室殷契〉에서 말한 내용은 애매모호하다. 글 속에서 기술한 "孟定生과 王襄은 모두 가난한 선비였기 때문에 각자가 자신의 역량 내에서 수집했을 뿐이다. 들은 바에 의하면, 나머지 骨版은 王廉生(즉 王懿榮)에게 모두 팔았다"는 말로 볼 때, 마땅히 王襄과 孟定生이 王懿榮보다 먼저 甲骨을 수집하였을 것이다. 그렇지 않다면 또 어떻게 '나머지 骨版'이나 "王廉生에게 모두 팔았다"고 말할 수 있겠는가? 그러나 "王廉生에게 모두 팔았다"고 말하고 뒤에 이어서 또 "3천금의 값을 받고 팔고서 기쁜 표정으로 이를 말했다"고 한다면, 이는 마땅히 상인 范壽軒이 王懿榮에게 먼저 甲骨을 판 것이다. 그렇지 않다면 또 어떻게 范壽軒이 王懿榮으로부터 "3천금의 값을 받았다"고 하고, 아울러 거액의 매매가 이루어졌다고 해서 王襄과 孟定生의 면전에서 "기쁜 표정으로 이를 말했다"는 것을 알 수 있겠는가? 사실은 王襄의 다른 저작 속에서 이 사실을 분명하게 기록하였다. 예를 들면《題易穭園殷契拓册》에서는 일찍이 1898년에 골동품상이 "보기만 하고 구입하지는 못했으며," 1899년에 다시 천진에 갔을 때에야 비로소 甲骨을 "가지고 와서 팔았는데 龜版이라고 이름하였다"고 기록하였다. 王襄이 1957년에 쓴《簠於室契文餘珠・序》[12]에서는 "가서 范壽軒을 보고, '殷契'를 물은 것은 과연 무엇 때문인가?"라고 말하였는데, 여기에서 甲骨文은 王懿榮이 먼저 인식하고 수집하였다는 것이 정확함을 알 수 있다. 왜냐하면 그 사람 이전에는 아직 殷墟에서 출토된 甲骨文을 '龜版'이나 혹은 '殷契'라고 부른 사람이 없었기 때문이다.

비록 〈簠室殷契〉라는 글에 甲骨의 최초 수집자 및 연대에 대해 여러 가지 애매한 점이 있기는 하지만, 그러나 우리는 각종 관련 기록의 분석・비교를 거쳐 한 가지 점은 매우 명확하다고 할 수 있다. 즉 王襄 자신이 甲骨을 수집한 것도 1899년에 시작되었다고 서술하였는데, 이것은 그가 1933년과 1935년에 발표한 두 편의 글에서 기록한 시간과 동일하다.

〈簠室殷契〉의 글 끝에는 "나(王襄 자신)도 이 殷契를 귀중하게 여긴 지가 근 60년이 되었다"는 말이 있다. 주석자는 이에 대해 다음과 같이 고증하였다.

清 光緖 24년(1898년)에 작자가 殷契를 수집한 때부터 乙未年(1955년)에 이 글을 쓸 때까지 근 60년이 되었다.

이 주석은 王襄이 甲骨을 수집한 시기를 매우 명확하게 말하고 있지만, 우리는 위에서 인용한 王襄의 수 편의 글 속에서 그 자신이 甲骨을 수집한 것이 1898년부터 시작되었다고 말한 것을 볼 수가 없다. 주석자가 王襄이 '듣건대' 河南省에서 '古骨'이 출토되었다고 하는 해와 王襄이 甲骨을 '수집'한 해를 하나로 합했음을 발견하기는 어렵지 않다. 이것은 바로 인위적으로 甲骨의 발견과 수집 시기를 1년 앞당겨 놓았음이 매우 분명한 것이다. 王襄은 1957년에《簠於室契文餘珠・序》에서도 자기가 甲骨을 감정하고 수집하였으며, "때는 淸나라 光緖 己亥年(1899년) 겨울 10월이다"라고 말하였다. 그래서 주석자가 시간을 1898년으로 앞당겨 놓은 것은 근거가 부족할 뿐 아니라 진지하게 고증하지 않았으므로 정설로 삼기 어렵다.

〈簠室殷契〉 및 그 跋文에서 甲骨文의 발견 시기를 인위적으로 1년 앞당긴 이후로, 어떤 사람이 부화뇌동하여 甲骨文이 '淸 光緖 25년(1899년)'에 발견되었다는 학계의 공인된 견해가 '시간이 조금 늦다'고 주장해서 한때 중대한 뉴스거리가 되었다. 그렇다면 '조금 빠르다'면 언제가 되어야 하는가? 우리는 그 글을 인용하여 분석해도 무방할 것이다.

> 1898년 濰縣의 골동품상 范壽軒이 天津으로 가서 고대의 문물을 팔 때 王襄과 孟定生 등의 지식인들에게 가르침을 구했는데, 孟定生 등은 고대의 簡策일 가능성이 있다고 판단하고 서둘러 먼저 가서 사들였다. 1899년에 范壽軒은 小屯村에서 甲骨을 사 天津으로 가져가서 王襄과 孟定生 등에게 감정을 의뢰하였는데, 이리하여 처음으로 고대의 문물과 고문자임이 확정되었다. 甲骨文은 바로 이렇게 발견되고 감정된 것이다.[13]

글 속에서 말하는 甲骨文 발견의 해도 역시 애매모호하다. 도대체 1898년인가, 아니면 1899년인가 하는 문제에 대해서는 아직 명확하게 대답할 수가 없다. 사실 이 글에서 말하고 있는, 范壽軒이 甲骨을 가지고 天津으로 간 1899년은 그 글 속의 '淸 光緖 25년'과 본래 같은 해이다. 만일 정말로 작자가 말한 바와 같이, 甲骨文이 '淸 光緖 25년'에 발견된 것이 '시간이 조금 늦다'고 한다면, 자연히 작자가 글 속에서 서술한 1898년에 范壽軒이 王襄과 孟定生 등 지식인들에게 '가르침을 청한' 때이어야 한다. 그러나 위의 인용문을 가지고 자세히 추측해 보면, 甲骨文의 발견 연대가 앞당겨져야 한다고 주장한 작자 본인도 결코 이 '가르침을 청한' 해가 바로 甲骨을 '처음으로 고대의 문물과 고문자로 확정한' 해라고 주장하지 않았다는 것을 쉽게 발견할 수 있다.

필자가 甲骨 발견자, 발견자와 동시기의 관련인 및 후세 사람이 남긴 기록에 대해 진지하게 분석·비교하고 연구해 본 결과 甲骨文은 확실히 1899

년에 발견되었으며, 인위적으로 1898년으로 앞당길 수 없다는 결론을 얻었다. 단지 실사구시하는 마음가짐만 있으면 공정한 결론을 얻는 것은 어렵지 않은 것이다.

제2절 甲骨文의 최초 발견자 王懿榮

甲骨文의 최초 발견자에 관해 董作賓은 1930년에 출판한 《甲骨年表》의 〈己亥 淸 光緖 25년 서기 1899년〉 난에서 다음과 같이 적고 있다.

山東省 濰縣의 골동품상 范維卿은 처음으로 安陽縣 小屯村에서 출토된 甲骨文字를 세상에 소개하였다……. 이해에 范維卿이 비로소 처음으로 약간의 甲骨片을 수매하여 端方에게 바쳤다.

王懿榮이 甲骨文을 최초로 감정하고 수집한 사람이라는 것에 대해서는 다른 견해가 있다. 《甲骨年表》에서는 다음과 같이 말하고 있다.

전하는 바에 의하면, 安陽縣 小屯村의 殷代 유적지에서 출토된 甲骨文字는 王懿榮에 의해 발견되었지만, 그러나 마을 주민들이 말하는 바에 의하면 처음으로 구해서 산 사람은 골동품상 范維卿이다. 范維卿은 端方이 고대 文物을 수집하기 위해 武安·彰德 일대를 왕래한다는 소식을 듣고서, 甲骨에 문자가 새겨져 있는 것을 보고는 약간의 甲骨片을 사서 端方에게 바쳤다. 端方은 매우 기뻐하여 한 글자당 銀 2냥 5전을 주었으며, 范維卿은 이에 온 힘을 다하여 사들였다. 마을 사람들은 지금도 이를 미담으로 생각한다. 찾아가 들은 바에 의하면, 지금 端方의 집에서 고대 기물을 내다가 파는데 거기에 甲骨문자가 있는 것으로 보아서 마을 사람들의 말이 거짓이 아니라는 것이 증명된 셈이다. 王懿榮은 다음해(즉 1900년)에 北京에서 수집하였으니, 시기적으로 조금 늦다.

학계에서는 한때 甲骨을 최초로 발견한 사람이 端方이라는 말이 널리 퍼진 적이 있다. 陳夢家는 이에 대해 연구하여 "《洹洛訪古游記》(上, 12쪽)에는 '근 3년 동안(宣統 元年 이래를 가리킴) 나의 형(즉 羅振玉을 가리킴)은 이것을 수집하는 데 몰두하였는데, 北京과 山東에서 온 손님들이 모두 그에게 머물렀다. 이 일을 계속한 사람은 尙書 端午橋(즉 端方)이고, 그외에 옛것을 좋아하는 方伯 沈子培 같은 인사도 일찍이 그것을 수집하였다'고 하였다. 《甲骨硏究》 9쪽·15쪽에서는 '1904년에 范氏가 또 1천 편을 얻어 長沙로 가서 端方에게 팔았다'고 하였다" "우리는 端方이 甲骨을 소장한 때가 王懿榮과 劉鶚의 뒤이며, 羅振玉과 동시기 혹은 전후로서 光緖 말엽이라고 생각한다" "宣統 3년에 端方은 四川에서 죽었는데, 그가 소장한 甲骨의 대부분은 그의 사위 項城 袁氏의 소유가 되었다. 그러다가 1947년 가을에 이리저리 전전하다가 羅福頤의 소유가 되었는데 僞片이 매우 많았다"라고 지적하였다. 陳夢家는 "이 점을 가지고 볼 때 그가 甲骨을 소장한 것이 그다지 이르지 않음을 알 수 있다"고 주장하였다.[14] 이로 미루어 端方은 최초의 수집자가 아니다.

또 어떤 사람은 劉鶚을 최초로 甲骨을 발견하고 수집한 사람이라고 하였다. 汐翁은 《華北日報華北畫刊》 1931년 제89기에 발표한 〈龜甲文〉에서 다음과 같이 말하였다.

이해에 丹徒의 鐵云 劉鶚은 北京을 유람하면서 福山 正儒의 사저에서 머물렀다. 正儒는 학질에 걸려서 龜版을 약으로 복용하였는데, 이것은 채소 시장 입구에 있는 達仁堂에서 사온 것이다. 鐵云은 龜版에 篆文이 契刻되어 있는 것을 발견하고서, 이를 正儒에게 보이고는 서로 놀라고 의아해하였다……. 鐵云은 모든 가게를 돌아다니면서 문자가 비교적 분명한 것을 골라서 사가지고 돌아왔다.

1937년에 재판한 《甲骨年表》의 己亥年(1899년) 난에는 이에 근거해서 劉鶚이 甲骨을 감정하고 수집한 기사를 증보하였다. 그러나 주석에서 "오직 원문에는 光緖 戊戌年(1898년)의 일이라고 잘못 주장하였으므로 특히 이를 바로잡는다"라고 밝혀 놓았다.

〈龜甲文〉에 기록된 甲骨의 발견 연대가 잘못된 것은 말할 것도 없고, 劉鶚이 최초로 甲骨을 발견하고 수집한 사람이라는 것도 확실치 못하다. 이는 王懿榮이 1899년에 최초로 甲骨을 수집하고 감정하기 시작하였다는 사실을 아는 사람이 매우 적기 때문이다. 바로 王國維가 기록한 바와 같이, 甲骨이 "처음 출토된 후, 濰縣의 상인이 이를 몇 편 얻어서 福山의 文敏公 王懿榮에게 팔았다. (글자당 은 4냥을 주었다고 들었다.) 文敏公은 이 일을 비밀로 하도록 명하고, 당시에 출토된 것 모두를 차례로 사들였다."[15] 陳夢家도 "여러 기록을 근거로 해서" 王懿榮이 모두 세 차례에 걸쳐 甲骨을 수집하였다고 고증하였는데, "첫번째는 1899년 己亥年 가을에 상인 范氏가 王氏에게 12판을 팔았는데, 1판당 은 2냥을 주었다. 두번째는 1900년 庚子年 봄에 상인 范氏가 또 8백 편을 王氏에게 팔았는데……《鐵雲藏龜》自序에는 '庚子年에 范氏 성을 가진 손님이 1백여 편을 가지고 北京으로 갔는데, 福山의 文敏公 王懿榮이 이를 보고는 매우 기뻐하며 후한 값을 치르고 그를 머물도록 하였다'고 하였다. 세번째도 庚子年인데, 같은 책의 自序에서 '후에 濰縣의 趙執齋는 수백 편을 얻었는데, 이것도 역시 文敏公에게 팔았다'고 하였다"라고 말하였다. 그리고 또 말하길 "劉鶚은 自序에서 王懿榮이 두 차례에 걸쳐 甲骨을 수집한 것이 모두 庚子年에 있었던 일이라고 언급하였다"라고 하였다. 그는 또한 劉鶚의 《抱殘守缺齋日記》辛丑年(1901년) 10월 28일에 기록된 "오늘 아침에 王端士가 왔는데, 그의 말이 趙〔執齋〕의 말과 부합한다. 王端士는 文敏公 王懿榮이 모두 두 차례 구입하였는데, 첫번째는 은 2백 냥이 들었고, 두번째는 은 1백여 냥이 들었다고 말했다"고 운운한 것에 근거하여, "劉鶚은 단지 王懿榮이 庚子年에 두 차례 샀다는 것을 믿었을 뿐이며" 결코 王懿榮이 1899년에 최초로 甲骨을 수집한 일은 몰랐다고 고증하였다.[16] 羅振常의 《洹洛訪古游記》宣統 3년(1911년) 2월 23일에는 "후에 마을 사람들이 甲骨을 얻어서 모두 范氏에게 팔았다. 范氏 역시 文敏公 王懿榮에게 팔았을 뿐이며, 다른 사람은 알지 못한다"고 기록되어 있다. 이 기록은 陳夢家가 "王懿榮 생전에 劉鶚은 아마도 그의 甲骨을 본 적이 없는 것 같다"[17]고 한 분서이 타당성이 있음을 보충 증명해 주고 있다. 그래시 劉鶚이 汐翁의 글에서 말한 대로 1899년에 王懿榮의 집에서 甲骨을 보았다는 것은 불가능하며, 또한 그때 '모든 가게를 돌아다니면서' 甲骨文을 수집하였다는 것도 불가능한 일이다. 劉鶚이 甲骨文을 처음으로 수집한 것은, 陳夢家가 《抱殘守缺齋日記》의 辛丑年(1901년) 10월 20일에 기록된 "저녁에 하나하나 세어 보니 龜骨이 모두 1천3백 건이었다"는 말에 근거하여 "1901년 이후에 劉鶚 자신이 수장하였다"고 주장한 것으로 볼 때,[18] 王懿榮에 비해서 늦다.

신문은 오로지 기이한 것만을 찾아서 독자들의 호기심을 충족시키는 것을 좋아한다. 1편이 온통 잘못된 시간과 잘못된 출토 지점을 소개하고 있는 작은 글은 본래 근거로 삼을 수 없는 것이다. 그러나 이 이후로 오히려 수십 년에 걸친 '公案'이 형성되었으며, 줄곧 최근까지도 채소 시장 입구에 達仁堂이 있었는지의 여부 및 한약을 먹었다는 것이 '龍骨'을 잘게 부수어 달였는지의 여부 등을 열심히 고증하는 사람이 있었다. 劉鶚이 王懿榮의 집에서 甲骨을 보았다는 것은 본래 거짓말로서, 어떤 사람이 거짓을 진실로 간주하여 부지런하게 그 존재를 고증한 것인데, 어디에서 결과를 얻을 수 있겠는가?

甲骨文이 1899년에 발견된 이후, 이를 최초로 수집한 사람은 마땅히 王懿榮일 것이다. 劉鶚은 《鐵雲藏龜》 自序에서 이에 대해 매우 분명한 어조로 말하고 있다.

　　……庚子年에 范氏 성을 가진 손님이 1백여 편을 가지고 北京으로 갔는데, 福山의 文敏公 王懿榮이 이를 보고는 매우 기뻐하며 후한 값을 치르고 그를 머물도록 하였다. 후에 濰縣의 趙執齋는 수백 편을 얻었는데, 이것도 역시 文敏公에게 팔았다…….

비록 劉鶚은 王懿榮이 처음 甲骨을 구입한 해가 1899년보다 1년 뒤라고 기록하고 있지만, 결코 그 자신이 甲骨을 최초로 수집한 사람이라고 주장하지는 않았다.

劉鶚의 친한 친구 羅振玉은 1901년에 劉鶚의 집에서 그가 소장한 甲骨을 보았다. 그는 1910년에 출판된 《殷商貞卜文字考》 自序 중에서 王懿榮을 甲骨을 수집한 최초의 인물로 보았다.

光緒 己亥年에, 내가 듣기로는 河南省의 湯陰縣에서 刻辭가 있는 고대의 龜甲과 獸骨이 발견되었는데, 이것은 福山의 文敏公 王懿榮이 얻은 것이라고 한다. 서둘러서 대강 본 것이 한스럽다.

羅振玉은 王懿榮과 劉鶚 등의 뒤를 이은 유명한 甲骨 수장가이다. 그는 1907년부터 수집을 시작하여 1940년에 죽을 때까지 3만 편 이상에 달하는 甲骨을 수장하였다.[19] 그는 또 이를 공포하고 연구하여 甲骨學의 형성과 발전에 공헌을 하였다. 그는 일찍부터 이 학문에 뜻을 두었으므로, 甲骨의 최초 수집가가 王懿榮이라고 한 그의 말은 마땅히 허언이 아니다.

王襄과 孟定生에 대해서도 언급을 해야 한다. 비록 그들이 1898년에 제일 먼저 甲骨文을 발견하였다고 생각할 수는 없지만, 그들이 1899년에 王懿榮과 약속이나 한 듯이 차례로 甲骨文을 감정하고 수집하였다는 것은 가능성이 있다. 오랜 세월 동안 王襄과 孟定生의 甲骨學에 대한 공헌은 사람들에게 무시되어 왔는데, 비록 王襄이 글을 써서 거듭 말했다고는 하지만 필경 그 목소리는 너무도 미약한 것이었다. 1944년에 이르러 胡厚宣은 《甲骨學商史論叢》 초집 4책에 수록된 〈甲骨文 발견의 역사 및 그 자료의 통계〉라는 글에서 王懿榮과 "동시에 甲骨을 수집한 사람으로 일찍이 王襄과 孟定生이 있는데, 이 일에 대해 전시대의 사람들은 대부분 알지 못하였다"고 지적하였다. 이후 胡厚宣은 1951년에 발표한 《50년 甲骨文 발견의 總結》[20]과 1955년에 발표한 《殷墟發掘》[21]에서, 또한 陳夢家는 1956년에 출판한 《殷墟卜辭綜述》[22]에서 王襄과 孟定生의 이런 공헌에 대해 여러 차례에 걸쳐 인정하였다. 이 저작들의 영향이 비교적 컸기 때문에, 그들이 비교적 초기에 甲骨을 발견하고 수집한 사람이라는 甲骨學史에서의 지위가 비로소 회복되었다.

甲骨을 비교적 초기에 발견하고 수집한 사람이 王襄과 孟定生인데 어째서 甲骨學史上 장기간 마땅히 누려야 할 지위를 얻지 못했을까? 필자는 그 원인이 아래에서 말하는 몇 가지 방면에 있다고 생각한다.

첫째, 비록 王襄과 孟定生이 기본적으로 王懿榮과 동시에 甲骨文을 인식하고 수집하였지만, 그러나 애석하게도 그들은 모두 가난했기 때문에 능력이 미치지 못해 단지 그들이 본 10개나 1백 개 중 한두 개만을 얻었을 뿐이며, 대충 한 번 보고 말 것이 아니라 考古에 이용해야 한다고 생각했다.[23] 孟定生과 王襄은 모두 능력이 없어서 많은 것을 사들일 수 없었지만,[24] 그들과 기본적으로 동시기 혹은 조금 뒤에 등장한 甲骨 수장가들은 가산이 넉넉하여 구입한 것이 대단히 많았다. 王懿榮은 1900년에 이미 1천3백여 편을 구입하였다. 劉鶚은 1902년에 1천여 편을 구입하였으며, 1909년 新疆에서 객사하기 이전까지 이미 5천여 편을 수집하였다. 端方은 1904년에 이미 1천여 편을 수집하였다. 이들 초기 수장가와 비교해 보면 王襄과 孟定生이 구입한 것은 확실히 적다. 그들은 1899년에 "단지 그들이 본 10개나 1백 개 중 한두 개만을 얻었을 뿐이며," 거기에다 1900년 4월에 상인 范氏가 天津에 가서 "자질구레한 동전 10꿰미를 받고 팔고 갔을 때"[25] 구입한 것을 더하더라도 초기에 수집한 것은 기껏해야 대략 5,6백 편 정도였다.[26] 1911년 전후까지는 甲骨文이 "淸代 말엽에 출토량이 날로 많아지고 수집하는 사람이 적어서 그 가치가 크게 없어졌다. 나는 그때 공부 때문에 北京에 있었는데, 北京과 天津의 두 곳에서 본 것은 모두 구입하였다……. 가장 많게는 4천여 편을 소장하였다."[27] 게다가 安陽縣 殷墟 小屯村에서 1917년에 대규모의 甲骨이 발견되어 王襄과 霍保祿에게 팔렸다. 王襄의 것 중 일부분은 후에 그가 펴낸 《簠室殷契徵文》에 수록되었다.[28] 위에서 언급한 각 甲骨片은 총 4천5백 편 내외인데, 그 중에 1917년에 얻은 것이 가장 우수하다. 위의 서술로부터 우리는, 王襄과 孟定生이 초기의 수장가 중에서 수집한 것이 비교적 적고 우량한 것이 많지 않기 때문에 王懿榮이나 劉鶚 등 대량의 수장가들처럼 주목을 끌지 못했다는 것을 알 수 있다.

둘째, 王襄이 소장한 甲骨은 1925년에야 비로소 선정 탁본되어 《簠室殷契徵文》이라는 책으로 출판되었는데, 이 책의 인쇄 상태가 정밀하지 못하며, 또 탁본에는 자르고 그려넣은 부분이 있어서 사람들이 한 차례 그 자료의 신빙성에 의문을 가졌기 때문에 이 책의 영향이 적었다. 그리고 王襄과 동시기 혹은 조금 뒤의 甲骨 수장가인 王懿榮·劉鶚·羅振玉 등의 소장품은 1903년의 《鐵雲藏龜》, 1911년의 《殷墟書契》, 1914년의 《殷墟書契精華》, 1915년의 《鐵雲藏龜之餘》, 1917년의 《戩壽堂所藏殷墟文字》, 1925년의 《鐵雲藏龜拾遺》 등의 책에서 이미 王襄이 수장한 것보다 먼저 공개되었다. 비밀을 지켜 공개하지 않으면, 땅속에 감추어져 있는 것과 무엇이 다르겠는가? 바로 이들 수장가의 소장품이 일찍 공개되어서 사회에 비교적 광범하게 유포되어 연구하는 데 이용되었기 때문에 자연히 그들이 수장한 것이 더 큰 영향을 끼쳤던 것이다.

셋째, 王襄은 1900년 이후부터 "당시에 전쟁의 소용돌이가 끝없이 이어지고 노모의 병이 깊어서 급한 것을 해결하는 데 치중했기 때문에 이 殷契를 중시하지 못했다. 그때 놀라 가슴이 두근거리던 것을 생각하면 지금까지도 벌벌 떨린다. 이로부터 殷契를 말하지 않은 지가 12년이 되었다"라고 말하였다.[29] 그러다가 1920년에야 비로소 《簠室殷契類纂》을 출판하였다. 그런데 이 20여 년의 기간 중에 1910년에는 羅振玉의 《殷商貞卜文字考》가 출판되었고, 1914년에는 羅振玉의 《殷墟書契考釋》이 출판되었으며, 1917년에는 孫詒讓이 1904년에 쓴 《契文擧例》가 출판되어 甲骨學 연구가 문자를 식별하고 구두점을 찍는 초창 단계를 지났다. 특히 王國維가 1917년에 발표한 〈殷卜辭에 나타난 先公·先王考〉 및 그후에 발표한 〈續考〉[30] 등의 중요 論文은, 甲骨文을 商代史 연구 영역에 응용하여 甲骨學의 학술 지위를 대대적으로 제고시켰다. 甲骨學의 형성 단계에서 王襄은 오랜 시간 동안 침묵하였기 때문에 스스로 초기 甲骨 수집가로서의 영향을 더 많이 발휘할 수 없었다.

넷째, 1928년부터 1937년까지 河南省 安陽縣 殷墟에서는 열다섯 차례에 걸쳐 대규모로 과학적 발굴 작업이 진행되었다. 甲骨學 연구도 전통 金石學의 울타리를 벗어나서 근대 필드 考古學의 과학적인 방법과 결합하기 시작하였다. 董作賓으로 대표되는 갑골학자들은 더욱 과학적이고 치밀한 방법론을 이용하여 시기 구분을 하고, 商代史를 탐색하고, 卜法과 文例를 밝혀 甲骨學 연구를 새로운 차원으로 끌어올렸다. 郭沫若은 돌연히 이 분야에 뛰어들었으며, 마르크스주의를 이용해서 甲骨學과 商代史 연구를 지도하여 중국의 歷史學과 甲骨學 연구의 신천지를 개척하였다. 고대 사회의 많은 신비가 학자들에 의해서 밝혀졌다. 그런데 王襄은 《簠室殷契類纂》과 《簠室殷契徵文》이 완성된 후에 浙江·閩〔福建〕·粵〔廣東〕·滇〔雲南〕 등지에 가서 일을 하였으며, 1934년에야 湖北에서 天津으로 돌아왔다. 비록 그가 이 甲骨들을 언제나 함께 갖고 다니며, 연구하고 손으로 매만지며 감상하였지만,[31] 그러나 그는 공무로 인해 연구에 전력을 다할 겨를이 없었다. 필자는 그가 쓴 1933년의 〈題所錄貞卜文册〉과 1935년의 〈題易穭園殷契拓册〉 등 공개적으로 발표된 많지 않은 글 이외에, 단지 1955년에 쓰고 1982년에 발표한 〈簠室殷契〉를 보았을 뿐이다. 이 때문에 甲骨學 연구에서 장족의 발전을 이룩한 제2시기는 殷墟의 과학적 발굴 시기이며, 또한 甲骨學의 형성과 발전의 관건 시기인데, 자연히 비교적 큰 공훈을 세운 郭沫若·董作賓과 그후의 于省吾·胡厚宣·陳夢家 등의 학자들이 갑골학계를 주도하는 '중심 인물'이 되었다.

비록 이렇다고는 하지만 王襄과 孟定生은 또한 王懿榮과 함께 甲骨文의 최초 발견자이며, 응당 甲骨學史上 일정한 지위를 가져야 할 것이다. 王襄의 《簠室殷契類纂》과 《簠室殷契徵文》은 甲骨學의 발전을 위해 공헌을 하였다. 王襄의 甲骨學의 연구 및 공헌에 관해서는 本書의 제12장 제1절에서 상세하게 서술하므로 여기서는 더 이상 언급하지 않겠다.

제3절 甲骨文 발견에 관한 기타 견해와 몇 가지 새로운 보충 증거

甲骨文은 "小屯村의 농민이 발견하였다"는 주장이 어떤 원인에 의해 한동안 유행하였다. 羅振常이 기술한 상황을 보면, 곧 자연히 농민들이 어떻게 甲骨을 '발견'하였는지 명백하게 알 수 있다.

이곳에 매장된 甲骨은 30여 년 전에 이미 발견된 것이며, 오늘에 와서야 시작된 것이 아니다. 어느 해에 어떤 사람이 밭을 가는데 갑자기 몇 편의 甲骨이 흙과 함께 뒤집혔다. 이것을 살펴보니 어떤 것은 刻劃이 있고, 또 어떤 것에는 짙은 색이 칠해져 있었는데(즉 塗朱를 한 것) 무슨 물건인지는 알지 못했다. 북방에서는 땅 속에 매장물이 많아서 밭갈이를 할 때마다 간혹 약간 기이한 물건이 나타날 때가 있었는데, 즉시 그곳을 파보면 銅器·옛날돈〔古泉〕·古鏡〔고대의 銅鏡〕 등이 나와 후한 값을 받았다. 이 사람은 뼈가 나온 것이 이상하다고 생각하고, 다시 더 깊이 파들어가 다량의 甲骨을 발굴하였으며, 잠시 이를 가져다가 숨겨두었지만 관심을 가지는 사람이 없었다. 그것은 크기가 아주 큰 肩胛骨이었는데, 근대에는 이러한 짐승이 없었으므로 그 지역 토박이들이 이를 보고는 龍骨로 간주하여 가져다가 약방에 보였다. 약물 가운데는 龍骨・龍齒가 있으나 오늘날에는 龍이 없기 때문에 매번 古骨로 이를 충당하며, 사람이든 가축이든 상관하지 않았다. 또 古骨을 갈아서 가루로 만들어 사용하면 칼에 벤 상처를 낫게 하였다. 그래서 약방에서는 이를 구입하며, 1근이 되어야 겨우 몇 푼의 돈을 받을 수 있었다. 단단한 古骨은 간혹 구입해서 물건을 새기기도 한다. 시골 사람들은 농한기를 이용해서 땅을 팠는데, 어디를 파든 얻는 것이 많았으며, 큰 것을 추려서 팔았다. 구입하는 사람이 간혹 글자가 새겨져 있는 것을 사가지 않으면 주걱으로 이를 깎아내고 팔았다. 그 중에서 작은 것이나 글자가 많아 제거하기 어려운 것은 모두 마른 우물을 메우는 데 사용하였다.[32]

이러한 '발견'과 고문자가 새겨져 있고, 아울러 고대의 진귀한 문물임을 감정하고 의식적으로 수집한 것은 함께 논할 수 없는 것이다. 이러한 '발견'이 만일 甲骨文이 '다시 밝은 세상을 본 것'을 가리킨다면, 땅속에서 파헤쳐져 나온 것은 기껏해야 이 중요한 사료를 훼멸시켜 학술 연구에 보충할 수 없는 손실을 가져다 주었을 뿐일 것이다. 왜냐하면 1899년에 王懿榮이 친히 甲骨 실물을 보고서 감정하고 수집하기 이전까지 줄곧 小屯村 농민들은 단지 그것을 '1근이 되어야 겨우 몇 푼의 돈을 받을 수 있는' 龍骨'로만 알고 있어서, 일반적인 '골동품'으로서의 가치조차도 의식하지 못했기 때문이다. 그러니 어떻게 甲骨文을 小屯村 농민들이 발견한 것이라고 말할 수 있겠는가?

또 어떤 사람은 1899년보다 수년 전에 北京과 天津의 봉건 관료와 지식인들이 찾기 시작했다고 주장하였다. 그러나 이것은 말로만 하는 것이며, 결코 아무런 증거도 없다. 이치대로 말한다면 골동품상들은 1898년까지도 甲骨이 문화재임을 몰랐으며, 1899년이 되어서야 비로소 甲骨을 北京과 天津으로 가지고 가서 사람들에게 감정을 의뢰하였던 것이다. 그렇다면 이

'수년 전'에 北京과 天津에 사는 봉건 관료와 지식인들이 어떤 사람의 손에서 甲骨文을 찾았다는 것인가? 이 사람들이 하루에 천 리를 달려가서 직접 小屯村 농민들의 손에서 찾았다는 말인가? 반드시 알아야 할 것은 바로 1899년에 甲骨文이 감정된 후에도 학자들은 아직까지 그것의 확실한 출토지를 몰랐었다는 사실이다.

甲骨文이 1899년보다 5년 이른 1894년에 화가인 胡石査에 의해 발견되었다고 말하는 데는 오히려 증거라고 할 수 있는 것이 약간 있는데, 즉 한 장의 甲骨 拓片에 '石査手拓'이라는 鈐記〔도장〕가 찍혀 있다. 게다가 王懿榮 등이 甲骨을 감정하고 수집하기 이전에는 甲骨文이 어떤 물건인지 아는 사람이 아무도 없었다고 말할 수 없지만, 그 鈐記는 식견이 있는 사람이 한 번 보면 곧 누구의 솜씨인지를 알아볼 수 있다. 이밖에도 胡厚宣은 일찍이 그가 이를 위해 관련 자료를 연구한 적이 있고, 또 胡石査의 친한 친구이며 유명한 고문자학자인 容庚을 방문한 적이 있다고 말하였다. 그러나 容庚은 이런 일은 결코 없다고 명확하게 말했다고 한다. 그래서 이것은 이미 해결된 안건이 되어 더 이상 언급하는 사람이 없다.

王襄과 孟定生은 기본적으로 王懿榮과 함께 甲骨文을 가장 일찍 발견한 사람이라고 할 수는 있지만, 그러나 최초의 발견자는 아니다. 이에 대해서는 本章 제2절에서 이미 서술하였다. 또한 몇 가지 방증들이 있어 이 점을 증명할 수 있다. 첫째, 王孝禹〔王瓘〕·方若·王緖祖·羅振玉 등의 甲骨 수장가들은 모두 天津에서 살았으며, 아울러 王襄과 내왕한 적이 있다. 특히 羅振玉은 1919년부터 1928년까지 津門에서 10년 동안 살았으며, 그가 편찬한 《殷墟書契續編》은 바로 王襄이 소장한 甲骨의 탁본을 수록한 것이다. 만일 王襄이 王懿榮보다 일찍 甲骨을 구입하여 중요 소장품을 갖고 있었다면, 상술한 동호인들이 틀림없이 이것을 미담으로 인용하였을 것이다. 그러나 그들은 모두 王襄이 1898년에 甲骨을 발견하고 수집하였다는 것을 언급하지 않았는데, 이것은 결코 소홀히 할 수 없는 것이다. 둘째, 캐나다의 갑골학자 멘지스(James Mellon Menzies: 中國名 明義士)는 1914년에 河南省 安陽縣 小屯村에서 甲骨을 수집하여 연구를 진행하기 시작할 때부터 머물렀으며, 亢日 戰爭이 발발해서야 중국을 떠났다. 멘지스는 小屯村의 甲骨 출토 및 유포 상황에 대해서 당시에 몸소 그곳에 있었기 때문에 손바닥 보듯이 환하게 알고 있으며, 그래서 그가 지은 《甲骨講義》(1933년)의 내용은 가장 정확하고 상세하며 풍부하여 권위를 가지고 있다. 멘지스는 이 책에서 1914년에 상인 范氏가 말한 바에 근거하여, 1899년 가을에 王懿榮이 상인 范氏에게 1판당 은 2냥씩 주고 甲骨 12판을 얻었다고 기록하였다. 그러나 여태까지 甲骨을 최초로 수집한 사람이 天津의 王襄이라고 말한 적은 없다.

제2절에서 서술한 바와 같이, 王襄 스스로 줄곧 "淸 光緖 己亥年(1899년) 이전에 河南省 安陽縣에서 貞卜文이 나왔다"고 주장하였다. 그러나 1955년에 이르러서 그는 〈簠室殷契〉에서 "세상 사람들이 殷契가 있음을 알게 된 것은 서기 1898년(淸 光緖 24년)부터 시작되었다"는 새로운 주장을 하였다. 몇 사람은 甲骨文이 발견된 해를 앞당기기 위해서 이 말에 근거를 두고 고증을 하여 적지않은 필묵을 낭비하였다. 그렇지만 그들은 이밖에도 王襄이 말년에 또 두 차례에 걸쳐 甲骨의 발견과 관련된 글을 썼다는 사실을 전혀 모르고 있다. 하나는 1953년에 쓴 〈題寶契小相〉인데, 이 시는 《簠室詩稿》 제2책(未刊)에 수록되어 있다.

> 지나간 己亥年 가을에,
> 濰縣 상인이 甲骨文을 처음 얻었노라.
> 지금까지 小屯村 王后의 전지,
> 종묘와 능침 거슬러 오르니 殷 王室이 여기 있구나.
> 惟昔己亥秋之季, 濰賈創獲甲骨文.
> 至今小屯侯莊地, 宗廟陵寢溯有殷.

또 하나는 1957년에 쓴 〈孟定生殷契序〉인데, 이 글은 《簠室文稿》 제4책(未刊)에 수록되어 있다.

이전에 濰縣의 친구 范壽軒이 天津에 왔는데, 그는 河南省 安陽縣에서 출토된 殷契를 가지고 있었다. 동업자들은 이것이 여태까지 보지 못한 기이한 물건이라 여기고 마침내 급히 달려와서 알려 주어 모두 范氏의 거처로 갔다.

이때가 淸나라 光緖 己亥年 겨울 10월이다…….

위에서 인용한 두 글은 天津社會科學院 歷史硏究所의 崔志遠이 1984년 12월 24일의 편지 속에서 말한 것이다. 이것은 甲骨文의 발견 연대가 1898년으로 앞당겨질 수 없다는 우리의 견해에 더욱 직접적인 증거를 보태 준 것으로, 특히 여기에서 사의를 표한다! 나는 崔志遠이 말한 "이 두 가지는 바로 〈簠室殷契〉가 씌어진 전후에, 즉 王氏가 말년에 말한 것으로서 정확성이 더욱 크다"는 견해에 완전히 찬동한다.[33]

총괄적으로 말해, 우리는 역사유물주의의 태도를 취해서 과거와 같이 장기간 甲骨文의 발견자 王襄과 孟定生의 甲骨學史上의 지위를 소홀히 할 수 없으며, 또한 甲骨文 발견의 해를 인위적으로 1898년으로 앞당김으로써 甲骨文의 최초 발견자가 王懿榮임을 부정할 수는 없는 것이다. 더구나 어떤 것을 강조하기 위해 甲骨의 최초 발견자가 '小屯村의 농민'이라고 주장하여 王懿榮·王襄·孟定生 등 甲骨文의 최초 발견자가 해낸 역사적인 역할을 부정할 수는 없으며, 王懿榮이 '당시 北京에 산 대관료'라고 해서 불공정하게 그를 대우할 수는 없다. 사실 王懿榮은 1900년 8개국 연합군이 北京을 함락한 뒤에 순국한 위대한 애국주의자이다. 지금 중국 인민들은 이미 그를 역사상의 애국주의자 대열에 끼워넣었으며, 앞으로도 영원히 존경하고 기억할 것이다.

제3장

甲骨文의 출토지와 시기의 확정 및
甲骨文의 명명

지금은 甲骨文을 말하면, 사람들이 즉시 그것을 세상에 널리 알려진 河南省 安陽市 殷墟 小屯村과 연결시키게 된다. 그것의 시대에 관해서는 자연히 중국 역사상의 商王朝라고 생각하게 된다.[1] 그러나 甲骨文이 1899년에 발견된 이후의 10여 년 동안 사람들은 그것의 정확한 출토지와 소속된 시대에 대해서 자세히 알지 못했다. 이것은 그것의 명칭에 대해서 경전에 수록되지 않아 오랜 세월 동안 정확하게 아는 사람이 없었기 때문이다. 학자들은 이 낯선 사물을 직접 대면하여 그것에게 보다 정확하게 그 본질과 특징을 반영하는 명칭을 붙이고자 최대한 노력하였다. 그러나 학자들의 그것에 대한 관찰의 각도와 이해가 다르기 때문에 한동안 甲骨文의 명칭이 번다해졌으며, 각자의 주장을 고집하여 가지각색이었다.

제1절 甲骨文 출토지의 탐색과 의의

1899년에 甲骨文이 발견된 이후로 상당히 오랜 기간 동안 학자들은 그것이 어디에서 출토되었는지 잘 알지 못했다.

이것은 학자들이 甲骨文을 수집하면서 대부분 北京 등 대도시에 앉아 기다려서 골동품상들에게서 구입한 것이기 때문이다. 이 골동품상들은 '京估'와 '東估'의 구분이 있는데, 즉 北京에서 온 상인과 山東에서 온 상인의 두 부류로 구성되어 있다. 이른바 '京估'는 자본이 풍부했기 때문에 安陽으로 온 뒤에 결코 직접 小屯村으로 가서 수집하지 않고 대개 객점에 머물면서 사람들이 가지고 온 물건을 샀다. 그들은 복장과 씀씀이가 매우 호화스럽고 항상 기생을 데리고 머물며 숙박하였다. 이른바 '東估'는 고생을 심하게 했는데, 거처하는 곳은 지극히 협소한 여인숙 또는 민가였다. 매일 네 번 향촌을 순회하여 '跑鄕'이라고 불렀다.[2] 이전에 학자들의 甲骨이 출토된 지역에 관한 여러 가지 전설은 대부분 이들 골동품상의 입에서 나온 것이다.

어떤 학자는 甲骨이 河南省 湯陰縣에서 출토되었다고 주장하였다. 羅振玉은 "光緒 己亥年에 나는 河南省의 湯陰縣에서 상고 시대의 龜甲과 獸骨이 발견되었다고 들었다"고 말한 적이 있다.[3] 일본의 갑골학자 林泰輔는 1909년에 〈淸나라 河南省 湯陰縣에서 발견된 龜甲獸骨〉[4]이라는 論文을 쓴 적이 있는데, 제목을 가지고 생각해 보면 그 역시 당시의 湯陰縣을 甲骨文 출토지로 본 것이다.

湯陰縣 남쪽 30리에는 확실히 後小屯이라고 하는 마을이 있는데, 그렇지만 이 지역에서는 甲骨이 나온 적이 없다. 安陽市 서북쪽 5리쯤 되는 곳에 있는 小屯이라고 하는 마을이야말로 진정한 출토지이다. 小屯村은 매우 작아 당시에 호수가 대략 30호 정도였는데 모두 농사를 업으로 삼았다. 그 땅은 河水沖積土이며, 목화·보리·기장 등을 심었다. 洹水가 범람한 해에는 밭이 흉작이 되지만, 그렇지 않은 해에는 오곡이 풍성하게 무르익는다. 마을 어귀는 정남향이며, 입구에는 地神 사당이 한 채 있다.[5] 오늘날 小屯村의 북쪽과 동쪽을 흘러 지나가는 洹水는 세상의 극심한 변천과 환경의 오염으로 말미암아 이미 細水濁流로 변하여 7,80년 전의 모습과 크게 다르다. 그때 당시의 洹水의 모습은 이러하였다.

강폭이 넓은 곳은 7,8장이고 좁은 곳은 2,3장이다. 넓다란 모래톱이 많고, 백사장은 흰 명주처럼 평평하게 퍼져 있다. 강물은 맑고 얕으며, 가장 얕은 곳은 겨우 몇 촌에 불과하다. 여름철에는 강물이 모래톱까지 불어나는데, 가장 크게 불어나는 해에는 논밭을 넘긴다. 그러나 마을의 토대가 수몰된 적은 없다……. 府城[府의 수도]과 小屯村 및 甲骨 출토지는 모두 洹水 본류의 남쪽에 있다.[6]

즉 小屯村 북쪽과 洹水 사이의 지역이 甲骨의 주요 출토지이다. 羅振玉 등의 학자가 일찍이 甲骨이 河南省 湯陰縣에서 나왔다고 하는 말은 확실치가 않다.

또 어떤 학자는 한동안 甲骨文이 河南省 湯陰縣 羑里에서 출토되었다고 주장하였다. 1903년에 劉鶚은 일찍이 "河南省 湯陰縣에 속한 옛날의 牖里城"[7]에서 甲骨文이 출토되었다고 말한 적이 있다. 牖里는 바로 羑里이다. 1910년에 일본 학자 富岡謙藏도 여기에서 甲骨이 출토되었다고 주장하고 〈古羑里城에서 출토된 龜甲의 설명〉[8]이라는 論文을 쓴 적이 있다.

전설상의 羑里城은 지금의 河南省 湯陰縣 城 북쪽의 八華里에 있다. 湯河와 羑河 사이에 있는 평원에는 주위 지면에서 5미터 정도 우뚝 솟은 언덕이 있는데, 남북의 길이가 1백6미터이고, 동서의 너비가 1백3미터이며, 면적이 10만 9백18제곱미터 정도에 달한다. 여기가 바로 羑里城이다. 여기는 실제로 지면에서 우뚝 솟아 있는 고대의 문화 유적지이며, 문화층의 두께가 7미터에 달한다. 하층의 토질에는 석회토와 紅燒土가 함께 섞여 있으며, 아울러 광주리무늬·격자무늬·빗살무늬 등의 회색 陶片이 출토된다. 이밖에도 석회면의 집터가 있다. 중층 및 상층은 商代 말기와 周代 초기의 문화층으로서, 단애 위에는 회색과 흑색의 陶器 조각을 적지않게 볼 수 있으며, 夯築〔흙을 틀에 넣고 다져서 만든 담〕의 흔적 등도 있다.[9] 羑里 유적지 및 그 위의 周文王이 구금된 것과 관련 있는 '고적'[10]은 현재 이미 적절히 보호되고 있다. 비록 羑里가 고대의 유적지이고, 말기 문화층과 甲骨文 제5기에 해당하지만, 그러나 이곳에서는 아직 1편의 甲骨도 출토된 적이 없다. 그러므로 학자들이 羑里城에서 甲骨이 출토되었다고 하는 견해는 마땅히 잘못 전해 들은 것이다.

또한 甲骨이 衛輝에서 나왔다는 견해도 있다. 羅振玉은 1908년에 방문 조사를 통해 甲骨의 확실한 출토지가 安陽縣 小屯村임을 알기 이전에, 甲骨이 衛輝에서 나왔다는 견해를 믿고서 "상인들이 衛輝에서 출토되었다는 것을 말하려 하지 않는다"고 말한 적이 있다.[11] 이것은 물론 믿을 수 없는 것이다. 더욱이 미국학자 칼팬트(Frank Herring Chalfant: 中國名 方法斂)도 1906년에 "1899년 衛輝府 부근의 옛날 朝歌城 유적지에서 고대의 문물이 발견되었다"

고 주장하였다.[12]

《史記·周本紀》正義에는 "《帝王世紀》에는 帝乙이 다시 河北을 건너 朝歌로 옮겼으며, 그의 아들 紂가 여기에 도읍을 정했다〔《帝王世紀》云帝乙復濟河北, 徙朝歌, 其子紂仍都焉〕"라고 하였다. 朝歌는 商代 말기의 도성이다. 郭沫若은 1931년의 〈戊辰彝考釋〉과 1933년의 《卜辭通纂》 後記에서 역시 "帝乙이 沫〔殷代의 朝歌로서, 春秋 時代에는 衛나라의 도읍지〕로 옮겼다" 즉 朝歌를 도읍으로 삼았다는 견해를 주장하여 "신·구 사료를 종합해서 고찰해 보면, 帝乙 말년에 틀림없이 그 정치의 중심을 朝歌로 옮겼는데, 특히 安陽의 옛 도읍은 여전히 존속시켰으며, 宗廟도 바꾸지 않고 보존하였다. 지층이 뒤섞인 곳이 있는데, 이는 安陽의 토착민들이 무질서하게 뒤집어 놓아 그렇게 된 것일 뿐이다"고 말하였다.[13] 朝歌 유적지는 지금의 河南省 淇縣 현정부 소재지의 서북쪽에 있으며, 여기에 比干이 피살되었다는 전설을 가진 摘心臺가 있다. 摘心臺는 둘레의 길이가 3백 미터, 높이가 13미터로서 龍山 文化에서 商·周 시기까지의 고대 유적지이다. 유적지에서 출토된 商·周 시기 무렵의 陶片은 바로 甲骨文 제5기, 즉 帝乙·帝辛 시기에 해당한다. 그곳에는 紂王과 관련된 많은 전설들이 전해 내려오며, 紂王의 城壁·宮殿·鹿臺〔紂王이 재물을 저장했다고 하는 곳〕·古墳 등의 '古蹟' 이 있다.[14] 그러나 탐사와 발굴 작업이 충분하게 전개되지 못했기 때문에 이곳과 관련된 문화적인 내포는 아직 분명치 못하다. 어떤 사람은 "殷代의 도읍지를 연구 검토하여 마땅히 朝歌城을 중요 문화재의 하나로 만들어야 한다"고 주장하고 있다. 이것은 "武丁에서 帝辛 시기까지의 도성이 틀림없이 安陽 주위에 있으므로 淇縣의 朝歌에 있었을 가능성이 있기"[15] 때문인데, 이 점은 앞으로 주의해서 연구해야 할 것이다.

비록 이렇기는 하지만 朝歌에서는 甲骨文이 출토된 적이 없다. 어떤 학자는 甲骨文이 여기에서 출토되었다고 하는 것도 잘못 전해진 것이라고 주장하고 있다.

羅振玉은 다년간 주의해서 조사한 결과, 마침내 1908년에 甲骨文의 확실한 출토지는 마땅히 河南省 安陽縣 小屯村이라는 것을 알았다. 그는 "光緖 戊辛年에 나는 貞卜文字가 출토된 곳이 마땅히 洹水 강가의 小屯이라는 것을 방문 조사를 통해 알게 되었다"고 말하였다.[16) 戊辛年(1908년)에서 己亥年(1899년)까지 위로 소급해 보면, 학자들이 甲骨의 확실한 출토지를 고찰하여 알게 되기까지 10년이 경과된 것이다.

甲骨의 출토지에 관해 학자들이 상술한 여러 가지 잘못된 견해를 갖게 된 까닭은 골동품상에게 사기를 당했기 때문이다. 甲骨文이 발견된 이후로 판매가는 나날이 치솟았다. 이미 앞에서 서술한 바와 같이 王懿榮은 甲骨을 수집하면서 '1글자당 은 4냥' '1판당 은 2냥'을 주거나 혹은 '후한 값'으로 샀으며, '3천금의 값'을 치르고 얻었다. 端方은 甲骨을 수집하면서 '1글자당 은 2냥 5전'을 대가로 주었다. 甲骨을 판 小屯村 농민과 甲骨을 소장한 학자 사이의 중개인인 골동품상들은 甲骨의 매각을 독점하였으며, 폭리를 도모하기 위해 고의로 甲骨의 진정한 출토지를 비밀로 해서 공개하지 않거나 또는 聲東擊西식으로 혼란을 조성하였다. 이 때문에 갑골학자들은 풍문을 잘못 믿고 제대로 알지 못했으며, 상술한 여러 가지 잘못된 견해가 있게 되었다. 그러나 甲骨文의 확실한 출토지가 小屯村임이 고증됨으로써 甲骨學 연구에 대해 아래에 열거하는 큰 의의가 있게 되었다.

첫째, 甲骨 자료의 손실이 감소하여 연구 작업의 전개가 유리하게 되었다. 골동품상들은 甲骨을 팔면서 '비싼 값'을 부르기 위해 대부분 骨片이 크고 글자수가 많은 것을 수집하였다. 그렇지만 骨片이 작고 글자수가 적은 것은 왕왕 돌보지 않고 버렸다. 羅振玉은 일찍이 이 문제를 깨닫고 1911년 2월에 다음과 같이 말하였다.

옛날의 卜은 龜甲을 사용하였고 獸骨로 이를 보충하였는데, 獸骨은 크고 龜甲은 작다. 상인들은 큰 것만을 취하고 龜甲은 취하지 않고 버린다. 실제로는 龜甲과 獸骨은 모두 글자가 다르므로 반드시 함께 거두어서 보관해야 한다. 작년에 恒軒에서 彰德까지의 지역에서 일찍이 약간의 甲骨片을 얻었는데, 역시 글자수가 많은 龜甲만을 취하고 작고 글자수가 적은 것은 버렸다. 만약 직무에 얽매이지 않았다면 내가 전량을 구입하였을 것이다. 비록 甲骨 부스러기라 할지라도 남겨두지 않았을 것이다.[17)

羅振玉은 바로 이런 생각을 갖고 羅振常을 安陽縣 小屯村에 보내어 직접 사들이게 해서, 글자수가 적고 骨片이 작은 수많은 甲骨이 훼멸되지 않게 하였기 때문에 많은 '새롭고 다른 글자들'을 제공할 수 있었고, 甲骨 자료의 손실을 감소시켜서 연구 작업을 전개하는 데 유리하게 해주었다.

둘째, 甲骨文 찾는 작업을 확대시켜서 甲骨學 연구를 위해 더욱 많은 자료를 제공해 주었다. 1908년 羅振玉이 甲骨의 출토지가 河南省 安陽縣 小屯村임을 고찰을 통해 알게 된 이후로, 학자들은 골동품상을 통했을 뿐 아니라 직접 사람을 小屯村으로 파견하여 대량으로 구매하였다. 羅振玉은 일찍이 골동품상을 河南省으로 파견하였고, "내 힘을 다하여 甲骨을 구입하였다. 1년 동안 얻은 것이 거의 1만 편을 넘었다"라고 말하였다. 그뒤 1911년에는 직접 동생인 子敬 羅振常과 손아래 처남인 恒齋 范兆昌에게 洹陽에 가서 발굴하라고 명했는데, 여기에서 두 배를 얻었다.[18]

羅振玉 등의 학자가 골동품상을 파견하거나, 또는 친히 小屯村에 가서 대규모로 甲骨을 수집하기 이전에 그 지역 사람들은 "이곳에서 대량의 甲骨을 판 것은 극히 적으며, 수십 집의 마을 주민들이 제각기 자기들이 파낸 것을 팔았다. 심지어는 한집안의 형제와 아녀자들도 서로간에 빌리지 않고, 자기 소유의 甲骨을 가지고 있었다……. 간혹 대량의 甲骨이 있으면 여러 사람이 함께 발굴하였는데, 거기에서 얻은 甲骨은 한 집에 저장하고 이를 봉인하여 표시해 두며, 어느 한 사람이 단독으로 꺼내지 않았다. 팔고 나면 그 돈을 분배하였다. 甲骨을 많이 소장한 집에는 반드시 좋은 것과 나쁜 것이 섞여 있기 마련이므로 약간씩 고르게 나누어서 계속적으로 팔았는데, 이는 한번에 다 팔면 비싼 값을 받지 못할까 염려해서 그런 것 같다……. 甲骨 값은 오히려 오르지 않았다"라고 羅振常은 말하고 있다.[19]

그러나 1911년에 羅振玉이 사람을 安陽縣 小屯村으로 보내 대량으로 사들인 뒤로부터, 小屯村 주민들이 甲骨을 파는 상황이 변화하였는데, 羅振常이 말하길 "값을 매기기가 매우 어렵다. 그들은 경험으로 대략 좋은 것과 나쁜 것을 구별하였다. 대체로 甲骨 중에서 이상한 형체의 글자가 있는 것은 반드시 높은 값을 요구하였고, 덩치가 큰 것은 더욱 값이 비쌌으며, 오직 잘게 부서진 것만이 비교적 저렴하였다. 그러나 그들은 반드시 큰 것과 작은 것을 함께 팔았으며 고르지 못하게 하였다. 이는 큰 것이 팔리고 나면 작은 것을 돌아보는 사람이 없을까 염려해서 그런 것 같다"라고 하였다.[20]

1911년 2월 15일 羅振常과 范兆昌이 河南省 安陽縣 小屯村에서 甲骨을 사들이기 시작해서, 2월 29일에 范兆昌이 甲骨 등의 물건을 北京으로 운반해 돌아간 시기까지가 제1단계이다. 羅振常은 이 기간에 "매일 얻은 甲骨은 모두 그 수량을 기록하였다. 어제까지 모두 6천7백여 조각을 얻어 전량을 北京으로 운송하였는데, 이는 적은 분량이 아니다"라고 말하였다.[21] 范兆昌이 고대 문물을 운송하여 北京에 돌아온 후에도 羅振常은 安陽에 남아서 계속 甲骨을 구입하였는데, 2월 29일부터 3월 17일까지는 제2단계가 된다. 그 사이, 3월 7일에 范兆昌은 北京에서 급히 河南省으로 가서 계속 羅振常과 함께 甲骨을 수집하였고, 17일에는 먼저처럼 이 고대 문물을 운송하여 北京으로 돌아왔다. 羅振常이 말하길 "어제 장부를 조사해 보니, 龜甲과 獸骨이 두 차례에 걸쳐 北京으로 운반되었는데, 크고 작은 것이 총 1만 2천5백여 조각이나 되니 장관이라고 할 만하다. 小屯村에는 甲骨이 고갈되었다고 믿어진다. 그리고 이 거대한 분량의 甲骨은 考古에 매우 큰 도움이 된다는 것을 단연코 알 수 있다"라고 하였다.[22]

羅振玉이 安陽縣 小屯村으로 사람을 보내서 직접 구입해서 얻은 甲骨 精品 중에는 甲骨이 여러 판 있다. 어떤 것에는 正面과 反面에 모두 글자가 있는데, 글자수가 많고 내용도 중요하며, 글자 언저리에 온통 주사가 칠해진 것도 있다. 그 자신이 소장한 甲骨뿐 아니라 殷墟에서 출토된 15만 편의 甲骨 중에도 많이 보이지 않는 것으로서 확실히 殷墟 甲骨 중의 '菁華'이다. 羅振玉은 이 大骨의 正面과 反面을 사진 촬영해서 《殷墟書契菁華》[23]에 수록하여 출판하였다. 《洹洛訪古游記》는 이 유명한 여러 판의 甲骨을 수집한 상황을 이렇게 기록하고 있다.

宣統 3년(1911년) 2월 28일의 일기
맑음. 어제 얻은 것은 작은 龜甲이 대부분이며, 중간 것과 큰 것은 적었다. 그러나 두 개의 큰 것을 얻었다.(《殷墟書契菁華》 3쪽·5쪽 참조) 글자가 가득하며 주사를 칠한 것도 하나 있는데 부르는 값이 너무 비싸서 구입할 수가 없었다…….

이날 구한 甲骨을 계산해 보니 수량이 이미 적지않고, 또 여비가 곧 바닥 날 지경이어서 나머지는 2일에 다시 수집해야 한다. 恒軒이 나에게 "이번에는 큰 것이 많지 않고, 지난번에는 큰 것을 겨우 하나 구했다"고 말했다…….(《殷墟書契菁華》4쪽 참조)

恒軒이 2,3시쯤에 갔다가 싱글벙글하며 돌아왔는데, 광주리를 어깨에 멘 원주민 한 사람이 따라왔다. 그 속에는 큰 甲骨片이 놓여져 있었다. 恒軒은 圭璧을 떠받치듯이 광주리에서 甲骨을 꺼내었는데, 어제 값이 흥정되지 않았던 것으로 생각된다…….(《殷墟書契菁華》1쪽 참조)

宣統 3년(1911년) 3월 14일의 일기

……큰 骨片이 여러 개 있다. 어떤 것에는 글자가 가득 차 있는데, 비록 全文은 아니지만 파손된 부분이 많지 않다.(《殷墟書契菁華》2쪽 참조) 가장 큰 骨片보다 오히려 여러 글자가 많으며, 저것들을 '王'이라고 부르니, 이것도 '公'이라고 부를 수 있다. 또 하나에는 글자가 많지 않으며, 중간에는 역시 全文이 있다…….(《殷墟書契菁華》6쪽 참조)

《殷墟書契菁華》1쪽에 수록된 肩胛骨(그림 1)[24]이 구입될 당시에도 재미있는 이야기가 하나 있다.《洹洛訪古游記》宣統 3년(1911년) 2월 28일에는 다음과 같이 기록되어 있다.

처음에는 비록 값을 올렸지만 그들(甲骨을 가지고 있는 사람들)은 더욱 움직이지 않았다. 나중에 우리들은 그들에게 가서 팔 만하면 팔고 팔 수 없으면 그만두라고 말하고 서둘러서 떠나려 하였다. 한 노인이 우리를 잠깐 앉아 기다리라 하고 아들 및 여러 사람들과 밀의를 하였는데, 아마 어떤 사람의 땅을 사려 해서 이것으로 그 땅값을 마련하려는 것 같았다. 한참 있다가 마침내 팔기로 결정을 보았다. 이 骨片에는 1백여 글자가 있는데 여러 단락의 글자가 모두 완전한 것으로서 아주 희귀한 것이다. 이 집에서 이 骨片을 소유한 지는 이미 오래되었으며, 小屯村 주민과 상인들은 대부분 이를 알고 있었다.

값을 기다려서 팔려고 했으며, 함부로 파는 것을 원치 않았다. 우리들이 처음 小屯村에 이르렀을 때 바로 찾아보았는데, 그때 값을 부르지 않아서 결국 흥정을 하지 못했다. 어제 갑자기 이것이 나오고, 또 정가가 매겨진 것은 땅을 사려는 이유 때문이었다. 때마침 기회가 닿아서 마침내 합의가 이루어졌다……

셋째, 殷墟 甲骨文 외에 다른 출토 문물을 찾는 작업이 확대됨으로써 考古學 연구를 위한 자료가 축적되었다. 河南省 安陽縣 小屯村 일대에는 甲骨이 출토되기 훨씬 이전인 宋代부터 끊임없이 靑銅器가 출토되었다. 宋代에 나온 《考古圖》에는 이곳에서 출토된 銅器를 '亶甲墓' 혹은 '亶甲城'에서 나왔다고 잘못 설명하였다. 연구에 의하면 宋代의 다른 金文 기록서인 《博古圖》와 《嘯堂集古錄》 등에 수록된 일부 商代의 동기들은 비록 출토지를 밝히지는 않았지만, 그러나 形象·紋樣·款識 등의 각 방면에서 보면 대개는 역시 宋代에 殷墟에서 출토된 것이다.[25] 元代 納新의 《河朔訪古記》에서도 이곳에서 銅器가 출토된 상황을 기술하고 있다.

清代 말엽에 安陽 小屯村 일대에서 '龍骨'이 나온 이후로, 그것이 발굴된 곳에서 왕왕 銅器·고대 화폐·銅鏡 등이 출토되었다. 1899년 이전부터 골동품상들은 安陽 小屯村에 와서 골동품, 즉 비교적 진귀한 문물들을 사갔다. 羅振玉은 甲骨文과 함께 "반드시 3대의 유물이 있을 것이며, 그 중 尊·彝·戈·劍 같은 것들은 반드시 상인들이 사갔을 것이다. 상인들이 사가지 않고 남은 것들이 반드시 있을 것이다." 만일 더 수집하지 않는다면 장래 考古學 연구에 손실을 초래할 것이라는 점을 깊이 통찰하고 있었다. 이 때문에 羅振常 등은 安陽 小屯村에 가서 甲骨을 구입할 때 羅振玉이 "그 명칭을 모르더라도 진실로 고대의 유물이 확실하고 근대의 기물이 아니라면, 동생(즉 羅振常을 가리킴)이 나에게 보내 주기를 바란다"고 한 부탁에 따라 출토 유물을 최대한 찾았다. 羅振常은 小屯村 주민들에게 "어떤 물건이든지 땅 속에서 나온 것이라면 반드시 남김없이 가지고 나오도록"[26] 요구하기 위해 겉만 보고 값을 정해서 商·周·秦·漢 시기에서 元代에 이르기까지의 문물을 많이 사들였는데, 그 중에는 적지않은 수의 정품이 들어 있다. 羅振玉이 1916년에 출판한 《殷墟古器物圖錄》에 수록된 수많은 기물들은 바로 이때에

얻은 것들이다.

이때의 행차는 비록 小屯村에서 출토된 다른 문물들을 구입하는 것이 주요 목적은 아니었지만, 결국 고대 문물을 수집하고 보호하게 되었다. 이는 대량의 연구 자료를 구하고 축적시킨 작업이었을 뿐 아니라 考古學 연구에 대해서도 큰 의의가 있는 작업이었다.

넷째, 甲骨의 출토지가 河南省 安陽市 小屯村임을 확실히 안 것은, 小屯村이 商代 말기의 도성이며 甲骨文이 商代 말기의 유물임을 확정하는 연구에 대해서도 큰 의의가 있다. 이것은 필연적으로 小屯村에서 어째서 甲骨文이 출토되었는가 하는 문제를 제기할 것이기 때문이다. 다시 말해서 小屯村이 商代 말기의 도성임을 확정하는 데 중요한 실마리를 제공해 준다. 이와 관련해서 甲骨文이 商代 말기의 도성에서 출토되었다는 사실은, 학자들이 甲骨文 자체에 근거하여 연구를 진행해서 그것이 마땅히 商代 말기의 유물이라는 결론을 얻는 데 유력한 증거를 제공해 주었다.

다섯째, 甲骨文 출토지의 확정은 1928년 이후 殷墟에서의 대규모 과학적 발굴 작업을 가일층 촉진시켰기 때문에 殷商 考古學의 연구를 위해 선구적 역할을 하였다. 이 점에 관해서는 本書 제4장 제3절에서 논술하기로 한다.

제2절 甲骨文 시기의 확정과 殷墟인 小屯村의 연구

주지하는 바와 같이 甲骨文은 商代 말기 盤庚이 殷으로 옮겨서 紂를 멸망시킬 때까지의 2백73년 동안의 것이다. 그러나 甲骨文이 발견된 초기에는 그것이 속한 시대에 대해 학자들이 인식을 서로 달리했다.

전하는 바에 의하면, 王懿榮은 甲骨을 감정하고 수집하기 시작했을 때부터 그것이 '商代의 卜骨'[27]이라고 생각하였다 한다. 그러나 이것은 단지 후세 사람이 자기가 들은 바에 의해 기록한 것으로 우리에게 다만 참고가 될 뿐이다.

劉鶚은 1903년에 《鐵雲藏龜》의 自序에서, 甲骨文은 '殷人의 刀筆文字'로서 商王朝의 유물이라고 말한 적이 있다. 그러나 일찍이 보지 못했던 이 고대 문자의 연구가 아직 초기에 속해서 내용에 대한 이해가 깊지 않을 뿐 아니라, 보았던 자료도 비교적 적었기 때문에, 당시의 학자들은 劉鶚이 그 시대를 '殷'이라고 정한 것에 대해 옳다고 생각지 않았다.

羅振玉은 《鐵雲藏龜》의 序文에서 甲骨文을 '夏殷 時代의 거북〔夏殷之龜〕'이라고 불러, 기원전 21세기에서 기원전 11세기까지의 기간을 포괄하였다. 그러나 당시는 말할 것도 없고, 지금까지도 역사상 夏代에 해당하는 甲骨文은 한번도 발견된 적이 없다. 孫詒讓은 1904년에 《契文擧例》의 序文 중에서 甲骨文은 '周代 이전'의 것이라고 하였는데, 그의 견해는 기본적으로 羅振玉과 같다.

甲骨文의 출토지가 小屯村이라는 것이 확실하게 알려지고 甲骨文의 내용에 대한 연구가 점점 깊어짐에 따라서, 羅振玉은 1910년에 "刻辭 중에서 殷代 제왕의 이름과 諡號 10여 개를 발견하고는 이 卜辭들이 실로 殷王朝의 유물이라는 것을 문득 깨달았다"라고 하였다.[28] 이때 그의 甲骨文 時代에 대한 견해는 劉鶚과 기본적으로 같았다.

비록 1911년까지도 甲骨文이 '周代'의 유물이라고 생각해서 〈최근 발견된 周王朝의 문자〉[29]라는 論文을 쓴 사람이 있었지만 아무런 반향도 불러일으키지 못했다.

앞에서 서술한 바와 같이, 갑골학자 羅振玉은 골동품상과 자기의 친척을 직접 安陽 小屯村에 보내 구입하게 해서 총 2만여 편의 甲骨을 얻었다. 직접 본 자료가 많아지고 甲骨 출토지인 小屯村 일대가 商代 말기의 도성이라는 것이 고증되면서, 그는 甲骨이 商王朝의 유물임이 분명하다는 인식을 더욱 굳게 가졌다. 뒤이어 그는 자기가 얻은 甲骨, "한겨울 밤에 난로를 끌어안고 손으로 毛氈을 이용해서 墨拓을 하여 먼저 墨本을 《殷墟書契》前編으로 펴내고, 고석은 《殷墟書契後編》으로 만들려고 하였다. 1912년에는 일본에서 1년간 힘을 들여 《殷墟書契前編》 8권을 펴내었는데 인쇄 상태가 매우 정밀하였고, 《殷墟書契後編》도 장차 완성될 것이었다."[30] 《殷墟書契》는 1913년에 출판 발행되었다. 이어서 羅振玉은 다시 1914년에 《殷墟書契菁華》를, 1916년에는 《殷墟書契後編》을, 1916년에는 《殷墟古器物圖錄》 등 초기의 甲骨 기록서 수 종을 출간하였다. 이 책명들은 羅振玉이 甲骨을 商王朝의 옛 두읍에서 나온 것으로서 商王朝의 유물로 간주하고 있다는 것을 말해 준다. 이와 동시에 小屯村도 이미 그에 의해 商代 말기의 도성으로 고증되었으며, 이는 甲骨의 시기를 위해 보충 증거를 제공해 주었다. 그래서 羅振玉의 甲骨 기록서들이 계속 출판된 후부터는, 甲骨文이 商王朝의 유물이라는 것에 대해서 학계에서도 더 이상의 논쟁이 없게 되었다.

羅振玉이 甲骨文의 시기를 연구하고 甲骨文의 출토지인 小屯村의 역사상의 지위를 생각하고 있을 때, 일본 학자 林泰輔는 자기의 甲骨學 논저를 그에게 주었다. 林泰輔의 저작은 폭넓게 자료를 인증했는데, 이는 羅振玉이 1903년에 《鐵雲藏龜》에 쓴 序文에 대해 보충하는 바가 있어 羅振玉으로 하여금 일부 문제들은 여전히 성실하게 연구할 필요가 있다는 것을 깊이 느끼게 해 주었다. 때문에 그는 "퇴근해서 식사하고 남은 시간에 소장한 것을 모두 墨拓하고, 다시 中州에서 온 상인으로부터 수천 매의 龜甲과 獸骨을 널리 보고서 특이한 것 7백 매를 선정하였다. 아울러 발견된 곳이 安陽縣 서쪽 5리 되는 곳인 小屯村이며 湯陰縣이 아니라는 것을 알았는데(《殷墟古器物圖錄》의 序文에 의하면 光緖 戊辛年, 즉 1908년은 羅振玉이 이미 小屯村이 甲骨 출토지라는 것을 알았을 때이다), 그곳은 武乙 때의 옛터로서……"[31] 즉 商王 武乙 때의 도성이라고 말했다. 연구가 한 단계 진척된 뒤에 羅振玉은 小屯村이 바로 "洹水의 옛터로서 이전에는 '亶甲'이라고 불렀었다. 지금 卜辭에서 증명해 보면 武乙 때에 옮기고 帝乙 때에 떠났다"고 고증해 내었다.[32] 이렇게 해서 羅振玉은 小屯村이 商王朝의 武乙에서 文丁과 帝乙에 걸친 3왕 시기의 도성이라고 확정하게 되었다.

小屯村이 商王朝의 어느 시기의 도성인가를 확정하는 것은 甲骨文의 시기를 판단하는 데 지극히 중요하다. 주지하는 바와 같이, 商의 湯王이 夏를 멸망시키고 商王朝를 세운 때로부터, 武王이 紂를 토벌해서 商王朝를 멸망시킨 때는 기원전 16세기에서 기원전 11세기까지라는 상당히 긴 시간을 포괄하고 있다. 甲骨文은 商代 전기간의 유물인가, 아니면 商王朝의 어느 한 시기의 유물인가? 小屯이 武乙에서 帝乙에 이르는 商代 말기의 도성임이 일단 확정되었으므로, 이곳에서 출토된 甲骨文도 자연히 商代 말기의 유물이어야 한다.

王國維는 〈說殷〉이라는 論文에서 "殷이 洹水 남쪽의 殷墟라는 것은 더 말할 필요가 없고…… 지금 龜甲과 獸骨은 모두 이곳에서 출토되었는데, 바로 반경 이래 殷의 옛 도읍이며…… 殷墟 卜辭 중에서 제사의 대상이 된 제왕은 康祖丁·武祖乙·文祖丁에 이른다. 羅參事(羅振玉)는 康祖丁을 庚丁으로, 武祖乙을 武乙로, 文祖丁을 文丁으로 보았는데, 이 견해는 바뀔 수 없다.(《殷墟書契》고석 참조) 그러므로 帝乙 시기에는 아직 殷墟에 머물렀다"고 고증하였다.[33]

그뒤에 다른 학자들의 論文, 예를 들면 董作賓의 〈殷墟沿革〉[34]과 〈甲骨文斷代研究例〉,[35] 胡厚宣의 〈甲骨學提綱〉[36] 등과 같은 論文에서 다시 진일보한 연구를 거쳐, 甲骨文의 출토지인 小屯村은 "殷代 후반기에 盤庚이 殷으로 천도해서 紂가 멸망하기까지 8세 12왕 2백73년간의 옛 도읍"[37]이라고 하는 것이 기본적으로 학계에 수용되었다. 甲骨文이 출토됨에 따라서 河南省 安陽市 小屯村은 일찍이 商代 말기의 도성이었던 빛나는 역사가 학자들에 의해 고증되었다. 그리고 甲骨文이 계속 출토되고 과학적인 발굴 작업이 전개되면서, 과거에 사람들의 주의를 끌지 못했던 이 북방의 보통 촌락은 국내에서뿐 아니라 외국 학계에서도 주목하는 곳이 되었다.

3천여 년 전에 오늘날의 小屯村 일대는 바로《史記·殷本紀》正義에서《竹書紀年》을 인용하여 말한 바, "盤庚이 殷으로 이주해서 紂가 멸망하기까지 2백73년 동안은 더 이상 도읍을 옮기지 않았다〔自盤庚徙殷, 至紂之滅, 二百七十三年, 更不遷都〕"고 하던 商代 말기의 도성이다. 商王朝 후기의 盤庚·小辛·小乙·武丁·祖庚·祖甲·廩辛·康丁·武乙·文丁·帝乙·帝辛 등의 왕들은 일찍이 이곳에서 거주하였다. 당시의 殷나라 도읍은 가는 곳마다 웅장한 궁전과 우뚝 솟은 종묘가 있던, 戰國의 정치·경제와 문화의 중심지였다. 甲骨文에는 자주 "洹水가 商나라의 도읍에 재앙을 가져오겠습니까?〔洹其作玆邑禍〕"(《續》2·28·4)라는 말이 기록되어 있다. 胡厚宣은 "殷의 옛터는 지금의 河南省 安陽市 小屯村 북쪽으로서 바로 洹水의 남쪽 기슭이며, 항상 수재를 당했는데, '玆邑'이 틀림없이 殷의 수도 商邑이라고 보는 데에는 문제가 없다"고 피력하였다.[38] 기원전 1057년에 武王이 紂를 토벌하자,[39] 商의 周王은 牧野에서 패하고 도망가다가 鹿臺에서 분신자살하였다. 商王朝가 멸망한 후에 번화했던 도성은 곧 폐허로 변했다. 그뒤 오래지 않아 武王에 의해 朝鮮에 봉해진 "箕子는 周王을 알현하러 오면서, 殷의 옛 도읍터를 지나다가 궁실이 파괴되고 벼와 기장 따위가 총총히 자라 있는 것을 보고는 마음이 아팠는데, 울려고 하였으나 그럴 수 없었고 눈물을 흘리려고 하였으나 그러면 아녀자처럼 되었다. 이에 〈麥秀〉라는 시를 지어 이 일을 노래로 불렀다. 그 시는 이렇다. '보리 이삭은 뾰족하고 벼와 기장의 싹은 번들번들하구나. 저 개구쟁이 아이는 나와 친하려고 하지 않네.' 이른바 개구쟁이 아이는 周王을 가리킨다. 殷나라의 유민들이 이 노래를 듣고는 모두 눈물을 흘렸다〔箕子朝周, 過故殷墟, 感宮室毀壞, 生禾黍, 箕子傷之, 欲哭則不可, 欲泣爲其近婦人. 乃作〈麥秀〉之詩以歌詠之. 其詩曰: '麥秀漸漸兮, 禾黍油油. 彼狡童兮, 不與我好兮!' 所謂狡童者, 紂也. 殷民聞之, 皆爲流涕〕."[40]

西周 시기에 현재의 安陽市 일대는 衛에 속했다. 春秋戰國 시기에는 처음에 衛에 속했다가 나중에 魏에 속했고 다시 趙에 속했는데, 秦이 昭襄王 50년(B.C. 257년)에 이곳을 점령한 후에야 비로소 '安陽'으로 불리어지게 되었으며,[41] 上黨郡에 속하게 되었다. 《戰國策·魏策一》에는 일찍이 張儀가 秦나라를 위해 연횡책으로 魏王에게 유세하면서 "지금 合縱을 주장하는 사람들은 제후를 연합해서 형제 나라를 맺고, 洹水 가에서 백마를 죽여 그 피를 마시며 맹세를 해서 서로의 외교를 증진시키려고 한다〔合縱者一天下, 約爲兄弟, 刑白馬以盟於洹水之上, 以相堅也〕"라고 말했다고 기록되어 있다. 이 일대는 지리적인 위치와 지세의 평탄함으로 인해 제후들이 회맹하는 데 가장 이상적인 지역으로 간주되었다.

秦代 말엽 농민 봉기의 전란중에, 지금의 安陽市 小屯村 일대인 殷墟의 옛터에서는 희극적인 사건이 발생했다. 《史記·項羽本紀》의 기록에 의하면, 秦나라의 장군 章邯이 형세가 다급하여 項羽에게 사람을 보냈다. 그런데 項羽도 치열한 전투가 계속되어 병사와 군량이 점점 줄어드는 상황을 고려해 볼 때, 章邯이 秦나라에 반기를 드는 것이 보다 유리했기 때문에 項羽는 이에 洹水의 남쪽 殷墟에서 회합하기로 하였다. 이리하여 殷墟, 즉 지금의 小屯村 북쪽 일대에서 궁지에 몰린 章邯과 회맹하였으며, 章邯을 세워 '雍王'으로 삼고 秦王朝에 반항하는 힘을 키웠던 것이다.

그후로는 지난날의 殷나라 도읍지인 지금의 小屯村 일대에서 더 이상 역사책에 기록될 만한 어떠한 역사적 사건도 발생한 적이 없다. 비록 洹水가 오랜 세월 동안 끊임없이 사람들에게 자신이 본 당시의 殷나라 도읍에 관한 모든 것을 이야기하고 있지만, 唐代 杜佑의 《通典》, 宋代 羅泌의 《路史》 및 呂大臨의 《考古圖》에서는 모두 '安陽 서북쪽 5리'의 '洹水의 물가'라는 殷墟의 소재지가 '河亶甲城'과 '河亶甲墓'라고 하고,[42] 元代 納新의 《河朔訪古記》에서 이곳이 일찍이 '河亶甲墓'이었다고 언급한 것 이외에는, 明나라 때 小屯村이 들어서기 전까지 이곳은 오곡이 가득 심어져 있는 농토로서 더 이상 아무도 언급하지 않아 사람들에게 잊혀진 역사의 '뒤뜰'이 되었다.

明 萬曆 4년(1576년)에 정식으로 마을 이름을 小屯村이라고 했다.[43] 清代 말엽에 甲骨文이 출토된 이후에야 비로소 이 역사에서 잊혀진 촌락은 이름을 크게 떨치게 되었다. 河亶甲의 도성 相은 《太平御覽》 83의 古本 《竹書紀年》을 인용한 곳에 나온다. 《史記·周本紀》에 인용된 《括地志》의 기록에 의하면, 相은 內黃縣 동남쪽 13리에 있으며 결코 安陽에 있지 않다고 하였다. 安陽이 河亶甲墓라고 말한 것은 비록 잘못이지만, 이 지역이 殷의 도성이고 묘장도 있다고 한 것은 殷墟의 발굴에서 볼 때 사실이다.[44] 바로 甲骨文의 대규모 출토와 殷墟 유적지의 끊임없는 발굴로 인해 小屯村이라고 하는 이 '작은 마을〔蕞爾一邑〕'은 중국 내외에 널리 알려져서 학자들이 주목하고 동경하는 곳이 되었다.

갑골학자 羅振玉은 安陽 殷墟에 대해 특별한 감정을 가지고 있었기 때문에 말년에는 安陽 小屯村으로 은퇴해서 연구 작업에 종사하리라고 마음먹었다. 羅振常의 《洹洛訪古游記》 宣統 3년(1911년) 3월 8일條의 기록에 의하면, 羅振玉은 이곳에 살 곳을 마련하려고 했으며, 아울러 그 땅을 살 수 있는지 알아보게 하였으나 끝내 땅값이 너무 비싸서 여러 차례의 노력에도 불구하고 꿈을 실현시키지 못하고 마침내 포기하고 말았다고 한다. 이 일은 '3월 11일' 조와 '3월 15일' 조 등에도 나온다. 비록 羅振玉이 小屯村에 땅을 매입할 계획을 포기하였지만, 그는 그래도 1915년 봄에 친히 小屯村을 답방하여 殷墟에 가본 최초의 중국 갑골학자가 되었다. 羅振玉은 《五十日夢痕錄》(1915년 《雪堂叢刊》에 수록됨) 22쪽에서 자기가 직접 小屯村에서 겪은 상황을 이렇게 묘사했다.

　근래 10여 년 동안 龜甲과 獸骨은 모두 이곳에서 나왔다. 마을 사람들에게
물어보니, 甲骨이 출토된 땅은 약 40여 이랑이다. 이 때문에 그곳으로 가보니,
無字 甲骨이 밭에 겹겹이 쌓여 있었다……. 그곳에는 보리와 목화를 심는데,
마을 사람들은 목화를 딴 후에는 바로 발굴을 하였다. 구덩이가 깊은 것은 2
丈쯤 되었으며, 발굴한 뒤에는 메우고 나서 작물을 재배하였다. 출토된 유물
로는 甲骨 이외에 대합조개 껍데기도 아주 많은데, 甲骨 등과 함께 옛날에는
알지 못했던 것들이다. 옛날의 짐승뿔도 무척 많은데, 그 뿔은 요즘 세상에 있
는 것이 아니다…….

　일본 학자 林泰輔는 일찍이 甲骨文이 僞刻이 아닌가 하고 의심하였지만,
실물을 본 뒤에는 확신을 가지고 연구를 진행하여 1921년에는 《龜甲獸骨文
字》를 출판하였다. 그는 安陽 殷墟에 대해 깊은 흥미를 가지고 1918년에 직
접 安陽 小屯村으로 가서 甲骨을 고찰하고 수집한 사람으로서,[45] 殷墟에 온
최초의 일본 갑골학자이다.

　오늘날의 安陽 小屯村은 온 세상에 이름이 알려졌다. 중국의 수많은 갑골
학자들이 직접 小屯村에 가서 殷墟를 고찰하려고 하는 것은 말할 것도 없고,
외국의 학자들도 殷墟를 답방하지 못하는 것을 유감스러운 일로 생각하고
있다. 바로 胡厚宣은 1979년 "얼마 전에 周鴻翔 교수〔미국 국적의 중국인 학
자로서 현재 미국 캘리포니아 주립대학에 근무〕가 나에게 편지를 보내서, 세
계 각국에 두루 퍼져 있는 갑골학자들이 모두 甲骨文의 고향인 安陽 殷墟에
서 국제적인 甲骨學 學術會議를 한 차례 열 수 없겠느냐고 물었다"라고 말
한 바 있다.[46] 이는 외국 학자의 安陽 殷墟에 대한 특별한 감정을 말해 주는
것이다. 1987년 9월에는 근 1백 명에 이르는 중국 내외의 영향력 있는 학자
들이 殷墟에 모여서, 胡厚宣의 주재하에 中國殷商文化國際討論會를 개최하
였다. 중국 내외의 학자들이 학술을 교류하고 殷墟를 답방한 것은 장차 殷商
文化의 연구에 심원한 영향을 끼칠 것이다.

　甲骨文이 '殷王朝의 유물'이라고 확정한 것은, 그것의 학술적 가치를 대

대적으로 제고시켰고 사료가 부족한 殷商 文化의 연구를 위해 시대가 명확한 귀중한 자료를 제공해 주었으며, 또한 小屯村 일대가 商王朝의 도읍임을 확정하는 연구를 위해 믿을 만한 증거를 제공해 주었다. 그리고 小屯村이 盤庚이 殷으로 천도한 후인 商代 말기의 도성이라는 것에 관한 연구는, 甲骨文이 商代 말기의 유물임을 명확하게 해주었을 뿐 아니라 한걸음 나아가서 이후 진행된 시기 구분 연구를 위해 구체적인 시간 범위를 확정해 주었다. 이 때문에 바로 어떤 학자가 지적한 바와 같이 "甲骨이 출토된 지점을 고증해 낸 것은 羅振玉의 주요 성과" 중의 하나이다.[47]

殷墟로서의 安陽 小屯村의 역사적 지위에 대해 다수의 학자들은《史記·周本紀》正義에서《竹書紀年》의 견해를 인용하는 것에 찬성하고 있다. 그렇지만 이에 대해 이의를 제기하는 사람도 없지 않다. 이는 본장 제1절에서 서술한 바와 같다. 郭沫若은 1931년부터 "卜辭가 帝乙 말기 朝歌로 이주하기 전의 유물임"을 주장하였으며, 아울러 1933년에 출판된《卜辭通纂》속에서도 "帝乙이 沫로 이주한〔帝乙遷沫〕" 일에 대해 거듭 견해를 피력하였다. 말년에 이르러서도 郭沫若은 이 문제에 대해 지극한 관심을 가지고《甲骨文合集》의 편집 작업에 참가한 사람들에게 '도대체 帝辛 때의 卜辭가 있는가'에 대해 연구를 해서,[48] 帝乙이 朝歌로 천도한 사실이 있는가를 증명하도록 요구하였다. 근래에 학계에서는 다시 오래된 현안을 새로이 제기해서, 帝乙·帝辛 때의 천도 여부에 대해 열띤 논쟁을 벌였다.[49] 이와 동시에 어떤 사람은 安陽 殷墟가 盤庚이 천도한 곳이라는 것에 대해 동의하지 않고 "安陽 小屯村은 武丁 때부터 도읍이 되었을 가능성이 높으며, 盤庚은 도성을 河南 偃師로 옮겼다"고 주장하고 "언사 古城의 두번째 修築은 盤庚 시기에 되었을 가능성이 대단히 높다"고 추측하였다.[50] 또 어떤 사람은 "盤庚은 殷墟로 천도하지 않았다"고 주장하고 있다. 현재의 安陽市 殷墟는 단지 商代 말기의 陵墓 구역이며, 제사 장소일 뿐이다. 그 이유는 여기에서 발굴 작업을 한 50여 년 동안 성벽의 어떠한 흔적도 발견하지 못했기 때문이다. 殷墟라면 街道·宮城과 대형 궁전 같은 것들이 있어야 하며, 도성과 陵墓 구역은 일정한 거리를 두고 있고 한곳에 있을 수 없기 때문에 殷의 도성이 아니다. 진정한 殷墟는 "淇縣의 朝歌에 있을 가능성이 높다."[51] 이렇게 논쟁은 아직도 심도 있게 진행되고 있다.

제3절 甲骨文의 여러 가지 명명

　1903년에 《鐵雲藏龜》가 출판된 이후, 甲骨文은 더 이상 개인 학자의 서재에 있는 비밀스런 '골동품'이 아니라 수많은 학자들의 연구 자료가 되었다. 그러나 甲骨文이 경전 속에 기록되어 있지 않기 때문에 연구 과정중에 그것의 출토지와 시대 등의 고증은 학자들의 정력을 적지않게 소모시켰으며, 또한 이것을 도대체 무슨 이름으로 불러야 하는가 하는 문제에 대해서 학자들은 알지 못하였다.

　명칭은 사물의 본질에 대한 개괄이다. "명칭이 바르지 않으면 말이 순조롭지 못하다〔名不正, 則言不順〕"고 하였다.[52] 학자들은 甲骨文이라는 완전히 생경한 사물에 직면해서, 제각기 관찰과 연구의 각도가 달랐기 때문에 각양각색의 명명을 해서 사람마다 다른 명칭을 붙였다. 학자들이 甲骨文을 명명한 것을 귀납해 보면 아래와 같다.

1. 甲骨 재료에 의한 명명

　어떤 이는 甲骨文을 '龜'라고 불렀다. 《鐵雲藏龜》에서 최초로 甲骨文을 '龜'라고 불렀다. 나중에 劉鶚이 소장한 나머지 甲骨은 羅振玉에 의해 《鐵雲藏龜之餘》(1915년)에, 葉玉森에 의해 《鐵雲藏龜拾遺》(1925년)에, 李旦丘에 의해 《鐵雲藏龜零拾》(1939년)에 각각 수록되었다. 이 책들에서는 劉鐵雲이 '龜'라고 부른 명칭을 그대로 연용함으로써 이 甲骨들이 과거에 劉鶚이 소장했던 것임을 표명하였다.

　또 어떤 이는 甲骨文을 '龜甲'이라고 불렀다. 예를 들면 1910년에 일본인 富岡謙藏의 論文 〈古羡里城에서 출토된 龜甲에 대한 설명〉에서 이 명칭을 사용하고 있다.[53]

　또 어떤 이는 甲骨文을 '龜甲獸骨'이라고 불렀다. 예를 들면 1909년에 일본인 林泰輔의 論文 〈淸나라 河南省 湯陰縣에서 발견된 龜甲獸骨〉,[54] 1915년에 石濱純太郎 등이 편찬한 〈河南에서 출토된 龜甲獸骨〉,[55] 1924년에 馬衡의 論文 〈3천 년 전의 龜甲獸骨〉[56] 등에서 이 명칭을 사용하였다.

劉鶚이 수집한 甲骨 중에는 龜版이 가장 많은데, 그래서 그는 甲骨文을 '龜'라고 불렀다. 그러나 이 명칭은 일부를 가지고 전체를 말한 것이며, 글자가 새겨진 대량의 肩胛骨은 반영될 수 없다. 게다가 고대의 유적지에서는 언제나 龜甲이 출토되었는데, 예를 들면 山東省 大汶口 文化 유적지의 古墳 및 그것과 시대가 가까운 南京 陽營 北陰 靑蓮岡 文化 유적지 중에서 일찍이 본 적이 있지만,[57] 그러나 이러한 것들은 甲骨文 범주에 속하지 않는다. 그리고 藁城縣 臺西村의 商代 유적지[58]와 江蘇省 銅山縣 丘灣의 商代 유적지[59] 및 安陽의 殷墟 유적지에서도 글자가 새겨지지 않은 대량의 占卜用 龜甲이 출토되었는데, 비록 이것들도 甲骨學의 연구 대상(卜法 연구)이지만 그러나 甲骨文은 아니다. 甲骨文을 '龜甲獸骨'이라고 부르는 것은, 비록 '龜'보다는 전면적이고 또 한걸음 나아간 것이기는 하지만 각종 獸骨은 고대의 유적지에서 매우 많이 출토되고 있다. 그런데 甲骨文의 獸骨은 오히려 전문적으로 占卜과 記事 용도에 사용된 것이다. 占卜用으로 제공된 최초의 獸骨은 마땅히 河南省 淅川縣의 '仰韶 文化層'에서 '출토된 羊肩胛骨'일 것이다. 龍山 文化 시기의 유적지와 商·周 유적지에서는 더욱 많이 발견되고 있다.[60] 이것들은 비록 글자가 없는 占卜用 龜甲이나 肩胛骨과 마찬가지로 甲骨學의 卜法 연구를 위해 유용한 자료를 제공하였지만, 그러나 그 위에 문자가 없기 때문에 역시 甲骨文이 아니다.

2. 문자의 서사 방법에 의한 명명

孫詒讓은 최초로 甲骨文을 '契文'이라고 불렀다. '契'는 '契刻'(새기다)의 의미이며, '契文'은 칼로 새긴 문자라는 뜻이다. 그는 1904년에 쓴 최초의 甲骨學 연구 저작의 책명을 《契文擧例》라고 하였다. 또는 '契'라고도 한다. 예를 들면 葉玉森은 1924년에 《說契》·《研契枝譚》 등의 책을 출판하였다. 또는 '殷契'라고도 한다. 예를 들면 1920년에는 王襄이 《簠室殷契類纂》을 출판하였고, 1933년에는 商承祚가 《殷契佚存》을, 郭沫若이 《殷契餘論》을, 葉玉森이 《殷契鉤沈》 등을 출판하였으며, 1937년에는 郭沫若이 《殷契粹編》을 출판하였고, 1943년에는 于省吾가 《雙劍誃殷契駢枝》 등을 출판하였다. 또는 '殷墟書契'라고도 한다. 예를 들면 羅振玉은 1911년에 《殷墟書契》를, 1914년에 《殷墟書契菁華》를, 1916년에 《殷墟書契後編》을, 1933년에 《殷墟書契續編》 등을 각각 출판하였다. 또한 어떤 사람은 '殷商甲骨刻文'이라 불렀다. 예를 들면 1935년에 曹銓은 吳縣에서 발행되는 《國專月刊》 1권 2호에다 〈殷商甲骨刻文考〉를 발표하였다.

확실히 甲骨文은 대부분 칼로 龜甲이나 獸骨 위에 새긴 문자, 즉 劉鶚이 말한 '刀筆文字'이며, 그래서 甲骨文을 '契'·'殷契' 혹은 '殷墟書契'·'甲骨刻文' 등으로 부르는 것은 상당한 이유가 있는 것이다. 그러나 甲骨文은 전부가 다 칼로 새긴 것은 아니며, 朱나 墨을 이용하여 龜甲 또는 獸骨 위에 쓴 것도 있으므로 이러한 명명들은 전면적인 것이 아니다.

3. 甲骨文의 용도에 의한 명명

"殷代 사람들은 신을 숭배하여, 백성들을 인솔하여 신을 섬겼으며, 귀가 먼저이고 예가 나중이다〔殷人尊神, 率民以事神, 先鬼而後禮〕."[61] 殷代 사람들은 신을 숭배하고 鬼를 신봉한 나머지 날마다 점을 치고, 일이 있을 때마다 점을 물어서 商王朝의 국가 대사와 일상 생활을 이끌었다. 점을 친 후에는 관련된 일을 龜甲이나 獸骨 위에 기록하였는데, 이것이 바로 15만 편이나 되는 甲骨文의 유래이다. 많은 학자들은 바로 이 특수한 용도에 의해 명명을 하였다. 羅振玉은 일찍이 甲骨文을 또 '貞卜文字'라고 불렀는데, 1910년에 그는 《殷商貞卜文字考》를 출판하였던 것이다. 또 王襄은 이것을 '貞卜文'이라고 불렀는데, 그는 1933년에 〈題所錄貞卜文册〉(《河北博物院畵刊》, 32기)이라는 글을 썼다. 또는 이것을 '卜辭'라고도 불렀는데, 1917년에 캐나다인 멘지스는 《殷墟卜辭》를 출판하였다. 또 王國維는 이 해에 〈殷卜辭에 나타난 先公·先王考〉 및 〈續考〉 등 2편의 글을 발표하였고, 1928년에 董作賓이 《安陽發掘報告》 제1기에 〈新獲卜辭寫本〉을 발표하였으며, 1933년에 郭沫若이 《卜

辭通纂》을 출판하고, 1936년에 唐蘭이《淸華學報》11권 3기에〈卜辭 時代의
文學과 卜辭文學〉을 발표하였으며, 胡厚宣이 1944년에《甲骨學商史論叢》초
집 4책에〈卜辭 地名과 古人居丘說〉등의 論文을 발표하였는데, 이 논저들
은 모두 '卜辭'라는 이름으로 甲骨文을 명명하였다.

　甲骨文을 '卜辭'라고 불렀다는 것은, 학자들이 이미 甲骨文의 용도를 명
확하게 인식하고 심층적인 연구를 하였다는 것을 설명해 준다. 그러나 甲骨
文이 전부 卜辭라고 할 수는 없다. 예를 들면 武丁 때의 것으로 판명된 5종
의 記事 刻辭 및 甲骨文 중의 表譜 刻辭·간지표 및 卜辭 중에 섞여 있는 기
사인 '義京 刻辭' 등은 모두 卜辭가 아니다. (記事 刻辭에 관해서는 本書 제6
장 제2절에서 서술하기로 한다.) 이 때문에 甲骨文을 하나로 개괄해서 '卜
辭'라고 부르는 것도 그다지 전면적인 것은 아니다.

4. 甲骨文의 출토지에 의한 명명

　어떤 학자는 甲骨文을 '殷墟文字'라고 불렀다. 예를 들면 余永梁은 1926
년에 淸華硏究院에서 발행하는《國學論叢》1권 1호에〈殷墟文字考〉를 발표
하였다. 1928년에서 1937년까지 과학적 발굴을 통해 殷墟에서 얻은 甲骨을
기록한《殷墟文字甲編》·《殷墟文字乙編》및 綴合書인《殷墟文字丙編》·《殷
墟文字綴合》등도 '殷墟文字'로 명명했다. 이 명칭은 이 책들이 앞서 출간된
甲骨 저작과 다르다는 것을 표명해 주며, 또한 甲骨文이 兩周 시기 이후의 문
자인 靑銅銘文·璽印·貨幣 등에 기록된 문자와 다르다는 것을 표명해 준다.

　그러나 과거 殷墟에서 출토된 문자가 있는 유물로는 단지 甲骨文만 있는
것이 아니라 기타 石磬·石玉器·骨蚌器·陶器 등도 있으며, 특히 靑銅器에
서도 문자가 발견된다. 이 문자들은 占卜과 무관하며, 또한 甲骨文에서 포용
할 수 있는 것도 아니다. 따라서 甲骨文을 '殷墟文字'라고 부른다면, 개념이
다소 모호하여 甲骨文이 전적으로 占卜과 유관한 記事文字라는 특징을 반영
할 수 없게 된다. 이밖에 甲骨文은 安陽 殷墟에서 출토된 것 말고도 河南省
鄭州 二里岡의 商代 유적지에서도 출토되었다.[62] 뿐만 아니라 山西省 洪趙縣
〔현재는 洪洞縣으로 바뀜〕, 陝西省 周原 岐山縣, 扶風縣, 北京 昌平縣 등지에

서도 西周 시기의 甲骨文이 출토되었다.[63] 그러므로 甲骨文을 '殷墟文字' 라고 부르는 것은 지역과 시대가 다른 甲骨文의 풍부한 내용을 다 포괄할 수 없음이 매우 분명하다고 할 수 있다.

위에서 서술한 여러 가지 명칭은 모두 甲骨文의 본질과 특징을 보다 정확하고 전면적으로 반영할 수 없다.

5. 재료와 문자를 결합한 명명

어떤 사람은 甲骨文을 '龜版文'이라고 불렀다. 예를 들면 1919년에 일본의 後藤朝太郎은 〈殷代 龜版文의 族字〉라는 論文을 《民族과 역사》1권 3호에 발표하였다. 1928년에는 캐나다인 멘지스가 《東方雜誌》 25권 3호에 〈殷墟 龜甲文字 발굴의 경과〉라는 論文을 발표하였다. 이러한 명칭이 비록 문자가 새겨져 있는 肩胛骨을 포괄할 수는 없지만, 그러나 甲骨文은 재료와 문자가 분리될 수 없는 성질을 가지고 있다는 사실에 주의하고 있다.

어떤 이는 甲骨文을 '骨刻文'이라고 불렀다. 예를 들면 영국인 홉킨스 (Lionel Charles Hopkins; 中國名 金璋)가 1912년에 쓴 〈骨片에 새겨진 哀文과 家譜〉 및 1933년에 쓴 〈고대 骨刻文 중 龍龜의 연구〉 등이 있는데, 이 명칭 역시 편면적이어서 문자가 새겨져 있는 卜龜라는 다른 부분을 소홀히 하였다.

甲骨文을 '龜甲獸骨文字'라고 부른 것은 비교적 전면적이다. 예를 들면 일본인 後藤朝太郎은 1915년에 《東洋學報》 4권 1기와 5권 1기에 〈龜甲獸骨文字研究〉라는 論文을 발표하였으며, 1921년에 일본인 林泰輔는 《龜甲獸骨文字》라는 책을 출판하였다. 이 명칭 역시 바로 위에서 말한 명칭들이 각기 한 쪽에 집착하고 있기 때문에 그 편면성을 보충한 것이다.

그래도 가장 간단하고 명확한 명칭은 역시 '甲骨文'이다. 1921년에 陸懋德은 12월 25일자 北京의 《晨報副刊》에 〈甲骨文의 발견 및 그 가치〉라는 글을 발표하였고, 容庚도 1924년에 北京大學에서 발행하는 《國學季刊》 1권 4기에 〈甲骨文의 발견 및 그 고석〉을 발표하였으며, 1925년에는 王國維가 《學衡》 제45기에 발표한 〈殷墟 甲骨文字 및 그 書目〉이라는 소제목을 단 것이 있다. 또 郭沫若은 1931년에 유명한 《甲骨文字研究》를 출판하였고, 董作賓도 1933년에 〈甲骨文斷代研究例〉라는 제목의 甲骨學史上 한 시대의 획을 그은 명작을 발표하였다. 상당한 영향을 끼친 甲骨 기록서들, 예를 들면 일본의 貝塚茂樹가 편찬한 《京都大學人文科學研究所藏甲骨文字》와 郭沫若이 책임 편집한 《甲骨文合集》 등도 모두 '甲骨文'을 책의 명칭으로 삼았다.

'甲骨文'이라는 명칭은 占卜用 龜甲과 獸骨上의 문자를 포함하며, 또한 非占卜用 龜甲과 獸骨上의 문자도 포함한다. 즉 卜辭도 포함되고 記事 刻辭도 포함되는 것이다. 이밖에 龜甲이나 獸骨上의 契刻文字나 朱書・墨書를 막론하고 이것들은 모두 甲骨文의 일부분의 내용이다. 甲骨文은 물론 전적으로 龜甲과 獸骨上의 문자를 가리키지만, 그러나 이를 陶器・石鏡・骨蚌器・石玉器・銅器 등에 새겨진 문자와 구별하여 전적으로 占卜과 관련된 문자만을 지칭하기도 한다.

비록 일부 학자가 지금까지도 '契文'・'卜辭' 등을 계속 사용하여 甲骨文을 부르고 있기는 하지만, 그러나 바로 胡厚宣이 지적한 바와 같이, 총괄적으로 말해서 일체의 명칭은 모두 '甲骨文' 혹은 '甲骨文字'라고 부르는 것만큼 적절하지 못하다.[64]

우리는 위에서 서술한 甲骨文과 관련 있는 여러 명칭 중에서 다음의 사실을 알 수 있다. 甲骨文의 명명은 甲骨學의 연구와 밀접한 관계를 가지고 있는데, 즉 아는 것이 적어 단지 표면만을 다루다가 점차 깊이 있게 들어가는 由表及裏의 과정을 가지고 있는 것이다. 甲骨文이 처음 발견되었을 때 사람들은 甲骨의 외형에 대한 직관적인 인식에 근거하여 '龜' 혹은 '獸骨'・'龜甲'이라고 부르거나, 또는 칼로 새긴 문자를 보고 '契' 혹은 '骨刻文字'라고 불렀다. 그런데 甲骨文의 시대와 출토지인 小屯村이 殷의 도읍임이 확정된 후에는, 甲骨文의 용도가 점차 명확해져 '殷墟書契'・'殷墟卜辭' 혹은 '殷墟文字'라고 부르게 되었다. 물론 '甲骨文'이라는 명칭이 더욱 많은 사람들에게 받아들여진 것은 殷墟의 과학적 발굴 작업이 전개된 이후이며, 이는 사람들이 殷墟에서 출토된 문자 자료에 대해 진일보한 인식을 갖게 된 결과인 것이다.

제4장
甲骨文의 발견과 甲骨學 연구의 몇 가지 단계

甲骨文은 매우 오래되어 지금으로부터 3천여 년의 역사를 가지고 있지만 甲骨學은 연륜이 매우 짧다. 1899년에 甲骨文이 발견되어 수집되고 연구된 때로부터 현재까지 甲骨學의 형성은 불과 87년의 역사를 가지고 있을 뿐이다. 그러나 오늘날 甲骨學은 이미 중국 학계의 '顯學'이 되었을 뿐 아니라, 세계의 여러 언어학자들이 공동으로 관심을 기울이는 국제적인 학문이 되었다.

甲骨學은 甲骨文 출토의 여러 단계와 보조를 맞추어 발전되었다. 胡厚宣은 《50년 甲骨學 論著目》(中華書局, 1952년판)의 序文에서 "殷代의 甲骨文字는 3천4백 년 전에 지하에 매몰된 뒤로부터 최근의 발굴과 연구 검토에 이르기까지 그것의 성질에 따라 여덟 시기로 구분할 수 있다"라고 지적하였다. 즉

1)매장 시기, 2)파괴 시기, 3)약재 시기, 4)골동 시기, 5)금석 시기, 6)문자 시기, 7)사료 시기, 8)고고 시기.

위에서 말한 1)·2)·3)의 세 시기에는 사람들이 아직 甲骨이 殷代의 것임을 몰랐고, 더욱이 甲骨에 殷王의 貞卜 刻辭와 貞卜에 관계된 記事文字가 새겨져 있다는 것을 몰랐다. 이것은 모두 50년 이전의 일로서, 甲骨學의 전기라고 부를 수 있다.

1899년 甲骨文이 발견된 뒤로부터 1949년 胡厚宣이 《50년 甲骨學 論著目》을 편찬할 때까지의 50년은 甲骨學이 형성되고 발전한 기간이다. 甲骨文의 발견과 연구는 상술한 4)·5)·6)·7)·8) 등 다섯 시기를 거쳤다. 甲骨

學이 骨董·金石의 연구에서 古文字學의 연구로 발전되고, 다시 史料考古學
의 연구로 발전된 것은 대단히 큰 진보이다. 그렇다면 甲骨學上의 문제가 완
전히 해결되었는가? 우리는 절대로 해결되지 않았다고 보며, 진정으로 과학
적인 甲骨學 연구는 이제 막 시작되었거나 아니면 아직 시작을 기다리고 있
는 것으로 보고 있다. 연구는 바야흐로 막 시작되고 있는 것이다. 즉 이 50
년의 기간은 甲骨文이 세상에 나타난 시기로서, 甲骨學의 형성과 발전 시기
라고 말할 수 있다.

1899년에 발견되어서부터 1949년까지의 50년 동안에 甲骨文의 출토와
연구는 비과학적 발굴 단계와 甲骨學의 초창 시기, 과학적 발굴 단계와 甲
骨學의 발전 시기를 거쳤다. 신중국이 건립된 후 지금까지, 甲骨文은 계속
적인 과학적 발굴과 마르크스주의 지도하에서 甲骨學의 심층 연구 시기를
지나고 있다.

"溫故而知新〔옛것을 익혀서 새것을 안다〕"이라고 했다. 甲骨文 출토의 여러
단계의 정황과 甲骨學 발전의 역사를 이해하는 것은 우리가 甲骨學을 학습
하고 연구하는 데 매우 큰 의미를 가지고 있다.

제1절 甲骨學의 '先史' 시기

甲骨學은 甲骨文을 연구 대상으로 삼는 전문 학문으로서, 甲骨文 자체에
있는 고유한 규율을 체계적이고 과학적으로 반영한 것이다. 甲骨學은 연륜
이 짧은 학문이지만 그 연구 대상인 甲骨文은 오랜 역사를 가지고 있다. 甲
骨文이 바로 甲骨學인 것은 아니다. 甲骨文은 단지 商王朝 후기에 남겨진
진귀한 문물이자 사료인데, 그것의 과학적 가치는 오로지 甲骨學 연구의 발
전에 따라야만이 더욱더 사람들에게 인식될 수 있다.[1] 商王朝가 멸망한 뒤
부터 1899년에 甲骨文이 감정되고 수집되기 이전까지의 오랜 세월 동안, 사
람들은 결코 甲骨文이 있다는 사실조차 알지 못했다. 그래서 광의의 각도에
서 말한다면, 이 단계는 단지 甲骨學史上 '先史' 시기로서, 이른바 '매장 시
기'·'파괴 시기'와 '약재 시기'를 포괄한다고 할 수 있을 뿐이다.

이른바 '매장 시기'는, 즉 멀리 3천4백 년 이전에 殷代 사람들이 貞卜을 완료하고 甲骨을 지하에 매장한 이후로부터 상당히 오랜 세월이 지난 시기를 가리키며, 이 기간에는 사람들이 그것을 건드려 본 적이 없다.[2] 商王朝는 기원전 1057년에 멸망하였는데,[3] 이때 "商王朝가 멸망하면서 甲骨도 폐허 속에 파묻혔다[失國霾卜]"고 하며, 이후 甲骨文 역시 더 이상 세상 사람들에게 알려지지 않게 되었다. 이 殷商 王室의 점복 기록들은 깊고 깊은 '지하 문서 보관 창고'에서 '원상태로 봉해져 움직이지 않은 채' 근 1천 년 동안 보존되었다.

이른바 '파괴 시기'는 戰國 시기와 秦·漢 시기로부터 淸代 말엽에 이르기까지 대략 1천6,7백 년에 이르는 긴 기간이다.

戰國 시기에는 통치 계급이 厚葬을 제창하였는데, 그야말로 "나라가 크고 집이 부자일수록 葬禮는 더욱 성대해진다. 시신의 입에 구슬을 물리고, 물고기 비늘처럼 시신을 주옥으로 감싼다. 무릇 노리개 돈·鍾·鼎·壺濫[물이 가득한 병]·輿馬[수레와 말]·衣被[옷과 이불]·戈劍[창과 칼] 등 그 수를 이루 다 셀 수가 없다. 모든 양생 도구는 전부 따라간다. 영구를 안치한 방은 매우 견고하며, 관곽을 여러 겹으로 해서 그 둘레를 돌과 나무로 둘러쌌다[國彌大, 家彌富, 葬彌厚. 含珠鱗施, 夫玩好貨寶, 鍾鼎壺濫, 輿馬衣被戈劍, 不可勝其數. 諸養生之具, 無不從者, 題湊之室, 棺槨數襲, 積石積炭, 以環其外]."[4] "그 크기는 산만하고 주위의 나무는 숲을 이룰 정도이며, 闕庭[궐문·정원]을 설치하고 궁실을 지으며 빈조[섬돌]를 만든 것이 마치 도읍과 같다[其高大若山陵, 其樹之若林藪, 其設闕庭·爲宮室·造賓阼也若都鄙]."[5] 그러나 厚葬의 풍속이 일어남에 따라 무덤 도굴도 성행하게 되었다. "간악한 사람이 이를 듣고 이 사람 저 사람에게 알려 주었다. 왕이 비록 엄한 중죄로 금지시켜도 도굴하는 것을 막지 못하였다[姦人聞之, 傳以相告. 上雖以嚴威重罪禁之, 猶不可止]."[6] 큰 무덤일수록 도굴되지 않은 것은 하나도 없다. 그야말로 "예로부터 지금까지 멸망하지 않은 나라는 없었다. 멸망하지 않은 나라가 없다는 것은 바로 발굴되지 않은 墓가 없다는 것이다. 귀와 눈으로 듣고 본 바로는 齊·荊·燕은 일찍이 멸망했고, 宋·中山은 이미 멸망했으며, 趙·魏·韓은 모두 옛 나라가 되었다. 이보다 더 위로 보면 멸망한 나라는 이루 다 셀 수

가 없다. 그러므로 큰 묘는 발굴되지 않은 것이 없다〔自古及今, 未有不亡之國也; 無不亡之國者, 是無不抇之墓也. 以耳目所聞見, 齊·荊·燕嘗亡矣, 宋·中山已亡矣, 趙·魏·韓皆亡矣, 其皆故國矣. 自此以上者亡國不可勝數, 是故大墓亡不抇也〕."[7] 무덤 도굴이 성행하는 상황하에서 殷墟는 자연히 이를 면할 수 없었으며, 甲骨도 흙과 함께 파내어지게 되었다.

漢代 이후로 각 지역에서는 항상 고대의 銅器가 출토되었는데, 통치 계급은 이를 '祥瑞'로 보았다. 고문자학자들은 일찍이 銅器上의 문자에 대해 연구하였다. 漢 武帝 때 "李少君이 武帝를 뵈었는데, 武帝가 고대의 銅器를 가지고 李少君에게 물었다. 李少君은 이렇게 대답하였다. '이 기물은 齊 桓公 10년에 柏寢〔지명〕에 진열되었던 것입니다.' 얼마 후에 거기에 새겨진 문자를 만져 보니 과연 齊 桓公의 기물이었다〔(李)少君見上, 上有故銅器, 問少君. 少君曰: '此器齊桓公十年陳于柏寢.' 已而按其刻, 果齊桓公器〕." 또 예를 들면 이른바 尸臣鼎은 漢나라 宣帝 때 扶風 美陽〔지금의 陝西省 武功縣〕에서 출토되었는데, '張敞은 고문자를 좋아하여' 上面에 있는 문자를 고석해 내고 아울러 "이 鼎은 아마도 周王이 대신에게 상으로 하사한 것으로서 대신의 자손이 부친의 공적을 새겨서 宮廟에 보관했던 것 같다〔此鼎殆周之所以褒賜大臣, 大臣子孫刻銘其先功, 臧之于宮廟也〕"고 지적하였다.[8] 그래서 許愼은 《說文解字·敍》에서 "각지의 산천에서는 왕왕 鐘鼎·彝器들이 출토되었는데, 거기에 새겨진 銘文은 전대의 古文으로서 모두 서로 비슷하다〔郡國亦往往于山川得鼎彝, 其銘卽前代之古文, 皆自相似〕"고 하였다. 각지에서 끊임없이 고대의 銅器가 출토된 秦·漢 시기에 安陽의 殷墟에서도 甲骨文이 파내어 졌을 것이다. 그래서 胡厚宣은 "어떤 사람은 秦·漢 시기에 이미 甲骨이 발견되었다고 말하는데, 이것도 가능성이 매우 있다"고 말했던 것이다.[9]

隋·唐 시기에 安陽의 殷墟 일대는 墓地를 이루고 있었다. 民國 17년과 18년(1928년과 1929년)에 세 차례의 발굴을 하였는데, 마을의 중심과 북쪽에 있는 隋·唐 때의 古墳은 20여 곳이나 된다. 그 중에서도 卜仁〔인명〕의 古墳에는 墓地가 있으며, 나머지 古墳에서도 殉葬된 陶器와 瓦俑으로 말미암아 시대를 고찰할 수 있다. 재작년에 小屯村 주민들은 마을 중심에 있는 한 古墳에서 깨어진 墓誌를 발굴하였는데, 朱書로 되어 있으며 唐나라 天寶 3년

(744년)에 만들어진 것이다. 또 樊 부인의 墓에서도 깨어진 墓誌 하나를 얻었는데, 墨書로 되어 있으며, 시기는 大業 2년(606년)이다.[10] 小屯村의 북쪽과 중심은 바로 甲骨文의 출토지가 집중된 곳이다. 그래서 胡厚宣은 "隋·唐 時代에 일찍이 이곳을 광대한 墓地로 삼고서 매장을 하기 위해 언제나 끊임없이 아래로 땅을 팠으며, 甲骨文이 도처에 있었는데 어찌 발견되지 못할 이유가 있겠는가?"라고 말하였다.[11]

宋代에 安陽의 殷墟는 일찍이 河亶甲城이라고 전해졌으며, 이곳에서도 항상 銅器가 출토되었다. 이는 宋代의 金石 기록과 元代 納新의 《河朔訪古記》 등의 기록에 보인다. 銅器가 출토될 때에 甲骨 등 다른 고대 문물이 함께 나오는 것은 자연히 사리에 맞는다.

이밖에 殷墟 小屯村 일대에 사람이 거주한 후에, 마을을 세우고 집을 지을 때에도 응당 甲骨文이 출토되었을 것이다. 왜냐하면 현재 小屯村의 중앙과 남쪽은 바로 甲骨文의 매장이 집중된 구역 중의 하나이기 때문이다. 오늘날 小屯村은 노인들이 전하는 바에 의하면, 대개 明나라 중엽에 시작되었다. 王裕口의 朱氏家廟碑의 기록에 의하면, 明나라 초기의 마을 이름 중에는 아직 小屯村이 없었다. 民國 18년(1929년) 가을에 발굴을 통해 明나라 萬曆 4년(1576년)의 墓磚 계약증서를 얻었는데, 증서에 처음으로 小屯村이라는 이름이 보인다. 小屯村 주민의 조상은 明나라 洪武(1368~1398년) 연간에 洪洞縣에서 옮아온 사람들이며, 이들은 "明代 초엽에 胡大海가 安陽 사람들을 학살하여 원수를 갚았는데, 安陽 주민 10명 중에 7,8명이 죽었다"는 기록과 관계가 있다고 전해 온다. 이 일에 관해서는 여러 전설이 있는데 비록 증거할 만한 사료가 없는 농민 봉기군의 우두머리에 대한 중상모략이지만, 그러나 이것은 元末明初 시기에 전란이 빈번함에 따라 災荒이 전국적으로 발생하여 中原의 인구가 급격히 감소되었다는 역사적 사실을 반영하고 있다. 이 때문에 明代 초엽에 安陽 일대로 사람들이 이주하게 되었다. 明代 중엽 이후에는 지금의 小屯村 일대에 점차 사람들이 거주하게 되었고,[12] 줄곧 淸代까지 거주민들은 끊임없이 집을 짓고 묘를 세웠으므로 자연히 적지 않은 甲骨文이 파내어졌을 것이다.

바로 胡厚宣이 말한 바와 같이 이 오랜 세월 동안에 戰國 時代일지도 모

르고, 漢代 혹은 宋代일지도 모르지만 당연히 대규모의 甲骨이 발굴되었을
것이다. 그러나 아는 사람이 없었기 때문에 곧 이것들을 파기시켰을 것이다.
이렇게 해서 오랜 세월이 흐르는 동안 얼마나 귀중한 사료가 없어졌는지 모
른다. 그래서 우리는 이때를 '파괴 시기'라고 부르는 것이다.[13]

　이른바 '약재 시기'는 실제로는 甲骨文의 '파괴 시기'의 연속이며, 더구
나 그때보다 정도가 심하면 심했지 절대로 덜하지 않았다. 왜냐하면 일반
적인 '파괴 시기'에는 사람들이 무의식적으로 銅器를 파거나, 집을 짓고 묘
를 세울 때 우연히 甲骨이 섞여 나와 이를 하찮게 보고 내버려두었지만,
그러나 '약재 시기'에는 '龍骨'로 팔려는 의도를 가지고 함부로 파내어서
'파괴 시기'보다 훨씬 심한 파괴를 하고 손실을 주었기 때문이다.

　'龍骨'은 중국의 한약 처방에 있는 약이다. 龍骨은 소아과·부인과의 질
병과 남자의 허약 증세를 치료할 수 있으며, 그 가루는 지혈을 하고 새살을
돋게 하여 속칭 '刀尖藥'이라고 한다. 한약 龍骨은 근대의 기록에 의하면,
한 종은 고대 척추동물의 골격 화석이다. 물품은 南路와 北路로 나누어지는
데, 北路의 물품은 河北과 山西에서 나와 華北과 上海로 팔려 나가며, 南路
의 물품은 四川·貴州·湖南·廣西 壯族 自治區·雲南·廣東 등지의 산굴
에서 나와 廣州·홍콩과 南洋 등지로 팔려 나간다. 또 한 종은 바로 殷墟에
서 출토되는 甲骨인데, 당지에서의 소매를 제외하고 주요 판로는 河北省의
安國縣과 北京이다.[14]

　小屯村 주민들이 약재로서의 '龍骨'을 의식적으로 파다가 판매한 구체적
인 시기는 현재로서는 자세하게 알기 어렵다. 학자들은 "적어도 清代 수백
년 동안에 있었으며, 明代 혹은 그 이전부터 시작되었는지도 모른다. 平原省
安陽縣 小屯村에서는 많은 사람들이 龍骨 약재를 판매하여 생활하였다"고
추측하였다.[15] 그러나 本書 제2장 제3절에서 인용한 羅振常의 《洹洛訪古游
記》 宣統 3년(1911년) 2월 20일조의 "이곳에 매장된 甲骨은 30여 년 전에
이미 발견되었으며, 오늘날에 시작된 것이 아니다……. 주민들은 그것을 龍
骨로 보았기 때문에 가져다가 약방에다 보였다" 등의 기록에 근거해 볼 때,
小屯村 주민들은 1881년을 전후해서 甲骨을 龍骨로 팔았다. 그 이유는 羅振
常이 殷墟로 가서 甲骨을 수집한 해인 1911년에서 30여 년을 소급하면 이

시기가 되기 때문이다.

이밖에 董作賓의 《甲骨年表》에서는 1899년을 甲骨文 발견의 해로 삼았으며, 다음과 같이 병기하고 있다.

처음에 小屯村 북쪽 洹水 부근의 농경지에서는 항상 甲骨이 발견되었는데, 마을 주민 李成이 이것을 가져다가 약방에 팔았다. 이것을 '龍骨'이라고 한다. 그후 수십 년이 경과하였다.

李成은 '小屯村의 薙頭商', 즉 이발사였다. 1899년 이전에는 항상 龍骨 가루로 刀尖藥을 만들었다. 이 지역에서 오랫동안 龍骨이 출토되었기 때문에 小屯村 주민들은 이상하게 생각지 않았다. 그래서 骨片·甲版·鹿角 등은 문자의 유무에 관계 없이 모두 龍骨로 간주되었다. 당시 小屯村 주민들은 글자가 인위적으로 새겨진 것이 아니고 자연적으로 생겨난 것이라고 생각하였으며, 아울러 글자가 있는 것은 팔기가 어려우며, 글자를 제거해야 약방에서 산다고들 하였다. 李成은 龍骨을 수집하여 약방에 팔았으며, 1근에 6文씩 받았다.[16] 李成은 평생 동안 龍骨을 팔아 생활하였다. 설령 그가 20여 세부터 龍骨을 팔기 시작하여 60세까지 그것을 생업으로 삼았다고 해도 4,50년의 시간에 불과한데, 즉 小屯村 주민이 甲骨을 판 것은 1899년부터 4,50년을 소급해도 淸代 말엽의 道光·咸豊 시기보다 빠를 수는 없다. 이밖에 小屯村이 건립된 것이 萬曆 4년(1576년)보다 앞서지 않으므로 이곳에서 甲骨이 약재 龍骨로 간주되어 출토된 시기는 萬曆 4년보다 빠를 수는 없다.

1899년보다 4,50년 전에 甲骨은 龍骨로 간주되어 北京과 安國의 약재상들에게 대량으로 판매되었으며, 또 가루약으로 제조되어 廟會에서 산발적으로 '刀尖藥'으로 팔렸다. 비록 시간은 짧지만 상당량의 甲骨文을 훼멸시킨 앞의 두 시기는 그야말로 임자를 만났다고 할 수 있다. 甲骨文은 사람들에게 '龍骨'로 인식되어 그 양을 예측할 수 없을 정도로 엄청나게 복용되었으며, 이로 인해 학술 사업에 영원히 보충할 수 없는 막대한 손실을 가져다 주었다. 그래서 胡厚宣은 "이 시기를 약재 시기라고 부른다"고 하였다.[17]

위에서 서술한 甲骨文이 지나온 세 시기는 3천 년 내외에 달하는 긴 시간이다. 이것은 1899년에 甲骨文이 발견·인식되고 甲骨學이 형성된 이후, 학자들이 '뿌리'를 찾기 위해 비로소 머리를 돌려서 인식한 甲骨學 형성 이전의 역사이다. 그래서 필자는 이 긴 시간을 甲骨學의 '先史' 시기라고 말하는 것이다.

제2절 甲骨文의 비과학적 발굴 단계와 甲骨學의 초창 시기(上·下)

甲骨文의 비과학적 발굴 단계와 甲骨學의 초창 시기는 1899년에 甲骨文이 발견되고 수집되고부터 1928년에 前 中央研究院 歷史言語研究所에서 安陽 殷墟의 대규모 과학적 발굴을 시작하기 전까지의 시기를 포괄한다.

(上)

甲骨文의 '비과학적 발굴 시기'는 小屯村 주민들이 돈을 벌기 위해 청장년 및 노약자·부녀자 등이 앞다투어 甲骨을 발굴해서 판 시기를 가리킨다. 甲骨文은 학자들에 의해서 감정된 이후에 값이 앙등하였기 때문에 지난날의 '龍骨' 신분보다 몸값이 백배로 뛰었다. 어떤 학자는 이 시기를 '도굴 시기'라고 불렀는데, 그 이유는 甲骨을 도굴하는 것과 무덤을 파헤쳐 보물을 절취하는 것이 다르지 않기 때문이다. 또 어떤 사람은 '개인 도굴 시기'라고 불렀는데, 이는 1928년 이후에 공공기관인 前 中央研究院 歷史言語研究所 주관으로 대규모 과학적 殷墟 발굴을 하여 甲骨文과 기타 과학 연구 자료를 찾은 시기와 구별하기 위함이다.

이 시기에 개인이 甲骨文을 발굴한 상황은 이러하다.

1899년에서 1903년까지의 기간에 小屯村 주민들은 甲骨文을 골동품상의 손을 통해 王懿榮·劉鶚 등에게 팔았다. 이것은 1899년에 王懿榮이 얻은 12편, 王襄과 孟定生의 1,2편, 1900년에 王懿榮이 상인 范氏를 통해 산 8백 편과 상인 趙氏를 통해 산 수백 편 등 세 차례에 걸쳐 얻은 총 1천4,5백 편, 劉

鶚이 1902년에 王懿榮에게 산 근 1천 편의 甲骨 이외에 자기가 친히 산 약 3백여 편, 상인 趙氏를 통해 산 3천여 편, 셋째아들 劉大紳의 손을 통해 산 1천 편 내외 등 총 5천 편 내외를 포괄한다.[18] 이 시기에 나온 甲骨은 새로 파낸 것 말고도 1899년 이전에 출토된 '龍骨'의 나머지를 포괄하며, 대부분 제1·2·5기의 것들이다. 그 출토지는 마땅히 小屯村 북쪽 劉姓二十畝 골짜기 속에 있다. 이 마을 주민들이 최초로 甲骨을 발굴한 곳이라고 한 董作賓의 말에 의한다면, 대체로 劉鶚이 소장한 일련의 甲骨은 이 지역에서 나온 것이다.[19]

1904년 겨울, 小屯村의 지주 朱坤은 소작인을 이끌고 마을 북쪽에 있는 洹水의 남쪽 기슭에 위치한 자기의 밭에서 장막을 치고 부뚜막을 만들어 가며 오랫동안 甲骨文字를 대대적으로 발굴하였다. 이때 얻은 甲骨은 여러 수레를 가득 채울 정도의 많은 양이었다.[20] 胡厚宣은 이 甲骨들이 모두 羅振玉과 외국인에게 팔려나갔다고 말하였다.[21]

1909년 봄에 小屯村 앞에 있는 張學獻의 땅에서 참마 도랑〔山藥溝〕을 파다가 甲骨文字를 발견하였다. 마을 주민들은 서로 발굴하기로 약속하고 매우 많은 양의 '馬蹄兒' 및 '骨條'를 얻었다. (마을 주민들은 牛肩胛骨의 뼈끝을 '馬蹄兒'라고 불렀고, 肩胛骨의 가장자리가 파열되어 가지 모양을 한 것을 '骨條'라고 불렀는데, 이곳은 모두 肩胛骨의 刻辭가 비교적 많은 부분이다.) 한편 이 발굴은 지주의 허락을 받지 않고 한 것이었다. 그래서 張學獻의 모친은 마을 주민들을 심하게 욕하다가 구타를 당해 머리에 출혈상을 입었다. 그러나 이 사건은 사람들의 중재로 소송에 이르지는 않았다.[22] 이 甲骨들은 대부분 羅振玉에게 돌아갔다.[23]

이밖에도 전하는 바에 의하면, 小屯村의 중심과 남쪽에서도 甲骨이 출토되었다.[24]

1917년에 小屯村에서는 대량의 甲骨이 출토되었는데, 이것들은 王襄과 霍保祿이 구입하였다.[25]

1920년에 華北의 5省에 큰 가뭄이 들었는데, 마을 사람들은 飢寒 때문에 할 수 없이 小屯村 북쪽 강가에서 甲骨文字를 파기로 약속하였다. 대체로 전에 甲骨이 출토된 곳을 여러 번 찾았다. 부근의 마을 주민들도 많이 참여

하였다.[26]

1923년 봄에 小屯村 중심에 있는 張學獻의 집 채소밭에서 有字 甲骨이 나왔다. 張學獻 자신이 파고 何國棟이 옆에서 도와 큰 骨版 2개를 얻었는데, 이 骨版들에는 모두 문자가 있었다. 何國棟은 이곳을 기억해 놓고, 마침내 1926년 봄에 개인적인 대규모 발굴을 하였다.[27]

1924년에 小屯村 주민들이 담장을 축조하다가 한 坑에서 甲骨文字를 발견하였는데, 이것은 멘지스의 소유가 되었으며, 그 중에는 대단히 큰 것이 있었다.[28]

1925년에 小屯村 주민들이 마을 앞의 대로가에서 사적으로 대대적인 발굴 작업을 하여 서너 광주리 가득히 甲骨을 얻었는데, 肩胛骨 중에 길이가 한 척이 넘는 것이 있었다. 대부분 上海의 상인에게 팔렸다.[29]

1926년에 小屯村에서 또 대규모의 甲骨이 출토되었다. 그해 봄 3월에 小屯村 주민들이 張學獻의 집 채소밭에서 대규모로 사적인 발굴 작업을 하였다. 그 당시 張學獻은 비적들에게 붙들려 가서 많은 돈이 필요하였다. 주민들은 이 기회를 틈타서 상인들과 함께 甲骨文字를 발굴하였으며, 그 중 절반은 가지고 돌아가서 마음대로 처분하였다. 肩胛骨을 매우 많이 발굴하였으며, 대부분은 멘지스의 손에 들어갔다. 이때의 甲骨 발굴 규모는 매우 컸는데, 모두 수십 명이 3개조로 나뉘어 鼎足의 형세로 각기 깊은 곳으로부터 중간 쪽으로 탐색하였다. 작업 도중에 갑자기 부드러운 흙이 아래로 꺼지면서 인부 4명이 매몰되는 사고가 발생하였는데, 급히 이들은 구조되었으나 공사는 이로 인해 중지되고 말았다. 霍氏 집 아들은 지금까지도 곱사등이로 살고 있다.[30]

1928년 봄, 中央研究院에서 그해 10월에 정식으로 과학적 殷墟 발굴을 하기 전에 북벌군이 安陽에서 작전을 개시하여, 洹水의 남쪽 강기슭에 병력을 주둔시켰기 때문에 小屯村 주민들은 농사를 폐기하게 되었다. 4월에 군 작전이 완료되었다. 마을 주민들은 군 작전의 영향으로 살아갈 방도가 없었기 때문에 지주와 상의하여 甲骨을 얻으면 반을 주기로 하고 마을 앞의 길가와 麥場 앞의 숲속을 대거 발굴하였다. 이때 얻은 甲骨文字는 대부분 上海와 開封의 상인에게 팔렸다.[31]

개인이 甲骨을 발굴하던 시기에 羅振常의 《洹洛訪古游記》에 의하면 당시의 "甲骨 출토지는 마을 뒤쪽의 밭이었다……. 주민들은 한 차례 땅을 파서 甲骨을 취한 후에 곧 평평하게 메워 놓았다. 현재, 이전의 출토지에는 아직 다 메워지지 않은 구덩이가 두 곳 있고…… 새 출토지 한 곳은 한창 발굴중에 있다……. 마을의 후미에서 구불구불한 길로 북쪽을 향해 가면 중간 일대에 고지가 나온다. 이곳은 평지보다 2,3척 가량 높으며, 龜甲의 대부분은 여기에서 출토되었다. 물가에 가까워지면서 지대가 점차 깎아지른 듯 낮아지는데, 주민들은 이곳이 甲骨이 가장 많이 출토된 곳이며 면적은 약 13이랑 정도라고 말한다. 마을 어귀에도 아직 메워지지 않은 구덩이가 1개 있는데, 이것은 앞의 구덩이들보다 크며 깊이는 3,4척 정도가 된다. 전하는 바로는 이 구덩이에서도 甲骨이 출토되었는데, 발굴할 때 흙덩이가 붕괴되면서 韓氏 성을 가진 인부가 허리를 다쳐 결국 공사가 중단되었다고 한다. 즉 甲骨 출토지가 전부 마을의 후미에 있는 것이 아님을 알 수 있다. 마을 중심에도 역시 甲骨이 있으며, 오직 위쪽에는 집들이 있어 발굴하기가 불편했을 뿐이다"라고 하였다.[32]

王懿榮·王襄·劉鶚 이후에 대량으로 甲骨을 수집한 학자로는 羅振玉 등이 있다. 羅振玉은 1906년에 甲骨을 수집하기 시작하였으며, 또한 직접 安陽으로 사람을 보내 즉석에서 사들였는데, 이에 관해서는 本書 제3장 제1절에서 이미 소개한 바 있다.

이 시기에 중국의 학자가 甲骨을 소장한 상황은 이러하다.

王懿榮이 얻은 甲骨: 약 1천5백 편

王襄과 孟定生이 얻은 甲骨: 약 4천5백 편

劉鶚이 얻은 甲骨: 약 5천 편

羅振玉이 얻은 甲骨: 약 3만 편

기타의 사람들이 얻은 甲骨: 약 4천 편[33]

이와 동시에 많은 외국인들도 중국의 진귀한 殷墟 甲骨文에 손을 대었다. 1903년부터 山東省 濰縣에 주재한 장로회 선교사 미국인 칼팬트와 靑州에 주재한 침례회 선교사 영국인 쿨링(Samuel Couling; 中國名 庫壽齡)이 합작하여 濰縣에서 상당수의 甲骨을 사들였다. 이들은 일부 甲骨을 나누어서

1906년에는 미국의 프린스턴대학에 팔고, 1909년에는 미국 카네기박물관과 영국의 스코틀랜드 왕립박물관에 팔고, 1911년에는 대영박물관에 팔고, 1913년에는 또 미국 필드박물관 등에 팔았다. 독일인 비르츠(Wirtz; 中國名 威爾茨)는 青島에서 甲骨을 산 후에 독일 베를린 민속박물관에 귀속시켰다. 독일인 빌헬름(Richard Wilhelm; 中國名 衛禮賢)도 青島에서 산 甲骨을 다시 스위스 바젤 민속진열관과 독일 프랑크푸르트 중국학원 등에 팔았다. 일본인들은 일찍이 羅振玉 이전에 전문적으로 사람을 보내어 安陽으로부터 3천 판에 가까운 甲骨을 사갔다. 특히 林泰輔가 安陽 殷墟로 온 이후로 甲骨을 찾는 일본인들이 날로 증가하였으며, 그들이 소장한 甲骨은 나날이 많아지게 되었다.[34)

특히 소개해야 할 사람은 캐나다인 멘지스이다. 그는 1914년 安陽의 장로회 목사로 임명되었을 때부터 곧바로 甲骨을 찾기 시작하였다. 그는 언제나 늙은 백마를 타고 洹水의 남쪽 기슭에서 노닐면서 殷墟에서 甲骨文字가 출토되고 있는 상황을 고찰하였다. 이 이후로 자주 그곳에 가서 조사와 탐색을 하였으며, 상당히 많은 甲骨을 손에 넣었다. 오직 멘지스가 처음에 구한 대형의 肩胛骨은 새 소뼈로 만든 모사품으로서, 상인이 진위를 식별하지 못하는 외국 사람에게 속여서 판 것이다. 오래지 않아 썩는 냄새로 인해 가까이 갈 수도 없게 되었다. 그러나 멘지스는 이로부터 전심전력으로 고찰하여 마침내 진위를 감별하는 데 전문가가 되었다. 멘지스는 "처음에 얻은 큰 것은 완전히 위조품이었다"고 스스로 말하고 있다. 그후 작은 것을 소홀히 할 수 없다는 것을 알게 되었는데, 그래서 그가 소장한 甲骨 중에는 조각편이 많다.[35) 그는 여러 가지로 조건이 좋았던 관계로 외국인들 중에서 가장 많은 甲骨을 얻었다. 마을 주민들의 말에 의하면, 멘지스는 10여 년 동안에 매우 많은 甲骨을 얻었다. 民國 6년(1917년) 멘지스가 《殷墟卜辭》를 출판하였을 때에는 이미 5만 편을 소장하고 있었다.[36) 멘지스는 1937년 抗日 戰爭이 발발한 후에 귀국하였는데, 그는 상당수의 우수한 甲骨을 포장해서 캐나다로 가져갔다. 또 다른 일부 甲骨은 당시 南京 주재의 캐나다 대사관에 보관하였고, 또 일부는 山東省 濟南의 齊魯大學에 보관하였다. 해방 후에 대사관에 보관되었던 甲骨은 南京博物館에 귀속되었다. 그러나 齊魯大學에 보관되었던 8천여 편의 甲骨은 1937년 12월 27일 濟南이 함락된 후에 어느 날 갑자기 행방을 알 수 없게 되었다.

일본 패망 후, 胡厚宣은 齊魯大學이 濟南으로 귀환함에 따라서 이 甲骨들을 볼 수 없었기 때문에 실로 유감천만이었다. 1949년 신중국 수립 후에도 이 甲骨들은 여전히 찾을 길이 없었다. 1952년에 이르러 齊魯大學 교직원들의 협조하에 당시의 총장 직무대행 林仰山 박사(영국 국적)는 英文 草圖를 제출하고, 아울러 이 甲骨들을 매장한 경과를 설명하였다. 설명에 의하면, 원래 일본인이 강탈해 갈 것을 염려하여 비밀리에 8천여 편의 甲骨과 또 다른 고대 문물을 포장한 상자를 齊魯大學 내 녹음이 우거진 곳에 매장하고, 그 매장 위치를 표시한 2부의 草圖를 그려서 정본은 멘지스에게 주고 부본은 林仰山이 보존하고 있었다는 것이다. 사람들은 草圖에 따라 甲骨을 수색하였으며, 마침내 어느 날 갑자기 사라졌던 8천여 편의 甲骨文은 다시 태양을 볼 수 있게 되었다. 외부에서는 땅 속이 축축하기 때문에 적지않은 수의 甲骨이 이미 부식되었을 것이라고 전해졌지만, 실제 이 甲骨들은 매우 잘 보존되어 1편도 썩어서 가루가 되지 않았다.[37] 이 甲骨들은 현재 山東省 博物館에 소장되어 있다.

위에서 서술한 외국인이 甲骨을 얻은 상황은 다음과 같다.

쿨링·칼팬트가 얻은 甲骨: 약 5천 편

일본인이 얻은 甲骨: 약 1만 5천 편

멘지스가 얻은 甲骨: 약 3만 5천 편[38]

이상 비과학적 발굴 시기의 수년 동안에 출토된 甲骨文은 胡厚宣의 통계에 의하면 '대략 모두 15만 편 정도'이다. 아울러 방증 자료를 제시해 말하면, 〈小屯地面下情形分析初步〉라는 글에서는 "30년 이래 甲骨 출토는 10만 편을 밑돌지 않는다"고 하였다.[39]

(下)

1903년에 劉鶚이 쓴 《鐵雲藏龜》의 출판은 甲骨文 자료의 사용 범위를 확대시킴으로써 고문자학자들이 비로소 연구를 할 수 있도록 해주었는데, 이는 甲骨文이 학자들의 서재 속에 있었던 '골동품 시기'로부터 '금석 시기'로 진입하였음을 나타내 준다. 이후에 적지않은 甲骨文이 계속 기록 출판되었다.

이 시기에 출판된 甲骨 기록서로는 羅振玉이 1911년에 출판한 《殷墟書契》(약칭 《前編》 혹은 《前》), 1914년에 출판한 《殷墟書契菁華》(약칭 《菁華》 혹은 《菁》), 1915년에 출판한 《鐵雲藏龜之餘》(약칭 《鐵餘》 혹은 《餘》), 1916년에 출판한 《殷墟書契後編》(약칭 《後編》 혹은 《後》)·《殷墟古器物圖錄》(약칭 《殷圖》), 姬佛佗가 1917년에 출판한 《戩壽堂所藏殷墟文字》(약칭 《戩》, 실제로는 王國維가 펴냈다), 멘지스가 출판한 《殷墟卜辭》(약칭 《墟》 혹은 《明》), 林泰輔가 1921년에 출판한 《龜甲獸骨文字》(약칭 《龜》 혹은 《林》), 王襄이 1925년에 출판한 《簠室殷契徵文》(약칭 《簠》), 葉玉森이 출판한 《鐵雲藏龜拾遺》(약칭 《鐵遺》 혹은 《遺》), 羅福成이 1928년에 출판한 《傳古別錄》 제2집 등이 있다.

이상의 각책에는 총 9천9백19편의 甲骨이 수록되어 있다. 발표된 자료가 비록 출토된 전체 甲骨文字의 10분의 1에 불과하지만, 그러나 중요한 자료는 이미 적지않게 공포되었으며, 이는 甲骨文의 연구를 확대하는 데 매우 큰 역할을 하였다.[40] 甲骨學 연구에서 얻은 성과는 우선 문자의 고석과 篇章의 通讀 방면에 있는데, 孫詒讓·羅振玉·王國維 등의 학자는 이 방면에서 큰 성과를 거두었다.

《鐵雲藏龜》가 출판된 후, 비록 저명학자 孫詒讓이 이 책을 근거로 연구하여 1904년에 최초의 연구 저작이라고 할 수 있는 《契文擧例》(원고는 1913년 上海에서 찾았으며, 1917년에 출판 발행)를 집필하였지만, 그러나 줄곧 羅振玉의 《殷墟書契》가 1913년에 출판되기까지 중국 내외의 학계는 甲骨文이라는 이 오래된 문자를 전통적인 金石學 자료로 간주하고, 대부분 그 출토지와 시대 등의 고증에 한정하였기 때문에 甲骨文 자체의 내용에 대해 아는 것이 매우 적었고, 연구하는 사람도 많지 않았다. 바로 羅振玉이 말한 바와 같이 전후 수년간을 돌아보건대, 오직 仲容 孫徵君(孫詒讓)이 札記를 썼을 뿐이며, 그외에는 들은 것이 없다.[41]

1914년에 이르러서야 甲骨文 연구는 이른바 '문자 시기'로 진입하였다. 이 시기의 표지가 되는 것은 바로 羅振玉이 쓴 《殷墟書契考釋》의 출판이라고 할 수 있다. 羅振玉은 일찍이 《鐵雲藏龜》의 출판을 전후해서 문자의 연구에 생각을 두었다. 그래서 "孫詒讓은 倉雅周官[小學]을 깊이 연구한 학자이지만 그의 札記는 큰 뜻을 밝히지 못했기 때문에 지금 비로소 내가 해보려는 생각을 가지고 있다"고 말하였다. 그렇지만 "그때는 나이와 힘이 한창일 때라 세월이 창창하고 또한 배운 것이 깊지 못하다고 말했다……. 이 책(《鐵雲藏龜》)이 나왔으니,[42] 반드시 束晳(261-303년)과 같은 박식한 학자가 고석을 해서 밝힐 일이며, 진실로 보잘것없는 내가 감당할 수 있는 일이 아니다"[43]고 생각했기 때문에 문자의 고석 작업에 집중된 힘을 쏟지 못했다. 1914년, 즉 《殷墟書契》가 출판된 지 4년 후에도 학자들은 여전히 甲骨文을 읽을 줄 몰랐다.

羅振玉은 "책(《殷墟書契》)이 나왔으나 많은 사람들이 읽을 수 없음을 안타까워한다"고 느꼈기 때문에, 이에 발분해서 고석을 하였다.[44] 정력을 쏟기 위해서 그는 두문불출하고 발분하였으며, 문을 걸어잠근 지 40여 일 만에 마침내 《殷墟書契考釋》 6만여 言을 완성하였다.[45] 《殷墟書契考釋》에서는 帝王 22개, 先妣 14개, 人名 78개, 地名 1백93개, 文字 4백85개를 고증해서 확정했다. 1927년 羅振玉은 《殷墟書契考釋》을 增訂한 《增考》에 수록 문자를 더 증가시켰는데 帝王 23개, 先妣 16개, 人名 90개, 地名 2백30개, 文字 5백60개를 고증해서 확정하였다.

孫詒讓·羅振玉·王國維·葉玉森 등과 같은 학자들의 노력을 통해 甲骨文字는 점차 釋讀되기 시작했으며, 판독할 수 있는 글자도 나날이 증가하였다. 이러한 기초 위에서 일부 甲骨文 字典이 출판되었는데, 예를 들면 1920년에 출판된 王襄의 《簠室殷契類纂》에는 판독할 수 있는 글자 8백73자를 수록하였고, 1923년 출판된 商承祚의 《殷墟文字類編》에는 판독할 수 있는 글자 7백89자가 수록되었다. 孫詒讓이 《契文擧例》를 쓸 때는 판독할 수 있는 글자가 너무 적었고, 또 잘못 고석된 글자가 너무 많았기 때문에 일반 卜辭의 내용도 매우 난해해서 통독할 수 없었다. 그러나 《殷墟書契考釋》이 출판된 후에는 甲骨上의 문자를 기본적으로 알 수 있고, 또한 전체의 문구를 통독할 수 있게 되었다.

그 다음 문자 고석의 기초 위에서 甲骨文을 사료로 삼아 商史를 연구하였다. 王國維는 문자 고석 방면에서 적지않은 공헌을 하였을 뿐 아니라 商·周 時代의 禮制·都邑·地理 등의 방면에 대해서도 연구하였다. 특히 1917년에 쓴 〈殷卜辭에 나타난 先公·先王考〉 및 〈續考〉 등 2편의 유명한 論文은 甲骨學 연구를 새로운 단계로 올려 놓았는데, 이는 '문자 시기'에서 '사료 시기'로 진입하였음을 말해 주고 있는 것이다. 王國維는 이 두 論文에서 甲骨文에 출현하는 先公·先王과 父·兄의 이름을 고증하였고, 《史記·殷本紀》의 "商代의 先公·先王의 이름 중에 卜辭에 보이지 않는 것은 거의 없다〔有商一代先公先王之名, 不見於卜辭者殆鮮〕"라는 기록을 논증하였다. 그는 또한 《殷墟書契後編》 上冊 8·14와 《戬壽堂所藏殷墟文字》 1·10의 綴合에 근거해서 "上甲 이후 여러 先公의 차례는 마땅히 報乙·報丙·報丁·主壬·主癸의 순이다"고 주장하면서, "《史記》에 報丁·報乙·報丙의 순으로 되어 있는 것은 역사적 사실을 위배한 것이다"고 지적하였다. 또 《殷墟書契後編》 上冊 5·1에 근거해서 '祖乙은 마땅히 中丁의 아들'임을 고증해서 《史記》가 잘못되었다고 지적하였다. 王國維는 일찍이 卜辭 중의 '王亥'에 대해 羅振玉과 서로 연구 토론하였다. 그는 "《山海經》이라는 책은 문장이 매끄럽지 못하고 등장 인물에 대해서도 역대로 허구로 보았으며, 《竹書紀年》 역시 다 믿을 만한 것은 아니라고 보았다. 그런데 '王亥'라는 이름이 마침내 卜辭에서 나왔다…… 이로써 周·秦 시기에 존재했던 고대 전설이 절대 근거가 없는 것이 아님을 알 수 있다"고 지적하고, 아울러 甲骨文 중의 王恒을 논술하여, "王恒 1세는 《世本》과 《史記》에 기록되어 있지 않고, 《山海經》과 《竹書紀年》에도 상세하지 못한데 이제 卜辭에서 확실히 알게 되었다. 〈天問〉〔《楚辭》의 편명〕에 기록된 말은 천고의 세월 동안 이해할 수 없었는데 이제 卜辭로 인해 알 수 있게 되었다"고 논술하였다.[46] 이러한 것들로 甲骨學의 학술적 지위를 크게 높였다.

甲骨學 연구는 문자를 판독하고 句讀를 끊는 단계부터 초기 연구자들의 출토지에 대한 조사, 甲骨文의 시대와 安陽 小屯村이 殷墟임을 확정하기까지 대체로 30여 년이 걸렸다. 대량의 甲骨 자료의 축적·기록과 연구로 말미암아 甲骨學은 이미 초보적인 규모를 갖추고 '초창 시기'를 마무리지었다.

제3절 甲骨文의 과학적 발굴 단계와 甲骨學의 발전 시기(上·下)

'과학적 발굴' 단계란 1928년 10월부터 시작해서 1937년 6월까지 완료된 과학적 殷墟 발굴 시기를 가리킨다. 前 中央研究院 歷史言語研究所에서 주관한 安陽 殷墟의 대규모 발굴 작업은 전후로 모두 열다섯 차례 이상에 걸쳐 10년에 달하는 오랜 기간 동안 진행되어 풍부한 성과를 얻었다. 이와 동시에 근대적인 考古學의 과학적인 방법이 甲骨學 영역에 도입됨으로 말미암아 甲骨學 연구는 전통 金石學과 史料學의 국한을 뛰어넘어 전면적인 발전 시기로 들어갔다.

(上)

前 中央研究院 歷史言語研究所는 1928년 10월 廣州에서 설립되었다. 연구소는 활동을 시작하면서 바로 董作賓 등을 河南省 安陽 殷墟로 파견하여 대규모의 과학적 발굴 작업을 하였다. 어째서 安陽 殷墟를 발굴해야 하는가?

첫째, 이것은 1899년 甲骨文이 발견된 후에 해마다 도굴과 골동품상의 대규모적인 구매가 있었으며, 특히 1911년에 羅振玉이 사람을 파견해서 대거 수집한 후 수년 동안에 출토된 것이 수만 편에 달했기 때문이다. 羅振玉이 본 후로는 대체로 이미 수장된 보물이 아무것도 없게 되었다.[47] 羅振玉뿐 아니라 다른 수장가와 골동품상 및 小屯村 주민들도 대부분 더 이상 큰 규모의 출토가 없을 것이라고 생각했다. 정말 殷墟의 지하에는 더 이상의 甲骨文이 없는가? 이것이 歷史言語研究所가 관심을 갖고 있던 문제였다. 그래서 歷史言語研究所의 설립을 계획하던 기간인 1928년 8월에 董作賓을 安陽 殷墟로 파견하여 甲骨文의 출토 상황을 조사하게 하였던 것이다.

董作賓은 安陽에 도착한 후 먼저 그 지역의 상황을 이해하고 있는 인사를 통해 조사를 하였다. 그는 중학교 교장 張君이 말한, 小屯村에서 甲骨을 출토한 상황에 대해 다음과 같이 기록하였다.

……그들은 일찍이 학생들과 함께 그곳으로 여행 갔다가 글자 없는 骨片이 밭에 많이 있음을 발견하였다. 나뭇가지로 땅 속을 팠는데, 깊이 10여 자쯤에 이르러 글자 있는 것들을 얻었다. 또 마을에서 구입하기가 쉬웠는데, 만약 字骨(글자 있는 甲骨)을 산다고 말하기만 하면 아낙네와 아이들이 전부 몰려나왔으며, 은화 1元이면 작은 甲骨片을 양손 가득히 살 수 있었다……. 張君은 근래에도 출토되는 것이 여전히 계속 있으며, 어떤 사람은 하나의 완전한 龜甲을 얻은 적이 있다고 첨언하였다.

董作賓은 또 安陽省 내에 있는 골동품상을 조사하였는데, 그들은 대부분 사실을 말하지 않거나 또는 모른다고 발뺌을 하였다. 그런데 어느 골동품상이 당시의 실정을 이야기하였다.

……民國 초기에는 출토된 것이 매우 많았다고 한다. 최근 예를 들면 民國 9년(1920년) · 14년(1925년) 및 올해(1928년)에는 모두 대규모의 출토가 있었다. 그 중 아직 팔려나가지 않은 것은 대신 수집할 것을 허락하였다.

董作賓은 또 자신이 직접 小屯村으로 가서 조사를 하였다.

小屯村에 가서 甲骨을 여러 차례 구입하였는데, 총 1백여 편이었으며 값은 3원이 들었다. 모두 아낙네와 아이들이 가지고 나온 것으로서 張君이 말한 바와 같다. 그 중에는 길이 2,3치 되는 骨條가 있는데, 부르는 값이 매우 높았으며 骨條 하나당 약 4,5원씩이나 해서 하나도 사지 못했다. 그렇지만 이로부터 당시에 출토된 甲骨이 많았으며, 마을 주민들이 거의 집집마다 가지고 있다는 것을 증명할 수 있었다.

董作賓은 또 한 어린이의 안내를 받아 마을 북쪽의 甲骨이 출토된 곳을 답사하였다.

이 모래언덕의 서쪽에 있는 목화밭 부근을 자세히 살펴보니 새로 발굴하고 다시 메운 坑이 열 군데나 있었으며, 어느 坑 옆을 조사하다가 글자 없는 骨版 한 조각을 얻었는데, 점칠 때 사용한 骨版이 확실하므로 이 아이의 말은 역시 거짓이 아닌 것 같다.

성실한 조사와 實地 고찰을 한 차례 한 후에, 그는 "甲骨 발굴은 확실히 미진하다"는 결론을 얻었다. 前 中央研究院 歷史言語研究所는 甲骨이 아직 남아 있고 또한 근래에 출토가 끊임없이 계속되는데, 이대로 나아간다면 중국 고대 문화에 관계된 지극히 귀중한 보물이 장차 무지한 주민들에게 사적으로 도굴되어 모두 팔리게 될 것이며, 하루가 늦어지면 하루의 손실이 있게 된다는 점에 비추어 국가 학술기관에 의해 과학적인 방법으로 발굴해야 한다고 판단하였다. 이는 실로 일각도 지체할 수 없는 구상이었다.[48] 이것이 바로 1928년 10월에 대규모 과학적 殷墟 발굴을 하게 된 동기이다.
　둘째, 대량의 甲骨이 외국으로 흘러가서 중국의 학술사업에 거대한 손실을 가져다 주었다. 이미 앞에서 서술한 바와 같이 미국인 칼팬트, 영국인 쿨링과 독일인 비르츠·빌헬름 등은 山東省의 濰坊과 靑島 등지에서 대량으로 甲骨을 사들여서 세계의 각 대형 박물관에 되팔았으며, 일본인 林泰輔, 캐나다인 멘지스 등도 安陽 小屯村으로 직접 甲骨을 찾으러 갔었는데, 애국심이 투철한 많은 학자들이 이 상황에 대해 매우 통분하고 있다. 민족 문화의 소중한 보물을 보호하려고 甲骨이 계속 외국으로 방출되지 못하게 하였는데, 이 역시 安陽 殷墟에서 과학적으로 甲骨文을 발굴하게 된 중요 원인 중의 하나이다.
　셋째, 비과학적으로 甲骨文을 발굴하면 비록 문자는 학자들이 연구하도록 제공되겠지만, 그러나 殷商 時代의 문화 전체를 가지고 말한다면 문자만으로는 해결할 수 없고 땅 속의 정황으로만 살필 수 있는 문제들이 많이 있다. 그 裏面에서 명백히 알 수 있는 몇 가지 문제, 예를 들면 이곳은 대관절 어느 곳인가? 갑자기 이 문자가 기록된 甲骨을 매장하였는가? 또 무엇 때문에 폐기되었는가?[49] 등이다. 甲骨文을 도굴하는 것은 돈을 벌기 위한 목적이라서, 甲骨文과 함께 있던 유적·유물·지층 관계 등은 모두 사람들의 관심 밖이기 때문에 과학적 자료의 완전성을 파괴한다. 비록 羅振玉이 1911년에 羅

振常을 특별히 安陽 小屯村으로 파견해서 甲骨을 구입할 때, 甲骨 이외의 출토물에 대해서도 구입하는 데 신경을 썼지만, 그러나 이것들은 '약탈을 당한 뒤의 나머지'라서 이미 그것들의 출토 환경, 즉 지층 관계는 서로 이탈된 상태였기 때문에 학문적인 가치는 크게 떨어졌다. 학술 연구를 위해서 보다 전면적이고 완벽한 과학 자료를 제공하는 것도 과학적으로 安陽 殷墟를 대규모로 발굴한 목적 중의 하나이다.

넷째, 당시 중국의 필드 考古 작업은 아직 초창 단계라서, 비록 산발적인 考古 작업이 있기는 하였지만 대부분 외국인의 주관하에 진행된 것이다. 유명한 河南省 澠池縣 仰韶村의 新石器 時代 유적지가 발굴된 후, 스웨덴의 고고학자 안데르손(Johan Gunnar Andersson; 中國名 安特生)은 灰陶 文化가 紅陶 文化보다 이르다고 주장하였다. 우선 지적해야 할 것은, '灰陶 文化'와 '紅陶 文化'라는 이 2개의 考古學的인 문화의 명명 자체가 과학적이지 못하여 현재는 이미 사용하지 않는다는 것이다. 그 다음으로 그가 당시에 말한 '紅陶 文化'란 실제로 新石器 時代 말기의 仰韶 文化의 유물이며, '灰陶 文化'는 마땅히 新石器 時代 말기의 龍山 文化의 유물이다. 주지하는 바와 같이 仰韶 文化는 龍山 文化보다 이르다. 안데르손이 灰陶 文化가 紅陶 文化보다 이르다는 잘못된 결론을 얻게 된 까닭은 그가 발굴할 때 지층 관계가 뒤섞였기 때문이다. 이 점에 관해 尹達은 《中國新石器時代》[50]라는 책에서 상세하게 논술하고 있다. 바로 몇몇 학자가 지적한 바와 같이, 근래에 중국에서는 고대 지역을 발굴하였으나 매번 연대를 확정할 수가 없었으며, 안데르손과 李濟 등이 해놓은 것은 비록 대단히 큰 학술적 문제를 낳았지만 연대를 표시하는 기본 작업은 여전히 추측을 벗어나지 못하고 있다. 그렇지만 安陽 殷墟는 학자들이 이미 그곳이 商王朝 말기의 도성임을 분명하게 고증하였다. 그래서 만일 연대가 확실한 유적지에서 나온 기물들을 가지고 심사해서 결정하면 다른 陶片과 기물들도 비교를 통해 선후를 알 수 있으며, 이 殷墟 지식은 다른 유적지 지식을 위해 척도가 된다.[51] 간단하게 말해서, 殷墟 유적지와 관련된 지식으로써 중국 필드 考古學의 표준자로 삼을 수 있다. 이것도 과학적으로 殷墟를 발굴한 중요한 목적이다.

前 中央硏究院 歷史言語硏究所에서는 1928년에서 1937년까지 열다섯 차

례에 걸쳐 대규모 과학적 殷墟 발굴 작업을 하여 과학적인 기록이 있는 甲骨文을 대량 출토하였다. 여러 해 동안 甲骨을 출토한 상황은 다음과 같다.

제1차: 1928년 10월 13일부터 10월 30일까지이며, 字甲〔글자가 있는 龜甲〕5백55편, 字骨〔글자가 있는 獸骨〕2백99편 등 총 8백54편의 甲骨이 출토되었다. 이외에도 적지않은 銅器·陶器·骨器·骨蚌器·石器·石玉器 등의 유물이 발견되었다.

제2차: 1929년 3월 17일부터 5월 10일까지이며, 字甲 55편, 字骨 6백85편 등 총 7백40편의 甲骨이 출토되었다. 이외에도 銅器·陶器·骨器·石器 등의 유물 및 유적이 발견되었다.

제3차: 1929년 10월 7일부터 21일까지 및 11월 15일에서 12월 12일까지의 2단계이며, 字甲 2천50편, 字骨 9백62편 등 총 3천12편의 甲骨이 출토되었다. 유명한 '大龜四版' 및 牛頭 刻辭 1편, 鹿頭 刻辭 1편이 바로 이때 발견된 것이다. 이외에도 많은 銅器·陶器·骨器·石器 등의 유물과 유적이 발견되었다.

제4차: 1931년 2월 21일부터 5월 12일까지이며, 字甲 7백51편, 字骨 31편 등 총 7백82편의 甲骨이 출토되었다. 그 중에 鹿頭 刻辭 1편도 출토되었다. 이외에도 象骨·鯨骨 및 銅器·陶器·骨器·石玉器·石器 등의 유물과 유적이 발견되었다.

제5차: 1931년 11월 7일부터 12월 19일까지이며, 字甲 2백75편, 字骨 1백6편 등 총 3백81편의 甲骨이 출토되었다. 그 중에는 牛肋骨 刻辭 1편이 포함되어 있다. 이외에도 수많은 銅器·石器·骨器·骨蚌器 및 적지않은 유적이 발견되었다.

제6차: 1932년 4월 1일부터 5월 31일까지이며, 字骨 1편이 출토되었다. 또 陶器 및 版築터가 발견되었다.

제7차: 1932년 10월 19일부터 12월 15일까지이며, 字甲 23편, 字骨 6편 등 총 29편의 甲骨이 출토되었다. 더 많은 版築터 및 柱礎·礎石 등의 유적을 발견하였다. 墨書 '祀' 字가 있는 陶片은 바로 窖穴 E181 속에서 발견되었다.

제8차: 1933년 10월 20일부터 12월 25일까지이며, 字甲 2백56편, 字骨 1편 등 총 2백57편의 甲骨이 출토되었다. 두 군데의 版築터와 石礎·銅礎 등 중요한 유적과 유물을 발견하였다.

　第9차: 1934년 3월 9일부터 4월 1일까지이며, 字甲 4백38편, 字骨 3편 등 총 4백41편의 甲骨이 출토되었다. 이 기간에 侯家莊 남쪽 지역에서 출토된 字甲 1편과 字骨 30편을 구입하였다. 4월 2일부터 5월 31일까지 侯家莊 남쪽 지역을 발굴하여 '大龜七版' 및 小片 字甲 1편, 字骨 8편을 발견하였고 아울러 농민한테서 26편을 구입하여 총 42편의 甲骨을 얻었다. 이외에도 여러 곳의 판축터와 몇 종의 유물을 발견하였다.

　1934년 가을부터 1935년 가을까지는 殷墟의 제10차·제11차·제12차 발굴 작업이 전개되었는데, 주된 작업 위치는 侯家莊 서북쪽의 산등성이이다. 이 3차의 발굴 작업으로 서북쪽 산등성이에서 大墓 10기(假墓 1기 포함) 및 小墓 1천2백28기 등의 중요 유적과 대규모의 유물을 발견하였다.

　제13차: 1936년 3월 18일부터 6월 24일까지이며, 字甲 1만 7천7백56편, 字骨 48편 등 총 1만 7천8백4편의 甲骨이 출토되었다. 그 중에는 유명한 127 坑에서 출토된 甲骨 1만 7천96편이 포괄되어 있다. 이외에도 版築터·窖穴·도랑·戰車武士墓 등의 유적과 대량의 유물을 발견하였는데, 그 중에서 특히 白陶가 우수하다.

　제14차: 1936년 9월 20일부터 12월 31일까지이며, 字甲 2편이 발견되었다. 여러 곳의 版築터와 도랑 등의 중요 유적이 발견되었으며, 아울러 섬세하고 아름다운 銅器·陶器·石器·石玉器 등의 유물이 적지않게 출토되었다.

　제15차: 1937년 3월 16일부터 6월 19일까지이며, 字甲 5백49편, 字骨 50편 등 총 5백99편의 甲骨이 출토되었다. 또 적지않은 版築터 및 대문 3짝과 문을 달고, 초석을 놓고, 기초를 닦을 때 상태의 殺殉坑 및 제사 유적을 발견하였으며, 아울러 대리석 石雕·白陶·漆器 및 陶奴俑 등 수많은 유물을 출토하였다.

　이밖에 1929년 10월에 河南省 도서관의 何日章 등은 安陽 小屯村에서 2개월간 발굴 작업을 하였다. 1930년 2월 20일부터 3월 9일까지 何日章 등은 또 小屯村에서 제2차로 甲骨을 발굴하였다. 이상 2차의 발굴을 통해 字甲 2천6백73편과 字骨 9백83편 등 총 3천6백56편의 甲骨을 얻었다.[52]

（下）

　　1928년에 시작해서 1937년에 중지한 대규모 과학적 殷墟 발굴은 10년 동안 15차에 걸친 발굴을 통해 대량의 甲骨文을 획득하였을 뿐 아니라, 풍부한 유적과 유물을 발굴하여 눈부신 성과를 얻어 중국 考古學史上 중요한 위치를 차지하고 있다. 그 이유는 다음과 같다.

　　첫째, 殷墟의 과학적 발굴 작업은 처음으로 완전히 중국 학자가 주관하고 작업에 참가함으로써 과거의 考古 작업들이 외국인의 조종을 받고, 또 자료에 대해 연구를 진행할 수 없었던 국면을 개변시켰다. 당시의 발굴 작업은 李濟・董作賓・梁思永・郭寶鈞・石璋如 등이 주관하였는데, 이 작업은 영향력 있는 고고학자들을 단련시키고 양성하였다. 예를 들면 李濟・董作賓・梁思永・郭寶鈞・吳金鼎・劉耀(尹達)・石璋如・李景聃・祁延霈・尹煥章・胡厚宣・高去尋・夏鼎 등은 후에 모두 중국과 외국의 유명한 고고학자가 되었다. 그들은 또한 다른 곳의 적지않은 유적을 발굴하고 연구하는 데 탁월한 성과를 남겼다. 그들은 중국 考古學의 대가들이다. 바로 鄒衡 등과 같이 해방 이후에 성장하여 업적을 남긴 고고학자들도 한 사람도 빠짐없이 安陽 殷墟에서 지속된 과학적 발굴 작업에 참가하였거나 殷墟를 답방하여, 殷墟에서 출토된 유물을 직접 손으로 만지고 여러 중요 유적을 연구하였다. 조금도 과장 없이 말해서, 殷墟 발굴은 중화 민족을 위해 여러 세대의 고고학자를 양성하였다고 할 수 있다.

　　둘째, 15차에 걸친 殷墟의 대규모 과학적 발굴 작업은 대량의 귀중한 考古學 자료를 축적시켰으며 아울러 엄밀한 과학적 발굴 방법을 형성시켜 중국 필드 考古學의 기초를 세웠다. 또한 건국 이후의 계속된 과학적 발굴과 심층 연구를 거쳐 殷墟 文化에 대한 시기 구분을 할 수 있었다.[53] 그리고 殷墟 文化의 시기 구분이 체계화된 후에 전국 각지의 商代 文化 유적지의 시기를 판단할 수 있었을 뿐 아니라, 한걸음 나아가 鄭州 二里岡의 商代 중기 문화 유물[54]과 豫西・晋南 二里頭 文化 유형의 商代 초기 문화 유물을 推斷해 낼 수 있었다.[55] 근원을 탐구해 보면, 이들 성과의 획득은 1928년의 과학적 殷墟 발굴의 연장이며, "殷墟 지식은 다른 古墟 지식을 위한 표준이 될 뿐만이 아니다"라는 최초의 목적을 실현한 것이다.

셋째, 해방 전에 安陽 殷墟에 대한 15차의 발굴 작업으로 인해 商王朝 후기의 궁전과 왕릉 등의 중요 유적지가 발견되었다. 해방 이후에도 계속해서 20여 차례에 걸친 과학적 발굴 작업을 진행하였으며, 아울러 매우 많은 과학 자료를 획득하였다. 50여 년 동안 殷墟에 대한 발굴과 연구를 통해 殷墟의 범위와 구조를 철저히 조사하였다. 즉 殷墟는 小屯村을 중심으로 해서, 서쪽으로 北辛莊에서 시작하여 동쪽으로 袁家花園에 이르며, 북쪽으로는 後小營에서부터 남쪽으로 鐵路苗圃에 이르는데, 면적은 약 24제곱킬로미터 이상이다. 궁전과 종묘 구역은 小屯村 북쪽과 洹水 사이에 있으며, 선후로 발굴되어 나온 궁전터가 56곳 있는데, 여기가 殷墟의 중심 구역이다. 왕릉 구역은 洹水 이북의 侯家莊 서북 산등성이, 武官村과 前小營 사이에 있다. 여기서 대묘 11기를 발굴하였으며, 아울러 대묘 2기를 찾아내었다. 묘 속에서는 섬세하고 아름다운 銅器·玉器·骨器·象牙·石器 등이 출토되었다. 유명한 司母戊鼎·牛鼎·鹿鼎 등은 바로 이 대묘에서 출토된 것이다. 대묘 주위는 祭祀坑으로 가득 차 있으며, 또한 전문적인 제사 장소도 있다. 뒷산등성이에서는 노예주 貴族墓와 원형의 祭祀坑이 발견되었고, 小屯村 서쪽에서는 유명한 商 王室의 婦好墓가 발견되었다. 孝民屯에서도 貴族 古墳과 車馬坑이 발견되었다. 殷墟의 중심지인 宮殿 구역 주위에는 수많은 주택 단지가 있다. 大司空村·高樓莊·薛家莊·四盤磨·梅園莊 등지에서도 모두 소형의 집터와 古墳이 발견되었다. 殷墟의 서쪽 구역에서는 古墳 9백39기가 발견되었는데, 이곳은 평민의 古墳이 있는 구역이다. 또한 궁전 구역에서 骨器 제작의 유적지와 銅器 주조의 유적지가 발견되었을 뿐 아니라 北辛莊에서도 骨器 제작장이 발견되었고, 鐵路苗圃에서도 대규모의 銅器 주조 유적지 등등이 발견되었다.[56]

넷째, 1928년 이래로 殷墟의 과학적 발굴 작업은 원래 甲骨文을 수집하기 위한 것이었지만, 그 학술적인 의의는 甲骨學의 범위를 훨씬 초과하여 과학적으로 발굴한 대량의 甲骨文을 획득하였을 뿐 아니라 중국 考古學, 특히 殷商 시기 考古學을 위해 기초를 세워 놓았다. 필드 考古學의 과학적인 방법론의 甲骨學 연구 발전에 대한 영향은 지극히 심원하였다. 이 이후로 甲骨學 연구는 단지 문자만을 중시하고 문자와 함께 출토된 유물과 유적에 주의를 기울이지 않는 전통 金石學의 울타리를 뛰어넘어 매우 큰 발전을 하였다.

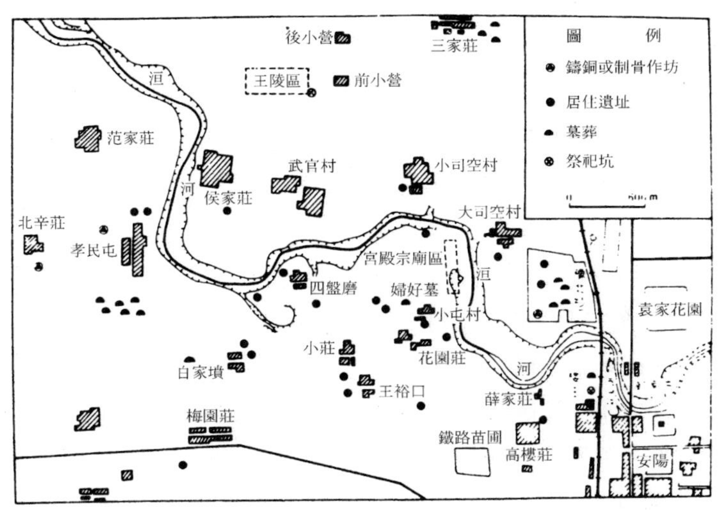

殷墟의 위치 및 유적지 분포도

　　殷墟에서 과학적 발굴로 얻은 甲骨은 제1차에서 제9차까지 총 6천5백13 판이다.《殷墟文字甲編》(약칭 《甲》 혹은 《甲編》)은 그 중에서 字甲 2천4백76 편과 字骨 1천3백99편을 정선해서 이를 墨拓하여 편성한 것이다.《殷墟文字 甲編》에는 총 3천9백38호의 탁본이 수록되어 있으며, 牛頭 刻辭 1장, 鹿頭 刻辭 2장, 鹿角文字 1장 등 총 3천9백42호로 편성되었다. 제13차에서 제15 차까지의 발굴에서 획득한 甲骨은 총 1만 8천4백5편이며, 이것들은 墨拓되 고 선별되어 《殷墟文字乙編》(약칭 《乙》 혹은 《乙編》)이란 이름으로 출판되 었다. 《殷墟文字乙編》은 상집·중집·하집 총6책으로 구성되어 있으며, 수 록된 탁본은 모두 9천1백5호로 편성되었다. 河南省圖書館이 2차에 걸친 발 굴에서 획득한 甲骨은 총 3천6백56편인데, 그 중에서 墨拓 8백 편이 《殷墟 文字存眞》으로 편집되었고, 墨拓 9백30편이 《甲骨文錄》으로 편집되었다.

　　과학적 발굴로 인한 대량의 甲骨文 출토와 근대 필드 考古學의 방법론 도 입으로 말미암아 甲骨學 연구는 장족의 발전을 하였다. 甲骨學 연구가 '초창 시기'에서 발전 시기로 진입한 중요한 표지는 董作賓이 세운 甲骨文의 시기 구분론이라고 할 수 있다. 그는 몸소 과학적 甲骨文 발굴에 참가하였으며, 작업 중에 힌트를 얻고 刻辭의 내용에 대해 창조적인 연구를 하여 〈甲骨文斷代研究例〉[57]라는 甲骨學史上 한 시대의 획을 그은 명저를 발표하였다. 이 論文은 10항의 표준에 근거해서 殷墟 甲骨文을 다섯 시기로 구분하여 甲骨文 시기 구분의 기초를 세워 놓았다. 이는 甲骨學 연구가 새로운 정상에 도달하였음을 나타내 준다. 甲骨文 시기 구분의 탐색 및 10항 표준 내용에 관해서는 本書 제7장에서 소개될 것이다.

여기에서 특히 대서특필해야 할 것은, 유명한 127坑에서 발견된 1만 7천96조각의 甲骨이다. 127坑의 甲骨은 1936년 6월 12일 제13차의 발굴에서 발견되었다. 당시는 날이 점차 더워지고 있을 때라서 본래는 이 발굴 작업을 종료하려고 하였다. 그런데 '마무리 작업'을 할 때, 별안간 아직 건드려 본 적이 없는 坑에 甲骨이 가득한 것을 발견하였는데, 당시 고고학자들의 비할 데 없는 심정을 저절로 상상할 수 있을 것이다. 127坑의 坑 입구는 지면과 1백7센티미터 떨어져 있고, 坑 바닥은 지면과 6미터 떨어져 있다. 坑에는 甲骨이 가득 차 있었으며, 아울러 구부리고 있는 사람 하나가 북쪽 벽 가까운 곳을 막고 있었는데, 시신의 대부분은 龜甲에 눌려져 있고 단지 머리와 상반신이 귀갑층 밖으로 노출되어 있었다. 이 사람은 甲骨을 坑 속에 쏟아부은 후에 坑 속으로 들어간 것 같았다.[58]

이 坑의 甲骨은 발견된 후에 즉각 安陽을 진동시켰다. 안전을 위해서 '자위단'이 파견되어 주야로 지켰다. 그래도 안전하지 못하다고 생각해서, 큰 상자를 하나 만들어 127坑에 들어 있는 흙까지도 모두 가져다가 상자 안에 넣었는데 무게가 6톤에 달했다. 이것을 南京으로 운반해서 계속 '실내 발굴' 작업을 진행하였다. 3,4명이 매일 실내에서 한두 층을 '발굴'해 나갔는데, 반년이 걸려서야 '발굴'을 마쳤다. 몇몇 정부의 요인들도 관심이 있는 척하고 다투어 와서 참관을 하였다. 당시 汪精衛는 아직 일본 제국주의에 몸을 팔아 의탁하기 전이었는데, 어느 날 역시 와서 참관을 하였다. 그는 본래 학술에 대해 전연 아는 바가 없었기 때문에 이 坑의 甲骨이 하나의 큰 거북으로 생각하고, 본 후에 박학한 척하며 "이 거북은 정말 크군!" 하고 말해 장내의 학자들을 아연실색하게 만들었다. 떠날 즈음에야 汪精衛는 비로소 깨달은 듯 "아! 알고 보니 꽤 많은 거북이었군!" 하고 말했다. 이 일화는 한때 사람들의 우스갯거리로 입에 올랐다.[59]

127坑의 甲骨은 확실히 보통과 다른 것이었다. 甲骨의 수량이 많았을 뿐 아니라 現象도 매우 풍부하였다. 이 甲骨들은 시기가 단순한데, 주로 武丁 때의 것들이며, 또는 약간 일러서 盤庚·小辛·小乙 때의 것일 가능성도 있어서 시기 구분 연구에 큰 의의가 있다. 이 甲骨들 중 어떤 龜甲의 卜兆는 칼로 중복해서 새긴 것으로서 이전에 보지 못했던 것이다. 또 字迹이 붓으로 서사되어 있고 刻辭에 붉은칠과 검은칠이 된 甲骨이 발견되어, 殷人이 붓으로 서사한 상황에 대해 인식할 수 있게 되었다. 이 坑 속의 '改制背甲'은 새로운 예인데, 배갑 중간을 톱으로 켰으며 양끝은 원형에 가깝고 중간에 구멍이 뚫려 있다.(그림 2) 이 坑에서는 완전한 龜甲이 매우 많이 출토되었는데, 완전한 것이 3백 개 이상이나 된다. 이 중 한 큰 거북은 뜻밖에 1자 2치의 큰 것으로서(《乙》 4330) 말레이 반도에서 온 것일 가능성이 높다. 완전한 거북이 많음으로 말미암아 '甲橋 刻辭'의 소재 위치를 확실히 알게 되었고, 아울러 그 비밀을 캘 수 있게 되었다. 주의해야 할 것은, 이 坑에서 牛骨은 8조각만 나왔을 뿐이며 나머지는 전부 龜甲이라는 사실이다. 다시 '大龜四版'·'大龜七版' 및 기타 여러 坑에서 甲骨이 출토된 상황을 결합해서 연구해 보면, 殷人이 甲과 骨을 분리해서 매장하였음을 알 수 있다. 게다가 127坑은 아직 건드려 본 적이 없는 것인데, 이렇게 많은 甲骨이 한곳에 집중적으로 보존되어 있고 아울러 甲骨을 관리하는 사람의 遺骸가 있는 점으로 볼 때, 이 坑의 甲骨은 '의식적으로 저장한 것'임을 미루어 알 수 있다.[60]

127坑에서 발견된 甲骨과 다른 과학적 발굴에서 얻은 대량의 甲骨文은 학자들의 甲骨學에 대한 인식을 매우 풍부하게 해주었다. 과거에 세상에 전해진 甲骨들은 대부분 산산조각이 나 있었기 때문에 학자들이 이것에 의거해서 甲骨의 '전모'를 확실히 알기는 어려웠다. 그러나 지금은 이 坑만 하더라도 완전한 大龜가 3백여 판이나 있고, 게다가 재료를 철합한 것은 더욱 많다. 이로 인해 학자들은 시야가 확대되고, 사고의 폭이 넓어졌다. 시기 구분과 함께 언급되는 甲骨學의 다른 방면, 예를 들면 卜法 文例·記事 刻辭·卜

辭 同文·卜辭 雜例 등의 甲骨學 자체 규율에 대한 연구도 커다란 진전이
있게 되었다.

이와 동시에 胡厚宣은 모든 甲骨을 종합해서 전면적으로 철저하게 분석
하고, 商代의 방국·농업·기후·혼인·가족·봉건 제도·천신 숭배 등의
방면을 연구해서《甲骨學商史論叢》이라는 중국 내외에 커다란 영향을 끼친
전문서를 출판하였다. 陳夢家는 商代의 祭祀·王名·神話와 巫術 등을 연구
하였다. 唐蘭은 偏旁分析法을 이용해서 甲骨文字를 연구하여 매우 많은 것
들을 밝혀내었다. 于省吾·楊樹達·張政烺 등의 학자들도 여러 차례 새로운
학설을 발표해서 甲骨文字의 고석에 대해 공헌을 하였다. 특히 郭沫若은 혜
성같이 등장하여 자각적으로 유물사관을 지도 사상으로 삼고 甲骨文과 고대
사를 연구하여 중국 마르크스주의 역사과학의 토대를 세웠다. 이상의 학자들
로 대표되는 갑골학자들의 노력을 통해 甲骨學 연구는 완전히 새로운 단계
로 발전하여 성숙한 학문이 되었다.

여기에서 보충해야 될 것은 1937년 7월 7일 抗日 戰爭이 발발하여 殷墟
의 과학적 발굴 작업이 잠시 중단되고, 1949년 10월 1일에 中華人民共和國
이 수립된 이후에야 비로소 殷墟의 과학적 발굴 작업이 계속 진행되었다는
것이다. 과학적 발굴 작업이 정지된 이 기간에 小屯村 일대는 개인이 도굴
하는 풍조가 다시 성행하였다. 도굴된 甲骨文 중에는 해외로 흘러나간 것도
있고, 北京이나 上海 등지로 흘러 들어간 것도 있다. 조사한 바에 의하면 이
시기에 甲骨이 출토된 상황은 다음과 같다.

輔仁大學에서 1백95편을 수집(현재 北京師範大學 소장)하였고, 李泰棻이 1
천여 편을 수집(현재 北京圖書館 소장)하였고, 于省吾가 1천여 편을 수집(현
재 淸華大學 소장)하였다.

上海 孔德硏究所에서 수집한 2백95편(현재 上海博物館 소장)은 대부분 제
3·4기의 것들로서, 마땅히 小屯村 중심에서 출토된 것이다.[61]

小屯村에서는 1937년부터 1945년까지의 기간에 1천여 편의 甲骨이 출토
되어 上海로 팔려나갔다.

上海의 中國古玩社에서는 1백여 편의 甲骨을 구입·소장하였는데, 대부분
제1·2·5기의 것들로서 초기에 洹水의 강가에 있는 朱氏의 땅에서 출토된

것이며, 그 중에는 《殷墟書契精華》와 내용이 같은 것이 1편 있다.

1945년 항전 승리 후에도 새로이 甲骨이 출토되었다. 天津의 陳保之는 1백여 편을, 北京의 徐宗元은 3백여 편을, 上海의 郭若愚는 80여 편을, 南京의 前 中央圖書館은 4백여 편을 각각 구입해서 소장하였다.

또한 1945년 이후에 출토된 甲骨 1천5백55편이 있는데, 해방 후에 上海市 文物管理委員會에서 구입·소장(현재 上海博物館에 소장)하였다.[62]

총괄적으로 말해서, 1928년부터 시작된 殷墟의 과학적 발굴 작업은 甲骨學 연구를 위해 대량의 과학적 자료와 풍부한 現象을 제공해 주었을 뿐 아니라, 또한 근대 필드 考古學 방법의 도입으로 말미암아 甲骨學 연구의 면모를 일신시켜 주었다. 또한 이 시기에 얻은 커다란 진보와 성취는 전 30년의 초창 시기에 비할 바가 아니다.

제4절 甲骨學의 심층 연구 시기(上·下)

1949년 신중국이 성립된 이후, 중국의 甲骨學 연구는 마르크스주의를 지도 사상으로 삼아 심층 연구 시기로 진입하였다. 이 시기에 甲骨學 연구 방면의 주요 진전은 다음과 같다. 새로운 자료의 계속된 출토와 자료의 수집·정리·공포 방면에서 성공을 거두었다. 이와 동시에 甲骨文 자료를 이용하여 商代 사회의 성질·계급 구조 등 방면의 연구에 대해 적지않은 문제를 제기하고 해결하였다. 甲骨 자료가 수집되고 부단히 출토됨에 따라서 문자의 고석과 시기 구분 연구 방면도 한 차원 높아졌다. 또한 西周 甲骨의 연구와 討論은 甲骨學 연구 영역에서 새로운 분야를 형성시켰다.

(上)

中華人民共和國은 수립된 후인 1950년 봄에 모든 사업이 재개되기를 기다리고 있어 재정과 경제가 상당히 곤란한 상황에서, 예산을 책정하여 殷墟의 과학적 대규모 발굴에 사용하였다. 이것은 정부가 문화과학 사업에 대해 중시하였음을 반영해 준다. 그후 37년 동안 殷墟 발굴 작업은 줄곧 계획적으로 진행되었으며, 전국 각지에서도 적지않은 殷商 文化 유적지가 발견되었다. 安陽 殷墟에서 여러 해 동안 考古 발굴 작업을 하는 중에 甲骨이 출토된 상황은 이러하다.

小屯村 일대는 해방 전에 甲骨이 집중적으로 출토된 지역이다. 신중국 수립 이후에도 여전히 끊임없이 甲骨이 발견되었다. 예를 들면 1955년 小屯村 동남쪽 窖穴 H1 안에서 康丁 시기의 甲骨 1편이 발견되었는데, 위에 "丁卯. 癸未卜, 王其入商弗每. 弘吉"〔丁卯日, 癸未日에 점을 쳤다. 왕이 商의 도읍에 들어가면 후회할 일이 없겠습니까? 크게 길하다〕이라는 글자가 새겨져 있다.[63] 뒤를 이어 1958년에 小屯村 서쪽 지역에서 習刻 卜甲 1편이 출토되었고,[64] 또한 1971년에는 探方 T1 第7층에서도 卜骨 21편이 발견되었는데, 그 중에 글자가 있는 10편은 마땅히 제3·4기 廩辛·康丁·戊乙·文丁 시기의 것들이다. 卜骨에는 鑿과 灼은 있는데 鑽은 없다. 뒷면에는 鑿痕과 灼痕이 있고, 正面에도 鑿과 灼痕이 있다. 주의해야 할 것은, 어떤 卜骨 위에는 刻辭 '豕'· '豚'·'牛'·'羊'·'犬' 등 글자의 머리 부분이 1,2획 깎여져 있으며, 얼룩얼룩한 흔적이 분명하게 나타나 있다. 또 卜骨 위의 卜辭를 다 새긴 후에 다시 깎은 것도 있는데, 예를 들면 제12호 卜骨은 '茲用'이라는 글자의 좌측에 原刻의 글자 흔적이 남아 있다. 제8호 卜骨의 '貞'字 아래도 이와 같다. 제5호·7호·9호 卜骨에는 '吉'字 하나만이 남아 있으며, 그 좌측의 刻辭는 전부 깎여 없어졌다. 기타 제11호·13호·20호 卜骨의 刻辭도 전부 깎여 없어졌다.[65] 1972년에도 有字 卜骨 3편과 卜甲 1편이 출토되었다.[66] 小屯村 남쪽 지역에서 1973년에 발견된 甲骨은 건국 이래 가장 많이 출토된 것으로서, 龜甲 69편과 牛肩胛骨 4천4백42편이 있는데, 그 중에 有字 甲骨은 총 4천4백42편이다.[67] 이밖에 1975년에서 1977년 사이에도 小屯村 일대에서 차례로 有字 卜甲 3편과 卜骨 10편이 채집되었다.[68]

安陽 殷墟의 중심 지역인 小屯村 일대에서 계속 甲骨이 출토되었을 뿐 아니라 小屯村의 주위 지역에서도 甲骨이 발견되었다. 예를 들면 1950년에 四盤磨 서쪽 지역 SP11에서 세로 3줄의 숫자로 구성된 작은 글자가 새겨진 조각이 발견되었는데, 문구가 卜辭의 通例에 맞지 않는다.[69] 이곳은 小屯村

밖의, 해방 전에 侯家莊 남쪽 지역과 後岡에 이어 甲骨이 출토된 세번째 지역이다. 그리고 後岡에서는 해방 후에도 甲骨의 발견이 있었으며, 1971년에는 2글자가 새겨져 있는 殘骨이 출토되었다.[70] 이밖에 1959년에는 大司空村에서 有字 卜骨 두 조각이 발견되었는데, 한 甲骨片에는 臼角이 맞물려 있지 않고 整治가 조잡하며 正面에는 '辛貞在衣'〔□辛日에 점을 쳤다. 衣(지명)에 있다)라는 4자가 새겨져 있다. 다른 甲骨片에는 '文貞'이라는 2자가 새겨져 있고 글자체가 섬세하다. 이 둘은 모두 武丁 시기의 刀筆文字이다.[71] 이곳은 이미 알려진 小屯村 이외의 네번째 甲骨 출토 지역이다.

安陽 殷墟의 중심 지역인 小屯村 및 그 주변의 각 지역에서 해방 이후에 여러 차례에 걸쳐 출토된 甲骨은 수량이 비교적 적으며 내용도 비교적 단순하다. 그러나 1973년 小屯村 남쪽 지역에서 출토된 甲骨은 수량이 많고 내용도 풍부할 뿐 아니라, 근거로 삼을 만한 과학적인 지층이 있어서 甲骨學史上 중요한 위치를 차지하고 있다. 이 4천여 편의 甲骨이 출토된 상황은 다음과 같다.

小屯村 남쪽 지역의 甲骨은 근대의 擾亂層, 隋·唐의 墓道 및 殷代의 문화층에서 나온 일부를 제외하고는 대다수가 殷代의 灰坑 속에서 나왔다. 甲骨이 출토된 灰坑은 모두 58개인데, 그 중에서 적은 것은 1편이고 많은 것은 수백 편에서 1천 편에 이른다. 상당수의 灰坑 속에서는 卜骨·卜甲과 陶器의 殘片·재·獸骨 등이 한데 뒤섞여 있었는데, 이 甲骨들은 당시 쓰레기로 버려졌을 가능성이 높다. 주의해야 할 것은, 일부 灰坑 속에서 甲骨이 집중적으로 대량 출토된 것으로 볼 때 의식적으로 저장한 것 같다는 것이다. 예를 들면 H17에서는 총 1백65편의 卜骨과 卜甲이 출토되었는데, 그 중에서 刻辭 卜骨은 1백5편이고, 刻辭 卜甲은 2편이다……. 또한 H24에서는 총 1천3백15편의 卜骨이 나왔는데, 卜甲은 없으며…… 다만 坑 바닥에서 陶器의 殘片이 소량 나왔을 뿐이다. 이밖에도 卜骨의 骨料만을 넣어둔 灰坑이 일부 발견되었다.[72]

이 甲骨文들의 시기는 甲骨文 제1기·제3기·제4기·제5기를 포괄하고 있다. 그러나 제1기와 제5기의 卜辭는 수량이 많지 않아 각기 20편 내외에 불과하며, 주요한 것은 제3·4기의 유물이다. 刻辭의 내용은 매우 풍부하여 商代의 祭祀·農業·田獵·征伐·天象·旬夕·王事 등의 각 방면에 미치고 있다. 그 중에서 貞人 이름, 方國 명칭, 軍隊 편제에 관련된 것, 天文, 百工 등과 같이 비교적 중요한 방면의 내용은 과거에는 보지 못했거나 드물게 나타난 것들이다. 또한 일부 새로운 글자와 단어 및 새로운 人名·地名 등도 과거에 본 적이 없는 것들이다.[73] 이러한 것들은 甲骨學과 殷商史의 연구에 새로운 자료를 대량으로 제공해 주었다.

殷墟 이외의 지역에서도 甲骨文이 발견되었다. 1953년 河南省 鄭州 二里岡에서는 有字 甲骨 2편이 발견되었는데, 그 중 하나는 "又土羊. 乙丑貞. 從受…… 七月" 등의 글자가 새겨져 있는 것으로서 習刻이다. 다른 하나는 骨器의 부서진 부분인데, 위에는 '屮' 字가 새겨져 있다.[74] 1954년에도 卜骨 1편이 출토되었는데, 문자는 식별하기가 어렵다.[75] 鄭州에서 출토된 甲骨의 시기에 대해서는 제4기 戊乙·文丁 때라고 하는 사람도 있고,[76] 鄭州 二里岡 시기 즉 殷墟보다 이른 商代 중기라고 하는 사람도 있다.[77] 1952년에 河南省 洛陽 泰山廟 유적지 LTT53 探溝 내에서는 수많은 龜腹甲이 발견되었는데, 그 중 有字 卜甲의 장방형 착은 竪槽와 연결되어 낮은 凹字 정방형을 이루고 있으며, 竪槽가 좀더 깊다. 卜甲의 꼭대기 부분에도 뚫려 있지 않은 상태의 둥근 구멍이 하나 있다. 正面에는 兆가 있고, 오른쪽 중간에는 '五' 字가 하나 있다. 학자들은 殷人, 또는 周代 초기에 洛邑으로 이주해 간 殷人의 것일 가능성이 있다고 주장하였다.[78] 그러나 지금 鑿鑽의 형태에 근거해 보면 西周 時代의 것이라고 판명할 수 있다.[79]

商代의 甲骨이 계속해서 출토되었을 뿐 아니라 山西省 洪趙縣〔현재는 洪洞縣으로 바뀜〕坊堆村, 陝西省의 長安 灃西〔灃水의 서쪽〕, 北京 昌平縣 白浮村, 陝西省 岐山縣 鳳雛村과 扶風縣 齊家村 등지에서는 끊임없이 西周 甲骨이 발견되었다.[80] 특히 의의가 있는 것은, 1973년 小屯村 남쪽 지역에서 甲骨이 출토되어 이전 사람들이 끊임없이 논쟁해 온 '自組 卜辭'의 시기 문제가 과학적인 지층 발굴 증거를 얻게 되었으며, 아울러 '歷組 卜辭'의 시기가 새로이 열띤 토론 대상이 되었다는 것이다. 西周 甲骨의 출토는 갑골학자의 시야를 확대시켜 주었으며, 이에 따라 甲骨學 연구 영역의 새로운 분야가 형성되었다. 건국 이래로 甲骨文의 부단한 출토는 이 시기의 甲骨學 연구가 폭과 깊이를 더하도록 촉진시켜 주었다.

건국 이후에 출판된 胡厚宣의 《戰後寧滬新獲甲骨集》(來熏閣書店, 1951년)·《戰後南北所見甲骨錄》(來熏閣書店, 1951년)·《戰後京津新獲甲骨集》(群聯出版社, 1954년) 등의 甲骨 기록은 신중국에서 대규모로 자료를 모으고 정리하며 공포한 일의 서막이었다. 일찍이 1945년 항전을 승리로 이끈 후에, 胡厚宣은 곧바로 후방에서 北平〔北京〕과 天津으로 날아가 전후에 출토된 甲骨文字를 조사하고 수집하였다. 그런 후에 다시 후방인 成都로 돌아갔다. 1946년 가을, 胡厚宣은 成都에서 齊魯大學이 귀환함에 따라 다시 濟南으로 돌아왔을 때에, 南京과 上海를 거치면서 일정 기간 머물러 전후에 甲骨이 출토한 상황을 찾으려고 노력하였다. 胡厚宣이 남북을 돌아다니면서 얻은 甲骨은 상당히 많은 숫자인데, 그 내막은 《50년 甲骨文 발견의 總結》 47-54쪽에 서술되어 있다. 그 중에서 〈北平의 甲骨값이 올랐다〉는 대목이 재미있다.

喬友聲은 전에 通古齋의 책임자였으며, 지금은 자신이 興記라는 이름의 골동품 상점을 열었다. 그는 全北京省의 골동품 상점과 수장가들에게서 나를 대신하여 甲骨을 사들였다. 北京의 甲骨 시세가 갑자기 뛰어올랐다. 그들은 重慶에서 온 다소의 사람들이 甲骨을 찾을지도 모른다고 생각하고 다투어 甲骨을 내놓고 값을 올렸다. 사실 그때 甲骨을 산 사람은 나 혼자뿐이었다.[81]

당시 北平의 골동품상들은 重慶에서 '부패한 고관'과 수많은 부호들이 날아왔다고 생각하였으며, 이에 어제까지만 해도 물어보는 사람이 없어서 점포에 그냥 쌓여 있던 부서진 甲骨들이 하룻밤 사이에 값이 폭등하게 되었는데, 이는 어떤 점에 있어서는 오히려 '洛陽의 종이값이 올랐다'[82]는 유명한 典故의 재현이라고 할 수 있다.

건국 이후에 胡厚宣은 上海 復旦大學 歷史科 교수로 임명되었다. 그가 1955년에 출판한 《甲骨續存》은 휴가 기간을 이용해서 중국의 전국 각지에 있는 박물관과 연구기관을 두루 방문하여, 각지에 수장된 甲骨 상황을 조사하고 분석할 때 얻은 甲骨 중 일부를 편찬한 것이다.[83] 이는 실제로 이후에 대규모로 甲骨을 수집·정리·공포하는 준비 단계였다. 1956년에 胡厚宣은 上海에서 中國科學院 歷史研究所(현재 中國社會科學院에 속함)로 옮아가서, 《甲骨文合集》이라는 국가의 대형 중점 과학 연구 항목을 총편집하는 책임을 맡았다. 郭沫若 책임편집자의 "반드시 최대한 자료를 완벽하게 수집하라"[84]는 요구에 따라, 편집 구성원들은 胡厚宣의 인도 및 지도하에, 1959년에서 1960년까지, 또한 1963년·1965년·1973년·1974년도 등 여러 번에 걸쳐 약간씩 나누어 전국 25개 도시 자치구의 40개 城市를 찾아가서 甲骨 자료를 수집하고 墨拓·사진 촬영 작업을 하였다. 1978년 10월에 시작해서 1982년 12월까지에 걸쳐 마침내 《甲骨文合集》 13책이 전부 출간되었다. 이 책은 80여 년 동안 출토된 甲骨 자료에 대한 총결산으로서 '甲骨學史上 이정표가 되는 저작'이라고 높이 평가되었다.

대만과 홍콩의 학자들도 이 방면의 일을 하였다. 嚴一萍은 일찍이 '이름이 주인에게 돌아가게 하는 방법'을 취하여 《甲骨集成》을 편찬하였다. 그러나 단지 1집만을 출판하였을 뿐 계속하지는 못했다. 후에 《甲骨文合集》을 기초로 삼아서야 비로소 《商周甲骨文總集》 16책을 출판할 수 있었다.[85]

1973년에 安陽 小屯村 남쪽 지역에서 출토된 4천여 편의 有字 甲骨은 粘對·綴合·墨拓 등의 과학적인 정리를 거쳐 中國社會科學院 考古研究所에 의해 《小屯南地甲骨》 上·下册으로 편찬되었다. 上册은 1980년에 中華書局에서 출판되었고, 下册은 1983년에 출판되었다. 1977년에 周原 鳳雛村 유적지에서 출토된 西周 甲骨文은 1979년부터 계속해서 발표되어 1982년 5월에는 전부 공포가 되었다.[86] 王宇信의 《西周甲骨探論》에는 과거 여러 해 동안 각지에서 출토된 西周 甲骨 3백1편이 수록되어 있다. 嚴一萍의 《商周甲骨文總集》에도 周原 甲骨이 수록되어 있다.

신중국이 수립된 이후에 《甲骨文合集》으로 대표되는 기록서의 출판은 자료를 수집·정리·공포하는 방면에서 큰 성공을 거두었음을 말해 준다. 이 작업의 완성은 甲骨學의 대가 董作賓이 항시 잊지 않고 생각한 "제일 먼저 자료를 수집하고 그동안 얻은 10만 편의 甲骨을 하나로 모아야 한다"[87]는 초기의 취지와 부합하며, 甲骨學과 殷商史 연구를 위해 견실한 기초를 세워 주었다.

(下)

이 시기 甲骨學 연구의 심화는 맨 먼저 시기 구분의 연구 방면에서 진전이 있었다는 말로 표현된다. 이른바 〈文武丁 시기 卜辭의 수수께끼〉라고 불리는 甲骨들은, 근래의 토론과 1973년에 小屯村 남쪽 지역에서 출토된 甲骨의 과학적 지층의 인증을 통해 마땅히 제1기 武丁 시기의 유물일 것이라는 추세가 이미 명확해졌다. 그리고 1977년에 있었던 殷墟 婦好墓의 토론을 계기로 해서 전통적으로는 제4기에 속한 일부 甲骨들, 즉 이른바 '歷組 卜辭'는 제1기 武丁 시기 말기와 제2기 趙庚 시기 사이로 앞당겨져야 한다는 견해가 열띤 논쟁을 일으켰다. 위에서 말한 두 가지 일에 대한 상세한 상황은 本書 제8장 제1절과 제2절에서 전체적으로 소개하겠다.

문자 고석 방면에서도 끊임없이 새로운 논저가 세상에 나왔는데, 특히 于省吾가 1979년에 출판한 《甲骨文字釋林》은 저자가 해방 전에 쓴 甲骨文字 고석을 크게 수정하고, 해방 후에 쓴 甲骨文字 고석을 한데 모은 것으로 총 1백90편이다. 이 책은 그가 40여 년 동안 새로 나온 글자와 이미 알고 있는 글자에 대해 音讀과 義訓 방면에서 기존 학설의 잘못을 규정하고 새로운 견해를 제시한 것을 모은 것이며, 총 3백여 개의 甲骨文字를 고석한 전문서이다.[88] 다른 유명한 갑골학자들도 甲骨文字를 고석한 일련의 논저를 발표하였는데, 고석이 상당히 엄밀해서 감탄을 자아낸다. 예를 들면 張政烺의 卜辭 裒田에 관한 고석,[89] 胡厚宣의 商族 새〔鳥〕토템에 관한 고석,[90] 裘錫圭의 甲骨文 속의 五刑에 관한 고석[91] 등은 모두 인구에 회자되는 名論文들이다. 일부 선배학자들의 문자 고석에 관한 저작도 합본되어 출판되거나 재판되었다. 예를 들면 楊樹達의 《積微居甲文說 卜辭瑣記》와 《耐林廎甲文說 卜辭求義》는 1954년에 출판되었다. 唐蘭의 《中國文字學》은 1979년에 上海古籍出版社에서 재판되었다. 1981년에는 齊魯書社에서 唐蘭의 《古文字學導論》을 증보해서 발행하였다. 같은 해 中華書局에서도 唐蘭의 《殷墟文字記》 등의 책을 발행하였다. 일부 대형 甲骨 기록의 釋文도 출판되었는데, 예를 들면 《小屯南地甲骨》 下冊이 이미 1985년에 출판되었다. 姚孝遂·蕭丁의 《小屯

南地甲骨考釋》도 1985년에 출판되었다.《甲骨文合集》 13책의 釋文도 이미 초고가 완성되었으며, 현재 胡厚宣의 지도하에 王宇信·楊昇南이 최종 교정과 탈고 작업에 박차를 가하고 있어서 1989년에는 세상에 나올 전망이다. (아직 나오지 않았으며 王宇信의 안배에 의해 1998년에 출판된다고 한다.) 釋文 작업의 진행은 다른 여러 학문 분야에서 甲骨文 자료를 이용하는 데 커다란 의의가 있다. 일부 공구서들, 예를 들면 1934년에 출판된 孫海波의《甲骨文編》도 수정·증보되어 1965년에 中華書局에서 출판되었는데, 원서와 비교해 볼 때 자료가 비교적 잘 갖추어져 있고, 考訂 부분에 있어서 새로운 연구 성과를 수용하였다.[92] 高明의《古文字類編》도 1980년에 中華書局에서 출판되었다. 일부 중요한 공구서들, 예를 들면 李孝定의《甲骨文字集釋》[93]과 일본인 島邦男의《殷墟卜辭綜類》[94]도 이미 영인되었다. 于省吾가 책임편집한 여러 학자의 고석을 모아 분류 편찬한 약 3백만 자에 달하는《甲骨文考釋類編》은 지금 편찬 작업이 한창이다. (이 책은《甲骨文字詁林》이라는 이름으로 1996년 中華書局에서 출판하였다.)[95] 현대 과학 기술이 발전함에 따라서 전자 기술을 甲骨學 연구 영역에 끌어들이는 것도 학자들이 관심을 갖는 문제이다. 근래에 어떤 사람은 컴퓨터로 甲骨의 綴合을 시도했으며,[96] 아울러 기뻐할 만한 성공을 거두었다.

西周 甲骨文의 발견과 연구는 건국 이래 甲骨學 연구에서 얻은 중대한 성과 중의 하나이다. 학자들의 西周 甲骨에 대한 특징·문자·시기 구분·족속·지리·관제 등 방면의 연구는 甲骨學 연구 영역의 새로운 분야를 형성하였다. 게다가 이 시기의 연구 성과를 전면적으로 종합한 최초의 전문서인 王宇信의《西周甲骨探論》도 1984년에 中國社會科學出版社에서 출판되었다. 西周 甲骨의 중대한 학술적 가치는 중국 및 일본·미국·영국과 프랑스 등 외국 학자들의 주의를 폭넓게 불러일으켰다. 이에 대해서는 本書의 下篇에서 전문적으로 논술하도록 하겠다.

신중국이 수립된 이후의 殷商史 연구는 이전에 진행된 50여 년 동안의 연구에 비해서 매우 큰 진전을 하였다. 신중국 수립 이전에는 학자들이 대부분 미시적인 각도에서 甲骨文에 반영된 문제들, 예를 들면 宗法·婚姻·禮制·祭祀·方國·都邑·曆法·天象 등을 구체적이고 세밀하게 고증하였다. 그러나 신중국 수립 이후에는 미시적인 방면, 예를 들면 甲骨文에 등장하는 사람들 및 각종 노예 신분, 人殉과 人祭, 사회 계급 구조와 계급 투쟁, 농업의 발전 등에 대해 계속 구체적으로 고증할 뿐 아니라, 또한 역사유물주의의 지도하에서 역사 문헌·考古學 자료와 민족학 자료를 甲骨文 기록과 결합시켜서 거시적인 각도에서 商代의 사회 발전 단계와 사회 성질에 대해 깊이 있는 토론을 하였다.[97] 이로 인해 商代의 사회·역사의 전모를 설명해 낼 수 있게 되었다. 郭沫若이 책임편집한 《中國史稿》의 〈노예 사회의 발전——商代〉라는 부분은 바로 이 방면에서 얻은 성공을 비교적 일찍 시험해 본 것으로서, 이후에 씌어지는 관련된 通史 저작을 위해 甲骨文과 考古 자료를 응용하는 범례를 제공해 주었다. 彭邦炯의 商史 연구 전문서인 《商史探微》도 重慶人民出版社에서 곧 출판될 것이다. (실제로는 1988년 5월에 重慶出版社에서 출판되었다.)

그러나 알아두어야 할 것은, 모든 사람이 다 알고 있다고 하는 생각의 영향으로 말미암아 중국의 갑골학자들이 연구한 과제가 대부분 商代의 계급 관계와 경제 구조 방면, 즉 商代의 정치사와 경제사의 연구에 국한되었다고 하는 점이다. 심지어는 문자를 고석하는 데 있어서도 대부분 이 각도에서 출발하였다. 어느 정도에 있어서 학자들의 연구 범위는 오히려 앞의 두 시기보다도 넓지 못하다고 할 수 있다. 예를 들면 문화사 방면의 적지않은 과제들은 '계급 관점이 아니다' 혹은 '古爲今用'[중국 고대의 우수한 문화 전통을 계승하여 사회주의 건설에 이바지하다는 의미]을 편면적으로 이해했다는 비난을 당하지 않을까 염려하여 오랫동안 언급하는 사람이 없었다. 1976년에 중국이 학문의 봄을 맞이한 후에야 이러한 상황이 철저하게 바뀌어졌다. 근래에는 일부 연구가 빈약했던 문제들, 예를 들면 天文 曆法·祭祀 制度 등의 방면에 관한 연구도 강화되었다. 常玉芝는 《商代周祭制度研究》라는 전문서를 집필하였는데, 이미 中國社會科學出版社에서 출판되었다. 甲骨文에 반영된 商代의 군대 조직과 군사 제도, 가족 형태, 전설 시대의 역사 등의 방면에 관한 연구도 깊어졌으며 가치 있는 신작이 많이 탄생되었다.[98] 정치적인 원인으로 인해 전부가 부정되었던 일부 갑골학자들이 甲骨學史上 이룩해 놓은 공헌도 실사구시적으로 인정되었다.

오늘날의 甲骨學 연구는 세계를 향하고 미래를 향하며 현대화를 지향해야 한다. 이것은 시대가 갑골학계에 부여한 사명이다. 甲骨學은 오늘날에 있어서 이미 국제적인 학문이 되었다. 중국의 수많은 甲骨文은 이미 일본·캐나다·영국·미국·독일·러시아·스웨덴·스위스·프랑스·싱가폴·벨기에·한국 등 12개 국가와 지역의 박물관과 연구기관에서 진귀한 물건으로 인식되어 있다. 甲骨文의 고향인 중국에서의 갑골학자들의 연구 성과와 의견은 각국의 甲骨 연구자들의 중시와 존경을 받고 있으며, 아울러 상당수가 번역·발표되어 華夏 文明에 관심을 갖고 있는 세계 각국 사람들에게 소개되고 있다. 그리고 외국의 갑골학자들도 가치 있는 전문서와 독창성이 풍부한 論文들을 많이 발표하였다. 예를 들면 일본 학자 貝塚茂樹의 《京都大學人文科學研究所藏甲骨文字》 및 그가 책임편집한 《古代殷帝國》 등, 島邦男의 《殷墟卜辭研究》와 《殷墟卜辭綜類》 등, 白川靜의 《甲骨文集》·《甲骨金文學論叢》과 《甲骨文의 世界》 등, 池田末利의 《殷墟書契後編釋文稿》 등, 伊藤道治의 《日本所見甲骨錄》·《古代殷王朝》·《中國 古代 王朝의 形成》 등, 赤塚忠의 《中國 古代의 宗敎와 文化》, 松丸道雄의 《東京大學東洋文化研究所藏甲骨文字》 등, 玉田繼雄의 《甲骨關係文獻序跋集成》 5집 등이 있다. 캐나다 학자 許進雄은 《殷墟卜辭後編》·《온타리오 왕립박물관 소장의 멘지스 收藏甲骨》·《온타리오 왕립박물관 소장의 화이트 등 收藏 甲骨文集》 등을 출판하였다. 미국 국적의 학자 周鴻翔은 《商殷帝王本紀》·《美國所藏甲骨錄》 등을 출판하였고, 미국인 학자 카이틀리는 《商代 사료──중국 靑銅器 時代의 甲骨文》 등을 출판하였다. 세계 각국의 학자들이 출판한 甲骨學 전문서와 그들이 쓴 무수한 論文들은 甲骨學의 발전을 위해 공헌하였다. 그들의 연구 성과 및 연구 방법도 중국 학자들이 진지하게 참고하고 본보기로 삼을 만한 것이다.

학문에는 국경이 없다. 古文字學의 연구를 촉진시키기 위하여 국제간의 학술 교류가 강화되었는데, 1979년 廣州에서 열린 중국 古文字學術研究會 제2회 연례회, 1980년 省都에서 거행된 제3회 연례회, 1981년 太原에서 거행된 제4회 연례회에도 모두 외국의 학자들이 참가하였다.[99] 게다가 1982년에는 미국 하와이에서, 1983년에는 홍콩에서도 각국의 학자들(중국 대륙과 대만 학자 포함)이 참가한 가운데 중국의 甲骨文과 기타 고문자에 관한 國際 學術討論會가 개최되었다. 특히 1987년 9월 10일에서 16일까지는 河南省 安 陽에서 殷商文化國際討論會가 열렸는데, 명성을 떨치고 있는 중국과 외국 의 학자들이 安陽에 운집해서 殷商 文化 연구의 성과를 교류하고 殷墟를 답 방함으로써 殷商 文化의 연구를 촉진시키는 데 큰 영향을 주었다. 이밖에 1987년에 출판된 미국의 《中國》 제11호에서도 《西周甲骨探論》에 대한 평론 을 발표하고, 아울러 西周 甲骨을 주제로 삼아 미국의 카이틀리 교수와 샹 네시(Edward L. Shanghnessy; 中國名 夏含夷) 교수, 중국의 李學勤 교수, 王 宇信 교수 및 范毓周 등의 논문과 토론을 수록하였다. 甲骨學은 중국의 고대 문명을 널리 알리고, 세계 각국과의 학술 문화 교류를 강화시키는 데 있어 서 갈수록 중요한 작용을 할 것이다.

　바로 앞에서 서술한 바와 같이, 1928년에 殷墟에서 과학적으로 甲骨文을 발굴하기 시작해서부터 근대적인 필드 考古 기술이 甲骨學 연구 영역에 도 입됨으로써 甲骨學 연구는 커다란 변화와 함께 매우 큰 발전을 하였다. 과 학기술이 비약적으로 발전하고 있는 오늘날, 우리가 현대 과학 기술의 성 과를 甲骨學 연구 영역에 끌어들이면 틀림없이 甲骨學 연구가 한 차례 새 로이 도약하게 될 것이다. 현재 컴퓨터 기술을 甲骨의 斷片 綴合에 응용하 여 이미 상당한 성공을 거두었지만, 그러나 이것은 시작에 불과하다. 금후 에는 甲骨學 연구의 어느 방면에서 현대의 과학 기술을 끌어들일 수 있을 까? 또 어떤 방식으로 끌어들일 것인가? 이는 우리가 甲骨學 발전의 전략 적 위치에 놓고 성실하게 연구·검토해야 할 문제이다.

제5장
甲骨의 整治와 占卜

　卜龜는 卜筮와 마찬가지로 일종의 미신 습속으로서 지금은 소수의 사람들만이 이를 믿고 있는 실정이다. 그러나 고대의 중국인들은 오히려 이것이 매우 영험하다고 생각하였다. "왕은 모든 난제를 결정할 때, 卜筮로 예측하고 卜蓍와 卜龜로 추측하는데, 이것은 바뀔 수 없는 규율이다〔王者決定諸疑, 參以卜筮, 斷以蓍龜, 不易之道也〕." "듣건대 五帝와 三王이 움직여 사업을 일으키면 반드시 먼저 卜蓍와 卜龜로 결정하였다고 한다〔聞古五帝·三王發動擧事, 必先決蓍龜〕." 卜蓍는 국가의 정치 생활 중에서 중요한 위치를 차지하고 있다. 고대에 蓍草占을 칠 때에는 蓍草를 사용하고, 占卜에는 신령한 거북을 사용했다. "듣건대 백 줄기가 다 자란 蓍草는, 그 아래에 반드시 신령한 거북이 지키고 있고, 그 위에는 항상 푸른 구름이 뒤덮여 있다고 한다〔聞蓍生滿百莖者, 其下必有神龜守之, 其上常有靑雲覆之〕." "백 줄기가 다 자란 蓍草를 얻고 아울러 그 아래 있는 거북을 얻어서 점을 치면, 백 번을 말하면 백 번이 다 맞는데 이것으로 길흉을 판단한다〔能得百莖蓍, 幷得其下龜以卜者, 百言百當, 是以決吉凶〕." 이는 참으로 신묘하기 짝이 없다!

　그러나 商·周 時代 이후로 占卜과 관련된 방법은 점차 "깊이 연구해서 가장 심오한 경지로 귀납되었으며, 이를 개괄한 것이 정신을 규범화시켰으므로〔推歸之至微, 要絜於精神〕" 사람들은 이미 그 요령을 알 수 없게 되었다. 漢代의 文帝와 景帝 때에는 매우 오랫동안 연구하고 시행할 겨를이 없어서 그 정심하고 미묘한 방법이 대부분 유실되었으며, 이로 인해 占卜은 더한층 쇠락하였다. 그러다가 漢 武帝가 즉위한 이후에는 그가 "예능의 길을 폭넓게 열고 온갖 학문을 다 초치해서, 한 가지 기예에 통달한 선비라면 누구나 스스로 힘을 다할 수 있었기 때문에, 수년 동안에 太卜〔관명〕이 크게 모였다.[1] 占卜이라는 이 미신 활동은 이때부터 다시 흥성하기 시작하였다. 《史記・龜策列傳》에 나오는 거북점에 관한 기록이 비록 비교적 자세하기는 하지만, 그러나 漢代의 제도는 이미 商・周 時代의 거북점 치는 법과 함께 말할 성질의 것이 아니었다.

甲骨文은 商王朝 말기에 남겨진 占卜 記事文字이다. 고대 占卜에 거북을 사용하였다는 것과 관련된 기록은, 비록 《尚書》・《詩經》・《左傳》・《國語》 및 諸子書와 《周禮》 등과 같은 先秦 시기 문헌 속에 모두 있기는 하지만 내용이 상세하지는 않다. 商人은 어떻게 점을 쳤는가? 학자들은 출토된 甲骨 실물과 위에서 말한 문헌 속에 있는 일부 기록들을 결합시켜서 고찰하지 않을 수 없다.

제1절 商代의 占卜用 龜甲과 獸骨의 來源

商代에 占卜 記事에 사용된 주요 재료는 甲骨이다. 이른바 '甲'이란 바로 龜甲인데, 대부분 腹甲을 사용했으며 간혹 背甲을 사용하기도 하였다. 이른바 '骨'이란 주로 소의 肩胛骨이며, 또한 일부 記事文字에는 간혹 소의 두개골〔牛頭骨〕, 사슴의 두개골〔鹿頭骨〕, 사람의 두개골〔人頭骨〕 혹은 호랑이뼈〔虎骨〕 등이 사용되기도 하였다.

商代의 占卜用 거북은 주로 남방과 서방에서 왔는데, 이것은 甲骨文에 기록되어 있다. 예를 들면 "貞龜不其南氏"(《合集》 8994, 《前》 5・54・5)라는 기록이 있는데, 여기서 '氏'는 '보내다' '공물을 바치다'는 의미이다. 이것은 "남방에서 거북을 공물로 보내왔는가?" 하고 묻는 말이다. 또 "有來自南氏龜"(《乙》 6670)라는 것이 있는데, 이것은 "어떤 사람이 남방에서 거북을 공물로 보내왔는가?" 하고 묻고 있는 말이다. 또 "西龜. 一月"(《合集》 9001, 《前》 5・54・6)이라는 기록이 있는데, 이것은 이 거북이 서방에서 온 것임을 말하는 것이다. 甲骨文 기록은 남방과 서방이 占卜用 거북의 산지임을 밝히고 있다. 고대 문헌에는 거북이 남방에서 산출된다는 것에 관한 적지않은 기록이 있다. 《尚書・禹貢》편에는 "九江納賜大龜"라는 기록이 있는데, 여기서 '納'은 바로 '공물을 바치다'는 의미이며, 따라서 전체 문장은 "구강에서 큰 거북을 공물로 보내왔다"는 뜻이다. 《國語·楚語》편에도 "또 雲夢이라는 연못이 있는데, 도주와 연결되어 있고 금속·목재·대나무가 나는 곳이다. 또 거북·진주·뿔·상아·호피·코뿔소 가죽·새깃·소 꼬리털 등이 나는데, 이것들은 군사용으로 제공되며 뜻밖의 일을 방비하는 데 사용된다〔又有藪曰雲連徒洲, 金木竹箭之所生也. 龜珠角齒, 皮革羽毛, 所以備賦以戒不虞者也〕"라는 기록이 있다. 초나라의 藪澤인 雲夢은 물 가운데의 살 수 있는 곳과 하나로 연결되어 있으며, 물산이 풍부하다. 거북은 바로 그 중의 중요한 항목이다. 今本《竹書紀年》에는 西周 말엽 厲王 때 "楚나라 사람이 와서 거북과 조개를 헌상하였다〔楚人來獻龜貝〕"는 기록이 있다. 楚나라 지역에서 거북이 산출된다는 사실은 일찍부터 세상에 알려졌다. 그래서 《莊子·秋水》편에도 "나는 楚나라에 신령한 거북이 있다고 들었다〔吾聞楚有神龜〕"라는 말이 나온다. 漢代에 이르기까지 長江(즉 揚子江) 중류는 占卜用 거북의 주요 산지였다. 《史記·龜策列傳》편에는 "신령한 거북은 長江에서 산출되는데, 盧江郡에서는 해마다 때가 되면 太卜官에게 1자 2치 길이의 산 거북 20마리를 보낸다〔神龜出於江水中, 盧江郡常歲時生龜, 長尺二寸者二十枚, 輸太卜官〕"라고 하였다. 司馬遷은 일부러 가서 이를 고찰하였는데, "나는 江南에 가서 그곳 사람들이 하는 일을 이해하려고 그곳의 나이 많은 사람들에게 물었다〔余至江南, 觀其行事, 問其長老〕"라고 하였다. 이밖에 일부의 고문헌 속에도 長江 하류에서 거북이 산출되었다는 기록이 있다. 《詩經·魯頌·泮水》편에는 "먼 곳의 淮夷 사람들…… 큰 거북과 긴 상아〔憬彼淮夷……元龜象齒〕"라고 노래하였다. 淮夷는 淮河와 長江 하류 일대에 위치해 있다. 서방에서도 거북이 산출되었다. 《逸周書·王會解》편에는 "伊尹이 명을 받아 四方에 명령을 하달했다……. 正西는 …… 龍角과 神龜를 헌상하라〔伊尹受命, 於是爲四方令曰……正西……龍角神龜爲獻〕"라고 기록되어 있다. 무릇 漢代 이전의 전적 중에서 거북 및 거북의 산지와 내원을 언급한 것은 대체로 위〔上〕의 8조에 불과하다. 일곱번째 기록은 거북이 남방에서 산출된다는 것을 말한 것이고, 첫번째 기록은 서방에서는 거북으로 헌상한다는 것을 말한 것이다. 동방이나 북방에서 거북이 산출되었다고 하는 기록은 없다. 이것은 卜辭에 기록된 것과 부합한다. 그래서

우리는 殷代의 占卜用 거북이 대체로 남방이나 서방에서 왔다고 생각한다.[2]

安陽 殷墟에서 출토된 龜甲에 대한 생물학자들의 감정에서도 완전히 이점이 증명되었다. 이러한 종류의 중국 胶龜는 남방, 예를 들면 福建·廣東·廣西·海南·臺灣 등지에서만 난다. 지금 역사 시대의 安陽에서 지극히 흥미로운 문제 하나가 발견되었다. 혹시 다른 곳에서 수입되어 들어온 것이 아닐까 하는 의견이 있었던 것이다.[3] 유명한 127坑에서 출토된 최대의 龜甲（《乙》4330)은 길이가 1자 2치이다. 감정한 결과에 따르면 현재 말레이 반도의 거북과 동일한 종류이다.[4]

商代의 占卜用 거북은 수량이 매우 많았다. 胡厚宣은 일찍이 甲骨文이 발견된 후 40여 년간의 자료로 통계를 내었는데, 당시 출토된 有字 龜甲은 총 8만 15편에 가까웠다. 이밖에 옛날부터 버려지거나 수집하지 않은 無字 甲骨은 그 수가 실로 엄청나다. 또 이밖에 사용된 적이 없는 骨料도 적지않다. 胡厚宣은 無字 龜甲은 아무리 적게 잡아도 글자 있는 것의 수량과 비슷하다고 추측하였다. 그리하여 有字 甲骨과 無字 甲骨을 합하면 그 수는 16만 30편이 된다. 만일 龜甲 10편을 하나의 완전한 거북으로 계산하면 최소한 거북 '1만 6천3마리'[5]를 사용한 셈이 되어 실로 방대하다고 할 것이다.

이렇게 많은 거북은 응당 주로 남방에서 공물로 보내왔을 것이다. 甲橋에는 항상 어떤 사람이 몇 개를 공물로 보냈는지 기록되어 있는데, 그 중에 '我'라고 하는 사람은 올 때마다 1천 마리를 공물로 진상했다. 예를 들면 《殷墟文字乙編》6966의 '我氏千'이 바로 이것이다. 또 여러 차례에 걸쳐 1천 마리를 진상했다는 것이 《殷墟文字乙編》6967, 《殷墟文字乙編》3452, 《殷墟文字乙編》2684, 《殷墟文字乙編》6686, 《殷墟文字乙編》1053, 《殷墟文字乙編》2702 등에 보인다. 이밖에 甲尾 刻辭·背甲 刻辭에도 공물로 진상된 거북의 숫자가 기록되어 있다. 통계에 의하면, 상술한 각종 刻辭에 기록된 공물 거북의 수량은 총 4백91회에 걸쳐 1만 2천3백34판의 공물 거북이 진상되었다고 알려져 있다. 그 공물 거북의 총수는 1만 2천3백34마리로서 앞에서 말한 1만 6천3이라는 수와 차이가 많지 않은데,[6] 이것은 아마도 우연한 일치가 아닐 것이다.

占卜用의 牛胛骨은 당연히 그 지방에서 난 것이다. 羅振玉은 《鐵雲藏龜》

序文에서 바깥 가장자리의 약간 두꺼운 부분에 가지 형태로 파열된 牛肩胛骨을 '牛脛骨'이라고 불렀는데, 이것은 정확하지 않다. 이밖에도 肩胛骨을 象骨·鹿骨·牛肋骨 등등으로 부르는 것은 정확치 못한 견해이다. 陳夢家는 "象骨은 일종의 추측일 뿐이며, 占卜用 鹿骨은 安陽뿐 아니라 다른 지역에서도 발견되었다. 그러나 安陽에서 출토된 것에 비록 鹿頭 刻辭(《甲》 3940·3941)와 鹿角器 刻辭(《甲》 3942)가 있기는 하지만, 卜辭가 있는 그것이 사슴의 肩胛骨이라고 확정할 수는 없다"라고 지적하였다.[7]

商代에는 목축업이 매우 발달하여 소는 이미 대규모로 사육되었으며 풍부하게 비축되어 있었다. 뿐만 아니라 소를 사용하여 조상에게 제사지낼 때, 사용된 소의 수가 많아 듣는 사람들을 깜짝 놀라게 한다. 胡厚宣도 일찍이 《鐵雲藏龜》 등 20여 종의 기록서 및 아직 기록되지 않은 일부 자료들에 근거해서, 당시에 소를 사용한 정황에 대한 상세한 통계를 내었다. 商人은 소를 사용하여 제사를 지낸 후에 제사에 희생된 일부 소들의 肩胛骨을 보존하여 占卜에 사용하기도 하였다.

胡厚宣은 또한 40여 년간 출토된 甲骨 자료 중에서 有字 牛胛骨의 수량에 대해 통계를 내었는데, 그 수는 총 2만 9천5백95편이었다. 無字 牛胛骨의 수량도 적어도 이 수만큼 될 것이라고 본다면, 양자의 합계는 적어도 5만 9천1백90편은 될 것이다. 만약 獸骨 5편을 1개의 肩胛骨로 보면 肩胛骨 1만 1천8백58개를 사용한 것이 된다.[8] 또한 소 한 마리의 좌우 肩胛骨은 2개가 한 짝이므로 소 5천 마리 이상이 필요했을 것이다.

과거 여러 해 동안 출토된 甲骨 실물은 龜甲이 牛胛骨보다 많았음을 밝혀주었다. 胡厚宣은 28종의 甲骨 기록서에 수록된 자료에 의거해 통계를 내었는데, 有字 龜甲과 有字 肩胛骨의 비례는 '대략 1백분의 73과 27'이다.[9] 즉 有字 肩胛骨이 有字 龜甲의 3분의 1에도 못미친다.

제2절 甲骨의 整治

龜甲과 牛胛骨의 整治〔손질하기〕는 占卜의 준비 단계이다. 整治는 재료고르기〔取材〕, 톱질하기〔削鋸〕와 갈기〔刮磨〕, 鑿鑽 제작 등의 공정을 포괄한다. 整治를 거친 甲骨이 반드시 모두 占卜에 사용된 것은 아닌데, 즉 背面을 불로 지진다고 해서 반드시 正面에 兆가 나타나는 것은 아니다. 그러나 불로 지져서 兆가 나타나는 占卜用 甲骨은 하나도 예외 없이 整治를 거쳤다. 占卜에 사용된 甲骨이 우리가 일반적으로 말하는 卜骨이다. 灼을 해서 兆가 나타나지 않는 甲骨 중에도 整治를 거친 것이 있지만, 그래도 기껏해야 骨料〔甲骨 재료〕라고 부를 수 있을 뿐이다.

바로 학자들이 지적한 바와 같이, 중국 고대의 문헌 중에서 변방 소수 민족의 풍속을 언급한 것을 제외하고는 이제까지 甲骨 占卜을 기록한 것은 없다. 戰國 時代의 《周禮》·諸子書와 漢代 이후의 책들에는 왕왕 거북 占卜을 기록해 놓은 것이 있지만, 이러한 기록은 대부분 단편적이고 분명치 못하다.[10] 1928년 殷墟의 과학적 발굴 이후에 董作賓이 제1차 발굴과 제2차 발굴의 甲骨 자료를 정리했을 때에야 초보적으로 殷人의 甲骨 整治와 占卜 과정을 분명하게 파악할 수 있었는데, 이것은 1929년에 출판된 《安陽發掘報告》 제1기에 수록된 〈商代 龜卜의 추측〉에 나온다. 陳夢家도 이 문제에 대해 연구를 진행하였는데, 그가 발표한 〈甲骨의 整治와 書契〉는 1956년 科學出版社에서 출판한 《殷墟卜辭綜述》 제1장 제3절에 수록되어 있다. 당시의 조건 제한으로 인해 董作賓은 龜甲의 整治에 대해서는 비교적 상세하게 언급하였지만, 獸骨은 자세히 언급하지 못했다. 그러다가 1973년에 小屯村 남쪽 지역에서 甲骨이 출토된 이후에 과학적으로 발굴된 대규모 牛肩胛骨에 대한 학자들의 연구에 근거해서야 整治의 과정, 특히 鑽鑿의 제작에 대해 한 단계 높은 인식을 하게 되었다. 이는 1983년에 中華書局에서 출판한 《小屯南地甲骨》 下册 제3분책에 편찬자가 작성한 〈小屯 南地 甲骨의 鑽鑿 형태〉라는 글에 나온다. 이때가 되어서야 마치 수레의 두 바퀴처럼 상부상조하게 되어, 商代의 腹甲·卜骨의 整治 과정이 명확하게 우리 앞에 전개되었다.

1. 재료고르기〔取材〕

잡거나 공물로 바쳐진 거북·뼈 등의 占卜用 재료가 아직 톱질하기와 갈기 등의 제작 공정을 거치기 전에 한다.

占卜用 거북은 대부분 가을에 남방에서 공물로 보내진다.《周禮·春官》 龜人에는 "가을철에 거북을 잡고, 봄이 되면 거북을 죽인다〔凡取龜用秋時, 攻龜用春時〕"라고 기록하였는데, 이에 대해 注에서는 "가을에 거북을 잡을 때 만물이 성숙된다〔秋取龜, 及萬物成也〕"라고 설명하였다. 왜냐하면 만물은 가을에 성숙되므로, 이때의 거북이 占卜用으로 가장 적당하기 때문이다. 거북의 종류는 매우 많은데, 占卜用의 거북은 대개 남생이〔水龜〕이다.[11] "봄이 되면 거북을 죽인다〔攻龜用春時〕"고 하였는데, 여기에서 '攻龜'는 바로 거북을 죽인다는 의미이며, 봄에 거북을 죽여서 피와 살·내장을 발라내고 빈 거북 껍질로 만든다. 거북을 죽이기 전에는 또한 제사 의식을 거행해야 한다.《周禮·春官》龜人에는 "연초에는 희생의 피로 龜甲에 바르며, 제사를 지내려면 먼저 날짜를 점친다〔上春釁龜, 祭祀先卜〕"라고 기록되어 있다. '釁'은 희생을 죽여서 그 피로 제사지내는 것이다. 甲骨文 속에도 거북에게 제사지낸 기록이 있다. 예를 들면《殷墟文字甲編》2697의 "弜又龜"는 거북에게 侑祭를 지내지 않았다는 말이다. 또《殷墟文字甲編》279의 "……奠龜……一牛"는 거북에게 제사지내는 데 소 한 마리를 사용하였다는 것이고,《殷契佚存》234의 "辛丑卜, 奠龜戈三牢"는 辛丑日에 거북에게 제사지내는 데 三大牢(즉 소 6마리)를 죽입니까? 하고 점을 쳐서 물었다는 내용이다. 董作賓은 "거북에게 제사지내는 데 소를 썼다는 말은 春秋 時代에도 있었다.《管子·山權數》편에는 "이 거북은 값을 매길 수 없는 보물이며 큰 대에 보관되어 있다. 하루에 네 마리의 소를 죽여서 피로 제사지내는데, 그래서 값을 매길 수 없는 보물이라고 말할 수 있다〔之龜爲無貲, 而藏諸泰臺, 一日而釁之以四牛, 立寶曰無貲〕"라는 기록이 있는데, 이로써 商人이 거북에게 '소 세 마리〔三牛〕'를 제사지내는 것이 거북에다 피칠하기 위함이라는 것이 증명될 수 있다"라고 하였다.[12] 제사를 지낸 뒤에는 거북을 죽일 수 있다.《史記·龜策列傳》에는 이에 대해 매우 상세하게 기록하고 있다.

그래서 (宋) 元王이 태양을 향해 감사를 드리고 두 번 절하고 신령한 거북을 받았다. 날을 택해 재계를 하고 甲日과 乙日이 가장 좋다고 생각했다. 이에 흰 꿩과 검은 양을 죽여, 제단의 중앙에서 그 피를 거북한테 부었다. 칼로 거북의 몸을 발라내는데 완전하며 상처가 나지 않았다. 후에 술과 고기를 먹여 예우하고, 거북의 배를 갈랐다.

於是(宋)元王向日而謝, 再拜而受. 擇日齋戒, 甲乙最良, 乃刑白雉, 及與驪羊: 以血灌龜, 於壇中央. 以刀剝之, 身全不傷. 脯酒禮之, 橫其腹腸.

그런 뒤에 이 빈 거북 껍질들을 저장해서 톱질하기·갈기 등의 제작 공정에 대비한다. 殷墟를 과학적으로 발굴하기 수년 전에 小屯村 북쪽 강가(대략 제1구 9坑의 북쪽쯤 된다. 즉 이른바 '주씨네 땅[朱家地]')에서 거북 재료를 저장한 장소가 발견되었는데, 그곳에 크고 작은 것이 수백 개가 있었다. 이 龜甲들은 모두 腹甲과 背甲이 완전히 갖추어져 있다.[13] 이것들이 바로 봄에 '거북을 죽인' 뒤에 남은 骨料이다.

占卜用의 牛胛骨은 대부분 殷의 도읍 자체에서 조달되었을 가능성이 높은데, 이는 앞절에서 이미 언급하였다. 제1차 殷墟 발굴 때, "다듬어지지 않은 큰 獸骨을 발견하였다. 우리는 이러한 骨料를 매우 많이 얻었는데 그 무게가 수백 근에 달했다"라고 董作賓은 말했다.[14] 이것들이 占卜用 牛胛骨의 原料이다. 牛胛骨의 원료는 전문적인 저장 장소가 있다. 예를 들면 1973년에 小屯村 남쪽 지역의 窖穴 H99에서 가공되지 않은 牛胛骨 31편 이상이 출토되었는데, 이곳이 바로 骨料의 저장을 주요 목적으로 하는 곳이다.[15]

2. 톱질하기〔削鋸〕와 갈기〔刮磨〕

거북 껍질과 肩胛骨은 또한 톱질하기와 갈기 등의 제작 공정을 거친 뒤에야 鑿鑽을 해서 占卜用으로 준비할 수 있다.

거북 껍질은 먼저 背甲과 腹甲이 연결된 곳〔甲橋〕에서부터 톱으로 켜고, 아울러 '甲橋'의 한 부분을 腹甲 위에 연결시킨다. 그런 다음 甲橋 가장자리의 돌출 부분을 톱으로 제거하고, 또한 쪽고르게 활 모양으로 갈아서 腹甲을 비교적 평평하게 한다. 占卜에는 대부분 거북의 腹甲을 사용하지만 背甲을 사용하는 때도 있다. 비교적 큰 背甲은 가운데 척추 부분을 톱으로 켜서 둘로 나눈다. '改制 背甲'은 가른 뒤에 다시 척추의 요철이 비교적 심한 부분과 首尾 부분을 톱으로 양단해서 신발 바닥 모양으로 만드는 것을 말하며, 어떤 때는 가운데 구멍을 뚫는다. 갈 때는 먼저 龜甲 표면의 비늘을 벗기고, 또한 下面에 남아 있는 균열을 평평하게 깎아야 한다. 그런 다음 다시 龜甲의 正面과 裏面(즉 反面)에 있는 두께가 고르지 않은 곳을 갈아서 龜版을 얇고 고르게 만든다. 간 뒤에는 龜版이 매끈매끈하고 윤이 나도록 또 갈아야 한다.

牛胛骨은 좌우 모두를 사용할 수 있다. 肩胛骨의 상단이 骨臼이며, 학명은 '關節窩'이다. 骨臼의 한쪽에는 돌출된 臼角이 있고, 그 背面 아래로 돌출된 骨脊이 있으며, 이 부분은 비교적 얇다. 臼角 아래의 가장자리 부분을 '內緣'이라고 부른다. 臼角과 상대되는 '外緣' 부분의 正面에는 약간 융기한 부분이 있는데, 外緣은 비교적 두껍고 둥글다. 整治할 때는 먼저 骨臼를 긴 방향으로 잘라서 骨臼의 절반 혹은 3분의 1을 떼어낸다. 그런 다음 다시 돌출된 구각을 아래 바깥쪽으로 잘라내어 90도 각도의 구멍을 만든다. 다시 背面의 구각 아래에 돌출한 骨脊 전체를 고르게 깎고, 끝으로 骨臼 하부의 융기한 곳을 최대한 고르게 깎는다. 일반적으로 骨脊이 없는 면을 正面이라 부르고, 骨脊이 있고 鑿鑽이 행해지는 면을 反面이라고 부른다. 商代의 卜骨 제작에서, 肩胛骨의 正面을 마주 보고 우변에서 구각을 잘라낸 것이 바로 右胛骨이 되고, 좌변에서 구각을 잘라낸 것이 바로 左胛骨이 된다. 肩胛骨을 톱질한 후에는 또 正面과 反面의 톱질 후에 뼛결의 구멍이 많고 투박한 곳 및 톱질이 되지 않은 곳을 갈아서 매끈매끈하게 해야 한다.[16]

3. 鑿鑽의 제작

鑿과 鑽은 龜甲과 獸骨의 背面에 하는데, 이는 占卜을 하기 위해 거북을 불로 지질 때 正面에 卜兆가 나타날 수 있도록 하는 것이다.

《詩經·大雅·緜》에는 "시작하고 계획하며, 우리의 거북으로 吉凶을 점쳐 본다〔爰始爰謀, 爰契我龜〕"라고 하였고, 《荀子·王制》편에도 "龜甲에 鑽을 하고 점괘를 펼친다〔鑽龜陳卦〕"라고 하였고, 《韓非子·飾邪》편에 "龜甲에 鑿

을 하고 점대를 센다〔鑿龜數筮〕"라 하였으며, 《史記·龜策列傳》에는 "반드시 묘당 안에서 거북을 뚫는다〔必鑽龜於廟堂之上〕"라고 하였는데, 이 기록들은 모두 占卜을 하기 전에 거북 껍질에다 鑿鑽을 해야 한다는 것을 가리킨다. 즉 龜甲 혹은 獸骨의 背面에 '대추씨 모양〔棗核形〕'의 '鑿' 또는 '둥지 모양〔圓窠形〕'의 '鑽'을 제작하였다는 것이다. 董作賓은 甲骨 실물을 연구한 후에 "불로 지진 곳에는 반드시 먼저 鑿이 있고 나서 鑽이 있으며, 鑿을 하고서 鑽을 하지 않은 것은 매우 적다. 鑽을 한곳으로 미루어 그 실물의 크기를 알아낼 수 있다"는 사실을 발견하였다.[17] 실물 크기는 사용된 송곳의 크기에 비례한다. 陳夢家도 《殷墟卜辭綜述》12쪽에서 "小屯村에서 출토된 甲骨 刻辭를 눈으로 직접 경험하였는데, 타원형의 鑿 또는 원형의 둥지를 막론하고 절대다수는 끌로 뚫어서 만든 것으로, 다시 말해서 파낸 것이다"고 언급하였다.

1973년에 있었던 安陽市 小屯村 남쪽 지역의 甲骨 발견은 甲骨의 鑿鑽의 제작과 형태의 연구를 위해 대량의 새로운 자료를 제공하였다. 甲骨 실물에 대한 학자들의 관찰과 연구를 통해 볼 때, 鑿과 鑽은 아래와 같이 제작되었다.

1. 鑿: 小屯村 남쪽 지역에서 출토된 甲骨의 鑿鑽 형태에 대한 학자들의 연구에 근거하면, 끌의 흔적을 발견할 수 없다는 것이다. 그래서 鑿鑽은 끌로 파내어 만든 것이 아니라 아래에서 서술하는 두 가지 방법으로 제작되었다고 주장한다.

1) 칼〔刀〕로 파서 만든 것이다. 小屯村 남쪽 지역에서 출토된 甲骨의 鑿은 칼로 파서 만든 것이 다수를 차지하고 있다. 출토된 실물 표본을 관찰해 보면 상당수 甲骨에 새겨진 鑿의 內壁에 매우 명확한 칼의 흔적〔刀痕〕이 남아 있음을 볼 수 있다. 어떤 것은 장방형의 鑿을 판 후에 다시 칼로 계속 鑿의 주변을 넓혀서, 내벽에 둥근 연통 모서리 모양이 나타난다. 만일 평면상에서 보면 내외의 두 원이 나타나 보인다. 또 어떤 鑿은 장방형의 기초 위에서 鑿의 外圈을 손질하고 넓혀서, 외권이 북통의 뾰족한 활 모양으로 나타나 보인다. 그러나 鑿의 內圈은 여전히 원래의 장방형과 유사하다.(그림 3)

2) 바퀴〔輪〕로 槽를 팠다. 이러한 鑿은 마땅히 오늘날의 롤러와 비슷한 작은 바퀴를 사용해서 槽를 판 뒤에 제작한 것이다. 鑿의 이러한 제작 방법은 1973년에 小屯村 남쪽 지역에서 출토된 甲骨을 정리한 여러 학자들의 새로운 발견이며, 그 이전에는 언급된 적이 없었다. 학자들은 이 甲骨들을 정리할 때, 卜骨의 鑿 안에서 흙찌꺼기를 벗겨내었다. 세심한 정리자가 흙찌꺼기 밑부분에 매우 규칙적인 활 모양이 있고, 표면에도 나선무늬가 있음을 발견하였다. 그들은 이러한 槽가 작은 바퀴로 槽를 판 뒤에 제작한 것이라고 생각하고, 아울러 卜骨 표본을 北京의 옥기 공장으로 가지고 가서 경험이 풍부한 옥공예 전문가에게 자문을 구했다. 옥공예 전문가는 그들의 의견을 듣고서 卜骨의 鑿鑽 표본을 자세히 관찰하고 연구한 후에 역시 활 모양의 鑿은 바퀴로 槽를 파서 제작한 것이라고 주장하였다. 이 옥공예 전문가들은 또한 학자들과 함께 실험을 하였다. 그들은 직접 제작한 롤러를 이용하여 새로운 牛胛骨에다 2개의 鑿을 팠는데, 방법은 달랐지만 마침내 商代의 卜骨에 새겨진 鑿과 똑같은 모양이 되었다. 바로 이렇게 해서 甲骨學의 새로운 신비 하나가 학자들에 의해 발견되었던 것이다.

비록 모든 것이 바퀴로 槽를 파서 鑿을 제작하였지만, 제작시에는 또 약간의 차별이 있다. 한 종류는 바퀴로 槽를 판 후에 더 이상 칼로 다듬지 않거나 혹은 칼로 鑿의 주변만을 다듬고는 밑부분을 다듬지 않았는데, 그래서 이렇게 제작된 鑿은 종단면에 규칙적인 활 모양을 가지고 있다. 또 한 종류는 바퀴로 槽를 판 후에 밑부분을 칼로 비교적 크게 다듬어서 칼댄 흔적이 뚜렷하여 이미 활 모양을 볼 수 없다.(그림 4)

2. 鑽: 단독의 작은 圓鑽과 鑿 옆의 鑽을 가리킨다. 이 두 종류의 鑽의 제작 방법은 甲骨 실물 표본의 관찰을 통해 알게 된 것인데, 주요한 것으로 세 가지 방법이 있다.

1) 송곳을 이용해서 鑽을 제작하였다. 관찰한 바에 의하면 이런 종류의 鑽은 속이 꽉 찬 작은 원통 모양이며, 卜骨 위에서 빙빙 돌려서 만들어졌다. 왜냐하면 卜骨의 鑽 안에서 취한 흙찌꺼기에 圓鑽 과정을 제작한 흔적이 남아 있기 때문이다. 학자들은 모의 실험을 할 때, 활을 만들고, 활시위를 송곳

가운데에 감고서 다시 손으로 凹자형의 물건을 송곳 끝에다 누르고 앞뒤로 활시위를 당겨 보았다. 송곳이 가는 모래가 뿌려져 있는 뼈 위에서 재빠르게 회전하여 원찬을 만들 수 있었다. 모의 실험에서 만들어진 원찬은 평면이 원형으로 보이며, 鑽의 벽면 및 밑바닥은 매끈매끈하고 활시위 무늬가 있다. 이것은 진짜 商代 卜骨上의 鑽과 조금도 다름이 없다.

2) 먼저 바퀴로 槽를 파고, 다시 칼로 다듬어서 鑽의 내부 측면을 鑿과 연접시킨다. 학자들은 대체로 비교적 정연한 활 모양의 鑿(즉 바퀴로 槽를 판 것) 옆에 있는 '鑽'은 대부분 바퀴로 槽를 파서 만들었다는 사실을 발견하였다.

3) 칼로 파서 만들었다. 小屯村 남쪽 지역에서 출토된 甲骨 중에서 '鑿' 옆에 붙어 있는 절대다수의 '鑽'은 칼로 파서 만든 것이다.

또 매우 특별한 '鑽'이 발견된 적이 있는데, 그것의 형상은 하나의 작은 장방형의 鑿처럼 생겼다.(그림 5)

小屯村 남쪽 지역에서 출토된 甲骨의 鑿鑽 제작 공정에 대한 학자들의 연구는 甲骨上의 '鑿'은 끌로 판 것이 아니며, '鑽'도 송곳으로 뚫은 것은 매우 드물다는 것을 발견하였다. 수십 년 동안 전문가들이 습관적으로 사용한 鑿鑽이라는 명칭은 원래 실제에 부합한 것이 아니다.[18] 그러나 오래된 습관은 고치기 어렵기 때문에, 鑿鑽이라는 명칭이 이미 학계에 공인된 이상 다시 "명칭을 바로잡는다 正名"는 것은 매우 곤란할 뿐 아니라 구태여 그럴 필요도 없다.

小屯村 남쪽 지역에서 출토된 腹甲은 일반적으로 모두 鑿 옆에 鑽이 있다. 다수는 먼저 바퀴로 槽를 판 후에 다시 칼로 다듬은 것이다. 또 칼로 파서 만든 것도 있다. 비록 1973년에 小屯村 남쪽 지역에서 출토된 占卜用의 龜甲이 수량은 많지 않지만, 卜骨上에서의 鑿鑽 제작 공정 순서는 商代 卜龜의 鑿鑽 제작을 연구하는 데 매우 참고 가치가 크다.

卜龜上에서 鑿鑽의 분포는 보통 龜甲 反面의 중앙선(속칭 千里路)을 축으로 해서 좌우 대칭으로 되어 있으며, 뒤섞여 분포되어 있어서 흥미롭다. 우변에서는 鑽이 鑿의 좌측에 있다. 좌변에서는 鑽이 鑿의 우측에 있다. 牛胛骨 背面의 鑿鑽 중에서 일반적으로 가운데 융기한 곳의 鑿은 비교적 적고,

대개의 경우 산만하게 배열되어 卜骨 외연의 비교적 두꺼운 곳 옆에 있다. 왼쪽 牛肩胛骨의 反面에서 鑽은 鑿의 오른쪽 옆에 있다. 오른쪽 牛肩胛骨의 反面에서 鑽은 鑿의 왼쪽 옆에 있다. 鑿鑽의 배열 정황을 보면, 1行으로 길게 판 것이 있는데, 이것은 대부분 卜骨의 외연 옆에 있다. 예를 들면《小屯南地甲骨》2295(그림 6)가 이러하다. 2行으로 판 것도 있는데, 그 배열 정황은 네 가지로 나눌 수 있다. 첫째, 背面 내연의 제1행 제1착이 외연의 제1행 제1착과 가지런한 것이 있는데, 예를 들면《小屯南地甲骨》1126(그림 7)이 이러하다. 둘째, 卜骨 내연의 제1행 제1착이 외연의 제1행 제2착과 가지런한 것이 있는데, 예를 들면《小屯南地甲骨》2163(그림 8)이 이러하다. 셋째, 卜骨 내연의 제1행 제1착이 외연의 제1행 제3착과 가지런한 것이 있는데, 예를 들면《小屯南地甲骨》728(그림 9)이 이러하다. 넷째, 卜骨 내연의 제1행 제1착이 외연의 제1행 제4착과 가지런한 것이 있는데, 예를 들면《小屯南地甲骨》619(그림 10)가 이러하다. 이밖에 卜骨 背面이 제3행 鑿과 병렬된 것도 있다. 이와 같은 등등이다.[19]

甲骨의 鑿鑽 제작은 占卜을 하는 데 매우 의의가 있다. 바로 董作賓이 말한 바와 같이, 鑿을 하는 것은 正面(腹甲의 外面)이 세로로 파열되기 쉽게 하는 것이다. 鑽을 하는 것은 正面이 가로로 파열되기 쉽게 하는 것이다. 鑽과 鑿을 한 후에는 鑽을 한 곳을 불로 지져서 正面에 종횡의 균열이 나타나게 하는데, 이것이 이른바 '卜兆'라고 하는 것이다.[20]

甲骨이 재료고르기, 톱질하기와 갈기, 鑿鑽 제작 등의 공정을 거친 뒤에는 손질을 마친 셈이 되어 占卜用으로 사용될 수가 있는 것이다.

제3절 甲骨 占卜과 文字 契刻

商王은 '국가의 대사'나 개인적인 행동을 처리할 때, 흔히 '점을 쳐서 의문점을 해결'하였는데, 즉 占卜을 통해 모든 활동의 가르침을 얻었다. 占卜을 할 때에는 整治가 잘된 甲骨을 가지고 불로 지진 뒤에 조짐을 보고 길흉을 판단하며, 그런 다음 점친 일을 甲骨에 契刻(혹은 서사)을 한다. 이러면

占卜의 과정이 끝나는 것이다.

《周禮·春官》菙氏에는 "菙氏는 거북을 태울 때 사용하는 땔감과 거북을 팔 때 사용하는 끌을 보급해서, 卜問할 때를 기다려 사용하는 일을 주관한다〔菙氏掌共燋契, 以待卜事〕"라는 기록이 있다. '燋'란 학자들의 고증에 의하면 炭〔숯〕은 땔감이 불에 타서 까맣게 된 것이고, 이른바 까맣게 된 것〔焦黑〕이 바로 燋이다. 채취한 땔감이 樵이고, 불에 탄 것이 燋이며, 炭은 그것의 다른 명칭일 뿐이다.[21] 또 어떤 사람은 이것이 횃불의 모양과 같으며, 거북을 불로 지질 때는 불꽃을 내며 타는 횃불을 이용했을 것이라고 주장하였다. 그러나 횃불의 불꽃은 흔들거려서 鑽을 한 곳에 熱을 모을 수가 없다. 그리고 위에 열을 가하기 위해 놓여진 甲骨은 틀림없이 횃불을 눌러 끌 것이다. 출토된 甲骨 실물의 灼痕에서 보면 열을 가한 곳의 화력은 마땅히 한곳에 집중되어 있다. 다수의 灼은 내외의 양층에 나타나는데, 內層의 까맣게 탄 부분은 열을 가할 때의 접촉면이고, 외층의 황갈색 부분은 열이 파급된 부분이다.[22] 물론 숯불로 열을 가한 것이지 횃불로 이렇게 할 수는 없다.

《周禮·春官》卜師에는 "무릇 占卜 일은, 먼저 腹甲의 높은 곳을 보고 鑿 鑽한 곳을 불로 지진 후 갈라진 틈에 먹칠을 한다〔凡卜事目氏高, 揚火以作龜, 致其墨〕"라는 기록이 있다. '揚火作龜'라는 말은 숯불로 甲骨의 背面을 지진 다는 의미이다. 鑽과 鑿이 있는 것은 숯불을 鑽을 한 곳에 놓아서 화력이 집중되도록 하였다. 鑿만 있고 鑽이 없는 것은 숯불로 鑿의 좌변(혹은 우변)에서 정가운데를 향한 한쪽을 불로 지졌다. 甲骨에서 鑽과 鑿을 한 부분은 다른 곳보다 얇으며, 불로 지질 때 甲骨이 열을 받아 각 부분이 두께의 차이에 따라 차고 더움이 고르지 않기 때문에 鑽과 鑿을 한 곳이 먼저 파열되어서 甲骨 正面에 兆幹〔背面의 鑿을 한 곳〕·兆枝〔背面의 鑽을 한 곳〕 등이 나타난다. 龜甲의 正面은, 千里路를 중심으로 해서 左甲의 兆枝는 모두 오른쪽을 향해 있고, 右甲의 兆枝는 모두 왼쪽을 향해 있다. 肩胛骨의 正面에서는, 左甲骨의 조지는 모두 왼쪽을 향해 있고, 右胛骨의 兆枝는 모두 오른쪽을 향해 있다. 상술한 龜甲과 肩胛骨上의 兆枝의 방향은 殷墟에서 출토된 占卜用의 甲骨 중에서 이미 정형을 이루고 있으며 예외가 없다.

《史記·龜策列傳》에는 漢代에 거북을 지진 구체적인 내용과 경위가 비교

적 상세히 기록되어 있는데, 이 기록은 商代의 灼과 兆를 연구할 때 참고로
삼을 만하다.

　점을 칠 때는 먼저 부뚜막에서 불로 지지고 鑽을 하며, 鑽이 끝나면 다시
거북 머리를 불로 지지는데 각각 세 번씩 한다. 각각 鑽을 한 곳을 다시 지지
는 것을 '正身'이라 하고, 거북 머리를 지지는 것을 '正足'이라고 하며 각각
3번씩 한다. 이어서 거북을 가지고 부뚜막의 주위를 세 번 돌며 이렇게 기도
한다. 옥령 선생〔신령한 거북을 높여서 이렇게 불렀음〕의 신통력을 빌려 주소
서. 옥령 선생이시여, 지금 나는 가시나무로 당신의 마음을 지져서 당신이 미
리 알도록 합니다. 당신은 위로는 하늘에서 다니고 아래로는 심연으로 다니
는데, 모든 신령한 筮策이 당신만큼 영험하지 못합니다. 오늘이 길일이므로
나는 만족스런 점을 한 번 치려고 합니다. 아무개가 어떤 일을 가지고 점을
치려 하는데, 만약 길조를 얻으면 기쁠 것이고 길조를 얻지 못하면 괴로울 것
입니다. 만일 내가 바라는 일이 이루어질 수 있으면 나에게 길고 크며, 머리
와 다리를 오므렸다가 위로 펴는 兆象을 나타내 주십시오. 만일 내가 바라는
일이 이루어질 수 없으면 나에게 굽어 꺾어져 있으며, 중간과 바깥이 서로 호
응하지 않으며, 머리와 다리가 없어진 조상을 나타내 주십시오.

　卜先以造(《索隱》說: 造音竈, 造謂燒荊之處)灼鑽, 鑽中已, 又灼龜首, 各三. 各復
灼所鑽中曰正身, 灼首曰正足, 各三. 卽以造三周龜, 祝曰 : 假之玉靈夫子(《索隱》
說: 尊神龜而爲之作號). 夫子玉靈, 荊灼而心, 令而先知. 而上行於天, 下行於淵,
諸靈數策(《索隱》: 剟音近策, 或剟是策之別名. 此卜筮之書, 其字亦無可核, 皆放
此), 莫如汝信. 今日良日, 行一良貞. 某欲卜某, 卽得而喜, 不得而悔. 卽得, 發鄕
我身長大, 首足收人皆上偶. 不得, 發鄕我身挫折, 中外不相應, 首足滅去.

거북을 불로 지질 때는 한편으로는 기도를 하면서, 한편으로는 점친 일을
설명한다. 지진 뒤에는 正面에 나타난 兆象에 근거해서 吉凶을 판단한다.《說
文解字》에는 "'占'은 兆象을 보고 묻는 것이다〔占, 視兆問也〕"라고 하였다.
甲骨上의 占辭는 바로 卜兆에 근거해서 만들어 낸 판단이다. 어떤 兆象이
길하고 어떤 兆象이 흉한지는 오늘날 자세하게 알 수가 없다.

甲骨이 兆를 나타낸 다음에는 占卜의 과정도 끝난다. 그러나 또 卜問한 사항과 관련된 내용을 甲骨에 새겨야 하는데, 이것이 바로 우리가 일반적으로 말하는 '卜辭'이다. 甲骨上의 卜辭 자체 및 관련된 다른 전문 용어에 관해서는 本書 제6장 〈甲骨學의 전문 용어 및 甲骨文例〉 부분에서 상세하게 소개하겠다. 여기서는 단지 甲骨上의 문자가 어떻게 새겨지는가에 대해 말하도록 하겠다.

腹甲이든 卜骨上의 문자이든간에 대부분이 契刻을 통해 이루어지기 때문에 劉鶚은 1903년에 발표한 《鐵雲藏龜》 序文에서 '殷人의 刀筆文字'라고 지칭하였다. 또 어떤 학자는 '契文' 혹은 '骨刻文'이라고 불렀다. 문자를 새긴 도구는 무엇인가? 우리는 安陽 殷墟의 考古 발굴에서 얻은 유물에 의지할 수밖에 없다. 한 종류는 유적지에서 출토된 青銅刀와 青銅錐이다. 董作賓은 "제3차 발굴에서 大連坑 부근의 大龜四版이 발굴된 곳에서 우리는 작은 銅刀 한 자루를 발견하였다. 이것은 오늘날 문자를 새기는 것의 쓰임과 매우 흡사한데, 아마도 殷人이 문자를 契刻한 도구일 것이다"라고 말하였다.[23] 근래에 安陽 大司空村에서도 青銅小刻刀 몇 점과 小銅錐 2점이 출토되었다. 安陽 苗圃 북쪽 지역에서도 정밀하게 주조된 立鳥形銅刻刀[24] 등이 출토된 적이 있다. 한 종류는 유적지에서 출토된 玉刀이다. 1950년 봄에는 武官村 大墓를 발굴하였는데, 여기에서 碧玉刻刀가 출토되었다. 이것은 당시에 실용화된 雕刻刀를 모방해서 만든 것으로 지금도 끝이 예리해서 龜甲을 새길 수 있다.[25] 이밖에 1976년에 유명한 殷墟 婦好墓에서도 옥으로 된 조각도 20여 점이 출토되었다. 이들 조각도는 대부분 동물의 형상을 띠고 있어서 실용적인 가치를 지니고 있는 공예품이라고 할 수 있다.(그림 11)[26]

연구에 의하면 유적지에서 출토된 青銅刀는 甲骨文字를 새기는 데 사용될 수 있음이 밝혀졌다. 그리고 青銅錐는 卜骨上의 숫자나 부호 등과 같은 가는 선을 새기는 용도로 충당될 수 있다. 玉刀는 甲骨을 契刻할 수 있을까? "간단한 실험을 통해 보면, 옥으로 칼날을 갈 수도 있고 甲骨을 새길 수도 있음을 알 수 있다. 그러나 보통의 옥은 비교적 물러서 칼날이 절단되기가 대단히 쉬우며, 따라서 관리하기가 매우 어렵다. 게다가 갈아서 다듬는 것은 青銅刀의 주조보다 난이도가 훨씬 크다. 더구나 단단한 옥은 구하기가 쉽지 않기 때문에 靑銅 주조 기술이 상당히 발달하고 靑銅刀로 문자를 새기는 조건이 이미 완전하게 갖추어진 상황하에서, 玉刀는 설령 사용되었다고 하더라도 주요한 契刻 도구가 될 수는 없다.[27] 필자는 1984년 11월 20일에 河南省 安陽市에서 개최된 中國殷商文化國際討論會 기간중에, 楊昇南과 함께 安陽 빈관에서 甲骨 倣刻을 전공하는 鄭州 工藝製作所의 侯 아무개를 만났다. 그는 가지고 온 倣刻한 牛骨을 우리에게 감상시키고 아울러 옥도로 甲骨을 새길 수 있다고 말하였다. 그는 즉석에서 玉刀를 잡고 우리에게 시범을 보여 주면서 다음과 같은 내용의 말을 했다. 즉 玉刀로 글자를 새기면 칼날은 절대로 쉽게 절단되지 않고, 단지 칼끝이 쉽게 무뎌질 뿐이다. 그러나 옥은 硬度가 높아서 여간해서는 잘 닳지 않는다……. 이로 볼 때, 학자들이 추측에 바탕을 두고 安陽 殷墟에서 출토된 玉刀가 글자를 새기는 도구라고 한 견해는 이치에 합당한 것임을 알 수 있다.

商代의 甲骨은 재질이 견고한데, 靑銅刀로 甲骨에 글자를 새길 수 있는지에 대해서는 학자들이 오랫동안 의문을 표시했었다. 郭沫若은 일찍이 "象牙 공예의 제작 공정이 연상되었기 때문에 甲骨은 문자를 契刻하거나, 혹은 기타 깎고 다듬는 절차를 거치기 전에 반드시 산성 용액에 담가서 무르게 만들어야 한다"고 언급하였다.[28] 그러나 근래의 모의 실험에서 나타난 바와 같이, 수분을 많이 포함한 새 骨料이든 이미 딱딱하게 굳은 비교적 오래된 骨料이든간에 軟化 처리를 하지 않고도 완전하게 銅刀로 그 위에다 글자를 새길 수 있다. 殷人이 글자를 새길 때 모종의 軟化 처리들을 했는지는 현재 확정할 수가 없다. 비록 이렇다고는 하지만 산성 軟化 처리도 단지 부차적인 문제일 뿐이다. 주요한 문제는 刻刀의 硬度가 骨料를 초과하게 하고 아울러 일정한 격차를 유지하는 데 있다. 글자를 새기는 실험에서 사용한 銅刀는 주석 함량이 17퍼센트·23.5퍼센트·25퍼센트·31퍼센트가 되기만 하면 모스(Mohs) 경도계 3도에서 5도까지 될 수 있다. 일정한 경도를 가지고 있는 이들 靑銅刀를 날카롭게 갈면, 일반 骨料에 글자를 새기는 것이 완전히 가능하다. 契刻을 할 때, 만일 商人이 글자를 새긴 刀法을 자세히 관찰하고 모방한다면, 오늘날에도 글자를 당시 甲骨上의 글자와 매우 흡사하게 새길 수 있을 것이다. 이밖에 다시 출토 甲骨文의 세부적인 관찰을 결합해 보면, 당시 글자를 새긴 骨料가 그다지 무르지 않음을 추측할 수 있는데, 왜냐하면 軟化된 骨料에는 오히려 그렇게 정교하고 정연한 필획을 새기기 어렵기 때문이다. 모의 실험이 甲骨의 契刻 전에 軟化 처리를 해야 한다는 학설을 부정할 뿐 아니라, 또한 조사를 해봐도 "상아 조각 공예에는 軟化 처리가 필요치 않으며, 이른바 산화 용액에 담그는 방법도 들은 적은 있지만 이것은 과거에 그 업종에 관련된 사람이 고의로 이를 신비화시킨 전설에 불과할 뿐이라고" 이해할 수 있다.[29)]

董作賓은 甲骨文字는 먼저 쓴 다음에 새긴 것이라고 주장하였다. 그는 〈甲骨文斷代硏究例〉에서 "卜辭 중에는 붓으로 서사만 하고 새기지 않은 것이 있고, 또 전체적으로 세로획을 새기기만 한 것도 있는데, 먼저 쓴 다음에 새겼음을 알 수 있다. 또 만일 쓰지 않고 새겼다면 각 글자의 구조상 약간 복잡한 것은 새기기가 쉽지 않았을 것이며, 하물며 필획마다 양면의 칼날로 새겨야 하는 것은 더 말할 것도 없다. 한 글자도 세로획을 먼저 하고 가로획을 나중에 하기가 어려운데, 하물며 全行이나 全版은 두말할 것도 없다 라고 하였다. 상당수의 학자들이 이를 믿어 의심치 않았다. 陳夢家는 이러한 견해에 동의하지 않고, "서사된 글자는 刻辭보다 투박하고, 또한 항상 刻辭와 위치가 거꾸로 되어 있는데, 그래서 書辭는 刻辭를 하기 위한 것이 아니며, 더욱이 새기는 것을 잊고서 쓴 것도 아니다. 刻辭에는 파리 머리만큼 작은 것이 있어서 먼저 쓰고 난 후에 새긴다는 것이 쉽지 않으며, 더군다나 卜辭에 자주 사용되는 글자는 많지 않다. 그래서 자연히 먼저 세로획을 새기고 난 후에 가로획을 새기는 것이 습관화되었으며, 본래 먼저 써서 초본을 만들 필요가 없는 것이다"라고 주장하였다.[30)] 甲骨에 새겨 쓰는 모의 실험을 통해 일반적으로 글자를 써서 기초를 만들 필요가 없으며, 숙련된 기술에 의해 칼을 붓삼아 손가는 대로 새겨서 만든 것임을 짐작할 수 있다. 商代의 貞人은 고도의 문화 수양을 갖춘 사람으로서 점치는 일이 이미 능숙하고 문자의 契刻도 자연히 숙련되어 있는데, 또 무엇 때문에 먼저 붓으로 먹바탕에 써서 '模紅'〔서예를 익힐 때 붉은색의 모범 글자를 밑에 대고 모방하는 것〕에 편하게 할 필요가 있겠는가?

글자를 새길 때 칼을 쓰는 순서에 관해서는 董作賓이 〈甲骨文斷代硏究例〉

에서, 먼저 全篇의 세로획을 새기고 난 후에 가로획을 새긴다고 주장하였
다. 그는 甲骨文字의 "이러한 세로획을 먼저 새기고 난 후에 가로획을 새기
는 契刻 방법도 3천 년이 지난 오늘날의 목판 刻字와 동일한데, 장인들은
편리함을 위해서 모두 먼저 가로획을 새기고 난 후에 세로획을 보충해서 새
겼다. (이것은 물론 반대의 절차를 거치는 것이지만 편리함을 위한다는 실제
목적은 동일하다.) 卜辭가 이미 다 써졌으면 한 손으로 甲骨版을 잡고 한 손
으로 칼을 들고, 새기려는 甲骨版을 자기를 향하게 하고 먼저 세로획 및 斜
筆을 새기며, 다 새겼으면 가로로 돌려서 다시 하나하나 가로획을 보충한
다"라고 말하였다. 먼저 세로획을 새기고 난 후에 가로획을 새긴다는 이 견
해는 수년간 학계에서 인정되었다. 그러나 甲骨文字를 새기고 쓰는 모의 실
험에서 나타났듯이, 새길 때에는 가로획이나 세로획을 막론하고 대체로 직
선은 모두 칼로 밀어서 새긴 것이다. 그러나 칼로 밀어서 새기는 順逆은 骨
料의 형상에 따라 정하는데, 칼을 잡고 운용하는 데 편리한 것을 표준으로
삼으며 아무런 제한을 받지 않는다. 骨料의 좌하변에 있는 刻字 중에서 세로
획은 대부분 아래에서 위로 밀어서 새겼으며, 가로획은 대부분 왼쪽에서 오
른쪽으로 향해 있다. 骨料의 우상변에 글자를 새길 때 세로획은 대부분 위
에서 아래로 향해 있고, 가로획은 대부분 오른쪽에서 왼쪽으로 향해 있다.
骨料 가운데 부분의 刻字에서 필순은 원활하게 장악될 수 있다. 그래서 卜辭
의 刻字는 기본상 한 글자를 다 새기고 난 다음 다시 한 글자를 새긴 것이
며, 많은 글자가 세로획은 먼저 가로획은 나중 하는 식으로 새겨진 것이 아
니다. 骨版을 돌리는 횟수를 줄이기 위해서 通篇을 취하거나, 혹은 세로획은
먼저 새기고 가로획은 나중에 새기는 流水作業法이 통행되었는데, 이것이
반드시 보편적인 규율이라고는 할 수 없다. 서법 예술로서 글자나 구절에
따라 새기는 것은 비교적 장악하기가 쉽고 구조의 엄밀, 형체의 미관에 이로
우며, 더욱이 일반적으로는 먼저 쓰고 나중에 새기는 방법을 취하지 않는데,
곧 전부 세로획은 먼저 하고 가로획은 나중에 하는 식으로 새기는 것은 더
욱 어렵다.[31] 이러한 견해는 매우 이치에 합당한 것이다.

　불로 지져서 卜問을 하고, 점친 것과 관련된 사항을 甲骨에 새기고 나면
占卜 행위는 끝나는 것이며, 점에 사용된 후의 甲骨도 곧 전문적으로 처리

할 수 있게 된다. 陳夢家는《周禮》중에서 占卜에 관련된 職官과 그들이 占卜 과정중에 담당하는 일을 출토된 甲骨 실물에 반영된 占卜 과정과 대조하였는데, 아래와 같다.

龜人: 取龜, 攻龜(즉 거북을 죽이는 것인데, 톱질하고 깎고 밀고 갈고 하는 행위도 이에 속한다)
菙氏: 掌共燋契(즉 불로 지질 연료를 준비하는 것이다)
卜師: 作龜(즉 불을 흔들어서 거북을 지지는 것인데, 鑽과 鑿을 하는 일도 이에 속한다)
大卜: 作龜, 命龜(즉 거북에게 점친 일을 고하는 것이다)
占人: 占龜(즉 卜兆의 균열을 보고 길흉을 판단하는 것이다), 繫幣(즉 거북에게 명한 일 및 卜兆를 策에 기록해서 거북과 함께 두는 것이다)[32]

여기에서《周禮》에 기록된 것은 비록 대부분 周代의 제도를 托名하였지만, 商代의 占卜 제도도 확실히 이와 비슷한 점이 적지않음을 알 수 있다.

제4절 甲骨의 占卜 후의 처리 및 소수 민족에 보존된 骨卜 습속

商人은 占卜이 끝나면 물은 사항을 甲骨에 새긴(즉 卜辭) 후에 卜間한 사항을 완전히 잊어버리지 않는다. 며칠이 지난 후에 물은 일이 현실 생활 중에 다행히 적중하거나, 혹은 바라던 결과와 현저한 차이가 있을 때에도 甲骨의 관련된 卜辭 뒤에 기록하였는데, 이것이 바로 이른바 '驗辭'이다. 胡厚宣은 다음과 같이 지적하였다.

초기의 卜辭 뒤에는 매번 徵驗의 말〔辭〕이 기록되어 있다. 만일 어느 날에 비가 내릴 것인가 하고 점을 쳤으면, 이미 비가 내린 뒤에는 이 卜辭의 뒤에다 어느 날에 과연 비가 내렸다고 기록한다. 또한 어느 날에 날이 맑을 것인가 하고 점을 쳤는데, 이날에 과연 날씨가 맑으면 이 卜辭의 뒤에다 어느 날에 과연 개었다고 기록한다. 또 어느 날에 왕이 사냥을 갈 것인가 하고 점을 쳤는데, 그때에 과연 획득한 것이 있으면 이 卜辭의 뒤에다 어느 짐승 약간과 어느 짐승 약간을 과연 획득했다고 기록한다. 또 卜旬 뒤에 왕의 점이 흉해도 매번 그뒤에다 며칠 동안 어떠했는데 과연 어떤 재앙이 있었다는 장편의 기사를 기록한다. 말기의 제왕들은 특히 수렵을 좋아했기 때문에 왕의 수렵을 물은 卜辭 뒤에다 획득한 짐승의 예를 기록하였으며, 그 수가 이루 다 셀 수 없을 정도로 많을 때도 있다.[33]

유명한 婦好〔商王 武丁의 妃〕를 예로 들면, 商王 武丁은 그녀가 출산하는 일에 지대한 관심을 갖고, 일찍이 그녀가 사내아이를 출산할 수 있는가를 점친 적이 있다. 《甲骨文字丙編》247에는 다음과 같이 기록되어 있다.

> 甲申卜, 殼, 貞婦好娩嘉. 王占曰: 其唯丁娩, 嘉. 其唯庚娩, 弘吉.
> 甲申日에 점을 쳤다. 貞人 殼이 점쳐 물었다. "婦好가 아이를 낳으려는데 길합니까?" 왕이 卜兆를 보고 이렇게 판단하였다. "丁日에 분만하면 좋다. 庚日에 분만하면 큰 길조이다."
> 甲申卜, 殼, 貞婦好娩嘉. 不其嘉. 三旬又一日甲寅娩, 允不嘉. 三旬又一日甲寅娩, 不嘉, 唯女.
> 甲申日에 점을 쳤다. 貞人 殼이 점쳐 물었다. "婦好가 아이를 낳으려는데 길합니까?" 좋지 않았다. 31일 후인 甲寅日에 분만하였는데, 과연 좋지 않았다. 31일 후 甲寅日에 분만하였는데 좋지 않았다. 여자아이를 낳았다.

이 卜辭는 甲申이라는 날에 婦好가 아이를 낳으려고 하는데, 사내아이를 낳는 것이 길한가? 하고 貞人이 점친 것이다. 商王 武丁도 친히 卜兆를 보고 丁日에 낳는 것이 길한가? 아니면 庚日에 낳는 것이 대길인가? 하고 말했다. 동일한 날에 다시 反面에서 卜問을 하였다. 婦好가 아이를 낳으려고 하는데, 불길한가? 31일이 지난 후 甲寅日에 과연 應驗하여 婦好가 분만한 일이 불길하였는데, 즉 "31일 후 甲寅日에 분만을 하였는데, 과연 불길하였다

[三旬又一日甲寅娩, 尤不嘉]." 어느 정도 불길하였는가? 즉 여자아이를 낳았는데, 다시 말해서 卜辭 중에 기록된 "31일 후 甲寅日에 분만하였는데 불길하였다. 여자아이를 낳았다[三旬又一日甲寅娩, 不嘉, 唯女]"라는 기록이다. 이 卜辭는 '31일[三旬又一日]' 이하로는 전부 징험의 말[辭]을 기록하였다. 상당수의 卜辭 뒤에는 모두 '驗辭'가 기록되어 있는데, 이는 물론 卜問한 뒤에 점친 일의(좋든 나쁘든간에) 결과가 나오기를 기다려서 다시 卜人에 의해 유관한 卜辭 뒤에 보충해서 契刻한 것이다. 그러므로 '卜辭'와 '驗辭'는 동시에 만들어진 것이 아니다.

일부 甲骨은 글자를 다 새기기를 기다린 후에 다시 朱砂 혹은 墨色을 칠하였는데, 이것이 속칭 '塗朱' 및 '塗墨' 처리이다. 일반적으로 말해서, 글자에다 朱砂나 墨色을 칠해서 처리하는 것은 武丁 시기에 성행하였다. 예를 들면 《殷墟書契精華》에 기록된 몇 판의 大骨은 글자 언저리에 온통 朱砂를 칠해 놓아 매우 이목을 끈다. 이밖에도 하나의 판 위에 朱砂와 墨色을 함께 칠한 것이 있다. 예를 들면 《甲骨文字乙編》 6664는 龜甲의 상반부인데, 큰 글자에는 朱砂를 칠했고, 작은 글자에는 墨色을 칠했다. 《甲骨文字乙編》 6665는 上甲의 背面인데, 역시 正面의 큰 글자에는 朱砂를 칠했고, 작은 글자에는 墨色을 칠했다. 또한 《戰後寧滬所獲甲骨集》 2·25와 2·26은 淸華大學에 소장된 甲骨인데, 正面과 背面에는 모두 큰 글자에 朱砂를 칠했고, 正面의 '二告'는 墨色을 칠했다. 《戰後寧滬所獲甲骨集》 2·30과 2·31도 淸華大學에 소장된 甲骨인데 正面에는 墨色을 칠했고, 反面에는 朱砂를 칠했다. 《戰後寧滬所獲甲骨集》 2·28과 2·29도 淸華大學에 소장된 甲骨인데, 한 면에는 朱砂를 칠했고, 한 면에는 墨色을 칠했다. 이러한 것들은 더 이상 열거하지 않겠다.

董作賓은 甲骨의 塗朱·塗墨이 "보기 좋게 꾸미기 위한 것이며, 卜辭 자체와는 아무런 관계가 없다"고 주장하였다.[34] 그러나 陳夢家는 "朱砂를 채우고 墨色을 칠하는 것은 차이가 있으며, 절대로 미관을 위한 것이 아니다. 동일한 판 중에서 큰 글자와 작은 글자 역시 차이가 있기 때문에 왕왕 큰 글자에는 朱砂를 채우고 작은 글자에는 墨色을 채운다"고 주장하였다.[35] 中國社會科學院 考古硏究所에서는 甲骨을 새기는 모의 실험을 하고서 甲骨에 주사나 墨色을 칠하는 것에 대해 해석을 하였는데, 즉 "가늘고 작은 글자를 새길 때에는 먼저 骨料 위에다 색을 칠해서 字劃의 관찰과 이해에 편리하게 하였을 가능성이 높으며, 그런 후에 닦아내면 字劃 중에 채워진 색이 매우 이목을 끈다. 출토된 일부 甲骨의 글자에 朱砂를 칠한 것은 어떤 종교 의식에서 나온 것으로서 그 신비감을 증가시키기 위해서일 가능성이 높으며, 일반적으로 刻字에 색을 칠하는 것과 관계가 있을 가능성이 높다"라고 말하였다.[36] 즉 甲骨上에 墨色(炭黑)을 칠하는 것은, 글자를 새길 때 백색의 필획이 밝게 드러나게 해서 글자를 새긴 곳과 새기지 않은 곳을 구별하기 쉽게 하기 위함이라는 것이다. 다 새긴 뒤에 墨色을 지워서 甲骨 骨版의 본래 색을 밝게 드러나게 하며, 그러면 새긴 글자 언저리가 자연히 지울 때의 墨色으로 꽉 채워져서 글자 역시 더욱 분명하게 이목을 끈다는 것이다. 이렇게 甲骨 '塗墨' 처리를 해석하는 것은 이치에 합당하다. 그러나 甲骨에 朱砂를 칠하는 것은 刻字와 관계가 크지 않을 가능성이 높다. 왜냐하면 朱砂는 선홍색이고 열렬하며 더운 색이기 때문이다. 글자를 새기기 전에 甲骨版에 온통 朱砂를 칠했다고 생각해 보면, 틀림없이 눈부시게 아름다워서 글자를 새길 때 조금 오랫동안 보고 있으면 반드시 사람의 눈을 어지럽게 할 것이다. 그래서 글자를 새길 때 甲骨版 위에 주홍색을 칠했을 가능성은 없다. 필자는 甲骨文의 큰 글자에 朱砂를 칠하는 것이 대부분 중요한 내용을 지니고 있으며, 종교 의식이나 제사의 특수한 필요성과 관계가 있을 가능성이 높다고 생각한다. 山東 大汶口 文化 유적지의 諸城前寨에서는 陶大口尊 1점이 출토되었는데, 그 상면에 새겨진 '旦'字에는 주홍의 색깔이 칠해져 있다.[37] 어떤 사람은 "陶尊(질그릇 술잔)은 제사에 사용하는 祭器인데, 지금 이 祭器에서 농사 및 天象과 관련 있는 刻文이 발견되었으며, 게다가 어떤 刻文 위에는 또 일부러 홍색을 칠해 놓았다. 그렇다면 이 陶尊들은 日出 때 제사지내서 풍작을 기원하는 데 사용된 것이 아니겠는가?" 하고 추측하였다.[38] 商代의 武丁 때에 성행했던 甲骨文의 큰 글자에 朱砂를 칠하는 것은 '미관'을 위한 것일 뿐 아니라, 마땅히 어느 정도 종교 신앙 혹은 제사 의식과 관계가 있는 것이다.

어떤 때에는 卜兆를 새기기도 하였다. 殷墟의 유명한 127坑의 甲骨 중에

서 점을 친 이후에 다시 칼로 卜兆를 새긴 예가 발견되었다. 게다가 새겨진
卜兆 위에 또 朱砂나 墨色을 칠해 놓았다. 董作賓은 "卜兆를 새기는 일은 미
관을 위한 것임이 매우 분명하다"고 주장하였다.[39] 胡厚宣은 《甲骨六錄》의
〈釋雙劍誃所藏龜甲文字〉에서 다음과 같이 말하였다.

> 3판의 龜甲에는 하나의 공통점이 있는데, 즉 卜兆가 모두 새겨져 있다는 것
> 이다. 甲骨 卜辭의 卜兆를 契刻한 예를 살펴보면, 이미 기록된 甲骨 중에서
> 실제로 전에는 들어 보지 못했던 것이며, 학자들도 이에 대해 주의를 기울이
> 고 언급하는 사람이 없었다. 내가 본 바에 의하면, 中央大學·華西大學 및
> 束天民 씨가 소장한 것이 각기 1편씩 있다. 中央研究院은 제13차 殷墟 발굴
> 에서 甲骨文字 총 1만 7천8백4편을 얻었는데 1) 개조된 龜背甲, (2) 깎아서 다
> 시 새긴 귀〔腹甲龜〕, 3) 牛胛骨, 4) 武丁 시기 이전의 甲骨 등 수백 판을 제외하
> 면, 그 나머지 수천 판에서 1만 판에 이르는 龜甲에는 모두 卜兆가 새겨져
> 있다…… . 이것은 실로 매우 흥미 있는 일이다.

그는 이것들이 모두 불규칙하게 깊게 새겨진 것들이며, 새겨진 卜兆는 "아
마도 塗朱·塗墨의 예와 같이 그것을 빛나게 해서 미관을 도모하는 데 목적
이 있을 것이다"라고 주장하였다. 陳夢家는 상술한 견해에 대해 옳지 않다
고 여기고, "이러한 견해는 좀더 생각해 보아야 한다"고 주장하였다.[40] 그러
나 어째서 이러한지는 설명하지 않았다. 胡厚宣은 그것이 塗朱·塗墨의 예
와 같다고 한 말이 매우 합당하다는 의견에 대해 회의를 가졌다. 필자는 武
丁 시기에 甲骨을 整治하는 데는 占卜을 한 후와 문자를 새기기 전에 먼저
卜兆를 칼로 한번 새기는 습관이 있었을 가능성이 있다고 생각한다. 왜냐하
면 불로 지져서 파열된 卜兆가 가늘어서 骨面에 나타나지 않고, 새긴 甲骨
文字도 卜兆와 서로 겹쳐질 수 없어서(즉 犯兆), 먼저 칼로 兆紋〔卜兆의 무
늬〕을 깊게 파야 하기 때문이다. 이렇게 다시 문자를 새기면 兆紋이 똑똑히
보이지 않기 때문에 문자가 '犯兆'되지 않게 해야 할 것이다. 塗墨은 마땅
히 卜兆를 다 새긴 후에 다시 墨色을 칠하고 글자를 새기는 것이다. 글자가
다 새겨진 후에 甲骨 표면의 炭黑을 지워 버리면 일부 炭黑은 자연히 새겨

놓은 卜兆의 兆紋과 글자 언저리 안에 남게 된다.

　물론 甲骨文字와 契刻한 卜兆의 塗朱・塗墨은 단지 甲骨卜을 뒷마무리
하는 방법 중의 하나일 뿐이며 전부는 아니다. 구체적으로 말하면, 제1기 武
丁 시기에만 성행했던 기풍이다. 이 점을 이해하면 어째서 제2・3・4・5기
의 적지않은 甲骨文字에 더 이상 塗朱나 塗墨을 하지 않았는가 하는 이치
를 분명하게 알 수가 있다.

　甲骨文의 최종 처리, 즉 占卜을 하고 문자를 契刻하는 전과정의 최종 단
계는 어떠한가? 殷人은 이 ‘聖物’을 어떻게 대하였는가? 1928년 이래의 과
학적 殷墟 발굴 작업도 이 ‘종결’을 지하 ‘발굴’에서 했다. 첫째는 ‘存儲’,
즉 의식적으로 甲骨을 보존하는 것이다. 예를 들면 제1차 과학적으로 발굴된
제9坑에서는 제1・2・5기의 甲骨이 출토되었다. 그리고 제3차에서 발굴된
유명한 ‘大連坑’에서는 제1・2・3기 및 제5기의 甲骨이 출토되었다. 이 坑
은 이 甲骨들이 武丁 때에 이미 사용되었으며, 祖庚・祖甲 시기를 거치면서
중간에 약간 사용이 중단된 후, 帝乙・帝辛 시기에는 다시 窖穴을 파서 계
속 甲骨을 보존하는 데 사용되었음을 설명해 주는 것이다. 그리고 제4차 과
학적으로 발굴된 E16 圓井에서는 단지 제1・2기의 甲骨들만이 출토되었는
데, 이것은 제2기 祖甲 때에 이 坑이 함몰되었기 때문에 폐기되었으며, 저장
된 甲骨이 줄곧 과학적으로 발굴될 때까지 보존되었다가 비로소 다시 세상
에 나오게 되었음을 말해 준다. 그리고 帝乙・帝辛 때의 征夷方 卜辭는 대
부분 밖에서 점을 친 것이며, 이것을 천리 먼길의 수도로 가지고 온 것도 역
시 보존하기 위한 것이다. 小屯村 중심 일대에서는 제3・4기의 甲骨이 집
중적으로 출토되었으며, 侯家莊 남쪽 지역에는 여섯 점의 腹甲이 함께 겹쳐
져 있었는데, 이는 물론 小屯村의 殷墟로 가지고 가서 ‘存檔’〔자료를 보존한
다는 뜻〕을 준비한 것이며, 다만 여기에서 잊혀졌을 뿐이다. 둘째는 ‘매장’이
다. 유명한 127坑에서는 시기가 단조로운 1만 7천여 판의 龜甲이 집중적으
로 발견되었는데, 이 坑은 매장의 정황을 설명해 주고 있다. 이 坑은 처음 팠
을 때는 본래 곡물을 저장하는 용도였는데, 후에 甲骨을 저장하는 데 사용
된 것이다. 1973년에 小屯村 남쪽 지역에서의 甲骨 발굴도 일부러 甲骨을
‘매장’ 하였다는 새로운 예증을 제공해 주었다. 〈1973년 安陽小屯南地發掘簡

報〉(《考古》, 1975년 제1기)에서는 "여러 개의 窖穴 중에 대량의 卜骨과 소량의 卜甲이 함께 모여 있으며, 陶片·牛骨 등과 같은 다른 문화 유물들은 매우 적다……. 灰坑 H17에는 卜骨·腹甲(주로 卜骨)이 여러 겹으로 한군데에 포개져 있으며…… 坑 내에서 腹甲·卜骨이 총 1백65편 출토되었으며, 그 가운데 글자가 있는 腹甲이 2편, 卜骨이 1백5편이다……. 또 예를 들면 灰坑 H62는 坑 내에 整治·鑽·灼을 거친 20편의 卜骨이 매장되어 있지만 刻辭가 있는 것은 1편도 없다……. 또한 骨料를 방치하기 위한 窖穴이 발견되었다"고 밝혔다. 바로 발굴자가 지적한 바와 같이 이 坑들은 의도적으로 저장한 곳일 가능성이 높다. 셋째는 '散佚' 이다. 殷墟의 적지않은 灰坑과 版築터의 灰土 중에서도 우연히 甲骨이 발견되었는데, 이것은 당시에 甲骨을 너무 많이 사용하여 모아서 저장하고 운반하는 과정중에 유실되는 것을 피할 수 없었기 때문일 것이다. 제6차 과학적 殷墟 발굴 때에는 한 窖穴의 흙계단 옆에서 제5기의 甲骨 1점이 발견되었는데, 이것은 당시에 유실된 것일 가능성이 높다. 넷째는 '廢棄' 이다. 殷墟에서 출토된 甲骨 중에, 문자의 일부분이 톱질되어 다른 용도로 사용된 骨版이 발견된 적이 있다. 또 사용한 甲骨을 刻字의 연습용으로 삼은 것도 있다. 예를 들면 상당수의 '干支表' 는 習刻한 작품이다. 《殷墟文字甲編》에 수록된 2692·2693·2881·2882 등 4판의 甲骨은 원래 하나의 큰 肩胛骨이었는데, 후에 두 편으로 갈라지고 正面과 反面에 모두 문자가 새겨진 것이다. 그러나 正面에는 단지 10조의 卜辭만이 卜兆를 동반하고 있는데, 이것은 제3기의 貞人 何가 기록한 것이다. 나머지에도 40단이 있는데, 이것들은 오히려 처음 배우는 사람이 丁人 何의 卜辭를 모방해서 習字用으로 삼은 것이다. 그러므로 이러한 習刻用으로 제공된 폐기 甲骨은 당연히 '폐물을 이용' 한 것이다.[41] 1973년에는 小屯村 남쪽 지역에서도 깨진 甲骨이 발견되었는데, 이것은 항상 폐기 陶片이나 잡동사니와 함께 坑 속에 들어 있었다. 예를 들면 灰坑 H2에는 腹甲·卜骨 7백95편이 도편·돼지뼈·소뼈 등과 함께 섞여서 출토되었다. 또 灰坑 H38은 여러 차례에 걸쳐 산발적으로 腹甲·卜骨과 깨진 陶片을 함께 坑 내에 버린 곳인데, 여기서 甲骨 20여 편이 출토되었다. 생활 쓰레기와 함께 제멋대로 버려진 이 甲骨들은 역시 당시에 '폐기된' 것들이다.

本章의 제3절에서 서술한 바와 같이, 《周禮》에 기록된 卜官 및 그들이 담당한 직분에 관련된 내용은 기본적으로 商代의 甲骨 실물 연구를 근거로 회복시킨 占卜 순서와 가깝다. 그러나 《周禮》에는 주로 龜卜을 언급하고 있다. 骨卜의 정황은 어떠한가? 고대 전적에는 이에 대한 기록이 없다. 그러나 해방 전에 雲南에 거주하는 일부 소수 민족들은 아직도 동물의 肩胛骨을 사용해서 점치는 습속을 보존하고 있었는데, 이것은 우리가 商代 骨卜의 과정을 연구하는 데 중요한 보충 증거를 제공해 준다.

조사 자료에서 나타났듯이, 해방 전에 彝族·羌族·納西族 등과 같은 소수 민족 중에는 羊骨을 사용해서 占卜 활동을 하고 있었는데, 이것은 일상 생활 중의 중요한 미신 활동이다. 占卜의 범위는 생산과 생활의 각 방면을 포괄하고 있다. 즉 占卜은 그들의 모든 활동을 결정하고 있다고 말할 수 있다. 이들 소수 민족 중에서 '羊骨卜' 활동을 관장하는 사람은 그 민족의 박수〔巫師〕이다. 이 사람들은 商代의 '丁人'과 약간 다르다. 즉 그들은 생산 활동을 이탈하지 않았으며, 占卜도 아직 그들의 전문적이고 고정된 직업으로 되어 있지 않았었다는 것이다. 占卜의 재료는 주로 양의 肩胛骨을 사용하였다. 彝族은 또한 소량의 소·돼지의 肩胛骨을 사용하였다. 이들 占卜用의 양과 소의 뼈는 모두 박수가 평상시에 저장해 놓은 것이지만, 그들은 제사 때 죽이는 '祭牲'의 肩胛骨이어야 가장 영험하다고 주장하였다. 이것은 商人이 龜甲과 獸骨을 저장하여 占卜用으로 대비한 방법과 유사하다.

占卜의 방법과 과정은 彝族·羌族·納西族 등과 기본적으로 동일하지만, 雲南省 永勝縣의 彝族〔他魯人〕이 가장 전형적이다. 기본적으로 아래의 몇 가지 순서가 있다.

1) 禱祝〔기도하다〕: 기도하는 말은 주로 박수에 의해 羊骨의 영험을 찬양하는 것이다. 이와 동시에 점치는 사람은 점으로 묻고자 하는 일을 말한다. 이것은 필자가 제3절에서 인용한 《史記·龜策列傳》의 거북을 지질 때의 관련 기록과 비슷한 점들이 있다. 기도할 때 어떤 소수 민족(예를 들면 羌族)은 또한 일정한 의식을 거행하는데, 즉 손으로 쌀보리를 잡고 측백나무 가지를 태운다.

2) 제사: 他魯人은 羊骨을 이용해서 占卜을 할 때, 羊骨이 쌀을 '먹도록'

요청한다. 羌族은 쌀·보리를 태운다. 納西族은 뼈 위에 보리를 뿌린다. 그 의미는 제사를 통해 보살핌을 구하고 불길한 것을 제거하는 것이다.

3) 灼骨〔뼈를 불로 지지다〕: 기도와 제사를 한 후에, 쑥잎사귀나 火草를 비벼서 만든 알〔顆粒〕을 뼈 위에 놓고 한알 한알 태우며 계속 뼈를 지져서 금이 갈라지게 한다. 納西族과 羌族은 한 가지 일을 점치면서 한 곳을 불로 지지는데, 羌族은 여러 곳을 불로 지진다.

4) 釋兆〔卜兆를 해석하다〕: 박수는 骨面에 나타난 갈라진 금〔兆〕을 관찰하고 각자 자기 민족의 전통적인 해석 방법에 근거해서 占卜의 길흉을 판단한다.

5) 處理: 卜兆를 해석한 후에, 納西族과 같은 민족은 사용했던 羊骨을 신성한 것으로 간주해서 모아서 매장하거나 태워 없앤다.

여기에서 우리는 상술한 소수 민족의 ‘羊骨卜’의 占卜 순서와 殷墟 甲骨의 占卜 순서가 기본적으로 같음을 알 수 있다. 그 가운데 첫번째의 禱祝〔기도〕은 殷墟 甲骨의 灼兆할 때의 禱祝 및 命辭와 기본적으로 유사하다. 세번째의 灼骨은 殷墟 甲骨에서 불로 지져서 卜兆를 나타나게 하는 순서와 일치한다. 네번째의 釋兆는 殷墟 甲骨의 占辭에 해당한다. 다섯번째의 處理도 商人이 점을 마친 卜骨을 의식적으로 저장하는 것과 기본적으로 동일하다. 雲南에 살고 있는 여러 소수 민족이 해방 전에 보존하고 있던 ‘羊骨卜’의 습속은 이미 실전된 중국 고대의 骨卜法을 보충 증거할 수 있다.[42]

제6장
甲骨學의 전문 용어 및 甲骨文例

우리는 제1장 緒論의 제1절에서 "甲骨學은 전통적인 金石學 범주에 속한다…… . 甲骨文 자료는 전통 金石學의 연구 자료인 金石文字 및 그 圖象과 마찬가지로 고대로부터 남겨진 실물 자료로서 考古學的 발굴 수단을 통해 얻은 것(특히 1928년 殷墟 甲骨文의 과학적 발굴 이후)이다. 그래서 甲骨學 연구는 또한 근대의 필드 考古學의 한 분야이다"라고 지적하였다. 그래서 甲骨學의 많은 전문 용어들, 예를 들면 '刻辭'·'分期〔시기 구분〕' 등은 金石學과 考古學에서 사용되던 것들이다. 그러나 甲骨學은 독특한 연구 대상과 자체의 규율을 갖추어 이미 하나의 독립된 학문이 되었기 때문에 단지 金石學과 考古學의 전문 용어들만을 이용하기에는 매우 불충분하게 되었다.

이밖에 甲骨文은 商代의 占卜 記事에 사용된 문자이기 때문에 龜甲과 獸骨 위에 분포되어 있는 이른바 '文例'도 그 자체의 독특한 규율을 가지고 있다. 이 때문에 甲骨學의 기본 전문 용어 및 甲骨文例를 정확히 파악하는 것은 卜辭를 통독하고 자료의 수집과 연구를 진행하는 데 매우 큰 의의가 있다.

제1절 甲骨學의 기본 전문 용어

1. 甲骨의 正反·左右·內外·上下

거북은 腹甲〔배 껍질〕 아랫부분의 비교적 고르고 매끈한 부분이 正面인데, 즉 점을 친 후 卜兆를 나타내는 면이다. 문자를 새길 때 腹甲의 아래로 향한 면을 뒤집으면 바로 貞人을 향하기 때문에 일반적으로 '正面'이라고 부른다.

그 뒷면은 腹甲의 속인데, 표면이 비교적 거칠며 비록 한꺼풀 벗기고 갈고 하였지만 여전히 正面처럼 고르지 못하다. 鑿·鑽·灼은 龜甲〔거북 껍질〕의 '反面'에 하는 것이다.

소의 肩胛骨은 비교적 고르고 매끈한 면이 정면이 되고, 그 뒷면은 톱으로 등뼈와 같은 돌기를 제거하였기 때문에 뼛결〔骨理〕이 거칠며 매끄럽지 못하다. 鑿·鑽·灼 등은 대부분 反面에다 한다. 康丁·武乙·文丁 시기 등 말기의 甲骨 중에는 骨面에 鑿이나 灼을 한 것이 있다.[1]

龜甲의 正面은 그림 12에서 보는 바와 같이 중간의 중앙, 즉 '千里路'를 경계로 해서 좌와 우의 두 부분으로 나뉜다. 오른쪽 부분은 右龜甲, 왼쪽 부분은 左龜甲이다. 龜甲은 아홉 조각의 甲盾으로 구성되는데, 즉 1) 龜中甲, 2) 龜右首甲, 3) 龜左首甲, 4) 龜右前甲, 5) 龜左前甲, 6) 龜右後甲, 7) 龜左後甲, 8) 龜右尾甲, 9) 龜左尾甲 등이다.

龜甲 중에서 가장자리 근처는 '外'가 되고, 중간의 千里路 근처는 '內'가 된다. 머리에 가까운 부분은 '上'이 되고, 꼬리에 가까운 부분은 '下'가 된다. 左龜甲의 卜兆는 오른쪽을 향하고, 右龜甲의 卜兆는 왼쪽을 향한다.[2]

牛肩胛骨은 좌우를 모두 사용할 수 있으며, 甲骨文의 이른바 '屯'은 한 짝의 右肩胛骨이다. 右肩胛骨 중 臼角이 맞닿은 곳은 오른쪽을 향하는데, 臼角 아래의 한쪽은 비교적 얇으며, 內側이 된다. 내측의 반대쪽은 모서리가 비교적 둥글고 두터우며, 뼈의 外側이 된다. 肩胛骨의 상부에는 2분의 1 혹은 3분의 1로 절단된 關節窩, 즉 '骨臼'가 남아 있다. 骨臼가 안쪽으로 오목하게 들어가서 반원형을 나타내기 때문에 小屯村 주민들은 '馬蹄兒'〔말굽이라는 의미〕라고 불렀다. 또한 뼈의 외측은 背面이 鑿·鑽·灼으로 가득 차 있기 때문에 항상 파열되어 나뭇가지 형태를 이루어서 속칭 '骨條兒'라고 한다. 骨臼에 근접한 곳은 肩胛骨의 '上'부이다. 骨扇 부분은 비교적 얇은데 그 아래 가장자리에 가까운 부분은 肩胛骨의 '下'부가 된다. 일반적으로 말해서 右肩胛骨 위에 있는 卜兆의 兆枝는 모두 骨臼의 臼角 방향과 일치하는데, 즉 모두 오른쪽을 향하고 있다. 左肩胛骨은 右肩胛骨과 꼭 서로 반대가 되어 臼角에 맞닿은 곳이 왼쪽으로 향하고, 卜兆의 兆枝도 모두 왼쪽으로 향한다. 우리는 이 두 가지 특징에 의거해서 肩胛骨의 좌우를 판단할 수 있다.

2. 兆 序

　商人은 卜問할 때, 한 차례씩 거북을 불로 지질 때마다 거북의 腹甲 正面의 兆紋 위쪽에다 占卜 횟수를 기록해 놓았다. 왜냐하면 한 가지 일을 正面에서 卜問한 후에, 다시 反面에서 이 일을 동일하게 물어야 하는 경우가 왕왕 있어서 龜甲의 서로 대칭된 부위에 이 占卜 횟수도 새겨 놓아야 하기 때문이다. 이러한 占卜 횟수를 표시한 숫자가 바로 이른바 '兆序'이다.

　일반적으로 龜牛甲의 兆序는 兆枝의 左上方에 새긴다. 이와 반대로 反面에서 卜問한 兆序는 兆枝의 右上方에 새긴다. 다시 말해서 龜甲 위에서 兆序는 卜辭와 마찬가지로 좌우로 서로 대립되어 있다. 龜甲 위의 兆序에는 一·二·三·四·五·六·七·八·九·十이 있다. 十 이후는 그대로 一로부터 시작하며 절대로 十一·十二 등의 合文을 사용하지 않는다. 이는 대개 卜兆의 옆에 위치가 제한되어 있어서 숫자 이외에도 卜辭 및 '一告'·'二告'·'三告'·'小告'·'不玄'·'不玄冥' 등과 같은 兆辭들을 새겨 놓아야 하기 때문이며, 또 合文의 점유 면적이 비교적 클 것을 염려하기 때문에 十 이후는 그대로 一부터 시작하는 것이다.[3] 그러므로 十 이후의 卜兆는 그대로 一·二·三·四·五……가 되지만, 그러나 이것들이 표시하는 것은 第十一卜·第十二卜·第十三卜·第十四卜·第十五卜……이며, 많게는 十八卜에 이르는 것도 있다.[4]

　牛肩胛骨의 兆序도 兆枝의 위쪽에 새긴다. 左肩胛骨은 왼쪽으로 향한 兆枝의 상부에 새기고, 右肩胛骨의 兆序는 오른쪽으로 향한 兆枝의 상부에 새긴다.

　兆序는 占卜을 한 후에 卜辭를 刻寫하기 전에 새기는 것이다. 甲骨 실물을 연구한 바에 의하면, 매번 하나의 兆〔점〕를 불로 지지면 바로 하나의 序數字를 새겨서 이 兆가 몇 번째 占卜에서 나타난 것인가를 밝혔다. 이것은 甲骨 위에서 언제나 序數字들이 다 새겨진 후에 다시 깎인 흔적이 매우 분명함을 발견했기 때문에 알 수 있다. 처음에 우리는 이것이 무슨 까닭인지 몰랐으나, 나중에 자세히 이를 관찰하고 원인을 탐색하고서야 그것이 卜辭의 위치를 차지하기 때문에 그것을 깎거나 혹은 깎은 후에 다시 다른 곳에 새긴 것임을 알게 되었다. 만일 序數字가 卜辭보다 먼저 새겨지지 않았다면 이런 현상은 발생하지 않았을 것이다.[5]

龜甲이나 獸骨의 兆序는 모두 卜辭가 아니다. 왜냐하면 卜辭가 새겨져 있지 않은 상당수의 甲骨에도 卜兆가 가득 차 있고, 또한 兆의 옆에 兆序가 새겨져 있기 때문이다. 이들 占卜用 甲骨은 물론 점을 친 뒤에 辭를 새기지 않은 것이다. 그러나 兆序는 또한 卜辭와 밀접한 관계를 가지고 있다. 일반적으로 말해서 상당수의 卜兆는 殷人이 일에 대해 卜問한 횟수를 나타내고 있는데, 한 가지 일을 여러 번 卜問한 것도 있고, 혹은 여러 차례의 占卜이 단지 한 가지 일인 것도 있다.

1판의 甲骨 위에는 兆序가 刻辭·兆記 등과 함께 뒤섞여 있어서 매우 질서가 없고 복잡하게 보인다. 얼핏 보면 정말 구름이나 안개 속에 떨어져 있는 느낌이 들게 한다. 그러나 자세히 분석하고 연구해 보면 역시 일정한 규율을 찾을 수 있다. 董作賓·胡厚宣·張秉權 등과 같은 많은 선배학자들은 이 방면에 적지않은 작업을 하였다.

龜甲 위의 兆序는 보통 좌우 대칭이라서 組를 나누어 처리할 수 있다. 龜甲의 兆序 배열에는 주로 아래에 서술하는 두 가지 형식이 있다.

제1종은 위에서 아래로 향하는 것이다. 이런 배열 형식의 兆序가 있는 것은 보통 龜甲이 작고 卜辭도 적다. 이것은 또 甲과 乙의 두 가지 형식으로 세분된다. 甲種은 1행이 위에서 아래로 향한 것인데, 예를 들면《殷墟文字乙編》2683(그림 13)이다. 乙種은 위에서 아래로 향해 2행이 병렬되어 있는 것인데, 예를 들면《殷墟文字乙編》5279(그림 14)이다. 兆序를 배열하는 이 두 형식은《殷墟文字乙編》2164·2903·3090·3196·3288·3473·3475·4604·4606·5224·6422·6725·6881 등의 甲骨版을 참고할 수 있다.

제2종은 兆序가 안에서 밖으로 향하고, 위에서 아래로 향한 배열이다. 이러한 배열 형식은 龜甲에서 비교적 쉽게 볼 수 있다. 이것도 甲과 乙의 두 가지 형식으로 세분할 수 있다. 甲種은 여러 행이 안에서 밖으로 향하고 위에서 아래로 향하는 배열이다. 예를 들면《殷墟文字乙編》3428·3426·4538 등의 甲骨版(그림 15)이다. 乙種은 2행이 안에서 밖으로 향하고 위에서 아래로 향한 배열이다. 예를 들면《殷墟文字乙編》867·2285·3285(그림 16) 등이다.

이밖에도 제1종과 제2종의 兆序 배열 형식이 하나의 판에 함께 보이는 것이 있다. 일반적으로 말해서 이렇게 兆序를 배열한 龜甲은 모두 큰데, 예를 들면《殷墟文字乙編》3343·3379·3403 등이다. 물론 매우 특수한 배열 형식이 드물게나마 있지만 더 이상 상세하게 다루지는 않겠다.[6]

牛肩胛骨의 兆序는 左肩胛骨이나 右肩胛骨을 막론하고 그 외측 또는 내측에 鑿 또는 鑽이 많이 되어 있고 배열이 가지런하기 때문에, 보통의 兆序는 아래에서 위로 향한 배열이다. 예를 들면《殷契粹編》1211(그림 17) 등이 바로 이러하다. 그러나 또한 兆序가 아래에서 위로 향하고 이어서 다시 행을 돌려 위에서 아래로 배열한 것이 있는데, 예를 들면《殷契粹編》1328(그림 18) 등이 바로 이러하다. 肩胛骨 骨扇의 좀 얇은 부분은 卜兆가 적으면서 드문드문 있고, 刻辭도 적으며 규율성도 부족하기 때문에 兆序의 배열에서 규율을 찾기가 매우 어렵다.

3. 兆 記

어떤 학자는 兆記를 兆辭라고도 부르는데, 이는 卜兆에 관한 정황을 기록한 것이다. 兆記는 '×告'·'吉'·'不玄冥'·'玆用' 등을 포괄한다.

甲骨 兆枝의 위쪽에는 항상 兆序가 기록되어 있다. 그리고 兆枝의 아래쪽과 兆序가 대응되는 곳에는 항상 '一告'·'二告'·'三告'·'小告' 등이 기록되어 있는데, 그 함의는 자세히 알 수가 없다.[7]

兆 옆에는 또 '吉'·'大吉'·'弘吉' 등이 기록되기도 한다.

兆 옆에는 또 '玆用'·'玆不用'·'玆毋用' 등이 기록되기도 한다. 또는 '玆御'로 기록되기도 하는데, 여기에서 '御'는 바로 '用'이다. '用'은 '시행하다'는 의미이며, 점친 바에 따라 시행한다는 것을 말한다.[8]

'不玄冥'은 모호하지 않다는 의미로서 兆象이 뚜렷하게 기록되었다는 것이다.[9]

4. 卜 辭

甲骨文에서 절대다수를 차지하고 있는 것은 卜辭인데, 卜辭는 貞人이 거북을 불로 지져서 점을 명한 후에 甲骨에 새겨 놓은 것으로 점친 내용과 관계가 있다. 하나의 완벽한 卜辭는 敍辭·命辭·占辭·驗辭 등 4개 부분을 포괄하고 있다.

'敍辭'는 前辭라고도 하며, 占卜한 시간과 貞人이다.

'命辭'는 貞辭라고도 하며, 이번의 占卜에서 물은 내용이다.

'占辭'는 商王이 卜兆를 보고 내린 판단이다.

'驗辭'는 징험의 말이다. 우리는 이미 제5장 제4절에서 서술하였으므로 여기서는 생략하기로 한다.

예를 들면《甲骨文合集》6057은 이러하다.

　　癸巳卜, 㱿, 貞旬亡禍. 王占曰: 有祟其有來艱. 迄至五日丁酉允有來艱自西, 沚馘告曰: 土方征于我東鄙, 戋二邑. 工方亦侵我西鄙田.

　　癸巳日에 점을 쳤다. 貞人 㱿이 물었다. "이 10일 동안에 재앙이 있겠습니까?" 商王이 卜兆를 보고 이렇게 판단하였다. "불길하다. 장차 화가 닥칠 것이다." 5일째 되는 丁酉日에 과연 재앙이 서쪽에서 왔다. 沚의 수령 馘가 보고하였다. "土方이 우리와 동쪽 변방을 침범해서 두 읍을 유린하였고, 工方도 우리의 서쪽 변방을 침범하였습니다."

卜辭 중에서 "癸巳卜, 㱿"이 敍辭이다. "貞旬亡禍"는 앞으로 10일 이내의 재앙 유무를 묻는 것으로 거북에게 명한 말이다. "王占曰: 有祟其有來艱"은 왕이 卜兆를 본 후에 예측할 수 없는 재앙이 있을 가능성을 물은 占辭이다. "迄至五日丁酉允有來艱自西, 沚馘告曰: 土方征于我東鄙, 戋二邑. 工方亦侵我西鄙田"은 癸巳日에서 丁酉日까지는 정확히 5일이며, 5일 후에 과연 영험이 있어서 西方에서 재앙이 발생하였는데, 즉 土方이 동쪽 변방을 침공하고, 工方도 서쪽 변방을 침범하였……. 이것이 驗辭이며, 癸巳日에 점을 친 뒤 5일이 지나서 영험이 있고 난 뒤 보충해서 새긴 것이다. 殷墟 卜辭 중에서 이처럼 완벽한 형식의 刻辭는 별로 많지 않으며, 대다수는 驗辭가 없다. 어떤 것들은 占辭와 驗辭의 두 부분이 생략되기도 한다. 더욱이 前辭마저도 생략

된 채 단지 命辭만이 새겨져 있기도 하다. 그렇지만 역시 前辭와 貞辭를 갖추고 있는 것이 가장 일반적이다.[10]

제2절 甲骨文例

刻辭의 甲骨에서의 새겨진 부위〔분포 정황〕및 行款〔左行·右行, 혹은 左·右로의 轉行〕은 일정한 규율을 가지고 있는데, 이것이 바로 甲骨文例이다. 甲骨文例는 2종의 유형을 포함하고 있다. 한 종은 卜辭文例〔및 일부 특수한 文例〕이고, 또 한 종은 卜辭가 아닌 記事文例이다. 甲骨文例의 기본 지식을 인식하고 이해하는 것은, 1판의 큰 거북(혹은 獸骨)에 가득 차 있는 刻辭의 내용을 우리가 정확하게 인식해서 읽고 그것들 사이의 내재 관계를 인식하는 데 매우 필요한 일이다.

1. 卜辭文例

우리는 여기에서 먼저 卜辭文例에 대해서 이야기하고자 한다.

엄격한 의미의 甲骨文例는 1928년 殷墟에서 과학적 발굴을 한 이후에 董作賓 등의 학자가 대량의 甲骨 실물을 정리하고 요지 및 범례를 설명한 것을 말한다. 董作賓은 1929년에 《安陽發掘報告》 제1기에 〈商代 龜卜의 추측〉이라는 論文을 게재하였는데, 여기에 '文例'를 집중적으로 논한 부분이 있다. 그는 당시 완벽한 龜甲版의 발견이 많지 않은 상황하에서 "나는 이전에 수집한 龜版을 가지고 완전한 腹甲을 만들어서 그 문자의 體例를 관찰하려는 생각을 가졌었다. 지금은 이미 그것이 불가능해졌다. 龜版 중에서 그 부위를 알 수 있는 것은 모두 70개이다. 이것들을 각기 배열하여 그 文例를 탐색해 보았는데, 그 결과 商人이 書契한 文辭의 통례를 발견하였다. 대개 이러한 연구의 가치는 실제로 완전하게 龜版을 짜맞추는 것에 못지않는다"라고 말하였다. 그가 사용한 방법을 보면 전체의 龜版을 9개 부분으로 나눈 다음, 잘게 부서진 龜版 조각을 이것에 따라 부위를 정하고, 또 한걸음 나아가 "같은 부위에 있는 것을 취해 순서에 따라 배열하였는데, 그 결과 부위가 같은 것은 그 刻辭의 예가 모두 동일하였다. 그뒤 오래지 않아 새로 발견된 大龜四版은 董作賓이 龜甲 殘片으로 부위를 정해서 추정한 文例를 완전하게 증명해 주었다.[11] 특히 127坑에서 발견된 대규모 甲骨은 그가 발견한 甲骨文例를 검증하고 실증하는 계기를 만들어 주었다. 董作賓은 또한 "오늘날의 牛肩胛骨의 좌우 각 1판을 취해 그 형상에 의거해서 占卜用 骨版의 좌우 및 그 부위를 단정하는 표준으로 삼았다……. 앞의 3차에 걸친 발굴에서 획득한 자료를 취하였는데, 모사한 骨版은 2백11건이고, 卜辭는 4백89예이다"라고 하여 기본적으로 獸骨에 있는 卜辭의 文例를 論定하였다.[12] 이것은 董作賓의 甲骨學에 대한 중대한 공헌이다. 그후에 胡厚宣의 〈卜辭雜例〉(《史語所集刊》8本3分) 및 〈卜辭同文例〉(《史語所集刊》9本) 등의 論文들도 甲骨文例에 대해 결함을 보충하고 연구를 심화시켰다. 선배학자들의 연구는 복잡하고 질서가 없어 보이는 卜辭를 다시 劃然히 질서 있고 체계가 분명한 卜辭로 원상 회복시켜 놓았다.

董作賓에 앞서 胡光煒는 1928년에 《甲骨文例》라는 책을 내었는데, 이 책은 '形式'과 '辭例'의 2편으로 나누어져 있다. '形式' 편에서는 전문적으로 甲骨文例를 강론하였다. 그러나 胡光煒가 말하는 '左右'란 거북을 위주로 한 것이다. 이는 바로 董作賓이 지적한 대로 실제로는 습관에 위배되는 것이다. 왜냐하면 우리가 지금 말하는 거북의 좌우는 사람이 마주 보는 면을 중심으로 하기 때문이다. 아래로 향할 때의 거북의 왼쪽 부분은 면이 위로 향하게 뒤집으면 바로 우리가 연구할 때 부르는 右龜甲 부분이 된다. 그리고 아래로 향할 때의 거북의 오른쪽 부분은 면이 위로 향하게 뒤집으면 바로 우리가 연구할 때 부르는 左龜甲 부분이 된다. 이밖에 胡光煒의 《甲骨文例》는 비록 분류가 매우 상세하여 아주 뛰어난 저작이지만, 그러나 책 속에서는 첫째 常例와 예외를 구별하지 않고, 둘째 綱目이 분명하게 정해져 있지 않아 쓸데없이 독자들로 하여금 契文이 복잡하고 어렵다는 느낌을 갖게 만들었다.[13] 그래서 胡光煒는 비록 비교적 이른 시기에 甲骨文例를 연구하기는 하였지만 결코 하나를 통해 열을 알게 하고, 심오하고 은미한 것을 통찰하여 通例를 창시하지 못하였기 때문에 그의 저작은 실용적인 의미가 없다.

甲骨의 소재 부위에 의해 文例를 추정하는 이른바 '定位法'은 董作賓이 천재성을 발휘하여 발견한 것으로, 우리가 卜辭를 통독하는 데 커다란 의의를 가지고 있다. 주지하는 바와 같이 甲骨文의 대다수는 잘게 부서져 있는데, 定位法은 卜辭가 소재한 위치 및 그 行款의 방향을 명확하게 해주기 때문에 그 내용을 더 정확하게 해독할 수 있다. 그렇지 않고 만일 의미가 명확한 卜辭를 반대 방향으로 읽으면 이해할 수 없는 기괴한 문자로 만들어 버릴 수가 있다.

시험삼아 龜腹甲에서 卜辭의 분포 및 行款의 방향을 보기로 한다. 本節에서 열거하는 龜甲의 각 부위로 하여금 전체 개념을 갖게 하기 위해서는 그림 12 전체 龜腹甲圖와 서로 참조할 수 있을 것이다. 여기서 각 부위의 일련번호도 그림 12에서 각 부위에 표시된 순번과 일치한다.

(1) 中甲:《鐵雲藏龜》5·1편.(그림 19) 甲骨片上에는 두 줄의 卜辭가 있으며, 중간의 千里路를 경계로 해서 左右 對貞이다.

右辭는 下行하면서 오른쪽으로 갔는데, 중간의 千里路에서 바깥쪽으로 돌아갔다. 즉 "〔辛〕亥卜, 王, 貞〔乎〕弜〔狩〕擒"〔辛亥日에 점을 쳤다. 왕이 점쳐 물었다. "수렵하라고 하지 않으면 잡는 것이 있겠습니까?"〕

左辭는 下行하면서 왼쪽으로 갔는데, 중간의 千里路에서 왼쪽으로 돌아서 바깥쪽으로 갔다. 즉 "〔辛〕亥卜, 王, 貞乎弜弗〔狩擒〕"

(2) 左右首甲:《鐵雲藏龜》72·1편.(그림 20) 甲骨片의 1은 중갑이고, 2는 右首甲이며, 3은 左首甲이다. 위에는 2辭가 새겨져 있다. 右首甲 2에 있는 1辭는 下行하면서 왼쪽으로 내향하였으며, "貞侑于庚三十小宰"〔점쳐 물었다. "조상 庚에게 30쌍의 작은 양을 써서 侑祭를 지낼까요?"〕로 읽는다. 左首甲 3에 있는 1辭는 下行하면서 오른쪽으로 내향하였으며, "己巳〔卜〕, □, 貞好禍凡有〔疾〕"〔己巳日에 점을 쳤다. □가 점쳐 물었다. "婦好가 감기에 걸렸습니까?"〕로 읽는다.

(3) 右前甲:《鐵雲藏龜》261·3편.(그림 21) 甲骨片의 1은 中甲이고, 2는 右首甲이고, 3은 左首甲의 잔결 부분을 나타낸 것이며, 4는 右前甲이다. 中甲 부분에는 2사가 새겨져 있으며 좌우 對貞이다. 우변에는 1辭가 下行하면서 오른쪽으로 갔으며, "弜其擒"으로 읽는다. 좌변의 1辭는 下行하면서 왼쪽으

로 갔으며, "丙□〔卜〕, □, 〔貞弜弗其〕擒"으로 읽는다. 右前甲에는 1辭가 새겨져 있는데 下行하면서 왼쪽으로 내향하였다. "庚申卜, 王, 〔貞〕往來亡禍"〔庚申日에 왕이 점쳐 물었다. "갔다오는 데 재앙이 없겠습니까?"〕로 읽는다.

(4) 左右前甲:《殷墟書契》7·3·1.(그림 22) 1은 中甲, 2는 右首甲, 3은 左首甲, 4는 右前甲, 5는 左前甲이다. 左右前甲에는 모두 2조의 刻辭가 있다. 右前甲 4에는 2辭가 있는데, 제1사는 外緣 근처에 있으며 위에서 아래로, 밖에서 안으로 左行하였다. "戊辰〔卜〕, □, 貞翌〔辛〕□亞乞氏衆人眔丁彔乎保我"〔무진일에 점을 쳤다. □가 점쳐 물었다. "이튿날 亞(당시의 관리)가 丁彔(지명)에서 많은 사람을 인솔하는데, 그들에게 나의 이곳을 보위하라고 명령해도 되겠습니까?"〕로 읽는다. 제2사는 중간의 千里路 근처에 있으며, 위에서 아래로 외향해서 오른쪽으로 갔다. "丁亥卜……復……片祟……幸"으로 읽는다. 左前甲 5도 역시 2辭인데, 제1사는 외연 근처에 있으며 위에서 아래로 갔고, 밖에서 안으로 右行하였다. "貞……于丁三牛"〔점쳐 물었다. 先王 丁에게 3마리의 소를 써서……〕로 읽는다. 제2사는 중간의 千里路 근처에 있으며 위에서 아래로, 안에서 밖으로 左行하였다. "貞……其……"로 읽는다.

(5) 前左甲 상부:《殷墟書契》4·30·2.(그림 23) 甲骨片에는 모두 3辭가 있다. 제1사는 외연 근처에 있으며, 위에서 아래로, 밖에서 안으로 右行하였다. "貞宙小臣令衆黍. 一月"〔점쳐 물었다. "小臣이 노예들에게 기장을 심으라고 명령해도 되겠습니까?" 1월에 점을 쳤다〕로 읽는다. 제2사는 중간의 千里路 근처에 있으며 위에서 아래로, 안에서 밖으로 左行하였다. "貞王心……亡自□. 一月"로 읽는다. 제3사는 외연과 千里路의 중간에 있으며, 위에서 위로, 안에서 밖으로 左行하였다. "己〔丑卜〕, □, 貞……佣. 一月"〔점쳐 물었다. "小臣이 노예들에게 기장을 심으라고 명령해도 되겠습니까?" 1월에 점을 쳤다〕로 읽는다.

(6) 前右甲 상부:《殷墟書契》2·25·5(그림 24). 이것은 제5기의 卜辭이다. 甲骨片에는 상부에 1辭, 중부에 3辭, 하부에 3辭가 있다. 각 辭는 모두 위에서 아래로, 안에서 밖으로 右行하였다. 제1사는 "更羊. 茲用"〔"붉은 소입니까?" 이 점이 시행되었다〕으로, 제2사는 "□辰卜, 貞武乙丁其牢. 茲用"〔□辰日에 점쳐 물었다. "武乙王의 종묘에서 소 두 마리를 사용해도 되겠습니까?" 이 점이 시행되었다〕으로, 제3사는 "辛巳卜, 貞王賓上甲不至于多毓衣亡尤"〔辛巳

日에 점쳐 물었다. "先王 上甲에게 제사지내면서 여러 조상신을 함께 제사지내
지 않는데 재앙이 없겠습니까?"]로, 제4사는 "乙未卜, 貞王賓武乙升伐亡尤"[乙
未日에 점쳐 물었다. "王賓이 武乙王의 宗廟에 제사지내면서 伐祭를 사용하는
데 재앙이 없겠습니까?"]로, 제5사는 "壬[寅]……妾……羊"으로, 제6사는 "東
……"로, 제7사는 "甲……武乙……窜"으로 각각 읽는다.

(7) 後左甲 상부:《殷墟書契》2·30·2.(그림 25) 이것은 제5기의 卜辭이
다. 상부에 3辭, 하부에 3辭 등 모두 6辭가 있다. 辭는 모두 위에서 아래로,
안에서 밖으로 左行하였다. 제1사는 "丁卯卜, 貞王田憲往來亡災"[丁卯日에 점
쳐 물었다. "왕이 憲(지명)로 사냥 가는데, 갔다오는 데 재앙이 없겠습니까?"]
로, 제2사는 "辛未卜, 貞王田曹往來亡災"[辛未日에 점쳐 물었다. "왕이 曹(地
名)로 사냥 가는 데, 갔다오는 데 재앙이 없겠습니까?"]로, 제3사는 "乙亥卜, 貞
王田宮往來亡災"[乙亥日에 점쳐 물었다. "왕이 宮(지명)으로 사냥 가는 데, 갔
다오는 데 재앙이 없겠습니까?"]로, 제4사는 "壬子[卜], [貞]王田□[往]來[亡
災]"로, 제5사는 "戊午[卜], [貞]王田□往[來亡災]"로, 제6사는 "壬□[卜],
[貞]王[田]□[往]來[亡災]"로 각각 읽는다.

(8) 後右甲 상부:《殷墟書契》2·9·3.(그림 26) 이것은 제1기의 卜辭이
다. 이 甲骨片에는 모두 3辭가 있다. 제1사는 중간의 千里路 근처에 있으며
위에서 아래로, 안에서 밖으로 右行하였다. "乙未卜, 賓, 貞今日其延雨"[乙未
日에 점을 쳤다. 貞人 賓이 점쳐 물었다. "오늘 비가 계속해서 내리겠습니까?"]
로 읽는다. 제2사는 위에서 아래로, 안에서 밖으로 右行하였다. "乙巳卜, 爭,
貞袞于河五牛沈十牛. 十月"[乙巳日에 점을 쳤다. 貞人 爭이 점쳐 물었다. "黃河
에서 소 5마리를 불에 구워 제사지내는데, 소 10마리가 물에 빠지겠습니까?"]로
읽는다. 제3사는 외연 근처에 있으며 위에서 아래로, 밖에서 안으로 左行하
였다. "□□[卜], □, 貞……臣在鬪"[점쳐 물었다. "소신이 鬪(지명)에 있다"]
로 읽는다.

(9) 後左甲 하부:《殷墟書契》2·4·3.(그림 27). 제1기의 卜辭이다. 이 甲
骨片에는 모두 3辭가 있다. 제1사는 위에서 아래로, 안에서 밖으로 左行하였
다. "丙戌卜, 貞弜自在先不水"[丙戌日에 점쳐 물었다. "弜(인명)의 군대가 先(지
명)에 있는데, 수해가 없겠습니까?"]로 읽는다. 제2사는 위에서 아래로, 밖에서

안으로 右行하였다. "丁亥……"로 읽는다. 제3사는 오직 1자가 남았는데, 방향은 마땅히 안에서 밖으로 左行하였을 것이다.

(10) 後右甲 하부:《殷墟書契》5·6·2.(그림 28) 제1기의 卜辭이며, 모두 3辭가 있다. 제1사는 위에서 아래로, 안에서 밖으로 右行하였다. "己巳卜, 貞令吳省在南廩. 十月"〔己巳日에 점쳐 물었다. "吳(인명)에게 남쪽의 창고를 순찰하라고 명령해도 되겠습니까?〕로 읽는다. 제2사는 위에서 아래로, 밖에서 안으로 左行하였다. "庚寅卜……〔令〕塘……"으로 읽는다. 제3사는 위에서 아래로, 안에서 밖으로 右行하였다. 그 辭는 "己酉卜……出"로 읽는다.

이상의 각 예에 근거하고 아울러 대량의 卜辭를 검증한 후에, 董作賓은 龜甲에 契刻된 卜辭文例의 규율을 이렇게 귀납하였다. 즉 "정중앙을 따라 있는 刻辭는 밖으로 향하며, 오른쪽에서는 右行이고 왼쪽에서는 左行이다. 首尾의 양변을 따라 있는 刻辭는 안으로 향하며, 오른쪽에서는 左行이고 왼쪽에서는 右行이다. 이와 같을 뿐이다"라고 하였다.[14]

소의 肩胛骨에 契刻된 卜辭는 대부분 正面에 있다. 그리고 刻辭가 가장 많은 부분은 대다수가 左肩胛骨의 오른쪽〔外緣〕과 右肩胛骨의 왼쪽〔外緣〕에 있다. 이것은 좌우 肩胛骨의 外緣 부분이 다른 부분보다 두껍고 骨質이 강하여 占卜의 횟수가 비교적 많기 때문이다. 그래서 刻辭도 많아서 대략 全版에 있는 刻辭의 7,80퍼센트를 차지하고 있다. 그러나 左肩胛骨의 內緣〔좌측〕과 右肩胛骨의 內緣〔우측〕은 하부의 骨質이 비교적 무르고 얇다. 이 때문에 상부에 刻辭가 많고 하부에 刻辭가 적으며, 대략 전판 刻辭의 2,30퍼센트를 차지한다. 그리고 肩胛骨의 가운데는 두께가 더 얇고 骨質이 무르기 때문에 占卜에 거의 사용하지 않는다. 그러므로 일반 刻辭는 적어서 대략 1,20퍼센트를 차지한다.

肩胛骨上의 刻辭는 상부의 骨臼 근처에 항상 2조의 卜辭가 있으며, 그 아래에는 2개의 卜兆가 있다. 이 2조의 卜辭는 매번 중간부터 시작하며, 왼쪽에 있는 것은 下行하면서 좌향이고, 오른쪽에 있는 것은 下行하면서 우향이다.[15] 예를 들면《甲骨文合集》의 13926(《鐵》127·1,《通》別二 11·1)은 牛肩胛骨의 상부이며 臼角에 맞닿은 부분이 좌변에 있고, 卜兆도 좌변을 향하고 있다.(그림 29) 그 反面은《甲骨文合集》및《鐵雲藏龜》·《卜辭通纂》등의 책에 모두 수록되어 있지 않다. 모사본은 松丸道雄의 《일본 각지에 산견하는 甲骨文字》 387호(중역본은 《古文字硏究》 제3집에 수록)에 발표되었으며, 胡厚宣의 〈일본 京都大學 考古硏究室에 소장된 牛肩胛骨 卜辭에 대하여(記日本京都大學考古硏究室所藏一片牛胛骨卜辭)〉(《文物與考古》, 1985년 제6기에 수록)라는 論文에도 이것의 正面 탁본 및 反面의 모사본을 발표하고, 아울러 고석을 해놓았다.

　이 甲骨片의 제1사는 위에서 아래로, 안에서 밖으로 右行하며, "辛丑卜, 殼, 貞兄于母庚. 三"〔辛丑日에 점을 쳤는데, 貞人 殼이 점쳐 물었다. "兄(인명)이 母庚(인명)에게 제사지내도 되겠습니까?"〕으로 읽는다. 제2사는 위에서 아래로, 안에서 밖으로 左行하며, "庚子卜, 殼, 貞婦好有子. 三月. 二"〔庚子日에 점을 쳤는데, 貞人 殼이 점쳐 물었다. "婦好(商王의 아내)가 아이를 가지겠습니까?"〕로 읽는다. 反面은 驗辭인데, "王占曰: 其……其惟丙不吉. 其惟甲戌亦不吉. 其惟甲申吉"〔왕이 卜兆를 보고 이렇게 판단하였다. "丙日이 불길하고, 甲戌日도 불길하며, 또한 甲申日이 길하다"〕로 읽는다. 松丸道雄은 '甲申'의 '申'字를 '丑'으로 잘못 모사하였는데, '甲丑'이라는 辭는 없다. 이것은 胡厚宣이 이미 위 論文에서 논증하였다.

　董作賓은 4백87예의 獸骨 刻辭에 근거하여 비교 연구를 한 후에, 刻辭의 부위에 따라 그 行文의 통례를 아래와 같이 정하였다.

　무릇 완전한 肩胛骨을 살펴보면, 좌우를 막론하고 가장자리 근처에 있는 2행의 刻辭가 왼쪽에 있는 것은 모두 下行하면서 왼쪽으로 향하는데, 간혹 下行 및 左行인 것도 있다. 또 오른쪽에 있는 것은 모두 下行하면서 우향인데, 역시 간혹 下行 및 右行인 것도 있다. 左肩胛骨의 가운데에 만일 刻辭가 있으면 下行하면서 오른쪽을 향한다. 右肩胛骨의 가운데는 이와 반대이지만, 역시 下行하면서 우향인 것도 있다.[16)]

　牛肩胛骨上에 있는 각조의 卜辭 배열을 구체화시키면, 왼쪽 가장자리나 오른쪽 가장자리를 막론하고 모두 규칙적이고 정연하다. 대부분은 刻辭 하나하나가 아래에서 위로 향하며 배열에 질서가 있다. 예를 들면 《甲骨文合集》

5157(그림 30)에는 모두 4조의 辭가 있다.

   (1) 貞〔辛〕亥王入 (점쳐 물었다. "辛亥日에 왕이 들어오겠습니까?")

   (2) 于癸丑入 ("癸丑日에 들어오겠습니까?")

   (3) 于甲寅入 ("甲寅日에 들어오겠습니까?")

   (4) 于乙卯入 ("乙卯日에 들어오겠습니까?")

위의 4辭에서 보면, 辛亥日에서 癸丑日까지는 2일, 癸丑日에서 甲寅日까지는 1일, 甲寅日에서 乙卯日까지는 1일 동안의 거리가 있다. 각기 다른 때에 행한 네 차례의 占卜은 시간이 정연하고, 刻辭의 배열도 아래에서 위로 질서가 있다.

또한 각기 다른 卜辭가 먼저 아래에서 위로 향하고, 다시 위에서 아래로 향한 것도 있다. 예를 들면 《殷契粹編》1345(그림 31)는 제2기의 甲骨이다. 臼角에 맞닿은 부분이 우향인 점에 의거하여 판단해 보면, 이것은 마땅히 右肩胛骨이다. 外緣 부분〔좌측〕에는 모두 5辭가 있는데, 모두 아래에서 위로 배열되어 있다. 內緣 부분〔우측〕에는 단지 3조의 卜辭가 남아 있는데(그 아래는 殘缺됨), 이 卜辭들은 외연에 접해 있는 제5사의 시간이며, 위에서 아래로 구역을 나누어 배열되어 있다. 이 판의 卜辭는 다음과 같이 읽어야 한다.

   (1) 己亥卜, 旅, 貞今夕亡禍. 在十二月. 一

己亥日에 점을 쳤다. 貞人 旅가 점쳐 물었다. "오늘 저녁에 재앙이 없겠습니까?" 이것은 12월에 점친 것이다.

   (2) 庚子卜, 旅, 貞今夕亡禍. 在十二月. 一

庚子日에 점을 쳤다. 貞人 旅가 점쳐 물었다. "오늘 저녁에 재앙이 없겠습니까?" 이것은 12월에 점친 것이다.

   (3) 辛丑卜, 旅, 貞今夕亡禍. 在十二月. 一

辛丑日에 점을 쳤다. 貞人 旅가 점쳐 물었다. "오늘 저녁에 재앙이 없겠습니까?" 이것은 12월에 점친 것이다.

   (4) 壬寅卜, 旅, 貞今夕亡禍. 在十二月. 一

壬寅日에 점을 쳤다. 貞人 旅가 점쳐 물었다. "오늘 저녁에 재앙이 없겠습니까?" 이것은 12월에 점친 것이다.

(5) 癸卯卜, 旅, 貞今夕亡禍. 在十二月. 一

癸卯日에 점을 쳤다. 貞人 旅가 점쳐 물었다. "오늘 저녁에 재앙이 없겠습니까?" 이것은 12월에 점친 것이다.

(6) 甲辰卜, 旅, 貞今夕亡禍. 在十二月. 一

甲辰日에 점을 쳤다. 貞人 旅가 점쳐 물었다. "오늘 저녁에 재앙이 없겠습니까?" 이것은 12월에 점친 것이다.

(7) 乙巳卜, 旅, 貞今夕亡禍. 在十二月. 一

乙巳日에 점을 쳤다. 貞人 旅가 점쳐 물었다. "오늘 저녁에 재앙이 없겠습니까?" 이것은 12월에 점친 것이다.

(8) 丙午〔卜〕, 旅, 貞今夕亡禍. 在□□〔月〕. 一

丙卯日에 점을 쳤다. 貞人 旅가 점쳐 물었다. "오늘 저녁에 재앙이 없겠습니까?" 이것은 □□월에 점친 것이다.

내용이 완전히 다른 卜辭가 서로 위치가 교차되어 함께 새겨진 것도 있다. 학자들은 이를 '相間 刻辭'라고 부른다.[17] 예를 들면 《甲骨文合集》 9465(그림 32)는 제1기의 甲骨인데, 모두 6조의 卜辭가 있으며, 세 가지 다른 내용을 卜問하고 있다. 이 卜辭는 다음과 같이 읽어야 한다.

(1) 乙卯卜, 亘, 貞勿錫牛.

乙卯日에 점을 쳤다. 貞人 亘이 점쳐 물었다. "소를 하사하지 않겠습니까?"

(2) 貞錫牛.

점쳐 물었다. "소를 하사하겠습니까?"

(3) 貞錫牛.

점쳐 물었다. "소를 하사하겠습니까?"

(4) 貞翌丙辰不雨.

점쳐 물었다. "이튿날 丙辰日에 비가 내리지 않겠습니까?"

(5) 貞翌丙辰其雨.

점쳐 물었다. "이튿날 丙辰日에 비가 내리겠습니까?"

(6) ……〔我〕史步〔伐〕工方〔受有祐〕.

"저의 史官이 걸어서 工方을 정벌하려는 데 보우를 받을 수 있겠습니까?")

이 甲骨版의 卜辭 (1)·(2)·(3)과 卜辭 (4)·(5)는 서로 교차되어 있다. 비록 獸骨 卜辭가 대부분 아래에서 위로 배열되어 있고 刻辭가 서로 교차 되어 있기는 하지만, 그러나 좌우 對貞인 것도 있다. 예를 들면 《殷契佚存》 52(그림 33)는 제1기의 卜辭이다. 이 甲骨版에는 모두 7辭가 있다.

(1) 戊子卜, 沐, 翌己丑其雨. 一

戊子日에 점을 쳤다. 貞人 沐이 점쳐 물었다. "이튿날 己丑日에 비가 내리 겠습니까?"

(2) 戊子卜, 沐, 翌己丑不雨. 一

戊子日에 점을 쳤다. 貞人 沐이 점쳐 물었다. "이튿날 己丑日에 비가 내리지 않겠습니까?"

(3) 己丑卜, 沐, 翌庚寅其雨. 一

己丑日에 점을 쳤다. 貞人 沐이 점쳐 물었다. "이튿날 庚寅日에 비가 내리겠 습니까?"

(4) 己丑卜, 翌庚寅不雨. 一

己丑日에 점을 쳤다. "이튿날 庚寅日에 비가 내리지 않겠습니까?"

(5) 庚寅卜, 沐, 翌辛卯不雨.

庚寅日에 점을 쳤다. 貞人 沐이 점쳐 물었다. 이튿날 辛卯日에 비가 내리지 않겠습니까?"

(6) 翌辛卯其雨. 一

"이튿날 辛卯日에 비가 내리겠습니까?"

(7) 丙戌……[18]

丙戌日……

이 甲骨版에서는 卜辭 (1)·(2)가 한 조이고, (3)·(4)가 한 조이며, (5)·

(6)이 한 조이고, 正反對貞이다.

이밖에 龜甲이나 獸骨을 막론하고 上面의 刻辭에 또 正面과 反面이 서로
접해 있는 예도 있다.

어떤 것은 命辭는 正面에 있고, 敍辭는 反面에 새겨진 것도 있다. 예를 들
면 《甲骨文合集》 5298의 正面과 反面(그림 34)은 제1기의 卜龜인데, 正面에
는 2辭가 있다.

    (1) 貞王聽惟禍. 一

점쳐 물었다. "왕의 청력에 재앙이 있겠습니까?"

    (2) 貞王聽不惟禍. 一

점쳐 물었다. "왕의 청력에 재앙이 없겠습니까?"

反面에도 2辭가 있다.

    (1) 戊戌卜.

(이 辭의 正面 부위에 1사가 새겨져 있기 때문에 "貞王聽惟禍"의 敍辭가
된다.)

    (2) 雀入二百五十. (甲橋刻辭)

雀〔귀족 이름〕이 거북 2백50마리를 공물로 바쳤다.

獸骨 刻辭에도 正面과 反面이 서로 접해 있는 것이 있다. 예를 들면 《甲
骨文合集》 5951의 正面과 反面(그림 35)은 제1기의 甲骨이다. 正面에 있는
1辭는 "貞勿乎逆執豸"〔점쳐 물었다. "逆(인명)에게 승냥이를 잡으라고 명령하
지 말아야 합니까?"〕로 읽으며 命辭이다. 反面의 "癸卯卜, 韋"〔癸卯日에 점을
쳤다. 貞人 韋가……〕는 敍辭이며, 正面의 命辭와 서로 접해 있다.

어떤 것은 反面이 占辭에 접해 있다. 예를 들면 《甲骨文合集》 13926(그림
29)은 卜骨에 있는 占辭의 正面과 反面이 상접해 있는 예이다. 《甲骨文合集》
6057의 反面(그림 1)에 "王占日……"〔왕이 卜兆를 보고 이렇게 판단하였다〕
운운하는 것은, 正面의 "癸未卜, 殼……"〔癸未日에 점을 쳤다. 貞人 殼이……〕

과 접해 있다.

《甲骨文合集》8912의 正面과 反面(그림 36)은 제1기의 卜龜인데, 反面의 敍辭·占辭·驗辭가 正面의 命辭와 서로 접해 있다. 또 正面의 敍辭·命辭·占辭는 反面의 驗辭와 서로 접해 있다. 예를 들면《殷墟文字丙編》207의 正面과 208의 反面(그림 37)은 제1기의 卜龜이다. 이 辭의 正面은 "丙申卜, 殻, 貞來乙巳酒下乙. 王占曰: 酒惟有祟其有毁. 乙巳酒, 明, 雨. 伐, 旣雨. 咸伐. 亦雨. 彭卯鳥星"〔丙申日에 점을 쳤다. 貞人 殻이 점쳐 물었다. "다가오는 乙巳日에 先王 下乙에게 酒祭를 지내도 되겠습니까?" 왕이 卜兆를 보고 이렇게 판단하였다. "酒祭를 지내면 재앙이 있을 것이다." 乙巳日에 주제를 지냈다. 날이 밝아서 비가 내렸다. 伐祭를 지내는 데 비가 멈추었다. 伐祭가 끝난 후에 다시 비가 내렸다. 鳥星(별이름)에게 彭祭와 卯祭를 지냈다〕인데, 이것은 反面에 있는 "九日甲寅不酒, 雨. 乙巳夕有毁于西"〔9일 뒤인 甲寅日에 酒祭를 지내지 않았는데 비가 내렸다. 乙巳日 저녁에 재앙이 서쪽에서 있었다〕라는 驗辭와 접해 있다.

2. 卜辭가 아닌 記事의 文例

이제 卜辭가 아닌 記事의 文例를 말하기로 하겠다.

卜辭가 아닌 記事文例는 甲骨 記事文字와 非甲骨 記事文字를 포괄한다. 龜甲과 牛骨에 새겨진 記事文字는 卜材를 준비하는 것과 관련 있는 刻辭·表譜文字와 記事文字 등을 포괄하며, 非甲骨 記事文字는 人頭 刻辭·鹿頭 刻辭·牛頭 刻辭·骨柶 刻辭·虎骨 刻辭 등을 포괄한다. 아래에서 각기 나누어 소개하겠다.

1) 卜材를 준비하는 것과 관련 있는 記事 刻辭

占卜 전에 卜材의 준비에 관련된 일을 기록한 것인데, 예를 들면 甲骨의 내원과 어떤 사람의 檢視를 거쳤다는 등의 記事文字들이다. 胡厚宣은〈武丁 시기의 5종의 記事 刻辭에 관한 고찰〉(《甲骨學商史論叢》初集 3책에 수록, 1944년)이라는 글에서 이에 대해 매우 상세하게 서술하였는데, 주요한 것으

로 당연히 甲橋 刻辭·甲尾 刻辭·背甲 刻辭·骨臼 刻辭·骨面 刻辭 등 5종의 記事 刻辭를 포괄하고 있다. 이밖에도 胡厚宣은 〈卜辭記事文字史官簽名例〉(《史語所集刊》 12本, 1948년)라는 글에서, 記事文字의 끝에는 언제나 史官이 서명하는 방법이 있음을 밝혀 놓았다.

이른바 '甲橋 刻辭'는 거북의 腹甲 양쪽에 돌출해 있는 甲橋의 背面에 새긴 記事文字이다. 예를 들면 그림 34(《甲骨文合集》 5298의 反面)의 "雀入二百五十"[雀(인명)이 거북 2백50마리를 공물로 바쳤다]이 바로 甲橋 刻辭이다. 이러한 刻辭는 胡厚宣 이전에는 40여 년 동안 어느 누구도 주의한 적이 없었다. 胡厚宣은 이 방면에 관련된 대량의 자료를 수집하고 아울러 분석·연구하여, 甲橋 刻辭의 주요 辭例가 '某入'[어떤 사람이 공물을 바쳤다]·'某入若干'·'若干自某入'·'某來若干'·'來自某'·'某氏'·'某氏自某' 등임을 논증하였다. '入'은 '공물을 바치다'이고, '來'는 '공물이 오다'이며, '氏'는 '바치다'는 뜻이다. 기록된 내용은 占卜用의 거북이 어느곳에서 공물로 온 것인가에 관한 것이다. 또 '自某乞'·'乞自某'·'乞自某若干'·'某取自某' 등의 사례도 있다. 여기서 '乞'은 '구걸하다'·'구걸해서 얻다,' 즉 '징수하다'·'수취하다'는 뜻이다. 기록된 내용은 龜甲을 누가, 어느곳에서 징수하여 온 것인가를 말하는 것이다. 이밖에 '某示'·'某示若干' 등이 있다. '示'는 '검시하다'는 뜻이며, 기록된 것은 龜甲을 整治한 후에 또 어느 卜官의 손을 경유해서 검시하였나 하는 일을 말하는 것이다.

이른바 '甲尾 刻辭'는 일반적으로 모두 거북의 오른쪽 꼬리 부분에 있다. 董作賓은 〈商代 龜卜의 추측〉이라는 글에서 이를 '尾右甲'이라 불렀고, 唐蘭은 '尾右甲 卜辭'라고 불렀다.(〈關於尾右甲卜辭〉, 《國學季刊》 5권 3기 참조) 《甲骨文合集》 9373(그림 38)에 보이는 것이 甲尾 刻辭이다. 甲尾 刻辭의 주요 사례로는 '某入'·'某來' 등이 있는데, '來'와 '入'은 각각 '공물이 오다'와 '공물을 바치다'는 뜻이다. 刻辭와 비교해 보면, 甲尾 刻辭는 간단해서 공물로 들어온 거북의 구체적인 숫자를 기록한 경우가 매우 적다. 胡厚宣은 그 원인을 연구하여 "'甲尾'의 위치가 한정된 관계로 腹甲 刻辭와 서로 뒤섞일 염려가 있기 때문에 마침내 이를 생략한 것이 아니겠는가?"라고 말하였다. 다만 어떤 사람이 공물을 "2백25마리 들여왔다[入二百二十五]"고 기록한 일례가 《甲骨文合集》 9334(그림 39)에 보이는데, 이것은 甲尾 刻辭에 기록된 최대의 숫자이다.

이른바 '背甲 刻辭'는 거북의 背甲 反面에서 중간 근처의 갈라진 곳에 항상 새겨져 있는 1행의 記事文字이다. 예를 들면 《殷墟文字甲編》 2993(그림 40)에 보이는 것인데, 丙寅日에 어떤 사람에 의해 4屯이 검시되었음을 기록하고 있다.

甲骨學 연구의 초기 단계에는 背甲 刻辭가 적게 발견되었기 때문에 주의해서 연구하는 사람이 없었다. 胡厚宣은 최초로 이 작업을 체계적으로 하였다. 그는 이 방면에 관련된 刻辭의 예 13개를 수집하고, '某乞自某'·'某乞自某若干'·'某乞自某若干屯' 혹은 '某入若干'·'某來若干' 혹은 '某示'·'某示若干'·'某示若干屯' 등의 사례가 있음을 지적하였다. 背甲 刻辭의 '示若干屯'은 甲橋 刻辭에 보이지 않는다. '屯'은 '한 쌍'을 뜻하며, 좌우 背甲이 1屯이 된다. 이른바 '若干屯'은 약간의 背甲 쌍을 말한다.

이른바 '骨臼 刻辭'는 骨臼에 새긴 記事文字인데, 《甲骨文合集》 9408(그림 41)이 바로 이것이다. 骨臼 刻辭의 사례는 '自某'·'自某乞'·'乞自某若干屯'·'某乞自某若干屯'·'某自某乞若干屯'·'某示'·'示屯若干'·'某示若干屯'·'某示某若干屯'·'某示若干屯又一凸'·'某示若干屯又一◡' 등인데, 어떤 것은 날짜와 干支를 밝히기도 하였다.

이른바 '骨面 刻辭'는 《殷契佚存》 531(그림 42)에서 보이는 것처럼 뼈의 正面 하부의 비교적 넓고 얇은 곳에 새긴 것도 있고, 《甲骨文合集》 9386(그림 43)에서 보이는 것처럼 뼈의 反面의 가장자리 부근에 새긴 것도 있다. 骨面 刻辭의 기본 사례는 '自某'·'自某若干屯'·'乞自某'·'乞自某若干屯'·'某乞自某'·'乞于某若干屯'·'自某乞'·'乞若干屯' 등이며, 또한 '某示'·'某示若干'·'某示若干屯'이라고 한 것도 있다.

상술한 卜材 준비에 관련된 5종의 刻辭 중에서, 甲尾 刻辭와 骨臼 刻辭는 이전의 학자들에 의해서 이미 언급되었지만 잘못된 곳이 적지않다. 예를 들면 董作賓은 甲尾 刻辭의 '册入'(즉 册이라는 사람에게서 공물이 들어오다는 뜻)은 '册六' 또는 '編六'이라 단정하고, 龜版은 고대의 典册이라고 말하였다.[19] 오늘날에도 그 잘못을 답습하여, 甲骨文이 바로 중국 최초의 서적이라고 말하는 사람들이 있다. 후에 董作賓은 비록 이 부류의 刻辭가 "卜辭와 무관하다"고 주장하기는 하였지만, 그는 또 "어떤 史官이 당직 근무할 때 만든 것이다〔某史入値所爲〕"라고 잘못된 주장을 하였다.[20] 唐蘭은 1935년에 '冊六'·'編六'이 잘못임을 힘써 판별하였고, 아울러 이것이 記事文字라고 주장하며 "'入'과 '來'는 動詞이고 위의 글자는 名詞인데, 이것은 한 사람이 들어오고 나간 사정을 말한 것이다"라고 지적하였다.[21] 그러나 여전히 의미가 통하지 않으며, 어떤 사람이 龜甲을 공물로 들여왔음을 가리킨다는 뜻이 구명되지 않았다.

骨臼 刻辭도 역시 董作賓이 최초로 연구하였다. 그러나 그는 1933년에 이 부류의 刻辭는 '帚矛 刻辭'이며, "각 지역, 각 나라, 각 사람 및 방위를 담당하는 자에게 銅矛〔구리로 만든 창〕를 보낸 일을 전문적으로 기록한 문자"라고 주장하였다.[22] 1934년에 郭沫若은 그 주장이 잘못임을 힘써 판별하고, '帚某'는 武丁의 妃의 이름이며, '屯'〔董作賓이 '矛'라고 고석한 것〕은 '包'이며, 2개의 뼈가 합해서 1包가 된다고 말하였다. '示'는 '살펴본다'는 의미의 '眡'로서 사용을 마친 甲骨을 살펴보고 봉해서 보관하는 것을 가리키며, 그 성질은 오늘날 책머리에 서명해서 牙籤을 끼우는 것과 같다.[23] 唐蘭은 1936년에 〈卜辭 時代의 文學과 卜辭文學〉(《淸華學報》 11권 5기에 수록)이라는 글에서 刻辭의 '屯'字는 '豕'字의 거꾸로 쓴 형태라 하고, 아울러 骨臼 刻辭는 '제사를 점친 卜辭'라고 주장하였다. 1939년에 그는 〈天壤閣甲骨文存考釋〉에서 '示'를 人鬼로 보고, "帚□示는 諸婦〔형제의 아내〕가 갓 죽어서 이를 제사지낸 것"이라고 말하였다. 胡厚宣은 "中央硏究院에서 일찍이 발굴해서 얻은 것 및 공공 기관과 개인 소장가들이 소장하고 있는 부서진 甲骨 2,3만 편을 완전하게 해서 이를 자세히 구경해 보면, 甲骨 중에 卜兆가 있으면서 卜辭가 없는 것은 있지만, 卜辭가 있으면서 소속된 卜兆가 없는 것은 절대로 없음을 알게 된다"고 하면서 骨臼 刻辭는 '記事文字'라고 주장하였다. 그리고 5종의 記事 刻辭는 "卜兆를 鑽·灼한 흔적을 가지고 있는 예가 하나도 없으니, 그것은 절대로 卜辭가 아니라 반드시 卜辭 이외의 記事文字임을 알 수 있다"라고 말하였다.[24] 胡厚宣이 甲骨을 연구하여 얻어낸 5종의 記事 刻辭에 관련된 주장은 이미 학계에 보편적으로 받아들여져서 不易之論이 되

었다.

위에서 서술한 것을 종합해 볼 때, 우리는 '某入若干'이 기록되어 있는 甲橋·甲尾·背甲 등의 刻辭는 모두 商王에게 거북을 공물로 바친 일을 기록하였다는 것을 알 수 있다. 또 '乞自某若干'에 관련된 龜와 骨의 甲橋·背甲·骨臼·骨面 등에 기록된 것은 마땅히 龜甲과 獸骨을 구하고 채집한 일일 것이다. 그리고 '某示若干'에 관련된 甲橋·背甲·骨臼·骨面 등의 記事刻辭에 기록된 것은 모두 整治를 끝낸 龜甲과 獸骨을 검시하여 占卜用으로 준비한 일일 것이다.

주의해야 할 것은, 상술한 卜材 준비에 관련된 5종의 記事 刻辭는 祖庚 이후의 甲骨 중에는 결코 보이지 않으며, 대개 이런 記事 刻辭는 武丁 시기 특유의 기풍이다.[25] 이와 동시에 記事文字의 끝부분 또는 龜甲의 편벽된 곳에 항상 史官의 서명을 기록하는 풍조도 성행하였다.[26] '史官의 서명'의 각종 형태에 대해서는 胡厚宣이 비교적 이른 시기에 전면적으로 논술하였다.

史官의 서명은 背甲 刻辭의 뒤에 있는 것도 있고, 甲橋 刻辭의 뒤에 있는 것도 있다. 또한 앞에서 언급한 《甲骨文合集》9408(그림 41) 骨臼 刻辭의 '岳'字와 같이 骨臼 刻辭의 뒤에 있는 것도 있다. 또 《殷墟書契前編》7·25·2(그림 44)의 '犬'字와 같이 骨面 刻辭의 뒤에 있는 것도 있다. 이밖에도 記事 刻辭와 함께 있지 않고 별도의 행으로 새겨진 것이 있는데, 주요한 것으로는 《쿨링·칼팬트 소장 甲骨卜辭》320(그림 45)의 人名과 같이 背甲의 꼭대기에 있는 것이 있고, 《殷墟文字甲編》3030(그림 46)의 人名과 같이 甲尾의 反面에 있는 것이 있다. 제3기에도 史官이 서명한 예는 극히 드물어 단지 '狄'이라고 하는 史官의 이름이 하나 있을 뿐인데, 《殷墟文字甲編》1952(그림 47)가 바로 이러하다. 통계에 의하면 제1기의 武丁 시기에는 서명한 史官이 비교적 많아서 23명에 달한다. 제3기에는 단지 '狄'이라는 하나의 이름만이 있을 뿐이다. 기타의 각 시기, 즉 제2기의 祖庚·祖甲, 제4기의 武乙·文丁, 제5기의 帝乙·帝辛 시기에는 모두 史官이 서명한 일이 없다. 胡厚宣은 "이 史官의 서명은 記事文字의 끝에 많은데, 이 史官이 바로 일을 기록한 史官임을 알 수 있다. 史官의 서명을 기록한 예는 殷代에 이미 있었다고 한다"고 주장하였다.[27]

2) 表譜文字에 관하여

表譜文字는 卜辭의 중간에 섞여서 새겨져 있기도 하고, 甲骨의 비교적 편벽된 곳에 새겨져 있기도 하며, 폐기된 甲骨 위에 새겨져 있기도 하다.

表譜 刻辭에는 '干支表'가 있다. 《甲骨文合集》 11730, 《殷墟書契前編》 3·3·1, 《卜辭通纂》 1(그림 48)은 제1기 武丁 시기의 '干支表'이며, 版 위에는 6旬의 干支가 새겨져 있는데, 애석하게도 아랫부분이 떨어져 나갔다. 甲骨 기록 속에는 干支表가 자주 보이는데, 어떤 사람은 글자 연습용의 習刻이라고 주장하지만 郭沫若은 그렇게 생각지 않았다. 그는 干支表는 "임의로 契刻하였다는 말로 해석할 수 있는 것이 전혀 아니다"고 주장하였다. 아울러 그 중요성을 지적하여 "이것을 빌려 고대 曆法의 변천을 알 수 있다. 대개 고대인은 처음에 10干으로 날을 기록하였는데, 甲에서 癸까지가 1旬이 된다. '旬'은 '두루 다니다[遍]'의 뜻으로서 한 바퀴 돌아 다시 시작하는 것이다. 그러나 10이라는 주기는 너무 짧아 날짜가 혼동되기 쉬웠다. 그래서 다시 12支와 10干을 서로 짝지어서 복식의 干支記日法을 만들었다. '三旬式'이 많이 보이는 것은 대개 초기의 曆月에는 대소의 구분 없이 단지 3旬[30일]에 이르면 되었고, 나중에야 보충해서 60甲子가 되었기 때문일 것이다. 干支로 날짜를 기록하면 干支의 용도가 매우 복잡해지기 때문에 이러한 다수의 干支表가 존재하게 된 것이다. 이러한 表式이 卜辭와는 무관하지만, 그러나 卜辭를 읽고자 하는 사람은 반드시 이로부터 시작해야 한다……. 그러므로 이러한 干支表는 실로 고대 문자를 해독하는 관건이다"라고 말하였다.[28] 10干·12支 문자의 고석 및 기원에 관해서는 郭沫若의 〈釋支干〉이라는 글을 참고할 만하다.[29]

이른바 '家譜 刻辭'는 商王의 家系를 기록한 것이다. 《殷契卜辭》 209(그림 49)가 바로 家譜 刻辭인데, 이 刻辭는 15만 편의 全甲骨 중에서 많이 보이지는 않는다. 유명한 《쿨링·칼팬트 소장 甲骨卜辭》 1506편은 비록 于省吾가 "현재 우리가 볼 수 있는 단 하나뿐인 중국 3천여 년 전의 귀중한 譜牒史料"라고 주장하였지만,[30] 胡厚宣 같은 학자들은 이 甲骨片이 위조된 것이라고 극력 주장하였다.[31] 이 甲骨의 진위에 관한 학자들의 논쟁에 대해서는 本書 제9장 제2절 '甲骨文의 辨僞' 부분에서 서술하기로 한다.

3) 甲骨의 記事文字

이것은 甲骨上에 새겨진 卜辭〔卜材의 준비를 포함해서〕와 무관한 記事文字
이다. 예를 들면 그림 50에 보이는(《通》 361, 《龜》 2·2·12, 《前》 6·2·3)
刻辭 중에서 "己卯宜于義京羌三卯十牛. 中"〔己卯日에 義京에서 羌人 3명과 쪼
갠 소 10마리를 犧牲으로 삼아 宜祭를 지냈다. 가운데이다〕이라고 한 부분이
다. 또 '左'와 '右'의 記事도 있다.[32] 이러한 記事文字는 대부분 卜辭와 어느
정도 거리가 있는 곳에 새겨져 있다. 또 다른 예로 《殷墟文字乙編》 8653, 《殷
墟文字甲編》 3913·2386, 《殷墟書契精華》 3, 《殷墟文字甲編》 2504, 《殷墟文
字甲編》 3361, 《殷墟書契前編》 1·45·5, 8·8·3 등이 있다. 甲骨의 反面
에 새겨진 것도 있는데, 예를 들면 《甲骨文合集》 7780의 反面, 7814의 反面
등이 이러하다.

4) 非甲骨의 記事文字

이것은 龜甲이나 牛肩胛骨이 아닌 獸骨에 새겨진 記事文字를 말하며, 人
頭 刻辭·鹿頭 刻辭·牛頭 刻辭·骨柶 刻辭·虎骨 刻辭 등을 포괄한다. 石
器·玉器·銅器·陶器上의 문자는 이미 甲骨學의 연구 범위를 벗어나므로
소개하지 않는다.

이른바 '人頭 刻辭'는 사람의 두개골에 새겨 쓴 문자이다. 이러한 습속은
당연히 商代의 "여러 邦方의 군장들이 殷邦과의 전쟁에 패해서 포로가 되면,
후에 이들을 죽여서 殷의 先王에게 제사지냈다"는 사실과 관련이 있다. 살해
하여 제사지낸 方伯의 두개골에 항상 그 일을 새겨 기록하였는데, 이는 역사
서에 기록된 습속과 서로 비교할 수 있다. 《史記·大宛列傳》에는 "모두 匈
奴가 月氏의 왕을 격파하고 그의 머리를 술잔으로 삼았다고 말하였다〔皆言
匈奴破月氏王, 以其頭爲飮器〕" 하였고, 《戰國策·趙策》에는 "知伯의 머리를
술잔으로 삼았다〔以知伯頭爲飮器〕"고 기록되어 있다. 그리고 商代의 이른바
'用'은 '그를 죽여 제사지냈다'는 뜻이다. 甲骨文 중에서 어느 方伯, 특히
어느 方의 사람이 '人牲'〔사람 희생〕으로 사용되었다는 기록이 많은데,[33] 人
頭 刻辭에 사용된 人頭의 내원은 이것에 지나지 않는다. 예를 들면 《殷墟卜
辭綜述》 도판 14의 '善齋藏人頭骨刻辭'(그림 51)가 바로 이것이다.

이른바 '鹿頭 刻辭'는 사슴의 두개골에 새겨진 문자이다. 殷墟의 과학적 발굴로 얻은 甲骨文 중에 모두 2건의 鹿頭 刻辭가 있는데, 하나는《殷墟文字 甲編》3940(그림 52)이고, 또 하나는《殷墟文字甲編》3941이다.《殷墟文字甲編》3940에는 "戊戌王蒿田……文武丁必……王來征……"〔武戌日에 왕이 蒿(지명)에서 사냥을 하였는데, ……文武丁의 宗廟……왕이……방을 정벌하고 돌아왔다〕이라고 기록되어 있는데, 이것은 제5기 帝乙·帝辛 시기의 산물이다.

이른바 '牛頭 刻辭'는 소의 두개골에 새겨진 記事文字이다. 殷墟의 과학적 발굴로 단지 1건을 얻었는데, 즉《殷墟文字甲編》3939(그림 53)이다. 여기에는 商王 아무개가 肜 제사를 지낸 뒤에 어느곳에서 사냥을 하여 이 백색의 들소를 잡은 일이 기록되어 있다. 이것은 제5기 帝乙·帝辛 시기의 산물이다.

이른바 '骨柶 刻辭'는 모두 2건이 발견되었다. 1건은《殷契佚存》518(그림 54)에, 또 1건은《殷契佚存》427에 각각 기록되어 있다. 이 刻辭는 '宰丰骨'이라고도 부르는데, 이것의 고석은 郭沫若의《殷契餘論》에 수록된 '宰丰骨 刻辭'라는 論文에 자세하므로[34] 더 이상 언급하지 않겠다.

이른바 '虎骨 刻辭'는 호랑이뼈에 기념하는 내용을 새긴 문자이다. 87년 동안에 殷墟에서는 단지 1건의 虎骨 刻辭가 출토되었는데, 原件은 현재 캐나다 토론토박물관에 소장되어 있다. 虎骨 刻辭의 탁본은 이미《화이트 등 收藏 甲骨文集》B1915(그림 55)에 수록되었는데, 辛酉日에 商王이 鷄錄에서 사냥하여 호랑이를 잡은 일이 기록되어 있다. 이것은 제5기 帝乙·帝辛 시기의 산물이다.

이상에서 언급한 占卜과 무관한 記事文字는 실제 殷商 時代의 '응용문'이다. 우리는 虎骨 刻辭가 좌에서 下行하여 우로 향하는 것을 제외하고, 나머지는 대부분 우에서 下行하여 좌로 향하고 있음을 알 수 있다. 문자 개혁 후에 서사 습관은 좌에서 우로 향하는 가로쓰기로 바뀌었지만, 이전에는 우에서 下行하여 좌로 향하는 서사 습관을 가지고 있었다. 그 유래는 매우 오래되어 3천여 년 전의 商王朝에서 시작된 것이다.[35]

제3절 殷人의 一事多卜과 卜辭同文

殷人은 매번 거북을 지져 占卜을 하면 兆枝의 왼편(혹은 오른편) 위쪽에 兆序를 새기고, 점이 끝나면 물은 일을 관련된 卜兆 부근에 새기는데, 이것이 바로 일반적으로 말하는 卜辭의 '守兆'이다. 甲骨上에서 刻辭의 방향은 일반적으로 '迎兆'〔兆를 맞이하는 방향〕이며 '犯兆'〔兆를 거스르는 방향〕가 아니다. 통속적인 말로 바꾸어 말하면 刻辭의 방향과 兆枝는 공교롭게도 서로 반대되지만, 또한 글자를 卜兆 위에 새길 수 없다. 兆序는 부근의 卜兆와 밀접한 관계를 가지고 있을 뿐 아니라 또한 卜兆 부근의 卜辭에 관련된 占卜 횟수를 표시한다.

殷人은 占卜을 할 때 왕왕 正面에서 묻고 다시 反面에서 묻는데, 이것이 바로 이른바 '正反對貞'이다. 殷人의 占卜은 한 가지 일로 한 번 卜問하는 一事一卜의 경우도 있지만, 그러나 상당수의 卜辭는 한 가지 일로 여러 번 卜問한 一事多卜이다. 또 一事一卜, 一事三卜(《前》 7·2·2, 그림 56), 一事四卜, 一事五卜, 一事六卜, 一事七卜, 一事八卜(그림 57, 《前》 3·1·1), 一事九卜……一事十八卜까지 있다.

그러나 殷人의 一事多卜은 또한 여러 甲骨에 한 것이 있는데, 즉 동일한 卜辭를 항상 여러 개의 甲骨에 새긴다. 즉 이것이 오늘날의 이른바 卜辭同文의 예이다.[36] 어떤 사람들은 이것을 '成套 卜辭' 또는 '成套 甲骨'이라고도 부른다.[37] 甲骨文 중에는 '卜辭同文'의 예가 적지않지만, 과거의 연구자들은 이것에 눈을 돌리지 않았다. 胡厚宣은 처음으로 이것에 주의를 하고 전면적으로 정리한 후에 "2판 혹은 2판 이상의 甲骨에 1개의 刻辭가 동일한 것이 있고, 2개의 刻辭가 동일한 것, 3개의 刻辭가 동일한 것, 4개의 刻辭가 동일한 것, 5개의 刻辭가 동일한 것, 6개의 刻辭가 동일한 것, 7개의 刻辭가 동일한 것, 8개의 刻辭가 동일한 것, 여러 개의 刻辭가 동일한 것 등이 있다. 또한 刻辭가 같으면서 卜序가 같은 것이 있고, 文句는 같으나 사실이 다른 것이 있고, 文句는 같으면서 一事가 正面과 反面의 양면에 새겨진 것이 있다"는 사실을 발견하였다.[38]

이른바 '一辭同文'은 동일한 일이 여러 甲骨에서 반복하여 卜問된 것인데,
여러 甲骨에 새겨진 卜辭 文句는 완전히 상동하며 단지 兆序가 다를 뿐이다.
두 번의 卜問이 文句가 같은 것〔二卜同文〕은 그림 58의 《殷墟書契後編》下册
37·2와 《쿨링·칼펜트 소장 甲骨卜辭》 1596이다. 이 2판은 모두 牛肩胛骨
상부의 骨臼 근처이며, 《殷墟書契後編》下册 37·2가 첫번째 卜問이고,《쿨
링·칼펜트 소장 甲骨卜辭》 1596이 두번째 卜問이다.

세 번의 卜問이 文句가 같은 것〔三卜同文〕은 그림 59의 《殷墟書契後編》
上册 16·8 및 《殷墟書契前編》 5·22·2인데, 이 2판의 肩胛骨은 모두 右肩
胛骨 상부의 骨臼 근처이다. 《殷墟書契後編》上册 16·8은 두번째 卜問이고,
《殷墟書契前編》 5·22·2는 세번째 卜問이며, 本辭인 첫번째 卜問이 새겨진
肩胛骨이 마땅히 있어야 하나 수록된 것을 아직 보지 못했다. (아직 발견되
지 않았거나 혹은 보존되지 못했을 가능성이 있다.)

네 번의 卜問이 文句가 같은 것〔四卜同文〕은《퍼거슨 소장 甲骨文字》 11,
《殷墟書契前編》 4·24·1,《殷墟書契後編》上册 16·11,《殷墟書契前編》 4·
24·3(그림 60) 등의 4판인데, 이는 靈妃의 不死에 관해 네 차례 卜問한 것
이다.

또 한 가지 일을 다섯 차례 卜問한 것〔一事五卜〕이 있는데, 이것은 물은 일
이 5개의 甲骨에 나누어져 卜問이 진행된 것이다.

이른바 '二辭同文'은 여러 甲骨에 卜問한 두 가지 일이 상동하지만 점친
횟수가 일치하지 않는 것이다. 두 번 卜問한 것을 보면,《殷契佚存》 862에서
卜問한 두 일은 모두 첫번째 卜問이다.《龜甲獸骨文字》 2·24·5는 다른 甲
骨로서 卜問한 두 일이 각기 위의 판과 동일하지만 모두 두번째 卜問한 것
이다.(그림 61) 세 번 卜問한 것이 있는데, 이는 동일한 版 위에서 점친 두
가지 일이 반드시 세 조각의 甲骨로 세 번의 占卜을 해야 한다.

이른바 '三辭同文'은 한 조각의 甲骨에다 세 가지 일을 卜問한 후에, 다시
다른 甲骨에다 계속해서 上版의 세 가지 일을 卜問한 것이다. 胡厚宣의 연
구에 의하면, "三辭同文의 예는 모두 두 번 占卜을 하였는데"[39] 즉 두 조각
의 甲骨에 새겨진 세 가지 일이 모두 동일하다.

그리고 '四辭同文'은 한 조각의 甲骨에 네 가지 일을 卜問한 후에, 다시

다른 甲骨로 계속해서 이와 동일한 네 가지 일을 卜問한 것이다. 四辭同文에는 2개의 甲骨을 이용한 것도 있고, 3개의 甲骨을 이용한 것도 있다. 그리고 '六辭同文'은 한 조각의 甲骨에 여섯 가지 일을 卜問한 후에, 다시 다른 甲骨에다 계속해서 이것과 같은 여섯 가지 일을 卜問한 것이다. 비록 각 版의 刻辭 文句가 약간 다르기도 하지만, 그러나 역시 각 版은 卜辭에서 卜問한 일과 관련이 있음을 알 수가 있다.

이른바 '八辭同文'은 1판의 甲骨에 여덟 가지 일을 卜問한 후에, 다시 다른 甲骨에다 계속해서 이와 동일한 여덟 가지 일을 卜問한 것이다. 2판의 甲骨을 이용한 것이 있는데, 예를 들면 《殷契佚存》374 및 《簠室殷契徵文·征伐》1과 《簠室殷契徵文·天分》1이 바로 이것이다.(그림 62)

또 이른바 '多辭同文'의 예가 있다. 이는 1판의 甲骨에 여러 조의 卜辭가 있으며, 다른 甲骨에도 동일한 刻辭가 있는 것이다. 二卜 즉 2판인 것이 있고, 三卜 즉 3판인 것이 있으며, 四卜 즉 4판인 것이 있다. 예를 들면 《甲骨續存》388, 《殷墟文字乙編》6877, 《殷墟文字乙編》727이 바로 제2판·제3판·제4판이며, 제1판은 없어졌다.(그림 63)

그리고 이른바 '同文正反'은 다른 甲骨에 어떤 일을 占卜하는데, 어떤 甲骨 刻辭는 正問이 되고, 어떤 甲骨 刻辭는 反問이 된 것이다. 일반적으로 여러 貞人에 의해 완성되기 때문에 '同文異史'라고도 부른다. 예를 들면 《殷墟書契續編》3·2·2와 《殷墟書契前編》7·35·1은 똑같이 '癸酉'日에 점친 것으로, 卜問한 내용은 모두 工方을 정벌하는 일이며, 단지 貞人만이 다르다.(그림 64)

위에서 서술한 이른바 '卜辭同文'의 여러 가지 경우는[40] 실제로 한 가지 일을 여러 번 卜問한 후에 내용이 같은 卜辭를 다른 甲骨에 새긴 것이다. 兆序의 繫連은 그것들 사이의 관계를 알게 해준다. 그래서 어떤 학자는 조를 이루거나 세트를 이루는 이러한 甲骨을 '成套甲骨'이라고 부른다.[41] 한 가지 일을 여러 번 卜問한 뒤에 卜辭를 1개의 龜甲(혹은 獸骨) 위에 새긴 것이 있는데, 이것이 바로 同版 甲骨上의 '同文 卜辭'이다. 어떤 사람은 이를 同版 甲骨上의 '成套 卜辭'라고 부른다. 예를 들면 《殷墟文字乙編》6668에서 오른편의 1辭·2辭·3辭는 동일한 文句이고, 왼편의 1辭·2辭·3辭 역시 동일

한 文句인데, 한 세트의 卜辭가 卜問한 내용이 동일하다.(그림 65)

龜甲과 獸骨의 同文 卜辭와 成套 甲骨 연구의 범례를 설명하는 작업은 胡厚宣에 의해 최초로 체계화되었다. 그후에 張秉權은 또한 그 결함을 적지않게 보충하고, 아울러 심도 있는 연구 작업을 하였다. 同文 卜辭와 成套 甲骨의 인식은 甲骨學을 연구하는 데 매우 의의가 있다. 동일한 甲骨版上의 同文 卜辭는 우리가 각 조를 이용해서 판독이 어려운 글자를 상호 대조할 수 있게 해주며, 또 卜辭가 왜 다른 것과 달리 생략되는 경우가 있는지 인식할 수 있게 해준다. 원래 그것이 對貞 혹은 成套 卜辭의 가운데에 위치한 관계로 말미암아 중복해서 완전한 문장을 써내려갈 필요가 없으며, 또한 한 번 보면 알 수가 있다. 이밖에 殷人은 매번 卜問할 때마다 하나의 卜辭를 새길 경우도 있고, 또 여러 차례 卜問을 하고서 하나의 卜辭를 새길 경우도 있는데, 앞에서 예로 든 《殷墟文字乙編》 6668(그림 65)은 아홉 차례 卜問한 것이다. 이 때문에 卜辭의 수가 반드시 당시에 행해진 진정한 占卜의 횟수를 대표할 수 있는 것은 결코 아니다. 그래서 卜辭의 통계를 이용해서 殷代 역사 연구의 기초로 삼는 것은 단위상, 그리고 방법상 엄중한 문제를 발생시킨다. 다시 말해서 우리가 卜兆의 序數를 무시하고서 단지 1조 혹은 1편의 卜辭를 가지고 한 번의 貞卜을 대표한다면, 상술한 여러 가지 成套 卜辭와 成套 腹甲의 예에 대해 통계시 필연적으로 수를 중복해서 계산하게 될 것이다. 이렇다면 통계의 단위에서 먼저 엄중한 문제가 발생할 것이며, 얻은 결과 역시 정확치가 못할 것이다.[42] 이는 우리가 연구할 때 주의해야 할 것이다.

현재의 자료에 근거하면, 한 세트를 이루는 龜甲과 獸骨은 아직 5판 이상을 초과한 적이 없다. 한 세트의 거북은 크기가 기본적으로 같은데, 이로 볼 때 평상시에는 卜材인 거북을 의도적으로 한곳에 보관하고 점을 칠 때에는 하나하나 사용했을 가능성이 높다.

제4절 특수한 卜辭의 예

비록 절대다수의 卜辭의 격식과 규범이 '천편일률' 적이라고 말할 수 있지만, 그러나 문자 刻寫의 측면이나 단어의 측면, 行款의 측면 및 占卜 契刻의 측면에서 일반적인 卜辭와 크게 다른 卜辭도 있다. 이 卜辭들의 특수한 점을 인식하면 우리가 그것들을 통독하는 데 도움을 준다.

1) 문자의 측면에서, 글자가 작은 일부 卜辭들은, 대부분 칼을 따라 한 번 새기면 바로 글자가 될 수 있기 때문이다. 그것들은 먼저 서사를 거치지 않아서 대조 작업이 한번 적기 때문에 항상 奪字·衍字·誤字가 있는 부분이 나온다. 또 잘못이 발견된 곳을 뺀 것도 있고, 첨가시킨 것도 있으며, 뺐다가 다시 첨가시킨 것도 발견된다. 이 예는 각 시기의 卜辭 속에서 대단히 많이 보인다.[43]

이른바 '奪字'는 契刻할 때 글자를 빠뜨린 것이다. 奪字가 들어 있는 卜辭의 文意는 불완전하기 마련이다. 이러한 정황은 제1기부터 제5기까지의 甲骨文에서 모두 발견할 수 있다. 예를 들면 《殷墟書契續編》 3·8·9편의 "共征土方"은 마땅히 "共人征土方"〔사람들을 불러모아 土方을 정벌하였다〕으로서 '人'字 하나가 빠진 것이다.(그림 66)

'衍字'는 글자를 더 많이 새긴 것이다. 예를 들면 《殷契粹編》 1212의 "□□〔卜〕, □, 〔貞〕□□父丁□亡尤, 在在自賣卜"(그림 67)에서는 마땅히 "在自賣卜"〔사료(지명)에서 점을 쳤다〕이 되어야 하는데, '在'字가 하나 더 새겨져서 "在在自賣卜"이 되었다.

'誤字'는 卜辭의 글자를 잘못 새긴 것이다. 예를 들면 《殷契卜辭》 275편(그림 68)의 "甲卯卜, 貞王賓……"〔甲卯日에 점을 쳤다. 점쳐 물었다. "왕이…… 賓祭를 지냈다〕에서 '甲卯'의 地支 '卯'는 분명히 잘못 새긴 것이다. 왜냐하면 '六甲'은 甲子·甲寅·甲辰·甲午·甲辛·甲戌이며, 甲卯는 없기 때문이다.

卜辭를 새기면서 글자를 빠뜨렸다가 나중에 다시 첨가시킨 경우도 있다. 예를 들면 《殷墟書契前編》 7·30·4(그림 69)의 卜辭는 "〔乙〕酉卜, 爭, 貞乎婦好先共人于龍"〔乙酉日에 점을 쳤다. 貞人 爭이 점쳐 물었다. "婦好에게 먼저 龍(지명)에 가서 사람들을 모으라고 명령해도 되겠습니까?"〕인데, '好'와 '共'字 사이의 '先'字는 분명히 첨가시킨 것이다. 글자를 빠뜨렸다가 보충시킨 예는 각 시기에 많이 있다. 《殷契佚存》 216＋《殷墟文字甲編》 2282편(그림

70)의 "□未卜, 求自上甲·大乙·大丁·大甲·大庚·〔大戊〕·中丁·祖乙·
祖辛·祖丁十示率牡"〔□未日에 점을 쳤다. 上甲·大乙·大丁·大甲·大庚·
〔大戊〕·中丁·祖乙·祖辛·祖丁 등의 先王 열 분에게 수소의 피와 기름을 가
지고 求祭를 지내도 되겠습니까?")에서, 卜辭 중의 '求'와 '上甲' 사이에는
'自'字가 첨가되었고, 아울러 그 옆에 첨자 기호가 새겨져 있다.

　또한 어떤 卜辭는 글자를 새긴 후에 다시 뺐다. 예를 들면《殷墟書契》634
의 '癸□甲' 중에서 '癸'字 위에 동그라미를 그렸는데, 이것은 이 글자가
이미 동그라미로 삭제되었음을 나타내 준다.(그림 71)《殷墟書契後編》上册
12·12+《殷墟書契後編》上册 13·2편(그림 72)의 癸卯日 卜辭는 '王步'의
뒤에 원래 '武帝亡災'라는 두 글자가 새겨져 있었지만 후에 "貞王步亡"〔점
쳐 물었다. "왕이 걸어서 갔는데 ……이 없겠습니까?")와 "災, 在八月"〔재앙이
있었다. 때는 8월이다)의 2행 사이에 또 "自某于某"〔어느 지역에서 어느 지역
으로 갔다)라는 1행을 첨가시켰다. 원래 새겼던 '步亡'의 '亡'字를 빼고 다
시 작은 '亡'字 하나를 새겨 '災'字와 연결시켰다.

　이밖에 또 어떤 卜辭에는 문자 사이에 글자를 새기지 않은 빈 곳이 있는
데, 이것이 바로 '空字未刻'의 예이다. 卜辭 중의 빈 곳은 地名이 많고, 人
名이 그 다음이며, 간혹 날짜를 기록하는 干支일 경우도 있다. 이로써 卜辭
의 계각은 반드시 貞卜을 한 당일에 하는 것은 아니며, 정복한 지 며칠 뒤
에 한 것도 있음을 알 수 있다. 비워 놓고 契刻하지 않고서 다른 날 보충하
기를 기다리는 것이다.[44]《殷墟書契續編》3·35·4의 卜辭는 "〔辛〕　　卜, 出,
貞今夕亡禍"〔(辛)□日에 점을 쳤다. 貞人 出이 점쳐 물었다. "오늘 밤에 재앙이
없겠습니까?")(그림 73)인데, 이 卜辭 중에서 '辛'字 뒤의 빈 곳은 마땅히 새
기지 않고 보충을 기다리는 地支字의 자리이다.

　또 어떤 卜辭 중에는 通篇과 거꾸로 된 別字가 있는데, 廩辛·康丁 때의
卜辭 중에 가장 빈번하게 보이며, 특히 '貞人' 彭은 倒字〔거꾸로 쓴 글자) 쓰
는 것을 가장 좋아하였다. 武丁 및 帝乙·帝辛 때의 卜辭 중에도 간혹 이러
한 것들이 있다. 그리고 武丁 때의 '甲尾 刻辭'를 보면, 거북을 공물로 바친
사람의 이름도 매번 거꾸로 쓰는 것을 좋아하였다.[45]《殷墟書契後編》上册
26·5편에서 "甲辰卜, 賓, 貞帝于……"〔甲辰日에 점을 쳤다. 貞人 賓이 점쳐

물었다. "……에게 禘祭를 지내도 되겠습니까?")(그림 74)의 '帝'字도 거꾸로 새긴 것이다.《殷墟文字甲編》2417편에 나오는 貞人의 이름인 3개의 '彭' 字도 모두 거꾸로 새긴 것이다.(그림 75)

또 글자를 기울여 쓴 경우도 있다. 예를 들면《殷墟文字甲編》2079편의 '鹿'字는 글자를 기울여 쓴 것이다.(그림 76) 이것은 제3기 廩辛·康丁 때 의 일종의 풍조인데, 通篇이 모두 바로 쓴 글자이지만 그 중에서 간혹 1자 를 기울여 썼다.[46] '卜王'卜辭의 兆序 중에도 글자를 기울여 쓴 것이 있는데, 예를 들면 앞에서 언급한《殷契粹編》1328(그림 18)의 兆序 5·6·7·8·9 가 바로 이것이다.

어떤 卜辭 중에는 매우 드물게 문자의 契刻이 벌어져서 마치 두 글자처럼 보이는데, 이것이 바로 이른바 '一字析書'이다.《殷墟文字甲編》903(그림 77)의 '洹'字는 마치 '亘'과 '水' 두 글자로 분리된 것처럼 보인다.

2) 단어 중에도 특수한 예가 있다.

卜辭의 人名에는 모두 정해진 규율이 있다. 그러나 어떤 경우에는 두 글 자의 선후가 전도되어 있는데, 이것이 바로 이른바 '人名倒稱'이다.《殷契粹 編》193(그림 78)의 '甲大'는 사실 '大甲'을 거꾸로 새긴 것이다.

또 干支와 成語가 거꾸로 새겨진 경우도 있다.《殷契佚存》493(그림 79) 의 '辰庚卜'은 '庚辰卜'〔庚辰日에 점을 쳤다〕을 잘못 새긴 것이다. 그리고 《殷墟書契前編》2·3·4의 '災亡'은 마땅히 '亡災'〔재앙이 없다〕가 전도된 것이다.(그림 80)

3) 卜辭의 行款 방면에도 또한 常例와 다른 것들이 일부 있다. 어떤 敍辭 나 命辭는 너무 무질서하게 되어 있어서 거의 붙여서 읽을 수 없을 정도이 다.《殷墟文字甲編》2773편(그림 81)의 "貞旬亡卜壴癸丑禍"는 실제로 "癸丑 卜, 壴, 貞旬亡禍"〔癸丑日에 점을 쳤다. 貞人 壴가 점쳐 물었다. "다음 열흘 동 안 재앙이 없겠습니까?"〕이다.

일반적으로 下行하여 좌(혹은 우)로 향한 것과는 달리 橫行(즉 가로쓰기) 의 卜辭도 있다. 어떤 것은 우에서 좌로 橫行하였는데, 예를 들면《殷墟書契

後編》下册 3·8(그림 82)이다. 또 어떤 것은 좌에서 우로 橫行하였는데, 예를 들면 《殷墟文字甲編》2333(그림 83)의 "上甲·報乙·報丙·報丁"이 바로 이것이다.

또한 좌우 겸행의 卜辭도 있다. 일반적인 卜辭의 常例는 마땅히 左行 아니면 右行이다. 그러나 어떤 때는 "甲骨의 남는 공간이 부족하여 左行인 것이 간혹 右行으로 돌기도 하고, 右行인 것이 左行으로 돌기도 하며, 혹은 좌에서 돌아 右行을 하기도 한다."[47] 《殷契佚存》281(그림 84)의 "辛巳卜, 狄(居中), 貞王田往(居右)來亡災(居左)"〔辛巳日에 점을 쳤다. 貞人 狄이 점쳐 물었다. "왕이 사냥하러 갔다오는 데 재앙이 없겠습니까?"〕가 바로 이 예이다.

牛肩胛骨의 좌우 가장자리 부분에 새겨진 卜辭도 왕왕 구역이 나뉘어 계각되었다. 이것은 위치가 협소하여 글자를 지나치게 크거나 많이 새길 수 없기 때문이다. 그렇지 않으면 하나의 卜辭가 부득이 상하 두 토막으로 나뉠 수밖에 없다."[48] 이것이 바로 "한 卜辭가 두 토막으로 나뉘어 契刻되었다"는 것이다. 예를 들면 《殷墟書契前編》1·52·5(그림 85)는 한 卜辭의 敍辭 "壬寅卜……"〔壬寅日에 점을 쳤다……〕과 命辭 "貞王……"〔점쳐 물었다. 왕이……〕을 두 토막으로 나누어 契刻한 것이다.

동일면상의 卜辭의 방향이 서로 전도된 것도 있는데, 예를 들면 《殷墟文字甲編》2766(그림 86)에서 상부의 "□□卜, 何, 〔貞〕……鬯祖辛"〔□□日에 점을 쳤다. 貞人 鬯가 점쳐 물었다. "……先王 祖辛에게 향술로 제사지내도 되겠습니까?"〕은 위에서 아래로 향하여 常例와 다름이 없다. 그러나 하단의 卜辭 "貞其令乎射鹿. 馭"〔점쳐 물었다. "사슴을 쏘라고 명령해도 되겠습니까?" 복이 왔다〕는 전체가 도치되어 常例의 방향과 상반된다. 또 어떤 甲骨은 正面·反面의 글자 방향이 서로 전도되어 常例의 正面·反面의 글자 방향과 일치하지 않는다. 예를 들면 《殷墟文字甲編》2698(그림 87)에서 正面에 새겨진 各辭의 방향은 常例인데, 反面의 2자는 骨을 도치시켜 새긴 것이다.

4) 占卜 契刻 방면의 특수한 예

일부 刻辭는 常例와 다르기는 하지만 이는 글자나 단어 혹은 行款 방면으로 인한 착오가 아니고, 또 설계의 周密性이 부족하여 조성된 것도 아니다. 그 이유는 어느 정도 占卜 순서와 관계가 있다. 예를 들면《殷契粹編》1424(그림 88)의 占卜에는 2명의 貞人이 기록되어 있다. 商代 각 시기의 占卜 중에, 貞人의 기록이 비교적 적은 제4기의 卜辭(단지 '歷'이라고 하는 1명만이 있음)를 제외하면, 기타 각 시기의 卜辭에는 貞人이 자주 기록되어 있다. 일반적으로 말해서, 한 卜辭에는 1명의 貞人만이 기록된다. 그러나 2명이 같이 점을 친 것도 있다. 이 甲骨片上에 출현한 한 貞人은 매번 爭·賓·內 등과 같은 다른 史官과 함께 점을 쳤으며, 또 祖庚·祖甲 때에도 大와 卽이라는 2명의 史官이 함께 점을 친 예이다. 그 원인을 따져 보면, 때로 그 중의 한 史官이 뒤에 등장한 관계로 貞卜의 일에 대해 아직 익숙치 못하기 때문에 늘 다른 史官을 데리고 함께하며 그를 도와 준 것이다.[49]

商人의 占卜 契刻은 대부분 당시에 한 것이다. 즉 한 卜辭의 敍辭·命辭·占辭는 점을 친 후에 그 자리에서 기록한 것이다. 단지 驗辭만은 약간의 시일이 경과한 뒤에 점친 일을 보충 기록한 것이다. 그러나 '追刻 卜辭'라고 하는 특수한 예도 있다. 이른바 '追刻'은 貞卜한 날을 기록한 敍辭로서, 命辭 중에 기록된 貞卜日과 다르다. 예를 들면《殷墟文字甲編》697(그림 89)에서 敍辭는 '癸未'이지만, 命辭 중에서는 '今乙酉'이다. 癸未와 乙酉는 3일간의 거리가 있으므로, 이것은 마땅히 癸未日에 占卜을 한 뒤 3일이 지난 '今乙酉'日에 추각한 것이다.

제7장
甲骨文의 시기 구분(上)

이 책의 제3장 제2절 '甲骨文 시기의 확정과 殷墟인 小屯村의 연구'에서 "甲骨文이 '殷王朝의 유물'이라고 확정한 것은 그것의 학술적 가치를 대대적으로 제고시켰고, 사료가 부족한 殷商 文化의 연구를 위해 시대가 명확한 귀중한 자료를 제공해 주었다"고 지적하였으며, "小屯村이 盤庚이 殷으로 천도한 후인 商代 말기의 도성이라는 것에 관한 연구는 甲骨文이 商代 말기의 유물임을 명확하게 해주었을 뿐 아니라, 한걸음 나아가서 이후 진행된 시기 구분 연구를 위해 구체적인 시간 범위를 확정해 주었다"고 말한 적이 있다. 그러나 단지 이와 같다면 아직 甲骨學과 殷商史 연구의 수요를 만족시켜 줄 수는 없다.

이것은 우선 盤庚이 殷으로 옮기고 紂가 멸망하기까지 대략 2백73년에 걸쳐 있는 商代 말기 사회의 정치와 경제의 발전이 결코 고정불변했던 것이 아니고 끊임없는 변화와 발전중에 있었기 때문이다. 그래서 오직 이 시기 甲骨文 자료들의 시기를 구분해야, 즉 이 15만 편의 甲骨 자료를 각기 그것이 해당되는 王世의 구체적 시기에 귀속시켜야 비로소 商代의 사회·역사와 관련된 연구를 믿을 만한 기초 위에 둘 수 있는 것이다. 둘째, 15만 편의 商代 말기의 甲骨文 자체는 문자·예제·경제·정치 등 각 방면의 내용에 있어서 매시기마다 각자의 특징을 가지고 있기 때문이다. 그래서 甲骨學 자체가 발전하려면 반드시 甲骨 자료의 시기 구분 연구를 해야 할 뿐 아니라, 대량의 자료 역시 시기 구분 연구를 위해 가능성을 제공해야 한다. 셋째, 1928년에 시작된 殷墟의 과학적 발굴 작업은 甲骨文의 시기 구분 연구에 대량의 새로운 자료와 중요한 계시를 제공해 주었다. 그러나 殷墟 文化 시기 구분의 절대 연대를 확정하는 데에도 甲骨學 시기 구분 연구의 성과가 적절한 보충 증거를 제공해야 하기 때문이다.

甲骨學의 대가 董作賓이 〈甲骨文斷代研究例〉라는 대작을 1933년 발표하기 이전에는, 비록 여러 선배학자들이 甲骨文의 시기 구분 연구에 대해 약간의 탐색을 한 적은 있지만, 그러나 그들은 商代 말기 2백73년 동안 '축적'된 甲骨學 자료를 단지 '平面' 즉 횡적인 처리만을 하고, 이를 막연하게 '殷墟書契' 또는 '殷墟甲骨文'이라고 불렀다. 董作賓의 이 저작이 발표되고 나서야 비로소 商代 말기 2백73년의 甲骨文의 혼돈 상태가 깨졌으며, 정확하게 종횡으로 관통하게 되었는데, 15만 편의 甲骨文은 이로써 전부 經緯 중에 있게 되었다.

甲骨文의 시기 구분의 기본 이론과 방법을 파악하는 것은 甲骨學을 처음 배우는 사람에게 매우 필요할 뿐 아니라, 또한 甲骨學과 殷商史를 연구하는 데 중요한 기초 작업 중의 하나이다. 이렇게 해야만이 각 시기의 卜辭를 원래의 시기로 환원시킬 수 있으며, 그러면 卜辭의 가치는 더욱 증대될 것이고, 막연한 殷代 2백 년의 卜辭에서 어느 한 제왕 시기의 제1차 사료로 도약할 것이다.[1]

제1절 甲骨文 시기 구분의 탐색

다른 考古 자료가 새로 출토될 때와 마찬가지로 1899년 殷墟에서 甲骨文이 발견된 이후에 학자들이 해결에 착수한 중요한 문제 중의 하나는 바로 그것의 시대를 판명하는 일이다. 이른바 시대를 판명한다는 것은 두 방면의 내용을 포함한다. 하나는 그것의 대시대이다. 다시 말하면 유구한 중국 역사의 발전 중에서 그것이 어느 단계(혹은 朝代)에 해당하는가 하는 것이다. 이 문제는 학자들의 탐색을 통해 甲骨文이 商代 말기의 유물이라는 것으로 확정되었다. 다른 하나는 그것의 구체적인 시기이다. 중국 역사상의 商王朝는 다시 여러 시기(혹은 王世)로 구분된다. 각 甲骨片이 과연 어느 商王의 시기에 해당하느냐 하는 것인데, 이것은 연구 중에서 반드시 분명하게 밝혀야 하는 것이다. 왜냐하면 甲骨文의 구체적인 시기를 판명해야만이 15만 편의

甲骨文에서 商代의 정확한 역사를 조사해 낼 수 있기 때문이다.

1899년에 甲骨文이 발견되기 시작해서부터 학자들은 곧 甲骨文의 시대를 판명하는 탐색을 시작하였다. 제3장 제2절 '甲骨文 시기의 확정과 殷墟인 小屯村의 연구' 부분에서는 이미 王懿榮·劉鶚·羅振玉·王國維 등과 같은 학자들이 한 甲骨文의 시기 연구에 대해 소개하였다. 바로 이 학자들의 노력을 통해 甲骨文이라고 하는 이 經典에도 기록되지 않은 중국 고대 문화 예술의 진품은 비로소 '기원전 21세기~기원전 11세기의 夏·商 2대의 유물'이라는 다소 모호한 시각에서 점차 '殷代 후기에 盤庚이 殷으로 천도해서 紂辛이 나라를 상실하기까지 8세 12왕이 재위한 동안의 유물'[2]이라고 명확하게 밝혀졌다. 이로 인해 사료가 빈약한 商代 사회의 연구에 15만 편이라는 제1차 자료가 제공된 셈이다. 바로 胡厚宣이 말한 바와 같이 16,7만 편의 甲骨文字는 매편마다 평균 10자로 계산해도 이미 1백6,70만 言이 된다. 이 50년이라는 아주 짧은 기간에, 과거 孔子가 문헌이 부족해서 증거하기가 어렵다고 한 商代의 직접 사료가 마침내 1백6,70만 言 이상이나 발견되었는데, 이것은 근대 중국 학술사상 대단히 놀라운 대사건이라고 말할 수 있다.[3]

학자들은 여기에서 그치지 않았다. 甲骨學 연구가 점차 심도 있게 전개됨에 따라서 商代 말기 2백73년의 甲骨文에 대해 다시 시기 구분의 탐색을 하기 시작하였다. 王國維는 〈殷卜辭에 나타난 先公·先王考〉라는 論文에서, "먼저 卜辭의 稱謂를 이용해서 甲骨의 연대를 정하였는데, 대략 羅振玉도 이미 여기에 대해 확실한 소견이 있었다"고 하였는데,[4] 이것이 바로 王國維의 글에서 註釋한 '羅參事의 說'이라고 운운한 것이다. 王國維는 당시에 아래의 卜辭를 고찰하였다.

癸酉卜, 貞王賓父丁歲三牛眔兄己一牛, 兄庚□□, □□. (《後上》19·14)

癸酉日에 점을 쳤다. 점쳐 물었다. "왕이 父丁에게 賓祭를 지내고 소 세마리를 써서 歲祭를 지내며, 兄己에게 소 한 마리를 쓰고, 兄庚에게……."

癸亥卜, 貞兄庚…… 兄己……. (《後上》7·7)

癸亥日에 점을 쳤다. 점쳐 물었다. "兄庚에게…… 兄己에게……."

貞兄庚……眔兄己其牛. (《後上》7·9)

점쳐 물었다. "兄庚에게…… 兄己에게 소를 사용해도 되겠습니까?"

아울러 "고찰해 보니 商代의 여러 왕 중에 무릇 丁의 아들 중에는 왕위를 승계한 己와 庚이 없으며, 오직 武丁의 아들에 孝己가 있고(《戰國策》의 〈秦策〉과 〈燕策〉, 《莊子·外物篇》, 《荀子》의 〈性惡篇〉과 〈大略篇〉, 《漢書·古今人表》 등에는 모두 孝己가 기록되어 있다. 《孔子家語·弟子解》에는 高宗이 後妻로서 孝己를 죽였다고 기록되어 있는데, 孝己는 바로 武丁의 아들이다), 祖庚·祖甲이 있으니, 이 卜辭는 祖甲 때에 점친 것이다. 父丁은 武丁이고, 兄己와 兄庚은 孝己 및 祖庚이다. 孝己는 제위에 오르지 못했으므로 《世本》이나 《史記》에 기록되지 않았지만, 그의 祀典〔제사의 의례〕은 祖庚과 동일하다"고 주장하였다.[5] 王國維의 이 견해는 비록 1917년에 발표된 것이기는 하지만 논한 바가 매우 정확하다. 상술한 卜辭는 祖甲 때의 것, 즉 우리가 오늘날 말하는 甲骨文 제2기의 것이다.

이밖에 王國維는 《殷墟書契後編》 上册 25·9의 "父甲一牡, 父庚一牡, 父辛一牡"〔父甲에게 수소 한 마리를, 父庚에게 수소 한 마리를, 父辛에게 수소 한 마리를 각각 썼다〕 구절을 고찰할 때, "이것은 마땅히 武丁 때에 점친 것이다. 父甲·父庚·父辛은 陽甲·盤庚·小辛으로서 모두 小乙의 형이며, 武丁의 諸父〔伯父나 叔父의 통칭〕이다(羅參事의 說)"라고 논증하였다.[6] 이 고증도 식견이 매우 높은 것이다. 이 甲骨片은 확실히 武丁 때에 점친 것으로 우리가 오늘날 말하는 甲骨文의 제1기에 해당한다.

1917년을 전후해서 王國維와 羅振玉은 '稱謂'로 卜辭의 시기를 정하는 데 선구자적 역할을 하였는데, 이것은 매우 귀중한 것이다. 王國維가 살았던 시대에는 殷墟의 과학적 발굴 작업이 아직 진행되고 있지 않았기 때문에 甲骨文의 시기 구분을 완성하고, 그것을 체계화시키는 사명이 그들에 의해서 완수될 수는 없는 것이었다. 그러나 그들은 탐색할 때 '稱謂'에 관계된 기발한 생각을 하였는데, 이것은 의심할 바 없이 후배 학자들이 甲骨文 2백73년간의 '혼돈 상태'를 깨는 데 매우 큰 계시를 주었다.

그후 1928년에 멘지스도 일찍이 '稱謂'에 근거해서 甲骨文의 시기 구분을 시도한 적이 있다. 그가 펴낸 《殷墟卜辭後編》의 친필 원고는 董作賓·胡厚

宣의 《甲骨年表》 1924년의 "小屯村 주민들이 담을 축조하다가 한 坑에서 甲骨文字를 발견하였는데, 이것은 멘지스의 손에 들어갔으며 그 중에는 매우 큰 것이 있다"고 기록된 것들이다. 이 책은 원래 9권의 큰 책으로 나누어져 있고 매쪽마다 1편씩 기록되어 있는데, 前 6책은 甲을 수록하였고 後 3책은 骨을 수록하였다.[7] 이 책은 1972년 許進雄에 의해서 정리되어 上·下 2책으로 출판되었다. 멘지스는 그해에 序文을 썼는데(그러나 발표되지 않았다), 이 글에서 다음과 같이 말하였다.

한 坑[1924년에 小屯村에서 출토된 坑]에 모여 있었다. 이 屈의 정리는 먼저 두 부분으로 나누어지는데, 한 부분은 수렵과 여행의 일이고, 또 한 부분은 제사의 일이다. 이 책에서 기록한 것은 제사 부분에 관한 것이다.

이 한 부분 중에서 이미 정리된 것은 시기의 선후에 따라 둘로 나누어지는데, 즉 甲屈와 丙屈가 이것이다. 그 나머지 聯讀되지 않는 卜文은 네 개의 작은 네모 구멍 속에 있다.

甲屈 2(《明後》 3051-3076)는 武丁 때의 것들이다.

武丁 때에는 小乙을 父乙, 母를 母庚이라 하였고, 羊甲을 父甲, 盤庚을 父庚, 小辛을 父辛이라고 하였다. 이 甲骨들은 武丁 후반기 때에 점친 것들이다. 이 시기 이전의 字體는 獸骨의 중요 부분에서 얻은 것들이며, 1集과 2集 속에 있다.

甲屈 3(《明後》 3077-3095)

이것은 甲屈 2와 같지만 직접 父乙이 언급되지 않고 자형이 정리되지 않았다.

甲屈 4(《明後》 3096-3126)

이것은 甲屈 2 및 3과 같다.

甲屈 5(《明後》 3127-3145)

祖庚 때에는 武丁을 父丁이라고 하였다.

이 시기의 獸骨 중에 祖己를 兄己라고 한 것은 아직 없으며, 자형이 크다. 小乙을 小乙이라고 한 까닭은 그의 자손이 일컬은 것이라서 그 선조 중에 이미 祖乙이라는 稱謂가 祖廟 중에 있었기 때문이다. 나는 일찍이 오랫동안 이

큰 글자가 기록된 獸骨들이 盤庚·小辛 및 小乙 시기에 속하는 것으로 생각
했었는데, 그들이 祖丁이라고 하였지만 이 甲骨에 父丁 및 小乙이 기록된 것
으로 볼 때 祖庚 시기에 속하는 것이라고 판단할 수 있다.

　甲屈 6(《明後》 3146-3161)

　甲屈 5와 동시기이다. 祖庚 시기 이전은 결코 아니며, 祖甲 때의 王·賓 등
의 字體 특징이 없다. 그 자형은 크면서 투박하다.

　甲屈 7(《明後》 3162-3187)

　甲屈 5 및 6과 동일하다.

　丙屈 2(《明後》 3220-3239)

　祖甲 때에는 武丁을 父丁, 孝己를 兄己, 祖庚을 兄庚이라고 하였다. 이 시기
의 字體는 작고 가는 것으로 변했으며, 특히 王·賓 등의 글자는 橫筆을 사용
하였다.

　丙屈 3(《明後》 3240-3263) : 祖甲 때의 것이다.

　丙屈 4(《明後》 3264-3293) : 康祖丁 때의 것이다.

　丙屈 5(《明後》 3294-3329) : 위와 같다.

　丙屈 6(《明後》 3330-3354) : 武祖乙 때의 것이다.

　丙屈 7(《明後》 3355-3381) : 위와 같다.[8]

　위에서 인용한 멘지스의 《殷墟卜辭後編》序文에서 알 수 있듯이, 그도 당
시에 甲骨文 중의 '稱謂'를 이용하고 아울러 비교적 일찍 '字體'(즉 자형의
변화)에 주의를 기울여 1924년 小屯村에서 출토된 甲骨들에 대해 시기 구분
을 하려고 노력하였다. 주지하는 바와 같이 小屯村의 중심 및 남쪽에서 출
토된 甲骨은 대부분 비교적 늦은 제3기 및 제4기의 유물로서, 즉 '康丁·武
乙·文丁' 등 3왕 시기의 卜辭'인데, 멘지스는 그것이 武丁 및 祖庚 시기의
것이라고 단정하였다. 이것은 그가 卜辭 중의 '父丁'을 武丁으로 오인하였
기 때문인데 사실 武乙은 康丁을 일컫는 것이다. 또 '父乙'을 小乙로 오인
하였기 때문인데 사실 文丁은 武乙을 일컫는 것이다. 그래서 그의 시기 구분
은 완전히 오류임을 면치 못하였다.[9] 비록 이렇기는 하지만 멘지스가 시기
구분을 연구할 때 제기한 甲骨文의 '字體' 변화가 뒷날의 시기 구분 연구에

대해 큰 의의가 있었다는 것은 의문의 여지가 없다.

진정으로 비교적 체계적이고 치밀한 시기 구분 연구는 1928년 殷墟의 과학적 발굴 작업이 시작되고 난 후에, 甲骨學의 대가인 董作賓에 의해서 진행되었다. 1928년 10월에 제1차로 殷墟를 시험 발굴하였을 때, 공사를 시작한 첫날은 10월 13일이다. 서로 멀리 떨어진 곳에서 4개의 새로운 坑을 팠는데, 결과는 매우 실망스럽게도 1편의 甲骨도 찾아내지 못하였다. 둘째날 이후에는 계획을 바꿔서 이 마을 일꾼의 경험에 따랐는데, 이른바 '제1구'인 제9갱, 즉 마을 북쪽의 洹水 남쪽 기슭 근처의 朱氏네 땅 내에서 이미 여러 번 판 적이 있는 오래된 坑을 파서 수많은 잘게 부서진 甲骨文字를 찾았다. 또 이른바 '제2구'인 제26갱, 즉 朱氏네 땅의 서남쪽에 있는 劉氏네 땅에서 오래된 坑을 찾아내어, 일부 甲骨文을 발굴하였다. 또 이른바 '제3구'인 제24갱, 즉 小屯村 중앙에 있는 張氏네 채마밭에서 아직 판 적이 없는 새로운 坑을 찾아내어 역시 일부 甲骨文을 발굴하였다. 당시에 발굴 작업을 주관했던 董作賓은 상술한 3개의 다른 구역에서 출토된 甲骨文字를 자세히 관찰한 뒤에 "3구역은 제각기 한 조를 이루고 있으며, 각기 특이한 점이 있다"고 주장하였다. 즉 제1구인 제9갱에서는 규모 있는 小字가 많이 출토되었고, 웅위한 大字도 있다. 제2구인 제26갱에는 小字가 있는 甲骨片은 하나도 없었지만 비교적 섬세한 서체의 甲骨片이 있었다. 그리고 제3구인 제24갱은 甲骨 서체가 제1구 및 제2구와 크게 다르다.

바로 세 곳에서 출토된 甲骨文字가 달랐기 때문에 董作賓은 '매우 중요한 힌트'를 얻었다. 즉 그 자신이 말한 바와 같이 "나를 시시각각으로 고민하게 했던 것은 卜辭의 시기를 판별할 수 있는 방법을 찾아내야 한다"는 것이었다.[10] 董作賓은 甲骨文에 '자형의 변천, 契刻 방법과 자료의 변화'가 있음을 발견하고는 이는 '결코 단시간 내에 있을 수 있는 것이 아니다'고 생각하였으며, 이로 인해 그는 1933년에 발표된 〈甲骨文斷代研究例〉 속의 '10항 표준'을 확립하기 이전에 시기 구분의 근거와 표준을 마련하기 시작하였다. 1931년에 《安陽發掘報告》 제3기에 발표한 〈大龜四版考釋〉이라는 글에서는, 시기 구분 작업은 각 방면에서 관찰하여 융회관통해야 하는데 요지는 아래에 열거하는 몇 가지, 즉 1)坑層, 2)함께 출토된 기물, 3)貞卜의 사류, 4)제사한 帝王, 5) 貞人, 6) 文體, 7) 用字, 8) 書法 등 8항에 불과하다고 생각하였다. 특히 그 중에서 '貞人'이라는 항목의 제기는 1929년 제3차 과학적 殷墟 발굴 때, 유명한 '大連坑' 남단의 장방형 坑 내에서 발견된 4판의 大龜甲에서 힌트를 얻은 것이다. 이것들은 동시기에 같은 지역에서 출토되었고, 또 비교적 완전하기 때문에 동시에 연구되었다. 이것들을 大龜四版이라고 부른다.[11] 그림 90(《甲》2121)이 바로 그 중의 하나이다.

'大龜四版'의 출토로 甲骨學史에서 이름을 얻은 '大連坑'은 실제상 4개(동단·중단·서단·남단) 坑 입구의 길이와 너비가 각기 다른 유적지가 서로 연결되어 이루어진 것이다. 당시 중국은 아직 필드 考古學의 초기 단계에 처해 있었기 때문에 토질과 토색의 변화로 지층을 구분해서, 地層學의 방법을 이용하여 문화 유적과 유물을 처리하는 것을 발굴자들이 아직 제대로 하지 못했다. 단지 아래로 판 깊이에 근거해서 그 깊이에서 어떤 유물이 출토되었는지를 처리하고 기록할 뿐이었다. 실제상 大連坑의 네 부분을 보면, 동단은 지표에서 2 내지 2.95미터 깊이이고, 중단은 지표에서 3.45미터 깊이이며, 서단은 지표에서 2.45미터 깊이이고, 남단은 지표에서 3.5미터 깊이이다. 大龜四版은 大連坑의 남단인 장방형의 坑 내에서 출토되었다. 이 坑은 동서의 길이가 3미터, 남북의 너비가 1.8미터이며, 가장 깊은 곳은 바닥이 보이지 않을 정도이고, 지면에서는 5.6미터, 坑의 입구에서는 2.1미터의 거리에 있다. 坑의 입구에는 隋代의 墓 1기가 있으며, 그 아래에서 완전한 龜甲 1개와 글자가 새겨진 龜版 4개가 출토되었다. 그 아래에는 말씹조개 껍질〔蚌殼〕이 1층 있고, 다시 그 아래에 조개가 1층 있으며, 아울러 銅器 및 石刀 등이 섞여 있었다.[12]

董作賓은 '大龜四版'에서 힌트를 얻어서, 첫번째로 '貞人'說을 제기하였다. 이른바 '貞人'이란 '거북으로 점을 친 사람〔貞卜命龜之人〕'이다. 卜辭 중에서 敍辭 干支의 뒤와 命辭 '貞'字의 앞에 있는 한 글자가 바로 그 사람의 이름이다. 과거에 갑골학자들은 이 글자를 官名·地名·占卜의 事類 등으로 생각하기도 하였다. 참으로 여러 학설이 분분하였지만 卜辭 중에서는 모두 서로 저촉되어 풀기가 어려웠다. 董作賓은 새로 출토된 '大龜四版' 중의 제4판(《甲》2122)에 의거해서 처음으로 이 글자가 人名임을 확정하였다. 만일

‘貞’字 앞의 이 글자가 地名이라면 그 앞에는 ‘在’字가 추가되어 ‘在向貞’·
‘在潢貞’ 등이 되어야 한다. 이 때문에 그는 “단지 ‘某某卜某貞’〔어떤 날에
점을 쳤다. 貞人 아무개가 점쳐 물었다〕이라고 한 것은 결코 地名이 아니다”
고 단언하였다. 이밖에 이 판은 전부가 旬을 점친 刻辭인데, 만일 ‘貞’ 위의
이 글자가 ‘사류’를 물은 것이거나 ‘직관명’이라면 마땅히 全版이 일치되어
야 한다. 그러나 이 旬을 한 龜版에서 ‘貞’ 위의 한 글자는 다른 것이 6개
이므로 사류나 직관명이 아님을 알 수 있다. 그는 “그것이 결단코 거북으로
점을 친 사람이라는 것을 알 수 있다. 이 人名이 官名과 매우 흡사한 때도
있는데, 이것은 고대인이 관직을 人名으로 삼는 경우가 많기 때문이다. 또
卜辭에는 “某某王卜貞”〔어떤 날에 왕이 점쳐 물었다〕 및 “王卜貞”〔왕이 점쳐
물었다〕이라고 한 예가 많은데, 이로써 거북으로 점을 친 卜辭임을 알 수 있
다. 어떤 때는 왕이 직접 하고, 어떤 때는 史臣에게 시켜서 하는데, 그것이 점
친 사람 이름을 기록한 것이라는 것은 의심할 나위가 없다”라고 말하였다.[13]

‘貞人’의 발견은 甲骨文의 시기 구분에 중요한 의의를 가지고 있다. 이것
은 동일한 판에 나오는 貞人은 거의 다 동시기라고 말할 수 있기 때문이다.
위에서 말한 ‘大龜四版’의 하나인 《殷墟文字甲編》 2122편에는 모두 6명의
貞人이 있는데, 그들은 9개월 동안 돌아가며 旬을 점쳤다. 그들의 나이가 어
떠하건간에 틀림없이 9개월 내에는 생존해 있었으며, 가장 늙은 사람과 가
장 어린 사람의 나이 차이도 50년을 넘을 수 없다. 그래서 貞人으로 말미암
아 시기를 정할 수 있는 것이다.”[14] ‘貞人說’은 甲骨文의 시기 구분 문제를
해결하는 데 처음으로 실마리를 보여 주었다.

그후 董作賓은 《鐵雲藏龜》·《殷墟書契菁華》 등에 나오는 동일한 龜版의
貞人 자료를 가지고, 관련된 卜辭를 뽑아서 ‘大龜四版’ 중에 나타난 貞人과
서로 비교·인증하여 “이미 대략 4판의 貞人은 武丁과 祖庚 시기에 살았음
을 알 수 있었으며, 제왕·서체·동시기의 人名 등으로 상호 인증할 수 있
다”라고 말하였다.[15]

董作賓의 ‘貞人’ 발견과 다른 여러 항의 표준 구상은 그가 후에 발표한
〈甲骨文斷代研究例〉라는 甲骨學史上 한 시대의 획을 그은 명작의 기초가 되
었다. 甲骨文이 1899년에 발견된 이래로 羅振玉·王國維 등과 같은 선배학

자들이 구분해 놓지 못해 혼돈 상태에 있던 殷代 사료는 殷墟의 과학적 발굴 이후로 董作賓에 의해서 질서정연하게 5개의 시기로 구분되었다. 일정한 의미상에서 말하면, 바로 근대 필드 考古學의 과학적인 방법이 있었기에 董作賓이 혼돈 상태를 깨고 甲骨學 商代史 연구를 하나의 새로운 단계로 끌어올릴 수 있었던 것이다.

제2절 시기 구분 '5기'설 및 '10항 표준'(上)

董作賓은 《大龜四版考釋》에서 '貞人'說을 제기하고 기타 여러 항의 표준을 구상한 이후에, 다시 安陽 殷墟에서 5차의 과학적 발굴로 얻은 甲骨 자료를 한층 깊이 있게 연구하였다. 이때 그는 坑의 위치 및 출토된 甲骨文字의 차이로 인해, 특히 文法·詞句·書體·字形 등의 방면에서 시기를 구분하는 표준을 얻어내었다.[16] 원래 《大龜四版考釋》에서 구상된 8항의 표준은 보충과 수정을 거쳐 마침내 나날이 세밀해지고 성숙되었다. 이것이 바로 董作賓이 1932년에 집필을 마치고 1933년에 발표한 〈甲骨文斷代研究例〉이다.

〈甲骨文斷代研究例〉는 10만여 글자에 이르는 대작이다. 이 글에서 구상한 '5기' 분법과 '10항 표준'은 지금까지도 중국 내외의 갑골학계와 商代史 연구에 보편적으로 사용되고 인정되는 기본 방법이다. 한 치의 과장도 없이 말해서, 이 甲骨史上의 명작은 매우 높은 식견으로 이치를 깊이 연구하여 甲骨學과 商史 연구를 완전히 새로운 단계로 끌어올려 놓았다. 이 책은 50여 년 동안 여러 세대 갑골학자들의 기본 입문 교과서 역할을 하였다. 이른바 甲骨文 시기 구분의 연구는 바로 董作賓이 주장한 시기 구분설의 계승이며 발전이라고 할 수 있다.

〈甲骨文斷代研究例〉에서 董作賓은 盤庚이 殷으로 천도한 뒤 紂가 멸망하기까지 2백73년 8세 12왕의 殷墟 甲骨文을 아래에서 서술하는 5개의 다른 시기로 나누었다.

제1기: 武丁 및 그 이전(盤庚·小辛·小乙. 4세 4왕)

제2기: 祖庚·祖甲(1세 2왕)

제3기: 廩辛·康丁(1세 2왕)

제4기: 武乙·文丁(2세 2왕)

제5기: 帝乙·帝辛(2세 2왕)

이 5개의 시기는 아래에서 말하는 10항의 표준을 이용하여 甲骨文을 연구해서 얻어낸 것이다.

1) 世系, 2) 稱謂, 3) 貞人, 4) 坑位, 5) 方國,

6) 人物, 7) 事類, 8) 文法, 9) 字形, 10) 書體.

이 '10항 표준'은 마치 열쇠와 같이 우리를 위해 '혼돈' 상태로 보이는 15만 편 甲骨의 선후 시대를 밝혀서, 그것들이 각기 원래 자리로 돌아가도록 질서정연하게 구분해서 5개의 시기로 귀속시키고, 8세 12왕의 이름 아래에 예속시켜 주었다. 이 때문에 상술한 시기 구분을 하는 '10항 표준'을 정확히 파악하는 것은 甲骨文을 처음 배우는 기초 훈련일 뿐 아니라 甲骨學과 商史 연구 작업을 하는 데에도 무한한 도움을 준다.

여기서는 먼저 시기를 구분하는 데 비교적 상용되고 효과가 있는 표준들, 즉 世系·稱謂·貞人·字形·書體를 소개하겠다.

이른바 '世系'란 商人 조상의 世次이다. 세차는 바로 位次로서 직계 및 방계를 포괄하는데, 이로부터 상인 先王 사이의 원근·친속 관계를 알 수 있다. 《史記·殷本紀》에는 상인의 先公·先王의 世系가 나열되어 있다. 王國維는 卜辭 연구에 의거해서 〈殷卜辭에 나타난 先公·先王考〉와 '續考'를 편찬하였다.[17] 그는 "商代의 先公·先王의 이름 중에 卜辭에 나오지 않는 것은 거의 드물다"고 지적하고, 아울러 《史記·殷本紀》에 나열된 일부 잘못된 商王의 世次를 바로잡았으며, 《世本》과 《史記》가 實錄임은 금일에 증명이 되었으며, 司馬遷의 기록은 믿을 만한 것이라고 주장하였다. 진일보한 연구를 거쳐, 1925년에 그는 《古史新證》에서 다시 商代의 30명의 왕 중에서 卜辭에 나오지 않는 것은 단지 6명의 왕(帝乙과 帝辛은 제외)이 있을 뿐임을 밝혀내었다. 1933년에 이르러 董作賓이 〈甲骨文斷代研究例〉를 발표할 때는, 殷에서 제사지낸 先王·先公은 文丁에서 그쳤는데, 여기에서 최후로 제사를 주관한 사람이 帝乙과 帝辛이었음을 알 수 있었다. 각 대의 帝王은 끝의 2세를 제외하고 전부 卜辭에 나온다.(商世系表 참조)《史記·殷本紀》에 열거된 先公·先王의 世系는 기본적으로 甲骨文에 나오는 先公·先王의 이름 및 世次와 대조할 수 있다.

商의 湯이 夏를 멸망시키고(기원전 16세기 전후) 商王朝를 건립하였기 때문에 후세 사람들은 湯〔大乙·唐〕 이전을 ‘先公 遠祖’ 시기라고 부른다. 이 시기는 2단계로 세분할 수 있는데, 즉 帝嚳에서 振에 이르는 각 조상은 ‘先公 遠祖’가 되고, 上甲微에서 示癸에 이르는 각 조상은 ‘先公 近祖’가 된다. 商人의 先公 遠祖인 契은 禹를 보좌하여 치수하는 데 공을 세웠으며, 舜에 의해 ‘司徒’로 임명되어 商에 봉해지고 子氏 성을 하사받았다. 契은 唐虞와 大禹 무렵에 일어났다.[18] 契 이하로 主癸(示癸)에 이르기까지는 기본적으로 역사상의 夏王朝와 동시기로서 기원전 21세기에서 기원전 16세기에 이르는 기간이며, 이를 ‘先商 시기’라고 부를 수 있다. 후세 사람들은 商의 湯에서 祖丁까지의 시기를 ‘先王 전기’라 부르고, 盤庚에서 帝辛까지의 시기를 ‘先王 후기’라고 부른다. 大乙(唐)에서 祖丁까지의 先王 시기는 역사상 商王朝의 전기와 중기에 해당한다. 盤庚 이후의 각 先王들은 지금의 河南省 安陽市 殷墟 小屯村 일대에 정착해서는 더 이상 천도를 하지 않았으며, 이는 역사상 商王朝의 후기에 해당한다. 殷墟에서 출토된 15만 편의 甲骨文은 바로 이 기간에 占卜에 사용된 유물이다. 盤庚 이전 先公·先王 시기의 有字 甲骨은 아직 우리에게 알려지지(혹은 발견되지) 않았다.

‘世系’라는 표준은 甲骨文의 시기 구분 연구 중에서 비록 직접 사용되지는 않지만, 그러나 이것은 특수한 결정 작용을 한다. 세계가 있어야만이 商族의 건국 전후의 역사를 종적인 방면에서 세워 놓을 수 있게 되며, 사물의 핵심을 파악하면 여타의 것은 이에 따라 해결되듯이 다른 표준은 甲骨文 시기의 시간을 판명하는 객관적인 근거를 갖게 된다. 이 때문에 시기 구분 연구를 하기 위해서는, 商世系表 중에서 商王朝 건국 이후의 직계 先王 이름을 외우는 것이 가장 좋다. 만일 이것이 곤란하면 최소한 盤庚 이후의 직계 先王 이름의 순서 정도는 암기해야 할 것이다.

‘稱謂’는 占卜을 할 때 왕의 자기 친속에 대한 호칭이다. 甲骨文은 대부

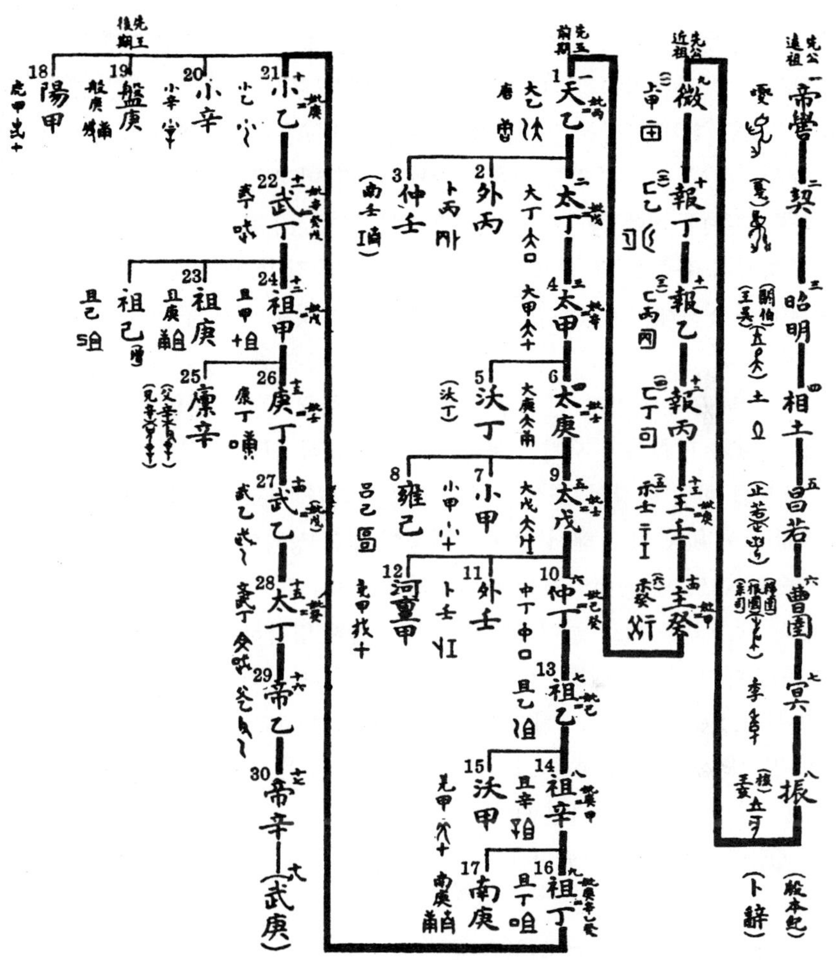

도표 설명

● 大宗　＝ 配偶(배우자)　三 世數　ㅣ 小宗　〇 待考(미해결, 또는 제5기 祀典에 보이지 않음)

½ 왕위 계승 순서(《사기·은본기》에 의거함)

殷代 王室 世系는 卜辭 중 제5기 祀典을 표준으로 삼으며, 《사기·은본기》에는 오류가 있음.

商世系表

분 재위하고 있는 왕이 史官에게 卜問하도록 명령한 것(혹은 왕이 직접 卜問한 것)인데, 史官이 時王의 卜問 혹은 記事를 대신한 이상 자연히 卜辭 중에서 제사지낸 조상의 稱謂는 時王과의 親疏 및 원근 관계로 정하는 것이 마땅하다. 時王은 자신이 제사지낸 대상 중에서 부친 항렬을 '父A,' 모친 항렬을 '母A,' 형제 항렬을 '兄A,' 자식 항렬을 '子A,' 조부·조모 이상의 친속은 모두 '祖A'·'妣A'라고 부른다. 항렬이 더 먼 사람은 직접 그의 이름과 시호를 부른다. 이에 근거하면 商世系表에서 이 占卜을 행한 왕이 처한 시기를 분명하게 추측해 낼 수 있다. 그래서 時王과 각 조상과의 관계를 표시하는 稱謂를 이용해서 甲骨文의 시기를 판정하는 것은 시기 구분의 한 중요한 표준이 된다.

時王과 비교적 거리가 먼 부친 항렬·모친 항렬·형제 항렬·자식 항렬은 稱謂 관계가 명확하며 시기 구분을 할 때 비교적 믿을 만하여 자주 사용된다. 조부모 항렬 이상의 조상은 時王과의 거리가 비교적 멀고, 게다가 똑같이 '祖A'·'妣A'라고 해서 언제나 이름이 같은 상황이 출현하기 때문에 구체적으로 어느 祖나 妣인지를 판단하기 어렵다.

몇 편의 卜辭를 예로 들어 보기로 한다. 먼저 명확하게 해두어야 할 것은, 商世系表에서 陽甲·盤庚·小辛·小乙은 武丁의 부친 항렬이고, 祖己〔즉위하지 못하고 요절〕·祖庚·祖甲은 武丁의 자식 항렬이 된다. 또 祖甲의 입장에서 말하면 祖己와 祖庚은 그의 형이 되고, 武丁은 그의 부친이 되며, 廩辛과 康丁의 입장에서 말하면 祖己·祖庚·祖甲은 그의 부친 항렬이 된다.

1)《殷契粹編》310(그림 91)

己卯卜, 行, 貞王〔賓〕兄己肜〔亡〕尤.

己卯日에 점을 쳤다. 貞人 行이 점쳐 물었다. "왕이 兄己에게 〔賓祭〕를 지내고, 肜祭를 지내는데 재앙이 〔없겠습니까?〕"

□□卜, 行, 〔貞〕王〔賓〕兄庚〔亡〕尤.

□□日에 점을 쳤다. 貞人 行이 〔점쳐 물었다.〕 "왕이 兄庚에게 〔賓祭〕를 지내는데 재앙이 〔없겠습니까?〕"

□□卜, □, 貞王賓叔亡尤.

□□日에 점을 쳤다. 貞人 □가 〔점쳐 물었다.〕 "왕이 賓祭와 叔祭를 지내
는 데 재앙이 〔없겠습니까?〕"

이것은 骨이다. 刻辭가 서로 뒤섞여 있는데, 즉 兄己에 대한 제사를 점친
뒤에 다시 兄庚에 대한 제사를 점친 것이다. 兄己와 兄庚은 祖甲이 자기의
두 형을 부르는 稱謂이므로 이 甲骨片의 시기는 마땅히 제2기가 된다. 더 명
확하게 말하면 제2기 祖甲 때이다. 이 甲骨片에 근거하면 또 貞人 '行'은
제2기의 貞人임을 확정할 수 있다.

 2)《殷契粹編》313(그림 92)에는 다음과 같은 卜辭가 있다.

　父己眔父庚酒.
　"父己와 父庚에게 酒祭를 지내도 되겠습니까?"

 3)《殷契粹編》335(그림 93)에는 다음과 같은 卜辭가 있다.

　其求在父甲, 王受又.
　"父甲에게 求祭를 지내는데, 왕이 보우를 받을 수 있겠습니까?"

이미 앞에서 서술한 바와 같이 祖己·祖庚·祖甲은 廪辛과 康丁의 부친
항렬이라서 '父己'·'父庚'·'父甲'이라고 한 것이다. 이 두 甲骨片의 시기
는 제3기 廪辛·康丁 때가 된다.

 4)《殷契粹編》334(그림 94)

　貞侑于父甲.
　점쳐 물었다. "父甲에게 侑祭를 지내도 되겠습니까?"

 5)《殷契粹編》306(그림 95)

　戊午卜, 行, 貞王賓父丁歲二牛……

戊午日에 점을 쳤다. 貞人 行이 점쳐 물었다. "왕이 父丁에게 賓祭를 지내고, 소 두 마리로 歲祭를 지내는데……."

6)《殷契粹編》237(그림 96)

于父丁又歲.
"父丁에게 侑祭와 歲祭를 지내도 되겠습니까?"

네번째 甲骨片의 稱謂인 父甲은 마땅히 武丁이 자기의 부친 陽甲을 부르는 것이기 때문에, 이 甲骨片은 제1기라고 확정할 수 있다. 이 甲骨片의 卜辭에 나타난 貞人 '爭'도 마땅히 제1기 武丁 때의 貞人이며, 서체의 풍격도 제1기의 특징을 띠고 있다. (이에 관해서는 뒤에서 상술하겠다.) 다섯번째와 여섯번째의 甲骨片에도 모두 '父丁'이라는 稱謂가 있는데, 이 상황하에서는 어떻게 稱謂에 근거해서 시기를 확정할 수 있는가? 이는 바로 총체적인 각도에서 고찰하여야 한다. 첫째, 이 두 甲骨片의 서체는 한 번 보면 누구나 곧 그 풍격이 서로 다름을 알 수 있다. 둘째, 서체 방면에서 볼 때 '王'字의 서법 역시 두 甲骨片이 각기 다르다. 셋째, 貞人 '行'은 제2기의 人物이다. 그래서《殷契粹編》306편의 父丁은 마땅히 제2기 祖庚·祖甲이 그들의 부친인 武丁을 부르는 稱謂인 것이다. 또《殷契粹編》237의 父丁은 마땅히 武乙·文丁이 그들의 부친 항렬인 康丁을 부르는 稱謂가 되므로, 이 甲骨片은 제4기가 된다.

이렇게 稱謂를 근거로 해서 우리는 貞人의 이름이 갖추어져 있지 않거나 貞人의 이름이 갖추어진 甲骨片들을 해결할 수가 있다. 이와 동시에 적지 않은 貞人의 시기도 확정해 낼 수 있다.

'貞人'은 商王朝에서 時王을 대신해서 占卜과 記事를 하는 史官인데, 그들은 모두 商王朝의 고급 지식인들이며, 서로 다른 貞人이 서로 다른 商王에게서 직무를 맡는다. 貞人의 시기는 甲骨上의 稱謂에 의해 결정되는데, 예를 들면 앞에서 말한 제1기의 貞人 '爭'과 제2기의 貞人 '行' 등과 같은 것들이다. 어떤 貞人이 그 稱謂에 근거해서 이미 시기가 판명되었으면, 또한 그와 함께 같은 甲骨版에 출현하는 貞人을 동일한 시기로 확정할 수 있는데, 이것이 바로 '貞人同版'이다. 예를 들면 '大龜四版'의 하나인 《殷墟文字甲編》 2122에 나타난 6명의 貞人 및 《卜辭通纂》 29(그림 97)의 '爭'·'賓' 등이 이것이다. 다시 '共版' 관계에 근거한 貞人과 다른 貞人을 관련시키면 각 시기의 貞人 그룹을 찾아낼 수 있다. 이렇게 하면 곧 甲骨上 여러 시기에 나타난 貞人에 근거해서, 甲骨이 그 貞人이 소속된 시기의 것임을 판명할 수 있는 것이다.

甲骨文의 제1기 武丁 시기는 그가 '59년간 재위한 기간'[19]에 말미암는데, 재위한 시간이 비교적 길기 때문에 占卜用 甲骨도 다른 각 시기에 비해서 많다. 예를 들면 《甲骨文合集》 13책 중에서 제1기 武丁 시기가 7책 이상을 점하고 있다. 제1기 甲骨文 속의 貞人도 다른 시기보다 많으며, 제2기와 제3기가 그 다음이고, 제4기와 제5기는 그 수가 가장 적다. 특히 제4기에는 단지 '歷'이라고 하는 1명의 貞人(그림 98, 《甲》 544)만이 나온다. 이제 각 시기에서 비교적 자주 등장하는 貞人의 이름을 나열하면 아래와 같다.

제1기

제2기

제3기

제4기

제5기

　이상에서 열거한 것은 단지 파악해야 하는 각 시기의 기본 貞人을 열거
한 것일 뿐이다. 중국과 외국의 학자들이 모든 甲骨文 자료를 정리한 바에
의하면, 현재 나타난 貞人은 총 1백28명 내외라고 알려져 있다. 일부 貞人
이 소속된 시기에 대해서는 학자들의 견해가 일치하지 않고 있다. 이에 관
해서는 文物出版社에서 1980년에 출판한 孟世凱의 《殷墟甲骨文簡述》123-
126쪽 '(1) 학자들이 정한 甲骨文 卜辭의 貞人 시기표' 및 그 설명을 참고할
만하다. 또 1986년 黃山書社에서 출판한 殷滌非의 《商周考古簡編》70-76쪽
'甲骨文 卜辭의 貞人 시기 구분표'를 참고할 수 있다.

　이상의 世系·稱謂·貞人은 삼위일체로서 甲骨文 시기 구분의 기초이다.
어떤 학자는 이 삼자를 시기 구분의 '제1표준'이라고 부르기도 한다. 그리
고 이 삼자 중에서 貞人이 가장 중요하다. 그 이유는 이러하다. 卜辭에서 占
卜한 사람은 時王과 卜人밖에 없다. 時王은 卜辭에서 단지 '王'字 하나로만
서명을 하였기 때문에 어느 왕인지 확정할 길이 없으며, 단지 그가 선조를

부른 稱謂로 정할 수 있을 뿐이다. '卜人'은 董作賓이 말하는 '貞人'인데, 卜辭에서 자기의 이름으로 서명한다. 占卜을 한 사람이 중요한 까닭은 稱謂에 의해 시기를 구분해야 할 뿐 아니라 그 자료에는 결국 한계가 있기 때문이다. 뿐만 아니라 단독의 稱謂는 시기 구분의 표준으로 삼기가 힘든데, 예를 들면 '父乙'은 武丁이 小乙을 일컫는 것일 수도 있고 文丁이 武乙을 일컫는 것일 수도 있는 것이다. 그래서 占卜을 한 사람은 시기를 구분하는 가장 좋은 표준이 된다. 그 이유는 다음과 같다. (1) 동일한 卜人이 여러 卜辭 속에서 서너 개의 稱謂를 기재할 수 있다. 예를 들면 卜人 行이 어떤 甲骨片에서 '兄己·兄庚'이라 부르고, 다른 甲骨片에서 '父丁'이라고 불렀다면, 이 行은 반드시 祖甲 때의 사람이다. (2) 동일한 甲骨版에 왕왕 여러 명의 卜人이 기록되어 있다면, 그들은 동시기의 사람이며, 이 때문에 다른 甲骨版에서 보이는 동시기 卜人의 여러 稱謂들을 한데 모으면 어느 한 시기의 모든 稱謂 체계를 밝힐 수 있다.[20]

'제1표준'에 의거해서 우리는 시기가 명확한 표준 甲骨片을 정할 수 있다. 이들 표준 甲骨片에는 貞人이 없이 稱謂로 시기를 결정한 甲骨이 포함되며 (그러나 수량은 별로 많지 않다), 또한 貞人으로 시기를 정할 수 있는 비교적 많은 甲骨이 포함된다. 다시 이들 표준 甲骨片의 정리와 귀납을 통해서 또한 다른 표준들, 즉 方國·人物·事類·文法·字形·書體 등을 파생시킬 수 있다. 그러므로 이것들은 이미 시기 구분의 '제2표준'이 되었다고 말할 수 있다.

제3절 시기 구분 '5기'설 및 '10항 표준'(中)

'자형'이 시기 구분의 표준이 될 수 있는 까닭은, 학자들이 '제1표준'에 근거하여 표준 甲骨片을 확정한 뒤로 자연히 거의 같은 常用字들이 각 시기 중에서 차이가 있음을 알 수 있기 때문이다.

거의 모든 甲骨에 출현하는 '干支'字는 甲骨文字 중에서 가장 시기적 변화가 다양하기 때문에, 또한 시기 구분을 하는 데 비교적 자주 이용되는 중요 수단이다. 각 시기별로 나타나는 干支字의 변화 형태는 다음의 '干支字

변화표'에서 보는 바와 같다.

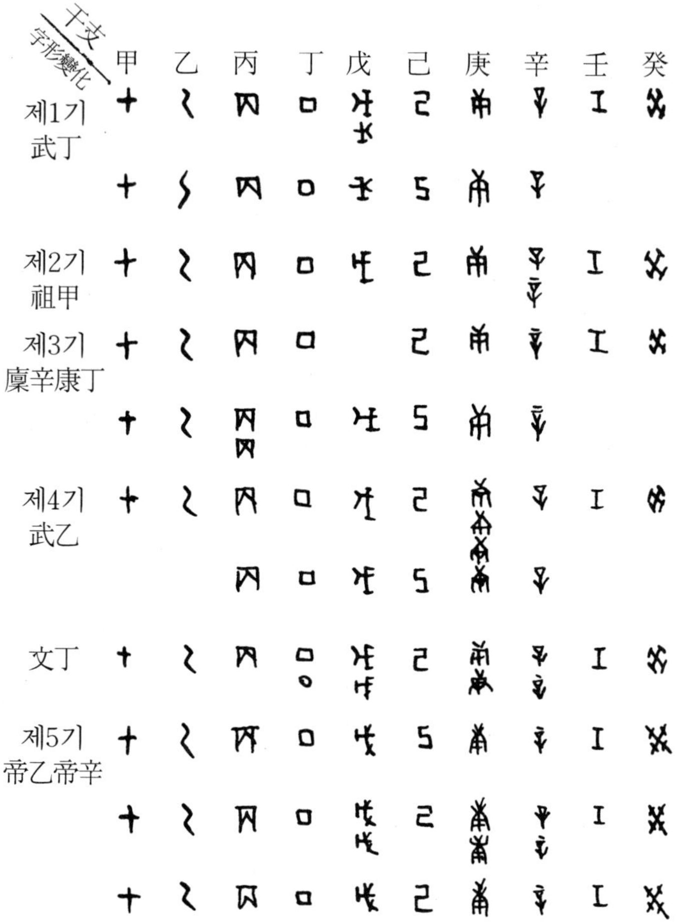

干支字 변화표

또한 '王'·'貞'·'侑' 등과 같이 자주 등장하는 글자들은 그 시기적 변화도 비교적 명확한데, 다음의 '常見字 변화표'(220쪽)에서 보는 바와 같다.

자주 등장하는 干支字와 常用字의 변화를 기초로 해서 시기 구분을 하는

干支字 변화표

중에는, 또한 시기적 특징이 풍부한 자형들을 발견할 수 있다. 연구자 자신이 끊임없이 관심을 갖고 비교해서 시기적 특징이 풍부한 자형들을 축적할 수도 있다. ‘稱謂’나 ‘貞人’이 없는 甲骨의 경우에는 거기에 나타난 시기적 특징이 풍부한 ‘자형’들을 이용해서 시기 구분을 할 수 있다.

　‘書體’란 바로 甲骨文의 서사 풍격을 말한다. 시기와 貞人이 다르기 때문에 각 시기의 甲骨文字의 풍격도 종합적으로 말해서 역시 다르며, 비록 같은 시기라고 하더라도 역시 미세한 차이가 있다. 이 풍격을 시기별로 살펴보면 다음과 같다.

常見字 변화표

제1기: 웅위하다. 어떤 것은 자형이 비교적 크고 필력에 힘이 있다. 또 어떤 것은 자형이 비교적 작지만 강건하다. 예를 들면 그림 99(《甲》3339)가 이러하다.

제2기: 신중하게 수식했다. 문자의 크기가 적당하고, 行款이 모두 고르며, 간격이 적절하다. 예를 들면 그림 100(《通》75)이 이러하다.

제3기: 퇴폐적이다. 자주 등장하는 글자가 잘못되고, 行款이 어지럽다. 물론 그 중에는 글자가 정연하고 빼어난 것도 있는데, 예를 들면 앞에서 말한 그림 92가 이러하다. 그림 101(《甲》2605)은 퇴폐적이다.

제4기: 거칠다. 글자가 힘 있고 호방하여 '銅筋鐵骨'이라고 불려진다. 예를 들면 그림 102(《甲》635)가 이러하다.

제5기: 정연하다. 行款의 배열이 정연하고 단락이 대부분 방정하며, 글자가 가늘고, 구조는 정연하고 웅혼하다. 예를 들면 그림 103(《通》571)이 이러하다.

글자의 서체 풍격에서 볼 때, 제1기와 제5기의 차이는 한번 보아도 곧 알 수가 있다. 제4기와 제1기는 비교적 구분하기가 어렵지만 자세히 이해하면 역시 판별하기가 쉽다. 즉 제1기는 '文'해서 글자가 수려하고 규모가 있으며, 제4기는 '野'해서 거칠고 방자하다. 제1기와 제2기도 구별이 쉬운데, 즉 제1기의 글자는 대부분 웅위하고 호방하며, 제2기의 글자는 오히려 대부분이 조심스럽고 가늘다. 제2기와 제5기는 글자에 규모가 있고 가늘다는 점에서는 비슷하다. 그러나 제2기의 글자는 대부분 가볍고 가늘게 보이며, 제5기는 비교적 투박하게 보이고 억압하는 느낌이 있어서 제2기의 것처럼 경쾌하지 않다. 이러한 것들은 반드시 자세하게 이해해야 할 것이다.

'서체'는 시기 구분을 하는 데 있어서 소홀히 할 수 없는 표준이다. 이것은 우리가 시기 구분을 하는 중에 항상 稱謂나 貞人이 갖추어지지 않은 것, 전형적인 常用字나 方國·人物·事類 등과 같은 다른 표준들이 갖추어지지

않은 것을 만나기 때문이다. 이때 우리는 서체 풍격에 근거해서 매우 신속하게 甲骨의 시기를 판정할 수 있다. 물론 서체 풍격은 상술한 몇 마디의 말로 분명하게 말하기는 쉽지 않으며, 또 상술한 몇 마디의 말을 기억해서 즉시 시기 구분을 할 수도 없다. 그야말로 마음으로만 이해할 수 있고 말로 전할 수는 없는 것이다. 그러나 그것이 오묘하지만 시기 구분의 학습과 연구하는 과정중에서 반복적으로 직접 체득하고 총괄하면 파악하기가 어렵지 않다. 익숙해지면 기교가 생기기 마련이다. 서체 풍격의 판별은 우리가 낯선 사람을 만나서 그의 용모·기질·목소리 등에 근거해서 그의 나이를 판단하는 것과 같아서, 비록 한 치의 오차 없이 정확할 수는 없지만 대체적으로 볼 때 그래도 차이가 심하지는 않다.

'方國'이란 甲骨文에 기록된 商王朝의 각 시기와 주변의 方國과의 관계를 말한다. 方國이라는 표준도 '제1표준'에서 확정해 놓은, 시기가 명확한 甲骨에 의해 귀납해 낸 것이다. 이 때문에 우리는 각 시기의 甲骨에 항상 출현하는 方國을 표준으로 해서 일부 甲骨의 시기를 판명할 수 있다.

'人物'이란 甲骨 卜辭에 나타나는 史官·諸侯·臣下 등의 人名을 말한다. 우리는 '제1표준'으로 말미암아 일부 甲骨의 시기를 확정하였기 때문에 각 시기의 '당대' 인물들도 역시 확정할 수가 있다. 이들 각 시기에 출현한 人名은 자연히 그 이름이 출현한 다른 甲骨이 소속된 시기를 판단하는 데 사용될 수 있다. 이 때문에 '인물'도 시기 구분을 하는 표준이 되는 것이다.

'事類'란 占卜한 일을 말한다. 예를 들면 祭祀·征伐·卜旬·卜夕·田游 등은 매시기마다 자기만의 풍격과 특정한 내용을 가지고 있다. 이것들도 물론 '제1표준'으로 확정해 놓은, 시기가 명확한 甲骨에 의해 귀납한 것인데, 이 때문에 '사류'도 다른 甲骨의 시기를 판단하는 표준이 될 수 있다.

'文法'이란 卜辭의 어법·상용어 및 文例를 말한다. 각 시기의 卜辭는 각자의 특색을 가지고 있다. 이것들도 '제1표준'으로 확정해 놓은 卜辭 중에서 귀납해 낸 것이다. 예를 들면 제1기에서 제5기까지에는 모두 旬을 점친 卜辭가 있지만 각 시기마다 차이가 있다. 제1기의 旬을 점친 卜辭에는 대부분 貞人의 이름을 열거하고 있고, 辭例는 "干支卜, 某, 貞旬亡禍"〔어떤 날에 점을 쳤다. 貞人 아무개가 점쳐 물었다. "다음 열흘 동안 재앙이 없겠습니까?"〕이다. 제2기는 제1기와 기본적으로 같으며, 사례는 "干支卜, 某, 貞旬亡禍"〔어떤 날에 점을 쳤다. 貞人 아무개가 점쳐 물었다. "다음 열흘 동안 재앙이 없겠습니까?"〕이다. 제3기도 기본적으로는 상술한 제2기와 같다. 그러나 貞人의 이름이 없는 것이 일부 있는데, 그 사례는 "干支卜, 貞旬亡禍"〔어떤 날에 점을 쳤다. 점쳐 물었다. "다음 열흘 동안 재앙이 없겠습니까?"〕이다. 제4기는 貞人의 이름이 없고 게다가 '卜'字가 없어진 것도 있다. 사례는 "干支, 貞旬亡禍"〔어떤 날에 점쳐 물었다. "다음 열흘 동안 재앙이 없겠습니까?"〕이다. 제5기는 왕이 직접 旬을 점친 것들이 많은데, 연월과 소재지 등을 밝힌 것들도 있다. 사례로는 "干支王卜, 在某貞, 旬亡禍. 王占曰: 吉"〔어떤 날에 왕이 점을 쳤다. 어떤 곳에서 점쳐 물었다. "다음 열흘 동안 재앙이 없겠습니까?" 왕이 卜兆를 보고 이렇게 판단하였다. "길하다"〕, "干支王卜, 貞旬亡禍. 王占曰: 大吉. 干支肜某某"〔어떤 날에 왕이 점을 쳤다. 점쳐 물었다. "다음 열흘 동안 재앙이 없겠습니까?" 왕이 卜兆를 보고 이렇게 판단하였다. "크게 길하다." 어떤 날에 先王 아무개에게 肜祭를 지냈다〕, "干支卜, 貞王旬亡禍"〔어떤 날에 점을 쳤다. 점쳐 물었다. "왕이 다음 열흘 동안 재앙이 없겠습니까?"〕, "干支卜, 貞王旬亡禍. 在某月. 在某某"〔어떤 날에 점을 쳤다. 점쳐 물었다. "왕이 다음 열흘 동안 재앙이 없겠습니까?" 때는 몇 월이다. 어느곳에서 점을 쳤다〕, "干支卜, 在某某, 貞王旬亡禍. 在某月, 在某次, 佳王來征人方"〔어떤 날에 점을 쳤다. 어느 곳에서 점쳐 물었다. "왕이 다음 열흘 동안 재앙이 없겠습니까?" 때는 몇 월이다. 어느 곳에서 주둔해서 왕이 人方을 정벌하고 돌아왔다〕, "干支卜, 在某, 某, 貞王旬亡禍. 王來征人方"〔어떤 날에 점을 쳤다. 어느곳에서 貞人 아무개가 점쳐 물었다. "왕이 다음 열흘 동안 재앙이 없겠습니까?" 왕이 人方을 정벌하고 돌아왔다〕 등이다. 또 약간의 常用語가 있는데, 예를 들면 '一告'·'二告'·'三告'·'不玄冥' 등은 제1기와 제2기에서 자주 등장하고, 제3기 이후에는 보이지 않는다. 그러나 '吉〔길하다〕·'大吉〔크게 길하다〕·'弘吉〔최고로 길하다〕·'馭釐〔복이 왔다〕·'玆用〔이 점이 시행되었다〕·'玆御〔이 점이 시행되었다〕' 등은 초기에는 보이지 않고 오히려 제3기 이후에 비교적 자주 등장한다. 이것들도 甲骨의 시기를 판단하는 데 이용할 수 있다.

'坑位' 란 董作賓의 〈甲骨文斷代研究例〉에서는 실제로 甲骨의 출토 지역을 가리킨다. 과학적 발굴 시기에 小屯村 및 그 북쪽 지역이 1·2·3·4·5구로 나누어진 적이 있는데, 이것은 오른쪽의 '甲骨出土區域圖'에서 보는 바와 같다. 관찰한 바에 의하면 각 구역에서 출토된 甲骨文字는 서로 다르다. 제1구는 우리가 주의를 기울여야 한다. 즉 朱氏네 땅과 부근 일대에서 출토된 甲骨文字인데, 그 시기는 제1기·제2기 및 제5기뿐이다. 그러나 제2구에서는 제1기와 제2기의 甲骨이 출토되었는데, 우리가 역시 주의해야 할 것은 제5기의 卜辭가 결코 1편도 없다는 것이다. 제3구는 小屯村에서 출토된 모든 甲骨文字를 포괄하고 있는데, 단지 제3기와 제4기만 있을 뿐 제1·2·5기는 1편도 없다.

바로 상술한 각 지역에서 출토된 甲骨文字가 각기 특징을 가지고 있기 때문에, 이전에 기록된 甲骨文字의 출토지는 이것을 가지고 탐색해 내야 하는데,[21] 다음의 표에서 열거한 바와 같다.

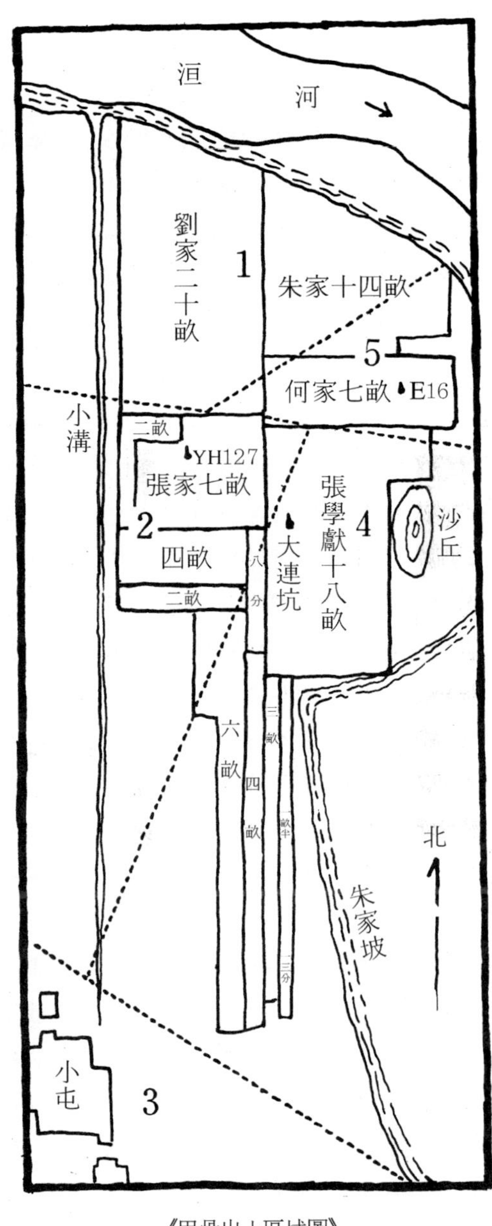

《甲骨出土區域圖》

기록된 자료의 출토 시기 및 지점

출토 지점	발굴 시작	계속 발굴	기록서	수장자	특 징
제1구(朱氏네 땅)	1904년	1920년	前·後·菁·續·庫·龜·卜 등	羅振玉 멘지스	1·2·5기
제2구(劉氏네 땅, 朱氏네 땅 서남쪽)	1899년		鐵·戩·餘·拾 등	劉鶚	1·2·4기
제3구 (마을 중심)	1909년	1923년~ 1928년	萃·卜·後·佚	멘지스 劉體智	3·4기

　필자는 '坑位'가 甲骨文의 시기를 판정하는 표준이기는 하지만, 단지 어느 정도의 방증 작용만을 할 뿐이며 다른 표준들처럼 결정적인 작용은 할 수 없다고 생각한다. 그 이유는 다음과 같다. 첫째, 우리가 오늘날 이해하고 있는 '坑位'는 마땅히 甲骨이 출토된 窖穴 및 窖穴의 구체적인 지층을 가리키는데, 이것들은 '옛부터 이미 있었던' 유적이며, 발굴할 때 기록의 편리를 위해 후세 사람이 획정한 구역은 아니다. 이 때문에 董作賓이 말한 '坑位'의 개념 자체가 매우 분명치 못하다. 둘째, 설령 '坑位'가 우리가 오늘날 이해하는 것과 마찬가지로 확실히 甲骨이 출토된 窖穴 또는 지층이라 하더라도, 이것에 의해 甲骨의 시기를 판정하는 것은 곤란한 일이다. 해방 전에 열다섯 차례에 걸친 殷墟 발굴의 총보고가 아직까지 발표되지 않아서,[23] 이미 발표된 일부 저작들이나 사람들도 甲骨이 출토된 지층·灰坑 및 동반 출토된 陶器 등과 같은 유물의 총체적인 관계를 판단할 길이 없었을 뿐 아니라, 게다가 일부 '坑位' 자체의 시기는 지금까지도 구명하기가 어렵다. 설령 1973년 安陽 小屯村 남쪽 지역에서 출토된 甲骨처럼 지층 관계가 비교적 명확하다 하더라도 坑位에 의한 시기 구분은 여전히 매우 곤란하다. 예를 들면 한 灰坑에서 출토된 甲骨의 시기가 단순해서 단지 武丁 때의 것만 있다고 할 수도 있겠지만, 그러나 이 坑이 武丁 이후에도 계속 사용되었을 가능성도 있으므로 灰坑의 시기가 반드시 甲骨과 동시기인 것은 아니다. 그래서 어떤 坑의 甲骨 연대로 그 坑에 있던 다른 실물의 연대를 구속할 수는 없으며, 반대로 다른 실물의 무늬와 형태는 이 坑에 퇴적되어 있는 실물의 가장 늦은 시기를 결정할 수는 있지만 그것이 퇴적된 가장 늦은 시기는 아니다.[24] 셋째, 기록된 대량의 甲骨은 대부분 도굴에 의해 얻어진 것이라서 참고할 수 있는 '坑位'

가 없으며, 단지 그 대체적인 출토 구역을 추측할 뿐이다. 그래서 시기 구분을 할 때, 이 甲骨들은 '坑位'라는 표준을 사용할 수 없는 것이다.

陳夢家는 坑位를 이용하여 시기 구분을 할 때 "매우 신중해야 한다"고 지적하였다. 설령 의식적으로 저장한 독립된 窖穴은 그 실물 자체의 시기 구분을 가지고 이 窖穴에 포함된 실물의 최초 시기와 최후 시기를 알 수 있다고 하더라도, 그러나 실물의 최후 시기는 바로 이 窖穴에서 퇴적이 정지된 최초 시기인 것이다. 이러한 窖穴은 武丁 때의 卜辭처럼 단지 한 시기 만을 포함할 가능성이 있다. 그러나 또한 武丁·祖庚·祖甲 때의 卜辭처럼 몇 시기의 卜辭를 포함할 가능성도 있다. 또 너무 긴 시기를 포함하고 있어서 우리가 시기 구분을 하는 데 큰 도움을 주지 못할 가능성도 있다. 단지 한 시기의 甲骨만을 포함하고 있는 窖穴이라야 우리가 시기 구분을 할 때 비로소 중요한 참고 가치가 있게 된다. 예를 들면 연대를 결정할 수 없는 어느 한 組의 甲骨들이 만약 언제나 武丁 시기의 卜人이 갖추어져 있는 甲骨과 같은 坑에서 출토되었다면 이 甲骨은 武丁 시기의 것일 가능성이 높은 것이다.[25] 그래서 甲骨文의 시기 구분 중에서 '坑位'라는 표준의 작용은 단지 甲骨文 자체의 여러 因素에 의해 결정된 시기에 대해 약간의 방증들을 제공하는 데 불과하므로 지나치게 높이 평가할 수는 없다.

상술한 각항의 표준 중에서 비록 자형·서체가 方國·人物·事類 등의 표준과 마찬가지로 모두 '제1표준'이 확정해 놓은, 시기가 명확한 甲骨의 기초 위에서 종합하고 귀납해 낸 것이지만 자형과 서체는 시기 구분을 하는 데 있어서 소홀히 할 수 없으며, 또한 효과적이고 매우 편리한 표준이다. 수많은 貞人도 없고 稱謂도 없는 殘辭들, 혹은 의미가 분명치 않은 卜辭들은 이 두 표준에 의거하면 매우 빠르게 그 시기를 판정할 수 있다. 그래서 자형과 서체라는 이 두 표준에 정통하면 시기 구분을 하는 데 매우 유익할 것이다.

제4절 시기 구분 '5기'설 및 '10항 표준'(下)

董作賓이 甲骨文의 시기 구분 연구를 진행하는 것과 같은 시기에, 일본에 머물고 있던 郭沫若은 《卜辭通纂》을 편찬하고 아울러 심혈을 기울여 고석 작업을 하고 있었다. 1931년에 발표된 董作賓의 《大龜四版考釋》은 郭沫若에게 시사해 주는 바가 매우 컸다. 바로 그 자신이 말한 바와 같이 "또 '某日 卜某貞某事'라는 예는 어디나 모두 이러한데, 예전에는 卜과 貞 사이에 있는 한 글자의 뜻이 분명치 않았다. 근자에 董作賓과 羅振玉이 貞人의 이름이라고 해석해서 마침내 혼돈 상태를 크게 깨부수었다. 이제 그 말에 의거하여 이를 해석해 보면 어느 날에 점을 쳤고, 점친 사람은 누구이며, 어떤 일의 길흉을 점쳐 물었다는 내용이다. 貞 아래에는 마땅히 묻는 부호를 붙여야 할 것이다. 또 貞人이라는 말이 처음으로 통행하게 되어 卜辭의 시기 구분에 마침내 하나의 실마리가 추가되었다"라고 하였다. 그래서 郭沫若은 甲骨文의 시기 구분을 탐색하기 시작하였고, 아울러 《卜辭通纂》의 책 뒤에 卜辭의 시기 구분표를 만들어 붙였는데, 모두 이 책 속에 나열된 것들이며, 그 세대를 알 수 있는 것들은 일일이 표로 나타내었다. 그후 얼마 안 되어, 郭沫若은 董作賓과 서신 연락을 하는 중에 〈甲骨文斷代研究例〉의 '10항 표준'을 알게 되었다. 그는 10항의 표준이 "體例가 대단히 엄밀하다"고 하였고, "貞人은 본래 董作賓이 밝혀낸 것이며, 坑位는 특히 친히 발굴한 사람이 아니면 할 수 없는 것이다. 글에서는 비록 보이지는 않지만 그의 지혜는 반드시 대단할 것이다. 그러므로 여기서 하나하나 논술하지는 않겠다"고 말하였다.[26]

《卜辭通纂》이 발간된 후에, 董作賓은 〈甲骨文斷代研究例〉의 三校 원고를 일본에 있는 郭沫若에게 보내 주었다. 郭沫若은 이 글을 매우 높게 평가하고, "다시 그의 탁월한 식견에 놀라고 감탄하였다. 이와 같은 체계적이고 종합적인 연구는 실로 甲骨文이 출토된 이래로 없었다. 내용은 10항으로 나누었는데, 전에 序文에서 말한 바와 같이 그 전체가 독창적인 견해로 가득 찼다…… 다수의 貞人 연대가 이미 밝혀졌으니 다수의 卜辭 연대를 밝히는 것은 주머니 속에서 물건을 집는 것처럼 매우 쉬울 것이다. 董作賓의 공헌은 실로 적지않다"고 말하였다. 비록 董作賓이 몸소 殷墟를 발굴했다는 유리한 조건을 가지고 郭沫若보다 먼저 甲骨文의 시기 구분의 체계를 완성하기는 하였지만, 郭沫若도 甲骨文을 정리할 때 시기 구분에 대해서 적지않은 발견을 하였다. 郭沫若은 "내가 특히 남몰래 다행스럽게 생각하는 것은 많은 것들이 서로 우연히 일치했다는 것이다. 또 내가 그것이 그럴 것이라고 기대는 하고 있지만, 괴롭게도 실증할 수 없었던 것들은 이미 董作賓의 견해에 따라 坑位나 貞人 등으로 이를 실증하였다"라고 하였다.[27]

郭沫若은 董作賓이 〈甲骨文斷代硏究例〉에서 세운 시기 구분의 표준과 방법에 찬동하고, "董作賓의 독창적인 견해 중에서 가장 주요한 것은 여전히 '貞人'을 추산한 것이며, 다른 것은 모두 이로 말미암아 소급하거나 확대시켜서 나온 것이다. 董作賓은 한 甲骨片에 같이 등장하는 貞人 및 卜辭 중의 稱謂 또는 坑位 등에 의해 다수의 貞人 시기를 판정할 수 있었다"고 말하였다. 그는 또 "이 중에서 '旅'·'即'·'行' 등 3인은 내가 본 것과 같으며, 기타 내가 다시 대조할 수 있는 것은 모두 확실하여 바꿀 수가 없다"고 말하였다. 郭沫若은 또 보충하여, "'尹'이라는 이름이 또 있는데, 董作賓이 아직 고찰하지 않았다. 지금 그 예에 의거해 보면 역시 祖庚·祖甲 때의 사람임을 알 수 있으며, 그 用字와 文例가 '行'·'即' 등과 똑같다"고 지적하였다.[28] 郭沫若과 董作賓은, 한 사람은 해외에서 제한된 상황하에서 망명중에 부지런히 실마리를 탐색함과 아울러 金石처럼 자신의 의지를 굳게 하였고, 또 한 사람은 洹水의 강가를 배회하면서 친히 호미와 삽을 잡고 '층층이 쌓여서' 조성된 甲骨文의 신비를 파내었다. 그야말로 길은 다르지만 귀착점은 같다고 할 수 있다. 그들은 기본적으로 같은 시기에, 약속은 하지 않았지만 동시에 甲骨文의 시기 구분에 대해 창조적인 연구를 하였다. 이것은 甲骨學이 반드시, 그리고 이미 이 문제를 해결할 가능성이 있는 시점으로 발전되었다는 것을 말해 준다.

甲骨學史上 한 시대의 획을 그은 자신의 논저가 "시기 구분 연구를 성공한 뒤의 결론이 아니며, 이것은 시기 구분 연구 중의 몇 가지 예"[29]라고 비록 董作賓 자신이 정중하게 성명을 내었지만, 그러나 그후 수십 년 동안 행해진 甲骨文 시기 구분의 연구 중에서도 그가 제시한 '5기'설과 '10항 표준'이 꾸준히 이용되었다. 일부 甲骨의 시기 구분이 약간 정확성을 결여하고 있어서 반드시 새롭게 연구 및 조정을 해야 할 필요가 있다는 점을 제외하고는, 중국 내외의 갑골학계에서는 시기 구분을 하는 데 있어서 현재까지 이 방안에 의거하고 있으며, 아직 어떤 새 방안도 이를 대체하지 못하고

있는 실정이다.

胡厚宣은 1945년에 《甲骨六錄》을 출판하면서부터 분기별로 분류해서 甲骨의 기록을 편집하는 체례를 세웠다. 그가 편찬한 《戰後南北所見甲骨錄》·《戰後寧滬新獲甲骨集》·《戰後京津新獲甲骨集》·《甲骨續存》 등의 책에서는 모두 '4기' 분법을 채택해서 시기 구분을 하고 있다. 이른바 '4기' 분법이란 다음과 같다.

    제1기: 盤庚·小辛·小乙·武丁 시기
    제2기: 祖庚·祖甲 시기
    제3기: 廩辛·康丁·武乙·文丁 시기
    제4기: 帝乙·帝辛 시기

    胡厚宣의 제3기는 廩辛·康丁·武乙·文丁 등 4명의 왕을 포괄하는데, 실제상 董作賓의 〈甲骨文斷代研究例〉에서 내세운 '5기'설 중의 제3기와 제4기를 합병한 것이다. 그가 이렇게 한 까닭은, 제3기와 제4기의 甲骨 중에는 貞人과 稱謂에 근거하여 직접 제3기와 제4기를 구분할 수 있는 것들 말고도 시기 구분을 하는 데 처리하기가 비교적 어려운 일부 甲骨이 있기 때문이다. 이 甲骨들은 바로 마을 중심과 大連坑 부근에서 출토된 것들이며, 字體가 매우 정연하고, 필획은 首尾가 뾰족하고 가운데가 두껍다. 이것들은 제3기의 貞人 이름이 있는 甲骨처럼 字體가 '퇴폐적'이지도 않고, 제4기의 일부 甲骨처럼 字體가 '거칠지'도 않다. 이 甲骨들은 貞人 이름을 갖추고 있지 않기 때문에 일부 학자들에 의해 '無名組' 卜辭라고 불려진다.[30] 이들 卜辭의 稱謂을 살펴보면 어떤 것에는 '父甲'·'兄辛'이 있는데, 이는 마땅히 제3기의 廩辛·康丁이 그의 부친 祖甲을 일컫거나 康丁이 그의 형인 廩辛을 일컫는 것을 가리키므로(예, 《通》 334: 그림 104) 제3기로 구분할 수 있다. 그러나 이 甲骨들에는 '父丁'이라는 稱謂도 있는데, 이것은 마땅히 제4기 武乙이 그의 부친 康丁을 일컫는 것이라서(예, 《甲》 840: 그림 105) 제4기 康丁 시기의 것으로 구분할 수 있다. 이 때문에 이들 卜辭는 비록 글자의 서체 풍격은 완전히 같지만, 稱謂에 근거하면 두 시기에 분속된다. '稱謂'가 있는 것은 이와 같이 처리할 수 있지만 稱謂가 없는 卜辭들은 어디에다 귀속시킬 것인가? 예를 들면 《殷契粹編》 544(그림 106) 등의 甲骨片은 글자와 서체 풍격이 위에서 언급한 2편과 완전히 일치하지만 단지 稱謂만이 없다. 이것이 제3기에 속하는지, 아니면 제4기에 속하는지는 실로 짐작하기가 매우 어렵다. 胡厚宣의 '4기' 분법은 董作賓의 제3기와 제4기를 병합해서 이 모순된 현상을 조화시키기 위한 것이다.

만일 실질적인 내용으로 보면, 胡厚宣의 '4기' 분법은 여전히 董作賓의 '5기' 설을 기초로 한 일종의 변통적인 처리 방법이다. 비록 '4기' 분법이 약간의 모순을 벗어나기는 하였지만, 그러나 바로 어떤 학자가 지적한 바와 같이 "나눈 제3기에서 3세 4왕을 포함하고 있는 것은 너무 길다……. 그가 董作賓이 구분한 제3기와 제4기를 하나로 병합한 것은 타당치 못하다."[31] 《甲骨文合集》을 편찬할 때는 여전히 '5기' 설을 채용하였으며, 稱謂가 있는 이러한 卜辭는 최대한 稱謂에 근거해서 제3기 혹은 제4기로 구분하고, 稱謂가 없는 것은 일률적으로 제3기로 처리하였다. 왜냐하면 1973년에 小屯村 남쪽 지역에서 행해진 甲骨 발굴과 연구에서 밝혀졌듯이 이러한 卜辭(제1유형)는 항상 小屯村 남쪽 지역에서 中期, 즉 廩辛·康丁 시기의 지층 중에서 출토되었기 때문이다. 이에 관해서는 本書 제8장 제2절에서 상세히 서술하기로 한다.

陳夢家는 1956년에 《殷墟卜辭綜述》의 137-138쪽에서 董作賓의 '5기' 설과 '10항 표준'에 대한 일부 수정을 하여 시기 구분의 3개 표준과 '9기' 설을 제기하였다.

陳夢家가 말하는 '제1표준'은 바로 世系·稱謂·貞人이다. 이것은 甲骨文 시기 구분의 최우선 조건이다. 앞에서 말한 바와 같이, 이것도 董作賓이 주장하는 시기 구분의 '10항 표준'의 핵심 부분이다.

그의 '제2표준'은 아래와 같다.

  甲. 字體: 자형의 구조와 서법·풍격 등을 포괄한다.

  乙. 詞彙: 常用語·述語·合文 등을 포괄한다.

  丙. 文例: 行款·卜辭 形式·文法 등을 포괄한다.

陳夢家는 "이 특징을 이용해서 卜人이 없는 卜辭의 연대를 판정할 수 있다"고 말하였다. 여기서 우리는 이 '제2표준'의 甲項이 실제는 董作賓이 주장한 '10항 표준' 중의 문자와 서체이며, 乙項과 丙項은 실제로는 '10항 표준' 중의 文法이 포함하고 있는 내용일 뿐임을 알 수 있다.

陳夢家가 정한 '제3표준'은 甲骨을 내용에 따라 여러 사류로 나누었는데, 대체로 아래와 같은 여섯 가지이다.

1) 祭祀: 조상과 자연신에 대한 제사와 기도 등.
2) 天象: 바람·비·啓·물 및 天變 등.
3) 作況(年成): 작황과 농업 등.
4) 征伐: 전쟁과 국경 지대의 침범 등.
5) 王事: 왕의 수렵·여행·질병·꿈·자식 생산 등.
6) 卜旬: 열흘의 마지막날에 다음 열흘 동안의 길흉을 卜問함.

이를 바탕으로 해서 연구하면, 어느 한 시기의 祀典·曆法·역사적 사실 및 기타의 제도를 종합할 수 있다. 왜냐하면 각종 제도의 차이 역시 시기를 판별하는 용도로 이용될 수 있기 때문이다. 이것이 바로 陳夢家의 '제3표준'이다. 董作賓이 말한 '10항 표준' 중의 方國·人物·事類는 기본적으로 이미 상술한 6항목을 포함하고 있다.

陳夢家는 상술한 3항의 표준에 의해 殷墟 甲骨文을 9기로 나누었다.

1) 武丁 卜辭		1	1세	초기
2) 庚·甲 卜辭	祖庚 卜辭	2	2세	
	祖甲 卜辭	3		
3) 廩·康 卜辭	廩辛 卜辭	4	3세	
	康丁 卜辭	5		중기
4) 武·文 卜辭	武乙 卜辭	6	4세	
	文丁 卜辭	7	5세	
5) 乙·辛 卜辭	帝乙 卜辭	8	6세	말기

이론상으로 말하면, 시기 구분을 할 때에는 마땅히 모든 卜辭를 商代 말기의 각 王世 아래에서 나누어야 한다. 그러나 실제로 구분할 때에는 항상 곤란한 점이 있다. 사실 董作賓도 '5기' 설로 시기 구분을 할 때 稱謂가 명확한 甲骨을 각 왕세의 아래에서 구분하려고 극력 도모하였다. 그는 1933년에 "시기 구분 연구는 본래 마땅히 한 제왕을 1대로 삼아야 한다……. 한 제왕의 시기에는 여전히 早晚의 차이가 있다"라고 지적하였다.[32] 사실상 貞人의 이름이 없고 稱謂가 분명치 않은 상당수의 甲骨은 한 왕의 이름 아래에서 세분할 수 없는 것이다. 그래서 陳夢家는 "초기·중기·말기 등 3기의 개략적인 시기 구분을 제기함과 동시에 董作賓의 5기 분법도 남겨두었다. 세분할 수 있을 때는 우리는 되도록이면 9기 분법을 이용하였고, 세분하기가 쉽지 않을 때는 5기 분법이나 3기 분법을 이용하였다"라고 하였다. 응당 지적해야 할 것은 董作賓의 '5기' 분법은 이미 세분할 수 있는 상황하에서 卜辭를 9명의 商王의 이름 아래에서 구분하는 '9기' 설을 포괄하고 있다는 것이다. 陳夢家의 이른바 '3기' 설은 크게 필요한 것이 아니다. 왜냐하면 '5기' 설로 모든 卜辭를 구분할 수 있으며, 또한 '5기' 설로 개괄될 수 없는 卜辭들을 구분하기 위해 더 막연한 '3기' 설을 채용할 필요가 없기 때문이다.

陳夢家의 '3개 표준'과 '9기' 설은 내용과 방법의 측면에서 볼 때, 董作賓의 '5기' 설 및 '10항 표준'과 실질적으로 아무런 차이가 없다. 그래서 필자는 胡厚宣의 '4기' 분법이나 陳夢家의 '9기' 설을 막론하고 모두 董作賓의 '5기' 설과 '10항 표준'에 의거하고 있는 것이라고 주장한다. 이것이 바로 필자가 어째서 상술한 두 학설을 이 장의 甲骨文 시기 구분 '5기' 및 '10항 표준'(下)이라는 절에서 서술하였는가에 대한 대답이다.

董作賓의 〈甲骨文斷代硏究例〉에서 제기한 '5기' 설과 '10항 표준'은 甲骨學과 商史 연구를 완전히 새로운 단계로 끌어올렸다. 동시에 考古學 연구에 대해서도 커다란 영향을 주었다. 甲骨文의 시기 구분 연구의 심화로 말미암아 함께 출토된 甲骨文에 근거해서 비교적 신빙성 있게 각 건축 유적과 유물이 어느 왕의 시기에 해당한다고 확정할 수 있다. 甲骨文은 유적의

시기 구분에 대해 중요한 참고 자료가 되었다.[33]

　安陽 殷墟에서는 지금까지의 과학적 발굴에서 왕릉 구역·궁전터·가옥·窖穴·제사 장소·冶銅 유적·制骨 공장·평민의 묘 등이 발견되었으며, 또한 대규모의 銅器·玉石器·骨蚌器·陶器·甲骨文 등의 유물이 출토되었다. 이처럼 풍부한 유적과 유물은 우리가 殷墟 유적을 과학적으로 시기 구분하는 데 가능성을 제공해 준다. 비록 이 작업이 이전에도 이미 다른 각도에서 시도되었지만 그것들은 모두 단편적이었다. 北京大學 考古學科 鄒衡 교수는 기존 연구의 기초 위에서 陶器와 銅器에 대한 연구를 통해 殷墟 유적과 廟葬의 시기 구분과 연대를 연구·검토하고, 아울러 한걸음 나아가 殷墟 文化의 시기 구분 문제를 탐색하여 전대미문의 풍부한 성과를 거두었다. 그의 〈殷墟 文化의 시기 구분에 관한 시론〉(《北京大學學報》〔1964년 제4·5기〕에 처음 수록.《夏商周考古學論文集》(文物出版社, 1980년)에 재수록)이라는 論文은 殷商 考古學史에서 중요한 위치를 차지하고 있고 중국 내외에 이름을 떨쳤다. 그래서 일정한 의미에서 볼 때 이 論文은 董作賓의 〈甲骨文斷代研究例〉와 똑같이 중요한 가치를 가지고 있다고 할 수 있다.

　〈殷墟 文化의 시기 구분에 관한 시론〉은 해방 전후에 殷墟 유적지에서 발

殷墟 文化의 시기 구분과 甲骨文의 시기 구분 대조표

시기 구분 / 왕명 \ 항목 / 대표자	殷墟 文化의 시기 구분		甲骨文의 시기 구분	
	鄒衡	考古硏究所	胡厚宣	董作賓
盤庚	제1기		제1기	제1기
小辛	제1기		제1기	제1기
小乙	제1기		제1기	제1기
武丁	제2기	제1기	제2기	제2기
祖庚	제2기	제2기	제2기	제2기
祖甲	제2기	제2기	제2기	제2기
廩辛	제3기	제3기	제3·4기	제3기
康丁	제3기	제3기	제3·4기	제3기
武乙	제3기	제3기	제3·4기	제4기
文丁	제3기	제3기	제3·4기	제4기
帝乙	제4기	제4기	제5기	제5기
帝辛	제4기	제4기	제5기	제5기

견된 探溝・探方・집터・窖穴과 墓葬 등 전형적인 단위의 자료에 의거했으며, 현저한 변화가 있는 陶器와 銅器의 형태를 분석하는 데서 착수하고 다시 일부 단위의 전형적인 지층과 기물의 공존 관계를 결합하여 유적과 墓葬의 시기 구분을 확정하였다. 나아가서 다시 殷墟의 각 시기의 유물과 유적의 특징을 결합하고, 아울러 각 시기 문화 내용의 차이에 대해 전면적인 분석을 하였다. 鄒衡 교수는 殷墟 文化를 4기로 구분하였는데, 그 절대연대는 각 시기에 출토된 여러 王世에 소속된 甲骨文을 참조해서 확정한 것이다. 구체적으로 말하면, 그것들의 절대연대는 다음과 같다. 제1기는 대략 甲骨 제1기 이전에 해당하는데, 즉 盤庚・小辛・小乙 시기이다. 제2기는 대략 甲骨 제1・2기에 해당하는데, 즉 武丁・祖庚・祖甲 시기이다. 제3기는 대략 甲骨 제3・4기에 해당하는데, 즉 廩辛・康丁・武乙・文丁 시기이다. 제4기는 대략 甲骨 제5기에 해당하는데, 즉 帝乙・帝辛 시기이다.[34] 鄒衡 교수의 殷墟 文化 시기 구분의 절대연대에 대한 고찰과 수정은 胡厚宣의 甲骨文 '4기' 분법과 기본적으로 비슷하다.[35]

中國社會科學院 考古研究所는 해방 이후의 발굴 자료에 근거해서 殷墟 유적의 문화 시기 구분에도 적지않은 연구를 하였다. 그들은 1962년 大司空村 유적을 발굴할 때, 灰坑 파괴에 관계된 자료에 근거해서 유적을 4기로 구분하였다. 연구한 바에 의하면, 그 절대연대는 다음과 같다. 제1기는 대략 武丁 시기 혹은 그보다 조금 이른 시기, 즉 기원전 13세기 후기에서 기원전 12세기초까지의 시기에 남겨진 것들이고, 제2기는 대략 祖庚・祖甲 시기의 전후에 해당하며, 제3기는 康丁・武乙・文丁 시기에 남겨진 것들로서 대략 기원전 12세기 후기에서 기원전 11세기초까지에 해당하며, 제4기는 帝乙・帝辛 시기에 남겨진 것들로서 대략 기원전 11세기 중엽에 해당한다.[36] 비록 상술한 두 학설에 약간의 차이가 있기는 하지만 도기의 변천과 시기 서열은 기본적으로 차이가 없다.

제8장
甲骨文의 시기 구분(下)

1933년에 董作賓은 〈甲骨文斷代硏究例〉를 발표하였는데, 당시에 그는 甲骨學 연구가 앞으로 이 저작의 기초 위에서 아래와 같은 풍부한 성과를 얻을 것이라고 자신만만하게 예언한 적이 있다. 즉

첫째, 殷代 각 제왕의 진실하고도 귀중한 사료를 복원할 수 있다.

둘째, 각 제왕의 전기를 편찬할 수 있다.

셋째, 禮制·曆法·地理 등과 같은 각종 전문 분야의 역사를 연구할 수 있다.

넷째, 각 시기의 역사적 사실로부터 殷代 사회 발전의 단계를 엿볼 수가 있다.

다섯째, 각 시기의 문자로부터 殷代 문화 발전의 단계를 엿볼 수가 있다.

여섯째, 발굴 작업에 대해 말하면, 각 坑에서 출토된 卜辭의 시대에 의해 함께 출토된 모든 유물의 시대를 증명할 수 있다.

일곱째, 고대 기록 속의 진실된 자료를 인증할 수 있다.

여덟째, 이전에 진행된 혼합된 연구의 각종 오류를 규정할 수 있다.[1]

50여 년 동안의 甲骨學 연구는 실천과 검증을 통해 이 예언을 완전하게 증명하였다. 오늘날《甲骨文合集》등의 甲骨 기록은 이미 시기별로 甲骨 자료를 기록하고 있다. 丁山의 〈新殷本紀〉[2]와 周鴻翔의《商殷帝王本紀》[3] 등은 甲骨文 자료의 이해에 근거해서 문헌에 기록된 商王本紀를 더욱 충실하게 만들었다. 董作賓의 〈殷曆譜〉,[4] 일본 島邦男의《殷墟卜辭硏究》,[5] 陳夢家의《殷墟卜辭綜述》,[6] 李學勤의《殷代地理簡論》,[7] 캐나다 許進雄의 〈殷卜辭에 나타난 5종 제사 연구〉[8] 등의 전문 저작은 商代의 禮制·曆法·地理 등의 방

면에 대해 전문 주제별로 연구를 하였다. 胡厚宣[9]과 劉起釪[10] 등의 학자들은 甲骨文 자료에 근거하여 역사 전적에 기록된 사실의 진위를 증명하고 보충 하였다. 董作賓이 〈甲骨文斷代研究例〉에서 구성한 시기 구분 체계는 오랫동 안 중국 내외의 甲骨學·商史學과 考古學을 연구하는 학자들에게 큰 도움을 주었다.

그러나 董作賓의 〈甲骨文斷代研究例〉는 결국 창시적인 저작이다. 50여 년 이래로 출토 자료가 증가하고 연구가 부단히 심화됨에 따라, 董作賓이 초기 에 제기한 일부 견해는 필연적으로 보충·수정을 통해 더욱 정밀해지고 과 학적으로 되었다. 또한 어떤 학자는 董作賓의 시기 구분법 이외에 새로운 방 법을 찾고, 새로운 시기 구분 이론을 만들어 내기도 하였다. 甲骨學 시기 구 분 연구의 여러 가지 격렬한 논쟁은 시기 구분 연구의 발전을 촉진시켰다. 또

제1절 시기 구분 연구의 심화
——文武丁시기 卜辭의 수수께끼를 풀다

학계에서 말하는 '文武丁 卜辭'[11] 帝乙 시기의 '非王 卜辭'[12]와 '多子族 卜辭'·'王族 卜辭'[13] 등은 명칭이 비록 똑같지는 않지만 가리키는 것은 모 두 동일한 것인데, 이것이 바로 陳夢家가 《殷墟卜辭綜述》에서 전면적으로 개 괄한 '子組'·'午組'·'自組' 등 3조의 卜辭이다.[14] 《甲骨文合集》에서는 이것 을 甲·乙·丙 3조로 나누고, 제7책에서 이를 모아서 기록하였다.

1933년 董作賓이 〈甲骨文斷代研究例〉를 집필했을 때, 이런 종류의 卜辭 는 많이 등장하지 않았기 때문에 학자들의 주의를 불러일으키지 못했다. 1928 년에 殷墟의 과학적 발굴 작업이 부단하게 전개되고 甲骨文 출토가 나날이 증가함에 따라, 특히 제13차 과학적 殷墟 발굴 때 YH119와 YH127 坑에서 이러한 卜辭가 적지않게 출토됨에 따라, 비로소 학자들이 이것들에 대해 중 시하게 되었다. 董作賓이 1945년에 〈殷曆譜〉를 집필하기 이전에는 한동안 비교적 적게 등장하는 이 부류의 卜辭 중 일부분은 제1기에 놓았고, 일부분 은 제4기에 놓았다. 이것은 그가 당시에 이러한 卜辭의 '卜'字 아래에 또

貞人의 이름이 기록되어 있는지, 혹은 어느 때 '貞'字를 생략하는지에 대해
아직 인식하지 못했기 때문이다. 이밖에 '扶'와 같은 貞人의 卜辭들은 제사
를 貞卜하는 것이 父乙과 母庚이므로(《甲》2907) 저절로 제1기 武丁 시기로
구분된다. 그러나 진일보한 처리 과정중에서 그는 이러한 卜辭의 書法·字
體·文法·事類·方國·人物 등의 방면이 武丁 시기의 卜辭와 차이가 많음
을 발견하였으며, 이러한 모순 현상은 이해할 수 없는 '수수께끼'가 되었
다. 그는 〈殷曆譜〉를 집필할 때 또 이른바 '新派와 舊派'의 祀典이 다르다는
견해를 제기하고, 文武丁 시기의 紀日法·月名·祀典 등의 방면은 모두 武
丁 때의 구제도를 회복했기 때문에 원래 제1기 武丁 시기로 구분되었던 이
러한 卜辭를 모두 8,90년 뒤로 이동시켜서 새로 제4기 文武丁 시기의 것으
로 확정시켜야 한다고 주장하였다. 이러한 조정을 거친 후에, 武丁 시기에 존
재했던 여러 가지 다른 書體·字形·文法·事類·方國·人物의 모순이 '해
결'될 수 있게 되었다.

　董作賓은 이 부류의 卜辭를 심도 있게 연구한 후에 다음의 견해를 얻었
다. 첫째, 文武丁 시기는 文字·曆法·祀典 등의 방면에서 舊派에 속하며, 武
丁 때의 구제도를 회복시켰다. 둘째, 文武丁 시기에는 한 무리의 貞人들(17
명)이 있었는데, 비록 앞에서 이미 기록된 貞人이 적지않게 있지만, 이런 卜
辭들 중 대부분이 '貞'字를 쓰지 않기 때문에 종전에는 '卜'字 다음에 있는
글자가 바로 貞人의 이름이라는 것을 인식할 수 없었다. 셋째, 文武丁 시기
卜辭의 詞例는 매우 복잡하다. 넷째, 文武丁 시기에 貞卜한 事類도 대체적으
로는 武丁 시기의 각종 구제도를 회복시켰다. 다섯째, 文武丁 시기 卜辭의 稱
謂는 商代의 전통적인 大宗·小宗 稱謂와 일치되지 않는다…… 등이다. 이
때문에 그는 이런 卜辭는 응당 전부 제4기 文武丁 시기의 것들이며, 이에 따
라 이런 卜辭가 제1기에 출현하면서도 제4기에서도 출현하는 모순된 현상
을 피할 수 있다고 주장하였다. 이것이 바로 그가 공언하는 "文武丁 시기 卜
辭의 수수께끼를 풀었다"는 것이다.[15]

　그러나 '수수께끼'는 여기에 이르러서도 아직 해결되지 않았다. 甲骨文의
시기 구분 연구가 심화됨에 따라서, 학자들의 그 시기에 대한 인식은 갈수
록 중설이 분분한 양상을 나타내며 열띤 논쟁이 벌어졌다. 일본의 貝塚茂樹

와 伊藤道治는 1953년에 《東方學報》(京都) 제23호에서 〈甲骨文 연구의 재검
토——董作賓 의 文武丁 시기의 卜辭를 중심으로〉라는 글을 발표하면서, 제
일 먼저 '多子族' 卜辭와 '王族' 卜辭의 문제를 제기하였다. 이른바 '多子
族'이란 商王朝의 강력한 부족으로서 왕실과 밀접한 관계를 갖고서 조상의
제사에 참가하는 부족을 말한다. 그러나 이들은 殷 왕실의 직계 조상에 대
해서는 제사를 지낼 수 없었다. 그리고 '多子族'이 점친 卜辭들이 바로 '多
子族' 卜辭이다. 이른바 '王族'은 역대 殷王에게 예속된 강한 부족을 말한다.
이 가족이 점친 卜辭가 바로 '王族' 卜辭이다. 이 두 종류의 卜辭는 내용·
형식·서체 방면에서 볼 때 말기의 특징을 상당히 갖추고 있다. 그러나 또
제1기 武丁 때의 卜辭와도 많은 공통점을 가지고 있다. 稱謂 연구에 근거하
면 제1기에 더 가깝다. 이 때문에 제1기에는 제1기의 전형적인 卜辭와는 다
른 두 종류의 卜辭가 존재하고 있다. 胡厚宣은 이 '필획이 가늘거나 혹은 평
평하고 넓거나 혹은 힘 있고 곧은' 字體의 卜辭들을 말하면서, "이 시기 卜
辭에 父丁과 子庚의 稱謂가 있는 것으로 볼 때, 父丁은 祖丁이고, 子庚은 盤
庚으로서 마땅히 모두 武丁 이전, 즉 盤庚·小辛·小乙 때의 것이 아닌가
한다"고 말하였다.[16] 그러나 아직까지 胡厚宣이 이 문제를 論文으로 발표한
것을 보지는 못했다.

陳夢家는 1956년에 《殷墟卜辭綜述》에서 이 부류의 卜辭를 '自組'·'子
組'·'午組' 등 3조로 나누어 전면적인 정리를 하였으며, 아울러 그 특징 및
시기에 대해 체계적인 연구를 하였다. 陳夢家는 다음과 같이 주장하였다.

'自組' 卜辭의 貞人으로는 自·扶·勺 등이 있는데, 이들은 殷墟의 제1·
2·3·4·5·8·10차의 과학적으로 발굴된 甲骨文 중에 모두 출현한다. '自
組' 卜辭의 稱謂 중에는, 제1기 '賓組'와 같은 것이 있고, '子組'와 같은 것
도 있으며, '午組'와 같은 것도 있고, 또 자기만의 독특한 것도 있다. '自組'
卜辭의 字體와 文例가 비록 武丁 때의 賓組 卜辭와 구별이 되기는 하지만
그러나 自組의 干支字는 賓組와 동일하여 말기에 접근하고 있으며, 후자는
실제로 自組의 신형식이다." 自組 卜辭의 記時法은 賓組와 비슷하지만 약
간 다르다. 自組의 어떤 卜辭 형식은 賓組와 같은 것도 있고, 自組 특유의
것도 있으며, 또 아래로 祖甲 卜辭에 이어지는 것도 있는데, 이는 字體의

情形과 마찬가지로 自組 卜辭의 시기가 武丁 말엽이며, 自組가 다음 대의 신형식을 열어 주었음을 설명하기에 충분하다.[17]

‘子組’ 卜辭의 貞人으로는 子·余·我·𡧛·婦·史 등이 있다. 稱謂는 제1기 武丁 때의 賓組와 같은 것도 있고, 自組와 같은 것도 있으며, 賓組·自組와 같은 것도 있고, 午組와 같은 것도 있으며, 子丁群과 같은 것도 있고, 또 자기 특유의 것도 있다. 文法 방면에서 보면, 어떤 문장 형식은 賓組·自組와 같으며, 또 자기만의 독특한 것도 있다. 특히 武丁 때의 子商은 ‘子’가 점친 卜辭(《前》 8·10·1) 중에서 출현하며, 또한 子組·自組와 賓組는 항상 한 坑에서 출토되었고, 동일한 坑 중에서 武丁 이후의 卜辭는 매우 적다(祖庚일 가능성이 높다). 그러므로 子組와 自組는 마땅히 武丁 시기의 것이다.[18]

‘午組’ 卜辭에는 단지 2명의 관련 없는 貞人이 있는데, 글자는 날카로운 斜筆을 즐겨 사용하였다. 稱謂는 賓組와 같은 것도 있고, 自組·子組와 같은 것도 있으며, 독자적인 것도 적지않다. 稱謂 중의 ‘下乙’은 武丁 때의 賓組 卜辭와 동일하여, 午組가 武丁 시기에 속했음을 증명하기에 충분하다.[9] 이러한 등등이다.

李學勤은 이런 유형의 卜辭는 ‘非王 卜辭’라고 주장하였으며, 아울러 그것들을 5종으로 분류하고 전반적인 특징을 다음과 같이 논술하였다. (1) 問疑者는 商王이 아니다. (2) 왕의 占卜이 없으며, 卜辭에도 왕을 언급하지 않았다. (3) 先王의 이름은 없지만 다른 선조의 이름이 있다. (4) 商王系에 부합되는 親屬 稱謂 계통이 없고, 다른 親屬 稱謂 계통이 있다. 고증을 거쳐서 그는 한때 그 시기를 정하여 ‘帝乙 시기의 非王 卜辭’라고 한 적이 있다.[20] 그러나 그는 甲骨 자료에 근거하여 다시 연구한 뒤에 점차 원래의 견해를 수정하고, “1960년 이후로 나는 점차 이 잘못된 의견을 고쳤다”고 공언하고, 아울러 그것이 제1기 武丁 시기의 것이라고 한 견해를 찬성하였다. 그러나 다시 自組와 午組는 “모두 武丁 시기의 가장 늦은 卜辭가 아니다”라고 지적하였다.[21]

陳夢家가 子組·午組·自組 卜辭가 武丁 시기의 유물임을 논증한 이후, 새로운 증거가 끊임없이 발견되어 이 학설은 갈수록 보충되고 검증되었다. 吉林大學에 소장된 甲骨 중에는 일찍이 《殷墟書契前編》 3·14·2에 기록된 것

이 있다. 그러나 《殷墟書契前編》에 탁본을 기록할 때, 상단에 있던 貞人 '爭'
이라고 된 殘辭 부분을 잘라 버렸다. 이 甲骨片은 '干支表'이며, 완전히 전
형적인 '子組' 卜辭의 字體를 보이고 있다. 잘려나간 부분은 공교롭게도 甲
骨 상단의 殘辭 "□□卜, 爭, (貞旬亡)禍"〔□□日에 점을 쳤다. 貞人 爭이 (점쳐
물었다. "다음 열흘 동안) 재앙이 (없겠습니까?")〕라는 부분인데, 완전히 武丁
시기 賓組 卜辭의 貞人 '爭'의 표준 字體이다.[22] 子組 卜辭가 賓組 卜辭와
같은 판에 있다는 것은 그 시기가 대략 같다는 것을 말해 준다. 이밖에 1973
년에 小屯村 남쪽 지역에서는 대규모의 甲骨이 발굴되었는데, 각 기관에서
출토한 여러 시기의 甲骨은 상응하는 시기의 陶器와 함께 보존되어 있다. 이
는 또 한번 도기의 시기 구분이 卜骨·卜甲의 시기와 일치하고 있음을 증
명한 것이다.[23] 특히 T53(4A)층에서 출토된 '自組' 卜甲은 과학적인 지층
발굴로 인한 증거이기 때문에 학계의 중시를 받았다.

T53(4A)층에서는 가지런히 한데 쌓여 있는 甲骨이 총 8편 발견되었는데,
그 중 7편에는 글자가 새겨져 있다. 이 7편의 有字 卜甲 중에 自組 卜辭의
貞人 '扶'라는 이름이 기록되어 있는 것이 1편(T53(4A):116) 있다. 다른 6편
에는 비록 貞人의 이름이 기록되어 있지 않지만, 그러나 비교적 특수한 字體
와 文法으로 볼 때 마땅히 自組 卜辭의 특징을 가지고 있다. 이밖에 7편 卜
甲의 鑽·鑿·灼의 풍격도 기본적으로 동일하다. 그러므로 小屯村 남쪽 지역
T53(4A)층에서 출토된 7편의 卜甲은 모두 自組 卜辭이다. 小屯村 남쪽 지
역 T53(4A) 층에 대한 분석은 학계에서 논쟁이 끊이지 않는 自組 卜辭의
시기 구분에 새로운 보충 증거를 제공해 주었다.

유적지에서 T53(4A)층과 기타 각 층위·유적의 관계는 이러하다. T53
(3B)층은 T53(4)층을 누르고 있고, T53(4)층은 다시 T53(4A)층을 누르고
있으며, T53(4A)층은 灰坑 H91과 H110에 의해 파괴되어 있고, T53(4A)층
은 다시 灰坑 H111, H112를 누르고 있고, 灰坑 H111은 다시 H112를 파괴
하였다.

이상의 각 기관에서 출토한 陶器의 선후 차이에 근거하면 그것들의 시기
를 구분할 수 있다. H91·T53(3B)·T53(A)은 小屯村 남쪽 지역의 중기〔康
丁·武乙·文丁〕이고, H111, H112는 小屯村 남쪽 지역의 초기〔武丁 시기〕이

며, T53(4A)층에서 출토된 陶鬲·甑·罐 등은 小屯村 남쪽 지역의 초기(武丁 시기)에 가깝다. H102가 H110을 파괴시키고, H110은 다시 T53(4A)을 파괴시켰기 때문에 H102는 H110과 T53(4A)에 비해서 늦다. 그러나 H102에서 출토된 鬲·盆·甑·罐 등의 陶器를 보면 小屯村 남쪽 지역의 중기보다 좀 이르지만 小屯村 남쪽 지역의 초기보다는 좀 늦다. 이렇게 해서 小屯村 남쪽 지역의 T53(4A)층의 가장 늦은 것도 小屯村 남쪽 지역의 중기는 될 수 없으며, 마땅히 小屯村 남쪽 지역의 초기보다 조금 늦은 시기, 즉 武丁 시기의 말기에 해당한다. 小屯村 남쪽 지역의 문화적 시기 구분과 T53(4A)층의 관련 단위의 시기를 표로 나타내면 아래와 같다.

王 名	문화적 시기 구분	전형적인 층위(단위) 관계
文 丁 武 乙 康 丁	小屯村 남쪽 지역 중 기	$T_{53}(3B)$ ↓ $T_{53}(4)$ H_{91}
		H_{102} ↓ H_{110}
武 丁	小屯村 남쪽 지역 초 기	$T_{53}(4A)$ ↓ H_{111} ↓ H_{112}

　蕭楠은 㠯組 卜甲이 출토된 T53(4A)층의 층위 관계에 근거한 분석을 통해 '㠯組 卜辭'의 시대는 절대로 제3기 이후(즉 廩辛·康丁 이후)와 武丁 이전일 수가 없으며, 武丁 時代에 속한다는 결론을 얻었다. 다시 한걸음 나아가서 T53(4A)층 아래에 눌려 있는 초기의 灰坑 H111·H112와 기타 현상에 근거해서, 㠯組 卜辭의 구체적인 시기는 武丁 시기 말기에 속하는 것 같다[24]고 판단하였다. 이것은 바로 陳夢家가 卜辭 자체의 연구에 의거해 확정한, 㠯組 卜辭가 武丁 시기 말기라는 견해에 대해 유력한 지층 증거를 제공한 것이다.

　1980년에 《小屯南地甲骨》上册이 출판되었을 때, 甲骨의 발굴 정리자는 그 책의 머리말에서 다시 小屯村 남쪽 지역의 초기·중기·말기의 3기에 출토된 甲骨에 대해 한층 깊이 있고 전면적인 논증을 하였다. 自組 卜辭와 賓組卜辭는 공통점이 매우 많다. 예를 들면 지층 관계에서, 이번의 것은 모두 小屯村 남쪽 지역의 초기 지층에서 출토되었고, 부친 항렬의 稱謂가 기본적으로 일치하며, 기타 內容·文例·字體 등의 방면에서도 비슷한 점이 적지않다. 이 때문에 그것들은 시기가 기본적으로 일치하며 모두 武丁 시기에 속한다. 동시에 "양자 사이에는 중요한 차이가 있다. 예를 들면 賓組 卜辭의 수많은 중요 인물과 사건은 自組 卜辭에서 보이지 않는데, 이것은 양자가 비록 모두 武丁 시기 卜辭이기는 하지만 시간적으로 반드시 평행 관계인 것은 아니며, 선후 관계일 가능성이 높다"고 강조하였다. 午組 卜辭에 대해서는, "地層·灰坑의 압박·파괴 관계에 근거해 볼 때, 午組 卜辭의 시기는 自組 卜辭보다 조금 늦다"고 하였다. 다시 내용 방면에서 볼 때, 그 稱謂 방면에 下乙〔祖乙〕이 있고, 인물로는 光·戉·虎·希侯 등이 있는데, 이것들은 모두 武丁 시기의 賓組 卜辭에 보인다. 또 前辭의 形式·字體·祭法 등의 방면에서도 武丁 시기의 여러 卜辭와 같은 점이 적지않게 있다. 그러므로 午組 卜辭의 시기는 대체로 武丁 시기로 확정할 수 있다.

이와 동시기에 謝濟는 이미 기록된 이러한 甲骨을 전면적으로 정리한 기초 위에서 또 한걸음 나아가 卜辭의 시기를 논증하였는데, 그가 '별도 유형의 卜辭〔另種類型卜辭〕'라고 한 것은 이른바 賓組의 정통파 王室 卜辭와 다른 것을 말한다. 그는 이런 卜辭의 稱謂와 世系를 고찰하고서 '四父'(《安明》2266)·'父甲至父乙'(《掇二》170)과 같은 주의해야 할 집합 稱謂를 제기하였으며, "별도 유형의 卜辭에는 이러한 집합 稱謂가 있기 어려우며, 武丁 시기의 賓組 卜辭에도 시기 구분을 하는 데 의의가 있는 이러한 집합 稱謂가 없다"고 주장하였다. 그는 또 貞人을 고찰하고서 王貞과 挈貞이 직접 武丁 시기의 賓組 卜辭 및 별도 유형의 卜辭와 연결될 수 있음을 발견하였다. 아울러 그는 武丁 시기의 별도 유형의 卜辭와 武丁 시기의 賓組 卜辭에 나오는 '二告'·'三告'·'叶朕事'〔왕이 요구한 일을 완수했다〕·'叶我事'〔왕이 요구한 일을 완수했다〕·'禍凡有疾'〔바람을 맞아 감기에 걸렸다〕·'有疾禍凡'〔바람을 맞아 감기에 걸렸다〕·'禍凡'〔바람을 맞아 감기에 걸렸다〕 등의 兆辭 成

語는 서로 나타나는 것이지만, 그러나 "결코 제4기 武乙·文丁 시기의 甲骨에는 나오지 않으며, 이 방면에서 武丁 시기의 별도 유형의 卜辭가 武乙·文丁 시기의 卜辭일 가능성이 배제되었다"고 지적하였다. 이밖에 序辭·書體 방면에서 별도 유형의 卜辭 역시 초기 卜辭의 특징들을 반영하고 있다. 事類 방면에서, 武丁 시기의 賓組 卜辭와 武丁 시기의 별도 유형의 卜辭는 수많은 공통점을 가지고 있으나, 내용은 오히려 武乙·文丁 시기에 없는 것이 적지않다. 이런 것들 모두가 武丁 시기의 賓組 卜辭와 별도 유형의 卜辭의 시기가 서로 일치됨을 말해 주고 있다.[25]

연구가 끊임없이 심화되고 새로운 증거가 증가함에 따라서, 현재 중국 내외 학계의 이 甲骨들의 시기 구분에 대한 의견은 이미 일치되는 방향으로 나아가고 있다. 기본적으로는 모두가 '文武丁 시기 卜辭'·'非王 卜辭'·'王族 卜辭'·'多子族 卜辭'와 '自組·子組·午組' 卜辭 등 명목이 복잡한 甲骨의 시기가 제4기 文武丁 시기가 아니고, 마땅히 제1기 武丁 시기로 앞당겨야 한다고 생각하고 있다. 지금에 와서야 진정으로 "文武丁 시기 卜辭의 수수께끼를 풀었다"고 말할 수 있는 것이다.

제2절 甲骨文 시기 구분의 또 하나의 '의문'
——이른바 '歷組' 卜辭의 논쟁과 武乙·文丁 시기 卜辭의 상세한 구분

위에서 서술한 바와 같이 '文武丁 시기 卜辭의 수수께끼'의 진정한 해결은, 원래 제4기의 自組·子組·午組 卜辭로 구분되어 있던 것을 제1기 武丁 시기로 앞당긴 것이다. 이것은 근래에 학자들의 성실한 연구와 검토를 거친 후에 견해가 점차로 일치된 결과이다.[26] 그렇지만 어려운 일은 계속 끊임없이 일어나기 마련이다. 1977년에 저명한 殷墟 婦好墓의 발견을 계기로 해서, 李學勤은 다시 시기 구분을 통해 해결해야 할 또 하나의 '의문'인 이른바 '歷組' 卜辭가 제4기 武乙·文丁 시기의 것이 아니고, 마땅히 武丁 말기에서 祖庚 시기까지의 卜辭라는 학설을 제기하였다.[27]

李學勤이 이른바 '歷組' 卜辭의 '의문'을 제기한 이후, 이 견해에 찬성하는 사람도 있고 반대하는 사람도 있어서 갑골학계에서는 매우 열띤 논쟁이 벌어졌다.

이 의견에 찬성하는 주요한 논저들은 아래와 같다.

李學勤: 〈論婦好墓及有關問題〉,《文物》, 1977년 제11기.
裘錫圭: 〈論 '歷組卜辭' 的年代〉,《古文字研究》제6집, 中華書局, 1981년.
李學勤: 〈小屯南地甲骨與甲骨分期〉,《文物》, 1981년 제6기.
李先登: 〈關于小屯南地甲骨分期的一點意見〉,《中原文物》, 1982년 제2기.
林澐: 〈小屯南地發掘與殷墟甲骨斷代〉,《古文字研究》제9집, 中華書局, 1984년.
彭裕商: 〈也論歷組卜辭的時代〉,《四川大學學報》, 1983년 제1기.

반대 의견을 가진, 이른바 '歷組' 卜辭가 마땅히 제4기 武乙·文丁 시기라고 주장하는 論文 중 주요한 것은 다음과 같다.

蕭南: 〈論武乙文丁卜辭〉,《古文字研究》제3집, 中華書局, 1980년.
羅琨·張永山: 〈論歷組卜辭的年代〉,《古文字研究》제3집, 中華書局, 1980년.
《小屯南地甲骨·序言》, 中華書局, 1981년.
謝濟: 〈試論歷組卜辭分期〉,《甲骨探史錄》, 三聯書店, 1982년.
曹定雲: 〈論武乙·文丁卜辭〉,《考古》, 1983년 제3기.
蕭南: 〈再論武乙·文丁卜辭〉,《古文字研究》제9집, 中華書局, 1984년.
陳煒湛: 〈'歷組卜辭' 的討論與甲骨文斷代研究〉,《出土文獻研究》, 文物出版社, 1985년.

한 문제에 대해 이처럼 많은 글들이 토론을 벌인 것은 甲骨學史에서도 흔치 않다. 이는 학계의 이 문제에 대한 관심과 중시를 반영한 것이고, 또한 甲骨學 연구 중에서 이 문제의 중요성을 반영한 것이다.

또 '의문'을 풀어야 하는 까닭은 제4기 武乙·文丁 시기의 甲骨에 대부분 貞人이 없는 것이 많고, 게다가 字體도 비교적 복잡하기 때문이다. 제1기로 나누어진 自組 · 子組 · 午組의 일부 卜辭를 제외하고도 卜辭의 字體가 大字인 貞人 '歷'의 거친 卜辭 풍격과 비슷하면서 약간 작은 卜辭도 일부 있고, 문자 · 서체가 '自組' 卜辭와 매우 가까운 卜辭도 일부 있다. 本書의 제7장 제4절에서 말한 '字體가 매우 정연하고, 필획은 首尾가 뾰족하고 가운데가 두꺼운' 卜辭 중의 일부도 마땅히 그 가운데 포함된다. 이들 卜辭의 稱謂 · 人物 · 事類는 경우에 따라서 결국 제1기 武丁 시기에 부화뇌동한 부분들이 있다. 어떤 학자는 이 卜辭들을 통틀어서 '無名組'라고 불렀다. 董作賓은 〈甲骨文斷代硏究例〉 중에서 '거칠다'는 표현으로 개괄하였는데, 이것은 제4기 武乙 · 文丁 시기의 다른 자형과 서체를 포용하고 있는 甲骨에 대해 말하면 물론 전면적이지 못한 것이다.

필자는 이른바 '歷組' 卜辭라고 한 이 견해에 찬성하지 않는다. 陳夢家는 제1기의 같은 판에 보이면서 연계될 수 있는 한 무리의 武丁 시기의 卜人을 賓組라고 불렀다. 기타 적게 등장하는 卜人이면서 그 字體 · 文例 · 事類가 賓組와 같은 것들은 賓組에 부속시켰다.[28] 제2기의 卜人을 出組라고 부르는데, 왜냐하면 出은 작은 무리의 연계자이기 때문이다. 그밖에 2명의 卜人 大와 涿은 出組와 연계가 없지만, 그러나 稱謂 · 制度 · 字體가 出組와 같으므로 또 여기에 부속시켰다. 제3기는 廩辛 시기의 卜人 대다수가 연계될 수 있기 때문에 陳夢家는 이를 何組라고 불렀다.[29] 제4기에는 단지 '歷'이라고 하는 1명의 貞人이 있는데 같은 판의 연계 관계가 없으며, 게다가 이 시기의 字體 역시 풍격이 각기 다르다. 이 때문에 어떤 학자는 제4기의 卜辭를 '無名組'와 '歷組'로 처리하였다. 즉 貞人 '歷'이 있는 卜辭와 그것과 서체가 비슷한 卜辭를 한 조로 구분하였다. 비록 범위는 좀더 정확해졌지만, 그러나 바로 어떤 학자가 지적한 바와 같이 이 범위는 사람에 따라 다르고, 크기가 다르며, 이 '組'에 명확히 속하지 않는 卜辭도 거기에 섞여 있다. 이 때문에 '歷組' 卜辭라는 명칭은 과학적이지 못하다.[30]

'歷組' 卜辭의 특징 및 그것의 시기를 앞당기는 문제는 李學勤이 최초로 제기한 것이다. 주요 근거는 다음과 같다.

첫째, 그는 '歷組' 卜辭의 문자는 초기의 특징을 가지고 있다고 주장하였다. 예를 들면 '王'字 · '貞'字 · 干支字 등 자주 등장하는 글자들의 書法은

歷組 卜辭와 초기 武丁 시기의 전형적인 字體에 가깝다.

둘째, '歷組' 卜辭의 文例도 초기 武丁 시기 卜辭의 文例와 비슷하다. 그리고 '歷組' 卜辭의 署辭·兆辭(二告·弜玄,《寧》1.349) 등도 제1기 武丁 시기 兆辭와 비슷하지만 말기 廩辛·康丁 시기 卜辭에 자주 등장하는 吉·大吉·弘吉·習一卜 등의 兆辭와는 크게 다르다.

셋째, '歷組' 卜辭에 나오는 수많은 중요 인물, 예를 들면 婦好·子漁·子畫·子戠·婦井·婦女·望乘·沚或 등은 대부분 武丁 시기 卜辭에 등장한다. 이밖에 '歷組' 卜辭 중의 卓·夫·幷·由·𠂤般·犬征 등도 武丁 시기 말기에서 祖庚 시기에 속하는 '出組' 卜辭 중에 보인다. 따라서 시간상 '歷組' 卜辭도 마땅히 武丁 시기에 가깝다.

넷째, '歷組' 卜辭의 貞卜·事類 방면은 武丁 시기의 賓組 卜辭 혹은 조금 뒤의 出組 卜辭와 상동한 점이 많이 있다.

다섯째, '歷組' 卜辭에 나오는 두 稱謂 계통은 그것이 마땅히 武丁 시기의 것임을 명확하게 말해 준다. 하나는 父乙을 중심으로 하는 稱謂 계통이다. 《戰後南北所見甲骨錄》(멘지스 소장) 613에서 '父乙'은 '母庚'과 같은 版에 있다. 《殷契佚存》194,《殷墟文字甲編》611에서 父乙은 兄丁·子戠와 같은 版에 있다. 또한 子戠는《殷墟書契續編》4·12·5와《殷墟文字乙編》4856에 보이는데, 이것은 武丁 때의 稱謂이다. 父乙은 마땅히 武丁의 부친 小乙이고, 母庚은 小乙의 배우자이다. 또 다른 稱謂 계통은 父丁을 중심으로 한 것이다. 이 父丁은 李學勤이《殷墟文字綴合》15와《戰後南北所見甲骨錄》(멘지스 소장) 477 등 2편의 '歷組' 卜辭에 근거해서 父丁이 "小乙의 뒤에 배열되어 있음을 발견하였는데, 이는 분명히 武丁이다. 그래서 만일 '父丁'을 康丁으로 이해하면 祀典 중에 高宗으로 불리는 武丁 및 祖甲이라는 2명의 유명한 왕이 생략된 것이 되는데, 이것은 상상하기가 매우 힘들다"라고 하였다. 이밖에 '歷組' 卜辭에 기재된 "二母: 妓·豕甲母庚"(《京人》2297) 및 '母妓'(《萃》8+276)의 稱謂는 武丁 시기 卜辭의 稱謂 중의 '母妓'(《乙》3363)와 똑같다. 《京都大學人文科學硏究所藏甲骨文字》2297에서 제시한 '二母'는 바로 母妓와 陽甲〔武丁의 부친 항렬〕의 妃인 庚인데, 이 여자들을 '二母'라고 합칭한다. 역시 武丁 시기 卜辭임에 틀림없다.[31]

후에 李學勤은 〈小屯村 남쪽 지역 甲骨과 甲骨의 시기 구분〉(《文物》, 1981
년 제5기에 수록)이라는 글에서 자신이 논한 '歷組' 卜辭에 대해 한걸음 나
아가 보충을 하였다. 주요한 것은 다음과 같다.

여섯째, '歷組'와 '出組'의 共版 문제이다. 小屯村 남쪽 지역 H57에서 출
토된 肩胛骨은 '歷組' 卜辭의 연대를 논증하는 데 가장 좋은 증거를 제공해
주었다.《小屯南地甲骨》2384의 좌하단에는 3행 15자로 된 '歷組' 卜辭가 있
다. 그 위에는 또 정연하게 배열된 '出組'의 '卜王' 卜辭가 7조 있다. "字體
가 歷組와 出組로 분속된 이 8조 卜辭의 점친 날은 庚辰日이며, 그것이 같은
날에 점친 정식 卜辭라는 것은 의문의 여지가 없다.

일곱째, 考古 層位 관계에서 보면, '歷組' 卜辭의 시기 구분에 대한 견해는
현존하는 考古 자료와도 서로 일치된다.

裘錫圭는 李學勤이 주장한 논점의 기초 위에서 계속적으로 卜辭에 나오는
人名·占卜 사항과 親屬 稱謂 등의 방면에서 상세한 보충 논증을 하면서, "만
일 두 조의 卜辭의 稱謂가 짝을 이루어 상응한다면, 이 두 조의 卜辭가 동
일한 시기에 속할 가능성이 매우 크다"고 주장하였다. 또 人名이 族氏라고
하는 기초에 입각한 異代同名說은 "人名이 여러 시기에 중복 출현한다" "武
丁·祖庚 시기와 武乙·文丁 시기에 중요한 작용을 하는 부족이 이와 같이
일치되면서 이 두 시기 사이로 구분된 廩辛·康丁 시기의 정황은 완전히 판
이하다" 등등에 대해 "완전무결하게 해석해 낼 길이 없다"고 주장하였다. "점
친 사항이 동일한 실례는 歷組가 賓組·出組의 초기 시기와 상동하다는 것
을 인정하는 것 이외에 다른 방법이 없다"고 주장하였다.[32] 林澐은 "字體의
변천은 비교적 빠르고 어느 정도의 계급성을 나타내기 때문에, 형식학적
관점에서 볼 때 분류의 가장 좋은 표준임을 의심할 나위가 없다"라고 말하
였다. 그는 "본문 중에서 강조한 형식학상의 변천 서열은 모든 유형의 卜辭
가 수직 방향에서 접속 관계임을 확정하는 효과적인 방법"이라고 공언하였
다.[33] 李學勤이 제기한 '歷組' 卜辭 서체의 변천 서열은 한층 이론화된 것이
다. 그렇지만 지나치게 복잡한 것이 흠인데, 바로 陳煒湛이 〈'歷組 卜辭'의
토론과 甲骨文 시기 구분 연구〉라는 論文에서 지적한 바와 같이, 어떤 학자
는 '歷自間組'·'自歷間組' · '歷組一類' · '歷組二類' 등과 같이 자기만이 그

의미를 확실하게 알 수 있는 새로운 용어를 만들어 내서 독자들로 하여금 눈이 어지럽고 너무 오묘하여 측량할 수 없다는 느낌을 갖게 한다. 바로 이러한 까닭으로 시기 구분 연구에서 실제 응용이 될 수 없었다.

이 甲骨들의 시기를 앞당기는 것에 반대하고 여전히 응당 제4기 武乙·文丁시기의 유물임을 견지하는 학자들은 蕭南 등으로 대표되는데, 그들의 이유는 다음과 같다.

첫째, 武乙·文丁 시기의 卜辭에는 기본적으로 '貞人'이 없지만, 武丁·祖庚 시기의 卜辭에는 대량의 貞人이 있다.

둘째, 武乙·文丁 시기의 卜辭는 武丁·祖庚 시기의 卜辭와 字體와 풍격에 있어서 커다란 차이가 있으며, 문자의 구조 방면에서도 커다란 차이가 있는데 아래의 표에서 보는 바와 같다.

武丁·武乙·文丁 시기의 상용자 비교표

	武丁	武乙	文丁
庚			
子			
辰			
巳			
午			
未			
酉			
有			
侑			
羌			
伐			
㞢			
災			

셋째, 武乙·文丁 시기 卜辭의 文例도 武丁·祖庚 시기와 다르다. 前辭의 형식 방면에서 武乙·文丁 시기의 卜辭는 비교적 간단하여 일반적으로는 貞人을 기록하지 않는다. 그런데 武丁·祖庚 시기의 卜辭는 비교적 복잡하다. 이밖에 兆辭의 형식도 완전히 다르다. 武乙·文丁 때에는 항상 '玆用'·'不用'이 출현하지만, 武丁 때에는 항상 '二告'·'小告'·'不玄冥' 등이 출현한다.

넷째, 稱謂 방면에 있어서 이 유형의 卜辭에 등장하는 '父丁'은 마땅히 武乙이 자기의 부친 康丁을 일컫는 것이며 武丁이 아니다. 《小屯南地甲骨》 4331은 父丁과 '上甲으로부터 13번째 先王까지〔自上甲十示又三〕'를 제사지내는 것을 함께 점친 것인데, 바로 三報·二示·父王〔康丁〕 이외의 모든 직계 선왕, 즉 上甲·大乙에서 祖甲까지에 딱 맞는다. 이 유형의 卜辭에 등장하는 '父乙'은 마땅히 文丁의 부친인 武乙을 가리킨다. 주의할 것은 武丁 시기의 卜辭 중에서 부친 항렬의 稱謂는 父乙 말고도 父甲·父庚·父辛이 있다. 그들이 확정한 文丁 시기 卜辭 중에서 부친 항렬 稱謂는 父乙 1개밖에 없다는 것이다.

다섯째, 武乙·文丁 시기의 記事 刻辭는 武丁 시기의 형식과 다르다. 그래서 記事 刻辭는 武丁 시기 특유의 것이 아니다. 그것 자체에도 시기적인 구별이 있어서 막연하게 모두 武丁 시기로 귀속시킬 수는 없다.

여섯째, 同名의 문제이다. 이런 현상은 卜辭 중에서 보편적으로 존재하는 것인데, 武乙·文丁 시기의 卜辭와 武丁·祖庚 시기의 卜辭 사이에서 존재할 뿐 아니라, 기타 각 시기의 卜辭 사이에서도 모두 정도의 차이는 있지만 존재하고 있다. 方名·地名과 일치하는 이 人名들은 개인 이름이 아니고 氏이다.[34)]

토론이 심화됨에 따라서 蕭南 등은 또한 자기들의 논점에 대해 한 차원 높은 설명을 하였는데, 蕭南은 〈武乙·文丁 시기 卜辭 재론〉이라는 論文 중에서는 다시 武乙·文丁 시기 卜辭의 稱謂·人名·事類·坑位와 地層 관계 방면의 문제에 대해 더욱 깊이 있는 논술을 하였다.

현재 토론의 쌍방은 각기 자기들의 주장을 고집해서 논쟁이 아직 계속되고 있다. 陳煒湛의 〈'歷組 卜辭'의 토론과 甲骨文 시기 구분 연구〉(《出土文獻研究》, 文物出版社, 1985년)라는 論文은, 현재 전개되고 있는 이 토론에 대해 매우 수준 높은 견해를 제기하였다. 즉 이 論文은 이 시간 현재 ‘歷組’ 卜辭의 토론에 대한 총결산이라고 말할 수 있다. 陳煒湛의 論文에서는 토론 중에 있는 문제를 지적하였는데, 즉 “쌍방이 비록 논쟁을 매우 격렬하게 하고 있지만 ‘歷組’ 卜辭의 핵심인 진정으로 貞人 ‘歷’ 이 있는 卜辭를 구체적으로 토론한 것은 매우 드물다. 어떤 論文에서는 시원스럽게 그것들을 한쪽으로 제쳐두고 오히려 ‘歷組’ 卜辭의 각종 특징과 賓組・出組와의 異同 등을 큰 소리로 말하고 있다”라고 하였다. 그런데 ‘歷組 卜辭’ 가 武乙・文丁 시기에 속한다고 말하는 사람도 ‘歷貞’ 의 卜辭에 붓을 대는 경우는 매우 드물다. 이 때문에 그는 “구체적으로 ‘歷貞’ 의 卜辭를 분석해서 ‘작은 범위’ 내에서 비교적 일치된 의견을 얻기를 기대하는 것은 분명히 매우 필요한 일이다”고 제의하였다.

　陳煒湛은 10만여 편의 甲骨 중에서 현재 확실히 貞人이 歷이라고 알려진 卜辭는 총 12편에 불과하며, 거기다가 ‘貞歷’ 또는 ‘歷’ 이라고 하는 이들 前辭에는 보이지 않고 命辭 중에 보이는, 확실히 歷貞이거나 歷과 관계된 卜辭들을 추가하면 지금까지 총 23편이 발견되었다고 말하였다. 그는 이들 卜辭 및 모사본을 論文 속에서 열거하고 아울러 전사 형식, 卜辭 내용, 어떤 先王・先公과 어떤 인물이 언급되지 않음, 地層과 坑位, 鑽鑿 形態, 字形 등의 방면에서 그 특징을 분석하였다. 그는 23편 중에서 《戰後京津新獲甲骨集》 4387을 예로 들었는데, 문자의 풍격이 완전히 일치하는 《殷墟卜辭後編》 2630을 비교해 보고는 2편이 “干支도 같고, 다른 것은 하나에는 ‘歷’ 이 있고 다른 하나에는 ‘歷’ 이 생략되었을 뿐이다”는 사실을 발견하였다. 《殷墟卜辭後編》 2630은 父丁에게 고한 것인데, 武乙이 康丁을 일컬은 이 甲骨片은 武乙이 점친 것이다. 이는 바로 《戰後京津新獲甲骨集》 4387이 “역시 武乙 때 점친 것이며, 貞人 歷이 武乙 때의 사람임은 의심할 여지가 없다”는 견해를 반증한 것이다. 따라서 결론으로 얻은 것을 말하면, 이 甲骨들이 武乙 시기에 속한다는 견해 역시 마땅히 믿을 만한 것이다. 그는 또 이 23편의 ‘歷貞’ 卜辭가 초기 武丁에서 祖庚 시기의 것일 가능성이 없음을 논증하였는데, “첫째 자형・서체 풍격 및 文例가 명확히 말기에 속하며, 초기와는 유형이 다르다. 둘째, 이 20여 편의 卜骨 중에는 武丁 시기 卜辭(특히 賓組)의 특징이 없다”

고 지적하였다. 만일 歷貞 卜辭를 상술한 이른바 '歷組' 卜辭가 미치는 범위로 확대하면, 일부의 특례가 별도로 해석되어야 하고, 또 어떤 骨片(예, 《萃》 273)들은 武丁 시기에 속할 가능성이 있다는 것 외에도 대다수 '歷組' 卜辭 역시 武丁·祖庚 시기에 속하지 않고, 武乙·文丁 시기에 속하게 된다.[35]

이른바 '歷組' 卜辭에 관한 토론은 甲骨文의 시기 구분 연구가 심화되는 데에도 상당한 의의를 가지고 있다. 비록 '歷組' 卜辭에 관한 토론이 아직 교착 상태에 놓여 있긴 하지만, 그러나 이런 토론 속에서 제4기 武乙·文丁 시기 卜辭에 대한 재구분이 완성되었다.

학자들은 일반적으로 모두 제4기를 武乙·文丁 시기라고 통칭한다. 그러나 어떤 것이 武乙 시기의 卜辭인지, 어떤 것이 文丁 시기 卜辭인지에 대해서는 아직 자세하게 연구한 사람이 없다. 陳夢家는 貞人 '歷'의 卜辭는 "字體가 마땅히 武乙 시기에 속한다"고 주장하였다.[36] 蕭南은 이 견해에 동의하지 않고, "그러나 貞人 '歷'도 文丁 시기에 속한다는 것은 지적할 수 없다. 예를 들면 그가 언급한 貞人 '歷'의 卜辭 《殷墟文字甲編》 544는 마땅히 文丁 시기 卜辭인데, 그는 오히려 武乙 시기 卜辭로 열거하였다"고 언급하였다.[37]

蕭南은 1973년에 小屯村 남쪽 지역에서 출토된 甲骨 연구에 근거하여, "발굴된 지층 관계는 최초로 武乙 시기 卜辭와 文丁 시기의 卜辭를 초보적으로 구분할 수 있게 해주었다"고 주장하였다. 그는 〈武乙·文丁 시기 卜辭에 관하여〉라는 論文에서 다음과 같이 명백히 논술하였다.

小屯村 남쪽 지역의 유적은 초기·중기·말기 등 3기로 나눌 수 있다. 중기의 地層 및 灰坑은 파괴 관계 및 陶器에 근거해서 분석하면 다시 중기 1조(조금 이르다)와 중기 2조(조금 느리다)로 나눌 수 있다. 중기의 출토 卜辭는 세 가지 유형으로 나눌 수 있다.

제1유형, 《小屯南地甲骨》 2085·2497·2531·2254·2064·2567 등과 같은 것들이다. 이 유형의 卜辭의 특징은 필획이 가늘고, 字體가 수려하며 깔끔하다. 주요 稱謂로는 父甲·父庚·父己·兄辛 등이 있다. 예를 들면 그림 107(《屯南》 2531)이 이러하다.

제2유형, 《小屯南地甲骨》 2065·2079·2058·4331 등과 같은 것들이다. 字

體가 비교적 크며, 필획이 두툼하고 筆鋒에 힘이 있다. 주요 稱謂로는 父丁 등이 있다. 예를 들면 그림 108(《屯南》 4331)이 이러하다.

제3유형, 예를 들면 《小屯南地甲骨》 2100·2126·2601 등과 같은 것들이다. 제2유형보다 글자가 작고, 筆鋒이 원만하고 유연하다. 주요 稱謂로는 父乙이 있다. 예를 들면 그림 109(《屯南》 2126)가 이러하다.

小屯村 남쪽 지역의 중기 地層과 灰坑의 시대는 康丁·武乙·文丁 시기에 해당한다. 거기에서 출토된 卜辭의 시기도 이것과 일치한다. 게다가 제3유형 卜辭 자신의 특징에서 볼 때, 역시 완전히 이 점이 증명되었다.

小屯村 남쪽 지역에서 출토된 제1유형의 卜辭는 그 주요 稱謂가 문헌에 기재된 康丁의 諸父인 祖庚·祖甲·孝己 및 그의 형 廩辛과 일치한다. 그래서 이 유형의 卜辭는 마땅히 康丁 시기 卜辭에 속한다.

小屯村 남쪽 지역의 중기에서 출토된 제2유형의 卜辭에는 父丁이라는 稱謂가 있는데, 우연히 父辛이라는 稱謂도 발견되었다. 그것들의 字體 풍격은 제1유형과 차이가 있으며, 지층 관계를 결합해 보면 이 유형의 卜辭가 武乙 시기 卜辭에 속함은 의심할 여지가 없다. 그 부친 항렬의 稱謂도 바로 문헌에 기재된 武乙의 諸父인 康丁·廩辛과 일치한다.

그리고 출토된 제3유형의 卜辭는 지층 관계에 근거해 보면 제1유형·제2유형보다 늦은데, 즉 康丁 시기 卜辭와 武乙·文丁 시기 卜辭보다 늦다. 卜辭의 내용으로 보면 父乙이라는 稱謂가 있는데, 이는 文丁의 父親 武乙의 稱謂와 일치한다. 이 때문에 마땅히 文丁 시기 卜辭가 된다.

비록 어떤 학자가 이 탐색에 치밀치 못한 부분이 있다고 비난하였지만, 결국은 갑골학자들에게 비교적 확실하고 유익한 시기 구분의 실마리를 제공해 주었다. 금후에는 더욱 깊이 있고 치밀한 작업을 통해서 이 방면에서 일치된 견해를 얻을 수 있을 것이다.

그래서 이 시간 현재 '歷組' 卜辭의 시기에 관한 토론은, 역시 甲骨文의 시기 구분 연구 작업을 한걸음 깊이 들어가게 해주었다고 말할 수 있다.

제3절 甲骨文의 시기 구분에 관한 몇 가지 새로운 방안

비록 董作賓이 1933년에 발표한 〈甲骨文斷代硏究例〉가 甲骨學 연구의 새 시대를 열어 주었다고 하더라도, 董作賓 자신은 거듭해서 "이른바 이 시기 구분은 단지 초보적인 작업일 뿐이다"고 언급하였고, 아울러 이것은 시기 구분 연구를 성공한 후의 결론이 아님을 정중하게 밝혔다. 이는 그의 겸허한 마음과 제자리걸음을 하지 않겠다는 진취 정신을 표현한 것이다. 시기 구분 의 연구에서 나타났듯이 董作賓의 이 방안은 적절하고 실행 가능한 것이다. 그래서 일부 중요한 甲骨 기록들, 예를 들면 《戰後京津新獲甲骨集》·《戰後 寧滬新獲甲骨集》·《戰後南北所見甲骨錄》·《甲骨續存》·《京都大學人文科學 硏究所藏甲骨文字》 도판편 및 얼마 전에 전부 출판된 《甲骨文合集》·《商周 甲骨文總集》·《멘지스 소장 甲骨文集》·《殷墟卜辭後編》·《화이트 등 收藏 甲骨文集》·《東京大學東洋文化硏究所藏甲骨文字》 도판편 등은 모두 '5기' 분법과 '10항 표준'에 의거하고 있다. 각 책들은 甲骨文을 5기로 구분해서 처리하였는데, 이는 연구에 큰 편리함을 제공해 주었다.

董作賓은 또한 거듭해서 "모든 학문은 개략적인 것에서 정밀한 것으로 나 아가는 과정을 겪어야 하는데, 甲骨文字의 연구도 물론 예외일 수는 없 다……. 지금은 단지 개략적으로 5기로 구분하였을 뿐이다"라고 강조하였다. 그는 더 많은 학자들이 자신의 시기 구분 연구가 '완벽한가' 하는 문제에 대 해 심층적인 토론을 하기를 희망하였다.

甲骨學 연구가 발전함에 따라서 董作賓이 제기한 시기 구분 연구의 '5기' 분법과 '10항 표준'은 날이 갈수록 보충되면서 완벽해졌다. 많은 학자들이 그것을 더욱 치밀하게 만들기 위하여 매우 많은 작업을 하였는데, 이에 대해 서는 本書 제7장 제4절에서 이미 소개를 하였다. 董作賓의 시기 구분 중 잘 못되고 정밀치 못한 부분, 예를 들면 '文武丁 시기 卜辭'는 마땅히 제1기 武 丁 시기의 것과 武乙·文丁 시기 卜辭로 세분해야 한다는 부분 등에 대해서 도 깊이 있고 치밀한 토론을 하였는데, 이에 대해서는 本章의 제1절에서 역시 이미 소개하였다. 董作賓이 1933년에 우리를 위해 구축한 시기 구분 방

안은 가장 좋은 유일한 방안인가? 또 다른 방안이 이를 대체할 수 있는가? 수년 동안 많은 학자들은 이 문제를 둘러싸고 성실하게 탐색하여 甲骨學 연구의 활성과 번영을 촉진시켰다.

1. 소위 '新派'와 '舊派' 즉 分派整理法

董作賓은 자신이 제기한 '5기' 분법과 '10항 표준'에서 얻은 성공에 결코 만족하지 않았다. 그는 甲骨文 자료를 이용해서 殷代의 曆法을 연구할 때, 또한 제일 먼저 '新派'와 '舊派' 說을 제기하였다. 그는 1945년에 출판한 〈殷曆譜〉(《史語所專刊》 4책) 서문에서 "이러한 새로운 관찰은 반드시 과거에 卜辭를 5기로 구분한 견해를 타파하고 달리 하나의 표준을 세워야 한다"고 말하고, 아울러 '新舊'派의 특징을 논술하였는데, 이것은 다음과 같다.

이른바 '舊派'란 "盤庚이 殷으로 옮기고 나서부터 小辛·小乙 치세까지의 초기 卜辭 중에 있고, 매번 분별하기가 쉽지 않은 것인데, 지금은 임시로 武丁을 舊派의 대표로 삼겠다……. 지금 卜辭 중에서 역시 그때의 기상이 웅장하고 규모가 거대하며, 貞卜 사항이 모든 것을 포괄하였고, 史臣의 書契文字 역시 그 자유로운 풍격이 충분히 표현되었음을 알 수 있다. 본 〈殷曆譜〉 중에는 그 曆法이 古制를 따르고 있음을 알 수 있는데, 개진한 것이 없어서 나는 이를 '遵古派'라고 명명하였다. 祀典 역시 祖甲과 다르다. 문자와 占卜 사항 중에도 다른 것이 많다. 그때의 禮制는 이른바 '先王의 정치〔先王之政〕'가 아닌가 생각된다. 그래서 나는 이를 '舊派'라고 하는 것이다"라고 하였다.

그리고 이른바 '新派'란 "祖甲 때부터 시작된 것인데, 卜辭 중에서 충분하게 그 혁신된 정신이 표현되어 있다. 예를 들면 曆法의 개진, 祀典의 수정, 占卜 사항 및 문자의 개정이 모두 그 대강이다"라고 하였다.

武丁과 祖庚은 '舊派'이다. 그뒤의 祖甲·廩辛·康丁은 '新派'이다. 이것이 전해져 文武丁 때가 되면 복고를 다짐하고 최대한 舊派를 모방하였다. 후에 帝乙·帝辛 때가 되면 다시 新派를 정통으로 삼았다.

'舊派'와 '新派'의 禮制는 다르다. 주요한 것은 다음과 같다.

첫째, 祀典이 다르다. 舊派의 제사 대상은 上甲 이전의 先公遠祖인데, 예를 들면 高祖 夒·王亥·王恒·季 등이다. 그리고 上甲 이하로는, 大宗은 제사 지내고 小宗은 제사지내지 않는다. 大宗의 배우자를 제사지내는 것은 5세 이상의 先妣에 불과하다. 이밖에도 黃尹(文武丁 때에는 伊尹이라고 하였다)·咸戊 등의 옛 신하 및 河·嶽·土(社) 등의 神祇에게 제사지낸다. 제사의 명칭으로는 肜·彘·祭·侑·賣·勺·福·歲 등이 있으며(新派도 이를 사용한 것이 보이며, 단지 약간의 문자 書法만이 다르다), 고유한 제사 명칭으로는 御·報·冊·帝·炆·告·求·祝 등이 있다.

新派의 제사는 上甲부터 시작되며, 大宗과 小宗은 世次와 日干에 따라 祀典에 배열하고 제사한다. 先妣는 示壬의 배우자인 妣庚부터 시작되는데, 역시 世次와 日干에 따라 祀典에 배열하고 제사한다. 祀典은 주로 '肜·翌·祭·賣·彘'의 5종을 위주로 하는데, 두루 祖妣까지 미치고 다시 처음으로 돌아간다. 이것이 이른바 '周祭'이다. 또 다른 제사 명칭으로는 又〔舊派의 侑〕·叙〔舊派의 賣〕·勺·夕福·濩·登·歲·肜禴·肜夕·禧 등이 있다. 祖甲이 창시한 이후부터 廩辛·康丁이 이를 계속 시행하였으며, 帝乙·帝辛 때에는 더 증가되고 더 엄밀해졌다.

둘째, 曆法이 다르다. 舊派는 1년 중에 月名이 있는데, 1월에서 12월까지가 1년이 된다. 1년을 마치고 윤달을 두는데, 이를 '13월'이라고 한다. 날짜의 기록에는 支干을 사용하는데, 10일은 1旬, 10旬은 '1백 일'이 된다. 그런데 新派에서는 1월을 '正月'이라 부르고 '13월'이라는 명칭을 없앴다. 祖甲은 윤달 제도를 개정했는데, 구제도의 1월에서 12월까지의 배열을 깨고 윤달을 閏日이 있는 그 달에 끼웠다. 날짜 기록에 있어서는 干支를 각 太陰月에 달았다. 月名에 '在'字를 덧붙여 干支日이 어느 달에 '있다'는 것을 나타내었다.

셋째, 문자가 다르다. 舊派의 時王이 사용한 '王'字는 '大'의 형태로 되어 있는데, 이를 속칭 '王'字가 모자를 쓰지 않았다고 말한다. 文武丁 때에도 復古를 해서 역시 이렇게 썼다. 그러나 新派에서는 祖甲으로부터 시작하여 廩辛·康丁·武乙과 帝乙·帝辛을 거치면서, 舊派의 '王'字에 비해 윗부분에 1橫이 많은데, 이를 속칭 '王'字가 모자를 썼다고 말한다. 이밖에 舊派는 '屮'

가 ‘有’인데, 新派는 ‘又’가 ‘有’이다. 舊派에서는 ‘屮’가 제사 명칭인데, 新派에서는 ‘又’가 제사 명칭이다. 舊派는 제사 명칭 ‘賣’字를 ‘☀’로 쓰고, 文武丁은 復古를 해서 ‘☀’ 혹은 ‘☀’로 썼다. 新派는 손으로 나무를 잡고 示 앞에서 불태우고 있는 형태의 ‘叔’字로 고쳤다.

넷째, 占卜 사항〔卜事〕이 다르다. 舊派의 문자는 대부분 자유롭고 방종하며, 新派는 대부분이 단정하고 조심스럽다. 舊派의 行款・文例는 그다지 규칙적이지 못한데, 新派는 엄밀하고 규칙적이다. 占卜 재료 방면에서 보면, 舊派는 1판에 卜辭가 엇섞여 교차하여 그다지 질서가 없다. 그런데 新派는 거북을 사용하든 뼈를 사용하든간에 모두 일정한 제도가 있으며, 각 유형의 卜辭에는 모두 전용판이 있다. 舊派의 武丁 시기 卜辭는 내용이 복잡하며, 新派의 卜辭는 조리가 있고 문란하지 않다.[38]

1949년에 발간된 《中國考古學報》 제4기에는 董作賓의 《殷墟文字乙編・序》가 발표되었는데, 그는 이 글에서 ‘舊派’와 ‘新派’를 구체적으로 4기로 구분하였다.

제1기는 舊派로서, 盤庚이 殷으로 옮기고 난 뒤로부터 小辛・小乙・武丁・祖庚을 거치는 시기이며, 모두 3세 5왕이다. 그러나 武丁 이전은 아직까지 분명치 못하다.

제2기는 新派로서, 祖甲에서 시작하여 廩辛・康丁을 거치는 시기이며, 모두 2세 3왕이다.

제3기는 또한 舊派로서, 武乙과 文丁 부자이다.

제4기는 또한 新派로서, 帝乙과 帝辛 부자이다.

그는 아울러 이 양파의 卜辭의 차이에 대해 한층 깊이 있는 개괄을 하였으며, 다음과 같이 지적하였다.

卜祭祀・征伐・田獵・游觀・卜夕・卜旬은 모두 新・舊 양파에 공통적으로 있는 것들이며, 다른 것은 제사의 典禮, 정벌한 方國, 수렵한 장소, 卜夕・卜旬의 문법과 부기된 사항일 뿐이다. 卜行止는 매일 왕이 경유한 노정을 기록한 것인데, 新派에만 있다. 그리고 卜告·卜敦·卜旬·卜求年·受年·卜(혹은 記載)日月食·卜夢·生育·疾病·有子·死亡·求雨·求啓 등의 사항은 舊派에만 보이며, 新派에는 매우 드물다. 이로 말미암아 우리는 舊派의 미신이 상당히 깊으며, 新派에서는 많은 미신이 제거되었음을 알 수 있다.

董作賓의 '舊派'와 '新派'의 4기 구분은 도리어 원래의 '5기' 분법보다 정확하지 못하다. 이밖에 이른바 "'舊派'는 보수적이고, '新派'는 혁신적이다" 등의 주장은 바로 陳夢家가 지적한 바와 같이, 즉 동일한 朝代 내에서 字體와 文例 및 일체의 제도는 결코 고정불변한 것이 아니다. 그것들이 점차 앞을 향해 변화하는 것 역시 朝代에 의해 단절될 성질의 것이 아니다. 대체적인 불변과 작은 부분의 창신은 어느 한 朝代의 常例와 變例(例와 例外) 사이의 대립에 관계되며, 발전 도중의 관건이다. 이 朝代의 變例와 예외는 바로 다음 朝代의 새로운 常例의 선구가 된다. 이미 새로운 常例가 생긴 후에는 과거의 常例도 예외적으로 중시될 수 있다.[39] 그러므로 董作賓이 〈殷曆譜〉에서 나타낸 新派와 舊派는 불필요한 것일 뿐 아니라 정확치도 못한 것이다.[40] 특히 이른바 '文武丁 시기 卜辭의 수수께끼'가 풀린 이후에 이 卜辭들의 시기는 이미 제1기 武丁 때로 앞당겨졌으며, 이른바 文武丁의 '復古' 문제도 더 이상 존재하지 않게 되었다. 또 어떤 학자는 "역사 발전의 관점에서 보면, '復古'라는 말은 성립할 수가 없는 것이다. 역사상의 '復古'는 정치 제도와 儀式 形態 범위의 현상인데, 文丁의 '復古'는 의외로 문자의 구조, 占卜한 사항, 심지어는 婦·子·朝臣의 이름을 모두 4대 전의 武丁 시기와 똑같이 회복시켰다고 하는데, 이것은 매우 상상하기가 어렵다"라고 제시하였다.[41]

董作賓은 "《殷墟文字乙編》이라는 자료를 가지고, 더욱이 《殷墟文字甲編》 및 이미 기록된 여러 책들을 참고해서 전부를 한 차례 정리하고 新·舊派의 모든 예제의 異同을 비교하는 것은 지극히 어려운 일이 아니다. 나보다 먼저 이 연구를 하는 사람이 있기를 희망한다"라고 재차 호소한 적이 있다.[42] 비록 많은 학자들이 甲骨文 각 시기의 祭祀·方國 등 방면의 변화와 발전에 대해 연구를 하였지만 아직까지 전문적으로 '舊派'와 '新派'의 방법을 이용해서 甲骨文을 정리한 사람은 없다.

2. 貞人의 分組와 '兩系' 說

李學勤은 "武丁 시기에 賓組·自組 등이 존재했다는 사실은, 한 王世 속에서 서로 차이가 있는 여러 종의 卜辭가 존재했을 가능성이 있음을 증명하는 것이다. 반대로 한 종류의 卜辭도 여러 王世에 존재할 수가 있다. 이 때문에 간단하게 王世로 甲骨 卜辭를 구분하는 것은 너무 불충분하다. 陳夢家는 이를 위해 自組·賓組 등의 용어를 만들어 사용하였는데, 이러한 방법은 분명히 王世로 구분하는 것보다 훨씬 더 상세하다"라고 주장하였다. 그래서 李學勤은 殷墟 甲骨을 9조로 구분하였는데, 매조마다 1명의 貞人 이름을 차용해서 組名으로 삼았다. 어떤 조에는 貞人이 없어서 '無名組'라고 명명하였다. 아래의 표[43]에서 보는 바와 같다.

지금의 명칭	董作賓		陳夢家	
賓 組	1기		賓組	武丁 卜辭
自 組			自組	武丁 末期
子 組	4기, 文武丁 卜辭		子組	
兀 組			午組	
出 組	2기		出組	庚甲 卜辭
歷 組	4기			武文 卜辭
無名組				康丁 卜辭
何 組	3기		何組	廩辛 卜辭
黃 組	5기			乙辛 卜辭

사실 '分組' 說을 최초로 제기한 사람은 역시 대학자 董作賓이다. 그는 〈甲骨文斷代硏究例〉에서 稱謂·世系와 繫聯 관계에 근거해서 '貞人 집단'을 확정하였고, 그 중의 어떤 貞人이 貞卜한 사항으로부터 그의 시기를 찾아내었으며, 동시기의 나머지 사람의 시기도 서로 관련시켜서 알 수 있었다. 이 '貞人 집단'은 陳夢家의 《殷墟卜辭綜述》에서는 '貞人組'라고 불려졌다. 비록 李學勤도 '分組'를 하였지만, 그는 "陳夢家의 分組는 주로 卜人의 繫聯을 가

리키며, 필자의 생각과는 차이가 있다"고 밝혔다.[44] 그의 '分組' 표준이 전통
적인 '分組' 표준과 다르다는 것을 분명히 알 수 있다.

　필자는 지금까지도 李學勤이 '分組'를 말한 근거를 아직 찾을 수 없다. 만
일 필자가 잘못 이해하였다면 李學勤 학설의 절대적인 지지자인 林澐이
〈小屯村 남쪽 지역의 甲骨 발굴과 殷墟 甲骨의 시기 구분〉[45]이라는 論文에
서 말하는 '類'는 마땅히 李學勤의 '組'와 동일한 개념이어야 할 것이다. 왜
냐하면 이 論文에서는 항상 이른바 '歷組一類' · '歷組二類' 등과 '自組' ·
'自歷間組' · '無名組' 등을 함께 언급하고 있기 때문이다. 이 論文 속에서 작
자는 이런 말들을 하였다. 예를 들면 "自組 卜辭를 劃定하는 또 다른 기본 표
준은 字體의 특징이다(서체 · 자형 구조와 用字 습관이라는 세 가지 주요 방면
을 포괄한다)" "卜人의 이름이 보이지 않는 卜辭는 字體의 특징에 근거해서
自組로 귀속시킬 수 있다" "共版 관계가 없는 卜人이 自組의 卜人으로 확정
된 까닭은, 역시 字體의 특징이 상동하다는 것으로 말미암아 관련시켰기 때
문이다" "賓組 卜辭의 명확한 구분도 역시 마찬가지이다" "'歷組' 卜辭도 완
전히 字體에 근거해서 2개의 하위조로 분류할 수 있지만, 稱謂로부터 생각
해 내서 무슨 '父丁類' · '父乙類' 등으로 분류해서는 안 된다" "字體는 변
천이 비교적 빠르고 일정한 계급성을 나타내기 때문에 형식학 관점에서 보
면 분류의 가장 좋은 표준임이 명백하다. 기타 卜辭의 내용 외에 독립된 鑽
鑿 형식, 甲骨의 整治 형식, 記事 刻辭의 형식 등은 물론 型式學上에서는 역
시 분류의 의미가 있지만 字體로 나눌 수 있는 유형보다 세밀하지는 못하다.
게다가 상당수의 사람들이 단지 탁본에만 의거해서 분류하는 상황하에서 字
體는 가장 사용하기 편리하다" 등이다. 이러한 작자의 논술에서 그가 전통
적인 '分組'의 표준과 다른 점은 문자의 '型式學'的 분석에 근거해서 組(혹
은 類)를 나누었다는 것임을 알 수 있다. 특히 습관적으로 卜人의 이름을
서명하지 않은 대규모의 卜辭를 분류하는 데 있어서, 분류의 제1표준이라고
말할 수 있는 것은 字體밖에 없다.

　필자는 이러한 '字體'를 이용해서 현존하는 각종 卜辭에 대해 더욱 세밀한
분류를 하는 것', 즉 '甲骨分類學'을 '甲骨斷代學의 기초'로 삼는 것은 본말
이 도치된 것이라고 생각한다. 왜냐하면 甲骨文字 자신은 단지 商代 말기의

각 왕들의 사상을 표현한 일종의 형식일 뿐이며, 각 시기의 商王들이 점쳐서 결정한 것이기 때문이다. 만일 董作賓이 '貞人'을 발견하고 아울러 世系와 稱謂로 말미암아 貞人의 시기를 확정하며, 다시 한걸음 나아가 다른 표준들을 推演하고, 이에 따라 甲骨文을 5개의 시기로 나누는 등의 일을 하지 않았다면, 혼돈 상태에 있던 15만 편의 甲骨文을 字體에 의해서 조를 나눈다고 하는 것이 어디 말처럼 쉽겠는가? 이른바 '型式學' 분석은 考古學을 차용하여 문화 유물을 정리하는 방법인데, 즉 기물을 정리하는 것이다. 필드 考古學에 종사하는 사람이면 누구나 알고 있듯이, 遺物型式學의 분석 정리는 地層學에 의거하는 것이다. 표준 지층이 문화 유물의 상대 연대의 무晚과 기물 형식 변천의 서열을 결정하는 것이지, 기물 형식의 발전 서열이 지층의 무晚이나 혹은 지층 관계가 없는 型式學을 결정하는 것은 아니다. 이밖에도 字體의 풍격에 의해 '組'(혹은 類)를 확정하는 것은 매우 힘든데, 왜냐하면 사람마다 관점이 다르고 여러 사람의 이해와 중시의 각도가 달라서 왕왕 본래 서로 상관이 없던 卜辭를 억지로 한데 연관시킬 수 있기 때문이다. 이 점은 陳煒湛이 지적한 것이며, 매우 이치에 합당한 말이다.

새로운 '分組' 說의 제시는 '兩系' 說로 董作賓의 시기 구분 방법을 대체하는 하나의 새로운 모색이다. 殷墟의 王室 卜辭가 발전하면서 兩系로 나누어질 수 있다는 생각은 李學勤이 제1회 古文字討論會[46]에서 처음으로 공개 제기한 것이다. 그렇지만 지금까지 체계적인 논술 발표는 보지 못했다. 그의 지지자인 林澐은 그 체계화된 분류 및 시기를 다음의 변천표로 귀납시켰다.

이 표에서 비록 '兩系' 說을 제기하고는 있지만, 구체적인 표준을 제기해서 갑골학자가 시기 구분을 하면서 검증을 할 수 있게 하지는 못했다. 이밖에 각 '組'의 구분은 너무 복잡하기 때문에 사람들이 이해하기가 매우 어렵다. 그래서 현재의 연구 작업 중에서는 아직 '兩系' 說을 이용해서 15만 편의 甲骨 전부를 다룰 수 없다. 바로 '兩系' 說의 창시자인 李學勤 자신도 그의 최근 저서《英國所藏甲骨錄》에서 여전히 董作賓의 '5기' 분법과 '10항 표준'에 의거해서 정리를 하였다. 이 때문에 '兩系' 說의 시기 구분 체계는 1978년에 제기된 이후, 지금까지도 이론적인 탐색에 머물러 있을 뿐이다.

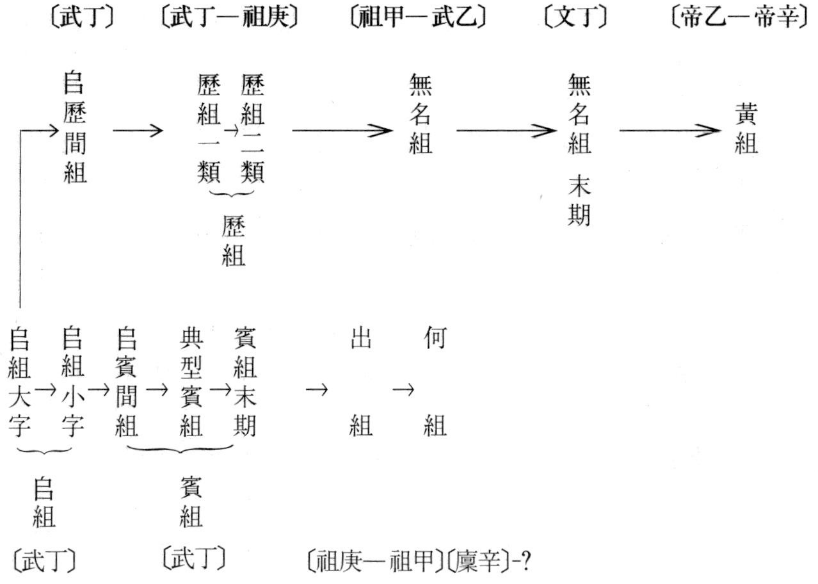

제4절 시기 구분 연구에서 해결해야 할 몇 가지 문제

董作賓의 〈甲骨文斷代硏究例〉는 발표된 지 50여 년 동안 비록 약간의 수정이 있었지만 지금까지 이용되었는데, 이것은 시대에 뒤떨어진 것인가? 학자들은 이렇게 말하고 있다. 董作賓의 시기 구분설의 기초 혹은 핵심은 貞人說인데, 즉 世系·稱謂에 의거해서 貞人의 시기를 확정하는 것이며, 또 同版 관계에 의거해서 貞人을 각 '집단'〔지금의 '組'〕으로 구분하는 것이며, 또 시기가 명확한 卜辭에 의거해서 그 字形·書體·人物·事類 방면의 異同을 연구하는 것이며, 이를 역으로 해서 다시 시기 구분을 하는 것이다. 董作賓의 시기 구분설의 핵심 부분은 정확하며, 그 원리는 지금까지도 기본적으로 적용되고 있다. 근 50년간의 검증을 거쳐서 董作賓이 제공한 방안이 비록 완벽하지는 않지만 대체로 이용할 만하다는 것이 증명되었다. 만일 董作賓이 제공한 이 방안이 없었다면, 甲骨文의 시기 구분 연구가 오늘날의 수준에 이를 수 있었는지 예상하기가 매우 힘들다.[47] 이것은 매우 정확한 의견들이다.

이른바 '歷組' 卜辭에 대한 토론 중에서, 어떤 학자는 시기 구분의 '兩系' 說을 제기하고, 이 새로운 방법으로 董作賓의 시기 구분설을 대체하려고 극력 도모하였다. 필자는 이것은 매우 좋은 현상이라고 생각한다. 이는 시기 구분 연구가 부단히 심화되었음을 반영하는 것이며, 기존 학설에 구속되지 않고 대담하게 탐색하는 이 학자들의 창조 정신은 甲骨學 연구에 새로운 활력을 불어넣어 주었다. 필자는 '兩系' 說을 지지하는 학자가 하루 빨리 이 방안을 완벽하게 하고 체계화시켜서, 이 방안이 甲骨學을 하는 사람들에게 참고가 되고 사용되기를 희망한다. 필자는 또한 더욱 많은 학자들이 새로운 시기 구분 방법을 탐구해서 새로운 시기 구분 이론을 세우고, 여러 가지 새로운 탐색을 하여 이전의 시기 구분설을 보충·수정 내지는 대체하거나, 또는 뒤집어엎기를 희망한다. 이 새로운 탐색이 董作賓의 시기 구분법보다 더 정밀하고 과학적이며 편리하다면 틀림없이 매우 빠른 속도로 학계에 받아들여질 것이다. 물론 학계에서는 그것이 우선 명확하고 사용이 간편할 것을 요구한다.

董作賓의 '5기' 분법과 '10항 표준'이라는 시기 구분 체계는 오늘날 학계에서 공인되고 있지만, 시기 구분을 하는 데에는 우리가 주의해서 해결하고 깊이 있게 연구해야 할 문제들이 적잖이 있다. 이것은 바로 다음과 같다.

1) 董作賓은 1933년에 〈甲骨文斷代研究例〉에서 "武丁의 재위 기간은 59년간인데, 이는 거의 祖庚에서 康丁에 이르는 4세에 해당하며, 59년간의 史實에도 물론 선후가 있다"고 지적하였다. 15만 편의 甲骨 중에서 武丁 시기의 卜辭는 거의 반 이상을 차지한다. 武丁 시기의 卜辭는 시기를 더 나눌 수 있는가? 특히 貞人 賓을 핵심으로 하는 王室 정통의 대량 卜辭는 선후를 더 분석해 낼 수 있는가? 비록 대량의 卜辭 자료가 우리에게 이러한 가능성을 제공해 주고 있고, 또 甲骨學 연구에도 이러한 필요성이 있기는 하지만 현재에 이르기까지 전면적으로 이 작업을 진행한 사람은 없다.

이른바 '文武丁 시기 卜辭의 수수께끼'가 비록 이미 해결되어 이 일부 甲骨이 武丁 시기까지 앞당겨지기는 하였지만, 그러나 아직도 일부 학자들이 여전히 '文武丁'說을 고수하고 있는 것은 말할 것도 없고, 시기를 앞당기는 데 동의하는 다수의 학자들도 구체적으로 武丁 시기의 어느 단계인가에

대해서는 아직 전면적인 연구를 해내지 못하고 있는 실정이다. 이 문제의
해결은 아마도 武丁 때의 王室 卜辭, 즉 賓組 卜辭 시기의 분석과 서로 보완
되어야 할 것이다.

이밖에 武丁 시기 이전인 盤庚·小辛·小乙 시기의 卜辭가 있는가? 胡厚
宣이 50년대에 이미 이 문제에 대해 의견을 발표하였지만 오늘에 이르러서
도 아직까지 이에 대해 전면적으로 논술한 사람이 없다.

2) 제5기 帝乙·帝辛 시기의 甲骨 중에 도대체 帝辛 시기의 卜辭는 있는
가? 郭沫若은 1931년에 "卜辭는 帝乙 시기 말기에 朝歌로 옮기기 전의 것"[48]
이라고 제기하여, 帝辛 시기의 卜辭가 있다는 것에 대해서 회의적으로 보았
다. 1933년에 郭沫若은 또 《卜辭通纂》 후기에서 이 문제에 대해 "帝乙 시기
말기에 틀림없이 沫〔지명〕로 옮긴 일이 있었는데, 만일 이런 일이 없었다면
옛 사료 중에 다소의 사실이 허구가 될 뿐 아니라 卜辭 중에도 다소의 현상
에 대해 설명할 길이 없게 된다"라고 거듭 천명하였다. 말년에도 郭沫若은
계속 이 문제에 대해 지대한 관심을 갖고 《甲骨文合集》의 편집 작업에 참가
한 학자들에게 '결국 帝辛 때의 卜辭가 있는지'에 대해 연구를 진행하도록
요구하였다.[49] 근래에 어떤 사람은 商代의 周祭 제도의 연구에 근거해서, 《龜
甲獸骨文字》 1·13·18편의 卜辭 중의 "妣癸는 文丁의 배우자이고, 帝辛은
그를 妣라고 불렀는데, 이 때문에 이 卜辭는 마땅히 帝辛 때 점친 것이 된다"
라고 진일보한 논증을 하였다.[50] 周原 鳳雛村에서 발견된 商人의 廟祭 甲骨
인 H11:1편은 의심할 바 없이 帝辛 때의 것으로 확정되었으며, 이는 또한
제5기의 甲骨 중에서 帝辛 때의 卜辭에 대한 우리의 인식을 증대시켜 주었
다. 그러나 帝乙·帝辛 시기 卜辭의 구분은 아직 불충분하며, 帝辛 때의 것도
알려진 것이 많지 않다. 이 문제도 깊이 있고 체계적으로 연구를 진행해야 할
것이다.

이른바 '歷組' 卜辭의 토론은 '兩系' 說의 제기와 함께 이 甲骨들이 武丁·
祖庚 시기로 앞당겨진 이후, 원래의 제4기 甲骨에 틈이 생길 수 있다는 문제
를 야기시켰다. 이 학설을 지지하는 학자들은 원래 帝乙·帝辛 때로 나누어
져 있던 일부 甲骨을 '無名組 말기'로 구분하고서, 아울러 "이것이야말로 文
丁 시기의 卜辭"라고 주장하였다.[51] 어떤 학자는 이미 이에 대해 논박을 하고,

이것은 "설득력이 약하다"고 주장하였다.[52] 제5기 중의 자형이 비교적 큰 卜辭들의 시대에 대해 이의를 제기하는 사람이 있는 이상, 그것도 계속적으로 토론을 하고 검증해야 할 것이다.

　3) 이른바 '歷組' 卜辭 시기의 토론은 아직도 한창 진행중에 있다. 그리고 제4기 武乙·文丁 시기 卜辭의 재구분에 관해서는 비록 한 가닥의 적절한 실마리가 있기는 하지만 아직은 깊이 있는 연구를 기다려야 한다.

　4) 필자는 학계에서 서로 다른 의견이 논쟁을 하고 갈라지는 것은 정상적인 것이며, 학계의 발전과 번영에 매우 유익한 일이라고 생각한다. 논쟁을 하는 여러 사람들은 시기 구분에 대한 토론을 하는 중에 마땅히 董作賓이 〈甲骨文斷代研究例〉에서 창도한 '공평무사한' 태도를 가져야 하며, 오만한 기세로 남을 깔보거나 남에게 교훈적인 어조로 말해서는 안 될 것이다. 또한 조롱을 하고 자극적인 언사를 사용할 필요가 없다. 왜냐하면 이런 것들은 문제를 토론하고 해결하는 데 아무런 도움을 주지 못하기 때문이다. 만일 자기의 견해가 정확하다는 것을 확인하였으면, 더욱 사실을 열거하면서 이치를 따져야 한다. 그래야 학자들이 자료의 연구에 근거해서 정확한 판단을 할 수 있게 되며, 다른 의견을 가진 학자들에게 시간을 주어야 하는 것이다. 그 당시 董作賓이 〈甲骨文斷代研究例〉를 발표한 후에도 일부 다른 의견이 있었지만 오래지 않아 학계의 인정을 받지 않았던가!

　"다른 산의 돌로 내 옥을 다듬을 수 있다〔他山之石, 可以攻玉〕"고 하였다. 대학자 董作賓은 매우 겸허한 태도로 우리 후세 학자들에게 모범을 보여 주었다. 필자는 거듭해 그가 〈甲骨文斷代研究例〉에서 한 말을 아래에 인용한다.

　　이 책이 황급하게 완성되어서, 책에 언급된 일부 정밀치 못한 예증에 대해서 작자 자신도 매우 만족스럽게는 생각지 않는다. 그래서 끝에서 정중하게 밝히고자 한다. 이것은 시기 구분 연구가 성공한 뒤의 결론이 아니라 시기 구분 연구의 시도 중의 몇 개의 예이다. 대체적인 윤곽을 가지고 있어서 나는 甲骨文字를 연구하는 새로운 방안을 이미 여기에 제공하였다. 이 학문을 연구하는 사람들이 공평무사한 태도로 이 방안이 쓸 만한가, 또 완벽한가 비평해 주기를 바란다. 甲骨文字에 시기 구분 연구가 필요한 바에는, 어떻게 시기 구분을 할 것인가? 무엇을 시기 구분의 표준으로 삼을 것인가? 등의 선결 과제를 해결해야 한다. 표준이 있으면 방법이 정해진다. 출토된 모든 자료를 한데 모은 다음 이 표준과 방법을 이용해서 그것을 정리하고 연구하면 殷代의 믿을 만한 역사를 완성할 수 있을 것이다.

50여 년 이래 학자들간의 시기 구분 문제와 관련된 의견 차이와 첨예한 논쟁은 바로 대학자 董作賓이 이 글에서 말한 맨 처음의 소망이 아니겠는가?

제9장
甲骨文 자료를 사용하는 데 주의해야 할 몇 가지 문제

　학자들의 甲骨文字 고석에 대한 성과를 흡수하고 일정한 수량의 낱글자를 인식하며 아울러 甲骨文例와 시기 구분에 대한 일정한 기초를 갖춘 후라면, 자기가 연구한 과제에 근거해서 甲骨 저작을 일독할 수 있으며, 의식적으로 甲骨文 자료를 수집하고 사용할 수 있다.

　甲骨文은 지하에서 출토된 새로운 사료인데, 과학적 발굴 시기와 비과학적 발굴 시기의 차이 및 그 자체가 일차적으로 진귀한 고대 문물이라는 특징을 가지고 있기 때문에, 甲骨文 자료를 사용하는 과정중에는 아직도 그것에 대한 감별과, 그것의 과학적 가치에 대한 '재발굴'의 문제가 존재하고 있다. 전자는 甲骨文의 校重〔중복된 것을 제거하는 것〕과 辨僞〔위조품을 판별하는 것〕를 가리키며, 후자는 甲骨文의 綴合〔甲骨片을 맞추는 것〕과 殘辭互補〔파손된 글자를 상호 보충하는 것〕를 가리킨다. 甲骨文은 校重과 辨僞 공정을 거쳐야만이 자료가 더욱 정확하며, 상세하고 확실하게 된다. 그리고 甲骨文은 綴合과 殘辭互補 공정을 거친 뒤에야 자료가 더욱 전면적이고 완벽하게 될 수 있는데, 이것은 현존하는 자료의 기초 위에서 더욱 가치 있는 새 사료를 발굴해 내는 것과 같다.

　그래서 甲骨文의 校重·辨僞·綴合과 殘辭互補 등에 대해 기초 훈련을 하는 것은 甲骨學을 연구하는 데 매우 필요한 일이다.

제1절 甲骨文의 校重

　이른바 '校重'이란 甲骨 저작 속에 중복해서 나오는 甲骨片을 제거하는 것이다. 이러한 상황은 주로 甲骨文이 출토된 뒤에 수장가가 자신이 얻은 甲骨을 '표준'으로 간주하고 앞다투어 기록해서 발표했기 때문에 생겨났다. 특히 비과학적 발굴 시기에 얻은 甲骨은 흔히 이리저리 옮겨다니며 주인이 바뀌었는데, 어떤 것은 1부의 墨拓을 하는 데 그치지 않았다. 수장가는 새로 모은 甲骨 墨拓을 원래 가지고 있던 탁본과 함께 펴내어 출판한다. 또 동일한 甲骨片이 선후로 출판된 여러 기록 속에서 출현하는 경우도 있다. 또 하나의 甲骨片이 동일한 기록서 중의 앞뒤 다른 곳에서 출현하는 경우도 있다. 이밖에 甲骨文字가 매우 작아 어떤 때에는 拓印한 것이 분명치 못하다. 혹은 기록할 때 필요한 만큼 탁본을 잘라내야 하기 때문에 동일한 甲骨의 모습이 전혀 다른 것으로 되어 판별이 곤란할 때도 있다. 이러한 여러 가지 원인으로 말미암아 甲骨 기록서 속에 甲骨片이 중복되는 문제가 생겨났다.

　기록서 중에서 중복된 甲骨片의 출현은 甲骨學 연구에 매우 큰 불편을 가져다 준다. 동일한 甲骨片이 여러 책에서 중복 출현하는 것은 연구자의 시간을 낭비시키고 연구 작업에 혼란을 가져다 준다.

　羅振玉이 편찬한 《殷墟書契前編》·《殷墟書契後編》·《殷墟書契菁華》 등의 저작은 《鐵雲藏龜之餘》·《戩壽堂所藏殷墟文字》 등의 저작 속에 기록된 일부 甲骨과 앞뒤로 중복된다. 《殷墟書契續編》은 중복되어 기록된 것이 더욱 많아 全書의 5분의 4 이상이 되는데, 그야말로 책을 펼쳐 보면 사람이 현혹된다.[1]

　甲骨 자료를 정밀하게 하고, 甲骨 자료가 방대하게 불어나는 것을 막기 위하여 여러 갑골학자들은 校重 방면에서 매우 많은 작업을 하였다. 郭沫若이 1933년에 출판한 《卜辭通纂》은 당시에 볼 수 있는 甲骨 기록서에서 우수한 것을 모아 놓은 것이다. 이 책에서는 각 甲骨片이 어느 책에서 나왔는지, 고석할 때 모두 編號 아래에다 밝혀 놓았다. 멘지스는 〈신구판 《殷墟書契前編》에 병기된 신자료 비교(表較新舊版《殷墟書契前編》幷記所得之新材料)〉[2]라는 글에서 《殷墟書契》 속의 자체 중복 甲骨片 및 다른 책과 중복된 甲骨片에

대해서 역시 전면적인 대조 작업을 하였다. 이것들이 모두 최초의 甲骨文 校重 작업이라고 말할 수 있다. 曾毅公이 1939년에 출판한 《殷墟書契續編·校記》[3]는 《殷墟書契續編》에 나오는 자체 중복 甲骨片 및 다른 책과 중복된 甲骨片에 대해서 전면적으로 校勘 작업을 한 전문 저작이다. 그뒤 胡厚宣은 曾毅公의 이 책보다 한걸음 나아가 보충 校勘을 하였는데, 그는 1941년에 발표한 〈曾毅公의 《殷墟書契續編·校記》를 읽고(讀曾毅公君《殷墟書契續編校記》)〉에서 "《殷墟書契續編》을 전부 계산해 보면 기록된 甲骨이 2천16편인데, 다른 책과 중복된 것 및 자체 중복된 것은 1천6백41편이고 중복되지 않은 것은 3백75편에 불과하다"고 지적하였다.[4]

甲骨 기록의 과학성을 제고시키고 연구자에게 편리함을 제공하기 위하여 적지않은 중요한 甲骨 논저와 기록들이 모두 校重 작업에 대해 매우 주의하고 있다. 일본 島邦男의 《殷墟卜辭綜類》는 60여 종의 甲骨 기록 속에 나오는 자료에 근거해서 편찬한 대작이다. 이 책에서는 중복되어 나타나는 卜辭가 있으면 辭의 뒤에다 일일이 밝혀 놓았다. 郭沫若이 책임편집하고, 胡厚宣이 총편집한 《甲骨文合集》도 校重 방면에 많은 작업을 하였다. 이 책은 전면적인 校重 작업을 하였는데 총 60여 종의 기록을 사용하였고, 아울러 새로 얻은 것과 기록이 서로 관련 있는 여러 탁본을 가지고 상호 대조하였다. 단지 기록서를 가지고 대략 통계해 보면, 모두 중복된 甲骨片 6천여 편을 校勘해 내었는데, 중복된 甲骨片은 1만 4천여 편에 달한다. 이것은 번거로우며 어렵고도 방대한 사업인데, 이 책을 완성함으로써 이전의 기록서들을 한 차례 청산하였다고 말할 수 있다.[5] 《甲骨文合集》 편집조의 작업 인원들은 1961년에 정식으로 작업을 시작해서부터 1974년 이전까지(이 기간은 중단되었던 10년을 포함한다) 전국 각지에서 甲骨을 수집하고 墨拓 작업을 한 이외에, 주로 校重 작업을 하였다. 각종 甲骨 기록에는 모두 '賑' 즉 중복 甲骨 對照表가 달려 있다. 이 표에는 片號〔甲骨片 번호〕·重出號〔중복 출현한 甲骨片 번호〕·新拓號〔새로 탁본한 甲骨片 번호〕·現藏〔현재의 소장처〕 등의 난이 있다. 매 '賑'마다 하나의 전문적인 校勘 기록으로 출판할 수 있다고 말할 수 있다. 이 안에는 엄청나게 많은 학자들의 노동과 고귀한 세월이 내포되어 있다.

중복된 甲骨文의 제거 작업이 비록 번거롭지만 결코 신비한 것은 아니다. 방법이 옳기만 하면 갑절의 효과를 거둘 수 있다. 校重할 때에는 다음과 같은 점에 주의해야 한다.

첫째, 校重의 범위를 확정한다. 한 책의 校重 작업은 우선 되도록이면 校重의 범위를 축소해야 한다. 그렇지 않으면 15만 편의 甲骨이 망망대해처럼 되어 목표도 없고 범위도 없이 校重하는 결과가 되어 그야말로 바다에 빠진 바늘을 찾는 격이 될 것이다. 이 때문에 제일 먼저 이 책에서 기록한 甲骨은 원래 누가 소장했으며 대체적인 출토 연대 및 출토 지역은 어디인가를 이해한 뒤에, 또한 누구의 손으로 옮겨졌으며, 기본적으로 어느 책에서 기록한 것인가를 이해해야 한다. 이렇게 하면 이것과 무관한 甲骨 기록서를 배제시켜서, 단지 비교적 범위가 작고 이것과 관계 있는 기록서를 남길 수 있다.

둘째, 다시 가일층 校重의 범위를 축소시킨다. 바로 어느 정도 관계를 가지고 있는 甲骨 기록서는 각 책에 수록된 甲骨도 제1기에서 제5기까지 시기적인 차이가 있을 뿐 아니라 각 시기의 내용과 종류도 매우 복잡하다. 그래서 校重 작업을 할 때 범위 또한 크지 않은 것이 좋다. 먼저 책 속에서 校重해야 할 甲骨片을 시기별로 정하고 내용에 따라 분류한 다음, 다시 목적하는 대로 관련된 기록서들의 동시기·동류 甲骨 탁본 중에서 중복된 것을 대조한다. 이렇게 하면 책 속에 있는 우리가 대조한 甲骨片과 무관한 시기·유형의 그 拓片들을 배제시킬 수 있어서 校重 범위를 상당히 축소시킬 수 있다.

셋째, 대조해야 할 甲骨片의 片形과 주요 내용을 잘 기억해서 관련 기록의 동시기 甲骨 탁본 중에서 校重한다. 만일 편형이 동일하고 내용도 동일하다면 그것은 중복된 甲骨片이다. 내용을 주의해야 하는 까닭은 일부 기록서를 편찬할 때 탁본을 가위질해서 여러 조각으로 만들었는데, 이러한 탁본은 편형에 의거해서 완전히 대조해 내기가 쉽지 않기 때문이다.

간단하게 말해서, 甲骨 기록의 校重 작업은 명확한 목표를 가지고 있어야 하며, 아울러 끊임없이 校重해야 할 범위를 축소시켜야 한다. 물론 학자들의 뛰어난 기억력·인내심과 조심성은 校重 작업을 하는 데 가장 우선적인 구비 조건이다. 비과학적 발굴 시기에 출토된 甲骨을 기록한 많은 책들은 많거나 적거나간에 모두 중복 甲骨片 문제가 존재하기 때문에, 사용할 때 반드시 먼저 校重을 해야 한다. 다행히 선배학자들이 이미 우리를 위해 이 작업을 해놓았다. 우리는 영원히 그들에게 감사해야 할 것이다. 과학적 발굴 시기에 나온 甲骨의 기록서들에는 매우 오랜 기간 동안 이 문제가 없었다. 예를 들면 1928년의 제1차 과학적 殷墟 발굴에서부터 1934년의 제9차 과학적 殷墟 발굴까지에서 얻은 甲骨의 기록집인 《殷墟文字甲編》과 1936년의 제13차 과학적 殷墟 발굴에서부터 1937년의 제15차 과학적 殷墟 발굴까지에서 얻은 甲骨의 기록집인 《殷墟文字乙編》 및 1973년의 과학적 발굴에서 얻은 甲骨의 기록집인 《小屯南地甲骨》 등의 책에는 모두 중복된 甲骨片이 없다. 그러나 甲骨 기록을 집대성한 《甲骨文合集》이 출판된 이후에, 《殷墟文字甲編》과 《殷墟文字乙編》은 15만 편 甲骨의 일부분으로서 시기별·유형별로 구분되어 《甲骨文合集》 속에 수록되었기 때문에 《甲骨文合集》과 《殷墟文字甲編》·《殷墟文字乙編》의 중복 출현 문제가 생기게 되었다. 그러나 앞으로 《甲骨文合集》의 '資料來源表' 부분에서 《殷墟文字甲編》·《殷墟文字乙編》의 편호와 기타 기록서의 편호가 《甲骨文合集》의 유관된 편호 뒤에 하나하나 注로 처리되면, 이 문제 역시 곧 해결될 것이다.

제2절 甲骨文의 辨僞

甲骨文은 1899년에 발견되고 수집된 이후부터 그야말로 값어치가 배로 증가되었으며, 매우 빠른 속도로 편당 겨우 몇 푼 하는 '龍骨'에서 일약 자당은 2냥 5전짜리의 '골동품'이 되었다. 수장가가 대량으로 구매하고 판매가가 앙등함에 따라서 甲骨文의 '위조' 문제도 발생하게 되었다.

甲骨文의 발견 초기 단계에는 연구가 충분치 못하고 감별이 정확치 못하였기 때문에 일부 수장가들은 眞片과 함께 일부 僞片〔위조 甲骨片〕들도 구입하였다. 탁본을 간행할 때 僞片들도 甲骨 기록서 속에 섞여 들어갔다. 예를 들면 1903년에 출판된 최초의 甲骨 기록서인 《鐵雲藏龜》에는 《鐵雲藏龜》 57·1, 《鐵雲藏龜》 84·1, 《鐵雲藏龜》 130·1, 《鐵雲藏龜》 256·1 등의 僞片이 수록되어 있다. 또 1917년에 출판된 멘지스의 《殷墟卜辭》 속의 《殷墟卜

辭》758(그림 110), 1921년에 나온 일본인 林泰輔의《龜甲獸骨文字》속의《龜甲獸骨文字》2 · 28 · 12,《龜甲獸骨文字》2 · 29 · 12,《龜甲獸骨文字》2 · 29 · 16 등(그림 111) 및 1933년에 출판된 商承祚의《殷契佚存》속의《殷契佚存》381과 1935년에 출판된 黃濬의《鄴中片羽初集》속의《鄴中片羽初集》26 · 1,《鄴中片羽初集》31 · 6,《鄴中片羽初集》37 · 6,《鄴中片羽初集》37 · 8 등도 僞片이다.

甲骨文 연구가 심화됨에 따라서 학자들은 甲骨의 진위에 대한 감정 작업에 주의를 기울이기 시작하였다. 甲骨을 기록할 때에는, 대부분 진위를 심사하는 작업을 거치기 때문에 그 책들에서는 僞片이 출현하는 경우가 매우 적다. 단지 歐美 학자들이 모사본으로 출판한 일부의 甲骨 기록들, 예를 들면 1935년에 출판된 칼팬트〔方法斂〕· 브리튼〔白瑞華〕의《쿨링 · 칼팬트 소장 甲骨卜辭》, 1938년에 출판된 칼팬트 · 브리튼의《甲骨卜辭七集》과 1939년에 출판된 칼팬트 · 브리튼의《홉킨스 소장 甲骨卜辭》등의 책들에는 비교적 많은 僞刻〔위조된 甲骨 刻辭〕이 나타난다. 이 가운데《甲骨卜辭七集》·《홉킨스 소장 甲骨卜辭》는 비교적 나중에 출판되었고, 발표 때 멘지스의 도움을 받았기 때문에 완전히 위조된 모사본을 적잖이 걸러내었다.《쿨링 · 칼팬트 소장 甲骨卜辭》는 辨僞 처리를 하지 않았기 때문에 僞刻도 매우 많이 수록되어 있다. 위에서 말한 3책은 모사본에 비록 僞刻이 있기는 하지만, 그 위조되지 않은 부분은 역시 가치가 있기 때문에 僞刻된 부분을 제거하는 것은 매우 필요한 일이다.[6] 이 때문에 董作賓 · 胡光煒 · 容庚 · 陳夢家 · 郭沫若 · 胡厚宣 · 于省吾 등의 학자들은 선후로 僞刻이 비교적 많은《쿨링 · 칼팬트 소장 甲骨卜辭》에 대해서 辨僞 작업을 하였다. 그들의 의견은 대동소이하며, 僞刻 중에는 전부 僞刻도 있고, 진위가 섞여 있는 부분 僞刻도 있다. 1956년에 나온 陳夢家의《殷墟卜辭綜述》에도 기존의 辨僞 작업의 기초 위에서 엄밀하게 새로 僞刻 부분을 표로 나열하였는데,《쿨링 · 칼팬트 소장 甲骨卜辭》에는 전부 僞刻 총 70편(번호 부착), 부분 僞刻(僞刻 부분을 밝혔다) 44편(번호 부착)과 의심되는 것 4편(번호 부착)이 있다.

이 3책에 僞刻이 비교적 많은 까닭은 기록된 甲骨이 대부분 외국인들이 초기에 구입한 것들이기 때문이다. 本書의 제4장 제2절에서는 미국인 쿨링과 영국인 칼팬트 등이 1903년부터 山東省 濰縣에서 골동품상의 손을 통해 대량으로 甲骨을 수집한 상황을 소개하였는데, 그들은 수년 동안에 甲骨 3천 편 내외를 구입해서는 미국과 영국 등지의 각 대형 박물관에 팔아넘겼다. 칼팬트는 이해타산에 밝은 사람인데, 그는 甲骨을 구입하면 반드시 먼저 그림을 그리고 문자를 모사하였다. 후에 다른 사람이 收藏한 甲骨을 보고는 역시 모두 모사할 방도를 강구하였다. 10년 동안에 걸쳐 모사한 甲骨을 《甲骨卜辭》라는 책으로 펴내었다. 이 책은 모사본 甲骨文字 423쪽 및 기타 부록 몇 가지를 포괄하고 있다. 1914년에 칼팬트가 죽자, 그의 유고는 후에 미국 뉴욕대학 교수인 브리튼에게 돌아가 보존되었다.[7] 《쿨링·칼팬트 소장 甲骨卜辭》·《甲骨卜辭七集》·《홉킨스 소장 甲骨卜辭》 3서에 수록된 甲骨은 이 유고 중에서 정선하여 만든 것이다. 칼팬트는 생각을 하고는 있었지만 당시의 수준이 이를 따라가지 못했고, 그 역시 甲骨 중에 僞片이 존재하고 있다는 사실을 몰랐으며, 초보적인 辨僞 지식도 갖추고 있지 못했다. 本書 제4장 제2절에서 서술한 대로 늦추어 잡아 1914년까지 캐나다인 멘지스는 安陽에서 甲骨을 구입하면서 역시 사기를 당했는데, 글자가 새겨진 신선한 牛骨을 구입해서 돌아가 보니 부패하고 악취가 났던 것이다. 하물며 그보다 10여 년 이른 쿨링과 칼팬트는 더 말할 것도 없다.

쿨링과 칼팬트뿐만 아니라 적지않은 수의 중국 내외의 甲骨 수장가들도 眞片과 함께 일부 僞片을 구입하였다. 예를 들면 중국의 殷墟 甲骨文을 가장 많이 收藏하고 있는 일본이 조사한 바에 의하면, 개인의 수집품 내지 상인들의 물품 중에서 대략 10분의 7,8은 위조품이다. 이러한 사실로 미루어 제작된 위조품이 얼마나 많은지는 충분히 상상할 수 있다.[8]

대량의 甲骨 僞片이 골동품상과 安陽 현지의 사람들 손에서 나왔음은 물론이다. 山東省 濰縣은 淸代 말엽 이래로 줄곧 중국의 유명한 문물 집산지이며, '東估' 혹은 '山左估人'이라고 불리는 상당수의 골동품상들이 濰縣을 그들이 문물을 매매하여 살아가는 거점으로 삼고 있었다. 유명한 금석학자이자 골동품 수장가인 陳介祺(號는 簠齋)는 바로 濰縣 사람이다. 이 골동품상들은 감별을 정확하게 할 뿐 아니라 위조품도 잘 만들어 내었다. 그들이 모방해 만든 문물 중에서 특히 靑銅器 模作은 매우 유명하다. 그들은 가짜를 가지고 진짜를 혼란시키는 경지까지 도달해 있었다. 그래서 그들이 큰 이익을 얻기 위해 甲骨을 倣刻하는 것은 매우 손쉬운 일이었다. 더욱 많은 僞片은 물론 甲骨文의 출토지인 河南省 安陽 사람들에 의해서 僞刻되었다. 董作賓은 1928년에 安陽에 가서 조사를 하였을 때 이미 당시의 甲骨文의 僞刻 상황을 이해하고 있었다.

鐘樓 거리의 遵古齋에 가면, 주인은 王氏 성을 가진 사람이고…… 그가 소장한 수십 편의 甲骨을 내놓았는데, 역시 매우 작은 것들로서 큰 것이 길이 1치 정도 될 뿐이다. 그 글자를 들여다보면 모두 진품이다. 또 倣刻된 것을 내다가 나에게 보여 주며 藍葆光이 만든 것이라고 말해 주었다. 글자들은 매우 가지런하지만 뒤섞여 있어서 文理를 이루지 못하고, 또 그 중에는 도치된 글자들이 많아 곧 그것이 가짜임을 알 수 있다. 그 상점의 벽에는 骨版이 겹겹이 걸려 있는데, 이것들은 모두 새로 출토된 것들로서 글자가 없으며 倣刻을 위해 준비해 놓은 것들이다. 또한 安陽에서 甲骨을 팔 때마다 위조품이 섞여 있으며, 수량상의 차이는 있지만 그 위조품들은 모두 藍葆光이 倣刻한 것이라고 들었다. 藍葆光은 골동품을 모방해서 만드는 것을 업으로 삼고 있고, 뼈를 조각하고 옥을 새기는 능력이 특히 뛰어났는데, 그래서 세상 사람들은 小屯村에서 출토된 옥과 뼈 중의 상당수가 藍葆光의 솜씨라고 말한다. 이밖에 王氏 성을 가진 사람도 倣刻을 할 수 있었지만 藍葆光의 수준에는 훨씬 미치지 못한다. 그렇지만 藍葆光의 倣刻이 이러할진대 王氏의 倣刻은 더욱 알 만하다.[9]

대량의 倣刻 甲骨의 출현은 甲骨學 연구를 혼란시켰다. 이 때문에 甲骨學 연구에도 다른 학문들과 마찬가지로 사료의 진위 감별 문제가 대두하게 되었다.

어느 정도의 甲骨學의 기본 지식을 이해하고, 특히 卜法·文例와 시기 구분 등의 방면에 어느 정도의 기초가 있게 된 후에는 甲骨文에 대해 초보적인 辨僞 작업을 하는 것이 그다지 어렵지 않게 된다. 아래의 여러 방면을 특히 주의해야 한다.

1) 문자의 위조를 판별한다. 甲骨文의 자형·서체는 각 시기마다 자기의

독특한 풍격이 있다. 그래서 만일 甲骨上의 글자가 함부로 새겨져 있는 것을 발견하면 이 甲骨片은 위조된 것임을 알 수 있다. 예를 들면 스위스에 소장된 甲骨(그림 112)에 새겨져 있는 것에는 본래 글자가 아닌 것들이 있어서, 곧 이것이 僞片임을 알 수 있다.[10) 또한 어떤 것은 하나의 刻辭 속에 글자의 시기가 일치하지 않거나, 혹은 잘못된 글자가 새겨져 있고, 혹은 거꾸로 새겨진 것이 있는데, 이것에 근거해서 僞刻이라고 판단할 수 있다. 예를 들면《쿨링·칼팬트 소장 甲骨卜辭》1633은 甲骨上에 모두 2조의 刻辭가 있지만, 한눈에 곧 글자의 시기가 일치하지 않음을 알 수 있다. 그 중 좌변에 있는 1조는 壬子日에 父甲에게 제사지낸 것을 점친 것으로서 제3기의 字體이며, 刻辭의 풍격이 통일된 것으로 보아 진짜임이 분명하다. 그런데 우변에 있는 1조는 글자가 크고 많으며 전체적으로 제1기의 서체 분위기를 풍긴다. 그러나 刻辭 중에 '叀'字는 제4기의 字體이고, '王'字는 모자를 쓴 듯이 1획이 더 그어져 있어 제2기 이후의 字體이며, '宎'字는 잘못 새긴데다가 卜辭의 격식에도 맞지 않으므로 이 刻辭가 僞刻이라고 판단할 수 있다.(그림 113)

2) 辭例의 위조를 판별한다. 甲骨文은 殷商 왕실에서 占卜과 記事를 한 것이며, 卜人이 甲骨을 계각하는 것은 이미 관례에 따라 하는 공무가 되었다. 그래서 卜辭의 사례는 기본적으로 이미 규범화된 양식이 되었다. 이에 관해서는 本書 제6장 제1절 '甲骨學의 기본 전문 용어'에서 이미 소개를 하였다. 어떤 僞刻 甲骨은 비록 글자수가 많고 倣刻된 글자도 매우 유사하지만, 그러나 전체의 刻辭는 낱글자를 모아 놓은 것이라서 卜辭의 敍辭·命辭·占辭·驗辭의 常例와 일치하지 않아 읽어도 무슨 말인지 알 수가 없다. 예를 들면《쿨링·칼팬트 소장 甲骨卜辭》1633의 僞刻 부분이 바로 이러하다. 그렇지만 이 甲骨版上의 위조되지 않은 부분은 문맥이 순조로워서 읽으면 곧 그 뜻을 알 수 있다.

이상의 두 가지 일반적인 위조 상황은 대부분 甲骨學 연구의 초기 단계에 출현하였다. 이러한 僞刻品은 판별하기가 어렵지 않다. 그러나 甲骨學의 연구가 발전함에 따라서 위조하는 수단도 점차 고차원적이 되었다. 그들은 왕왕 출토된 일부 甲骨의 모든 글자를 노트에 모사한 다음, 다시 이에 근거

해서 甲骨에다 倣刻을 하였는데 書體·文字·辭例 등의 방면에까지 모두 흠
잡을 데가 없다. 가짜가 진짜에 섞인 것은 辨僞 작업을 하는 데 어려움을 가
중시키지만, 우리는 그래도 허점을 찾을 수 있을 것이다.

　3) 文例의 위조를 판별한다. 甲骨上에서 卜辭의 분포·방향, 卜辭와 卜兆·
兆序의 관계 등은 일정한 규율을 가지고 있다. 이것이 바로 甲骨文例이다. 이
에 관해서는 本書 제6장 제2절의 '甲骨文例'에서 이미 소개를 하였다. 비록
어떤 위조자는 문자 倣刻이 대단히 정밀하고 또 全篇의 卜辭를 모방해서 기
록하기도 하지만, 그들은 甲骨文例를 이해하지 못한다. 그래서 엄밀한 분석
을 통하고 아울러 '그 전체를 관찰해서' 그들의 僞刻 甲骨을 판별해 낼 수
있는 것이다. 1958년에는 중국 江蘇省 揚州에 있는 泰州博物館의 泰州 鳳凰
墩 泰州 공원에서 도로를 정비할 때 甲骨文 1편이 발견되었다고 신문에 보
도된 적이 있었다. 殷墟 이외의 지역인 江蘇省 泰州에서 甲骨文을 발견하였
다는 것은 물론 중요한 뉴스거리이다. 이 甲骨은 殷代의 것으로 보이는데,
다만 소의 肩胛骨이 아니고 鑽鑿이나 灼兆한 흔적도 없으며, 卜骨 같지는 않
고 글자를 새긴 것에도 약간 의심스러운 곳이 있다. 자세하게 감정해 본 결
과 이 僞刻은 초기에 함부로 글자를 만들어서 文理가 이루어지지 않았던 僞
刻과는 다르며, 이 僞刻은 아무렇게나 새긴 것이 아니고 진짜 甲骨 卜辭를 抄
錄한 것이다. 대조해 보니 《卜辭通纂》 440(《前》 3·30·3)을 藍本으로 삼은
것이다.(현재 《合集》 10024)[11] 만일 이 倣刻과 《甲骨文合集》 10024를 대조해
보면(그림 114) 이 두 甲骨片이 비록 대단히 흡사하기는 하나, 글자를 가지
고 말하면 여전히 다른 곳이 있음을 발견할 수 있다.

　甲骨文의 辨僞 작업은 탁본의 위조에 대한 판별, 모사본의 위조에 대한
판별과 甲骨 실물의 위조에 대한 판별 등을 포괄한다. 다수의 사람들은 甲骨
실물을 접촉하지 못했기 때문에 주로 책 속에 기록된 탁본(혹은 모사본)에
대해 辨僞 작업을 한다. 가장 좋은 것은 탁본(혹은 모사본)의 辨僞 작업과 原
甲骨의 辨僞 작업을 결합시키는 것이다. 특히 甲骨 모사본 자체는 사람의 눈
과 경험에 의해 모사하여 기록한 것이라서, 어떤 때에는 原甲骨上의 글자를
잘못 그리거나 정확치 못한 곳이 출현하는 것을 피하기 어렵다. 그런데 原甲
骨은 鑽·鑿·灼의 有無 혹은 甲骨의 眞假 등에 근거하고, 아울러 文例의

고찰을 결합하여 그 진위를 판단할 수 있다. 특히 후기의 위조품은 탁본(혹은 모사본)만 가지고는 진위를 감정하는 데 불충분하다.

倣刻된 甲骨 중에는 獸骨이 많다. 어떤 것은 甲骨 재료가 바로 유적지에서 출토된 고대의 獸骨이거나 혹은 上面에 원래부터 부분적으로 글자가 있는데(단 일반 문자는 극히 적음), 이는 倣刻하는 사람이 공간을 이용하여 다시 가짜 卜辭를 倣刻한 것이다. 또는 새 뼈를 '오래된 것으로 만든' 다음 다시 상면에다 卜辭를 倣刻한 것이다. 일반적으로 말하면 비과학적 발굴 시기에 출토되어 세상에 전해지는 甲骨은 언제나 僞刻 문제에 봉착하게 된다. 이 때문에 갑골학자들이 이 부분의 甲骨들에 대한 辨僞 작업에 주의를 기울여야 할 뿐 아니라, 문물이나 박물관의 종사자가 甲骨을 수집하는 데에도 이 문제를 주의해야 한다.

87년 동안 출판된 기록서 중에 수록된 甲骨은 일반적으로 모두 이미 학자들의 辨僞 작업을 거친 것이다. 과학적 발굴로 얻은 甲骨의 기록서인 《殷墟文字甲編》·《殷墟文字乙編》·《小屯南地甲骨》 등에는 僞片의 문제가 존재하지 않는다. 80년 동안의 甲骨文을 집대성한 《甲骨文合集》에 수록된 4만 1천 9백56편의 甲骨은 매편마다 모두 학자들의 엄밀한 감정을 거쳤으므로 연구할 때 마음 놓고 사용해도 괜찮다. 비록 이렇다고는 하더라도 여전히 일부 甲骨의 진위 문제에 대해서는 학자들의 견해가 일치하지 않고 있다. 예를 들면 《쿨링·칼팬트 소장 甲骨卜辭》 1506 甲骨은 1930년부터 1947년까지 18년 동안이나 논변을 하여 그것이 僞刻이라는 것은 이미 문젯거리가 되지 않는다.[12] 그러나 해방 이후에 다시 그것의 진위 문제에 대해 재토론이 진행되었으며, 현재까지도 여전히 일치된 의견을 얻지 못하고 있는 실정이다. 陳夢家는 "우리가 이 甲骨의 구탁본을 얻는다면 그것이 위작이 아님을 증명할 수 있을 것이다" 하고,[13] 아울러 그것이 '家譜'라고 주장하였으며, 또 《殷契卜辭》 209 및 《殷墟文字乙編》 4856 등을 증거로 들었다.[14] 李學勤도 이 甲骨片이 진짜라고 하고, 이 甲骨片과 《殷契卜辭》 209, "두 甲骨版은 武丁 때 契刻한 家系"라고 주장하였다.[15] 于省吾도 이 甲骨片이 "商代의 世系·譜牒인데, 이것은 商代 초기부터 시작해서 남자를 世系로 삼아 개인 이름을 전적으로 기록한 譜牒이다"고 주장하였다. 그는 또한 이에 근거해서 "商 왕실과 기타 귀족의 譜牒·世系의 상한선은 모두 夏代 말기 혹은 商代 초기임이 분명하다"고 논증하였다.[16] 그러나 胡厚宣은 이 甲骨片이 가짜임에 역점을 두고, 이것의 뼈는 진짜이지만 위에 새겨져 있는 '家譜 刻辭'는 틀림없이 가짜라고 주장하였다. 그는 〈甲骨文의 '家譜 刻辭'의 진위 문제에 대한 재검토〉라는 글에서 대량의 증거를 들고 전면적으로 이것이 僞刻임을 논증하였다. 于省吾는 〈甲骨文 '家譜 刻辭' 眞僞辨〉[17]에서 胡厚宣이 제기한 이유에 대해 반박하고, 이것은 가짜가 아니라고 여전히 주장하였다. 또 《甲骨卜辭七集》에 수록된, 臨淄의 孫文瀾이 소장했던 甲骨 31편은 많은 사람들이 僞刻이라고 생각했다.[18] 그러나 胡厚宣은 "이 甲骨들이 전부 진짜로서, 가짜는 하나도 없으며 倣刻된 僞片도 없다"고 주장하였다. 胡厚宣은 방문을 통해 이 31편의 甲骨 중 6편은 현재 山東省博物館에 소장되어 있고, 8편은 현재 中國社會科學院 歷史研究所에 소장되어 있음을 알았다. 이 14편 중에는 僞刻이 1편도 없으며, 아울러 이로써 《孫氏所藏甲骨卜辭》에 수록된 甲骨 중에서 실물을 볼 수 없는 15편이 위조가 아님을 추측할 수 있을 뿐 아니라, 또한 孫文瀾이 소장한 1백 편 전부도 마땅히 진짜임을 증명할 수 있다고 하였다. 그는 孫文瀾이 소장했던 14편의 甲骨을 고찰하고서 칼팬트가 잘못 모사한 곳을 지적하였으며, 아울러 이 甲骨들은 위조가 아닌 것은 말할 것도 없고 내용이 비교적 정확한데,[19] 이것은 甲骨學 연구를 위해 신빙성 있는 자료를 증가시켜 준 것이라고 지적하였다. 이밖에 초기에 구서독·스위스 등으로 흩어진 甲骨 중 일부분인 33편의 모사본이 중국에서 발표되었는데,[20] 이것들에 대해서 王宇信은 辨僞 작업을 하여 "이 甲骨들 중에서 1-3호의 구서독 소장품 전부는 진짜이고, 스위스에 소장된 것 중 4호·8호·11호·12호·13호·14호·18호·21호 등의 8편은 倣刻이다"고 지적하였다.[21]

여기에서 독자들의 주의를 일깨워야 할 것은 근래에도 새로운 '倣刻' 甲骨이 출현한다는 사실이다. 이 倣刻品들은 篆刻 藝術의 새 분야로서, 문물 상점이나 여행지에서 공개적으로 판매되어 사람들이 甲骨文 書法을 감상하려는 요구를 만족시켜 주고 있다. 비록 판매할 때 이 작품들에다 모두 '倣制品'이라는 글자를 써놓지만, 그러나 古樸한 甲骨書法 篆刻 藝術은 환영을 받고 있다. 어떤 것들은 몇몇 대학에서 구입하여 표본으로 삼고 있으며(세상에 전해지는 甲骨은 구입하기가 매우 힘들며 과학적인 방법을 통한 발굴품은 발굴 기관에 소중히 보관되어 있기 때문), 또 어떤 것들은 중국 고대 문명을 좋아 하는 외국 친구들이 '기념품'으로 구입해 가서 일본·미국·영국·이탈리아 및 홍콩 등지로 유입되었다. 비록 이제까지는 그것들에 대한 辨僞 문제가 존 재하지는 않고 있지만, 그러나 몇 해 지난 뒤에는 이 倣刻 甲骨들도 학자들 의 辨僞 대상이 될 가능성이 있다.

이 새로운 倣刻 甲骨들은 甲骨學이 발전함에 따라서, 특히 《甲骨文合集》 이 출판되고 甲骨文 지식이 보급되면서 출현하였다. 어떤 書法 篆刻 애호가 들은 卜辭를 접촉하는 기회가 많아짐으로 인해 잇달아 甲骨文 書法과 篆刻 藝術을 연구하였다. 그들은 오랜 시간에 걸쳐 甲骨文字의 刀法과 풍격에 대 해 관찰·모사하여 龜甲과 獸骨에다 완벽한 1편의 甲骨 卜辭를 능숙하게 새 길 수 있다. 이들 새로운 甲骨 倣刻 작품은 주로 河南省 安陽市博物館의 劉 아무개, 河南省博物館의 劉 아무개 및 河南省 鄭州工藝廠의 侯 아무개의 손 에서 나왔다. 그들이 제작한 이 새로운 倣刻品들은 아래에 서술하는 몇 가 지 특징을 가지고 있다.

1. 재료고르기〔取材〕

倣刻 甲骨에 사용된 骨料를 살펴보면, 安陽市博物館의 劉 아무개는 대부 분 고분 발굴을 통해 출토된 古骨을 가져다가 그 위에다 글자를 새겼다. 그 런데 鄭州의 2인은 대부분 새로운 牛肩胛骨 혹은 龜甲을 사용하였다. 그들은 거북의 卜甲 주위 및 속을 깎거나 다듬어서 평평하고 고르게 만들고, 甲骨의 背面 骨脊을 깎아내었다. 그런 다음 甲骨을 脫脂 혹은 '옛것 만들기' 처리 를 하였다. 甲骨의 처리 과정은 먼저 甲骨을 한 달 내지 두 달 동안 물속에 담가두는데, 그 사이에 두세 번 물을 갈아 준다. 그런 다음 물속에 두고 세 시간 정도 끓이면 뼛속의 油脂가 전부 빠져나온다. 다시 끓인 뼈를 가성 소 다에 넣고 한 시간 정도 가열한 후 맑은 물로 깨끗하게 씻어내면 뼈가 아이 보리색을 띤다. 뼈가 '古色'을 띠게 하기 위해서 다시 뼈 위에 약간의 과망 간산칼륨을 뿌리고 손으로 가볍게 문지르면 骨面에 암황색이 나타나고 아울

러 '옛날' 얼룩이 나타난다.[22]

2. 글자새기기〔刻字〕

《甲骨文合集》 중에서 骨料가 비슷한 片形을 찾아낸 다음 《甲骨文合集》에
수록된 그 甲骨片의 卜辭 全文을 骨料에 倣刻하는데, 한 글자의 증감도 없
고 兆序를 빠뜨리지 않으며 심지어는 兆序도 되도록 원모양대로 새겨낸다.
安陽의 劉 아무개·鄭州의 劉 아무개 및 侯 아무개는 일찍이 胡厚宣 및 필
자와 甲骨文의 기초 지식에 대해 연구 검토한 적이 있었다. 필자는 그들과
다년간 왕래를 하였으며, 그들이 선물로 준 작품도 가지고 있다. 필자는 그들
에게 거듭 부탁을 하였다. 倣刻한 작품은 반드시 篆刻 수준을 한 단계 높이
고, 아울러 기호를 잘 새겨서 사람들이 眞片과 倣刻品을 식별하는 데 편리
하게 하여야 하며, 그럼으로써 잘못된 것을 후세에 전하지 않도록 해야 한
다. 일반적으로 말해서 安陽의 劉 아무개가 倣刻한 片形은 비교적 작고, 제
3·4기 '無名組' 小字를 모방한 것이 많으며, 아울러 배면에는 붉은칠로 倣
刻된 《甲骨文合集》의 片號 및 시기를 써놓았다. 鄭州의 劉 아무개가 새긴 것
은 대부분 완벽한 龜腹甲을 사용하였는데, 기본적으로는 《甲骨文合集》1기
의 全龜 卜辭를 베꼈으며 배면에는 삼각 기호가 있다. 그리고 侯 아무개가
새긴 것은 龜腹甲도 있고 甲骨도 있으며, 어떤 때에는 제1기의 字體를 새겼
고 또 어떤 때에는 제4기의 大字를 새겼다. 그는 倣刻品의 배면에 2개의 작
은 횡선을 새겨 기호로 삼았다.
비록 3인이 새긴 甲骨上에 약간의 차이가 있기는 하지만 모두 기본적으
로는 가짜로써 진짜를 혼란시키는 경지에 도달했으며, 藍葆光의 작품에 비
해 나으면 나았지 못하지는 않으니 참으로 '靑出於藍'이라고 할 만하다. 이
倣刻 甲骨들은 書法 藝術 및 여행 기념품의 신품종이 되어 중국 내외 인사
의 환영을 받았다. 상술한 3인의 倣刻 甲骨도 진위를 판별하기가 어렵지 않
다. 우선 그것들에는 하나의 공통점이 있는데, 즉 사용한 骨料의 배면에 모
두 鑽·鑿·灼의 처리가 되어 있지 않다. 이 점에 의한다면 설령 수년이 지
난 후라고 하더라도 原甲骨의 위조를 판별하기는 매우 쉬운 것이다. 단지 그

들의 倣刻品들이 墨拓된 뒤에 원탁본과 감별을 하려면 약간 생각을 해야 한다. 그러나 그들이 모두 원탁본을 베꼈고, 그들에 의해 倣刻된 대상은 모두가 익히 알고 있는 기록품이기 때문에 서체 풍격의 우열에 근거하면 역시 이 倣刻品의 탁본들을 식별해 낼 수 있다. 게다가 완벽한 龜甲은 대부분 과학적 발굴에 의해 얻어진 것이라서 공공 기관이 소유하고 있다. 장래 어느 날 갑자기 새로운 완벽한 龜甲 탁본이 세상에 나오면 반드시 세인들의 주목을 불러일으키게 될 것이고, 뭇사람이 주시하는 가운데 원류를 한 번 고찰하면 자연히 그것이 倣刻者의 손에서 나온 것임을 알게 될 것이다.

제3절 甲骨文의 綴合

甲骨의 배면에 빽빽이 차 있는 鑽·鑿은 甲骨의 두께를 일정치 않게 만들었다. 게다가 占卜 때에 불로 지진 것은 甲骨의 파열 흔적을 더 겹겹으로 만들었다. 지하에 깊숙이 매장되어 3천여 년이 지나면서, 지층의 압력과 물의 침윤은 '매장 시기'에 이미 상당히 많은 수의 甲骨을 파열시켰다. 출토될 때 이미 심하게 부서진 이 甲骨들은 운반 과정중에 상당수가 다시 여러 조각으로 잘라졌다. 다시 여러 차례 轉賣 및 傳拓을 하고, 아울러 여러 번 주인이 바뀌면서 본래 1판의 부서진 甲骨이 머리와 몸통이 따로 놀아 여러 소장처에 분산될 수밖에 없게 되었다. 이 때문에 잘게 부서진 이 甲骨文들은 원래 全版에서의 상호 관계를 보기 힘든 '斷爛朝報'〔원래는 《春秋》경이 잔결되어 완전치 못함을 폄하하는 宋代 王安石의 말인데, 여기서는 甲骨이 뒤죽박죽으로 되어 참고 가치가 없음을 비유한 것이다〕가 되었다.

甲骨學의 연구가 심화됨에 따라서 甲骨文의 자료가 더 많이 요구될 뿐 아니라, 또한 자료의 '완전함'이 요구되었다. 이른바 '완전함'이라고 하는 것은 원래 1판이었던 것이 부서진 뒤에 여러 책 속에 기록된 甲骨을 綴合시켜 그것들을 한곳에 모아두는 것이다. 甲骨文은 綴合 복원 처리를 거쳐야 각 卜辭간의 상호 관계를 찾고 당시의 卜法이나 文例 등을 회복시킬 수 있으며, 이에 따라 우리가 商代 사회를 알 수 있는 중요한 사료가 될 수 있는 것이다. 그래서 甲骨文의 綴合 복원도 甲骨學 연구의 기초 작업 중 하나이다.

학자들은 일찍부터 甲骨文의 綴合 작업에 주의를 기울였다. 王國維는 1917년에 《戩壽堂所藏殷墟文字》1·10과 《殷墟書契後編》上册 8·14를 綴合하고서 上甲에서 示癸에 이르는 世次가 《史記·殷本紀》의 기록과 일치되지 않음을 발견하였으며, 이에 따라 《史記》의 잘못을 바로잡았다. 郭沫若이 1937년에 출판한 《殷契粹編》113호는 3편의 甲骨을 綴合한 것인데, 여기에서 그는 "上甲의 다음은 報乙·報丙·報丁·示壬·示癸이며, 또 王國維의 學說을 위해 훌륭한 증거를 얻었다"는 것을 알았다.[23] 이 책 이전에 郭沫若은 1933년에 출판한 《卜辭通纂》에서 이미 30여 판을 綴合하였다. 1934년에 그가 출판한 《古代銘刻彙考》에는 또 斷片을 綴合한 8개의 예가 보충되었다. 1945년에 董作賓이 〈殷曆譜〉를 쓸 때에도 甲骨 단편을 많이 綴合하였다.

어떤 학자는 더욱 전문적으로 단편의 綴合 작업에 종사하여 전문서를 출판하였다. 曾毅公이 1939년에 출판한 《甲骨叕存》에는 綴合된 75판이 수록되어 있다. 또 1950년에 曾毅公은 모두 4백96판을 수록한 《甲骨綴合編》을 출판하였는데, 각 판은 기본적으로 일정한 事類에 따라 편찬하였으며, 각 판 아래에는 綴合된 각 편이 기록서에서 나온 권수·쪽수 및 번호를 밝혀 놓았다. 책 앞부분의 附圖는 탁본에 의해 綴合된 72판이다. 《甲骨綴合編》은 《鐵雲藏龜》·《殷墟書契前編》·《殷墟書契精華》·《鐵雲藏龜之餘》·《戩壽堂所藏殷墟文字》·《龜甲獸骨文字》·《簠室殷契徵文》·《卜辭通纂》·《殷墟文字甲編》등 31종의 기록에서 자료를 취하였기 때문에 《甲骨叕存》보다 훨씬 충실하고 풍부하다.

《殷墟文字甲編》과 《殷墟文字乙編》에 수록된 甲骨은 殷墟의 과학적 발굴에서 얻은 것이다. 甲骨이 출토될 때 적지않은 것들이 이미 파손되었기 때문에 1판이 왕왕 다른 번호의 殘片이 되어 연구 작업을 매우 곤란하게 만들었다. 대륙과 대만의 학자들은 《殷墟文字甲編》과 《殷墟文字乙編》의 甲骨에 대해 적지않은 綴合 작업을 하였다. 郭若愚는 《殷墟文字甲編》과 《殷墟文字乙編》의 자료를 가지고 3백24판(그 가운데 《殷墟文字甲編》을 綴合한 것은 76판임)을 綴合하였다. 曾毅公과 李學勤은 또 계속해서 郭若愚가 하지 못한 1백58판(그 중에 《殷墟文字甲編》을 綴合한 것이 46판임)을 綴合하였다. 1955년에

科學出版社는 郭若愚·曾毅公·李學勤 등 3인이 綴合한 성과 4백82판을 모아 《殷墟文字綴合》이라는 책으로 출판하였다. 《殷墟文字甲編》과 《殷墟文字乙編》에 수록된 甲骨 실물은 현재 대만에 소장되어 있는데, 학자들이 原甲骨에 근거해서 綴合 작업을 진행하였기 때문에 간행된 탁본에만 의거해서 綴合하는 것보다 훨씬 더 정확하고 편리하다. 屈萬里는 《殷墟文字甲編考釋》의 서문에서, 자신이 실물에 근거해서 綴合할 때 《殷墟文字綴合》에서 잘못 綴合한 11판과 잘못일 가능성이 있는 1판을 발견하였는데, 대부분 "骨版(甲版도 포함)의 두께가 다르거나 또는 骨質의 견고성이 각기 다르거나 또한 부위가 일치하지 않는다. 그리고 더욱 중요한 조건은 骨縫이 잘 맞지 않는다"고 피력하였다. 아울러 "이것은 탁본 혹은 모사본을 상호 병합시킨 갑골학자에 대해 실제로 엄중하게 경고하는 것이다"고 지적하였다. 1961년에 출판된 《殷墟文字甲編考釋》 상·하는 《殷墟文字甲編》을 綴合해서 얻은 성과 2백11판을 책 뒤에 수록하고 있다. 그 중에는 《殷墟文字綴合》에서 綴合한 것도 있고, 또 그 책에서 綴合한 것에 대해 증보한 것도 있는데, 완전히 새로 綴合한 것은 총 1백6판이다. 張秉權은 原甲骨에 근거해서 《殷墟文字乙編》을 綴合하여 총 6백32판을 얻었으며, 이를 《殷墟文字丙編》 3집 6책('상1' 책은 1957년, '상2' 책은 1959년, '중1' 책은 1962년, '중2' 책은 1965년, '하1' 책은 1967년, '하2' 책은 1972년에 각각 출판됨)에 수록하였다. 이 책은 고석이 되어 있어서 甲骨學과 商史 연구를 위해 중요하고도 완벽한 자료를 대량으로 제공해 주고 있다.

　1975년에 출판된 嚴一萍의 《甲骨綴合新編》과 1978년부터 시작해서 1983년에 이르러서야 전부가 출판된 《甲骨文合集》에 수록된 綴合版은 80여 년간 출토된 甲骨 綴合의 총결산이다. 嚴一萍의 책은 모두 10책인데, 제1책에서 제9책에는 綴合版 총 6백84개가 수록되어 있으며, 매판마다 탁본이 앞에 있고 모사본이 뒤에 있다. 編號 아래에는 과거에 이미 다른 책에서 綴合한 것을 모두 밝혀 놓았다. 綴合 출처는 綴合한 부위에다 각기 A·B·C·D 등의 글자로 밝혀 놓았다. 과거에 여러 학자들이 綴合한 것 중에서 잘못된 총 3백84판은 《甲骨綴合訂訛》라는 책으로 펴냈으며, 아울러 그 이치에 맞지 않는 부분을 지적하였다. 1976년에 嚴一萍은 또 《甲骨綴合新編補》를 출판하였다. 《甲骨文合集》은 다른 여러 甲骨 기록과 비교해 볼 때 甲骨의 綴合 복원 작업을 더 중시하였다. 앞사람이 이미 해놓은 기초 위에서 최대한 계속적으로 병합을 하였기 때문에 얻은 것이 앞사람들보다 많다.[24] 병합한 총계는 2천 여 판 이상이며, 단지 《殷墟文字甲編》과 《殷墟文字乙編》에서만 1천 판 이상을 병합하였다.[25] 물건을 보면 사람이 생각나듯이, 《甲骨文合集》의 綴合 작업이 이러한 성과를 얻을 수 있었던 것은 桂瓊英〔필자의 은사인 胡厚宣의 부인〕의 수고와 불가분의 관계를 가지고 있다. 桂瓊英은 여러 해 동안 甲骨學 연구에 종사하였으며, 歷史研究所에서 《甲骨文合集》의 편집 업무를 담당한 이래 綴合의 모든 작업을 전적으로 책임졌다. 그분은 15,6년간 세심하게 실마리를 추적하고 전심전력으로 병합 대조하여, 마침내 綴合 방면에서 이전 사람을 뛰어넘는 성과를 거두었다. 《甲骨文合集》에 수록된 2천여 개의 綴合版은 桂瓊英의 땀과 心力을 전부 소모시켰다. 《甲骨文合集》의 완성된 원고가 인쇄되기 전날 밤, 그분은 1977년에 숙환인 암으로 세상을 떠났다. 桂瓊英은 일생 동안 노고를 마다하지 않고 성실하게 묵묵히 甲骨學 연구를 위해 큰 공헌을 하였으며, 우리가 영원히 기억하고 존경할 만한 분이다.

　비록 여러 대에 걸친 학자들의 노력을 통해 甲骨文의 綴合 작업이 매우 큰 성과를 거두었지만, 그러나 15만 편의 甲骨이 모두 깨끗하게 綴合된 것은 아니다. 《甲骨文合集》에 수록된 것에도 아직 綴合되지 않은 甲骨片이 있다. 그리고 綴合된 각 판 중에서 정확하지 않거나 잘못 綴合한 곳이 있는 것도 역시 피할 수가 없다. 예를 들면 《殷墟文字丙編》 117은 《殷墟文字乙編》 2452+2508+2631+3064+3094+3357+7258+8064+8479 등 총 9편이 綴合된 것인데, 《甲骨文合集》 672는 상술한 각 편을 綴合한 기초 위에서 다시 《殷墟文字乙編》 2862가 綴合된 것이다. 그러나 현재 또 발굴된 故宮博物館 소장 甲骨 74177편도 《甲骨文合集》 672와 綴合될 수 있다. 그렇지만 아직 綴合되지 않은 채로 《甲骨文合集》 제2책에 이미 인쇄되어서 할 수 없이 내일의 증보를 기다릴 수밖에 없다. 《甲骨文合集》 10456은 바로 3편의 甲骨을 綴合한 것이다. 綴合하기 전에는 하나가 둘로 나누어져 있었으며, 임시로 2편으로 처리되었다. 胡厚宣은 《戰後寧滬新獲甲骨集》에 수록된 2편과 故宮博物館의 沈德建이 소장했던 1편의 甲骨이 綴合될 수 있음을 발견하여 이 3편을 하나로 綴合하였다.(그림 116) 이것을 綴合한 후에는 卜辭가 완벽하고 글자의 흔적이 분명해져서, 과거에 명확하게 식별할 수 없었던 글자가 확인될 수 있었으며, 이에 따라서 殷代 疾病史와 醫學史에 있어서도 중요한 역사적 사실인 武丁 때 子由가 쌍둥이를 낳고 거의 죽을 뻔했던 대사건이 확실해졌다.[26]

嚴一萍은 《甲骨文合集》이 "결코 내가 해놓은 綴合의 새 성과를 채용하지 않았다"고 주장하고,[27] 《中國文字》 등의 간행물에 여러 차례 글을 써서 《甲骨文合集》의 綴合版에 대해 수정과 보충 작업을 하였다. 또 어떤 사람은 전문적으로 《甲骨文合集》에서 綴合하지 않은 것을 다시 綴合하고 論文을 발표하였다.[28] 이 학자들의 의견과 비평은 우리가 성실하게 연구하고 중시할 가치가 있으며, 이것은 綴合 작업이 완벽하지 않고 이미 완결된 것도 아니며, 우리가 금후 더욱 노력해서 계속적으로 綴合 작업을 진행해야 함을 말해 주는 것이다.

甲骨文의 綴合은 비교적 복잡하고 학술성이 매우 강한 일이며, 또한 학자의 학식과 才智에 대한 종합적인 검증이다. 綴合할 때에는 첫째, 학자의 해박한 甲骨學 지식이 요구된다. 龜〔腹甲·背甲〕·肩胛骨〔左骨·右骨〕의 각 부위 및 正面과 反面의 특징 및 龜와 骨의 구별에 대해 잘 알고 있어야 할 뿐 아니라, 탁본(혹은 모사본)에 의거해서 그것의 龜(혹은 骨)에서의 소재 부위를 정확하게 단정할 줄 알아야 한다. 게다가 甲骨의 整治 및 卜法·文例·行款, 卜辭와 卜兆·兆序의 관계 등을 잘 알아야 한다. 이밖에 능숙하게 甲骨의 시기 구분을 할 수 있어야 하며, 아울러 甲骨 자료의 기록 범위·출토 지역 및 연구와 綴合의 성과 등을 이해하고 완전히 파악해야 한다. 둘째, 綴合하는 사람이 비교적 강한 기억력과 예민한 안광을 갖고 있어야 하며, 綴合할 때는 인내심을 가지고 세심하게 하여야 하고, 번거로움을 싫어하지 않고 조그마한 것도 소홀히 하지 않는 과학 정신을 갖고 있어야 한다.

어떤 학자는 선배학자들의 甲骨 綴合 방법을 아래의 5종으로 귀납시켰는데, 이는 우리의 綴合 작업에 많은 힌트를 주었다.

1. 類聚: 이것은 사전 준비 작업이며, 또한 綴合할 자료를 비축하는 방법이다……. 다만 類聚는 반드시 시기 구분, 拓片의 성질(腹甲·左右背甲·左右胛骨), 卜辭의 事類 등에 의거해서 구분해 두어야 한다. 모으는 일이 다 되는 즉

시 綴合을 하면 반드시 서너 배의 효과를 거둘 수 있다.

2. 比勘: 이것은 綴合을 하는 데 가장 기본적이고, 가장 확실하며, 가장 필요하고 중요한 방법이다……. 아래의 다섯 가지에 의거해서 반드시 철저하게 密合하여야 甲骨의 綴合에 종사할 수 있을 것이다.

1) 部位: 綴合하기 전에 반드시 먼저 綴合하고자 하는 소재의 부위를 확정해야 한다. 부위를 확정하는 것은 綴合을 하는 데 가장 선행되어야 할 일이다.

2) 文例: 각 시기의 卜辭는 비록 각기 다른 특징을 가지고 있지만, 그러나 따를 만한 통칙이 있다. 예를 들면 逆兆는 상례이고, 順兆·跳兆·犯兆 등은 특례이다.

行款이 좌와 우로 하행하는 것은 모두 대칭을 추구하기 위함이다.

3) 辭例: 비록 동일한 사류에 속하는 卜辭들에는 본래 따를 만한 상례가 있지만, 그러나 시기의 다름으로 인해 마침내 詳略의 차이 및 正問과 反問의 구별이 있게 되었다.

4) 서체: 각 시기에는 모두 그 특유의 서체 풍격이 있는데, 특히 人名 및 地名의 차이는 시기 구분의 근거가 될 뿐 아니라 綴合하는 데 있어서 가장 좋은 증거가 된다.

5) 徵候: 版面을 가지고 말하면, 卜兆의 묘사, 術語와 卜兆·卜辭의 관계, 兆序의 契刻, 온전치 못한 卜辭와 잔결된 글자, 卜辭 行款의 무질서, 판면의 剜刻 情形 등과 같은 것은 모두 현저한 징후를 가지고 있다. 綴合을 할 때에는 마땅히 자세하게 대조해서 정확성을 추구해야 한다. 접은 자리는 面이나 背를 막론하고 반드시 密合되어야 한다.

3. 範例: 이것은 甲骨 綴合의 응용법이다. 작은 것은 刻辭는 같지만 판이 다른 것(同文異版)에 할 수 있고, 큰 것은 한 세트의 卜甲 혹은 卜骨의 綴合에 할 수 있다.

1) 標本: 이미 얻은 완벽한 것 혹은 비교적 완벽한 卜甲 혹은 卜骨을 표본으로 삼고, 아울러 다른 종이에 그 윤곽을 그려 표준으로 삼는다. 채집해서 부류대로 모은 殘辭 소재를 그 부위에 의거해서 표준 속에 임시로 두고, 표본과 세밀히 대조해서 綴合을 한다. 만약 밀접하게 할 수 없을 때는 잠시 綴合을 미룬다. 예를 들면 《甲骨綴合新編》 272·273 등은 모두 이 방법으로 한 예이다.

2) 互範: 이미 얻은 것 중에서 같은 성질, 동류의 예를 소재로 해서 서로 綴合의 표본으로 삼고 없어진 부분을 찾아 綴合을 한다. 예를 들면《甲骨綴合新編》441 등이 바로 이 방법으로 한 예이다.

4. 推理(생략)

5. 密合과 遙綴

1) 密合: 綴合의 최고 목적은 綴合하는 소재의 密合을 추구해서 그것이 원래대로 복원될 것을 기대하며, 그것의 전체 大用을 고찰해서 아는 데 있다……. 그러나 密合의 의의는 끊어진 흔적에 그치는 것은 아니다. 뒤섞인 글자나 殘辭 및 기타 여러 징후를 복원하려면 모두 반드시 틈이 없어야 하는데, 임시로 이를 '密合'이라고 부른다.

2) 遙綴: 그러나 소재가 산일되어 즉각 密合할 수 없으면 부득이 잠시 遙綴을 해야 하는데, 이것 역시 綴合 방법 중의 하나가 된다. 예를 들면《甲骨綴合新編》315판이다……. 遙綴의 선결 조건을 살펴보면 반드시 그것이 같은 판에서 끊어진 것인가를 명확하게 해야 한다. 그렇지 않으면 어찌 '자유 綴合'이 아니겠는가?[29]

위의 제4항 '추리'는 甲骨 탁본(혹은 모사본)을 진정으로 함께 綴合한 것이 아니고, 단지 甲骨文例에 근거해서 보충한(즉 추측해 낸) 잔결 부분이라서 이미 甲骨을 綴合하였다고 말할 수 없기 때문에 생략했다. 그리고 이른바 '遙綴'도 각 甲骨片이 서로 함께 관련된 것이 아니기 때문에 역시 이미 각 편을 綴合하였다고 말할 수 없다.《甲骨文合集》에서 이러한 상황이 나올 때는 관련된 각 편을 하나의 번호로 엮고, 이 번호의 甲·乙·丙…… 등의 부분으로 나누었다.

과학 기술이 현대화되면서 어떤 학자는 컴퓨터 기술을 甲骨文의 綴合 작업에 도입하였다. 1973년에 외국에서 컴퓨터를 이용하여 甲骨의 綴合을 시도한 적이 있었고, 1974년에는 중국에서도 컴퓨터를 이용하여 甲骨을 綴合하는 방면에서 유익한 탐색을 한 사람이 있었다. 실험자는 제3차 과학적 殷墟 발굴의 大連坑에서 얻은 腹甲 중 2백63편을 선택하고, 제4차 과학적 殷墟 발굴의 E16坑 중에서 1백54편의 甲骨을 선택해서 시기·글자의 흔적〔字

迹〕·骨版·破片·卜辭·모서리〔邊緣〕 등 6항에 따라 약간의 제한 조건을 정
해 이를 숫자화하고, 아울러 컴퓨터 綴合을 위해 약간의 규칙을 정한 다음 綴
合 실험을 하였다. 그 결과 앞의 1조에서는 20짝을 綴合하였으며, 그 중 정확
한 것은 8짝이다. 뒤의 1조에서는 61짝을 綴合하였으며, 그 중 정확한 것은
25짝으로서 綴合率은 40퍼센트 정도에 달한다.[30]

　컴퓨터를 이용해서 甲骨을 綴合하는 실험이 비록 기뻐할 만한 성과를 거
두기는 하였지만, 그러나 아직 인공으로 제작하는 표본 정보 작업량이 비교
적 크며, 綴合의 정확도가 높지 않는 등의 결함이 존재한다. 이 때문에 현
재는 주로 갑골학자의 해박한 甲骨學 지식과 풍부한 경험 및 뛰어난 기억
력에 의해 甲骨을 綴合하고 있다.

　학자들의 綴合 작업을 통해, 별로 큰 의미가 없어 보였던 많은 수의 甲骨
들이 복원 후에는 사람들이 생각지 못했던 학술적 가치를 갖게 되었다. 확실
히 어떤 학자가 말한 바와 같이 綴合 작업은 甲骨文의 학술적 가치에 대한
'재' 발굴이다. 그래서 董作賓은 綴合 작업을 甲骨學 심층 연구의 중요 내용
중의 하나로 간주하였으며, 거듭해서 우리가 "최대한으로 병합 복원 작업을
해서 모든 자료를 완벽한 것으로 바꾸어야 한다"고 일깨워 주었다.[31]

제4절 甲骨文의 殘辭互補

　어떤 과제를 연구하려고 甲骨 자료를 뒤적여 보면, 항상 기록서 중에서
파손이 너무 심해서 卜辭들을 읽을 수 없고, 상하의 문의도 확실히 파악되
지 않아 버려두고 이용치 않는 상당수의 甲骨을 만나게 된다. 그래서 한참
을 노력해야 가까스로 햇빛을 다시 보는 甲骨文을 얻게 되며, 또한 학자들
의 푸대접으로 말미암아 관심 밖의 '죽은' 자료가 된 것도 적지않다.

　甲骨學 연구가 깊어짐에 따라서 학자들은 이 '죽은' 자료들이 그 가치를
발휘할 수 있도록 회생시켜 놓았는데, 이것이 바로 甲骨文의 '殘辭互補' 이다.
"殷人의 占卜은 한 가지 일에 항상 여러 조각의 甲骨을 사용해서 진행하는
데, 占卜을 한 후에는 매 甲骨마다 똑같은 卜辭를 새긴다. 이렇게 해서 卜辭

同文의 예가 출현하였다. 同文의 卜辭에서, 만일 잔결된 부분을 만나면 이 甲骨에 없는 몇 글자와 저 甲骨에 없는 몇 글자를 함께 모아 잔결된 문자를 서로 보충할 수 있다.[32] 그 의미가 분명치 않은 殘辭들은 상호 대조를 해서 완벽한 卜辭로 보충할 수 있는데, 이것이 바로 이른바 '殘辭互補'인 것이다.

郭沫若은 최초로 이 문제에 대해 체계적인 논술을 하였다. 그가 1934년에 출판한 《古代銘刻彙考》에는 '殘辭互足二例'가 수록되어 있는데, 여기에는 殘辭互補의 원칙이 서술되어 있고, 또한 우리를 위해 殘辭互補를 예시하고 있다. 그는 "卜辭는 점을 기록하거나 혹은 점의 응험을 기록한 것인데, 한 가지 일을 여러 번 기록하였으므로 骨片이 각기 파손되었을 때에는 殘辭를 이용하여 서로 보충할 수 있다"고 지적하였다. 그는 《卜辭通纂》 430과 《殷墟書契續編》 5·32·1(《簠地》 27)을 상호 보충해서 예를 들었다.

《卜辭通纂》 430 좌측의 辭는 이러하다.

癸卯卜, 爭, 貞旬亡禍. 甲辰大驟風, 之夕𧈧, 乙巳(□)夆(□五)人. 五月在(□).
　癸卯日에 점을 쳤다. 貞人 爭이 점쳐 물었다. "다음 열흘 동안 재앙이 없겠습니까?" 甲辰日에 폭풍이 몰아쳤고, 그날 밤 날씨가 칠흑 같았다. 乙巳日…… 팔다리가 묶인 노예…… 5명이었다. 5월에 ……에서 발생했다.

《殷墟書契續編》 5·32·1(《簠地》 27)은 《卜辭通纂》 430과 마땅히 同文이다. 그러나 이 甲骨片은 파손이 너무 심하며, 殘辭는 아래 것만이 남아 있다.

　……大驟風……𧈧, 乙巳𦥑夆……人. 五月在敦(그림 115)
　폭풍이 몰아쳤고, ……날씨가 칠흑 같았다. 乙巳日에 팔다리가 묶인 노예가……명이었다. 5월에 敦[지명]에서 발생했다.

위의 卜辭에 있는 것은 공교롭게도 본래의 卜辭에 없다. 그리고 위의 卜辭에 없는 몇 개의 핵심 글자들은 또 공교롭게도 본래의 卜辭에는 있다. 그래서 이 두 卜辭를 서로 대조해서 보충할 수 있으며, 《卜辭通纂》 430의 卜辭

중에서 글자가 빠진 곳(□)은 '𤔲'·'敦' 등의 글자를 보충할 수 있다. 또한 본래의 卜辭도 위의 卜辭에 근거해서 없어진 글자를 보충할 수 있다. 즉 다음과 같다.

〔癸卯卜, 爭, 貞旬亡禍. 甲辰〕大驟風, 〔之夕〕𤔲, 乙巳𤔲𡥈(□五)人. 五月在敦.
〔癸卯日에 점을 쳤다. 貞人 爭이 점쳐 물었다. 甲辰日〕에 폭풍이 몰아쳤고, 〔그 날 밤에〕 날씨가 칠흑 같았다. 乙巳日에 팔다리가 묶인…… 5명이었다. 5월에 敦〔지명〕에서 발생했다.

이렇게 해서 완벽한 卜辭가 이루어졌다.

초기의 갑골학자들은 甲骨文例와 卜辭 同文을 잘 이해하지 못하고, 釋文을 할 때 殘辭互補의 방법을 이용해서 卜辭를 완전하게 보충할 줄을 몰랐기 때문에 일부 책의 釋文들은 그 문의를 알 수 없게 만들었다. 지금의 학자들은 연구 작업을 하면서 모두 殘辭互補의 작업에 매우 주의를 기울이고 있다. 전체의 刻辭를 완전하게 보충할 수 있는 것은 최대한 완전하게 보충해야 한다. 확실히 전체의 刻辭를 완전하게 보충할 수 없는 것은 缺字 부호를 이용해서 대체해야 한다. 어떤 사람은 '□'으로 한 글자가 없음을 표시하고, '☑'으로 두 글자 이상이 없음을 표시한다. 또 어떤 사람은 직접 '……'으로 글자가 없는 곳을 표시한다.

甲骨文의 殘辭互補를 제대로 하려면, 반드시 卜辭의 여러 辭例를 숙지하고 있어야 한다. 동시기의 각 辭例의 차이를 파악해야 하며, 각 시기의 辭例 변화를 이해해야 한다. 이밖에도 工具書를 사용하여 동일한 辭例를 찾아내어 내용이 분명치 않은 殘辭와 서로 대조를 해서 보충할 수 있다. 《甲骨文合集》에서는 "모든 同文의 예를 卜序에 따라 그것들을 함께 배열하였는데, 이렇게 해서 殘辭互補의 예가 많이 있게 되어 사용하는 데 매우 편리하게 되었다."[33] 일본인 島邦男의 《殷墟卜辭綜類》는 60여 종의 기록서에 수록된 卜辭를 分條해서 부류에 따라 모은 책이며, 殘辭互補를 하는 데도 필요한 근거 자료를 많이 제공해 주고 있다. 그래서 우리가 오늘날 殘辭互補를 하는 것은 어려운 일이 아니다. 甲骨學이 이미 성숙된 학문이 된 오늘날에 이르러서, 만일 어떤 소책자에서 뜻밖에 殘辭互補 처리를 하지 않고 해석한 경우가 나타난다면 그것은 정말 대단히 옳지 않은 것이다.

殘辭互補의 기초 위에서 우리는 또한 祭祀 卜辭들에 갖추어져 있는 내재 규율에 근거하고 과학적인 추리를 통해 殘辭 부분을 완전하게 보충할 수 있다.

제5기의 甲骨 속에는 肜·羽·祭·壹·脅 등 5종의 제사가 들어 있는 卜辭가 매우 많다. 이것은 체계적이고도 한 조를 이루는 것이며, 바로 우리가 앞에서 누차 언급했던 '周祭'이다. 하나의 완전한 周祭를 마치는 데 소용되는 시간이 바로 '祭祀周'이다. 그리고 '祭祀周'는 旬을 단위로 삼는데, 매10일마다 모두 天干의 甲·乙·丙·丁을 순서로 한다. 商王과 妣는 天干을 廟號로 삼는데, 즉 世次 및 각 왕과 비의 廟號의 天干 순서에 따라 제사를 지낸다. 예를 들면 제1순의 甲日에는 上甲을 제사지내고, 乙日에는 報乙에서 報丙·報丁·示壬·示癸 6세를 제사지내며, 제2순에는 大乙·大丁을 제사지내고, 제3순에는 大甲·外丙을 제사지낸다. 매 旬마다의 제사를 '小祀周'라고 부른다. 祖甲 때에는 上甲부터 祖庚의 '羽日의 제사'까지 모두 9순이 되어야 마치는데, 이 9순은 '羽日'의 끝이므로 '祀季' 혹은 '中祀周'라고 부른다. 무릇 '羽日'·'肜日'·'脅日'이라는 3종의 祭法으로 그들의 先王 및 그 법정 배우자를 두루 한 바퀴 돌며 제사지내고 마치는 것을 '一祀'라고 하며, 이를 '大祀周'라고 부른다.[34] 이는 1년의 시간에 해당한다. 학자들은 여러 해 동안의 연구를 통해 甲骨文에 기록된 周祭가 매우 엄밀하고 아울러 고정된 격식이 있음을 발견하였는데, 즉 卜祭日과 王名 혹은 妣名은 일률적으로 이러한 卜辭의 특정 규율이다. 그래서 이 규율을 정확히 파악하기만 하면 王名 혹은 妣名이 잔결된 상황하에서 卜祭日에 의해 구할 수 있다. 혹 卜祭日이 잔결되었을 때는 王名이나 妣名에 의해 구할 수 있다.[35]

이밖에도 特祭 卜辭가 있다. 우리가 만일 그 규율을 숙지한다면, 일부 조상의 廟號 및 卜祭日을 확정하는 데 매우 큰 의미가 있으며, 또한 서로 참조해서 잔결된 廟號나 제사일을 추측해 낼 수 있다.

제5기에는 '肜夕' 卜辭가 1종 있다.

1) 甲戌卜, 貞王賓祖乙肜夕亡尤. (《京》5029)

甲戌日에 점을 쳤다. 점쳐 물었다. "왕이 先王 祖乙에게 賓祭를 지내고 저녁에 肜祭를 지내는데, 재앙이 없겠습니까?"

2) 乙酉卜, 貞王賓外丙肜夕亡尤. (《前》1·5·1,《通》227)

乙酉日에 점을 쳤다. 점쳐 물었다. "왕이 先王 外丙에게 賓祭를 지내고, 저녁에 肜祭를 지내는데, 재앙이 없겠습니까?"

첫번째 卜辭는 祖乙이라는 이름의 왕 제사를 甲戌日에 점친 것이고, 두번째 卜辭는 外丙이라는 이름의 왕 제사를 乙酉日에 점친 것인데, 卜祭日은 모두 王名의 日干보다 하루 앞선다. 어떤 학자는 이러한 부류의 卜辭를 전부 고찰한 후에, 卜祭日이 王名보다 하루 앞서는 것은 '肜夕'을 제사명으로 하는 '王賓' 卜辭의 특이한 규율임을 발견하였다. 이 규율을 정확히 파악하기만 하면 卜祭日이 잔결되었을 때도 王名에 근거해서 구할 수 있다. 또 王名이 잔결되었을 때는 卜祭日에 근거해서 구할 수 있다.[36)]

예를 들면《殷墟書契前編》4·21·3의 卜辭는 "□卯卜, 貞王□戔甲肜夕□尤"〔□卯日에 점을 쳤다. 점쳐 물었다. "왕이 先王 戔甲에게 肜祭를 지내고, 저녁에 肜祭를 지내는데, 재앙이 □?"〕라고 기록되어 있어, 卜祭日 및 약간의 글자가 훼손되었다. 우선 殘辭互補의 원칙에 근거해서 이 卜辭를 다른 同型의 卜辭와 상호 보충할 수 있는데, '王' 뒤의 빠진 글자는 마땅히 '賓' 字이고, '尤' 字 앞의 빠진 글자는 당연히 '亡' 字이다. 다시 이러한 卜辭는 卜祭日이 王名의 日干보다 하루 앞선다는 규율에 근거하면, 제사 대상 왕인 戔甲의 日干이 甲이므로 이보다 하루 앞서면 마땅히 癸이며, 이 卜辭의 卜祭日은 마땅히 癸卯日이다. 이 卜辭가 완전하게 보충된 후는 마땅히 "〔癸〕卯卜, 貞王〔賓〕戔甲肜夕〔亡〕尤"〔'癸'卯日에 점을 쳤다. 점쳐 물었다. "왕이 先王 戔甲에게 '賓祭'를 지내고, 저녁에 肜祭를 지내는데, 재앙이 '없겠습니까?'"〕가 된다.

제5기에는 또 '祊祭' 卜辭가 있는데, 그 문형 중 주요한 것은 "干支卜, 貞祖先名祊其牢"〔어떤 날에 점을 쳤다. 점쳐 물었다. "소를 써서 先王 아무개에게 祊祭를 지내도 되겠습니까?"〕 "干支卜, 貞祖先名必祊其牢"〔어떤 날에 점을 쳤다. 점쳐 물었다. "先王 아무개의 종묘에서 소를 써서 祊祭를 지내도 되겠습

니까?"〕 "干支卜, 貞祖先名宗祐其牢"〔어떤 날에 점을 쳤다. 점쳐 물었다. "先王
아무개의 종묘에서 소를 써서 祐祭를 지내도 되겠습니까?"〕 등이다. 학자들의
연구 고찰을 통해 상술한 세 가지 유형 卜辭의 卜祭日과 조상명의 日干 사
이에는 똑같은 규율이 존재하고 있는데, 즉 卜祭日은 모두 조상의 日干보다
하루 앞선다.[37] 그러므로 우리가 상술한 유형의 잔결된 卜辭를 만났을 때는
먼저 殘辭互補法을 이용하여 훼손된 글자를 완전하게 보충해 놓을 수 있다.
그런 다음 만일 卜祭 日干이 잔결되고 王名 日干이 존재할 때는, 王名 日干
이 하루 앞서는 것에 근거해서 훼손된 卜祭 日干을 완전하게 보충할 수 있
다. 만일 卜祭 日干이 완전하고 王名 日干이 잔결되었을 때는, 卜祭 日干을
하루 뒤로 옮겨서 王名 日干을 완전하게 보충할 수 있다.

　이와 같이 우리는 殘辭互補의 원칙에 근거해서 대량으로 존재하는 殘辭
를 완전하게 보충할 수 있었다. 또 이 기초 위에서 과학적인 추리를 통한
제5기 周祭 卜辭와 일부 特祭 卜辭의 규율을 정확히 파악해서 제5기에 있
는 이 방면에 관한 적지않은 수의 卜辭를 완전하게 보충할 수 있었다. 이로
인해 이용할 수 없었던 많은 殘辭들이 연구할 때 가치 있는 자료로 변하였
다. 그래서 우리는 甲骨文의 殘辭互補도 綴合과 마찬가지로 甲骨文 사료 가
치의 '재발굴'이라고 말하는 것이다.

제10장
甲骨의 기록 및 소장 현황

甲骨文은 甲骨學의 연구 대상이며, 商代 사회와 관련된 제1차 자료이다. 동시에 甲骨文 자체가 특수한 고대 문물의 일종이기 때문에 수장가들에 의해 甲骨文은 희세의 진귀한 보물로 간주되어 收藏되었다. 그래서 소수의 甲骨 수장가와 甲骨文의 과학적인 발굴자를 제외한 다수의 갑골학자는 조건의 제한으로 말미암아 甲骨 실물에 의거해서 연구하기가 매우 어렵다. 이밖에도 87년간 출토된 甲骨이 중국 내외의 여러 수장가에게 분산되어 있기 때문에 다수의 학자들은 일일이 직접 보기 어렵다. 甲骨 실물을 직접 접촉할 수 있는 여건을 갖춘 소수의 갑골학자들이 연구의 근거로 삼는 실물도 단지 15만 편 甲骨文 중 일부분에 불과하다.

1903년에 최초의 甲骨 기록서인 《鐵雲藏龜》가 출판되고 나서야 비로소 甲骨文은 수장가의 서재에서 세상으로 나와 유포의 범위가 확대되었고, 갑골학자가 쉽게 볼 수 있는 과학적인 연구 자료가 되었는데, 이는 대대적으로 甲骨學 연구의 전개를 촉진시켰다. 이 책을 뒤이어 적지않은 수장가의 甲骨이 계속적으로 기록 출판되었다. 현재까지 중국 내외에 출판된 甲骨 자료와 관련된 기록서의 출간은 1백여 종을 웃돌며 기록된 甲骨 수는 10만 편에 달한다. 해마다 출토된 甲骨 중에서 중요한 부분은 모두 이미 공개되었다. 이것이 중국 古代史 중에서도 특히 商代史, 중국 古文字學 중에서도 특히 甲骨學 연구에 대해 지극히 중대한 의미를 가지고 있다는 것은 매우 분명한 사실이다.[1]

제1절 甲骨 기록의 준비

甲骨 자료를 간행 공포하는 데 있어서는 일반적으로 먼저 그것을 墨拓(혹은 모사, 촬영)하고, 다시 탁본(혹은 모사본, 사진)을 纂集해서 책으로 만들어 출간한다. 이 전문적으로 甲骨文 자료를 공포한 책들이 바로 우리가 통상 말하는 '甲骨 기록'이다. 甲骨 기록서를 편찬할 때에는 甲骨을 傳拓(혹은 모사, 촬영)하는 기술에 정통해야만 하며, 우리가 금후에 연구 실천하는 중에도 새로운 甲骨 자료를 접할 가능성이 있는데 만일 傳拓(혹은 모사, 촬영)하는 기술에 정통하면 제때에 자료를 수집하고 보존하는 데 커다란 이점이 있다. 그래서 필자는 중요 甲骨의 기록 및 그 소장 현황을 논술하기 전에 먼저 甲骨 탁본의 제작 방법을 소개할 필요가 있어서 이를 서술하도록 하겠다.

1. 拓本의 제작

중국의 傳拓 기술은 유구한 역사를 가지고 있으며, 일찍이 '金石學'의 형성과 발전에 중대한 역할을 하였다. 傳拓 기술은 늦게 잡아도 南北朝 시기 梁의 元帝 이전에 발명되었다.[2] 隋·唐 시기에는 傳拓이 더욱 발달하였다. 唐代 段成式의 《酉陽雜俎》前集 권62에는 "歷城縣 魏明寺 안에는 韓公의 碑가 있는데, 이는 太和 연간에 만들어진 것이다. 魏公은 일찍이 사람을 시켜 고을 경계의 石碑를 두루 기록하게 하였는데, 이 비문의 내용이 가장 좋다고 말하고 항상 베개 속에 한 장을 넣어두었다. 그래서 집안 사람들은 이 베개를 '麒麟函'이라고 불렀다〔歷城縣魏明寺中有韓公碑, 太和中所造也. 魏公曾令人遍錄州界石碑, 言此碑詞義最善, 常藏一本於枕中, 故家人名此枕爲麒麟函〕"라는 기록이 있다. 유명한 문학가 韓愈의 〈石鼓歌〉에서도 "장생은 수중에 石鼓文을 가지고 있었는데, 나에게 시험삼아 石鼓歌를 지어 보라고 한다…… 공은 어디에서 탁본을 얻었는가, 모든 것을 갖추어 약간의 차이도 없게 해야 하리라〔張生手持石鼓文, 勸我試作石鼓歌…… 公從何處得紙本, 毫髮盡備無差訛〕"라고 말하고 있다. 이로 볼 때 당시에 傳拓 기술이 정묘하였고, 탁본이 널리 유전되었음을 알 수 있다. 甘肅省 敦煌縣에 있는 莫高窟 藏經洞에서 발견된 〈九成宮醴泉銘〉은 지금까지 보존된 것 중에서 가장 이른 탁본이다.[3]

傳拓 기술의 발명은 중국의 고대 金石 자료, 예를 들면 碑碣·銅器銘文 등과 같은 문자 자료의 유포와 보존에 대해 매우 중대한 역할을 하였다. 宋代 인쇄술의 발명 이후로 明·淸代를 거치면서 탁본으로 銅器·碑碣·貨幣·璽印 등의 금속 자료를 기록하는 것이 날로 번성해졌는데, 이것은 가일층 金石 자료의 유포와 그 범위를 확대시켰다. 줄곧 오늘날까지 銅器·玉器·貨幣·璽印과 같은 고대 문물의 器形·花紋·文字 등의 傳拓은 역시 새로운 考古 자료를 공개하고, 아울러 이를 근거로 연구하는 중요한 수단인 것이다.

甲骨文의 傳拓 기술은 바로 전통 金石學의 傳拓 기술을 계승하고 발전시킨 것이다. 그러나 甲骨文의 문자가 매우 작고 게다가 骨版(혹은 龜版)이 파삭파삭하여 부서지기 쉽기 때문에 甲骨文을 傳拓하는 일은 碑碣·銅器·銘文·貨幣 등의 고대 문자 자료를 傳拓하는 것보다 더욱 어렵다. 설령 이렇다고 하더라도 우리가 요령을 정확하게 파악하고 조심스럽게 작업하며, 방법을 끊임없이 개선해 나가면 만족스러운 탁본의 제작도 어려운 일만은 아니다.

1) 傳拓 도구

撲子: 撲子는 傳拓할 때 먹을 사용하기 위한 것으로 자신이 직접 만들 수 있다. 먼저 깨끗한 흰 비단 조각에다 솜 한 뭉치를 넣고 공 모양으로 단단하게 만든다. (솜뭉치 주위에는 타자지 같은 것으로 한 겹 더 싸서 먹이 과다하게 스며드는 것을 방지해야 한다.) 거기다가 고무줄(또는 실)로 그 윗부분을 동여매면 곧 사용할 수 있다. 傳拓하는 甲骨의 크기에 따라 직경이 약 2센티미터·1센티미터·0.5센티미터 등 다른 크기의 撲子를 만들면 된다. 요컨대 傳拓하기 편리한 것을 원칙으로 삼으면 된다.

종이: 甲骨의 傳拓에는 얇으면서 질긴 棉連紙〔즉 連史紙; 江西·福建 등지에서 나는 질 좋은 중국 특산 종이로서, 귀중한 서적·비첩·서화·부채 등에 사용〕를 사용하는 것이 가장 좋다. 지질이 두꺼우면 종이를 甲骨文의 글자 속으로 넣을 수가 없어 글자가 똑똑하게 베껴지지 않고, 만일 종이가 질기지 않으면 傳拓할 때 반복 마찰로 인해 종이에 구멍이 날 수가 있기 때문이다.

일반적으로는 '六吉棉連'〔淸代 말엽 汪六吉이 만든 종이〕이 甲骨을 傳拓하는 데 가장 좋은 종이이다.

托板: 甲骨을 고정시키는 데 사용하는 받침판으로서, 작고 평평한 목판을 준비하면 된다.

油泥: 甲骨을 傳拓할 때 움직이게 해서는 안 되기 때문에 油泥로 甲骨을 托板 위에 고정시켜야 한다. 또한 甲骨이 평평하지 않기 때문에 油泥로 甲骨을 고정시킬 때에는 甲骨 밑부분과 托板 사이의 간격을 적당하게 지탱시켜서 傳拓할 때 甲骨面이 힘을 받아 손상되지 않도록 해야 한다. 油泥는 석회와 桐油를 반죽해서 만드는데 건축할 때 유리를 고정시키는 데 상용하며, 건축 재료 파는 상점에서 구입할 수 있다. 아동 완구 고무찰흙은 유연하여 塑造할 수 있고, 또 쉽게 건조되지 않으므로 油泥 대용으로 사용할 수 있다.

白芨: 더운 물에 白芨을 넣으면 물은 곧 점성을 갖는다. 붓으로 白芨水를 묻혀 甲骨 위에 바르면 棉連紙를 고정시킬 수 있다. 白芨을 사용하면 좋은 점은 마른 뒤에 龜骨로부터 종이를 뗄 때 그 점성이 종이가 떨어지지 않게 하거나, 종이가 찢어지게 하지 않는다. 白芨은 중국의 전통 한약이며, 한약방에서 구입할 수 있다.

솔: 甲骨을 깨끗이 하거나 종이를 甲骨의 글자 속에 넣을 때 사용하며, 규격이 다른 2,3개의 솔을 준비하면 된다.

붓: 깨끗한 붓 1,2자루가 필요하며, 白芨水를 묻히는 데 사용한다.

먹: 甲骨을 傳拓할 때 가장 좋기로는, 보통 먹물을 사용하지 말고 접착성이 작은 좋은 먹을 벼루에 갈아 사용해야 한다.

2) 傳拓 전의 준비 작업

白芨을 맑은 더운 물이 가득 들어 있는 용기 속에 넣는다.

甲骨을 깨끗하게 솔질한다. 甲骨은 오랫동안 창고에 있었기 때문에 그 겉 표면에 쌓인 먼지와 글자 속의 먼지를 맑은 물을 묻힌 솔로 깨끗하게 문질러서 불순물이 傳拓의 효과에 영향을 주지 않도록 해야 한다.

甲骨을 고정시킨다. 甲骨을 油泥로 托板 위에 고정시키고, 托板에서 떨어진 부분을 油泥로 잘 지탱시켜서 손상을 방지해야 한다.

3) 甲骨의 傳拓

먼저 붓으로 甲骨 표면에 白芨水를 고루 바르고, 棉連紙를 甲骨 위에 편다. 그 다음에 마른 솔로 지면 위를 가볍게 두드리며, 글자 위에 펴진 종이의 오목한 부분에 이르면 字劃 가운데로 진행시키며 字口가 드러나면 그친다. 이때 주의할 점은 종이가 찢어질 정도로 두드리거나 털 부분으로 두드리면 안 된다. 그런 다음 甲骨을 통풍이 잘 되는 곳에 놓아 종이를 잘 말린다.

撲子로 벼루에서 먹을 약간 묻혀서 벼루 뚜껑에다 서너 차례 가볍게 두드리는데, 이는 撲子 표면에 먹이 너무 많이 묻는 것을 피하고 撲子 표면에 먹이 골고루 묻도록 하는 것이다. 그 다음 撲子를 甲骨의 지면 위에 붙이고 가볍게 두들기면 종이 위에 묵색이 나타난다. 傳拓할 때는 힘을 고르게 해야 하며, 너무 급하게 먹을 묻혀서 종이 위에 먹 얼룩이 뚜렷하게 나타나는 것을 극력 조심해야 한다. 먹을 묻힐 때는 엷게 하다가 차츰 진하게 해야 하는데, 보통은 세 번 먹을 묻히는 것이 적당하다.

甲骨을 傳拓하는 데 어떤 사람은 습관적으로 엷은 색의 먹물을 사용하여 탁본의 형태가 매미 날개처럼 엷게 하는데, 이를 속칭 '蟬翼拓'이라고 한다. 또 어떤 사람은 습관적으로 짙은 색의 먹물을 사용하는데, 이렇게 하면 글자와 甲骨面의 흑백이 명백하게 되고 탁본의 검은 부분이 분명하게 되는데 이를 속칭 '烏金拓'이라고 한다. 요컨대 글자가 분명하게 나타나는 것이 가장 좋다.

甲骨을 傳拓할 때 먹을 고르게 묻히는 데 주의해야 할 뿐 아니라 字劃으로 먹이 들어가게 해서는 안 된다. 그렇지 않으면 장차 연구 작업을 하는 데 불편을 가져올 수가 있다.

4) 傳拓 후의 주의 사항

傳拓이 다 끝나면 탁본을 가볍게 벗기고 제때에 탁본의 소장품 번호를 달아서 출처를 잊어버리지 않도록 해야 한다. 그 다음 탁본한 甲骨을 가져다가 甲骨의 反面이나 骨臼 부분에 글자가 있는지 검사한다. 만일 글자가 있으면 계속해서 하나하나 傳拓을 하고 소장품 번호를 달고서, 正面·反面·骨臼의 탁본을 한곳에 놓고 보관한다. 傳拓한 甲骨의 탁본은 임의로 가위질해서는 안 되며, 반드시 원상태대로 보존해야 한다.

甲骨을 傳拓할 때 또 한 가지 주의할 것은, 甲骨에 먹이 스며들게 하여 더러워지지 않게 해야 한다. 傳拓이 끝나면 甲骨을 즉시 원위치에 갖다 놓아서, 다시 다른 甲骨을 바꾸어 傳拓함에 따른 혼란을 피해야 한다.

2. 모사본의 제작

甲骨 모사본의 제작은 비교적 간단한데, 이것은 傳拓 도구가 준비되지 않은 상황이거나, 혹은 여러 가지 원인으로 말미암아 傳拓을 할 수 없을 때에 임기응변식으로 甲骨 자료를 수집하는 편리한 방법이다.

일반적으로는 종이 위에 먼저 甲骨片 형태의 윤곽을 그리는데, 가장 좋기로는 크기가 원편과 일치하는 것이다. 그런 다음 다시 그려진 윤곽 안에서 原甲骨의 글자가 있는 부위에 따라서 글자를 윤곽의 상응하는 부위에 모사한다. 주의해야 할 점은 글자를 잘못 모사하거나 빼먹고 모사해서는 안 되며, 또한 글자의 서체와 풍격을 본래의 것과 다르게 모사해서는 안 된다는 것이다. 독자들이 모사본에 의해 甲骨의 시기를 판단할 수 있도록 해서 原甲骨에 의해 판단하는 시기와 일치하는 효과를 얻도록 해야 한다.

또 다른 모사본은 甲骨 탁본에 의거해서 제작하는 것이다. 새로운 甲骨 탁본을 보고 여러 가지 원인으로 卜辭할 수 없을 때는 투명도가 높은 종이(黃酸紙가 가장 좋음)를 탁본 위에 덮고서 연필로 가볍게 윤곽을 그리고, 글자를 모사하고, 그런 다음 먹줄을 덧칠하면 된다.

3. 사 진

甲骨이 傳拓하기 어렵거나 또는 甲骨이 비교적 많아서 세세하게 모사를 할 여유가 없을 때, 사진은 甲骨을 손상시키지 않고 가장 빠르고 가장 편리하게 자료를 수집하는 방법이다. 그러나 甲骨文字는 매우 가늘기 때문에 사진 찍을 때에는 반드시 가장 좋은 각도와 광선을 선택해서 되도록 글자가 분명하게 나오도록 해야 한다.

일반적으로 말해서 甲骨은 대부분 탁본으로 기록을 하고, 또 모사본으로 기록하는 것도 일부 있으나 사진으로 출판하는 것은 극히 드물다. 탁본으로 기록해야 글자가 선명하다. 모사본으로 甲骨을 기록하면 비록 분명하기는 하지만 본모습을 잃기가 쉽고 간혹 착오가 생기기도 한다. 사진으로 甲骨을 기록하는 것은 비록 입체감이 강하기는 하지만 글자가 선명치 못한 것이 많다. 그래서 과거에 모사본(혹은 사진)으로 기록한 甲骨을, 여건이 허락하는 한도 내에서 현재 계속적으로 탁본으로 바꾸어 재판을 내고 있다.

어떤 학자는 탁본·모사본·사진의 삼위일체로 甲骨을 기록하여야 서로 대조하여 각기 나은 것을 취하는 효과를 거둘 수 있다고 주장한다. 그러나 이 방법은 작업을 하는 데 많은 어려움이 있다. 15만 편의 甲骨이 중국 내외의 여러 공공 기관 및 개인 수장가에게 분산되어 있는 상황하에서, 설령 어느 한 수장가(혹은 어느 한 지역)의 소장품에 대해 墨拓·모사·사진 촬영을 겸해서 할 수 있다손 치더라도, 중국의 수십 개 城市의 1백 수십 곳 및 해외 12개국의 공공 기관 또는 개인 소장의 甲骨에 대해 전부 墨拓·모사·사진 촬영한다는 것은 매우 어려운 일이다. 하루 아침에 이 목적이 실현되었다고 해도 그 삼위일체의 甲骨 기록서는 분량이 매우 방대하여 개인의 힘으로는 사들이기가 어렵다. 대형책 13권으로 구성된 《甲骨文合集》이 3배로 확대될 것이다! 그외에도 탁본(혹은 모사본)으로 기록한 적지않은 수의 甲骨이 현재 이미 행방불명되었는데, 이것들은 새롭게 傳拓·모사 또는 사진 촬영하려고 해도 이미 불가능하게 되었다.

제2절 중국 학자가 기록한 甲骨 및 소장 현황

《鐵雲藏龜》 劉鶚이 纂輯한 것으로 1903년 10월 抱殘守缺齋에서 石印 6책으로 출간하였다. 1931년 5월 다시 上海 蟫隱廬에서 石印하여, 《鐵雲藏龜之餘》와 함께 6책으로 合本하였으며, 부록으로 鮑鼎의 釋文이 실려 있다. 이 책에 수록된 甲骨 수는 총 1천58편이다. 책 앞에는 羅振玉의 序文이 있는데, 이 글에서는 "光緒 己亥年(1899년)에 古甲과 古骨이 출토되었다"라 하고, 아울러 甲骨文이 '경서를 바로잡고 歷史書를 보충하는 가치' 등에 관해 언급하고 있다. 劉鶚은 自序에서 역시 "龜板은 己亥年에 출토되었다"고 주장하고, 그것이 '殷人의 刀筆文字'라고 단정하였다. 自序에는 또한 그가 甲骨을 수집한 경과를 말하고 있는데 선후로 총 5천여 편을 얻었으며, 그 가운데에는 王懿榮이 죽은 뒤 그의 아들 王翰甫가 빚을 갚기 위해서 자신에게 판 일부분의 甲骨을 포함하고 있다. 아울러 甲骨文字에 대해 몇 가지 고석을 시도하였다. 필자는 일찍이 여러 차례에 걸쳐 劉鶚의 이 책이 甲骨學史上 최초의 기록서라고 말한 적이 있다. 이 책이 중요한 까닭은, 온갖 고생을 겪고 처음으로 甲骨文을 수장가들의 서재 속에 간직된 '골동품'으로부터 학자들이 연구하고 사용하는 데 도움을 주는 과학적인 자료로 변환시켰기 때문이다. 《鐵雲藏龜》는 옛사람들이 이전에 한 적이 없는 개창성의 저작이기 때문에 全書의 편찬 체례는 일정하게 따를 만한 것이 없으며, 또한 소수의 僞片도 수록하고 있다. 이밖에 이 책의 출판이 비교적 이르기 때문에 탁본 제작이 정밀하지 못하고, 뿐만 아니라 인쇄의 수준도 떨어지기 때문에 이 책에는 선명치 못한 탁본이 적지않아 글자들을 판독하기 어렵다. 이 책에 수록된 甲骨은 대부분 제1기 武丁 시기의 것들이라 상당히 중요한 내용을 가지고 있다. 1975년에 嚴一萍은 《鐵雲藏龜》를 정리하여 《鐵雲藏龜新編》을 펴냈는데, 이 책은 藝文印書館에서 출판되었다. 嚴一萍은 序文 속에서 《鐵雲藏龜新編》이 《鐵雲藏龜》와 다른 점은 여섯 가지인데, "첫째, 정선해서 탁본으로 바꾸었다. 둘째, 시기별로 분류하였다. 셋째, 綴合을 하였다. 넷째, 背甲을 보충하였다. 다섯째, 중복된 것을 제거하였다. 여섯째, 위조품을 제거하였다"라고 밝혔다. 《鐵雲藏龜新編》 속에 수록된 甲骨片은 모두 모사본으로 부록에 있고, 甲骨片의 번호는 《鐵雲藏龜》에 있는 원래 번호를 그대로 표시하고, 아울러 중복된 것의 번호를 밝혀 놓았다.

　《鐵雲藏龜之餘》　羅振玉이 편찬한 것으로 1915년에 출간되고, 1927년에 재판되었다. 1931년에 蟬隱廬에서 石印本으로 《鐵雲藏龜》의 뒤에 붙여서 6책으로 합하고, 부록으로 鮑鼎의 釋文을 실었다. 이 책에 수록된 甲骨 수는 총 40편이다. 羅振玉은 序文에서 "내가 貞卜文字를 알게 된 것은 亡友 劉鐵雲(劉鶚) 덕택이다…… 劉鶚이 유포시킨 공을 밝혀서 세상에 알리려고 생각했으며, 이에 궤짝에서 劉鶚이 지난날 나에게 준 墨本을 찾았다. 《鐵雲藏龜》에 수록되지 않은 것 중 정선해서 종이 수십 장 분량을 얻어 《鐵雲藏龜之餘》를 편찬하였다"라고 말하였다.

《戩壽堂所藏殷墟文字》 姬佛佗가 편찬한 것으로 1917년 5월에 廣倉學宭叢書인 《藝術叢編》 제3집으로 발간되었으며, 石印本 1책이다. 1918년에 다시 단행본으로 나왔는데, 王國維의 《戩壽堂所藏殷墟文字》과 2책으로 합하였다. 이 책에 수록된 甲骨 수는 총 6백55편이다. 羅詩(영국 국적 유대인, 대자본가 하둔의 부인, 일명 羅迦陵)의 敍文에는 "丙辰年(1916년) 겨울에 甲骨 1천 편을 해상에서 얻었는데, 이것은 丹徒 劉鶚의 소장본이다. 그 중에 《鐵雲藏龜》에 보이는 것이 1,20퍼센트이고, 보이지 않는 것이 8,90퍼센트이다. 이에 우수한 것을 다시 가려 影印하였다"고 말하였다. 姬佛佗는 본래 배운 것도 없고 재주도 없는 사람으로, 이 책은 실제로 王國維가 펴낸 것이다.[4] 이 책의 1쪽 제10편과 《殷墟書契後編》 上册 8·14는 동일한 甲骨片을 뒤집어 놓은 것인데, 王國維는 이것에 근거하여 〈殷卜辭에 나타난 先公·先王考〉라는 글에서 《史記·殷本紀》 속의 일부 世次의 잘못을 규정하였다. 그 의의에 대해서는 앞에서 이미 언급하였으므로 여기서는 생략하겠다.

《鐵雲藏龜拾遺》 葉玉森이 편찬한 것으로 1925년 5월에 五鳳硯齋에서 影印本으로 출간하였으며, 고석이 붙어 있으며 1책으로 合本하였다. 이 책에 수록된 甲骨 수는 총 2백40편이다. 葉玉森은 序文에서 "올 봄에 선생(劉鶚을 가리킴)이 소장한 것을 집에서 보관할 수 없다고 들었다. 王瀣는 같은 해 柳詒讓과 함께 차례로 나의 책을 저당잡히고 1천3백 판을 거두었다. 그래서 《鐵雲藏龜》 및 《鐵雲藏龜之餘》에 수록되지 않은 것을 2백40판 뽑아 친히 탁본을 떠서 책으로 편찬하였으며…… 나의 소견과 함께 부록으로 뒤에 고석을 붙였다"고 피력하였다.

《퍼거슨 소장 甲骨文字》 商承祚가 편찬한 것으로 1933년 金陵大學 中國文化研究所에서 影印本으로 출간하였으며, '고석'과 함께 1책으로 合本하였다. 총 37판의 甲骨을 수록하였는데, 이는 중국에 머물고 있는 미국인 수집가 퍼거슨(J. C. Ferguson; 中國名 福開森)이 소장하고 있던 것이다. 商承祚는 머리말에서 "모두 37판을 뽑아 탁본해서 정밀하게 인쇄하여 출판하였다. 글자의 뒷부분에 고석을 붙였다. 수록된 甲骨은 모두 劉鐵雲(劉鶚)과 徐楙生(徐楙)의 소장품이다(7·8·9·10·11·13·29 등 7판은 徐楙의 소장품임)"고 말하였다. 책의 뒷부분에는 董作賓의 발문이 붙어 있는데, 그는 이 글에서 "殷墟文字는 현재에 이르기까지 이미 14종의 책에 수록되었다. 甲骨 卜辭는 대략 1만 1천3백40판인데, 내가 아는 바에 의하면 미수록된 것은 그 수가 두 배나 된다. 금후에 甲骨을 수집해서 탁본·出版하여 널리 유포시키는 일에 종사하고, 동시에 배우는 사람들이 연구하는 데 도움이 되도록 하는 것은 실로 우리의 책임인 것이다"라고 하였다. 또한 董作賓은 跋文에서 이 책에 수록된 甲骨로 시기 구분을 하여 제1기·제3기·제5기의 것들임을 밝히고, 내용에 따라 卜辭를 분류하여 骨臼 刻辭에 대해 논술을 하였다.

《殷契佚存》 商承祚가 편찬한 것으로 1933년 金陵大學 中國文化研究所에서 影印本 1책으로 발간하였으며, '고석'과 合本하여 2책으로 출판되었다. 全書에는 총 1천 편의 甲骨이 수록되었다. 책의 앞부분에는 董作賓의 序文, 唐蘭의 序文 및 商承祚의 自序가 있다. 董作賓은 序論에서 4개의 문제를 논술하였는데, 즉 "1) 제3기의 자료들, 2) 肋骨 刻辭의 중요성, 3) 미국인 스미스가 소장하고 있는 甲骨의 출토지 및 그 연원, 4) 肋骨의 출토와 安陽 농민의 도굴" 등이다. 특히 이 책에 수록된 스미스 甲骨의 내원을 추가 서술하여, "大連坑 부근에서 우리는 제3차의 작업을 통해 이것들을 처음으로 발굴하였다. 河南 民族博物館의 의견충돌이 일어나고부터 20일 동안은 작업이 제대로 진척되지 않았다. 계속해서 다시 우리가 大連坑을 열고 제3기의 甲骨을 매우 많이 발굴하였다. 이보다 앞서는 물론 어느 누구도 이것을 발굴한 적이 없다. 民族博物館에서 수집한 것은 곧바로 도난당해서 甲骨文을 가득 담은 녹색 보자기의 작은 상자 1개를 잃어버렸다. 이 일은 軒·邱(良臣) 두 사람의 손을 거쳤기 때문에, 그들이 머물었던 五洲 여관 주인은 죄입을 것을 두려워하여 도망갔으며, 여러 달 동안 숙소를 차압당하였다……. 스미스가 소장한 자료들의 연원은 대체로 이와 같다"고 하였다. 아울러 殷墟 발굴이 중단 뒤에 "小屯村의 인근 마을에서 이 기회를 틈타서 도굴을 하였는데, 洹河의 양안에는 고대 문물을 도굴한 것이 산더미처럼 쌓였다……. 출토된 문물은 사방의 상인들에게 팔려나갔는데, 그 양이 매우 엄청났다"고 말하였다. 唐蘭은 序文에서 文字學史·'六書'說 및 甲骨文의 사료적 가치 등에 관해 논술하였다. 商承祚는 自序에서 "무릇 상인들이 판 것인데 재력이 미치는 한 반드시 이것들을 구입하였다"고 회고하였다. 《殷契佚存》에 수록된 甲骨 중에서 일부분은 원래 劉鶚이 소장했던 것인데, 胡厚宣이 말한 대로 劉鶚이 소장한 甲骨 중 일부분인 2천5백여 편은 1926년에 商承祚와 그의 친구 몇 사람이 함께 구입한 것이다. 商承祚는 일찍이 文辭가 적은 것과 글자의 변이가 다른 것 6백여 편을 정선하여 이를 手拓해서 1933년 《殷契佚存》에 수록하였다.[5] 이밖에도 이 책에는 北平의 孫壯, 侯官의 何遂, 미국의 스미스, 冀縣의 王富晉, 丹徒의 陳邦懷, 海城의 于省吾, 江夏의 黃濬 등의 甲骨 탁본 4백여 편을 수록하였다. 商承祚는 또한 自序에서 "甲骨은 대부분 貞卜 문장이며, 紀事 문장은 中央研究院 歷史言語研究所에 소장된 3개의 獸骨 외에는 매우 드물다"고 지적하였다. 《殷契佚存》 518의 宰丰花骨은 한 면에는 무늬가 새겨져 있고, 한 면에는 記事가 새겨져 있다. 글은 2행 28자이며 완벽하여 더할 수 없이 진귀하다. 또 글 속에서 이 '精탁본'과 中央研究院에 소장된 3판의 獸頭 刻辭를 서로 참조하였다.

　《鐵雲藏龜零拾》　李旦丘가 편찬한 것으로 1939년에 上海 中法文化出版委員會에서 출판하였으며, '고석'과 함께 1책으로 합해져서 《孔德圖書館叢書》 제2종에 편입되었다. 이 책에는 총 93편의 甲骨이 수록되었다. 책 앞부분에 수록된 李旦丘의 序文에서 "내 친구 金祖同이 會稽 吳振平이 소장한 甲骨 拓墨 93편을 가지고 와서 숙소에 맡겨두고, 나에게 고석해 주기를 부탁하였다…… 생각건대 吳振平이 소장한 甲骨은 본래 劉鶚이 소장했던 것이다. 그 중에 수 편은 이미 《鐵雲藏龜》에 보인다. 그러나 대부분은 아직 기록된 적이 없는 것들이며, 이제 公에 의해 세상에 선보인다"고 말하였다.

　이상의 각 책에 수록된 甲骨은 대부분 劉鶚의 소장했던 것들이다. 劉鶚은 1909년에 곳간의 곡식을 판 일로 인해 죄를 얻어 新疆으로 유배 가서 죽었으며, 그가 소장한 甲骨 5천여 편은 여러 수장가들에게로 분산되었다.

　그 가운데 일부분인 1천여 편은 영국 국적의 유대인 하둔(Silas Aaron Hardoon; 中國名 哈同)의 부인 羅詩(羅迦陵)에게 귀속되었으며, 《戩壽堂所藏殷墟文字》에는 그 중의 일부분이 기록되었다. 그 중 7백여 편은 훗날에 誠明

文學院에 귀속되었으며, 胡厚宣은 그 중 《戩壽堂所藏殷墟文字》에 기록되지 않은 것을 모사하여 《戰後南北新獲甲骨錄·誠明文學院藏》에 그 일부(91편)를 수록하였다. 原甲骨은 현재 上海博物館에 소장되어 있다.

또 다른 일부분인 1천3백여 편은 葉玉森에게 귀속되었으며, 《鐵雲藏龜拾遺》에 수록된 것은 바로 그 중의 일부분이다. 葉玉森이 죽은 후에, 甲骨 실물은 또다시 분산되었다. 일부분은 돌고 돌아 현재 上海博物館에 소장되어 있다. 그 일부분인 수십 편은 미국인 퍼거슨의 손에 들어갔는데, 즉 《퍼거슨 소장 甲骨文字》에 기록된 것이 바로 이것이다. 原甲骨은 현재 南京大學에 소장되어 있다.[6] 또 일부분인 1백여 편은 吳振平의 손에 들어갔는데, 즉 《鐵雲藏龜零拾》에 수록된 것이 바로 이것이다.

또 그 일부분인 2천5백여 편은 商承祚 등의 손에 들어갔는데, 《殷契佚存》에는 그 중 6백 편이 수록되었다. 후에 그 일부는 中央大學(현재 南京大學에 귀속[7])에 귀속되었고, 또 일부는 束世澂의 손에 들어갔으며, 原甲骨은 현재 復旦大學에 소장되어 있으며, 다른 일부는 陳中凡의 손에 들어갔는데 이는 1956년에 董作賓이 《殷墟文字外編》에 수록한 것들이다. 胡厚宣은 1945년에 상술한 세 부분을 《甲骨六錄》이라는 책 속의 '六中'·'六束'·'六淸' 부분에다 수록하였다. 또한 일부분은 王濬(伯沆)의 〈無想山房〉에 소장된 6백여 편으로서 前 中央硏究院 歷史言語硏究所에 귀속되었는데, 胡厚宣은 이를 모사하여 《戰後南北新獲甲骨錄·無想山房藏》에 부분적으로 수록하였으며, 原甲骨은 현재 대만에 소장되어 있다. 그밖의 일부는 현재 南京博物館·浙江省博物館·揚州市博物館 등에 소장되어 있으며, 아울러 선후로 郭若愚가 1953년에 출판한 《殷契拾掇》 2편과 胡厚宣이 1955년에 출판한 《甲骨續存》 등의 책 속에 수록되었다.

甲骨文을 최초로 감정하고 수집한 王懿榮은 甲骨을 총 1천5백여 편 수집하였다. 王懿榮이 죽은 뒤, 이 甲骨의 대부분은 劉鶚에게 팔렸다. 그 나머지 것들 중에서 작은 부분은 天津의 新學書院에 귀속되고, 1938년에 출판된 《甲骨卜辭七集》에 수록되었는데 原甲骨은 행방불명이다. 그 일부인 4백 수십 편은 王懿榮의 자손인 王福重의 손에 들어갔고, 原甲骨은 현재 天津市博物館에 소장(그 중 2편은 이미 方豪에게 증정되어 현재 대만에 소장)되어 있다.

그 일부인 1백여 편은 王福莊의 손에 들어갔으며, 原甲骨은 현재 미국에 있다. 다른 일부분은 확실히 王懿榮이 소장했던 수십 편임을 알 수 있는데, 현재 中國社會科學院 歷史研究所에 소장되어 있다.[8] 王懿榮의 둘째아들 王漢輔는 甲骨 탁본 1책을 갖고 있었는데, 훗날 前 輔仁大學에 귀속(현재는 北京師範大學圖書館에 귀속)되었다. 王懿榮의 넷째아들 王漢章 역시 甲骨 탁본 2책을 가지고 있었는데, 현재는 南介大學圖書館에 소장되어 있다. 唐蘭이 1939년에 출판한 《天壤閣甲骨文存》은 王懿榮의 자손이 갖고 있던 3책의 탁본 중에서 1백8편을 정선해서 기록한 것이다.

《簠室殷契徵文》12권 王襄이 편찬한 것으로, 1925년에 天津博物館에서 石印本으로 '고석'과 함께 4책으로 출간하였다. 이 책에는 1천1백35편의 甲骨이 수록되었다. 王襄은 책 앞에 있는 序文에서 "淸나라 光緖 己亥年(1899년)에서 民國 원년(1912년)에 이르는 이 14년 동안에 출토된 甲骨 중에서 상당량을 획득하였다"고 말하였다. 그는 "출토된 고대 문물은 언젠가는 사라질 때가 있다고 생각하고서, 소장하고 있는 것들을 정선하고 탁본 몇 권을 나누어서 12類로 대별하였다. 즉 이것은 天象·地望·帝系·人名·歲時·干支·貞類·征伐·游田·雜事·文字 등이다. 각각이 1編이며, 뒤에 고석이 붙어 있다"고 말하였다. 이 책을 편찬할 때 이동식 분류를 하였다. 즉 항상 동일한 탁본을 여러 부분으로 가위질해서 다른 부류에다 편입시켰는데 이러한 것이 1백65편 이상에 달한다. 그외에 탁본 上石 앞에 '粉飾,' 즉 가공 묘사를 하였기 때문에 글자들 대부분에 붓의 흔적이 있다. 이 때문에 출판된 후, 郭沫若 등 일부의 학자들은 이 책에 수록된 것이 위조품이 아닌가 하고 의심한 적이 있다. 그러나 사실 王襄은 감별에 정통하였고, 수록된 것은 결코 가짜 甲骨이 아니다. 훗날 郭沫若은 생각을 바꾸어 "알고 보니 《簠室殷契徵文》은 위조품이 아니며, 그 책 자체가 하나의 귀중한 연구 자원이다. 이 책에는 내 말을 증명하기에 충분한 것들이 많이 있으며, 또한 다른 책에서 볼 수 없는 극히 드물게 보이는 예들이 있다"고 말하였다.[9] 어떤 사람은 이 책이 "대체로 네 가지의 장점이 있다"고 평가하였다. 첫째, 貞卜의 사항에 따라 분류하였으며, 기본적으로는 卜辭의 내용을 개괄하였다. 둘째, 인증한 것이 선명하여 공헌한 바가 매우 크다. 셋째, 학술적 가치가 있는 甲骨 자료

들을 소개하였는데, 예를 들면《簠室殷契徵文·天象 1》은 일식에 관한 것이
고,《簠室殷契徵文·天象 2》는 월식에 관한 것이며,《簠室殷契徵文·歲時
5》는 여러 사람들이 협력해서 밭갈이 하라고 명령하는 내용이다. 이러한 것
들은 商代의 天文·曆法과 사회 성질을 연구하는 데 필요한 보기 드문 자료
들이다. 넷째, 卜辭를 수록한 책 뒤에는 2책의 고석이 붙어 있어 독자가 연
구하는 데 편리하다.[10]

王襄이 소장했던 3천여 편의 甲骨은 현재 天津歷史博物館에 소장되어 있
다. 王襄과 같은 시기에 甲骨을 구입한 孟定生(孟廣慧)은 모두 4백31편의
甲骨을 얻었다. 그 중에서 4백여 편은 현재 北京圖書館에 소장되어 있다. 28
편의 정품은 현재 天津歷史博物館에 소장되어 있으며, 그 가운데 12편은 李
先登이 〈孟廣慧가 소장했던 甲骨에 대한 선별 소개〉라는 제목으로《古文字
研究》제8집(1983년, 中華書局)에 발표하였다.

《殷墟書契》8권(《殷虛書契前編》)　羅振玉이 편찬한 것으로, 1911년에《國
學叢刊》石印本 3기 2권으로 나왔는데 완전치 못하다. 1913년에 4책으로 影
印本이 나왔다. 이 책에는 총 2천2백21편의 甲骨이 수록되었다. 羅振玉은 序
文에서 "光緖 25년(1899년)은 己亥年인데, 이해는 洹水의 북쪽에서 甲骨이
출토된 해이다"라고 설명하였는데, 이때 그는 바로 34세의 한창때였다. 해를
넘겨 辛丑年(1901년)에 처음으로 丹徒의 劉鶚이 墨本(즉 탁본)을 보는 것을
허락하였다. 그는 甲骨文이 출토된 후 선후로 수년 동안 연구한 사람이 매
우 적었으며, 비록 孫詒讓이 문자에 대해 고석을 하였지만, "그러나 그 札記
는 주된 취지를 설명할 수 없으므로 나는 이에 처음으로 사명감을 갖게 되
었다"고 말하고 甲骨文에 대한 연구를 시작하였다. 1910년에 일본인 林泰輔
는 그의 甲骨文 논저를 羅振玉에게 부쳤는데, 이것은 孫詒讓의《契文擧例》에
비해서 수준이 높았다. 羅振玉도 자기의 연구 성과를 바탕으로《殷商貞卜文
字考》를 썼지만, 그러나 그뒤 점차로 그 중 하나둘이 잘못되었음을 깨닫게
되었다. 이것은 그가 본 것이 이전보다 많아서 비로소 과거에 알고 있던 지
식 외에 달리 계발된 것이 있었기 때문이다. 그는 "수집하는 것이 고석하는
것보다 더욱 급하지 아니한가?"라고 생각하였다. 이를 계기로 그는 대규모적
으로 甲骨을 수집하였으며, 수집한 것이 대단히 많았다. 훗날 일본에서 그는

傳拓한 墨本을 1년 동안 힘을 들여《殷墟書契前編》8권으로 펴내었다.

《殷墟書契菁華》 羅振玉이 편찬한 것으로, 1914년에 影印本 1책과 飜刻本 1책이 출판되었다. 이 책에는 총 64편의 甲骨이 수록되었다. 羅振玉은 序文에서 이 책에 수록된 4판의 大骨의 正面과 反面은 "아직 墨拓한 적이 없으며, 골질이 매우 약해서 글자가 훼손되지 않을까 두렵다. 그러나 차마 인멸되어 전해지지 못하게 할 수 없어서" 사진으로 기록하였다고 말하였다. 이 4판의 大骨은 羅振玉이 소장한 수만 편의 甲骨 중에서 가장 우수한 것들로서, 골편이 크고 글자수가 많으며 내용이 중요한데, 그래서 그는 이 책을《殷墟書契精華》라고 이름 붙였다. 이 4판의 大骨이 수집될 때의 상황 및 관련 일화에 관해서는 이미 제3장 제1절에서 서술하였으므로 참조하기 바란다.

《殷墟書契後編》2권 羅振玉이 편찬한 것으로 1916년에 影印本 1책으로 출판되었다.《藝術叢編》제1집본이며, 또 재판이 나왔다. 이 책에는 총 1천1백5편의 甲骨이 기록되었다.《殷墟書契》는 먼저 출판되었으므로《殷墟書契前編》이라고도 부른다. 羅振玉은《殷墟書契後編》의 序文에서, 1914년에《殷墟書契前編考釋》이 출간된 후로 甲骨文字의 고석은 "반드시 나를 이어 밝히는 사람이 있을 것이다"고 희망하였지만, 그러나 "오랜 시간이 지나도 아무도 나서지 않았다"고 술회하였다. 그는 殷墟文字를 추려서 자기의 책을 이어 편찬하는 사람이 나오기를 오랫동안 기대하였다. 그러나 역시 아무런 소식이 없었다. 그래서 그는 1915년 봄 일본에서 귀국하여 殷墟를 답사한 후에, 소장한 甲骨 수만 편을 전부 꺼내어《殷墟書契前編》에 실리지 않은 것을 정선하고, 다시 1천여 편을 수집하여 손수 傳拓을 해서 1백 일 만에 완성하였으며, 10일간의 힘을 들여서 재빨리 2권으로 정리하고 이를 넘겨 주어《殷墟書契前編》과 함께 세상에 전해지게 하였다.《殷墟書契後編》은 영국 국적의 유대인 자본가 하둔의 도움으로 간행되었다.

《殷墟書契續編》6권 羅振玉이 편찬한 것으로, 1933년에 影印本 6책으로 출간되었다. 全書에는 총 2천16편의 甲骨이 수록되었다. 羅振玉은 自序에서《殷墟書契前編》과《殷墟書契後編》의 두 책은 "모두 내가 광주리에 간직한 것을 손수 傳拓하여 편찬한 것이다"라고 말하였다. 그러나 남이 소장한 甲骨은 그 탁본을 얻을 수가 없었다. 온갖 방법을 다 동원해서 찾은 결과 10여 년 동안에 墨本 약 3천 장을 얻었다. 귀중한 사료를 보존하기 위해서 그는 "1개월간의 힘을 들여 이 3천여 장을 3분의 2로 추려서 6권으로 편찬하였다. 이전의 《殷墟書契前編》과 《殷墟書契後編》은 약 3천 장의 분량이며, 이번에 펴낸 것을 합하면 총 5천여 장의 분량이다. 비록 殷墟의 정화가 여기에 모두 모였다고 감히 말할 수는 없지만 그래도 대략은 갖추어진 셈이다"고 말하였다. 이 책에 수록된 탁본은 대부분 劉鶚·王襄·北京大學·馬衡 등이 소장했던 甲骨들이다. 비록 이 책의 내용이 정밀하기는 하지만 다른 책과 중복되는 것이 많이 있다. 曾毅公의 《殷墟書契續編·校記》와 胡厚宣의 〈曾毅公의 《殷墟書契續編校記》를 읽고〉에서는 중복된 甲骨片을 대조하였는데, 그 결과 全書에서 다른 책과 중복되지 않는 것은 단지 3백75편에 불과하다. 여기에 관해서는 제9장 제1절을 참조하길 바란다.

羅振玉은 劉鶚의 뒤를 계승한 최대의 甲骨 수장가인데, 선후로 3만 편의 甲骨을 수집하였다. 상술한 《殷墟書契前編》·《殷墟書契後編》·《殷墟書契精華》 등에 기록된 것은 주로 羅振玉이 소장한 甲骨 중에서 우수한 것들이다. (단 羅振玉 자신이 소장하지 않은 것들도 일부 있는데, 예를 들면 《殷墟書契前編》에는 일본 聽冰閣에서 소장한 1백8판이 수록되어 있다.[11]) 羅振玉이 이 3책에 기록한 甲骨 및 羅振玉이 수집한 甲骨의 소장 현황은 다음과 같다.

일부 甲骨은 현재 山東省博物館에 소장되어 있다. 이에 관해서는 한 가지 일화가 있다.

원래 羅振玉은 말년에 旅順에 은거하였으며, 1940년에 병으로 사망하였다. 이후에 甲骨은 흩어지기 시작하였다. 1945년 항일 전쟁에서 승리한 이후 中共胶東區委員會에서는 간부들을 大連에 파견하여 일본인이 설립한 기업을 일부 인수하였는데, 遠東榨油廠은 바로 그 중의 하나이다. 당시에 이 공장의 일본인들은 이미 모두 귀국하였고, 단지 일본 국적의 신원이 밝혀지지 않은 '기사' 1명만이 귀국하지 않고 있었다. 이 사람은 공장 안에 방치되어 있는, 열쇠 없이 밀폐된 큰 철상자에 깊은 관심을 가졌다. 어떤 간부가 방법을 강구하여 내력이 불분명한 이 철상자를 열었는데, 상자 안에는 크고 작은 木盒 73개, 布盒 14개가 들어 있으며, 盒 속에는 총 1천3백15편의 甲骨이 포장되어 있는 것이 발견되었다. 胶東行署의 각 救會의 회장은 소식을 듣고는 재빨리 주도면밀하게 처리해서, 비밀리에 배로 이 甲骨들을 山東省 棲霞縣의 근거지로 운송하였다. 그리고 그 일본 '기사'는 그후에 말없이 떠났다. 아마도 이 甲骨들은 일본인이 몰래 운반해 갈 수 없었던 것 같았다. 1947년에 國民黨은 山東解放區를 중점적으로 공격하였는데, 中共胶東區 당위원회는 수백 명의 민병을 뽑아 甲骨을 栖霞縣에서 海陽으로 옮기고 다시 萊陽으로 옮겼다. 그래서 결국 이 귀중한 문물은 손실 없이 완벽하게 보존될 수 있었던 것이다.[12] 이것이 바로 현재 山東省博物館에 소장되어 있는 羅振玉 소장의 甲骨 1천3백15편의 유래이다.

羅振玉이 소장했던 다른 일부의 甲骨은 현재 아래의 기관에 나누어져 소장되어 있다. 3백94편은 현재 遙寧省博物館에 소장되어 있으며,《殷墟書契精華》에 수록된 하나의 큰 甲骨片은 그 속에 있는 것이다. 2천9백25편은 현재 旅順博物館에 소장되어 있다. 2백6편은 현재 吉林省博物館에 소장되어 있다. 4백84편은 현재 吉林大學 歷史學科에 소장되어 있다. 77편은 현재 東北師範大學 歷史學科에 소장되어 있다. 4백61편은 현재 北京圖書館에 소장되어 있다. 15편은 현재 故宮博物館에 소장되어 있다.《殷墟書契精華》에 수록된 또 다른 3개의 큰 甲骨版은 현재 中國歷史博物館에 1판, 中國社會科學院 考古研究所에 2판이 소장되어 있다.[13] 胡厚宣이 출판한《戰後京津新獲甲骨集》·《甲骨續存》에는 이상의 각 기관에 소장된 甲骨 중 일부가 기록되어 있다.

이밖에 羅振玉은 또 소장했던 일부 甲骨을 일본인에게 팔아넘겼는데, 이것들은 여러 차례 주인이 바뀌었다. 그 중에서 현재 일본 京都大學 人文科學연구소에 소장되어 있는 3천5백99편[14]은 貝塚茂樹에 의해《京都大學人文科學研究所藏甲骨》이라는 책으로 기록되어 출판되었다. 나머지는 天理大學 參考館·東京國立博物館·東京大學 考古研究室·京都大學 考古學研究室·早稻田大學 東洋美術陳列室·明治大學 考古學研究室·大原美術館·藤井有鄰館 등에 소장된 것 및 富岡謙藏·內藤虎次郎·藤田豊八·小川睦之輔 등이 소장했던 것, 植林淸二·曾我部靜雄·佐藤武敏 등이 소장한 것 등이다.[15] 구체적인 소장 현황은 本章 제3절의 관련 부분에서 서술하기로 한다.

《卜辭通纂》 郭沫若이 편찬한 것으로 1933년에 일본 文求堂에서 石印本으로 출판하였으며, '別一'·'別二'·'考釋'·'索引' 등과 함께 모두 4책이다.

1983년에는 科學出版社에서 1책으로 合本하여 재판을 내었다. 이 책에는 총 9백29편의 甲骨이 기록되어 있다. 郭沫若은 序文에서, "나는 이 나라(일본)에서 사는 기회에 諸家가 소장하고 있는 것을 수집해서 하나의 책으로 만들려고 하였으나…… 여러 가지 관계로 인해 일본에 대량으로 소장된 殷墟甲骨文을 아직 제대로 훑어보지 못했으며, 이미 본 것도 탁본으로 남겨두지 못하였는데, 이에 내가 처음에 가졌던 생각을 약간씩 고치지 않을 수 없었다……. 세상에 전하는 卜辭 중에서 정수를 선별해서 내가 생각한 체계에 따라 순서대로 배열하고 하나하나 고석을 하여 보기에 편하도록 하였다. 근거 자료는 대부분 劉鶚·羅振玉·王國維·林泰輔 등의 책에서 취하였으나, 기록하지 못한 것도 있다"라고 말하였다.[16] 이 책에 수록된 甲骨은 干支·數字·世系·天象·食貨·征伐·田游·雜纂 등 8항에 따라 분류하였다. 특히 책 뒤에는 釋文이 붙어 있으며, 원래의 甲骨 모양대로 그려져 있어서 卜辭를 따라서 釋文을 할 수 있고, 아울러 殘辭를 보충할 수 있다. 또 卜辭의 行款 방향을 밝혔으며, 原卜辭 중에서 疏證을 해야 할 사항이 있으면 모두 卜辭 뒤에다 서술하였다. 이 책은 고석 중에 탁월한 견해가 많이 있으며, 초학자에 대해서도 매우 편리하고 실용적인 입문서이다.

《殷契粹編》 郭沫若이 편찬한 것으로서, 1937년에 일본 文求堂에서 石印本으로 출판하였는데, '고석'과 함께 5책이며 索引이 붙어 있다. 1965년에 科學出版社에서 1책으로 합해서 재판하였다. 이 책에는 총 1천5백95편의 甲骨이 기록되었다. 郭沫若은 序文에서 "劉體智가 소장한 甲骨은 수량도 많고 우수한데, 아마도 중국 내외에서 최고일 것이다. 劉體智는 소장 甲骨文을 모두 탁본해서 《書契叢編》에 집록하였는데 이 책은 총 20책이다"라고 밝혔다. 郭沫若은 劉體智의 탁본 중에서 1천5백95편을 선별해서 이 책을 만들었다. 《殷契粹編》의 분류는 기본적으로 《卜辭通纂》과 똑같지만 오직 이것은 1인의 소장품이며, 각 유형에는 다과 및 유무의 차이가 있기 때문에 혼합해서 기록하였고, 더 이상 엄밀하게 제한할 수 없었으며, 기본적으로는 순서에 따라 유형별로 구분하였다.[17] 이밖에 郭沫若은 초학자들이 편리하도록 고석을 만들었다. 고석 중에는 商王朝의 문자·예제·정치·경제 등의 각 방면에 대해 많은 것을 밝혀 놓았다.

상술한 郭沫若의 2책 중《卜辭通纂》은《鐵雲藏龜》·《殷墟書契前編》·《殷墟書契後編》·《殷墟書契精華》·《鐵雲藏龜之餘》·《戩壽堂所藏殷墟文字》·《龜甲獸骨文字》 등의 책에 기록된 정수를 모아 만든 것이다. 그 중에서《龜甲獸骨文字》에 기록된 甲骨이 현재 일본에 소장되어 있다는 사실을 제외하면, 그 나머지는 모두 劉鶚과 羅振玉이 소장한 甲骨 탁본에서 선별한 것이다. 그리고《殷契粹編》은 바로 劉體智가 소장한 2만 8천 편의 甲骨 중의 정수이다.《卜辭通纂》과《殷契粹編》에 기록된 甲骨에는 중요한 내용이 적지않다. 이밖에 책 뒤에 붙어 있는 고석에도 앞사람들이 밝히지 못한 것을 박식한 문장으로 상당수 밝혀 놓았기 때문에 연구자나 초학자를 막론하고 모두 참고 가치가 높다. 劉體智가 소장한 甲骨은 현재 北京圖書館에 귀속되었다. 이 甲骨들 중에서《殷契粹編》에 기록된 일부 말고도 孫海波가 1940년에 출판한《誠齋殷墟文字》, 李旦丘가 1941년에 출판한《殷契摭佚續編》, 胡厚宣이 1954년에 출판한《戰後京津新獲甲骨集》 등에 이미 기록되었던 것들이 일부 있다.[18]

《戰後寧滬新獲甲骨集》3권 胡厚宣이 편찬한 것으로서, 1951년에 來熏閣書店에서 모사본 2책으로 출판하였다. 全書에는 총 1천1백43편(권1에는 6백88편, 권2에는 1백66편, 권3에는 2백89편이 각각 수록되었다)의 甲骨이 기록되어 있다. 매권마다 시대순으로 시기를 나누고, 다시 내용에 따라 분류하였다. 이 책의 2권 24편 및 26편은《殷墟書契精華》3과 同文이고, 2권 25편과 27편은《殷墟書契精華》4와 同文이다. 또 1권 197편은《雙劍誃殷契駢枝》3編의 부록 1과 同文이고, 1권 597편은《殷契摭佚續編》201과 同文이다. 이것들은 胡厚宣이 序文에서 말한 바와 같이 모두 一事多卜의 예이다. 이 책의 1권 110과 111은 가장 크고 가장 완벽한 牛肩胛骨이다. 이밖에도 이 책에 수록된 甲骨 중에는 卜兆를 契刻한 것, 朱書·刻字에 塗朱 및 塗墨을 한 것과 1판에 塗朱와 塗墨을 동시에 한 것 등의 예가 적잖다.《戰後寧滬新獲甲骨集》2·145는 帝乙·帝辛 때의 文字畵로서, 王室에서 활로 순록을 쏘고 그 옆에 외뿔소가 있는 모습을 본떴는데, 매우 형상적이고 사실에 가깝다.《戰後寧滬新獲甲骨集》1·141은 '王亥'의 '亥'字 위에 한 마리의 새 형태를 첨가한 것인데, 이것은 商 民族이 새 토템임을 보여 주는 훌륭한 증거가 된다.[19] 제4기의 甲骨에 나타난, 婦好와 관련된 소수의 자료는 이 책에 4조 이상 수록되었다. 책 속에는 또한 商代의 계급 관계를 연구하는 데 필요한 辥·方伯 등 진귀한 자료들이 있으며, 특히 《戰後寧滬新獲甲骨集》 2·29에 기록된 "亦(夜)焚廩三"〔한밤중에 창고 세 채를 불태웠다〕이 가장 중요하다.[20]

《戰後南北所見甲骨錄》 5권 胡厚宣이 편찬한 것으로서, 1951년에 來熏閣書店에서 모사본 3책으로 출판하였다. 1965년에 대만에서 재판이 나왔다. 全書에는 총 3천2백76편의 甲骨이 수록되어 있다. 책 앞머리에는 陳子展의 〈題戰後南北所見甲骨錄〉 및 胡厚宣의 序例가 있다. 본문에 수록된 甲骨은 輔仁大學·誠明文學院·上海文管會·南京博物院·無想山房·멘지스 舊藏·南北 師友(1·2)·南北 坊間(1·2·3·4) 등의 수장가에 따라 分卷을 하였으며, 각권에 기록된 甲骨을 다시 시기순으로 구분하고, 각 시기의 甲骨을 다시 유형별로 구분하였다. 기타 모든 체례는 《戰後京津新獲甲骨集》·《戰後寧滬新獲甲骨集》 등 2책의 예를 따랐다. 이 책에서는 甲骨의 시기를 잠정적으로 4기로 나누었는데, 제1기는 盤庚·小辛·小乙·武丁 시기이며, 제2기는 祖庚·祖甲 시기이며, 제3기는 廩辛·康丁·武乙·文丁 시기이며, 제4기는 帝乙·帝辛 시기이다. 《戰後南北所見甲骨錄》에 수록된 甲骨은 일부가 《鄴中片羽初集》·《殷契摭佚》·《殷契拾掇》(1·2)·《殷墟文字外編》·《殷契佚存》·《戰後京津新獲甲骨集》·《鐵雲藏龜》·《殷墟書契後編》·《誠齋殷墟文字》·《甲骨卜辭七集》 등의 책과 약간 중복되는 것을 제외하고는 적지않은 甲骨이 처음으로 기록된 신자료이다.

《戰後京津新獲甲骨集》 胡厚宣이 편찬한 것으로서, 1954년에 上海 群聯出版社에서 影印 4책으로 출판하였다. 전서에는 총 5천6백42편의 甲骨이 수록되어 있다. 책 앞머리에는 楊樹達의 序文이 있는데, 여기에서 그는 胡厚宣이 甲骨을 수집하는 정황을 "왜구와의 전쟁에서 패하여 항복을 청한 후에, 남북을 분주하게 돌아다니면서 甲骨을 두루 수집하였으며, 바람을 막으려고 수레를 타고 다녔는데 자리가 따뜻해질 겨를이 없었다. 개인이 소장한 것은 완곡한 말로 부탁을 하였고, 상점에 진열된 것은 고가를 주고 샀다"라고 설명하였다. 참으로 온갖 고생을 다 겪었다. 아울러 胡厚宣이 甲骨學 연구에서 얻은 성취를 칭찬하면서, 그는 "靜安(王國維)처럼 고석을 훌륭하게 하였고, 또 叔言(羅振玉)처럼 전파를 성실하게 하였다. 한 사람의 몸으로 두 사람의 성대한 위업을 함께 하였는데, 어찌 그가 위대하지 않겠는가?"라고 말하였다.
이 책에 수록된 甲骨도 여전히 먼저 시기 구분을 하고, 각 시기 내에서 다
시 분류를 하여 《戰後南北所見甲骨錄》·《戰後寧滬新獲甲骨集》등 2책의 체
례와 같다. 책 속에 수록된 甲骨은 胡厚宣이 序文에서 한 말에 의하면, 대략
실물이 3분의 1이고, 탁본이 3분의 2인데, 중요한 내용이 적지않다. 예를 들
면 卜兆를 契刻한 것, 朱書 甲橋 刻辭, 소 肋骨 刻辭, 人斗 刻辭, 令衆魯田
刻辭(《京》 580) 및 유명한 '사방 바람'의 명칭이 기록된 大骨(《京》 520) 등
이 있다. 이 책에는 일부의 甲骨들이 《殷墟書契前編》·《殷墟書契後編》·《殷
契佚存》·《殷契粹編》·《天壤閣甲骨文存》·《殷墟文字外編》·《雙劍誃殷契駢
枝》·《戰後寧滬新獲甲骨集》·《殷契拾掇》·《鄴中片羽》·《甲骨續存》·《殷契
摭佚》·《卜辭通纂》등과 중복되는 것을 제외하고는 새로 공포된 자료가 적
지않게 수록되어 있다.

　《甲骨續存》상·하　　胡厚宣이 편찬한 것으로서, 1955년에 上海 群聯出版
社에서 3책으로 출판하였다. 上編의 2책은 탁본이고, 下編의 1책은 모사본
이다. 全書에는 총 3천7백53편의 甲骨이 수록되어 있다. 책 앞머리에는 胡厚
宣의 序文이 있다. 이 책의 上·下編에 수록된 甲骨 탁본과 모사본도 시기
별로 분류하였다. 비교적 중요한 내용을 살펴보면, 《甲骨續存》 下編 388·
389와 442·443은 2판의 완전한 甲骨의 正面과 反面인데, 卜兆를 새겼으며,
卜辭 속에 붉은색을 칠했다. 또한 "屎西單田"〔西單(지명)의 전지에 거름을 주
다〕(《續存下》 166), "立中于北土"〔북쪽 땅에 기를 세우다〕(《續存下》 803), 人頭
刻辭(《續存下》 2358), 내용이 가장 긴 전쟁 記事 刻辭(《續存下》 915), 月蝕과
관계된 기록(《續存下》 149) 등이 있다. 이 책에서는 일부 甲骨이 《卜辭通
纂》·《鐵雲藏龜》·《龜甲獸骨文字》·《殷契類珠》·《殷墟書契後編》·《殷契佚
存》·《天壤閣甲骨文存》·《甲骨文零拾》·《戰後京津新獲甲骨集》·《殷契拾掇》
등과 약간 중복되는 것 말고는 적지않은 것이 새로 공포된 자료들이다.

　이상 胡厚宣이 출판한 《戰後南北所見甲骨錄》·《戰後寧滬新獲甲骨集》·
《戰後京津新獲甲骨集》·《甲骨續存》 등에는 총 1만 3천8백14편의 甲骨이 수
록되어 있는데, 이는 殷墟에서 출토된 전 15만 편의 甲骨 중 10분의 1에 해
당한다. 이 4종의 책에 수록된 甲骨 중에 일부분은 劉鶚·羅振玉·劉體智가

소장했던 것으로서 지금은 전국 각지에 흩어져 있는데, 그 소장 현황에 대해서는 앞에서 이미 소개하였다. 주요한 것은 胡厚宣이 亢日 戰爭 승리 후와 신중국 성립 초기에 전국 남북 각지를 돌아다니며 수집한 것이다. 胡厚宣이 甲骨을 찾아다닌 상세한 정황은 《50년 甲骨文 발견의 總結》의 제7장 〈戰後 甲骨文의 출토와 탐방〉 및 그가 펴낸 상술한 4종의 책에 기록된 述例와 序例와 참고하기 바란다.

제3절 외국 학자가 기록한 甲骨 및 소장 현황

《龜甲獸文學》 2권　일본인 林泰輔가 纂輯한 것으로, 1921년에 일본의 商周遺文會에서 影印本 2책으로 출판하였으며, 抄釋이 붙어 있다. 또 北京 富晉書社에서 影印本 2책으로 출판하였다. 이 책에는 총 1천23편의 甲骨이 수록되어 있다. 林泰輔는 序文에서 "周나라 이전은 문헌이 없다. 鐘鼎과 彝器도 그다지 많지가 않다. 그런데 지금 이것들을 얻으니 어찌 천만다행이라고 아니할 수 있겠는가!" 하고, "그러나 殷墟에서 출토된 龜甲·獸骨은 그 수가 몇만 편이나 되는지 알 수가 없다. 異文과 逸辭 및 劉鶚이나 羅振玉이 수록하지 못한 것도 역시 적지않을 것이다. 우리 吉金文會에서는 이를 개탄하여 여러 곳에 소장된 실물 탁본에 근거해서 《龜甲獸骨文字》를 편찬하고, 아울러 그 중 글자체가 명백하여 의심의 여지가 없는 것을 뽑아 풀이하였다"고 말하였다. 이 책은 일본 학자가 최초로 중국 殷墟 甲骨文을 간행 유포하기 위해 편찬한 기록서이다.

《京都大學人文科學研究所藏甲骨文字》 도판편　일본의 貝塚茂樹가 纂輯한 것으로, 1959년에 京都大學 人文科學研究所에서 도판편 1·2 2책으로 출판하였다. 본문편(釋文) 1책은 1960년에 출판되었다. 全書에는 총 3천2백46편의 甲骨이 수록되었다. 도판 앞에는 범례가 있다. 이 책에 수록된 甲骨에는 모두 龜甲(S) 또는 卜骨(B)이라고 밝혀 놓았으며, 시대에 따라 시기 구분을 하고 다시 분류하여 기록하였다. 주요한 것은 祭祀·求年·風雨·旬夕·田獵·往來·方國 征伐·使命·疾夢·卜占·貞人·雜卜 등 12개의 항목으로 나누었다. 이 책은 일본에 소장된 甲骨을 가장 많이 수록한 저작이라서 갑골학계와 甲骨學史에서 상당한 영향과 지위를 가지고 있다.

《東京大學東洋文化硏究所藏甲骨文字》도판편 일본의 松丸道雄이 纂輯한 것으로, 1983년에 東京大學出版會에서 출판하였다. 이 책에는 총 1천3백15편의 甲骨이 수록되었다. 수록된 甲骨은 매편마다 모두 탁본과 사진으로 기록하였으며, 아울러 龜甲(S) 혹은 獸骨(B)이라고 밝혔다. 甲骨은 먼저 수장가에 따라 모았다. 예를 들면 河井荃廬가 소장했던 甲骨은 1-972호이고, 田中救堂이 소장했던 甲骨은 973-1013호이며, 三浦淸吾가 소장했던 甲骨은 1014-1315호이다. 그런 다음 다시 각 수장가의 甲骨을 시기에 따라 분류하고 목차에서 하나하나 밝혀 놓았다. 책 앞에는 松丸道雄의 序文 및 편집 범례가 실려 있다. 수록된 甲骨 중 일부는 《龜甲獸骨文字》·《卜辭通纂》·《殷契類珠》및 《日本散見甲骨文字搜彙》(1-5) 등에 기록되었던 것들이다.[21] 또 적지않은 수는 아직 기록되지 않은 것들이다. 이 책은 인쇄 상태가 정밀하고, 또 甲骨 탁본과 실물 사진을 서로 대조하였기 때문에 탁본에 의거해 글자를 판독할 수도 있고, 사진에 의거해 실물 원형을 인식할 수도 있다. 1903년에 최초의 甲骨 기록인 《鐵雲藏龜》가 출판된 후 지금까지, 이 책에서 甲骨을 기록하는 방법은 아직 많이 보이지 않는다.

이밖에 일본에 소장된 甲骨을 기록한 저작으로는 東洋文庫 中國史硏究會에서 출판한 《東洋文庫所藏甲骨文字》(1979년), 靑木木兎哉의 《書道博物館所藏 甲骨文字》,[22] 松丸道雄의 《日本散見甲骨文字搜彙》등이 있다. 伊藤道治는 또 〈故小川睦之輔氏藏甲骨文字〉(《東方學報》 37책, 京都, 1968년), 〈大原美術館 소장 甲骨文字〉(《倉敷考古館硏究集報》 제4호, 1968년), 〈藤井友鄰館 소장 甲骨文字〉(《東方學報》 42책, 京都, 1971년), 〈檜桓元吉 소장 甲骨文字〉(《神戶大學文學部紀要》 1, 1972년), 〈關西大學 考古資料室 소장 甲骨文字〉(《史泉》 51호, 1977년) 등을 발표하였다. 이상 伊藤道治의 5개 論文에 기록된 甲骨은 한데 모아져 《日本所見甲骨錄》이라는 이름으로, 일본 朋友書店에서 1977년에 재판한 郭沫若의 《卜辭通纂》의 뒤에 수록되었다. 그밖에 伊藤道治는 〈黑川 古文化硏究所 소장 甲骨文字〉(神戶大學 《文化學年報》 제3호, 1984년), 〈國立京都博物館 소장 甲骨文字〉(神戶大學 《文化學年報》 제3호, 1984년) 등도 발

표하였다.

중국 외에서 수집된 중국의 殷墟 甲骨文을 보면 일본에 소장된 것이 가장 많다. 일본 학자들의 노력을 통해서, 일부 대량 수장가(예를 들면 天理參考館)의 甲骨이 아직 전부 공포되지 않은 것을 제외하고는,[23] 기타 주요 수장가의 甲骨은 기본상 모두 공포되어 甲骨學의 연구를 위해 큰 편의를 제공하였다. 현재 일본에 소장된 甲骨 상황은 이미 밝혔듯이 31개의 공공 기관에 7천6백67편이, 31명의 개인 수장가에 4천7백76편이 소장되어 있어서, 총 1만 2천4백43편이 소장되어 있다. 공공 기관의 소장 현황은 다음과 같다.

京都大學 人文科學研究所　3천2백56편

東京大學 東洋文化研究所　1천6백41편

天理大學 參考館　8백9편

書道博物館　6백 편

東洋文庫　5백91편

東京大學 考古部 考古學研究室　1백13편

아시아 아프리카 도서관　81편

京都大學 文學部 考古學研究室　56편

大原美術館　39편

富氏短期大學　35편

東京理科大學 人類學室　30편

京應義塾大學 文學部 考古學研究室　22편

關西大學 考古學資料室　22편

早稻田大學 東洋美術陳列室　21편

藤井有隣館　16편

大阪市立美術館　14편

九州大學 敎養學部 資料室　13편

明治大學 文學部 考古學研究室　12편

不言堂美術店　12편

國學院大學 文學部 考古學資料室　11편

國立京都博物館　10편

黑川 古文化硏究所　9편

東洋敎育大學 東洋史硏究室　7편

筑波大學 歷史人類學科　7편

早稻田大學 高等學院　6편

武藏大學 歷史學硏究室　5편

出光美術館　3편

東京大學 敎養學部 美術博物館　1편

京應義塾大學圖書館　1편

桃山中學 소장(以前)　1편

개인 소장 현황은 다음과 같다.

三井源右衛門 소장(以前)　3천 편[24]

富岡謙藏 소장(以前)　8백 편

田中慶太郎 소장(以前)　4백 편

中島玉振 소장(以前)　2백 편

今井凌雪(奈良市)　76편

小倉武之助(習志野市)　53편

秋山公道(京都市)　42편

加藤 某氏(高松市)　40편

小林斗庵(川越市)　33편

內藤虎次郎 소장(以前)　25편

藤田豊八 소장(以前)　20편

谷邊橘南(京都市)　18편

白川一郎(東京都)　10편

宕間德也 소장(以前)　10편

工藤愚盦(東京都)　9편

小川睦之輔(京都市)　7편

　　川合尙雅堂(京都市)　　7편

　　宕井大慧(東京都)　　5편

　　狩野直槙(京都市)　　3편

　　園田湖城(京都市)　　3편

　　江口寬(京都市)　　3편

　　三浦淸吾(東京都)　　2편

　　松谷石韻(京都市)　　2편

　　佐藤武敏(神戶市)　　1편

　　松丸道雄(東京都)　　1편

　　菅保原(東京都)　　1편

　　植村淸二(東京都)　　1편

　　西川靜庵(東京都)　　1편

　　長島健(東京都)　　1편

　　富岡昌池(長野縣)　　1편

　　曾我部靜雄　　1편[25]

　일본 학자인 松丸道雄 교수는 일본에 소장되어 있는 甲骨의 현황에 대해 적지않은 조사 작업을 하고, 〈日本散見甲骨文字搜彙〉(中國語本은 《古文字硏究》제3집에 수록) 및 〈日本搜藏的殷墟出土甲骨〉(《東洋文化硏究所紀要》제86책, 1981년 10월에 수록)이라는 論文을 발표하였다. 松丸道雄과 胡厚宣이 파악한 상황은 약간의 차이가 있다. 그의 주장에 의하면 일부 甲骨 숫자가 확실치 않은 것은 書道博物館(6백 편) 및 出光美術館(3편), 개인 수장가 加藤 모씨(40편), 故 內藤虎次郎(25편), 曾我部靜雄(1편) 등이고, 행방이 묘연한 것은 東京理科大學 人類學室의 40편, 桃山中學의 1편, 故 三井源右衛門의 소장품 중 일부인 약 3천 편, 富岡謙藏이 소장했던 7백 편 내지 8백 편, 故 中島玉振이 소장했던 2백 편, 故 田中慶太郎의 소장품 중 일부인 수십 편(?), 故 宕間德也가 소장했던 수편(?), 故 園田湖城 3편, 富岡昌池 1편 등이다. 이미 확실하게 알려진 것, 숫자가 확실치 않은 것, 현재 행방이 묘연한 것 등 일본에는 총 8천2백 편 정도의 甲骨이 소장되어 있는데, 이것은 현재 가장 정확한 통계이다. 여기서 지적해야 할 것은, 그 중에서 5천7백45편은 羅振玉의 손을 통해 일본으로 흘러갔다는 사실이다. 이 甲骨들 중에서 羅振玉에 의해 기록된 것은 많지 않으며, 《殷墟書契前編》·《殷墟書契後編》·《殷墟書契精華》에 있는 소량의 기록을 제외하고도, 당시에 기록되지 않은 중요한 자료들이 아직 많이 있다.[26]

《殷墟卜辭 Oracle Records from the Waste of Yin》 캐나다인 멘지스가 纂輯한 것으로, 1917년 3월 上海 別發洋行에서 石印 모사본 1책으로 발행하였다. 또 1972년에 藝術印書館에서 재판이 나왔다. 이 책에는 총 2천3백69편의 甲骨이 기록되어 있으며, 歐美 학자를 위해 출판된 최초의 甲骨 기록서이다. 이 책에 수록된 甲骨은 멘지스가 수집한 것 중에서 선별하여 모사한 것이다. 原甲骨은 현재 南京博物院에 소장되어 있다.

《멘지스 收藏 甲骨 The Menzies Collection of Shang Dynasty Oracle Bones in the ROMCatalogue》 2책 캐나다 국적의 화교 학자 許進雄이 편집한 것으로, 1972년 캐나다 온타리오 왕립박물관에서 銅版으로 影印하였다. 釋文篇은 1977년에 출판되었다. 이 책에는 총 3천1백76편의 甲骨이 수록되어 있으며, 제1책은 도판이고, 제2책은 釋文이다. 제2책 釋文篇 앞에는 序說·凡例·引用 甲骨書目 略稱表 및 부록 등이 있다. 序說에서는 "釋文을 빌려 명확치 못한 탁본을 변별하였다"고 말하였다. 또한 釋文에서는 甲骨의 鑽鑿 형태에 대해 되도록 상세한 설명을 하여 연구 자료로 이용될 수 있게 하였다. 이 책의 저자는 또 부록에서 시기 구분, 5종의 제사, 田獵 卜辭에 대해 설명을 하고 殷代 후기에 '田'과 '過'(浅)가 다름을 지적했다.

1) '田'은 수렵이 주요 목적이며, 일정한 기간에 수행한다. 그러나 '過'는 순시하는 것이 주요 목적이며, 어떤 상황에 근거하는데, 그래서 '田'을 수행하는 것처럼 일정한 기간이 있는 것이 아니다.

2) 田獵을 할 때는 항상 날씨 상황을 점쳐 묻는데, '過'를 할 때 점친 것은 보이지 않는다. 이것은 田獵할 때는 말을 타고 수레를 몰아 야수를 추격하는데, 시야가 밝지 못하고 길이 질퍽거리는 흐리고 비 오는 날에는 위험하기 때문일 가능성이 있다. '過'는 신속한 질주가 필요치 않기 때문에 상대적으로 날씨 상황을 고려할 필요가 없다.

3) 비교의 측면에서 보면, 田獵은 짧은 시간이 요구되지만 밖에서 체류해야 할 때도 있다. '過'는 경과 시간이 길어 항상 밖에서 밤을 지낸다. 그래서 '過'의 목적지는 田獵보다 멀 가능성이 많지만, 그러나 田獵도 安陽 20킬로미터 이내의 지역에 한하는 것은 아니다.

4) 전렵의 규모가 어떤 때는 매우 커서 사냥물이 1백 마리를 넘을 때도 있지만 평상시는 10마리 내외이다.

이 책에 수록된 甲骨 탁본 중에서 대체로 龜甲에는 모두 'S'로 주석하고, 獸骨에는 'B'로 주석하였다. 먼저 甲骨을 시기별로 구분하고, 각 시기 안에서 다시 분류하는 방법으로 편찬하였다. 이 책에 수록된 甲骨은 제1기 武丁 때의 것들이 많다.

《殷墟卜辭後編》 캐나다 국적의 화교 학자 許進雄이 편찬한 것으로, 1972년에 藝文印書館에서 발행하였다. 탁본 2책이며, 총 2천8백5편의 甲骨을 기록하였다. 이 책의 편집 체례는 《멘지스 收藏 甲骨》과 똑같다. 이 책의 上册에는 편찬자 許進雄의 말이 있는데, 여기에서 그는 멘지스가 일찍부터 '貞人'의 이름, 《周易》은 卜辭가 변화·발전된 것이라는 가정, 鑽鑿의 여러 형태 등에 깊은 관심을 가졌었다고 언급하였다. 그밖에 멘지스가 소장한 甲骨 5만 편의 행방에 대해서도 언급하였다.

1) 1917년에 그가 수집한 5만 편의 甲骨 중에서 2천3백96편을 뽑아 모사하여 《殷墟卜辭》를 편찬하였다. 현재 南京博物院에 소장되어 있는 3천3백70편의 甲骨은 이 책에 기록된 甲骨 원판이다.

2) 1952년에 齊魯大學 교정에서 파낸 1만여 편은 그 중의 일부분이며, 이미 8백47편이 《戰後南北所見甲骨錄·멘지스 소장》에 수록되었다.[27]

3) 캐나다 토론토 왕립 온타리오 박물관에 4천7백 편이 소장되어 있는데, 이미 3천1백76편이 뽑혀 《멘지스 收藏 甲骨》에 수록되었다.

4) 일전에 4백여 편이 발견되었는데, 그 중에서 멘지스가 소장했던 것이 도대체 얼마 정도인지 알 수가 없다.

5) 1928년에 멘지스는 총 2천8백12편의 甲骨 墨拓을 《殷墟卜辭後編》에 수록하였는데, 原甲骨은 행방을 알 수가 없다. 멘지스의 부인은 李棪에게 原甲骨이 山東에 묻혀 있다고 말했다.[28]

이 탁본들에 관해 胡厚宣은 멘지스의 《殷墟卜辭後編》에는 다섯 부분의 탁본이 있는데 "일부는 자신이 소장했던 것이고, 일부는 馬衡이 증여한 것이다. 일부는 容庚이 증여한 것인데, 이것은 후에 于省吾의 손에 들어갔다가 다시 淸華大學에 귀속되었으며, 현재는 北京大學에 소장되어 있다. 일부는 商承祚가 증여한 것인데 항전 기간에 유실되었다. 일부는 曾毅公이 증여한 것인데, 후에 다시 되찾아서 캐나다 토론토대학 도서관에 기증하였다"고 말하였다.[29]

그러나 이 책 편자의 말에 근거하여 고증해 보면, 멘지스는 그해에 네 부분만 傳拓을 하였다. 온타리오 박물관의 소장품은 멘지스가 죽은 뒤에 수령한 것이다. 토론토대학은 이 탁본을 소장한 적이 없다. 《戰後南北所見甲骨錄·멘지스 소장》에 수록된 甲骨 모사본은 胡厚宣이 商承祚와 于省吾의 탁본에 근거하여 모사한 것이며, 모두 소장 甲骨의 탁본은 없다. 이것은 龜甲의 골질이 약해서 傳拓을 많이 하는 것이 용이치 않기 때문에 단지 그것의 卜骨 탁본을 증여하였을 가능성이 높다. 그래서 온타리오 박물관의 이 탁본은 龜甲도 있고 獸骨도 있어서 가장 완전한 일부분이라고 생각된다.

온타리오 박물관의 《殷墟卜辭後編》의 원탁본은 9권의 대형 책으로 구성되었는데, 매쪽마다 1편이 실려 있으며, 앞의 6책은 소장된 龜甲이고 뒤의 3책은 소장된 獸骨로서 총 2천8백19편이 수록되어 있다. 그 중에 7편은 다른 甲骨片과 綴合한 것이라서 실제로는 2천8백12편이다. 또 2편은 찢어졌고, 2편은 위조이며, 3편은 선명치 못해 실제로는 2천8백5편이다. 許進雄의 편찬에 의해 《殷墟卜辭後編》이라는 이름으로 정식 출판되었다.

이 책의 정수는 제3기와 제4기의 卜骨인데, 前 1세의 제사를 점치는 것과 관련된 刻辭가 적지않아 稱謂로부터 시기를 판정할 수 있다. 이 책은 《殷契佚存》과 17편이 중복되고, 또 《戰後南北所見甲骨錄·멘지스 소장》의 일부분과 서로 중복된다. 책 앞에는 〈《戰後南北所見甲骨錄·멘지스 소장》에 의거해 《殷墟卜辭後編》을 대조함〉과 〈《殷墟卜辭後編》에 의거해 《戰後南北所見甲骨錄·멘지스 소장》을 대조함〉 등 2개의 표가 있어, 이를 참조하여 《戰後南北所見甲骨錄·멘지스 소장》과 《殷墟卜辭後編》 2책의 서로 중복된 甲骨片을 찾을 수 있다.

《화이트 등 收藏 甲骨文集》 캐나다 국적의 화교 학자 許進雄이 纂輯한 것으로, 1979년 캐나다 토론토 온타리오 왕립박물관에서 影印 출판하였으며, 총 1천9백15편의 甲骨이 수록되었고, 책 뒤에 釋文이 있다. 책 앞부분에 실려 있는 許進雄의 序文에는, 1931년에 토론토 박물관에서 화이트(William Charles White; 中國名 懷履光 또는 懷特氏)의 甲骨 3천 편을 수령하고 기타 네 곳에서 들여온 적은 양의 소장품 및 멘지스의 일부 소장품을 수령한 상황을 언급하고 있다. 이것들은 모두《멘지스 收藏 甲骨》·《殷墟卜辭後編》등의 책을 편찬할 때 채용되지 않았거나, 또는 이 박물관에서 아직 출판하지 않은 甲骨과 綴合한 것들이다. 이 책의 편찬 체례는 역시 상술한 멘지스 소장 甲骨을 기록한 체례를 따르고 있다. 이 책의 釋文에는 卜辭와 관련된 간단한 釋文 뒤에 또한 개별 甲骨의 長鑿 형태를 해설하고 아울러 보존이 비교적 완벽한 장착을 스케치해서 탁본 뒤에 붙였다. 이 책에 수록된 甲骨은 대부분 제1기 武丁 때의 殘片이지만 중요한 내용이 적잖다. 예를 들면 B1915는 유일한 虎骨 刻辭이고, B1919는 人頭 刻辭이고, B0959는 刻辭가 긴 희귀한 것이고, S0389는 제3기의 貞人 '何'와 제1기의 貞人 '史'가 한 甲骨版에 있다. 그밖에 B1464의 東行·上行, S1504의 中行, B1640의 右旅, B1581의 大行, B1901의 大左族, S0141의 최대 貨幣 통계〔計貝〕 숫자 등은 商代의 군사·경제를 연구하는 데 중요한 자료를 제공해 주고 있다.

멘지스가 소장한 중국 殷墟 甲骨文의 상황은 제4장 제2절에서 이미 서술하였으므로 여기서는 더 이상 중복 서술하지 않겠다. 총괄적으로 말하면 멘지스가 소장한 중국의 殷墟 甲骨文은 대부분 현재 중국 내에 있으며, 주요한 것은 세 곳에 소장된 것인데, 즉 南京博物院의 2천3백96편, 山東省博物館의의 3천6백68편, 故宮博物館의 2만 3백64편이다. 또 일부는 캐나다로 전해졌는데,《멘지스 收藏 甲骨》및《화이트 등 收藏 甲骨文集》에 기록된 甲骨은 현재 캐나다 토론토 박물관에 약 8천7백2편이 소장되어 있다. 이 중 주요한 것은 멘지스의 소장품이며, 화이트가 소장했던 것도 일부 있다. 캐나다에 소장된 殷墟 甲骨文의 수량은 일본보다는 못하지만 세계 12개 소장 국가 중에서 제2위를 차지하고 있다.[30]

《쿨링·칼팬트 소장 甲骨卜辭 *The Couling-Chalfant Collection of Inscribed*

Oracle Bone》 미국의 칼팬트가 모사하고 브리튼이 校勘한 것으로, 1935년 12월 商務印書館에서 石印 모사본 1책으로 출판하였으며 총 1천6백87편의 甲骨이 수록되었다. 책 속에 수록된 甲骨은 현재 영국 스코틀랜드 왕실박물관의 7백60편, 런던박물관의 4백85편, 미국 카네기박물관의 4백38편, 시카고 필드박물관의 4편이다.[31]

《甲骨卜辭七集 *Seven Collection of the Inscribed Oracle Bone*》 미국의 칼팬트가 모사하고 브리튼이 校勘한 것으로, 1938년 미국 뉴욕에서 모사본을 影印 출판하였으며, 총 5백27편의 甲骨이 수록되었다. 이 책 속에는 다음의 일곱 군데에 소장되어 있는 甲骨이 수록되었다. 즉 天津 新學書院의 25편(원래는 王懿榮 소장), 上海 왕실아시아학회박물관의 1백95편(현재는 上海博物館 소장), 베르겐(Rev. Poul Bergen; 中國名 柏根代) 소장의 79편(훗날 이전에 소장했던 濟南 廣智院으로 귀속되었으며, 현재는 山東省博物館에 소장), 미국 프린스턴대학의 1백19편, 독일 빌헬름이 소장했고, 현재는 스위스 民俗博物館에 귀속된 72편, 臨淄 孫文瀾이 소장한 31편(현재 山東省博物館·中國社會科學院 歷史研究所에 귀속), 런던 왕실아시아학회의 6편 등이다.[32]

《홉킨스 소장 甲骨卜辭 *Hopkins Collection of the Inscribed Oracle Bone*》 미국의 칼팬트가 모사하고 브리튼이 校勘한 것으로, 1939년 미국 뉴욕에서 모사본 1책으로 影印되었으며, 기록된 甲骨은 총 4백84편이다. 원래의 甲骨은 영국인 홉킨스가 소장하고 있었으며, 현재는 영국 케임브리지대학에서 소장하고 있다.

이상의 3책에 수록된 甲骨은 모두 미국인 칼팬트와 영국인 쿨링이 山東省 濰縣에서 매입한 것이다. 칼팬트는 1903년부터 甲骨을 구입하기 시작하였으며, 歐美에서 甲骨文字를 수집하고 연구한 최초의 인물이다.[33] 쿨링과 칼팬트가 殷墟甲骨을 매입·소장한 상항에 대해서는 本書 제4장 제2절에서 이미 소개하였으며,《쿨링·칼팬트 소장 甲骨卜辭》·《홉킨스 소장 甲骨卜辭》·《甲骨卜辭七集》등 3책의 편찬 및 辨僞의 상황에 관해서는 제9장 제2절에서 이미 다루었다. 쿨링과 칼팬트의 손을 거쳐 歐美 각국으로 흩어진 甲骨은 근래에도 각기 탁본 혹은 사진으로 기록·발표되었으며, 게다가《쿨링·칼팬트 소장 甲骨卜辭》·《홉킨스 소장 甲骨卜辭》·《甲骨卜辭七集》에 기록된 자료보다 훨씬 많이 증가되었다.

미국에 소장된 甲骨을 기록한 저작으로서 근래에 출판된 것 중 주요한 것은 다음과 같다.

李棪: 〈北美所見甲骨選粹考釋〉, 홍콩 中文大學 《中國文化研究所學報》 3권 2기, 1970년.

嚴一萍: 《美國納爾森美術館藏甲骨卜辭考釋》, 藝文印書館, 1973년.

饒宗頤: 〈歐美亞所見甲骨錄存〉, 《南洋大學學報》 제4기, 1970년.

周鴻翔: 《美國所藏甲骨錄 Oracle Bone Collection in the United States》, 미국 캘리포니아대학에서 1976년에 출판하였다. 이 책은 7백 편의 甲骨을 수록하고 있으며, 카네기박물관·하버드대학 피바디박물관·콜롬비아대학도서관·세인트루이스시 예술박물관·워싱턴 弗里爾美術館 등 열한 군데 소장품 중에서 뽑아서 이를 탁본하여 편찬한 것이다. 이 책의 1-413호와 《쿨링·칼팬트 소장 甲骨卜辭》의 971-1408은 서로 중복되는데, 이것은 카네기박물관 소장품이다.

조사한 바에 의하면, 미국에는 현재 모두 21개 공공 기관과 9명의 개인 소장가가 있으며, 소장된 甲骨 수는 총 1천8백82편이다. 甲骨을 소장하고 있는 공공 기관은 다음과 같다.

하버드대학 피바디박물관　9백60편

카네기박물관　4백40편

프린스턴대학도서관　1백15편

또 추가　24편

콜롬비아대학 동아시아도서관　73편

또 추가　36편

大都會美術博物館　25편

自然歷史博物館　24편

하버드대학 福格美術博物館　14편

納爾遊 美術展示館　12편

세인트루이스 미술박물관　7편

하와이 동서센터도서관   7편

샌프란시스코 아시아예술박물관   5편

역사와 공예박물관   5편

국회도서관   4편

캘리포니아대학 인류학박물관   4편

프린스턴대학 예술박물관   3편

덴버 예술박물관   3편

예일대학 미술전시관   3편

로스앤젤레스 미술박물관   2편

시애틀 예술박물관   2편

캘리포니아대학 동아시아도서관   1편

개인의 甲骨 소장 상황을 보면, 크릴(Herrlee Glessnen Creel；中國名 顧立雅) 50편, 星格 25편, 發納 15편, 福斯特 5편, 沙克來 2편, 本奈 1편, 카이틀리 1편, 劉先〔羅吉眉 부인〕 1편, 모 여사 2편 등이다.[34]

영국 소장의 甲骨을 기록한 저작은 다음과 같다.

《歐美亞所見甲骨錄存》 饒宗頤가 편집한 것으로 1970년에 출판되었다.

《英國所藏甲骨集》上編 上·下册 李學勤·齊文心·艾蘭〔영국인〕이 纂輯하였다. 이 책은 중·영문화협정에 의거하여 영국에 소장된 甲骨 전부를 墨拓하여 편찬한 것으로서, 中華書局에서 1985년 9월에 출판하였다. 上編의 上·下册에는 序文·머리말·범례와 도판이 실려 있으며, 영국에 현재 소장된 甲骨文 자료를 전부(1자 이상인 것은 가능한 모두 수록하였다) 기록하였는데 그 수는 총 2천6백47편이다. 이 책에 수록된 甲骨은 시기 구분이 선행되었으며, 시기 구분은 5기 분법을 채용하였다. 각 시기 내에는 내용에 따라 20종류로 나누었다. 또 '분기분류목록'이 있는데, 이것은 각 시기의 甲骨을 쪽 번호와 甲骨片 번호 및 각 분류에 따라 서로 대응시킨 것으로, 조사하여 고찰하는 데 편리하다. 下編에는 釋文이 있고, 또 자료내원표,《쿨링·칼팬트 소장 甲骨卜辭》·《홉킨스 소장 甲骨卜辭》 등과의 기록대조표, 일부 모사본, 甲骨文字의 현미경 사진, 索引 등이 부록으로 있는데 아직 출판되지 않았다. 이 책에 수록된 甲骨은 영국의 11곳의 공공 기관 및 개인 소장가, 즉 브리태니커도서관, 스코틀랜드 왕실박물관, 케임브리지대학도서관, 브리태니커박물관, 옥스퍼드대학 亞士摩蘭博物館, 런던대학 아시아아프리카학원 珀西沃데이비드기금회, 케임브리지대학 考古와 人類學博物館, 빅토리아와 알버트박물관, 柯文의 소장품(현재 이미 中國社會科學院 歷史研究所에 기증), 孟克廉 부부의 소장품, 庫克의 소장품 등에서 온 것이다.

영국의 공공 기관 및 개인 소장가가 소장한 甲骨은 원래 칼팬트·쿨링·홉킨스 등이 초기에 소장했던 것들이 적지않으며, 부분적으로 이미 계속 기록(계 1천6백49편)되고 있다. 예를 들면 브리태니커도서관에 소장된 것 중 일부는 《쿨링·칼팬트 소장 甲骨卜辭》 1506호에서 1688호까지로 수록되었다. 스코틀랜드 왕실박물관에 소장된 것 중 일부는 《쿨링·칼팬트 소장 甲骨卜辭》 1호에서 760호까지로 수록되었다. 그외에 饒宗頤의 《歐美亞所見甲骨錄存》(1970년)에도 브리태니커도서관·케임브리지대학도서관과 亞士摩蘭博物館에 소장된 甲骨의 탁본과 사진 총 35편을 기록하였다. 또한 많지 않은 수의 甲骨 사진들이 관련 論文 속에 붙여져 발표되었다. 그러나 이 책에 수록된 영국 소장의 甲骨 중 절대다수는 아직 기록되지 않았거나, 또는 처음 탁본 형식으로 발표된 것들이다.[35]

여러 해 동안 갑골학계는 영국에 소장된 甲骨에 대해 지대한 관심을 가졌다. 게다가 《쿨링·칼팬트 소장 甲骨卜辭》·《홉킨스 소장 甲骨卜辭》 등의 책에 비록 적지않은 중요 자료들이 수록되어 있지만, 그러나 수록된 것이 영국에 소장된 전부의 것이 아니고 간혹 잘못 모사한 것, 위조 및 논쟁이 있는 甲骨들이 수록되었기 때문에 영국에 소장된 甲骨 전부를 墨拓해서 출판하는 것이 절실히 요구되었다.

《英國所藏甲骨集》은 과연 사람들의 기대를 저버리지 않았다. 우선 이 책에는 중요 자료들이 매우 많이 수록되었다. 예를 들면 《英國所藏甲骨集》 148의 原甲骨은 이미 세 조각으로 잘라졌는데, 지금은 綴合되어 유럽에 소장된 것 중 가장 완벽한 武丁 시기의 龜腹甲이 되었다.[36] 《英國所藏甲骨集》 353은 비교적 완벽한 武丁 시기의 胛骨인데, 비록 卜骨 측변에 鑿과 灼이 심해서 骨扇과 많이 이탈되기는 하였지만 이 骨版은 측변이 여전히 肩扇과 서로 연

결되어 있는데, 이것은 卜骨 중에서 매우 구하기 어려운 것으로서 骨扇과 측
변 卜辭의 관계를 연구하는 데 상당한 의의가 있다. 또한《英國所藏甲骨集》
886 反面의 驗辭는 月蝕을 기록한 것이고,《英國所藏甲骨集》112는 제사를
기록한 刻辭이며,《英國所藏甲骨集》1890 卜骨의 양면에는 구조가 기이한
글자가 새겨져 있는데, 이것들은 모두 중대한 가치를 지니고 있다. 둘째, 일
부 모사본으로 발표된 甲骨은 反面 혹은 骨臼를 잘못 모사하거나 卜辭를
빼먹고 모사하는 등의 상황이 간혹 발생하는데,《英國所藏甲骨集》의 탁본
은 모두 보충하고 정정한 것들이다. 셋째, 원래 기록할 때는 모사본에 착오
가 있었던 것을 이번 墨拓 발표 때에는 바로잡았는데, 이것은 甲骨學과 商史
연구에 더욱 의의가 있는 것이다. 예를 들면 유명한《쿨링·칼팬트 소장 甲
骨卜辭》310의 婦好가 ‘羌’을 征伐한 卜辭가 바로 이러하다. 학자들이 반복
해서 인용하는 “辛巳卜, □, 貞登婦好三千, 登旅萬, 呼伐〔羌〕”〔辛巳日에 점을
쳤다. 貞人 □가 점쳐 물었다. “婦好(당시 여장군)가 3천 명을 징집하고, 旅萬
명을 징집해서 ‘羌方’을 征伐하라고 명령해도 되겠습니까?”〕이라는 이 卜辭는
원래 龜腹甲 右甲橋 하단 내측인데, 모사본에는 片左를 原邊으로 잘못 인식
하였다. 이 甲骨片에서 오른쪽으로 갑교의 齒紋(치아처럼 생긴 부분)을 따라
한부분을 끊어내면 남은 필획은 ‘羌’字의 왼쪽 모서리가 아니고 ‘方’字의
왼쪽 끝이다. 이 卜辭는 마땅히 “辛巳卜, □, 貞登婦好三千, 登旅萬, 呼伐□
方……”〔辛巳日에 점을 쳤다. 貞人 □가 점쳐 물었다. “婦好가 3천 명을 징집하
고, 旅萬 명을 징집해서 □方을 征伐하자고 명령해도 되겠습니까?”〕으로 되어
야 한다. 그래서 학자들이 부호가 1만 3천 명으로 羌方을 정벌하였다고 흥
미진진하게 말하던 일도 다시는 없게 되었다. 넷째, 초기 甲骨 중에 존재하
던 僞刻과 의문점은 단지 모사본만을 가지고는 해결될 수 없으며, 오직 실물
을 자세히 관찰하여야 확실하게 될 수 있는 것이다.《英國所藏甲骨集》의 편
자는 이 방면에서 많은 작업을 하였다. 특히 의의가 있는 것은, 토론을 전개
하기 위해《쿨링·칼팬트 소장 甲骨卜辭》1506 大骨의 컬러 사진·탁본을
발표하고, 아울러 下篇에 관련 甲骨 사진 및 일부 글자의 현미경 사진을 붙
이기도 해 학계에서 辨僞와 文字 契刻의 연구가 심화되도록 한 것이다.[37]

　《英國所藏甲骨集》은 인쇄 상태가 매우 좋고 내용이 풍부하다. 유명한 갑

골학자 胡厚宣은 이 책의 序文에서, 이 책의 출판은 "甲骨學 연구에 대한 일대 공헌임을 의심치 않는다"고 지적하였다. 동시에 《英國所藏甲骨集》은 중국 학자와 영국 학자가 합작한 산물이라서 중·영 양국 학계의 우의를 돈독히 해주었을 뿐만 아니라 중·영 양국의 문화 학술 교류를 촉진시켜 주었다.

영국의 甲骨 소장 현황은 胡厚宣이 일찍이 조사하여 우리에게 귀중한 실마리를 제공하였다.[38] 학자들이 친히 영국에 가서 조사하고 墨拓을 한 결과, 이미 알려져 있는 확실한 소장 현황은 총 3천89편(僞片 포함)이며, 모두 11곳의 공공 기관 및 개인 소장가에 분산되어 있다.

브리태니커도서관(원래는 런던의 브리태니커박물관에 소장)　4백84편

스코틀랜드 왕실박물관(에든버러)　1천7백77편

케임브리지대학도서관(케임브리지)　6백22편

브리태니커박물관(런던)　1백14편

옥스퍼드대학 亞士摩蘭博物館(옥스퍼드)　37편

런던대학 아시아아프리카학원 버시오데이비드기금회(런던)　7편

케임브리지대학 考古와 人類學博物館(케임브리지)　2편

빅토리아와 알버트박물관의 개인 소장(런던)　20편

孟克廉 부부 前 소장(햄프셔)　21편

柯文 소장　4편

庫克 소장　1편[39]

일부 다른 국가들에 소장된 甲骨을 살펴보면, 프랑스의 경우는 饒宗頤의 《巴黎所見甲骨錄》(1956년) 및 雷煥章의 《法國所藏甲骨錄》(1985년)에 이미 기록되어 있고, 스위스에 소장된 것은 饒宗頤의 〈海外甲骨錄遺〉(홍콩대학 《東方文化》 4권 1-2기, 1957·1958년)에 수록되어 있으며, 舊蘇聯에 소장된 것은 胡厚宣의 〈舊蘇聯 예레미파쥐 국립박물관 소장 甲骨文字〉(《甲骨學與殷商史》 제3집, 上海古蹟出版社)에 이미 수록되어 있다.

이들 국가와 또 다른 지역에 소장된 甲骨文의 현황은 다음과 같다.

독일 베를린 民俗博物館 7백11편, 프랑크푸르트 中國學院 1편, 개인 소장

3편, 이상 독일에는 총 7백15편의 甲骨이 소장되어 있다.

구소련 예레미파쥐 국립박물관 1백99편, 모스크바 국립동방문화박물관에는 17판의 완벽한 龜甲이 있는데, 胡厚宣이 1958년에 구소련을 방문했을 때 감정한 결과에 따르면 전부 僞片이다.

스웨덴 극동고대문물박물관 1백 편.

스위스 바젤 人種志博物館 70편, 모 개인 29편 등 총 99편이 소장되었다.

프랑스 파리 국가도서관 28편, 귀메박물관 13편, 策努斯奇博物館 9편, 파리대학 中國學院 4편, 개인 甘德茂 10편, 이상 총 99편이 소장되었다.

싱가폴 南洋大學 李光前文物館 28편, 李孝定은 《李光前文物館所藏甲骨文字簡釋》(1976년)에서 이미 이를 기록하고 아울러 고석하였다.

벨기에 왕실예술박물관 7편.

한국 서울대학교박물관 6편.[40]

이상 중국 殷墟 甲骨文을 소장하고 있는 국가와 지역은 모두 12곳이며, 소장된 수량은 총 2만 6천7백 편 내외이다. 주지하는 바와 같이 중국이 반식민지·반봉건적 위치에 있었기 때문에 수많은 귀중한 문물(甲骨文 포함)이 해외로 반출되어 중국문화학술사업에 더할 수 없는 손실을 가져다 주었다. 현재 해외로 반출된 이 甲骨들은 기본상 이미 모두 발표되어, 우리가 이전에 알고 있던 《쿨링·칼팬트 소장 甲骨卜辭》·《홉킨스 소장 甲骨卜辭》·《甲骨卜辭七集》에 기록된 내용보다 훨씬 풍부해졌다. 특히 중국이 대외개방정책을 실시함에 따라서 해외에 소장된 甲骨을 기록한 저작이 계속 중국으로 들어오고 있을 뿐 아니라, 중국의 학자들 중에서 출국 방문의 기회를 통해 그 나라에 소장된 甲骨 실물을 볼 수도 있게 되었다. 대외 개방 정책은 중국의 경제 건설을 촉진시키는 데 큰 의의가 있을 뿐 아니라 중국 甲骨學 연구의 발전에도 커다란 촉진 작용을 하였다.

제4절 과학적으로 발굴한 甲骨의 저술 및 소장 현황

《殷墟文字甲編》 董作賓이 편찬하였으며, 1948년 商務印書館에서 출판하였다. 이 책에는 총 3천9백42호(그 속에 牛頭 刻辭 1편, 鹿頭 刻辭 2편, 鹿角器 1편을 포함)의 甲骨이 수록되었다. 책 앞부분에는 董作賓의 自序와 李濟의 跋彥堂自序가 있다.

《殷墟文字甲編》의 출판은 갖가지 어려움을 겪었다. 1928년 제1차 殷墟의 과학적 발굴을 시작한 것으로부터 1934년까지 제9차 殷墟의 과학적 발굴을 마친 뒤에, 온 세상 사람이 모두 주목한 이 연구 자료는 1948년이 되어서야 비로소 세상에 선보일 수 있었는데, 그때까지 14,5년이 걸렸다. 이 책이 지지부진하며 아직 출판되지 않았던 기간에 일부 학자들은 상황을 이해하지 못했기 때문에 발굴자가 甲骨을 "궤 속에 몰래 감추었다" "혼자 도맡았으나 제대로 처리하지 못한다" 운운하며 비난하였다. 董作賓은 《殷墟文字甲編》自序에서 이 책을 纂輯할 때의 갖은 고충을 열거하고서 "사실이 충분히 우리를 대신해서 해명해 줄 것이다"고 믿었다. 원래 매차례의 과학적 발굴에서 얻은 甲骨은 모두 곧바로 정리·보강·傳拓을 하였고, 1934년 봄에 제9차 과학적 발굴 작업을 끝내고는 그해 겨울에 이미 제1차에서 제9차까지의 발굴에서 얻은 甲骨을 전부 완전하게 탁본하였다. 1935년 봄과 여름 사이에는 초보적으로 《殷墟文字甲編》의 도판 배열 작업이 완성되었다. 1936년에는 商務印書館이 인쇄를 맡고 1937년 봄에 이르러서는 이미 80쪽 분량의 도판 견본이 인쇄되었다. 그러나 1937년 7월 7일 항일 전쟁이 발발하여 上海가 함락되자, 滬東 인쇄소에 있던 도판은 일본군의 점령으로 인해 출판할 길이 없어졌다. 1939년에는 또 商務印書館과 협의가 이루어져 《殷墟文字甲編》이 홍콩에서 출판되었다. 책은 비록 이미 인쇄되어 나왔지만 編者조차도 보지 못한 채 1941년 12월 일본군이 홍콩을 침략한 전화중에 훼멸되었다. 1945년 항일 전쟁에서 승리한 이후 歷史言語研究所가 南京으로 돌아가고, 1946년에야 비로소 《殷墟文字甲編》을 출판하는 일이 제기될 수 있었는데, 이런 과정을 거친 것이 바로 1948년 세상에 나온 《殷墟文字甲編》이다. 앞뒤로 세 차례나 출판되었으니 정말 '호사다마' 라고 말할 만하다. 이와 같은 곤란한 여건하에서 董作賓 등의 학자는 좌절하지 않고 큰일을 위해 굴욕을 참으며 마침내 이 책을 출판하여, 甲骨學 연구를 위해 중대한 공헌을 하였다. 우리가 지금 냉정한 자세로 보면, 당시 그들의 작업 효율은 매우 높은 것이었다. 우리는 마땅히 그들의 처지와 일심으로 자료를 빠른 시일 내에 공포하려는 심정을 충분하게 이해해야 할 것이다.

《殷墟文字甲編》에 기록된 甲骨은 시기 구분과 분류를 하지 않았으며, 출토 순서로 배열되었다. 이렇게 한 까닭은 이 자료들이 과학적 발굴 작업을 거쳐 얻어진 것임을 보이기 위함이었다. 甲骨을 기록한 편찬 번호의 뒤에 또 등기 번호를 밝혔으며, 왼쪽에서 오른쪽을 향한 첫번째 숫자는 발굴 횟수를, 두번째 숫자는 출토된 甲骨의 종류를('0'은 有字 卜甲, '1'은 無字 卜甲, '2'는 有字 卜骨, '3'은 無字 卜骨을 각각 표시한다), 세번째 숫자는 甲骨의 출토 번호를 각각 표시한 것이다. 이에 근거해서 우리가 甲骨의 출토 情形이나 혹은 유적·유물과의 관계를 연구할 때에는 발굴 보고의 유적지 부분에서 조사하여 밝힐 수 있다. 董作賓은 《殷墟文字乙編》의 序文 중에 '아홉 차례 殷墟를 발굴해서 얻은 甲骨文字의 출토 시기·수량·지점과 《殷墟文字甲編》에 수록된 도판 탁본 對照表'를 나열하였는데 참조할 수 있을 것이다.[41]

《殷墟文字甲編》에 실려 있는 李濟의 '跋彥堂自序'는, 董作賓의 自序 속에서 말한 제4차에서 발굴된 E16坑이 제2기 祖甲 때에 함몰되어 폐하고 사용하지 않았던 문제에 대해 자기의 의견을 제출한 것이다. 그는 董作賓이 "만약 시기 구분의 연구에 비추어 말한다면, 이 坑에서 출토된 甲骨文字는 祖甲 시기보다 늦은 것이 없다. 그래서 곧 이와 연대해서 단정하건대, 甲骨과 함께 출토된 기물도 필연코 그것들과 동시기의 것들이다"라고 한 논단에서 '필연'에 대해 이의를 제기하였다. 즉 "우리는 어느 한 坑 내에서 어느 시대의 甲骨이 출토되었다고 해서 곧 다른 실물이 甲骨과 동시기라고 단정할 수는 없다. 甲骨의 존재는 적당하게 운용할 것 같으면 다만 동일한 坑에서 출토된 실물에다 가장 이른 시기라는 제한을 할 수 있을 뿐이다. 가장 늦은 시기의 제한을 오로지 甲骨文의 연계에 의하는 것은 충분치 못하다"고 지적하였다. 이것은 우리가 甲骨에 의해 유적의 연대를 판정하는 것(혹은 유적에 의해 甲骨의 연대를 판정하는 것)에 대해 시사해 주는 바가 매우 크다.

《殷墟文字乙編》 상·중·하집　董作賓이 편찬하였다. 상집은 1948년, 중집은 1949년에 각각 商務印書館에서 출판하였고, 하집은 1953년 臺灣中央研究院 歷史言語研究所에서 출판하였다. 1956년 科學出版社에서는 《殷墟文字乙編》 하집을 재판하였다. 이 책은 甲骨 9천1백5호를 기록하고 있다. 《殷墟文字乙編》에 수록된 甲骨은 殷墟에서 실시된 제13차·제14차·제15차 과학적 발굴에서 얻은 1만 8천4백5편 중에서 정선해서 탁본을 떠 제작한 것이다. 책 앞부분에는 董作賓의 序文이 있다. 책에 수록된 자료는 《殷墟文字甲編》과 마찬가지로 과학적으로 발굴한 것들이기 때문에 편집 체례가 《殷墟文字甲編》과 동일하다. 단 董作賓이 序文에서 지적한 바와 같이 "《殷墟文字乙編》에 수록된 자료는 《殷墟文字甲編》보다 4배 이상이고, 출토된 坑의 위치가 간단명료하며, 내용은 참신하고도 풍부하고, 연구 가치도 《殷墟文字甲編》을 훨씬 앞지르고 있다." 이 책의 편집 작업에 참가한 사람으로는 屈萬里·張秉權·李孝定 등이 있다. 특히 중요한 것은, 《殷墟文字乙編》에는 주로 제13차 발굴에서 얻은 YH127坑의 대규모 자료를 모아 기록하였다는 것이다. 주지하는 바와 같이 1934년에 YH127坑에서 1만 7천96편의 甲骨을 발견한 일은 甲骨學史上의 일대 기적이다. 이 坑에서 나온 甲骨의 중대한 학술적 가치에 대해서는 제4장 제3절(하)에서 이미 서술하였다. 이밖에 董作賓은 이 책의 序文에서 이른바 "文武丁 시기 卜辭의 수수께끼를 풀었다"는 말을 하여 갑골학계에서 여러 해 동안 지속된 열띤 논쟁을 불러일으켰다. 이 문제에 대한 논쟁의 경과와 발전은 제8장 제1절에서 이미 서술하였다.

《殷墟文字甲編》과 《殷墟文字乙編》에서는 甲骨을 綴合해서 복원한 것을 기록하였는데, 출판된 관련 논저를 순서대로 보면 郭若愚·曾毅公·李學勤의 《殷墟文字綴合》, 屈萬里의 《殷墟文字甲編考釋》과 張秉權의 《殷墟文字丙編》 등이 있는데, 상세한 것은 本書 제9장 제3절에 나와 있다.

《殷墟文字甲編》과 《殷墟文字乙編》에 수록된 甲骨은 현재 臺灣中央研究院 歷史言語研究所에 소장되어 있다. 그 연구소에 소장된 甲骨은 제1차에서 제9차, 제13차에서 제15차까지의 과학적 발굴에서 얻은 전체 2만 4천9백18편, 王伯沆이 소장한 것을 사들인 6백62편, 南京에서 사들인 45편, 1938년의 兆

辭에서 얻은 16편, 연구소 사람들이 조사해서 사들인 59편 등 모두 2만 5천 7백 편을 포괄하고 있다.[42]

1930년 河南省圖書館의 何日章은 두 차례 殷墟를 발굴하여 甲骨 3천6백 56편을 얻었다. 關百益의 《殷墟文字存眞》(1931년)은 모두 8집인데, 매집마다 1백 편을 수록하였다. 孫海波의 《甲骨文錄》(1938년)에는 9백30편이 수록되어 있다. 《殷墟文字存眞》과 《甲骨文錄》에는 甲骨의 출토 번호가 없어 과학성이 《殷墟文字甲編》과 《殷墟文字乙編》에 훨씬 못미친다. 이 甲骨들은 모두 3천6백56편으로서 현재 대만의 역사박물관에 소장되어 있다. 이밖에도 대만의 중앙도서관에는 甲骨 7백44편이 소장되어 있고, 중앙박물관에는 甲骨 79편이 소장되어 있으며, 臺灣大學 考古人類學科에 소장된 甲骨 12편, 개인 소장가 莊尙嚴이 소장했던 7편, 金東溪가 소장했던 4편, 方豪가 소장했던(王毅榮의 자손인 王福重에게 기증함) 2편 등이 있다.

이상 대만에는 총 3만 2백4편의 甲骨이 있다.[43]

《小屯南地甲骨》 上·下册　　中國社會科學院 考古研究所에서 편집하였다. 上册의 1·2분책은 中華書局에서 1980년에 출판하였고, 下册 1·2·3분책은 中華書局에서 1983년에 출판하였다. 上册은 도판을 수록하였고, 下册은 釋文·索引 및 卜骨의 鑽鑿 형태 등을 수록하였다. 이 책에는 모두 4천6백12편 (이 중에는 1973년 小屯村 남쪽 지역에서 출토된 4천5백89편 및 1975년에서 1977년에 小屯村 일대에서 산발적으로 채집한 23편이 포함됨)의 甲骨이 기록되어 있다. 上册의 앞부분에는 범례·머리말·도판 번호 및 拓片 순서 번호 목록표·龜甲 통계표·背文 통계표〔骨·龜〕 등이 있다. 책 속에 기록된 甲骨은 1973년 출토 당시의 단위에 따랐는데, 예를 들면 灰坑(H)·房基(F)·墓葬(M)·探方(T) 등의 순서로 편집되어 있다. 《小屯南地甲骨》 下册의 제1분책은 釋文인데, 책 앞에는 역시 범례·인용 서적과 인용문 목록 등이 있고, 釋文 뒤에는 제1분책의 勘誤 내용이 있다. 제2분책은 索引·모사본인데, 索引 凡例·部首·劍字表·單語 索引·隸書 單語表·人名 索引·地名 索引·모사본 번호 등기표 및 모사본 도판 등의 항목을 포괄하고 있다. 제3분책은 鑽鑿 도판인데, 책 앞에는 '小屯 南地 甲骨의 鑽鑿 형태'·鑽鑿 통계표·骨面 鑽鑿 통계표·鑽鑿 모사본 탁본 목록표 및 鑽鑿 도판〔모사본 도판·탁본

도판) 등이 있고, 맨 뒤에는 편자가 쓴 후기가 있다. 이 책의 편찬에는 아래의 여러 가지 특징이 있다.

1) 출토 단위에 따라 甲骨을 수록하였는데, 이것은 甲骨學史上 최초로 우리에게 진정으로 출토 지층 및 관련 유물과 서로 연계시킨 과학적인 자료를 제공해 주어서 甲骨文 시기 구분의 考古學的 고찰로 하여금 큰 진전이 있게 하였다. 董作賓은 1933년에 발표한 〈甲骨文斷代研究例〉에서, '坑位'는 시기를 구분하는 표준의 하나라고 말한 적이 있다. 그러나 그가 말하는 '坑位'는 결코 출토 甲骨의 考古學的 層位 관계를 가리키는 것이 아니라 출토 甲骨의 대체적 방위인 '區'를 말하는 것이다. 《殷墟文字甲編》과 《殷墟文字乙編》이 비록 출토 순서 번호대로 과학적으로 발굴된 甲骨을 기록하고 있지만, 그러나 해방 전 열다섯 차례에 걸쳐 安陽 殷墟를 발굴한 종합적인 보고는 아직까지 한번도 발표된 적이 없으며, 비록 출토 번호에 의해 甲骨을 단위대로 모을 수 있었지만,[44] 이 坑의 層位 관계 및 수반된 출토 유물도 현재 이미 발표된 자료를 근거로 분명하게 조사하기는 매우 어렵다. 그런데 《小屯南地甲骨》에 기록된 甲骨은 출토 단위 및 그 단위의 과학적 지층, 함께 출토된 陶器 등의 유물을 편리하게 조사해서, 이를 근거로 시기 구분 연구를 진행할 수 있다. 그래서 甲骨文 자체의 世系·稱謂[호칭]·貞人 등의 항목 표준을 근거로 판단한 시대라야 진정으로 과학 지층의 선후 관계와 함께 그 전체를 관찰하는 연구를 할 수 있다. 특히 《小屯南地甲骨》上册 제1분책의 序文에서는 1973년의 安陽 小屯村 남쪽 지역에서의 甲骨 발굴 및 정리 경과, 甲骨 출토 상황, 지층 퇴적과 甲骨 시기 구분을 전면적으로 논증하였으며, 아울러 몇몇 甲骨들의 시기 구분과 일부 문제들에 대해 전면적으로 논술하였다. 이 글은 학계에서 논쟁이 끊이지 않는 이른바 '文武丁 시기 卜辭의 수수께끼'와 '歷組' 卜辭의 시기 등의 문제에 대해 깊이 있는 토론을 함으로써 상당한 촉진제 역할을 하였다. 특히 武乙·文丁 시기 卜辭의 구분에 관해서는 이전의 연구에 비해 진전이 있었다. 이에 관해서는 제8장 제1절과 제2절에 상세하게 서술되어 있다.

2) 이 책의 釋文 및 관련된 각종 索引은 연구자에게 큰 편리함을 제공해 주고 있다. 주지하는 바와 같이 갑골학자의 대다수는 책 속에 기록된 탁본

(혹은 모사본)에 의거해 甲骨學 연구를 한다. 상당수의 중요 자료는 항상 탁본 및 모사 상태가 선명치 못하거나, 혹은 인쇄 상태가 정밀치 못하기 때문에 왕왕 핵심 글자가 식별하기 어려울 정도로 모호하여 연구 작업을 하는 데 '장애'가 된다. 《殷墟文字甲編》의 경우는 屈萬里의 《殷墟文字甲編考釋》이 출판되었기 때문에 학자들은 탁본이 명확치 못할 때 《殷墟文字甲編考釋》에 근거하여 명확치 못한 부분을 식별할 수 있다. 《殷墟文字乙編》의 경우는 張秉權의 《殷墟文字丙編考釋》에서 綴合된 甲骨版에 대해 모두 고석을 해놓아서 사용할 때 편리하다. 그러나 《殷墟文字乙編》에는 아직 綴合되지 않은 甲骨이 많이 있어서 식별하기가 매우 곤란하며, 특히 갑골학자들은 언제나 그 反面이 선명치 못해 곤란을 겪게 된다. 이밖에 훈련을 통해 소양을 갖춘 갑골학자들만 甲骨 자료를 이용하는 것이 아니고, 다른 학문에 종사하는 수많은 학자들도 甲骨文 자료를 이용하여 중국 고대의 문화재를 발굴한다. 그들이 釋文이 없는 상황에서 甲骨 자료를 이용한다는 것은 더욱 곤란한 일이다. 그래서 《小屯南地甲骨》 도판이 출판된 지 3년 만에 釋文이 집필되어서 출판되었다. 특히 여러 가지 索引도 실려 있어서 다른 학문의 연구자가 검색하는 데 대단히 편리하다. 이 점은 《殷墟文字甲編考釋》이나 《殷墟文字丙編考釋》보다 좀 나을 것이다. 우리는 마땅히 《小屯南地甲骨》 편자들의 큰 노고에 사의를 표해야 할 것이다. 그들의 노고는 甲骨學 연구에 도움이 되었을 뿐 아니라 甲骨文 자료를 여러 다른 학문에서 이용하는 데에도 도움이 되었다. 게다가 이 釋文은 甲骨 초학자가 입문하는 데 길잡이 및 표준 교과서 역할도 해준다.

  3) 오늘날은 옛날과 시간적인 거리가 이미 멀어졌기 때문에, 甲骨의 占卜과 整治 과정은 이미 역사 유적이 되었다. 많은 선배학자들은 출토된 실물에 의거해서 甲骨의 鑽鑿 제작 과정과 공예에 대해 연구를 하였으며, 그들의 일부 견해는 이미 바뀔 수 없는 정론이 되었다. 그러나 1973년 小屯村 남쪽 지역의 甲骨 출토는 기존 학설에 대해 도전을 하였다. 《小屯南地甲骨》의 편자는 甲骨 실물을 정리하는 과정에서 卜骨上의 鑽鑿 제작 공예 및 구조에 대해 새로운 발견을 하였기 때문에 선배학자들의 관련 학설에 비해 크게 앞서게 되었다. 이에 관해서는 本書 제5장 제2절에서 이미 전면적으로 소개하였

기 때문에 여기서는 생략하기로 한다. 특히《小屯南地甲骨》下册의 제3분책 앞부분에 실린 '小屯 南地 甲骨의 鑽鑿 형태'는 87년 이래로 鑽鑿 제작 공예 과정에 관한 가장 전면적이고 체계적인 글이며, 또한 가장 과학적인 논술이다.

4) 甲骨上의 鑽鑿 형태에 대한 관찰 연구는 甲骨文의 시기 구분을 하는 하나의 새로운 수단이다. 과거에 학자들은 甲骨文字의 연구와 사회·역사적 내용의 고증에 많은 관심을 기울였으며, 극소수의 사람들만이 甲骨 背面의 鑽鑿에 관심을 가졌다. 그래서 甲骨 기록서는 일반적으로 甲骨 중에서 卜辭가 있는 부분만 발표하고 글자가 없는 鑽鑿 부분은 생략해 버렸다. 郭沫若은 鑽鑿에 주의를 기울이지 않는 상황하에서, 1953년에 출간된《殷契拾掇》 2편 상에다 일부 甲骨 背面의 鑽鑿 탁본을 수록하고, 아울러 序文에서 "나는 학술 작업을 하는 것이 엄숙하고 정밀한 일이기 때문에 반드시 책임감을 가져야 하며, 근본적으로 하나의 현상도 소홀히 하지 말고 즉시 설명하여 모두의 연구에 제공되어야 한다고 생각한다"고 지적하였다. 그렇지만 그는 鑽鑿 형태에 대해 진일보한 연구를 하지는 않았다. 전면적이고 체계적으로 甲骨上의 鑽鑿 형태를 연구하고, 아울러 이에 근거하여 시기 구분을 한 것은 1973년에 발표된 許進雄의〈卜骨上的鑿鑽形態〉(대만 藝文印書館) 및 1979년에 발표된 許進雄의《甲骨上鑽鑿形態的研究》(藝文印書館)이다. 그후로 甲骨上의 鑽鑿 형태에 대한 고찰은 비로소 갑골학계의 중시를 불러일으켰으며, 중국 내에서도 어떤 사람이 이 방면에 대한 탐색을 시작하고〈甲骨의 鑽鑿 형태와 시기 구분 연구〉를 발표하였다.[45] 그리고《小屯南地甲骨》은 鑽鑿의 형상을 볼 수 있는 甲骨을 모두 통계내고, 형상에 근거하여 유형을 구분하였다. 그런 다음 이 중에서 鑽鑿이 비교적 완벽하고 명확한 甲骨을 墨拓하고, 어떤 것은 그림도 그려서《小屯南地甲骨》下册 제3분책에 발표하여 학계의 연구에 제공되었다. 이것이 甲骨文 시기 구분 연구의 심화를 촉진하였음은 두말할 나위가 없다.

이 책에 실린〈小屯 南地 甲骨의 鑽鑿 형태〉는 1973년 小屯 남쪽 지역에서 출토된 甲骨의 鑿型을 여섯 가지 유형으로 나누고(어떤 유형은 다시 약간의 형식으로 나누었다), 鑿型의 변화와 甲骨 시기 구분의 관계를 논술하였으며, 아울러 구체적으로 "鑿의 형식에서 보면 自組와 午組의 甲骨은 초기 특징을 비교적 많이 가지고 있다"고 논증하였다. 이것은 地層·坑位와 기타 방면에 근거해서 그것이 武丁 시기임을 논증하는 것과 서로 부합한다. 그리고 지층 관계와 卜辭 내용에 근거한 武乙·文丁 시기 卜辭의 구분도 卜骨 上의 鑿型 방면에서 초기와 말기의 차이가 있다고 분석한 결과와 부합한다. 이 글은 현재 鑽鑿 형태와 시기 구분의 관계를 연구한 중국 학자들의 논술 중에서 가장 전면적이고 체계적이다.

총괄적으로 말해서, 《小屯南地甲骨》에 기록된 甲骨은 그 기록 번호와 출토 層位·鑽鑿 형태·釋文·관련 색인 등의 항목이 혼연일체로 서로 호응하고 있어서 여러 수요 및 다른 각도에서 연구 자료를 찾는 학자들에게 대단히 편리하다. 게다가 甲骨의 鑽鑿 형태의 탁본을 전부 공개하고, 아울러 鑿·鑽의 제작 공예와 鑽鑿의 여러 형태 및 시기 구분이 서로 연계되어 甲骨學 시기 구분의 연구 발전에 상당한 공헌을 하였다. 《小屯南地甲骨》은 《殷墟文字甲編》과 《殷墟文字乙編》에 비해 한걸음 앞선 것이다. 그래서 필자는 이 책이 과학적으로 발굴해서 얻은 甲骨을 가장 과학적으로 기록한 책이라고 말하고 싶다.

제5절 집대성 저작인 《甲骨文合集》 및 그 편찬

1978년부터 1982년까지 郭沫若이 책임편집하고, 胡厚宣이 총편집한 《甲骨文合集》은 中華書局에서 전13책으로 연속해서 출판하였다. 집대성 형식의 이 甲骨 기록서의 출판은 신중국이 수립된 이후, 학자들이 전면적으로 甲骨文 자료에서 얻은 풍부한 성과를 수집·정리 및 간행 공포한 것이다. 이 책은 출판된 후 古籍 정리 작업의 최대 수확이라는 명예와 함께 국가의 표창을 받고 장려되었다.[46]

《甲骨文合集》에는 甲骨 총 4만 1천9백56호가 수록되었다. 수록된 甲骨은 맨 먼저 시기 구분을 하고, 매 시기 내에서 다시 내용에 따라 분류해서 처리하였다. 책의 앞부분에는 중국의 저명한 사학자 尹達의 머리말과 총편집 胡

厚宣의 序文이 있다. 속표지에는 《甲骨文合集》 작업조 구성원의 명단이 다음
과 같이 나열되어 있다.

　조장 胡厚宣

　편집(성씨 필획순)

　王宇信·王貴民·牛繼斌·孟世凱

　胡厚宣·桂瓊英·常玉芝·張永山

　彭邦炯·楊昇南·齊文心·蕭良瓊

　應永深·謝　濟·羅　琨

　위의 학자들은 이 대형 甲骨資料彙編을 편집하는 데 많은 노동력을 제공
하였다. 이 일을 위해 전심전력하여 세상을 떠난 사람도 있지만 그 공헌 정
신은 영원히 사람들의 마음속에 기억될 것이며, 우리가 존경하고 추모할 가
치가 있다.

　이 책에서의 甲骨 시기 구분은 "잠정적으로 董作賓의 5기 분류설을 채용
하고 있다. 다만 董作賓 제4기의 이른바 '文武丁 시기의 수수께끼'라고 주장
했던 卜辭를 우리는 초기에 속해야 마땅하다고 생각하고 있지만, 어느 시기
까지 빨라지는가는 학계에서 여전히 많은 의견들이 있기 때문에 우리는 이
것들을 모아 武丁 시기 뒤에 붙여서 학자들이 토론하고 연구하도록 제공하
였다"라고 밝히고 있다.[47] 이에 대해 嚴一萍은 《商周甲骨文總集》 序文에서
"10만 편의 甲骨 중에서 '武丁 시기 뒤에 붙여서' 처리된 부분은 '그 전체를
보고' 甲骨 연구 공부를 해야 하는 것이지, 결코 임의대로 '오려붙여서' 할
수 있는 것이 아니다"라고 지적하였는데, 이 견해는 甲骨文 시기 구분의 깊
이 있는 연구에 상당한 의의를 가지고 있다. 《甲骨文合集》은 모두 5천2백41
쪽인데, 13개 분책 중 제1책에서 제6책까지는 제1기이고, 제7책은 '제1기 부
록'이며, 제8책은 제2기, 제9책에서 제11책은 제3기와 제4기, 제12책은 제5
기, 제13책은 모사본이다.

　이 책의 시기 구분 처리에는 여전히 충분치 못한 곳이 적지않다. 예를 들
면 本書의 '제1기 부록' 甲組와 제1기에는 모두 '王貞' 卜辭가 있다. 비록
이것이 양자의 특징을 근거로 판단해서 기본적으로 분명히 할 수 있는 것이
지만 여전히 중복되는 것들이 일부 있는데, 어떤 것은 제4기에 해당하는 일

부 卜辭와 중복된다. 시기와 시기 사이에는 어떤 과도 현상들이 있지만 주요한 특징을 근거로 해서 그 전부를 소속되어야 할 시기로 귀속시켜야 한다. 제3·4기에도 확실히 지적하기 곤란한 甲骨들이 일부 있는데, 단지 요새 학자들의 연구 성과에 근거해서 시기 구분을 하고 있다. 稱謂[호칭] 없이 字體에만 근거해서 시기 구분한 이 甲骨들은 부정확한 곳이 있을 가능성이 높다.[48]

각 시기 내에는 다시 卜辭의 내용에 따라 4개의 큰 부류와 22개의 작은 부류로 나누었다. 4개의 큰 부류는 1)계급과 국가, 2)사회 생산, 3)과학 문화, 4)기타 등이다. 22개의 작은 부류는 1)노예와 평민, 2)노예주 귀족, 3)관리, 4)군대·형벌, 5)전쟁, 6)方域, 7)공납, 8)농업, 9)어렵·목축, 10)수공업, 11)상업·교통, 12)天文·曆法, 13)氣象, 14)건축, 15)질병, 16)生育, 17)귀신 숭배, 18)제사, 19)吉凶夢幻, 20)卜法, 21)문자, 22)기타 등이다. 책 속에 수록된 수많은 大骨版에는 왕왕 여러 다른 내용의 卜辭가 그 사이에 섞여 있는데, 오직 어느 한 부류에만 귀속시키면 물론 전면적이지 못하지만, 그러나 할 수 없이 주요 내용을 근거로 처리하는 변통 방법만을 취할 수 있을 뿐이다. 전체의 내용을 각 부문별로 과학적으로 분류하는 것은 오로지 장래에 사물 분류 색인이 만들어졌을 때에 해결될 수 있다.

《甲骨文合集》의 도판이 출판된 후 지금도 계속해서 資料來源表·釋文·選本 및 續集 등이 출판되고 있다. 이밖에도 여러 종의 《甲骨文合集叢刊》이 출판되었다. 현재 각 책의 釋文은 모두 이미 초고가 완성되어 전체 교정이 진행되고 있는데, 1987년에는 전부 완성되어 출판(계획만 있고, 아직 출판되지 않은 상태임)될 수 있다. 《甲骨文合集選本》은 지금 한창 선정 편찬에 총력을 기울이고 있는 중이다. 기타 각 항목은 '甲骨文合集來源表' 등과 마찬가지로 지금 적극적으로 준비하고 있다.

《甲骨文合集》의 편찬과 출판은 중국 과학 연구 사업 발전의 요구이다. 첫째, 80여 년 동안 甲骨學 연구가 발전함에 따라서 甲骨文 속에 기재된 중국 商代 사회의 역사·문화 자료는 중국 고대의 우수한 문명을 연구하는 데 더욱 중요하게 되었다. 게다가 갑골학자·역사학자와 고고학자가 甲骨文 자료를 이용하여 자기의 연구를 진행해야 하는 것은 말할 것도 없고, 언어학자 및 古代醫學史・農學史・天文學史 내지 生物學史 등 분야의 전문가들도 중국에서 가장 오래되고 체계 있는 기록으로부터 '근원을 탐색하여' 자기의 연구를 진행해야 한다. 李學勤은 王宇信의 《건국 이래의 甲骨文 연구》의 序文에서 "甲骨學은 현재까지 발전하여 이미 비교적 성숙된 학문이 되었으며, 대량의 자료와 문헌을 축적하여 자신의 연구 범위와 과제를 갖게 되었다. 누가 중국 고대의 역사・문화를 연구하려고 하면 반드시 甲骨學에 대해 어느 정도의 지식을 가지고 있어야 한다"라고 지적하였다. 甲骨學은 이미 여러 다른 학문 분야와 밀접한 관련을 가지고 있는 학문이 되었다.[49] 이 《甲骨文合集》을 편집하여 80여 년 동안 출토된 甲骨 자료를 최대한 완전하게 학계에 제공함으로써 많은 학문 분야의 연구에 이용되게 하고, 중국 역사상의 문화 유물을 충분히 발굴하게 하는 것은 매우 필요한 일이었다.

둘째, 1903년에 최초의 甲骨 기록서 《鐵雲藏龜》가 출판된 이후부터 《甲骨文合集》이 1978년에 출판되기 이전까지 "甲骨文을 기록한 서적 간행물은 80여 종의 순수 전문 저작과 50여 종의 論文이 있고, 그 위에 관련 있고 참고가 되는 50여 종의 중복 기록이 있어서 모두 1백80여 종이 되며, 이 저작들은 근 10만 편 정도의 甲骨을 기록하여"[50] 甲骨 자료의 공포와 과학적인 연구에 중대한 역할을 하였다. 그러나 그 중 적지않은 수의 저작들, 특히 초기에 출판된 일부 중요한 甲骨 기록은 비교적 출판 시기가 이르고 인쇄 부수가 적으며(대체로 3-5백 부 정도), 또한 상당수는 중국 밖에서 출판되어 중국 내로 들어온 것이 적기 때문에 그 자체가 이미 珍本이 되었다. 일부 책들은 출판된 뒤에 때가 한 번 지나가서 찾기가 매우 힘들다. 신문이나 학보의 論文으로 발표된 자료는 인쇄가 선명치 않거나 축소 비례한 것이라서 찾아서 사용하는 것이 더욱 불편하다. 이러한 여러 가지 상황은 연구자들이 甲骨文 자료를 이용하는 데 매우 큰 어려움을 가져다 준다. 많은 대학이나 혹은 과학연구기관에 소장된 甲骨 서적은 봉황의 털이나 기린의 뿔만큼이나 드물어서, 각종 기록을 재판하는 것이 이미 불가능해졌다. 연구 수요에 적응하기 위해서도 자료가 고루 갖추어진 이 《甲骨文合集》은 시급히 출판되어야 했다.

셋째, 대학이나 혹은 연구기관에서 자료를 사용할 때에도 역시 매우 불편하다고 느꼈다. 그 이유는 이전의 일부 甲骨 기록서들이 인쇄가 정밀하지 못한 관계로 글자를 인식하지 못하는 경우도 있고, 잘못 모사하여 글자체가 언제나 잘못된 경우도 있으며, 신발에 발을 맞추는 식으로 분류를 위해 탁본을 갈라 놓은 것도 있고, 墨本이 온전치 못해 단지 글자가 있는 부분만을 탁본으로 인쇄한 관계로 原骨版의 전모를 알기가 매우 힘든 것도 있으며, 또한 한 骨版의 正面과 反面을 나누어서 마치 2개의 骨版처럼 만들고 다시 骨臼를 별도로 배열한 것도 있고, 이밖에 각책에 기록된 甲骨이 왕왕 서로 중복되어 자료를 방대하고 번잡하게 만들어 놓았기 때문이다. 그래서 이미 기록된 甲骨에 대해서 1차 전면적으로 과학적인 정리를 해서 과학성이 강한 《甲骨文合集》을 출판하는 일은 甲骨學 및 기타 학문의 발전에 대해 매우 절박한 요구였다.

넷째, 비록 과거 여러 해 동안 출판된 각종 甲骨 기록이 이미 근 10만 편의 甲骨을 간행·배포하였지만, 그러나 현재 중국 내 25개 省市 자치구, 40개 도시, 95개 기관, 44개 개인 소장가에 분산되어 있는 9만여 편과, 대만·홍콩의 3만여 편 및 일본·영국·캐나다·미국 등 12개 국가의 2만여 편 등 총계 15만 편의 甲骨 중에 아직 한번도 기록되지 않은 것들이 있다. 게다가 각 기관에는 아직 적지않은 甲骨 탁본이 소장되어 있는데, 중국만 해도 2백 70여 종으로 20만 편 이상에 달한다. 어떤 탁본은 기록에 나타난 적이 없을 뿐 아니라 原甲骨의 소재도 알 수가 없다. 胡厚宣은 《甲骨文合集》序文에서 "어떤 것은 역시 매우 중요한 자료들이다. 이 자료들은 기관에서 일반적으로 진품 혹은 선본으로 취급한 관계로 탁본 인쇄와 정리를 거친 적이 없는데, 이 것들은 제대로 사용할 수가 없다"고 말하였다. 가능한 한 아직 기록되지 않은 그 자료들을 공포하는 것도 《甲骨文合集》을 편찬한 목적 중의 하나이다.

대형의 甲骨資料總集을 편찬하는 데에는 이상의 여러 필요성만이 있었을 뿐 아니라 여러 편성상의 조건도 있었다. 1백 수십 종의 甲骨 기록서들은 중국 내외로부터 온갖 수단을 다하여 사들일 수 있었다. 중국 내외의 공공 기관 및 개인이 소장한 甲骨이나 탁본은 수년 동안의 탐문을 통해 기본적으로는 이미 그 실마리가 파악되었다. 특히 중국 내의 공공 기관과 개인 소장가의 甲骨 실물은 胡厚宣이 일찍이 일본이 패전한 이후와 해방 초기의 두 차

례에 걸쳐 전심으로 찾았기 때문에, 甲骨文이 출토된 이후 현재까지의 소장
가는 胡厚宣이 이미 전부 훤하게 파악하고 있었다. 이것은 곧 대규모로 자료
를 모으는 데 유리한 조건을 제공해 주었다.

董作賓 등 상당수의 학자들은 일찍부터 甲骨文 總集을 출판하는 데 뜻을
두고 있었다. 그러나 여러 가지 조건의 제약으로 인해 어느 개인도 이전에
한 적이 없는 이러한 저작을 완성할 수가 없었다. 1956년에 국가에서는 12
년 과학연구 장기계획을 제정하고, 《甲骨文合集》의 편찬을 수행한다는 이
대형 과학연구 항목을 제기하였다. 그후 많은 우여곡절을 겪으면서 때로는
중단하기도 하고 때로는 계속하기도 하며 20여 년을 달려온 끝에 마침내
1978년에 편찬을 마치고, 아울러 1982년에 全册을 출판하였다. 이에 관해서
는 제4장 제4절(상)에서 이미 상세하게 서술하였다.

甲骨文이 출토된 지 80여 년이 되었으나 "商代의 사회와 역사를 연구하는
데 지극히 진귀한 이 사료는 오랫동안 분산 상태에 놓여 있어서 아직 충분
하게 그것이 갖고 있는 역할을 발휘하지 못했기 때문에"51) 《甲骨文合集》을
편찬할 때 제일 첫째 작업은 甲骨文 자료를 모으는 일이었다. 우선 1백80여
종의 甲骨 기록을 완벽하게 수집하고, 아울러 책명과 片號를 밝힌 후에 카드
를 만들었다. 이와 동시에 對照·綴合·辨僞·동일 글자 수합 등의 과학적인
정리를 하였다. 그 다음은 전국 각지에 분포하고 있는 甲骨 실물과 탁본을
광범하게 조사하였는데, 만일 편수가 많지 않으면 수시로 탁본을 하거나
사진 자료를 만들었다. 만일 실물이 비교적 많으면 편집 작업 인원을 시기
별로 나누어 편성하여 각지로 보내서 墨拓을 수집하였다. 외국으로 흩어진
甲骨 자료 역시 온갖 방법을 강구하여 완벽하게 수집하였다. 이 甲骨 실물
탁본과 사진(모사본 포함)들을 완벽하게 수집한 후에, 다시 그것들과 이미
기록된 적이 있는 자료를 서로 대조하였다. 이미 기록은 되었지만 탁본 상태
가 좋지 않은 것은 모두 가능한 原骨版의 새 탁본(혹은 상태가 좋은 탁본 사
진)으로 바꾸었다. 모사본으로 기록된 甲骨 중에서 탁본이 있는 것은 일률적
으로 탁본으로 바꾸었다. 기록할 때에는 正面·反面·骨臼를 나누고, 일률적
으로 실물 탁본에 근거하여 그것을 한데 모아 1건으로 만들어 처리하였다.
맨 나중에는 다시 이들 기록되었던 자료와 기록된 적이 없는 자료를 한데

합해서 對照·綴合과 동일 글자를 수합하는 일련의 과학적인 정리 작업을 진행하였다.

지금까지 이미 출토된 15만 편의 甲骨文 중에서 어떤 것은 글자의 수가 극히 적고 또한 연구하는 데 커다란 의의가 없으며, 어떤 것은 글자의 흔적이 모호하여 연구할 때 근본적으로 이용할 수가 없다. 《甲骨文合集》은 모든 甲骨片을 다 기록한 '全集'이 아니고, 단지 중요한 것만을 뽑은 '選本'도 아니다. 이 책은 마땅히 기본적으로 15만 편의 甲骨片 중에서 商代의 역사와 문화에 대해 연구 가치가 있는 것을 포괄한 甲骨資料總集이라고 해야 할 것이다. 그래서 甲骨을 기록할 때에는 반드시 한 차례 "찌꺼기를 버리고 정수를 모으며, 가짜를 버리고 진짜를 남기는" 甲骨片 선정 작업을 거쳐야 했다. 그래서 머리말에서는 "우리의 원칙은 이러하다. 甲骨片이 크고 글자가 많은 것은 당연히 수록한다. 자주 등장하는 글귀가 있는 것 중에서 卜辭가 완전한 것이나, 혹은 비교적 완전한 것도 역시 선정해서 수록한다. 글귀 혹은 글자가 자주 등장하지만 파손이 심한 것은 수록하지 않는다"라고 밝히고 있다.[52] 이렇게 해서 《甲骨文合集》은 모두 4만 1천9백56호의 甲骨을 수록하였는데, 이는 전체 甲骨 15만 편 중의 4분의 1 이상을 차지하고 있다. 즉 연구 가치가 있는 모든 자료는 다 《甲骨文合集》 속에 수록되어 있다고 말할 수 있다. 《甲骨文合集》의 對照·綴合·辨僞 등의 과학적인 정리 작업에서 얻어진, 이전 사람을 뛰어넘는 성과는 제9장 제1·2·3절의 관련 부분에서 이미 소개하였다.

종합적으로 말해서, 이렇게 전면적인 규모의 학술 자료 작업은 결코 개인이나 소수인이 해낼 수 있는 것이 아니다. 만약 우리의 이러한 사회주의 국가가 아니었다면, 또 당의 정확한 지도가 없었다면 이와 같은 대규모의 작업은 여하간에 이루어지지 못했을 것이다.[53]

《甲骨文合集》의 출판은 80여 년 동안 殷墟에서 출토된 甲骨文의 총결산이다. 비록 세상에 전해지는 甲骨들 중 캐나다의 《화이트 등 收藏 甲骨文集》, 일본의 《東京大學東洋文化研究所藏甲骨文字》 등과 같은 책들처럼 아직 수록되지 않은 것들이 있기는 하지만 《甲骨文合集》은 위의 2책 및 《小屯南地甲骨》 등과 함께 학계에 상당히 완비된 殷墟 甲骨 자료를 제공하였다. 이로부터 연구 자료가 부족했던 국면이 바뀌어서 대대적으로 여러 분야, 특히 甲骨學과 殷商史·考古學의 발전을 촉진시켰다. 근래의 甲骨 논저는 《甲骨文合集》이 출판되기 이전에 비해서 질적인 측면이나 양적인 측면을 막론하고 모두 비교적 크게 증가하고 높아졌다. 특히 《甲骨文合集》이 출판됨에 따라서 중국 내에서는 '갑골붐'이 형성되어, 고대 문화의 연구에 뜻을 둔 상당수의 청년들이 더 이상 甲骨 기록을 접촉할 길이 없어 고뇌하지 않고 용감하게 '絶學'이라고 불리는 이 甲骨學이라는 심오한 학문을 향해 도전하였으며, 각고의 노력을 통해 그들 중 적지않은 사람이 이미 성공을 향해 걸어가고 있다.

《甲骨文合集》을 편집하고 출판하는 과정중에도 甲骨文을 정리하고 연구하는 인재들을 훈련시키고 길러내었다. 《甲骨文合集》의 편집작업조에 참가한 많은 사람들은 당시에는 상당히 젊었으며, 대다수는 古文字學을 배운 적이 없어 甲骨文에 대해 상당히 생소한 사람들이었다. 그들이 이 작업에 들어간 초기에는 일찍이 번쇄하다고 느꼈지만, 그러나 작업이 어느 정도의 단계에 접어들었을 때에는 그것의 마디마다 모두 일정한 학술적 성질을 가지고 있어서, 반드시 점차로 古代史·考古·古文字 등 각 방면에 필요한 지식을 파악하여야만이 수중의 자료를 처리할 수 있다고 인식하게 되었다. 그들은 작업을 하는 가운데에서 진지하게 학습하고, 전면적으로 甲骨文字 자료를 검시하여 비교적 체계적인 인식을 얻게 되었다. 또한 대량의 자료를 접촉하였기 때문에 그 속에 내재된 문제들을 발견하기도 하였다. 《甲骨文合集》을 편찬하는 것과 동시에 많은 참가자들은 전문 주제를 뽑아 필요한 탐색을 하여 論文을 써내었다. 현재 그 당시의 청년들은 모두 이미 '불혹'의 나이를 넘겼으며, 그들은 甲骨文 자료를 정리하는 데 훈련이 잘된 숙련가가 되었을 뿐 아니라 甲骨에 관한 적지않은 수의 논저를 집필하여 갑골학계에서 비교적 활약하는 신예부대가 되었다.

이밖에 《甲骨文合集》의 출판은 고대 사회의 연구를 위해 풍부한 '資料彙編'을 제공했을 뿐 아니라, 더욱 중요한 것은 사회주의의 학풍을 반영하였다는 점이다. 이는 바로 과학적인 정리를 거친 대규모의 甲骨 자료를 모으고 공포하여, 이를 학술 종사자의 공동 재산이 되게 한 것이다.[54]

　그래서 이 집대성 기록인 《甲骨文合集》은 중국 내외 학계에서 호평을 받았다. 이 책은 국가에게 영예를 안겨 주었을 뿐 아니라 금후 甲骨學 연구의 진일보된 발전을 위해서 기초를 세워 놓았다.[55) 이 책은 이전의 성과를 계승하여 장래를 개척한 것으로서, 甲骨學史에서 이정표 역할을 하는 저작이다.

제11장
甲骨學과 殷商史 연구의 중요 서적

甲骨文 자료는 기록과 출판을 거친 뒤에야 비로소 수장가의 서재, 혹은 고고학자의 연구실에서 학계에 소개되어 더욱 많은 사람들이 그것을 접촉하고 연구할 수 있게 되었다. 甲骨學과 殷商史 등의 학문에 관한 연구와 성과는 바로 甲骨 저서의 출판이 끊임없이 증가함에 따라서 나날이 발전되고 얻어진 것이다. 1899년 殷墟의 甲骨文이 발견된 이래로 甲骨學과 殷商史의 연구가 지나온 세 단계와 그에 따른 진전에 관해서는 제4장에서 이미 서술하였다. 간단하게 말해서 이 87년간의 甲骨學과 殷商史 연구는 문자를 인식하고, 구두를 끊고, 시기를 나누고, 商史를 고찰하는 등의 여러 방면에서 매우 큰 성과를 얻었으며, 여러 선배학자들은 우리에게 더욱 풍부하고 깊이 있는 연구 저작을 남겨 주었다. 이 저작들은 여러 세대의 갑골학자들을 배양했을 뿐 아니라, 그 자체도 甲骨文과 마찬가지로 中華民族 내지 전인류의 공동 문화 재산이 되었다.

선배학자들의 甲骨學과 殷商史 연구 성과를 계승하고 선배학자들의 저작 중에서 정수를 흡수하는 것은, 우리가 甲骨學과 殷商史를 학습하고 연구하는 데 있어서 기초적인 작업일 뿐 아니라 甲骨學과 殷商史 연구의 새로운 국면을 여는 데에도 매우 의미 있는 일이다.

제1절 甲骨文字를 고석한 전문서

문자를 해독하는 것은 甲骨學과 殷商史 연구의 가장 중요한 작업이다. 바로 87년간 많은 학자들의 고생스러운 추적 작업으로 인해 대략 5천 자의 甲

骨 낱글자 중에서 약 1천 자의, 해석상 이견이 없고 항상 사용하는 글자를 해독할 수 있었으며, 이에 따라 우리는 이 3천여 년 전에 남겨진 진귀한 사료에 기록된 商代 사회의 역사 상황을 이해할 수 있게 되었다. 여러 갑골학자의 문자 고석 저작들은 불모지를 개척하기도 하고, 깊은 이치를 찾기도 하여 甲骨學과 殷商史의 연구에 견실한 기초를 세워 놓았으며, 현재까지도 여전히 중요한 참고 가치가 있다.

《契文擧例》 孫詒讓이 편찬한 것으로, 1917년에 《吉金盦叢書》本 1책으로 출간되었고, 또 1927년에 上海 蟬隱廬에서 石印本 2책으로 출판하였다.

이 책은 《鐵雲藏龜》가 출판된 다음해인 1904년에 집필되었는데, 이는 孫詒讓이 序文에서 '光緖 甲辰 11월'이라고 밝힌 것으로 증명이 된다. 그러나 1913년에 이 책의 원고가 上海에서 王國維에 의해 발견된 후에야 출판되었다. 《契文擧例》는 甲骨學史上 최초의 연구 저작이다. 이 책에서 근거로 삼은 자료는 오직 《鐵雲藏龜》뿐이다. 孫詒讓은 序文에서 "내가 처음 이 책을 얻었을 때 뜻하지 않게 말년에 이 기적을 보고는 대단히 기뻐해 마지않았다. 2개월 동안 온 힘을 다해 이를 교독하였다〔頃始得此册, 不意衰季睹玆奇迹, 愛玩不已. 輒窮兩月力校讀之〕"라고 말하였다. 그는 당시에 곧 "甲文은 대부분 卜辭를 기록한 것이다. 한 龜甲이 여러 단락으로 구성된 것도 있으며, 종과 횡, 反面과 正面이 서로 뒤섞여 있어서 정례가 없다. 대개는 복관의 도제들이 때때로 기록해서 장래에 정식으로 복관이 되었을 때 참고하려고 남겨 놓은 것으로서, 본래 바른말이나 심오한 뜻은 없다〔甲文多記卜事, 一甲或數段, 縱橫反正, 交錯糾互無定例, 蓋卜官子弟時記識以備官成, 本無雅辭奧義〕"고 주장하였다. 이것은 매우 귀중한 의견이다. 孫詒讓은 "인식된 것을 가지고 약간의 명백한 서술을 하고, 이를 이용하여 商代에 일실된 것을 보충하고, 아울러 倉頡 이후 籕文 이전의 문자 변천의 자취를 찾아〔就所通者略事甄述, 用補有商一代書名之佚, 兼以尋究倉後籕前文字流變之迹〕" 마침내 《契文擧例》를 완성하였다.

《契文擧例》는 모두 10장으로 구성되어 있다.

月日 제1　　貞卜 제2　　卜事 제3

鬼神 제4　　卜人 제5　　官事 제6

方國 제7　　典禮 제8　　文字 제9

雜例 제10

　이것은 甲骨文을 내용에 따라 분류한 최초의 시도이다. 비록 오늘날의 관점에서 보면, 단지 어느 정도의 甲骨學 지식을 갖추기만 하면 이렇게 분류하는 것이 별로 어려운 일이 아니지만 당시로서는 처음 있는 일이다. 어떤 학자는 "책명 《契文擧例》 및 그 목차를 보면 孫詒讓의 탁견이 매우 훌륭했음을 알 수 있다. 왜냐하면 劉鶚은 초기에 甲骨을 항상 龜版이라 부르고 그 용도에 대해서도 그다지 깊은 이해가 없었는데, 孫詒讓은 契文의 내용을 이미 분류하여 그 진전 정도가 매우 크기 때문이다"라고 지적하였다.[1]

　솔직히 말해서 《契文擧例》에서 고석한 문자는 오늘날의 관점에서 보면 기본적으로 취할 만한 것이 없다. 그렇지만 역사 발전의 관점에서 보면 이 책은 甲骨學史上 새로운 길을 개척한 저작으로서, 처음 창시한 공로는 말살될 수 없는 것이다.[2]

　《殷墟書契考釋》　羅振玉이 편찬한 것으로 1914년에 石印本 1책으로 나오고, 또 1927년에 東方學會에서 石印贈呈本 3권 2책으로 출판하였다.

　羅振玉은 《殷墟書契》가 완성되어 출판된 뒤에, 곧 계속해서 이 책에 수록된 甲骨文을 고석하려고 생각하였다. 이것은 우선 甲骨文의 책이 이미 출판되었으나 많은 사람들이 이 내용을 읽을 수 없어 괴로워하였기 때문이다.[3] 그 다음으로 비록 孫詒讓처럼 甲骨文에 대해 처음으로 고석 작업을 진행한 개인이 있었지만, 羅振玉은 그가 깊고 은밀한 의미를 통찰·분석하지 못함을 애석하게 생각하였다.[4] 그래서 羅振玉은 1910년에 《殷商貞卜文字考》를 출판한 뒤에 온 정력을 기울여서 甲骨文字의 고석 작업을 진행하여 마침내 6만여 자에 달하는 고석을 하였는데, 이것이 바로 《殷墟書契考釋》이다.

　羅振玉은 문자를 고석할 때, 許愼의 《說文解字》로부터 金文을 거슬러 올라가고, 金文으로부터 書契를 고찰해서 그 불어나고 변화하는 이치를 궁구하여 점차로 의미를 터득하게 되었으며, 마침내 식별할 수 있는 글자가 거의 5백 자 가까이 되었다. 문자 고증의 기초상에서 역사 문헌을 종합하고, 다시

商代의 典章 制度를 고증해서 얻은 것으로 여섯 가지 단서가 있다. 첫째는 帝系(帝王의 계보)인데, 羅振玉은 商王朝가 "武湯에서부터 受辛에 이르기까지 司馬遷이 기록한 것은 30世이나 卜辭에 보이는 것은 23世"라고 주장하였다. 비록 大丁이 즉위하지 않았으나 卜辭에 기록된 제사의 예는 근엄하기가 帝王과 동일하다. 大乙·羊甲·卜丙·卜壬은 "전대의 역사를 통해 고찰해 보면 이것과 다르다……. 庚丁이 康祖丁이 되고, 武乙이 武祖乙로 불리며, 文丁이 文武丁으로 불리는 것은 商王朝의 계보를 말한 사람이 알지 못한 내용이다"라고 주장하였다. 둘째는 京邑인데, 그는 "商王朝의 천도는 앞에 8번, 뒤에 5번 있었으며, 盤庚 이전은 책의 序文에 실려 있다. 그러나 小辛 이후로는 여러 학자들이 대부분 기피한다"고 주장하였다. 그는 安陽 殷墟는, 즉 '亶甲城'으로 "오늘날 卜辭로 증거해 보면 武乙 시기에 옮기고 帝乙 때 떠났다……. 또한 역사에서는 盤庚 이후로 商이 殷으로 개칭하였다고 말하지만, 卜辭를 두루 조사해 보면 '殷'字는 보이지 않으며, 여러 차례에 걸쳐 '入商'이라고 말하였다. 田游〔수렵하면서 노는 것〕하러 간 것을 '往' 또는 '出'이라고 표현하는데, 商은 단독으로 '入'이라고 말한 것으로 볼 때 文丁·帝乙 때에 국호를 아직 '商'이라 하였음을 알 수 있다"고 하고, 또 "《尙書》에서 '戎殷'이라고 한 것은 邑을 말하는 것이지 國을 말하는 것이 아니다"고 주장하였다. 셋째는 祀禮이고, 넷째는 卜法이며, 다섯째는 官制이고, 여섯째는 文字로서 총 4백85자를 고석하고 해설하였다. 1927년에는 또 그것을 증보·수정해서 5백71자로 증가시킨 《增訂殷墟書契考釋》을 출판하였다. 바로 郭沫若이 높이 평가한 바와 같이 甲骨이 출토된 뒤에 그것을 수집·보존하고 전파한 공로는 羅振玉이 당연히 첫째가 되어야 하며, 고석한 공로도 역시 羅振玉이 크다.[5] 羅振玉의 《殷墟書契考釋》 및 《增訂殷墟書契考釋》은 甲骨學史上 중요한 지위를 차지하고 있다.

〈殷卜辭에 나타난 先公·先王考〉·〈續考〉 및 《戩壽堂所藏殷墟文字考釋》

〈殷卜辭에 나타난 先公·先王考〉 및 〈續考〉는 王國維가 1917년에 발표한 것으로, 《學術叢書》 및 《觀堂集林》 권9에 수록되어 있다. 이 두 論文은 제4장 제2절(下)에서 이미 소개한 적이 있는데, 甲骨文 속에 보이는 殷代의 先公과 先王을 고증했을 뿐 아니라 甲骨學 연구를 새로운 단계로 끌어올렸다. 이것은 '문자 시기'에서 '사료 시기'로 진입했음을 나타내는 중요한 論文이다.
《戩壽堂所藏殷墟文字考釋》은 王國維가 1917년에 지은 것이다. 이 책은 선왕
고찰, 예제 고증, 문자 고석 등의 방면에서 많은 것을 밝혀내었다. 郭沫若은
"王國維의 학문은 甲骨文字의 연구를 그 주요한 근간으로 삼고 있는데, 위
에서 나열한 4종(〈殷卜辭에 나타난 先公·先王考〉·〈續考〉·《戩壽堂所藏殷墟
文字考釋》 및 〈殷周制度論〉) 이외에 기타 예제를 설명하고, 도읍을 해설하며,
문자를 해석한 단편적인 글이 전집에 산견한다. 중국의 구학문이 甲骨의 출
토로부터 또 하나의 신기원을 열었으며, 羅振玉과 王國維가 甲骨을 고석한
업적으로부터 또 하나의 신기원을 열었다고 하는 말은 절대로 지나친 표현
이 아니다"라고 말하였다.[6]

　《甲骨文字研究》 郭沫若이 저술한 것으로, 1931년에 大東書局에서 石印本
2책으로 출간하였다. 또 1982년에 科學出版社에서는 《甲骨文字研究》·《殷契
餘論》·《安陽新出土的牛胛骨及其刻辭》 등을 하나로 합편해서 《甲骨文字研
究》라는 책명을 달아 《郭沫若全集·考古編》 제1권으로 출판하였다. 郭沫若
은 1927년 대혁명이 실패한 뒤 일본으로 가서 살았다. 그는 인류 사회 발전
의 공동 규율을 밝히기 위해서 심혈을 기울여 중국 고대 사회사를 연구하였
다. 그는 甲骨文 자료를 수집하는 동시에 殷代의 甲骨文字와 殷·周 양대의
靑銅器 銘文에 대해서도 연구를 하지 않을 수 없었으며,[7] 고대 사회를 탐색
한다는 실제적인 목적을 위해서 고문자를 연구하는 길을 터놓았다. 1931년
에 출판된 《甲骨文字研究》는 바로 그가 甲骨文을 연구한 첫번째 문집이다.[8]
郭沫若의 이 책은 斷片의 綴合, 殘辭互補, 缺刻橫劃, 시기 구분 등의 방면에
대해 많은 것을 밝혀냈을 뿐 아니라 문자의 고석 방면에 있어서도 독창적
인 견해가 많다. 예를 들면 그는 〈釋祖妣〉라는 글에서 "'祖妣'는 '牝牡'의
初字이며, 祖宗崇祀 및 모든 神道設敎〔신령과 귀신의 도를 이용해서 교화하는
것〕의 옛 습속도 그 본원을 통찰할 수 있다"고 하고, "대개 상고 시대의 사
람들은 본래 어머니를 알고 아버지를 알지 못해서 그 아버지의 어머니와
아버지의 아버지를 따지지 않는다. 그러나 여기 물증이 있어 인간 세상의 창
시자를 알 수가 있는데, 牝·牡가 바로 이것이다. 그러므로 생식신의 숭배는
그 일이 거의 인류와 함께 내려온 것이다"고 주장하였다. 그는 고문헌에 기

록된 '燕의 馳祖' · '齊의 社稷' · '宋의 桑林'과 '楚의 雲夢' 등에 대한 정밀한 고증을 통해 고대 혼인 제도와 모권 시대의 역사 유적을 회복시켜서, 이 일을 고상하지 못하다고 여겨서 깊이 감추고 있는 '縉紳先生〔사대부〕'들이 상상할 수 없는(또는 감히 상상하지 못하는) 역사 유적을 과학적으로 해석하였다. 〈釋藉〉에서는 "'藉'의 初字이며, 사람이 쟁기를 가지고 일하는 형태를 본떴다"고 주장하였다. 〈釋勿勿〉에서는 甲骨文의 '勿'와 '勿'이 "각기 서로 상관이 없으며…… 殷代에는 이미 쟁기〔犁〕도 있고 笏도 있었다"고 지적하였다. 〈釋五十〉은 고대의 숫자 기록을 연구한 것이다. 이 글에서 그는 "숫자는 손에서 나왔다. 고문의 1·2·3·4는 각각 —·二·三·三로 되어 있는데, 이것은 손가락을 象形한 것이다"고 하고, "숫자를 표시하는 글자 중에서 3·4 이상은 變例가 발생할 수밖에 없다"고 주장하였다. 또 중국의 "숫자 체계는 대체로 4를 경계로 하며, 4의 異體에서부터 9까지는 별도의 체계가 된다"고 하고, "十의 배수는 古文에서 合書이다……. 萬과 千의 배수도 合書이다……. 十·百·千으로 부족한 수에는 매번 '又'를 첨가하였다"고 지적하였다. 아울러 〈釋七十〉에서는 '七十' 역시 合書이며, "'十'이 위에 있고 '七'이 아래에 있다" 하고, 또 "'九十'의 예는 아직 발견되지 않았지만 그것이 殷代의 문의가 되려면 반드시 '十'이 위에 있고 '九'가 아래에 있어야 하는데, 장래에는 틀림없이 출현하는 날이 있을 것이다"고 피력하였다. 〈釋朋〉에서는 "貝朋이 목의 장식에서 화폐로 된 것은 殷·周 무렵이다"고 논증하였다. 〈釋歲〉에서는 처음에 '歲'와 '戌'이 본래 같은 글자였으나, "옛 사람들은 歲星〔木星의 옛이름〕을 우러러보았으며 '戌'을 상서로운 징조로 삼아 그 위령함을 표시하였는데, 그래서 歲星을 '歲'라고 이름하였다……. 歲星의 '歲'에서 비로소 해〔年〕를 뜻하는 '歲'字로 파생되었다"고 하였으며, 그 후로 '歲'와 '戌'은 비로소 구별이 있게 되었다고 논술하였다. 〈釋支干〉에서는 12辰의 기원에 대해 연구를 하여, 그것이 바빌론의 12宮에서 기원하는 것으로 해석하였다. 郭沫若의 《甲骨文字硏究》는 역사유물주의를 이용해서 甲骨文字를 연구하는 새로운 길을 개척해서 甲骨學史上 중요한 위치를 차지하고 있다.

《雙劍誃殷契騈枝三編》 于省吾가 저술한 것으로, 초편은 1940년에 石印本

1책으로, 속편은 1941년에 石印本 1책으로, 3편은 1944년에 石印本 1책으로 각각 나왔다. 于省吾는 이 책의 序文에서 "契學[甲骨學을 이름]은 여러 갈래 인데, 그 중에서 글자를 식별하는 것이 가장 우선적인 일이다. 이에 點劃·偏旁의 방법으로 분석하고, 聲韻·通假의 방법으로 이를 보충하여, 의문점을 깨닫고 막힌 것을 풀어서 이를 모아 책으로 만들었다"고 피력하였다. 이 책에는 고석한 문장 총 98편이 수록되었다. 于省吾의 이 책은 글자의 고석이 간명·정밀·엄근하며, 아울러 고석한 글자를 다시 관련된 卜辭 속에 놓고 대조·확인해 보면 문의가 매끄럽다. 《雙劍誃殷契騈枝》는 학계에 커다란 영향을 주었다.

《甲骨文字釋林》 于省吾가 저술한 것으로, 1979년에 中華書局에서 출판하였다. 이 책의 상권은 《雙劍誃殷契騈枝三編》에 수록된 98편의 論文을 줄이고 수정해서(그 중에 어떤 것은 새로 써서 本書의 각권에 수록하였다) 총 53편으로 편성하였다. 이 책의 중·하권 중 일부분은 저자가 해방 전에 쓴 정선된 《雙劍誃殷契騈枝》 4편의 글들인데, 그 중 10편은 새로 고쳐 쓴 것이다. 또 일부분은 내용을 고쳐서 해방 후에 신문이나 학보에 발표한 일련의 문자 고석 論文이다. 이 책에는 총 1백90편의 문자 고석이 수록되어 있다. 《甲骨文字釋林》은 于省吾가 甲骨文字를 연구한 총결산이다. 그는 序文에서 "전적으로 甲骨文字를 가지고 말하면, 내가 새로 안 글자와 이미 알고 있는 글자는 音讀과 義訓 방면에서 이전 학설의 잘못을 바로잡고 새로운 해석을 하였는데, 이는 전부 통틀어 3백 자에도 미치지 못한다……. 甲骨文 중에서 이전에 알지 못한 글자들에 대해서도 약 20여 자 정도 새롭게 해석하려고 하였다"고 하였으나[9] 애석하게도 제때에 완성하지 못하였다. 于省吾의 《甲骨文字釋林》은 '3백 자'의 甲骨文字를 고증하고 해설하여 甲骨學 연구에 중대한 공헌을 하였다. 여기서 알아두어야 할 것은, 현재까지 발견된 甲骨文字 중에서 중복되지 않은 것의 총수는 약 4천5백 자 내외이며, 그 중에서 이미 확인된 글자는 3분의 1에도 못미친다는 것이다.[10]

《積微居甲文說 卜辭瑣記》 楊樹達이 저술한 것으로, 中國科學院에서 1954년에 출판하였다. 自序에서 그는 "甲骨文이란 殷商 時代의 문자이다. 이 글자를 알고자 하면 반드시 《說文解字》의 篆文·籒文·彝器의 銘文을 방도로 삼아 구해야 하며, 그렇지 않고서는 방법이 없다. 甲骨文에는 이미 同音通假의 방법이 이미 성행하고 있다. 그 글자를 알고 있다고 해도 반드시 그 문장의 의미를 이해할 수 있는 것은 아닌데, 그런 경우에는 通讀이 절실히 요구되며, 고대의 音韻學을 숭상해야 한다. 이것은 甲骨을 연구하는 사람이 반드시 갖추어야 할 초보 지식이다. 甲骨文에 기록된 것은 殷商 時代의 역사적 사실이다. 그 사실을 밝히려면 반드시 고서의 전기에 기록된 殷·周 時代의 역사적 사실로써 그 異同을 대조해야 비로소 밝히는 것이 있게 되며, 그렇지 않고서는 역시 방법이 없다. 대저 甲骨이라는 학문은 甲骨片을 많이 보고, 甲骨文을 많이 읽어 그 조리를 터득하는 것, 이 두 가지를 저버리면 정통할 수가 없다. 형체로써 그 글자를 인식하고, 음에 따라 통하게 읽어야 하며, 그런 후에 경전을 고찰해서 역사적 사실을 밝혀야 제대로 될 것이다"고 설명하였다.《積微居甲文說 卜辭瑣記》는 바로 이렇게 해서 만들어진 것이다. 이 책의 卷上에는 글자를 설명한 論文 총 33편이 수록되었으며, 識字·說義·說通讀·說形 등 네 종류로 구분되어 있다. 卷下에는 역사를 고증한 論文 총 20편이 수록되었으며, 人名·國名·水名·祭祀·雜考 등 5개 항목으로 구분되어 있다. 〈卜辭瑣記〉 부분에는 49조의 고증이 수록되었다. 楊樹達은 연구할 때 "글자를 인식하려면 반드시 篆文이나 籀文에 의거해야 하고, 역사적 사실을 고증하려면 古書에 의거해야 하며, 자기의 생각대로 주장을 해서는 안 된다"고 하였다.[11] 그래서 이 책에 고석된 문자 및 역사적 사실은 모두 타당하며 문장도 잘 다듬어져 있어서 지금까지도 여전히 참고 가치가 있다.

《耐林廎甲文說 卜辭求義》 楊樹達이 저술한 것으로, 1954년에 群聯出版社에서 발행하였다. 이 책의 〈耐林廎甲文說〉 부분에는 모두 6편의 論文이 수록되어 있고, 〈卜辭求義〉 부분에는 甲骨文字 2백10여 자를 고증하였으며, 28韻部에 의해 배열하였다. 〈卜辭求義〉 自序에서 그는 "文字學을 연구하려면 字形으로 字義를 살피고, 또 字義로 字形을 살펴야 하며, 字形과 字義가 딱 들어맞도록 힘써야 한다. 金文의 연구는 처음에 글자에 의거해 의미를 탐색하고, 계속해서 다시 의미로 인해 글자를 확정한다. 내가 고문자의 연구에서 義訓을 중시하는 것이 이와 같다. 殷墟文字는 오래되었으나 문자인 이상 의미를 표시하지 않는 것이 없다"고 말하였다. 이 책에 고석된 글자 및 논증한 역사적 사실은 지금까지도 상당한 참고 가치가 있다.

《殷墟文字記》 唐蘭이 저술한 것으로, 1981년 中華書局에서 출판하였다. 唐蘭의 이 책은 1934년에 집필되었으며, 講義本은 일찍이 北京大學에서 石印本으로 나왔다. 1978년에는 中國科學院 歷史研究所(현재 中國社會科學院에 속함)에서 油印本 5백 부를 발간하였다. 中華書局에서 출판한 《殷墟文字記》는 1934년의 講義本에 비해서 目錄·補正 부분이 증가되었고, 아울러 原講義本의 해설을 한데 모아 책 뒤의 설명 부분에 두었다. 唐蘭은 이 책의 序文에서 "학자들의 폐단은 왕왕 많은 것을 욕심내고 기이한 것을 숭상해서 평범하고 속된 사람들에게 밝히고, 아침에 하나의 의론을 세우면 저녁에 이미 알리며, 이것이 널리 유전되어 다른 주장이 생겨나서 각자가 서로 시시비비를 따져서 공부하는 사람을 현혹시켜 그 까닭을 알 수 없게 만드는 것인데, 그래서 내가 이를 크게 경계한다. 그런데 내가 밝힌 殷墟文字는 옛사람에 비해서 이미 배나 되지만 오랫동안 출간을 못하고 있었더니, 어떤 이가 이를 나무랐다. 한가한 날에 틈을 내서 먼저 약간의 글자를 정해서 이를 기록하였다"고 말하였다. 이 책에는 문자를 고석한 論文 총 33편이 수록되어 있다. 이 책은 그의 《天壤閣甲骨文存考釋》과 함께 그가 甲骨文字에 대해 고석한 성과를 모은 것이다. 이밖에 그의 《古文字學導論》增訂本(齊魯書社, 1981년) 등의 전문 저작에도 문자 이론과 문자에 대해 많은 해설을 해놓았다.

상술한 문자 고석의 전문서 이외에도 학자들이 발표한 문자 고석 論文이 상당수 있으며, 중국의 각종 학술잡지 또는 신문에 산재한다. 그 중에는 참고할 만한 가치가 있는 것이 적지않다. 중국에서 이런 論文들이 비교적 많이 발표된 간행물로는 《考古》·《文物》·《考古學報》 및 《考古와 文物》·《中原文物》·《殷都學刊》 등이 있다. 이밖에 《古文字研究》·《甲骨探查錄》·《甲骨文과 殷商史》·《古文字研究論文集》·《出土文獻研究》 등의 論文集(혹은 부정기 간행물)도 있다.

또 일부 甲骨 기록에는 釋文(혹은 考釋)이 붙어 있다. 이것은 기록된 탁본이 선명치 못한 결함을 보충했을 뿐 아니라, 이 작업 자체가 甲骨文字 연구에 커다란 의의가 있다. 이밖에도 기록된 甲骨 탁본(혹은 모사본)과 관련된 고석을 성실하게 대조·연구하는 것은 초학자가 보다 빨리 일정한 甲骨 낱글자를 인식하고, 나아가 甲骨文의 내용을 이해하는 가장 좋은 방법이다. 참고할 만한 甲骨 기록의 釋文(혹은 考釋) 중에서 주요한 것으로는 郭沫若의 《卜辭通纂考釋》·《殷契粹編考釋》, 屈萬里의 《殷墟文字甲編考釋》, 張秉權의 《殷墟文字丙編考釋》, 일본인 貝塚茂樹의 《京都大學人文科學研究所藏甲骨文字》 본문편, 캐나다 許進雄의 《멘지스 收藏 甲骨》 제2책(《明義士收藏甲骨釋文篇》)·《화이트 등 收藏 甲骨文集》 釋文 부분, 中國社會科學院 考古研究所의 《小屯南地甲骨》 下册 제1분책, 姚孝遂와 蕭丁의 《小屯南地甲骨考釋》 등이 있다. 《甲骨文合集》의 각책의 釋文은 이미 편집부의 학자들이 분담하여 완성하였으며, 현재 胡厚宣·王宇信·楊昇南에 의해 전체 교정 작업이 진행되고 있는데 곧 출간될 것이다. (아직 나오지 않았으며, 王宇信의 안배에 의해 1998년에 출판된다고 한다.)

87년 동안에 학자들은 甲骨文字를 고석한 논저를 매우 많이 집필하였다. 그러나 일부 문자의 해설은 방법의 부정확, 자료의 국한 등으로 말미암아 왕왕 중설이 분분하여 일치된 결론을 내릴 수가 없다. 이 때문에 우리가 선배 학자들의 문자 고석의 성과를 학습하고 계승할 때는 제일 먼저 학계의 최신 연구 성과를 흡수하고, 비교적 권위 있고 정확한 견해를 근거로 삼아야 한다. 그렇지 않으면 일부 문자들의 고석이 전후 모순되어 어떤 것을 선택해야 할지 모르게 된다. 郭沫若은 우리에게 간곡한 당부를 하였다.

卜辭 연구는 신흥 학문이며, 그것은 항상 변천하고 있다. 이전에 알지 못했던 사물을 후에 알게 되었고, 이전에 잘못 알았던 것을 후에 바로잡게 되었다. 그것을 근거로 사회 사료를 만들려면 '노력을 통해 선두를 따라잡는' 방법을 취해, 그것 중 가장 앞선 일선을 기점으로 삼아 재출발하여야 한다. 현재 뛰어난 일부 신사학자들은 卜辭를 인용하지만, 오히려 그것의 전연구 과정을 추적하지 않았기 때문에 왕왕 잘못된 것을 여전히 襲用하고 있다. 심지어 어떤 경우는 이전의 잘못된 학설을 인용하여 수정된 새로운 학설을 공격하기도 하는데, 이렇게 하면 절대로 정확한 결론을 얻을 수 없다.[12]

이 말은 우리가 어떻게 전시대 사람들의 문자 고석 성과를 학습하고 계승해야 하는가에 대해 매우 참고할 만한 지적이다.

제2절 甲骨學 연구 저작

갑골학자들은 甲骨文字를 고석하는 동시에 甲骨學 자체의 규율들, 예를 들면 시기 구분·卜法과 文例 등의 연구에 대해서도 매우 큰 진전이 있었다. 특히 1928년에 殷墟에서 과학적인 甲骨文 발굴이 있은 이후로, 甲骨學 연구는 '초창 시기'에서 전면적인 발전 시기로 진입하여 甲骨學의 연구 논저가 나날이 증가하였다. 필자는 여기에서 일부 중요한 논저만을 소개하도록 하겠다.

〈甲骨文斷代研究例〉 董作賓이 저술한 것으로, 1933년에《慶祝蔡元培先生六十五歲論文集》상편(《史語所集刊》外編)에 발표하였다. 이 글은 甲骨學史上 한 시대의 획을 그은 중요한 저작으로서, 甲骨學과 商史 연구에 기초를 세워 놓았다. 이 이후로 2백73년간의 商代 말기의 甲骨文은 비로소 5개의 시기로 관통되었으며, 우리는 비로소 商代 말기 각 시기의 정치·경제와 문화의 발전·변화를 인식하고 연구할 수 있게 되었다. 논증이 치밀하고 과학적이기 때문에 87년 동안 이 저작에서 제기한 시기 구분의 '5기'설과 '10항 표준'은 비록 약간의 수정이 있기는 하였지만, 그러나 기본 원칙은 줄곧 통용되었다. 이에 관해서는 제7장과 제8장에서 이미 전면적인 서술을 하였다.

《甲骨斷代問題》 嚴一萍[13]이 저술한 것으로, 1982년에 대만 藝文印書館에서 출판하였다. '自組' 卜辭의 시기 및 이른바 '歷組' 卜辭의 토론에 관해서는 제8장 제1절과 제2절에서 이미 소개하였으며, 외국에서도 관련 論文이 많이 발표되었다. 嚴一萍의《甲骨斷代問題》는 바로 상술한 시기 구분 연구 중에서 비교적 쟁점이 큰 이 두 문제에 대한 총괄적인 답변이다. 20여 년 전 嚴一萍이《甲骨文斷代研究新例》를 쓸 때, 그는 제일 먼저 "月蝕으로 정점을 삼고 과학적인 天文學에 근거하여 貞人 賓의 시기를 결말지었으며, 董作賓 선생의 盤庚 26년이라는 주장을 수정해서 武丁 15년이지 결코 武丁 말기가 아님을 확정하였다"고 하였다. 그 다음 "扶'가 기록된 모든 甲骨片 중에서 내가 볼 수 있는 것을 전부 모사하였는데 총 1백45판이며, 이를 네 가지 유형으로 구분하였다. 貞人의 이름이 서명되어 있지 않은 여러 서체의 수많은 卜辭를 어떤 사람은 '自組'라고 부르고, 어떤 사람은 '王族多子族'이라고 불렀는데, 이것을 매우 정확하게 文武丁 시기로 귀속시켰다"고 하였다. 또 진일보된 연구를 통해 "모사한 도판은 총 3백52폭이다. 정리한 결과를 보면, 董作賓 선생의 文武丁 시기 卜辭라는 주장이 옳다는 것을 인정하지 않을 수 없으며, 대륙에서 크게 주장되는 '自組'가 '賓組'보다 이르다는 견해는 근본적으로 발을 붙일 수가 없다. 유일하게 董作賓 선생의 주장을 수정한 것은 과거에 文武丁 시기 卜辭라고 인정되던 것 중에서 일부가 武乙 시기 卜辭라는 점이다"고 하였다.[14]

《甲骨斷代問題》는 아래에 열거하는 부분으로 구성되어 있다. 즉 序文, 1) 머리말, 2) 月蝕이 야기한 문제, 3) 甲骨이 다른 시기에 사용된 문제, 4) 上甲 이하 20명의 상왕과 用侯屯, 5) 貞人의 시대 초월과 '歷'·'扶,' 6) 貞人 '扶'의 서체, 7) 여러 시대의 동일 稱謂(甲·父: 乙·母: 丙·兄: 丁·子), 8) 맺음말 등으로 구성되었다.

이 책에서는 '自組' 卜辭가 마땅히 文武丁 시기의 것이라고 전면적으로 논증하였으며, "貞人 '歷'과 貞人 '扶'는 시기적으로 서로 가까운데, 貞人 '歷'은 武乙 시기의 사람이고, 貞人 '扶'는 文武丁 시기 초기에 재직하였으니 바로 연결될 수 있는 것이다"라고 논증하였다.[15]

이렇게 전적으로 시기 구분 연구 중에서의 문제들(주요한 것은 文武丁 卜辭의 시기를 논술한 것이다)을 가지고 전면적으로 연구하여 쓴 전문 저작은 중국 내외를 통틀어 그리 많지 않은 것이다. 특히 이 책에서는 董作賓의 '文武丁 시기'에 대한 견해를 견지하고, 한걸음 나아가 이를 논증하여 많은 학자들의 의견과 첨예하게 대립하였다. 이 때문에 우리가 더욱 중시하고, 아울러 성실하게 연구 검토할 가치가 있는 것이다. 여기서 지적해야 할 것은, 이 책의 '月蝕이 야기한 문제'라는 글은 卜辭 중에서 확정될 만한 다섯 차례의 月蝕에 대해 '과학적인 天文學' 연구를 하여, "이 5개의 月蝕은 가장 이른 것이 기원전 1325년에 있었고, 가장 늦은 것이 기원전 1278년에 있었으니, 중간에 48년간의 격차가 있다. 이것은 변동될 수 없는 숫자이다. 어떠하건간에 이 첫번째 月蝕은 武丁 초기에 있었다"는 결론을 얻었다. 이로 인해 다음의 문제들을 논증하였다. 첫번째 문제는 貞人 '賓'의 시기인데, 기원전 1325년의 月蝕 卜辭에서는 貞人이 '賓'이다. 만일 貞人 '賓'이 武丁 말기에 속한다고 한다면 武丁의 元年은 언제인가? 그리고 盤庚이 殷으로 옮기고 나서 帝辛이 망하기까지는 모두 몇 년간인가? 만일 단지 '賓組'는 武丁 말기이고 '自組'는 '賓組'보다 이르다고 말한다면, 이는 연구라고 할 수 없고 완전히 추측일 뿐이다. 두번째 문제는 서체의 풍격이다. 이것은 바로 48년이라는 장기간의 경과 중에서 결코 별다른 변화가 없었다. 기록된 月蝕의 시간을 고찰하지 못했다면 貞人 '賓'과 貞人 '爭'의 서법의 전후가 어떠한지 전혀 알 수가 없었으며, 또한 貞人 '爭'의 전후 서체가 어떻게 다른지도 알 수 없었을 것이다. 이것은 곧 貞人 '扶'의 다양하게 변화하는 서체와 관련되며, 武丁 시기로 처리하는 것은 매우 곤란하다. 세번째 문제는 貞人이 연속해서 2대에 재직하는 상황이다. 貞人 '爭'이 기록한 8월 乙酉日의 月蝕은 祖庚 2년에 있었고, 2월 癸未日의 月蝕은 祖庚 3년에 있었다. 왕이 죽어도 貞人은 따라서 殉葬당하지 않으며, 반드시 계속 재직한다. 이 상황은 제2기와 제3기의 卜辭 중에서도 발견된다.[16] 이러한 것들을 嚴一萍의 책에서는 月蝕을 정점으로 삼고 天文學에 근거한 연구를 하여 '賓組'와 '自組' 卜辭는 마땅히 동시기가 아님을 논증하였다. 이 방면으로부터 착수하여 시기 구분 연구를 한 사람은 중국에서 嚴一萍 말고는 없다. 이 방법은 진지하게 연구하고 논증할 만한 것이다.

　이밖에 《甲骨斷代問題》는 글자에 따른 附圖 3백52개가 있어서 독자가 책 속의 논술과 인용된 甲骨을 대조하기에 편리한데, 이것도 배울 만한 것이다. 현재 시기 구분 연구와 관련된 論文이 적지않지만 附圖는 극히 적어서 읽을 때 반드시 일일이 원서를 대조하여야 하는데, 이것은 곤란한 점을 많이 증가시킨다.[17] 토론할 때에도 성실하게 卜辭의 내용을 연구해야 한다. 그렇지 않으면 바로 嚴一萍이 지적한 대로 온갖 잘못된 견해가 하나둘이 아닐 것이다.[18] 이 점은 우리가 연구하는 가운데 마땅히 주의해야 될 것이다.

　《殷墟卜辭綜述》 陳夢家가 저술한 것으로, 1956년에 科學出版社에서 출판

하였다. 이 책은 總論·文字·文法·시기 구분(上)·시기 구분(下)·年代·曆法·天象·方國·地理·政治 區域·先公의 舊臣·先王과 先妣·廟號(上)·廟號(下)·親屬·百官·農業 및 其他·宗敎·身分·總結·附錄 등 20장으로 구성되어 있으며, 총 75만 자가 사용되었다. 이 책은 甲骨文이 발견된 1899년부터 1956년 이전까지 근 65년간의 연구 성과를 전면적이고 체계적으로 총결산한 대작이다. 陳夢家는 기존의 연구 성과를 충분하게 종합하고 이용한 기초 위에서 자기의 甲骨學 연구에 대한 정심한 조예를 결합해서 甲骨文의 출토 및 그 연구의 경과, 방법과 내용 등의 방면에 대해, 특히 시기 구분의 연구 방면에 대해 과학적인 논술을 하였다. 게다가 많은 방면에서 기존의 연구를 뛰어넘었다. 이 때문에 이 책은 해외에서 여러 차례 영인되었고, 중국에서도 재판되었으며, 학계에 커다란 영향을 주고 있다. 백과전서식으로 구성된 이 대형의 甲骨學 연구 저작은 과거를 잇고 미래를 여는 역할을 하여 甲骨學史上 중요한 위치를 차지하고 있다. 이 책의 특징과 공헌에 관해서는 王宇信의《건국 이래의 甲骨文 연구》 65-70쪽에서 평가를 하였으므로 本書에서는 생략하기로 한다.

《殷墟卜辭研究》 일본인 島邦男이 저술한 것으로, 1958년에 출판되었다. 중국어판은 1975년에 대만 鼎文書局에서 출판하였는데, 역자는 溫天河·李壽林이다. 이 책은 序論과 本論의 두 부분으로 구성되었다. 序論은 貞人에 대한 補正과 卜辭上의 부모 형제의 稱謂 등의 내용을 포괄하고 있다. 本論의 제1편은 殷 왕실의 제사로서 총 4장인데, 제1장은 先王·先妣의 五祀, 제2장은 禘祀, 제3장은 外祭, 제4장은 祭儀이다. 本論의 제2편은 殷代의 사회로서 총 7장인데, 제1장은 殷代의 지역, 제2장은 殷代의 방국, 제3장은 殷代의 봉건, 제4장은 殷代의 관료, 제5장은 殷代의 사회, 제6장은 殷代의 산업, 제7장은 殷代의 역법이다. 이 책도 甲骨學 연구 성과를 총괄한 대작이다. 상편에서는 甲骨文에 반영된 제사 제도를 전면적으로 연구하였는데, 특히 周祭에 대한 논술이 매우 상세하고 엄밀하다. 殷 왕실의 종묘 제사에는 五祀와 禘祀가 있다. 五祀는 祀典〔제사 의례〕에 따라 차례대로 先王과 先妣를 제사지내는 것이고, 禘祀는 父王을 높여서 제사지내고, 5世 先王에게까지 미치는 제사이다. 전자에서는 제사의 체계와 先王·先妣가 제사를 받는 순서를 卜辭 중에서 귀납해 낼 수 있었으며, 이 결론에 근거해서 《史記·殷本紀》의 世系를 수정하였다. 동시에 제2기와 제5기의 祀譜를 복원하고, 이 결과에 근거하여 帝乙이 20년간 재위하였고, 帝辛이 31년간 재위하였다는 것을 증명하였다. 이밖에 종묘 이외의 제사는 농업과 전승을 기원하는 것이 주요 목적이며, 上帝·自然神·高祖神·先臣神을 제사지낸다. 여기에서 上帝의 제사, 諸神의 신격화, 禘祀와 郊祀, 上帝와 하늘 등의 문제를 모두 명백하게 해석하였다. 더욱이 제의 문제에 관해서는 먼저 제사 용어의 의미를 밝히고, 이에 근거해서 內와 外 두 종류의 제사의 제의를 고찰하였다. 하편에서는 商代 사회의 상황, 그 중에서 특히 방국과 지리를 전면적으로 고찰하였다. 卜辭에 나오는 5백42개 지명 중에서 두 지역간의 노정 일수를 알 수 있는 1백5개의 지명에 근거해서 殷나라의 지역을 고증하였다. 이 지역의 주변에, 예를 들면 武丁 때에는 22개의 적국이 있었는데 武丁이 이들을 토벌한 일, 특히 帝乙 10년의 盂方 정벌, 帝辛 8년과 10년의 夷方 정벌 및 殷과 周 사이의 관계 등은 모두 특별히 정밀한 논증을 하였다.[19] 이 책의 중간중간에는 표·갑골 모사본 및 지도가 삽입되어 있고, 지도에는 방향 및 일정이 밝혀져 있는데, 이는 본문의 논술과 서로 대조할 수 있어 독자에게 매우 편리하다. 《殷墟卜辭研究》는 자료가 풍부하고 상세하고도 확실하며, 저자가 "일본에서 볼 수 있는 이미 간행되어 나온 탁본과 기록 전부"[20]에 근거해서 전면적으로 정리·연구해서 쓴 대작이다.

《殷墟卜辭研究》는 《殷墟卜辭綜述》과 마찬가지로 甲骨學史에서 역시 중요한 위치를 점하고 있다. 대단한 것은 이 책이 외국 학자가 집필한 甲骨學 대작이라는 점이다. 이 두 책은 각기 치중한 점이 다르다. 바로 屈萬里가 《譯本殷墟卜辭研究·序》에서 말한 바와 같이 대체로 관련된 범위를 가지고 말하면, 陳夢家의 책이 더 광범위하며, 제사 및 輿地를 가지고 말하면 島邦男의 책이 더 상세하고 풍부하다. 이 두 책을 합해서 함께 관찰하면 民國 丙申年 이전의 甲骨 刻辭 연구의 성과(島邦男의 책에 수록된 자료는 1956년에 그친다)가 대략 갖추어질 것이다.

《殷代貞卜人物通考》 饒宗頤가 저술한 것으로, 1959년에 홍콩대학출판사에서 출판하였다. 全書는 20권이며, 상·하 2책으로 구성되었다. 권1의 〈前

論〉에서는 殷代 이전의 占卜 및 占卜用 甲骨의 분포, 商代 甲骨의 종류, 龜卜占書의 원류, 占卜 사류와 《周禮》의 거북 만드는 八命 등을 언급하고 있으며, 殷代의 占卜을 고문헌의 관련된 占卜과 서로 대조하였다. 권2의 〈貞卜人物記名辭式釋例〉에서는 전면적으로 卜辭의 각종 문형을 열거하고, 또한 '卜'·'貞' 두 글자의 字義에 대해 고석을 하였다. 권3에서 권17까지의 〈貞卜人物事輯〉에서는 貞人 占卜과 관련된 卜辭 내용을 전면적으로 정리하였다. 권20은 부록이다. 책 뒤에는 補記 및 索引이 있다. 索引에는 人名·地名·成語·祭名 등의 항목이 있으며, 아울러 열거된 쪽수에 의해 책 속에서 상술한 각 항목의 내용을 찾아볼 수가 있다. 이 책은 당시에 볼 수 있는 60여 종의 甲骨 기록에 대해 전면적인 정리를 한 집대성 유형의 저작이다.

《殷代貞卜人物通考》의 저자는 甲骨文에 대해 "연구한 것이 여러 해가 되어, 얻은 바를 관찰해 보니 시기 구분의 근본은 卜人(즉 貞人)에 있으며, 分人〔貞人을 분류하는 것〕 연구가 가장 시급한 과제이다. 오직 貞卜의 文辭를 비교하고 상관된 인물을 조사하면, 시기의 순서는 맥락을 찾아 융회관통할 수 있어서 서로 모순되는 어려움에 직면하지 않게 될 것이다"라고 하였다. 貞人은 甲骨文 시기 구분 연구의 중요한 표준 중의 하나인데, 殷墟에서 출토된 15만 편의 甲骨文 중에는 貞人의 이름이 기록된 것도 있고, 貞人의 이름이 기록되지 않은 것도 있으며, 당시의 왕이 직접 점친 것도 있다. 貞人의 이름이 출현한 甲骨은 대략 전체 甲骨文의 3분의 1을 점한다. 이 책은 전문적으로 卜人의 이름이 기록된 刻辭로부터 연구를 하여, 卜人의 이름이 기록된 刻辭를 종합적으로 정리하였다. 《殷代貞卜人物通考》에서 제시한 〈分人研究法〉은 시기 구분을 연구하고 전면적으로 甲骨 卜辭를 정리하는 데 참고 가치가 크다.

《商代史料——中國青銅時代的甲骨文 *Sources of Shang History The Oracle-Bone Inscriptions of Bronze Age China*》 미국인 카이틀리(David N. Keightly; 中國名 吉德煒 혹은 凱特萊)가 저술한 것으로, 1978년에 미국 캘리포니아대학에서 출판하였다. 全書는 5장으로 구성되어 있다. 제1장에서는 商代의 占卜 과정을 논술하였다. 제2장에서는 卜辭의 내용과 구조를 논술하였다. 제3장에서는 甲骨文 연구와 고석 성과를 전면적으로 소개하였는데, 여기에는 얻은 성과, 甲骨 기록 정황, 甲骨 字彙의 색인 편찬 정황 및 개론, 문헌 목록의 출판 등이 포괄되어 있다. 이밖에도 卜辭의 해독, 甲骨 殘辭의 통독, 어떻게 甲骨 卜辭의 각 내용을 전면적으로 연구하는가 등의 방면을 소개하고 토론하였다. 제4장에서는 甲骨의 시기 구분 문제와 관련된 토론을 실었다. 책 속에는 董作賓의 시기 구분 이론을 체계적으로 소개하고, 아울러 자신의 견해를 제기하였으며, 시기 구분의 표준을 '內在 표준'〔선조의 稱謂, 貞人, 字體, 刻辭, 卜辭의 위치, 가장자리의 記事 刻辭, 序辭와 後辭의 형식, 卜兆, 驗辭, 兆序, 成套性, 兆辭, 사류와 상용어 등〕·'甲骨 형태 표준'과 '考古學 표준' 등 세 방면으로 나누었다. 또한 '午組'·'子組'의 논쟁을 소개하고 아울러 자신의 견해를 제기하였는데, 그는 '王族' 卜辭라고 주장하여 董作賓의 '新·舊' 派說에 동의하지 않았다. 제5장에서는 甲骨文은 유일한 商代의 사료가 아니며, 銅器·陶器·骨器·石器·玉器 등에 있는 문자뿐 아니라 장래에는 絲·帛·竹·木 등에서도 商代의 문자가 발견될 가능성이 있다고 논술하였다. 또 甲骨文을 商代의 '檔案'으로 간주할 수 없으며, 단지 商代 사상의 어떤 방면을 반영할 뿐 商代 사회의 각 방면을 포괄할 수는 없다고 주장하였다. 이밖에도 辨僞의 방법과 표준, 탁본〔모사본·사진〕의 제작 방법에 대해 소개를 하였다. 이 책 부록의 1쪽에서 3쪽은 甲骨의 감별, 牛胛骨과 龜腹甲의 비례, 표본의 치수 등에 관한 내용을 싣고 있다. 4쪽과 5쪽은 주로 年代學에 의한 연구 성과와 C^{14}로 甲骨을 측정한 절대연대, 각 시기에 나타나는 사류, 상용어 출현의 규율 등을 수록하였다. 책 속에는 또한 33폭의 삽도와 38개의 표가 있으며, 책 뒤에는 인용한 甲骨 기록서와 문헌 목록을 달았다.《商代史料》는 대만·홍콩 및 기타 외국의 甲骨學 연구 성과에 대해 비교적 전면적인 소개를 하였는데, 이 점이 더욱 참고 가치가 있다.

비록 칼팬트·쿨링·홉킨스·멘지스 등의 서방 학자들이 아주 일찍부터 중국 甲骨學에 대해 연구를 시작하였지만 영미 문자로 씌어진, 甲骨學을 전면적으로 논술한 저작은 많지 않게 보인다. 카이틀리의 이《商代史料──中國靑銅時代的甲骨文》은 서방의 학자가 甲骨學 연구 성과를 총결산한 최초의 성공적인 저작이라고 할 만하다. 이 책에는 서방의 갑골학자가 연구한 최신 성과를 반영하였을 뿐 아니라 歐美 각국이 甲骨文이라고 하는 이 오래된 華夏 文明을 이해하고 연구하는 데 중대한 촉진 작용을 하였다. 바로 미국의 유명한 고고학자이며 하버드대학 교수인 張光直이 이 책의 뒷표지에서 지적한 바와 같이, 이 책은 중국 고대의 역사와 문화를 공부하는 학생들에게 열렬한 환영과 감사를 받았다. 서방 최초로 商代의 甲骨 刻辭를 체계적으로 소개한 입문서로서, 어떤 언어로 쓴 동류의 저작에 대해서 말하더라도 가장 완벽한 저작인 《商代史料》는 미래의 시간 속에서 장차 이 영역의 표준 교과서가 될 것이다. 동시에 중국 고대의 고전 문헌과 고전 종교를 학습하는 학생들 역시 이 책이 매우 유용하다는 것을 느끼게 될 것이다.[21]

　《甲骨學》　嚴一萍이 저술한 것으로, 1978년에 대만 藝文印書館에서 출판하였다. 上·下册 1천4백30쪽 분량이며, 총 9장으로 구성되어 있다. 제1장 甲骨과 殷商의 강역에 대한 인식, 제2장 甲骨의 출토 傳拓과 기록, 제3장 辨僞와 綴合, 제4장 鑽鑿과 占卜, 제5장 釋字와 識字, 제6장 句讀와 文例의 인식, 제7장 시기 구분, 제8장 甲骨文字의 예술, 제9장 甲骨學의 전망 등이다. 비록 80여 년간 甲骨學 연구가 매우 크게 진전되었지만 줄곧 체계적이고 전면적으로 甲骨學 자체의 규율을 논술한 전문서는 나오지 않았었는데, 嚴一萍의 《甲骨學》은 바로 이 방면의 공백을 메워 주는 저작으로서 甲骨學의 발전과 甲骨學 연구자의 양성에 공헌을 하였다. 嚴一萍은 序文에서 "甲骨學 저작은 앞사람들이 이미 적지않게 썼지만 모두 일반적인 서술이며, 어떻게 연구해야 하는가 하는 문제를 언급한 사람은 한 사람도 없다. 나의 이 《甲骨學》의 주요 목적은 독자들에게 甲骨學은 이렇게 연구한다는 것을 말해 주고자 하는 것이다"라고 말하고 있다. 《甲骨學》은 학자들이 연구할 때 참고가 될 뿐 아니라 甲骨을 처음 배우는 사람들에게도 매우 훌륭한 입문서이다. 이 책은 논술이 상세하고, 삽도가 풍부하여 참고하기가 편리하다. 그렇지만 이 책은 자기 스승〔董作賓〕의 학설만을 엄격하게 계승하였을 뿐, 근래 중국 내외에서 얻은 甲骨學 연구 성과와 진행중인 토론에 대해 충분한 주의를 기울이지 못했다. 그래서 우리가 이 책을 참고하고 사용할 때는 마땅히 근래 중국 내외의 甲骨學 연구 영역에서 제기된 문제와 해결된 문제에 충분하게 주의를 기울여서, 전면적으로 甲骨學 연구의 상황을 이해하도록 해야 할 것이다.

제3절 商史와 甲骨學史의 전문 저작

甲骨學 연구의 발전은 학자들로 하여금 甲骨文이라는 이들 '斷爛朝報'〔원래는 《春秋》經이 잔결되어 완전치 못함을 폄하한 宋代 王安石의 말인데, 여기서는 甲骨이 뒤죽박죽으로 되어 참고 가치가 없음을 비유한 것이다〕에 기록된 商代의 중요한 역사적 사실을 인식할 수 있도록 해주었다. 이로부터 수천 년 동안 확실치 않고 입증할 만한 사료가 불충분했던 商代 사회의 면모가 점차 윤곽을 나타내게 되었다. 최근 90년 동안 甲骨學 연구가 걸어온 역정도 우리에게 유익한 경험을 축적시켜 주었다. 이 귀중한 경험들도 甲骨文 자체와 마찬가지로 온 인류의 공동 재산이 되었다. 이런 까닭에 선배학자들이 해놓은 가치 있는 商史와 甲骨學史 연구 서적들도 우리가 금후 연구 작업을 하는 데 반드시 참고하고 계승 발전시켜야 할 것이다.

《中國古代社會硏究》 郭沫若의 저작으로서, 1930년 上海 聯合書店에서 출판하였다. 또 1947년 群益出版社에서 재판한 《郭沫若全集》本과 1954년 人民出版社에서 출간한 제1판본이 있으며, 1982년 人民出版社에서 출판한 《郭沫若全集 · 歷史篇》 제1권에도 수록되었다.

1927년 大革命이 실패한 후에 郭沫若은 역사유물주의의 사회 발전 규율 학설과 "구학문을 한 사람에게 도전하자"[22]는 기치를 선전하기 위해, 일본에서 심혈을 기울여 중국 古代史를 연구하였다. 이것이 바로 그가 1930년에 출판된 《中國古代社會硏究》를 쓴 경위이다. 그는 "인류 사회의 발전은 경제 기초의 발전을 전제로 한다" "인류 경제의 발전은 오히려 그들이 만든 도구에 의해 발전하는 것을 전제로 한다"는 唯物史觀의 주장에 의거해서 商代의 사회 · 역사에 대해 연구하여, "(1) 중국의 고문물에서 有史 시기에 속한 것은 단지 商代에 나온 것으로 石器 · 骨器 · 銅器 · 靑銅器 등이 있으며, 商代 말엽은 또한 金石이 병용된 시기라고 말할 수 있다. (2) 商代에는 이미 문자가 있었으나(30년 전에 河南省 安陽縣에서 거북의 甲骨版 위에 새겨져 있는 貞卜文字가 출현하였다), 그러나 그 문자의 80퍼센트 이상은 象形 圖畵이고, 게다가 쓰는 법이 일정치 않다. 즉 글자의 구성에 있어서 거꾸로 쓴 것도 있고 횡으로 쓴 것도 있으며, 왼쪽으로 쓴 것, 오른쪽으로 쓴 것, 바르게 쓴 것, 반대로 쓴 것 등 원칙이 없으며, 어떤 것은 여러 글자가 합쳐져 한 글자가 되고, 또 어떤 것은 한 글자가 여러 글자로 나누어져 써지기도 하였다. 문장의 구성에 있어서도 어떤 것은 橫書, 어떤 것은 縱書이며, 橫書 역시 왼쪽으로 읽는 것도 있고 오른쪽으로 읽는 것도 있어서 그야말로 각양각색이다. 이로 볼 때 그 시기의 문자는 아직 형성되는 도중에 있음을 알 수 있다. (3) 商代 말엽은 목축을 주요 산업으로 삼고 있었는데, 이는 卜辭 중에서 犧牲에 사용된 동물의 수가 많게는 3,4백 이상에 이르는 것이 그 증거이다. 농업이 비록 이미 발명되었지만 모든 농기구는 여전히 조개껍질·石器 등을 사용하고 있었음이 분명하기 때문에 농업은 당시에 아직 충분히 발달되지 않았다"는 등의 사실을 밝혀내었다. 그래서 郭沫若은 당시에 "중국의 역사는 商代에 시작되었고, 商代의 산업은 목축을 본위로 삼고 있으며, 商代와 그 이전은 모두 原始公社 사회이다"라고 주장하였다.[23]

郭沫若은《中國古代社會研究》의 제3편 '卜辭 중의 고대 사회' 부분에서 甲骨文에 반영된 商代 사회의 경제 기초에서 상층 구조까지에 대해 전면적인 분석을 하였다. 그는 甲骨文에 반영된 商代의 어렵·목축·농업·공예·무역 등 방면의 역사적 사실을 연구하고서, 商代는 '목축업에서 농업으로 발전된 시기'라고 주장하였다. 어렵은 商代에서 이미 확실하게 주요한 생산 수단으로 보이지 않으며, 목축업이 가장 번성한 단계로 진입하였지만 농업은 여전히 별로 발달하지 못했다. 당시의 靑銅器는 이미 매우 발달되어 있었다. 이와 동시에 石器와 骨器는 아직 제일 비중 있게 사용되었으며, 더 주의해야 할 것은 殷墟에서는 鐵器가 나타나지 않았다는 사실인데, 그래서 殷墟 時代는 역시 考古學에서 말하는 '金石 並用 時代'인 것이다.

商代의 이러한 경제 기초의 상부 구조 영역에서의 반영은, 역시 일종의 과도기적 현상을 드러내고 있다. 甲骨文에는 '多父'·'多母'라는 기록이 매우 많이 나타나는데, 이는 실로 분명하게 亞血族 群婚制〔punalua; 普那路亞婚〕가 존재하였을 가능성이 있음을 반영하고 있다. 또한 "殷王朝의 先妣는 특수한 제사를 지낸다" "帝王은 '毓'이라고 부른다" "형이 죽으면 아우가 계승한다" 등의 제도는 바로 모권을 중심으로 했다는 흔적이다. 甲骨文에서 현재의 왕을 '王'이라 하고, 先王을 '毓'(后)이라고 부른 것은 여성 추장이 한동안 역사 무대에서 활약하였음을 반영하고 있다. 그러나 商代 사회에서는 사유 재산이 이미 발생하였고, 개인 소유의 노예가 생겨남으로써 원시 사회는 이 미 와해되기 시작하였다.

郭沫若의 《中國古代社會研究》는 '한 시대의 획을 그은 저작'으로서 중국 史學界에 상당히 커다란 영향을 주었다. 특히 역사유물주의를 지도 원리로 삼아 甲骨文을 연구하여 중국 사학 연구의 신천지를 개척하였다. 비록 이 책 을 쓸 때 자료를 감별하는 데 있어서 매번 이전 학설을 그대로 사용하고, 시기를 분명하게 구분하지 않아 착오 및 혼동을 한 부분이 많이 섞여 있지 만, 그러나 이 책에서 사용한 방법은 정확한 것이다.[24] 이 책은 《甲骨文字硏 究》 등의 책과 서로 밀접한 관계를 가지고 있으며, 중국 마르크스주의 역사 과학의 기초를 세워 놓았다. 이 분야를 개척한 이 책의 공로는 누구도 말살 할 수 없는 것이다.

《十批判書》 郭沫若의 저작으로서, 1945년에 重慶 群益出版社에서 초판이 나왔고, 1956년에 科學出版社에서 제1판이 나왔다. 또 1982년에 人民出版社 에서 출판된 《郭沫若全集·歷史編》 제2권에 수록되어 있다.

문헌 자료와 靑銅器 銘文의 정리·연구에 새로운 진전이 있게 됨에 따라, 특히 과학적인 甲骨文 발굴이 증가하고 시기 구분의 연구가 점차 치밀해짐 에 따라 郭沫若이 중국 고대 사회를 연구한 것도 진전이 있게 되었다. 그는 "자아비판할 수 있는 때가 되었다……. 10여 년 전에 殷代가 原始公社 말기 라고 본 견해는 마땅히 수정되어야 한다"고 말하였다. 1944년에 郭沫若은 《十批判書》를 완성하였다. 그 가운데 〈고대 연구의 자아비판〉이라는 글은 商代 사회의 성질에 대해 새로이 인식하고, "殷代는 노예 사회이다"라는 결 론을 얻었다. 그후 이러한 인식은 점차 더 많은 자료에 의해서 증명이 되었 다. 1950년에 郭沫若은 《十批判書》의 〈개정판 발문〉에서 "오늘날에 보면, 殷·周가 노예 사회라는 견해는 내가 이미 접촉한 자료를 가지고 판단해 볼 때 확실히 증거가 명확하여 움직일 수 없는 것이다"라고 말하였다.

《奴隸制時代》 郭沫若의 저작으로서, 1952년에 新文藝出版社에서 출판하 였다. 또 1954년에 人民出版社에서 제1판, 1973년에 人民出版社에서 제2판이 나오고, 1984년에 人民出版社에서 출간된 《郭沫若全集·歷史編》 제3권에 수록되었다.

郭沫若은 이 책에 수록된 〈'殷·周 時代 殉葬의 역사적 사실을 기록하다'를 읽고〉·〈殷代의 殉葬 문제에 관해 거듭 서술하다〉·〈奴隷制 時代〉 등의 글에서 商代가 노예 사회라는 견해에 대해 진일보한 논증을 하였다. 그는 대량의 甲骨文 자료와 考古 자료에 대해 과학적으로 분석한 뒤에 "殷人의 王家 노예는 매우 많으며 私家 노예도 적지않은 수에 달한다. '犧牲이 되어 매매된' 실례가 비록 아직은 찾을 수 없지만 '犧牲이 되어 도살된' 예는 이루다 셀 수 없을 정도로 많다. 당시의 주요 생산은 농업이고, 농경에 종사하는 군중은 '畜民' 중에 최하등이어서 殷代가 노예 사회라는 것은 문제가 되지 않는다"고 논증하였다.[25]

《中國史稿》제1책　郭沫若이 책임편집한 것으로서, 1976년 人民出版社에서 출판하였다. 이 책은 전면적이고 체계적으로 중국 고대 사회에 대한 郭沫若의 견해를 반영하였다. 郭沫若에 의해 책임편집된 《中國史稿》는 1958년부터 편찬되기 시작했으며, 1962년 대학의 文科 試用 교재로 발간되었다. 《中國史稿》는 마르크스주의 학설의 지도하에서 문헌 자료와 考古學 자료(甲骨文·金文 등의 문자 자료 포함)를 유기적으로 결합하여 과학적으로 중국 고대 사회의 면모를 회복시켰으며, 이후 통사의 편찬에 범례를 제공해 주었다.

《甲骨學商史論叢》初集·2집·3집　胡厚宣의 저작이다. 初集은 전4책으로 1944년에 齊魯大學 國學硏究所(四川 成都 華西壩)에 의해 초판 2백 부가 출판되었다. 2집 上·下册은 1945년에 역시 齊魯大學 國學硏究所에 의해 초판 2백 부가 출판되었다. 3집은 《甲骨六錄》이며, 1945년에 齊魯大學 國學硏究所에 의해 역시 초판 2백 부가 출판되었다.

《甲骨學商史論叢》初集 1책에는 徐中舒의 序文, 高亨의 序文, 繆鉞의 題辭, 自序 등이 있다. 이 책에 수록된 論文은 〈殷代封建制度考〉·〈殷代婚姻家族宗法生育制度考〉·〈殷非奴隷制度論〉 등이 있다. 初集 2책에 수록된 論文은 〈殷代工方考〉·〈殷代之天神崇拜〉·〈殷代年歲稱謂考〉·〈'一甲十癸' 辨〉·〈甲骨文四方風名考證〉·〈論殷代五方觀念及中國稱謂之起源〉 등이 있다. 初集 3책에 수록된 論文은 〈卜辭下乙說〉·〈殷人疾病考〉·〈殷人占夢考〉·〈武丁時五

種記事刻辭考〉 등이 있다. 初集 4책에 수록된 論文은 〈殷代卜龜之來源〉·〈卜辭地名與古人居丘說〉·〈釋死〉·〈厦門大學所藏甲骨文字〉·〈讀'曾毅公君殷墟書契續編校記'〉·〈甲骨文發現之歷史及其材料之統計〉·〈引用甲骨文材料簡明表〉 등이 있다. 初集 4책의 글자수는 총 40만 자에 달한다.

《甲骨學商史論叢》2집 上册에는 自序와〈卜辭中所見之殷代農業〉이라는 論文이 수록되어 있다. 下册에는 〈氣候變遷與殷代氣候之檢討〉·〈甲骨學緖論〉·〈甲骨學類目〉 등의 論文이 수록되어 있다. 2집 上·下册의 글자수는 총 25만 자에 달한다.

《甲骨學商史論叢》3집은《甲骨六錄》인데, 책 앞에는 自序가 있다. 수록 甲骨로는 中央大學 소장 甲骨文字, 華西大學 소장 甲骨文字, 清暉山館 소장 甲骨文字, 曾和甫 씨 소장 甲骨文字, 釋雙劍誃 소장 甲骨文字 등 총 6백70편이 있는데, 이 甲骨片들에는 모두 모사본과 아울러 考釋이 붙어 있다.

胡厚宣의《甲骨學商史論叢》初集·2집·3집은 그가 철저하게 殷墟 甲骨文을 정리한 것으로서,《甲骨文字學》과《商史新證》 등 일련의 학술 저작을 편찬하는 초기 작업으로 계획되었다. 그는 甲骨文을 연구하면서 斷章取義와 穿鑿附會의 폐단을 범하지 않으려면 반드시 직접 본 자료가 많아야 한다고 생각하고, 이에 발분하여 중국 내외의 공공 기관과 개인이 소장한 것 중에서 책으로 출간되지 않은 자료를 수집하여 우선 한차례 총결산하는 연구를 하였다. 이런 까닭에 그는 진실로 10년 동안 이미 출판된 모든 책은 반드시 사들일 수 있는 방도를 찾았으며, 아직 출판되지 않은 자료 중에서 그 행방을 알고 있는 것은 반드시 밤을 새워 방도를 찾고 탁본을 빌려서 모사하였다. 중국 내외에서 공공 기관이나 개인이 소장한 것은 비록 1편일지라도 남기지 않았으며, 비록 천금이 들어도 아까워하지 않았다. 게다가 中央研究院에서 차례로 발굴해서 얻은 大版과 조각이 근 3만 편에 달했는데, 작업을 담당한 관계로 이를 감상하여 더욱 상세히 알았다. 지금까지 본 자료는 약 7,8만 편인데, 자료 전체로 볼 때 그 차이는 10분의 1,2 혹은 2,3일 뿐이다. 그는 당시에 볼 수 있는 이미 출판된 43종의 甲骨 기록과 아직 출판되지 않은 22종의 甲骨 탁본, 특히 前 中央研究院에서 소장하고 있는 과학적으로 발굴된 대규모 甲骨 자료의 기초 위에서 甲骨文字에 대해 전체를 총괄해서 철저하게 정리하여[26] 《甲骨學商史論叢》을 완성하였다. 《甲骨學商史論叢》은 자료가 완비된 것은 말할 것도 없고, 당시 사람들이 보기 힘든 과학적으로 발굴한 적지않은 수의 자료를 인용한 책으로 당시의 甲骨文을 집대성한 대작이다.

胡厚宣이 《甲骨學商史論叢》에서 언급한 商史의 범위는 비교적 광범위하다. 위에서 열거한 篇目에서 알 수 있듯이 商代 사회의 경제 기초인 농업 생산을 언급하였을 뿐 아니라 商代의 상부 구조, 예를 들면 封建 制度·婚姻·家族·宗法·生育·天神 崇拜 등의 방면을 언급하였다. 이밖에 商代의 天文·曆法·氣象과 醫學 방면에 대해서도 깊이 있는 연구를 하였다. 《甲骨學商史論叢》은 商代의 정치·경제와 문화의 각 방면을 언급한 백과전서 유형의 저작이다. 책 속의 적지않은 정확한 견해는 대량의 甲骨文 자료를 연구한 기초 위에서 얻어낸 것이다. 이 때문에 이 책은 주장에 설득력이 있고, 세월이 흘러도 항상 새로워서 오늘날까지도 참고 가치가 있으며, 우리가 商代史를 연구하는 데 기초를 세워 주었다.

《甲骨學商史論叢》은 적지않은 곳에서 앞사람들의 견해를 바로잡았는데, 예를 들면 初集 1책의 '殷代焚田說'은 이전 학자들이 卜辭의 '焚'字를 인용하여 "殷人이 燒田 경작법을 이용하였다"고 말한 통설을 뒤엎고, 甲骨文의 '焚'字는 마땅히 "殷人은 항상 풀을 태워서 수렵하였음"을 말해 준다는 결론을 도출해 내었다. 가장 유력한 증거는 《殷墟文字乙編》 2507이다. 〈卜辭下乙說〉에서는 '下乙'은 商王인 祖乙로서 殷代의 이름난 왕이며, 지명이 아니라고 고증하였다. 〈年歲稱謂考〉라는 글에서는 卜辭에서 '歲'라고 일컬은 12개의 예, '祀'라고 일컬은 33개의 예와 '年'이라고 일컬은 6개의 예를 열거하여, 商代에는 '歲'·'祀'·'年'이 통칭이었음을 증명해서 羅振玉·董作賓 등의 학자가 《爾雅·釋天》편에 나오는 "夏代에는 '歲'라 하였고, 商代에는 '祀'라 하였으며, 周代에는 '年'이라고 하였다〔夏曰歲, 商曰祀, 周曰年〕"라는 기록을 墨守한 견해를 바로잡았으며, 商代에는 '年'과 '歲'라는 명칭이 없었다고 하는 것은 착오라고 지적하였다.

《甲骨學商史論叢》에는 적지않은 방면에서 새로운 견해가 있다. 예를 들면 〈殷代婚姻家族宗法生育制度考〉에서는 殷代에는 초기와 말기의 혼인 제도가 다름을 논증하였을 뿐 아니라, 또한 商代에는 이미 종법 제도가 있었고, 이미 求生 의식과 生育의 神 및 重男輕女의 관념과 子子命名의 제도 등이 있었음을 논증하였다. 〈殷代封建制度考〉에서는 周代 5等爵의 내원, 畿服說의 변천을 논술하였다. 또한 殷代의 제도는 周代와 기본적으로 유사하며, 周代의 각종 제도는 마땅히 商代에서 비롯되었음을 논증하였다. 〈5종의 記事 刻辭에 대한 고찰〉 및 〈殷代 卜龜의 내원〉에서는 당시에 볼 수 있었던 5종의 記事 刻辭에 관련된 것을 종합하여 전면적인 연구를 하여, 앞사람들의 논쟁을 해결하였을 뿐 아니라 商代에 龜骨을 채집하고 공납받는 제도 및 商代의 남북 교통 문제 등을 고증하였다. 《甲骨學商史論叢》은 앞사람들이 밝히지 못했던 것들을 논술하여 사람들의 이목을 일신시켜 주었다.

《甲骨學商史論叢》은 甲骨文에 대한 정리·연구에 의거해서 중국의 古書가 상당히 신빙성이 있음을 실증하였다. 예를 들면 〈甲骨文四方風名考證〉 등의 글에서는 《殷墟文字乙編》 4548＋4794＋4876＋5161에 의거하여 劉體智가 소장했던 사방의 바람 명칭을 기록한 大骨(《京》 540)이 위조품이 아님을 논증하였으며, 또한 원래 다수의 학자들이 허황되어 이치에 맞지 않은 말로 간주했던 《山海經》 및 《夏小正》·《堯典》 등이 "그 중 적지않은 부분이 遠古 사료에 의거하고 있음이 확실하다"고 논증하였다.[27]

바로 이러한 이유로 인해 《甲骨學商史論叢》은 출판된 후에 교육부의 '저작 발명 2등상'을 수상하고, 상금으로 大洋(銀洋, 1원짜리 銀貨) 8천 元을 받았다. 일본 立命館大學 文學部의 白川靜 교수는 1953년에 이 책을 보고 "斯學(甲骨學)에서 이전에 보지 못한 최고의 論文集이며, 董作賓의 〈甲骨文斷代研究例〉의 뒤를 이어 한 시대의 획을 그은 또 하나의 저작이다"고 평가하였다.[28] 또 《古代殷帝國》(1957년 출판)의 필자 중 한 사람이며 일본 愛知大學 교수인 內藤戊申은 "通史는 아니지만 殷代史의 주요 방면을 거의 포괄하고 있어서 확실히 殷代 연구의 최고봉이라고 할 만하다. 이 책으로 인해 일거에 갑골학계에서 胡厚宣의 위치가 확정되었으며, 王國維·董作賓과 함께 3대 갑골학자 중의 한 사람이 되었다"고 평가하였다.[29]

胡厚宣의 《甲骨學商史論叢》은 오늘날까지도 중국 내외 갑골학자의 필독 참고서이다. 일찍이 일본 最高國家學術功勳賞을 수상했던 京都大學의 貝塚茂樹 교수는, 1963년에 그가 지은 《신의 탄생: 中國史》의 앞머리에 있는 提

要에서 그가 이 책을 쓴 동기 중의 하나가 바로 "중국의 갑골학자 胡厚宣이 殷代의 四方神과 四方風神의 祈年祭 卜辭를 발견했기 때문"이라고 말하였다. 《甲骨學商史論叢》은 중국 내외에서 지극히 높은 평가를 받았으며, 일본·홍콩·대만에서 여러 차례에 걸쳐 재판되었다.

《商殷帝王本紀》 周鴻翔의 저작으로서, 1958년에 홍콩에서 출판되었다. 앞부분에는 饒宗頤의 序文과 작자의 自序가 있다. 全書는 네 부분으로 구성되어 있다. 1) 夏·商·周 帝系 비교표, 2) 前論(商殷의 바른 명칭, 卜辭에 나타난 商의 先公인 上甲 이전에는 정벌이 없었다는 견해, 王亥非振說〔商王의 조상 王亥는 《史記》에 나오는 振이 아니라는 견해〕, 商殷 諸王의 系年, 卜辭에 나타난 商殷의 남녀지위평등설, 商殷 제왕의 별명·배우자·재위 연수 및 도읍 소재 총표 등 5개 항목을 포괄함), 3) 本紀, 4) 附圖, 甲骨에 보이는 商殷帝系表.

이 책의 본론은 本紀 부분이다. 作者는 "本紀에서는 단지 간단명료하게 서술하였고, 註解에서는 되도록 자세하게 서술하였다. 全書의 체재는 司馬遷의 《史記·殷本紀》와 皇甫氏의 《帝王世紀》 및 2권의 《紀年》을 經으로 삼고, 六藝·諸子書·甲骨 및 다른 사적과 근대 학자의 논저를 緯로 삼았다. 다른 책들을 참고하여 이 책을 편찬하였다"라고 하였다.[30] 고대 전적 중의 商代 제왕에 관련된 사료는 기본적으로 이 책 속에 망라되어 있다. 바로 饒宗頤가 이 책의 序文에서 지적한 바와 같이, 이 책은 經典을 위주로 하고 甲骨 자료 및 여러 학자의 새로운 견해를 취사선택해서 수용하였으니, 그 취한 것이 믿을 만하고 마음에 들며, 이전에 언급되지 않은 것을 보충하여 商史 연구를 하는 데 일정한 참고 가치가 있다.

《殷代地理簡論》 李學勤의 저작으로서, 1959년 科學出版社에서 출판하였다. 이 책은 다음과 같이 여러 부분의 내용으로 구성되었다. 제1장 殷·商과 商의 서쪽 수렵 구역, 제2장 帝乙 10년에 人方을 정벌한 노정, 제3장 殷代의 多方, 부록에는 殷代의 王卜辭分類表 등이 있다.

《殷代地理簡論》은 신중국 성립 후에 출판된 저작으로서, 商代의 지리 연구와 관계된 유일한 전문 저작이다. 이 책은 다음과 같은 몇 가지 특징을 가지고 있다. 첫째, 우선 卜辭에서 서로 이웃하고 있거나 혹은 商王이 지나간 지명의 내재 관계를 찾고 나서 지명에 대해 고석과 대조를 하였다. 이 책의

序文에서는 "이 책 속에서 우리는 安陽, 즉 '殷'이라는 이 긍정적인 사실을 기점으로 하여 殷代의 역사·지리 및 관련된 역사 사건을 연계시켜 보려고 시도한 것이다"라고 말하였다. 앞사람들이 殷代의 지리를 연구해 놓은 것은 대부분 단순하고 고립적으로 甲骨文 地名의 고석을 가지고 현재의 지명과 억지로 비교하거나, 혹은 고문헌에 기록된 3대(夏·商·周)의 도읍을 근거로 해서 甲骨文을 연구하였기 때문에 왕왕 甲骨文 지명의 실제와 부합하지 않았다. 郭沫若은 《卜辭通纂考釋》에서 殷王의 수렵 지역인 '衣'라는 지역에 대해 河南省 沁陽縣 부근 및 '罳'·'衣'·'盂'·'雝' 등 서로 인접한 4개 지역에 대해 고증을 함으로써 지명 사이의 연계를 운용하여 체계적으로 고증하는 방법을 창시하였다. 《殷代地理簡論》은 바로 이 방법을 채용하여 殷代의 지명에 대해 고증한 책이다. 어떤 사람은 "학술 연구의 노선 방향으로 말한다면, 이 책에서 노력한 방향은 역시 옳은 것이다"라고 평가하였다.[31] 둘째, 이 책은 大邑인 商의 서남부 수렵 구역 및 일부 유관한 지명에 대해 '凡區'·'敦區'·'盂區'·'邵區'로 나누어 비교적 상세하게 이들을 결부시켜 논술함으로써 "이들 수렵 구역은 동쪽으로 河南省 輝縣을 기점으로 해서 서쪽으로 山西省 南隅 및 그 이서 지역과 太行山 이남, 黃河 이북에 이른다"고 확정하였다. 이것은 기존 연구의 기초 위에서 한걸음 발전시킨 것이다.[32] 셋째, 이 책은 몇 가지 문제에 대해 탐색하고 있는데, 예를 들면 商代 말엽 '10년에 人方을 정벌'한 것은 마땅히 帝乙 시기이지 帝辛 시기가 아니라고 제기하였다. 또한 수렵 구역이 점차로 농토로 변화되었음을 제기하여, "盂는 이 구역 중에서 가장 중요한 곳으로서, 풍년이 될 것이라는 점괘가 적힌 卜辭가 있기 때문에 농업 구역이라고 볼 수 있다"고 하였다. 고문자학자 張政烺은 이 견해에 대해 깊이 찬동하고, "이 문제에 관해서 나는 완전히 李學勤 동지의 의견에 동의한다"고 말하였다.[33] 이밖에도 이 책에는 武丁 시기의 중요 적국과 商王朝의 전쟁을 여러 시기로 나누었는데, 이러한 것들은 모두 매우 의의가 있는 작업들이다. 비록 책 속에서 몇 가지 새로운 문제들이 제기되었지만 어떤 것은 지나치게 간략하게 논술되었고, 어떤 것은 논증이 없다. 이밖에 人方을 정벌해서 도달한 攸의 지리 위치를 大散關 일대라고 고증하였는데, 이는 학자들이 일반적으로 淮河 유역이라고 생각하는 것과는 다르며, 그 방위는 서로 큰 차이가 난다. 비록 이러하지만 《殷代地理簡論》은 陳夢家의 《殷墟卜辭綜述》에 서술된 방국·지리에 관한 부분과 함께 商代 지리를 연구하는 데 비교적 유용한 참고서이다.

《商周史料考證》 丁山의 저작으로서, 1960년 龍門聯合書局에서 출판하였다. 全書는 총 12장으로 구성되어 있다. 제1장 殷墟 考古의 조감, 제2장 洹滴과 商虛, 제3장 盤庚이 殷으로 천도하기 이전의 商族의 발자취 추적, 제4장 盤庚이 蒙澤으로 이주하고 武丁이 小屯에서 시작함, 제5장 神話 時代의 商人 생활의 추측, 제6장 傳說 時代의 王號와 傳統, 제7장 武丁의 武功, 제8장 武丁의 內治, 제9장 武丁 이후 각 왕의 총 재위 햇수, 제10장 孝己와 康丁 사이의 世系의 보충 증거 및 주요 사건, 제11장 武乙은 河水와 渭水 사이에서 죽었다, 제12장은 표제가 없으며, 商末·週初의 文丁에서 帝辛 시기까지의 인물 및 사적을 고증하였다.

이 책은 丁山의 유작이다. 이 책에는 대량의 甲骨文·金文 자료 및 고문헌 속의 기록이 수집되어 있으며, 아울러 전대 학자들의 해설을 널리 언급하고 商代와 周代, 특히 商代의 역사상의 문제들을 논술하였다. 비록 관련된 甲骨 자료의 해설이 약간 오래된 것이 흠이지만, 이 책은 자료가 풍부하고 관련된 범위가 비교적 넓어서 商史를 연구하는 데 일정한 참고 가치가 있다.

《50년 甲骨文 발견의 總結》 胡厚宣의 저작으로서, 1951년 商務印書館에서 출판하였다. 全書는 1) 머리말, 2) 甲骨文의 명명, 3) 甲骨文의 인식, 4) 甲骨文이 출토된 곳, 5) 甲骨文의 수집과 유포, 6) 과학적으로 발굴된 甲骨文字, 7) 전후 甲骨文의 출토와 取材, 8) 50년간 甲骨文 출토 총계 등 모두 8장으로 구성되어 있다.

이 책은 1899년 甲骨文이 출토되기 전의 역사와 1899년 이후의 비과학적 발굴 시기 및 1928년 이후의 과학적 발굴 시기에 출토된 甲骨文 및 유포 상황을 상세하게 소개하였다. 이 책과 胡厚宣이 1984년 《史學月刊》 제5기에 발표한 論文 〈八十五年來甲骨文材料之再統計〉는 甲骨의 원류 및 甲骨學史를 연구하는 데 중요한 참고 문헌이다.

《甲骨學 60년》 董作賓의 저작으로서, 1965년에 대만 藝文印書館에서 출판하였다. 이 책은 1955년에 출판된 《甲骨學 50년》의 기초 위에서 이를 수정·보충하여 재판한 것이다. 嚴一萍의 後記,《甲骨學 50년》序文, 영역본 편집 후기 등이 실려 있다. 본문은 1)解題와 槪說, 2)殷代 문화 보고의 개발, 3)전기 연구의 경과, 4)후기 연구의 경과, 5)甲骨文 자료의 총계, 6)최근 10년간의 甲骨學 등으로 구성되어 있다. 뒷부분의 부록에는 董作賓의 생전 사진, 약력과 殷墟 발굴 작업의 실물 도편 45폭을 포괄하고 있다. 또한 董作賓·胡厚宣이 편찬한 〈甲骨年表〉 및 董作賓·黃然偉가 편찬한 〈續甲骨年表〉가 책 뒤에 붙어 있다. 〈최근 10년간의 甲骨學〉 1장, 殷墟 발굴한 실물 도편, 〈甲骨年表〉正·續은 새로 증가된 것이다.

《甲骨學 60년》은 甲骨文의 발견과 발굴의 역사를 상세하게 서술하고, 아울러 출토된 甲骨 자료에 대해 총계를 내었다. 특히 중요한 것은, 이 책이 1899년부터 1955년까지의 甲骨學 연구에 대해 총결산을 하였다는 점이다. 아울러 1928년 殷墟의 과학적 발굴 작업을 경계로 해서 甲骨學 연구를 전기와 후기로 양분하였다. 전기 연구의 주요 성과는 字句의 考釋과 篇章의 통독이고, 후기의 주요 성과는 分期〔시기 구분〕의 정리와 分派의 연구라고 할 수 있다. 이것은 매우 개괄적이면서 정확한 것이다. 이 책에는 또한 금후의 甲骨學 연구를 위해 방향을 지적하였다. 즉 甲骨學의 앞길을 전망해 보면, 첫째는 자료를 전부 모아야 하고, 그 다음은 綴合하여 복원해야 하며, 그 다음은 색인과 공구서를 편찬해야 한다. 연구 방법은 이전의 시기 구분과 분류를 따르는 것 이외에 '分派'의 관찰에 더 주의해야 하는데, 이렇게 하면 시일이 지나면서 甲骨學이 정확한 결론을 얻을 수 있을 것이다!

뒷부분의 〈甲骨年表〉는 1930년에 작성된 〈甲骨年表〉의 기초 위에서 '수정 증보하여 새로 펴낸 것'인데, 1899년부터 1936년까지를 수록했다. 또한 〈續甲骨年表〉는 1937년부터 1961년까지를 수록했다. 年表는 모두 3란으로 구분되어 있다. 1란은 紀年 부분이고, 2란은 記事 부분(甲骨文의 발견·유포 및 연구 저술 상황을 포괄함)이며, 3란은 撰著 부분(중국과 외국 학자의 甲骨文 전문 저작과 論文을 상세하게 열거함)이다. 〈甲骨年表〉의 記事欄에는 모두 97조가 기록되어 있고, 撰著欄에는 모두 3백33조가 기록되어 있다. (原表의 記事欄에서 29조, 撰著欄에서 84조를 수정·증보하였다.) 1930년 7월 이후 1936년까지는 원래의 年表에는 없었으나 현재는 記事欄 23조, 撰著欄 1백87조를 증가시켰다. 〈續甲骨年表〉의 記事欄은 36조이고, 撰著欄은 5백72조이다. 1899년 이후에 발생한 甲骨學 연구의 중요 사건 및 발표된 논저는 〈甲骨年表〉와 〈續甲骨年表〉 속에 모두 반영되어 있다.

총괄적으로 말해서, 《甲骨學 60년》은 甲骨學 대가 董作賓이 甲骨學 연구 60년, 특히 앞의 50년에 대해 유리한 위치에서 총결산한 것이다. 甲骨學 연구에서 얻은 적지않은 분량의 중요 성과는 모두 그 자신과 밀접한 관계를 가지고 있다. 바로 嚴一萍이 序文 속에서 "50년 동안 무수한 학자들의 연구 노력을 거쳤지만 요점을 간단 명료하게 제시하여 甲骨學 체계를 세운 사람은 오직 彦堂(董作賓의 字) 선생뿐이다. 첫째, 만일 貞人을 발견하지 못했다면 시기 구분을 할 수가 없었을 것이다. 둘째, 만일 殷代의 曆譜를 세우지 못했다면 정확한 殷商의 年代를 확정할 수 없었을 것이고, 또한 예제상의 新・舊 分派를 알 수 없었을 것이다. 오늘날 10만 편의 甲骨은 이 체계에서 이탈할 수 없다. 다시 말해서 甲骨은 이미 전문 학문이 되는 기초를 가지게 되었다"라고 말하였다. 이런 까닭에 《甲骨學 60년》은 학계에 대해 말하면, 과거 甲骨學 연구의 총괄적인 보고서일 뿐 아니라 더욱이 금후 甲骨學 연구의 이정표이다.

《건국 이래의 甲骨文 연구》 王宇信의 저작으로서, 1981년에 中國社會科學出版社에 의해 출판되고, 1982년에 재판되었다. 앞부분에는 胡厚宣의 序文과 李學勤의 序文이 있다. 全書는 모두 8장으로 구성되어 있다. 제1장 건국 이전 50년의 甲骨文 발견과 연구의 회고, 제2장 건국 이래의 甲骨文 발견과 기록, 제3장 건국 이래의 甲骨文 연구, 제4장 건국 이래의 甲骨文 연구와 考古學, 제5장 건국 이래의 甲骨文 연구와 歷史學, 제6장 건국 이래의 甲骨文 연구와 고대 과학 기술, 제7장 郭沫若의 甲骨文 연구에 대한 탁월한 공헌, 제8장 30년 이래 甲骨學의 진전과 중국 甲骨文 연구의 전망이다. 뒷부분에는 부록이 있는데, 하나는 甲骨文의 주요 기록 및 그것의 통용 약칭이고, 또 하나는 건국 이래의 甲骨文 편년 주요 논저 목록(1949-1979년 9월)이며, 나머지 하나는 건국 이래의 甲骨文 작자의 주요 논저 목록이다.

신중국이 수립된 이후는 중국의 甲骨學 연구가 역사유물주의의 지도하에서 깊이 있게 발전한 시기이다. 이 책은 이 새로운 시기의 甲骨文 발견과 연구의 중요 성과를 개괄하고 소개하기 위해서 쓴 것이다.[34] 유명한 갑골학자 胡厚宣은 이 책의 序文에서 "우리는 반드시 전면적으로 앞사람들이 연구한 과학적인 성과를 계승하고, 아울러 앞사람들이 연구한 기초 위에서 끊임없이 발견하고 발명하고 창조하고 전진해야 한다.《甲骨文合集》의 출판과 금후 연구 작업이 심도 있게 진행됨에 따라서 우리는 건국 이래의 甲骨文 연구에 대해 전면적인 총결산을 하고, 아울러 과학적인 결론을 얻은 문제들, 한창 탐색을 하고 있는 문제들, 막 제기된 문제들 등에 대해서 정확하게 이해하는 것이 매우 필요하다"고 말하였다. 그는 "이《건국 이래의 甲骨文 연구》는 비록 30년간의 甲骨文 연구 성과의 각 방면이 모두 갖추어진 것이라고 말할 수는 없지만, 그러나 갑골학계에서 얻은 주요 성과 및 제출된 주요 문제들은 기본적으로 이 책 속에 개괄되어 있다……. 이 책의 내용 방면에서 말하면 甲骨學·古代史·考古學과 科學技術史 등의 방면을 연구하는 사람들에게도 상당한 참고 가치가 있다"고 주장하였다. 李學勤은 序文에서 "甲骨學이라는 무대를 섭렵하는 데 뜻을 둔 사람들에 대해서 王宇信 동지의 이 책은 매우 훌륭한 안내서이기 때문에 성의를 다해 추천할 만하다. 이 책은 근 30년간의 甲骨學의 성과를 개괄하였을 뿐 아니라 甲骨學 연구의 미래 방향을 제시하였기 때문에, 비록 이 학문에 이미 상당히 익숙해 있는 독자라도 이 책으로부터 크게 계발될 수 있다"고 지적하였다. 뒷부분에 있는 주요 논저 목록은 1949년에서 1979년까지 중국 내에서 출판된 중요 甲骨學 논저를 수록하였는데, 특히 관련된 작자의 논저와 胡厚宣의《50년 甲骨學 論著目》을 서로 접목시키면 연구자가 해당 논저를 찾아볼 때 매우 편리하다. 미국 캘리포니아대학 버클리 분교의 歷史學科 교수 카이틀리〔吉德煒〕는 1982년《하버드대학 아시아 연구 잡지》제42권 제1기에서 "《건국 이래의 甲骨文 연구》는 1949년 이후의 甲骨學 연구에 대해 매우 귀중한 결산을 하였으며……구체적으로는 중국 甲骨文 연구의 현상을 포함하고 있는데, 조리가 분명하고 뛰어난 식견을 가지고 있어서 논술이 뛰어나며 지도적인 의의가 풍부하다. 이 책에 수록된 문헌 목록은 사람들을 고무시키며, 나는 이 책을 높이 평가함과 아울러 독자들에게 추천하는 바이다"라고 평가하였다.[35]

《殷墟卜辭研究——科學技術篇》 溫少峰·袁庭棟의 저작으로서, 1983년

四川省 社會科學院出版社에서 출판하였다. 모두 8장으로 구성되어 있으며, 각기 甲骨文 자료에 반영된 商代의 天文學·曆法·氣象學·農業·牧畜·交通과 驛傳·醫學·手工業 등의 방면에서 얻은 성과를 논술하였다. 이 책은 자신들의 연구 결과를 결합해서 근래 甲骨文 연구 중에 반영된 殷代 과학 기술의 성과를 종합 서술하였으며, "최대한 선배·스승 혹은 동시대 학자들의 중요한 성과를 개괄하고 신빙성이 높은 것을 선택하여 따랐다. 물론 이 과정 속에서 우리도 당연히 수많은 문제에 대해 우리의 견해를 제기하고, 새로운 자료를 제시하여 새롭게 문제를 해결하고 아울러 새로운 문제를 제기하게 되었다……. 本書에는 과학 기술 문제에 관련된 1천여 가지의 卜辭 자료를 인용하고 고석하였으며…… 현재 卜辭 중에서 과학 기술과 관련된 중요한 자료는 마땅히 '대체로 이와 같다'고 말할 수 있다"라고 말하였다. 《殷墟卜辭研究──科學技術篇》은 현재 전문적으로 商代 과학 기술의 성과를 논술한 종합적 성격의 유일한 저작으로서, 商代 과학 기술의 발전을 반영했고, 아울러 甲骨文 자료를 이용해 고대 科學技術史를 연구하는 진행 과정을 반영하여 우리가 고대 科學技術史를 연구하는 데 상당한 참고 가치가 있다.

제4절 중요한 공구서와 입문서

甲骨文의 공구서는 甲骨學의 과학적 성과의 반영이자 총결산이며, 甲骨學이 심도 있게 발전하는 데 필요한 것이다. 甲骨學 입문서는 甲骨學 지식을 보급하고, 학문 자체의 성과와 가치를 널리 알려서 더욱 많은 甲骨學 연구 예비 역량을 배양·양성하고, 甲骨學 연구 대열을 항상 젊게 보존·유지해서 甲骨學 연구 대열의 활력을 증강시키는 중요한 보증이다. 87년 동안 수많은 학자들이 이 방면들에서 적지않은 작업을 하여 초학자들의 추대와 존경을 받고 있다. 그들의 관련 저작은 甲骨學史上 마땅히 중요한 지위를 차지해야 한다.

《甲骨文編》 中國科學院 考古研究所에서 편집한 것으로서, 1965년에 中華書局에서 출판하였다. 이 책은 孫海波가 1934년에 출판한 《甲骨文編》의 개정본으로서, 내용이 추가되었고 체례도 개정되었다. 이번의 편집·출판에는 이미 저술된 41종의 甲骨書 중 간행·유포된 자료를 충분히 이용하였는데, 正編에는 모두 1천7백23자(《說文解字》에 보이는 것은 9백41자)가 수록되어 있고, 부록에는 2천9백49자가 수록되어 있어, 총 4천6백72자의 甲骨文 낱글자가 全書에 수록되어 있다. 즉 볼 수 있는 甲骨文 중 이미 확정된 것과 아직 해석이 확정되지 않은 낱글자가 기본적으로 이미 갖추어졌다고 말할수 있다. 《甲骨文編》은 문자의 고석 방면에서도 새로운 성과를 많이 수용하였다. 비록 9백여 자의 글자만이 확인할 수 있지만 원본이 5,6백 자만을 판별한 것과 비교해 보면, 이미 많은 것을 증가한 것이다. 本書의 正編에 수록된 낱글자는 《說文解字》部首의 순서에 따라 14권으로 편찬하였다. 正編의뒤에는 合文 및 附錄(上·下)·檢字 등이 있다. 檢字는 隷定字의 필획순으로하였으며, 아울러 권수과 쪽수를 밝혀서 찾아보는 데 편리하도록 하였다. 《甲骨文編》은 수록 글자가 비교적 많아서 역사학자·고고학자가 연구하고찾아보는 데 편리한 공구서이다.

《古文字類編》 高明이 편찬한 것으로서, 1980년에 中華書局에서 출판하였다. 이 책은 3편으로 나누어져 있는데, 즉 제1편은 古文字, 제2편은 合體文字, 제3편은 徽號文字이다. 제1편은 4개의 난으로 나누어서 문자를 집록하였다. 이를 살펴보면 제1란은 商·周 時代의 甲骨文이고, 제2란은 商과 西周시기의 金文이고, 제3란은 春秋·戰國 時代의 石刻·竹簡·帛書·載書·符節·璽印·陶文·貨泉文 등이며, 제4란은 秦篆이다. 수록된 문자는 주로 현재 이미 고석이 확정된 것이며, 대체로 시대순으로 각란에 배열되어 있어서 매글자마다 각 시기의 字體 변천을 관찰하기에 편리하다. 이 책에는 모두 3천56자의 낱글자가 수록되어 있다. 제2편은 合體文字인데, 甲骨文·銅器 銘文·盟書 및 기타 刻辭 등 3개의 난으로 나누어져 있으며, 모두 3백4종의合文이 수록되어 있다. 제3편은 徽號文字인데, 甲骨文과 銅器 銘文 등 2개의 난으로 나누어져 있으며, 휘호 5백98종이 수록되어 있다. 이밖에 책 뒤에는 인용서 목록·인용 기물 목록 및 필획순으로 편제한 문자 색인이 있다.

《古文字類編》은 先秦文字를 종합한 매우 가치 있는 공구서이다. 첫째, 이책에는 이미 식별할 수 있는 3천에 달하는 문자가 수록되어 있어, 근래의

考古 작업을 통해 발견한 신자료와 연구의 최신 성과를 반영하였다. 주지하는 바와 같이 《甲骨文編》의 正編에 수록된 식별 가능한 문자는 단지 9백여 자에 불과하다. 《金文編》·《古璽文字徵》·《古陶文孴錄》·《陶文編》 등에 수록된 식별 가능한 문자는 총 2천3,4백 자 정도이다. 그러나 《古文字類編》에 수록된 식별 가능한 문자는 이미 위의 여러 책에서 식별한 문자의 총수를 초월하고 있어서, 이 책은 고문자 연구를 총결산하는 성질의 저작이라고 말할 수 있다. 둘째, 이 책에서는 난을 나누어 시기 구분을 해서 각 시대·각 시기의 고문자를 순서대로 편찬하였는데, 이것은 바로 매우 자연스럽게 수많은 漢字의 발전 과정과 변천 정황을 나타낸 것으로서 이 가운데에서 규율성과 보편성을 띤 수많은 이론적 문제를 총괄할 수 있다.[36]

《古文字類編》과 성질이 유사한 책으로는 徐中舒가 책임편집한 《漢語古文字字形表》가 있는데, 1980년에는 線裝本이, 1981년에는 標準本이 人民出版社에 의해 각각 출판되었다.

《甲骨文字集釋》 李孝定이 편술한 것으로서, 총 8책으로 1975년에 대만 中央研究院에서 출판하였다. 이 책의 제1책은 卷首로서 屈萬里의 序文, 張秉權의 序文, 自序, 凡例, 正文 目錄, 補遺 目錄, 存疑 目錄, 索引, 諸家의 異說, 索引, 後記 및 제1권을 포괄한다. 제2책에서 제7책은 정문 2권에서 13권이 된다. 제8책은 正文 14권 및 補遺·存遺·待考 등의 각 1권으로 되어 있다.

이 책과 《甲骨文編》 및 《續甲骨文編》은 비록 수록한 문자가 모두 똑같이 《說文解字》의 순서에 의해 배열되었지만, 앞의 두 책은 단지 각 글자의 異體만 나열하고 여러 학자의 해설을 수록하지 않았기 때문에 학자들이 어느 글자가 어째서 어떤 의미로 해석되고, 처음 그 글자를 해석한 사람이 누구이며, 어떤 사람에 의해 해석이 확정되었는가 등을 연구하고자 하면 이 두 책에서 알 수가 없다.[37] 《甲骨文字集釋》은 매 甲骨文字와 관련된 여러 학자의 해설을 뒤에 상세하게 나열하고, 아울러 편자의 의견을 첨가하여 이 문제를 해결하였다.

문자를 고석한 논저는, 전문서의 출판 종류수가 비교적 적고 발행 부수도 많지 않기 때문에 찾기가 매우 어렵다. 비록 論文의 발표가 많기는 하지만 여러 학보나 잡지에 산견하여 이것들을 모두 수집하여 갖추기는 매우 어려운 일이다. 《甲骨文字集釋》은 여러 전문서 및 학보에 산견하는 문자 고석과 관련된 論文의 요점을 널리 수집하고, 관련된 문자의 아래에 종류별로 순서를 정해서 수록하여 연구자에게 매우 편리하게 되어 있다. 즉 《甲骨文字集釋》은 70여 년 동안의 甲骨文字 고석을 집대성한 대작이라고 말할 수 있다.

종합적으로 말해서 《甲骨文字集釋》은 정론과 이설을 함께 수록하여 검색의 수고를 줄여 준다. 그것은 초학자가 높은 수준에 이르는 계단이라고 할 수 있으며 학문을 연마하고 의논하는 자료가 되기에 충분해서,[38] 甲骨學 연구의 발전에 대해 장차 커다란 영향을 끼칠 것이다.

그러나 마땅히 지적하고 넘어가야 할 것은, 이 책에서 여러 학자의 고석을 수집한 것이 완전하지가 못하고, 여러 학자의 견해를 인용하는 데에도 오자, 빠진 구절 및 출처가 없는 곳이 적지않다. 이러한 것들은 이 책을 사용할 때 마땅히 주의해야 할 것이다.

《50년 甲骨學 論著目》 胡厚宣이 편찬한 것으로서, 1952년에 中華書局에서 출판하였으며, 1983년에 재판이 나왔다. 책의 앞부분에는 序言과 略例가 있다. 정문은 發現(발견)·著錄(기록)·考釋·研究·通說·評論·彙集·雜著 등 8부류로 나누어져 있다. 각 부류는 정황에 근거하여 약간의 항목으로 다시 나누어져 있다. 이 책은 최초의 甲骨 기록인 《鐵雲藏龜》가 출판된 1903년에서부터 시작해서 1949년에 이르기까지 8백76종의 논저를 수록하고 있는데, 그 중에는 전문서 1백48종, 論文 7백28종이 포괄되어 있다. 이 책에서 다루고 있는 중국 내외의 갑골학자는 2백89명인데, 그 가운데 중국 학자가 2백30명, 외국 학자가 59명이다. 이 책에는 作者 索引·篇名 索引·編年 索引 등이 있는데, 이것에 근거하여 여러 각도에서 관련된 논저의 출판 정황을 찾아볼 수 있다.

이 책은 甲骨文이 1899년에 발견된 뒤의 50여 년간 발표된 관련 논저를 총괄하고 있어 갑골학자·역사학자와 고고학자에게 매우 큰 참고 가치가 있으며, 초학자에게도 중요한 공구서이다.

1949년에서 1979년까지의 甲骨學 논저 목록으로는 王宇信의 《건국 이래의 甲骨文 연구》에 수록된 부록 2 및 부록 3이 있고, 蕭楠의 〈甲骨學論著目 (1949-1979)〉(《古文字研究》 제1집에 수록, 中華書局, 1979년) 및 本書〔《甲骨學

通論》)의 부록 2〈甲骨著錄目〉, 부록 3〈新中國甲骨學論著目〉, 부록 4〈西周甲骨論著目〉 등이 있다.

《殷墟卜辭綜類》 일본인 島邦男이 편찬한 것으로서, 1967년에 汲古書院에서 출판하였다. 다시 1971년에는 增訂本이 출판되었고, 1979년에는 증정판 2쇄가 나왔다.

이 책은 63종의 甲骨 기록서에 수록된 卜辭를 각조에 따라 내용별로 분류·편찬한 것으로 대형의 甲骨 자료서이다. 全書는 총 1백64개의 部首로 구분되어 있고, 部首 뒤의 卜辭는 시대순으로 배열되어 있다. 部首는 대체로 앞사람들이 고석을 확정한 것으로 모두 漢字를 밝혀 놓았으며, 아울러 그 위에다 그 글자가 《甲骨文字集釋》에서 출현하는 쪽수를 표시해 놓아 독자가 이 글자에 대한 여러 학자의 해설을 찾는 데 편리하도록 배려하였다. 책 뒤에는 檢字 索引·釋字一覽이 있어, 注를 단 쪽수에 근거해서 책 속에 열거된 卜辭의 全文을 찾아볼 수 있다. 책 뒤에는 또 필획순으로 편찬한 漢字 索引이 있고, 매글자 아래에는 이 책의 쪽수와 《甲骨文字集釋》의 쪽수가 나열되어 있어서, 이 책 속에서 관련된 卜辭를 찾아볼 수 있고, 《甲骨文字集釋》에서도 이 글자에 대한 여러 학자의 고석을 찾아볼 수 있다.

《殷墟卜辭綜類》는 자료가 풍부하고 내용이 모아져 있으며, 색인이 편리하여 甲骨學과 商代史 연구에 대해 대단히 참고 가치가 있는 대형 공구서이며 자료서이다.

《殷墟甲骨文簡述》 孟世凱의 저작으로서, 1980년에 文物出版社에서 출판하였다. 이 책은 80여 년 동안의 甲骨文의 발견과 연구 정황을 간명하게 총괄하였으며, 특히 甲骨文 속에 반영된 階級 關係·農牧畜業·田獵·氣象·天文·曆法·疾病 등의 방면에서 얻은 연구 성과를 총괄하였다. 이 책은 甲骨文의 발견 정황과 甲骨文의 내용을 이해하는 데 상당한 참고 가치가 있다.

《甲骨文史話》 蕭艾의 저작으로, 1980년 文物出版社에서 출판했다. 이 책은 개괄적으로 甲骨文의 발견과 연구의 역사를 서술하였으며, 아울러 王國維·羅振玉·董作賓·郭沫若·唐蘭·于省吾·陳夢家·胡厚宣 등 선배학자들의 甲骨學 연구에 대한 공헌을 소개하였다. 문장이 간명 유창하고 서술이 생동적이며, 초학자가 甲骨學史를 이해하는 데 필요한 입문성의 저작이다.

《中國甲骨學史》 吳浩坤과 潘悠의 共著로서, 1985년에 上海 人民出版社에서 출판하였다. 이 책은 비록《中國甲骨學史》라고 이름하였지만, 주요한 것은 甲骨學의 기본 지식을 강술하는 데 역점을 두고 있다. 胡厚宣은 이 책의 序文에서 "처음 학습하는 입장에 대해 말한다면, 만일《甲骨文合集》을 정확하게 이해하고 제1차적인 귀중한 사료를 파악하고자 한다면 먼저 甲骨文字를 인식하고 필요한 甲骨學 지식을 구비하지 않으면 안 된다. 현재 甲骨文을 배우고자 하는 청년은 매우 많은데 적당한 참고서가 없어서 마음이 괴롭다. 陳夢家 선생의《殷墟卜辭綜述》은 나름대로의 견해를 가지고 있고 어느 정도 깊이가 있는 대작이지만, 애석하게도 상당수의 청년들은 이 책을 보고 제대로 이해할 수가 없다. 吳浩坤과 潘悠가 펴낸《甲骨學引論》은 청년들이 甲骨文을 학습하는 긴급한 수요에 대처할 만한 것이라고 나는 본다"라고 피력하였다.

《古文字學初階》 李學勤의 저작으로, 1985년에 中華書局에서 출판하였다. 이 책은 古文字學의 여러 분야를 다루고 있는데, 甲骨文·金文·戰國文字·簡牘 등 방면의 내용을 포괄하고 있다. 아울러 고문자를 고석하는 방법 및 고문자 입문 필독서목 등을 언급하고 있다. 또한 甲骨學의 기초 지식을 소개하는 전문성의 章을 두고 있다. 특히 '15개 課題' 章에서는 전문적으로 甲骨學 연구를 하는 데 주의해야 할 몇 가지 문제를 제기하였다. 예를 들면 "실물의 관찰에 근거하고, 문헌을 결합하여 卜辭의 文例를 지적해야 한다" "甲骨文의 시기 구분 연구는 현재 토론이 매우 격렬하게 진행되고 있다" "甲骨의 綴合과 排譜는 역시 정리 작업이 반드시 필요한 부분으로서, 지금도 해야 할 일이 많이 있다" "商代 曆法의 연구는 크게 확대할 필요가 있다" "卜辭 地理의 연구는 마땅히 처음부터 해야 하며, 과거의 성과에 대해서 새롭게 검토해야 한다" 등은 초학자에게 금후의 연구 방향을 지적해 준 것일 뿐 아니라 갑골학계가 성실하게 연구하고 검토해야 할 중요한 과제인 것이다.

이밖에 甲骨學의 기초 지식을 소개한 논저를 살펴보면, 仁言(王宇信)의〈殷墟甲骨文基礎七講〉이《殷都學刊》1985년 제1기에서 제4기까지 연재되었으며, 游壽의《殷契選釋》이 1985년에 黑龍江 人民出版社에서 출판되었다. 游壽의 책은 甲骨 卜辭 辭條와 甲骨 모사본을 추려 놓았으며, 아울러 해석이 있어서 서로 참조할 만하다. 책 뒤에는 字形表가 부록으로 있고, 또한 甲骨文·金文·《說文解字》의 古文 및 三體石經을 서로 대조해 놓았다. 王明閣의 《甲骨學初論》은 1986년 黑龍江 人民出版社에 의해 출판되었다. 이 책은 總論·釋字·解辭·考史 등의 4개 부분으로 나누어져 있으며, 작자가 甲骨學과 고문자 방면에 관련된 과목을 강의하는 데 사용한 강의 원고로서, 강의를 통해 수정하는 과정중에 增訂하여 완성한 것이다.[39] 이밖에 范毓周의 《甲骨文》은 1986년 人民出版社에 의해 출판되었다. 이 논저들은 甲骨을 처음 배우는 사람들에게 큰 참고 가치가 있다.

제12장

甲骨學에 공헌한 학자들 및 그 연구 특징

甲骨文은 1899년 발견된 뒤로부터 오늘날에 이르기까지 이미 15만 편 내외가 출토되었다. 甲骨學과 殷商史에 관한 연구 논저는 이미 2,3천 종 이상에 달한다. 통계에 의하면 87년 동안 甲骨文을 연구한 중국 내외의 학자는 4백 명 이상에 달한다.[1] 이들 중 비교적 영향을 준 학자를 살펴보면 다음과 같다.

첫번째 10년(1899-1909년)에는 王懿榮·劉鶚·孫詒讓과 미국인 칼팬트 등이 활약하였다.

두번째 10년(1910-1919년)에는 羅振玉·王國維와 일본인 林泰輔, 영국인 홉킨스, 캐나다인 멘지스 등이 합류하였다.

세번째 10년(1920-1929년)에는 王襄·商承祚·葉玉森·胡光煒·容庚·聞宥·丁山·董作賓 등이 합류하였다.

네번째 10년(1930-1939년)에는 郭沫若·束世澂·劉朝陽·吳其昌·唐蘭·孫海波·朱芳圃·陳夢家·聞一多·金祖同·胡厚宣과 미국인 브리튼, 영국인 깁슨(H. E. Gibson: 中國名 吉卜生), 구소련인 부나코프(G. W. Bounacoff: 中國名 布那柯夫) 등이 합류하였다.

다섯번째 10년(1940-1949년)에는 于省吾·張宗騫·李旦丘·曾毅公·楊樹達과 독일인 비트푸겔(Karl August Wittfugel: 中國名 魏特夫格) 등이 합류하였다.[2]

여섯번째 10년(1950-1959년)에는 管燮初·李學勤·趙錫元·姚孝遂·饒宗頤·嚴一萍·李棪·張秉權·金祥恒과 일본인 貝塚茂樹·島邦男·赤塚忠·白川靜·池田末利·林巳奈夫·伊藤道治·松丸道雄 등이 증가되었다.

일곱번째 10년(1960-1969년)에는 裘錫圭[3]·林澐·李孝定·許進雄·黃然

偉 등이 합류하였다.

여덟번째 10년(1970-1979년)[4]에는 高明·王宇信·張永山·楊昇南·王貴民·孟世凱·蕭艾·齊文心·蕭楠·陳煒湛·曾憲通·徐錫臺·陳全方과 미국인 카이틀리〔吉德煒〕, 일본인 玉田繼雄, 한국인 尹乃鉉, 구소련인 劉克甫 등이 합류하였다.

아홉번째 10년(1980-현재)에는 蕭良瓊·謝濟·彭邦炯·常玉芝·常正光·吳浩坤·潘悠·袁庭棟·溫少峰 등과 뒤에 나온 우수한 학자들, 예를 들면 宋鎭豪·范毓周·朱鳳瀚·鄭慧生·陳恩林·晁福林 등이 합류하였다.

많은 선배학자들은 甲骨學의 발전을 위해 필생의 정력과 지혜를 동원하여 공헌하였으며, 그들의 수많은 저작들은 甲骨學史上 금자탑이 되었다. 그들이 걸어온 길과 풍부하게 쌓아 놓은 연구 경험은 우리가 성실하게 본받고 계승할 가치가 있다. 선배학자들이 우리에게 남겨 준 이 귀중한 재산을 더욱 잘 계승·발양하고, 앞으로의 연구 작업 중에서 약간의 노력을 더하면 그 이상의 효과를 거두어 연구 수준을 한층 높일 수 있으며, 게을리하지 않고 노력하면 甲骨學 연구의 새로운 국면을 열 수 있다.

제1절 초기 출토 甲骨文의 수집가들

이 시기는 甲骨學 연구의 前 30년, 즉 1899년에 殷墟에서 甲骨文이 발견된 뒤로부터 1928년 대규모로 殷墟 甲骨文을 과학적으로 발굴하기 이전까지를 포괄한다. 이 시기의 甲骨文 발견과 甲骨學 연구에서 얻은 성과에 관해서는 제4장 제2절에서 이미 소개하였다. 여기서는 초기에 출토된 甲骨文에 대해 공헌한 몇 사람의 수장가를 소개하려고 한다.

王懿榮(1845-1900년)

山東省 福山 출신으로, 字는 正儒이고 號는 廉生이다.《淸史稿·王懿榮傳》에 "王懿榮은 書史를 널리 섭렵하고 金石文을 좋아하였으며, 翁同和[5]·潘祖蔭 등과 함께 그의 학문이 널리 알려졌다"고 기록되어 있듯이, 그는 중국의

유명한 금석학자이다. 殷墟 甲骨文은 그가 1899년에 최초로 인식하였으며, 아울러 귀중한 문물로 간주되어 수집되었다.

王懿榮은 淸代 光緒 6년(1880년)에 進士가 되고, 翰林에 임명되었다. 그는 《天壤閣雜記》에서 "천하의 땅 중에서 靑齊 일대〔현재의 山東省 동부를 가리킴〕와 河陜〔현재의 河南省과 陜西省을 가리킴〕에서 漢中에 이르는 길은 모두 골동품이 묻혀 있는 坑이다. 나는 이곳을 지나갈 때마다 미련이 남아 차마 떠나지 못했다"고 술회하였다. 1881년과 1882년에 그는 관리가 된 것을 기회로 山東・陜西・四川 등지에서 고대 문물을 탐색하였다. 전하는 바에 의하면, 그는 陜西省의 寶鷄를 지날 때 神廟에 들러 神祇에게 제사하면서, 그가 진귀한 문물을 얻을 수 있도록 신명이 보우해 달라고 기도하였다고 한다. 〈王文敏公年譜〔王懿榮 年譜〕〉에는 "公〔王懿榮〕은 성격이 옛것을 좋아하였다. 대체로 書籍과 書畵 및 夏・商・周 3대 이래의 銅器・印章・泉貨・殘石・片瓦 등을 귀중하게 여기고, 남몰래 이것들을 감상하였다. 이것들의 年代를 조사해 보면, 經書와 史書를 보충・증거할 수 있을 것이다. 그는 선배들이 들어보지 못한 것을 수집하였으며, 前賢들이 풀지 못한 것을 이해하였다"고 기록되어 있다. 王懿榮은 문물을 수집하면서, "본래 어느 하루라도 큰돈이 있어본 적이 없었다. 극도로 곤궁할 때에는 옷을 전당잡혀서 이를 사거나, 혹은 다른 것을 저당잡혀서 새로운 것을 구입하는 데 대비하였다. 喪中에는 입장이 몹시 난처하여 상점에 1백여 종을 저당잡혔다. 그렇지만 팔아 버리는 것은 원치 않았다"라고 하였다.[6] 바로 수많은 고대 문물을 수집・연구하고, 또 항상 당시의 저명한 금석학자인 陳介琪〔簠齋〕・潘祖蔭・吳大澂[7]・胡石査 등과 함께 학술을 연마하였기 때문에 王懿榮은 문물의 감정과 문자의 고석에 대해 깊은 조예를 갖게 되었다. 주요 저작으로는 《漢石存目》・《六朝石存目》・《王文敏公遺集》(8권) 등이 있다. 바로 王懿榮이 중국의 고대 문물에 대해 정심한 연구를 하였기 때문에 1899년 '상인'이 甲骨을 가지고 北京에 갔을 때, 王懿榮은 殷商 時代의 문물로 감정하고 수천 편을 수집하였는데, 이것이 중국에서 殷墟 甲骨文字 연구의 시작이 되었다.[8] 이 이후로 殷墟 甲骨文은 비로소 '龍骨'에서 귀중한 고대 문화 연구 자료로 탈바꿈하게 되었으며, 중국의 이 고대 문물이 계속해서 대량으로 인위적인 훼멸을 당하는 것을 피할 수 있게 되었다. 王懿榮은 殷墟 甲骨文을 감정하고 수집함으로써 중국 고대의 문화 유산을 보호·발양하고, 甲骨學을 건립하는 데 중대한 공헌을 하였다.

　王懿榮은 유명한 학자일 뿐 아니라 제국주의 침략에 항거한 위대한 민족주의자이기도 하다. 1894년 甲午海戰 이후에 일본은 조선을 점령하고, 중국의 동북 지역에 출병하여 旅順을 점령하였다. 1895년 1월에 일본은 山東省의 榮城을 함락시키고, 전 해군을 동원하여 威海衛를 포위하였다. 이때 51세의 王懿榮은 南書房行走·國子監祭酒에 임명되었는데, 그는 귀향하여 團練〔농민 봉기를 진압하기 위한 지방의 무장 조직〕을 담당하겠다고 주청을 하였다. 그는 황제의 비준을 받은 후에 즉시 北京의 역참에서 濟南으로 가서 山東省 巡撫와 회동하여 국방 업무를 상의한 후에 신속히 登州로 가서 주둔하며 방비하였다.[9] 그러나 오래지 않아 '馬關條約'이 체결되어 淸나라 조정이 주권을 상실하고 치욕적으로 일본과 강화를 하게 됨으로써, 王懿榮은 일본 침략자들과 결사적인 전쟁을 치르려고 하는 壯志를 실현시키지 못하였다. 1900년에 8개국 연합군이 北京에 진공하였을 때, 京城의 團練을 담당하던 대신 王懿榮은 대세가 이미 기울었다는 것을 알았으며, 또 7월 20일에는 아침에 天子의 수레가 서쪽으로 사냥갔다는 소식을 전해 들었다. 즉 慈禧 太后와 光緖 皇帝가 이미 창황히 西安으로 도망간 사실을 알게 되자 마침내 순국하기로 결심하였다. 그는 금 2전을 삼켜도 목숨이 끊어지지 않고 독약을 마셔도 역시 마찬가지여서 결국 우물로 뛰어들어 죽음으로써,[10] 죽음을 두려워하지 않은 위대한 애국자가 되었다.[11]

王襄(1876-1956년)

原籍은 浙江省 紹興이며, 대대로 天津에서 살았다. 字는 綸閣이다. 王懿榮의 소장품 중에서 白旅簠를 얻었기 때문에 별호를 簠室이라고 했다. 王襄은 王懿榮과 기본적으로 동시에 중국 殷墟 甲骨文의 최초 감정자이자 수집가의 한 사람이다.[12]

　王襄은 7세에 서당에 들어가서 經文과 詞章을 환히 익혔다. 20세 이후로는 金石學을 연구하기 시작하였다. 그는 篆書에 뛰어났고 篆刻에 정통했으나, 주된 정력은 甲骨文의 수집과 연구 방면에 썼다. 주요 저작으로는 《簠室古俑》(1909년)·《簠室殷契類纂》(1920년)·《簠室殷契徵文》(1925년)·《古文流變臆說》(1961년, 龍門聯合書局) 등이 있다.

王懿榮은 비록 최초로 甲骨을 감정하고 수집하였지만, 그러나 1900년에 순국하는 바람에 소장한 甲骨에 대해 전면적인 연구를 할 수 없었기 때문에 이 학문에 관련된 논술을 남기지 못하였다. 王襄은 甲骨을 감정·수집한 공이 있을 뿐 아니라 저술을 세상에 전함으로써 甲骨學 연구에 상당한 공헌을 하였다.

첫째, 《簠室殷契類纂》은 甲骨學史上 최초의 字彙集이다. 이 책은 1920년에 출판되었으며, 그후 商承祚의 《殷墟文字類編》(1923년), 朱芳圃의 《甲骨學文字編》(1933년), 孫海波의 《甲骨文編》(1934년) 등과 같은 몇 종의 字彙集이 계속 출판되었다. 王襄의 《簠室殷契類纂》에는 甲骨文字에 대한 그의 연구 결과가 들어 있으며, 당시의 문자 고석에 대한 최신 성과가 흡수되어 있다. 이밖에 《簠室殷契類纂》에는 매글자 아래에서 의미를 해석했을 뿐 아니라 해당 卜辭 전체를 인용하여 辭例로 삼았다. 그래서 독자가 관련 문자의 卜辭 속에서의 위치와 의미를 이해할 수 있게 하였으며, 또한 독자가 그 글자가 출현한 卜辭에 기록된 商代 사회와 역사의 내용을 이해할 수 있게 하였다. 이것은 그후에 출판된 《殷墟文字類編》·《甲骨學文字編》·《甲骨文編》 등의 책에서 해당 卜辭 전체를 인용해서 사례로 삼지 않은 것과 비교해 볼 때, 독자들에게 대단히 편리하다. 《簠室殷契類纂》에서 창시한 이 편집 체례는 후세의 대형 공구서의 편찬에 상당한 영향을 주었다.[13]

둘째, 甲骨文 자료의 공포 방면에서 王襄 역시 공헌을 하였다. 1925년에 출판된 《簠室殷契徵文》은 그가 收藏한 5천여 편의 甲骨 중에서 우수한 것들을 공포한 것으로, 甲骨學과 殷商史 연구를 위해 자료로 제공되었다. 《簠室殷契徵文》의 특징과 가치에 관해서는 제11장 제2절에서 이미 서술하였다.

王襄은 초년에 가세가 빈한하였지만, 그는 온갖 수단을 다 동원하여 甲骨文을 사들이고, 아울러 중국의 이 고대 문화 진품을 보호하기 위해 적지않은 노력을 하였다. 그는 먹고 쓰는 것을 절약해서 모은 돈으로 甲骨을 수집하여 정말로 손바닥 위의 明珠 보듯이 극진히 아꼈다. 1934년에 王襄은 湖

北에서 天津으로 돌아올 때, 甲骨과 기타 집기들을 철도국에서 상자로 포장하여 天津으로 운반하도록 맡겼다. 그런데 天津에서 탁송 물품을 수취할 때 다른 상자들은 모두 있으나 유독 甲骨을 담은 상자만이 보이지 않음을 발견하였다. 다년간에 걸쳐 심혈을 기울여 모은 이 '보배'들이 흔적도 없이 사라진 일은 참으로 그를 극도로 초조하게 만들었다. 후에 50여 일을 이리저리 조사한 끝에 마침내 張家口驛에서 이 甲骨 상자를 찾았다. 그러나 상자는 이미 심하게 훼손되었으며, 상자 안의 甲骨도 이미 감당치 못할 정도로 뒤죽박죽되어 있었다. 원래 철도에서 화물 운송의 책임을 진 사람이 이 상자에 엄청난 보물이 있는 것으로 생각하였는데, 열고 보니 말라비틀어지고 부서진 甲骨뿐이었다. 다행히 그들이 甲骨文의 귀중함을 몰라서 방치하였기 때문에 甲骨이 재난을 면할 수 있었던 것이다. 1937년에 抗日 戰爭이 발발한 이후에 王襄은 직업을 잃고 집에만 있어서 생활이 옹색했다. 天津의 '大羅天' 일대〔현재 어느곳인지 확실치 않음〕의 골동품상이 항상 그의 집에 가서 甲骨을 일본인에게 팔라고 설득하였지만, 王襄은 甲骨을 이미 내륙으로 보냈다고 둘러대었다. 조국의 귀중한 문물을 국외로 내보내지 않기 위하여 그는 차라리 옷가지와 집기들을 팔아서 생활을 유지할지언정 일본인이 제시한 '고가'를 원하지 않았다. 抗日 戰爭에서 승리한 후에 北京 藻玉堂書店의 주인이 학교의 책임자 몇 명과 함께 天津에 와서, 1개월여에 걸쳐 그에게 收藏한 甲骨을 팔아야 한다고 추근거렸다. 비록 이때에는 물가가 올랐을 때이지만, 그는 여전히 거금에 동요되지 않고 한마디로 잘라 거절하였다. 王襄은 일찍이 "甲骨은 조국의 보물이며, 지금은 새로운 것이 발견되지 않고 앞으로도 매우 많은 양이 발견되지는 않을 것이다. 그 대학들은 모두 외국인이 세운 것들인데, 그들에게 팔면 장래에 외국으로 유실될 수도 있다. 중국인이 연구하려고 할 때에 이르면 곤란해질 것이다"라고 말하였다.

해방 초기에서 1952년까지 王襄은 집안 형편이 매우 곤궁하였다. 董作賓은 미국에서 편지를 해서, 그가 甲骨을 미국의 모대학에 팔 생각이 있는지를 물었으나 王襄은 일언지하에 거절하였다. 1953년에 王襄은 天津文史館 관장으로 임명되었으며, 평생 동안 모은 진귀한 甲骨文을 전부 국가에 헌납했다. 1956년에 王襄은 81세의 고령으로 中國共産黨에 참가하여, 애국주의 지식인이라는 이유로 영광스런 무산계급 혁명전사가 되었다.[14] 王襄은 甲骨文을 감정·수집과 간행·공포·연구하는 방면에서 공헌하였을 뿐 아니라, 그의 애국주의 정신과 그가 걸어온 길은 우리들에게 시사해 주는 바가 크다.

劉鶚(1857-1909년)

江蘇省 丹徒 출신으로, 原名은 孟鵬, 字는 雲搏이며, 후에 이름을 鶚, 字는 鐵雲 또는 公約으로 고쳤다. 또한 洪都百煉生이라고 서명하여 1903년에 《老殘游記》를 출판하였다. 이 책은 老殘이라고 불리는 鐵英의 여행 기록으로서, 그가 보고 들은 것을 두루 기록하고 경물을 묘사하였는데 때로 볼 만한 것이 있다. 작가의 신조도 그 속에 보이며, 관리들을 공격한 부분도 많다. 과거의 소설들은 모두 탐관오리의 해악을 폭로한 것이었는데, 청백리의 해악을 폭로한 것은 《老殘游記》에서 시작된다.[15] 이로써 그는 중국 근대의 유명한 소설가가 되었다. 劉鶚 역시 조예가 깊은 금석학자이며, 《鐵雲藏龜》·《鐵雲藏陶》(1904년)·《鐵雲藏封泥》 등의 책을 출판하였다.

劉鶚은 성격이 金石·碑帖·書畵 및 善本書를 좋아하였다. 1895년에는 上海에 살면서 銅器를 구입하여, 이미 고대 기물 수십 점을 모았다.[16] 1901년에 8개국 연합군이 北京을 침공한 후에 사회 질서가 크게 어지러워지자, 일부 고대 문물 수장가들은 잇달아 소장품을 내다팔았다. 劉鶚은 이때 鼎彝·碑帖·書畵 및 善本書를 상당수 사들였다. 특히 殷墟 甲骨文이 발견된 이후로 그는 대량으로 이를 수집하고 연구하여 甲骨學에 대해 중대한 공헌을 하였다.

첫째, 劉鶚은 대량의 甲骨 자료를 수집하고 보호하였다. 1902년 10월에 王懿榮의 아들 王翰甫는 빚을 청산하기 위해 부친이 생전에 소장했던 甲骨 대부분을 劉鶚에게 팔았다. 이밖에도 劉鶚은 方若이 소장했던 3백 편을 얻었고, 골동품상 趙執齋의 손을 통해 3천여 편을 구입하였으며, 劉鶚의 아들 劉大紳은 직접 河南에 가서 1천여 편을 구입하는 등 전후에 걸쳐 총 5천여 편을 모아,[17] 초기에 출토된 甲骨을 수집한 유명한 수장가가 되었다. 비록 劉鶚이 죽은 뒤에 甲骨이 분산되어 여기저기 흩어졌지만,[18] 그가 생전에 대량의 甲骨을 모은 것은 甲骨文 자료의 보존과 수집에 대해 역시 중대한 공헌을 한 것이다.

둘째, 劉鶚은 적극적으로 甲骨文 자료를 간행·공포하여 甲骨學 연구의
발전을 촉진시켰다. 그가 1903년에 출판한《鐵雲藏龜》는 甲骨學史上 최초의
기록이다. 이로부터 甲骨文은 소수의 학자들만이 감상하고 만져 보는 데 제
공되었던 '골동품'에서 광범위한 학자가 연구하는 자료로 탈바꿈되었고, 甲
骨文의 유포 범위가 확대되었으며, 이는 甲骨學 연구를 촉진시켰다. 비록《鐵
雲藏龜》의 출판이 일러서 탁본이 선명치 못하고 위조품들이 일부 수록되기
는 하였지만, 그래도 적지않은 중요 자료를 수록하고 있다. 오늘날까지도 이
책은 甲骨學을 연구하는 데 중요한 서적 중의 하나이다. 劉鶚은 제일 먼저
甲骨文 자료의 탁본을 출판하였기 때문에 甲骨學史上 開創의 공이 있다.

셋째, 甲骨文의 연구 방면에서, 劉鶚 역시 일부 독창적인 견해들을 제기하
였다. 甲骨文이 발견된 이후로 학자들은 그 시대·출토지에 대해 탐색을 진
행하였으며, 劉鶚은 최초로 甲骨文이 '殷人의 刀筆文字'라고 언급하였다.[19]
劉鶚은 갖은 고생을 다해 가며 창업을 하였으므로 甲骨學史上 마땅히 일정한
위치를 차지해야 할 것이다.

劉鶚은 數學·醫術·水利 등 자연과학에도 정통하였다. 光緒 13년(1887년)
8월에 鄭州에서 黃河의 둑이 터져서 그 너비가 5백50여 장에 달했는데, 오래
도록 복구를 하지 못했다. 劉鶚은 1889년 치수 공정에 참여해서 간편한 복장
으로 말을 타고, 노역하는 인부와 함께 일했으며 동료들이 할 수 없는 것들
은 모두 자기가 맡아서 했다.[20] 그리하여 마침내 黃河의 둑을 복구하였으며,
강물의 흐름을 정상으로 되돌려 놓았다. 劉鶚은 치수에 공을 세워 河督〔黃河
의 치수를 관장하는 관리〕吳大澂의 인정을 깊이 받았다. 劉鶚은 또한 근대 자
본주의 문명에 비교적 민감했던 인물로서, 철도를 가설하고 광산을 개발하는
등의 '洋務'를 제창하였다. 그는 1896년에 直隷總監에게 글을 올려 天津에
서 鎭江에 이르는 津鎭 鐵道를 가설할 것을 요구했다. 1897년에 외국 상사인
組福公司에서 山西省의 광산을 채굴하려고 계획했을 때, 그는 중국측의 총
책임자로 초빙되었다. 劉鶚은 "근래에 山西省의 광산을 개발하려고 山西省
순무와 상의를 하고, 그에게 조정에 보고해 달라고 하였다. 山西省의 광산
이 개발되면 주민들이 잘살게 되고, 나라가 부유해질 것이다. 나라에 평소

비축해 놓은 것이 없으면 유럽인이 개발하도록 하는 것만 못하다. 내가 엄밀히 그 제도를 정했으니, 30년간 전 礦路를 나에게 맡겨 달라. 이렇게 하면 저들의 이익은 일시적이고, 우리의 이익은 百世에 달할 것이다"라고 말하였다.[21] 이러한 주장은 탁견이다. 이밖에도 劉鶚은 장사를 하고, 공장을 운영하기도 하였다. 1908년에 袁世凱 등은 원수를 갚기 위해 죄명을 꾸며서 "제멋대로 太倉[중앙 정부의 곡식 창고]의 곡식을 나누어 주었다" "浦口[江蘇省에 있다]에서 땅을 매입하였다"는 것을 이유로 해서 비밀리에 兩江[현재의 江西省·江蘇省·安徽省을 가리킨다] 총독 端方에게 전보를 쳐서 劉鶚을 체포해 新疆으로 유배를 보내게 하였다.

이른바 "제멋대로 太倉의 곡식을 나누어 주었다"는 것은 사정이 이러하다. 1900년에 8개국 연합군이 北京을 함락시켰을 때, 전란으로 말미암아 양식 운반이 막혀서 北京과 天津 일대에 양식이 극도로 결핍되었다. 때마침 劉鶚은 北京에 가서 장부 처리를 하고 있었는데, 北京 주민들 중에 길가에서 굶어 죽은 사람이 상당수인 것을 보고 구제하는 일을 의논하였다. 당시에 '太倉'은 러시아 군대가 점령하고 있었고, 유럽인은 밀가루를 구워서 만든 빵을 좋아하고 쌀을 즐기지 않았는데, 劉鶚은 마침내 러시아군의 우두머리와 太倉의 미곡을 사는 문제에 대해 상담을 하였다. 그는 싼값에 사서, 다시 北京 주민들에게 팔아 北京 주민들이 어렵게나마 살아갈 수 있게 하였으며, 주민들은 이에 힘입어 살 수 있게 되었다. 이것은 본래 재앙으로부터 백성을 구제한 훌륭한 일인데, 오히려 일부 淸 조정의 권력자들에게 "제멋대로 太倉의 곡식을 나누어 주었다"는 명목으로 고발되어 劉鶚이 新疆으로 유배당하는 중요 '죄상' 중의 하나가 되었다. 이와 동시에 劉鶚은 北京에서 '痤埋局'을 설치하여 주인 없는 시체와 해골을 수습하였다. 유명한 愛國俠士인 大刀王五는 바로 劉鶚이 장례를 치러 준 사람이다. 大刀 王五는 당시 京城의 유명한 義俠인데, 그는 8개국 연합군이 北京에서 엄청난 악행을 저지르는 것을 보고 그의 부하 수십 명과 함께 악행을 일삼는 그 침략군들을 때려죽였다. 1901년 11월의 어느 날, 침략군이 石氏 姓을 가진 사람의 저택을 포위하였다. 그때 이곳을 지나던 王五는 의협심을 발휘하여 침략군들과 격투를 해서 수십 명의 침략군을 살해했다. 그러나 중과부적이었고, 또 몸에 수발의 총상을 입어 마침내 王五는 침략군에게 잡혔다. 침략군은 그가 義和團의 '잔당'이라 여기고, 그를 총살시켜서 야만스럽게도 시체를 형장에 내팽개쳤다. 劉鶚이 俠士인 王五의 시신을 수습해서 장례 치른 행위는 애국지사에 대한 동정심을 나타낸 것이다. 이른바 "浦口에서 땅을 매입하였다"는 죄명의 경위는 이러하다. 劉鶚은 浦口가 앞으로는 틀림없이 상품 집산지가 될 것이라고 예견하고, 친척과 재산을 합해 浦口 일대의 땅을 매입하였다. 天津·浦口 간 철도가 개통된 후에 浦口는 종점이 되었다. 과연 劉鶚이 예상했던 것 이상으로 浦口의 땅값이 치솟았다. 浦口의 한 관료는 劉鶚이 산 땅을 강제로 얻고자 하였으나 거절당하자 한을 품고 袁世凱 등과 작당하여 劉鶚을 '매국노'라고 모함하였다. 1909년에 劉鶚은 新疆의 迪化[지금의 우루무치]에서 뇌일혈로 병사하였다.[22]

총괄적으로 말해서, 劉鶚은 근대 초기에 시야를 서방 세계로 돌린 중국인일 뿐 아니라 또한 소설가이며 금석학자이다. 그는 박학다재하고 중국의 고대 문물에 대해 조예가 깊어서, 진위를 감별할 뿐 아니라 문자에 대해서도 상당한 연구를 하였다. 특히 그는 甲骨文에 대한 수집·간행 및 공포와 연구를 하여 甲骨學의 발전에 공헌을 하였다.

제2절 羅振玉·王國維와 '羅王의 學派'

羅振玉과 王國維는 근대 중국 학술사에 중대한 영향을 준 학자들이다. 郭沫若은 羅振玉과 王國維의 업적을 높이 평가하여, "중국의 舊學은 甲骨의 출현으로부터 하나의 신기원이 열렸고, 羅振玉·王國維가 甲骨을 고석한 업적이 있고 나서부터 또 하나의 신기원이 열렸는데, 이는 결코 지나친 말이 아니다"고 말하였다.[23] 羅振玉과 王國維는 많은 학자들을 길러내고, 그들에게 영향을 주었다. 그들과 제자들의 연구 성과는 殷墟의 과학적 발굴 이전에 진행된 甲骨學 연구의 최고 수준을 대표한다. 그래서 초창 시기의 甲骨學 연구를 '羅王의 學派(羅王之學)'라고도 부른다.

羅振玉(1866-1940년)

1866년 江蕭省 淮安에서 출생하였다. 字는 叔蘊 또는 叔言이고, 號는 雪堂 또는 貞松이다. 原籍이 浙江省 上虞縣 永豊鄉이기 때문에 上虞 출신 혹은 永豊鄉 출신이라고 한다. 羅振玉은 5세 때부터 서당에 가서 《毛詩》를 읽었으며, 15세에는 《周易》·《尚書》 등 五經을 완독하고, 16세에는 秀才 시험에 합격하였다. 후에 여러 차례 시험을 보았으나 낙방하였으며, 일찍이 山陽 劉氏·邱于蕃·劉鶚 등의 집에서 훈장 노릇을 하였다. 劉鶚의 아들 劉大紳은 일찍이 羅振玉한테서 공부를 하고, 나중에 羅振玉의 장녀를 아내로 삼았다. 羅振玉은 經書와 歷史書를 숙독하였을 뿐 아니라 訓詁名物·金石文字 등을 섭렵하였다. 1896년에 羅振玉은 上海에서 '農學社'를 창립하고, '農報館'을 창설하여 서방의 농업 기술을 소개하였으며, 아울러 10년 동안 농업 서적 1백여 종을 번역하였다. 일본어 번역 인재를 양성하기 위해 그는 또한 1898년 '東文學社'를 창립하고, 일본어를 강의하였다. 1900년에는 湖廣[湖南省과 湖北省을 가리킴] 총독 張之洞의 초청을 받고 湖北省 武昌으로 가서 農務局을 관장하고, 農校監督을 겸했다. 이 이후로 羅振玉은 벼슬길에 오르면서 淸 정부와 관계를 맺게 되었다.

1901년에 羅振玉은 武昌 江楚編譯局을 관장하고 《敎育》이라는 잡지를 창간했으며, 후에 사직하고 上海로 돌아왔으며, 다시 張之洞과 劉坤一에 의해 일본에 파견되어 교육을 고찰하였다. 1902년에는 盛宣懷에 의해 上海 南洋公學 虹口分校의 감독으로 초빙되었다. 1903년에는 兩廣總督 岑春煊에 의해 교육고문으로 초빙되었다. 1906년에는 端方 등의 추천으로 지방에서 京師〔당시의 수도 北京]로 불려가 學部에서 參事廳行走에 임명되고, 후에 參事로 발탁·승진되어 1911년까지 계속 일본에 머물렀다. 이 기간에 그는 直隷·山西·山東·江西·安徽 등지에서 學務를 시찰하였다. 北京에서 관직에 있을 때, 그는 항상 琉璃廠의 상점에 가서 古書·銅器·碑帖·書畵 및 甲骨 등을 사들였다.

1911년에 辛亥革命이 발발하자, 羅振玉은 淸朝의 遺臣으로 자처하며, 王國維의 전가족과 함께 일본으로 건너갔다. 일본에 있는 동안 羅振玉은 經學과 史學 및 金石學을 전공하고, 《殷墟書契》·《殷墟書契菁華》·《殷墟書契後

編》및《殷墟書契考釋》등의 중요한 저작을 편찬하였다. 1919년에 羅振玉은 일본으로부터 귀국해서 天津에 우거하며 계속 저술 활동에 종사하였다. 1924년에 淸 廢帝의 부름을 받고 南書房에서 궁중의 기물을 정리하였다. 그해 11월에 馮玉祥이 ‘北京政變’을 일으키자, 羅振玉과 陳寶琛은 비밀히 溥儀를 호송해서 일본 공관으로 피신시켰고, 1925년에는 다시 天津의 일본 租界인 ‘張園’으로 비밀히 호송하였다. 羅振玉은 廢帝에 의해 고문으로 임명되고, 1929년에는 다시 旅順으로 옮겨서 일본 제국주의의 세력을 빌려 ‘淸王朝 회복’을 꿈꾸며 僞滿洲國 성립 계획에 참여하였으며, 아울러 1933년에 僞滿洲國 감찰원 원장·滿日文化協會 상임이사에 임명되었다. 1934년에 僞滿洲國은 君主制〔帝制〕로 고쳤는데, 羅振玉은 大典籌備委員會 위원으로 초청되어 ‘敍勳一位’라는 상을 받고 민족의 이익을 팔아먹은 ‘매국노’가 되었다. 1937년 6월에 羅振玉은 은퇴를 하고, 1940년 6월에 旅順에서 병사했다. 이 기간 동안에 羅振玉이 출판한 저작 중 주요한 것으로는《貞松堂吉金圖》3권,《貞松堂集古遺文》20권,《三代吉金文存》20권 등이 있다.[24]

羅振玉은 중국 학술사상 중대한 신사료가 부단히 발견되던 시기에 살았다. 殷墟 甲骨文, 敦煌 寫經 및 서부 각지에서 출토된 漢·晉 시기의 木簡, 內閣 大庫의 元·明 시기 檔案, 四裔의 碑銘, 中州의 明器, 齊魯의 封泥 및 대량으로 출토된 商·周 시기의 靑銅器 등은 학술 연구를 위해서 중요한 신자료를 제공해 주었다. 새로운 발견은 필연적으로 신학문의 흥기를 촉진시켰으며, 이것이 羅振玉에게 광활한 연구 무대를 제공해 주었다. 특히 甲骨學 방면에서 羅振玉의 공헌은 매우 크다. 郭沫若은 “羅振玉의 공로는 우리에게 수많은 진실된 사료를 제공해 주었다는 데 있다. 그가 해놓은 殷代 甲骨의 수집·보존·유포·고석은 실로 중국 근 3천 년간의 문화사상 대서특필할 만한 일대 사건이다”라고 지적하였다.[25] 羅振玉이 甲骨學 연구의 공헌 중에서 주요한 것은 다음과 같다.

첫째, 甲骨文의 수집과 보존 방면에서 羅振玉은 정력을 기울였다. 그는 1906년부터 甲骨을 수집하기 시작했으며, 아울러 골동품상을 통하거나 혹은 직접 사람을 安陽으로 보내서 甲骨을 사들임으로써 총 3만 편에 달하는 甲骨을 얻었는데, 그 중에는 희세의 진품도 적잖이 포함되어 있다. 이에 관해서는 제2장 제1절에서 이미 소개를 하였다. 이와 동시에 羅振玉은 의식적으로 殷墟에서 출토된 甲骨 이외의 다른 문물을 수집하였는데, 이것도 考古學 연구를 위해 자료를 보존하고 축적해 놓은 것이다.

둘째, 羅振玉은 甲骨文 자료의 기록과 유포 방면에서도 매우 큰 노력을 하였다. 최초의 甲骨 기록서인 《鐵雲藏龜》는 바로 羅振玉이 손수 甲骨을 墨拓한 것이며, 아울러 劉鶚에게 출판을 종용했다. 그는 학계의 연구에 제공하기 위해 자신이 소장한 甲骨을 墨拓해서 출판하였다. 그가 편찬한 《殷墟書契》·《殷墟書契後編》·《殷墟書契續編》·《殷墟書契精華》 및 《鐵雲藏龜之餘》 등의 책은 비교적 이른 시기에 출판한 것일 뿐 아니라 인쇄가 선명하여 오늘날까지도 여전히 甲骨學 연구에 중요한 가치가 있다.

셋째, 羅振玉은 甲骨文의 출토지를 河南省 安陽 小屯村으로 고증해서 수정하였으며, 아울러 小屯村이 殷代 말기의 도성이었음을 확정하였다. 이것은 甲骨學과 殷商 시기 考古 연구에 대한 그의 공헌 중의 하나이다. 그 의의에 대해서는 제2장 제1절과 제2절에서 이미 논술하였으므로 여기서는 생략한다.

넷째, 羅振玉은 甲骨文字의 고석과 篇章의 通讀에 대해서도 매우 큰 공헌을 하였다. 그의 《殷商貞卜文字考》·《殷墟書契考釋》 및 《增訂殷墟書契考釋》의 출판은 甲骨文 "기록서가 이미 나왔지만 많은 사람들이 읽을 수가 없어서 힘들었다"고 했던 국면에 종지부를 찍었다.[26] 羅振玉의 《殷墟書契考釋》 등의 책이 甲骨文字의 고석 방면에서 얻은 성취는, 甲骨文字學이 대성황을 이루도록 하였다. 甲骨을 읽고자 하는 사람은 이 책에서 시작하지 않을 수 없고, 중국의 고대 학문을 이야기하는 사람도 이 책에서 시작하지 않을 수 없다.[27]

비록 羅振玉이 고문자를 고석한 방법이 "許愼의 《說文解字》로 말미암아 위로 고대의 古金文을 소급하고, 고대의 金文으로 말미암아 위로 卜辭를 살피는 것"이기는 하지만[28] 그러나 그는 《說文解字》를 參證해서 甲骨文을 고석하면서도 《說文解字》에 속박되지 않았으며, 거꾸로 《說文解字》의 자형과 다른 甲骨文으로 《說文解字》의 오류를 바로잡을 수 있다고 여겼는데, 이것은 앞사람들에 비해 훨씬 뛰어난 생각이다. 羅振玉 이전의 학자들은 《說文解

字》에서 한 발자국도 뛰어넘을 수 없다고 생각하였는데,[29] 그의 이러한 창조 정신은 후세 학자들에게 큰 계시를 주었다.

다섯째, 羅振玉은 甲骨文 자료를 이용해서 殷代 역사를 연구하는 길을 열어 놓았다. 그는 《殷墟書契考釋》에서 7백66조의 卜辭를 통독하였으며, 아울러 내용에 따라 여덟 가지 유형으로 분류하였다. 《增訂殷墟書契考釋》이 출판되었을 때는 이미 1천3백3조를 통독하였으며, 내용에 따라 아홉 가지 유형으로 분류하였다. 바로 그는 제일 먼저 甲骨文 속의 王名을 《史記·殷本紀》속의 王名과 대조해서, "刻辭 중에서 殷代 帝王의 이름과 諡號를 10여 개 발견함으로써, 문득 이 卜辭가 실로 殷王朝의 유물임을 알게 되었다"라고 하였다.[30] 이러한 것들은 후에 王國維가 〈殷卜辭에 나타난 先公·先王考〉 및 〈續考〉를 집필하는 데 토대를 마련해 주었다.

羅振玉은 甲骨學의 발전에 공헌을 하였을 뿐 아니라 섭렵한 것이 광범하여, 漢·晉 시기의 簡牘, 敦煌의 寫本과 敦煌學, 內閣大庫의 檔案, 金石學과 器物學, 經學과 古文字學 등의 방면에 매우 깊은 조예를 가지고 연구를 하였다. 그는 이들 방면에서도 가치 있는 수많은 기록과 연구 저작을 출판하여 상술한 각 학문 분야의 건립과 발전을 위해 기초를 세워 주었다.[31]

여기서 지적해야 할 것은, 1911년 辛亥革命이 일어난 이후에 羅振玉은 역사 조류를 거슬러 행동했다는 것이다. 특히 그는 말년에 기꺼이 일본 제국주의에 의탁해서 淸王朝의 재건에 노력하였다. 이것은 마땅히 비판되어야 한다. 그러나 羅振玉과 王國維처럼 정치적으로는 반동이지만 학술상 공헌이 있는 인물을 대하는 데는 형이상학적 방법이 통하지 않는다. 정치적인 태도를 상관치 않고 전반적으로 긍정하는 것은 당연히 불가하며, 정치적인 태도에 의해 완전히 부정하는 것도 마찬가지로 안 된다. 유일한 방법은 사실에 직면해서, 두 가지 측면에서 관찰하고 생각하는〔一分爲二〕 방법을 운용해서 실사구시적으로 분석하여, 잘못한 점은 비판을 하고 잘한 점은 긍정을 해야 할 것이다.[32] 이것이 우리가 羅振玉과 같은 유형의 학자들을 전면적으로 평가하는 데 취해야 할 정확한 태도인 것이다.

王國維(1877-1927년)

浙江省 海寧縣 출신이다. 字는 靜安 또는 伯隅이고, 號는 觀堂·永觀이다. 중국 근대의 유명한 사학자이며 甲骨 금석학자이다.

王國維는 22세에 上海로 가서, 《時務報》에서 서적 대조 작업을 하였고, 또 羅振玉이 운영하는 東文學社에 들어가서 일본어를 배우고, 羅振玉의 총애를 깊이 받았다. 1901년에는 羅振玉을 따라 武昌農學校에서 교편을 잡았다. 1902년에는 南洋公學 虹口分校에서 교편을 잡고 철학을 연구하기 시작하였다. 1903년에는 通州師範學校에서 심리학·윤리학 교사가 되었다. 1906년에는 羅振玉을 따라 北京에 가서 學部總務司行走 등의 직책을 담당하였다. 1911년에는 羅振玉과 함께 일본으로 건너가서 經學·小學·歷史를 전공하였으며, 또한 羅振玉이 소장한 대규모의 甲骨과 金石 등의 문물을 整理·編輯·考訂하는 데 협조하였다. 1916년에 王國維는 일본에서 돌아와, 上海에서 영국인 하둔을 대신해 《學術叢編》을 편찬하였고, 겸해서 上海 倉聖明智大學 교수가 되었다. 1922년에는 北京大學硏究所 國學門 通訊 지도교수가 되었다. 1923년 그가 北京으로 간 뒤에, 淸나라 廢帝 溥儀는 그를 淸宮南書房行走로 임명했다. 1925년에는 淸華硏究院 교수로 초빙되었으며, 1927년에 頤和園의 昆明湖에서 투신 자살하였다.

王國維는 자신이 昆明湖에 빠져 죽는 것을 淸王朝의 殉葬으로 간주하였는데, 이것은 그가 정치상 혁명에 대해서 두려워하고 적시하였음을 나타내 준다. 그러나 그는 50년이라는 짧은 생애 중에 우리에게 학술 저서·역서 60여 종을 남겨 주었으며, 친히 대조한 古書가 2백 종에 달하여 중국 근대 학술사상 커다란 영향을 준 학자가 되었다. 郭沫若은 "王國維가 학문을 연구한 방법은 근대적이나, 사상·감정은 봉건적이다. 두 시대는 그의 신상에서 격렬한 계급 투쟁을 일으켰으며, 결과적으로는 封建 時代가 그의 몸을 빼앗아 갔다. 그런데 그가 우리에게 남겨 준 것은 그의 지식 생산물이며, 그 우뚝 솟은 높은 누각이 수천 년간의 舊學이라는 성루 위에 색다른 빛을 찬란하게 비쳐 주었다"라고 말하였다.[33]

王國維는 羅振玉과 마찬가지로 중국 甲骨學의 형성과 발전에 커다란 공헌을 하였다. 첫째, 甲骨의 기록 방면에서 王國維가 편찬하고 姬佛佗가 서명한 《戩壽堂所藏殷墟文字》는 劉鶚이 소장했던 甲骨을 공개하여 학계에 상당수의 중요 자료를 제공했다.

둘째, 王國維는 甲骨文字의 고석 방면에서 많은 발명을 하였는데, 그가 쓴 적지않은 논저는 오늘날까지도 높은 참고 가치가 있다. 그의 《戩壽堂所藏殷墟文字》·〈殷卜辭에 나타난 先公·先王考〉·〈續考〉·《殷周制度論》 및 기타 일련의 문자 고석 논저는 甲骨學 연구 초창 시기의 최고 수준을 대표한다. 게다가 王國維의 문자 고석 방법은 중국 '舊學'의 울타리를 뛰어넘어 또 하나의 신기원을 열었으며, 후세 학자들에게 심원한 영향을 주었다. 그가 문자를 고석한 방법은 다음과 같다.

史實과 제도·문물을 고찰해서 그 시대의 정황을 안다. 《詩經》·《書經》에 의거해서 甲骨文의 義例를 고찰한다. 上古音을 고찰해서 가차된 의미를 통하게 한다. 彝器를 참조해서 그 문자의 변화를 검증한다. 여기에서 저기로 가고, 甲을 가지고 乙을 추측하면 알 수 없는 글자, 통하지 않는 의미는 뒷날의 뛰어난 학자를 기다리면 거의 해결될 것이다.[34]

셋째, 王國維는 甲骨文 자료를 이용해서 商代의 역사와 전장 제도를 연구하여 甲骨文의 학술 가치를 최대로 높여 주었다. 그의 〈殷卜辭에 나타난 先公·先王考〉·〈續考〉 등은 문자를 고석했을 뿐 아니라, 더욱 중요한 것은 商史를 고증하였다는 것이다. 이것은 甲骨學 연구를 새로운 단계로 끌어올린 중요한 論文들로서, '문자 시기'에서 '사료 시기'로 진입하였음을 상징한다. 여기에 관해서는 제4장 제2절에서 이미 논술하였다.

넷째, 王國維는 범례를 세우고, 최초로 甲骨 斷片의 綴合 작업을 진행하였다. 그는 1917년에 《戩壽堂所藏殷墟文字》 1·10과 《殷墟書契後編》 上册 8·14를 綴合한 결과, 甲骨文의 上甲에서 示癸까지의 世次가 《史記》에 기록된 것과 다르다는 것을 발견하고, 《史記·殷本紀》의 오류를 바로잡았다.[35] 綴合 작업은 甲骨文 사료 가치의 재발굴일 뿐 아니라 甲骨學 연구에서 필수적으로 진행해야 하는 기초 작업이다. 적지않은 학자들이 王國維의 계시 아래 甲骨의 綴合 방면에서 성과를 내어 甲骨學과 商代史 연구에 완벽한 자료를 제공해 주었다. 여기에 관해서는 제9장 제3절에서 이미 논술하였다.

비단 그뿐만이 아니라 王國維는 학식이 해박하여 상당수의 다른 학문, 예를 들면 金石學과 古代史, 小學과 經學, 宋·元 時代 戲曲學, 流沙墜簡과 敦煌寫經, 西北의 역사·지리, 元史 등의 방면에도 공헌을 하고, 우리에게 대량의 가치 있는 저작을 남겨 주었다.[36]

王國維가 학술 연구의 적지않은 영역에서 거대한 성취를 이룰 수 있었던 것은, 羅振玉이 성취한 것과 마찬가지로 그가 살았던 시대와 뗄 수 없는 관계를 가지고 있다. 첫째, 王國維가 살았던 淸末·民國初 시기에는 서방 자산 계급의 선진 과학 기술이 이미 중국으로 전입되었다. 王國維는《農學報》와 東文學社에서 일할 때, 이미 외국의 농업 과학 기술을 접하고, 또한 수학·물리·화학 등을 열심히 공부하였다. 1902년 일본에서 귀국한 후에는 칸트(1724-1804년)·쇼펜하우어(1788-1860년)·니체(1844-1900년) 등의 철학 저작을 탐독하였다.[37] 근대의 자연과학 및 서방의 철학과 사회과학은 王國維의 과학적인 연구에 큰 영향을 주었다. 바로 그가 당시의 일반적인 봉건학자와 다른 시야를 가지고 있었기 때문에 수많은 과거의 것들이 그의 자산 계급의 관점을 이용한 분석·연구를 통해 봉건학자가 얻을 수 없었던 새로운 결론을 얻었다.[38] 둘째, 王國維가 살았던 시대는 바로 중국 근대 학술사상 새로운 사료가 부단히 발견되었던 시대이다. 이것은 羅振玉에서와 마찬가지로 王國維에게도 광활한 세계를 제공해 주었다. 특히 王國維는 1911년에 羅振玉을 따라 다시 일본에 간 후에, 철학과 宋·元 시기의 희곡 연구를 그만두고 羅振玉의 보살핌 아래서 전문적으로 중국 고대 문물과 古代史를 정리·연구하여 많은 영역에서 풍부한 성과를 거두었다. 셋째, 王國維는 羅振玉과 마찬가지로 淸代 乾嘉學派의 연구 성과를 전면적으로 계승했다. 그러나 乾嘉學派는 顧炎武·閻若璩 등과 같은 계몽 시기의 대학자들, 전성 시기의 戴震·段玉裁·王念孫·王引之 父子 등과 같은 皖派, 惠棟·王鳴盛·錢大昕 등과 같은 吳派를 막론하고 모두 문헌에서 문헌으로 이리저리 고증을 하며, 언제나 전적을 떠나지 않았다.[39] 그런데 王國維는 이들 선배학자보다 한발 앞서서 전적을 매우 중시했을 뿐 아니라, 게다가 특히 出土 문물을 중시했다. 그는 古文字·古器物學·經學·史學이 밀접한 관계를 가지고 있다고 주장하였으며, 1925년에《古史新證》에서 유명한 '二重證據法'을 제기하였다.

우리들은 오늘날 살아서 다행히 紙上의 자료 외에도 地下의 자료를 얻을 수 있다. 이러한 자료로 말미암아 우리들은 과연 지상의 자료를 보충할 수 있으며, 또한 古書의 어떤 부분이 완전히 實錄임을 증명할 수 있는데, 즉 百家의 이치에 맞지 않는 말도 일면의 사실을 표시하지 않은 것이 없다. 이 이중 증거법은 오늘날에야 비로소 가능한 것이다.

王國維는 중국의 고대 전적에 대해 매우 잘 알고 있었고, 또 세상에 전해지는 것과 새로 출토된 고대 문물에 대해 본 것이 매우 광범위하였다. 이 때문에 그는 양자를 결합해서 연구하였는데, 그리하여 새로운 국면을 열어서 중국 학술사에 새 장을 열었다.[40]

王國維는 출중한 능력과 학술 연구에 대한 커다란 공헌으로 일찍부터 羅振玉의 인정을 깊이 받았으며, 羅振玉은 그가 학문을 연구하는 데 좋은 환경을 만들어 주었다. 王國維는 말년에 당시 학계에서 영향력이 컸던 梁啓超·陳寅恪 등과 학술상의 지기가 되었다. 바로 이 '三巨頭'는 중국 학술 연구의 항로를 유도하여 신학문을 부단히 성장하게 하였으며,[41] 중국 근대 학술사에 거대한 영향을 끼쳤다.

그러나 바로 이때, 1927년에 혁명군의 북벌 소식이 北京에 전해짐에 따라서 王國維는 50세라는 한창 나이로 음력 5월 초3일에 昆明湖에 투신 자살함으로써 너무 빨리 자기의 고귀한 학술 생애를 마감하였다. 王國維가 죽은 원인에 관해서는 중설이 분분하다. 清王朝를 따라 殉葬했다는 '殉淸'說이 있고, '羅振玉이 핍박하여 죽게 했다'는 說 등이 있다. 蕭艾는 《王國維評傳》 속에서는 이에 대해 전면적인 분석을 하고, 이것들은 모두 王國維가 죽은 주요 원인을 구성하지 못한다고 지적하였다. 그는 "쇼펜하우어의 비관주의적 인생관이 王國維가 자살한 가장 근본적인 원인이다……. 쇼펜하우어의 唯意志論(voluntarism)과 니체의 초인학설이 더한층 王國維의 자아 의식을 강화시키고 심화시켰다"고 주장하였다. 이로 인해 그는 혁명의 충격을 두려워하였고, 차라리 죽음으로써 '인간'의 존엄을 지켰던 것이다. 그는 차라리 변발을 늘어뜨리고 죽을지언정 남에게 변발을 자르도록 강요당하면서 사는 것을 원치 않았다. 자산 계급의 비관주의자이고 서방의 인문주의자였던

王國維는 이렇게 그의 일생을 마쳤다.

王國維는 우리에게 풍부하고 가치 있는 저작과 고귀한 학문 연구 경험을 남겨 주었으며, 그의 짧은 일생도 반대의 측면에서 우리에게 큰 교육과 계시를 주었다. 蕭艾는《王國維評傳》의 머리말에서 "王國維의 연구를 통해서 나는, 사람은 세상을 살아가면서 반드시 정확한 세계관을 가져야 하며, 학자는 더욱이 선진 이론이 없이는 지도할 수 없다는 것을 더한층 인식하게 되었다. 그렇지 않으면 王國維처럼 특출난 사람도 최후에는 자살의 길을 걸어감으로써 학술 연구상에서도 완전히 중단되어, 시대의 진보를 따를 수 없고, 더욱 크고 새로운 성공을 얻을 수 없게 되는 것이다"라고 말하였다. 이것은 매우 날카로운 지적으로서 우리가 한번 깊이 생각할 만한 것이다.

羅振玉과 王國維는 자신들의 방대한 저작으로써 甲骨學 연구를 위해 기초를 닦아 주었을 뿐 아니라 고문자 연구의 전문 인재를 발탁하고 보살펴 주었다. 關葆謙·柯昌濟·商承祚 등은 羅振玉의 제자들이다. 容庚·商承祚·董作賓·丁山 등은 王國維가 北京大學 國學門에 재직할 때의 연구생들이고, 余永梁·吳其昌·朱芳圃·衛聚賢·劉節·劉盼遂·戴家祥·周傳儒·徐中舒 등은 王國維가 淸華大學硏究院에 재직할 때의 연구생들이다. 唐蘭은 비록 직접 羅振玉과 王國維의 문하에서 가르침을 받지는 않았지만 일찍이 서신으로 羅振玉과 王國維에게 가르침을 청하고 지도를 받았다. '외인 부대〔異軍〕'라고 불려지던 郭沫若조차도 羅振玉과 王國維의 영향을 받지 않을 수 없었다.[42] 郭沫若이 甲骨學의 최고 경지에 올라설 수 있었던 것도 바로 羅振玉의《殷墟書契考釋》으로부터 한차례 비결을 얻어 실마리를 찾은 것이다. 이에 관해서는 제1장 제3절에서 이미 소개를 하였다. 羅振玉과 王國維는 과거의 업적을 계승하고 후학에게 길을 열어 줌으로써 여러 세대의 갑골학자에게 영향을 주고 이들을 양성하였다. 이 때문에 어떤 학자는 이 시기의 甲骨學 연구를 '羅王의 學派(羅王之學)'라고 일컫는다.

제3절 甲骨文의 과학적 발굴 시기에 공헌한 학자들(上)

1928년 殷墟에서 과학적인 발굴 작업을 전개한 이후부터 근대 필드 考古 방법이 甲骨學 연구 영역에 도입되었다. 甲骨學 연구는 시기를 구분하고 상사商史의 전면적 발전 시기를 탐색하여 羅振玉·王國維 시대보다 더욱 풍부한 성과를 거두었다. 이 연구 성과들은 董作賓·郭沫若·唐蘭·于省吾·胡厚宣 등의 창조적인 노력과 불가분의 관계를 가지고 있다.

董作賓(1895-1963년)

河南省 南陽縣 출신으로, 原名은 守仁, 字는 彦堂이고 號는 平廬이다. 6세에 서당에 들어가서 儒家經典과 歷史書를 읽었으며, 16세에 高級小學을 마쳤다. 어려서 집안이 가난하여 일찍이 학업을 중단하고 장사를 하는 형편이었지만, 여전히 독학을 지속하였다. 1915년에 縣立 師範講習所를 졸업한 뒤 학교에 남아 교원이 되었다. 1922년에 北京大學研究所 國學門에 들어가서 王國維를 스승으로 섬겼다. 1925년에 福建 協和大學 國文科 교수로 재직하고, 후에 河南省으로 돌아와서 中州大學文學院 강사로 재직하였다. 1927년에 北京大學研究所 國學文 강사로 재직하다가, 후에 廣州로 가서 中山大學 부교수를 지냈다. 1928년 前 中央研究院 歷史言語研究所 籌備處가 성립된 후에 통신원으로 초빙되었다. 1928년에는 殷墟를 조사하는 임무를 담당하였으며, 아울러 같은 해 실시된 제1차 殷墟의 과학적 발굴 작업을 주관하였다. 1932년에 전임연구원으로 초빙되었다. 그는 여러 차례에 걸쳐 殷墟의 과학적 발굴 작업에 참가하였으며, 또한 기타 각지의 필드 考古 발굴과 조사 작업에 참여하였다. 1934년에 前 古物保管委員會 위원으로 임명되었다. 1937년 亢日 戰爭 발발 후에 殷墟의 과학적 발굴 작업이 중단되자, 董作賓은 歷史言語研究所를 따라 長沙·桂林·昆明·四川 등지를 전전하였는데, 지극히 열악한 조건하에서도 여전히 저술 작업을 중단하지 않았다. 1949년 1월에는 대만으로 가서 臺灣大學文學院 교수를 겸하였다. 1950년부터 歷史言語研究所 소장으로 재직하다가 1963년 대만에서 병으로 사망하였다.[43]

董作賓은 중국 甲骨學과 考古學의 주요 기초자의 한 사람이다. 그는 지식이 해박하고 섭렵한 것이 광범위하여 古文字學·考古學·歷史學·古年代學·地理學·文學·藝術 등의 학문을 포괄하였다. 董作賓의 저작은 자신의 키와 맞먹는데 전문 저작 10여 종, 論文 2백여 편을 남겨 놓았다. 현재는 嚴一萍에 의해《董作賓全集》(甲·乙編)으로 수집되어 전12책(藝文印書館, 1977년)이 출판되었다. 董作賓은 甲骨學의 발전에 중대한 공헌을 하였는데, 주요한 것은 아래의 여러 방면이다.

첫째, 董作賓은 1928년 8월에 河南省 安陽 殷墟에 가서 직접 甲骨文의 출토 상황을 조사하여 "甲骨 발굴이 확실히 미진하다"는 결론을 얻었다. 그리고 나서야 비로소 前 中央研究院에 의해 10년에 걸쳐 대규모적인 殷墟의 과학적 발굴 작업이 촉진되었다. 이것은 甲骨文의 '도굴 시기'를 마감하고 조직적인 甲骨文의 '과학적 발굴 시기'가 시작되었음을 의미한다. 과학적으로 발굴된 甲骨文은 명확한 坑位와 함께 출토된 유물에 의해 학술 가치가 대대적으로 높이 평가되었다. 동시에 1928년에서 1937년까지 진행된 15차의 대규모 과학적 발굴 작업은 또한 중국 필드 考古學의 기초를 세워 놓았으며, 아울러 일부 考古學 전문가를 배출하였다.

둘째, 董作賓은 여러 차례에 걸친 殷墟의 과학적 발굴 작업의 주관자(혹은 중요 구성원)의 한 사람으로, 직접 대량의 甲骨文을 발굴하고 정리함으로써 甲骨學과 殷商史 연구에 대량의 과학적 발굴 자료를 제공하였다. 과학적인 발굴에 의해 殷墟에서 출토된 甲骨의 정형에 대해서는 제4장 제3절에서 이미 소개하였으므로 여기에서는 생략하기로 한다.

셋째, 董作賓은 殷墟에서 과학적 발굴을 통해 얻은 甲骨文을《殷墟文字甲編》과《殷墟文字乙編》으로 집록·출판하여 甲骨文 자료를 간행하는 방면에서 중대한 공헌을 하였다. 특히《殷墟文字甲編》과《殷墟文字乙編》이 과학적으로 출토된 甲骨文을 기록하는 새로운 체례를 창시함으로써 甲骨文의 考古學的 고찰이 크게 편리하게 되었다.《殷墟文字甲編》의 출판은 여러 곡절과 곤란을 겪었지만, 董作賓 등의 학자가 인내심과 책임감을 가지고 10년에 걸쳐 세 차례 출판하여, 마침내 이 자료를 완벽하게 만들어 학계에 제공하였다. 이에 관해서는 제10장 제4절에서 이미 논술하였다.

넷째, 1933년에 董作賓은 〈甲骨文斷代研究例〉를 발표하였는데, 이것은 甲骨學史上 한 시대의 획을 그은 명저로서 甲骨學 연구를 새로운 단계로 끌어올렸다. 董作賓이 해놓은 시기 구분 연구의 '5기'설 및 '10항 표준'은 비록 개별적인 점에 있어서 아직 더 수정을 하여야 하지만, 그러나 50여 년에 걸쳐 계속 통용됨으로써 더욱 그 체제가 치밀하고 과학적임이 증명되었다. 이에 관해서는 제7장과 제8장에서 이미 논술하였다.

다섯째, 董作賓은 甲骨學의 자체 규율과 적지않은 수의 기본 문제, 예를 들면 甲骨의 整治·占卜·甲骨文例·綴合·復原·辨僞 등의 방면에 대해 중요한 공헌을 하였다. 오늘날 엄밀한 규율성을 갖추고 있는 甲骨學이 '羅王의 學派(羅王之學)'와 함께 논의될 수 없는 까닭은, 그 근원을 따진다면 역시 董作賓 등의 학자가 근대 考古學 방법을 운용하여 전면적으로 甲骨을 정리해서 토대를 닦아 놓았기 때문이다.

여섯째, 董作賓은 또한 중국 古史年代學의 연구에 공헌을 하였다. 그는 10개월 동안 甲骨文 자료를 이용하여 殷代 曆法을 연구해서 1945년에 〈殷曆譜〉라는 商代의 曆法을 연구한 대작을 출판하였다. 그뒤 또한 《西周年曆譜》·《中國年曆總譜》 등의 저작을 완성하였다. 이에 대해 陳夢家는 "甲骨刻辭의 月日에 관한 기록은 비록 적지않지만 그것들이 연관되어 있지 않기 때문에 어느 1년 혹은 2년의 曆譜를 회복할 수 없다. 정연한 한두 해의 曆譜가 없으면 어느 朝代 曆法의 구체적인 내용을 재구하기가 매우 곤란하다"라고 평가하였다. 〈殷曆譜〉가 비록 풍부한 甲骨 자료를 수집하였지만, 그러나 그 기초는 튼튼하지 못하다. 설령 그렇다고 하더라도 〈殷曆譜〉는 殷代 曆法에 대해 이용 가능한 자료를 제공하였으며 약간의 가설을 제공하였는데, 이것은 殷代 曆法을 연구하는 데 없어서는 안 될 귀중한 전문 저작이다.[44]

일곱째, 甲骨學의 심층 연구 시기를 위해 방향을 지적하였다. 董作賓이 대만에 간 뒤, 비록 그가 古史年代學의 연구와 저술에 치중해서 甲骨學 방면에 적지않은 작업을 하였지만, 그러나 여러 원인에 의해서 원래 크게 이바지할 수 있는 이 학자는 일정한 제한을 받았다.[45] 특히 이 탁월한 고고갑골학자가 甲骨文의 발상지인 殷墟에서의 필드 考古 작업을 떠남으로써, 그는 제1차적인 신선한 자료를 떠나게 되었기 때문에 甲骨學 연구 방면에서는 기본적으로 정체 상태에 머물렀다. 그렇지만 董作賓은 여전히 중국 내외의 甲骨學 연구 상황과 미래의 발전에 관심을 가졌다. 그는 《殷墟文字甲編》의 自序 및 다른 저작에서 여러 번 금후 甲骨學 연구의 발전에 관한 구상을 제시하였다. 필자는 중복을 꺼리지 않고 여기에서 다음과 같이 인용한다. 첫째, 우선 자료를 전부 모으고, 발굴된 10만의 甲骨을 하나로 모아 편찬하여야 한다. 둘째, 分派·分期·分王의 방법을 사용하여 전체 자료를 정리해야 한다. 셋째, 綴合해서 복원하는 노력에 힘을 기울여 낱낱의 자료를 전체로 통합해야 한다. 넷째, 字典·辭典·類典 등의 색인을 작성하여 각 방면의 연구에 종사하는 데 편리하도록 해야 한다. 다섯째, 유추의 원칙을 응용하여 낱낱의 조각으로부터 殷代의 문화를 추측해야 한다.[46] 현재 중국 내외의 적지않은 수의 갑골학자들은 이미 수많은 작업을 완성하였거나 완성 단계에 있는데, 예를 들면 《甲骨文合集》·《商周甲骨文總集》·《殷墟甲骨刻辭類纂》·《甲骨文字典》 등은 바로 당년에 董作賓이 예견한 것으로 甲骨學 발전에 도움이 되는 기본 항목이라고 할 수 있다.

董作賓은 甲骨學의 과학적 연구 체계를 건립하였는데, 그는 甲骨學史上 한 시대의 획을 그은 대학자이다.

郭沫若(1892-1978년)

四川省 樂山縣 출신으로, 어릴 때 이름은 開貞이고 號는 尙武이며, 또한 이름이 沫若이고[47] 號는 鼎堂이다. 3,4세 때 古詩를 암송하였고, 1897년(5세)에 글방에 들어갔으며, 14,5세 때 이미 四書·五經·《左傳》 등을 숙독하였다. 1905년에 嘉定高等小學堂에 시험으로 들어갔으며, 1907년에서 1913년 사이에 嘉定府中學과 四川官立高等分設中學堂·成都高等分設中學堂·成都高等學校 理科 등에서 공부하였다. 1909년 여름 방학에 이미 《史記》 및 《皇淸經解》 등을 완독하였다. 1913년 天津 陸軍軍醫學校를 시험쳐 입학했다. 1914년 일본으로 가서 東京 第一高等學校 豫備班 醫科에서 공부하고, 1915년에 岡山 第六高等學校로 진학하였으며, 1918년 九州 帝國大學 醫科에서 공부하였다. 1919년 두 귀가 멀어 수업받기가 곤란하게 되자 마침내 '나 자신이 의학을 공부한 것은 길을 잘못 걸어간 것이다' 라는 생각을 하게 되어, 〈女神〉

등의 한 시대의 획을 그은 詩篇을 창작하였다. 1923년 九州 帝國大學 醫科를 졸업한 후 의학을 포기하고 문학 창작에 종사하였다. 1924년 11월에 上海로 돌아왔다. 1926년 廣東大學 文科 원장에 취임하고, 뒤에 북벌에 참가하여 國民革命軍 總政治部 선전과장·비서장·부주석·대리주석 등의 직책을 맡았다. 1927년 대혁명이 실패하자, 郭沫若은 1928년 일본으로 건너가서 千葉縣 市川市에서 歷史唯物史觀으로 중국 고대 사회를 연구하기 시작하였다. 그의《甲骨文字硏究》·《中國古代社會硏究》·《兩周金文辭大系圖錄考釋》·《殷周靑銅器銘文硏究》·《金文叢考》·《卜辭通纂》·《殷契粹編》등 중국 학술사상 거대한 영향을 끼친 일련의 저작들은 바로 이 시기에 완성된 것이다. 1937년 7월 7일 抗日 戰爭이 발발하자 그는 같은 달에 고국으로 돌아와서 반침략 투쟁에 참가하고, 第三廳 청장에 임명되었다. 1938년 重慶에 가서 혁명 활동에 종사하는 동시에 계속 上古史 연구를 진행하였다. 이 시기에 그는《十批判書》·《靑銅時代》·《歷史人物》등 중요한 학술 저작을 발표하였다. 1947년 홍콩으로 갔고, 1948년에 東北解放區로 갔다. 신중국이 성립한 뒤 郭沫若은 政務院 부총리 겸 文化敎育委員會 주임·中國科學院 원장·哲學社會科學部 주임·歷史硏究所 소장 등의 직책을 역임했다. 그는 과중한 국무 활동, 과학·문화와 국제 교류 등의 업무에 종사하는 동시에 계속해서 古代史와 考古學에 대해 깊이 있는 연구를 진행하여《奴隷制時代》·《文史論集》등의 저작을 출판하였고, 아울러《中國史稿》·《甲骨文合集》등의 대형 歷史學·甲骨學 저작을 책임편집하였다. 1978년 6월 12일 北京에서 병으로 사망하였다.[48] 郭沫若의 중국 내외에 명성을 날린 대량의 역사 및 考古學 저작은《郭沫若全集》의 歷史編과 考古編에 수록되어 출판되었다.

郭沫若은 재능이 뛰어나고, 지식이 깊고 넓어서 철학과 사회과학의 여러 영역, 예를 들면 文學·藝術·哲學·歷史學·考古學·甲骨文 金文 연구와 마르크스·레닌 저작 및 외국 문예 작품의 번역·소개 등의 방면에서 큰 공헌을 하였다. 郭沫若은 魯迅의 뒤를 계승한 중국 무산계급의 문화 역군이자 문화 전선의 한 기치라고 할 수 있다. 郭沫若은 중국과 세계에서 유명한 작가이며, 시인이자 극작가이고, 세계적인 명성을 갖고 있는 마르크스주의 역사학자이자 고고학자이고 고문자학자이다.

반세기 동안 郭沫若은 줄곧 중단 없이 甲骨文에 대한 연구를 하였다. 그는 새롭게 마르크스주의를 지도학설로 삼아 古文字學과 上古史 연구 작업을 결합시켜 史學 연구의 새로운 경지를 개척하였다. 郭沫若이 甲骨學과 殷商史의 연구에 대해 해놓은 공헌은 다방면에 걸쳐 있다.

첫째, 郭沫若은 甲骨文 자료의 수집과 보급에 힘을 기울여서 甲骨學과 殷商史 연구의 발전을 촉진시켰다. 주지하는 바와 같이 郭沫若은 일본에 머물렀을 때 온갖 방법을 동원하여 일본에 소장된 甲骨을 찾아다녔으며, 여러 사람이 소장한 甲骨을 한데 모아 출판해서 학계가 이를 바탕으로 연구하도록 할 생각이었다. 여러 가지 원인으로 인해 뜻한 바대로 되지 않자, 그는 처음의 생각을 고쳐서 《卜辭通纂》과 《殷契粹編》을 편찬하여 출판하였다. 전자는 여러 사람이 갖고 있는 소장품의 정수를 뽑아 모은 것이고, 후자는 한 사람이 소장하고 있는 대량의 甲骨 중에서 정선된 것을 실은 것이다. 오늘날에도 상술한 이 두 책은 甲骨學과 殷商史 연구에 대해 여전히 중요한 참고 가치가 있다. 이 두 책의 특징과 공헌에 관해서는 제10장 제2절에서 서술하였으므로 여기에서는 중복하지 않겠다. 건국 이후로 郭沫若은 또한 후세에 전해질 만한 저작으로서 甲骨을 집대성한 《甲骨文合集》을 책임편집하여 금후 甲骨學의 연구를 위해 토대를 닦아 놓았다.[49]

둘째, 郭沫若은 甲骨文字의 고석에 있어서도 큰 성과를 얻었다. 그는 漢學 전통을 계승하고 비판하였으며, 고대 전적과 각종 고문자에 정통하였다. 그래서 그는 역사유물주의의 지도 아래에서 고문자를 연구함으로써 능숙한 작업 솜씨를 통해 자주 새로운 학설을 발표하였는데, 적지않은 곳에서 앞사람들의 견해를 뛰어넘었다. 郭沫若의 폭넓고 깊이 있는 문자 고석에 관한 신학설은 중국 내외에 명성을 떨친 《卜辭通纂考釋》·《殷契粹編考釋》 및 《甲骨文字研究》 등의 저작에 구체적으로 나타나 있다.

셋째, 郭沫若은 甲骨學 자체의 규율들, 예를 들면 시기 구분, 斷片의 綴合, 殘辭互補, 卜法文例 등 방면의 연구에 대해 적지않은 공헌을 하였다. 이에 대해서는 이 책의 관련 章·節에서 이미 서술하였다.[50]

넷째, 郭沫若은 역사유물주의를 지도사상으로 삼고 甲骨文 자료를 이용해서 商代 사회와 역사를 연구하여 중국 마르크스주의 역사과학의 기초를 닦아 놓았다. 그의 '한 시대의 획을 그은' 저작 《中國古代社會研究》·《十批判書》·《奴隸制時代》와 그가 책임편집한 《中國史稿》 등의 책은 미숙 단계에서 성숙 단계로 발전한 중국 마르크스주의 역사과학의 궤적을 그려내었다.

郭沫若이 甲骨文·金文과 古文字學 등의 영역에서 얻은 빛나는 성과와 그가 50여 년 동안 걸어간 혁명사학자의 길은 후세 학자들에게 큰 계시를 주었다. 첫째, 그의 역사유물주의에 입각한 甲骨文·金文과 史學 연구는 중국의 운명 및 혁명 사업과 함께 밀접하게 연결되어 있다. 그는 혁명의 기운이 저조할 때에 金玉을 가지고 스스로 의지가 굳도록 격려하였고,[51] 난삽하여 해독이 어렵고, 시력을 손상시키는 甲骨과 金文 연구에 몰두하여 구학문을 하는 사람들에게 도전하였으며,[52] 중국 고대 사회의 연구를 통해 인류 공동의 사회 발전 규율에 관한 학설을 밝혔다. 郭沫若의 《中國古代社會研究》의 출판은 각종 奇談異說에 대한 힘 있는 대답으로서, 기로에 서서 방황하는 혁명자들을 극도로 고무시켰으며, 특히 청년 세대에게는 마르크스주의 신앙을 굳히게 하였다. 이것이 바로 郭沫若이 혁명이 퇴조할 때에 그의 학술 연구 성과를 혁명 사업으로 삼아 해놓은 새로운 공헌이다.[53] 둘째, 郭沫若은 역사유물주의를 이용하여 자신의 연구 작업을 지도하는 것을 견지하였다. 그는 중국 최초로 역사유물주의의 입장과 관점으로 고문자와 古代史를 연구하는 학자들을 지도하였다. 그의 《中國古代社會研究》는 엥겔스의 연구 방법을 지도 원칙으로 삼았으며, 체례상에서도 《가정·사유제와 국가의 기원》을 따르고 있다. 郭沫若의 甲骨學 기록들, 예를 들면 《卜辭通纂》·《殷契粹編》 및 그가 책임편집한 《甲骨文合集》 등의 분류도 역사유물주의를 지도 원칙으로 삼고 있다. 郭沫若은 연구 작업을 하는 데 유리한 위치에 서서 앞사람을 초월하는 성과를 거두었던 것이다. 셋째, 郭沫若은 사료와 관점의 통일이라는 과학 정신을 견지하였다. 그는 "정확한 과학적 역사 관점을 파악하는 것은 매우 필요한 것이며, 이것이 선결 문제이다. 그러나 정확한 관점은 있는데, 풍부한 자료가 없고 자료의 시대성이 명확하지 않다면 역시 정확한 결론을 얻어내지 못할 것이다"라고 일관된 주장을 하였다.[54] 또한 "단지 역사유물주의의 일반 원리만 있고 사료가 없다면, 그것은 내용이 없게 된다……. 사료가 없이는 역사를 연구할 수 없다"고 역설하였다.[55] 이 때문에 그는 중국 고대 사회를 연구하는 데 있어서 시작부터 사료의 수집과 정리 작업에 매우 주의하였다. 그는 殷墟의 考古 발굴과 아울러 甲骨學 연구의 최신 성과에 주의하였다. 그는 '가장 앞서 나가고 있는 일선'을 출발점으로 삼고 "노력해서 선두를 따라잡아야 한다"고 주장하였다. 그러나 사료를 갖고 있다는 것은 역사의 과학적 연구를 한다는 것과 같지 않은데, 이것은 마치 조리사가 수중에 생선·고기·야채·두부는 가지고 있으면서 요리를 해내지 못하는 것과 마찬가지로, 이미 맛있는 음식을 만들었다고 할 수 없는 것이다.[56] 또 반드시 마르크스주의의 입장·관점과 방법으로 분석하고 연구하였으며, 사료를 이용해서 사회 발전의 규율을 구체적으로 천명하였다. 넷째, 실사구시 정신을 견지하고 자아비판에 과감하였다. 郭沫若은 자신이 걸어온 史學 연구의 길을 회고할 때, "20여 년 동안 내 자신의 견해는 여러 차례에 걸쳐 변했으며, 거의 항상 오늘의 내가 어제의 나와 투쟁을 하고 있다……. 잘못은 사람이 피할 수 없는 것이다. 중요한 것은 잘못을 감추지 않고 용감하게 잘못을 고치는 것이다"라고 피력하였다.[57] 郭沫若은 여러 차례에 걸쳐 자신이 초기에 발표했던 商代 사회의 성질에 관한 잘못된 논단에 대해 자아비판을 하고, "10여 년 동안 나 자신의 연구는 한층 깊어지고, 견해도 한층 정통하게 되어, 수많은 잘못이 나 자신에 의해 바로잡혔다. 수정된 견해는《卜辭通纂》·《十批判書》 등의 책에 산견하는데, 특히《十批判書》속의 '고대 연구의 자아비판'편에 집중되어 있다……[58] 나는 책임은 실제로 내가 져야 한다고 간절하게 말했다. 나는 이전에 殷代를 金石 並用 時代와 씨족 말기 사회로 잘못 정하였으며…… 나는 친구들이 실사구시 정신을 가지고 사료에 근거해서 그러한 부정확한 판단을 없애기를 희망한다"라고 말하였다.[59] 1964년 가을 郭沫若이 胡厚宣에게 써준 "학문을 하려면 비판적인 태도와 실사구시 정신을 가져야 하며, 자료를 점유해야지 자료에게 점유당해서는 안 된다"는 글은 우리의 연구 작업에 커다란 교훈과 이익을 주었다.

胡厚宣(1911-1995년)

河北省 望都縣 출신이다. 1934년에 北京大學 史學科를 졸업한 후, 中央研究院 歷史言語研究所 考古組에 들어갔다. 먼저 梁思永을 따라 河南省 安陽

에서 侯家莊 西北岡 王陵과 同樂寨 三層 文化의 발굴에 참가하였으며, 이어서 《殷墟文字甲編》의 釋文을 집필하였고, 또 董作賓을 도와 《殷墟文字乙編》의 甲骨文字를 정리하였다. 1940년에 成都의 齊魯大學 國學研究所의 研究員에 임명된 것을 시작으로 교수·中國文學科 주임·歷史社會學科 주임 등을 역임하였다. 1947년에는 上海 復旦大學 歷史科 교수에 임명되고, 中國古代史研究室 주임이 되었다. 1956년에 北京 中國科學院 歷史研究所(현 中國社會科學院에 속함)로 전근 가서 연구원에 임명되고, 歷史研究所 學術委員會 위원·先秦史研究室 주임이 되었다. 1980년에는 《東亞文明》定期刊行物顧問委員會 위원으로 초빙되었으며, 1985년에 캐나다 토론토대학 東亞人文科學研究所에 초빙되어 그 연구소 지도반원이 되었다.

胡厚宣은 젊었을 때 河北省 保定縣 培德中學 제1반에서 공부하였으며, 유명한 학자 繆鉞의 문하에서 수업을 받으면서 사랑을 듬뿍 받았다. 중학 졸업 후에 품행과 성적이 모두 우수하여 모교로부터 매년 은 2백 元의 장학금을 받았는데, 이 도움으로 그는 北京大學 豫科(2년)와 本科(4년)의 6년 학업을 마쳤다. 北京大學에 다닐 때에는 中央研究院 歷史言語研究所의 傅斯年·李濟·董作賓·徐中舒·梁思永 등이 모두 史學科 수업을 겸임하였다. 그래서 胡厚宣은 北京大學 졸업 후에 中央研究院 歷史言語研究所로 들어갔다. 50여 년간 胡厚宣은 저술에 힘을 쓰고 탐색에 용감하여 전문서와 論文 1백30여 종을 집필하였는데, 그 중에는 중국 내외에서 찬사를 받은 것이 적지않다. 甲骨學과 殷商史 연구에 있어서 胡厚宣의 주요 공헌은 다음과 같다.

첫째, 甲骨文 자료를 수집·정리하고 간행하는 데 있어서 胡厚宣은 앞사람을 초월하는 성과를 내어 甲骨學 연구의 발전을 촉진시켰다. 胡厚宣이 총편집한 《甲骨文合集》은 신중국 수립 이후 학계가 甲骨 자료를 수집·정리하고 公布하는 방면에서 얻은 최대의 성공이다. 甲骨을 집대성한 이 기록은 甲骨學史에서 이정표 역할을 하는 저작이다. 이 기록을 편찬하는 과정에서 胡厚宣은 전국 각지에 소장된 甲骨과 탁본을 조사하고 수집하기 위하여 풍찬노숙하며 따뜻하게 잠잘 여가도 없이 長江을 위아래로, 黃河를 남북으로, 장성을 안팎으로 분주하게 돌아다녔다. 이 작업은 실제 抗日 戰爭이 막 끝났을 때, 胡厚宣이 이미 시작한 것이다. 필자는 本書의 제4장 제4절에서 이미 胡

厚宣이 전쟁 직후에 甲骨을 찾아다니던 상황을 소개하였으며, 아울러 그가 편찬한 《戰後寧滬新獲甲骨集》·《戰後南北所見甲骨錄》·《戰後京津新獲甲骨集》 등의 책이 건국 이후 대규모로 甲骨文 자료를 수집·정리하고 공포하는 '서막'이었음을 지적하였다. 건국 이후에 그가 휴가 기간을 이용해서 전국 각지로 계속 甲骨을 찾아다녀서 편찬한 《甲骨續存》은 이후에 대규모로 甲骨文 자료를 수집·정리하고 간행하는 '준비 단계'였다.

중국이 대외 개방을 하고 외국과의 학술 교류가 강화됨에 따라서 胡厚宣은 또 중국 밖의 甲骨 소장 현황을 성실하게 고찰하였다. 1958년에 胡厚宣은 구소련을 방문해서 상트페테르부르크(구 레닌그라드) 예레미파쥐박물관에 소장된 甲骨 1백99편을 관찰하고 모사하였다.[60] 1981년에 일본을 방문하였을 때, 그는 일부러 奈良의 天理參考館에 가서 소장된 甲骨을 살펴보았다. 원래는 여기에 소장된 甲骨에 관한 학자들의 견해가 각기 달랐다. 어떤 학자는 3천5백 편이 소장되어 있다고 말하고, 어떤 학자는 1천 편이 소장되어 있다고 말하였으며, 또 어떤 사람은 그렇게 많이 있지 않다고 하였다. 胡厚宣이 실물에 대해 철저하게 점검한 뒤에야 비로소 확실한 숫자는 8백9편임이 분명하게 되었다. 1983년에 胡厚宣은 미국으로 강의하러 갔을 때, 광활한 세계의 눈부신 광경을 구경하라는 요청을 사절하였으며, 도박장 관광이나 볼거리를 찾아다니지 않고 《美國所藏甲骨錄》에 기록된 문자가 선명치 않은 몇 편의 甲骨을 분명하게 하기 위하여 카네기박물관으로 찾아갔다. 지하철처럼 깊은 지하실 안에서, 안내하는 여자는 겹겹이 잠근 철문과 금고를 열고 소장된 甲骨을 전부 꺼내서 그가 하나하나 만져 보고 감상하게 하였는데, 이때 꼬박 하루가 걸렸다. 일요일에 집에서 쉬고 있던 관장은 중국의 전문가가 왔다는 말을 듣고 황급히 달려나와 성심으로 접대를 해주었다.

이렇게 해이하지 않고 부단히 노력하여 胡厚宣은 15만 甲骨片 하나하나의 내원·기록 상황과 현재의 소장처 등에 관해 소상하게 알게 되었다. 그래서 《甲骨文合集》은 郭沫若의 "자료를 최대한 완벽하게 수집하라"는 요구를 달성해서, 학술 연구를 위해 후세에 전해진 것 중 가장 완비된 甲骨 기록 전집을 제공할 수 있었던 것이다.

둘째, 胡厚宣은 卜龜 來源·卜法文例·卜辭同文·卜辭雜例·記事 刻辭·

시기 구분·殘辭互補·辨僞와 綴合 등과 같은 甲骨學 자체의 규율 방면에서 새로 밝힌 것도 있고, 잘못된 학설을 수정하기도 하였다. 董作賓의 학설에 대해서는 이를 확대 발전시키거나, 또는 이를 구체화 내지 심화시켰다. 이러한 것들은 本書의 관련된 章·節에서 이미 상세하게 소개하였다.

셋째, 胡厚宣은 甲骨 기록의 편찬 체례 방면에서 綱目이 분명하고 과학적이며 사용이 편리한 "먼저 시기를 구분하고 다시 유형을 나눈다〔先分期, 再分類〕"는 편찬 체례를 창시하였다. 이것은 이후 대형 甲骨 기록서들을 편찬하고 출판하는 데 커다란 영향을 주었다.

넷째, 胡厚宣은 甲骨文 자료를 이용해서 殷商史를 연구하여 농업 생산, 노예 폭동, 종법, 봉건, 방국의 전쟁, 사방의 風名·토템 숭배·역법·기상 등과 같은 殷代 역사상의 중요한 문제들을 적지않게 해결하였다. 특히 그는 "모든 甲骨을 종합하고 이를 전면적으로 철저하게 정리해서 甲骨文에 내재된 문제들을 해결하는 데 뜻을 두어야 한다"고 주장하였다. 즉 풍부한 甲骨文 자료에 대해 "가장 과학적인 방법을 응용해서 통계·분석·해석 작업을 하여 정밀하게 연구하고…… 전반적으로 철저하게 정리해야 한다"라고 말하였다. 이러한 연구 방법은 후세의 학자들에게 큰 영향을 주었다. 그의《甲骨學商史論叢》등의 저작은 바로 그의 이 주장을 구체적으로 실천하여 편찬한 것이다. 해방 이후로 胡厚宣은 새로운 입장에 서서 새로운 관점의 방법을 응용하여 甲骨文에 대해 별도의 새로운 연구를 하였다.[61] 그리하여 甲骨學과 殷商史 연구 영역에서 또한 부단히 새로운 수확이 있게 하였다.

다섯째, 胡厚宣은 중국의 甲骨學 연구 사업을 발전시키고, 郭沫若이 생전에 "힘껏 후계자를 양성해 달라"고 한 부탁을 저버리지 않기 위해 몸소 힘써 甲骨文을 연구하는 인재를 양성하였다. 그는 후진을 장려하고 발탁하였으며, 독학하는 청년을 격려하고 지도해 주었다. 이로 인해 많은 사람이 작업과 학습중에 그의 보살핌을 받고서 학문의 높은 경지에 올랐다. 그는《甲骨文合集》의 작업 과정중에서 편집조에 참가한 청년들에게 말과 행동으로 가르쳐 주었으며, 또《甲骨文과 殷商史》·《甲骨探查錄》등의 부정기 간행물을 책임편집하면서 그들에게 연구 성과를 발표하기 위한 무대를 제공해 주었다. 20여 년간의 노력을 통해 그는 歷史研究所에서 갑골학계에 상당한 영향

력이 있는 연구 인원을 양성해 내었다. 이와 동시에 그는 상당수의 연구생들
도 양성하였는데, 그 중에는 北京大學 中文科 교수 裘錫圭 등과 같이 이미 중
국 내외에서 유명한 학자도 있다.

胡厚宣이 四君〔羅振玉·王國維·董作賓·郭沫若을 가리킨다〕의 뒤에 우뚝
솟아나옴으로써 甲骨文은 다시 더욱 빛나게 되었다.[62] 胡厚宣은 일생 동안
진리를 추구하고 甲骨을 탐색해서 甲骨學과 殷商史 연구에 큰 공헌을 하였
으며, 중국 내외의 학계에서 羅振玉·王國維·董作賓·郭沫若 등 선배학자
의 뒤를 잇는 甲骨學 대가로 찬양되었다. 1951년에 일본 大阪의 사립대학 교
수인 佐藤武敏은 〈胡厚宣의 근래 업적〉이라는 글에서 "董作賓이 대만으로
간 뒤, 한때 대만이 甲骨文 연구의 중심이라고 생각하였다. 그런데 중국에
서도 胡厚宣으로 대표할 수 있는데, 금후로 그는 중국에서 甲骨文 연구에 가
장 희망이 있는 사람이 될 것이다"고 예언하였다.[63] 1953년에 일본 立命館大
學의 白川靜 교수는 "현재 羅振玉과 王國維는 이미 작고하였고, 董作賓과
郭沫若의 연구도 많은 어려움에 부딪쳐 있는 때에, 胡厚宣은 중국의 영도하
에서 실제로 斯學의 제일인자의 위치에 있다"고 말하였다.[64] 胡厚宣은 과연
衆望을 저버리지 않고 그의 풍부한 저작과 그가 총편집한 집대성 형식의 저
작 《甲骨文合集》으로써 '중국 甲骨學 연구의 제일인자'[65] 및 조금도 손색없
는 '국보'가 되었다.[66]

제4절 甲骨文의 과학적 발굴 시기에 공헌한 학자들(下)

陳夢家(1911-1966년)

原籍은 浙江省 上虞縣이며, 1911년 南京에서 출생하였다. 1927년 16세 때
동등한 학력으로 中央大學 法律科에 입학하고 詩歌 창작을 시작하였으며,
1931년에 《夢家詩集》을 출간하고 新月派 詩人이 되었다. 1932년에 聞一多를
따라 靑島大學에 가서 교직 생활을 하면서 古文字學 연구를 시작하였다.
1933년에 安徽省 蕪湖縣에서 中學의 語文 교사를 지냈다. 1934년에서 1936년
까지 燕京大學 容庚 교수의 대학원생이 되었으며, 이후로 古文字學과 古代史

를 연구하였다. 1937년 抗日 戰爭이 발발한 후에, 陳夢家는 淸華大學〔당시에 이미 長沙로 옮아갔다〕에서 교직 생활을 하였고, 1938년에는 西南聯合大學〔昆明에 있었다〕 부교수가 되고, 靑銅器와 《尙書》 연구를 하였다. 1939년에는 昆明으로 옮겨간 北京圖書館의 요청에 응해서 전면적으로 靑銅器를 연구하고, 아울러 古代史를 연구하였다. 1944년에는 미국 시카고대학에 가서 中國文字學을 강의하였으며, 미국·캐나다·영국·프랑스·스웨덴·네덜란드 등 유럽·미주 국가에 흩어져 있는 중국 고대의 靑銅器를 수집하였다. 1949년에는 미국에 정착하라는 요청을 의연하게 포기하고, 귀국해서는 淸華大學에서 강의를 하고 甲骨學 연구를 하였다. 1952년에는 中國科學院 考古硏究所〔현재 中國社會科學院에 속한다〕로 옮겨서 연구원·考古小學術委員會 위원 등의 직책을 맡았다. 1966년에 박해를 받고 한을 품은 채 작고하였다.[67]

陳夢家는 섭렵한 것이 광범해서 甲骨學 연구 방면뿐 아니라 殷·周 시기의 靑銅器, 漢代의 簡牘 및 年代學 등의 방면에도 대단히 깊은 조예를 가지고 있었다. 陳夢家는 考古學의 요구에 따라 金石學의 전통을 발양해서 대량의 비발굴 출토 자료를 가능한 과학적으로 정리하여, 일부 방면에서 앞사람들의 수준을 뛰어넘었다.[68]

陳夢家는 30년대부터 甲骨學 연구를 시작하였다. 그는 考古硏究所로 옮긴 후, 더욱 심혈을 기울여 4만여 편의 甲骨 탁본을 수집해서 전면적으로 종합 정리하여 큰 성과를 거두었다.

첫째, 甲骨文의 시기 구분 연구에 대해서 새로운 공헌을 하였다. 陳夢家는 1949년부터 《甲骨斷代學》(후에 《殷墟卜辭綜述》에 '斷代' 上·下로 수록)을 집필하기 시작하였다. 이 글은 董作賓의 시기 구분 '5기' 설과 '10항 표준'에 대해 보충과 수정을 하여 '9기' 분법으로 심화시킨 것이다. 특히 그는 '午組'·'自組'·'子組' 卜辭에 대한 견해를 제기하고, 그 시기는 마땅히 武丁 시기라고 분석하였는데, 이것은 학계에서 논란이 되어왔던 '文武丁 시기 卜辭의 수수께끼'의 토론을 위해 공헌을 하였다. 이에 관해서는 제7장 제3절과 제8장 제1절에서 이미 서술하였다.

이밖에 陳夢家는 殷墟 卜辭 중의 貞人을 비교적 철저하게 분석하여 총 1백20명의 貞人을 발견하였는데, 이는 董作賓의 〈甲骨文斷代硏究例〉에서 정한 貞人보다 4배나 증가한 것이다. 이것은 더욱 정확하게 甲骨文 시기를 단정하는 데 새로운 공헌을 하였다.[69]

둘째, 陳夢家는 甲骨文字의 고석에 대해서도 공헌을 하였다. 예를 들면 그가 발표한 〈古文字中之商周祭祀〉[70]·〈商代的神話與巫術〉[71]·〈祖廟與神主的起源〉[72] 등은 오늘날에도 여전히 고문자와 고대의 禮制를 연구하는 데 매우 참고 가치가 있는 저작들이다.

셋째, 陳夢家는 또한 60여 년간의 甲骨學 연구 성과를 과학적으로 총결산하였다. 그는 1954년에 집필을 완성하고, 1956년에 출판한 《殷墟卜辭綜述》에서 기존의 각 학설을 정리하고, 아울러 파악하고 있는 甲骨文 자료에 근거해서 보충·수정을 하여 卜辭 중의 각 방면에 걸친 중요한 내용을 종합적으로 서술하였다. 70만 자에 달하는 이 방대한 저작은 甲骨文 연구 및 관련된 考古 발굴의 여러 상황을 성실하게 총괄하여 전문 연구자에게는 참고가 되고, 또 초학자에게는 초보를 가르쳐 주기 때문에 중국 내외 학계에 큰 영향을 주었으며, 甲骨學을 보급하고 제고시키는 데 적극적인 역할을 하였다.[73] 甲骨學史上 백과전서식의 중요한 저작인 《殷墟卜辭綜述》의 내용과 공헌에 대해서는 제11장 제2절에서 소개하였으므로 여기서는 생략한다.[74]

陳夢家가 재능이 매우 뛰어난 시인으로부터 考古學·古文字學·古代史 등 많은 영역을 융회관통하여 스스로 체계를 세운 유명한 학자가 될 수 있었던 것은, 수십 년 동안 해온 그의 근면한 학문 연구와 불가분의 관계를 가지고 있다. 비록 그는 1957년에 정치적으로 불공정한 대우를 받기는 하였지만, 그러나 큰일을 위해 굴욕을 참고 꾸준히 연구 작업을 진행하여 큰 업적을 남길 수 있었던 것이다. 이밖에 陳夢家는 여러 학자의 장점을 흡수해서 이를 응용하는 데 뛰어났다. 그는 중요한 문제를 탐색할 때마다 철저하게 기존의 연구 성과를 파악하는 데 주의를 기울이고, 이전 학자들의 기초 위에서 전진과 제고에 힘써서 언제나 뒷사람이 앞사람을 추월하는 효과를 거두었다. 그는 상세하게 자료를 파악한 기초 위에서, 자기 자신의 학술 연구가 점차 확대되고 재차 확대되도록 요구했으며, 한걸음 전진해서 정확한 역사를 회복시켰다. 그는 전체적인 목표를 위하여 어떤 영역을 다룰 필요가 있으면, 철저하게 그 영역의 기존 자료와 연구 성과를 정리하였다. 큰일에 착안점을 두고는 작은 일부터 손을 대었는데, 손댄 것은 모두 전면성을 띤 종합 연구이며, 지엽적인 문제로 연구할 가치가 없거나 해결할 수 없는 문제에 애써 끝까지 매달리지 않았다.[75] 陳夢家가 집필해 놓은 방대한 가치 있는 저작과 그의 귀중한 학문 연구 경험은 이미 중국 학술사상 귀중한 재산이 되었다.

唐蘭(1900-1978년)

浙江省 嘉興縣 秀水兜 출신이다. 그래서 자칭 秀水唐蘭이라고 하였다. 號는 立廠 또는 立庵・立盦이다. 어려서 집안 환경이 청빈하여 일찍이 상업학교에 들어갔고, 후에 의학으로 방향을 바꾸었다. 1920년에 의학을 포기하고 無錫國學專修館에 들어가서 小學 및 經學을 연구하였다. 1929년 월간지《將來》와 문학주간지《商報》를 편집하였고, 동시에 古文字學을 연구하였다. 唐蘭은 독학으로 古文字學의 인재가 되었으며, 王國維의 칭찬을 크게 받았다. 王國維는 "오늘날 약관의 나이로 古文字學을 연구하는 사람들 중에서 내가 본 사람으로는 4명이 있는데, 이들은 嘉興의 立庵 唐蘭[76] …… 立庵은 고학으로 안 읽은 책이 없을 정도로 많은 독서를 하였으며, 일찍이 고서와 고대 기물을 근거로《說文解字》를 교감하였다"고 말하였다.[77] 1931년에 瀋陽에 가서《東北叢書》의 편찬 작업에 참가하였으며, 東北大學에서《尚書》를 강의하였다. '9・18사변' 후에 北平〔北京〕으로 갔다. 1932년부터 燕京大學・北京大學・北京師範大學・輔仁大學・淸華大學・中國大學 등에서《尚書》・金文 및 古籍新證・甲骨學・古文字學을 강의하였다. 1936년에 故宮博物院 전문위원으로 초빙되었다. 1939년 昆明으로 가서 西南聯合大學 中文科 교수가 되었다. 1940년에 北京大學 文科硏究所 지도교수가 되고, 1947년에 北京大學 교수 및 中文科 주임이 되었다. 1952년에 故宮博物院으로 옮겨서 차례로 설계원・연구원・學術委員會 주임・陳列部 주임・美術史部 주임・부원장 등의 직책을 맡았다.

唐蘭은 20년대에 견실한 학술적 기초를 쌓고 두각을 나타내었으며, 30년대에 학술 분야에서 나날이 성숙하여 논저가 매우 풍부하였다. 40년대에 비교적 곤란한 환경하에서도 학문을 꾸준히 하고 저술 작업을 쉬지 않았다. 자기의 학술 연구 수준을 높이기 위해 50년대 이후에는 마르크스・레닌 經典

저작을 각고의 노력으로 연구하였으며, 러시아어도 독학하였다. 70년대에 그
는 靑銅器·竹簡·帛書 등의 방면에서 학술상 중대한 영향을 준 일련의 논
저를 발표하였는데, 이 시기는 그의 학술 연구의 절정 시기였다.

唐蘭은 학문 태도가 엄격하며, 古文字學·靑銅器學·古代史·音韻學·文
字改革 등의 영역에서 모두 공헌을 하였다. 그의 저작은 자신의 키만큼이나
많은데, 著書와 論文을 합해 2백여 종에 달한다.[78]

唐蘭은 甲骨學의 발전에도 큰 공헌을 하였다. 그의 《天壤閣甲骨文存》은 甲
骨學 연구에 새로운 자료를 제공해 주었다. 더욱 중요한 것은, 이 책의 고석
및 《殷墟文字記》 등의 논저에는 모두 1백여 개의 甲骨文字를 고석해 넣었는
데, 문자의 釋讀과 연구 방법 등의 방면에서 많은 공헌을 하였다는 것이다.

唐蘭은 《天壤閣甲骨文存》 自序에서 "나는 卜辭文字의 고석에 가장 오랫
동안 힘을 기울였으며, 고석한 것이 앞사람들의 배에 달한다"고 하였고, 또
《古文字學導論》 自序에서는 "앞사람들이 이미 인식했다고 말하는 글자는 1
천 개에 불과한데, 그 중 일부분은 신빙성이 적다. 내 개인의 방법으로 인
식한 글자는 그보다 거의 배 정도 증가되었다"고 말하였다. 唐蘭은 甲骨文
중의 판독이 어려운 글자를 고석하는 데 성과를 거두었을 뿐 아니라, 더욱
중요한 것은 그는 앞사람들의 경험과 자기의 연구 결과를 근거로 해서 글자
를 고석할 때 고문자 자형을 분명하게 밝히는 네 가지 방법을 귀납해 냈다
는 것이다. 그는 "자형을 분명히 인식하는 데 학자들이 가장 주의를 기울여
야 한다. 만일 형체의 필획이 분명치 않으면 모든 연구는 손댈 방법이 없게
된다. 자형을 분명하게 인식하는 방법은 제일 먼저, 문자의 변화가 비록 복
잡하기는 하지만 어떠한 것이든 규율을 찾을 수 있으므로 규율에 맞지 않거
나 또는 이치에 맞지 않는 寫法은 모두 잘못된 것임을 알아야 한다"고 지적
하였다.[79] 그가 귀납해 낸 네 가지 방법은 다음과 같다.

첫째, 對照法(또는 比較法): 중국의 문자는 이미 5천여 년의 역사를 가지
고 있는데, 비록 변화의 흔적을 알 수는 있지만 그러나 여러 차례의 변혁을
거쳤기 때문에 마침내 그 사이에 차이가 매우 커졌다. 고문자와 근대 문자
의 차이가 매우 큰 경우가 있는데, 《說文解字》는 바로 이 양자 사이의 연결
고리이다. 물론 엄격히 말한다면, 이 연결고리는 小篆과 六國文字에 속하는

것이다. 그 이유는 양자의 형체가 비교적 근접해 있기 때문이다. 그래서 宋代 이래로 銅器의 문자와 小篆을 대조하여 문자의 해석을 하는 학자가 나오게 되었다. 羅振玉이 "許慎의 《說文解字》로 말미암아 위로 고대의 金文을 소급하고, 고대의 金文으로 말미암아 위로 卜辭를 살핀다"고 한 것이 바로 이 대조법이다.

둘째, 推勘法: 수많은 글자가 아직 인식되지 않았지만 문의를 되풀이해서 연구한 결과에 의하면 곧 인식할 수 있다.[80] 이것은 바로 古文獻 혹은 이미 인식한 고문자의 成語에 근거하고, 文句의 대조를 통해서 아직 인식하지 못한 글자의 뜻을 확정하는 것이다. 이 방법도 宋代부터 사용되기 시작하였다.

셋째, 偏旁分析法: 이미 인식한 고문자를 약간의 單體(즉 偏旁)로 분석하고, 그 위에 매단체마다 각종의 다른 형체를 한데 모아서 그 글자들의 변화를 살핀다. 대중이 인식하지 못하는 글자를 만났을 때에는 역시 약간의 단체를 분석할 수밖에 없는데, 만일 각 단체를 모두 인식하면 다시 합해서 그 글자를 인식한다.[81] 이것은 許慎으로부터 비롯되었으며, 孫詒讓에 의해 광범하게 사용된 방법이다. 그러나 주의해야 할 것은 "1) 偏旁을 정확하게 인식해야 한다. 2) 약간의 偏旁으로 구성된 單字는 그것의 사료에 주의를 기울여야 한다. 만일 이 글자의 사료가 없어졌으면 同類 문자의 관례와 銘詞 중의 용법 등에 따라 각 방면에서 추측해야 한다. 만일 추측할 길이 없으면 당분간 보류할 수밖에 없다.[82]

넷째, 歷史考證法: 글자의 偏旁에 대해 정밀한 분석을 한 후에도 만일 인식할 수 없거나 또는 여전히 의문점이 남으면, 그 글자의 역사를 탐구해야 한다. 여기에서 우리는 절대로 근거 없이 조작하는 것을 경계해야 한다. 자료를 수집하고 증거를 찾아서 수많은 일반 규율을 귀납해 내어야 한다. 이것이 바로 글자에 대한 '역사적 고증'이다.

偏旁分析法은 글자에 대해 橫으로 분석하는 것이고, 歷史考證法은 글자에 대해 縱으로 분석하는 것이다. 이 두 가지 연구 방법은 고문자 연구에서 가장 중요한 부분이며, 이 중 歷史考證法이 더욱 중요하다.[83]

바로 陳夢家가 평가한 바와 같이, 唐蘭은 형체를 분명하게 밝히는 데 있어서 분석법이 정확하다고 강조하였는데, 그가 분석법을 응용하여 확정한 글

자는 확실히 공헌한 바가 있다.[84] 이와 동시에 唐蘭은 2천여 년 동안 중국
학계를 구속한 '六書' 說에 대해 도전을 하였다. 이른바 '指事·象形·形聲·
會意·轉注·假借'란 것은 실제 漢代 사람들의 문자 구성에 대한 견해이며,
결코 漢代 이전의 古漢字의 구조를 반영한 것이 아니다. 그러나 漢字 이론을
연구한 학자들은 일반적으로 이 전통 견해의 속박을 벗어나기 어렵다. 唐蘭
은 甲骨文字의 연구 성과에 근거하여 《中國文字學》75쪽에서, 이른바 '六
書'란 "지금까지 명확한 정의가 없었으며, 학자마다 모두 각자의 견해를 가
지고 있다. 그 다음, 매글자마다 六書로 분류를 한다면 언제나 그 글자가 어
떤 부류에 속한다는 것을 단정할 수가 없다. 단지 이 두 가지 점을 가지고
말한다 해도, 우리는 六書만을 믿고 다른 해석을 찾지 않을 수는 없는 것이
다"고 지적하였다. 그는 《古文字學導論》에서 '三書' 說을 제기하였는데, '三
書'란 象形文字·象意文字·形聲文字를 말한다. 唐蘭은 "三書는 모든 중국
문자를 포괄할 수 있으며, 단지 각 부류의 정의·특징을 분명하게 하기만 하
면, 누가 분석을 하든간에 모두 똑같은 결론을 얻을 수 있을 것이다"라고 하
였다.[85] 唐蘭은 1935년에 이 새로운 漢字 이론 학설을 제기하였는데, 어떤 학
자는 "오늘날의 관점에서 보면 선생의 문자 이론은 아직 완비된 것은 아니
지만, 그러나 당시로 보아서도 중대한 돌파라고 말하지 않을 수 없다"라고
하였다.[86]

　　바로 고문자학자 張政烺이 지적한 바와 같이, 중국 古文字學 연구는 이미
1,2천 년의 역사를 가지고 있지만 이론 저작은 매우 적다. 唐蘭의 《中國文
字學》 및 《殷墟文字記》·《古文字學導論》 등의 저작은 기존에 없었던 것이
며, 오늘날에도 여전히 많이 이용되고 있다.[87] 唐蘭의 문자 고석과 고문자의
이론 연구는 古文字學(甲骨文 포함)의 발전과 제고에 심원한 영향을 주었다.

于省吾(1896-1984년)

遼寧省 海城縣 출신이다. 字는 思泊이고, 別號는 雙劍診主人[88]·澤螺居士·
鳳興叟이다. 7세에 私塾에 들어갔고, 17세에 海城中學에 들어갔으며, 1919년
에 瀋陽國立高等師範을 졸업하였다. 일찍이 현정부 소재지 安東에서 縣誌를
편집하였으며, 후에 奉天交通銀行에서 직원으로 일했다. 1920년에는 西北籌

邊使文牘 위원 및 奉天省 敎育廳 과원 겸 臨時省督學에 임명되었다. 1924년
에는 奉天省 城稅捐局의 국장으로 임명되었다. 1928년에는 奉天 萃升書院
원감에 임명되었다. 1931년 '9·18사변' 이후에 北京으로 이주하여 고대 문
물과 古文字學의 연구에 몰두하였다. 1932년에서 1949년까지는 輔仁大學·
燕京大學·北京大學 등에서 교수 또는 명예교수로 있으면서 古文字學을 강
의하였다. 1952년에 故宮博物院 전문위원에 초빙되었고, 1955년에 東北人民
大學〔지금의 吉林大學〕歷史科 교수에 초빙되어 고문자와 고문헌의 연구·정
리 작업에 종사하였다.[89] 1984년 長春에서 병으로 작고하였는데, 향년 88세
이다.

于省吾의 학문은 엄격하며 고문자의 고석, 고대 전적의 고증 및 古代史 연
구 등의 방면에서 탁월한 성과를 거두었다. 그는 60여 년의 학술 생애를 통
해 筆耕을 중단하지 않아 우리에게 전문 저작 18종과 論文 60여 편을 남겼다.

고문자 연구 방면에서 于省吾는 銅器 銘文의 고석·연구 및 중요 銅器 자
료의 공포 등의 방면에 공헌을 하였으며, 게다가 甲骨文의 연구에 대해서도
매우 큰 성과를 거두었다. 첫째, 于省吾의 甲骨文字 고석 성과는 羅振玉·王
國維 이후의 동년배 학자들을 뛰어넘었다. 于省吾의 《雙劍誃殷契駢枝》 초
편·2편·3편에서는 모두 1백여 자의 글자를 고석하였는데, 이는 동년배 학
자들보다 뛰어난 것이다. 주지하는 바와 같이 甲骨文의 單字는 총 4천5백여
자이며, 일부 판별이 용이한 글자들은 羅振玉·王國維 등의 학자에 의해 고
석되었다. 남은 글자들은 해독의 난이도가 매우 높은 것들이다. 于省吾는 어
려움을 알면서도 덤벼들어 부지런하게 탐구해서 매번 새로운 발견을 하였
다. 그는 1979년에 자기의 문자 고석 성과를 총결산한 전문 저작《甲骨文字
釋林》을 출판하였다. 이 책에서 그는 앞사람들이 아직 몰랐거나, 또는 이미
알기는 하지만 그 造字의 本義를 몰랐던 甲骨文字 총 3백 자 내외를 고석하
여 당대 고문자 연구의 최고봉에 도달하였다. 于省吾가 고문자 연구 방면에
서 큰 성과를 거둘 수 있었던 것은 그가 운용한 과학적인 문자 고석 방법과
불가분의 관계를 가지고 있다.

于省吾는 淸代의 漢學家가 考據學을 이용해서 얻은 우수한 성과의 기초
위에서 辨證法을 운용하여, 문자의 점획과 偏旁 및 그것과 音義의 관계에

대해 분석하였다.[90] 그리하여 그는 "고립적으로 고문자를 연구해서는 안 되며, 사회 발전사의 각도에서, 또한 世界 古代史와 소수 민족의 기록에 보존된 원시 민족의 생산·생활·사회 의식 등을 연구하는 방면에서 고문자의 기원을 소급해야만이 고문자의 造字 本義에 대해 정확한 이해를 할 수 있고, 동시에 우리가 고문자 자료들을 정확하게 해독하는 데 도움을 줄 수 있다"고 깊이 있게 지적하였다.[91] 그의 적지않은 문자 고석 저작은 바로 이 문자 고석의 새로운 방법을 실천해서 모범을 보여 준 것이다.[92] 于省吾는 또 "이른 시기의 고문자 중에서 獨體象形字의 한 부분에 聲符를 가지고 있는 것은 形聲字의 맹아이다. 그러나 그것은 2개 혹은 2개 이상의 偏旁으로 구성된 合體形聲字와 완전히 다르다"고 언급하였다.[93] '獨體象形字'에 관한 이 독창적인 견해는 우리가 문자의 구조를 분석하는 데 시사해 주는 바가 매우 크다.

于省吾는 甲骨文字 고석의 폭과 깊이에서 기존의 연구 성과를 뛰어넘었다. 그가 고석했거나 또는 해설을 가한 3백여 자의 甲骨文字는 매우 참고할 가치가 있으며, 게다가 그는 羅振玉과 王國維 이래의 甲骨文字를 고석하는 방법을 계승하고 발전시켜 금후의 문자 고석 작업에 심원한 영향을 주었다.

둘째, 于省吾는 고문자의 고석을 통해 商史를 연구하여 중국 고대 사회의 면모를 회복하는 데 공헌하였다. 于省吾는 "고문자를 연구하는 주요 목적은 古代史를 연구·토론하는 것이며, 특히 고대의 계급과 계급투쟁사를 연구·토론하는 데 이바지하는 것이다. 또한 중국 문자 중의 일부 象形字와 會意字는 왕왕 고대 사회의 실제 상황을 형상적으로 반영하고 있는데, 이로써 문자 자체도 매우 귀중한 사료임을 알 수 있다"고 주장하였다. 그는 또한 甲骨文字의 자형 자체는 商代 통치자가 민중에게 행한 '人權 蹂躪'·'束縛'·'刑具와 囹圄'·'肉刑'·'火刑' 및 '사람을 함정에 빠뜨려 제사지낸다'·'머리를 잘라 제사지낸다'·'배를 갈라 창자를 도려내고 사지를 찢어 죽인다' 등의 가혹 행위를 반영하고 있다고 지적했다.[94] 그가 발표한 〈略論甲骨文 '自上甲六示' 的廟號及我國成文歷史的開始〉[95]·〈殷代的交通工具和馹傳制度〉[96]·〈商代的穀類作物〉[97]·〈從甲骨文看商代的農田墾殖〉[98]·〈釋奴婢〉[99] 등의 論文은 중국 成文 역사의 시작과 중국 고대의 사회·경제 기초와 상부 구조 등의 방면에 대해 창조적인 탐색을 하였다.

于省吾는 고문자와 古代史를 연구하는 과정에서, 古代史 연구를 하는 데 단지 전적에만 의지하는 것은 매우 불충분하다는 사실을 더욱 절실하게 깨달았다. 비록 王國維가 이미 지하 자료와 고대 전적을 상호 參證하는 古代史 연구의 '二重證據法'을 제기하여 선배학자들에 비해 한걸음 크게 앞서기는 했지만, 그러나 于省吾는 "역시 지하 자료의 중요성을 충분하게 인식한 것이 아니다"고 생각하였다. 于省吾가 볼 때, "지하 자료와 先秦 시기 전적 사이에는 마땅히 主와 副의 구별이 있는데, 즉 지하 자료가 主이고 전적이 副이다. 그래야 비로소 진정으로 객관 실제에 부합하는 결론을 얻어낼 수 있다. 이러한 주요 이유는 지하에서 출토된 고문자 자료와 기타 考古 자료는 원래 모양대로 그대로 있는 가장 믿을 만한 자료이며, 이것과 이리저리 거치며 잘못 전해져서 완전히 믿기 어려운 전적 기록은 主·副의 구별이 있을 수밖에 없기 때문이다"라고 했다.[100] 이 관점은 王國維보다 한걸음 더 앞선 것이다. 于省吾는 고문자 자료를 이용해서 고대 전적을 대조하여《易經新證》·《論語新證》·《諸子新證》등을 저술하였는데, 이는 古籍 정리를 새로운 수준으로 끌어올린 것이다.

셋째, 于省吾는 甲骨學 및 기타 고문자를 연구할 인재를 적극적으로 양성하여 古文字學 연구 자원의 건설과 발전을 위해 공헌하였다. 그는 번거롭고 바쁜 연구 작업을 진행하는 동시에 고령의 나이에도 불구하고 계속 후계자를 양성하는 데 노력하였다. 그는 1955년과 1966년 등 두 번 대학원생을 배출하였는데, 그들은 현재 古文字學界에서 활약하며 상당히 성취한 학자가 되었다. 1978년 이후에 于省吾는 또 석사 및 박사과정 대학원생을 받아들였으며, 계속해서 古文字學 연구의 고급 인재를 양성하기 위해 노력하였다. 그는 또 古文字學 연수반을 모집하여 친히 강의를 하고, 전국의 각 대학 및 문물과 연구기관의 연수생들을 양성하여 古文字學 연구 대열에 새로운 활력을 불어넣어 주었다.

甲骨文의 과학적 발굴 시기에 조예가 깊은 갑골학자들은 근면하게 고생스런 탐색 작업을 하여 甲骨學을 '초창 시기'에서 '발전 시기'로 끌어올렸으며, 이로 인해 甲骨學 연구는 하나의 새 정점에 도달하였다. 그들은 과거를 계승하고 미래를 열어 다음 단계인 甲骨學의 심층 연구 시기를 위해 견실한 기초를 닦아 놓았다.

제5절 신세대의 갑골학자와 성장하는 세대

1949년 신중국이 성립한 후 지금까지 甲骨學 연구는 그것의 여섯번째 10년, 일곱번째 10년, 여덟번째 10년과 곧 마무리되는 아홉번째 10년을 거쳤다. 이 새로운 시기에 원로 갑골학자들은 노익장을 과시해 끊임없이 역작을 내놓았다. 이와 동시에 그들은 교육을 통해 계속해서 갑골학자를 양성해 냈다. 신중국의 甲骨學 연구는 이전 50년에 비해 장족의 발전을 하여 마르크스주의를 지도 이념으로 삼는 심층 연구 시기로 진입하였다. 이것에 관해서는 제4장 제4절에서 이미 논술하였다.

현재 신세대의 갑골학자는 이미 여러 방면의 학술지도자가 되었다. 이 학문에 뜻을 둔 청년들도 각고의 노력으로 연구하고 인내심을 갖고 계속 작업을 하고 있으며, 조예 깊은 학자들의 관심과 지도하에서 업적을 이루었거나 또는 이루고 있는 중이며, 甲骨學의 연구 대열에 뛰어든 신인들이 한창 성장하고 있다.

李學勤(1933년-현재)

北京市 출신이다. 1945년 北京 彙文中學에서 공부하였고, 1951년 淸華大學 哲學科에 입학하였다. 古文字學에 대해 깊은 관심을 갖고 있어서, 1954년 大學을 졸업하지 않고 中國科學院 考古硏究所〔현재 中國社會科學院에 속한다〕에 들어가서 甲骨學을 연구하였으며, 같은 해에 中國科學院 歷史硏究所〔현재 中國社會科學院에 속한다〕에 들어가서 思想史를 연구하였다. 1973년 이후로는 연구의 중점을 思想史에서 古文字學・考古學 및 중국 古代史로 전환하였으며, 1975년에는 國家文物局에서 조직한, 새로 출토된 帛書・竹簡의 정리 작업에 참가하였다. 현재 中國社會科學院 歷史硏究所 연구원・學術委

貝會 위원 겸 부소장이며, 아울러 國務院 學位委貝會 評議組의 구성원이다.

李學勤은 섭렵한 것이 광범하여 甲骨學·靑銅器·戰國文字와 秦·漢 시기의 簡牘, 帛書 및 先秦史 등의 방면에 상당한 조예가 있다. 그는 저술에 힘을 쏟아《殷墟文字綴合》(郭若愚·曾毅公과 共著, 科學出版社, 1955년)·《殷代地理簡論》(科學出版社, 1959년)·《東周與秦代文明》(文物出版社, 1984년)·《古文字學初階》(中華書局, 1985년) 등의 전문 저작과 다수의 論文을 발표하여 古文字學 영역에서 새로운 분야의 건립과 발전에 대해 적지않은 공헌을 했다.

李學勤이 甲骨學 연구 영역에서 얻은 성과 중 주요한 것은 다음과 같다.

첫째, 甲骨을 綴合하는 방면에서 성과를 내었다. 李學勤은 1950년에 甲骨文을 연구하기 시작하여 매우 일찍이 曾毅公과 함께《殷墟文字乙編》의 甲骨을 綴合하였으며, 후에 郭若愚가 綴合한《殷墟文字甲編》의 자료를 수록해서 1955년에《殷墟文字綴合》으로 合編·出版하여, 과학적으로 발굴된 비교적 완벽한 甲骨文 자료를 학계에 제공하였다. 이 책은 原甲骨을 근거로 해서 綴合한《殷墟文字丙編》의 출판보다 2년 정도 일찍 출판되었다.

둘째, 甲骨文의 시기 구분 연구에 대해 깊이 있는 토론을 하여 공헌을 하였다. 학계에서 쟁론이 끊이지 않는 '文武丁 시기 卜辭의 수수께끼'의 토론 중에서 李學勤은 〈帝乙時期的非王卜辭〉(《考古學報》, 1958년, 제1기)라는 견해를 제기하였다. 비록 그가 이 甲骨 시기를 제5기로 추측하고 아울러 1960년 이후에 이 견해를 수정하였지만, 그러나 그는 일부 토론 중에서 甲骨이 非王 卜辭라고 지적하고 더욱 상세한 구분과 정리를 하였으며,[101] 또한 시기 구분 연구에 유익한 토론을 깊이 있게 전개하였다. 근래에 그는 심도 있는 연구 결과에 근거하여 〈論自組卜辭的一些問題〉(《古文字硏究》 제3집, 中華書局, 1980년)라는 論文을 발표하여, 학계에서 대부분 이미 그것들을 '武丁 시기의 卜辭'라고 공인한 것을 동의하는 상황하에서 다시 몇 가지 새로운 문제를 제기하여, 이 卜辭들에 관한 토론을 더욱 깊이 있게 하였다. 이밖에 그는 "甲骨과 靑銅器의 연구는 마땅히 考古學的 방법에 따라서 分期別·分組別로 착수해야 한다"고 주장하였다.[102] 그 이유는 전통적인 "5기 분법은 결점이 있다. 중요한 것 중의 하나는 甲骨 자체의 分組와 王世의 추정을 함께 혼동해서 단순히 王世別로 시기 구분을 하였는데, 실제로는 한 王世에는 단지

한 유형의 卜辭가 있을 뿐이다. 일단 동일한 王世에 여러 종류의 卜辭가 있다는 것을 발견했을 때에는 5기의 틀을 받아들이기가 매우 어렵다"라고 주장하였다.[103] 그래서 그는 1977년에 이른바 '歷組' 卜辭의 시기는 '武丁 말기에서 祖庚 시기'[104]로 상향 이동해야 한다는 견해를 제기하고, 후에 또 殷墟 甲骨을 9조로 나누어야 한다는 생각을 제기하여, '兩系說'로 전통적인 시기 구분법을 대체하려고 극력 도모하였다.[105] 이 이후로 갑골학계에서 이 문제에 대해 10여 년 동안 격렬한 논쟁을 전개하여, 甲骨學의 시기 구분 연구는 백가쟁명의 국면이 형성되었다. 여기에 관해서는 제8장 제2절과 제3절에서 이미 논술하였다.

셋째, 西周 甲骨은 甲骨學 연구 영역의 새 분야인데, 李學勤은 이 새 분야의 건립과 발전에 공헌을 하였다. 그는 山西省 洪趙縣 坊堆村에서 출토된 有字 甲骨이 西周 초기의 것이라고 최초로 명확하게 지적하였다. 이것은 西周 甲骨 탐색 단계의 마무리이자 연구 단계의 시작을 나타내는 것이며, 西周 甲骨을 인식하지 못한 단계에서 인식한 단계로 도약하였음을 나타내 주는 것이다.[106] 그뒤에 陝西省 岐山縣 鳳雛村과 扶風縣 齊家村 등지의 甲骨 연구를 통해 西周 甲骨의 특징, 문자의 해석, 성질 및 족속 등의 문제에 대해 많은 의견을 발표하여 이 신학문의 형성에 토대를 마련하였다. 여기에 관해서는 이 책의 下篇 제13장에서 논술할 것이다.

넷째, 李學勤은 甲骨文 자료를 이용하여 商代의 역사와 방국의 지리를 연구하는 데 성공하였다. 그는 商代의 친족 제도에 대해 깊은 연구를 하여 親族 稱謂의 가장 복잡한 형식으로 區別字·親稱과 日名 등 세 가지 성분이 포괄될 수 있으며, "日名은 일부 諡號法과 같이 죽은 후에 선정하는 것이며, 生日 또는 死亡日과 무관하다. 제사일은 日名에 따라 정하는 것이며, 결코 日名이 제사일에 따라 정해지는 것은 아니다"라는 견해를 내놓았다.[107] 그의 《殷代地理簡論》은 이 방면에 있어서 현재 유일한 전문 저작이다. 이 책의 내용과 특징에 관해서는 제11장 제3절에서 이미 논술하였다.

다섯째, 李學勤 등이 편찬한 《英國所藏甲骨集》(中華書局, 1985년)은 영국인들이 소장한 중국의 殷墟 甲骨文을 墨拓한 것이다. 이 책의 출판은 甲骨學과 殷商史의 연구에 신선한 자료를 제공하였으며, 甲骨文 자료를 공포하고 정리하는 방면에 공헌을 하였다.

李學勤은 바로 50여 세의 장년인데, 이미 그의 폭넓은 지식과 古文字學 연구의 여러 영역에서 이룩한 적지않은 업적으로 인해 중국 내외에서 호평을 받았다. 어떤 사람은 그가 학문 연구에서 이룬 성공의 경험이 '용감·근면과 회통'[108]에 있다고 총괄하였다. '용감'이란 바로 학술 연구 작업 중에서 기존 학설에 얽매이지 않는 탐색 정신이다. 그는 학생 시절에 "어떤 책에 대해서도 결코 전부를 이해한 것은 아니지만, 귀중한 것은 얼마나 어려운 책인가에 상관 않고 과감하게 그 책에 매달리는 데 있는 것이다. 힘겨운 부분이 있을 수 있다는 것은 인정하지만, 만일 당신이 그것을 부딪쳐 보려고 하지도 않는다면, 설령 당신이 이해할 수 있는 것이라고 하더라도 그것을 깨달을 인연이 없는 것이 아니겠는가?"라고 생각하였다. 李學勤은 학문 연구에서 권위를 존중하였지만, 그러나 권위를 맹신하지는 않았다. 그래서 그는 "만일 진리를 붙잡았으면 역시 과감하게 권위에 도전하고 과감하게 전통적인 편견에 맞서야 한다"고 하였다. 李學勤은 甲骨의 시기 구분 연구 방면에서 부단히 새 문제를 제기하고 깊이 있게 탐색하였으며, 더욱 합리적인 시기 구분 방안을 찾아서 전통적인 '5기' 분법과 '10항 표준'을 대체하려고 노력하였다. '근면'이란 어떤 일에 종사하거나 성공을 하는 중요한 조건이다. 李學勤은 16세부터 古文字學 연구를 시작하였으며, 어떤 때에는 전 휴가 기간에 北京圖書館에 가서 甲骨文과 金文을 연구하였다. 그는 길지 않은 시간 동안에 北京圖書館에 소장된 甲骨文과 金文 자료를 거의 전부 섭렵하였다. 청년 시절의 근면과 노력은 그가 이후 연구 작업을 하는 데 견실한 기초가 되었다.《殷墟文字綴合》을 편찬하는 데 그는 2년여의 시간을 빼앗겼지만, 이 기간 동안에 그는 자기 견해가 있는 論文도 적잖이 써내었다. 설령 현재 그가 비록 행정 업무, 강의나 방문을 위한 출국, 연구생의 양성 및 청장년 연구자들의 論文과 전문서를 자세히 검토하는 일 등으로 많은 귀중한 시간을 빼앗기지만, 여전히 연구를 하고 있으며 출국을 하거나 외지에 가서 강의를 하고 돌아오면 즉시 계속해서 작업을 하고 있다. 그는 부지런히 탐구하였으며, 인내심을 갖고 중도에 포기하지 않았기 때문에 계속 신작을 내놓을 수 있었다. 이것은 굳센 의지와 근면 정신이 얼마나 많이 요구되는 일인가? 이른바 '회통'이란 바로 역사유물주의의 지도하에서 연구 대상을 역사 발전의 총체 속에 놓고 전면적으로 연구해서 과학적이고 규율적인 것을 도출해 내었다는 것을 말한다. 어떤 사람이 말한 것처럼 李學勤은 학문을 하는 데 일정한 스승이 없었지만, 그러나 그는 장기간 학문을 하면서 수많은 선배 대가들의 학문 특징과 특기에 각별한 주의를 기울이고 성실하게 사색하고 탐구함으로써 그것을 융회관통하여 자기의 것으로 만들려고 하였다. 그는 考古와 역사는 유기적으로 결합해야 한다고 주장하고, "考古學을 배우는 사람이 만일 역사 이론과 문헌 지식을 갖추지 않으면 정확하게 전체를 알 수가 없으며, 기껏 할 수 있는 일은 작은 항아리나 단지 따위를 만지작거리는 것에 불과하다. 출토된 문물에 대해서는 상당한 이론 수준에서 인식하고 문헌의 각도에서 인증해야 비로소 한 무더기의 죽은 물건을 살아 있는 사회로 변환시킬 수 있다"고 했다. 그리고 고문자를 연구하는 데 "진정으로 성공하고자 하면 반드시 歷史學·言語學과 考古學을 이해해야 한다……. 한 권의 《說文解字》를 공부해서 곧 고문자학자가 될 수 있다고 생각한다면, 그 사람의 식견은 아직 淸代 학자들의 수준 아래에 있어서 기껏해야 문물 감정가일 뿐이고, 그보다도 못하며, 심하게는 고상한 척하는 가짜 골동품상에 불과하다"고 강조하였다.[109]

李學勤이 걸어온 연구의 길과 학문 특징은 고문자와 고대 史學에 뜻을 둔 사람들에게 시사해 주는 바가 매우 크다.

裘錫圭(1935년-현재)

浙江省 慈溪縣 출신이다. 1952년 復旦大學 歷史科에 입학하였으며, 1956년 大學 졸업 후 시험을 통해 연구생(대학원생)이 되어 胡厚宣의 지도하에 甲骨文과 殷商史를 책을 통해 깊이 연구하였다. 같은 해에 胡厚宣이 北京으로 조사하러 갔는데, 裘錫圭도 胡厚宣을 따라 中國科學院 歷史研究所(현재 中國社會科學院에 속한다)에 들어갔다. 1960년 大學院을 졸업한 뒤 裘錫圭는 北京大學 中文科의 교원이 되었다. 1974년 國家文物局에서 조직한 銀雀山 竹簡, 雲夢 秦簡, 馬王堆 帛書 등의 출토 문헌 정리 작업에 참가하였다. 현재 北京大學 中文科 교수이며, 古文獻研究室 주임이다.

裵錫圭는 古文字學의 여러 영역, 예를 들면 甲骨學·金文·戰國文字·簡牘 등의 방면에서 조예가 매우 깊다. 이밖에 歷史學·考古學과 言語學 등의 방면에서도 상당한 연구를 하였다. 그의 논저는 엄밀하고 언급한 방면이 넓으며 심도가 매우 깊어서, 선배학자인 郭沫若·王力·胡厚宣·張政烺·朱德熙 등의 칭찬을 받았다. 그가 古文字學 연구의 여러 방면에서 모두 성과를 내었기 때문에 현재 이미 중국 내외에 상당한 영향이 있는 유명학자가 되었다. 裵錫圭가 이룩한 甲骨學 연구 방면의 주요 공헌은 다음과 같다.

첫째, 문자 고석 방면에서 裵錫圭는 부단히 새로운 성과를 얻었다. 그의 〈甲骨文中所見的商代五刑〉(《考古》, 1961년 제2기에 수록. 趙佩馨으로 서명)·〈讀'安陽新出土的牛胛骨及其刻辭'〉(《考古》, 1972년 제5기에 수록)·〈甲骨文中的幾種樂器名稱〉(《中華文史論叢》 제2집, 1980년에 수록) 등의 고석을 전문적으로 한 論文과 기타 銅器의 銘文 고석과 관계된 일부 正文과 註解, 예컨대 〈史墻盤銘解釋〉(《文物》, 1978년 제3기에 수록) 등은 현재 난이도가 비교적 큰 일부 甲骨文字에 대해 해설한 것으로, 대부분 갑골학계에서 공인되고 있다.

둘째, 甲骨文의 시기 구분 연구 방면에서 裵錫圭도 논쟁에 적극 참가하였다. 그는 원래는 역시 '歷組' 刻辭가 武乙·文丁 시기의 卜辭임을 믿고 있었지만, 李學勤의 論文(즉 〈論 '婦好' 墓的年代及其有關問題〉《文物》, 1977년 제11기)을 읽은 후에 다시 진지하게 생각을 해서 이전 학설을 포기하고 李學勤의 주장을 따르지 않을 수 없음을 깨달았다. 그는 李學勤의 사고 맥락에 따라서 약간의 보충 논증을 하여, 〈論 '歷組卜辭' 的時代〉라는 論文을 발표하였다.[110] 이 論文에서는 賓組·出組와 이른바 '歷組' 卜辭에서 함께 보이는 人名에 대해 전면적인 정리를 하였으며, 또 20항의 동일한 占卜 사류를 대조하여 "歷組 卜辭는 마땅히 武丁·祖庚 시기에 속해야 한다"는 점을 전면적으로 논술하였다. 이것은 '歷組' 卜辭의 연대에 대한 학계의 토론에 촉진 작용을 하였다.

셋째, 裵錫圭는 殷商史 연구 방면에 있어서도 매우 가치 있는 탐색을 하였다. 그의 〈關於商代的宗族組織和貴族平民兩個階級的研究〉[111]라는 論文에서는 商代 사회에는 통치 계급의 族人으로 구성된 종족 조직이 존재하였고, '衆'은 종족 조직의 바깥으로 배척된 평민을 가리킨다고 논술하였다. 또 〈甲

骨卜辭中所見的 '田'·'牧'·'衛' 等職官的硏究〉[112]라는 論文에서는 "'侯·甸·男·衛'라고 하는 이들 여러 제후의 명칭은 모두 관직의 명칭에서 변화 발전되었다……. 제후 성질을 띤 제1진의 侯·甸·男·衛는 각기 해당 관직에서 하나의 발전 과정을 거쳐 형성된 것이다. 중앙 王朝가 이 관직에서 발전하여 형성된 제후들을 승인한 이후에야 비로소 '侯·甸·男·衛' 등의 칭호로 봉건 제후를 부르기 시작하였으며, 아울러 이 칭호들을 방국의 군주인 신하들에게 수여하였다"고 논증하였다. 〈甲骨文中所見的農業〉[113]이라는 論文에서는 商代의 농작물·농업 생산 도구 및 농업 생산 과정에 대해 비교적 전면적인 논술을 하였다.

裵錫圭가 학술 연구에서 뛰어난 업적을 이룩할 수 있었던 요인을 살펴보면 다음과 같다. 첫째, 각고의 노력을 하는 그의 학문 연구와 불가분의 관계를 가지고 있다. "혁대가 점점 넓어져도 끝내 후회하지 않고 학문을 위해 세월을 보내 사람이 초췌해졌다〔衣帶漸寬終不悔, 爲伊消得人憔悴〕." 30여 년 동안 裵錫圭는 부지런히 학문에 힘썼으며, 어떤 때에는 침식을 전폐하기까지 하였다. 그는 대학 시절에 시간을 아껴서 공부하여 거의 낮잠을 잔 적이 없으며, 일요일도 가리지 않았다. 돈이 없어 책을 흡족하게 살 수가 없어서 그는 郭沫若의 《兩周金文辭大系圖錄考釋》·《卜辭通纂》·《殷契粹編》 및 羅振玉의 문자 고석에 관련된 저작 등을 하나하나 베꼈다. 연구생이 되었을 때 그는 한편으로 정치 활동에 참가하면서 한편으로 전공 학습을 지속하였는데, 수년 동안에 여섯 상자 분량의 자료 카드를 작성하였다. 1976년 唐山 지진이 北京에 파급되었을 때에도 그는 평소처럼 태연자약한 태도로 등불 아래서 의연히 연구를 계속하였다. 바로 각고의 노력과 근면성으로 말미암아 그는 마침내 대가의 경지에 들어서서 영향력 있는 고문자학자가 된 것이다.[114] 둘째, 裵錫圭는 엄격한 과학적인 태도를 가지고 있다. 그는 자신에게 광범한 지식을 요구하였는데, 古代史·民族學·考古學·古器物學·文字學·音韻學·訓詁學 등과 같은 방면도 깊이 이해하였다. 또한 經書·子書·史書 등 중국의 고대 전적에 대해서도 깊은 연구를 하였다. 古文字學 영역을 가지고 말하면, 그는 甲骨文·金文·戰國文字(貨幣·陶文·盟書·璽文 따위)·秦漢文字 등의 방면에 상당한 조예를 가졌다. 1자의 고문자를 고증하기 위해 그는 언제나 대량의 관련 자료 및 이 글자가 전후로 발전·변화한 여러 방증 자료를 수집하였다. 이 때문에 그의 입론은 고증이 정밀하고 설득력이 강해 매번 학계에서 받아들여지고 있다. 그는 1961년에 〈甲骨文中所見的商代五刑〉이라는 論文을 발표하여 학계의 주의를 끌었다. 그러나 그후 10년 동안 정력을 전부 학문 연구에 쏟고 더 이상 論文을 발표하지 않았다. 그는 《顔氏家訓·勉學篇》에 나오는 "천하의 책을 두루 살펴보지 않고 함부로 글자를 고쳐서는 안 된다〔觀天下書未遍, 不得妄下雌黃〕"라는 글귀를 자기의 좌우명으로 삼고 있는데, 그래서 그는 10년 동안 특별한 일을 하지 않았지만 한번 일을 시작하면 큰일을 이루어 내었다. 그의 견실한 기초와 엄격한 학문 정신은 매우 빠른 속도로 중국 내외 학계의 주의를 불러일으켰다.[115] 셋째, 裘錫圭는 왕성한 학문 의욕을 가지고 있다. 그는 중국 古代史를 연구하기 위하여 고문자 속에서 자료를 찾아서 고문자 연구로 하여금 최대의 사회 가치를 발휘하게 만들었으며, 고문자를 가지고 고문자를 연구한 것은 아니다. 바로 이러한 이유로 말미암아 그는 높은 학문 경지에 도달할 수 있었으며, 전체의 관점에서 문자의 변화·발전을 고찰하였기 때문에 하나를 가지고 유추하여 열 가지를 알 수 있었던 것이다. 고문자 연구는 그가 古代史 연구를 하는 데 견실한 기초가 되었고, 古代史 연구는 또한 그가 고석한 고문자의 사회 환경에 대해 깊은 이해를 갖게 해주었다.

이밖에도 일부 갑골학자들은 甲骨學 전문 저작을 출판하였다. 예를 들면 蕭楠의 《小屯南地甲骨》上·下冊, 蕭艾의 《甲骨文史話》, 孟世凱의 《殷墟甲骨文簡述》, 王宇信의 《건국 이래의 甲骨文 연구》 및 《西周甲骨探論》, 溫少峰·袁庭棟의 《殷墟卜辭研究——科學技術篇》, 姚孝遂·蕭丁의 《小屯南地甲骨考釋》, 吳浩坤·潘悠의 《中國甲骨學史》, 李圃의 《甲骨文選讀》, 王明閣의 《甲骨學初論》 등이 있다. 또 일부는 매우 수준 높은 論文을 발표하였는데, 예를 들면 王貴民·楊昇南은 商代의 군사 제도를 연구하였고,[116] 林澐은 甲骨文의 시기 구분을 '兩系' 說로 구체화시켰으며,[117] 張永山은 商代의 계급 관계를,[118] 羅琨은 商代의 傳說 時代를,[119] 謝濟는 甲骨文의 시기 구분 문제를,[120] 齊文心은 商代의 감옥 설치를,[121] 常玉芝는 商代의 제사 제도를,[122] 彭邦炯은 商代의 邑制[23]를 각각 연구하였다. 이들 전문 저작과 다수의 論文은 甲骨學

의 심층적인 연구를 위해 공헌하였다.

이와 동시에 甲骨學을 연구하는 신세대도 성장하고 있다. 10년간의 文化革命 기간중에 중국의 과학·문화 사업은 심한 박해를 받았으며, 古文字學 영역도 예외가 될 수는 없었다. 일대종사 郭沫若은 이를 걱정하여 어느 정도 조치를 취하였다. 과학의 봄이 도래한 이후 甲骨學 연구 대열의 공백 상태는 변화되었다. 적지않은 수의 원로학자들은 학문을 연구하고 자신의 저작을 정리하는 동시에 힘껏 후계자를 양성하였다. 근래에는 석사·박사 연구생들이 졸업하여 甲骨學 연구 인원이 충실해졌으며, 아울러 새로운 활력이 생겼다. 그들은 이미 학문의 심오한 경지로 들어갔으며 학술 무대에서 두각을 나타내기 시작하였다.

甲骨學을 연구하는 이 신세대들은 만족스러운 특징을 가지고 있다. 첫째, 출발점이 높다. 이 신세대들은 일반적으로 모두 생활의 각종 험난함을 경험하였고, 적지않은 사람들은 역경 속에서 각고의 노력으로 공부하여 비교적 일찍 甲骨文 등의 고문자 연구를 시작하였다. 이밖에도 그들은 모두 영향 있는 甲骨學 전문가의 지도를 받아서 연구생 단계에서 비교적 견실한 기초를 닦았다. 그들 중에는 한 가지(혹은 두 가지) 외국어에 능통하여 외국의 연구 성과와 동향을 제때에 이해할 수 있는 사람이 적지않다. 둘째, 새로운 견해를 내는 속도가 빠르다. 그들은 체계적이고 엄격한 학문 훈련을 거쳤기 때문에 연구생 과정을 졸업할 때 모두 수준 높은 졸업 論文을 써냈다. 작업에 참가한 후에는 교육을 담당하고 학문 연구 작업을 하는 과정 속에서 체득한 것이 있을 때마다 論文을 써서 제출하였다. 그들이 발표한 적지않은 論文들이 호평을 받았다. 셋째, 연관된 부분이 광범위하다. 그들의 연구 작업은 점차 근래의 甲骨學과 商代史 연구가 비교적 박약하거나 혹은 아직 다른 사람이 없는 영역에 미치고 있는데, 예를 들면 商代의 천문·역법·가족 형태·군사 제도·제사 활동 등의 방면이다. 게다가 논저들 중에는 구상이 참신하고 솜씨가 비범한 것이 적지않다. 《甲骨文合集》·《小屯南地甲骨》 등의 대형 甲骨學 저작의 출판은 연구 자료가 부족한 국면을 개변시켜서 그들이 전면적으로 자료를 수집하는 데 기초를 닦았으며, 선배학자들의 노력은 甲骨學 연구를 새로운 수준으로 끌어올렸다. 그들은 전대의 연구 성과를 잘 계승했기 때문에 전대 학자들의 기초 위에서 새로운 진전을 할 수 있었다.

이들 엄격한 훈련을 거친 甲骨學 신세대와 함께 전국 각지에는 또한 적지 않은 독학 연구자들이 있다. 그들은 甲骨學 연구 대열의 풍부한 예비 역량이다. 甲骨文의 고향인 河南省 安陽에서는 1986년에 전문성을 띤 甲骨學會가 성립되어 정기적으로 학술 성과의 교류를 하며, 서로 함께 토론하고 연구하고 있다. 그들은 또한 학술잡지 《甲骨學研究》를 창간하여 자기들의 새로운 성과를 발표하는 무대로 삼고 있다.

甲骨學 연구의 신세대들은 한창 성장하고 있다. 한 가지 예측할 수 있는 것은, 멀지 않은 장래에 甲骨學 연구 대열에서 성장중인 신세대들은 장차 뭇별이 찬란하게 빛나듯이 甲骨學의 전문가들이 될 것이다.

下 扁

上篇의 관련된 章·節의 논술로부터 우리는 甲骨學이 이미 상당히 성숙한 학문이 되었다는 사실을 알 수 있다.

우리가 통상 말하는 甲骨學은 殷墟에서 출토된 甲骨文을 연구 대상으로 삼고 있다. 그래서 사람들에게는 장기간에 걸쳐 하나의 전통적 관념이 형성되었는데, 즉 이른바 甲骨學은 바로 殷墟 甲骨文에 대한 연구라는 것이다.

"周王朝는 殷王朝의 예제를 계승하였다〔周因於殷禮〕." 殷을 대신해서 일어난 周王朝에는 또한 甲骨文이 없는가? 商王朝가 멸망하면서 甲骨도 폐허 속에 파묻혔다고 하는데" 甲骨文은 더 이상 존재하거나 사용되지 않았는가? 학자들은 일찍부터 이 문제들에 대해 생각하여 왔다.

또한 1940년에 何天行은 〈陝西曾發見甲骨之推測〉[1]이라는 글에서 山東省 城子崖 유적지에서 발견된 陶片에 새겨져 있는 "齊나라 사람이 그물로 6마리의 물고기와 1마리의 작은 거북을 잡았다〔齊人網獲六魚一小龜〕"[2]라는 글귀를 근거로 삼아 河南省 安陽市 殷墟 小屯村 이외의 지역에서도 甲骨과 甲骨文字와 유사한 유물의 발견이 있을 수 있다고 추측하였다. 그 이유는 첫째, 역사상 분명한 증거를 찾을 수 있다. 예를 들면 《詩經·大雅·緜》편에서 "岐周의 평원은 정말 비옥하여 그 쓴 菫나물과 荼나물이 사탕처럼 달구나. 시작하고 계획하며, 우리의 거북으로 吉凶을 점쳐 본다〔周原膴膴, 菫荼如飴. 爰始爰謀, 爰契我龜〕"라고 하였다. 〈緜〉편은 周族의 역사적 사실인데…… 대략 殷族이 멸망하기 이전에 이미 周人과 항상 왕래하고 서로 교통하였으며, 周族은 殷人의 占卜 방법을 배웠다. 그래서 周原 일대에서도 거북을 이용해서 점을 쳤다. 周族은 기초로 삼을 만한 고유 문자를 갖지 못했으며, 周族의 卜辭 '契' 刻과 거북 사용 방법은 완전히 殷族으로부터 배운 것이다. 둘째, 우리는 《水經注》에 기록된 高陵縣(지금의 陝西省 西安市 府境縣에 속한다)에서 발견된 '등에 八卦의 古字가 적혀 있는' 거북과 《詩經·大雅·文王有聲》편에 나오는 "武王은 占卜을 통해 이 鎬京을 도읍으로 정하였는데, 이 거북이 정확한 판단을 하였다〔考卜維王, 宅是鎬京, 維龜正之〕"는 말과 서로 인증해 보면, 陝西省 西安 부근에 일찍이 卜辭가 발견되었을 가능성이 있으며(이러한

卜辭는 대부분 周族의 것으로 생각된다), 이것은 완전히 우리의 추측만은 아닌 것 같다.

비록 이 글의 '추측'이 상당한 식견을 가지고 있지만, 그러나 조건의 제한으로 인해 陝西省 周原 및 西安 등의 周代 유적지에서 계획성 있는 科學的 발굴 작업이 진행된 적은 없다. 이에 따라 1899년에 殷墟 甲骨文이 발견된 이후로 수십 년간 西周 甲骨은 한 조각도 출토된 적이 없다. 이 때문에 학자들의 甲骨學 연구는 줄곧 殷墟에서 출토된 15만 편의 甲骨文에 머물렀으며, 西周 甲骨에 대해서는 줄곧 충분히 알지 못하였다.

신중국이 성립한 이후, 대규모 경제 건설의 발전과 考古 발굴 작업의 전면적인 전개에 따라 각지에서 부단히 西周 甲骨이 출토되고 있다. 특히 1977년 봄에 陝西省 岐山縣 鳳雛村 궁전터 西廂 2호방 내의 窖穴 H11·H31 속에서 출토된 대량의 甲骨은 西周 甲骨의 연구를 새로운 단계로 끌어올렸다. 西周 甲骨이 끊임없이 발견됨에 따라 甲骨學 연구 영역 내에서 점차로 하나의 새로운 분야인 西周 甲骨學이 형성되었다. 이 이후로 甲骨學의 연구 범위는 확대되었고, 대체로 甲骨은 반드시 殷商이라고 말하는 전통적인 견해는 타파되었으며, 甲骨學 연구는 더욱 심화되었다.

오늘날의 甲骨學은 殷墟 甲骨文에 대한 연구를 포괄해야 할 뿐 아니라 西周 甲骨文에 대한 탐색을 포괄해야 할 것이다. 이 책의 下篇은 바로 西周 甲骨學에 대해 전문적으로 논술한 것이다.

제13장
甲骨學 연구의 새로운 분야

西周 甲骨學의 형성

西周 甲骨學이라는 새로운 분야의 형성은 전국 각지에서 西周 甲骨이 계속 출토된 것과 밀접한 관련을 가지고 있다. 이밖에 수십 년 동안 殷墟 甲骨에 대한 관찰과 연구를 통해, 학자들은 고대 占卜의 순서와 내용에 대해서도 비교적 깊이 있는 이해와 인식을 하고 있다. 殷墟 甲骨에 대한 연구의 기초 위에서 새로 발견된 西周 甲骨文을 인식하는 것은 손쉬워서 자연히 진척이 빠르다. 신중국이 건립된 이래로 37년 동안 西周 甲骨 연구는 그것의 발전 단계상 맹아 시기·형성 시기를 거쳐 심층 연구 시기로 진입해서 이미 하나의 독립된 분과로 자리잡았다.

제1절 西周 甲骨의 발견

西周 甲骨은 周代의 유적지에서 출토된 占卜用의 有字 龜甲과 獸骨〔無字 龜甲과 獸骨도 포함됨〕을 주된 연구 대상으로 삼는다. 과거 여러 해 동안 전국 각지에서 출토된 有字 西周 甲骨의 상황을 살펴보면 다음과 같다.

1951년에 陝西省 邠縣에서 牛肩胛骨의 윗부분이 1개 발견되었는데, 背面에는 鑽·灼이 13군데 되어 있고, 正面에는 兆가 나타나 있다. 이 肩胛骨의 背面 중 다듬어진 곳은 매우 얇고, 鑽한 곳은 크면서 얕고, 灼痕은 비교적 적으며, 다만 臼角이 맞지 않는다.[1]

1952년에 河南省 洛陽 동쪽 교외의 泰山廟 유적지 동쪽 窖穴 H2 내에서 方鑿 龜版이 발견되었는데, 거북 腹甲의 상부가 남아 있다.[2] 그 특색은 방형의 鑽과 장방형의 鑿이 하나의 움폭 들어간 정방형을 결성하고 있으며, 鑿이 좀더 깊다. 이쪽과 저쪽의 鑽鑿들 사이에는 거의 같은 너비의 좁고 긴 가닥이 남아 있어서 鑽鑿의 바깥 위에서 방형의 경계를 이룬다. 꼭대기 부근에는 1개의 둥근 구멍이 뚫려 있는데, 관통하지는 않았다.[3] 이밖에 1975년에서 1979년 사이에 실시된 洛陽의 북쪽 교외 北窯鑄銅 유적지의 발굴중에도 총수 10편 이상의 甲骨이 출토되었는데, 완벽한 것은 매우 적다. 卜甲은 일반적으로 거북의 卜甲으로 만들었으며, 가장자리는 다듬어져 있고, 왕왕 양끝의 尾角에는 1개의 작은 원이 뚫려 있는데, '鑿'과 '鑽'은 모두 방형이고 가지런히 배열되어 있다. 卜骨은 일반적으로 右肩胛骨로 제작되어 있고, 가장자리는 다듬어져 있으며, 한 骨版 위에는 보통 두 줄 혹은 세 줄의 圓形 '鑽'이 밀집되어 뚫려 있다.[4] 첫번 통계에 의하면 洛陽의 北窯鑄銅 유적지에서는 총 30조각의 占卜用 甲骨이 발견되었는데, 그 중에는 거북의 卜甲이 16조각, 甲橋가 6조각, 背甲이 2조각, 牛肩胛骨이 11조각이었으며, 다른 骨料는 발견되지 않았다. 1983년에 北窯鑄銅 유적지에서 북쪽으로 1.5킬로미터 떨어진 西周 시기의 灰坑에서도 거북 背甲과 甲橋 1조각이 채집되었다.[5] 거북의 卜甲 양면은 모두 갈아져 있고, 甲骨은 후벼져 있다. 鑿은 대칭으로 구멍이 나 있고, 方鑿이 비교적 얕으며, 그 외측에는 鑿보다 긴 가지형의 縱槽가 있고, 灼痕이 있으며, 正面의 兆枝는 중간의 千里路를 향하고 있다. 또한 T25H 238:1을 예로 들면, 甲首의 한가운데에는 1개의 장방형 淺穴이 있고, 淺穴 밑에는 2개의 方鑿이 좌우로 병렬되어 있으며, 縱槽가 方鑿의 내측에 열려 있기 때문에 불로 지진 뒤의 兆枝가 밖을 향하고 있다. T3H83:14+T3H 90:3+T3H 83:8은 손상된 卜甲 하반부이고, 그 위에는 비교적 완벽한 左甲橋가 있다. 甲橋와 背甲이 서로 연결된 곳에는 간 흔적으로 매끈매끈하고, 상하의 모서리끝은 잘려나갔고, 가장자리는 고르게 갈려 있고, 내면은 매끈하게 갈려 있다. 甲橋 背面에는 종렬로 두 행의 方鑿이 되어 있는데, 이는 縱橫으로 方鑿의 외측에 되어 있고(단 제2횡렬의 右鑿 縱槽는 예외), 兆枝는 서로 대칭되어 있다. 背甲이 갈라진 것은 甲首 및 약간 두꺼운 곳이 背甲의 弧面에 따라 얇게 깎여 있고, 正面은 갈아져 있으며, 外緣과 甲橋가 서로 연결된 곳에는 평평하고 곧은 톱질 흔적이 있다. 方鑿·縱槽는 불로 지진 곳의 兆枝가 밖을 향해 있다. 톱질이 되지 않은 옹근 背甲은 서투르게 다듬어져 있고, 方鑿은 작으면서 깊고, 불로 지진 뒤의 兆枝는 중간의 千里路를 향해 있다. 肩胛骨은 모두 잘 손질되어 있으며, 骨臼의 背面은 절반이 깎여 있고, 잘라진 臼角은 양면이 매끈하게 갈아져 있다. 鑽孔은 동그란 원이고, 구멍벽은 수직이며, 縱槽는 구멍 밑의 외측에 있고, 불로 지진 뒤의 兆枝는 가운데 방향을 향하고 있다.[6]

1954년에 山西省 洪趙縣 坊堆村(현재는 洪洞縣에 속함)의 周代 유적지에서 출토된 卜骨은 땅속에서 이미 심하게 부서져 있으며, 한 조각은 전부가 복원될 수 없게 깨어져 있었고, 또 한 조각은 출토할 때 여러 개의 조각으로 부서졌다. 복원한 후에야 卜骨로 사용된 이 2조각이 좌우 2개의 牛肩胛骨이라는 것을 알았다. 주의해야 할 것은, 이 두 卜骨 正面의 하부 중앙의 동일한 곳에 모두 아주 얕은 둥근 구멍이 하나 있다는 것이다. 완벽한 牛肩胛骨과 비교해 보면, 두 면 및 주위는 모두 갈아져 있지만 약간 투박하기 때문에 표면에는 세로로 된 수많은 마찰 흔적이 남아 있다. 뼈의 背面 중 약 3분의 1이 깎여져 있고, 臼의 부근을 따라서 鑽한 구멍 16개가 있는데 불규칙하게 3 내지 4줄로 배열되어 있다. 중앙 하부에는 왼쪽을 따라서 鑽한 구멍 5개가 종렬 1줄로 있다. 둥근 구멍의 밑부분 한가운데, 혹은 약간 치우친 곳은 세로무늬〔縱紋〕가 새겨져 있다. 그리고 灼痕은 刻紋 부근에 있지만 그다지 분명치는 않다. 卜骨의 正面에는 鑽한 구멍에 상당하는 위치에 卜兆가 드러나 있고, 뼈의 正面에는 8자로 된 1줄의 글자가 새겨져 있다.[7]

1956년에 陝西省의 西周 內地인 豊鎬 유적지 張家坡에서 有字 甲骨이 발견되었다. 그 중에서 1편의 卜骨은 牛肩胛骨로 만들어진 것인데, 대부분이 이미 부서져 있었고, 지금 남아 있는 것은 肩胛骨의 자루 부분이다. 肩胛骨의 背面은 한쪽 변 가까운 곳에 원형의 鑽孔 3개가 있고, 그 중에 하나는 이미 부서져 있다. 한쪽 변 근처에 鑿이 하나 있는데, 뼈의 길이와 방향이 같고 극히 미세해서 0.1밀리미터 너비에도 못미친다. 灼痕은 선명치 못하다. 正面에는 모두 卜兆가 있다. 卜兆 부근에는 극히 미세한 문자가 두 줄로 새겨져 있다. 한 줄은 뼈의 길이와 방향이 같고, 한 줄은 뼈의 너비와 방향이 같다.[8] 또 1편은 짐승의 사지뼈로 만든 것으로서 약간 투박하게 만들어져 있

다. 2개의 둥근 구멍이 남아 있으며, 骨面에서 鑽孔에 상당하는 부위에는 筆
法이 매우 가는, 문자와 유사한 기호가 새겨져 있다.[9] 다른 1편에도 문자와
유사한 기호가 새겨져 있다.[10] 여기서는 또한 無字 卜甲이 발견되었는데, 일
반적으로 背面은 모두 갈아져 있고, 아울러 背面에는 方鑿이 되어 있으며, 槽
밑바닥 외측에는 하나의 작은 도랑이 파여 있고, 鑿孔은 가지런히 배열되어
있다. 또 어떤 獸骨은 좀 얇기 때문에 鑽鑿을 하지 못하고 직접 불로 지졌다.
또 어떤 龜甲은 鑿을 하지 않고 직접 龜甲의 正面을 불로 지졌다. 1955년에
서 1957년까지 長家坡 유적지에서 발견된 수는 卜骨이 총 25편, 卜甲이 총
10편이다.[11]

1975년, 北京 昌平縣 白浮村의 西周 墓葬에서도 甲骨이 출토되었다. 墓葬
M2에서는 人骨의 좌상방에서 수십 편의 卜甲 조각이 발견되었는데, 모두 거
북의 卜甲과 背甲들이다. 甲片은 모두 갈아져 있고, 方鑿이 되어 있다. 그 중
2편에는 문자가 새겨져 있다. 또 墓葬 M3의 槨室 우측 중간에서도 1백 편
내외의 거북 卜甲과 背甲이 출토되었다. 卜甲의 背面은 모두 갈고 整治를
하였고, 방형의 鑿이 있으며, 鑿孔은 가지런히 배열되어 있고, 위에는 灼痕이
있다. 또 어떤 卜甲에는 문자가 새겨져 있다.[12]

1977년에는 陝西省 岐山縣 鳳雛村의 건축터인 西廂 2호방 窖穴 H11과
H31 안에서 대량의 西周 甲骨이 출토되었다. 窖穴 H11은 건축터 3B층에서
열렸는데, 이 층에는 대량의 紅燒土·三合土 및 벽 표면이 퇴적되어 있었다.
窖穴은 장방형을 이루고 있으며, 상단의 네 벽은 夯土〔단단하게 다져진 땅〕
로서 높이는 1.3미터이고, 하단은 생땅〔生土〕으로서 높이가 0.6미터인데, 이
것은 窖穴이 건물의 기반을 깨부수었으며, 시대가 건물의 기반보다 늦다는
것을 말해 준다.[13] 그리고 窖穴 H31의 窖穴 입구 상부는 窖穴 H11과 똑같이
퇴적되어 있고, 窖穴 입구도 3B층 夯土 기반에서 열려 있다. 窖穴 내의 지층
에 퇴적된 것을 보면, 입구에서 아래까지의 깊이 0.48미터에는 紅燒土와 '三
合土' 벽 표면 등이 紅燒土가 부서진 알갱이가 끼여 있는 회갈색 흙을 내리
누르고 있는데 두께는 1.05미터이고, 그 안에는 甲骨과 무명조개〔蛤蜊〕 등의
문물이 포함되어 있다. 이 층의 하변은 沖積土〔淤土〕이고, 두께는 0.2미터이
다. 沖積土 아래는 생땅이다.[14] 이 두 窖穴에서 출토된 卜甲과 卜骨은 총 1만

7천2백75편이다. 卜甲은 많아서 약 1만 6천3백71편이고, 卜骨은 비교적 적어서 약 6백78편이다. 그 중에 有字 甲骨은 2백89편이다. 甲骨은 모두 整治가 되어 있고, 卜甲은 거의 다 네모 구멍이며, 둥근 구멍은 극히 적다. 네모 구멍은 보통 장형을 나타내고 바닥은 평평하고 구멍은 얕으며, 구멍의 밑부분에는 하나의 미세한 槽가 파여져 있다. 모든 네모 구멍은 크기에 차이가 있지만, 그러나 둥근 구멍으로 鑽鑿된 卜甲은 그 수가 극히 적다. 그렇지만 "卜骨은 모두 둥근 구멍으로 鑽이 되어 있고, 그 구멍벽에는 수직으로 된 것과 들쭉날쭉하게 겹쳐진 것 등 두 종류가 있으며, 그 구멍 내의 밑부분에는 대략 3분의 1 되는 곳에 槽가 있다.[15]

1979년에 周代 '岐邑'의 수공업 작업장과 평민들의 주거 지역 범위 내에 위치한 扶風縣 雲塘의 齊家 유적지의, 西周 중기에 속하는 灰坑 H3과 H4 안에서도 甲骨이 발견되었으며, 아울러 유적지에서 占卜用 甲骨이 채집되었는데, 6건의 有字 甲骨과 20건에 가까운 無字 甲骨이 발견되었다. 여기에서 발견된 卜骨과 卜甲은 모두 정연하게 손질된 후에 鑽鑿을 하고 불로 지진 것들이다. 卜骨은 먼저 牛肩胛骨의 骨臼와 中脊 부분을 톱으로 켜서 骨壁을 얇게 하여 肩胛扇과 평평하게 만들었고, 어떤 것은 줄로 간 후에 잘 손질된 骨面 위에 직경 1.3 내지 1.5밀리미터의 둥근 구멍을 뚫었다. 또 구멍 바닥의 바깥 근처의 한쪽 옆에는 하나의 竪槽를 파고 불로 지져 나온 兆紋을 중간을 향하는 방향으로 규제하였다. 鑽孔의 배열은 규칙이 없는 것으로 보이며, 骨臼 부근에서 肩胛扇까지가 모두 있다. 卜辭는 대부분 正面에 새겨져 있는데, 어떤 守兆는 卜兆 부근에다 나누어서 새겼으며, 어떤 것은 卜兆와 멀리 떨어져 있어서 骨臼 부근과 肩胛扇 中脊의 두 측면에 새겼다. 肩胛扇의 한쪽 끝에서 骨臼의 한쪽 끝으로 세로로 새겨 놓은 것도 있고 가로로 새겨 놓은 것도 있지만, 骨臼의 한쪽 끝에서 肩胛扇 한쪽 끝으로 세로로 새긴 것은 보이지 않는다. 그리고 卜甲은 먼저 거북의 腹甲 이면을 평평하게 깎고 양변의 甲橋를 따라 여러 줄의 竪槽를 팠으며, 다시 납작한 끌이나 반원 끌로 안에서 바깥으로 鑿槽 내측을 향해 깎아내서 甲版을 얇게 만들었다. 깎아낸 鑿孔은 네모진 것도 있고, 반원인 것도 있다. 또한 鑿孔이 둥근 것도 극소수나마 발견되었다. 甲骨上의 문자는 卜兆 부근에 새겨져 있고, 양변에서 中縫 쪽으로 대칭되어 새겨져 있다. 卜骨의 불로 지진 부위는 매우 작으며, 비교적 가볍게 지졌다. 그러나 卜甲의 불로 지진 부위는 약간 크며, 비교적 심하게 지졌다.[16)]

　총괄적으로 말해서, 과거에 각지에서 출토된 西周 甲骨은 갑골학자의 연구 범위를 확대시켜 주었으며, 그들이 시야를 殷墟 甲骨文 밖으로 넓힐 수 있게 해주었다. 특히 중요한 것은 상술한 西周 甲骨이 출토된 유적지 중 다섯 곳에서 有字 甲骨이 출토되었다는 사실이다. 이를 살펴보면 山西省 洪趙縣 坊堆村에서 1편이 출토되었는데, 모두 8자이다. 陝西省 長安 張家坡에서는 3편이 출토되었는데, 合文이 5자이다. 北京 昌平縣 白浮村에서는 4편이 출토되었는데, 모두 11자이다. (이 재료는 아직 전부가 정리되어 공포되지는 않았으며, 문자가 있는 甲骨이 있을 가능성이 있다.) 陝西省 岐山縣 鳳雛村에서는 2백89편이 출토되었는데, 모두 9백3자이고 合文이 12자이다. 扶風縣 齊家村에서는 6편이 출토되었는데, 모두 1백2자이다. 이상 다섯 곳에서 이미 발표된 有字 西周 甲骨은 총 3백2편이며, 글자수는 총 1천41자이다.

　有字 西周 甲骨의 출토는 西周 초기의 역사 연구를 위해 귀중한 사료를 보충하는 데 제공될 뿐 아니라, 西周 甲骨學이라는 새로운 분야의 형성을 촉진시켰다. 비록 이러하기는 하지만 과거에 출토된 有字 西周 甲骨은 殷墟에서 출토된 甲骨文과 비교해 볼 때, 그 수량이 너무 적다는 사실을 알아야 한다. 이 때문에 각지에서 출토된 有字 西周 甲骨은 우리가 그것의 整治·使用 및 甲骨의 특징 등을 관찰하는 데 특별히 중요한 의의를 가지고 있다. 우리에게 지금 형성된 西周 甲骨에 대한 인식은 바로 상술한 각 유적지에서 출토된 有字 西周 甲骨과 無字 甲骨, 西周 내지에서 출토된 甲骨과 변두리 지역에서 출토된 甲骨에 대한 상호 비교 및 보충과 종합적인 연구를 통해 얻어낸 것이다. 또한 西周 甲骨의 수량이 적기 때문에 연구의 난이도는 더욱 크다. 그래서 오늘날 西周 甲骨에 대한 인식과 견해는 또한 금후에 출토되는 새로운 자료의 부단한 검증과 심화된 연구를 기다리고 있는데, 이것은 우리가 주의해야 할 것이다.

제2절 西周 甲骨 연구의 여러 단계

1899년에서 1949년까지의 50여 년 동안에 학자들의 주된 관심사는 殷墟 甲骨文의 연구였으며, 게다가 西周 甲骨은 단 1편도 발견된 적이 없었기 때문에 西周 甲骨의 연구는 아직까지 일정이 언급되지 않았다.

1950년 봄에 河南省 安陽의 殷墟 범위 내에 있는 四盤磨村 서쪽 지역인 SP11 안에서 卜骨을 발견하였는데, 발굴을 주관한 학자는 "안에 가로로 3줄의 작은 글자가 새겨진 卜骨이 한 조각 있는데, 文句가 卜辭의 통례에 합치되지 않는다"는 것에 주의하였다.[17] 이것은 학자들이 통상적인 甲骨 이외에도 다른 성질을 가진 甲骨 刻辭가 또 있는가 하는 문제를 이미 고려하고 있다는 것을 설명해 준다.

陝西省 邠縣과 河南省 洛陽에서 출토된 占卜用 甲骨은, 학자들이 비록 그것들의 整治가 殷墟 甲骨과 차이가 있음을 발견하기는 하였지만 줄곧 1954년까지도 邠縣에서 출토된 甲骨을 "北殷의 유물일 가능성이 있다"고 추측하였다. 그리고 洛陽에서 출토된 占卜用 甲骨은 역사 기록에 의하면, 周의 武王이 商을 멸망시킨 이후에 周公과 成王은 殷나라 백성을 成周〔현재의 洛陽〕 근교로 이주시켰는데, 이곳은 물론 西周 초기의 殷人의 유적지이다. 殷人의 유적지에는 殷代의 유물이 있을 수가 있고, 西周 초기의 유물이 있을 수도 있다.[18] 이에 따라 殷이 멸망한 후 周代 초기에 洛邑으로 이주해 간 殷나라 유민의 유물에 속하는 것이라고 추측할 수 있다. 비록 시대는 이미 商王朝가 아니지만, 역시 그것들을 殷墟 甲骨과 한 계통으로 간주한다.

1954년에 山西省 洪趙縣 坊堆村에서 有字 甲骨이 발견된 이후, 학자들에게는 整治와 문자 契刻이 殷墟 甲骨文과 완전히 다른 예증이 제공되었다. 이것은 바로 학자들이 殷墟 甲骨文 이외에도 시대적으로 殷代보다 늦은 甲骨文이 존재한다고 명확하게 제기할 수 있게 만들었다. 어떤 학자는 坊堆村에서 나온 甲骨이 "春秋 時代 혹은 좀더 늦은 시대에 속하는 것일 수 있다. 洪趙縣은 春秋 시기에 趙簡子의 采邑이었으므로 마땅히 晉 혹은 趙의 유물이다"라고 주장하였다.[19] 李學勤은 함께 출토된 銅器·陶器 등의 유물에 의거해서 연구를 진행하였으며, 아울러 자형에 의해 그것의 시대를 판단하고, 卜骨上의 '止'・'疾'・'貞'字의 형체가 殷墟 甲骨文의 시대보다 늦다고 하였다. 그러나 "周代 이하로는 '疾'字 중의 '人'橫은 이미 '一'橫으로 변하였고, '貞'字 하부의 '鼎'은 이미 '貝' 자형으로 변하였다. 이 卜骨에서는 '疾'字의 '人'形이 그대로 보존되어 있으며, '貞'字의 '鼎'은 아직 '貝'形으로 완전하게 변하지 않고 散氏盤의 '貞'字에 가장 가깝다"고 지적하였다. 그리하여 "春秋 戰國 時代라고 생각하는 것은 實在로 너무 늦다"고 지적하였다. 李學勤은 坊堆村에서 출토된 甲骨이 '西周의 것'임을 최초로 지적하였다.[20] 陳夢家도 坊堆村의 "유적지에서 西周의 靑銅器가 매우 많이 출토되었다"는 사실에 주의를 기울이고, 여기에서 출토된 卜骨은 殷代 말기에서 周代 초기의 것이다"고 확정하였다.[21]

山西省 洪趙縣에서의 有字 西周 甲骨의 발견은, 대체로 甲骨을 말하면 반드시 殷商 時代라고 하던 전통 견해를 타파하였다. 특히 1956년에는 다시 西周 중심지인 豊鎬 유적지에 있는 張家坡의 西周 지층 중에서 3편의 有字 甲骨이 발견되었는데, 이것은 坊堆村의 有字 西周 甲骨의 출토가 절대로 우연이고 고립적인 현상이 아니라는 것을 설명해 준다. 학자들은 西周 甲骨을 알게 된 후에는 다시 고개를 돌려 기존에 출토된 것들 중에서 殷墟의 甲骨 풍격과 동일하지 않은 일부 甲骨들에 대해 재인식함으로써, 陝西省 邠縣에서 출토된 甲骨이 "殷代 말기에서 周代 초기의 것일 가능성이 있다"는 견해를 얻었다. 洛陽에서 출토된 甲骨의 鑽鑿 형태 및 정점 부근의 완전히 뚫리지 않은 鑽의 둥근 구멍으로 볼 때, 이러한 형태는 분명히 매우 진보된 것이며, 그 시대는 좀더 늦는데, 마땅히 殷代 말기에서 周代 초기의 것이다.[22]

1950년에 학자들이 殷墟 甲骨의 통례와 다른 卜辭가 존재한다는 문제를 제기하고부터 1956년에 李學勤이 山西省 洪趙縣 坊堆村에서 출토된 甲骨이 西周 시기의 유물이라고 명확하게 지적하기까지, 학자들은 5,6년 동안 이를 탐색한 것이다. 그리하여 西周 甲骨文을 인식하지 못하는 단계에서 인식하는 단계로 이행되었는데, 이것은 甲骨學 연구 영역의 한 돌파이다. 이에 따라 갑골학자의 연구 사색의 길이 열렸다. 이 때문에 우리는 이 연구 단계를 西周 甲骨學의 초창 시기 또는 '맹아 시기'라고 부른다.

西周 甲骨이 알려진 후, 有字 甲骨의 발견이 증가하고 자료가 부단히 발표됨에 따라서 연구는 제2단계로 진입하였는데, 이것이 바로 西周 甲骨學의 발전 시기이다. 이 시기에 北京 昌平縣, 陝西省 岐山縣 鳳雛村, 扶風縣 齊家村 등지에서도 모두 부단히 甲骨이 출토되었다. 특히 鳳雛村에서 출토된 有字 甲骨은 수량이 많을 뿐 아니라 내용 또한 풍부하다. 그래서 학자들은 연구의 중점을 자연히 岐山縣 鳳雛村에서 출토된 甲骨文에다 두게 되었다. 이 시기에 학자들이 西周 甲骨에 대한 연구에서 얻은 성과 중에서 주요한 것은 아래의 여러 방면으로 표현된다.

1. 자료의 신속한 발표

1956년 11월 西周 甲骨이 알려진 후에, 매번 새로운 甲骨이 출토될 때마다 신속하게 소식이나 자료를 발표하여 학계에서 연구할 수 있도록 제공하였다. 豊鎬 지역의 長家坡 유적지에서 1955년에서 1957년까지 대규모 발굴을 통해 얻어진 甲骨은 1962년 文物出版社에서 출판한 《灃西發掘報告》(111쪽)에 이미 발표되었다. 北京 昌平縣 白浮村의 周代 초기 燕나라 墓 중에서 출토된 甲骨도 1976년 《考古》 제4기에 발표되었다. 중국 내외 학계에서 주목하고 있는, 1977년 봄에 周人의 발상지인 周原 鳳雛村에서 출토된 1만 7천여 편의 甲骨은 1979년 《文物》 제10기에 총 2백89편의 有字 甲骨 중 31편이 이미 발표되었다. 나머지 有字 甲骨은 계속적으로 徐錫臺의 〈陝西岐山縣鳳雛村發現周初甲骨文〉·〈探討周原甲骨文中有關周初的曆法問題〉(모두 《古文字研究》 제1집, 中華書局, 1979년 수록)·〈周原卜辭十篇選釋及斷代〉(《古文字研究》 제6집, 中華書局, 1981년 수록), 陝西省 周原 考古發掘團의 〈岐山鳳雛村兩次發現周初甲骨文〉 및 徐錫臺의 〈周原出土卜辭選釋〉(모두 《考古與文物》, 1982년 제3기에 수록) 등의 簡報와 논문에 발표되었다. 〈岐山縣 鳳雛村에서 두 차례 발견된 周代 초기 甲骨文〉 및 〈周原에서 출토된 卜辭 選釋〉 등 두 글에 발표된 有字 甲骨 모사본은 이제까지의 그 어느 발표보다도 많지만, 그러나 상술한 여러 차례에 걸쳐 이미 발표되어 중복된 것과 두 글자가 1편에 중복되어 나타나는 것을 제외하면, 실제로 새로 발표한 모사본 76장은 역시 鳳雛村에서 출토된 2백89편 전부가 아니다. 1982년 5월에 《四川大學學報叢刊》제10집으로 출간된 《古文字硏究論文集》에 陳全方의 〈陝西岐山鳳雛村西周甲骨文槪論〉이 발표되고 나서야 岐山縣 鳳雛村의 H11과 H31에서 출토된 有字 甲骨 2백89편[23] 전체가 '반복된 대조 교정'을 거친 후에 10가지 유형으로 구분 발표되었다. 陳全方의 이 글은 학계에 전체 鳳雛村 甲骨 중에서 가치 있는 자료를 제공함으로써 西周 甲骨學을 심층 연구 단계로 발전하도록 촉진시켰으며, 이로 인해 중국 내외 학자들의 중시와 호평을 받았다. 일본의 林巳奈夫 교수가 펴낸 《古史春秋》제1집에는 이미 이 글이 수록되어 있다.[24]

岐山縣 鳳雛村에서 출토된 有字 甲骨이 여러 조로 나누어 발표되는 과정 중에, 扶風縣 齊家村에서도 1979년에 甲骨이 발견되었다. 이 자료들은 1981년에 출판된 《文物》제9기에 〈扶風縣齊家村西周甲骨發掘簡報〉이라는 제목으로 전부 발표되었다.

西周 有字 甲骨의 신속한 발표는 연구 작업의 발전을 촉진시켰다. 오늘날 西周 甲骨學 연구가 성과를 얻을 수 있었던 것은 제일 먼저 고고학자들이 자료를 발견하고 신속하게 발표한 것에 돌려야 하며, 우리는 그들의 노고에 감사를 드려야 할 것이다.

2. 문자의 釋讀

西周 甲骨 刻辭의 성질 및 거기에 반영된 사회·역사 내용을 알기 위해서 매번 甲骨 자료가 발표되는 동시에, 또는 발표된 이후에 학자들이 문자와 내용의 고석을 하였는데, 이것은 이 귀중한 사료를 商·周史 연구에 응용하는 필요한 작업이다. 문자의 고석은 西周 甲骨 연구 제2단계의 주요 작업 중의 하나이다. 여러 학자들이 과거 여러 해 동안 출토된 西周 甲骨文字에 대해 진행한 고석과 해설은, 필자의 《西周甲骨探論》(中國社會科學出版社, 1984년) 제2편 〈西周甲骨彙釋〉에 이미 종합해서 모아 놓았다. 필자는 이 작업을 통해, 비록 여러 학자들의 대다수 문자에 대한 해설은 기본적으로 접근하고 있지만, 적지않은 문자는 선후로 발표된 모사본의 불일치와 정확도의

차이 및 학자들의 해설의 상이함 등으로 말미암아 아직 많은 문제점이 남아 있음을 알 수 있었다.

3. 周原에서 출토된 甲骨의 시대 및 족속 문제의 탐색

과거 여러 해 동안 각지에서 출토된 有字 西周 甲骨 중 陝西省 周原 岐山縣 鳳雛村 유적지가 수량이 가장 많고 내용도 가장 풍부하기 때문에, 周原 鳳雛村에서 출토된 甲骨의 시대와 그 족속을 분명하게 하는 것은 이 자료를 이용해서 周代 초기의 역사 연구를 과학적인 기초 위에 건립하는 관건 작업이다. 비록 그동안에 西周 甲骨의 시대와 족속을 전문적으로 논술한 문장의 발표가 없었지만, 그러나 일부 요약 보고 및 고석 논저의 행간에는 역시 周原 鳳雛村에서 출토된 甲骨의 시대와 족속에 대해 학계에 다른 견해가 있음이 반영되어 있다. 주요한 것은 아래와 같다.

 1) 周原 甲骨(주요한 것은 鳳雛村에서 출토된 것을 가리킴)은 周族의 것이 아니라 商 왕실의 것이다. 절대 다수는 商 왕실의 것이며, 殷商 말기 紂王 때 占卜을 장악한 卜人이 周王朝로 투항했을 때 가지고 간 것일 가능성이 높다. 그러나 周原 甲骨 중에 또 일부 卜甲은 확실히 周人에게 속하는 것임을 인정해야 하며, 그 시기는 商 왕실의 卜辭보다 약간 늦다.[25]

 2) 周原 甲骨의 절대 부분은 文王 시기의 유물이지만, 그러나 成王 시기의 유물도 그 안에 있다.[26]

 3) 周原 甲骨은 서체와 내용으로 볼 때 전기와 후기로 나눌 수 있는데, 즉 武王이 商을 정복하기 이전과 정복한 이후이다.[27] 이러한 견해를 갖고 있는 학자로는 徐錫臺[28]·李學勤과 王宇信이 있다.[29] 李學勤 등은 진일보해서, 그 가운데는 "확실한 帝辛 시기의 卜辭"가 있다고 지적하였다.[30] 그 이후로 李學勤은 더욱 진일보해서 "鳳雛村 甲骨의 年代는 위로 周나라 文王에서 시작되고, 아래로 康王과 昭王에 미친다"고 주장하였다.[31] 陳全方도 〈陝西省 岐山縣 鳳雛村의 西周 甲骨文 개론〉(《古文字研究論文集》) 중에서 이러한 견해를 제기하였다.

 4) 周原 甲骨의 최초 시기는 周나라 文王 초기 혹은 王季의 말기에 속하는

데, 즉 殷墟 卜辭의 제3,4기로서 廩辛·康丁·武乙 시기의 卜辭에 해당한다.[32]

상술한 여러 견해는 西周 甲骨의 시대와 족속 문제가 아직 다음 단계에서 전면적인 심층 연구를 해야 함을 설명해 주고 있다. 바로 어떤 학자가 피력한 바와 같이, 周族의 甲骨이라고 한다면 商이 멸망하기 전의 商族과 周族의 관계가 매우 밀접했다고 간주할 수 있으며, 만약 商族 왕실의 甲骨이라고 말한다면 그것을 商族과 周族이 적대 관계였다는 물증으로 간주할 수 있다. 참으로 한 글자의 차이가 엄청나게 다른 결과를 가져옴을 알 수 있다. 그래서 이 문제가 해결되지 않아서 이 지극히 귀중한 사료는 완전히 이용할 수 없는 골동품으로 변해 있다.[33]

4. 西周 甲骨의 특징 및 殷墟 卜辭와의 관계의 인식

학자들은 당시에 볼 수 있었던 周原 鳳雛村과 齊家村 등지에서 출토된 비교적 완벽한 有字 甲骨과 無字 甲骨에 대한 관찰에 근거하고, 아울러 점차적으로 西周 甲骨의 整治, 鑽鑿 형태, 卜法 및 文字 契刻 등의 일부 규칙들을 인식한 기초 위에서 西周 甲骨의 기본 특징을 종합해 내고, 다시 西周 甲骨과 殷墟 甲骨을 서로 비교해서 "商과 周의 甲骨에는 근본적인 차이가 많으며, 두 가지 서로 다른 전통의 卜法을 인식해야 할 것이다. 西周 甲骨은 殷墟 甲骨의 직접적인 연속이 아니다"고 주장하였다.[34] 필자의 생각으로는 西周 甲骨과 殷墟 甲骨은 수많은 공통성을 가지고 있는데, 이것은 바로 그것들이 한 계통으로 이어 내려온 것임을 설명해 주는 것이다. 西周 甲骨의 여러 특징은 그것과 殷墟 甲骨의 상이한 본질을 규정하고 있다. 이 특징들은 독창적인 것이 아니고, 일찍이 殷人이 살던 그곳에서 처음으로 시작되고, 이것이 계승·발전되어 형성된 것으로서, 시대 진보의 표현이다.[35]

5. 甲骨上 異形文字에 대한 토론의 심화

1950년 봄, 殷墟 四盤磨 유적지에서 출토된 甲骨에는 文句가 卜辭 통례와는 다르고, 숫자로 구성된 異形文字가 새겨져 있었다. 1956년 豊鎬 유적지에서 출토된 西周 甲骨에서도 동일한 성질의 異形文字가 발견되어 학자들의 관심을 불러일으켰다. 唐蘭은 최초로 이 異形文字들에 대해 탐색을 하고, 이것들이 1에서 8까지의 숫자로 구성된 '특수 형식의 문자'이며, "현재 豊鎬 지역에 살았던 민족(예를 들면 古豊國)의 문자일 가능성이 있다"고 주장하였다.[36] 李學勤은 1956년에 최초로 "이러한 수를 기록한 辭는 殷代의 卜辭와 명확히 다르며, 《周易》의 '九'·'六'을 생각나게 한다"는 견해를 제기하였다.[37] 비록 이 견해는 매우 식견이 있었지만, 당시에 이런 문자가 발견되지 않았기 때문에 학계의 관심을 불러일으키지는 못했다. 이밖에 郭沫若[38]·裘錫圭[39] 등의 학자도 이들 '異形文字'에 대해 중국 문자 발전사의 각도에서 탐색을 한 적이 있다.

周原 鳳雛村과 齊家村의 西周 甲骨 중에서 이러한 異形文字의 또 한 차례의 발견은 시간이 지날수록 신비한 것을 탐색하려는 더 많은 학자들의 흥미를 불러일으켰다. 1978년 11월에 張政烺은 吉林省 長春市에서 거행된 中國古文字學術討論會에서, 여러 개의 숫자로 구성된 이러한 부호는 '八卦'라는 견해를 제기하였다.[40] 그후에 그는 다시 과거 여러 해 동안 출토된 銅器·甲骨上에 나타난 32개의 이러한 異形文字의 예에 대해 전면적인 연구를 하고, 이러한 奇字가 바로 '易卦'임을 논증하였는데, 이 견해는 〈試釋周初靑銅器銘文中的易卦〉이라는 제목으로 《考古學報》 1980년 제4기에 발표되었다. 이리하여 학계에서 다년간 탐색해 온 '奇字'의 수수께끼가 풀리게 되었다. 이 기초 위에서 다시 徐錫臺·樓宇棟의 〈西周卦畫探源〉[41] 및 〈西周卦畫試說〉,[42] 張亞初와 劉雨의 〈從商周八卦數字符號談筮法〉,[43] 管燮初의 〈商周甲骨和靑銅器上的卦爻辨識〉[44] 등의 논문이 발표되었다. 管燮初는 이 논문에서 "고대 易卦의 용도는 첫째가 占筮의 기록이고, 둘째가 表意 부호이다. 占筮는 완전히 미신에 속한다. 易卦는 의미를 표현하는데, 그 작용은 상고 시대 '結繩而治'의 結繩에 해당하며, 문자가 아니다……. 卦爻는 의미를 표현하는데, 언어의 어휘·어법과 결합하여 직접 사상과 연계를 가지지는 않는다. 卦爻는 言語文字 이외의 表意 부호이다"라고 지적하였다. 이 때문에 이 시기 西周 甲骨의 異形文字에 대한 연구는 《周易》의 기원 및 文化史·思想史를 탐색하는 데 큰 의의를 갖고 있다.[45]

6. 商·周의 역사·문화 고찰

주지하는 바와 같이, 중국 고대의 전적 중에는 周代 초기의 사적과 관련된 기록이 매우 적다. 그리고 西周 甲骨 중에서 특히 周原 鳳雛村에서 출토된 甲骨은 내용이 비교적 풍부하여, "殷墟 商代 甲骨文의 뒤를 이은 또 하나의 중요한 발견"으로 불려지고 있다. 비록 과거 여러 해 동안 수많은 銅器 銘文이 출토되었지만, 이것들의 대부분은 제후나 대신의 활동 상황을 기록해 놓은 것이며, 왕실의 활동에 대해서는 단지 언급만 했을 뿐인데, 이들 甲骨文에는 周代 초기 왕실의 최고통치자 계층의 정치 상황을 직접 기록한 것이 적지않기 때문에 商末·周初의 역사를 연구하는 데 귀중한 자료를 제공해 준다. 이것은 이제까지 중국에서 발견된 金文 속에는 없는 것들이다.[46]

학자들은 商이 멸망하기 이전의 商·周 관계를 연구하였다. 어떤 사람은 "周人이 商에서 封爵을 받은 것은 太公 諸盩 시기였을 가능성이 있다……. 周原 甲骨 중에서 어떤 甲骨片上의 卜辭는 상술한 견해를 위해 유력한 증거를 제공해 줄 수 있다"라고 주장하였다.[47] 또 어떤 사람은 "古公亶父 시기의 殷·周 관계는 완전히 공백 상태이다. 기록에 나타나는 것은 王季歷에서 비롯된다……. 周原 甲骨에서 대체로 왕을 일컬은 卜辭는 모두 왕의 말을 가리킨다"고 하였으며, 아울러 周原에서 출토된 甲骨 중에서 4條에 대해 고석을 하고, "殷·周 관계가 장기간 평화 공존할 수 있었던 원인은 文王 시기에 周가 殷을 섬기면서 곳곳마다 맹서의 말을 통해 周가 殷을 배반하지 않겠다는 보증을 하였기 때문이다"라고 논술하였다.[48] 또 어떤 사람은 周原 卜甲에 기록된, 周人이 殷王 太甲·文武·帝乙을 제사지낸 것 및 殷王이 帛地에서 수렵했다는 卜辭와 《國語·魯語》의 기록을 서로 인증하면서 "실증해 보면, 武王이 商을 멸망시키기 이전의 西周는 殷의 附屬國이며, 서방에 있는 殷의 제후국이다"고 주장하였다.[49] 그러나 또 어떤 학자는 "周原 甲骨文은 실로 殷商 말기의 商 왕실의 卜辭이고, 거기에 나오는 '왕'은 商王이며, 특히 帝辛일 가능성이 높다. 그래서 "이들 卜辭의 내용은 근본적으로 周族과 아무런 관련도 없으며, 더욱이 殷·周 관계의 밀접함 여부가 언급될 수 없다……. 占卜을 주관하는 貞人은 甲骨을 관장한 사람들인데, 그들은 周族에게 투항하면서 틀림없이 그 甲骨 檔案을 싣고 함께 갔을 것이다. 이것이 바로 周原에서 발견된 대량의 商 왕실 甲骨의 주요 내원이다"라고 말하였다.[50]

周原에서 출토된 甲骨 중에는 방국 명칭과 지명이 적지않게 있는데, 이것은 商末·周初의 방국·지리를 연구하는 데 큰 참고 가치가 있다. 발표된 자료의 일부 요약 중에는 적지않은 것이 이미 甲骨文을 따라 고증되었다. 또 전문적으로 고증한 논저가 발표되기도 하였는데, 예를 들면 顧鐵符의 〈周原 甲骨文 '楚子來告' 引證〉[51]은 周代 초기에 楚와의 관계를 연구하여, '楚子來告'라는 刻辭는 "바로 鬻熊이 西周에 의탁했다는 원시 기록이다"라고 논증하였다. 繆文遠의 〈周原甲骨所見諸方國考略〉[52]은 周原 甲骨 중에 출현하는 蜀·楚·巢·微 등 방국 지명의 지리·위치 및 周人과의 관계에 대해 전문적인 논증을 하였다. 周原에서 출토된 甲骨上에 출현하는 이 방국 지명들은 周代 초기의 사방 방국과의 관계 및 그 세력을 반영한 것이다. 거기에 출현하는 산천 지명은, 古公亶父가 岐邑으로 이주한 뒤로부터 周人의 세력이 매우 빠르게 발전하였으며, 周 文王 때에는 이미 西北과 西南의 제후 소국들을 정벌하고, 周 武王이 이 국가들을 연합해서 함께 거병하여 商을 멸망시키기 위해 기초를 닦아 놓았음을 설명해 준다.[53]

周原 甲骨上에 출현하는 일부 관명들도 많은 학자들의 고증을 거쳤으며, 商·周의 관제를 연구하는 데 참고 가치가 크다. 어떤 학자는 甲骨 중에 출현하는, 殷과는 다른 '月相'이라는 시간기록법은 周人의 천체 운행 규율에 대한 독특한 인식을 구체적으로 나타낸 것이며, 이것은 周代의 문화 발전이 독특한 개성을 가지고 있으며 일찍이 武王이 商을 정벌하기 전부터 자신들의 曆法 지식을 가지고 있었다는 것을 설명해 준다고 지적하였다.[54]

이러한 것들로 볼 때, 西周 甲骨의 연구는 이 단계에서 비교적 큰 진전을 이룩하였다. 학계에서는 문자의 고석에 대해 대량의 작업을 하였고, 내용과 시기 구분, 甲骨의 특징과 족속 등의 방면에 대해 깊이 있는 탐색을 하였는데, 이로 인해 西周 甲骨에 대한 인식이 부단히 심화되어 이 자료들을 이용해서 商·周 사회의 역사와 문화를 연구할 수가 있게 되었다. 그래서 이 단계는 西周 甲骨 연구가 '맹아 시기'에서 '형성 시기'로 진입한 단계라고 말할 수 있다. 그리고 1982년 5월에 陳全方이 〈陜西省 鳳雛村의 西周 甲骨文 개론〉이라는 글에서 H11과 H31의 有字 甲骨을 전부 발표한 이후에, 西周 甲骨 연구는 비로소 제3단계인 전면적 심층 연구 시기로 진입하였다.

이미 시작된 이 신단계에서는 전면적으로 자료를 종합·분석하고, 西周 甲骨에 대한 인식을 강화하는 방면으로 연구가 발전되었다. 이미 앞에서 서술한 바와 같이 西周 甲骨(특히 周原 鳳雛村에서 출토된 것)은 여러 조로 분산·발표되었다. 학자들은 단지 당시에 볼 수 있었던 불완전한 자료에 의거해서 연구를 진행할 수밖에 없었는데, 이렇게 하면 전모를 알 수 없어서 착오와 전면적이지 못한 곳이 출현하는 것을 피할 수가 없게 마련이다. 이제 이미 발표된 전부의 자료에 의거해서, 과거의 일부 견해들에 대해 인식과 재인식 작업을 진행하면 반드시 수정하고 보충할 것이 나오게 될 것이다. 이 밖에 제2단계에서 이미 제기되었던 문제들은 이제 전면적으로 자료를 종합한 기초 위에서 점차 해결되고 또 심화될 수 있으며, 새로운 문제들도 점차 발견되고 또 제기될 수 있을 것이다.

이미 시작된 이 시기에 어떤 학자는 계속적으로 周原에서 출토된 甲骨의 특징과 연대에 대해 연구를 진행하고 있는데, 예를 들면 李學勤은 《人文雜誌》 1986년 제1기에서 〈續論西周甲骨〉이라는 글을 발표하였다. 이 글에서는 西周 甲骨의 形制·辭例·'斯'字의 고증 등 몇 가지 방면으로부터 "'斯…' 혹은 '尙…' 등 이렇게 명령부사로 시작되는 문장은 절대로 의문문이 아니다. 이것은 西周 卜辭가 모두 의문문이 아니라는 것을 나타내 준다"고 하고, "필자는 '몇 가지 연구'[55]라는 글에서 어떤 것들은 의문문이고, 어떤 것들은 아니라고 주장하였는데, 이것은 잘못된 것이며 지금 바로잡는다"고 강조하였으며, 아울러 H11:1·H11:82·H11:84·H11:112 등의 4편은 "모두 왕의 卜辭이다……. 그들의 卜法은 周人 계통이며, 또 2편에서는 '方伯'이라고 언급하였기 때문에 필자는 또한 그것들을 周의 卜辭로 구분한다"고 주장하였다. 또 어떤 사람은 甲骨 刻辭에 대해 진일보한 고석을 하였는데, 주요 논문으로는 徐錫臺의 〈周原齊家村出土西周卜辭淺釋〉[56]과 〈周原出土卜辭選釋〉,[57] 孫斌來의 〈對兩篇周原卜辭的釋讀——兼論西伯昌稱王的問題〉[58] 등이 있다.

西周 甲骨의 족속 문제 방면에서도 전문적인 논문이 발표되었다. 문제의

모사는 전시기의 막연했던 周原 甲骨의 '殷人所有說' 혹은 '周 文王 때의 '周人所有說'에서 점차 모사의 대상 범위를 축소하였다. 高明은 〈略論周原 甲骨文的族屬〉[59]이라는 글에서 "최소한 그 속에 殷王 선조의 名號가 기록되어 있는 일부 卜辭 중에서 족속 문제는 아직 완전하게 해결된 것은 아니다" 라고 주장하고, 周原 甲骨文의 족속은 "단순히 선조의 名號로 결정할 수는 없으며, 출토 지점으로 확정할 수도 없다"고 지적하였다. 그는 周原 甲骨의 특징, 殷王의 名號가 기록된 甲骨의 시대, 武王이 紂王을 토벌하기 전의 殷·周 관계, 卜辭의 내용 및 배경 등 여러 방면에서 고찰하여 족속 문제 중에서 쟁점이 비교적 큰 몇 편의 甲骨은 "모두 周 文王이 殷에 갇혀 있을 때에 貞 卜한 것이며, 周原 卜辭 중에서 일부는 文王이 周로 돌아갈 때 殷에서 周原 으로 가지고 돌아간 것이다"고 논술하였으며, 아울러 "周族이 자기들의 고 향인 周原에서 商族의 선조 종묘를 세워서 商族의 시조인 成湯을 제사지낼 수가 없으며, 商族의 조상인 太甲에게 보우해 주기를 기도할 수 없다"는 견 해를 찬성하였다.

商·周의 역사·문화 연구 방면에서, 陳全方은 西周 甲骨 중의 山河·人 物·官職·動物·月相計時·八卦 등의 내용에 대해 자신이 지은 〈陝西省 鳳 雛村의 西周 甲骨文 개론〉 논술 내용의 기초 위에서 이를 귀납하고, 일부 새 로운 의견을 보충하여 〈周原新出卜甲研究〉라는 논문을 써서 《西周史研究》 (《人文雜誌》 叢刊 제2집)에 발표하였다. 또 어떤 사람은 西周 甲骨 속의 방국, 예를 들면 고대 巢國의 지리적 위치 같은 것들에 대해 전문적인 고증을 하 였다.[60] 또 어떤 학자는 古文字學·歷史學·考古學·民族學 등의 방면에서 종합적인 연구를 하고, 周原 甲骨에 나타난 '蜀'字에 대해 고증을 하였다.[61] 唐嘉弘은 〈試談周王和楚君的關係 —— 讀周原甲骨 '楚子來告' 札記〉[62]라는 논 문에서, 古文獻과 民族學 자료에 근거해서 "'楚子'는 결코 楚의 군주가 '五 等爵祿制' 중의 子爵임을 표시하는 것이 아니고…… '楚子'는 周人의 養子 부락의 首領 혹은 酋長이다"고 논증하였다. 또 "周原 甲骨의 H11:83과 H11:14는 다음과 같이 通釋할 수 있다. 楚의 首領〔楚伯〕이 어느 가을날에 西 方으로 와서 周 文王을 방문하였다. 또 다른 가을날에(가입식을 한 뒤일 가 능성이 있다) 養子 부락의 酋長인 '楚子'로서 父后인 周王을 방문하고 청원을 하였다"고 논증하였다.

건국 후 30여 년 동안의 西周 甲骨의 발견과 연구 성과를 총결산하고, 아울러 자신의 견해를 제기하며, 다음 단계의 연구를 위한 承上啓下하는 작업을 할 목적으로, 王宇信은 1984년 4월에 《西周甲骨探論》을 출판하였다. 이 책에서는 먼저 30여 년 동안의 西周 甲骨의 발견과 연구 상황을 소개하였으며, 그 다음에는 과거 여러 해 동안 학자들의 문자 고석에 관련된 글을 한데 모아서 독자들이 연구할 때 참고·비교하고, 아울러 西周 甲骨文字 고석에서 이미 도달한 수준을 이해하고, 이에 따라 어느 정도의 힌트를 얻기 편하도록 하였다. 이밖에 책 속에서는 현재 학계에서 쟁점이 비교적 큰 문제들, 예를 들면 西周 甲骨의 특징, 西周 甲骨과 殷墟 甲骨의 관계, 西周 甲骨의 분류와 용도, 西周 甲骨의 시기 구분 및 그 과학적 가치, 금후의 연구에서 아직 깊이 있게 탐색해야 할 문제 등에 대해 전문적인 논술을 하였다. 또한 각지에서 출토된 有字 西周 甲骨을 한데 모았으며, 아울러 중요 문자 색인 및 簡明 논저 목록 등을 실었다. 李學勤은 序文에서, 이 책은 "한편으로 학자들이 西周 甲骨을 연구한 논저에 대해 종합적인 결산을 하고, 다른 한편으로 깊이 있는 연구를 해서 자기의 견해를 제기하였다. 특히 '王'字의 자형 변천의 분석을 통해서 西周 甲骨에 대해 시기 구분을 하고, 殷墟 甲骨에서 자형의 변천을 이용해서 시기 구분을 한 효과적인 방법을 西周 甲骨에 도입한 것은 계발적인 의미가 있는 작업이다"라고 평가하였다.[63]

여기에서 우리는, 이미 시작된 西周 甲骨 연구의 신단계에서 학자들의 연구는 바로 부분적인 자료로부터 전면적으로 자료를 종합하는 방향을 향해 노력하고 있음을 알 수 있다. 전단계에서 충분하게 논증 및 연구되지 않았던 과제들은 점차 발전하여 심화된 전문 주제 연구로 진행되고 있으며, 앞으로 깊이와 범위의 양방면에서 전진해 나아갈 것이다.

제3절 西周 甲骨의 특징 및 殷墟 卜辭와의 관계

西周 甲骨 연구의 제1단계는 1956년 이전이며, 그 연구의 중점은 西周 甲

骨을 무지의 단계에서 인식의 단계로 비약시키는 데 있는데, 아직은 西周 甲骨의 특징 및 殷墟 卜辭와의 관계 등의 방면에서 탐색을 하지 못했다. 西周甲骨 연구의 제2단계(즉 1956년에서 1982년 5월까지)에는 각지에서 발견된有字 甲骨이 증가함에 따라서 西周 甲骨 특징의 인식 및 殷墟 卜辭와의 관계에 대한 연구가 일정에 올랐다.

周原 鳳雛村에서 출토된 甲骨은 비록 1만 7천여 편에 달할 정도로 많지만卜甲이 모두 자질구레하며, 또 주요한 것이 거북의 腹甲이라서, 우리가 卜甲을 관찰하는 데 제한을 받는다. 1979년에 扶風縣 齊家村에서 출토된 甲骨은 甲橋와 甲尾만이 결핍된 有字 龜腹甲(H3〔2〕:1)이다. 비교적 완벽한 이龜腹甲은 龜甲上에 있는 甲骨 刻辭의 분포 정형, 卜兆와의 관계, 龜甲의 整治와 鑿의 형태, 灼痕 등에 대해 비교적 전체적인 인식을 하게 해주었다. 이밖에도 齊家村에서는 비교적 완벽한 有字 卜骨이 출토되어 周人의 占卜用肩胛骨의 整治, 鑽鑿 형태, 灼痕과 문자의 분포 정형을 알게 해주었다. 周原甲骨에 대한 인식을 기초로 하고, 이를 확대해서 과거 여러 해 동안 각지에서 출토된 有字 西周 甲骨과 無字 甲骨을 상호 인증하고 보충해서, 학자들은기본적으로 西周 甲骨과 殷墟 甲骨의 상이한 특징을 총결산해 내었다.

1. 甲骨의 整治 방면

占卜用 甲骨에서 주요한 것은 거북의 腹甲이다. 일반적으로는 양면을 모두 고르게 깎고 갈았다. 甲首는 모두 파져 있으며, 아울러 넓고 두꺼운 가장자리가 남아 있는데, 이 때문에 한 번 보면 殷墟·濟南 大辛莊 등지의 商代卜甲과 다름을 알 수 있다.《文物》1981년 제9기에 수록된 도판 1·1〔H3(2):1〕의 正面과 反面 사진을 참고할 수 있다. 周原에서 출토된 卜甲의 이러한 整治 풍격은 1952년에 河南省 洛陽 泰山廟의 西周 유적지에서 출토된 반쪽 판의 거북 卜甲에서도 보인다. 이 卜甲의 甲首도 파져 있다. 이밖에 그 중앙에낮은 圓穴〔둥근 구멍〕이 하나 있다. 똑같은 圓穴이 齊家村 H3의 無字 卜甲에도 보인다. 周原의 다른 지점에서도 유사한 卜骨이 출토된 적이 있다.[64]《考古》1985년 제4기 375쪽에 수록된 도판 2·10 및 376쪽의 4·3으로 발표된

선그림〔線圖〕 및 사진을 참고할 수 있다. 洛陽에서도 卜甲(T3H83:14+T3H 90:3+T3H83:8)이 1점 출토되었다. 이것은 卜甲 하반부와 甲尾 및 비교적 완벽하게 연결되어 있는 左甲橋로서, 우리에게 腹甲 하부 및 甲橋의 整治 정형을 보충해 주었다. 이 腹甲의 하부도 고르게 갈려서 두께가 일정하다. 甲橋와 背甲이 서로 연결된 곳은 톱으로 켜내서 톱질한 흔적이 매끈하며, 甲橋의 상하 모서리끝〔角尖〕은 깎여 나갔고, 가장자리는 고르게 깎였으며, 내면은 매끈하게 갈려 있다. 洛陽에서도 占卜用 背甲이 출토되었다. 어떤 것은 中脊을 따라 둘로 갈라서, 甲首 및 中脊의 조금 두꺼운 곳은 背甲의 弧面에 의해 얇게 깎고, 正面은 갈았으며, 외연과 甲橋가 서로 연결된 곳은 평평하고 곧게 간 흔적이 있다. 또한 背甲을 자르지 않고 옹근 것으로 사용한 것도 있는데, 단지 背面의 조금 두꺼운 곳은 조금 갈았을 뿐 투박하게 손질하였다.[65] 北京 昌平縣 白浮村에서 출토된 背甲 중 어떤 것은 완벽한 背甲으로 남아 있는데, 이는 殷墟의 背甲처럼 그렇게 둘로 가르지 않은 것임을 설명해 준다.[66]

卜骨의 주된 재료는 牛肩胛骨이다. 일반적으로 먼저 牛肩胛骨의 骨臼와 中脊 부분을 톱으로 자르고, 골벽을 얇게 만들어서 肩胛扇과 평행이 되게 하고, 어떤 것은 줄로 갈았다.[67] 周原 齊家村의 NH1:1 肩胛骨은 臼角을 자르지 않고, 그 骨臼 부분을 절반으로 깎았다. 齊家村의 采: 94와 80 FQN 采: 112 등은 모두 肩胛骨의 상부이며, 骨臼는 이것과 똑같이 손질하였다. 灃西 張家坡의 有字 西周 甲骨은 骨臼와 背面의 整治가 齊家村에서 출토된 것과 기본적으로 같다. 다른 유적지에서 출토된 無字 占卜用 肩胛骨, 예를 들면 陝西省 邠縣, 洛陽 西周의 鑄銅 유적지 등에서 출토된 西周 卜骨도 整治가 되어 있다. 그리고 殷墟의 占卜用 肩胛骨은 整治할 때 모두 臼角을 잘랐는데, 이것은 周人의 甲骨과 다르다. 그러나 洛陽에서 출토된 卜骨 중에도 어떤 것은 臼角이 잘려나가고, 양면이 매끈하게 갈려 있다.[68]

2. 鑽鑿의 형태 방면

西周 卜甲은 일반적으로 方鑿이며, 배열이 정연하고 밀집되어 있다. 齊家

村 H3(2):2처럼 圓鑿도 드물게 있다. 周原 卜甲의 方鑿은 기본상 組를 나누어 배열되어 있고, 卜甲의 殘片으로 보면, 대체로 3개가 1조로 되어 있다. 鑿孔 사이는 가로가 작고 세로가 크다. 배열은 가로로 조성된 것이 많고, 세로로 조성된 것은 적다.[69] 鑿의 바깥 부분에는 약간 깊은 竪槽가 있다. 각지에서 출토된 有字 卜甲, 예를 들면 周原 鳳雛村, 齊家村, 北京 昌平縣 白浮村 등지의 鑿型은 모두 이와 같이 만들었다. 각지에서 출토된 無字 卜甲, 예를 들면 洛陽 泰山廟, 北窯 鑄銅 유적지 및 周原 鳳雛村, 齊家村, 北京 昌平縣 白浮村에서 출토된 것들은 上面의 鑿型을 역시 이와 같이 만들었다. 그래서 卜甲에 方鑿을 하는 것은 西周 때의 보편적인 기풍이었던 것으로 생각된다. 洛陽에서 출토된 卜甲의 甲橋上에는 세로로 두 줄의 鑿孔이 있는데, 竪槽는 方鑿의 바깥에 파져 있으며, 위에서 아래로 나 있는 두번째 橫列의 오른쪽 鑿槽를 제외한 나머지는 모두 甲橋 부근의 두 가장자리 가까운 곳에 있다.[70]

肩胛骨에는 일반적으로 잘 손질된 背面에다 圓鑽(둥근 모양의 鑽)을 한 후에, 홈의 밑바닥에서 바깥 부분에 하나의 竪槽를 새기는데, 이것이 이른바 '猫眼狀'이다.[71] 鑽孔의 배열은 규칙적이지 못하고, 위로는 骨臼의 아래로부터, 아래로는 肩胛扇 부근까지 모두 분포되어 있다. 西周의 占卜用 肩胛骨 上의 이러한 圓鑽은 齊家村·鳳雛村·坊堆村·灃西 등지에서 출토된 有字 卜骨도 이러할 뿐 아니라, 陝西省 邠縣·洛陽 등지에서 출토된 無字 占卜用 肩胛骨도 역시 이러하다.

3. 灼과 兆

甲骨의 整治·鑽鑿과 施灼은 모두 正面에 나타나는 卜兆의 방향을 규제하기 위한 것이며, 이를 빌려 吉凶을 판단한다. 과거 여러 해 동안 각지에서 출토된 西周 甲骨의 整治·鑽鑿 형태 등의 기풍이 일치하기 때문에 불로 지진 뒤에 正面에 나타나는 兆紋도 반드시 공통된 기풍을 보여 준다. 卜甲의 方鑿은 鑿의 바깥에 하나의 竪槽가 있기 때문에 불로 지진 뒤에 竪槽 부분에는 반드시 兆幹이 나타나고, 안쪽 부분에 안을 향해 兆枝가 나타난다. 卜甲上의 灼痕은 비교적 크며, 새까만 모양을 나타낸다. 비교적 완벽한 卜甲인 齊家

村의 H3〔2〕:1의 背面에는 方鑿이 35개 있으며, 좌우 양쪽의 兆枝는 모두 중간의 '千里路'를 향해 있다. 洛陽 北窯에서 출토된 甲橋上의 卜兆도 兆枝와 서로 마주하고 있는데, 이는 좌우 對貞과 유사하다.[72] 牛肩胛骨은 비교적 약하게 지지기 때문에, 불로 지진 곳에는 일반적으로 황갈색의 작은 원점이 나타난다. 圓鑽 안의 바깥 부근에 竪槽가 새겨져 있기 때문에 불로 지진 뒤에 竪槽 부분은 세로로 향한 兆幹으로 분열되며, 안쪽 부근의 조금 얇은 부분은 가로로 향한 兆枝로 분열된다. 이 때문에 兆幹은 밖에 있고, 兆枝는 안을 향하는 것이다. 齊家村의 卜骨 NH1〔3〕:1 · 釆:94 · 80 FQN 釆: 112 등의 肩胛骨은 兆枝가 서로 마주하고 있다. 洛陽 등지에서 출토된 占卜用 肩胛骨도 불로 지진 후에 역시 이러하다.

4. 刻辭 肩胛骨은 일반적으로 骨臼 쪽이 아래이다

西周의 有字 肩胛骨은 일반적으로 骨臼 쪽이 아래로서, 殷墟 肩胛骨에서 통상 骨臼 쪽이 위인 기풍과는 완전히 상반된다. 張政烺은 1956년에 張家坡에서 출토된, 두 줄의 작은 글자(한 줄은 뼈의 길이와 방향이 같고, 한 줄은 뼈의 너비와 방향이 같다)가 새겨진 卜骨을 연구할 때 최초로 이 현상을 발견하였다. 그는 "殷墟 卜骨로 사용된 肩胛骨은 모두 骨臼가 위를 향하고, 張家坡 · 四盤磨 일대에서 출토된 奇字의 肩胛骨은 이와 달리 모두 骨臼가 왼쪽을 향해 있어서 왼손으로 붙잡고 오른손으로 글자를 새기기에 편리하다. 1은 바로 새긴 것임을 알 수 있다(즉 簡報에서는 뼈의 길이와 방향이 같은 것이 51만 1천6백81개라고 하였다. 이 문자 방향은 위가 骨扇이고 아래가 骨臼이다)"고 지적하였다.[73] 周原 齊家村에서 출토된 刻辭 卜骨 T1(4):1 · NH1(3):1 · 釆:108(背) · 80 FQN 釆:112 등은 모두 骨臼 쪽이 아래이고 骨扇 쪽이 위이다. 그리고 釆:94 · 釆:108(正)은 모두 橫刻이다. 西周의 刻辭 肩胛骨 중에는 肩胛扇 쪽에서 骨臼 쪽으로 세로로 새긴 것도 있고 가로로 새긴 것도 있지만, 骨臼 쪽에서 肩胛扇 쪽으로 세로로 새긴 것은 보이지 않는다. 肩胛扇 쪽이 위이고, 骨臼 쪽이 아래라는 것이 西周의 甲骨의 한 특징일 수가 있다.[74] 그러나 예외가 존재하는 것을 배제할 수가 없는데, 坊堆村 卜骨의 특수한 점

은 骨臼가 위로서, 다른 西周 卜骨과 상반된다는 것이다.[75]

5. 文 字

西周 甲骨上의 문자는 일반적으로 매우 적으며, 필적도 매우 가늘어서 몇 배로 확대해야 비로소 분명하게 식별할 수 있다. 周原뿐 아니라 周原에서 멀리 떨어진 北京 昌平縣의 有字 西周 甲骨도 이와 같다. 周原에서 출토된 卜甲上의 문자는 기본적으로 수직 장방형이다.[76] 周原 齊家村에서 비교적 완벽하며 글자수도 많은 占卜用 龜甲과 獸骨이 출토되고 나서야 비로소 문자와 卜兆의 관계에 대해 보다 분명한 인식을 할 수 있게 되었다. 齊家村의 卜甲 H3(2):1에 있는 6조의 刻辭는 兆枝와 관련된 쪽에 각기 분포되어 있으며, 이러한 兆枝를 따르는 방향도 腹甲의 가운데 선인 '千里路'를 향해 橫向 縱行인데, 이것은 商代의 卜辭에서 본 적이 없는 것이다.[77] 有字 卜骨, 예를 들면 采:94의 여러 조의 刻辭 중에도 兆枝 쪽에 분포된 것이 있는데, 이것도 殷墟 卜辭 중에서 본 적이 없는 것이다.

위에서 서술한 것을 종합해 보면, 西周 甲骨은 독특한 특징을 형성하였다. 특히 卜甲과 卜骨의 鑽鑿 형태 방면에서 글자가 있는 것이나 글자가 없는 것을 막론하고, 또 周人의 발상지나 王畿에서 멀리 떨어진 변경 지역을 막론하고 기본적으로 이미 '정해진 형태'를 가지고 있어서, 西周 甲骨은 殷墟 甲骨과 다른 독특한 풍격을 뚜렷이 나타내고 있다. 그러나 西周 甲骨은 출토된 수량이 적고 완벽한 것이 많지 않기 때문에 전면적으로 西周 甲骨의 특징을 인식하는 데는 상당한 곤란이 있다는 점도 인정해야 한다. 금후에 신자료의 출토와 연구가 확대되면 지금 인식하고 있는 西周 甲骨의 특징은 부단히 보충되고 검증될 것이다.

또한 바로 西周 甲骨이 독특한 특징을 형성하였기 때문에 어떤 학자는 "西周 甲骨은 殷墟 甲骨의 직접적인 연속이 아니다"라고 주장하였다.[78] 그러나 어떤 학자의 연구에서 나타난 바와 같이, 周人과 商人은 매우 일찍부터 연계를 갖고 있었다.[79] 게다가 "周王朝는 殷王朝의 예제를 계승하였고〔周因於 殷禮〕" 商을 멸망시킨 이후의 周王朝는 또한 商王朝의 정치·경제와 문화 등 전유산을 전면적으로 계승하였다. 甲骨을 이용하여 占卜을 하는 것도 예외는 아니다. 출토된 甲骨에서 증명되듯이 西周 甲骨과 殷墟 甲骨은 상당한 공통성을 가지고 있다. 이 공통성은 아래의 몇 가지 방면으로 표현된다.

첫째, 甲骨의 출토된 상황 방면에서이다. 殷代 甲骨이 비록 鄭州에서도 소량이 발견되었지만, 그러나 주요한 것은 역시 商代 말기의 도성인 河南省 安陽 小屯村에서 출토된 것이다. 西周 甲骨도 이와 유사하게, 周人의 초기 활동 중심지인 周原 유적지와 西周의 정치·경제와 문화의 중심지인 豊鎬 유적지에서 주로 출토되었으며, 중심지와는 멀리 떨어져 있는 北京·山西省 등지에서도 비록 발견이 되기는 하였지만 수량은 많지 않다. 殷墟 甲骨 중에서 어떤 것은 궁전 지역에서 출토되었으며, 궁전터 아래 혹은 궁전터를 헌 灰坑 속, 예를 들면 甲 12부지의 窖穴 D42와 乙 7부지를 헌 H17 등에서 모두 甲骨이 출토되었다.[80] 또 周原 鳳雛村의 건축터인 西廂 2호방 窖穴 H11과 H31에서도 西周 甲骨 1만 7천여 편이 출토되었다. 유적지가 아닌 殷墟 墓葬 M331에서도 甲骨이 출토되었다.(《乙》9099)[81] 藁城 臺西村의 商代 墓葬 M14·M56·M100 중에서도 2층 대의 위치에서 각기 3편의 卜骨이 출토되었다.[82] 또한 西周 甲骨은 北京 昌平縣 白浮村의 西周墓 M2·M3내에서도 출토되었다. 商代 甲骨은 '산일'되고 '폐기'되었지만 의식적으로 '저장' 한 것도 있는데, 예를 들면 本書 上篇 제4장 제3절(下)에서 소개한 YH127갱에서 출토된 대량의 甲骨이다. 1973년에 발굴된 安陽 小屯村 남쪽 지역의 窖穴 H62·H99 등에서도 모두 整治를 한 甲骨, 혹은 아직 整治를 하지 않은 占卜用 재료를 의식적으로 한곳에 모아두었다.[83] 周原 鳳雛村의 窖穴 H31·H11에서 집중적으로 출토된 대량의 甲骨은 당연히 의식적으로 '저장'한 것이다.

둘째, 鑽鑿의 형태 방면에서이다. 비록 殷墟 甲骨 중에는 아직 西周 甲骨에서처럼 方鑿을 한 경우가 발견되지는 않았지만 卜骨上에 圓鑽을 한 것은 그 예가 적지않다. 이러한 '圓鑽 속에 長鑿을 포함한' 형식은 嚴一萍의 《甲骨學》(대만 藝文印書館, 1978년) 546쪽과 559쪽에서 일찍이 약간의 예를 들었다. 설령 圓鑽의 형태·鑽法·도구가 周原 甲骨과 완전히 같은 것은 아니지만, 西周 甲骨임을 설명해 주는 이러한 圓鑽은 일찍이 武丁 시기에 이미 시작되었다. 西周 卜骨은 兆枝가 서로 마주하고 있고, 商代 卜骨은 비록 일반 左肩胛骨上의 兆枝가 전부 왼쪽을 향하고, 右肩胛骨上의 兆枝가 전부 오른 쪽을 향해 있지만, 또한 일부 肩胛骨에는 동일한 鑽을 한 곳의 양옆을 불로 지져서 骨面上에 상반된 兆枝가 나타나는 현상이 있다. 商代의 卜甲에서 卜 兆는 통상 중간의 '千里路'를 중심으로 해서 좌우로 대칭되어 있다. (단 兆枝 가 상반되어 있는 경우도 극소수 있는데, 嚴一萍의 《甲骨學》 542-546쪽에 수록 된 여러 판의 武丁 시기 卜甲의 예를 참조할 수 있다.) 西周 卜甲上의 兆枝도 중간의 千里路를 향해서 좌우로 대칭되어 있다.

셋째, 문자와 辭例 방면에서이다. 현재 이미 발표된 전부의 有字 西周 甲 骨에서 볼 때, 대부분의 낱글자는 殷墟 甲骨文 속에서 이미 사용되었다. 西 周 甲骨文 속에 나타나는 새로운 낱글자는 단지 시대의 발전에 따라 증가 된 것일 뿐이다. 문자의 구조로 보면, 西周의 甲骨文字는 별도의 새로운 造 字 계통에 속해 있는 것이 아니다. 西周의 甲骨文字는 兆枝를 따라서 千里 路를 향해 있는데, 이것은 殷墟 卜辭와 다르다. 그러나 西周의 甲骨 刻辭는 일반적으로 守兆인데, 이것은 殷墟 卜辭가 어느 정도 卜兆와 밀접한 관계가 있다는 것과 일치하는 것이다. 西周 甲骨文에서 卜問을 한 경우는 많지 않 으며, 대부분 記事를 하였다. 그러나 卜辭를 가지고 말하면, 鳳雛村 H11:1에 는 前辭・貞辭가 있고, H11:84에는 貞辭가 있는데, 이러한 辭例는 殷墟 甲 骨文 중에서 가장 자주 보이는 것이다. 記事 刻辭는 殷墟 甲骨文 중에서도 똑같은 辭例를 찾을 수 있다.[84] 西周 甲骨上의 異形文字(어떤 학자는 易卦라 고 주장하지만, 필자는 筮數에 불과하다고 생각한다)는 殷墟 四盤磨村에서 출 토된 甲骨上에서도 발견되었다. 이밖에 西周 有字 卜骨은 骨臼 쪽이 아래이 고, 肩胛扇 쪽이 위인데, 殷墟 甲骨 중에도 이러한 예가 있다. 예를 들면 《殷 墟文字甲編》 789・2858・2878・2902 등이 이것이다.

넷째, 甲骨의 分埋 방면에서이다. 周人은 殷人과 마찬가지로 龜甲과 牛肩 胛骨을 모두 占卜하는 데 사용하였다. 그러나 우리가 알 수 있듯이, 北京 昌 平縣 白浮村, 陝西省 岐山縣 鳳雛村에서 출토된 有字 甲骨은 龜甲이 대부분 이고, 坊堆村・灃西・齊家村 등지에서 출토된 有字 甲骨은 牛肩胛骨이 대다 수이다. 특히 鳳雛村 H11・H31에서 출토된 1만 7천여 편의 甲骨 중에 牛肩

胛骨이 차지하는 비율은 매우 적다. 北京 昌平縣 白浮村의 墓에서 출토된 것은 모두가 龜甲이다. 이러한 甲骨 分埋 상황은 殷墟 유적지에서도 알 수 있다. 유명한 YH127坑에서 출토된 1만 7천여 편의 甲骨 중에서 肩胛骨은 단지 8편일 뿐이며, 나머지는 모두 龜甲이다. 1971년에 小屯村 서쪽 지역의 1호 探溝에서도 卜骨 21편이 집중 출토되었으며, 1973년에 小屯村 남쪽 지역의 H99·H62 등의 灰坑 속에서도 卜骨이 집중 출토되었다. 이러한 甲骨 분매의 현상이 占卜을 할 때 단지 卜甲(혹은 卜骨)이라는 한 종의 占卜 재료만을 사용했음을 설명하는 것은 아니다. 연구를 통해 증명되었듯이, YH127坑의 龜甲과 동시에 占卜을 한 적지않은 同文 肩胛骨은 여러 기록에 산견하며, 龜甲의 집중적인 발견은 그것들이 肩胛骨과 함께 있지 않았음을 설명해 줄 뿐이다.[85] 西周 甲骨의 占卜 후의 처리도 殷墟 甲骨의 '甲骨 分埋'와 기본적으로 가깝다.

주의해야 할 것은, 중요한 특징이 되는 西周 甲骨의 鑽鑿 형태〔龜甲의 方鑿과 肩胛骨의 圓鑽 중의 竪長槽〕는 殷墟 甲骨文 제1기 武丁 시기에서 그 '圓形'을 찾을 수 있다. 상술한 西周 甲骨과 殷墟 甲骨의 수많은 공통점은 그것들이 한 계통으로 이어져 내려온 것임을 말해 준다.

제4절 西周 甲骨의 시기 구분

西周 甲骨에 대해 시기 구분을 하는 것은 이 자료들을 이용하여 周代 초기의 역사를 연구하는 기초 작업이다. 周原 鳳雛村과 齊家村에서 有字 甲骨이 대량으로 출토되고 발표되기 이전에는, 西周 甲骨이 드문드문 출토되어 시기 구분을 하기가 매우 어려웠다. 그 이후에야 시기 구분 연구가 비로소 가능하게 되었다. 특히 鳳雛村에서 출토된 甲骨은 수량이 많을 뿐 아니라 내용도 풍부하기 때문에 학자들은 시기 구분 연구의 중점을 鳳雛村 窖穴 H11과 H13에서 출토된 有字 甲骨에 두었다. 비록 현재까지 체계적으로 시기 구분을 논술한 글이 많지는 않지만, 西周 甲骨에 관련된 요약 보고와 고석 문장의 행간도 학계의 여러 견해를 시사해 주었다. 이에 대해서는 本章의 제2

절에서 이미 소개를 하였다.

西周 甲骨(주로 周原 甲骨)은 기본적으로 3개의 시기로 나눌 수 있다고 생각하는데, 즉 文王 시기(주로 鳳雛村에서 출토된 文王의 '受命' 전과 '受命' 후 및 文王과 동시기의 帝乙·帝辛 卜辭), 武·成·康 시기(鳳雛村 및 洪趙縣 坊堆村에서 출토된 甲骨을 포괄함), 昭·穆 시기(周原 齊家村 및 北京 昌平縣 白浮村에서 출토된 것을 포괄함) 등이다.

비록 西周 甲骨이 독특한 특징을 형성하였지만 殷墟 甲骨과는 한 계통으로 이어져 내려온 것이다. "앞사람들의 교훈이 바로 앞에 있다〔殷鑑未遠〕." 殷墟 甲骨의 시기 구분을 하는 데 사용했던 여러 가지 효과적인 방법은 西周 甲骨의 시기 구분을 하는 데에도 시사해 주는 바가 매우 크다. 西周 甲骨의 시기 구분 연구는 아래의 여러 방면에서 진행한 것이다.

1. 西周 甲骨 중의 '王'字의 변화는 시기 구분을 탐색하는 열쇠이다

필자는 周原 鳳雛村 유적지에서 출토된 2백89편의 有字 甲骨과 齊家村에서 출토된 6편의 有字 甲骨을 고찰한 후에, 殷墟 甲骨文 속에서 시종일관되었던 '世系'처럼 시기 구분 연구의 핵심이 될 만한 것이 없으며, 西周 甲骨에는 없는 貞人·稱謂〔호칭〕에 근거해서 西周 甲骨의 시기 구분 작업을 진행할 수 없다는 것을 발견하였다. 이 때문에 西周 甲骨은 마치 서로 내재적인 연계가 없는 '혼돈' 덩어리 같았다. 그러나 西周 甲骨 중에는 항상 출현하면서도 자형 또한 변화가 다양한 '王'字가 있다. 일반적으로 말해서, 이 '王'字가 출현한 甲骨들은 글자수가 '王'字가 출현하지 않는 甲骨들보다 많으며, 내용도 보다 중요하다. '王'字의 가로 차이와 세로 변화를 분명하게 고증하는 것은 甲骨의 시기 구분을 하고, 이 甲骨들을 이용해서 周代 초기의 역사를 연구하는 데 큰 의의가 있다.

周原 甲骨 중 총 29편에서 '王'字가 출현한다. 각 '王'字의 자형의 차이에 근거하면 그것을 네 가지 유형으로 나눌 수 있다.

제I형 王 '王'字가 3개의 가로획과 1개의 세로획으로 되어 있으며, 殷墟

甲骨文 제5기의 ‘王’字와 동일하다.

제Ⅱ형 王 ‘王’字가 위의 2개의 가로획은 곧게 평평하고, 아래의 1개의
　　　　　가로획은 약간 기울었으며, 세로획과 상하의 가로획이 서로 막
　　　　　고 있다.

제Ⅲ형 王 ‘王’字가 위의 2개의 가로획은 곧게 평평하고, 아래의 1개의
　　　　　가로획은 대략 활 모양을 나타낸다. 1개의 세로획은 두번째 가
　　　　　로획과 세번째 가로획의 중간 부분에서 갈라지며, 세번째 가
　　　　　로획 위에서 교차한다.

제Ⅳ형 王 ‘王’字가 위의 2개의 가로획은 곧게 평평하고, 세번째 가로획
　　　　　은 대략 활 모양을 나타내며, 1개의 세로획은 두번째 가로획
　　　　　아래에서 갈라져서 세번째 가로획과 서로 교차한다.

제Ⅰ형의 ‘王’字가 출현한 것으로는 H11:112·H11:82·H11:84·
H11:174·H11:1·H11:48·H11:38·H11:233·H11:72·H11:189 등이
있고, 제Ⅱ형의 ‘王’字가 출현한 것으로는 H11:167·H11:191·H11: 246·
H11:136·H11:80 등이 있으며, 제Ⅲ형의 ‘王’字가 출현한 것으로는
H11:132·H11:14·H11:3·H11:261·H11:113·H11:100·H11:11·
H11:60·H11:75+126·H11:133·H11:134·H11:210 등이 있고, 제Ⅳ형
의 ‘王’字가 출현한 것으로는 齊家村 NH1〔3〕:1·采:94 등이 있다.

　周原 甲骨에서 ‘王’字가 출현한 각편들의 시기는 여러 학자들이 각기 다
르게 정하였다. 연구자가 비교하는 데 편리하게 하기 위해서 필자는 《西周甲
骨探論》(약칭 《探論》)·《陝西省 鳳雛村의 西周 甲骨文 槪論》(약칭 《槪論》) 및
《周原 卜辭 十篇의 選釋 및 시기 구분》(약칭 《十篇選釋》)에서 정한 시기를
가지고 〈岐山縣 鳳雛村 甲骨文에 나타난 ‘王’字의 시대표〉로 만들었는데,
이는 다음 469쪽과 같다.

　제Ⅰ형의 ‘王’字가 출현한 甲骨은 편 위에 기록된 사류에 근거해 볼 때, “彝
文武丁升……文武丁豊……”〔文武丁의 종묘에서……文武丁에게 禘祭를 지낸
다……〕(H11:112·47·9)[86]·“……文武……周方伯……”〔……文武……周의
方伯을 정벌한다……〕(H11:82·40·14)·“王其求又大甲, 周方伯……”〔왕이

岐山縣 鳳雛村 甲骨文에 나타난 '王'字의 시대표

片 號	字形	形式	內 容	《槪論》에서 정한 시기	《十篇選釋》에서 정한 시기	《探論》에서 정한 시기
H11:112	王	I型 1式	彜文武丁必, 貞王翌日乙酉其枼, 再≋ …文武丁豊…汎卯 …左王	대략 文王 때 (殷 帝乙·帝辛 때에 해당)	文王 말기(殷 帝乙·帝辛 때에 해당)	帝乙
H11:82	王	I型 1式	…文武…王其刟帝 …天熒曾周方白, 由正, 亡左…王受又又.	대략 文王 때 (殷 帝乙·帝辛 때에 해당)		帝乙
H11:84	王	I型 1式	貞王其枼又大甲, 曾周方白, 蠢, 由正不左, 于受又又.	대략 文王 때 (殷 帝乙·帝辛 때에 해당)	文王 말기(殷 帝乙·帝辛 때에 해당)	帝乙
H11:174	王	I型 1式	貞王其曰用胄, 叀□胄乎枼, 受囚不安王.		文王 말기(殷 帝乙·帝辛 때에 해당)	帝乙
H11:1	王	I型 1式	癸巳彜文武帝乙宗, 貞王其刟吼成唐㸤禁, 及二母. 其彜血牡三, 豚三, 由又正.	대략 文王 때 (殷 帝乙·帝辛 때에 해당)		帝辛
H11:48	王	I型 2式	王其□ 玆用 旣吉 渭漁.			文王의 受命 前
H11:38	王	I型 2式	王卜			上同
H11:233	王	I型 2式	其王			上同
H11:72	王	I型 2式	王用			上同
H11:189	王	I型 2式	曰吉 其五 正王受			上同
H11:167	王	II型 1式	王貞			文王의 受命 前後
H11:191	王	II型 1式	…王…			上同

번호	字形	型式	卜辭			
H11:246	王	II型 1式	王用…			文王의 受命 前後
H11:136	王	II型 2式	今秋王囚克往密	文王 시기(대 략 帝乙·帝辛 때에 해당)		文王의 受命 前後
H11:80	王	II型 2式	王其往密山昇	文王 시기(대 략 帝乙·帝辛 때에 해당)	文王 초기(殷 廩辛·康丁·武 乙 때에 해당)	上同
H11:132	王	III型	王禽森	成王		成王
H11:14	王	III型	楚白乞今秋耒, 白于 王其則	成王	文王 초기 와 王季 말기(殷 廩辛·康丁·武 乙 때에 해당)	成王
H11:3	王	III型	王佳田至于帛衣王田	文王 시기	上同	武成康 시기
H11:261	王	III型	商王彡			上同
H11:113	王	III型	辛未王其逐戲兕… 亡甾			上同
H11:100	王	III型	其從王…	〈兩次發見〉에 서 成王 때로 정하였음		上同
H11:11	王	III型	…已其乎賨辛父陟		文王 초기 와 王季 말기(殷 廩辛·康丁·武 乙 때에 해당)	上同
H11:61	王	III型	王身			上同
H11:75 +126	王	III型	…王其			上同
H11:133	王	III型	丁卯王在 三牢			上同
H11:134	王	III型	弱巳 王卯(?)			上同
H11:210	王	III型	王 其五牛			上同
齊家 NH₁〔3〕: 1	王	IV型	王呂我牧單兕豚卜	《簡報》에서 昭穆 時代로 정하였음		昭穆 시기

太甲에게 求祭와 侑祭를 지내고, 周의 方伯을 정벌한다……〕(H11:84·7·12)·"貞王其曰用冑…"〔점쳐 물었다. 왕이 투구를 사용하는 것이…(의미 불명확)〕(H11:174·46·8) 등은 필자가 《西周甲骨探論》의 제4편에서 帝乙 시기의 商人의 유물이라고 고증하였다. "癸巳彝文武帝乙宗, 王其…"〔癸巳日에 帝乙의 종묘에서, 왕이…〕(H11:1·1·13) 편은 帝辛 시기의 상인의 유물이다. "王其□ 玆用 旣吉 渭漁"〔왕이…이 占卜이 시행되었다. 달이 떠오른 날에 渭河에서 물고기를 잡았다〕(H11:48·73·15)는 文王이 '受命'하기 전의 周人의 유물이다. 비록 제I형의 '王'字 모두가 3개의 가로획과 1개의 세로획으로 되어 있지만 商人의 甲骨은 周人의 甲骨과 미세한 차이가 있다. 제I형 1식의 상인의 '王'字의 세번째 가로획은 대략 활 모양을 나타내고 있지만, 제I형 2식의 周人의 '王'字는 세번째 가로획이 곧게 평평하다. 이러한 차이는 殷族과 周族의 차이를 반영해 주고 있다.

제II형의 '王'字가 출현한 甲骨은 '王'字의 자형도 약간 다르다. 어떤 것은 세번째 가로획이 약간 기울었으며, 어떤 것은 세번째 가로획 부근에서 가지가 조금 나와 수직선과 비스듬이 교차하기(확대해야 보임) 때문에 제II형 1식 및 제II형 2식으로 세분할 수 있다. 이것의 시기에 대해서는 필자가 甲骨上의 "今秋王斯克往密"〔올해 가을 왕이 密須로 갔다〕(H11:136·69·24)·"王其往密山…"〔왕이 密須의 산으로 가서…〕(H11:80·69·24) 등의 내용에 근거해서 기록된 것은 마땅히 周 文王이 '受命'한 이후에 密須〔방국의 이름〕를 토벌한 일로서, 商의 紂王 帝辛 시기에 해당한다고 고증한 바 있다. 제I형 1식·제II형 1식·제II형 2식에서의 '王'字의 변화는 周 文王의 '受命' 전후의 차이를 반영하고 있다. 제II형 1식의 '王'字는 제I형 1식과 제II형 2식 '王'字의 과도 단계이다. 周人 甲骨에서 '王'字의 이러한 다름은 바로 시간의 선후에 따라 발생한 縱的인 변화이기 때문이다.

제III형의 '王'字가 출현한 甲骨은 필자가 "王酓桼"〔왕이 (승리를 축하하기 위해) 歈至 의식을 거행했다〕(H11:132·29·25)·"楚伯乞…王其則"〔楚의 方伯이…로 가서, 왕의 곁에서…(의미 불명확)〕(H11:14·48·28) 등의 내용에 근거해서 周人 成王 때 전후의 것이라고 고증한 바 있다. 기타 제III형의 '王'字기 출현한 甲骨들에 기록된 사류는 매우 간단하여 그 구체적인 王世를 판

文王 시기의 殷墟 甲骨과 西周 甲骨의 문자 유형 비교표

殷墟 甲骨					西周 甲骨				
類 型	字 形	王 世	片 號	事 類	類 型	字 形	王 世	片 號	事 類
I型 1式	王	帝 乙	H11:84 H11:82 H11:112 H11:174	文武丁必 文武 曆周方伯	I型 1式	王	文王 의 受 命前	H11:38 H11:48 H11:72 H11:189 H11:233	王…渭漁
					II型 1式	王	文王 의 受 命後	H11:167 H11:191 H11:246	
		帝 辛	H11:1	文武帝乙 宗	II型 2式	王		H11:136 H11:80	王…往密

명하기가 쉽지 않다. 그러나 제III형의 '王'字는 제II형의 '王'字와 구별되고, 또 시기가 명확한 제IV형 昭·穆 시기의 '王'字와도 차이가 있는데, 이것은 그것의 상한이 절대로 제II형의 '王'字가 출현한 文王 때보다 빠를 수 없으며, 하한도 제IV형의 '王'字가 출현한 昭·穆 시기보다 늦을 수 없음을 규정하여, 필자가 그것을 포괄적으로 武·成·康 시기의 것으로 정하는 것과 거리가 그다지 멀지 않다.

제IV형의 '王'字가 출현한 甲骨은 비록 기록된 사적에 의거해서 그 시기를 판명하기는 쉽지 않지만 甲骨이 출토된 지층에 근거하면, 이 표본은 穆王 시기보다 늦을 수 없는데, 이것은 灰坑의 지층 관계와 대체로 일치한다.[87]

그래서 우리는 다음의 사실을 알 수 있다. 周原 甲骨上에 출현한 '王'字에는 횡적인 차이, 즉 제I형 1식과 제I형 2식의 차이가 있는데, 이것은 殷과 周라는 양대 민족의 차이를 반영하는 것이다. 또한 종적인 차이가 있는데, 즉 제I형 2식→제II형 1식→제II형 2식→제III형→제IV형으로 변화·발전되었는데, 이것은 周人 甲骨 시대의 서로 다른 진화이다. 이들 변화는 甲骨上에 반영된 역사적 사건과 일치하며, 결코 우연히 일치하는 것이 아니다. 西周 甲骨의 횡적인 차이와 종적인 변화는 다음의 표와 같다.

이런 식으로 필자는 '王'字의 자형 변화에 근거해서 西周 甲骨 중의 중요 자료의 시기를 판명하였다.

周原 甲骨의 '王'字 字形 變遷表

字形＼項目	字 形	時 期	備 考
I	王 1式　王↓ 2式	文王(受命前)	I형 1식은 帝乙·帝辛 시기 甲骨로서 文王 시기에 해당한다.
II	王↓ 1式　王↓ 2式	文王(受命後)	
III	王↓	武·成·康	
IV	王↓	昭·穆	

2. 甲骨에 기록된 사적에 근거해서 시기를 판단한다

西周 甲骨은 周代 초기 역사의 '大事記'이다. 周代 초기에는 역사적 사건이 적지않은데, 이것은 모두 西周 甲骨上에 반영되어 있다.[88] 周原 甲骨에 기록된 사적과 고문헌을 결합해서 고증을 하면, '王'字가 출현하지 않는 일부 甲骨의 시기를 확정할 수 있다. 甲骨에 기록된 사적 및 기존 학설에 근거하면 각 시기의 甲骨을 확정할 수 있다. 文王 시기의 甲骨에는 다음과 같은 것들이 있다.

H31:5(5·200), H11:31(70·60), H11:68(12·57), H11:110(13·56), H11:232(75·232) 등.

武·成·康 시기의 甲骨에는 다음과 같은 것들이 있다.

H11:4(2·46), H11:117(35·61), H11:20(3·65), H11:37(33·43), H11:116+75(91·41), H11:278(95 42), H31:2(1·288), H31:3(3·289), H11:9(8·66), H11:115(93·77), H11:27(6·68), H11:102(66·69), H11:42(87·107), H11:83(9·47), H11:8(20·74), H11:164(85·76), H11:15(32·37), H11:50(17·38), H11:45(16·39), H11:86(89·40), H11:22(15·44) 등.[89]

학자들이 편리하게 사용하도록 각편의 주요 내용 및 학자들이 정한 시기를 표로 열거해 보면 다음과 같다.

岐山縣 鳳雛村 甲骨文의 時代表

片 號	內 容	《探論》에서 정한 시기	《槪論》에서 정한 시기	〈兩次發見〉에서 정한 시기	〈十篇選釋〉에서 정한 시기
H31:5	密由(斯)郭(城)	文王受命後	文王 時代		
H11:31	于密	上同	上同	文王 時代	
H11:68	伐蜀	文王 時代	上同		
H11:110	征巢	上同	成王 時代		
H11:232	其于伐歝(胡)	上同	上同	文王 時代	
H11:4	其微楚㠯衾師氏受衾	武王 時代	上同		
H11:117	祠自蒿(鎬)于周	武王 時代	武·成 時代		
H11:20	祠自蒿(鎬)于壴	上同	文王末 武王初		
H11:37	宬(郕)叔弗用, 兹衾	武王 時代	武成 時代	武王 時代	
H11:116+175	宬(郕)叔族	上同	上同	上同	
H11:278	宬(郕)叔	上同	上同	上同	
H31:2	唯衣, 鷄(箕)子來降, 其執罘其史	上同	上同	上同	
H31:3	隻其五十人, 往, 白(斯)亡咎	上同	上同		
H11:9	大出于河	上同	대략 武王 時代		
H11:115	…于商其舍若	上同	成王 時代	武王 時代	文王말기(殷帝乙·帝辛에 해당)
H11:27	于洛	成王 時代	文王 時代	成王 時代	
H11:102	見工于洛	上同	成王 時代	上同	
H11:42	新邑…酒…用牲	上同	上同	上同	
H11:83	曰今秋楚子來告父後哉	上同	上同	上同	文王말기(殷帝乙·帝辛에 해당)
H11:8	六年史乎(呼)宅商西	上同	上同		
H11:164	…執商	武成 時代	文王 時代		
H11:15	大保今二月往	武成康 時代	대략 成王 時代		成王 時代
H11:50	大保	上同	대략 武·成·康 時代		
H11:45	畢公	上同	文王 時代		
H11:86	畢公	上同	대략 武·成 時代		
H11:22	虫(崇)白(伯)	上同	文王 時代		

表 속의 논저 약칭

〈槪論〉: 陳全方, 〈陝西岐山鳳雛村西周甲骨文槪論〉, 《古文字研究論文集》, 1982년.

〈兩次發見〉: 〈岐山鳳雛村兩次發現周初甲骨文〉, 《考古與文物》, 1982년 제3기.

〈十篇選釋〉: 徐錫臺, 〈周原卜辭十篇選釋及斷代〉, 《古文字研究》, 제6집, 1981년.

《探論》: 王宇信, 《西周甲骨探論》, 1984년.

3. 西周 甲骨의 자형 서체와 甲骨의 시기 구분

자형과 서체는 殷墟 甲骨 중의 世系·稱謂·貞人과 사류가 분명치 않은 卜辭 殘片에 대해 시기 구분을 하는 효과적인 근거이다. 西周 甲骨은 대부분 심하게 부서져 있어서 일부 甲骨에 기록된 사적은 고증할 길이 없으며, 또한 '王'字를 갖추고 있지 않은데, 殷墟 甲骨의 시기 구분에 사용하는 서체와 자형의 고찰 방법을 西周 甲骨에 이용할 수 있는가?

西周 甲骨은 필자가 지적한 바와 같이 '王'字의 자형이 매우 다양하게 변화한다는 것 이외에, 기타 다른 글자도 시기의 선후에 따른 변화 규율을 찾기가 매우 힘들다. 자형의 변화를 이용해서 西周 甲骨의 시기 구분을 하려는 것은 매우 어려운 일이다.

西周 甲骨은 서체상의 변화가 있다. '王'字의 변화와 고문헌에 기록된 사적에 의해 시기를 확정할 수 있는 西周 甲骨은 54편 내외이다. 필자는 이 54편 내외의 甲骨에 의거해서 서체의 분석을 하도록 하겠다.

제I형 1식의 '王'字와 제I형 2식의 '王'字가 출현한 몇 편의 甲骨은 시대가 기본적으로 모두 文王 시기에 속하며(혹은 이와 상동한 帝乙·帝辛 시기), 전체적인 서체 풍격은 매우 정연하고 신중하다. 그러나 자세히 관찰하고 음미해 보면 여전히 그것들이 어느 정도 미미한 차이를 가지고 있음을 발견할 수 있다. '王'字의 차이 이외에, 제I형 1식의 '王'字가 출현한 甲骨은 字體가 유약하게 보인다. 그리고 제I형 2식의 '王'字가 출현한 甲骨은 문자의 行款이 불규칙히고, 서체가 굳세고 힘 있어서 생경하게 보인다. 이것은 바로 족속의 차이, 즉 殷族과 周族이 다름을 반영하고 있다.

제II형 1식의 '王'字가 출현한 甲骨과 제II형 2식의 '王'字가 출현한 甲骨
및 그밖에 '王'字가 없는 수편의 甲骨들은 기본적으로 文王이 '受命'을 한
뒤인 文王 후기에 속한다. 이 시기의 문자 서체는 더욱 굳세고 힘 있게 보이
며, 이는 실제로 武・成・康 시기의 강건하고 호방한 풍격의 선구가 되었다.

제III형의 '王'字가 출현한 甲骨 및 기타 '王'字가 없는 武・成・康 시기의
甲骨은[90] 문자의 서체가 강건하고 호방하지만 그것들 사이에는 약간의 미세
한 차이가 있다. 즉

1) 비교적 매우 정연하고 신중하게 보이는 것이 있는데, 예를 들면 H31:2
(1・288), H31:3(3・289), H11:83(9・47) 등이다.

2) 강건하고 투박하게 보이는 것이 있는데, 예를 들면 H11:37(33・43),
H11:8(20・74) 등이다.

3) 약간 유려하면서 뛰어나게 보이는 것이 있는데, 예를 들면 H11:11
(65・26), H11:135(144・146) 등이다.

비록 지금까지도 한 차원 넘어서 이 세 가지 서체 풍격의 시기 선후를 판
단할 수는 없지만, 약간 유려하면서 뛰어나게 보이는 세번째 유형은 실제로
齊家村에서 출토된 昭・穆 時代 甲骨 서체의 선구가 되었으며, 앞의 두 유
형보다 약간 늦다.

제IV형의 '王'字가 출현한 甲骨 및 동시기의 甲骨은 字體가 유려하면서 뛰
어나게 보인다. 扶風縣 齊家村과 昌平縣 白浮村에서 출토된 甲骨이 대표적
이다.

甲骨의 서체 풍격에 근거하면 일부 甲骨의 시기를 판정할 수 있다. H11:
237(183・10)과 H11:168+268(161・11) 등의 甲骨片은 제I형 1식의 '王'字
가 출현한 H11:174(46・8)의 서체 풍격과 일치하며, 마땅히 帝乙 시기의 것
이다. H11:130(43・116)편의 서체 풍격도 제I형 1식의 '王'字가 출현한 甲骨
과 같으며, 마땅히 동시기의 것이다.[91]

周原 鳳雛村에서 출토된 2백89편의 有字 甲骨은 문자를 식별할 수 없는 49
편을 제외하면 실제로 식별 가능한 글자가 있는 것은 2백40편 내외에 불과
하다. 이 2백40편의 甲骨 중에서 위의 3개 방면의 분석에 근거하면, 文王 시

기(동시기의 帝乙·帝辛 시기를 포괄함)의 甲骨은 총 23편이고('王'字에 의거해서 15편을, 사류에 의거해서 5편을, 서체에 의거해서 3편을 각각 판정함), 그 나머지 대부분은 마땅히 武·成·康 시기의 것들이다.[92] 어떤 학자가 주장한 것처럼 '절대다수가 文王 時代의 유물'인 것은 아니다. 文王 시기의 23편의 甲骨 중에서 帝乙·帝辛 시기의 甲骨은 8편에 불과한데, 이것은 鳳雛村 甲骨이 주로 周人들의 것이며, 어떤 학자가 말한 바와 같이 '절대다수는 商 왕실의 卜辭'가 아님을 설명해 주고 있다.

　西周 甲骨(주로 周原 鳳雛村 甲骨)의 시기 구분 연구는 비교적 복잡하지만 매우 의의가 있는 작업이다. 자료가 부족하고 연구의 중점이 다르기 때문에 西周 甲骨의 시기 구분에 대한 학자들의 의견은 크게 다르다. 금후에 연구가 심화되고 신자료가 계속 발견되면 틀림없이 더욱 명확한 인식을 얻게 될 것이다.

<h1 style="text-align:center">제14장
周原에서 출토된 商代의 廟祭 甲骨</h1>

周原 鳳雛村 窖穴 H11·H31에서는 有字 甲骨이 대량으로 출토되어 중국 내외 학계의 커다란 흥미를 불러일으켰다. 제13장 제2절에서는 周原 甲骨의 시대와 족속에 대한 학자들의 여러 가지 견해를 언급하였다. 본 주제를 전개하기 위해, 여기에서 西周 甲骨의 족속과 관련된 일부 학자들의 견해를 다시 좀더 상세하게 소개할 필요가 있다.

1. 周原 甲骨은 대부분 商族의 소유라는 견해. 王玉哲은 周原 鳳雛村에서 나온 甲骨이 周族의 것이 아니며, "절대다수는 商 왕실의 卜辭이다"라고 주장하였다. 그러나 그는 동시에 "周原 甲骨 속의 일부 卜甲은 확실히 周人의 것이라는 것을 반드시 인정해야 한다" 하고, "그 시대는 마땅히 商 왕실의 卜辭보다 조금 늦다"고 지적하였다.[1]

2. 周原 甲骨은 周族의 소유라는 견해. 周原 考古發堀隊는 우선 이 甲骨이 마땅히 周人에게 속하는 것이라 지적하고, 아울러 "문자와 내용으로 볼 때 거의 전기와 후기로 나눌 수 있는데, 즉 武王이 商을 정복하기 이전과 武王이 商을 정복한 이후로 나눌 수 있다"고 지적하였다. 또 "H11:1에는 周人이 殷人의 선조인 文武·帝乙을 제사지낸 것이 기록되어 있고, H11:84에는 周人이 殷人의 선조인 太甲에게 보우해 줄 것을 기도한 내용이 기록되어 있다. 이것은 周가 확실히 殷의 부속국이지만, 부속국이 종주국의 祖宗에게 제사지냈음을 설명하는 것이며, 이것은 문헌 기록에서 본 적이 없는 것이다"라고 강조하였다.[2] 周原 甲骨이 周人의 소유라는 견해를 가지고 있는 학자로는 또 徐錫臺[3]·陳全方[4] 등이 있다.

3. 周原 甲骨은 대부분 周人의 유물이지만 商人의 유물도 있다. 李學勤은 "鳳雛村 甲骨의 연대는 周 文王에서 시작하여, 아래로 康王·昭王에 미치고

온 西周 전기를 포괄한다"하고,[5] 대다수는 周人의 유물이라고 한 견해에
찬성했다. 그러나 "周原의 甲骨 시대와 그 성질 등의 방면은 상당히 복잡해
서 금후에 전체의 자료를 종합하여 자세하게 판단할 필요가 있다"고 지적하
였다. 중국의 고대 문헌 기록에서 나타났듯이, 제사의 원칙은 "귀신은 자기의
족속이 아니면 흠향하지 않고, 백성은 자기의 족속이 아니면 제사를 지내지
않는다〔神不歆非類, 民不祀非族〕"는 것이며, 이른바 "자기의 족속이 아니면
그 마음은 반드시 다르기 마련인데〔非我族類, 其心必異〕"周王朝가 비록 商王
朝의 제후국이었지만 商王朝의 조상을 제사지낼 필요(혹은 가능)는 없었다.
李學勤은 일부 甲骨이 "확실히 帝辛 시기의 卜辭이며…… 이들 卜辭는 모두
占卜 후에 周原으로 옮아온 것"이라고 주장하였다.[6] 그러나 그는 1986년에
《人文雜誌》제1기에 발표한 〈續論西周甲骨〉에서 "그것들의 卜法은 周人 계
통이며, 또 2편에서 '方伯'이라고 언급하였기 때문에 필자는 그것들을 周의
卜辭로 구분한다"고 주장하였다.

　4. 徐中舒는 비록 周原에서 출토된 甲骨이 周人이 소유했던 것이라고 주
장하였지만, "절대다수는 文王 시기의 유물이며…… 또한 마땅히 成王 시기
의 유물도 그 안에 포함되어 있다"고 주장하였다. 그는 李學勤의 분석에 찬
성하지 않고, "文王은 周原에서 殷 왕실의 종묘를 건립하였는데, 역사 문헌
에도 이 사례가 있다. 《史記·秦本紀》에는 秦나라 昭王 53년(B. C. 253년)에
'韓나라 왕이 입조하였고, 魏나라가 거국적으로 명령을 받들었다〔韓王入朝,
魏擧國聽令〕'고 기록되어 있다. 이때 魏나라는 이미 秦나라의 속국으로 전락
하여 秦나라에 볼모를 위탁하고 '東藩'이라 칭하고 왕궁을 축조하였으며, 의
관 속대를 하사받고 봄·가을로 제사지냈다〔稱東藩, 築帝宮, 受冠帶, 祀春
秋〕'이것이 비록 戰國 時代 종횡가 策士들의 말이기는 하지만(하나는 張儀
가 韓王에게 유세하는 대목에 나오고, 하나는 蘇秦이 魏王에게 유세하는 대목에
나온다), 그들이 직접 귀로 듣고 눈으로 본 사실이다. 《後漢書·匈奴傳》에는
'匈奴는 해마다 三龍祠에서 항상 정월·5월·9월의 武日에 天神에게 제사지
내고 겸해서 漢나라 황제에게 제사지냈다〔匈奴歲有三龍祠, 常以正月·五月·
九月戊日祭天神, 兼祀漢帝〕'고 기록되어 있다. 漢나라 宣帝 때에 凶奴가 투항
하였는데, 당시 三龍祠에서 漢나라 황제를 함께 제사지냈다. 이것은 周 文

王이 周原에서 殷 왕실의 종묘를 건립하고, 여기에서 周의 대신에게 犧牲을 죽이고 맹세를 받은 것과 무슨 차이가 있겠는가?"라고 주장하였다.[7]

周原 鳳雛村의 甲骨 자료가 부분적으로 발표된 이후로 학자들은 그 족속 문제에 대해 논쟁을 전개하였는데, 견해 차이가 비교적 크다. 1982년 5월 周原 鳳雛村의 H11과 H31의 有字 甲骨이 전부 공포된 이후에는 학자들은 그것의 절대다수가 周人의 것이라는 데 대해 기본적으로 일치된 견해를 얻었다. 논쟁의 범위는 나날이 축소되었으며, 점차 商王의 종묘 명칭과 商人의 조상을 제사한 甲骨, 즉 H11:1(1·30), H11:84(7·12), H11:112(47·9), H11:82(40·14) 등에 관심이 집중되었다. 이런 종류의 甲骨 수량은 많지 않지만 商王의 종묘 명칭과 商人의 조상을 제사하는 것에 관련되어 있으므로, 우리가 이것들을 周原에서 출토된 '廟祭' 甲骨이라고 불러도 무방할 것이다.

周原에서 출토된 甲骨 중에는 商人의 것이 있는가? 그 관건은 廟祭 甲骨에 출현하는 商 왕실의 종묘 명칭, 제사를 받은 商王朝의 선왕 명칭과 周方伯 등을 어떻게 인식하느냐에 달려 있다. 바꾸어 말해서 周人이 岐邑에서 商王을 위해 종묘를 세우고, 商人의 조상에게 제사를 지낼 수 있는가 하는 것이다.

高明은 〈略論周原甲骨文的族屬〉(《考古與文物》, 1984년 제5기에 수록)라는 논문에서 "周族이 자기들의 고향인 周原에서 商族 조상의 종묘를 건립하고 商族의 시조인 成湯을 제사지낼 가능성은 없다. 더욱이 商族의 선조 太甲에게 보우해 달라는 기도를 할 수는 없는 것이다"고 주장하고, 또 상술한 족속 문제가 논의되는 卜辭는 "모두 周 文王이 殷에 갇혔을 때 점친 것이며, 周原 卜辭 중에서 일부는 周 文王이 주로 돌아갈 때 殷에서 周原으로 가지고 돌아간 것이다"고 주장하였다. 비록 필자는 周原의 廟祭 甲骨이 周人의 소유물이라는 高明의 견해에 동의하지 않지만, 그가 周原에서 商 왕실의 종묘를 세우고 商人의 선왕에게 제사지냈음을 찬성하지 않는 견해는 필자와 같다.[8]

필자는 周原의 廟祭 甲骨이 商人의 유물이라고 확신한다. 다음에서 고대의 예제, 甲骨 刻辭 자체 및 제사받은 王名 등의 방면에서 설명하겠다.

제1절 商·周 時代의 제사 제도와 異姓에 대한 제사

周原에서 출토된 廟祭 甲骨의 족속을 판명하려면 먼저 중국 商·周 노예제 시대의 제사 제도에 대해 진일보한 고찰을 해야 할 것이다.[9]

《左傳·僖公》10년에는 "晉 惠公이 共太子의 葬禮를 고쳐서 행했다. 이해 가을에, 狐突이 下國(曲沃)으로 가서 太子를 만났다. 太子는 그에게 수레를 몰게 하고 말했다. '夷吾가 무례하여 내가 이미 上帝에게 청했다. 장차 晉나라를 秦나라에게 주면, 秦나라가 나를 제사지낼 것이다.' 狐突이 대답하였다. '제가 듣건대 신령은 다른 족속의 제수를 흠향하지 않고, 백성은 다른 족속의 신령에게 제사지내지 않는다고 합니다'〔晉侯改葬共大子. 秋, 狐突適下國, 遇大子. 大子使登僕而告之曰: '夷吾無禮, 吾得請於帝矣. 將以晉畀秦, 秦將祀余.' 對曰: '臣聞之, 神不歆非類, 民不祀非族'〕"라고 기록되어 있다. 이에 대해 《正義》에서는 "모두 그 자손이 아니면서 남의 조상에게 함부로 제사지내면 귀신이 흠향하지 않는다는 말이다〔皆謂非其子孫, 妄祀他人父祖, 則鬼神不歆享之〕"라고 해설하였다.

《左傳·僖公》30년에는 衛 成公이 꿈속에서 康叔을 보고는 그에게 夏人의 조상이 그에 대한 제사를 빼앗았다고 말했다. 衛 成公이 夏人의 조상에게 제사지내려 하자, 대신 寧武子는 동의하지 않고 "귀신은 자기 족속의 제수가 아니면 그 제사를 흠향하지 않는다〔鬼神非其族類, 不歆其祀〕"라고 말하였다.

《國語·周語》에는 惠王 15년에 丹朱의 神이 莘에 내려와서 "太宰로 하여금 太祝·太師와 함께 狸姓을 이끌고 犧牲·粢盛·玉帛을 받들어 신령께 바치게 하였다〔使太宰以祝史師狸姓, 奉犧牲粢盛玉帛往獻焉〕"라고 기록되어 있는데, 이에 대해 韋昭는 注에서 "狸姓은 丹朱의 후예이다. 신령은 다른 족속의 제수를 흠향하지 않기 때문에 太師를 가게 한 것이다〔狸姓, 丹朱之後也. 神不歆非類, 故師以往也〕"라고 설명하였다.

이상의 사실들은, 중국 고대에 한 족속은 外族(異姓)의 조상에게 제사지낼 수 없다는 것을 설명해 준다. 비록 春秋 時代의 종법 제도가 심각할 정도로 파괴되었다고는 하지만, 사람들은 여전히 고대 제도를 고집하였다. 商·周

時代의 종법 제도는 春秋 時代보다 더 엄격하였다.《說文解字》에는 "'宗'은 '존숭하는 조상'·'祖廟'의 의미이다〔宗, 尊祖廟也〕"라고 해설하였고,《白虎通·宗廟》에는 "'宗'은 '존귀하다'는 의미이다. '廟'는 '모양'이라는 의미이며, 선조의 존귀한 모양을 본떴다〔宗者, 尊也. 廟者, 貌也, 象先祖之尊貌也〕"라고 설명하였다. 종묘 제사는 종법 제도의 중요한 구성 부분이다.《國語·魯語》에는 "商人은 舜에게 큰제사를 올리고 契을 祖로 삼았으며, 冥에게 郊祭를 지내고 湯을 宗으로 삼았다〔商人禘舜而祖契, 郊冥而宗湯〕" "周人은 禘嚳에게 큰제사를 올리고 后稷에게 郊祭를 지내며, 文王을 祖, 武王을 宗으로 삼았다〔周人禘嚳而郊稷, 祖文王而宗武王〕" 등과 같은 기록이 있다. 商과 周는 다른 민족이므로 당연히 각자가 자기의 조상에게만 제사를 지낼 수 있다.

"天子는 덕 있는 사람을 제후로 세우고, 그의 출생지에 따라 姓을 하사하며, 토지를 분봉하고 그에게 氏를 명한다〔天子建德, 因生以賜姓, 胙之土, 而命之氏〕"10) "밝은 덕이 있는 사람을 뽑아 세워서 周의 울타리와 병풍으로 삼는다〔選建明德, 以藩屛周〕"라는 기록이 있다.11) 周의 天子는 자기의 자제를 제후로 봉하고, 각국의 "제후는 卿大夫의 家를 세우고, 卿은 側室을 설치하며, 大夫에게는 貳宗이 있고, 士에게는 隸子弟가 있다〔諸侯立家, 卿置側室, 大夫有貳宗, 士有隸子弟〕."12) 周의 天子는 적장자가 계승하는데, 이것이 '大宗'이며 영원히 천하의 共主이다. 각국의 제후들은 여러 자식들인데, 이것이 '小宗'이다. 그러나 제후는 자기의 나라 내에서 卿大夫에 대해 말하면 '大宗'이된다. 周의 天子는 이렇게 혈연 관계를 통해서 영토를 분할하고 백성을 나누어서 자기의 자제를 밖에다 분봉한다. 또 종법·제사 활동을 통해서 大宗의 '天下共主'로서의 지위와 小宗에 대한 통제를 강화한다. 종법 제도와 분봉 제도는 서로 표리의 관계이다.

종묘 제사는 엄격한 제도를 가지고 있다.《左傳·襄公》12년에는 "同姓의 사람은 宗廟에 가서 곡을 하고, 同宗의 사람은 祖廟에 가서 곡을 하며, 同族의 사람은 禰廟에 가서 곡을 한다. 그래서 魯나라는 姬姓이므로 周 文王의 廟에 가서 곡을 하며, 邢·凡·蔣·茅·胙·祭 등 여섯 나라는 周公의 廟에 가서 곡을 하는 것이다〔同姓於宗廟, 同宗於祖廟, 同族於禰廟. 是故魯爲諸姬臨於周廟, 爲邢·凡·蔣·茅·胙·祭臨於周公之廟〕"라고 기록되어 있다. 이상의

六國 제후가 모두 周公의 자식들이기 때문에 魯나라 최초의 封君인 周公의 廟를 祖廟로 삼는 것이다. 周 天子의 天下 大宗이라는 특수한 지위를 보호·유지하기 위하여 제후는 王廟를 세울 수 없다.《禮記·郊特牲》에는 "제후는 감히 天子의 祖廟에 제사지낼 수 없고, 大夫는 감히 제후의 祖廟에 제사지낼 수 없다〔諸侯不敢祖天子, 大夫不敢祖諸侯〕"라고 기록되어 있는데, 이에 대해 注에서는 "魯나라는 周公으로 인해 文王의 廟를 세웠다〔魯以周公之故, 立文王廟〕" 疏에서는 "正義에서는 '魯나라 文王의 廟를 세울 수 있음을 알았다. 생각건대 襄公 12년 가을에 吳의 子壽夢이 죽어서, 周廟에 가서 곡을 하였는데 이는 禮에 부합한다. 注에서는, 周廟는 文王의 廟를 말한다고 했다' 하였다. 이 經文에서는 '제후는 감히 天子의 祖廟에 제사지낼 수 없다'고 하였는데,《左傳·文公》2년에는 '宋나라는 帝乙을 祖宗으로 삼고, 鄭나라는 厲王을 祖宗으로 삼았다' 하고, 또 '大父는 감히 제후의 祖廟에 제사지낼 수 없다'고 하였는데《左傳·莊公》28년에는 '무릇 읍에 종묘의 先君의 神主가 있는 곳을 '都'라 한다'라고 하여 이 글과 다른데, 앞의 것은 일반 제후와 大父에 의거한 것이고, 뒤의 것은 큰 공훈과 덕이 있는 사람에 의거하였다〔正義曰: '知魯得立文王廟者, 案襄十二年秋, 吳子壽夢卒, 臨於周廟, 禮也. 注云: 周廟謂文王廟也.' 此經云: '諸侯不敢祖天子,' 而文二年《左傳》云: 宋祖帝乙, 鄭祖厲王. '大夫不敢祖諸侯,' 而莊二十八年《左傳》云: 凡邑有宗廟先君之主曰都. 與此文不同者, 此據尋常諸侯大夫, 彼據有大功德者……〕"라고 설명하였다. 周代의 각국 제후들 중, 오직 魯나라만이 文王의 출신지이고, 또 西周 王朝를 세우는 데 큰 공이 있었기 때문에 특별히 허락을 받아 전례를 깨고 나라 안에 周廟, 즉 文王의 廟를 세웠던 것이다. 鄭나라는 厲王의 출신지라서 王廟를 세웠다. 만일 제후에게 공덕이 없고, 또한 周 天子의 특별 허락을 얻지 못하고 王廟를 세웠다면 '非禮'가 되었을 것이다. 여기에서 알 수 있듯이, 周代의 同姓 제후는 누구도 제멋대로 국내에 왕을 위해 廟를 세울 수 없는데, 異姓인 周人이 周原의 岐邑에서 商王을 위해 廟를 세우는 것은 필요치 않을 뿐 아니라 불가능한 일이다. 이는 바로 周原에서 출토된 廟祭 甲骨이 周人이 岐邑에서 商王을 위해 廟를 세우고, 商王을 위해 제사를 거행했을 때 占卜을 한 유물일 가능성을 배제하는 것이다.

《左傳·襄公》12년에는 "무릇 제후의 장례에 異姓의 사람은 성 밖에서 곡을 한다〔凡諸侯之喪, 異姓臨於外〕"라는 기록이 있다. 異姓의 제후는 단지 성 밖에서 그 '나라'를 향해 곡을 할 수 있을 뿐이며, 종묘의 제사에 참여할 자격이 없다. 그뿐 아니라 당시에 빈번했던 회맹 활동까지도 "異姓은 뒤에 자리한다〔異姓爲後〕"[13]는 원칙을 엄격히 지켜야 했다. 종법 혈연 관계가 商·周 노예 사회의 모든 정치 활동을 지배하고 있음을 알 수 있다. "우리 족속이 아니면 그의 마음은 틀림없이 다르다〔非我族類, 其心必異〕."[14] 商王과는 姓이 다른 周 文王 역시 商王朝 도성의 종묘에 들어가서 商의 先王을 제사하는 의식에 참가할 수 없다. 더구나 商과 周라는 양대 민족은 깊은 원한 관계를 맺고 있었으며, 周 文王이 商 紂王 帝辛에게 한 차례 연금을 당한 적도 있었다. 그러므로 周 文王이 商王의 종묘에서 占卜을 했다는 견해도 문헌적 근거를 결핍한 것이다.

앞에서 이미 언급했듯이, 周原에서 출토된 廟祭 甲骨이 周人의 소유라는 것을 논증하기 위해, 일부 학자들은 "周原에서 商王의 종묘를 세웠다〔周原立商王廟〕"는 견해를 주장하였다. 그들은 "文王은 周原에서 殷王의 종묘를 세웠는데, 이전 역사에서도 이 사례가 있다"고 주장하였는데, 이는 학계에 상당한 영향을 주었다. 그들 주장의 주요 근거는 두 가지인데, 이 근거들이 과연 타당한 것인지 한번 고찰해 볼 만하다.

"周原에서 商王의 종묘를 세웠다"는 견해의 주요 근거 중의 하나는《後漢書·南匈奴列傳》의 "匈奴 풍속에 해마다 三龍祠에서 항상 정월·5월·9월의 戊日에 천신에게 제사지낸다. 南單于는 이미 복속하였으며, 겸해서 漢나라 황제에게 제사지냈다〔匈奴俗, 歲有三龍祠, 常以正月·五月·九月戊日祭天神. 南單于旣內附, 兼祀漢帝〕"라는 기록이다. 이 자료는 周나라 사람이 "周原에서 商王의 종묘를 세웠다"는 견해를 설명하기에 충분치 못하다고 생각한다. 우선 여기에는 사회 변동의 발생 후와 사회 변동의 발생 전이라는 차이가 존재하고 있다. 이와 동시에 상층 구조인 종법 제도 및 그 내용도 이에 따라 변화되었을 것이다. 漢 宣帝 때 南匈奴가 "겸해서 漢나라 황제에게 제사지냈다"고 한 것은 商末·周初와 이미 1천여 년의 거리가 있다. 이 기간 동안에 중국 사회에는 일찍이 중대한 변동이 발생하였다. 商·周 이래의 혈연 종법 제도는 春秋 시기의 토지 겸병 전쟁을 거쳤고, 게다가 가족의 번성과 종족 내부 및 종족간의 투쟁을 거치면서 크게 약화되고 파괴되었다. 春秋 시기에 많은 국가에서 "秦나라에는 公族이 없다〔晉無公族〕"[15]와 같은 국면이 출현하였으며, 天子·諸侯·大夫·士의 지위가 변화되었다. 戰國 시기에 접어든 후에 각국은 잇달아 변법을 하여 중국은 봉건 사회로 들어갔다. 이때 국왕과 신하의 관계는 이미 더 이상 大宗과 小宗의 종법·혈연 관계가 아니었으며, 分封制가 이미 郡縣制로 대체되고, 世卿世祿制도 俸祿을 받고 수시로 파면될 수 있는 관리로 대체되었다. 秦이 중국을 통일시킨 전쟁도 宗法制의 잔재를 없애는 데 일조를 했으며, 아울러 秦·漢 시기 이후에는 고도의 중앙집권적 봉건제 관료 기구가 생겨났다. 비록 漢代 초기에도 '同姓'을 왕으로 봉했지만, 商·周 시기 종법·혈연 제도하의 제후와는 이미 함께 논할 수 있는 성질의 것이 아니었다. 그들이 郡縣을 엇섞어 설치하는 사이에, 中央王朝에 大傅·丞相 및 2천 석 이상의 관리를 두었기 때문에 제후왕은 죽을 때까지 국사를 처리할 수 없었다. 漢 武帝의 '推恩令'은 제후의 嫡子가 封地를 받는 기회를 줄게 해서, 郡縣에 의해 관할되는 '列侯'로 만들었다. 종법 제도가 파괴되자 제사 제도 및 그 내용도 이에 따라 변화되었다. 漢 惠帝가 繼位한 후에는 "각국의 제후들에게 高祖의 廟를 세워 해마다 정해진 때에 제사지내도록 명령하였다〔令郡國諸侯各立高祖廟, 以歲時祭〕."[16] '高祖廟'는 순수하게 中央王朝의 상징이 되었으며, 商·周 시기의 "제후는 감히 天子의 祖廟에 제사지낼 수 없고, 大夫는 감히 제후의 祖廟에 제사지낼 수 없다〔諸侯不敢祖天子, 大夫不敢祖諸侯〕"고 한 예제와는 성격이 달랐다.[17]

이밖에 南匈奴가 '복속'한 이후와 '복속'하기 이전도 다르다. 주지하는 바와 같이, 南匈奴가 "겸해서 漢나라 황제에게 제사지낸〔兼祀漢帝〕" 까닭은 匈奴의 통치 계급이 單于의 보좌를 쟁탈하기 위해 내부 모순을 일으켜서 남북의 單于로 분열되었기 때문이다. 南單于 比는 漢나라 中央王朝의 지지를 얻고 나서야 비로소 "원컨대 영원히 울타리가 되어 北虜를 막겠다〔願永爲蕃蔽, 捍御北虜〕"는 의사를 표시하였다. 그는 동한 建武 24년(B. C. 48년)에 漢나라 황제의 승인을 얻어 呼韓邪單于로 자립하였다. 그리고 南單于는 '복속'하기 이전에도, 《漢書·匈奴傳》에 보면 매해 5월에 匈奴가 "龍城에 대규모로 모여

조상·천지·귀신에게 제사지내는[大會龍城, 祭其先·天地·鬼神]" 습속이
있다고 기록되어 있지만, 절대로 漢나라 선제를 제사한 것은 아니다. 西漢의
전시기에 걸쳐, 匈奴는 항상 漢王朝의 변경을 침범했으며, 때때로 대규모적
인 전쟁을 일으키는 등 근본적으로 西漢 中央王朝 정권을 인정하지 않았다.
"周原에서 商王의 종묘를 세웠다"는 견해를 주장하는 학자가 근거로 삼고
있는 《後漢書·南匈奴傳》이라는 이 자료는, 단지 종법 제도에서 이미 더 이
상 존재하지 않는 봉건 사회의 지방 정권의 중앙 정권에 대한 승인을 설명
해 줄 뿐이며, 종법·혈연 관계에 따라 자기의 통치를 강화시킨 周人이 周
原의 岐邑에서 이민족 통치자인 商王을 위해서 종묘를 세우고, 商王에게
제사지낸 것을 증명할 수는 없다.

"周原에서 商王의 종묘를 세웠다"는 견해의 또 다른 주요 근거는 《戰國
策·魏策一》에 기록된 두 가지 사건이다. 하나는 蘇秦이 趙의 '合縱'을 위해
魏王에게 秦과 연합하지 말라고 설복한 것이다. 즉 "게다가 魏나라는 천하
의 강국이고, 大王은 천하의 현군입니다. 그런데 지금은 서면을 하고 秦나
라를 섬겨서 東藩이라 칭하고, 왕궁을 축조하며, 의관 속대를 하사받고, 봄·
가을로 제사지내려고 하시니, 저는 大王을 위해 진심으로 이를 부끄럽게 생
각합니다[夫魏, 天下之强國也. 大王, 天下之賢主也. 今乃有意西面而事秦, 稱東
藩, 築帝宮, 受冠帶, 祀春秋, 臣竊爲大王愧之]." 또 하나는 張儀가 秦의 '連橫'
을 위해 魏王에게 秦과 연합하라고 설복한 것인데, 魏王은 "東藩이라 칭하
고, 왕궁을 축조하며, 의관 속대를 하사받고, 봄·가을로 제사지낼[稱東藩, 築
帝宮, 受冠帶, 祀春秋]" 것을 나타내었다. 繆文遠은 《戰國策考辨》(中華書局, 1984
년 7월 출판) 213쪽에서 "〈蘇秦傳〉에 의하면, 魏를 설복해서 秦이 魏 雕陰을
점령하게 한 해는 顯王 36년이다"고 고증하였다. 《戰國策·魏策一》에 기록
된 바의, 蘇秦이 趙의 '合縱'을 위해 魏王을 설복했다는 것은 당시의 정세에
결코 부합하지 않는다. 첫째, 顯王 36년에는 秦이 아직 왕이라고 칭하지 않
았는데, 어째서 魏가 이때에 "東藩이라고 칭하고 왕궁을 축조하였는가[稱東
藩, 築帝宮]?" 둘째, 한 해 전에 魏와 齊가 徐州에 모여서 왕을 도와 두 나라
가 공평하게 霸業을 나누었는데, 이때 어째서 "서면을 하고 秦을 섬길 생각
을 하였겠는가[有意西面事秦]?" 또 같은 책 213쪽과 214쪽에서는 이렇게 고

증하고 있다. 즉 張儀가 魏王에게 유세를 한 것은 마땅히 秦이 韓의 장수 申差를 패퇴시킨 해인 愼靚 4년(B. C. 317년)이다. 《戰國策·魏策一》에 기록된 이 일은 전부가 史實에 위배되는데, 그 중 주요한 것을 말하면 대략 네 가지가 있다……. 魏王이 "東藩이라 칭하고 왕궁의 축조를 요청했다〔請稱東藩, 築帝宮〕." 秦이 稱帝한 일은 赧王 27년(B. C. 288년)이며, 그후인 赧王 29년은 張儀가 죽은 지 이미 22년이나 되어(《史記·六國表》에 의함), 이 장에서 말하는 연대와 차이가 매우 크다. 이 때문에 《戰國策·魏策一》에서 "東藩이라 칭했다〔稱東藩〕" "봄·가을로 제사지냈다〔祀春秋〕"라고 운운한 것은 증거로 삼기에 충분치 못한 것이며, 따라서 당연히 周人이 周原에서 商王을 위해 종묘를 세우고 商王의 조상에게 제사하는 의식을 거행했다는 주장을 보충·증거하는 데 사용될 수 없다.

《左傳·僖公》 21년에는 "明祀(太皞와 有濟의 제사)를 존중하고 약소국을 보호하는 것이 周의 예의이다〔崇明祀, 保小寡, 周禮也〕"라고 기록되어 있다. 만일 周人이 異姓을 위해 종묘를 세웠다면 '先聖王'들을 분봉한 후에야 실현되었을 것이다. 예를 들면 神農의 후예는 焦 땅에 봉해지고, 黃帝의 후예는 祝 땅에, 帝堯의 후예는 薊 땅에, 帝舜의 후예는 陳 땅에, 大禹의 후예는 杞 땅에 각각 봉해졌다. 商나라가 멸망한 후에는 일찍이 "紂王의 아들 武庚 祿父를 봉해 殷王朝의 제사를 잇게 하였다〔封紂子武庚祿父, 以續殷祀〕." 武庚이 반란을 일으켜 誅伐된 후에는 다시 "微子開가 殷王朝의 뒤를 계승하게 하고, 宋나라 땅에 나라를 세우게 하였다〔以微子開代殷後, 國于宋〕."[18] 이러한 예제는 春秋 時代 후기까지 줄곧 이어졌는데, 예를 들면 《左傳·僖公》 21년에는 "任·宿·須句·顓頊은 모두 風姓으로서 太皞와 有濟의 제사를 주관하였다〔任·宿·須句·顓頊, 風姓也, 實司太皞有濟之祀〕"라고 기록하고 있다. 邾 사람들이 須句를 멸망시키자, 成風은 魯 僖公에게 須句의 아들을 도와 나라를 회복시켜 달라고 청하면서 "만약 須句를 책봉한다면, 이는 太皞와 有濟를 존중하고, 아울러 이전의 제사를 세워 재앙을 완화시키는 것이다〔若封須句, 是崇皞濟而修祀紓禍也〕"라고 말했다. 이것은 일부 학자들이 말하고 있는, 周人이 周原에서 商王을 위해 종묘를 세우고 商의 先王에게 제사를 지냈다는 주장과 성질이 완전히 다르다.

위에서의 고대 예제와 종법 제도에 대한 분석에 의거하면, 周人이 周原에서 商王을 위해 종묘를 세우고 商의 先王에게 제사를 지낼 수는 없을 뿐 아니라, 周 文王도 殷의 도성에 있는 商王 종묘에 들어가 商王에 대한 제사의식과 占卜에 참여할 수가 없음을 알 수 있다. 그래서 周原에서 출토된 廟祭 甲骨은 마땅히 商族에 속한 것이지 周人의 유물이 아니라고 필자는 생각한다.

제2절 周原에서 출토된 廟祭 甲骨의 해석 및 그 족속(上)

周原에서 출토된 廟祭 甲骨 H11:82(40, 圖14)·H11:84(7, 圖12)·H11:112(47, 圖9) H11:1(1, 圖13) 등의 刻辭(그림 117)는 일찍이 여러 학자에 의해서 고증되었다. 학자들 사이에는 그 문자뿐 아니라 족속에 대해서도 관점이 크게 다르다.[19] 아래에서 필자의 의견을 이야기해 보도록 하겠다.

첫번째 甲骨片 (H11:82·40, 圖14)

□□〔彝〕文武……王其加禘……天□燎, 曾周方伯……囟正亡左……王受又又.
□□日에 文武〔정의 종묘에서〕 왕이 하늘에 邵祭와 禘祭를 지내고……周의 方伯을 정벌하는데……이 일이 아주 잘 끝나며……왕이 보우를 받을 수 있겠습니까?

이 刻辭에서 '文武'의 앞뒤에는 모두 결함이 있다. 그러나 "彝文武丁必"〔文武丁의 종묘에 거처하다〕(H11:112·47, 圖9) 및 "癸巳彝文武帝乙宗"〔癸巳日에 文武 帝乙의 종묘에 거처하다〕(H11:1·1, 圖13) 등의 辭例에 따르면 '文武' 앞에는 당연히 '干支'와 '彝'라는 3자가 빠졌고, '文武' 뒤에는 '必'字 혹은 '帝乙宗'이라는 3자가 결여되었을 가능성이 있다. '必'은 '秘'로도 쓰며, 甲骨文에서 '必' 혹은 '秘'는 신에게 제사지내는 집을 의미한다.[20] '文武'는 연구된 바에 의하면, 殷墟 卜辭에서 文丁에 대해서는 文武丁이라고 칭하고, 또는 단순히 文武·文이라고 칭하며, 文武帝로도 칭하는 등 모두 4개의 이름이 있다.[21] 필자는 이 '文武'가 文丁이며, '文武〔必〕'는 文丁의 종묘라고 생각한다. (결여된 곳이 어째서 '文武〔帝乙宗〕'가 아닌가 하는 이유에 대해서는 뒤의 제4절에서 설명하기로 하겠다.) '祁'는 '邵'이며, '邵'와 '禘'는 모두 제사의 명칭이다. '爽册'에서 '爽'은 "典의 古字이며, 簡册을 말하는 것이다.[22] '典'은 '爽'과 통용되고, '爽'은 또한 '册'字와 통용되는데(刻字를 줄이기 위해서 이하 '典'字로 대체했다), 예를 들면 殷墟 甲骨文에는 이러한 기록들이 있다.

乙卯卜, 爭, 貞沚㦰稱册, 王從伐土方, 受有佑. (《續》3·10·2, 《簠徵》36)
乙卯日에 점을 쳤다. 貞人 爭이 점쳐 물었다. 沚〔방국 이름〕의 㦰〔首領 이름〕가 册命을 고하고 天命을 받고 왕이 따라가서 土方을 정벌하는 데 보우를 받을 수 있겠습니까?
壬申卜, 殼, 貞□□禍, 稱典乎從……. (《前》7·6·1)
壬申日에 점을 쳤다. 貞人 殼이 점쳐 물었다. 〔다음 순에〕 재앙이 없겠습니까? 따르라고 명령하고…….
□申卜, □貞侯□稱典……. (《京》1380)
□申日에 점을 쳤다. 貞人 □이 점쳐 물었다. 侯□〔人名〕가 册命을 고하고 天命을 받고…….

殷墟 甲骨文에는 '稱册'이라는 말이 자주 등장하는데, 이것에 대해서는 島邦男의 《殷墟卜辭綜類》422쪽과 454쪽에서 열거한 것이 매우 상세하므로 여기서는 생략하기로 한다. 이른바 '稱册'이라는 말은 정벌과 관계가 있다. 于省吾는 《雙劍誃殷契駢枝》속편 '釋稱册'에서 "稱은 '진술하다〔述說〕'는 의미이다. '册'은 '册策'이다"라고 고증하였다. 즉 방국을 정벌할 때는 반드시 먼저 册命을 고해야 한다. 殷墟 甲骨文에는 "稱册, 㬪某方"〔册命을 고하고 天命을 받아 어느 방국을 정벌한다〕이라고 한 예가 많이 있다. 예를 들면

……〔沚〕㦰稱册. 㬪工〔方〕……敦卒, 王從受有佑. (《前》7·25·1)

戩(방국 이름)의 龋(首領 이름)가 工〔方〕을 정벌하고, ……卒(지명)을 정벌하는데, 왕이 따라가는 데 보우를 받을 수 있겠습니까?

□戌〔卜〕, 殼, 貞〔沚〕戩稱册, 龋土〔方〕 ……王從……. (《粹》 1098)

□戌日에 〔점을 쳤다.〕貞人 □가 점쳐 물었다. 戩(방국 이름)의 龋(首領 이름)가 册命을 고하고 天命을 받들어 土〔方〕을 정벌하는데, ……왕이 따라가는 데…….

이곳의 '龋'字에 대해서, 胡厚宣은 "그 의미는 실제로 '伐'과 같다. '龋方'이라고 말한 것은 이 刻辭의 '龋工' 이외에도 '龋土方'을 말하는 것이니, 대개 工方을 정벌하고〔伐工〕, 土方을 정벌한다〔伐土方〕는 말이다"라고 하였다.[23] 于省吾는 "정벌하는데 '龋某方'이라 말하고, 人牲과 物牲으로 제사지내는데 '龋'이라고 말한 것은 결코 '龋告〔고하다〕'의 의미가 아니다…….'龋'은 聲符가 '册'이며, 고대에는 '册'을 '删'으로 읽었는데, '刊'과 음이 유사하여 글자가 통용되며 俗字로 '砍'을 쓴다"고 하였다.[24] 그래서 H 11:82(40, 圖14)의 刻辭 "天□典, 龋周方伯"은 위에서 인용한 殷墟 卜辭 文例와 완전히 동일하며, 기록한 내용은 册命을 고하고 天命을 받아 周 方伯을 정벌한 일이다.

전각사를 통독하면 다음의 사실을 알 수 있다. 刻辭 중의 '王'은 祭典을 주관하는 사람이며 주체이다. 그리고 周 方伯은 정벌되는 대상이다. 분명한 사실은 왕과 周 方伯이 동일한 인물이 아니라는 것이다. 정벌되는 대상인 周 方伯은 결코 商王의 종묘에 몸을 둘 수 없으며, 아울러 商王과 직접 맞대고 공공연히 여유 있게 자기가 장차 商王에게 정벌당하는 일을 占卜할 수 없다. 왜냐하면 占卜과 문자를 契刻하는 일은 복잡한 절차가 있으며, 잠깐 동안의 작업으로 완성할 수 있는 것이 아니기 때문이다.

두번째 甲骨片(H11:84·7, 圖12)

貞王其求又大甲, 龋周方伯, 蠱, 囟正不左, 于受又又.

점쳐 물었다. 왕이 大甲에게 求祭와 侑祭를 지내고, 周의 方伯을 정벌하는

데 盡라는 제수를 사용합니다. 이는 일이 아주 잘 끝나며, 보우를 받을 수 있겠습니까?

이 甲骨片의 '盡'字는 글자의 자취를 똑똑하게 모사하지 않았기 때문에 학자들간에 해석이 일치하지 않는다. 어떤 학자는 '粮食類'의 제물이라고 주장하고, 또 어떤 학자는 周 方伯의 이름이라고 주장하기도 하는데, 이 고석들은 王宇信의 《西周甲骨探論》제2편에 상세하게 수록되어 있다. 高明은 "이 글자는 상하의 두 부분으로 나누어져 있다"고 주장하고 '勢'字로 고증하였다. 이것이 商王朝의 안전을 위협하는 勢力 혹은 形勢라고 해석하였다. 高明은 "생략된 貞人은 마땅히 周 文王인데, 그는 殷에 갇혀 있을 때 殷의 紂王이 大甲에게 기도해서 자기를 저주한다는 것을 알고는 占卜을 통해 紂王의 이러한 행동이 西方과 자기에게 해가 되는지, 또 보우를 받을 수 있을지를 물었다"고 주장하였다.[25]

이 卜辭에는 貞人이 갖추어져 있지 않은데, 이러한 辭例는 殷墟 甲骨 중에 자주 등장하는 것이다. 이 이름이 기록되지 않은 점쟁이는 왕을 위해 두 가지 일을 점쳤는데, 하나는 大甲에게 보우해 달라고 기도한 것이고, 또 하나는 周 方伯을 토벌하는 것이다. '쌈'字의 해석에 관해서는 앞에서 이미 언급하였으므로 여기서 중복 서술하지 않겠다. 그리고 왕이 大甲에게 보우를 청하는 제사를 거행한 목적은 바로 先王인 大甲으로 하여금 왕 자신이 周 方伯을 토벌하는 전쟁에서 승리하도록 보우해 달라는 것인데, 즉 "凶正不左, 于受又又"〔이 일이 잘 끝나며 보우를 받을 수 있겠습니까?〕이다. 여기에서 이 이름이 기록되어 있지 않은 貞人은 점을 칠 때 완전히 '王'의 입장에 서 있는데, 즉 왕이 大甲에게 보우를 청하는 제사를 거행한 후에, 周 方伯을 정벌하여 '보우를 받기를〔受又又〕' 바랐음이 매우 분명하다. 殷나라의 先王인 大甲에게 제사를 지내고 周 方伯을 정벌할 수 있는 이 왕은 오직 商王만이 할 수 있는 것이다. 그리고 그 이름이 생략된 貞人 역시 절대로 周 文王 자신이 될 수는 없다. 왜냐하면 정벌당하는 周 文王은 商王이 자기에 대해 정벌할 때 좋은 결과를 얻을 것을 바라거나 물을 수 없기 때문이다. 이밖에 '王'은 이 刻辭 중에서 주체인데, 그는 '求'와 '侑'라는 祭典과 周 方伯을 정벌하는 일을 주관할 수 있다. 그런데 周 方伯은 객체로서 商王의 정벌 대상이다. 왕은 周 方伯과 다른데, 이것도 그들이 동일인일 가능성을 배제해 준다.

高明은 논문 속에서 殷墟 卜辭의 "貞王叀望乘從伐巴方, 帝受我又"〔점쳐 물었다. 왕이 望乘을 거느리고 巴方을 정벌하는데, 上帝께서 나를 보우할 수 있겠습니까?〕(《乙》3787)라는 文型이 이 刻辭와 같다고 주장하였는데, 이 점은 필자가 찬동할 수 없다. 설령 文型이 기본적으로 같다고 하더라도 결코 H11:84(7, 圖12)의 刻辭에서 생략된 貞人이 바로 周 文王이어야 한다는 것을 증명할 수는 없는 것이다. 필자의 《殷墟文字乙編》 3787 刻辭에 대한 이해는 이러하다. 즉 刻辭 중에는 貞人이 생략되었고, 문장 속의 '王'은 刻辭 중의 主體이어야 하며, 그가 望乘〔將軍名〕을 '從'한, 즉 望乘을 '거느린'[26] 목적은 '巴方을 정벌하는' 것이다. 그의 卜問은 上帝가 '나〔我〕'를 보살펴 주기를 바라는 것이다. 이 '나'가 바로 商王朝의 입장에서 왕을 대신하여 占卜을 행한 貞人이며, 巴方을 정벌하는 전쟁에서 上帝가 나〔王〕 혹은 우리〔商王朝〕를 보호해 주기를 바라고 있다. 그러나 《殷墟文字乙編》 3787의 刻辭에서 생략된 貞人이 巴方의 입장에서, 그가 商王이 望乘을 거느리고 巴方을 정벌하려 한다는 소식을 들었을 때, 占卜을 행해서 上帝가 '나〔巴方〕'를 보호해 주기를 바랄 수는 없다. 그래서 이 유형의 문장 역시 생략된 貞人이 商王朝의 입장에서 당시의 왕을 대신해서 卜文한 것을 설명해 줄 수 있을 뿐이며, H11:84의 刻辭 중에서 생략된 貞人이 商王朝와 적대 관계의 입장에 서 있으며 곧 정벌될 周 方伯임을 보충·증거할 수는 없는 것이다.

刻辭 중의 '囟'는 바로 '斯'로서, 여기서는 지시대명사 용법으로 사용되었다. 이 글자는 전각사 중에서 "王求又大甲"〔왕이 大甲에게 求祭와 侑祭를 지낸다〕 및 "咠周方伯"〔周의 方伯을 정벌한다〕 등 두 가지 의미의 완성을 표시한 후에 곧 "不左, 于受又又"〔이 일이 잘 끝나며, 보우를 받을 수 있다〕는 결과를 얻을 수 있다. (本章의 제3절에서는 문법적으로 이를 분석하였다.) 이 때문에도 H11:84 刻辭의 해석을, 殷王이 大甲의 보우를 바라고 周 方伯을 저주하는 세력으로 殷王의 안전을 위협하는 조건 또는 원인하에서, 반대로 "西方이 보우를 받을 수 있다"는 결과라고 해석할 수는 없다. 만약 이렇다면 논리적으로도 해석이 통하지 않는다.

세번째 甲骨片(H11：112 · 47, 圖9)

[illegible]文武丁必, 貞王翌日乙酉其求稱▆……文武丁豊……氾卯……左, 王□□□.
文武丁의 종묘에서 점쳐 물었다. 왕이 미래의 乙酉日에 求祭를 지내고, 기
를 세우는 의식을 하려는데, ……文武丁에게 醴祭를 지내고 ……氾祭와 卯
祭를 지내고, ……좋지 않게, 왕이…….

‘文武丁’은 바로 商王 文丁이다. “䠶文武丁必”은 商王 文丁의 종묘에 거처
하다라는 뜻이다. ‘▆’은 ‘中’字이다. 唐蘭은 ‘中’字에 대해 “그런즉 ‘中’은
본래 旗〔旂旗〕의 일종이다……. ‘中’에는 九斿·六斿·四斿 등 여러 가지가
있지만 마땅히 四斿가 가장 오래된 것이다……. 대체로 옛날에는 중대한 일
이 있을 때 넓은 공터에 사람들을 모아 놓고 먼저 ‘中’을 세웠다. 군중은
‘中’을 보고 달려오는데, 군중이 사방에서 오니 ‘中’을 세운 곳은 중앙이 된
다. 사람들을 배치하여 진을 만드는데, ‘中’을 세운 추장 혹은 귀족은 항상
중앙에 거처하며, 군중은 왼쪽에 있으나 오른쪽에 있으나 중앙이 있는 곳을
보면 곧 중앙임을 알게 된다. 그런즉 ‘中’은 본래 旗幟이고, 그것이 세워진
곳은 항상 중앙이기 때문에 마침내 ‘중앙’이라는 의미로 引伸되었으며, 이로
인해 일체의 중심이란 의미로 引伸되었다. 후세 사람들은 습관적으로 ‘중앙’
등 引伸된 의미로 사용하기 때문에 ‘中’의 본의는 잘 모르게 되었다. 旗의 명
칭은 ‘常’을 빌려서 일컬었다”고 말하였다.[27]

旗에는 여러 등급과 名目이 있다. 《周禮·春官·司常》에는 “王은 大常을
꽂고, 제후는 旂를 꽂고, 孤卿은 旜을 꽂고, 大夫와 士는 物을 꽂고, 師都는
旗를 꽂고, 州里는 旟를 꽂고, 縣鄙는 旐를 꽂고, 遂車에는 旞를 꽂고, 斿車에
는 旌을 꽂는다〔王建大常, 諸侯建旂, 孤卿建旜, 大夫士建物, 師都建旗, 州里建
旟, 縣鄙建旐, 遂車載旞, 斿車載旌〕”라고 기록되어 있다. 원료 및 그려진 표시
의 차이에 따라서도 각기 고유 명칭이 있다. 즉 “해와 달을 그린 것은 ‘常’이
고, 交龍을 그린 것은 ‘旂’이고, 적홍색으로 채색되지 않은 것은 ‘旜’이고, 백
색 비단으로 테두리를 장식한 것은 ‘物’이고, 곰과 호랑이를 그린 것은 ‘旗’
이고, 새와 매를 그린 것은 ‘旟’이고, 거북과 뱀을 그린 것은 ‘旐’이고, 완전

한 오색 깃털로 장식된 것은 '旞'이고, 다른 색의 깃털로 장식한 것은 '旌'이다〔日月爲常, 交龍爲旂, 通帛爲旜, 雜帛爲物, 熊虎爲旗, 鳥隼爲, 龜蛇爲旐, 全羽爲旞, 析羽爲旌〕." 甲骨片 H11：112(47, 圖9)의 '稱 '은 바로 金文의 衛盉銘에 나오는 '稱旂'이다. 이에 대해 唐蘭은 "'擧旗'이며, '建旗〔旗를 세우다〕'의 의미와 가깝다"고 하였다.[28] 수레와 旗는 商·周 시기에 노예주 귀족의 등급과 신분을 나타내는 중요한 표지이다. 《周禮·春官·司常》에는 "司常은 九旗의 사물 명칭을 주관하는데, 각기 소속이 있어 국가의 일을 기다린다……. 국가의 大閱〔軍事 검열〕이 있을 때 司馬를 도와 깃발을 나누어 주는데, 왕은 大常을 꽂고, 제후는 旂를 꽂고……〔司常掌九旗之物名, 各有屬, 以待國事…… 及國之大閱, 贊司馬頒旗物, 王建大常, 諸侯建旂……〕"라는 기록이 있다. 왕이 꽂는 旗를 '大常'이라 하고, 제후가 꽂는 旗를 '旂'라 하며, 왕 이하의 각급 노예주는 각기 그들의 旗를 꽂는다.

언제 '建旗'를 할 수 있는가?《周禮·夏官·司馬》에는 "음력 8월에는 治兵〔출병 연습〕을 가르치는데 振旅〔퇴각 연습〕와 마찬가지로 포진하며 旗의 용도를 변별한다. 왕은 大常을 세우고, 제후는 旂를 세우고……〔中秋, 敎治兵, 如振旅之陣, 辨旗物之用, 王載大常, 諸侯載旂……〕" 및 "음력 11월에는 백성에게 大閱〔군사 검열〕을 가르친다〔中冬, 敎大閱〕"라고 기록하고 있으며, 注에서는 "봄에는 북과 방울의 용도를 변별하고, 여름에는 名號를 변별하며, 가을에는 旗物〔物象이 그려진 깃발〕을 변별하고, 겨울이 되면 大閱〔군사 검열〕을 하며 군대를 검열한다. 무릇 나누어 준 旗物은, 출병의 旗를 사용하는 것은 가을과 같고, 尊卑의 常〔九旗의 하나〕을 사용하는 것은 겨울과 같으며, 司常과 左司馬의 때이다〔春辨鼓鐸, 夏辨名號, 秋辨旗物, 至冬大閱, 簡軍實. 凡頒旗物, 以出軍之旗則如秋, 以尊卑之常則如冬, 司常左司馬時也〕"라고 설명하였다. 이른바 '大閱'에 대해서, 《春秋穀梁傳·桓公》6년에는 "大閱이란 무슨 뜻인가? 무기와 전차를 검열하는 것이다. 정치와 교화를 완벽하게 해서 백성들이 밝게 깨닫게 하는 것이 국가의 바른 도리이다. 국가가 평안한데도 군비를 확충하는 것은 정도가 아니다〔大閱者何? 閱兵車也. 修敎明諭, 國道也. 平而修戎事, 非正也〕"라고 하였으며, 이에 대해 《集解》에서는 "禮制에는 四時에 따라 수렵을 해서 전쟁일을 익히는데, 이는 살았을 때 죽음을 잊지 않고 편안

할 때 위험을 잊지 않는다는 이치이다. '平'이란 철따라 수렵을 하지 않고 일이 없는데도 연습한다는 말이다〔禮因四時田獵以習用戎事, 存不忘亡, 安不忘危之道. 平謂不因田獵, 無事而修之〕라고 설명하였다. 노예주 통치 계급이 사시사철 수렵을 하는 중요한 목적 중의 하나는 군대를 훈련하기 위함이다. 음력 8월에는 治兵을 가르치는데, 出兵을 연습하기 위해 旗를 분배해서 세워야 한다. 음력 11월에는 大閱을 가르치는데, 음력 8월과 마찬가지로 분배된 기는 出兵 제도와 같게 한다. 즉 旗를 세우는 것은 주로 군사 행동과 밀접한 관계가 있음을 알 수 있다. 《周禮·春官·司常》에 기록된 "무릇 군사 행동에는 旌旗를 세운다. 백성을 소집할 때에는 시간이 되면 旗를 거꾸로 놓으며, 늦게 오는 사람은 처벌된다〔凡軍事, 建旌旗. 及致民, 置旗, 弊之〕"는 말도 이 점을 설명해 주고 있다.

이밖에 왕과 각급 노예주 귀족 계급은 각종 수요에 따라 특수 제작한 수레에도 旗를 세워야 한다. 하나는 제사를 지낼 때인데, 《周禮·春官·司常》에는 "무릇 제사에는 각기 자기의 旗를 세워야 한다〔凡祭祀, 各建其旗〕"라 하였고, 이에 대해 注에서는 "王이 제사지낼 때 타는 수레를 '玉路'라고 한다〔王祭祀之車則玉路〕" 하였고, 疏에서는 "오직 왕에 의거해서 말하면 玉路를 타고 大常을 세운다고 말한다. 經典에 '각기 자기의 旗를 세워야 한다'고 하였으니, 제후 이하의 수레에는 각기 자기의 旗를 세워야 한다〔偏據王而言, 云乘玉路則建大常. 經云 '各建其旗,' 則諸侯以下所得路各有旗〕"라고 설명하였다. 또 하나는 왕이 제후와 會同하거나 巡守를 할 때에도 각기 자기의 旗를 세워야 한다. 즉 "會同과 賓客의 접대에도 이와 마찬가지이다. 왕의 행차시 임시 거처에는 旌旗를 정문에 설치한다〔會同賓客, 亦如之, 置旌門〕" 하였고, 이에 대해 注에서는 "賓客이 왕을 알현할 때 왕은 金路를 탄다. 巡守를 하고 兵車를 시찰할 때 왕은 戎路를 타며 모두 大常을 세운다〔賓客朝覲宗遇, 王乘金路. 巡守兵車之會, 王乘戎路, 皆建大常〕" 하였으며, 疏에서는 "〈齊僕〉에서는 '金路를 몰아 賓客을 접대하는 것을 관장한다'고 하였으며, 또한 '齊右'('齊僕'과 '齊右'는 모두 《周禮·夏官·司馬》에 수록되어 있다)에서도 '會同하고 賓客을 접대할 때 齊車를 탄다'고 하였다. '齊車'도 金路이다. '王을 알현한다〔朝覲宗遇〕'는 것은 會同을 말한다…… 巡守를 하고 兵車를 시찰할 때 왕이 戎路를 탄다는 것을 알 수 있는 것은 그것이 모두 군사 행동이기 때문인데, 그래서 역시 모두 戎路를 탄다는 것을 알 수 있다. 모두 大常을 세운다는 것임을 알 수 있는 것은 이것이 大閱의 禮이기 때문이다. 왕이 大常을 세우니, 巡守를 하고 兵車를 시찰할 때 모두 大常을 세운다는 것을 알 수 있다〔'齊僕' 云: '掌馭金路以賓.' 又 '齊右' 亦云: '會同賓客前齊車.' 齊車亦金路. 朝覲宗遇卽會同……知巡守兵車之會王乘戎路者, 以其同是軍事, 故知亦皆乘戎路也. 知皆建其大常者, 此大閱禮. 王建大常, 卽知巡守兵車之會皆建大常也……〕라고 설명하였다. 그래서 H11 : 112(47, 圖9)의 "貞王翌日乙酉其求稱 ▤"〔점쳐 물었다. 왕이 미래의 乙酉日에 求祭를 지내고 旗를 세우는 의식을 하려고 한다〕은 왕이 '大常'이라는 旗를 세우는 의식을 기록한 것이다. 그 이유는, 占卜을 하는 貞人은(비록 이름이 기록되어 있지는 않지만) 商王 文丁의 종묘에 거처할 수 있기 때문에 그는 商王朝의 입장에서 왕을 대신해서 卜問을 하는 점쟁이일 수밖에 없으며, 그래서 刻辭 중의 왕도 반드시 商王이며 周 文王일 수 없기 때문이다. 이 商王이 帝乙인가, 아니면 帝辛인가 하는 문제에 대해서는 本章 제4절에서 고증하기로 한다.

이런 질문을 할 수가 있다. 즉 《周禮》라는 책은 비교적 늦게 완성되었으며, 엄격하게 旗를 분배하는 이런 제도는 비교적 뒤늦은 시기의 일일 텐데, 西周 초기나 商代 말기에 이럴 수 있겠는가? 필자는 가능하다고 생각한다. 《史記·周本紀》에는 商王朝가 멸망된 후에 "武王은 큰 白旗를 들고서 제후들을 지휘하였고〔武王持大白旗以麾諸侯〕" "황색의 큰 도끼로 紂의 머리를 잘라 큰 白旗에 달았으며〔以黃鉞斬紂頭, 懸大白之旗〕" 紂의 두 嬖妾을 "검은색의 큰 도끼로 자르고 그들의 머리를 작은 白旗에 달았다〔斬以玄鉞, 懸其頭小白之旗〕"고 기록하고 있다. 이 일은 바로 《周禮·春官·巾車》의 "큰 白旗를 세워서 군사 행동에 사용하고, 사방을 수호하는 제후들에게 봉해 준다〔建大白, 以卽戎, 以封四衛〕"고 하는 제도와 서로 부합한다. 注에서는 "'卽戎'은 바로 전차를 말한다. '四衛'는 四方의 제후가 지키는 것인데, 그들은 오랑캐를 복속시킨다〔卽戎, 卽謂兵車. 四衛, 四方諸侯守衛者, 蠻服以內〕"라고 설명하였다. 그러나 武王이 큰 白旗를 세운 것은 《周禮·夏官·司馬》에 기록된 음력 8월에 治兵을 가르치고, 음력 11월에 大閱을 가르칠 때 왕이 大常이라는 旗

를 세우는 것과 서로 모순되는 것 같다. 그래서 《周禮·春官·巾車》의 疏에서는 "殷의 正色은 군사를 모으기도 하고 군사에게 노역을 시키기도 한다. 친히 장수로 출전하지 않기 때문에 先王의 正色을 세우는 것이 친히 장수로 출전할 때와 다르다〔殷之正色者, 或會師或勞師. 不親將, 故建先王之正色異于親自將〕"라고 해석하였다. 혹은 《史記·周本紀》에서 武王이 큰 白旗를 사용하고 大常을 사용하지 않은 것은 "당시에는 아직 周禮가 있기 전이었기 때문에 武王이 비록 친히 장수로 출전했지만 오히려 큰 白旗를 사용한 것이다〔時未有周禮, 故武王雖親將, 猶用大白也〕"라고 해석하였다. 사실은 殷代 말기의 帝乙·帝辛은 周 文王과 기본적으로 동시기이며, 후세의 旗 제도는 일찍이 商王朝 때부터 濫觴이 있었다. 비록 문헌에는 이에 관한 기록이 상세하지 않지만 甲骨文 중의 'ᛃ'字와 '事'字는 商代에 出兵해서 戰爭을 하려면 旗를 사용해야 한다는 사실을 이미 우리에게 암시해 주고 있다. 어떤 사람은 甲骨文 '事'字의 본의를 고증하여, "'事'字는 '中'(旗)에 술이 달려 있는 형상이며, 바로 卜辭의 '中'字와 구조가 같다……. '事'字와 '中'字는 모두 '사람들을 모으다'는 의미이지만 차이가 있다. '中'은 旗를 세워 사람들을 모으는 것이며, 旗는 정지되어 있다. '事'는 손으로 旌旗를 든 것인데, 旗가 이동하고 있음을 상징한다. 戰爭을 할 때는 旌旗를 사용해서 군대의 진퇴를 지휘해야 하는데, 땅에 꽂아 고정시킬 수 없기 때문에 손으로 드는 것이다. 그래서 '事'字는 전쟁을 할 때 旗를 들고서 군사를 지휘하는 것을 나타낸다"고 주장하였다.[29] 이 말은 매우 타당성이 있다. 周 武王이 紂를 정벌할 때 큰 백기를 세운 까닭은 그가 당시까지도 신분상 商王朝의 제후이므로 商王朝의 共主 지위를 인정했기 때문이다. 비록 出兵하여 紂를 토벌했지만, 여전히 車服을 바꾸거나 正朔을 고치지 않고 商王朝의 旗 제도를 계속 사용하였는데, 그래서 큰 白旗를 사용한 것은 조금도 이상한 일이 아니다. "周王朝는 殷王朝의 예제를 계승하였다〔周因於殷禮〕"고 한다. 商王朝를 멸망시킨 후에 周人은 商王朝의 예제를 계승하고 아울러 발전시켰는데, 그래서 武王이 아직 商王朝의 제후로 있을 때 큰 白旗를 세워 紂를 토벌한 역사적 사실도 실제 그대로 《周禮·春官·巾車》에 보존되어 있다. 그런데 후세의 유학자들은 紂를 토벌했을 때의 제후 신분이었던 武王과 紂를 토벌

한 뒤의 天子 신분인 武王을 하나로 섞어서 이야기하였으며, 大一統의 봉건
군신 관계에서 볼 때,《周禮·春官·巾車》에서 왕이 큰 白旗를 세우는 것과
《周禮·春官·司常》에서 왕이 大常을 세우는 것의 모순을 제대로 해석할
수 없으므로, 마침내 武王 때에는 "아직 周代의 예제가 없었다〔未有周禮〕"
고 그럴듯하게 꾸며댄 것이다.

　만일 武王이 紂를 토벌할 때 '周代의 예제'(실제로는 商代의 예제)에 旗
제도에 관련된 규정이 없었다고 한다면, 어째서 그가 商나라를 멸망시키자
마자 곧바로 旗를 나누어 줄 수 있겠는가? 예를 들면 "魯公에게 大路·大旂
를 나누어 주었다〔分魯公以大路大旂〕라고 하였는데, 이에 대해 注에서는 "魯
公은 伯禽이다. 이 大路는 金路이며 同姓의 제후에게 하사하는 수레이다.
交龍을 그린 것이 '旂'이며, 周代의 예제에서는 同姓에게 봉해 준다〔魯公,
伯禽也. 此大路金路, 錫同姓諸侯車也. 交龍爲旂, 周禮同姓以封〕"라고 설명하였
다. 또 예를 들면 "康叔에게 大路·少帛·綪茷·旃旌·大呂를 나누어 주었다
〔分康叔以大路·少帛·綪茷·旃旌·大呂〕"라고 하였는데, 이에 대해 疏에서는
"正義에서는 이렇게 말하였다. 《周禮·司常》에 적홍색으로 채색되지 않은
것은 '旜'이고, 백색 비단으로 테두리를 장식한 것은 '物'이라고 하였다.'
鄭玄은 이에 대해 "'通帛'은 큰 적색기를 말한다. 周의 正色을 따랐으며 장
식이 없다. '雜帛'이란 흰 비단으로 그 테두리를 장식한 것이다. 白은 殷의
正色이다"라고 설명하였다. '大赤'이 '通帛'이므로, '少帛'이 '雜帛'임을 알
수 있다〔正義曰,《周禮·司常》云: 通帛爲旜, 雜帛爲物.' 鄭玄云: '通帛謂大赤,
從周正色, 無飾. 雜帛者, 以帛素飾其側. 白, 殷之正色.' 大赤是通帛, 知少帛是雜
帛也〕" 및 "……'綪茷'가 '大赤'임을 알 수 있으니, '大赤'은 지금의 붉은
기이다. ……대개 왕은 通帛과 雜帛을 함께 제후에게 하사한다. 그런즉 '大
赤'은 또한 '旃'이며, '綪茷' 아래에서 다시 '旃'을 언급하였는데, '茷'는 旃
의 꼬리이고, '旃'은 旃의 몸체이다……〔知綪茷是大赤, 大赤卽今之紅旗……蓋
王以通帛·雜帛幷賜衛也. 然則大赤亦是旃也, 於綪茷之下更言旃者, 茷言旃尾, 旃
言旃身〕"라고 설명하였다.[30] 이것은 周代 초기부터 車旗 제도가 있었지만
方伯이면서 제후인 周 武王이 여전히 商王朝가 제후에게 하달한 車旗 제도
를 사용했을 뿐이라는 것을 말해 준다. 商王朝가 멸망한 후, 周 武王이 제

후에서 일약 天子가 되면서 車旗 제도는 자연히 天子가 旗를 발급하는 등급으로 승격하게 되었으며, 그의 속국은 바로 제후국이 되었는데, 이것은 商王朝가 周 方伯에게 발급하는 旗 제도의 재판일 뿐이다. 그렇지 않다면 어째서 武王이 紂를 토벌할 때 '周代의 예제'가 없었는데, 토벌한 후 하룻밤 사이에 旗를 나누어 주는 제도가 있게 되었는가? 이 제도는 후에 완벽해지고 복잡해지는 과정을 거쳐서 《周禮》에 기록된 車旗 제도가 되었다.

'豊'字는 殷墟 甲骨文에 보이는데, 郭沫若은 "'豊'은 마땅히 '醴'로 읽어야 한다〔豊當讀爲醴〕"고 하였다.[31] 《說文解字》에는 "醴'는 '술'이다. 한 번 묵혀서 익힌다〔醴. 酒. 一宿孰也〕"라고 하였으며, 段玉裁의 注에는 《禮經》에서는 단술로 손님을 공경하는 것을 '醴賓'이라 한다〔禮經以醴敬賓曰醴賓〕"라고 설명하였다. H11:112(47, 圖9) 속의 "……文武丁豊"은 바로 商王 文丁에 대해 酒醴의 제사를 지냈다는 뜻이다.

"……左王……" 이 두 글자의 앞과 뒤는 모두 잔결되었지만, H11:82(40, 圖14)의 "……凶正亡左…… 〔王〕受又又"〔이 일이 아주 잘 끝나며, ……(왕이) 보우를 받을 수 있겠습니까?〕와 H11:84(7, 圖12)의 "凶正不左, 于受又又"〔이 일이 잘 끝나며, 보우를 받을 수 있겠습니까?〕라는 卜辭를 예로 삼는다면, 여기서는 직접 '左王'으로 해석해선 안 되고, '左'와 '王'의 중간을 끊어서 "〔凶正亡〕左, 王〔受又又〕" 혹은 "〔凶正不〕左, 王〔受又又〕"로 읽어야 한다.

H11:112(47, 圖9)에 기록된 전각사의 대의는 이러하다. 商王 文丁의 종묘에서 卜問을 하는데, 왕이 미래의 乙酉日에 제사를 바라고, 아울러 大常을 세우는 의식을 거행하려고 하는데……商王 文丁에게 酒醴라는 제사를 거행하고……〔犧牲을〕 죽이고……〔이 일이〕 아주 잘 〔끝나고〕, 왕이 보우를 받을 수 있겠습니까?

이 卜辭 속의 商王 文丁廟는 周原에 세워질 수 없는 것이고, 周人도 商의 先王인 文丁에게 酒醴라는 제사를 거행할 수 없다. 이것은 바로 刻辭 중의 '王'이 周 文王, 즉 周 方伯일 가능성을 배제하는 것이다. 이밖에 앞에서의 고증에 근거하면, 왕만이 '大常'을 세울 수 있다. 그런데 周 文王은 당시에는 아직 西伯의 신분이라서, 비록 《史記·周本紀》에서 "西伯은 대략 50년간 재위하였다……. 諡號는 文王이며, 殷王朝의 법령과 제도를 고치고 자기의

曆法을 제정하였다〔西伯蓋卽位五十年……諡爲文王, 改法度, 制正朔矣〕"라고
기록하고 있지만, 正義에서는 "《易緯》에서는 '文王은 天命을 받아 正朔〔曆
法〕을 고치고 천하에 王號〔왕의 호칭〕를 선포하였다'라고 하였다. 鄭玄은 이
를 믿고서 인용하였는데, 文王이 왕을 칭하기 전에 이미 正朔을 고치고 王號
를 선포했다고 말했다. 생각건대 하늘에는 해가 둘이 아니고 땅에는 왕이 둘
이 아닌데, 어찌 殷의 紂王이 아직 존재하는데 周나라가 왕을 칭할 수 있겠
는가? 만일 文王이 스스로 왕으로 칭하고 正朔을 고쳤다면 이는 功業이 이
루어진 것인데, 武王이 어째서 다시 큰 공훈이 아직 안정되지 않았다고 말
하고 부친의 위업을 마치려고 하였는가? 《禮記大傳》에는 '牧野에서 武王이
대업을 이루고 물러나서 太王 亶父·王季歷·文王 昌을 왕으로 추존하였다'
고 하였다. 이 글에 의하면 왕으로 추존해서 왕이 된 것인데, 어째서 文王
이 스스로 왕으로 칭하고 正朔을 고칠 수 있겠는가〔《易緯》云: '文王受命, 改
正朔, 布王號於天下.' 鄭玄信而用之, 言文王稱王, 已改正朔布王號矣. 按: 天無二
日, 土無二王, 豈殷紂尙存而周稱王哉? 若文王自稱王改正朔, 則是功業成矣, 武王
何復云大勳未集, 欲卒父業也? 《禮記大傳》云: '牧之野武王成大事而退, 追王太王
亶父·王季歷·文王昌.' 據此文乃是追王爲王, 何得文王自稱王改正朔也〕?"라고
설명하였다. 그래서 H11:112(47, 圖9)에서 '稱▣' 즉 '大常'을 세울 자격이
있는 왕은 오직 商王일 뿐이며, 周 文王일 수 없는 것이다.

이 刻辭를 내용상 분석해 보면 마땅히 商王朝의 유물이다.

제3절 周原에서 출토된 廟祭 甲骨의 해석 및 그 족속(下)

네번째 甲骨片(H11:1·1, 圖13)

癸巳彝文武帝乙宗, 貞王其邵吼成唐〔鼐〕·禁, 叐二女. 其彝血牡三·豚三, 囟又
正.

癸巳日에 文武 帝乙의 종묘에서 점쳐 물었다. 왕이 成唐에게 邵祭와 吼祭
를 지내고, 禦祭와 御祭를 지내면서 두 여자가 이 일에 참여하였고, 이들 제

사에 세 마리의 숫양과 세 마리의 작은 돼지 피를 사용하였는데, 이 일이 보우를 잘 받을 수 있겠습니까?

이 刻辭 중 '文武帝乙宗'은 바로 商王 帝乙의 廟이다. 帝乙은 帝辛(紂王)의 부친인데, 이미 廟를 세웠으니 마땅히 죽고 나서 帝辛이 즉위한 후이다. 이 甲骨片의 刻辭와 관련해서 수많은 학자가 이미 고석을 하였는데, 이에 대해서는 王宇信의 《西周甲骨探論》 제2편에 상세하게 열거하였다. 이 甲骨片의 족속에 대해, 어떤 학자는 "周原에서 商王의 종묘를 세웠다"는 견해에 입각해서 '囟'를 '西'字로 해석하면서 '西又正'이 주의 대신을 가리킨다고 말하고, 이 甲骨片이 周人의 유물이라고 주장하였다. 아울러 이 甲骨片의 刻辭를 이렇게 해석하였다. 즉 周族의 입장에 서 있는 貞人이 "周原 岐邑에 세워진 商王 帝乙의 廟에서 卜問하기를, 周 文王이 商王朝의 선조인 成唐 및 두 배우자에게 제사를 지내고 아울러 犧牲을 죽여 맹세를 하는데, 殷王의 조상 神明의 감시하에서 周의 대신과 함께 血酒를 마신다." 이는 말이 통하는 것같이 보인다. 그러나 本章의 제1절에서 고증한 바에 의하면, 고문헌에 기록된 고대의 예제에서 周人이 "周原에서 商王의 종묘를 세웠다"는 것과 商族의 조상에게 제사지냈을 가능성을 부정하였기 때문에 이 甲骨片도 이렇게 釋讀될 수 없으며, 周族의 유물이라고 단정할 수 없다.

필자는 위의 刻辭에 기록된 내용이 이렇다고 생각한다. 즉 商王을 대신해서 占卜을 한 貞人(이 貞人의 이름은 기록되지 않았다)이 癸巳日에 帝乙의 종묘에서 卜問하였다. 卜問한 일은 商王인 帝辛이 成唐에게 제사지내는데, 두 嬖妾이 이 일에 참여하였으며, 세 마리의 숫양과 세 마리의 작은 돼지를 죽여 犧牲으로 삼고 상술한 여러 일(즉 '斯'字가 대표하는 것)을 다한 뒤에 보우(혹은 안정)될 수 있겠습니까 하는 것이다.

高明은 "周原에서 商王의 종묘를 세웠다"는 견해에 대해 찬성하지 않았다. 그렇지만 그도 '囟'를 '西'로 해석하고, H11:1의 刻辭에 대해 "문장의 구성 방식으로 분석해 보면, 主從複合文〔主從複合句〕인데, 앞문장(H11:84)과 다른 점은 주절의 술어인 '貞'字의 앞에 부사어를 첨가시켜서 점친 시간과 지점을 설명한 것이다…… 그러나 주어인 점쟁이는 여전히 생략되었다. 점친 일은 동사 ‘貞’의 직접목적어로서 맨 끝의 구절 ‘西又正’이다. 그러나 어떤 원인과 배경하에서 周族의 고향인 西方이 안정될 수 있을지를 묻는가? 이것이 바로 ‘貞’의 간접목적어가 말하는 ‘貞王其邵吼成唐, 釁祝及二女, 其彝血牡三·豚三’이다”고 하였다. 이상의 어법 관계에 의한 분석은 다음과 같이 나타낼 수 있다.

癸巳彝文武帝乙宗 (貞人 이름 생략) 貞:
　　　부사어　　　주어　　술어

王其邵吼成唐, 釁祝及二女, 其彝血牡三·豚三
간접목적어

西又正.
직접목적어

　그래서 高明은 이 甲骨片이 ‘西又正’을 점친 것인데, 즉 “주요한 것은 周族의 고향인 西方이 안정될 수 있는지를 점쳤기 때문에” 마땅히 “周 文王이 殷나라에 구금되어 있을 때 점친 것이다”고 주장하였다.[32]

　어법 관계 방면에서 甲骨 刻辭를 연구하는 것은 매우 의의 있는 작업이다. 바로 陳夢家가 지적한 바와 같이, 甲骨이 출토된 후에 학자들은 잇달아 낱글자를 고석하였으며, 문법적인 연구에 유의한 사람은 매우 적다. 이전에 이미 누차 말하였지만, 문법을 떠나서는 정확하게 낱글자를 인식할 수 없으며, 인식된 낱글자의 정확성을 검증할 방법이 없다.[33] 그러나 필자는 상술한 高明의 H11:1 刻辭에 대해 진행한 어법 분석에 동의할 수 없다. 왜냐하면 완벽한 卜辭는 일반적으로 敍辭·命辭·占辭·驗辭 등의 여러 부분으로 구성되지만 각 부분은 생략될 때가 있기 때문이다. 敍辭에서 기록되는 것은 占卜 시간과 貞人이다. 貞人이 당시의 왕을 대신해서 점친 일이 命辭이다. 命辭는 貞人 자신이 하려고 하는 일을 점친 것이 아니기 때문에 주체는 貞人이 아니다(王 자신이 점친 경우는 제외). 敍辭는 일반적으로 모두 격식화되어 있지만 생략할 수도 있다. 命辭는 비록 생략할 수는 있지만 전부를 생략할 수는 없는데, 그렇지 않으면 卜辭가 되지 못한다. 그래서 필자가 이해하기로는, ‘命辭’는 貞人 자신(주어로 봄)이 자신의 어떤 일에 관한 결과(목적

어로 봄)를 점치는(술어로 봄) 것이 아니다. 命辭는 敍辭와는 다른데, 즉 '貞
人'과 점친다는 의미의 동사 '貞'字는 주어—술어—목적어라는 어법 관계
를 발생시킨다. 命辭는 완벽하고 독립된 말을 구성하며, 자신은 상대적으로
독립적이다. 이 때문에 甲骨 卜辭의 어법 구조를 연구하는 학자도 대부분
命辭 자체의 어법 구조를 가지고 분석을 하는 것이다. 甲骨文의 어법 구조
를 분석한 일부 저작들, 예를 들면 管燮初가 쓴《殷墟甲骨刻辭的語法研究》
(中國科學院 출판, 1953년)의 '句法' 부분, 陳夢家가 쓴《殷墟卜辭綜述》의 제
3장 '文法' 부분 등이 바로 이렇게 분석한 것이다.

　필자는 H11:1(1, 圖13)의 "癸巳彝文武帝乙宗, 貞"이 敍辭이며 이 卜問의
내용이 아니기 때문에, 이 격식화된 刻辭가 아래의 命辭와 달리 주어·술어
의 어법 관계를 발생시켰다고 생각한다. "王其……"에서 문장 끝의 "囚又
正"은 命辭이며, 어법 관계를 분석하는 것은 마땅히 여기서부터 진행되어야
한다. 刻辭 중의 '王'은 문장의 주어이고, 전체의 내용은 2개의 병렬 단문으
로 구성되어 있는데, 즉 短文 1은 "王其……"〔또 (1)·(2)·(3)개의 단문을 병
렬함〕이고, 단문 2는 "其彝血……"인데, 단문 2의 주어인 '王'字는 생략되어
단문 1과 공용한다.

　전 刻辭의 어법 관계는 아래와 같이 도해할 수 있다.

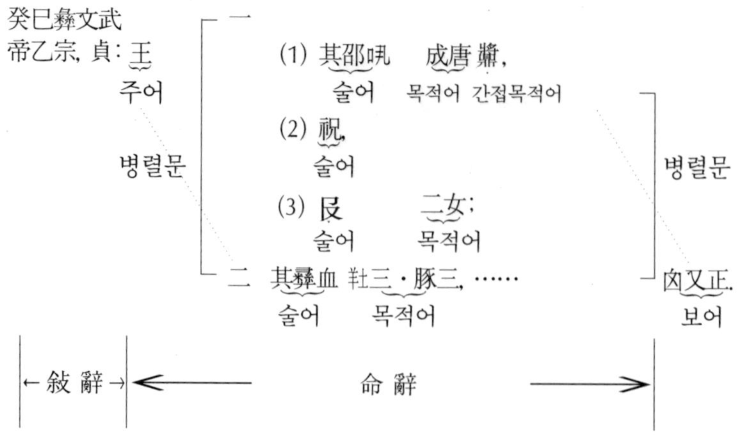

위의 어법 분석은 刻辭 중의 "凶又正" 자체가 하나의 단문임을 말해 준다. '凶'는 바로 '斯'로서 주어이다. '又正'은 술어이다. 이 단문은 전각사 중에서 "〔王〕其彝血……"이라는 이 동작이 완성된 뒤의 상황을 보충 설명하며, 단문 2의 보어이다. 단문 1과 단문 2는 병렬문인데, 이 때문에 "凶又正"도 단문과 일정한 보어 관계를 가지고 있다. '凶'는 '斯'이며, '斯'는 '이〔此也〕'라는 의미인 지시대명사로서,[34] 단문 1·2의 각 일이 완성된 뒤에 보호(혹은 좋은 결과)받을 수 있다는 것을 표시한다. 그래서 이것은 동사 '貞'의 직접목적어가 아니다. 만일 이 글자를 '西'로 해석해서 西方의 周侯로 생각한다면 이 刻辭 속에는 이름이 기록되지 않은 貞人 주어가 있으면서 또 왕이 있고, 게다가 '西' 즉 西方의 周侯가 있는데, 이는 한 사람인가? 누가 문장의 주체인가? 어법 관계가 제대로 분석되지 않는다. 이밖에 H11：174(46, 圖8)에 의하면, '呙'와 '凶'는 모두 한 刻辭에 보이는데, 필자는 《西周甲骨探論》 213쪽에서 이미 "이 두 글자는 확실히 한 글자가 아님을 증명할 수 있다"고 지적하였듯이 '凶'字도 '裏'字로 해석될 수 없다.

商王 帝乙의 廟에 거처한 이 이름 없는 貞人이 商王朝의 점쟁이임은 매우 분명하다. 이치적으로 볼 때, 商王朝의 입장에 서 있는 貞人이 周族을 위해 '西又正'을 기도할 수는 없는 일이다. 그래서 이 刻辭의 이름이 생략된 貞人은 문장의 주어가 아니며, 周 文王일 수가 없다. 이것은 필자가 제1절에서 얻어낸 周 文王은 商王의 廟에 들어갈 수 없고, 商의 先王에게 제사지낼 수 없다는 견해와 서로 일치하는 것이다. 이 甲骨片은 商代 말기인 帝辛 시기에 점쳐진 것이 분명하다.

제4절 周原에서 출토된 廟祭 甲骨의 시기

위의 두 절에서 刻辭의 내용에 대한 해석과 족속의 분석을 통해 周原에서 출토된 廟祭 甲骨 H11：82(40, 圖14), H11：84(7, 圖12), H11：112(47, 圖9), H11：1(1, 圖13) 등은 모두 商王朝의 유물이며, 그 시기는 마땅히 殷墟 甲骨文의 제5기 帝乙·帝辛 시기로서 周 文王(商을 멸망시키기 전의 周 武王을 포

괄함)과 기본적으로 같은 시기임을 알 수 있다. 이것은 廟祭 甲骨에 나타난 文丁의 廟名, 帝乙의 廟名, 成唐·大甲 등의 先王과 商王이 정벌하려고 한 '周 方伯' 등의 요소에 근거해서 판정한 것이다.

제5기 殷墟 甲骨文의 수량은 비교적 많지만, 어느것이 帝乙 시기의 卜辭인지, 어느것이 帝辛 시기의 卜辭인지는 분간하기가 매우 어려워서, 일반적으로는 '乙辛 卜辭'라고 통칭한다. 여러 해 동안 학자들은 帝乙과 帝辛 시기의 卜辭를 구분하는 방면에서 진지한 탐색을 하였다. 이에 대해서는 제8장 제4절에서 이미 서술하였다. 周原 鳳雛村에서 출토된 廟祭 甲骨 H11:1(1, 圖13)은 帝辛 시기의 유물임이 확실하며, 이것은 제5기 卜辭 중 帝辛 시기의 甲骨에 대한 우리의 인식을 높여 주었다.

그렇다면 나머지 3편, 즉 H11:82(40, 圖14), H11:84(7, 圖12), H11:112(47, 圖9)는 도대체 帝乙 시기의 유물인가, 아니면 帝辛 시기의 유물인가?

첫째, 刻辭文字의 서체 풍격으로 보면, 이 세 甲骨片은 비교적 곧은데, 마치 한 사람의 손에서 나온 것 같아서 문자의 서체 풍격이 비교적 원만한 H11:1(1, 圖13)과는 명확히 다르다.

둘째, 刻辭에 기록된 사류 방면에서 보면, 3편의 내용이 역시 비교적 비슷하다. H11:82(40, 圖14)에는 "晢周方伯"〔周의 方伯을 정벌한다〕이라는 기록이 있고, H11:84(7, 圖12)에는 "□典, 晢周方伯"〔册命을 고하고, 周의 方伯을 정벌한다〕이라는 기록이 있는데, 즉 周 方伯인 文王을 정벌하려고 한다는 뜻이다. 문헌 기록에 의하면, 商末 帝乙·帝辛 때의 商王朝가 周人과 교전을 한 것은 오직 帝乙 때인데, 즉 "2년에 周人이 商을 토벌하였다〔二年, 周人伐商〕."[35] 商王 文丁 11년에는 周 文王의 부친 季歷을 죽이고, 文丁도 같은 해에 죽었으며, 그의 아들 帝乙이 즉위하였다. 周族의 文王은 부친의 원수를 갚기 위해 帝乙 2년에 국력을 따지지 않고 매우 급히 出兵해서 商王朝를 공격하였다. 商王 帝乙은 周나라의 진공에 대해 어떤 반응을 하였는가? 문헌에는 기록이 없으며, 周原에서 출토된 商王朝의 廟祭 甲骨이 우리에게 이 역사적 사실을 보충해 주었다. 즉 商王 帝乙은 周나라의 진공에 직면해서 황급히 조상인 大甲에게 제사를 지내고 周 方伯을 토벌하는 일이 순조로 운가를 점친 것이다. H11:82(40, 圖14)의 刻辭 "□□〔彝〕文武……"는 파손되었는데, 필자는 마땅히 "□□〔彝〕文武〔必〕" 즉 文丁의 廟이며, "□□〔彝〕文武〔帝乙必(혹은 宗)〕"일 수 없다고 생각한다. 이렇게 되면 합리적인 해석을 할 수가 있다. 왜냐하면 문헌에는 帝辛 때 周 方伯, 즉 文王과 전쟁한 기록이 없기 때문이다. 그래서 이 甲骨片에 기록된 "□□〔彝〕文武〔必〕"와 "……□典, 晉周方伯"은 틀림없이 帝乙 2년에 "周人이 商을 토벌한 것〔周人伐商〕"에 대해 반격을 가한 일을 기록한 것이며, 이 甲骨片은 帝乙 시기의 유물일 것이다. 그러므로 자기의 부친 文丁의 廟를 '文武〔必〕' 혹은 '文武〔宗〕'라고 일컬었던 것이다. 만일 '文武〔帝乙必(혹은 宗)〕'라면 商王 帝乙이 죽은 뒤에 그의 아들 帝辛에 의해 세워진 父王의 廟일 것이다. 그러나 문헌에는 帝辛이 周 武王과 전쟁한 기록만 있기 때문에 '文武〔帝乙宗(혹은 必)〕'일 수가 없다.

H11:112(47, 圖9)의 '文武丁必'은 商王 文丁의 廟이다. 文丁의 廟에 있는 것이 帝乙·帝辛 모두일 가능성도 있다. 그래서 廟名만 가지고는 이 甲骨片이 帝乙인지 혹은 帝辛 시기의 것인지 확정할 수가 없다. 그러나 이 甲骨片의 문자 서체는 상술한 2편과 기본적으로 일치해서 '周 方伯을 토벌한' 전쟁과 관계가 있기 때문에 마땅히 帝乙 시기의 것이다. 이래서 이 甲骨片의 왕이 '稱🏳' 즉 大常을 세운 것도 합리적으로 해석될 수 있다.

《周禮·夏官·司馬》 大司馬職에는 "만약 왕이 친히 정벌하러 나가면 大司馬는 戒令을 주관하며……집합할 때가 되면 大常을 세우고 인원수를 점검하며, 늦게 오는 사람은 처벌한다〔若大師, 則掌其戒令……及致, 建大常, 比軍衆, 誅後至者〕"라는 기록이 있는데, 이에 대해 注에는 "'大師'는 왕이 친히 정벌하러 나가는 것이다〔大師, 王出征伐也〕" 하였고, 疏에는 "윗글에서 大師는 왕이 친히 六軍을 거느리는 것이기 때문에 司馬는 大常을 사용하여 병정을 소집하는 것이다. 만약 왕이 친히 나서지 않으면 司馬는 자신이 큰 旗를 사용하여 병정을 소집하게 된다〔以上文大師王親御六軍, 故司馬用大常致衆. 若王不親, 則司馬自用大旗致之〕"라고 설명하고 있다. 바로 商王 帝乙이 廟祭를 거행해서 周 方伯을 토벌하려 했기 때문에 다시 文丁의 廟에서 大常이라는 旗를 세우는 의식을 거행하고, 친히 군사를 이끌고 출정하여 周 方伯의 침입을 반격했던 것이다. 이것이 바로 H11:112(47, 圖9)에서 왕이 '大常을 세운 稱🏳' 원인이다. 문헌 기록으로 볼 때, 周 方伯이 商王 帝乙·帝辛이 治

兵과 大閱을 가르친 행사에 참여했다는 사료가 없고, 周 文王이 商王 帝乙·帝辛의 제사에 참여했다거나 회동 활동에 관한 기록도 없으며, 단지 帝乙 2년에 周人이 商나라를 정벌했다는 역사적 사실만 있다. 그러므로 周나라의 침입에 반격하기 위해 大常이라는 旗를 세우고 군사를 이끈 商王은 마땅히 帝乙이며 帝辛이 아니다.

이밖에 H11:237(181, 圖10)의 '叀三胄'〔3벌의 甲胄〕와 H11:174(46, 圖8)의 "貞王其自用胄, 叀……胄, 乎奏, 受……凶不安王"〔점쳐 물었다. 왕의 군대가 甲胄를 사용하면, ……甲胄, ……(이하 불명확)〕 및 H11:168+268(161, 圖11)의 '叀二胄'〔2벌의 甲胄〕 등의 문자 서체 풍격은 상술한 3편에 접근해 있으며, 역시 帝乙 시기의 유물이다. 그리고 '用胄'〔甲胄를 사용하다〕와 "×胄"〔몇 벌의 甲胄〕라는 기록에 관한 것도 역시 바로 商王 帝乙이 大常을 세우고서, 친히 군사를 거느리고 周 方伯을 토벌한 戰爭과 관계가 있다. 《說文解字》에는 "'胄'는 '兜鍪'이다" 하였고, 이에 대해 段玉裁는 注에서 "고대에는 '胄'라 하고, 漢代에는 '兜鍪'라 하였으며, 지금은 '盔'라고 한다〔古謂之胄, 漢謂之兜鍪, 今謂之盔〕"고 설명하였다. 殷代의 투구는 재질이 구리이다. 安陽 殷墟 王陵 1004호 大墓에서는 1백을 헤아리는 銅盔層이 발견되었는데, 무늬 장식으로 구분해 보면 적어도 6,7종 이상이나 된다.[36] 이 여러 편의 甲骨에는 투구의 사용과 관련된 기록이 있는데, 마땅히 帝乙 때 周 方伯을 정벌한 刻辭와 동시기에 점쳐졌을 것이다. 銅盔는 중요한 보호 장비로서 일반 병사들이 쓸 수 있는 것이 아니다. 商王이 出兵해서 周 方伯을 정벌하려고 장수를 廟에 보내 兜鍪를 나누어 주며 그들에게 관심을 보이고, 칭찬·격려해서 사기를 북돋워 준 것은 바로 상술한 '胄'字에 관한 기록이 甲骨에 반영된 역사적 사실이다.

주의해야 할 것은, 周原에서 출토된 廟祭 甲骨에서 제사된 殷 先王은 唐·大甲과 文丁이다. 殷墟 甲骨文 중에는 商王朝가 각 방국과 교전한 기록이 적지않다. 일반적으로 말하면 제1기 武丁 시기에 방국을 정벌한 것이 가장 많은데, 이것은 《甲骨文合集》 제3책에 집중적으로 수록되어 있다. 제5기 帝乙·帝辛이 夷方을 정벌한 卜辭도 비교적 모여졌는데, 다른 시기에는 정벌 卜辭가 많이 보이지 않는다.

工方은 제1기 武丁 때의 강대한 방국 중의 하나로서, 商王朝의 가장 큰 근심거리였다. 胡厚宣은 〈殷代工方考〉라는 논문에서 이에 대해 전문적인 논술을 하였다. 工方은 武丁 말기에 이르러서야 평정되었다.[37] 胡厚宣은 "殷人은 工方의 침입을 이미 알고는 두려움에 떨면서 항상 先祖에게 기도하였는데, 그 기도의 제사를 '告'·'求'·'匃' 등으로 불렀으며…… 모두 요청을 기도하는 제사이다"라고 언급하였다.[38] 殷墟 卜辭를 조사해 보면, 工方이 침입할 때 요청을 기도하는 제사를 지내서 보호를 요청하는 殷人의 先公과 先王으로는 上甲·報乙·示壬·唐·大丁·大甲·祖乙 등이 있다. 土方도 武丁 때 商王朝에 대해 커다란 위협을 준 방국 중의 하나인데, 武丁 말엽 전기에 평정되었다.[39] 土方이 침입했을 때 殷人이 기도하는 제사를 드려서 보호를 요청한 先公과 先王으로는 上甲·唐 등이 있다. 方이 침입했을 때에는 역시 "方〔방국 이름〕의 일로 인해 太乙에게 求祭를 지냈는데 求方于大乙"(《前》 1·3·1), '太乙'은 바로 唐이다. 또한 일부 방국이 침입했을 때에는 매우 적은 수의 先王에게 제사를 드렸는데, 예를 들면 荒方이 침입했을 때는 "荒方의 일로 인해 大甲에게 〔제사지냈고〕…… 荒方于大甲"(《乙》 6686), 𤎩方 때에는 大丁·大甲 등의 先王에게 "𤎩方의 일로 인해 畐祭를 지냈다. 畐𤎩方"(《前》 1·4·7 및 《乙》 6686) 이밖에 제4기에도 召方이 침입했을 때 "父丁에게 告祭를 지냈는데 告于父丁"(《甲》 810 및 《京人》 2520), 이 父丁이 바로 康丁이다. 다른 수많은 방국이 침입했을 때 先公과 先王에게 기도하는 제사를 드린 卜辭는 더 이상 보이지 않는다. 우리는 상술한 교전을 할 때 기도하는 제사에서 대상이 된 先公과 先王 중에서 唐에게 제사한 것은 모두 3개의 방국(工方·土方·方)이 있고, 大甲에게 제사한 것도 모두 3개의 방국(工方·荒方·𤎩方)이 있음을 알 수 있다. 필자가 발견한 바로는, 여러 왕들 중에서 이 두 왕은 정벌할 때 기도하는 제사를 받으면서 언급되는 방국이 가장 많다. 그들은 殷人이 방국을 정벌하는 전쟁에서 특수한 역할과 지위를 가지고 있었음을 알 수 있다.

王國維는 특별히 "오직 기도하는 제사에서 대상을 '唐'이라고 일컬었는데 무슨 이유인지 알 수가 없다"고 말한 적이 있다.[40] 湯은 이름이 7개이고, 9차례 정벌을 했다〔湯有七名而九征〕."[41] 唐은 大乙·成·唐〔湯〕·成湯〔成唐〕·

履 등의 여러 명칭으로 불려진다.[42] 成唐과 大甲에 관해서는 《殷墟卜辭綜述》 409-412쪽, 375-376쪽에 매우 자세하게 소개하였으므로 여기에서 다시 열거하지 않겠다. 그들은 殷代의 큰일을 한 名王들로서, 어느 의미에서 본다면 殷人의 마음속에서 전쟁 승리의 신이 되었다. 그래서 帝乙 때에는 周 方伯을 정벌하려고, 곧 "大甲에게 求祭와 侑祭를 지냈다[求又大甲]."(H 11:84·7, 圖12) 商王 帝乙이 大常을 세우는 의식을 거행할 때에는 '文武丁'(H11:112·47, 圖9), 즉 文丁에게 제사를 지냈는데, 이 역시 文丁이 일찍이 文王의 부친인 季歷을 죽인 적이 있기 때문이다. 그 아들인 文王이 商을 정벌하였을 때 帝乙이 文丁에게 제사를 지낸 목적은 文丁의 영령이 침범해 온 周人을 진압하거나 재앙을 내리기를 바란 것이다.

H11:1(1, 圖13)은 비록 기록 목적이 자세하지는 않지만 卜辭 중에서 '成唐'에게 제사지낸 기록과, 成唐이 방국을 정벌할 때의 지위와 역할에 의거하면 이 甲骨片도 전쟁일과 관계가 있음을 알 수 있다. 구체적으로 말하면 帝辛 때에 武王이 紂를 정벌하고(즉 '東觀兵' 혹은 '以東伐紂'), 商王 帝辛이 周人의 대규모 군사 행동에 대해 반응을 한 기록일 가능성이 있다.[43]

周原에서 출토된 廟祭 甲骨에 商王朝의 先王인 成唐과 大甲 등이 출현한 것은 결코 우연한 것이 아니다. 이것은 이 甲骨들이 商王朝의 유물임을 증명해 주며, 또한 刻辭의 내용을 분석해서 얻은 이 廟祭 甲骨들은 마땅히 商代 말엽 帝乙·帝辛 때의 군사 행동과 유관하다는 중요한 보충 증거가 된다.

제5절 周原에서 출토된 商代의 廟祭 甲骨에 대한 몇 가지 인식

이상의 각 절에서 언급한 것을 종합해 보면, 周原에서 출토된 商代의 廟祭 甲骨에 대해 아래의 몇 가지 초보적인 인식을 할 수 있다.

1) 고대 문헌 속의 종법과 제사 제도에 관련된 기록에 의거하면, 周人은 周原에서 商王을 위해 廟를 세우고, 아울러 殷人의 조상에게 제사를 지낼 수 없다(필요도 없다). 이것은 商·周의 노예제 혈연·종법 관계에서 결정된

것이며, 春秋 時代까지도 이 '古制'가 남아 있었다. 戰國 시기 이후에 노예제가 와해되고 봉건제가 확립됨에 따라서 노예제의 종법·혈연 관계는 철저히 파괴되고, 제사 제도와 그 내용도 심각한 변화를 일으켰다. 후세의 예제로 周原에서 출토된 商代의 廟祭 甲骨을 분석할 수는 없는 것이다.

2) 刻辭의 내용으로부터 분석해 보면 廟祭 甲骨도 商王朝 帝乙·帝辛 때의 것이며, 周 文王이 殷에서 살 때 점친 것이 아니다. H11:1(1, 圖13) 刻辭에 대한 어법 분석에서 얻어진 결론도 이와 같다. 그리고 周原에서 출토된 廟祭 甲骨 중에서 商王朝의 이름난 왕인 成唐과 大甲에 대한 제사는 이 甲骨들이 商人의 것임을 증명해 주며, 이 廟祭 甲骨들이 商·周 교체 시기 양 종족의 전쟁과 유관하다는 유력한 보충 증거가 된다.

3) 이 때문에 周原에서 출토된 商代 사람들의 廟祭 甲骨은 우리에게 중요한 사료를 제공해 주었다. 첫째, 帝乙 시기의 H11:112(47, 圖9), H11:82(40, 圖14), H11:84(7, 圖12) 등의 廟祭 甲骨과 '冑'의 사용과 관련된 刻辭인 H11:237(183, 圖10), H11:174(46, 圖8), H11:168＋268(161, 圖11) 등의 甲骨片은 우리에게 帝乙 2년에 商人과 周人이 한바탕 전쟁을 치른 역사 자취를 재현해 주었다. 즉 帝乙 2년에 周人〔文王〕이 商나라를 정벌하였다. 商王 帝乙은 소식을 듣고 황급히 '文武丁'(즉 文丁)의 종묘에서 先王인 大甲 및 文丁에게 제사드리는 의식을 거행하고, 싸움에 능한 하늘에 있는 先王의 靈에게 周 方伯을 정벌하는 전쟁에서 승리를 거둘 수 있도록 보살펴 달라고 기도하였다. 商王 帝乙은 친히 출정할 것을 결정하고, 大常이라는 旗를 세워서 많은 병사를 모았다. 이와 동시에 商王은 이 전쟁에 참여하는 장령들에게 갑옷과 투구를 하사해서 위로하고 격려하였다……

둘째, 帝辛 시기에 벌어진 商과 周 사이의 결전에 관련된 문헌 기록을 살펴보면, 周人의 행동은 비교적 상세하다. 예를 들면《史記·周本紀》에는 "文王 9년에 武王은 畢(지명)에서 文王에게 제사를 지냈다. 그런 후에 동쪽으로 가서 군대를 사열하고 孟津에 도착했다〔九年, 武王上祭于畢, 東觀兵, 至於孟津〕"라고 기록되어 있고, 2년 후에는 武王이 "마침내 전차 3백 대, 용사 3천 명, 甲士〔갑옷 입은 군사〕 4만 5천 명을 이끌고 동으로 紂王을 토벌하였다〔遂率戎車三百乘, 虎賁三千人, 甲士四萬五千人, 以東伐紂〕"라고 기록되어 있다.

商王 帝辛이 紂의 군사 행동에 대해서 어떻게 반응했는지에 관해서는 기록이 자세하지가 않다. 그런데 帝辛 때의 廟祭 甲骨 H11:1 (1, 圖13)은 우리에게 이 역사적 사실을 보충해 주었다. 즉 周 武王이 첫번째 "동쪽으로 가서 군대를 사열하고 孟津에 도착했고〔東觀兵, 至於孟津〕" 또 2년 후에 "동으로 紂王을 토벌할〔以東伐紂〕" 때, 商의 紂王은 소식을 듣고 癸巳日에 그의 父親 帝乙의 종묘에서 점을 치고, 아울러 영명하고 용맹스러운 先王인 成唐에게 제사를 드려서, 이 전쟁신이 周人의 반란을 평정하는 데 도와 주기를 바랐다. 이 甲骨片도 다른 周人의 甲骨에 기록된 商을 토벌하는 일과 상호 보충 역할을 할 수 있다.[44] 더 구체적으로 말한다면, 帝辛의 廟祭 甲骨 H11:1 (1, 圖13)과 武王이 紂를 토벌한 일의 관계는 좀더 밀접하다. 紂 武王이 정식으로 紂를 토벌한 것은 "11년 12월 戊午日에 전군이 모두 孟津을 건넜다〔十一年十二月戊午, 師畢渡孟津〕" "2월 甲子日 동트기 전, 武王은 새벽에 商나라 도성의 교외로 갔다〔二月甲子昧爽, 武王朝至於商郊牧野〕"는 기록으로 볼 때, 그 기간이 총 67일이다. 癸巳日에 商의 紂王이 成唐에게 도움을 바라고 제사를 거행했을 때는 武王의 군사가 孟津을 건넌 戊午日과 이미 46일의 거리가 있으며, 甲子日에 결전한 날과도 31일 내외의 거리가 있다.

4) 周原에서 출토된 廟祭 甲骨은 周人의 유물이 아니며, 文王이 殷에 있을 때 점쳐서 周原으로 가지고 돌아간 것도 아니라고 한다면, 商人의 廟祭 甲骨이 어째서 周原에서 출토되었는가? 王玉哲은 "殷商 말엽 商의 紂王 때에 占卜을 주관하던 점쟁이가 周人에게로 달아나면서 가지고 간 것이다"라고 주장하였다.[45] 필자도 일찍이 "이 卜辭들은 모두 占卜 후에 周原으로 옮겨진 것이다"라고 주장한 적이 있다.[46] 周人은 商을 멸망시킨 후에 商王朝의 모든 권력과 재물 및 노예를 탈취하였다. 《史記・周本紀》에는 "南宮括과 史佚에게 九鼎과 保玉을 전시하라고 명령했다〔命南宮括・史佚展九鼎保玉〕"라고 기록되어 있고, 《逸周書・世俘》에는 "대체로 武王이 얻은 商나라 보옥은 실로 막대한 양이었다〔凡武王所俘商玉億有百萬〕"라고 기록되어 있다. 그래서 전리품으로서, 周人의 큰 치욕을 기록하고 있는 이 商王朝의 문서들을 빼앗아 周原으로 돌아오는 것은 승리한 周人에게 매우 의의가 있는 것이다. 지난날의 불구대천의 원수에 대한 치욕을 단번에 갚을 수 있으며, 또한 승

리의 기념품으로서 자손들에게 전하여 그들로 하여금 '작은 나라 周'가 겪
은 창업의 어려움을 잊지 않도록 할 수도 있다. 또한 더 큰 것은 이 商王朝
를 위해 점을 친 貞人들이 바로 周族일 가능성도 있다는 것이다. 왜냐하면
당시에 周族은 商王朝의 부속국으로서 商王朝의 종주권을 인정하고 있었
다. 商王朝에서 제후국의 商 왕실에 대한 군사상·경제상의 부담은 상당히
무거운 것이었으며, 경제상의 착취도 다방면에 걸쳤는데, 노예와 가축 및 각
종 애완물을 공물로 바쳐야 했고, 또한 왕실을 위해 藉田을 경작해야 했으
며, 또한 상당한 곡물도 보내야 했다.[47] 심지어는 소국으로 하여금 인재를
추천하게 하는 것도 포함되었으며, 貞人도 파견해야 했다. 예를 들면 祖
庚·祖甲 때의 貞人 黃과 帝乙·帝辛 때의 貞人 黃은 모두 黃國에서 왔으며,
제2기에서 제5기까지의 1백여 년 동안에는 모두 貞人 黃이 王朝에서 직무를
담당하였는데, 이 黃은 동일 인물일 수가 없으며, 여러 사람이 貞人의 직무
를 세습했을 가능성이 높다.[48] 그래서 周族 중에서 商王朝에 들어와 貞人이
된 사람이 있다는 것도 역시 완전히 가능성이 있는 것이다. 물론 그들은 商
王朝에 들어와 貞人이 된 이상 반드시 商王朝와 商王의 입장에서 卜問을 하
여 마치 王朝의 일원과 같았으며, 周라는 방국을 대표해서 일을 할 수는 없
었을 것이다. 商族과 周族이 전쟁을 하고부터 그들은 단지 商王을 대신해
成唐이나 大甲 등에게 商王朝의 승리를 도와 달라는 기도를 할 뿐이었다.
이것이 바로 周人의 손에서 나온 廟祭 甲骨에서 오히려 周 方伯을 정벌하
는 등의 일을 점친 까닭이다. 이런 의미에서 말한다면, 廟祭 甲骨도 마땅히
商 中央王朝의 유물이며, 周人의 것이라고 말할 수 없는 것이다. 그러나 商
王朝에 들어간 周族 출신 卜人의 손에서 나왔기 때문에, 이 甲骨들에는 역
시 불가피하게 周族의 풍격이 남아 있다. 예를 들면 甲骨 整治의 方鑿과 圓
鑽 등이 일반적인 殷墟 甲骨과 다르다. 또한 바로 그들이 商 中央王朝의 貞
人이라서 점칠 때 반드시 殷의 제도를 이용해야 했기 때문에 廟祭 甲骨에
새긴 것은 卜辭로서 殷墟 甲骨과 같으며, 周人의 甲骨에 기록된 記事文字
와 다르다.[49] 이들 周 방국에서 와서 商 中央王朝에서 직무를 담당한 貞人은
자연히 그들이 점친 각 甲骨片의 이해 관계 및 그 소장처를 잘 알고 있었
다. 이 때문에 武王이 商을 멸망시킨 후에 그들이 이 甲骨들을 바치고, 아

울러 武王을 따라 고국에 돌아온 것은 자연스런 일인 것이다. 이 甲骨들이 周原에서 출토되었다는 것도 역시 합리적으로 해석될 수 있다.

물론 周原에서 출토된 商人의 廟祭 甲骨에 대해서는 아직까지도 많은 논쟁을 하고 있다. 그러나 필자는 앞으로 연구가 심화되고 새 자료가 발견되면, 장래에는 틀림없이 비교적 일치된 견해를 얻으리라고 믿고 있다.

<h1 style="text-align:center">제15장
금후의 西周 甲骨學 연구</h1>

西周 甲骨學은 신중국이 수립된 뒤 甲骨學의 연구 영역에 새로 형성된 분야이며, 이는 중국 甲骨學 연구가 심화되었음을 나타내 준다. 비록 근 40년 이래로 西周 甲骨의 연구가 적지않은 성과를 거두었지만, 앞으로도 한걸음 더 심층적으로 연구해야 할 문제가 많이 있다. 이것은 다음과 같다.

1) 西周 甲骨의 기록 방면에서이다. 과학적으로 西周 甲骨을 기록하는 것은 연구를 진행하는 기초 작업이다. 건국 이후로 山西省 洪趙縣 坊堆村, 陝西省 灃西〔灃河 이서 지역으로 지금의 西安 부근〕張家坡, 北京市 昌平縣 白浮村, 陝西省 岐山縣 鳳雛村, 扶風縣 齊家村 등지에서 끊임없이 甲骨이 출토되었지만, 그러나 출토된 전부의 西周 甲骨을 이상적으로 기록한 저작은 아직까지 출판되지 않았다. 비록 졸저《西周甲骨探論》제6편〈西周甲骨蓴聚〉에서 과거 여러 해 동안 각지에서 출토된 有字 西周 甲骨을 모아 놓았지만, 조건의 제한으로 인해 단지 발표된 모사본에 의거해서 모아 놓았을 뿐이다. 陳全方의《陝西岐山鳳雛村西周甲骨文槪論》과 嚴一萍의《商周甲骨文總集》에 수록한 것은 鳳雛村이거나 혹은 鳳雛村과 齊家村에서 나온 것이며 전체는 아니다. 이렇게 해서 연구할 때 다음에 제기하는 문제를 피할 수 없게 된다. 첫째, 모사본의 비례가 일치하지 않는다. 西周 甲骨文字는 매우 가늘어서 여러 배로 확대해야만이 판별할 수가 있다. 이를 발표할 때 비록 확대해서 처리하지만 모사본의 비례가 일치하지 않는데, 이것은 연구자가 甲骨文字의 자형을 구분할 수 없게 하고, 아울러 甲骨에 대해 일정한 인식과 비교를 할 수 없게 하는 요인이 된다. 둘째, 글자의 모사가 원모습과 어긋나 있다. 西周 甲骨의 발표시에는 모사본을 위주로 하였는데(어떤 때에는 소량의 확대 사진을 부착하기도 함), 확대하여 모사를 할 때 글자의 윤곽을 그리는 과

정에서 어떤 모사는 원모습과 어긋나게 되었다. 이 때문에 어떤 동일한 甲骨 모사본이 전후로 발표될 때 글자가 서로 다르기도 하고, 어떤 주요 글자의 모사가 완전하게 일치하지 않아 연구자를 매우 곤란하게 만든다. 많은 논쟁과 의견의 차이는 대개 이로부터 생겨났다. 그 원인을 밝혀 보면, 먼저 모사하는 사람의 수준이 다르기 때문에 모사본의 정확도에 서로 차이가 있다. 또한 글자가 매우 가늘고, 게다가 甲骨 표면의 녹때가 다 제거되지 못해 글자의 일부 필획이 보이지 않게 되었다.

이 때문에 각지에서 출토된 有字 西周 甲骨을 기록한 총집을 편찬하는 일이 가장 급선무이다. 근 90년 이래로 殷墟 甲骨文 자료를 기록한 일은 우리에게 유익한 경험이 되었다. 董作賓은 甲骨의 사진·탁본·모사본 등 세 가지를 함께 기록하자고 거듭 제창하였다. 출토된 西周 甲骨은 수량이 많지 않으므로 기존의 소장품도 수집·기록할 때 모사본과 사진을 함께 수록해서 편찬하는 것을 고려해야 한다. 西周 甲骨文字는 대단히 가늘어서 墨拓을 이용하면 글자를 뚜렷하게 나타내 보일 수가 없다. 또 모사를 할 때는 왕왕 잘못 모사하는 부분이 나타날 가능성이 있다. 사진은 보다 정확하기는 하지만 어떤 때에는 필획이 선명치 못하다. 이 때문에 西周 甲骨을 기록할 때 확대 비례가 일치하는 모사본과 사진을 한 책으로 펴내서, 연구자가 서로 대조함으로써 자료의 정확성을 증가시킬 수 있도록 제공해야 한다. 이밖에 西周 甲骨을 기록한 전문서도 山西·灃西·北京 등지에서 출토된 有字 甲骨을 포괄해야 한다. 이것은 지금 처리하기가 어렵지 않다. 우리는 이러한 각지에서 출토된 有字 西周 甲骨을 전부 포괄한 과학적인 기록서가 조기에 출판되기를 시급히 바라고 있다.

둘째, 문자의 고석이 한층 심도 있게 진행되어야 한다. 문자의 고석과 篇·章의 通讀은 西周 甲骨을 이용해서 商·周 시기의 역사를 연구하는 전제 조건이다. 학자들은 이 방면에서 대량의 작업을 하였는데, 졸저《西周甲骨探論》제2편〈西周甲骨彙釋〉은 근래의 西周 甲骨文字를 고석한 성과를 집중적으로 반영하였다. 그러나 필자는 또한 동일한 甲骨上의 刻辭나 일부 핵심 글자에 대한 학자들의 해설이 왕왕 현격히 다름을 발견하였다. 이러한 상황이 출현하는 까닭은 학자들의 연구 각도와 西周 甲骨文의 성질(즉 卜辭인가, 아니면 記事文字인가) 및 行款(左行 또는 右行)의 이해에 대해 차이가 있기 때문이다. 이밖에 또 하나의 중요한 원인은 바로 근거로 삼는 모사본의 정확도가 다르다는 것이다. 그래서 확대 비례가 일치하는 모사본과 사진을 함께 수록한 '표준본'을 출판해야 문자의 고석 작업을 크게 향상시킬 수 있는 것이다.

3) 西周 甲骨에 대한 인식도 한층 심화되어야 한다. 근 40년간의 연구를 통해 학자들은 西周 甲骨에 대해 무지의 단계에서 인식의 단계로 비약적인 전환을 하였으며, 西周 甲骨의 특징, 殷墟 卜辭와의 관계, 시기 및 족속과 내용 등의 방면에 대해 비교적 명확한 인식을 하였다. 그러나 아직 적지않은 문제들이 심도 있는 연구를 필요로 하고 있으며, 아울러 새로 출토된 甲骨 자료의 보충과 검증을 기다리고 있다. 여러 해 동안 각지에서 출토된 甲骨을 살펴보면, 卜骨이 비교적 완벽하다. 비록 수량이 적기는 하지만 卜骨의 특징에 대한 인식은 비교적 명확해졌다. 한편 출토된 卜甲의 수량은 비교적 많지만 그러나 모두 잘게 부서져 있으며, 비교적 완벽한 有字 卜甲은 齊家村에서 출토된 1판(H3〔2〕:1 · 1 · 300)뿐이다. 학자들은 이 卜甲에 의거하고 아울러 다른 無字 卜甲을 보조 자료로 삼아서 西周 卜甲의 특징을 귀납해 낼 수 있었다. 그러나 刻辭의 분포 규율에 대한 인식은 아직 그다지 깊지 못하다. 바로 西周 甲骨文 자체의 성질, 즉 이들 刻辭가 전부 '卜辭'인가, 아니면 卜辭 및 占卜과 관련된 記事文字를 포괄하고 있는가 하는 문제는 이제야 비로소 제기된 것이며, 심화된 이해를 기다리고 있다.[1] 西周 甲骨 중의 異形文字, 예를 들면 제13장 제2절에서 언급한 것이 '八卦'인가 아니면 '筮數'인가 하는 것에 대해서도 여러 다른 견해가 존재한다. 필자의 생각으로는 西周 甲骨上의 여섯 자리 숫자는 揲蓍〔시초점을 칠 때 蓍草를 세는 것을 揲蓍라고 한다〕한 여섯 번의 전기록이며, 이것을 '筮數'라고 부를 수 있다. 그러나 西周 甲骨上의 筮數는 《周易》에서의 그러한 엄격한 卦名이 아니다. 비록 이들 筮數가 바로 陰陽爻라고 하더라도, 그러나 乾卦를 처음으로 하는 易卦의 64卦名이 만들어진 것과는 아마도 상당한 거리가 있을 것이다. 이것은 商末 · 周初 시기에 사람들의 머릿속에는 아직 '天 · 地'라는 대립적인 관념이 없었으며, 따라서 이와 같이 정연하게 이들 筮數를 乾 · 坤 등의 卦名으로 부르

는 것이 불가능했기 때문이다. 이밖에 《周易》의 64卦는 매 卦마다 六爻로 구성되어 있다. 陰·陽이라는 대립적인 관념을 핵심으로 하는 陽爻와 陰爻가 다르게 배열·조합되어 64卦의 다른 괘상이 구성된다. 그러나 商末·周初 시기에는 陰·陽이라는 대립적인 관념은 天·地라는 대립적인 관념과 마찬가지로 아직 출현하지 않았다. 그래서 《周易》 중의 爻를 陰과 陽으로 명명하고, 또 이를 陰陽을 대표하는 '九'·'六' 등의 숫자로 부른 것도 '陰陽説'이 성행한 戰國 時代에 비롯된 것으로 비교적 늦다. 그래서 商末·周初 시기의 筮數는 아마도 《莊子·天下篇》에서 말하는 "《周易》으로 陰陽을 말한다 《易》以道陰陽"는 발전 단계에 도달하지 못했던 것 같다.[2] 西周 甲骨上의 '筮數'는 고대의 시초점과 관련이 있으며, 그 작용은 占卜 때의 卜兆와 똑같다. 卜兆는 占卜 때 吉凶을 판단하는 근거이고, 筮數는 占筮 때 吉凶을 판단하는 근거이다. 당연히 西周 甲骨上의 이러한 異形文字에 대한 연구도 더욱 심화되어야 할 것이다.

4) 西周 甲骨의 시기 구분 및 족속의 연구도 깊이 있는 탐색이 요구된다. 필자는 제13장과 제14장의 관련 부분에서 西周 甲骨의 시기 구분과 族屬 문제에 대한 학자들의 여러 논쟁을 개요적으로 소개하였는데, 이것은 문제가 아직 제대로 해결되지 못했음을 말해 준다. 필자는 제13장에서 西周 甲骨의 시기 구분을 연구·검토하였고, 제14장에서는 周原에서 출토된 商代의 廟祭 甲骨에 대해 분석을 하였다. 그러나 초보적인 수준에 불과한 이 작업은 가일층 심도 있는 연구와, 출토된 더 많은 신자료를 통해 검증해야 할 것이다. 특히 周原에서 출토된 商代 廟祭 甲骨의 整治가 鑽鑿 방면에서 殷墟 甲骨과 어떤 뚜렷한 차이가 있는지에 대해 더욱 합리적인 해석을 해야 한다. 요컨대 西周 甲骨文이라는 이 귀중한 자료가 商周史 연구에 대해 충분한 역할을 발휘할 수 있도록 시기 구분과 족속에 대한 연구를 강화시키는 것은 매우 필요한 일이다.

甲骨上의 鑽鑿 형태의 변화를 이용하여 殷墟 甲骨文의 시기 구분을 연구하는 것은, 근래에 들어와 외국[3]과 중국[4]의 학자들이 시기 구분을 연구하는 새로운 경로이다. 1973년에 小屯村 남쪽 지역에서 출토된 甲骨文의 鑽鑿 탁본도 이미 모아져서 《小屯南地甲骨》 下册에 기록되어 있는데, 이는 시기 구분 연구의 다각적인 탐색에 대해 상당한 촉진 작용을 하였다. 그러나 西周 甲骨의 鑽鑿 형태는 아직 아무도 체계적인 연구를 한 사람이 없다. 앞으로 보다 완벽하고 표준적인 西周 甲骨을 기록할 때에는《小屯南地甲骨》下册과 마찬가지로 鑽鑿 형태가 비교적 완벽한 자료를 학계에 제공해, 여러 경로에서 西周 甲骨의 시기 구분을 탐색하는 데 편리하도록 해야 할 것이다.

5) 西周 甲骨 중에서 특히 鳳雛村 H11과 H31에서 출토된 有字 甲骨은 周代 초기의 역사, 商·周의 관계, 周와 일부 방국의 관계, 역법, 관제 등을 언급하여 내용이 비교적 풍부하다. 즉 西周 甲骨文은 周代 초기 역사의 '大事記'라고 말할 수 있다.[5] 그러나 甲骨의 성질, 족속, 시기 구분 등의 문제에 대해 학자들의 견해가 다르기 때문에 동일한 甲骨片에서 왕왕 서로 다른 결론이 나오게 된다. 그래서 銅器의 銘文·考古 자료·《尙書》및 기타 고문헌 자료를 결합하여 西周 甲骨文을 연구하고, 周代 초기의 역사를 연구하는 것도 금후의 연구 작업에서 마땅히 강화해야 할 중요한 부분이다.

6) 西周 甲骨文字는 글자가 가늘며, 契刻이 어떤 것은 빼어나게 아름답고 또 어떤 것은 굳세고 힘이 있다. 그래서 이것은 예술적 가치가 매우 높으며, 중국 微雕 예술[아주 작은 물체 위에 조각을 하는 예술]의 비조이다. 이처럼 섬세하고 숙련된 문자는 어떻게 契刻한 것일까? 어떤 도구를 사용했을까? 이러한 문제는 모두 깊이 있게 탐색할 필요가 있다. 이것은 중국의 微雕史·書法史의 연구에 큰 의의가 있다.

총괄적으로 말해서, 西周 甲骨의 연구는 이제 막 시작되었다. 금후 우리는 더 많은 노력을 통해 창조적인 탐색을 해서 이 새로운 분야를 한걸음 더 완벽해지도록 해야 할 것이다.

제16장
甲骨文과 甲骨書法

근래에 《甲骨文合集》이나 《小屯南地甲骨》 등의 대형 甲骨 기록서가 출판되고, 甲骨文의 지식이 보급됨으로써 중국에는 甲骨學 '붐'이 알맞게 형성되었다. 많은 서법가들은 이미 전통적인 篆書·隷書·行書·草書에 만족하지 못하고 있었고, 또한 광대한 대중들의 감상 요구와 조국의 우수한 문화유산을 발양해야 한다는 책임감도 서법가의 창조성을 촉진하였기 때문에 많은 서법가들이 甲骨文의 서법과 篆刻에 발을 들여 놓기 시작하였으며, 전국 각지에 걸쳐 상당수의 甲骨書法 篆刻家가 생겨났다.

甲骨文 서법은 오늘날의 사람들이 붓으로 쓴 甲骨文字를 가리키는데, 중국 서법계의 奇花로 간주된다. 이 독특한 예술 형식이 甲骨文 연구와 긴밀한 관계를 가지고 있기 때문에 본 《甲骨學通論》에서도 甲骨文과 甲骨書法에 대해 약간의 견해를 밝히고자 한다.

제1절 중국 문자의 발전과 甲骨書法 略史

書法史를 언급한 많은 저작들 중 상당수는 중국 문자의 발전사를 서법사와 혼합해서 하나로 만들었다. 필자는 이러한 견해에 찬성하지 않는다. 문자는 주로 사용을 위해 발생했다고 생각한다. 그러나 서법은 감상을 위한 것으로서, 창조적인 예술 활동이다. 사람들은 누구나 글자를 쓸 줄 알지만 글자를 쓸 줄 아는 사람이 모두 서법가인 것은 결코 아니다. 서법가는 글자를 쓸 수 있을 뿐 아니라 대대로 전해져 내려온 여러 서체 서법의 정수를 흡수하여, 예술 실천 속에서 자신의 기질을 결합시켜 이를 승화시키고 재창조할 수 있다.

중국의 문자는 매우 일찍 출현하였다. 전하는 바에 의하면, 黃帝 때 "그의 史官 倉頡이 새의 자취를 본떠서 최초로 문자를 만들었다〔其史倉頡, 又象鳥迹, 始作文字〕"하였고,[1] 《周易·繫辭》에는 "상고 시대에 새끼에 매듭을 지어 기록하였는데, 후세에 聖人이 書契로 이를 대체하였다〔上古結繩而治, 後世聖人易之以書契〕"라고 기록되어 있다. 문자가 발생하기 이전에 오랫동안 문자가 없던 시기가 있었다. 이 시기의 선민들은 나무에 새겨 기록하기도 하고, 새끼로 매듭을 지어 일을 기록하기도 하였다. 그러다가 사회가 발전함에 따라 인류는 문자를 창조하였다. 대략 지금부터 5천여 년 전에 중국의 문자는 형성되기 시작하였다. 어떤 학자는 仰韶 文化 유적지에서 출토된 陶器의 형상적인 부호가 바로 최초의 문자라고 주장하였다. 근래에 陝西省 西安 半坡 유적지, 臨潼縣 姜寨 유적지, 甘肅省 秦安縣 大地灣 유적지, 河南省 淅川縣 下王岡 유적지 등에서 많은 형상적인 부호가 발견되었다. 이 부호들도 대부분 기물의 주둥이 등 드러난 위치에 새겨져 있으며, 게다가 매 기물마다 한 종류의 기호가 새겨져 있는데, 여러 지방에서 출토된 陶器의 부호는 어떤 경우에도 결국 기본적으로 동일하다. 郭沫若은 "형상적인 의미는 오늘날까지도 비록 밝혀지지는 않았지만 花押〔문서 계약 말미에 하는 草書 서명이나, 서명을 대신하는 특수 부호〕 혹은 族徽〔어떤 종족이나 가족을 나타내는 표지〕 등의 부류와 같이 문자의 성질을 지닌 부호임은 의심할 나위가 없다"고 하였으며, "彩陶에 새겨진 그 형상적인 기호들은 바로 중국 문자의 기원 또는 중국 원시 문자의 孑遺라고 긍정적으로 말할 수 있다"고 지적하였다.[2]

仰韶 文化보다 조금 뒤늦은 山東 大汶口 文化 유적지 중 寧陽縣 堡頭村, 莒縣 凌陽河, 諸城縣 前寨 등지에서도 문자가 발견되었다. 唐蘭은 이것들이 이미 비교적 성숙된 문자라고 주장하였다. 大汶口 文化의 분포 지구는 바로 중국 고대의 東夷 少昊族이 활동하던 지역이다. 이 때문에 그는 그때부터 지금까지 약 6천여 년간 중국은 이미 계급 사회로 진입해 있는데, 즉 문자 기록이 있는 문명 사회이다라고 주장하였다.[3] 그러나 考古 자료는 여성이 당시에는 아직도 일정한 지위를 차지하고 있었으며, 사회 발전이 아직 군사 민주 계급, 즉 야만 시기의 고급 단계를 벗어나지 못하고 있었음을 나타내 주

고 있다. 단지 그 몇 개의 문자가 성문의 역사를 기록할 수는 없다. 그래서 大汶口 文化 시기에 출현한 문자는 문명 사회가 곧 도래함을 알리는 서광이다.

夏代(B. C. 21-B. C. 16세기)는 중국 역사상 최초의 노예제 왕조이다. 夏王朝가 활동하던 지역은 주로 지금의 豫西와 晉南 일대이다. 근래 이 지역에서의 龍山 文化 말기 및 二里頭 文化의 발견은 夏 文化에 대한 탐색을 희망적으로 만들어 주었다. 특히 밝혀야 할 것은 河南省 登封縣 告城鎮 王城岡 유적지에서 발견된 '（共)'字는 시기가 大汶口 文化의 문자와 殷墟 甲骨文의 중간 단계에 끼여 있다는 것이다. 비록 발견된 것이 많지는 않지만 夏代의 문자는 앞으로도 틀림없이 계속 발견될 것이라고 예측할 수 있다.

商王朝 말기(B. C. 14-B. C. 11세기)의 殷墟 甲骨文은 중국에서 현재까지 발견된 최초의 체계적인 문자이며, 비교적 성숙된 문자이다. 商王朝의 銅器를 보면, 殷墟(즉 商王朝 말기) 전기에는 대부분 문자가 없거나 혹은 단지 1,2개의 문자가 있을 뿐이지만, 殷墟 말기에 이르면 문자가 증가하여 30여 자에 달하는 것도 있다. 예를 들면 유명한 '郘其卣'나 '戍嗣子鼎' 등이 바로 글자수가 비교적 많은 銅器이다. 그밖에 陶器·玉器·骨器·石器 등에도 문자가 새겨져 있는 것이 있다. 鄭州 二里岡과 같은 殷墟 이외의 商代 유적지에서는 商代의 有字 卜骨이 출토되었으며,[4] 河北省 藁城縣 臺西村, 江西省 淸江縣 등지에서도 商代의 陶文이 발견되었다.

西周 시기(B. C. 11-B. C. 771년)에 이르러서도 甲骨文이 존재하였는데, 이 것이 바로 근래에 山西省 洪趙縣 坊堆村, 北京 昌平縣 白浮村, 陝西省 灃西 張家坡, 岐山縣 鳳雛村와 扶風縣 齊家村 등지에서 출토된 西周 甲骨이다. 그러나 대량으로 남아 있는 西周 시기의 문자 자료는 銅器에 주조된 金文이다. 문자가 가장 많은 銅器로는 〈毛公鼎〉을 손꼽는데, 여기에는 4백97자에 달하는 글자가 새겨져 있다.

西周가 멸망한 뒤 중국은 春秋 戰國 시기로 진입하였다. 이 시기는 중국 노예제 사회가 점차로 봉건제 사회로 대체되는 사회적 대변동의 시기이다. 西周의 동기는 대부분 조정에서 주조한 것이며, 列國의 銅器는 드물게 보인다. 春秋 시기 이후로는 열국의 銅器가 크게 증가하였고, 문자도 나날이 지방성이 강해졌는데, 이 시기의 銅器로는 秦器 · 楚器 · 晉器 · 齊魯器 등이 있다. 戰國 시기로 들어선 이후에는 言語는 소리가 다르고, 문자는 형체가 다른 양상이 심화되어 각 지역간의 차이가 매우 커졌다. 金文 이외에도 이 시기의 문자 자료로는 陶文 · 兵器刻文 · 錢幣 · 璽印 · 竹簡 · 石刻 등이 있다.

B. C. 221년에 秦 始皇이 중국을 통일한 뒤, 통일을 공고화하려는 일련의 조치가 취해졌는데, 그 가운데 중요한 것이 바로 '書同文字'이다. 행정적인 조치를 통하여 小篆이 通行文字로 정해지고, 각지에서 사용되던 여러 글자 체의 문자, 즉 六國의 古文은 폐기되었다. 小篆의 偏旁 部首는 비교적 규범 화되었는데, 후세에 전해진 琅邪刻石은 李斯가 쓴 小篆으로서 秦代 小篆의 대표작이다.

漢代 이후로는 秦代 隷書의 기초 위에서 점차로 서사에 편리한 漢代 隷書 가 형성되었다. 南北朝를 거쳐 唐代에 이르자, 문자의 필획은 隷書에서 보 이는 누에 머리에 제비 꼬리 형상이 깎여 나가고, 비교적 균형되고 틀이 잡 힌 楷書로 변하였는데, 이 楷書가 通行文字로 되었다.

중국 문자는 간략화되고 서사하기에 편리한 방향으로 발전하였다. 小篆 이전의 문자는 모두 고문자라고 부르는데, 왜냐하면 古文字學者를 제외하고 이 문자들을 알 수 있는 사람들이 매우 적기 때문이다. 게다가 서법은 결코 실용을 위한 것이 아니라 주로 예술품으로서 감상을 위한 것이다. 이른바 '法'이란 법칙 · 규범 · 모범을 의미한다. 단지 商王朝의 왕이나 소수의 卜人 〔점술가〕만이 볼 수 있었던 商代의 卜辭가 바로 최초의 서법이라고 말할 수 없다. 또한 商代의 卜人이 제자에게 붓 대신 칼을 잡고 甲骨文을 刻辭하게 한 것이 의도적으로 문자의 서사를 일종의 예술 실천으로 삼았다고 말할 수는 없다. 金文의 경우도 역시 마찬가지인데, 주로 귀족을 칭송하고 조상 에게 제사지내는 데 사용되었으며, 어떤 것은 완전히 '제작된 기물에 장인 의 이름을 새겨서〔物勒工名〕' 기물 제작자의 공적이 훌륭한가, 그렇지 않은 가를 살피는 데 사용되기도 하였다. 물론 오늘날의 입장에서 보면, 甲骨文과 金文은 매우 古樸하고 힘이 있어서 영원한 예술적 매력을 지니고 있기 때문 에 '서법'의 비조라고 일컬을 만하다. 그러나 필경에는 오늘날 의도적인 예 술 창작으로서의 서법과는 다르다. 만일 넓은 의미로 서법을 이해한다면, 秦

始皇이 행정 명령에 의거해 문자를 통일시키고 돌에 공적을 기록하며, 아울러 李斯에게 《倉頡篇》을, 趙高에게 《爰歷篇》을, 胡毋敬에게 《博學篇》을 저술하게 해서 전백성이 이를 본보기로 삼게 하고, 小篆을 보급한 것을 중국 서법의 시조라고 할 수 있다.

노예 사회에서는 학문이 王官〔王朝의 관리〕에게 있어서, 단지 소수의 귀족만이 교육받을 권리를 누렸다. 봉건 사회로 들어선 이후로는 문화가 하층으로 이행되어 상당수의 지주 계급〔가난한 선비 포함〕이 문화 지식을 학습할 기회를 가지게 되었다. 문화가 보급되고 碑碣과 刻石이 성행하여 사람들의 문자 서사에 대한 심미 관념이 증대되면서 비로소 문자 서사를 예술 작품으로 감상하자는 요구가 있게 되었는데, 이 또한 일부 사람들이 서법 예술을 전문적으로 연구하는 데 조건을 갖추어 주었다. 漢代 이후로 많은 유명한 서법가들이 그들이 쓴 碑刻에다 이름도 새겨넣었는데, 이는 그들이 이미 의식적으로 서법을 일종의 예술 실천으로 간주하기 시작하였다는 것을 나타내 준다. 隋代 이후로는 서법 학습의 수요에 제공되기 위해 '法帖'이 성행하였다. 특히 唐代 이후에는 椎拓〔즉 椎搨. 종이를 금석 기물에 덮고 모전 방망이로 두들겨서 그 형상과 상면에 새겨진 문자 그림을 전탁하는 것〕 기술이 발전함으로써 많은 서법 대가들의 작품이 널리 유포되어, 서법 예술의 발전을 촉진시켰다. 그러므로 문자 발생의 역사는 예술 작품으로 감상되는 서법 예술의 역사보다 훨씬 더 오래된 것이다.

지금부터 3천여 년에 사용된 甲骨文은 古文字學者가 중국 문자의 원류를 연구하는 최초의 것이면서 체계를 갖춘 자료이며, 중국의 文字學史에서 중요한 위치를 차지하고 있다. 게다가 甲骨文에는 商代의 정치·경제와 과학 기술 등에 관한 희귀 자료가 상당수 보존되어 있으며, 또 이것은 歷史學者와 고대 科學技術史家가 연구하는 제1차 자료이다. 그러나 붓을 이용하여 甲骨文을 서사하는 데 있어서, 書寫할 때 執筆·用筆·點劃·結構·章法 등을 함께 중시해서 일종의 서법 예술로 간주한 것은 1921년 羅振玉 등의 學者가 甲骨文을 모아 楹聯을 서사한 이후의 일이다. 이로부터 甲骨學 연구의 기초 위에서 甲骨書法이라는 墨苑의 新花가 출현하게 되었다. 그러나 서법 예술 영역의 篆書·隸書·行書·草書 등의 풍부하고 다채로운 작품에 대해 말한다면 甲骨書法은 형제 중 막내인 것이다.

甲骨書法의 출현은 甲骨學 연구의 초창 단계의 결속과 불가분의 관계를 가지고 있다. 甲骨文字의 釋讀을 거쳐야만이 비로소 甲骨文字를 예술 작품으로 간주하는 甲骨書法이 나타날 수 있는 것이다. 甲骨文은 卜辭이고 칼로 파서 이루어진 것이며, 주로 商 王室의 占卜을 기록하는 일에 사용된 것이다. 그런데 甲骨書法은 오늘날의 사람들이 붓으로 서사한 것이며, 경우에 따라서는 集字하여 詩나 詞를 서사하기도 하고, 楹聯을 서사하기도 함으로써 감상과 혹은 성정을 도야하기 위한 것이라서 3천여 년 전의 商代 甲骨文의 실용성과는 큰 차이가 있다. 甲骨書法은 甲骨文의 연구 수준과 밀접한 관계를 가지고 있어서 甲骨文 연구의 부단한 발전은 甲骨書法 예술 수준의 제고를 촉진시킨다.

甲骨書法 작품이 최초로 출현한 때는 1921년 전후이다. 당시 저명한 학자 羅振玉은 연구 이외에 우선 甲骨文字를 집자해서 붓으로 영련을 썼다. 그 자신은 일찍이 "식별할 수 있는 殷契文字를 뽑아 集字해서 偶語를 만들었다. 3일 저녁만에 1백 연을 만들어서 두건 상자에 보관하고 習字에 이용하였다"고 말하였다.[5] 그후 1921년에는 《集殷墟文字楹帖》이라는 책명으로 인쇄에 넘겼다. 후에 章鈺·高德馨·王季烈 등도 甲骨文字를 集字해서 楹聯을 만들었다. 1927년에 羅振玉은 자신과 다른 3명의 작품을 모아 《殷墟文字楹帖彙編》을 출판하였는데, 그 책은 모두 4백여 聯을 수록하고 있으며, 4言·5言·6言에서 10言에 이르기까지 일정치 않다. 이 책은 1985년에 《集殷墟文字楹帖》이라는 책명으로 吉林大學出版社에서 확대 재판되었다.

1928년 殷墟의 과학적 발굴 작업이 전개된 이후에, 甲骨學 연구는 초보 단계에서 성숙 단계로 비약하였다. 이 기간 내에 甲骨書法 예술 창작은 기본적으로 아래에서 서술하는 두 부류의 사람들에 의해서 창작되었다.

한 부류는 非甲骨學者들이다. 1928년에 丁輔之는 《商卜文字集聯》을 출판하고, 1937년에 《觀水游山集》을 출판하였다. 1937년에 簡琴齋도 《甲骨集古詩聯》上編을 출판하였다. 그들이 甲骨文을 이해하지 못했기 때문에 그들이 쓴 글자는 모두 方筆〔長方形 필획〕이거나 行書와 비슷하며, 게다가 잘못 集字한 것도 종종 발견된다.

이상에서 말한 羅振玉·章鈺·高德馨·王季烈·丁輔之·簡琴齋의 작품들은 嚴一萍에 의해 한데 모아져 1969년《集契彙編》으로 대만 藝文印書館에서 출판되었다. 이밖에 1974년에 대만에서는 石叔明·林翰年이 펴낸《甲骨文與詩》가 출판되었는데, 글자가 마치 칼로 자르고 도끼로 깎은 것처럼 되어서 甲骨文의 韻味를 잃어버렸다. 작가가 甲骨文을 이해하지 못했고, 또 甲骨 탁본을 한번도 모사해 본 적이 없었기 때문에 甲骨文과 닮지 않은 甲骨書法을 써내었던 것이다.

다른 한 부류는 甲骨學者이다. 저명한 甲骨學者 董作賓은 甲骨學의 발전에 중대한 공헌을 했을 뿐 아니라 甲骨書法에 대해서도 깊이 있는 연구를 하였다. 嚴一萍이 쓴《甲骨學》제8장〈甲骨文字의 예술〉에서는 董作賓이 일찍이 前中央研究院 歷史言語研究所長 傅斯年이 서거하였을 때 甲骨文字로 4백여 자의 長篇 挽聯을 썼다고 소개하였다.

1950년에 汪一庵은 董作賓·汪一庵의 서법을 모은《集契集》草稿에 序를 썼는데, 1960년 10월에《集契集》은《中國文字》제1기에 발표되었다. 1976년에 일본인 歐陽可亮은 草稿에 의거하여 새롭게 써서, 歐陽可亮·董作賓·汪一庵 등 3인의 명의로 일본 春秋書院에서《集契集》을 출판하였는데, 全書에는 對聯 1백82폭, 詩 91수, 詞 77闋, 令 6수 등 모두 3백56편이 수록되어 있다. 董作賓과 汪一庵의《集契集》草稿 原本은 1978년 10월 嚴一萍에 의해 藝文印書館에서 출판되었다. 嚴一萍 版에서는 詞 87闋을 모았으며, 나머지는 歐陽可亮 版과 동일하다. 董作賓이라는 저명 학자의 명망과 그의 甲骨書法에 대한 조예로 말미암아 뜻밖에 董作賓의 甲骨書法을 모방해서 쓰는 사람도 있다. 이밖에 대만 학자 嚴一萍도 甲骨書法에 상당한 조예가 있다. 중국의 商承祚·唐蘭·于省吾 등과 같은 선배 甲骨學者들도 甲骨書法에 대해서 역시 정밀하고 깊이 있는 연구를 하였다. 쓴 것이 많지 않기 때문에 그들의 墨寶는 더욱 진귀하다. 그러나 애석한 것은 현재까지도 그들의 墨寶를 수집하고 정리하는 사람이 없다는 것이다.

근래에는 甲骨書法이나 篆刻 작품이 때때로 나온다. 1984년 10월에는 河南省 安陽市에서 '殷墟筆會'와 '甲骨文還鄕書法展覽'이 개최되어 비교적 우수한 甲骨書法 작품들이 추천되었다.

여러 傳統 書體와 비교해 보면, 甲骨書法은 겨우 60여 년의 역사를 가지고 있을 뿐이며, 갑골서법가의 수도 비교적 적고 甲骨書法도 아직 많은 사람들의 인정을 받고 있는 과정에 있다. 그러나 甲骨書法은 서법 예술의 새로운 장르로서 반드시 그것의 합당한 지위를 얻을 것이며, 많은 사람들이 좋아하게 될 것이다.

제2절 甲骨書法을 잘 쓰는 데 필요한 준비 작업

서법은 일종의 종합 예술이다. 한 폭의 우수한 서법 작품은 사람들이 아름다움을 향수할 수 있게 해주고, 사람의 성정을 도야해 주며, 조국의 우수한 문화에 대한 열렬한 사랑을 불러일으키게 해준다. 어떤 사람은 서법이라는 예술 형식이 圖畵〔그림〕의 기능을 가지고 있다고 말하는데, 이것이 바로 이른바 '書畵同源' 論이다. 확실히 문자가 발생할 때, 수많은 象形文字는 바로 현실 생활 속에서 많은 사물에 대해 극히 형상적이고 생동적인 개괄을 한 것이다. 비록 발전과 변화를 거쳐 문자와 현실 사물이 갈수록 점점 더 멀어지게 되었지만, 그러나 한 폭의 서법 작품은 그 자체가 바로 한 폭의 아름다운 그림이며, 게다가 미술 작품이 도달할 수 없는 예술 효과를 거둘 수 있다. 서법가는 점과 선의 변화에 의해 각기 다른 서체로 사람을 도취시키는 작품을 써내며, 소리가 없는 곳에서 사람들이 변화막측한 선율을 느끼게 한다. 특히 甲骨文은 직선 획과 횡선 획의 변화로 심오한 문자를 구성한다. 3천여 년 전에 쓰였던 이 '殷人의 刀筆' 문자를 오늘날에 붓(혹은 칼)으로 발양광대시키려면, 반드시 갑골서법가(혹은 篆刻家)가 어느 정도의 기본적인 지식과 기술을 가지고 있어야 한다.

첫째, 갑골서법가들은 어느 정도의 문학적인 수양을 가지고 있어야 한다. 좋은 서법 작품은 글자가 잘 써져야 할 뿐만 아니라 내용도 낡은 양식에 빠지지 말아서, 남에게 새로운 경지를 보여 줄 수 있어야 한다. 이러한 서법 예술 작품이라야 정조를 도야한다는 목적에 도달할 수 있는 것이다. 서법은 아주 훌륭하나 내용은 오히려 매우 조잡한 작품을 사람들이 좋아한다는 것은 상상하기가 매우 힘들다. 내용이 어떠한가는 서법가의 기호·수양과 정조를 반영한다. 의미가 있고 인격을 향상시키는 對聯이나 警句를 쓰고자 하면, 서법가는 반드시 상당한 문학적 수양과 도덕적 수양을 갖추어야 한다. 생활 자세가 성실하고, 관찰이 세밀하며, 사물을 접하면 감정이 일고, 호기 있는 흥취를 크게 낼 수 있는 사람이 얻은 주옥 같은 말이어야 사람들에게 계시와 가르침을 줄 수 있다. 중국 고대의 수많은 유명 철학자와 시인들이 우리에게 남겨 준 풍부한 철학 명언과 불후의 명시는 오랫동안 대중 속에서 널리 전송되었다. 많은 서법가들은 이것들을 제재로 삼아 대중에게 환영받는 작품들을 많이 창작하였다. 이 우수한 문학 작품들은 대중의 정서를 도야시켜 줄 뿐 아니라 서법가 자신의 사상과 창작 경계를 더욱 고상하게 만들어 준다.

둘째, 甲骨書法 예술 작품이 높다란 빌딩이고, 서법가가 빌딩의 설계사라고 한다면, 그가 선택(혹은 창작)해서 자기의 뜻을 표현한 詩句는 빌딩의 설계도이며, 모아 놓은 甲骨文字는 바로 빌딩을 짓는 데 필요한 기와와 벽돌이다. 이 때문에 오늘날의 갑골서법가들은 어느 정도 甲骨學 기초를 파악해야 하고, 일정한 수량의 甲骨文字를 알아야 한다.

甲骨文은 현재 이미 2천 자 내외가 고석되었지만, 대다수의 사람들에게 승인된 것은 1천 자 내외에 불과하다. 갑골서법가가 甲骨文字를 고석한 선배 학자들의 기존 성과를 계승하고 흡수하는 것은 어려운 일이 아니다. 이밖에도 일부 공구서, 예를 들면 孫海波의 《甲骨文編》, 高明의 《古文字類編》, 徐中舒가 책임편집한 《漢語古文字字形表》 등이 있는데, 이 공구서들 중에서 甲骨文字를 集字할 수 있다.

그러나 오직 공구서에서만 集字해서 서법 창작을 하는 것은 매우 불충분하다. 갑골서법가는 역시 甲骨文에 정통해야 한다. 郭沫若의 《卜辭通纂》과 《殷契粹編》은 甲骨文을 익히는 입문서 역할을 할 수 있는데, 이 책들을 성실하게 통독하면 상당수의 甲骨字를 파악할 수 있어서, 오로지 《甲骨文編》만을 외우는 것보다 효과가 훨씬 크다. 甲骨書法에 뜻을 둔 사람들은 한번 시험해 보아도 괜찮으며, 이 두 책은 독자에게 평생 이로움을 줄 것이다. 또 李孝定이 纂輯한 《甲骨文字集釋》은 여러 학자들의 甲骨文字에 대한 고석을 모아 놓은 것으로서 역시 참고할 만하다.

셋째, 甲骨 탁본들을 직접 보고 모사해야 한다. 몇몇 갑골서법가는 甲骨字典 속에서 甲骨字를 모아서 서법 창작을 시작한다. 그들은 甲骨 탁본을 본 적도 없고 모사해 본 적도 없기 때문에, 甲骨文字의 刀法과 전편에 걸친 문자의 行款과 배치를 모른다. 그래서 그들의 甲骨書法에는 甲骨文의 운치가 극히 적다. 우리는 마땅히 그들의 교훈을 흡수해서 일정수의 낱글자를 파악하고, 아울러 어떻게 공구서를 사용해서 集字하는가를 안 후에도 탁본을 모사해 보아야 한다. (만일 原甲骨을 볼 수 있으면 가장 좋다.) 甲骨文은 칼로 새긴 것이지만 甲骨書法은 붓으로 서사한 것이다. 이렇다면 붓으로 어떻게 刀刻의 풍격을 표현해 내며, 또한 붓의 筆意를 갖출 수 있는가를 반복해서 이해해야 한다. 서법가들의 말을 빌리자면, 먼저 '入帖'을 해야 한다. 즉 쓴 글자가 되도록 甲骨 탁본상의 글자와 같아야 한다. 그러나 다시 '出帖'을 해야 하는데, 즉 재창조해서 자기의 풍격을 이루어야 한다. 최근에 출판된 집대성식의 甲骨 기록인 《甲骨文合集》과 《小屯南地甲骨》은 모사를 하는 데 참고할 수 있다. 이밖에도 甲骨文例와 유관된 지식들을 이해해야 한다.[6]

이러한 것들이다. 초보적으로 위의 기본 지식들을 파악하면 甲骨書法을 창작할 수 있다.

제3절 精益求精, 甲骨書法 예술을 한차원 높인다

"예술에는 끝이 없다." 필자가 이야기한 甲骨書法 예술을 한차원 높인다는 말은 문자 서사가 甲骨文과 비슷해야 한다는 것에 한할 뿐 아니라, 더욱 중요한 것은 甲骨書法 작품은 실정에 부합하고 합리적이어야 한다는 것이다.

1984년 10월 '殷墟筆會'에 참가했을 때, 대회에서 거행한 서법 전시회를 참관해서 출품된 우수한 甲骨書法 작품들을 보았다. 그러나 솔직하게 말한다면, 일부 甲骨書法 작품 중에는 저명한 甲骨學의 권위자들조차도 '읽어서 이해할 수 없는' 것들이 있는데, 하물며 일반 독자는 말할 것도 없다. 또 일부는 甲骨書法으로 명명되었지만 篆書와 별 차이가 없이 쓴 것도 있는데, 이것은 이 서법가들이 甲骨文의 '刀法'에 대해 전연 무지하다는 것을 말해 준다. 필자는 甲骨書法의 예술 수준을 한차원 높이려면 甲骨文의 각 시기에 각기 다른 서체가 있음을 이해해야 하며, 또한 甲骨文字 자형의 偏旁 분석과 다른 문자 속에서의 借字의 이치를 알아야 비로소 실정에 부합하고 합리적인 甲骨書法 작품이 나올 수 있다고 생각한다.

1. 실정에 부합해야 한다

甲骨文은 商代 말기에 盤庚이 殷으로 기반을 옮겨 紂가 멸망하기까지 8세 12왕, 2백73년간의 유물이다. 이 기간 동안에 여러 貞人이 등장하였으며, 세월이 흐름으로 말미암아 甲骨文의 자형과 서체가 발전·변화하였다. 이 기간은 武丁 시기, 祖庚·祖甲 시기, 廩辛·康丁 시기, 武乙·文丁 시기, 帝乙·帝辛 시기로 구분된다. 이 5개 시기의 甲骨文은 자형과 서체에 있어서 각기 특징을 가지고 있다. 중국의 갑골서법가는 자기의 서법 작품 속에서 각 시기 甲骨文의 자형과 서체의 특징을 반영해야 하는데, 이것이 바로 甲骨文 당시의 실정에 부합해야 한다는 것이다.

1928년 殷墟의 과학적 甲骨文 발굴 이전에는, 학자들의 주요 연구 목표가 문자의 고석과 篇·章의 通讀이었으며, 商代 말엽 2백73년간의 甲骨文이 '혼돈'으로 간주되었고, 한 가지의 조리도 밝혀내지 못했다. 당시는 甲骨學 연구 수준의 한계로 인해, 이 시기의 甲骨書法은 물론 각 시기 甲骨文字의 자형과 서체의 차이를 반영해 낼 수 없었다. 대부분 내용을 集句해야 한다는 요구에 따라 제한된 공구서, 예를 들면 《殷墟書契考釋》 등에 근거해서 문자를 한곳에 모았다. 이렇게 써낸 서법 작품은 자연히 각 시기의 서체가 함께 뒤섞이게 되었다. 아주 분명한 것은, 이것이 甲骨文字의 발전·변화 실정에 부합하지 않아 '가짜'를 생산해 내는 결과를 초래하였다는 사실이다. 甲骨學은 오늘날까지 발전해 오면서 각 甲骨片을 시기別로 정확하게 구분할 수 있으며, 심지어는 '王'字까지도 구별할 수 있는데, 우리의 갑골서법가들이 초기 갑골서법가와 같은 그런 수준에 머물러서 '行列'이 다른 甲骨文字를 아무렇게나 한데 모을 수는 없는 것이다.

필자는 여기에서 甲骨 篆刻과 관련된 甲骨의 위조 문제를 언급하고자 한다. 甲骨文 값이 나날이 치솟음에 따라서 甲骨을 위조하여 큰 이익을 도모하는 문제도 발생하게 되었다. 甲骨의 발견 초기에는 위조자가 각 시기의 甲骨字를 이것저것 모아 글을 지었으며, 게다가 辭例도 이루어지지 못했다. 甲骨學 연구가 발전함에 따라서 甲骨學者들은 매우 쉽게 이 위조 甲骨片들을 판별해 내었다. 위조자들은 甲骨上의 刻辭를 기록해서 문장을 만들었는데, 문장 전체를 옮겨 새겨 진짜와 매우 흡사하게 보였다. 그러나 위조자들은 甲骨文例를 모르지만 甲骨學者들은 이를 간파해 낼 수 있다. 지금도 일부 사람들은 甲骨文을 이용하여 印章을 篆刻하거나 甲骨을 倣刻하는데, 이것도 가짜 '甲骨'을 만드는 것이라고 말할 수 있다. 甲骨 倣刻은 이미 篆刻 영역의 새 분야가 되었다. 甲骨 篆刻字에 대해 말한다면, 역시 '이치에 부합한다'는 문제가 존재하므로 사람들이 가짜 甲骨을 보고 더 이상 가짜라는 생각을 갖지 않게 해야 하며, 가짜 甲骨에서 '진짜' 甲骨의 운치를 느낄 수 있도록 해야 한다.

총괄적으로 말해서, 甲骨書法은 필사를 통해 刀意를 나타내고 필력을 잃지 않아야 하며, 매우 흡사한 '甲骨'字를 재창조해 내야 한다. 甲骨 篆刻은 '진짜'를 전해야 하며, 가짜를 진짜로 만들기 위해 재창조해서는 안 된다. 그렇지 않으면 틀림없이 진짜로 '가짜' 甲骨이 만들어질 것이다. 甲骨書法 篆刻家들이 甲骨文 실정에 부합하는 예술 효과에 이르도록 창작하려면 반드시 甲骨文의 시기 구분 지식에 대해 상당한 이해를 하여야 한다.

董作賓은 〈甲骨文斷代研究例〉에서 甲骨文을 5개 시기로 구분하고, 5개 시기의 문자 서체의 차이를 지적하였다. 즉 제1기는 웅위하다. 제2기는 신중하게 수식했다. 제3기는 퇴폐적이다. 제4기는 거칠다. 제5기는 정연하다. 만일 甲骨書法 篆刻家들이 이 차이들을 반복해서 체득한다면, 반드시 甲骨文 자체의 실정에 더욱 부합하는 우수한 작품을 창작해 낼 수 있을 것이다.

2. 이치에 부합해야 한다

이른바 '이치에 부합한다'는 것은, 바로 우리 현대인들이 서사한 '甲骨文'

에 3천 년 전의 甲骨文의 정취가 있어야 한다는 말이다. 즉 자기의 서법 작품으로 하여금 集字한 문자로부터 문자의 구조·기세에 이르기까지 진정한 甲骨文字와 매우 비슷하도록 해야 한다는 것이다. 이러한 효과에 이르도록 하기 위해서는 반드시 아래에 서술하는 세 방면에 주의를 기울여야 한다.

첫째, 자기의 甲骨書法을 甲骨文의 筆意에 부합하도록 해야 한다는 것이다. 甲骨文의 5개 각 시기의 상이한 서체 풍격은 문자 契刻 때의 칼놀림의 차이, 즉 點劃의 차이로부터 결정되는 것이다.

甲骨文은 또한 학자들에 의해 '殷人의 刀筆文字' 또는 '契文'이라고 일컬어진다. '刀筆文'이든 '契文'이든 간에 모두 甲骨文이 붓을 사용한 것이 아니고, 칼을 사용하여 龜甲 혹은 獸骨 위에 契刻한 문자임을 말해 준다. '刀筆'은 安陽 殷墟에서 출토된 靑銅刻刀나 玉刻刀이다. 당시에는 주로 靑銅刀를 이용해서 甲骨文字를 契刻했을 것이다.

董作賓 등의 학자들은 甲骨文이 먼저 쓰고 나중에 새긴 것이라고 주장하고 있다. 출토된 대량의 甲骨文 자료에 의하면, 먼저 쓰고 나중에 새긴 것은 극소수에 지나지 않는다. 대다수는 貞人이 손가는 대로 새긴 것이며, 먼저 먹바탕에다 쓴 것이 아니다. 이것은 이미 근래 어떤 사람이 진행한 甲骨 模刻 실험에 의해 증명되었다. 甲骨文의 운치를 새겨내고 각 시기의 여러 書體 風格을 표현해 내려면, 반드시 甲骨文字 契刻의 순서 및 刀法에 대해 분석하고 이해해야 한다. 어떤 사람이 倣刻 甲骨의 실험을 진행할 때 甲骨文字의 붓 대는 순서를 자세히 관찰하고, 다시 순서에 따라 칼을 대었는데, 그가 새긴 '甲骨'字는 진짜 甲骨文字와 대단히 흡사하였다. 이것은 甲骨書法 篆刻家에게 시사하는 바가 매우 크다.

우리가 甲骨文의 契刻 방법 및 칼 대는 순서를 이해했다면, 이제는 서사할 때 붓으로 刀法을 표현할 수 있다. 어떤 甲骨書法 전문가는 이 점을 이해하지 못하고 필획의 두께를 일치시켜 小篆體의 甲骨을 써냈다. 또 어떤 사람은 '行書'體의 '甲骨'字를 써서 甲骨 篇·章의 엄밀함과 엄숙함을 잃었다. 또 어떤 갑골서법가는 甲骨書法이란 결국 서법이지 契刻이 아님을 이해하지 못하고 단지 刀法만을 강조하여, 붓으로 팽팽한 긴장감이 감도는 '甲骨'字를 써냄으로써 甲骨文 筆意의 유창함과 미려함을 잃었다. 우리가 '甲骨文'

을 서사하려면 '刀'法의 거친 특성을 써내야 하고, 아울러 筆意의 고요함을 표현해 내야 한다. 그래서 甲骨을 모사할 때는 각 글자의 필획과 필획의 구조에 주의해야 할 뿐 아니라, 또한 刀法과 필획을 결합시켜 자기만의 독특한 풍격을 형성해야 한다.

둘째, 합리적으로 '甲骨'字를 사용해야 한다는 것이다. 수많은 학자들이 甲骨文字의 고석에 대해 많은 작업을 하였지만, 시간상의 차이와 접한 자료량의 차이 등으로 말미암아 왕왕 한 글자에 해석이 다른 경우가 있는데, 이때 초학자들은 갈피를 잡지 못한다. 초기 학자들의 문자 고석은 자료의 제한으로 말미암아 왕왕 고립적으로 문자를 해석하고, 전체 자료를 종합해서 논증을 하지 않아서 문맥이 잘 통할 수 없었다. 또 문자 고석을 '射覆' 즉 수수께끼를 푸는 식으로 하였는데, 비록 일부 문자에 대해서는 옳게 추측하였지만 잘못 고석한 것이 적지않다. 오늘날의 갑골서법가들이 集字를 할 때는 마땅히 문자 고석의 최신 성과를 표준으로 삼아야 할 것이다. 필자는 상당수의 甲骨書法 작품들이 앞사람들이 잘못 고석하거나, 이미 폐기한 釋讀을 集字의 수요에 부응하기 위해 새로이 모았기 때문에 거의 연결시켜 읽을 수 없을 정도로 잘못된 글자가 작품 전편에 깔려 있는 것을 발견하였다. 이것은 甲骨文字 釋讀이 87년 이래 부단히 발전하여 날로 치밀해졌다는 사실을 모른 결과이다. 문자 고석을 비교적 많이 하고 정확하게 한 학자로는 郭沫若·于省吾·唐蘭 등 3명이 있는데, 그들이 펴낸 《卜辭通纂考釋》·《殷契粹編考釋》·《甲骨文字研究》·《甲骨文字釋林》·《殷墟文字記》 등은 우리가 集字를 할 때 좋은 참고가 된다. 이밖에 문자 고석의 성과를 반영한 字典인 《甲骨文編》·《古文字類編》 등도 集字할 때 사용 가치가 매우 높다.

셋째, 비록 적지않은 甲骨文字가 고석을 통해 읽을 수 있게 되었지만 그 수량은 결국 한정되어 있다는 것이다. 또한 상당수의 글자는 의미만을 알 뿐 독음을 알 수 없다. 5천여 자의 낱글자 중에서 현재 (이견 없이) 읽을 수 있는 글자는 1천여 자에 불과하다. 이 1천여 자의 낱글자는 대부분 商王의 활동, 즉 제사·정벌·수렵·길흉화복 등에 관계된 것이라서 연관된 범위가 비교적 좁으며, 이를 이용해서 현대인의 사상을 표현하기에는 거리가 너무 멀다.

그래서 甲骨書法을 이용해서 현대인의 마음이나 뜻을 표현할 때는 甲骨文字가 비교적 적다는 이 특징에 반드시 주의해야 할 것이다. 문구를 창작하거나 선택할 때에는 맨 먼저 甲骨文 중에서 集字할 수 있는 것들을 고려해서, 甲骨文字로 集字하기가 쉽지 않은 문구를 창작(혹은 선택)하는 것을 최대한 피해야 한다. 비록 이렇게 한다 해도 창작한 詩 혹은 偶句(혹은 哲學 名句·名詩)에는 集字할 수 없는 甲骨文字가 있을 수 있다. 이런 경우에는 적당히 일부 甲骨字를 만들든지 혹은 빌리든지 할 수밖에 없다.

글자를 만드는 일은 이치에 부합해야 한다. 즉 현대인이 만든 '甲骨字'는 甲骨文字의 偏旁 구조에 부합해야 하는데, 偏旁分析法을 이용해서 합리적으로 일부 甲骨字를 만들어야 하며, 앞사람들이 잘못 고석해 놓은 글자들을 가져다가 억지로 수를 채워서는 안 된다. 偏旁을 분석하는 것은 문자를 고석하는 데 매우 효과적인 방법으로서, 宋代부터 이미 사용되었다. 예를 들면 宋代 사람들은 '秉'字를 분석하여 "義符는 '又'이고 '禾'이다"라고 하였는데, '又'는 손이라는 의미이며, '손으로 벼를 잡는다'가 '秉'字의 本意이다. 淸代 孫詒讓의 《契文擧例》에서도 자주 이 방법을 이용해서 문자를 분석하였다. 書法을 창작하면서 글자가 없을 때에는 문자의 偏旁 분석에 근거해서 합리적인 '甲骨'字들을 만들어 낼 수 있다. 唐蘭의 《古文字學導論》에는 문자의 偏旁 분석에 대한 정밀한 논술이 있으니, 갑골서법가가 造字를 합리적으로 하기 위해서는 이 책을 펼쳐 보는 것이 좋다.

물론 일부 글자들은 偏旁分析法을 이용해도 만들어 낼 수가 없는데, 그런 것들은 할 수 없이 '借用'을 해야 한다. 우선은 甲骨文의 시대와 비교적 가까운 金文 중에서 借用한다. 만일 金文에도 없으면 다시 戰國 時代의 貨貝文·璽印文·兵器의 刻文 혹은 陶文 중에서 借用한다. 그러나 한 가지 매우 주의를 요하는 것은 '借用'한 글자를 개조해야 하는데, 즉 甲骨書法의 특징을 이용해서 써내야 한다는 것이다.

글자를 만들거나 글자를 차용하는 것은 모두 만부득이해서 하는 것이며, 이것들이 書法 작품 속에 너무 많이 출현해서는 안 된다. 명칭을 가지고 뜻을 생각해 볼 때, 甲骨書法은 마땅히 원래 있던 甲骨文字의 集字를 위주로 해야 한다. 만일 풍격이 甲骨文의 질박한 운치를 표현할 뿐 아니라 集字한

'甲骨字'도 실정과 이치에 부합한다면, 그 甲骨書法은 성공한 작품이 될 것이다. 이밖에 甲骨文은 결국 매우 오래전의 것이라서 대다수의 사람들이 식별하기가 어렵다. 그래서 甲骨書法 작품에도 마땅히 釋文을 달아 감상자의 글자 모르는 고통을 덜어 주어야 한다. 이렇게 하면 甲骨書法을 감상하는 사람들이 힘차고 기묘한 서법 예술을 음미할 수 있으며, 또한 甲骨書法을 통해 서법가가 기탁한 사상과 寓意를 이해할 수 있기 때문에 계시를 받음과 아울러 서법가와 공감을 할 수 있다. 그래서 필자는 甲骨書法에 釋文을 달아야 한다고 주장하는데, 이것은 甲骨書法 예술을 신속하게 발전시켜 주며 감상자를 더 많이 늘게 하는 필수불가결한 작업이다.

비록 甲骨文이 오래된 문자이기는 하지만, 그러나 甲骨書法은 書法史에 있어서는 오히려 가장 연륜이 짧다. 중국의 역대 서법가들은 대량의 우수한 篆書·隸書·行書·草書 등의 서법 진품을 축적해 놓음으로써 우리가 참고할 수 있도록 해주었다. 15만 편의 甲骨文은 또한 우리에게 甲骨書法의 가장 훌륭한 '法帖'을 제공해 주었다. 이것들은 甲骨書法이 篆書·隸書·行書·草書 등의 우수한 유산과 동일한 범주에 속하게 해주었으며, 甲骨書法을 새로운 수준으로 끌어올리는 데 유리한 조건을 제공해 주었다. 필자는 甲骨書法이 반드시 발양광대될 것이며, 중국의 墨苑에서 크게 이채를 띨 것이라고 믿는다.

附　錄

<h1 style="text-align:center">부록 1</h1>

<h1 style="text-align:center">甲骨學 年表</h1>

(1899-1986년)

1899년　王懿榮이 北京에서 최초로 甲骨文을 감정하고 수집하기 시작.
　　　　王襄과 孟定生도 天津에서 甲骨文을 수집하기 시작.

1900년　가을, 王懿榮 순국.

1901년

1902년　劉鶚이 王懿榮 소장의 甲骨을 구입.
　　　　羅振玉이 劉鶚의 집에서 처음으로 甲骨文을 보고 墨拓.

1903년　최초의 甲骨 기록서《鐵雲藏龜》출판.
　　　　미국 장로회 濰縣 주재 선교사 칼팬트와 영국 침례회 靑州 주재 선교
　　　　사 쿨링이 上海 亞洲學會博物館을 위해 甲骨 4백 편을 구입.

1904년　孫詒讓이 甲骨學史上 최초의 연구 저작인《契文擧例》찬술.
　　　　겨울, 小屯村 주민들이 마을 북쪽의 朱氏 땅에서 甲骨文을 마구 발굴.
　　　　미국인 칼팬트, 영국인 쿨링, 濰縣 주재 목사 柏爾根, 영국인 赫布金, 독
　　　　일인 비르츠 등이 濰縣과 靑島 등지에서 중국의 甲骨文을 수집.

1905년

1906년

1907년　羅振玉이 甲骨文을 연구, 이미 "점차 그 뜻을 알 수는 있게 되었지
　　　　만…… 아직 주석을 달 정도는 아님."(《殷墟書契·自序》)

1908년　羅振玉이 방문을 통해 甲骨文의 확실한 출토지가 河南省 安陽縣 小屯
　　　　村임을 앎.

1909년　봄, 小屯村의 張氏 땅에서 대규모의 甲骨이 출토.
　　　　일본인 林泰輔가 甲骨文을 연구하기 시작해서 일본 최초로 甲骨文을
　　　　연구한 학자가 됨.
　　　　7월, 劉鶚이 迪化〔지금의 烏魯木齊〕에서 사망.

1910년　6월, 羅振玉의《殷商貞卜文字考》출판. 고찰을 통해 河南省 安陽縣 小
　　　　屯村이 商王朝 '武乙 시기의 옛터〔武乙之墟〕'임을 앎.

1911년　羅振玉이 동생 羅振常 등을 河南省 安陽縣 小屯村에 보내 甲骨文을 구
　　　　입하게 해서 상당량을 수집.《殷墟書契菁華》에 수록된 大龜四版은 이

곳에서 얻은 精品.

겨울, 羅振玉의 온 집안이 일본으로 건너감. 王國維가 동행.

1912년　羅振玉이 일본에서 소장한 甲骨文을 정리.

1913년　羅振玉의《殷墟書契》가 일본에서 출판.

1914년　영국인 安陽 주재 장로회 목사와 캐나다인 멘지스가 安陽縣 小屯村에
　　　　서 甲骨을 收藏하기 시작.

　　　　羅振玉의《殷墟書契菁華》출판.

1915년　羅振玉의《殷墟書契考釋》출판.

　　　　봄, 羅振玉이 일본에서 귀국, 河南省 安陽에 가서 殷墟 유적지를 답방.

1916년　羅振玉의《殷墟書契後編》및《殷墟文字待問編》출판.

1917년　王國維가《殷卜辭中所見先公先王考》및〈續考〉등 한 시대의 획을 그
　　　　은 저작을 발표.

　　　　봄, 멘지스의《殷墟卜辭》출판. 서양 학자에 의해 편찬된 최초의 甲骨
　　　　기록서.

　　　　12월, 林泰輔의《龜甲獸骨文字》출판. 일본 학자에 의해 편찬된 최초의
　　　　甲骨 기록서.

1918년　4월, 林泰輔가 중국에 왔으며, 河南省 安陽縣 小屯村으로 고찰하러 가
　　　　서 殷墟를 답방한 최초의 일본 갑골학자가 됨.

1919년

1920년　華北 지역에 큰 가뭄이 들어, 小屯村 주민들이 마을 북쪽에서 甲骨을
　　　　마구 발굴.

　　　　12월, 王襄의《簠室殷契類纂》출판.

1921년

1922년

1923년　봄, 小屯村의 張氏네 채소밭에서 甲骨이 출토.

　　　　7월, 商承祚의《殷墟文字類編》출판.

　　　　12월, 葉玉森의《殷契鉤沈》출판.

1924년　小屯村 주민들이 담장을 축조하면서 甲骨이 들어 있는 坑을 발견, 이
　　　　甲骨들을 멘지스가 구입.

　　　　7월, 葉玉森의《說契》및《研契枝譚》출판.

1925년　小屯村 주민들이 마을의 앞길가에서 발굴하여 여러 광주리의 甲骨을
　　　　얻었는데, 그 중에 크기가 1자 이상이나 되는 큰 肩胛骨이 들어 있음.
　　　　이 甲骨들은 대부분 上海의 골동품상이 구입하였으며, 후에 劉體智의

소유가 됨.

8월, 王國維의 《古史新證》 출판.

9월, 王襄의 《簠室殷契徵文》 출판.

1926년 小屯村 주민들이 마을 중앙의 張氏네 채소밭에서 대량의 甲骨을 발굴, 후에 멘지스가 구입.

1927년 5월 3일 상오, 王國維가 北京 頤和園 昆明湖에서 투신 자살.

1928년 봄, 北伐軍이 安陽에서 전투를 함. 전투가 끝난 후 小屯村 주민들이 마을의 앞길가 및 麥場 앞의 숲에서 대규모로 甲骨을 발굴. 발굴된 甲骨들은 대부분 上海와 開封의 골동품상에게 팔림.

2월, 郭沫若의 《卜辭中之古代社會》 발표.

8월, 前 中央研究院 歷史言語研究所에서 董作賓을 河南省 安陽縣 小屯村으로 파견하여 甲骨 출토 상황을 조사.

10월, 前 中央研究院 歷史言語研究所에서 董作賓을 파견하여 安陽縣 小屯村의 과학적 甲骨文 발굴 작업을 주관하게 함. 이것이 중국 考古學史上 유명한 殷墟의 과학적 발굴의 시작이며, 후에 15차에 걸친 대규모 사업으로 전개됨.

1929년 3월, 제2차 과학적 殷墟 발굴 작업 시작.

8월, 董作賓의 〈商代龜卜之推測〉 발표.

10월, 제3차 과학적 殷墟 발굴 작업 시작.

河南省의 何日章이 2개월 남짓 殷墟를 발굴.

1930년 3월, 何日章이 다시 安陽 殷墟에 가서 발굴, 선후로 두 차례에 걸쳐 공사를 시작.

5월, 郭沫若의 《中國古代社會研究》 출판.

8월, 郭沫若의 《甲骨文字研究》 출판.

1931년 3월, 제4차 과학적 殷墟 발굴 작업 시작.

6월, 董作賓의 〈大龜四版考釋〉 발표.

11월, 제5차 과학적 殷墟 발굴 작업 시작.

1932년 4월, 제6차 과학적 殷墟 발굴 작업 시작.

10월, 제7차 과학적 殷墟 발굴 작업 시작.

1933년 1월, 董作賓의 〈甲骨文斷代研究例〉 발표, 이 논문은 甲骨學史上 한 시대의 획을 그은 명작.

5월, 郭沫若의 《卜辭通纂》이 일본에서 출판.

9월, 羅振玉의 《殷墟書契續編》 출판.

10월, 葉玉森의 《殷墟書契前編集釋》 출판.

10월, 제8차 과학적 殷墟 발굴 작업 시작.

11월, 陳晉의 《龜甲文字概論》 출판.

12월, 朱芳圃의 《甲骨學文字編》 출판.

12월, 郭沫若의 《殷契餘論》 출판.

1934년 3월, 제9차 과학적 殷墟 발굴 작업 시작.

3월, 葉玉森 사망.

10월, 孫海波의 《甲骨文編》 출판.

1935년 7월, 董作賓의 〈骨文例〉 발표.

1936년 3월, 제13차 과학적 殷墟 발굴 작업 시작. 이때 YH127갱에서 1만 7천 여 편의 甲骨 발견.

9월, 제14차 과학적 殷墟 발굴 작업 시작.

1937년 3월, 제15차 과학적 殷墟 발굴 작업 시작.

4월, 郭沫若의 《殷契粹編》 출판.

4월, 董作賓·胡厚宣의 《甲骨年表》 출판.

1938년 미국인 칼팬트가 모사하고 브리튼이 교감한 《甲骨卜辭七集》 출판.

1939년 4월, 唐蘭의 《天壤閣甲骨文存》 출판.

1940년 5월, 羅振玉 病死.

6월, 于省吾의 《雙劍詒殷契駢枝》 출판.

6월, 曾毅公의 《甲骨綴存》 출판. 최초의 甲骨 綴合 전문서.

10월, 일본인 梅原末治의 《河南安陽遺寶》 출판.

1941년 4월, 于省吾의 《雙劍詒殷契駢枝續編》 출판.

1942년

1943년 5월, 于省吾의 《雙劍詒殷契駢枝三編》 출판.

1944년 3월, 胡厚宣의 《甲骨學商史論叢》 初集 1·2·3·4책 출판.

1945년 4월, 董作賓의 《殷曆譜》 출판.

4월, 胡厚宣의 《甲骨學商史論叢》 二集 1·2책 출판.

7월, 胡厚宣의 《甲骨六錄》 출판. 《甲骨學商史論叢》 三集에 수록.

1946년 7월, 胡厚宣의 《戰後平津新獲甲骨集》 출판. 《甲骨學商史論叢》 四集에 수록.

1947년

1948년 4월, 董作賓의 《殷墟文字甲編》 출판.

1949년 3월, 董作賓의 《殷墟文字乙編》 上·中輯 출판.

1950년 봄, 中國科學院 古考研究所에서 다년간 중단되었던 과학적 殷墟 발굴
작업을 재개. 이후 여러 해 동안 계속됨.

이 해에 曾毅公의《甲骨綴合編》출판.

이 해에《文物參考資料》창간(1959년에《文物》로 개명).

1951년 3월, 胡厚宣의《五十年甲骨文發現的總結》출판.

4월, 胡厚宣의《戰後寧滬新獲甲骨集》출판.

10월, 일본의《甲骨學》잡지 출판, 외국 최초로 甲骨學 논저를 전문적
으로 발표한 간행물.

11월, 胡厚宣의《戰後南北所見甲骨錄》출판.

이 해에《中國考古學報》복간(후에《考古學報》로 개명).

1952년 1월, 胡厚宣의《五十年甲骨學論著目》출판.

6월, 郭沫若의《奴隸制時代》출판.

1953년 3월, 일본인 貝塚茂樹・伊藤道治의〈甲骨文斷代研究法的再檢討〉발표.

12월, 董作賓의《殷墟文字乙編》下輯 출판.

1954년 3월, 胡厚宣의《戰後京津新獲甲骨集》출판.

5월, 楊樹達의《積微居甲文說 卜辭瑣記》출판.

11월, 楊樹達의《耐林廎甲文說 卜辭求義》출판.

이 해에 山西省 洪趙縣 坊堆村에서 有字 西周 甲骨이 출토.

1955년 1월,《考古通訊》창간(1959년부터《考古》로 개명).

4월, 郭若愚・曾毅公・李學勤의《殷墟文字綴合》출판.

5월, 胡厚宣의《殷墟發掘》출판.

7월, 董作賓의《甲骨學五十年》출판.

12월, 胡厚宣의《甲骨續存》출판.

가을, 河南省 鄭州市에서 商代의 옛 성터 발견.

1956년 4월, 陝西省 長安縣 灃河 서쪽 강기슭의 西周 유적지에서 대규모 과
학적 발굴 작업을 진행, 有字 西周 甲骨 발견.

7월, 陳夢家의《殷墟卜辭綜述》출판.

9월, 丁山의《甲骨文所見氏族及其制度》출판.

12월, 周谷城의《古史零證》출판.

1957년 3월, 갑골학자 멘지스 사망.

8월, 張秉權의《殷墟文字丙編》上輯 1 출판(全書는 上・中・下 3輯 6册
이며, 1972년에 모두 나옴).

12월, 일본인 貝塚茂樹의《古代殷帝國》출판.

1958년 7월, 일본인 島邦男의 《殷墟卜辭硏究》 출판.

11월, 周鴻翔의 《商殷帝王本紀》 출판.

1959년 3월, 일본인 貝塚茂樹의 《京都大學人文科學硏究所藏甲骨文字》 圖版篇
출판.

5월, 李學勤의 《殷代地理簡論》 출판.

11월, 饒宗頤의 《殷代貞卜人物通考》 출판.

이 해에 石璋如의 《建築遺存》(小屯乙編: 遺址的發現與發掘) 출판.

1960년 1월, 董作賓의 《中國年曆總譜》 上·下 출판.

3월, 일본인 貝塚茂樹의 《京都大學人文科學硏究所藏甲骨文字》 本文篇
출판.

10월, 河南省 偃師縣 二里頭 유적지에서 큰 면적의 夯土 건축이 남아
있는 것을 발견.

10월, 대만 잡지 《中國文字》 창간.

1961년 11월, 屈萬里의 《殷墟文字甲編考釋》 출판.

12월, 《新中國考古收獲》 출판.

1962년 10월, 梁思永·高去尋의 《第1001號大墓》 출판.

11월, 朱芳圃의 《殷周文字釋叢》 출판.

1963년 8월, 일본인 白川靜의 《殷·甲骨文集》 출판.

이 해에 甲骨學의 대가 董作賓 사망.

1964년 10월, 陳夢家의 《殷墟卜辭綜述》 일본에서 影印 출판.

12월, 일본인 池田末利의 《殷墟書契後編釋文稿》 출판.

1965년 5월, 郭沫若의 《殷契粹編》 재판.

6월, 董作賓의 《甲骨學六十年》 출판.

6월, 李孝定의 《甲骨文字集釋》 출판.

7월, 梁思永·高去尋의 《第1002號大墓》 출판.

9월, 中國科學院 古考硏究所에서 편집한 《甲骨文編》 출판.

1966년 4월, 梁思永·高去尋의 《第1003號大墓》 출판.

7월, 일본인 伊藤道治의 《古代殷王朝之謎》 출판.

9월, 고문자학자 陳夢家 사망.

1967년 11월, 일본인 島邦男의 《殷墟卜辭綜類》 출판.

1968년 6월, 許進雄의 《殷卜辭中五種祭祀的硏究》 출판.

7월, 梁思永·高去尋의 《第1217號大墓》 출판.

1969년 7월, 일본인 白川靜의 《說文新義》가 계속적으로 출판되기 시작.

이 해에 周鴻翔의 《卜辭對貞述例》 출판.

1970년 3월, 梁思永·高去尋의 《第1004號大墓》 출판.
4월, 일본인 白川靜의 《漢字》 출판.
이 해에 石璋如·高去尋의 《殷墟墓葬之一》(小屯丙編: 遺址的發現與發掘) 출판. 殷墟 墓葬의 1에서 5(北組墓葬·中組墓葬·南組墓葬·乙區基址 上下의 墓葬·丙組墓葬 上下)는 각각 1970년, 1972년, 1973년, 1976년, 1980년에 출판.

1971년 9월, 馬宗藿의 《甲骨地名通檢》 출판.
12월, 古考研究所 安陽工作隊가 小屯村 서쪽 지역에서 牛肩胛骨 卜骨 20판을 발견. 이 가운데 문자가 있는 것은 10판.

1972년 2월, 일본인 白川靜의 《甲骨文之世界》 출판.
이 해에 許進雄 編의 《殷墟卜辭後編》 출판.
이 해에 許進雄 編의 《明義士收藏甲骨文集》 출판.
이 해에 李達良의 《龜版文例硏究》 출판.

1973년 3월, 河南省 安陽市 小屯村 남쪽 지역에서 甲骨 5천여 편 발견. 해방 후 최대 규모.
8월, 許進雄의 《卜骨上的鑽鑿形態》 출판.
11월, 河北省 藁城縣 臺西村의 商代 유적지에서 鐵刃銅鉞 1자루 발견.
12월, 일본인 白川靜의 《甲骨金文學論集》 출판.

1974년 5월, 許進雄의 《骨卜技術與卜辭斷代》 출판.
이 해에 梁思永·高去尋의 《第1500號大墓》 출판.

1975년 3월, 北京 昌平縣 白浮村의 西周墓에서 有字 甲骨 출토.
6월, 嚴一萍의 《甲骨綴合新編》 출판.
이 해에 嚴一萍의 《甲骨集成》1 출판.

1976년 5월, 周鴻翔의 《美國所藏甲骨錄》 출판.
7월, 河南省 安陽市의 殷墟에서 '婦好墓' 발견, 銅器·玉器 등 대량의 진귀한 문물이 출토.
이 해에 梁思永·高去尋의 《第1550號大墓》 출판.

1977년 3월, 일본인 赤塚忠의 《中國古代的宗敎與文化 —— 殷王朝的祭祀》 출판.
4월, 陝西省 岐山縣 鳳雛村에 있는 궁전터 西廂 2호 房內의 窖穴에서 西周 甲骨 1만 7천여 편 출토.
7월, 中國社會科學院 古考研究所와 中國歷史博物館이 연합, 殷墟 5號墓(婦好墓)에 관한 좌담회 개최.

11월, 李學勤이 〈論 '婦好' 墓的年代及有關問題〉라는 論文을 발표, '歷組' 卜辭의 시대에 대한 논쟁을 제기.

11월, 《董作賓全集》 甲·乙編 총 12책이 출판. 이 책은 甲骨學史上 중요한 문헌.

이 해에 李濟의 《安陽》(영문판) 출판.

1978년 2월, 嚴一萍의 《甲骨學》 上·下冊 출판.

6월, 甲骨學의 대가 郭沫若 사망.

10월, 郭沫若 주편, 胡厚宣 총편집의 《甲骨文合集》 제2책 출판. 全書는 총 13책으로서 1982년 12월까지 모두 출판. 이 책은 甲骨學史上 이정표가 되는 저작.

11월, 中國古文字學術研究會가 長春市에서 개최, 中國古文字學術研究會 발족.

이 해 미국인 카이틀리의 《商代史料 —— 中國靑銅時代的甲骨文》 출판.

1979년 1월, 고문자학자 唐蘭 사망.

6월, 于省吾의 《甲骨文字釋林》 출판.

8월, 《古文字硏究》 창간.

10월, 《文物》에서 陝西省 岐山縣 鳳雛村에서 출토된 有字 西周 甲骨을 공포하기 시작.

11월, 中國古文字學術研究會 제2차 연례회가 廣州에서 개최.

이 해에 許進雄의 《懷特氏等收藏甲骨文集》 출판.

겨울, 陝西省 扶風縣 齊家村에서 有字 西周 甲骨 발견.

이 해에 유명한 고고학자 李濟 사망.

1980년 9월, 中國古文字學術研究會 제3차 연례회가 山西省 太原에서 개최.

이 해에 中國社會科學院 古考研究所編의 《小屯南地甲骨》 上冊 1·2 출판.

1981년 3월, 王宇信의 《建國以來甲骨文研究》 출판.

5월, 唐蘭의 《殷墟文字記》 增訂本 출판.

9월, 中國古文字學術研究會 제4차 연례회가 四川省 成都에서 개최.

9월, 《文物》에서 陝西省 扶風縣 齊家村에서 출토된 有字 西周 甲骨을 공포.

1982년 5월, 陳全方이 〈陝西岐山鳳雛村西周甲骨文概論〉에서 有字 西周 甲骨 2백89편을 전부 공포, 西周 甲骨의 심층적인 연구를 촉진.

9월, 商文明國際討論會가 미국 하와이에서 개최.

9월, 石璋如가 〈殷墟文字甲編的五種分析〉을 발표, 《殷墟文字甲編》에
수록된 甲骨의 坑位를 공포.

1983년 3월, 일본인 松丸道雄의 《東京大學東洋文化研究所藏甲骨文字》圖版篇
출판.

3월, 고문자학자 容庚 사망.

3월, 《甲骨文與殷商史》 출판.

7월, 유명한 고고학자 尹達 사망.

9월, 미국 국적 張光直의 《中國靑銅時代》가 北京에서 출판.

9월, 國際中國古文字硏討會가 홍콩에서 개최.

이 해에 中國社會科學院 古考硏究所編의 《小屯南地甲骨》下册 1·2·
3 출판.

1984년 4월, 王宇信의 《西周甲骨探論》 출판.

7월, 고문자학자 于省吾 사망.

8월, 中國古文字學術硏究會 제5차 연례회가 陝西省 西安에서 개최.

10월, 全國商史學術討論會가 河南省 安陽에서 개최.

12월, 《殷都學刊》이 공개적으로 발행. 이 학술 잡지에는 〈殷商文化硏
究〉라는 전용란이 있음.

1985년 1월, 武漢大學에서 甲骨文을 컴퓨터에 입력.

5월, 中國社會科學院 古考硏究所의 《新中國的考古發現與研究》 출판.

6월, 유명한 고고학자 夏鼐 사망.

6월, 《出土文獻研究》 출판.

8월, 姚孝遂·蕭丁의 《小屯南地甲骨考釋》 출판.

9월, 李民의 《夏商史探索》 출판.

10월, 楊育彬의 《河南考古》 출판.

12월, 吳浩坤·潘悠의 《中國甲骨學史》 출판.

이 해에 嚴一萍의 《商周甲骨文總集》 출판.

1986년 5월, 《人民日報》가 陝西省 西安에서 원시 시기의 甲骨文이 출토되었
음을 보도.

8월 2일, 《人民日報》가 巢湖에서 西周 甲骨을 발견하였음을 보도.

8월, 《中國大百科全書·考古學卷》 출판.

9월, 中國古文字學術研究會 제6차 연례회가 山東省 煙臺地區 長島縣
에서 개최.

9월, 林澐의 《古文字研究簡論》 출판.

이 해에 《英國所藏甲骨集》 출판.
1987년 2월, 일본인 伊藤道治의 《天理大學附屬天理參考館甲骨文字》 출판.
　　　9월, 中國殷商文化國際討論會가 安陽에서 개최, 중국 내외 학자 1백20
　　　명이 회의에 참가해서 1백7편의 논문을 발표. 아울러 中國殷商文化學
　　　會의 발족 선언. 회장 胡厚宣, 부회장 田昌五·李學勤·李民·鄒衡·鄭
　　　振香, 비서장 田昌五, 부비서장 王宇信(상무)·楊昇南·李紹連·聶玉海.

甲骨文 기록 목록 및 약칭

劉　鶚: 《鐵雲藏龜》, 石印本 전6책, 抱殘守缺齋, 1903년 10월. 1931년 蟬隱廬에서 《鐵雲藏龜之餘》를 합해 石印本 전6책으로 발행. 《鐵》

羅振玉: 《殷墟書契》《國學叢刊》 石印本 3기 3권, 1911년. 또 1913년에 影印本 4책으로 발행. 1932년에 重印本 4책으로 발행. 《前》

羅振玉: 《殷墟書契菁華》, 1914년 10월. 또 重印本 1책 발행. 《菁》

羅振玉: 《鐵雲藏龜之餘》, 《昬古叢編》 影印本 1책, 1915년 1월. 1927년에 重印本 발행. 또 1931년에 蟬隱廬에서 《鐵雲藏龜》 뒤에 붙여 石印本 전6책으로 발행. 《鐵餘》

羅振玉: 《殷墟書契後編》, 影印本 1책, 1916년 3월. 《藝術叢編》 제1집본에 수록. 重印本 발행. 《後》

羅振玉: 《殷墟古器物圖錄》, 影印本 1책, 1916년 4월. 《藝術叢編》 제1집본에 수록. 飜刻本 발행. 《殷圖》

明義士: 《殷墟卜辭》, 石印本 1책, 上海別發洋行, 1917년 3월. 《明》

姬佛佗: 《戩壽堂所藏殷墟文字》, 《藝術叢編》 제3집 石印本, 1917년 5월. 單行本과 王國維의 《戩壽堂所藏殷墟文字考釋》을 2책으로 合本. 《戩》

林泰輔: 《龜甲獸骨文字》, 影印本 2책, 日本商周遺文會, 1921년 12월. 北京富晋書社에서 飜刻本 2책으로 발행. 《龜》

葉玉森: 《鐵雲藏龜拾遺》, 影印本 1책, 1925년 5월. 飜譯本 1책. 《鐵遺》

王　襄: 《簠室殷契徵文》, 石印本 4책, 天津博物院, 1925년 5월. 《簠》

董作賓: 《新獲卜辭寫本》, 石印本, 《新獲卜辭寫本後記》와 합1책, 1928년 11월. 《安陽發掘報告》 제1기에 수록. 《新》

羅福頤: 《傳古別錄》 제2집, 影印本 1책, 1928년. 《傳古》

董作賓: 〈大龜四版考釋〉, 《安陽發掘報告》 제3기, 1931년 6월. 《四版》

中村不折: 《書道》 제1권, 日本書道院, 1931년. 《書》

關百益: 《殷墟文字存眞》, 拓本 1-8집 각1책, 河南省博物館, 1931년 6월. 《眞》

原田淑人: 《周漢遺寶》, 日本帝室博物館, 1932년. 《周漢》

商承祚: 《福氏所藏甲骨文字》, 金陵大學中國文化研究所, 1933년 4월. 《福》

容庚·瞿潤緡: 《殷契卜辭》, 石印本, 哈佛燕京學社, 1933년 5월. 《契》

郭沫若: 《卜辭通纂》, 石印本, 日本東京文求堂, 1933년 5월. 日本朋友書店에서 1977년에 重印. 科學出版社에서 1983년 6월에 발행. 《通》

董作賓: 〈釋後岡出土的一片卜辭〉,《安陽發掘報告》제4기, 1933년 6월. 《後岡》

王子玉: 〈甲骨文〉,《續安陽縣志》에 수록, 1933년 8월.

羅振玉: 《殷墟書契續編》, 影印本 6책, 1933년 9월. 《續》

商承祚: 《殷契佚存》, 影印本, 金陵大學中國文化研究所, 1933년 10월. 《佚》

吉卜生: 〈上海亞洲文會博物館藏甲骨卜辭〉,《中國雜誌》21권 6호(《商代之象形文字》라는 論文에 붙어 있다), 1934년. 《滬亞》

黃　濬: 《鄴中片羽初集》, 影印本 2책, 北京尊古齋, 1935년 2월. 《鄴初》

金祖同: 《鄴齋藏甲骨拓本》, 石印本,《殷墟卜辭講話》합1책, 上海, 中國書店, 1935년 2월. 《鄴》

方法斂·白瑞華: 《庫方二氏藏甲骨卜辭》, 商務印書館, 1935년 12월. 《庫》

黃　濬: 《衡齋金石識小錄》, 影印本 2책, 北京, 尊古齋, 1935년. 《衡齋》

白瑞華: 《殷墟甲骨相片》, 單行本으로 影印, 뉴욕, 1935년. 《相》

明義士: 〈柏根氏舊藏甲骨文字〉,《齊大季刊》67기, 1935년. 單行本 1책, 齊魯大學國學研究所, 1935년. 《柏》

顧立雅: 《中國的誕生》, 1936년. 《誕》

董作賓: 〈安陽侯家莊出土之甲骨文字〉(附　摹本·拓本),《田野考古報告》제1책, 1936년 8월. 《侯》

郭沫若: 《殷契粹編》, 石印本, 日本東京文求堂, 1937년 5월. 또 科學出版社, 1965년 5월. 《粹》

白瑞華: 《殷墟甲骨拓片》, 單行本 1책으로 影印, 뉴욕, 1937년. 《拓》

黃　濬: 《鄴中片羽二集》(影印本 2책), 北京, 尊古齋, 1937년 8월. 《鄴二》

孫海波: 《甲骨文錄》, 河南, 通志館, 1938년 1월. 또 藝文印書館, 1958년 重印. 《錄》

方法斂·白瑞華: 《甲骨卜辭七集》, 單行本으로 影印, 뉴욕, 1938년. 《七》

唐　蘭: 《天壤閣甲骨文存》, 北京, 輔仁大學, 1939년 4월. 《天》

李旦丘: 《鐵雲藏龜零拾》, 上海, 中法出版委員會, 1939년 5월. 《鐵零》

金祖同: 《殷契遺珠》, 上海, 中法出版委員會, 1939년 5월. 《珠》

曾毅公: 《殷契綴存》, 齊魯大學國學研究所, 1939년 11월. 《綴存》

方法斂·白瑞華: 《金璋所藏甲骨卜辭》單行本 1책으로 影印, 뉴욕, 1939년. 《金》

孫海波: 《誠齋殷墟文字》, 影印本, 北京, 修文堂書店, 1940년 2월. 《誠》

李孝定: 《中央大學藏甲骨文字》, 石印模寫本, 1940년 8월. 《中》

于省吾: 《雙劍誃古器物圖錄》, 影印本 2책, 1940년 11월. 《雙圖》

梅園末治:《河南安陽遺寶》, 影印本 1책, 일본, 1940년.《寶》

李旦丘:《殷契摭佚》, 影印本, 來薰閣書店, 1941년 1월.《摭》

何　遂:《敍圃甲骨釋要》, 影印本 1책, 1941년.《敍圃》

黃　濬:《鄴中片羽三集》, 影印本, 北京, 尊古齋, 1942년 1월.《鄴三》

胡厚宣:〈厦門大學所藏甲骨文字〉,《甲骨學商史論叢》初集 4책에 수록, 1944년 3월.《厦》

于省吾:《雙劍誃殷契騈枝三編》附圖, 1944년 5월.《騈三》

胡厚宣:《甲骨六錄》, 成都, 齊魯大學國學研究所專刊之一, 1945년 7월.《甲骨學商史論叢》제3집에 수록.《六》

懷履光:《骨的文化》, 石印本, 1945년.《骨》

胡厚宣:《戰後平津新獲甲骨集》, 2책, 成都, 齊魯大學國學研究所專刊之一, 1946년 5월·7월.《平》

胡厚宣:〈戰後殷墟出土的新大龜七版〉, 上海,《中央日報》·《文物》주간 22-31기, 1947년 2월.《七版》

金祖同:《龜卜》, 影印本 1책, 上海, 溫知書店, 1948년 1월.《龜卜》

董作賓:《殷墟文字甲編》, 商務印書館, 1948년 4월.《甲》

董作賓:《殷墟文字乙編》上·中輯, 商務印書館, 上輯 1948년 10월, 中輯 1949년 3월. 下輯, 臺灣中央研究院 歷史言語研究所 出版, 1953년 12월. 科學出版社, 1956년 3월.

李旦丘:《殷契摭佚續編》, 中國科學院, 1950년 9월.《摭續》

曾毅公:《甲骨綴合編》, 修文堂書店, 1950년.《綴》

胡厚宣:《戰後寧滬新獲甲骨集》, 北京, 來薰閣書店, 1951년 4월.《寧》

郭若愚:《殷契拾掇》, 上海出版公司, 1951년 8월.《掇一》

胡厚宣:《戰後南北所見甲骨錄》, 北京, 來薰閣書店, 1951년 11월.《南》

郭寶鈞:〈1950年春殷墟發掘報告〉,《中國考古學報》제5책, 1951년.

郭若愚:《殷契拾掇二編》, 上海出版公司, 1953년 3월.《掇二》

〈河南鄭州二里岡又發掘出'俯身葬'人骨二具和有鑿痕龜甲一片〉,《文物參考資料》, 1953년 제10기.

胡厚宣:《戰後京津新獲甲骨集》, 群聯出版社, 1954년 3월.《京》

郭若愚·曾毅公·李學勤:《殷墟文字綴合》, 科學出版社, 1955년 4월.《綴合》

胡厚宣:《甲骨續存》, 群聯出版社, 1955년 12월.《續存》

董作賓·嚴一萍:《殷墟文字外編》, 藝文印書館, 1956년 6월.《外》

饒宗頤:〈日本所見甲骨錄〉,《東方文化》3권 1기, 1956년 6월.《日見》

陳夢家: 《殷墟卜辭綜述》附圖, 科學出版社, 1956년 7월. 《綜述》

饒宗頤: 《巴黎所見甲骨錄》, 香港大宏雕刻印刷公司, 1956년 12월. 《巴》

董作賓: 〈漢城大學所藏大胛骨刻辭考釋〉, 《史語所集刊》28본 下册, 1957년 5월.
　　　《漢城》

張秉權: 《殷墟文字丙編》上輯一, 臺灣中央研究院歷史語言研究所出版, 1957년 8
　　　월. (上輯 2, 1959년 10월; 中輯 1, 1962년. 中輯 2, 1965년; 下輯 1, 1967
　　　년. 下輯 2, 1972년) 《丙》

河南省文化局文物工作隊　第1隊: 〈1955年秋安陽小屯殷墟的發掘〉, 《考古學報》,
　　　1958년 제3기.

饒宗頤: 《海外甲骨錄遺》, 香港大學 《東方文化》 4권 1-2기, 1957-1958년. 《海》

嚴一萍: 《中國畫譜殷商編》, 藝文印書館, 1958년 9월.

靑木木菟哉: 〈書道博物館所藏甲骨文字〉, 일본 《甲骨學》6·7·8·9·10에 수록,
　　　1958-1964년. 《書博》

貝塚茂樹: 《京都大學人文科學研究所藏甲骨文字》圖版篇, 京都大學人文科學研
　　　究所, 1959년 3월. 《京人》

陳邦懷: 《甲骨文零拾》, 天津人民出版社, 1959년 9월. 《甲零》

松丸道雄: 〈日本散見甲骨文字搜彙〉1·2·3·4·5·6, 일본 〈甲骨學〉7·8·
　　　9·10·11·12에 수록, 1959-1980년. (《古文字研究》제3집, 中譯本 제1-5
　　　부분 발표, 中華書局, 1980년 11월. 《古文字研究》제8집 제6부분 발표, 中
　　　華書局, 1983년 2월. 劉明輝 譯) 《日彙》

中國科學院考古研究所安陽發掘隊: 〈1958-1959年殷墟發掘簡報〉, 《考古》, 1961
　　　년 제2기.

屈萬里: 《殷墟文字甲編考釋》附圖, 中央研究院歷史語言研究所, 1961년 6월. 《甲
　　　釋》

姚孝遂: 〈吉林大學所藏甲骨選釋〉, 《吉林大學社會科學學報》, 1963년 제4기. 《吉大》

金祥恒: 〈國立中央圖書館所藏甲骨文字〉, 《中國文字》제19·20책, 1966년. 《中圖》

伊藤道治: 〈故小川睦之輔氏藏甲骨文字〉, 일본　京都 《東方學報》제37책, 1966년
　　　3월. 《小川》

白瑞華 校: 《方法斂摹甲骨卜辭三種》(《庫》·《金》·《七》), 藝文印書館, 1966년.

李　棪: 《棪齋甲骨展覽》, 《香港中文大學聯合書院十周年校慶》, 1966년.

伊藤道治: 〈大原美術館所藏甲骨文字〉, 日本倉敷考古館 《研究集報》제4호, 1968
　　　년 1월. 《大原》

李　棪: 〈卜辭貞人何在同版中之異體〉, 香港中文大學 《聯合書院學報》 1969년　제

5□□.《何異》

李　棪:〈聯合書院圖書館所獲東莞鄧氏舊藏甲骨〉, 香港中文大學《聯合書院學報》, 제7기, 1969년.《鄧聯》

李　棪:〈北美所見甲骨選粹〉, 香港中文大學《中國文化研究所學報》 제3권 제2기, 1970년.《北美》

劉體智 輯:《善齋藏契萃編》, 藝文印書館, 1970년 10월.《善齋》

饒宗頤:〈歐美亞所見甲骨錄存〉,《南洋大學學報》 제4기, 1970년.《歐美亞》

伊藤道治:〈藤井有鄰館所藏甲骨文字〉, 일본　京都《東方學報》 제42책, 1971년 3월.《藤井》

伊藤道治:〈檜垣元吉氏藏甲骨文字〉,《神戶大學文學部紀要》I, 1972년 1월.《檜垣》

中國社會科學院考古研究所:〈1971年安陽後岡發掘簡報〉,《考古》, 1972년 제3기.

郭沫若:〈安陽新出土的牛胛骨及其刻辭〉,《考古》, 1972년 제2기.《安新》

許進雄:《明義士收藏甲骨文集》, 캐나다 온타리오 왕립박물관, 1972년.《安明》

許進雄:《殷墟卜辭後編》, 藝文印書館, 1972년.《明後》

嚴一萍:《美國納爾森美術館藏甲骨刻辭考釋》, 藝文印書館, 1973년 1월.《納爾森》

胡厚宣:〈臨淄孫氏舊藏甲骨文字考辨〉,《文物》, 1973년 제9기.《臨孫》

沈之瑜:《介紹一片伐人方的卜辭》,《考古》 1974년 제4기.

中國社會科學院考古研究所安陽工作隊:〈1973年安陽小屯南地發掘簡報〉,《考古》, 1975년 제1기.《七三安》

嚴一萍:《甲骨綴合新編》, 藝文印書館, 1975년 6월.《綴新》

嚴一萍:《鐵雲藏龜新編》, 藝文印書館, 1975년 7월.《鐵新》

周鴻翔:《美國所藏甲骨錄》, 미국 캘리포니아대학, 1976년.《美藏》

李孝定:〈李光前文物館所藏甲骨文字簡釋〉, 南洋大學李光前文物館 《文物彙刊》 제2호, 1976년.《李》

嚴一萍:《甲骨綴合新編補》, 藝文印書館, 1976년.《綴補》

伊藤道治:〈關西大學考古學資料室藏甲骨文字〉,《史泉》 51호, 1977년.《關西》

郭沫若 主編:《甲骨文合集》 제2책, 中華書局, 1978년 10월. (제3책, 1978년 12월. 제4책, 1979년 8월. 제5책, 1979년 10월. 제6책, 1979년 12월. 제7책, 1980년 8월. 제8책, 1981년 1월. 제9책, 1981년 6월. 제10책, 1981년 12월. 제11책, 1982년 1월. 제12책, 1982년 6월. 제13책, 1982년 12월. 제1책, 1982년 10월)《合集》

渡道兼庸:《東洋文庫所藏甲骨文字》, 東洋文庫中國史研究委員會, 1979년 3월.《東文》

許進雄: 《懷特氏等收藏甲骨文集》, 캐나다 왕립 온타리오박물관, 1979년. 《懷特》

胡厚宣: 〈釋流散到德國的一片卜辭〉, 《鄭州大學學報》, 1980년 제2기.

徐錫臺: 〈西德瑞士藏我國殷墟出土的甲骨文〉, 《人文雜誌》, 1980년 제5기. 《西瑞》

中國社會科學院考古硏究所: 《小屯南地甲骨》 上册 1·2, 中華書局, 1980년. (下册 1·2·3, 中華書局, 1983년) 《屯南》

安陽市博物館: 〈安陽博物館館藏卜辭選〉, 《中原文物》, 1981년 제1기. 《安博》

李先登: 〈孟廣慧舊藏甲骨選介〉, 《古文字硏究》 第8집, 中華書局, 1983년 2월. 《孟》

胡振祺 等: 〈山西省文物工作委員會收藏的甲骨〉, 《古文字硏究》 第8집, 中華書局, 1983년 2월. 《山西》

松丸道雄: 《東京大學東洋文化硏究所藏甲骨文字》 圖版篇, 東京大學東洋文化硏究所, 1983년 3월. 《東化》

伊藤道治: 〈國立京都博物館藏甲骨文字〉, 神戶大學 《文化學年報》 제3호, 1984년. 《京都博》

伊藤道治: 〈黑川古文化硏究所藏甲骨文字〉, 神戶大學 《文化學年報》 제3호, 1984년. 《黑川》

嚴一萍: 《商周甲骨文總集》, 藝文印書館, 1985년. 《總集》

雷煥章: 《法國所藏甲骨錄》, 臺北光啓出版社, 1985년. 《法藏》

李學勤 等: 《英國所藏甲骨集》, 中華書局, 1986년. 《英藏》

蕭　楠: 〈小屯南地甲骨綴合篇〉, 《考古學報》, 1986년 제3기. 《屯綴》

沈之瑜: 〈甲骨卜辭新獲〉, 《上海博物館館刊》 제3집, 上海古籍出版社, 1986년 4월. 《上新》

伊藤道治: 《天理大學附屬天理參考館甲骨文字》, 天理時報社, 1987년 2월. 《天理》

胡厚宣: 〈蘇聯國立愛米塔什博物館藏甲骨文字〉, 《甲骨文與殷商史》 제3집, 上海古籍出版社. 《蘇藏》

부록 3
신중국 甲骨學 논저 목록

1949년

吳　澤: 《古代史》(殷代奴隷制社會史), 長風書店, 1949년 8월. 棠棣出版社, 1952년
　　　2월 4판 수정본.

高去尋: 〈殷墟出土的牛距骨刻辭〉, 《中國考古學報》 제4책, 1949년 12월.

董作賓: 〈《殷墟文字甲編》自序〉, 《中國考古學報》 제4책, 1949년 12월.

1950년

李亞農: 《殷契摭佚續篇》, 中國科學院, 1950년 5월.

曾毅公: 《甲骨綴合編》, 1950년.

胡厚宣: 《古代研究的史料問題》, (上海) 商務印書館, 1950년 6월.

高景成: 〈《殷墟文字甲編》略評〉, 《光明日報》, 1950년 4월 2일 《學術》 제3기.

王西徵: 〈殷代矢射考略〉, 《燕京學報》 제39기, 1950년 12월.

1951년

胡厚宣: 《戰後寧滬新獲甲骨集》, 來薰閣書店, 1951년 4월.

胡厚宣: 《戰後南北所見甲骨錄》 上·下, 來薰閣書店, 1951년.

郭若愚: 《殷契拾掇》 제1편, 來薰閣書店, 1951년.

胡厚宣: 《五十年甲骨文發現的總結》, (上海) 商務印書館, 1951년 2월. 또 1952년
　　　1월 재판.

徐中舒: 〈論殷代社會的氏族組織〉, 《成都工商導報星期增刊》, 1951년 1월 7일.

高景成: 〈論甲骨金文中演變發展的幾個例子〉, 《光明日報》, 1951년 3월 17일.

胡厚宣: 〈美日帝國主義怎樣劫掠我們的甲骨文〉, 《大公報》, 1951년 4월 27일 《史
　　　學周刊》. 또 《進步日報》, 1951년 4월 27일.

陳夢家: 〈甲骨斷代學〉 甲篇, 《燕京學報》 제40기, 1951년 6월. 또 《殷墟卜辭綜
　　　述》, pp.135-139, 367-399에 수록, 科學出版社, 1956년.

張政烺: 〈古代中國的十進制氏族組織〉, 《歷史敎學》 2권 3기, 1951년 9월.

張政烺: 〈古代中國的十進制氏族組織〉, 《歷史敎學》 2권 4기, 1951년 10월.

張政烺: 〈古代中國的十進制氏族組織〉, 《歷史敎學》 2권 6기, 1951년 12월.

蒙文通: 〈對殷周社會研究提供的材料問題〉, 《成都工商導報增刊》, 1951년 10월 21일.

楊紹萱: 〈論對於殷代史料的研究態度〉, 《新建設》 3권 5기, 1951년.

陳夢家: 〈甲骨斷代與坑位 —— 甲骨斷代學丁篇〉, 《中國考古學報》 第5책, 1951년. 《殷墟卜辭綜述》, pp.139-172에 수록, 科學出版社, 1956년.

李亞農: 〈殷契雜釋〉, 《中國考古學報》 第5책, 1951년.

郭寶鈞: 〈1950年春殷墟發掘報告〉, 《中國考古學報》 第5책, 1951년.

南京博物院: 〈本院新獲卜辭喜訊〉, 《南博旬刊》 第37기, 1951년.

1952년

胡厚宣: 《五十年甲骨學論著目》, 中華書局, 1952년 1월. 또 1983년 9월 重印.

郭沫若: 《奴隸制時代》, 新文藝出版社, 1952년. 또 人民出版社, 1954년 第1판. 科學出版社, 1956년. 人民出版社, 1973년 5월 第2판. 《郭沫若文集》 第17권에 수록, 人民出版社, 1963년. 《郭沫若全集》 歷史編 第3권에 수록, 人民出版社, 1984년 8월.

郭沫若: 《甲骨文字研究》, 人民出版社, 1952년 9월 第1판. 科學出版社, 1962년 11월 新1판. 《郭沫若全集》 考古編 第1권에 수록, 科學出版社, 1982년.

衣　人: 〈商代的青銅器與甲骨文字〉, 《新聞日報》, 1952년 12월 24일.

1953년

董作賓: 《殷墟文字乙編》 下輯, 科學出版社, 1953년 3월.

郭若愚: 《殷契拾掇》 第3편, 來薰閣書店, 1953년.

管燮初: 《殷墟甲骨刻辭的語法研究》, 中國科學院, 1953년 10월.

陳夢家: 〈殷代卜人篇 —— 甲骨斷代學丙篇〉, 《考古學報》 第6책(제1·2分 合刊), 1953년 12월. 《殷墟卜辭綜述》, pp.173-206에 수록, 科學出版社, 1956년.

〈河南鄭州二里岡又發掘出 ‘俯身葬’ 人骨二具和有鑿痕龜甲一片〉, 《文物參考資料》 1953년 제10기.

1954년

胡厚宣: 《戰後京津新獲甲骨集》, (上海) 群聯出版社, 1954년 3월.

郭沫若: 《中國古代社會研究》, 人民出版社, 1954년 9월 第1판. 科學出版社, 1960년 2월 新1판. 人民出版社, 1976년 10월. 人民出版社, 1977년 11월 第2판. 《郭沫若全集》 歷史編 第1권에 수록, 人民出版社, 1982년 9월.

楊樹達: 《積微居甲文說 卜辭瑣記》, 中國科學院, 1954년 5월.

楊樹達: 《耐林廎甲文說 卜辭求義》, (上海) 群聯出版社, 1954년 11월 제1판. 또
　　　 (上海) 群聯出版社, 1955년 1월 제2차 인쇄.

陳　剛: 〈龍骨——中國文字的變化〉, 《光明日報》, 1954년 3월 17일.

安金槐: 〈一年來鄭州市的文物調查發掘工作〉, 《文物參考資料》, 1954년 제4기.

懿　恭: 〈我們最早的書:甲骨文——龜册〉, 《文物參考資料》, 1954년 제5기.

羅福頤: 〈關於殷墟甲骨文的一般知識〉, 《文物參考資料》, 1954년 제5기.

陳夢家: 〈解放後甲骨的新資料和整理研究〉, 《文物參考資料》, 1954년 제5기.

王承祒: 〈論殷代的直接生産者——釋羌釋衆〉, 《文史哲》, 1954년 제6기.

陳夢家: 〈商王廟號考——甲骨斷代學乙篇〉, 《考古學報》 제8책, 1954년. 《殷墟卜
　　　 辭綜述》, pp.401-446에 수록, 科學出版社, 1956년.

陳夢家: 〈甲骨補記〉, 《文物參考資料》, 1954년 제12기.

周綱仁: 〈關於《文參》誤解甲骨文寅字和兆文的兩點意見〉, 《文物參考資料》, 1954
　　　 년 제12기.

1955년

郭若愚·曾毅公·李學勤: 《殷墟文字綴合》, 科學出版社, 1955년 4월.

胡厚宣: 《甲骨續存》 上·下, (上海) 群聯出版社, 1955년 12월.

胡厚宣: 《殷墟發掘》, (上海) 學習生活出版社, 1955년 5월.

李亞農: 《殷代社會生活》, 上海人民出版社, 1955년 6월. 《欣然齋史論集》 수록, 上
　　　 海人民出版社, 1962년. 《李亞農史論集》 수록, 上海人民出版社, 1979년.

胡厚宣: 〈殷代農作施肥說〉, 《歷史研究》, 1955년 제1기.

楊向奎: 〈釋不玄冥〉, 《歷史研究》 1955년 제1기.

王承祒: 〈試論殷代的 '奚'·'姜'·'反' 的社會身份〉, 《北京大學學報》, 1955년 제
　　　 1기.

于省吾: 〈殷代的交通工具和馹傳制度〉, 《東北人民大學人文科學學報》, 1955년 제
　　　 2기.

楊向奎: 〈釋 '旅'·釋 '單'·釋 '褻'〉, 《山東大學學報》 2권 2기, 1955년.

王承祒: 〈對於《試論殷代的直接生産者——釋羌釋衆》的幾點補充意見〉, 《文史哲》,
　　　 1955년 제4기.

1956년

陳夢家: 《殷墟卜辭綜述》, 科學出版社, 1956년.

聞一多:《古典新義》(聞一多全集選刊二), 古籍出版社, 1956년 6월.

丁　山:《甲骨文所見氏族及其制度》, 科學出版社, 1956년 9월.

于省吾:〈殷代的奚奴〉,《東北人民大學人文科學學報》, 1956년 제1기.

胡厚宣:〈釋殷代求年於四方和四方風的祭祀〉,《復旦學報》, 1956년 제1기.

束世澂:〈夏代和商代的奴隷制〉,《歷史研究》, 1956년 제1기.

徐宗元:〈甲骨文字雜考〉,《福建師範學院學報》, 1956년 제1기.

徐喜辰:〈商殷奴隷制特徵的探討〉,《東北師範大學史學集刊》, 1956년 제1기.

馬漢麟:〈關於甲骨卜旬的問題〉,《南開大學學報》, 1956년 제1기.

王玉哲:〈試論商代'兄終弟及'的繼統法與殷商前期的社會性質〉,《南開大學學報》, 1956년 제1기.

孫海波:〈從卜辭試論商代社會性質〉,《開封師院學報》 창간호, 1956년.

柯純卿:〈甲骨文分類研究的商榷〉,《中國史學會濟南分會會刊》, 1956년 제2기.

馬漢麟:〈論武丁時代的祀典刻辭〉,《南開大學學報》, 1956년 제2기.

趙光賢:〈商族的上帝與祖先〉,《爭鳴》 제2기, 1956년 12월.

朱培仁:〈甲骨文所反映的上古植物水分生理學知識〉,《南京農學院學報》, 1956년 제2기.

周宗岐:〈殷墟甲骨文中所見口腔疾病考〉,《中華口腔科雜誌》 제3호, 1956년.

趙錫元:〈試論殷代的主要生産者'衆'和'衆人'的社會身份〉,《東北人民大學人文科學學報》, 1956년 제4기.

劉啓益:〈略談卜辭中'武丁諸父之稱謂'及'殷代王位繼承法' ── 讀陳夢家先生'甲骨斷代學'四篇記〉,《歷史研究》, 1956년 제4기.

斯維至:〈關於殷周土地所有制問題〉,《歷史研究》, 1956년 제4기.

李學勤:〈征人方新譜〉,《歷史學習》 제5기, 1956년(油印本).

平　心:〈甲骨文及金石文考釋〉 草稿,《華東師大學報》, 1956년 제4기.

朱本源:〈試論殷代生産資料的所有制形式〉,《歷史研究》, 1956년 제6기.

許順湛:〈對《夏代和商代的奴隷制》一文的意見〉,《歷史研究》, 1956년 제6기.《商代社會經濟基礎初探》에 수록, 河南人民出版社, 1958년 10월.

明　生:〈我國甲骨的散失〉,《文物參考資料》, 1956년 제8기.

李學勤:〈談安陽小屯以外出土的有字甲骨〉,《文物參考資料》, 1956년 제11기.

1957년

唐　蘭:《古文字學導論》, 1957년 4월, 1935년 中國科學院歷史研究所 제1소에서 北京大學 강의에 의거해서 飜刻. 齊魯書社, 1981년.

胡厚宣:〈釋‘余一人’〉,《歷史研究》, 1957년 제1기.

于省吾:〈商代的谷類作物〉,《東北人民大學人文科學學報》, 1957년 제1기.

懿　恭:〈漫談甲骨文字的書法〉,《文物參考資料》, 1957년 제1기.

趙錫元:〈談《從卜辭試論商代社會性質》〉,《史學集刊》, 1957년 제1기.

七　大:〈甲骨文中的‘衆’是不是奴隷?〉,《學術月刊》, 1957년 제1기.

胡淀咸:〈釋衆臣〉,《安徽師範學院學報》, 1957년 제1기(제1기의 原名은《科學硏究》, 1957년 제2기부터《安徽師範學院學報》로 개명).

胡淀咸:〈釋比〉,《安徽師範學院學報》, 1957년 제1기.

程耀芳:〈釋夏〉,《史學工作通訊》, 1957년 제1기.

唐　蘭:〈在甲骨金文中所見的一種已經遺失的中國古代文字〉,《考古學報》, 1957년 제2기.

孫海波:〈介紹甲骨文〉,《史學月刊》1957년 제2기.

趙錫元:〈關於殷代的‘奴隷’〉,《史學集刊》, 1957년 제2기.

徐連城:〈甲骨文中所見殷代的地域組織〉,《山東大學學報》, 1957년 제2기.

于省吾:〈從甲骨文看商代社會性質〉,《東北人民大學人文科學學報》, 1957년 제2·3기 合刊.

戴家祥:〈甲骨文的發現及其學術意義〉,《歷史教學問題》, 1957년 제3기.

趙錫元:〈讀《甲骨文中的衆是不是奴隷?》〉,《光明日報》, 1957년 3월 14일.

宋　衍:〈商代的公社農民和奴隷問題〉,《歷史教學問題》, 1957년 제3기.

李學勤:〈評陳夢家《殷墟卜辭綜述》〉,《考古學報》, 1957년 제3기.

羅平·唐雲明:〈關於殷代的商品交換和貨幣〉,《河北日報》, 1957년 5월 29일.

胡厚宣:〈說貴田〉,《歷史研究》, 1957년 제7기.

趙錫元:〈關於《夏代和商代的奴隷制》一文中所引用的甲骨文材料〉,《歷史研究》, 1957년 제10기.

李學勤:〈論殷代親族制度〉,《文史哲》, 1957년 제11기.

游修齡:〈殷代的農作物栽培〉,《浙江農學院學報》, 제2권 제2기, 1957년 12월.

1958년

許順湛:《商代社會經濟基礎初探》, 河南人民出版社, 1958년 10월.

唐　蘭:〈關於商代社會性質的討論〉(對于省吾先生〈從甲骨文看商代社會性質〉一文的意見),《歷史研究》, 1958년 제1기.

李學勤:〈帝乙時代的非王卜辭〉,《考古學報》1958년 제1기.

平　心:〈甲骨文金石文札記〉,《華東師大學報》, 1958년 제1기.

胡小石: 〈讀契札記〉,《江海學刊》, 1958년 제1기.

胡小石: 〈讀契札記〉(續),《江海學刊》, 1958년 제1기.

平　心: 〈甲骨文金石文札記〉二,《華東師大學報》, 1958년 제3기.

河南省文化局文物工作隊　第1隊: 〈1955年秋安陽小屯殷墟的發掘〉,《考古學報》,
　　　　　1958년 제3기.

于省吾: 〈駁唐蘭先生《關於商代社會性質的討論》〉,《歷史研究》, 1958년 제8기.

王玉哲: 〈試述殷代的奴隸制度和國家的形成〉,《歷史教學》, 1958년 제9기.

1959년

陳邦懷:《甲骨文零拾》(附考釋), 天津人民出版社, 1959년.

李學勤:《殷代地理簡論》, 科學出版社, 1959년.

謝承俠:《中國養馬史》, 科學出版社, 1959년 4월.

陳邦懷:《殷代社會史料征存》, 天津人民出版社, 1959년 9월.

王國維:《觀堂集林》(附別集), 中華書局, 1959년 6월. 또 1961년 6월 北京 제3차
　　　　　인쇄.

趙錫元: 〈評于省吾教授研究歷史的觀點・方法〉,《吉林大學人文科學學報》, 1959
　　　　　년 제2기.

于省吾: 〈對趙錫元同志《評于省吾教授研究歷史的觀點・方法》一文的幾點意見〉,
　　　　　《吉林大學人文科學學報》, 1959년 제2기.

蔣維松: 〈 [甲骨文] 的疑問〉,《山東大學學報》(中國語言文學版) 1959년 제3기.

李　瑾: 〈殷代甲骨刻辭中 '夒方' 地理釋證〉,《人文雜誌》, 1959년 제4기.

許　藝: 〈《殷代地理簡論》評介〉,《考古》, 1959년 제5기.

姚孝遂: 〈關於《殷代甲骨刻辭中 '夒方' 地理釋證》一文的商榷〉,《人文雜誌》, 1959
　　　　　년 제6기.

郭沫若: 〈由周初四德器的考釋談到殷代已在進行文字簡化〉,《文物參考資料》,
　　　　　1959년 제7기.《文史論集》에 수록, 人民出版社, 1961년 1월.

李學勤: 〈關於甲骨的基礎知識〉,《歷史教學》, 1959년 제7기.《中國通史參考資料》
　　　　　(古代部分, 제1책)에 수록, 中華書局, 1962년 4월.

胡厚宣: 〈殷卜辭中的上帝和王帝〉上,《歷史研究》, 1959년 제9기.

胡厚宣: 〈殷卜辭中的上帝和王帝〉下,《歷史研究》, 1959년 제10기.

于省吾・陳世輝: 〈釋庶〉,《考古》, 1959년 제10기.

于省吾: 〈略論圖騰與宗教起源和夏商圖騰〉,《歷史研究》, 1959년 제11기.

趙錫元: 〈對《試論殷代的奴隸制度和國家的形成》一文的意見〉,《歷史研究》 1959

년 제11기.

歐陽海：〈關於殷代已在進行文字簡化種種〉,《文物》, 1959년 제12기.

1960년

丁　山：《商周史料考證》, 上海, 龍門聯合書局, 1960년.

姚孝遂：〈‘人牲’和‘人殉’〉,《史學月刊》, 1960년 제9기.

1961년

丁　山：《中國古代宗敎與神話考》, 上海, 龍門聯合書局, 1961년 2월.

中國科學院考古硏究所安陽發掘隊：〈1958년──1959년 殷墟發掘簡報〉,《考古》,
　　　1961년 제2기.

趙佩馨：〈甲骨文中所見的商代五刑──幷釋刖剢二字〉,《考古》1961년 제2기.

陳世輝：〈甲骨文與科學史的編寫〉,《光明日報》, 1961년 3월 15일.

夏　淥：〈人頭骨上的刻辭〉,《羊城晚報》, 1961년 8월 11일.

夏　淥：〈我國最早的施肥記錄〉,《羊城晚報》, 1961년 9월 19일.

王春瑜・張占成：〈我國古代農田施肥簡述〉,《歷史敎學》, 1961년 제10기.

〈胡厚宣談甲骨學的硏究工作〉,《光明日報》, 1961년 12월 3일.

〈胡厚宣談商史硏究〉,《文彙報》, 1961년 12월 28일.

1962년

中國科學院考古硏究所 編：《灃西發掘報告》, 文物出版社, 1962년.

朱芳圃：《殷周文字釋叢》, 中華書局, 1962년 11월.

呂振羽：《殷周時代的中國社會》, 生活・讀書・新知三聯書店, 1962년.

何玆全 主編：《中國通史參考資料》(古代部分, 제1책), 中華書局, 1962년 4월.

管燮初：〈甲骨文 ‘唯’ 字用法的分析〉,《中國語文》, 1962년 제6기.

李　瑾：〈共工不死──甲骨文中的共工族及其他〉,《羊城晚報》, 1962년 7월 13일.

平　心：〈商代彗星的發現〉,《文彙報》, 1962년 8월 7일.

于省吾：〈釋奴・婢〉,《考古》, 1962년 제9기.

平　心：〈從姙妊與商國的關係看殷代社會性質〉,《學術月刊》, 1962년 제11기.

平　心：〈奭字略釋〉,《中華文史論叢》 제1집, 1962년.

平　心：〈卜辭金文中所見社會經濟史實考釋〉,《中華文史論叢》 제1집, 1962년.

平　心：〈釋好〉,《中華文史論叢》 제1집, 1962년.

平　心：〈好之同族字〉,《中華文史論叢》 제1집, 1962년.

平　心: 〈王亥卽伐鬼方之震〉,《中華文史論叢》 제1집, 1962년.

1963년

于省吾: 〈釋羌・苟・敬・美〉,《吉林大學社會科學學報》, 1963년 제1기.
趙却民: 〈甲骨文中的日月食〉,《南京大學學報》(天文學), 1963년 제1기.
〈甲骨的書〉,《北京日報》, 1963년 1월 10일.
姜亮夫: 〈漢字結構的基本精神〉,《浙江學刊》, 1963년 제1기.
余鴻業: 〈也談漢字結構——與姜亮夫先生商榷〉,《浙江學刊》, 1963년 제2기.
吳綿吉: 〈徐宗元作有關甲骨・金文研究的報告〉,《厦門大學學報》, 1963년 제2기.
姚孝遂: 〈論甲骨刻辭文學〉,《吉林大學社會科學學報》, 1963년 제2기.
林　聲: 〈記彝・羌・納西族的 '羊骨卜'〉,《考古》, 1963년 제3기.
洪篤仁: 〈卜辭合文商榷〉,《厦門大學學報》, 1963년 제3기.
于省吾: 〈釋尼〉,《吉林大學社會科學學報》, 1963년 제3기.
遼河雁: 〈甲骨文〉,《遼寧日報》, 1963년 4월 14일.
姚孝遂: 〈吉林大學所藏甲骨選釋〉,《吉林大學社會科學學報》, 1963년 제4기.
胡厚宣: 〈殷代農作施肥說補證〉,《文物》, 1963년 제5기.
陳世輝: 〈殷人疾病補考〉,《中華文史論叢》 제4집, 1963년 1월.

1964년

林　聲: 〈雲南永勝縣彝族(他魯人) '羊骨卜'的調査和研究〉,《考古》, 1964년 제2기.
徐喜辰: 〈'藉田'卽 '國'中 '公田'說〉,《吉林師大學報》, 1964년 제2기.
鄒　衡: 〈試論殷墟文化分期〉,《北京大學學報》, 1964년 제4・5기.
黃載君: 〈從甲文・金文量詞的應用, 考察漢語量詞的起源與發展〉,《中國語文》,
　　　　1964년 제6기.
胡厚宣: 〈甲骨文商族鳥圖騰的遺迹〉,《歷史論叢》 제1집, 中華書局, 1964년 9월.

1965년

郭沫若:《殷契粹編》(附考釋), 科學出版社, 1965년 재판.
孫海波:《甲骨文編》, 中國科學院 考古硏究所 編輯, 中華書局, 1965년 9월.
楊建芳:《安陽殷墟》, 中華書局, 1965년 6월.
張政烺: 〈釋甲骨文俄・隸・蘊三字〉,《中國語文》, 1965년 제4기.
林　澐: 〈說 '王'〉,《考古》, 1965년 제6기.

1966년

陳邦懷: 〈甲骨文'盦'字試釋〉,《中國語文》, 1966년 제1기.

1972년

郭沫若:《出土文物二・三事》, 人民出版社, 1972년 8월.

郭沫若: 〈安陽新出土的牛胛骨及其刻辭〉,《考古》1972년 제3기.《出土文物二・
　　　　三事》에 수록, 人民出版社, 1972년.

夏　鼐: 〈我國古代蠶・桑・絲・綢的歷史〉,《考古》, 1972년 제2기.

郭沫若: 〈古代文字之辯證的發展〉,《考古》, 1972년 제3기.

于省吾: 〈從甲骨文看商代的農田墾殖〉,《考古》, 1972년 제4기.

裘錫圭: 〈讀《安陽新出土的牛胛骨及其刻辭》〉,《考古》, 1972년 제5기.

胡厚宣: 〈殷代的蠶桑和絲織〉,《文物》, 1972년 제12기.

1973년

張政烺: 〈卜辭裒田及相關諸問題〉,《考古學報》, 1973년 제1기.

胡厚宣: 〈殷代的刖刑〉,《考古》, 1973년 제2기.

于省吾: 〈關於古文字研究的若干問題〉,《文物》, 1973년 제2기.

兪偉超: 〈銅山丘灣商代社祀遺址的推定〉,《考古》, 1973년 제5기.

胡厚宣: 〈臨淄孫氏舊藏甲骨文字考辨〉,《文物》, 1973년 제9기.

王宇信・陳紹棣: 〈關於江蘇銅山丘灣商代祭祀遺址〉,《文物》, 1973년 제12기.

1974년

張景賢:《中國奴隸社會》, 中華書局, 1974년 11월.

沈之瑜: 〈介紹一片伐人方的卜辭〉,《考古》, 1974년 제4기.

胡厚宣: 〈中國奴隸社會的人殉和人祭〉下篇,《文物》, 1974년 제8기.

蕭　純: 〈安陽殷墟又出土一批甲骨文〉,《光明日報》, 1974년 12월 6일.

1975년

顧維勤:《從考古資料中看商周奴隸社會的階級壓迫》, 中華書局, 1975년 12월.

中國科學院考古研究所安陽工作隊: 〈1973年安陽小屯南地發掘簡報〉,《考古》,
　　　　1975년 제1기.

徐中舒: 〈甲骨文中所見的儒〉,《四川大學學報》, 1975년 제4기.

燕　耘: 〈商代卜辭中的冶鑄史料〉,《考古》, 1975년 제5기.

王貴民:〈井田制的實質及其辯護士的嘴臉〉,《中山大學學報》1975년 제6기.

1976년

郭沫若:《中國史稿》제1책, 人民出版社, 1976년 7월.

河南省安陽市文化局:《殷墟 —— 奴隷社會的一個縮影》, 文物出版社, 1976년.

胡厚宣:〈甲骨文所見殷代奴隷的反壓迫鬪爭〉,《考古學報》, 1976년 제1기.

賈谷文:〈商品貨幣與殷商奴隷制〉,《考古》, 1976년 제1기.

江　鴻:〈盤龍城與商朝的南土〉,《文物》, 1976년 제2기.

蕭　楠:〈安陽小屯南地發現的'𠂤組卜甲' —— 兼論'𠂤組卜辭'的時代及其相關問題〉,《考古》, 1976년 제4기.

裘錫圭:〈說'玄衣朱襮裣' —— 兼釋甲骨文虣字'〉,《文物》, 1976년 제12기.

1977년

北京大學物理係《中國古代科學技術大事記》編寫小組:《中國古代科學技術大事記》, 人民敎育出版社, 1977년 1월 제1판.

楊錫璋·楊寶成:〈從商代祭祀坑看商代奴隷社會的人牲〉,《考古》1977년 제1기.

胡厚宣:〈甲骨文所見商族鳥圖騰的新證據〉,《文物》, 1977년 제2기.

王宇信·張永山·楊昇南:〈試論殷墟五號墓的'婦好'〉,《考古學報》, 1977년 제2기.

童恩正·張陞楷·陳景春:〈關於使用電子計算機綴合商代卜甲碎片的初步報告〉,《考古》, 1977년 제3기.

沈文倬:〈𡰥與藉〉,《考古》, 1977년 제5기.

于豪亮:〈說'引'字〉,《考古》1977년 제5기.

〈安陽殷墟五號墓座談紀要〉,《考古》, 1977년 제5기.

于省吾:〈利簋銘文考釋〉,《文物》, 1977년 제8기.

〈天津文博單位鑒選出一批重要文物〉,《光明日報》, 1977년 10월 23일.

李學勤:〈論'婦好'墓的年代及有關問題〉,《文物》, 1977년 제11기.

王宇信:〈釋九十〉,《文物》, 1977년 제12기.

1978년

中國社會科學院歷史研究所:〈永遠激勵我們前進的榜樣〉,《人民日報》前, 1978년 6월 27일.

尹　達:〈革命精神, 永世常存〉,《光明日報》, 1978년 6월 24일.

胡厚宣:〈郭老對於甲骨學的重大貢獻〉,《光明日報》, 1978년 6월 26일.

夏　鼐: 〈太岱巍然天下仰, 文星沒矣宇中悲 —— 懷念郭沫若同志〉, 《人民日報》, 1978년 6월 30일.

于省吾: 〈憶郭老〉, 《理論學習》 1978년 제4기.

夏　鼐: 〈郭沫若同志對於中國考古學的貢獻 —— 悼念郭沫若同志(1892-1978년)〉, 《考古》, 1978년 제4기.

斯　雜: 〈郭沫若同志在古文字學和古史研究上的卓越貢獻〉, 《思想戰線》, 1978년 제4기.

胡厚宣: 〈郭沫若同志在甲骨學上的巨大貢獻〉, 《考古學報》, 1978년 제4기.

《文物》 編輯部: 〈德業巍巍, 典范長存 —— 回憶郭老在文物考古戰線的事迹〉, 《文物》, 1978년 제9기.

周谷城: 〈懷念郭老〉, 《中華文史論叢》 제8집, 1978년 10월.

商承祚: 〈緬懷郭沫若同志〉, 《中華文史論叢》 제8집, 1978년 10월.

胡厚宣: 〈沈痛悼念尊敬的郭沫若同志〉, 《中華文史論叢》 제8집, 1978년 10월.

沈之瑜: 〈郭沫若同志在甲骨學方面的重大貢獻〉, 《中華文史論叢》 제8집, 1978년 10월.

唐　蘭: 《殷墟文字記》, 1978년에 中國社會科學院歷史研究所에서 1934년 石印本에 의거하여 飜刻. 中華書局, 1981년 5월판.

于省吾: 〈略論甲骨文 '自上甲六示' 的廟號以及我國成文歷史的開始〉, 《社會科學戰線》 창간호, 1978년.

趙錫元: 〈評《中國史稿》在奴隸制形成問題上的某些混亂〉, 《社會科學戰線》 창간호, 1978년.

蕭　艾: 〈釋 '[illegible]'〉, 《社會科學戰線》, 1978년 제2기.

蕭　艾: 〈第一部考釋甲骨的專著 ——《契文擧例》〉, 《社會科學戰線》, 1978년 제2기.

鄭偉章: 〈從骨臼刻辭看殷墟甲骨的管理方法與我國圖書目錄的起源〉, 《湘潭大學學報》, 1978년 제2기.

管燮初: 〈說𢦏〉, 《中國語文》 1978년 제3기.

裘錫圭: 〈漢字形成問題的初步討論〉, 《中國語文》 1978년 제3기.

張政烺: 〈甲骨文 '肖' 與 '肖田'〉, 《歷史研究》, 1978년 제3기.

張雪明: 〈釋 '尼田' —— 與張政烺同志商榷〉, 《武漢大學學報》, 1978년 제4기.

胡淀咸: 〈甲骨文研究〉(二則), 《安徽師大學報》 1978년 제4기.

孟世凱: 〈談談甲骨文中有關蠶桑的眞僞資料〉, 《地理知識》 1978년 제5기.

徐中舒·王宇信 等: 〈關於利簋銘文考釋的討論〉, 《文物》, 1978년 제6기.

蕭遠强: 〈郭沫若歷史著作年表〉, 《社會科學戰線》 增刊, 1978년 12월.

郭沫若 主編:《甲骨文合集》제2책, 中華書局, 1978년 10월.
郭沫若 主編:《甲骨文合集》제3책, 中華書局, 1978년 12월.

1979년

北京大學歷史係考古敎研室商周組編寫:《商周考古》, 文物出版社, 1979년 1월.
胡小石:《說文古文考》上・下, 中國社會科學院歷史硏究所에서 南京大學圖書館
　　　藏本에 의거하여 飜刻. 1979년.
張政烺:〈關於肖田問題 —— 答張雪明同志〉,《武漢大學學報》, 1979년 제1기.
齊文心:〈殷代的奴隸監獄和奴隸暴動 —— 兼甲骨文'圉'・'戎'二字用法的分析〉,
　　　《中國史硏究》, 1979년 제1기.
冀淑英:〈中國古代書籍的發展〉,《北圖通訊》, 1979년 제1기.
趙錫元:〈試論中國奴隸制形成和消亡的具體途徑〉,《吉林大學學報》, 1979년 제1기.
王宇信:〈試論殷墟五號墓的年代〉,《鄭州大學學報》, 1979년 제2기.
塞　峰:〈'𡰥'字剩義 —— 有關刖足幾個文字的解釋〉,《南京大學學報》1979년 제
　　　2기.
尹　達:〈郭老與中國古代社會硏究 —— 紀念郭沫若同志逝世一周年〉,《中國史硏
　　　究》, 1979년 제2기.
徐連城:〈釋帚侯〉,《山東大學文科論文集刊》제2집, 1979년.
王宇信:〈甲骨文'田獵'之'田'與農田的田字不能混讀〉,《北方論叢》, 1979년 제3기.
陳顯泗:〈殷代的車輿及其用途〉,《鄭州大學學報》, 1979년 제3기.
汪寧生:〈釋臣〉,《考古》, 1979년 제3기.
胡厚宣:〈編好《甲骨文合集》, 向建國三十周年獻禮〉,《中國史硏究》, 1979년 제3기.
陳福林:〈試論殷代的衆・衆人與羌的社會地位〉,《社會科學戰線》, 1979년 제3기.
王宇信:〈周代的甲骨文〉,《中國史硏究》, 1979년 제3기.
李學勤:〈古文字學術討論會與古文字學的發展〉,《中國史硏究動態》, 1979년 제3기.
胡淀咸:〈試論殷代用鐵〉,《安徽師大學報》, 1979년 제4기.
陳顯泗:〈殷代後期都城 —— 殷及殷墟〉,《鄭州大學學報》, 1979년 제4기.
唐　蘭:〈'蔑曆'新詁〉,《文物》, 1979년 제5기.
王明閣:〈對卜辭中'王其田'的幾點看法〉,《北方論叢》, 1979년 제5기.
于省吾:《甲骨文字釋林》, 中華書局, 1979년 6월.
裘錫圭:〈殷墟甲骨文硏究概說〉,《中學語文敎學》, 1979년 제6기.
河北省文物管理處臺西考古隊:〈河北藁城臺西村商代遺址發掘簡報〉,《文物》,
　　　1979년 제6기.

蕭　楠: 〈略論‘午組卜辭’〉,《考古》, 1979년 제6기.

裘錫圭: 〈談談古文字資料對古漢語研究的重要性〉,《中國語文》, 1979년 제6기.

郭沫若 主編:《甲骨文合集》제4책, 中華書局, 1979년 8월.

《甲骨文合集》(介紹),《人民畫報》, 1979년 제8기.

新華社: 〈老干部邢一淸捐獻一批文物〉,《人民日報》, 1979년 8월 18일.

新華社長春專訊: 〈迅速改變古文字科硏工作的落後狀況〉,《古文字硏究》제1집, 中華書局, 1979년 8월.

〈吉林大學古文字學術討論會紀要〉,《古文字硏究》제1집, 中華書局, 1979년 8월.

古文字硏究室: 〈古文字硏究工作的現狀及展望〉,《古文字硏究》제1집, 中華書局, 1979년 8월.

曾憲通·陳煒湛:《試論郭沫若同志的早期古文字硏究》제1집, 中華書局, 1979년 8월.

唐　蘭: 〈殷墟文字二記〉,《古文字硏究》제1집, 中華書局, 1979년 8월.

張政烺: 〈釋它示 —— 論卜辭中沒有蠶神〉,《古文字硏究》제1집, 中華書局, 1979년 8월.

胡厚宣: 〈說我王〉,《古文字硏究》제1집, 中華書局, 1979년 8월.

裘錫圭: 〈說‘弜’〉,《古文字硏究》제1집, 中華書局, 1979년 8월.

姚孝遂: 〈契文考釋辨證擧例〉,《古文字硏究》제1집, 中華書局, 1979년 8월.

姚孝遂: 〈商代的俘虜〉,《古文字硏究》제1집, 中華書局, 1979년 8월.

林　澐: 〈從武丁時代的幾種‘子卜辭’試論商代家族形態〉,《古文字硏究》제1집, 中華書局, 1979년 8월.

島邦男: 〈禘祀〉,《古文字硏究》제1집, 中華書局, 1979년 8월(譯者 趙誠, 본문 일본인 島邦男 著《殷墟卜辭硏究》제1편 제2장 〈禘祀〉, pp.177-189).

前川捷三: 〈介紹著錄明義士舊藏甲骨的新刊二書〉,《古文字硏究》제1집, 中華書局, 1979년 8월(譯者 劉銳, 日本《甲骨學》제11호, 1976년).

蕭　楠: 〈甲骨學論著目錄〉(1949-1979),《古文字硏究》제1집, 中華書局, 1979년 8월.

王貴民: 〈一部大型的甲骨文資料彙編 ——《甲骨文合集》〉,《中國史硏究動態》, 1979년 제9기.

李士平: 〈讀郭沫若同志的〈中國古代社會硏究〉〉,《四川大學學報叢刊》제1집, 1979년.

祝敏申: 〈今日中國之古文字學 ——《中國古文字學史》序言〉,《古文字》, 1979년 제1기.

陳建敏:〈卜辭夏迹尋踪〉,《古文字》, 1979년 제1기.

葉運升:〈釋甗·𠙴〉,《古文字》, 1979년 제1기.

吳旭民:〈1972年-1976年古文字學論文目錄〉(國內甲骨·金文部分),《古文字》, 1979년 제1기.

王宇信(仁言):〈甲骨名片選讀(《菁》2或《通》512) —— 釋初中《中國歷史》第一册甲骨文插圖〉,《歷史教學》, 1979년 제9기.

郭沫若 主編:《甲骨文合集》제5책, 中華書局, 1979년 10월.

裘錫圭:〈解放以來古文字資料的發現和整理〉,《文物》, 1979년 제10기.

沈之瑜:〈說'至'〉,《文物》, 1979년 제11기.

文物編輯委員會:《文物考古工作三十年》, 文物出版社, 1979년 11월.

李學勤:〈論美澳收藏的幾件商周文物〉,《文物》, 1979년 제12기.

郭沫若 主編:《甲骨文合集》제6책, 中華書局, 1979년 12월.

1980년

陳煒湛:〈甲骨文字辨析〉,《中山大學學報》, 1980년 제1기.

韋 戈:〈中國古文字學術研究會在廣州擧行第二屆年會〉,《中山大學學報》, 1980년 제1기.

王宇信:〈商代的馬和養馬業〉,《中國史研究》, 1980년 제1기.

胡厚宣:〈釋流散到德國的一片卜辭〉,《鄭州大學學報》, 1980년 제2기.

王慶祥:〈古文字學與古史研究〉,《社會科學戰線》, 1980년 제2기.

高 明:〈略論漢字形體演變的一般規律〉,《考古與文物》, 1980년 제2기.

夏 淥:〈卜辭中的天·神·命〉,《武漢大學學報》, 1980년 제2기.

陳玉崑:〈漫話干支〉,《史學月刊》, 1980년 제2기.

王 顯:〈讀了《說戈》以後〉,《中國語文》, 1980년 제2기.

單周堯:〈甲骨文中的戈〉,《中國語文》, 1980년 제2기.

徐中舒:〈西周利簋銘文箋釋〉,《四川大學學報》, 1980년 제2기.

蕭 兵:〈示與'大石文化'〉,《遼寧大學學報》, 1980년 제2기.

裘錫圭:〈甲骨文中的幾種樂器名稱 —— 釋庸·豐·鞀〉,《中華文史論叢》 제2집, 1980년.

裘錫圭:〈釋萬〉(〈甲骨文中的幾種樂器名稱〉附篇),《中華文史論叢》 제2집, 1980년.

楊昇南:〈《尙書·甘誓》'五行'說質疑〉,《中國史研究》, 1980년 제2기.

范毓周:〈中國古文字學術研究會一九七九年年會〉,《中國史研究動態》, 1980년 제2기.

胡厚宣: 〈殷代的氷雹〉,《史學月刊》, 1980년 제3기.

王貴民: 〈就甲骨文所見試說商代的王室田莊〉,《中國史研究》, 1980년 제3기.

陳煒湛: 〈讀《美國所藏甲骨錄》〉,《學術研究》, 1980년 제3기.

孟世凱: 〈殷墟甲骨文研究的發展〉,《河南文博通訊》, 1980년 제3기.

王宇信: 〈試論郭沫若同志的甲骨文商史研究〉,《人文雜誌》 1980년 제3기. 또《新
　　　　華月報》文摘版, 1980년 제10기.

陳煒湛: 〈郭沫若《釋五十》補說〉,《中華文史論叢》 제3집, 1980년.

裘錫圭: 〈釋秘〉,《古文字研究》 제3집, 中華書局, 1980년 11월.

李學勤: 〈關於自組卜辭的一些問題〉,《古文字研究》 제3집, 中華書局, 1980년 11월.

蕭　楠: 〈論武乙·文丁卜辭〉,《古文字研究》 제3집, 中華書局, 1980년 11월.

張永山·羅琨: 〈論歷組卜辭的年代〉,《古文字研究》 제3집, 中華書局, 1980년 11월.

姚孝遂: 〈《殷墟卜辭綜類》簡評〉,《古文字研究》 제3집, 中華書局, 1980년 11월.

賈　平: 〈讀《殷墟文字甲編考釋》〉,《古文字研究》 제3집, 中華書局, 1980년 11월.

松丸道雄: 〈散見於日本各地的甲骨文字〉,《古文字研究》 제3집, 中華書局, 1980년
　　　　11월(譯者 劉明輝, 일본《甲骨學》雜誌 제7·8·9·10·11기).

宋文薰: 〈李濟博士的逝去〉,《考古學參考資料》 제3·4집 合刊, 文物出版社, 1980년.

趙錫元: 〈論商代的繼承制度〉,《中國史研究》, 1980년 제4기.

鄭傑祥: 〈商湯都亳考〉,《中國史研究》, 1980년 제4기.

李　民: 〈《尙書》所見商代之農業〉,《山西大學學報》, 1980년 제4기.

徐中舒: 〈《漢語古文字字形表》序〉,《四川大學學報》, 1980년 제4기.

童恩正: 〈談甲骨文 夨 字幷略論殷代的人祭制度〉,《四川大學學報》, 1980년 제4기.

〈中國古文字研究會召開第三屆年會〉,《四川大學學報》, 1980년 제4기.

潘　悠: 〈甲骨學研究述評〉,《華東師範大學學報》, 1980년 제4기.

王宇信: 〈甲骨學三十年與我國甲骨文研究的展望〉,《鄭州大學學報》, 1980년 제4
　　　　기. 또《新華文摘》, 1981년 제5기.

賈谷文: 〈《建國以來甲骨文研究》卽將由中國社會科學出版社出版〉,《河南文博通
　　　　訊》, 1980년 제4기.

貝塚茂樹: 〈關於甲骨文分期斷代的幾個問題〉,《外國研究中國》 4, 中國社會科學
　　　　出版社, 1980년 5월(馮佐哲·謝齊가《京都大學人文科學研究所藏甲骨文
　　　　字》本文篇〈序論〉에서 발췌 飜譯).

劉　銳: 〈介紹島邦男近著《殷墟卜辭綜類》〉,《外國研究中國》 4, 中國社會科學出版
　　　　社, 1980년 5월.

〈中國古文字學術研究會第二屆年會紀要〉,《古文字研究》 제4집, 中華書局, 1980년

12월.

胡厚宣: 〈甲骨文 '家譜刻辭' 眞僞問題再商榷〉, 《古文字硏究》 제4집, 中華書局, 1980년 12월.

于省吾: 〈甲骨文 '家譜刻辭' 眞僞辨〉, 《古文字硏究》 제4집, 中華書局, 1980년 12월.

裘錫圭: 〈甲骨文字考釋〉, 《古文字硏究》 제4집, 中華書局, 1980년 12월.

夏　淥: 〈學習古文字散記〉, 《古文字硏究》 제4집, 中華書局, 1980년 12월.

劉宗漢: 〈釋七・甲〉, 《古文字硏究》 제4집, 中華書局, 1980년 12월.

陳永正: 〈釋⧓〉, 《古文字硏究》 제4집, 中華書局, 1980년 12월.

常玉芝: 〈說文武帝 —— 兼略述商末祭祀制度的變化〉, 《古文字硏究》 제4집, 中華書局, 1980년 12월.

姚孝遂: 〈古文字的形體結構及其發展階段〉, 《古文字硏究》 제4집, 中華書局, 1980년 12월.

高　明: 〈古文字的形旁及其形體演變〉, 《古文字硏究》 제4집, 中華書局, 1980년 12월.

陳煒湛: 〈卜辭文法三題〉, 《古文字硏究》 제4집, 中華書局, 1980년 12월.

陳煒湛・曾憲通: 〈論羅振玉和王國維在中國古文字學領域內的地位和影響〉 上, 《學術研究》, 1980년 제5기.

陳煒湛・曾憲通: 〈論羅振玉和王國維在中國古文字學領域內的地位和影響〉 下, 《學術研究》, 1980년 제6기.

徐錫臺: 〈西德・瑞士藏我國殷墟出土的甲骨文〉, 《人文雜誌》 1980년 제5기.

朱　活: 〈齊魯考辨〉, 《齊魯學刊》, 1980년 제5기.

康　殷: 〈說帝〉, 《南開學報》, 1980년 제5기.

蕭　艾: 《甲骨文史話》, 文物出版社, 1980년 6월.

天　戈: 《北京出土文物》, 北京出版社, 1980년 7월.

賈谷文: 〈一部集大成的甲骨著錄——《甲骨文合集》〉, 《文彙報》, 1980년 8월 1일.

郭沫若 主編: 《甲骨文合集》 제7책, 中華書局, 1980년 8월.

新華社北京訊: 〈《甲骨文合集》陸續分冊出版發行〉, 《光明日報》, 1980년 8월 7일.

史　研: 〈《甲骨文合集》出版〉, 《北京日報》, 1980년 9월 5일.

王國維: 〈觀堂書札〉, 《中國歷史文獻研究集刊》 제1집, 1980년 9월.

蔡鳳書: 〈讀貝塚茂樹《中國古代之再發現》〉, 《中國史研究動態》, 1980년 제9기.

中國社會科學院考古研究所: 《小屯南地甲骨》 上册, 中華書局, 1980년 10월.

仁　言: 〈甲骨名片選讀之二〉, 《歷史教學》 1980년 제10기.

鄒　衡: 〈夏商周考古學論文集〉, 文物出版社, 1980년 10월.

齊吉祥: 〈商代奴隷主貴族的殘酷統治〉,《歷史教學》, 1980년 제10기.

高明 編著:《古文字類編》, 中華書局, 1980년 11월.

孟世凱:《殷墟甲骨文簡述》, 文物出版社, 1980년 11월.

許順湛:《中國奴隷社會》, 河南人民出版社, 1980년 11월.

范毓周: 〈戴維·N·凱特利的《商史史料》〉,《中國史研究動態》, 1980년 제12기.

伍林陳: 〈中國古文字研究會第三屆年會紀要〉,《中國史研究動態》, 1980년 제12기.

友:《〈建國以來甲骨文研究〉一書卽將出版》,《歷史教學》, 1980년 제12기.

陳振中: 〈殷周的耒耜〉,《文物》, 1980년 제12기.

中國社會科學院考古研究所 編著:《殷墟婦好墓》, 文物出版社, 1980년 12월.

徐中舒 主編:《漢語古文字字形表》, 四川人民出版社, 1980년.

于省吾: 〈關於商周時代對於 ‘禾’ · ‘積’ 或土地有限度的賞賜〉,《中國考古學會第一
　　　次年會論文集(1979)》, 文物出版社, 1980년 12월.

1981년

郭沫若 主編:《甲骨文合集》 제8책, 中華書局, 1981년 1월.

唐　蘭:《古文字學導論》 增訂本, 齊魯書社, 1981년 1월.

胡厚宣: 〈再論殷代農作施肥問題〉,《社會科學戰線》, 1981년 제1기.

聞　宥: 〈釋年 —— 兼論古文字釋讀諸問題〉,《社會科學戰線》, 1981년 제1기.

汪寧生: 〈從原始記事到文字發明〉,《考古學報》, 1981년 제1기.

安陽市博物館: 〈安陽博物館館藏卜辭選〉,《中原文物》, 1981년 제1기.

徐喜辰: 〈釋南〉,《東北師大學報》, 1981년 제1기.

范毓周: 〈試論滅商以前的商周關係〉,《史學月刊》, 1981년 제1기.

魏東枝: 〈我國最古的一部書 —— 介紹殷代甲骨 ‘月令’〉,《圖書館工作與研究》,
　　　1981년 제1기.

鄭慧生: 〈中學《中國歷史》(第1册)龜甲卜辭插圖淺釋〉,《史學月刊》, 1981년 제1기.

朱德熙: 〈紀念唐立廠先生〉,《古文字研究》 제2집, 中華書局, 1981년 1월.

茂　田: 〈甲骨文與劉鶚〉,《北京晚報》, 1981년 1월 11일.

〈甲骨文研究後繼乏人〉,《報刊文摘》 제56기, 1981년 1월 20일.

胡厚宣: 〈記故宮博物院新收的兩片甲骨卜辭〉,《中華文史論叢》 제1집, 1981년.

沈之瑜 · 郭若愚: 〈《戩壽堂所藏殷墟文字》補正〉,《上海博物館館刊》 제1집, 1981년
　　　7월.

陳邦懷: 〈卜辭日月有食解〉,《天津社會科學》, 1981년 제1기.

胡澱咸: 〈釋史〉,《中國古代史論叢》, 제1집, 福建人民出版社, 1981년 6월.

于省吾: 〈釋皇〉, 《吉林大學學報》, 1981년 제2기.

張亞初·劉雨: 〈從商周八卦數字符號談筮法的幾個問題〉, 《考古》, 1981년 제2기.

彭邦炯: 〈幷器·幷氏與幷州〉, 《考古與文物》, 1981년 제2기.

朱鳳瀚: 〈殷墟卜辭中的〔衆〕的身分問題〉, 《南開學報》, 1981년 제2기.

仁　言: 〈科學高峰·學術師承及其他 —— 李學勤治學經驗雜談〉, 《讀書》, 1981년 제2기.

晁福林: 〈釋‘**屮**’〉, 《史學評林》, 1981년 제3기.

文煥然·何業恒: 〈中國珍稀動物歷史變遷的初步研究〉, 《湖南師院學報》(自然科學版), 1981년 제2기.

毛樹堅: 〈甲骨文中有關野生動物的記述 —— 中國古代生物學探索之一〉, 《杭州大學學報》, 1981년 제2기.

滕: 〈《建國以來甲骨文研究》出版〉, 《人民日報》, 1981년 2월 23일,

王宇信: 《建國以來甲骨文研究》, 中國社會科學出版社, 1981년 3월.

文一編: 〈《殷墟甲骨文簡述》出版〉, 《光明日報》, 1981년 3월 24일.

蕭　楠: 〈試論卜辭中的‘工’與‘百工’〉, 《考古》, 1981년 제3기.

王貴民: 〈勇於創新, 獨辟徯徑 —— 試論郭沫若早期的甲骨文字研究〉, 《人文雜誌》, 1981년 제3기.

王宇信: 〈《西德·瑞士藏我國殷墟出土的甲骨文》考辨〉, 《人文雜誌》, 1981년 제3기.

夏　淥: 〈釋弓弓 —— 張宗騫《卜辭弓弓·弗通用考》的商榷〉, 《武漢大學學報》, 1981년 제3기.

楊潛齋: 〈釋冥𡩋〉, 《華中師院學報》, 1981년 제3기.

王宇信: 〈試讀《安陽市博物館藏甲骨文字》〉, 《中原文物》, 1981년 제3기.

徐中舒: 〈《漢語古文字字形表》序〉, 《辭典研究叢刊》 3, 四川人民出版社, 1981년 8월.

《甲骨文字典》編纂小組: 〈甲骨文字的一字多形問題〉, 《辭典研究叢刊》 3, 四川人民出版社, 1981년 8월.

賈雙喜: 〈最大的肩胛骨〉, 《人民日報》 1981년 3월 3일.

洪文壽: 〈《小屯南地甲骨》上冊出版〉, 《光明日報》, 1981년 3월 24일.

中國社會科學院考古研究所安陽工作隊: 〈安陽小屯村北的兩座殷代墓〉, 《考古學報》, 1981년 제4기.

史　任: 〈《小屯南地甲骨》上冊(제1·2分冊)〉, 《考古》, 1981년 제4기.

李學勤: 〈論殷墟卜辭的‘星’〉, 《鄭州大學學報》, 1981년 제4기.

李伯謙·鄭傑祥: 〈後李商代墓葬族屬試析〉, 《中原文物》, 1981년 제4기.

王明閣: 〈從卜辭中 '田' 的記載看殷代土地王權所有制〉, 《北方論叢》, 1981년 제4기.

柳曾符: 〈釋 '習卜'〉, 《中國語文》, 1981년 제4기.

曉　江: 〈刻苦治學的古文字學家〉, 《北京晩報》, 1981년 4월 6일.

牧　牧: 〈'美'字意味着勤勞〉, 《北京晩報》, 1981년 4월 9일.

唐　蘭: 《殷墟文字記》, 中華書局, 1981년 5월.

李學勤: 〈小屯南地甲骨與甲骨分期〉, 《文物》, 1981년 제5기.

商承祚: 〈我和古文字學〉, 《書林》, 1981년 제5기. 또 《新華文摘》, 1982년 제2기에
　　　　轉載.

周永珍: 〈懷念陳夢家先生〉, 《考古》, 1981년 제5기.

周晦若: 〈甲骨文中有關蠶絲的記載〉, 《中國紡織科技史資料》 제5집, 1981년.

郭沫若 主編: 《甲骨文合集》 제9책, 中華書局, 1981년 6월.

李圃 編: 《甲骨文選讀》, 華東師大出版社, 1981년 6월.

鄭振香·陳志達: 〈論婦好墓對殷墟文化和卜辭斷代的意義〉, 《考古》, 1981년 제6기.

張忠如: 〈《說 '引' 字》質疑〉, 《考古》, 1981년 제6기.

周傳儒: 〈史學大師王國維〉, 《歷史研究》 1981년 제6기.

張懋鎔·秦建明: 〈釋 '東' 及與 '東' 有關之字〉, 《人文雜誌》, 1981년 제6기.

鄭慧生: 〈卜辭中貴婦的社會地位考述〉, 《歷史研究》 1981년 제6기.

李學勤: 〈談自學古文字〉, 《文史知識》, 1981년 제6기.

馮　人: 〈考古學家李濟傳略〉, 《晉陽學刊》 1981년 제6기.

連劭名: 〈甲骨文 '首' 及相關的問題〉, 《北京大學學報》, 1981년 제6기.

鄭慧生: 〈殷商名稱的由來〉, 《歷史敎學》, 1981년 제7기.

史蘇苑: 〈商朝國號淺議〉, 《歷史敎學》, 1981년 제7기.

陶　禮: 〈《甲骨文選讀》卽將出版〉, 《光明日報》, 1981년 7월 20일.

陳建敏: 〈董作賓後期的甲骨學研究〉, 《中國史動態研究》, 1981년 제8기.

務　石: 〈簡介一本研究甲骨學的參考書〉, 《聯合書訊》, 제13기, 1981년 8월 15일.

鳳　子: 〈雨中千葉——訪郭老故居〉, 《光明日報》, 1981년 8월 16일.

劉國淸: 〈'美' 字考略〉, 《學術月刊》, 1981년 제10기.

新華社電: 〈新西蘭友人路易·艾黎贈送山丹縣人民三千多件歷史文物〉, 《光明日
　　　　報》, 1981년 9월 30일.

于省吾: 〈釋鬲·隸〉, 《史學集刊》, 1981년 10월.

蔡運章: 〈釋 '聯'〉, 《中原文物》 特刊, 1981년 10월.

浩　慶: 〈古文趣字〉, 《北京晩報》, 1981년 11월 28일.

于省吾: 〈釋中國〉, 《中華學術論文集》, 中華書局, 1981년 11월.

伍仕謙 等: 〈中國古文字研究會第三屆年會紀要〉, 《古文字研究》 제6집, 中華書局, 1981년 11월.

羅福頤: 〈我對古文字的點滴認識〉, 《古文字研究》 제6집, 中華書局, 1981년 11월.

胡厚宣: 〈重論 '余一人' 問題〉, 《古文字研究》 제6집, 中華書局, 1981년 11월.

姚孝遂: 〈甲骨刻辭狩獵考〉, 《古文字研究》 제6집, 中華書局, 1981년 11월.

林　澐: 〈甲骨文中的商代方國聯盟〉, 《古文字研究》 제6집, 中華書局, 1981년 11월.

常正光: 〈殷曆考辨〉, 《古文字研究》 제6집, 中華書局, 1981년 11월.

蕭　楠: 〈試論卜辭中的師和旅〉, 《古文字研究》 제6집, 中華書局, 1981년 11월.

張政烺: 〈釋戈〉, 《古文字研究》 제6집, 中華書局, 1981년 11월.

管燮初: 〈商周甲骨和靑銅器上的卦爻辨識〉, 《古文字研究》 제6집, 中華書局, 1981년 11월.

胡淀咸: 〈甲骨文字考釋二則〉, 《古文字研究》 제6집, 中華書局, 1981년 11월.

張亞初: 〈甲骨金文零釋〉, 《古文字研究》 제6집, 中華書局, 1981년 11월.

夏　淥: 〈學習古文字隨記二則〉, 《古文字研究》 제6집, 中華書局, 1981년 11월.

邨　笛: 〈卜辭考釋數則〉, 《古文字研究》 제6집, 中華書局, 1981년 11월.

黃錫全: 〈甲骨文 '屮' 字試探〉, 《古文字研究》 제6집, 中華書局, 1981년 11월.

沈建華: 〈甲骨文釋文二則〉, 《古文字研究》 제6집, 中華書局, 1981년 11월.

趙　誠: 〈甲骨文字的二重性及其構形關係〉, 《古文字研究》 제6집, 中華書局, 1981년 11월.

陳煒湛: 〈甲骨文異字同形例〉, 《古文字研究》 제6집, 中華書局, 1981년 11월.

伊藤道治: 〈有關語詞 '叀' 的用法問題〉, 《古文字研究》 제6집, 中華書局, 1981년 11월.

裘錫圭: 〈論 '歷組卜辭' 的時代〉, 《古文字研究》 제6집, 中華書局, 1981년 11월.

謝　濟: 〈武丁時另種類型卜辭分期研究〉, 《古文字研究》 제6집, 中華書局, 1981년 11월.

于秀卿·賈雙喜·徐自强: 〈甲骨的鑽鑿形態與分期斷代研究〉, 《古文字研究》 제6집, 中華書局, 1981년 11월.

松丸道雄: 〈甲骨文僞造問題新探〉, 《古文字研究》 제6집, 中華書局, 1981년 11월.

張寶昌: 〈甲骨文中的人體知識〉, 《中華醫史雜誌》 11권 4기, 1981년.

寒　峰: 〈中國古文字研究會召開第四屆年會〉, 《中國史研究動態》, 1981년 제12기.

郭沫若 主編: 《甲骨文合集》 제10책, 中華書局, 1981년 12월.

1982년

郭沫若 主編:《甲骨文合集》제11책, 中華書局, 1982년 1월.

于省吾:〈釋日〉,《鄭州大學學報》, 1982년 제1기.

羅琨·張永山:〈家字溯源〉,《考古與文物》1982년 제1기.

趙銓·鍾少林·白榮金:〈甲骨文字契刻初探〉,《考古》, 1982년 제1기.

楊昇南:〈商代稱 '殷' 的由來〉,《歷史知識》, 1982년 제1기.

史爲樂:〈談地名學與歷史研究〉,《歷史研究》, 1982년 제1기.

李　瑾:〈卜辭前辭語序省變形式統計 —— 兼評 '非王卜辭' 說〉,《重慶師院學報》,
　　　　1982년 제1기.

劉敦愿:〈中國古代的啄木鳥〉,《農業考古》, 1982년 제1기.

周恒明:〈養蠶起源問題的研究〉,《農業考古》, 1982년 제1기.

趙克剛:〈𤔲……形義解〉,《重慶師院學報》, 1982년 제1기.

楊文山:〈釋𤔲·𤔲〉,《河北師範大學學報》, 1982년 제1기.

楊昇南:〈是幼子繼承制, 還是長子繼承制〉,《中國史研究》, 1982년 제1기.

唐雲明:〈河北藁城商代農業概述〉,《農業考古》, 1982년 제1기.

李　民:〈說洛邑·成周與王城〉,《鄭州大學學報》, 1982년 제2기.

王玉哲:〈殷商疆域史中的一個重要問題 —— '點' 和 '面' 的概念〉,《鄭州大學學
　　　　報》, 1982년 제2기.

王貴民:〈從殷墟甲骨文論古代學校教育〉,《人文雜誌》1982년 제2기.

洪家義:〈白字新釋〉,《南京大學學報》, 1982년 제2기.

李　榮:〈唐蘭《古文字學導論》增訂本介紹〉,《中國語文》, 1982년 제2기.

殷煥先:〈《古文字學導論》讀後〉,《中國語文》, 1982년 제2기.

侯鏡昶:〈論甲骨刻辭語法研究方向 —— 評《殷墟甲骨刻辭的語法研究》〉,《語言文
　　　　字研究專輯》上(《中華文史論叢》增刊), 上海古籍出版社, 1982년 2월.

李　瑾:〈漢語殷周語法問題探討 —— 王力《漢語史稿》中册先秦語法分析的商榷〉,
　　　　《語言文字研究專輯》上(《中華文史論叢》增刊), 上海古籍出版社, 1982년
　　　　2월.

陳邦懷:〈《小屯南地甲骨》中所發現的若干重要史料〉,《歷史研究》, 1982년 제2기.

夏　渌:〈中華民族的根 —— 釋 '帝' 字的形義來源〉,《武漢大學學報》, 1982년 제2기.

酉代錫:〈從甲骨文所見試論殷代的農業經濟〉,《湘潭大學學報》, 1982년 제2기.

包明廉:〈《甲骨文合集》年內出齊〉,《文彙報》, 1982년 3월 8일.

曹定雲:〈殷代的 '盧方'〉,《社會科學戰線》, 1982년 제2기.

王翁如:〈王襄復葉葒漁書〉,《天津社會科學》, 1982년 제2기.

陳煒湛:〈釋屯〉,《中山大學學報》, 1982년 제2기.

顧德融: 〈中國古代人殉・人牲者的身分探析〉, 《中國史研究》, 1982년 제2기.

鄭傑祥: 〈'甘地' 考辨〉, 《中國史研究》, 1982년 제2기.

張培瑜 等: 〈中國早期的日食記錄和公元前十四至公元前十一世紀日食表〉, 《南京大學學報》(自然科學版), 1982년 제2기.

李學勤・唐雲明: 〈河北藁城臺西甲骨的初步考察〉, 《考古與文物》, 1982년 제3기.

郭振祿: 〈三十年來日本研究甲骨學的概況〉, 《考古學參考資料》 5, 文物出版社, 1982년 3월.

李先登: 〈關於小屯南地甲骨分期的一點意見〉, 《中原文物》, 1982년 제3기.

張鳳喈: 〈商周政體初探〉, 《社會科學戰線》, 1982년 제3기.

陳　旭: 〈商代農耕與農業生產狀況〉, 《鄭州大學學報》, 1982년 제3기.

王俊杰: 〈論商周的羌與魏晉南北朝的羌〉, 《西北師院學報》, 1982년 제3기.

馮佐哲: 〈對《史學大師王國維》一文的幾點補正〉, 《歷史研究》, 1982년 제3기.

王貴民: 〈'衛服' 的起源和古代社會的守衛制度〉, 《中華文史論叢》, 제3집, 1982년.

鄧少琴・溫少峰: 〈論帝乙征 '人方' 是用兵江漢〉上, 《社會科學戰線》, 1982년 제3기.

王世民: 〈李濟先生的生平和學術貢獻〉, 《考古》, 1982년 제3기.

張光直: 〈李濟著《安陽》一書評介〉, 《考古學參考資料》 5, 文物出版社, 1982년 3월.

趙錫元: 〈再論商代 '衆人' 的社會身份〉, 《吉林大學社會科學學報》, 1982년 제4기.

黎　虎: 〈殷都屢遷原因試探〉, 《北京師範大學學報》, 1982년 제4기.

王宇信: 〈試論子漁其人〉, 《考古與文物》, 1982년 제4기.

宋鎭豪: 〈讀赤塚忠著《中國古代的宗教和文化》〉, 《中國史研究動態》, 1982년 제4기.

弘　毅: 〈羅福頤先生學術活動簡介〉, 《考古》, 1982년 제4기.

陳建敏: 〈甲骨學研究的進展〉, 《社會科學》, 1982년 제4기.

張桂光: 〈古文字考釋四則〉, 《華南師院學報》, 1982년 제4기.

鄧少琴・溫少峰: 〈論帝乙征 '人方' 是用兵江漢〉下, 《社會科學戰線》, 1982년 제4기.

徐中舒・唐嘉弘: 〈論殷周的外服制〉, 《先秦史論文集》(《人文雜誌》 增刊), 1982년 5월.

胡厚宣: 〈重論 '余一人' 問題〉, 《古文字研究論文集》(《四川大學學報叢刊》 제10집), 1982년 5월.

李學勤: 〈重新評价中國古代文明〉, 《先秦史論文集》(《人文雜誌》 增刊), 1982년 5월.

田昌五: 〈中國奴隸制的特點和發展階段問題〉, 《先秦史論文集》(《人文雜誌》 增刊), 1982년 5월.

徐喜辰: 〈商周奴隸社會史若干問題論綱〉, 《先秦史論文集》(《人文雜誌》 增刊), 1982년 5월.

斯維至: 〈封建考略〉, 《先秦史論文集》(《人文雜誌》 增刊), 1982년 5월.

楊昇南: 〈對商代人祭身分的考察〉, 《先秦史論文集》(《人文雜誌》 增刊), 1982년 5월.

張永山: 〈商代 '衆人' 身分補正〉, 《先秦史論文集》(《人文雜誌》 增刊), 1982년 5월.

張廣志: 〈商代奴隷社會說質疑〉, 《先秦史論文集》(《人文雜誌》 增刊), 1982년 5월.

方述鑫: 〈甲骨文口形偏旁釋例〉, 《古文字研究論文集》(《四川大學學報叢刊》 제10집), 1982년 5월.

常正光 等: 〈甲骨文字的一字多形問題〉, 《古文字研究論文集》(《四川大學學報叢刊》 제10집), 1982년 5월.

張勛燎: 〈'七'・'十' 考〉, 《古文字研究論文集》(《四川大學報叢刊》 제10집), 1982년 5월.

伍仕謙: 〈甲骨文考釋六則〉, 《古文字研究論文集》(《四川大學學報叢刊》 제10집), 1982년 5월.

常正光: 〈'辰爲商星' —— 釋 '辰・晨・農'〉, 《古文字研究論文集》(《四川大學學報叢刊》 제10집), 1982년 5월.

常正光: 〈殷歷考辨〉, 《古文字研究論文集》(《四川大學學報叢刊》 제10집), 1982년 5월.

陳復澄: 〈文字的發生分化釋例之一 —— 釋大・天・夫・太〉, 《古文字研究論文集》(《四川大學學報叢刊》 제10집), 1982년 5월.

彭裕商: 〈卜辭中的 '土'・'河'・'岳'〉, 《古文字研究論文集》(《四川大學學報叢刊》 제10집), 1982년 5월.

王 輝: 〈殷人火祭說〉, 《古文字研究論文集》(《四川大學學報叢刊》 제10집), 1982년 5월.

彭裕商・黃孝逸: 〈釋小甲〉, 《古文字研究論文集》(《四川大學學報叢刊》 제10집), 1982년 5월.

林 澐: 〈于省吾教學和科研成果概述〉, 《中國當代社會科學家》 제1집, 書目文獻出版社, 1982년 5월.

方國瑜: 〈'古' 之本文爲 '苦' 說〉, 《北京師範大學學報》, 1982년 제5기.

郭沫若: 〈我與考古學〉, 《考古》, 1982년 제5기(原文은 1936년에 씌어졌고 《生活學校》 제1권 제2기에 발표됨).

郭沫若 主編: 《甲骨文合集》 제12책, 中華書局, 1982년 6월.

曉 甲: 〈介紹《建國以來甲骨文研究》〉, 《考古》, 1982년 제5기.

崔志遠: 〈王襄及其甲骨文研究〉, 《天津社會科學》, 1982년 제5기.

許建偉: 〈卜辭 '罟田' 新解〉, 《學術研究》, 1982년 제5기.

宋鎭豪: 〈甲骨文斷片綴合之一例〉,《人文雜誌》, 1982년 제6기.

王宇信: 〈郭沫若與甲骨文合集〉,《學習與研究》, 1982년 제6기.

韓連琪: 〈殷代的社會生產和奴隸制特徵〉,《文史哲》, 1982년 제6기.

周傳儒: 〈周傳儒自傳〉,《中國當代社會科學家》 제2집, 書目文獻出版社, 1982년
　　　　6월.

趙　誠: 〈甲骨文資料的搜集・整理和出版〉,《古籍整理出版情況簡報》 제93기,
　　　　1982년 8월 10일.

王襄(遺稿): 〈簠室殷契〉,《歷史教學》, 1982년 제9기.

王翁如: 〈《簠室殷契》跋〉,《歷史教學》, 1982년 제9기.

胡厚宣: 〈甲骨文合集的編輯內容〉,《歷史教學》, 1982년 제9기.

胡厚宣: 〈郭沫若同志在甲骨學上的巨大貢獻〉,《甲骨探史錄》, 三聯書店, 1982년
　　　　9월.

張政烺: 〈殷墟甲骨文美字說〉,《甲骨探史錄》, 三聯書店, 1982년 9월.

李學勤: 〈小屯丙組基址與 '扶' 卜辭〉,《甲骨探史錄》, 三聯書店, 1982년 9월.

王宇信: 〈甲骨文貞人 '專' 時代的審定〉,《甲骨探史錄》, 三聯書店, 1982년 9월.

謝　齊: 〈試論歷組卜辭的分期〉,《甲骨探史錄》, 三聯書店, 1982년 9월.

羅　琨: 〈商代人祭及相關問題〉,《甲骨探史錄》, 三聯書店, 1982년 9월.

張永山: 〈論商代的 '衆人'〉,《甲骨探史錄》, 三聯書店, 1982년 9월.

彭邦炯: 〈卜辭 '作邑' 蠡測〉,《甲骨探史錄》, 三聯書店, 1982년 9월.

王貴民: 〈說御史〉,《甲骨探史錄》, 三聯書店, 1982년 9월.

楊昇南: 〈略論商代軍隊〉,《甲骨探史錄》, 三聯書店, 1982년 9월.

寒　峰: 〈甲骨文所見的商代軍制數則〉,《甲骨探史錄》, 三聯書店, 1982년 9월.

齊文心: 〈 '六' 爲商之封國說〉,《甲骨探史錄》, 三聯書店, 1982년 9월.

王宇信・楊寶成: 〈殷墟象坑和 '殷人服象' 的再探討〉,《甲骨探史錄》, 三聯書店,
　　　　1982년 9월.

郭沫若 主編:《甲骨文合集》 제1책, 中華書局, 1982년 10월.

蕭　玉: 〈商文化國際討論會在檀香山舉行〉,《光明日報》, 1982년 10월 16일.

平勢隆雄: 〈1980年日本的中國古代史研究〉上,《中國史研究動態》, 1982년 제10기.

胡厚宣: 〈紀念郭老九十誕辰, 深入開展甲骨學商史的研究工作〉,《文物》, 1982년
　　　　제11기.

戴維・恩・凱特利: 〈評《建國以來甲骨文研究》〉,《歷史教學》, 1982년 제11기(趙功
　　　　民 譯).

朱啓新: 〈從甲骨文字看殷商時期的教育〉,《教育研究》, 1982년 제11기.

郭沫若 主編:《甲骨文合集》제13책, 中華書局, 1982년 11월.

寒 峰:〈商文化國際討論會在美擧行〉,《中國史研究動態》, 1982년 제12기.

鐘 軒:〈《甲骨文合集》今年底全部出齊〉,《北京晚報》, 1982년 12월 14일.

1983년

中國社會科學院考古研究所 編:《小屯南地甲骨》下册, 中華書局, 1983년.

鐘 軒:〈《甲骨文合集》已全部出齊〉,《光明日報》, 1983년 1월 1일.

宋鎭豪:〈近年來中國社會科學院歷史研究所先秦史研究槪況〉,《先秦史研究動態》, 1983년 제1기.

楊寶成・楊錫璋:〈從殷墟小型墓看殷代社會的平民〉,《中原文物》, 1983년 제1기.

王宇信:〈西周甲骨的發現與研究〉,《史學月刊》, 1983년 제1기.

龔濟民:〈關於郭沫若爲金祖同殷契著作所寫的序文〉,《天津師專學報》, 1983년 제1기.

耕 夫:〈王亥經商〉,《河北財貿學院學報》, 1983년 제1기.

張 之:〈殷都何時成爲殷墟〉,《中原文物》, 1983년 제1기.

王克林:〈甲骨文中所見‘鳳’方與舜・夏・秦人的關係〉,《貴州民族研究》제1집, 1983년.

曹錦炎:〈論卜辭中的示〉,《吉林大學研究生論文集刊》제1집, 1983년.

裘錫圭:〈卜辭‘異’字和詩・書里的‘式’字〉,《中國語言學報》, 1983년 제1기.

葛英會:〈甲骨文與金文〉,《自修大學》, 1983년 제1기.

張壽康:〈甲骨刻辭和吉金銘文的修辭擧例〉,《天津師專學報》1983년 제1기.

彭裕商:〈也說歷組卜辭的時代〉,《四川大學學報》, 1983년 제1기.

晏炎吾:〈釋‘單’〉,《華中師院學報》, 1983년 제1기.

楊潛齋:〈釋‘虹’・‘冒母’〉,《華中師院學報》, 1983년 제1기.

李 瑾:〈卜辭‘王婦’名稱所反映之殷代構詞法分析〉,《重慶師院學報》, 1983년 제1기.

白寶田:〈商代‘沚國’位置考〉,《大慶師專學報》, 1983년 제1기.

趙 誠:〈《甲骨文合集》評介〉,《光明日報》, 1983년 1월 31일.

徐喜辰:〈商代公社及其相關諸問題〉,《松遼學刊》, 1983년 제1-2기.

陸思賢:〈對甲骨文中舞蹈的若干認識〉,《舞蹈論叢》1, 1983년.

李 零:〈爲《說‘引’字》釋疑〉,《古文字論集》1, 1983년.

陳漢平:〈釋甲骨文嘉字〉,《古文字論集》1, 1983년.

黃奇逸:〈甲金文中干號牛稱與諡法問題的研究〉,《中華文史論叢》제1집, 1983년.

李學勤: 〈試論孤竹〉,《社會科學戰線》, 1983년 제2기.

王世民: 〈西周春秋金文中的諸侯爵稱〉,《歷史研究》, 1983년 제2기.

李　瑾: 〈卜辭 '王婦' 名稱所反映之殷代構詞法分析〉續,《重慶師院學報》, 1983년
　　　제2기.

蕭　艾: 〈馬克思主義與甲骨文研究〉,《湘潭大學社會科學學報》, 1983년 제2기.

夏　渌: 〈莉楚名原初探——卜辭莉方考〉,《中南民族學院學報》, 1983년 제2기.

張恩言: 〈說商刑〉,《中州今古》, 1983년 제2기.

方　超: 〈武王伐紂的心理宣傳和鼓動〉,《大衆心理學》, 1983년 제2기.

賈義炳: 〈商代女將軍婦好〉,《文史知識》, 1983년 제2기.

谷　松: 〈《甲骨文合集》全部出齊, 規劃小組致函該書編輯組表示祝賀〉,《古籍整理
　　　出版情況簡報》第101기, 1983년 2월 1일.

柯　半: 〈郭沫若《甲骨文合集》獲獎〉,《北京晚報》1983년 2월 19일.

何金松: 〈釋 '亞'〉,《中國語文》, 1983년 제2기.

海萌輝: 〈從新石器時代的刻劃符號談 '指事' 在 '六書' 中的次第〉,《鄭州大學學報》,
　　　1983년 제2기.

祝敏申: 〈國寶——記甲骨學家胡厚宣〉,《人物》, 1983년 제2기.

李澍庸: 〈甲骨金石古書方言字義聯〉,《河南師大學報》, 1983년 제2기.

朱德熙: 〈古文字考釋四篇〉,《古文字研究》第8집, 中華書局, 1983년 2월.

李先登: 〈孟廣慧舊藏甲骨選介〉,《古文字研究》第8집, 中華書局, 1983년 2월.

胡振祺: 〈山西省文物工作委員會收藏的甲骨〉,《古文字研究》第8집, 中華書局,
　　　1983년 2월.

島邦男: 〈卜辭上父母兄子之稱謂〉,《古文字研究》第8집, 中華書局, 1983년 2월.

松丸道雄: 〈日本散見甲骨文字搜集〉,《古文字研究》第8집, 中華書局, 1983년 2월.

島邦男: 〈貞人補正〉,《古文字研究》第8집, 中華書局, 1983년 2월.

前川捷三: 〈關於午組卜辭的考察〉,《古文字研究》第8집, 中華書局, 1983년 2월.

商承祚: 〈關於王國維先生之死〉,《晉陽學刊》, 1983년 제3기.

陳邦懷: 〈記商玉版甲子表〉,《天津社會科學》, 1983년 제3기.

王貴民: 〈晚商中期的歷史地位〉,《中國史研究》, 1983년 제3기.

李　民: 〈《禹貢》·冀州與夏文化探索〉,《社會科學戰線》, 1983년 제3기.

楊寶成: 〈商代紀年新議〉,《史學月刊》, 1983년 제3기.

夏　渌: 〈古文字奴隸名稱補遺〉,《武漢大學學報》, 1983년 제3기.

郭若愚: 〈糾正殷武丁時期殺伐二千六百五十六人的一件史實〉,《上海師範學院學
　　　報》, 1983년 제3기.

曹定雲: 〈論武乙・文丁祭祀卜辭〉,《考古》 1983년 제3기.

楊昇南: 〈《甲骨探史錄》出版〉,《中國史硏究動態》, 1983년 제3기.

鐘　志: 〈商亳考〉,《中州今古》, 1983년 제3기.

周文康: 〈商人名稱源於商丘說質疑〉,《北京商學院學報》, 1983년 제3기.

鄭　光: 〈釋驫〉,《中原文物》, 1983년 제3기.

徐光烈: 〈試釋甲骨刻辭中的〔此〕〉,《重慶師院學報》, 1983년 제3기.

濮茅左: 〈卜辭釋序分析二例〉,《中原文物》, 1983년 제3기.

張政烺: 〈殷契啓田解〉,《甲骨文與殷商史》, 上海古籍出版社, 1983년 3월.

李學勤: 〈釋多君多子〉,《甲骨文與殷商史》, 上海古籍出版社, 1983년 3월.

裘錫圭: 〈說卜辭的焚巫尫與作土龍〉,《甲骨文與殷商史》, 上海古籍出版社, 1983년 3월.

寒　峰: 〈商代〔臣〕的身份縷析〉,《甲骨文與殷商史》, 上海古籍出版社, 1983년 3월.

羅　琨: 〈‘高宗伐鬼方’史迹考辨〉,《甲骨文與殷商史》, 上海古籍出版社, 1983년 3월.

楊昇南: 〈卜辭所見諸侯對商王室的臣屬關係〉,《甲骨文與殷商史》, 上海古籍出版社, 1983년 3월.

王貴民: 〈就殷墟甲骨文所見試說‘司馬’職名的起源〉,《甲骨文與殷商史》, 上海古籍出版社, 1983년 3월.

曹定雲: 〈‘亞弜’・‘亞啓’考〉,《甲骨文與殷商史》, 上海古籍出版社, 1983년 3월.

孟世凱: 〈商代田獵性質初探〉,《甲骨文與殷商史》, 上海古籍出版社, 1983년 3월.

常玉芝: 〈關於周祭中武乙文丁等的祀序問題〉,《甲骨文與殷商史》, 上海古籍出版社, 1983년 3월.

常　弘: 〈釋橐和蠹〉,《甲骨文與殷商史》, 上海古籍出版社, 1983년 3월.

崑　崙: 〈殷墟卜辭有用羌於農業生産的記載嗎?〉,《甲骨文與殷商史》, 上海古籍出版社, 1983년 3월.

張政烺: 〈釋甲骨文尊田及土田〉,《中國歷史文獻研究集刊》 제3집, 1983년.

王慶祥: 〈關於古文字學的若干問題 —— 訪我國著名古文字學家于省吾敎授〉,《學術研究叢刊》 3, 1983년.

曾　禮: 〈唐蘭傳略〉,《中國當代社會科學家》 제3집, 書目文獻出版社, 1983년 3월.

于省吾: 〈釋百〉,《江漢考古》 1983년 제4기.

宋鎭豪: 〈甲骨文‘九十’合書例〉,《中原文物》, 1983년 제4기.

李裕民: 〈伊尹的出身及其姓名考辨〉,《山西大學學報》, 1983년 제4기.

楊文山: 〈《尚書・高宗肜日》疏議 —— 兼論商朝武丁時期的‘殷道復興’〉,《河北師範大學學報》, 1983년 제4기.

鄭傑祥: 〈卜辭所見亳地考〉,《中原文物》, 1983년 제4기.

周文康: 〈武王伐紂年代考〉,《徐州師範學院學報》, 1983년 제4기.

胡厚宣: 〈關於商周史學習問題〉,《文史知識》, 1985년 제5기.

王克林: 〈晉國探源〉,《地名知識》, 1983년 제5기.

侯　敏: 〈'我其已賓, 乍帝降若' 試釋〉,《北方論叢》, 1983년 제5기.

康　殷:《古文字學新論》, 榮寶齋出版, 1983년 5월.

劉蕙孫: 〈從古文字'亳'字探討鄭州商城問題〉,《考古》, 1983년 제5기.

張政烺: 〈婦好略說〉,《考古》, 1983년 제6기.

裘錫圭: 〈關於商代的宗族組織和貴族平民兩個階級的研究〉,《文史》제17집, 中華
　　　書局, 1983년 6월.

陳復澄: 〈咸爲成湯說〉,《遼寧文物》제5기, 1983년 6월.

曹定雲: 〈論族字異構和'王族'合方〉,《考古與文物》, 1983년 제6기.

李靜生: 〈納西東巴文與甲骨文的比較研究〉,《雲南社會科學》, 1983년 제6기.

宋鎭豪: 〈評介張光直著《商代文明》〉,《中國史研究動態》, 1983년 제6기.

蕭　艾:《王國維評傳》, 浙江文藝出版社, 1983년 7월.

王慶祥: 〈于省吾談中國古文字研究〉,《百科知識》, 1983년 제7기.

黃　烈: 〈郭老在史學上的貢獻〉,《中國史研究動態》, 1983년 제7기.

葉桂生·劉茂林: 〈五年來關於郭沫若史學的評論與研究〉,《中國史研究動態》,
　　　1983년 제7기.

胡慶鈞: 〈郭沫若與凉山彝族的研究〉,《學術月刊》, 1983년 제7기.

薛　池: 〈郭沫若研究學術座談會在京擧行〉,《中國史研究動態》, 1983년 제7기.

程亦軍: 〈一部文化巨著的誕生 —— 訪《甲骨文合集》總編輯胡厚宣〉,《光明日報》,
　　　1983년 7월 24일.

于省吾: 〈釋兩〉,《古文字研究》제10집, 中華書局, 1983년 7월.

張政烺: 〈殷契卜字說〉,《古文字研究》제10집, 中華書局, 1983년 7월.

陳世輝: 〈釋戠 —— 兼說甲骨文不字〉,《古文字研究》제10집, 中華書局, 1983년 7월.

蔡運章: 〈釋胄〉,《古文字研究》제10집, 中華書局, 1983년 7월.

夏　淥: 〈學習古文字瑣記二則〉,《古文字研究》제10집, 中華書局, 1983년 7월.

洪家義: 〈令命的分化〉,《古文字研究》제10집, 中華書局, 1983년 7월.

孫常敍: 〈假借形聲和先秦文字的性質〉,《古文字研究》제10집, 中華書局, 1983년
　　　7월.

趙　誠: 〈古文字發展過程中的內部調整〉,《古文字研究》제10집, 中華書局, 1983
　　　년 7월.

張亞初: 〈殷墟都城與山西方國考〉, 《古文字研究》 제10집, 中華書局, 1983년 7월.

沈之瑜: 〈釋'琮'〉, 《上海博物館館刊》 제2기, 上海古籍出版社, 1983년 7월.

于省吾: 〈釋'茧'〉, 《上海博物館館刊》 제2기, 上海古籍出版社, 1983년 7월.

沈之瑜·濮茅左: 〈套卜大骨一版考釋〉, 《上海博物館館刊》 제2기, 上海古籍出版社, 1983년 7월.

濮茅左: 〈'貞'字探源〉, 《上海博物館館刊》 제2기, 上海古籍出版社, 1983년 7월.

張政烺: 〈婦好略說補記〉, 《考古》 1983년 제8기.

鄭振香: 〈婦好墓出土司巧母銘文銅器的探討〉, 《考古》, 1983년 제8기.

裘錫圭: 〈甲骨卜辭中所見的'田'·'牧'·'衛' 等職官的研究〉, 《文史》 제19집, 中華書局, 1983년 8월.

黃　烈: 〈郭沫若在史學上的貢獻〉, 《人民日報》, 1983년 8월 29일.

余長安: 〈他拄着雙拐向上攀登〉, 《光明日報》, 1983년 8월 18일.

黃　波: 〈讓生命變得更有價值〉, 《光明日報》, 1983년 8월 22일.

張光直: 《中國靑銅時代》, 三聯書店, 1983년 9월.

戴家祥: 〈王靜安先生與甲骨文字學的發展〉, 《王國維學術研究論集》 1, 華東師大出版社, 1983년 9월.

劉　徵: 〈有感於吃甲骨文〉, 《光明日報》 1983년 9월 24일.

蕭良瓊: 〈卜辭中的'立中'與商代的圭表測影〉, 《科技史文集》 제10집, 1983년.

沈　抗: 〈甲骨學史上的'四堂'〉, 《文史知識》, 1983년 제10기.

黃展岳: 〈殷商墓葬中人殉人牲的再考察〉, 《考古》, 1983년 제10기.

楊錫璋: 〈商代的墓地制度〉, 《考古》 1983년 제10기.

李先登: 〈也談甲骨文的發現〉, 《光明日報》, 1983년 11월 5일.

王宇信: 〈商王朝的內外職官〉, 《文史知識》, 1983년 제11기.

王貴民: 〈'自' 非耜形新探〉, 《農業考古》 제2기, 1983년 12월.

彭邦炯: 〈商代卜螽說〉, 《農業考古》 제2기, 1983년 12월.

范毓周: 〈殷代的蝗災〉, 《農業考古》 제2기, 1983년 12월.

徐雲峰: 〈武丁時代稻谷生産中的一次旱災〉, 《農業考古》 제2기, 1983년 12월.

夏麥陵: 〈殷商牛耕說獻疑〉, 《農業考古》 제2기, 1983년 12월.

溫少峰·袁庭棟: 〈殷墟卜辭研究——科技篇〉, 四川省社會科學院出版社, 1983년 12월.

鄭慧生: 〈甲骨卜辭所見商代天文·曆法與氣象知識〉, 《中國古代史論叢》 제8집, 福建人民出版社, 1983년 12월.

張舜徽: 〈王國維與羅振玉在學術研究上的關係〉, 《王國維學術研究論集》, 華東師

大出版社, 1983년.

于省吾: 〈于省吾自傳〉,《中國現代社會科學家傳略》, 山西人民出版社, 1983년 12월.

李學勤: 〈李學勤自傳〉,《中國現代社會科學家傳略》, 山西人民出版社, 1983년 12월.

楊昇南: 〈羅振玉傳略〉,《中國現代社會科學家傳略》, 山西人民出版社, 1983년 12월.

1984년

楊　寬: 〈殷代的別都制度〉,《復旦學報》, 1984년 제1기.

徐中舒: 〈怎樣考釋古文字〉,《先秦史研究動態》, 1984년 제1기.

張培瑜·盧央·徐振韜: 〈試論殷代曆法的月與月相的關係〉,《南京大學學報》, 1984
　　　년 제1기.

范毓周: 〈最近十年來國內殷商史研究鳥瞰〉,《先秦史研究動態》, 1984년 제1기.

尤仁德: 〈古文字研究札記四則〉,《考古與文物》, 1984년 제1기.

鄭慧生: 〈'殷正建未' 說〉,《史學月刊》, 1984년 제1기.

王光鎬: 〈商代無楚〉,《江漢論壇》, 1984년 제1기.

石　子: 〈甲骨文的發現〉,《北京晚報》, 1984년 1월 30일.

陳煒湛: 〈甲骨文研究的過去·現狀及今後的展望〉,《古文字研究》 제9집, 中華書
　　　局, 1984년 1월.

蕭　楠: 〈再論武乙·文丁卜辭〉,《古文字研究》 제9집, 中華書局, 1984년 1월.

林　澐: 〈小屯南地發掘與殷墟甲骨斷代〉,《古文字研究》 제9집, 中華書局, 1984년
　　　1월.

夏含夷: 〈釋 '御方'〉,《古文字研究》 제9집, 中華書局, 1984년 1월.

高嶋謙一: 〈問 '鼎'〉,《古文字研究》 제9집, 中華書局, 1984년 1월.

許進雄: 〈甲骨文所發現的牛耕〉,《古文字研究》 제9집, 中華書局, 1984년 1월.

高　明: 〈武丁時代 '貞娩卜辭' 之再研究〉,《古文字研究》 제9집, 中華書局, 1984년
　　　1월.

姚孝遂: 〈牢·宰考辨〉,《古文字研究》 제9집, 中華書局, 1984년 1월.

大會秘書組: 〈中國古文字研究會第四屆年會紀要〉,《古文字研究》 제9집, 中華書
　　　局, 1984년 1월.

徐雲峰: 〈稻作史的一項珍貴史料 —— 介紹一則卜辭〉,《中國農史》 제1집, 1984년.

楊昇南: 〈卜辭 '立事' 說〉,《殷都學刊》, 1984년 제2기.

徐喜辰: 〈'衆'·'庶人' 并非奴隷論補證 —— 兼說商周農民多於奴隷亦爲奴隷社會
　　　問題〉,《東北師大學報》, 1984년 제2기.

陳邦懷: 〈記商小臣𤸫玉〉,《天津社會科學》, 1984년 제2기.

王光鎬: 〈甲文楚字辨——兼論正·足不同源〉,《漢漢考古》1984년 제2기.

夏　淥: 〈古史祖妣日名考〉,《中南民族學院學報》, 1984년 제2기.

馮良珍: 〈釋肱〉,《山西大學學報》1984년 제2기.

張恩言: 〈國寶罹難錄——殷墟司母戊方鼎出土前後〉,《中州今古》, 1984년 제2기.

沈東成: 〈伊尹墓〉,《中州今古》1984년 제2기.

李德勤: 〈商殷學校蠡談〉,《中州今古》, 1984년 제2기.

趙　洛: 〈義不苟生——甲骨文的發現者王懿榮〉,《文物天地》, 1984년 제2기.

范毓周: 〈釋‘王’〉,《西北大學學報》, 1984년 제2기.

劉昭瑞: 〈釋甲骨文腥勝二字〉,《河南師大學報》, 1984년 제2기.

陳建敏: 〈甲骨文金文所見商周工官工奴考〉,《學術月刊》, 1984년 제2기.

陳復澄: 〈殷墟卜辭中的‘入乙’〉,《考古與文物》, 1984년 제2기.

李學勤: 〈干支紀年和十二生肖起源新證〉,《文物天地》, 1984년 제3기.

陳煒湛: 〈甲骨文所見第一人稱代詞辨析〉,《學術研究》, 1984년 제3기.

玉華·柯華: 〈著名甲骨文專家胡厚宣來校講學〉,《鄭州大學學報》, 1984년 제3기.

夏　淥: 〈說孔解孟——附釋一組有關吃小孩的文字〉,《字詞天地》, 1984년 제3기.

陳煒湛: 〈‘萬’字是蝎子的象形〉,《字詞天地》, 1984년 제3기.

羅春初: 〈說復關〉,《文史知識》, 1984년 제3기.

姜亮夫: 《古文字學》, 浙江人民出版社, 1984년 4월.

王宇信: 《西周甲骨探論》, 中國社會科學出版社, 1984년 4월.

胡厚宣: 〈論殷人治療疾病之方法〉,《中原文物》, 1984년 제4기.

胡厚宣: 〈全國商史學術討論會閉幕詞〉,《中原文物》, 1984년 제4기.

胡厚宣: 〈關於《殷墟書契考釋》的寫作問題〉,《社會科學戰線》, 1984년 제4기.

郭若愚: 〈試論殷代簡册的使用及其他〉,《上海師大學報》, 1984년 제4기.

王宇信: 〈關於殷墟甲骨文的發現〉,《殷都學刊》1984년 제4기.

楊昇南: 〈從《尚書·盤庚》三篇看商代的政體〉,《鄭州大學學報》1984년 제4기.

宋鎮豪: 〈釋‘寤’〉,《殷都學刊》, 1984년 제4기.

夏麥陵: 〈考古所見商代的樂舞〉,《中原文物》, 1984년 제4기.

鄭慧生: 〈從商代無嫡妾制度說到它的生母入祀法〉,《社會科學戰線》, 1984년 제4기.

晁福林: 〈試論殷代的王權與神權〉,《社會科學戰線》, 1984년 제4기.

鄒　衡: 〈偃師商城郎太甲桐宮說〉,《北京大學學報》, 1984년 제4기.

孟世凱: 〈安陽小屯與甲骨〉,《中州今古》, 1984년 제4기.

陸思賢: 〈釋甲骨文中的‘巫’字〉,《內蒙古師大學報》, 1984년 제4기.

惠　德: 〈郭沫若速解甲骨文之秘密〉,《文摘報》, 1984년 4월 20일.

羅福頤: 〈羅振玉的學術貢獻〉, 《中國語文研究》, 1984년 제5기.

胡厚宣: 〈八十五年來甲骨文材料之再統計〉, 《史學月刊》, 1984년 제5기.

王貴民: 〈上古重食水産雜議〉, 《中國烹飪》, 1984년 제5기.

馬如森: 〈釋 '若'〉, 《東北師大學報》, 1984년 제5기.

徐錫臺: 〈殷墟卜辭中 '夏' 字考〉, 《人文雜誌》, 1984년 제5기.

李先登: 〈關於甲骨文最初發現情況之辨證〉, 《天津師大學報》, 1984년 제5기.

袁庭棟: 〈我國何時食牛奶〉, 《中國烹飪》, 1984년 제5기.

仁　言: 〈大放異彩的地下 '檔庫' ——漫談甲骨文〉, 《文物天地》, 1984년 제5기.

陳煒湛: 〈古文字與篆刻〉, 《字詞天地》 總 5기, 1984년.

李學勤: 〈古文字學的基礎工作〉, 《文史哲》, 1984년 제6기.

李　瑾: 〈論 '非王卜辭' 與中國古代社會之差異〉, 《華中師院學報》, 1984년 제6기.

鄭慧生: 〈商代卜辭四方神名·風名與後世春夏秋冬四時之關係〉, 《史學月刊》,
　　　　1984년 제6기.

秦永龍: 〈釋 '麗'〉, 《東北師範大學學報》, 1984년 제6기.

張漢之: 〈古文字瑣記〉, 《考古與文物》, 1984년 제6기.

傅同欣: 〈古代刻文記事〉, 《天津社會科學》, 1984년 제6기.

戴家祥: 〈戴家祥自傳〉, 《中國當代社會科學家》 제6집, 書目文獻出版社, 1984년
　　　　6월.

孟世凱: 〈甲骨文所見商周關係再探討〉, 《西周史研究》(《人文雜誌》 叢刊 제2집),
　　　　1984년 8월.

張明華: 〈探索殷商物質文明的嘗試 —— 喜讀《殷墟卜辭研究: 科技篇》〉, 《讀書》,
　　　　1984년 제10기.

沙文漢: 《中國奴隷制度的探討》, 上海社會科學院出版社, 1984년 10월.

李午·夏淥: 〈卜辭中南方各民族史料偶拾〉, 《楚史論叢》, 湖北人民出版社, 1984년
　　　　10월.

梁晴·聶玉海: 〈商史學術討論會在安陽召開〉, 《光明日報》, 1984년 10월 30일.

宋鎭豪: 〈甲骨文研究〉, 《中國百科年鑒(1984년)》, 中國大百科全書出版社, 1984년.

宋鎭豪·劉翔: 〈中國古文字研究會第五屆年會概述〉, 《中國史研究動態》, 1984년
　　　　제11기.

1985년

胡厚宣: 〈關於劉體智·羅振玉·明義士舊藏甲骨現狀的說明〉, 《殷都學刊》 1985
　　　　년 제1기.

李國正: 〈'臣'字新論〉,《厦門大學學報》, 1985년 제1기.

聶玉海: 《《史記·殷本紀》中一條史料的辨正》,《殷都學刊》 1985년 제1기.

徐錫臺: 〈殷墟出土的一些病類卜辭考釋〉《殷都學刊》, 1985년 제1기.

仁　言: 〈殷墟甲骨文基礎七講〉,《殷都學刊》, 1985년 제1-4기.

張鈞成: 〈殷商林考〉,《農業考古》 제1기, 1985년.

衛　斯: 〈從甲骨文看商代養猪技術〉,《農業考古》 제1기, 1985년.

徐錫臺: 〈我國商周時期農作物種類的研討〉,《農業考古》 제1기, 1985년.

王貴民: 〈中國早期精神文明一瞥〉,《歷史教學問題》, 1985년 제1기.

陳公柔·周永珍·張亞初: 〈于省吾先生在學術方面的貢獻〉,《考古》, 1985년 제1기.

楊新平·張治安: 〈全國商史學術討論會綜述〉,《中州今古》, 1985년 제1기.

史樹靑: 〈無敄鼎的發現及其意義〉,《文物》, 1985년 제1기.

王貴民: 〈申論契文〔雉衆〕爲陳師說〉,《文物研究》, 1985년 제1기.

洪家義: 〈古文字雜記〉,《文物研究》 1985년 제1기.

衛　斯: 〈從甲骨文材料中看商代的養牛業〉,《中原文物》, 1985년 제1기.

孫心一: 〈訪甲骨學專家胡厚宣敎授〉,《中州學刊》, 1985년 제1기.

宋鎭豪: 〈甲骨學商史論著目(1981年)〉,《先秦史研究動態》, 1985년 제1기.

中央人民廣播電台: 〈武漢大學將甲骨文輸入計算機〉,《光明日報》, 1985년 1월
　　　13일.

李學勤: 〈甲骨學基礎知識〉,《文史知識》, 1985년 제1기.

李學勤: 〈甲骨文發現八十五周年〉,《博覽群書》 창간호, 1985년 1월.

李學勤: 〈小臣缶方鼎與箕子〉,《殷都學刊》, 1985년 제2기.

崔志遠: 〈關於殷墟甲骨文發現的通信〉,《殷都學刊》, 1985년 제2기.

陳　旭: 〈河南古大靑銅冶鑄業的興起〉,《中州古今》, 1985년 제2기.

潘錫慶: 〈從甲骨文字中考中國商業的起源〉,《江蘇商論》, 1985년 제2기.

晁福林: 〈評《甲骨文合集》〉,《中國史研究》, 1985년 제2기.

馮　濤: 〈羅振玉與甲骨學〉,《人文雜誌》, 1985년 제2기.

鄭慧生: 〈商代宗法溯源〉,《鄭州大學學報》, 1985년 제2기.

齊文心: 〈關於商代稱王的封國君長的探討〉,《歷史研究》, 1985년 제2기.

李學勤: 〈考古發現與中國文字起源〉,《中國文化研究集刊》 2, 復旦大學出版社,
　　　1985년 2월.

劉起釪: 〈談《高宗肜日》〉,《全國商史學術討論會論文集》(《殷都學刊》增刊), 1985년
　　　2월.

斯維臺: 〈湯禱雨桑林之社和桑林之舞〉,《全國商史學術討論會論文集》(《殷都學刊》

增刊), 1985년 2월.

趙　誠: 〈商代社會性質探討〉, 《全國商史學術討論會論文集》(《殷都學刊》 增刊),
　　　　1985년 2월.

洪家義·王貴民: 〈從意識形態看商代社會狀況〉, 《全國商史學術討論會論文集》
　　　　(《殷都學刊》 增刊), 1985년 2월.

徐錫台: 〈商周文化的幾點異同〉, 《全國商史學術討論會論文集》(《殷都學刊》 增刊),
　　　　1985년 2월.

楊昇南: 〈湯放桀之役中迹幾個問題〉, 《全國商史學術討論會論文集》(《殷都學刊》
　　　　增刊), 1985년 2월.

陳　旭: 〈商代手工業者〉, 《全國商史學術討論會論文集》(《殷都學刊》 增刊), 1985
　　　　년 2월.

王　珍: 〈試論商代的商業和貨幣〉, 《全國商史學術討論會論文集》(《殷都學刊》 增
　　　　刊), 1985년 2월.

李紹連: 〈人殉人祭與商周奴隸制〉, 《全國商史學術討論會論文集》(《殷都學刊》 增
　　　　刊), 1985년 2월.

戴志强·郭勝强: 〈試論帝乙·帝辛時期殷都未遷〉, 《全國商史學術討論會論文集》
　　　　(《殷都學刊》增刊), 1985년 2월.

田　濤: 〈談朝歌爲殷紂帝都〉, 《全國商史學術討論會論文集》(《殷都學刊》 增刊),
　　　　1985년 2월.

陳思林: 〈商代軍隊組織略論〉, 《全國商史學術討論會論文集》(《殷都學刊》 增刊),
　　　　1985년 2월.

胡厚宣: 〈殷代的史爲武官說〉, 《全國商史學術討論會論文集》(《殷都學刊》 增刊),
　　　　1985년 2월.

裘錫圭: 〈甲骨文中所見的商代農業〉, 《全國商史學術討論會論文集》(《殷都學刊》
　　　　增刊), 1985년 2월.

蕭　艾: 〈卜辭文學再探〉, 《全國商史學術討論會論文集》(《殷都學刊》 增刊), 1985
　　　　년 2월.

裵明相: 〈略談鄭州商代前期的骨刻文字〉, 《全國商史學術討論會論文集》(《殷都學
　　　　刊》 增刊), 1985년 2월.

朱鳳瀚: 〈論商人諸宗族與商王朝的關係〉, 《全國商史學術討論會論文集》(《殷都學
　　　　刊》 增刊), 1985년 2월.

羅　琨: 〈殷墟卜辭中的高祖與商人的傳說時代〉, 《全國商史學術討論會論文集》
　　　　(《殷都學刊》 增刊), 1985년 2월.

范毓周: 〈說 '我母'〉, 《全國商史學術討論會論文集》(《殷都學刊》增刊), 1985년 2월.

宋鎭豪: 〈試論殷代的記時制度〉, 《全國商史學術討論會論文集》(《殷都學刊》增刊), 1985년 2월.

蕭良瓊: 〈商代的都邑邦鄙〉, 《全國商史學術討論會論文集》(《殷都學刊》增刊), 1985년 2월.

陳建敏: 〈論午組卜辭的稱謂系統及其時代〉, 《全國商史學術討論會論文集》(《殷都學刊》增刊), 1985년 2월.

孟世凱: 〈甲骨學的發展與商史研究〉, 《全國商史學術討論會論文集》(《殷都學刊》增刊), 1985년 2월.

彭金章·曉田: 〈試論偃師商城〉, 《全國商史學術討論會論文集》(《殷都學刊》增刊), 1985년 2월.

游　壽: 《殷契選釋》, 黑龍江人民出版社, 1985년 3월.

羅振玉 篆: 《集殷墟文字楹帖》, 吉林大學古籍研究所整理, 1985년 3월.

楊昇南: 〈從殷墟卜辭中的 '示'·'宗' 說到商代的宗法制度〉, 《中國史研究》, 1985년 제3기.

成文魁: 〈奇妙的歌棒〉, 《文物天地》, 1985년 제3기.

楊文山: 〈商代的 '井方' 與 '祖乙遷于邢' 考〉, 《河北學刊》, 1985년 제3기.

譚　鳳: 〈出土甲骨小記〉, 《縱橫》, 1985년 제3기.

蔣至靜: 〈釋中國〉, 《內蒙古社會科學》 1985년 제3기.

陳漢平: 〈釋簋·纂·饡·纘·瓚〉, 《人文雜誌》 1985년 제3기.

鄭慧生: 〈釋家〉, 《河南大學學報》, 1985년 제4기.

袁英龍: 〈王國維〉, 《中國史學家評傳》 下, 中州古籍出版社, 1985년 4월.

尹　達: 〈郭沫若〉, 《中國史學家評傳》 下, 中州古籍出版社, 1985년 4월.

王世民: 〈陳夢家〉, 《中國史學家評傳》 下, 中州古籍出版社, 1985년 4월.

蔡尙思: 〈王國維的學問·思想及死因〉, 《歷史研究》, 1985년 제4기.

朱長超: 〈從古文字看原始思維及其發展〉, 《上海社會科學院學術季刊》, 1985년 제4기.

李　民: 〈釋 '其在祖甲'〉, 《殷都學刊》, 1985년 제4기.

聶玉海: 〈卜辭中 '衆' 與周之 '國人' 比較〉, 《殷都學刊》, 1985년 제4기.

王仲殊: 〈夏鼐先生傳略〉, 《考古學報》, 1985년 제4기.

范毓周: 〈牧野考〉, 《中州今古》, 1985년 제4기.

謝勵武: 〈郭沫若與中日文化交流〉, 《史學月刊》, 1985년 제4기.

王宇信: 〈一部反映我國商史研究最新成果的好書〉, 《史學月刊》, 1985년 제4기.

陳志達: 〈婦好墓及其相關問題〉, 《考古與文物》, 1985년 제4기.

唐嘉弘: 〈略論夏商周帝王的稱號及國家政體〉, 《歷史研究》, 1985년 제4기.

羅盆群: 〈殷商時期白種人在中原的足迹考〉, 《河北學刊》, 1985년 제4기.

貝塚茂樹 著·楊昇南 譯: 〈評甲骨文斷代研究的字體演變觀〉, 《殷都學刊》, 1985년 제4기.

徐鴻修: 〈商周靑銅器銘文槪述〉, 《文史哲》, 1985년 제4기.

李學勤: 《古文字學初階》, 中華書局, 1985년 5월.

中國社會科學院考古研究所編: 《新中國的考古發現與研究》, 文物出版社, 1985년 5월.

張鈺哲·張培瑜: 〈殷周天象和征商年代〉, 《人文雜誌》, 1985년 제5기.

湖南師大學報編: 《楊樹達誕辰百周年紀念集》, 湖南敎育出版社, 1985년 5월.

李學勤: 〈商代的四風與四時〉, 《中州學刊》, 1985년 제5기.

詹鄞鑫: 〈釋甲骨文‘夂’字〉, 《中國語文》, 1985년 제5기.

夏　渌: 〈釋甲骨文春夏秋冬〉, 《武漢大學學報》, 1985년 제5기.

王宇信: 〈《全國商史學術討論會論文集》出版〉, 《光明日報》, 1985년 5월 15일.

郭勝强·郭萬靑: 《殷墟漫話》, 河南人民出版社, 1985년 6월.

高建國: 〈從甲骨文看商代科學技術〉, 《北京科技報》, 1985년 6월 15일.

徐華西: 〈家鄕人怎樣看待王國維〉, 《光明日報》, 1985년 6월 16일.

詹鄞鑫: 〈讀《小屯南地甲骨》札記〉, 《考古與文物》, 1985년 제6기.

胡厚宣: 〈記日本東京都大學考古研究室所藏一片牛胛骨卜辭〉, 《考古與文物》, 1985년 제6기.

王愼行: 〈用勤奮和毅力叩開古文字奧秘的大門〉, 《河北學刊》 1985년 제6기.

周永珍: 〈殷代‘韋’字銘文銅器〉, 《出土文獻研究》, 文物出版社, 1985년 6월.

張政烺: 〈庚壺釋文〉, 《出土文獻研究》, 文物出版社, 1985년 6월.

連劭名: 〈甲骨文‘玉’及相關問題〉, 《出土文獻研究》, 文物出版社, 1985년 6월.

陳漢平: 〈古文字釋叢〉, 《出土文獻研究》, 文物出版社, 1985년 6월.

徐中舒: 〈怎樣考釋古文字〉, 《出土文獻研究》, 文物出版社, 1985년 6월.

宋鎭豪: 〈甲骨文‘出日’·‘入日’考〉, 《出土文獻研究》, 文物出版社, 1985년 6월.

裘錫圭: 〈甲骨卜辭中所見的逆祀〉, 《出土文獻研究》, 文物出版社, 1985년 6월.

胡厚宣: 〈卜辭‘日月又食’說〉, 《出土文獻研究》, 文物出版社, 1985년 6월.

陳煒湛: 〈‘歷組卜辭’的討論與甲骨文斷代研究〉, 《出土文獻研究》, 文物出版社, 1985년 6월.

鄭慧生: 〈從商代的先公和帝王世系說到他的傳位制度〉, 《史學月刊》, 1985년 제6기.

李先登: 〈夏代有文字嗎?〉, 《文史知識》, 1985년 제7기.

姚孝遂·蕭丁: 《小屯南地甲骨考釋》, 中華書局, 1985년 8월.

楊昇南: 〈一本研究西周甲骨繼往開來的著作〉, 《社會科學評論》, 1985년 제8기.

彭　林: 〈釋丂〉, 《考古》, 1985년 제8기.

李　民: 《夏商史探索》, 河南人民出版社, 1985년 9월.

楊育彬: 《河南考古》, 中州古籍出版社, 1985년 10월.

張政烺: 〈殷墟甲骨文中所見的一種筮卦〉, 《文史》 제24집, 中華書局, 1985년 10월.

商承祚: 〈我與容希白〉, 《古文字研究》 제12집, 中華書局, 1985년 10월.

馬國權·孫稚雛: 〈容庚先生在學術上的貢獻〉, 《古文字研究》 제12집, 中華書局, 1985년 10월.

張振林: 〈希白師治學道路初探〉, 《古文字研究》 제12집, 中華書局, 1985년 10월.

張政烺: 〈釋因蘊〉, 《古文字研究》 제12집, 中華書局, 1985년 10월.

裘錫圭: 〈釋殷墟甲骨文的'遠'·'𣥏'(迒)及有關諸字〉, 《古文字研究》 제12집, 中華書局, 1985년 10월.

趙　誠: 〈諸帚探索〉, 《古文字研究》 제12집, 中華書局, 1985년 10월.

姚孝遂: 〈讀《小屯南地甲骨》札記〉, 《古文字研究》 제12집, 中華書局, 1985년 10월.

陳煒湛: 〈'侯屯'卜骨考略〉, 《古文字研究》 제12집, 中華書局, 1985년 10월.

齊文心: 〈商殷時期古黃國初探〉, 《古文字研究》 제12집, 中華書局, 1985년 10월.

伊藤道治: 〈卜辭中 '虛詞' 之性格 —— 以茲與隹之用例爲中心〉, 《古文字研究》 제12집, 中華書局, 1985년 10월.

于省吾: 〈釋古文字中的羽字和工冊·弜冊·豆冊〉, 《古文字研究》 제12집, 中華書局, 1985년 10월.

林　澐: 〈豊豐辨〉, 《古文字研究》 제12집, 中華書局, 1985년 10월.

李京華: 〈從讀偵探小說到破釋古文字 —— 記著名古文字學家裘錫圭〉, 《博覽群書》 1985년 제12기.

張亞初: 〈對婦好之好與稱謂之司的剖析〉, 《考古》, 1985년 제12기.

馬執斌: 〈我國植棉始於夏商時期〉, 《北京晚報》, 1985년 12월 30일.

吳浩坤·潘悠: 《中國甲骨學史》, 上海人民出版社, 1985년 12월.

1986년

王明閣: 《甲骨學初論》, 黑龍江人民出版社, 1986년 1월.

胡厚宣: 〈記香港大會堂美術博物館所藏一片牛胛骨卜辭〉, 《中原文物》, 1986년 제1기.

羅繼祖: 〈大雲書庫藏書·搜集·破壞·整理·歸宿記略〉,《社會科學戰線》, 1986
　　년 제1기.

馬世之: 〈商族圖騰崇拜及其名稱的由來〉,《殷都學刊》, 1986년 제1기.

何幼琦: 〈試論帝乙·帝辛紀年〉,《殷都學刊》, 1986년 제1기.

歐陽可亮: 〈甲骨還鄉之愿〉,《殷都學刊》, 1986년 제1기.

胡厚宣: 〈泰州博物館所藏甲骨文字辨僞〉,《殷都學刊》, 1986년 제1기.

詹鄞鑫: 〈釋甲骨文'彝'字〉,《北京大學學報》, 1986년 제1기.

劉　亮: 〈從甲骨文看周人對鳳的崇拜〉,《文博》, 1986년 제1기.

李　民: 〈開拓殷商史研究的新局面〉,《殷都學刊》, 1986년 제1기.

胡厚宣: 〈開展專題研究, 爲寫好商史創造條件〉,《殷都學刊》, 1986년 제1기.

嚴强·度偉: 〈甲骨入藏山東記〉,《文物天地》, 1986년 제1기.

黃奇逸: 〈釋沃丁·盤庚〉,《考古與文物》, 1986년 제1기.

唐鈺明: 〈卜辭'我其巳賓乍帝降若'解〉,《中山大學學報》, 1986년 제1기.

李伯謙: 〈異族族系考〉,《考古與文物》, 1986년 제1기.

沃興華: 〈論殷周時代的上帝崇拜與祖先崇拜〉,《中國史集刊》 제1집, 江蘇人民出
　　版社, 1986년.

鄭若葵: 〈釋'衛'〉,《考古》, 1986년 제2기.

謝　濟: 〈試說郭沫若《殷契餘論》對甲骨學的貢獻〉,《殷都學刊》, 1986년 제2기.

鄭慧生: 〈商代的農耕活動〉,《農業考古》, 제2기, 1986년.

荊三林: 〈試論殷商源流〉,《鄭州大學學報》, 1986년 제2기.

方述鑫: 〈說甲骨文'入'字〉,《四川大學學報》, 1986년 제2기.

杜廼松: 〈深切思念唐蘭先生〉,《文物天地》, 1986년 제2기.

曹定雲: 〈試論殷墟侯家莊1001號墓墓主〉,《考古與文物》, 1986년 제2기.

趙　誠: 〈近幾年的古文字研究〉,《中國語文天地》, 1986년 제2기.

夏麥陵: 〈殷代能煉鐵嗎?〉,《史學月刊》, 1986년 제2기.

劉　桓: 〈從甲骨文到石鼓文〉,《文物天地》, 1986년 제2기.

尤仁德: 〈商代玉鳥與商代社會〉,《考古與文物》, 1986년 제2기.

李光霽: 〈商朝政制中的神權·族權與王族〉,《歷史教學》, 1986년 제2기.

沃興華: 〈漫談甲骨文〉,《歷史教學問題》, 1986년 제2기.

傅永和: 〈漢字的起源〉,《語文導報》, 1986년 제2기.

蕭　楠: 〈《小屯南地甲骨》綴合篇〉,《考古學報》, 1986년 제3기.

齊文心: 〈關於英藏甲骨整理中的幾個問題〉,《史學月刊》, 1986년 제3기.

胡厚宣: 〈甲骨入藏山東補記〉,《文物天地》, 1986년 제3기.

王宇信: 〈新中國的建立與甲骨學的深入研究時期〉,《殷都學刊》1986년 제3기.

陳煒湛: 〈漢字古今談〉,《語文建設》, 1986년 제3기.

崔志遠: 〈甲骨文無 '仁' 字辨〉,《考古與文物》, 1986년 제3기.

聶玉海: 〈試談《尙書・盤庚》中的 '衆'〉,《殷都學刊》1986년 제3기.

田　璞: 〈從甲骨卜辭看殷商時代的神話傳說〉,《殷都學刊》, 1986년 제3기.

張培瑜: 〈殷墟卜辭曆法研究綜述〉,《先秦史研究動態》, 1986년 제3기.

王章煥・曾祥芹: 〈甲骨卜辭——中國最早的文章形態〉,《殷都學刊》,1986년 제3기.

郭靑萍・郭勝强: 〈卜辭句法結構研究芻議〉,《殷都學刊》, 1986년 제3기.

謝　濟: 〈郭沫若《卜辭通纂》對甲骨學的巨大貢獻〉,《郭沫若研究》 2, 文化藝術出
版社, 1986년 3월.

李瑾・曹毓英: 〈殷代遼東〔房〕邑地理考〉,《華中師大學報》, 1986년 제3기.

沈之瑜: 〈甲骨卜辭新獲〉,《上海博物館館刊》제3기, 上海古籍出版社, 1986년 4월.

戴家祥: 〈'社'・'杜'・'土'古本一字考〉,《上海博物館館刊》 제3기, 上海古籍出
版社, 1986년 4월.

楊昇南: 〈武丁時行 '年中置閏' 的證據〉,《殷都學刊》, 1986년 제4기.

朱　楨: 〈貞人非卜辭契刻者〉,《殷都學刊》, 1986년 제4기.

王貴民: 〈商朝官制及其歷史特點〉,《歷史研究》, 1986년 제4기.

朱鳳瀚: 〈關於殷墟卜辭中的周侯〉,《考古與文物》, 1986년 제4기.

夏　淥: 〈'小子' 釋義補正〉,《中國語文》, 1986년 제4기.

李紹連: 〈建國以來商史研究論述〉,《中州學刊》, 1986년 제4기.

王貴民: 〈試論商代的社會和政權結構〉,《中州學刊》, 1986년 제4기.

陳漢平: 〈古文字釋叢〉,《考古與文物》, 1986년 제4기.

宗　東: 〈漢字漫談〉,《電大敎學》, 1986년 제4기.

方述鑫: 〈甲骨文字考釋兩則〉,《考古與文物》, 1986년 제4기.

祝鴻熹: 〈漢字繁簡散論〉,《電大敎學》, 1986년 제4기.

彭錦華: 〈沙市周梁玉橋甲骨的初步研究〉,《考古》, 1986년 제4기.

范毓周: 〈息器・婦息與息國〉,《鄭州大學學報》, 1986년 제4기.

蘇民生 等: 〈西安出土一批原始時期甲骨文〉,《光明日報》, 1986년 5월 1일.

新華社: 〈西安出土迄今最早的甲骨文〉,《文彙報》, 1986년 5월 1일.

新華社: 〈陝西發現原始先民甲骨文〉,《新民晚報》, 1986년 5월 2일.

胡厚宣: 〈《甲骨文合集》與商史研究工作〉,《文史知識》, 1986년 제5기.

韓康信: 〈殷商居民的種族〉,《文史知識》, 1986년 제5기.

晁福林: 〈殷墟卜辭中的商王名號與商代王權〉,《歷史研究》, 1986년 제5기.

于承武: 〈釋‘大’〉, 《天津社會科學》, 1986년 제5기.

施謝捷: 〈釋薹〉, 《考古與文物》, 1986년 제5기.

童稼霖: 〈古樸遒勁數甲骨〉, 《蘇州報》, 1986년 5월 18일.

劉志偉: 〈安陽甲骨學會成立〉, 《安陽日報》, 1986년 5월 30일.

劉一曼·郭振祿·溫明榮: 〈考古發掘與卜辭斷代〉, 《考古》, 1986년 제6기.

劉志偉: 〈淮使家鄕更蚩 —— 訪《殷墟謾話》一書作者郭勝强〉, 《安陽日報》, 1986년 6월 23일.

楊昇南: 〈商代的都邑〉, 《文史知識》, 1986년 제6기.

宋鎭豪: 〈先秦時期是如何記時的〉, 《文史知識》, 1986년 제6기.

洪寶森: 〈以甲骨文入印之第一人〉, 《周末報》, 1986년 6월 7일.

胡厚宣: 〈《英國所藏甲骨集》序〉, 《甲骨文與殷商史》 제2집, 上海古籍出版社, 1986년 6월.

常玉芝: 〈‘祊祭’卜辭時代的再辨析〉, 《甲骨文與殷商史》 제2집, 上海古籍出版社, 1986년 6월.

謝　濟: 〈祖庚祖甲卜辭與歷組卜辭的分期〉, 《甲骨文與殷商史》 제2집, 上海古籍出版社, 1986년 6월.

蕭良瓊: 〈卜辭文例與卜辭的整理和硏究〉, 《甲骨文與殷商史》 제2집, 上海古籍出版社, 1986년 6월.

趙　誠: 〈甲骨文詞義系統探索〉, 《甲骨文與殷商史》 제2집, 上海古籍出版社, 1986년 6월.

楊昇南: 〈‘殷人屢遷’辨析〉, 《甲骨文與殷商史》 제2집, 上海古籍出版社, 1986년 6월.

林小安: 〈殷武丁臣屬征伐與行祭考〉, 《甲骨文與殷商史》 제2집, 上海古籍出版社, 1986년 6월.

彭邦炯: 〈從甲骨文的‘秅’字說到商代農作物的收割法〉, 《甲骨文與殷商史》 제2집, 上海古籍出版社, 1986년 6월.

范毓周: 〈甲骨文月食紀事刻辭考辨〉, 《甲骨文與殷商史》 제2집, 上海古籍出版社, 1986년 6월.

宋鎭豪: 〈甲骨文牟字說〉, 《甲骨文與殷商史》 제2집, 上海古籍出版社, 1986년 6월.

劉克甫: 〈再論‘弜’字〉, 《甲骨文與殷商史》 제2집, 上海古籍出版社, 1986년 6월.

朱鴻元: 〈靑銅刀契刻甲骨文字的探討〉, 《甲骨文與殷商史》 제2집, 上海古籍出版社, 1986년 6월.

項　北: 〈甲骨卜辭校正《史記》所載商代世系之誤兩例〉, 《甲骨文與殷商史》 제2집, 上海古籍出版社, 1986년 6월.

雲　居: 〈甲骨文中的幾個最大數字〉,《甲骨文與殷商史》第2집, 上海古籍出版社, 1986년 6월.

譙　嵐: 〈釋 '衆作藉不喪'〉,《甲骨文與殷商史》제2집, 上海古籍出版社, 1986년 6월.

林　澐: 〈無名組卜辭中父丁稱謂硏究〉,《古文字硏究》제13집, 中華書局, 1986년 6월.

林小安: 〈武乙文丁卜辭補正〉,《古文字硏究》제13집, 中華書局, 1986년 6월.

彭裕商: 〈非王卜辭硏究〉,《古文字硏究》제13집, 中華書局, 1986년 6월.

張亞初: 〈商代職官硏究〉,《古文字硏究》제13집, 中華書局, 1986년 6월.

吉德煒: 〈中國正史之淵源:商王占卜是否一貫正確?〉,《古文字硏究》제13집, 中華書局, 1986년 6월.

夏含夷: 〈早期商周關係及其對武丁以後商王室勢力範圍的意義〉,《古文字硏究》제13집, 中華書局, 1986년 6월.

伍仕謙: 〈怎樣認識甲骨文字〉,《古文字硏究》제13집, 中華書局, 1986년 6월.

姚孝遂: 〈《殷契粹編》校讀〉,《古文字硏究》제13집, 中華書局, 1986년 6월.

徐中舒: 〈怎樣硏究中國古代文字〉,《古文字硏究》제13집, 中華書局, 1986년 6월.

于省吾: 〈釋從天從大從人的一些古文字〉,《古文字硏究》제13집, 中華書局, 1986년 6월.

裘錫圭: 〈釋求〉,《古文字硏究》제13집, 中華書局, 1986년 6월.

戴家祥: 〈'社'·'杜'·'土'古字本一字考〉,《古文字硏究》제13집, 中華書局, 1986년 6월.

孫常敍: 〈釋冒母〉,《古文字硏究》제13집, 中華書局, 1986년 6월.

劉　釗: 〈釋𤔲〉,《古文字硏究》제13집, 中華書局, 1986년 6월.

張桂光: 〈古文字中的形體訛變〉,《古文字硏究》제13집, 中華書局, 1986년 6월.

趙　誠: 〈甲骨文虛辭探索〉,《古文字硏究》제13집, 中華書局, 1986년 6월.

晁福林: 〈甲骨文考釋兩篇〉,《語言文字硏究專輯》下, 上海古籍出版社, 1986년 6월.

裘錫圭: 〈說'啚'·'嚴'〉,《語言文字硏究專輯》下, 上海古籍出版社, 1986년 6월.

陳煒湛: 〈釋甲骨文'妻'·'盥'二字〉,《語言文字硏究專輯》下, 上海古籍出版社, 1986년 6월.

姜亮夫: 〈'示'·'社'形義說〉,《語言文字硏究專輯》下, 上海古籍出版社, 1986년 6월.

鄭振香: 〈試論殷墟文化分期及其相關問題〉,《中國考古學硏究》, 文物出版社, 1986년 8월.

溫明榮·郭振祿·劉一曼: 〈試論卜辭分期中的幾個問題〉,《中國考古學硏究》, 文物出版社, 1986년 8월.

殷滌非:《商周考古簡編》, 黃山書社, 1986년 8월.

王愼行:〈商代穴居考〉,《中國歷史博物館館刊》총 제8기, 1986년.

劉志偉:〈獨於集古愛殷商 —— 記在胡厚宣先生家裏作客〉,《安陽日報》, 1986년 8월 4일.

陳振濂:〈空間美的確立 —— 甲骨文藝術〉,《光明日報》, 1986년 8월 5일.

孟世凱:〈明義士收藏甲骨受騙記〉,《古今掌故》, 1986년 8월.

金　林:〈尋覓王文敏公的踪迹〉,《安陽日報》, 1986년 8월 9일.

范毓周:《甲骨文》, 人民出版社, 1986년 9월.

林　澐:《古文字硏究簡論》, 吉林大學出版社, 1986년 9월.

王玉哲:〈鬼方考補正〉,《考古》, 1986년 제10기.

晁福林:〈評介《小屯南地甲骨》〉,《考古》, 1986년 제10기.

劉興隆:《甲骨文集句簡釋》, 中州古籍出版社, 1986년 11월.

汪寧生:〈彝族和納西族的羊骨卜 —— 再論古代甲骨占卜習俗〉,《文物與考古論集》, 文物出版社, 1986년 12월.

西周 甲骨 논저 목록
(1951-1986년)

1951년

郭寶鈞: 〈1950年春殷墟發掘報告〉, 《中國考古學報》 제5책, 1951년.

1954년

陳夢家: 〈解放後甲骨的新資料和整理研究〉, 《文物參考資料》, 1954년 제5기.

1955년

山西省文物管理委員會: 〈山西洪趙縣坊堆村古迹址墓葬群淸理簡報〉, 《文物參考資料》, 1955년 제4기.

郭寶鈞·林壽晉: 〈1952年秋季洛陽東郊發掘報告〉, 《考古學報》 제9책, 1955년.

1956년

陝西省文物管理委員會: 〈長安張家坡村西周遺址的重要發現〉, 《文物參考資料》, 1956년 제3기.

陳夢家: 《殷墟卜辭綜述》, pp.25-26, 科學出版社, 1956년 7월.

暢文齋·顧鐵符: 〈山西洪趙縣坊堆村出土的卜骨〉, 《文物參考資料》, 1956년 제7기.

李學勤: 〈談安陽小屯以外出土的有字甲骨〉, 《文物參考資料》, 1956년 제11기.

1957년

唐　蘭: 〈在甲骨金文中所見的一種已經遺失的中國古代文字〉, 《考古學報》, 1957년 제2기.

1963년

中國科學院考古研究所: 〈灃西發掘報告〉, 文物出版社, 1963년 3월.

1972년

郭沫若: 〈古代文字之辯證的發展〉, 《考古學報》, 1972년 제1기. 《奴隸制時代》,

　　　　pp.244-370, 人民出版社, 1973년 5월版.

1976년

北京市文物管理處:〈北京地區的又一重要考古收獲〉,《考古》, 1976년 제4기.

1977년

〈洛陽發現西周前期靑銅器鑄造遺址〉,《文物特刊》제35기, 1977년 8월 15일.

〈我省周原地區發現一萬多片西周甲骨〉,《陝西日報》, 1977년 10월 17일.

新華社:〈陝西周原地區發現一萬多片西周早期甲骨〉,《光明日報》, 1977년 10월
　　　　17일.

新華社:〈陝西周原地區發現西周早期甲骨〉,《人民日報》, 1977년 10월 17일.

1978년

裘錫圭:〈漢字形成問題的初步探索〉,《中國語文》, 1978년 제3기.

〈陝西出土一萬餘片周初甲骨〉,《文物特刊》제43기, 1978년 3월 15일.

嚴一萍:《甲骨學》, p.93, 藝文印書館, 1978년.

1979년

李學勤:〈古文字學術討論會與古文字學的發展〉,《中國史研究動態》, 1979년 제3기.

陳全方:〈陝西周原考古的新收獲〉,《光明日報》, 1979년 7월 25일.

羅哲文:〈周初甲骨文的發現〉,《人民畫報》, 1979년 제8기.

徐錫臺:〈探索周原甲骨文中有關周初的曆法問題〉,《古文字研究》제1집, 中華書
　　　　局, 1979년 8월.

徐錫臺:〈周原出土的甲骨文所見人名·官名·方國·地名淺釋〉,《古文字研究》
　　　　제1집, 中華書局, 1979년 8월.

周原考古隊:〈陝西岐山鳳雛村發現周初甲骨文〉,《文物》, 1979년 제10기.

文物編輯委員會:《文物考古工作三十年》. p.126, 文物出版社, 1979년 11월.

1980년

龐　樸:〈枚卜新證〉,《歷史研究》, 1980년 제1기.

嚴一萍:〈周原甲骨〉,《中國文字》新1號, 藝文印書館, 1980년 3월.

徐錫臺:〈周原出土甲骨的字型與孔型〉,《考古與文物》, 1980년 제2기.

宇　信:〈周代的甲骨文〉,《中國史研究》, 1980년 제3기.

張政烺: 〈試釋周初靑銅器銘文中的易卦〉, 《考古學報》, 1980년 제4기.

李學勤・王宇信: 《周原卜辭選釋》, 《古文字研究》 제4집, 中華書局, 1980년 12월.

〈扶風縣發現甲骨文〉, 《文彙報》, 1980년 9월 7일 2版.

辛向東: 〈扶風縣發現西周甲骨文〉(幷附圖), 《陝西日報》, 1980년 9월 16일.

徐錫臺・樓宇棟: 〈西周卦畫探源 —— 周原卜甲上卦畫初探〉, 《中國哲學》 제3집, 1980년.

徐錫臺・樓宇棟: 〈西周卦畫探源 —— 周原出土卜甲上卦畫初探〉, 《中國考古學會第一次年會論文集(1979)》, 文物出版社, 1980년 12월.

1981년

顧鐵符: 〈周原甲骨文〔楚子來告〕引證〉, 《考古與文物》, 1981년 제1기.

單 暐: 〈周原出土甲骨片水垢淸除〉, 《考古與文物》, 1981년 제1기.

范毓周: 〈試論滅商以前的商周關係〉, 《史學月刊》, 1981년 제1기.

張亞初・劉雨: 〈從商周八卦數字符號談筮法的幾個問題〉, 《考古》 1981년 제2기.

王宇信: 《建國以來甲骨文研究》, pp.30-34・pp.49-53, 中國社會科學出版社, 1981년 3월.

陝西周原考古隊: 〈扶風縣齊家村西周甲骨發掘簡報〉, 《文物》, 1981년 제9기.

李學勤: 〈西周甲骨的幾點研究〉, 《文物》, 1981년 제9기.

管燮初: 〈商周甲骨和靑銅器上的卦爻辨識〉, 《古文字研究》 제6집, 中華書局, 1981년 11월.

徐錫臺: 〈周原卜辭十篇選釋及斷代〉, 《古文字研究》 제6집, 中華書局, 1981년 11월.

田宜超: 〈'王昌我枝單罵勿卜' 解〉, 《古文字研究》 제6집, 中華書局, 1981년 11월.

1982년

王玉哲: 〈陝西周原所出甲骨文的來源試探〉, 《社會科學戰線》, 1982년 제1기.

王宇信: 《西周史話》, pp.54-56, 中國靑年出版社, 1982년 1월.

陝西周原考古隊・周原岐山文管所: 〈岐山鳳雛村兩次發現周初甲骨文〉, 《考古與文物》, 1982년 제3기.

李學勤・唐雲明: 〈河北藁省臺西甲骨的初步考察〉, 《考古與文物》, 1982년 제3기.

徐錫臺: 〈周原出土卜辭選釋〉, 《考古與文物》, 1982년 제3기.

徐中舒: 〈周原甲骨初論〉, 《古文字研究論文集》(《四川大學學報叢刊》 제10집), 1982년 5월.

繆文遠: 〈周原甲骨所見諸方國考略〉, 《古文字研究論文集》(《四川大學學報叢刊》 제

10집), 1982년 5월.

陳全方: 〈陝西岐山鳳雛村西周甲骨文槪論〉, 《古文字硏究論文集》(《四川大學學報
　　　　叢刊》 제10집), 1982년 5월.

趙　誠: 〈甲骨文資料的搜集·整理和出版〉, 《古籍整理出版情況簡報》 제93기,
　　　　1982년 8월 10일.

何漢南: 〈周易爻辭考釋〉, 《陝西省文博考古科硏成果彙報會論文選集》, 1982년
　　　　11월.

1983년

陳全方: 〈周原甲骨所見國名補釋〉, 《古文字論集》 1, 1983년.

徐錫臺: 〈周原出土卜辭試釋〉, 《古文字論集》 1, 1983년.

張　辛: 〈周原考古對硏究西周歷史的意義〉, 《自修大學》, 1983년 제2기.

謝求成: 〈'八卦' 和《易經》新探〉, 《學術月刊》, 1983년 제2기.

蕭良瓊: 〈周原卜辭和殷墟卜辭之異同初探〉, 《甲骨文與殷商史》, 上海古籍出版社,
　　　　1983년 3월.

楊昇南: 〈卜辭所見諸侯國對商王室的臣屬關係〉, 《甲骨文與殷商史》, 上海古籍出
　　　　版社, 1983년 3월.

徐中舒: 〈數占法與《周易》的八卦〉, 《古文字硏究》 제10집, 中華書局, 1983년 7월.

1984년

沈長雲: 〈評鬻熊爲火師說〉, 《江漢論壇》, 1984년 제1기.

王宇信: 《西周甲骨探論》, 中國社會科學出版社, 1984년 4월.

曾發展·景凡: 〈陝西旬邑縣崔家河遺址調査記〉, 《考古與文物》, 1984년 제4기.

崔恩棣·崔恒升: 〈古巢國地望考辨〉, 《安徽大學學報》, 1984년 제4기.

劉　亮: 〈我國最早的微型刻字陝西岐山縣出土的西周甲骨文〉, 《書法》, 1984년 제
　　　　4기.

高　明: 〈略論周原甲骨文的族屬〉, 《考古與文物》, 1984년 제5기.

周蘇平: 〈周原甲骨文〉, 《歷史知識》, 1984년 제5기.

劉榮慶: 〈周原甲骨文〉, 《人文雜誌》, 1984년 제5기.

寶鷄市考古工作隊: 〈陝西武功鄭家坡先周遺址發掘簡報〉, 《考古》, 1984년 제7기.

任周芳: 〈寶鷄西周考古發現〉, 《西周史研究》(《人文雜誌》 叢刊 제2집), 1984년 8월.

徐錫臺: 〈周原齊家村出土西周卜辭淺釋〉, 《西周史研究》(《人文雜誌》 叢刊 제2집),
　　　　1984년 8월.

陳全方: 〈周原新出卜甲研究〉,《西周史研究》(《人文雜誌》 叢刊 제2집), 1984년 8월.

劉寶才·周蘇平: 〈西周史料述要〉,《西周史研究》(《人文雜誌》 叢刊 제2집), 1984년 8월.

畢　琦: 〈米中藏世界, 發上有文章 ── 訪自學成才的金石微刻藝術家劉義林〉,《北京晚報》, 1984년 12월 16일.

〈陝西發現大批周朝甲骨文〉,《新華文摘》, 1984년 제12기.

1985년

徐錫臺: 〈周原出土卜辭選釋〉,《出土文獻研究》, 文物出版社, 1985년.

徐錫臺: 〈我國商周時期農作物種類的研討〉,《農業考古》, 제1기, 1985년.

溫廣義: 〈西周初期的龜卜與《周易》的成書〉,《內蒙古師大學報》, 1985년 제1기.

王繼全: 〈周原遺址述略〉,《先秦史研究動態》, 1985년 제1기.

陳全方: 〈周原出土陶文研究〉,《文物》, 1985년 제3기.

徐錫臺: 〈西周陶文試釋〉,《人文雜誌》, 1985년 제3기.

趙振華: 〈洛陽兩周卜用甲骨的初步考察〉,《考古》, 1985년 제4기.

常　武: 〈周原〉,《文博》, 1985년 제4기.

張鈺哲 張培瑜: 〈殷周天象和征商年代〉,《人文雜誌》, 1985년 제5기.

林　向: 〈周原卜辭中的'蜀'〉,《考古與文物》, 1985년 제6기.

唐嘉弘: 〈試談周王和楚君的關係 ── 讀周原甲骨〔楚子來告〕札記〉,《文物》 1985년 제7기.

楊昇南: 〈一部研究西周甲骨繼往開來的著作〉,《社會科學評論》, 1985년 제8기.

夏含夷: 〈《周易》乾卦六龍新解〉,《文史》 제24집, 中華書局, 1985년 10월.

德州地區文化局文物組: 〈山東濟陽劉臺子西周墓地第二次發掘〉,《文物》, 1985년 제12기.

1986년

李學勤: 〈續論西周甲骨〉,《人文雜誌》, 1986년 제1기.

孫斌來: 〈對兩篇周原卜辭的釋讀 ── 兼論西伯昌稱王的問題〉,《考古與文物》, 1986년 제2기.

劉楚堂: 〈陝西扶風齊家村牛骨刻辭西周諺語新解〉,《殷都學刊》, 1986년 제3기.

王宇信: 〈西周甲骨的發現·研究及其學術價值〉,《文史知識》, 1986년 제5기.

曹基礎: 〈八卦的'秘密'〉,《文史知識》, 1986년 제5기.

王宇信: 〈西周甲骨述論〉,《甲骨文與殷商史》 제2집, 上海古籍出版社, 1986년 6월.

新華社:〈巢湖出土一批西周甲骨〉,《人民日報》, 1986년 8월 3일.
徐錫臺:〈試釋周原卜辭中的⊕字〉,《古文字研究》제13집, 中華書局, 1986년 6월.
連劭名:〈讀周原出土的甲骨刻辭〉,《古文字研究》제13집, 中華書局, 1986년 6월.
王宇信:〈周原出土廟祭甲骨商王考〉, 1986년 9월. 山東長島中國古文字學研究會
　　　年會論文.

부록 5

백년 동안의 甲骨學 연구
《甲骨學通論》韓國語版의 跋文을 대신해서

    1899년 殷墟 甲骨文이 王懿榮에 의해 감정되고, 아울러 진귀한 문물로서 의식적으로 수장된 이래로 지금까지 근 1백 년이 되었다.[1] 중국과 세계 문화 예술의 진품인 甲骨文은 발견된 날로부터 곧 세계 학계의 관심을 불러일으켰다. 중국의 우수한 학자들과 유럽·미국·일본 등의 여러 국가와 지역의 조예 깊은 한학자들은 甲骨文을 깊이 있게 연구하기 위해 필생의 정력을 쏟아부었다. 여러 세대의 노력을 거쳐 이들 '斷爛朝報'(원래는 《春秋》경이 잔결되어 완전치 못함을 폄하한 宋代 王安石의 말인데, 여기서는 甲骨이 부서지고 뒤죽박죽되어 참고 가치가 없음을 비유한 말) 속에 감추어져 있던 고대 사회의 신비가 '발굴'되어 나와서 문헌이 부족했던 商代의 역사 연구에 빛을 던져 주어 이를 완전히 새로운 단계로 진입하게 하였다. 오늘날의 甲骨學은 이미 대량의 연구 자료를 축적하고 있고, 엄밀한 규율과 아울러 자신의 연구 대상과 과제를 가지고 있는 성숙된 학문이 되었으며, 또 言語學·漢語史·歷史學·考古學·古代科學技術史 연구와 밀접한 관계를 가지고 있는 학문으로서 국제적인 학문이 되었다.[2]

    1백 년 동안의 甲骨學 연구는 이미 그것의 발전도상의 '초창 시기'(1899-1928년)·'발굴 시기'(1928-1937년)와 연구의 '심화 시기'(1949-현재)를 거쳤다. 선배 학자들은 가시밭길을 개척하고 깊이 있는 연구를 하여 풍성한 성과를 거두었다. 그들의 저작들도 이제는 甲骨文 자체와 마찬가지로 우리가 마땅히 모범으로 삼고 계승해야 할 고귀한 문화 재산이 되었다. 그래서 1백 년 동안 선배학자들이 거둔 성취를 회고하고, 용감하게 탐색하고 끊임없이 진취적인 훌륭한 전통을 발양 광대시키며, 미래의 연구 모습을 전망하는 것은 후배학자들의 심층 연구를 촉진시키고, 甲骨學을 새로운 1백 년 동안 번영시키는 데 대해 큰 의의를 가지고 있다.

1. 甲骨學 연구의 '초창 시기'

甲骨學 연구의 '초창 시기'는 1899년에 甲骨文이 발견되어 수장되기 시작해

서부터 1928년에 歷史言語硏究所에서 과학적으로 安陽 殷墟를 발굴한 시기를 가리킨다. 王懿榮이 甲骨文을 고대의 문화 진품으로 감정하였기 때문에 지난날 1근당 돈 몇 푼 받았던 ‘龍骨’의 몸값은 급등하여 단번에 1자당 은 2냥50전 하는 骨董으로 변하였다. 小屯村 주민들은 큰 이익을 얻기 위해서 다투어 개인적으로 甲骨을 파내다가 팔았다. 1928년에 歷史言語硏究所에서 甲骨文을 발굴한 시기와 구별하기 위해서 이 기간을 ‘개인 발굴’ 혹은 ‘도굴’ 시기라고 부른다. 王懿榮·王襄·劉鶚·羅振玉 등의 학자들은 선후로 골동품상의 손을 통해서나, 또는 사람을 安陽으로 파견해 앉아서 수집하여 대량의 甲骨文을 획득하였다. 그 가운데 적지 않은 것들은 해외로 반출되었는데, 예를 들면 미국·영국·독일·캐나다·프랑스·일본 등 여러 나라와 지역의 박물관에서 이 甲骨들을 구입하였다. 이 시기에 총 10만 편의 甲骨을 얻었다.[3]

　문헌상의 미기록으로 말미암아 殷墟 甲骨文 및 그 시대에 관해서 학자들은 처음에 아무것도 알지 못했다. 王懿榮·劉鶚·羅振玉 등과 같은 학자들의 심혈을 기울인 고찰을 통해 1910년에 이르러 “甲骨文은 商代의 유물로서 많은 학자들에게 인정되었다.”[4] 그리고 甲骨文의 출토지는 羅振玉에 의해 1908년 安陽 小屯村임이 밝혀졌다. 이 기초 위에서 羅振玉은 1910년 《殷商貞卜文字考》에서 小屯村이 ‘武乙 때의 옛터’임을 밝혀내어, 이후 殷商 考古學의 발단과 甲骨文의 시기 구분을 위해서 기초를 닦아 주었다. 이 때문에 학자들은 ‘甲骨의 출토 지점을 고증해 낸 것’이 ‘羅振玉의 주요 성과’ 중의 하나임을 인정하고 있다.[5]

　甲骨文 자료의 기록 출판은 甲骨學 연구의 기초 작업이다. 1903년 劉鶚이 甲骨學史上 최초의 기록서인 《鐵雲藏龜》를 출판함으로써 더욱 많은 고문자학자들이 연구를 진행할 수 있게 되어 甲骨文의 유포 범위가 확대되었다. 이로부터 甲骨文은 소수 학자들의 서재 속에서 남에게 보이지 않는 은밀한 ‘골동품’으로부터 학술 연구에 제공할 만한 ‘금석’ 자료로 탈바꿈하였다. 그후 甲骨 기록서들이 계속 편찬되어 총 9천9백19편의 甲骨을 기록하였다. “발표된 자료는 비록 이미 출토된 전 甲骨文字의 10분의 1에 불과하지만 중요 자료는 이미 적지않이 공포되었는데, 이것은 甲骨文의 연구를 확대하는 데 매우 커다란 역할을 하였다.”[6]

　이 시기의 학자들은 온갖 험로를 뚫고 갖은 고생을 다하여 甲骨學의 연구 방면에서도 일정한 성과를 거두었다. 첫째, 孫詒讓·羅振玉·王國維·葉玉森 등의 학자들은 문자의 고석과 篇章의 通讀 방면에서 적지않은 범례를 세우는 등의 공헌을 하였다.[7]

　비록 상황이 이렇다고는 하지만 1913년 《殷墟書契》가 출판되었을 때가 되어서도 학계에는 甲骨文의 내용에 대해서 연구를 진행할 사람이 드물었다. 羅振玉은

"책이 이미 출판되었으나 많은 사람들이 이를 읽을 수가 없어서 안타까워한다"
는 사실을 깊이 통찰하고,[8] 이에 '발분해서 고석 작업을 하여'[9] 6만여 자 분량의
《殷墟書契考釋》을 완성하였다. 이 책에는 帝王 22, 先妣 14, 人名 78, 地名 1백93,
文字 4백85개가 고석되어 있다. 1919년에 羅振玉은 다시 이 책을 增訂해서 출판
하였다. 羅振玉의 甲骨文字 고석은 "《說文解字》로 말미암아 위로 고대의 金文을
소급하고, 고대의 金文으로 말미암아 위로 卜辭를 살핀 것이다." 그러나 그는
"《說文解字》를 參證해서 甲骨文을 고석하면서도 《說文解字》에 속박되지 않고,
《說文解字》의 자형과 다른 甲骨文을 밝혀낼 수 있었으며, 역으로 《說文解字》의 오
류를 바로잡았는데, 이것은 바로 앞사람들에 비해서 훨씬 뛰어난 것이다.[10]

　　학자들의 노력과 탐색을 통해 알 수 있는 글자가 갈수록 많아졌다. 특히 《殷墟
書契考釋》과 《增訂 殷墟書契考釋》이 출판된 후에는 기본적으로 卜辭 문구를 통
독할 수 있게 되었다. 字典 성질의 공구서, 예를 들면 葉玉森의 《殷墟書契前編集
釋》, 王襄의 《簠室殷契類纂》, 商承祚의 《殷墟文字類篇》 등과 같은 책들도 계속해
서 세상에 나왔는데, 이는 이 시기의 문자 고석 성과를 반영한 것이다.

　　둘째, 문자 고석의 기초 위에서 한걸음 전진하여 商史를 연구하였다. 王國維는
甲骨文字의 고석 방면에서 공헌을 하였을 뿐 아니라, 商·周 時代의 예제·도
읍·지리 등의 방면 연구에서도 창조적인 공헌을 하였다. 특히 그가 1917년에
쓴 〈殷卜辭에 나타난 先公·先王考〉 및 〈殷卜辭에 나타난 先公·先王續考〉 등
두 편의 甲骨學史上 유명한 논문은 甲骨學 연구를 '문자 시기'로부터 '사료 시
기'로 끌어올렸다. 王國維는 甲骨文 속에 출현하는 商의 先公·先王과 父·兄의
이름을 고증하였고, 《史記·殷本紀》에 기록된 "商代의 先公·先王의 이름이 있
는데 卜辭에 보이지 않는 것은 드물다"는 말을 논증하였는데, 이로 인해 司馬遷
의 《史記》에 기록된 商代의 역사는 믿을 만한 것이 되었다. 특히 그는 《殷墟卜
辭後編》 上册 8·14와 《戩壽堂所藏殷墟文字》 1·10의 綴合에 근거해서 《史記·
殷本紀》 속의 일부 商王 世次의 오류를 규정함으로써 甲骨文의 학술적인 가치를
대대적으로 제고시켰다.

　　여기서 지적해야 할 것은, 王國維는 연구할 때에 고대 문헌을 매우 중시했을
뿐 아니라 지하 출토 문물을 더욱 중시했다는 사실이다. 그는 1925년 《古事新
證》에서 유명한 '이중 증거법'을 제기하여 중국의 상고사 연구에 심원한 영향을
주었다.

2. 甲骨學 연구의 '발굴 시기'

이 시기는 1928년 10월부터 시작해서 1937년 6월에 잠시 일단락을 고한 歷史言語研究所 주관의 과학적 殷墟 甲骨文 발굴 시기 및 그후 일단의 시간까지를 가리킨다. 歷史言語研究所는 安陽 殷墟에서 장장 10년 동안 선후로 15차에 걸친 대규모 과학적 발굴을 진행하여, 대규모 과학적 발굴에서 얻은 甲骨文과 대량의 유적·유물 등의 진귀한 考古 자료를 얻었다. 그리고 근대 필드 考古 방법의 도입은 甲骨學 연구로 하여금 전통 金石學과 歷史學의 한계를 극복하고 전면적인 발전을 이루게 하였다. 그 중에서 제1차에서 제9차까지의 과학적 발굴에서 6천5백13판의 甲骨文을 얻었고, 제13차에서 제15차까지의 과학적 발굴에서 총 1만 8천4백5판의 甲骨文을 얻었다. 河南省圖書館도 그동안 두 차례의 발굴을 진행하여 총 3천6백56판의 甲骨을 얻었다.

여기서 대서특필해야 할 것은, 제13차 발굴 기간(1936년 6월 12일)에 YH127갱에서 1만 7천96편의 甲骨이 발굴된 일이다. 이 甲骨은 수량이 많을 뿐 아니라 내용도 풍부한데,[11] 이는 甲骨學 연구의 발전에 대해 촉진 작용을 일으킨 甲骨學史上 중대한 발견이다.

甲骨文의 기록 방면에서 이 시기는 甲骨學과 考古學이 서로 결합하여 기록하는 신체례를 만들었다. 제1차에서 제9차까지의 발굴에서 얻은 甲骨들은 董作賓에 의해 《殷墟文字甲編》으로 편집 출판되었는데, 그 속에 수록된 甲骨은 그들이 출토한 선후 순서에 따라서 배열하였다. 만약 출토 상황이나 혹은 유적지나 유물과의 관계를 연구한다면 등기 번호를 찾으면 일목요연하게 알 수 있다.[12] 제13차에서 제15차까지의 발굴에서 얻은 甲骨은 董作賓이 《殷墟文字甲編》으로 모아 출판하였는데, 그 편찬 체례는 《殷墟文字甲編》과 같다. 《殷墟文字甲編》과 《殷墟文字乙編》의 출판은 甲骨學 연구의 전면적인 발전을 위해 기초를 닦아 주었다.

이 시기의 甲骨學 연구 역시 두드러진 성과를 거두었는데, 이것은 바로 1933년에 董作賓이 발표한 〈甲骨文斷代研究例〉라는 銘文이다. 이로부터 羅振玉·王國維 이래로 殷商 시기 273년간의 史料로서의 甲骨文이라는 '혼돈'은 선후가 다른 5기로 명확하게 구분되었다. 〈甲骨文斷代研究例〉의 발표는 甲骨文 연구에서 한 시대의 획을 그은 대사건이다.[13]

YH127坑에서 있은 대량의 甲骨 출토와 기타 과학적 발굴에서 얻은 대량의 甲骨文은 학자들이 甲骨文을 연구하는 시야를 크게 넓혀 주었고, 연구의 방향을 더욱 확대시켜 주었다. 시기 구분 연구와 함께 甲骨學의 기타 방면의 과제들, 예를 들면 卜法文例[14]·記事 刻辭[15]·卜辭同文[16]·卜辭雜例[17] 등 甲骨學 자체 규율에 관한 연구들도 비교적 큰 진전을 보였다.

이와 동시에 胡厚宣 선생은 모든 甲骨을 종합하여 전면적으로 철저하게 정리를 하였다. 그는 殷墟 발굴에서 얻은 甲骨의 정리를 계기로 삼고, 아울러 세상에 전해진 甲骨을 충분히 이용하여 《甲骨學商史論叢》을 출판하였다. 이 책에 수록된 甲骨文 신자료에 근거해서 얻어낸 결론들은 현재까지도 여전히 참고 가치가 매우 높다.

唐蘭은 偏旁分析法을 이용해서 甲骨文字를 고석하여 상당히 많은 것들을 밝혀내었다. 于省吾·楊樹達·張政烺·陳夢家 등의 학자들도 여러 차례에 걸친 새로운 학설을 발표하였다. 그리고 郭沫若이 혜성처럼 등장하였는데, 그의 《卜辭通纂》과 《殷契粹編》은 甲骨文의 수집과 유포에 공헌을 하였을 뿐 아니라, 게다가 문자 고석과 그의 《甲骨文字研究》 등의 저작 속에는 정확한 견해가 적지않아 전세계 학계(그를 반대했던 사람들도 포함)의 인정을 받았다. 그의 저작들은 문자의 고석에 대해 거대한 공헌을 하였고, 아울러 계속된 후대의 갑골학자들에게 영향을 주었다. 이밖에 郭沫若은 甲骨文을 이용하여 商史를 연구하였는데, 한 시대의 획을 그은 그의 저작 《中國古代社會史研究》 및 그후에 나온 《十批判書》·《奴隸制時代》와 그가 책임편집한 《中國史考》 등의 商史 관련 저작들은 미성숙 단계에서 점차 성숙 단계로 나아가는 중국 唯物史觀 지도하의 歷史科學의 발전 단계를 그려내어 중국 新史學의 일대 종사가 되었다.[18]

郭沫若·董作賓 등으로 대표되는 학자들이 심혈을 기울여 개척을 함으로써 이 시기의 甲骨學 연구는 전면적으로 발전하여 성숙한 학문이 되었다.

3. 甲骨學 연구의 '심화 시기'

1949년 신중국이 건립된 후부터 지금까지 중국의 甲骨學 연구는 이전의 두 시기에 거둔 성과의 기초 위에서 다시 더 한층 깊이를 가지게 되었다. 이것은 주로 다음의 여러 방면으로 표현된다.

1) 과학적으로 발굴된 甲骨文이 부단히 출토되고, 포용된 시간과 공간이 확대되었다.

1950년 봄부터 中國科學院 古考研究所(지금의 中國社會科學院)는 安陽 殷墟의 과학적 발굴 작업을 속개하여 근 50년 동안 기본적으로 계획된 연구 작업을 중단한 적이 없으며, 과학적으로 발굴된 적지않은 수의 甲骨文을 포함해서 대량의 유물과 유적을 출토하였다.[19] 安陽 殷墟 이외의 商代 유적지와 일부 周代 유적지에서도 매년 계속해서 甲骨文이 발굴되었다.

安陽 殷墟에서는 중심 지역인 小屯村 부근에서 부단히 甲骨이 출토되었을 뿐아니라, 해방 전의 後岡·侯家莊 남쪽 지역의 뒤를 이어 後岡·四盤磨 서쪽 지역·大司空村 등과 같은 그 이외의 지역에서도 商代의 甲骨文이 발견되었다.[20] 그렇지만 小屯村 남쪽 지역과 또 다른 새 발굴 지점인 花園村 동쪽 지역에서 가장 많이 발굴되었다.

1973년에 小屯村 남쪽 지역에서 甲骨이 대량으로 출토되었는데, 이는 YH127에서 甲骨이 대량으로 발견된 후로 가장 많이 출토된 것으로서 卜骨과 卜甲이 총 7천1백50편에 달한다.[21] 주의할 만한 것은 소수의 灰坑 속에서 甲骨이 집중되어 대량으로 출토되었는데, 이는 아마도 의식적으로 저장한 것 같다는 것이다. 또한 전적으로 骨料를 보관한 窖穴도 발견되었다.[22] 이곳의 甲骨은 제3·4기의 것들이 많고 제1,5기의 것들은 매우 적으며, 刻辭의 내용이 매우 풍부하다.[23] 또 다른 중대한 甲骨 발굴은 1991년 花園村 동쪽 지역과 남쪽 지역에서 있었다. 花園村 동쪽 지역의 窖穴(H3) 내에서 총 1천5백58편의 卜甲이 출토되었는데, 그 중에서 上面에 刻辭가 있는 것이 5백74편(腹甲 5백57편, 背甲 17편)이었다. 卜骨은 총 25편인데, 그 중에서 上面에 刻辭가 있는 것이 5편이었다. 즉 刻辭 甲骨을 총 5백79편 얻었다. 주의할 만한 것은 이 坑에서는 大版의 龜甲이 많이 출토되었는데, 완벽한 것이 7백55판이고 刻辭가 있는 완벽한 龜甲이 근 3백 판에 달해서 有字 甲骨 총수의 50퍼센트를 차지하고 있으며, 반 판 이상의 큰 甲骨이 총수의 80퍼센트에 가깝다는 것이다. 매판의 글자수는 일정치 않아서 적은 것은 1,2자, 많은 것은 2백 자에 달하며 보통은 수십 자이다. 관련된 내용폭은 비교적 좁아서 주로 祭祀·田獵·氣候·疾病 등이며, 특히 조상에 대한 제사가 많다. 상용된 글자의 寫法 및 風格은 '賓組'와는 다르고 午組·子組·自組 卜辭와 비슷하므로 이것들은 마땅히 武丁 때 왕실 귀족이 의식적으로 저장한 것이다. 花園村 남쪽 지역의 墓(M99)에서는 卜骨 35편과 卜甲 22편이 출토되었는데, 그 중에서 글자가 있는 것은 단지 5편의 卜骨에 불과하며 午組 卜辭에 속한다.[24] 이 甲骨들의 출토는 전세계 학자들의 주의를 불러일으켰다.

殷墟 이외의 商代 유적지, 예를 들면 鄭州에서도 商代의 有字 甲骨이 발견되었다. 어떤 학자는 이것들을 제4기 武乙·文丁 때의 것이라 주장하고,[25] 또 어떤 학자들은 二里岡 中商 시기의 것이라 주장하고 있다.[26]

이밖에 河南省 洛陽 太山墓, 山西省 坊堆村, 陝西省 長安市 灃西, 北京市 昌平縣 白扶村, 陝西省 岐山縣 鳳雛村과 齊家村 등지에서는 계속해서 西周 甲骨文이

출토되었다. 위의 다섯 지역에서는 총 3백2편의 有字 甲骨이 출토되었는데, 글자 수는 총 1천41자에 달한다.[27) 그 중에서 가장 중요한 것은 1977년 陝西省 周原 鳳雛村에 있는 건축 부지에서 발견된 대량의 甲骨文이다. 鳳雛村의 건축 부지 西廂 2호방 窖穴 H11과 H31 내에서 卜甲과 卜骨 총 1만 7천2백75편이 출토되었는데, 그 중에 有字 甲骨 2백89편이 있었다. 甲骨들은 모두 整治를 거쳤으며, 卜甲은 거의 모두 네모 구멍이고 둥근 구멍인 것은 극히 적은데, 네모 구멍은 일반적으로 장방형을 나타내고 평평한 밑면에 얕은 구멍이 나 있으며, 구멍의 밑면 부분에는 1개의 側鑿과 1개의 미세한 槽가 있다.[28) 그리고 卜骨에는 모두 둥근 구멍이 있는데, 그 구멍 벽은 수직으로 된 것과 엇섞여서 겹쳐진 것 등 두 종류가 있으며, 구멍 내부의 밑부분 중 약 3분의 1 되는 곳에 槽가 있다. 西周 甲骨은 각지에서 출토되었는데, 이는 사료가 비교적 적은 西周史 연구를 위해 더할 수 없이 진귀한 자료를 제공해 줄 뿐 아니라 甲骨學 영역 속의 새로운 분야의 형성을 위해서도 기초를 닦아 주었다.

殷墟 甲骨文보다 이른 원시 사회 시기의 甲骨 契刻 부호(또는 문자)도 출토되고 있다. 1987년에 河南省 無陽縣 賈湖 裵李岡 文化 유적지에서 刻符 龜甲이 출토되었는데, 어떤 刻劃은 甲骨文의 ‘目’·‘曰’ 등의 字形과 비슷하다.[29) 陝西省 長安縣 花樓子 客省莊 2기 문화 유적지에는 骨刻 符號 19건이 출토되었다. 어떤 甲骨의 刻符는 역시 殷墟 甲骨文과 비슷하다.[30) 이들 骨刻 符號의 발견은 우리가 중국 문자의 기원을 연구하는 데 새로운 실마리를 제공해 주었다.

이와 같이 甲骨이 殷墟와 殷墟 이외의 각 지역에서 부단히 출토되었을 뿐 아니라 더욱 이른 시기의 甲骨 刻符도 발견되었는데, 이는 우리가 오랫동안 형성해 온 ‘殷墟 甲骨’ 관념을 시간과 공간상에서 범위를 확대시켜 주었다.

2) 甲骨文 자료를 모으고 정리하고 간행하는 방면에서 성공을 거두었다.

1980년에는 中國社會科學院 古考研究所에서 펴낸 《小屯南地甲骨》上册이 中華書局에 의해 출판되었고, 下册 1·2·3 分册이 1983년에 출판되었다. 이 책은 1973년에 小屯村 남쪽 지역에서 출토된 甲骨을 수록하였는데, 총 4천6백12호를 펴내었으며 수록된 甲骨은 출토 단위에 따라 기록하였다. 이것은 우리에게 지층 및 관련된 유물과 서로 연계가 있는 과학적인 자료를 제공해 주었다. 《小屯南地甲骨》은 또한 鑽鑿 형태를 볼 수 있는 甲骨을 통계내고 아울러 類型을 구분하여 정리하였으며, 또 鑽鑿된 甲骨에 대해 墨拓 및 그림 그리는 작업을 해서 下册 3 分册에 집중적으로 발표하여 甲骨의 整治를 연구하고 鑽鑿 형태를 고찰하는 데 고귀한 자료를 제공해 주었다. 이 책에 수록된 甲骨들은 출토 층위, 鑽鑿 형태, 釋文 및 각 항의 색인과 혼연일체되이 다양한 수요와 여러 각도에서 자료를 찾는

데 대단히 편리한데, 이 점이 바로 《殷墟文字甲編》·《殷墟文字乙編》보다 한걸음 앞선 점이다. 이 때문에 과학적 발굴에서 얻은 甲骨의 가장 과학적인 기록서라고 칭찬받고 있다.[31]

세상에 전해지는 일부 甲骨들도 계속 정리되어 공포되었다. 胡厚宣 敎授의 《戰後寧滬新獲甲骨集》·《戰後南北所見甲骨錄》·《戰後京津新獲甲骨集》·《甲骨續存》 등 4권의 책에는 총 1만 3천8백14편의 甲骨이 기록되어, 殷墟에서 출토된 10여 만 편 甲骨의 10분의 1 이상이 기록되어 자료의 간행 공포하는 방면에서 공헌을 하였다. 그리고 그가 창시한, 먼저 시기를 나누고 다시 유형을 나누는 편찬 체례 는 매우 일목요연하여 이후 과학적으로 甲骨文을 편찬하는 데 시범이 되었다.[32]

郭沫若이 책임편집하고 胡厚宣이 총편집한 《甲骨文合集》은 1978년부터 출판 이 시작되어 1982년까지 전13책이 모두 출판되었는데, 이 책은 70년 동안 출토 된 甲骨文을 집대성한 저작이다. 이 책의 출판은 중국 갑골학자가 이 시기에 자 료를 전면적으로 모으고 정리하고 공포하는 방면에서 성공을 거두었음을 나타내 준다. 이 책의 출판은 신중국의 고적 정리 작업 방면의 최대 수확으로 평가되어 여러 차례 국가의 표창을 받았다.[33]

《甲骨文合集》에는 총 4만 1천9백56편이 수록되어 있는데, 먼저 시기를 구분하 고 매 시기마다 내용별로 분류를 하였다. 특히 학계에서 논쟁이 비교적 많이 되 고 있는 甲骨을 한데 모아 제7책에 기록함으로써 시기 구분의 심층적인 연구를 위해 정리된 자료를 제공해 주었다. 《甲骨文合集》은 중국 내 25개 성·시·자치 구의 44개 개인 수장가와 95개 공공 기관의 4만여 편, 대만과 홍콩의 3만여 편 및 일본·미국·영국·캐나다·한국 등 12개 국가와 지역의 2만여 편 등 총 15만 편 이상의 甲骨 자료의 탁본·사진·모사본과 기록서를 한데 모으고, 일정한 표 준에 따라 그 중에서 4만 1천9백56편을 뽑아 기록하였다. 아울러 대량의 과학적 인 정리, 예를 들면 變僞·重複片 제거[34]·綴合[35]·換片 및 同文 卜辭를 한데 모 으는 등과 같은 방면의 작업을 하였다. 이 때문에 《甲骨文合集》은 甲骨學의 계속 적인 심층 연구를 위해 기초를 닦아 주었으며,[36] 과거를 계승하여 미래를 열어 준 甲骨學史上 이정표가 되는 저작이다.

嚴一萍은 일찍이 명칭을 원주인에게 귀속시키는 방법을 사용하였는데, 즉 甲骨 수장가에 따라 수록하여 《甲骨集成》을 편찬하였다. 그러나 단지 1책만이 출판되 었을 뿐 계속 이어지지는 못했다. 그후 1985년에 《甲骨文合集》·《小屯南地甲骨》· 《화이트 등 수장 甲骨文集》 및 周原 甲骨 등을 하나로 모아 《商周 甲骨文 總集》 16책을 출판하였다.[37]

甲骨文 자료를 한데 모으고 정리하고 공포하는 방면에서의 성공은 甲骨學과

商史의 심층적인 연구를 위해 훌륭한 기초를 닦아 주었다.

3) 甲骨學 연구의 심화

이 시기의 甲骨學 연구는 적지않은 방면에서 심화되고 진전되었다. 시기 구분 연구 방면을 보면 다음과 같다.

첫째는 董作賓이 제기한 〈文武丁 시기 卜辭의 수수께끼〉에 관한 심층적인 토론이다. 이 토론에 참가한 학자로는 陳夢家·姚孝遂·謝濟·蕭南 등이 있다. 토론이 심화되고 새로운 증거가 부단히 증가함에 따라, 논쟁이 비교적 많이 되고 있는 이 甲骨들에 대해서 현대 중국의 학자들은 그 시기를 마땅히 제1기 武丁 때로 앞당겨야 한다는 데 일치를 보고 있다.[38] 특히 1973년에 小屯村 남쪽 지역 T53(4A) 지층을 분석한 것은 '𠂤組' 卜辭가 武丁 말기라고 하는 데 대해 유력한 증거를 제공하여 주었다.[39]

둘째는 이른바 '歷組' 卜辭 시기와 武乙·文丁 시기 卜辭에 대한 자세한 구분이다. 1977년에 있었던 殷墟 婦好墓의 발견을 계기로 해서, 李學勤은 '歷組' 卜辭가 董作賓이 획분한 제4기 武乙·文丁 시기의 것이 아니라 마땅히 武丁 말기에서 祖庚 시기의 卜辭라고 주장하였다.[40] 학계에서는 이에 대해 열띤 토론을 전개하였다. 이를 찬성하는 의견을 갖고 있는 학자로는 裴錫圭·李學勤·李先登·彭裕商·林澐 등이 있다. 상술한 의견에 정면으로 맞서서 여전히 '歷組' 卜辭가 제4기 武乙·文丁 시기의 것이라고 주장하는 학자로는 蕭南·羅琨·張永山·謝濟·曹定雲·陳煒湛 등이 있다. 한 차례의 매우 열띤 토론을 거쳐 제4기 武乙·文丁 卜辭의 자세한 구분 문제가 해결되었다. 蕭南은 1973년에 小屯村 남쪽 지역에서 발굴한 지층 관계에 의거해서, 우리로 하여금 최초로 武乙 卜辭와 文丁 卜辭를 초보적으로나마 구분해 나갈 수 있게 해주어서 학자들에게 절실한 시기 구분의 실마리를 제공해 주었다.[41]

셋째는 甲骨 시기 구분의 새로운 방안에 대한 유익한 탐색이다. 董作賓이 〈甲骨文斷代研究例〉에서 제기한 10항 표준과 5기 분법은 비록 수정할 곳이 일부 있기는 하지만 수십 년간의 시기 구분 연구를 통해 타당한 것임이 증명되었다. 그러나 그는 오히려 다시 '신파'·'구파'의 관점을 제기하고, 아울러 이러한 새로운 관찰은 반드시 과거에 분류가 안 되었던 나머지 卜辭는 5기라고 하는 견해를 타파해야 한다고 주장하고 별도로 하나의 표준을 세웠다.[42] 그러나 지금에 이르기까지도 전문적으로 '구파'·'신파'의 방법을 써서 甲骨文을 정리한 사람은 하나도 없다.

이른바 '歷組' 卜辭의 시간을 앞당기는 문제와 함께 李學勤은 殷墟 王室 卜辭의 변천상에 있어서의 '兩系'說을 제기하였다. 林澐은 〈小屯南地甲骨發掘與殷墟

甲骨斷代〉에서 李學勤의 주장을 더욱 구체화시킴으로써 새로운 시기 구분 방안을 구축하였다. 얼마 전에 출판된 彭裕商의 《殷墟甲骨斷代》(1994년 中國社會科學出版社에서 출판)는 비교적 체계적으로 '兩系'說을 논술한 역작이다.

甲骨文字의 고석 방면에 있어서도 진일보하였다. 첫째는 엄밀하고 독창적인 견해가 많은 명논문들의 발표인데, 예를 들면 胡厚宣은 商代의 새 토템을 논술하였고, 張政烺은 卜辭 袞田을 고석하였다. 특히 于省吾는 1979년에 자신의 연구 성과를 총결산한 저작인 《甲骨文字釋林》을 출판하였다. 이 책은 그가 해방 전에 쓴 甲骨文字 고석을 크게 수정하고 해방 이후에 쓴 甲骨文子 고석을 한데 모아 놓은 것인데, 총 1백30편이며 中華書局에서 출판하였다.[43] 裘錫圭가 1992년에 출판한 《古文字論集》(中華書局 출판)에는 그가 1988년 9월 이후에 쓴 先秦·秦漢 문자와 문자 자료를 연구한 대부분의 논문이 수록되어 있는데, 그 중에서 甲骨文字에 관련된 연구 논문은 40여 편이다. 劉桓도 《殷契新釋》(河北教育出版社, 1989년)·《殷契存稿》(黑龍江教育出版社, 1992년)를 출판하였다. 여기서 지적해야 할 것은, 于省吾는 우리를 위해 문자를 고석하는 새로운 길을 열어 주었으며, 그의 문자 고석은 깊이와 넓이 방면에서 앞사람을 뛰어넘었다는 것이다.[44]

둘째는 대형의 甲骨 記錄書의 釋文(또는 고석)이 제때에 출판되어 甲骨 자료를 이용하는 여러 학문 분야의 학자들의 필요에 부응하였다는 것이다. 이 방면의 저작으로는 1985년에 출판된 《小屯南地甲骨》下册(즉 釋文 제1·2·3分册)과 姚孝遂·蕭丁이 같은 해에 출판한 《小屯南地甲骨考釋》 등이 있다. 이밖에 姚孝遂·蕭丁의 《殷墟甲骨刻辭摹釋總集》은 《甲骨文合集》·《小屯南地甲骨》·《英國所藏甲骨錄》·《東京大學東洋文化研究所藏甲骨文字》·《화이트 등 收藏 甲骨文集》 등의 책에 기록된 甲骨에 대해 매 편마다 원래의 篆文을 모사하고, 아울러 釋文을 달아서 部首 배열에 따라 上·下 두 책으로 1988년에 출판되었다. 胡厚宣이 책임 편집한 2천90여 쪽 분량의 《甲骨文合集釋文》도 中國社會科學出版社에서 출판이 진행되고 있는 중이다. 이 책은 《甲骨文合集》 편집조의 학자들에 의해 分册되어 고석되고 모두 《甲骨文合集》 원고에 의거해서 釋文 작업이 진행되었기 때문에 《甲骨文合集》의 일부 인쇄가 선명치 못한 拓片들이 釋文 속에서 명확해졌다. 이와 동시에 각국에서 비상한 관심을 가지고 있는 《甲骨文合集》 4만 1천9백56편 甲骨의 내원(중복 기록 포함) 및 현재의 소장처에 대해서는 현재 이미 《甲骨文合集來源表》로 편찬되어 출판을 기다리고 있다. 《甲骨文合集》의 〈釋文〉 및 〈來源表〉는 가까운 시일 내에 中國社會科學出版社에서 출판될 예정이며, 아울러 외국에서 먼저 출판될 것이다. 〈釋文〉은 또한 컴퓨터에 입력하는 작업을 진행하고 있다.

셋째는 甲骨文 공구서와 字典도 편찬되었다는 것이다. 1934년에 출판된 孫海

波의《甲骨文編》은 증정과 보충을 거쳐서 1956년 中華書局에 의해 출판되었다. 1980년에 高明은《古文字類編》(中華書局)을 출판하였고, 李孝定의《甲骨文字集釋》도 대륙에서 影印되었다. 于省吾가 책임편집하고 姚孝遂・趙誠・王宇信・王貴民・謝濟・湯餘惠・吳振武・劉釗 등 8명의 학자가 편찬에 참가한《甲骨文字詁林》에는 90년 동안 학자들의 문자에 관한 고석 5백만 자가 수록되어 1996년 中華書局에 의해 출판 발행되었는데, 이 책은 문자 고석을 집대성한 저작이다. 기타의 문자 서적을 예로 들면 孟世凱는 1987년《甲骨學小字典》을 출판하였고, 趙誠은 1988년《甲骨文簡明辭典》을 출판하였다. 이밖에 張玉金은 1994년《甲骨文虛辭辭典》을 출판하였고, 李圃는 1995년《甲骨文文字學》을 출판하였다. 甲骨 기록의 釋文이 제때에 완성되고, 관련 字典・辭典이 편찬 출판된 것은 이 시기 문자 연구가 심화되었음을 반영한 것이다.

西周 甲骨의 발견과 연구는 신중국 甲骨學 연구의 중대한 수확 중의 하나이다. 학자들은 西周 甲骨의 족속・특징・문자・시기 구분・지리・관제・商代 말기의 殷周 관계 등 방면의 토론에 대해서 甲骨學 연구 영역의 새로운 분야를 형성해서 甲骨은 무조건 殷商이라는 전통 관념을 타파할 수 있었다. 적지않은 수의 갑골학자와 고고학자들, 예를 들면 張政烺・王玉鐵・李學勤・高明・徐錫臺・陳全方・周原 考古팀・王宇信・楊昇南 등은 모두 전문 論文을 발표하여 西周 甲骨이라는 새로운 분야의 건립을 위해 공헌하였다. 張政烺의《試釋周初靑銅器銘文中的易卦試釋》(《考古學報》1980년 제4기)은 학계에서 다년간 탐색해 온 '奇字의 수수께끼'에 대한 해답을 주었다. 王宇信은 1984년《西周甲骨探論》을 출판하였다. 陳全方이 1988년에 출판한《周原과 周文化》, 徐錫臺가 1990년에 출판한《周原甲骨文綜述》에서는 周原 甲骨의 확대 모사본 및 사진을 공개하였다. 또한 적지않은 수의 중요한 문제들이 계속 심도 있게 토론되고 있는 중이다.

4. 甲骨學史와 甲骨學 연구의 총결산 저작

甲骨學 연구가 부단히 심화되고 적지않은 성과를 거둠에 따라서, 일부 총결산 성격의 저작과 甲骨學史 연구와 관련된 논저들도 계속 세상에 나오고 있다. 1956년에 陳夢家가 출판한《殷墟卜辭綜述》은 甲骨文이 발견되고부터 1956년까지 근 50년 동안의 甲骨學 연구 저작을 전면적이고 체계적으로 총결산하였으며, 출판된 이래 현재까지도 중국과 외국의 학계에서 커다란 영향을 끼쳤다.[45] 1978년에 嚴一萍이 출판한《甲骨學》은 분량이 매우 많아서 1천4백30여 쪽에 달한다. 이 책

도 근 80년 동안 진행되어 온 甲骨學 자체 규율에 관한 연구를 총결산한, 甲骨學을 전면적으로 종합 서술한 저작이다.[46] 1988년 대만 國立編譯館에서는 張秉權의 《甲骨文과 甲骨學》을 출판하였는데, 이 책은 甲骨學의 자체 규율을 논술하였을 뿐 아니라 甲骨文 속의 商代 사회와 역사에 대해서도 총결산을 하였다. 또 전면적으로 대만 학자들의 연구 성과를 반영하였을 뿐 아니라 甲骨學과 甲骨文 연구의 중요 저작에 대해서도 전면적으로 총결산하였다. 1989년 王宇信은 中國社會科學出版社에서 上·下 양편으로 구성된 50만 자 분량의 《甲骨學通論》을 출판하였다. 上篇에서는 殷墟 甲骨을 전문적으로 논술하였고, 下篇에서는 甲骨學의 새로운 분야인 西周 甲骨의 형성 및 유관 문제를 논술하였다.

이 방면의 저작으로는 또한 孟世凱의 《殷墟甲骨文簡述》(1980년), 王宇信의 《건국 이래의 甲骨文 연구》(1981년), 吳浩坤과 潘悠의 《中國甲骨學史》, 王明閣의 《甲骨學初論》(1986년), 陳煒湛의 《甲骨學簡論》(1987년), 馬如森의 《殷墟甲骨文引論》(1993년) 등이 있다. 아울러 古文字學 논저들도 출판되었는데, 예를 들면 林澐의 《古文字研究簡論》(1986년), 高明의 《中國古文字學通論》(1987년), 裘錫圭의 《文字學概要》(1988년) 등이다. 姚孝遂가 책임편집한 《中國文字學史》(1995년, 吉林敎育出版社)는 이 방면의 최신 저작이다.

甲骨學史에 관련된 방면에서도 적지않은 논문과 저작 저작이 발표되었다. 甲骨學史上 공헌을 한 주요 학자들, 예를 들면 郭沫若·董作賓·羅振玉·王國維·于省吾·唐蘭 등 선배학자들이 거둔 성과와 연구 특징에 대해서, 胡厚宣 등은 郭沫若에 대해,[47] 陳煒湛과 楊昇南 등은 羅振玉에 대해,[48] 王宇信은 胡厚宣에 대해[49] 각각 과학적인 평가를 하였다. 또한 蕭艾의 《甲骨文化史》(1980년)·《王國維評傳》(1983년) 등과 같은 전문 저작들도 출판되었다. 최근에는 呂偉達이 책임편집한 《甲骨文의 아버지 王懿榮》(1995년 12월)도 山東書報社에서 출판되었다. 이 밖에 胡厚宣은 《50년 甲骨文 발견의 총결산》·《殷墟發掘》·《50년 甲骨文論著目》 및 《85년 동안의 甲骨文 자료의 재통계》[50]·《劉體智·羅振玉·멘지스 收藏 甲骨 현상에 관한 설명》[51] 등을 출판하였다. 董作賓은 총결산 성격의 저작인 《甲骨學 50년》·《甲骨學 60년》 등을 출판하였다. 이밖에 1988년 郭振祿·劉一曼은 《甲骨文書籍提要》를 출판하여 근 2백37종에 달하는 甲骨 저작을 소개하였다.

5. 甲骨學 연구의 국제 학술 교류 강화

甲骨學 연구에서 거둔 성과는 각국의 학자들의 공동 노력의 결과이며, 甲骨學

은 이미 국제적인 학문이 되었다. 중국 신시기의 개혁 개방의 강화는 중국과 외국 학자들 간의 학술 합작과 교류를 가일층 촉진시켰다.

초기에 외국으로 흩어진 甲骨文은 과거에 부단히 摹寫本 혹은 寫眞으로 간행하였다. 근래에는 적지않은 甲骨들이 墨拓을 거쳐 출판되었다. 일본의 개인 및 공공 기관에 소장된 甲骨은 기본적으로 이미 貝塚茂樹의 《京都大學人文科學硏究所藏甲骨文字》(1959년), 松丸道雄의 《東京大學東洋文化硏究所藏甲骨文字》(1983년), 伊藤道治의 《天理大學 天理參考版 所藏 甲骨文字》(1987년), 荒相呂子의 《中島玉振所藏 甲骨》(1996년) 등의 책 속에 나누어서 기록되었다. 영국의 개인 및 공공 기관에 소장된 甲骨은 李學勤 등이 편찬한 《英國所藏甲骨錄》(1985년) 속에 기록되었다. 미국의 개인 및 공공 기관에 소장된 甲骨은 周鴻翔에 의해 《美國所藏甲骨錄》(1976년)으로 墨拓 출판되었다. 캐나다에 소장된 甲骨은 許進雄에 의해 《멘지스 收藏 甲骨文集》(1972년), 《殷墟卜辭後編》(1972년), 《화이트 등 收藏 甲骨文集》(1979년) 등의 책으로 편찬 출판되었다. 프랑스 각지에 소장된 甲骨은 雷煥章 박사가 墨拓하여 《프랑스 所藏 甲骨錄》(1985년)으로 펴내었다. 雷煥章 선생에 의하면 유럽 각국에 소장된 甲骨을 한데 모은 저작이 가까운 시일에 출판될 것이라고 한다. 舊蘇聯에 소장된 甲骨은 胡厚宣이 摹寫本으로 《소련·독일·미국·일본에서 본 甲骨集》(1988년)에 수록하여 출판하였다. 이로 볼 때 세계 각지에 흩어진 甲骨은 모두 탁본(일부는 모사본) 형식으로 결집 출판되어 甲骨學 연구를 위해 중요 내용과 정확한 신자료를 증가시켜 주었다고 말할 수 있다.

수많은 외국 학자들은 甲骨學 상사에 관한 적지않은 탁월한 연구 논문을 발표하였고, 내용이 충실한 전문 저작을 출판하였다. 그 중에서 우리에게 잘 알려진 저작으로는 일본의 貝塚茂樹가 책임편집한 《古代殷帝國》, 島邦男의 《殷墟卜辭硏究》·《殷墟卜辭綜類》, 白川靜의 《甲骨文集》·《甲骨金文學論叢》·《甲骨文의 世界》, 池田末利의 《殷墟書契後編釋文考》·《中國古代宗敎史硏究》(제도와 사상), 伊藤道治의 《古代殷王朝》·《중국 고대 왕조의 형성》·《중국 초기 문명 연구》(영문판, 高嶋謙一과 共著, 1996년 7월), 赤塚忠의 《중국 고대의 종교와 문화》, 玉田繼雄의 《甲骨關係文獻序跋集成》, 松丸道雄·高嶋謙一의 《甲骨文字字釋綜覽》(1993년) 등이 있다. 캐나다의 許道雄은 《殷卜辭에 나타난 5종의 제사 연구》 등을, 미국의 카이틀리는 《商代史料》 등을, 周鴻翔은 《商殷帝王本記》 등을 각각 출판하였다. 周鴻翔 敎授에 의하면, 자신이 甲骨文의 契刻(僞刻 및 倣刻 포함)을 전면적으로 논술한 대작이 곧 출판될 것이라고 한다. 한국의 尹乃鉉은 《商王朝 硏究——甲骨文의 應用》·《商周史》 등을 출판하였다. 외국 학자들의 대량의 저작과 논문은 甲骨學의 발전을 위해 공헌을 하였다. 중국의 적지않은 간행물에서도 외국 학자들의 논문과 번역문이 발표되었고, 유관 국가의 연구 상황에 대해서도 소개를 하였다. 외국 학자들은 중국의 甲骨學 商史學界의 연구에 대해서도 큰 관심을 갖고 있어서, 새로운 것이 발견될 때마다 외국에서 즉각 보도를 한다. 중국 학자들이 쓴 다수의 저작들은 외국어로 번역 출판되거나 서평이 발표되기도 하였다.

뿐만 아니라 각국 학자들간에 절차탁마하여 학술을 교류하는 기회도 더욱 증가되었다.《英國所藏甲骨錄》은 바로 중국과 영국 학자가 합작한 성과이다. 그리고 中國殷商文化學會도 여러 차례 수준 높은 國際學術會議를 개최하였는데, 1987년·1989년·1994년 安陽에서, 1991년 洛陽에서, 1993년 鄭洲와 南蒼에서, 1995년에는 北京 등지에서 개최된 회의에는 모두 외국과 홍콩·대만의 유명한 학자들이 참가하였으며, 회의가 끝난 후에 관련 논문집을 출판하여 甲骨學 연구의 발전을 촉진시켰다. 이와 동시에 미국·일본과 홍콩에서도 國際學術會議가 개최되어 중국과 대만의 학자들이 참가하였다. 외국의 甲骨學 연구가 활발하지 못한 때에 한국의 학자들은 1996년 6월 서울에서 '國際甲骨學學術討論會'를 개최하고, 아울러 '韓國中國古文字學會'를 창설하여 한국 학자들의 성과와 기백을 보여 주었는데, 이는 甲骨學史上 하나의 대사건이다.

위에서 살펴본 바와 같이 1백 년 동안의 甲骨學 연구는 큰 성과를 거두어서, 우리가 맡은 국가의 '95' 社會科學研究基金項目 '甲骨學 1백 년'[52] 과제를 충분히 총결산할 만하다. 그러나 甲骨學 연구 영역에는 아직도 수많은 과제를 안고 있어 곧 닥치는 새로운 1백 년 안에 연구의 폭과 깊이를 확대해야 할 것이다.

짐은 무겁고 갈 길은 멀다. 우리는 지금 비교적 갖추어진 甲骨文 자료를 가지고 있으며, 선배학자들이 우리에게 물려 준 고귀한 학술 유산과 본받을 만한 학문 연구 경험을 가지고 있다. 새로운 1백 년 안에는 학자들의 창조적인 탐색과 강인한 노력을 통해 틀림없이 甲骨學 연구의 새로운 빛을 창조할 것을 믿어 의심치 않는다.

例　圖

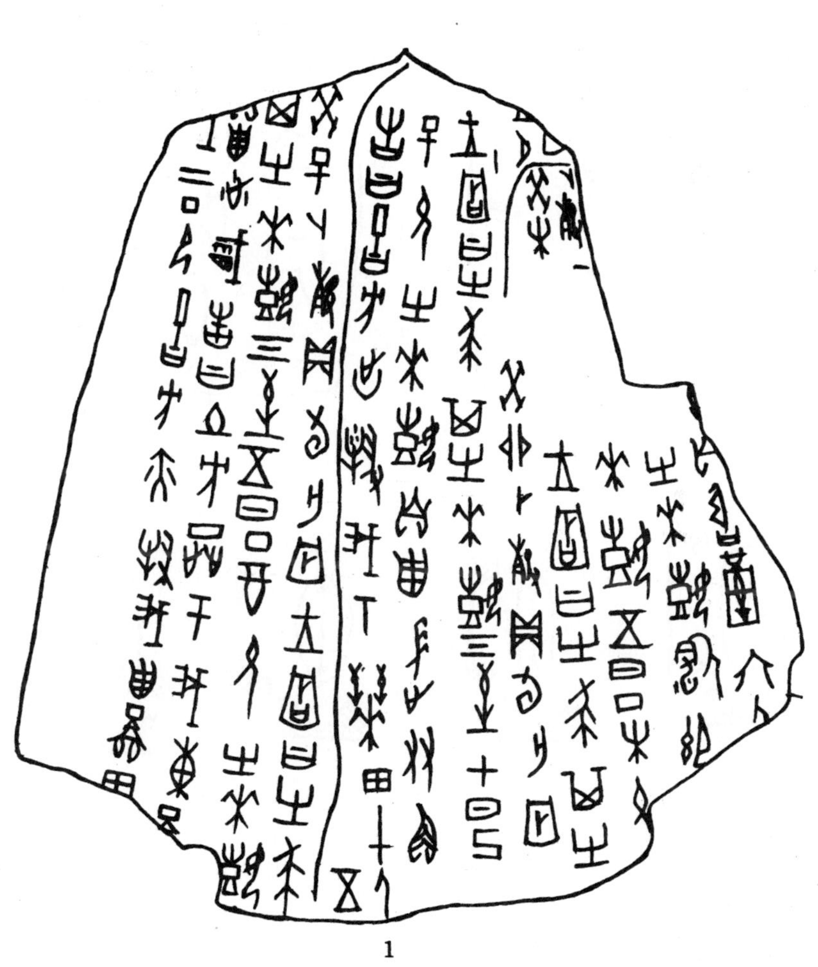

1

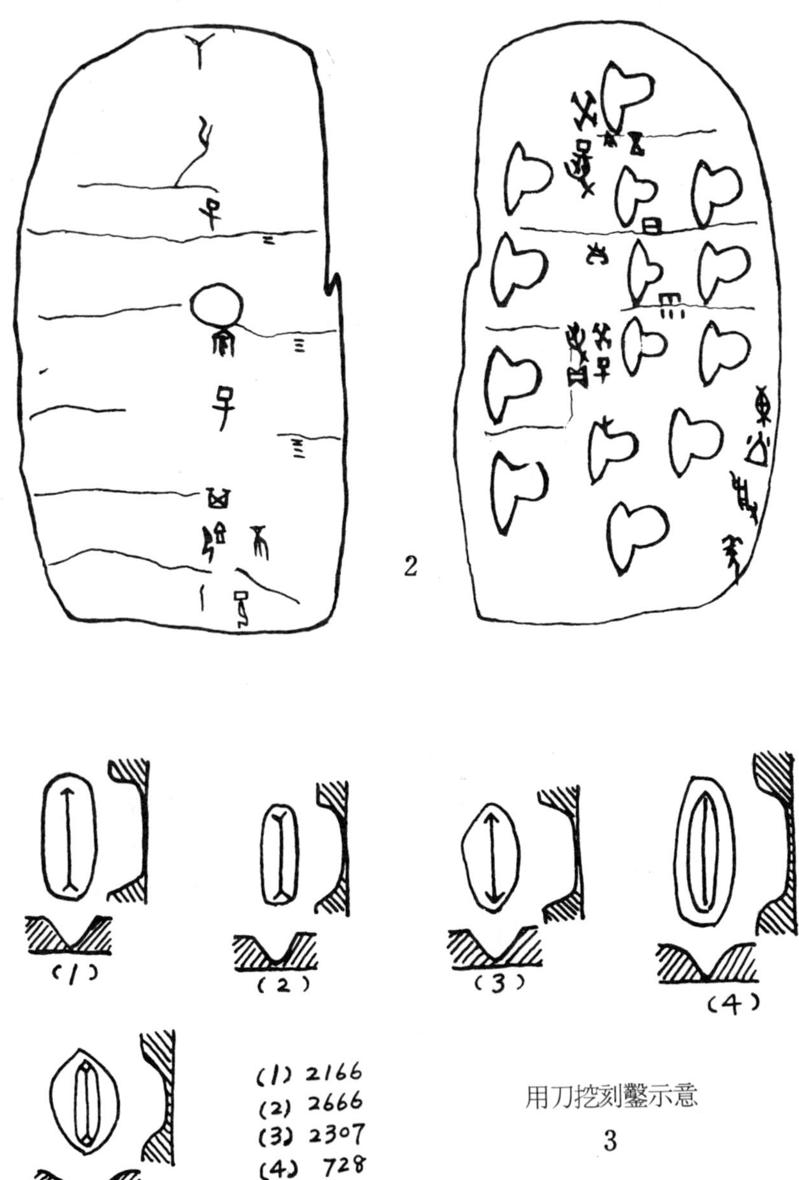

2
（1）
（2）
（3）
（4）
（5）
(1) 2166
(2) 2666
(3) 2307
(4) 728
(5) 3183
用刀挖刻鑿示意
3

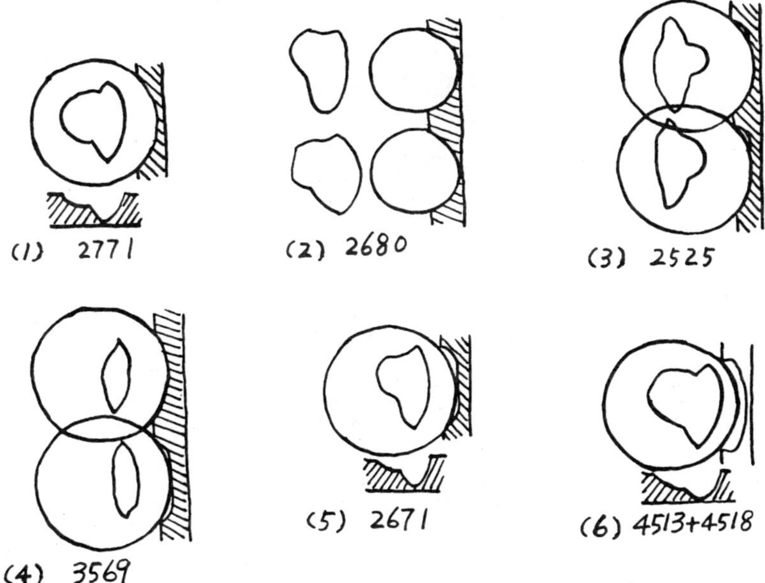

4　輪開槽鑿示意圖

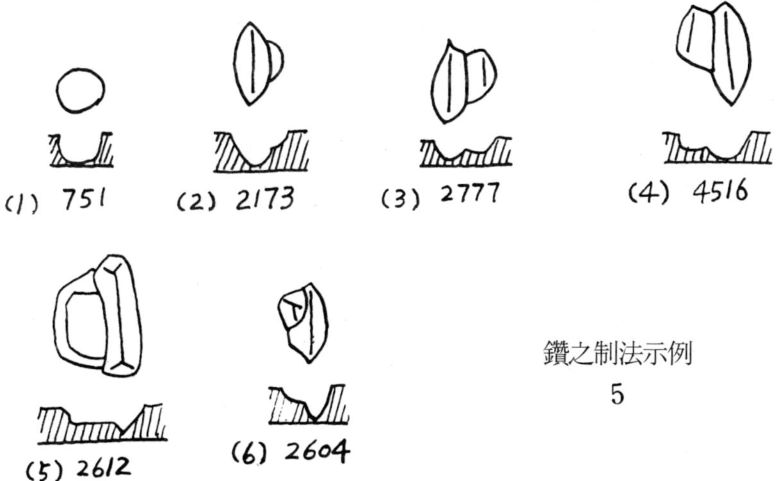

鑽之制法示例

5

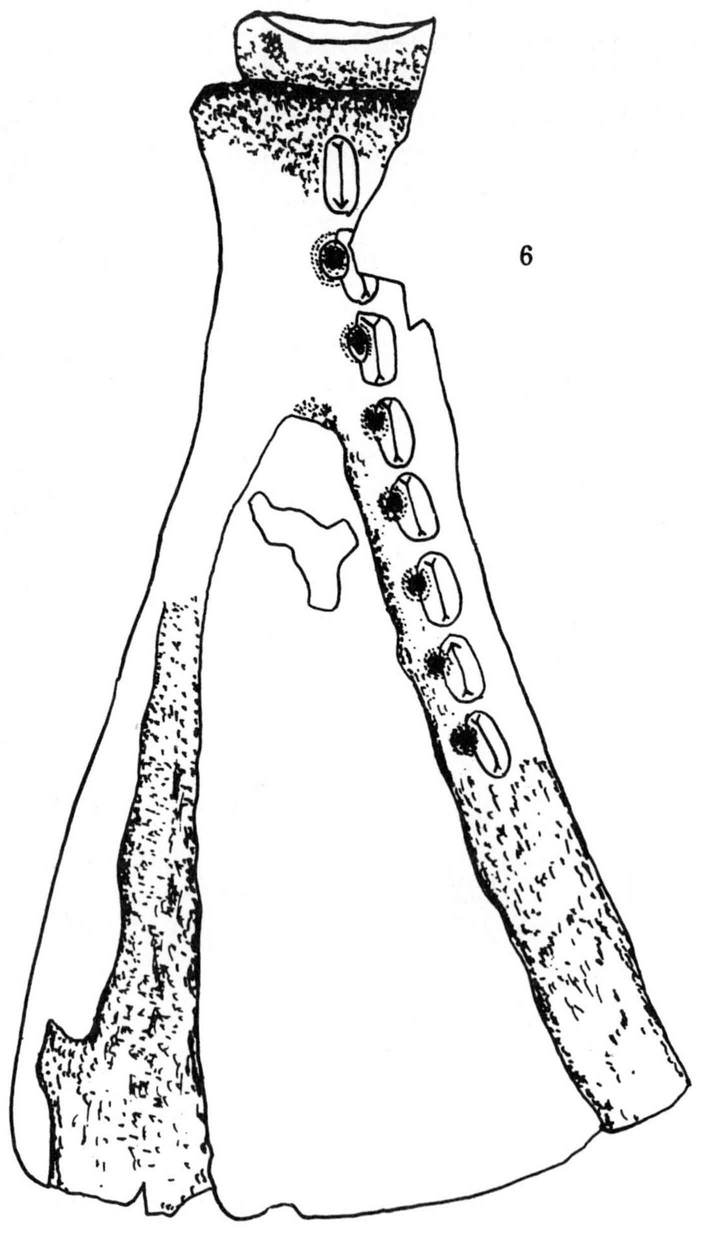

6

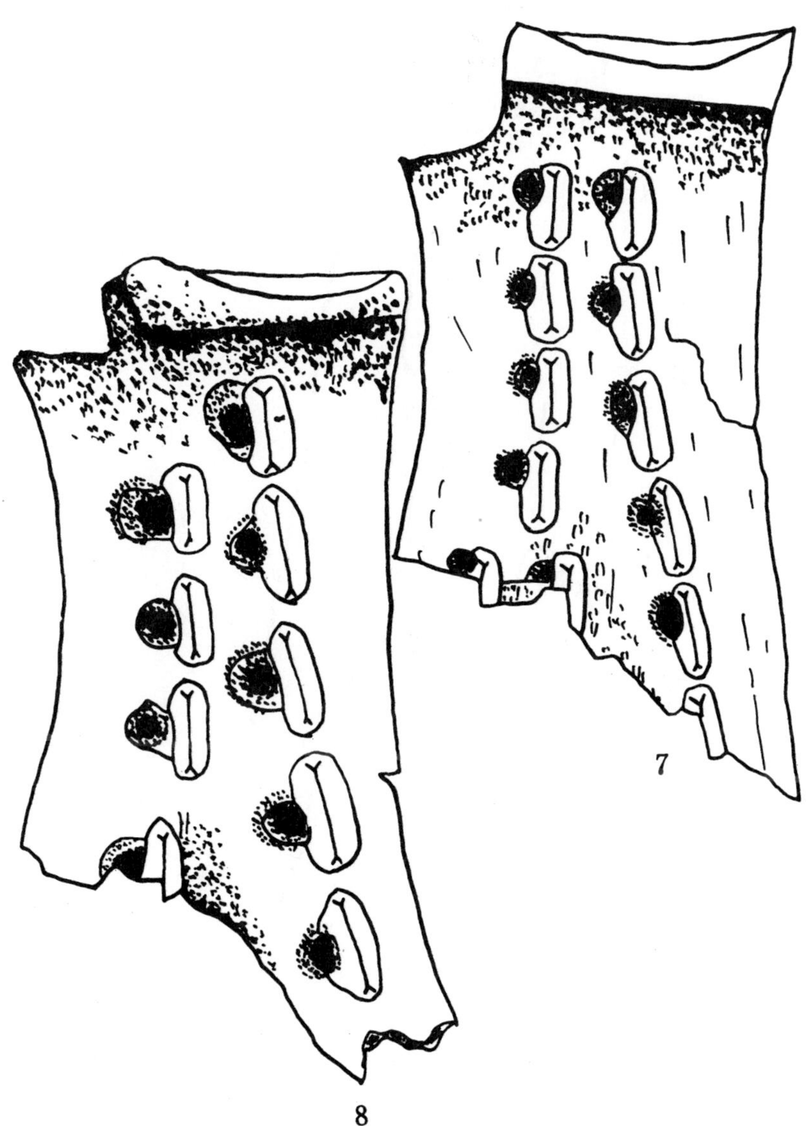

8
7

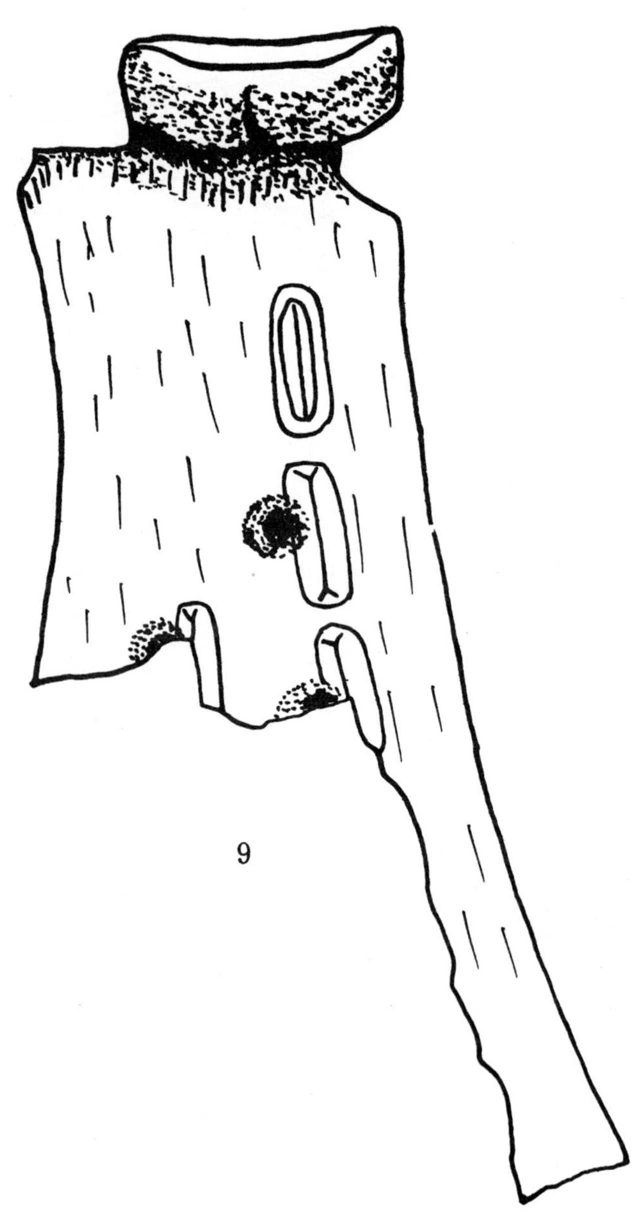

9

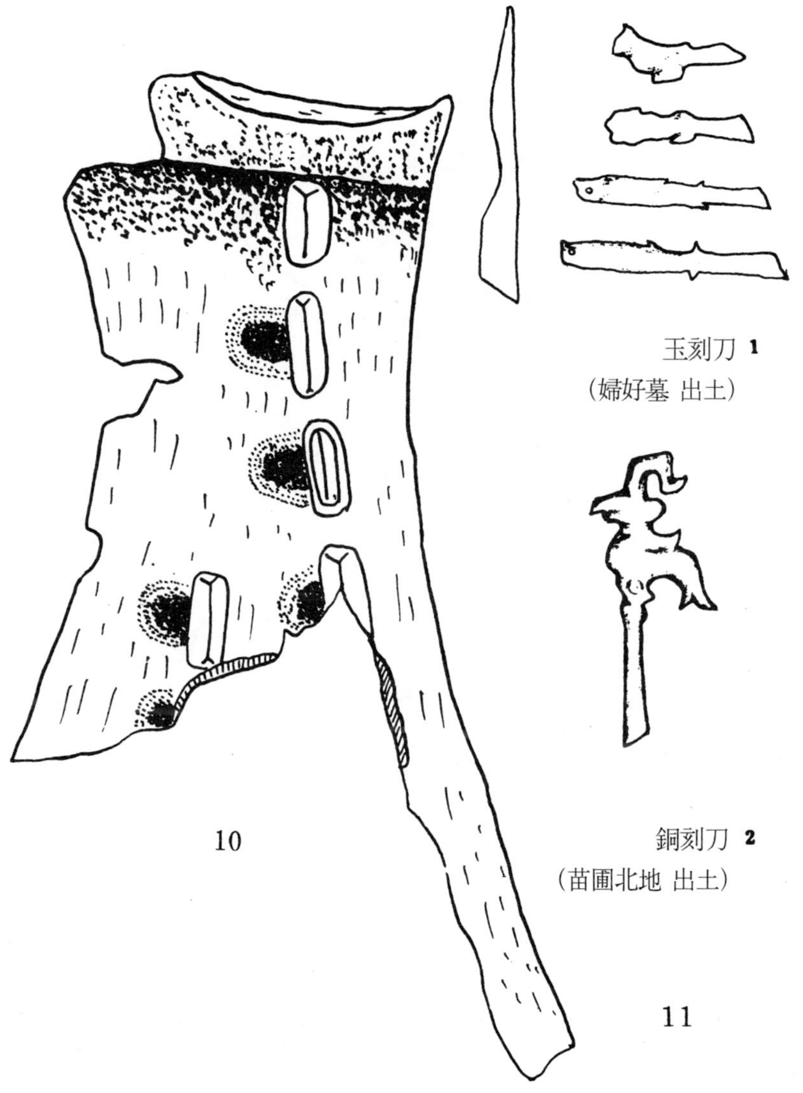

玉刻刀 **1**

（婦好墓 出土）

銅刻刀 **2**

（苗圃北地 出土）

10

11

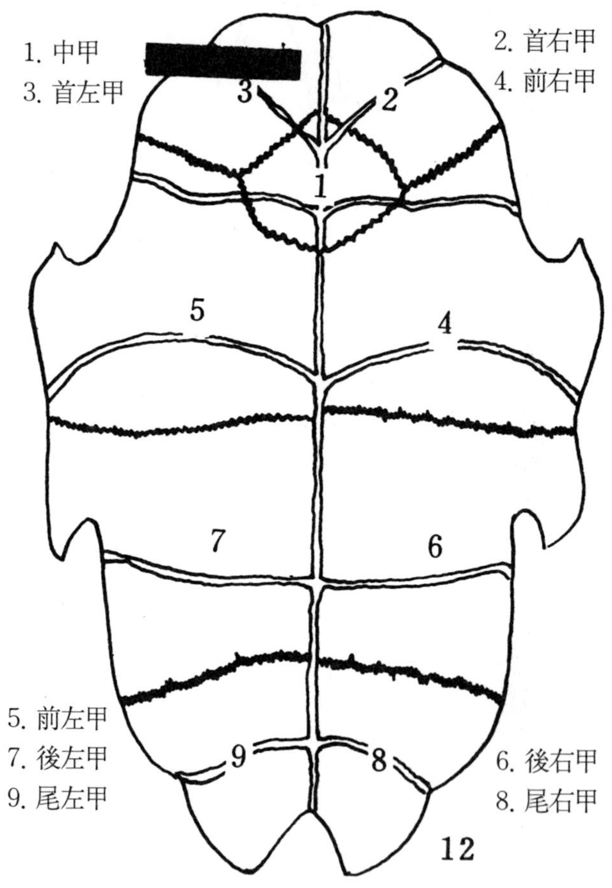

1. 中甲
3. 首左甲
2. 首右甲
4. 前右甲
3
2
1
5
4
7
6
5. 前左甲
7. 後左甲
9. 尾左甲
9
8
6. 後右甲
8. 尾右甲
12

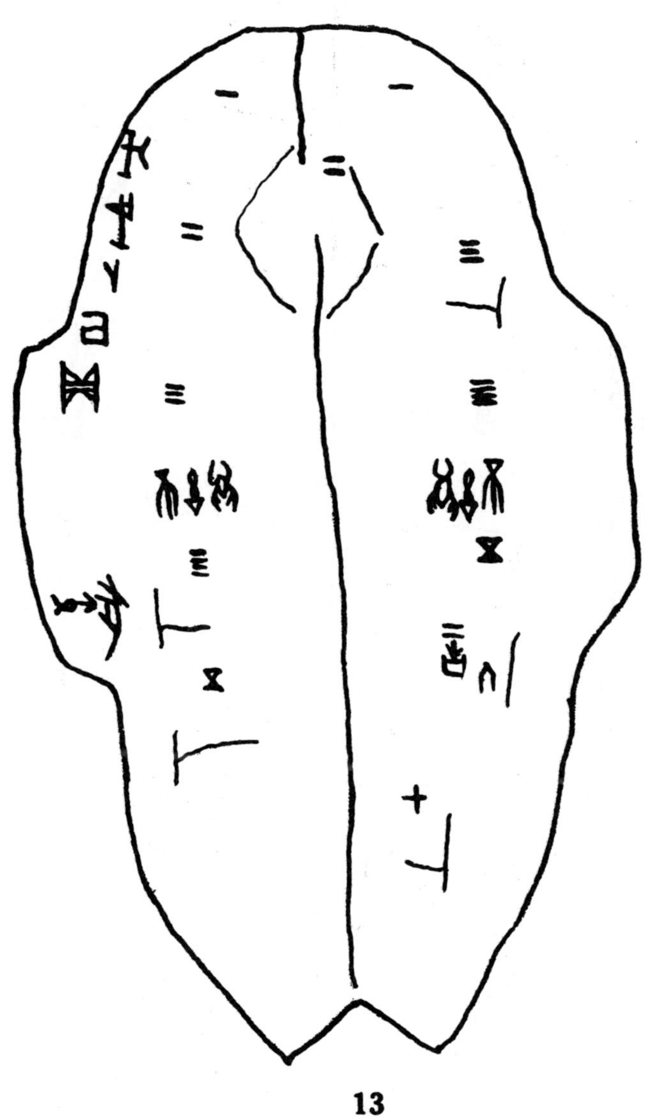

13

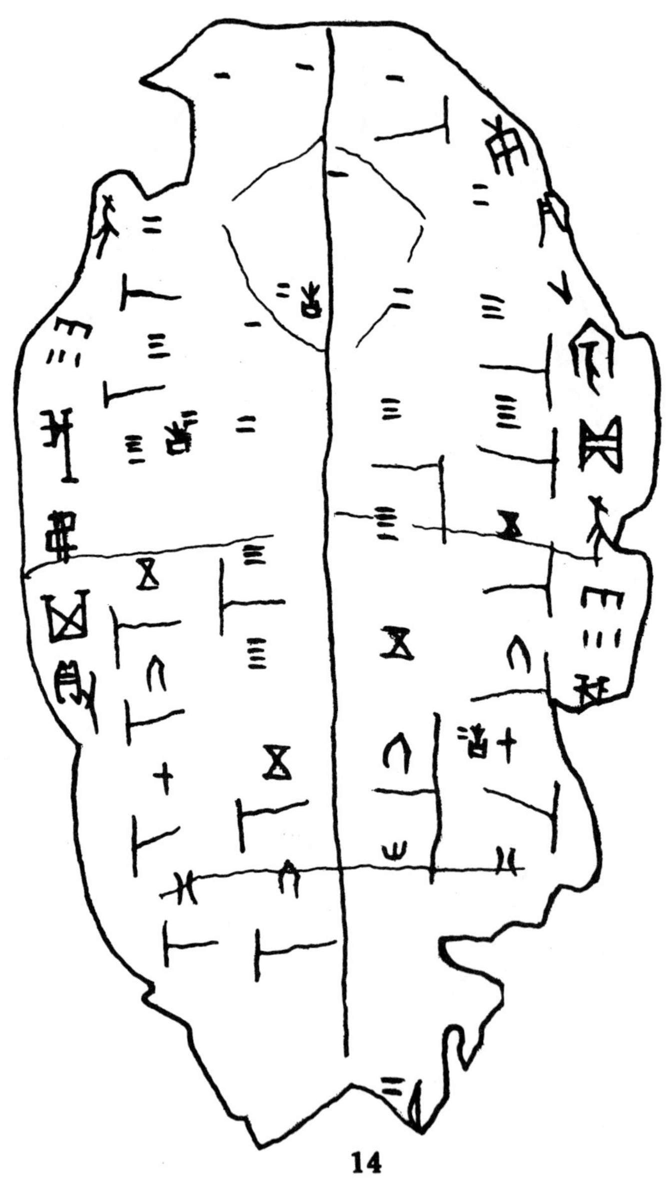

14

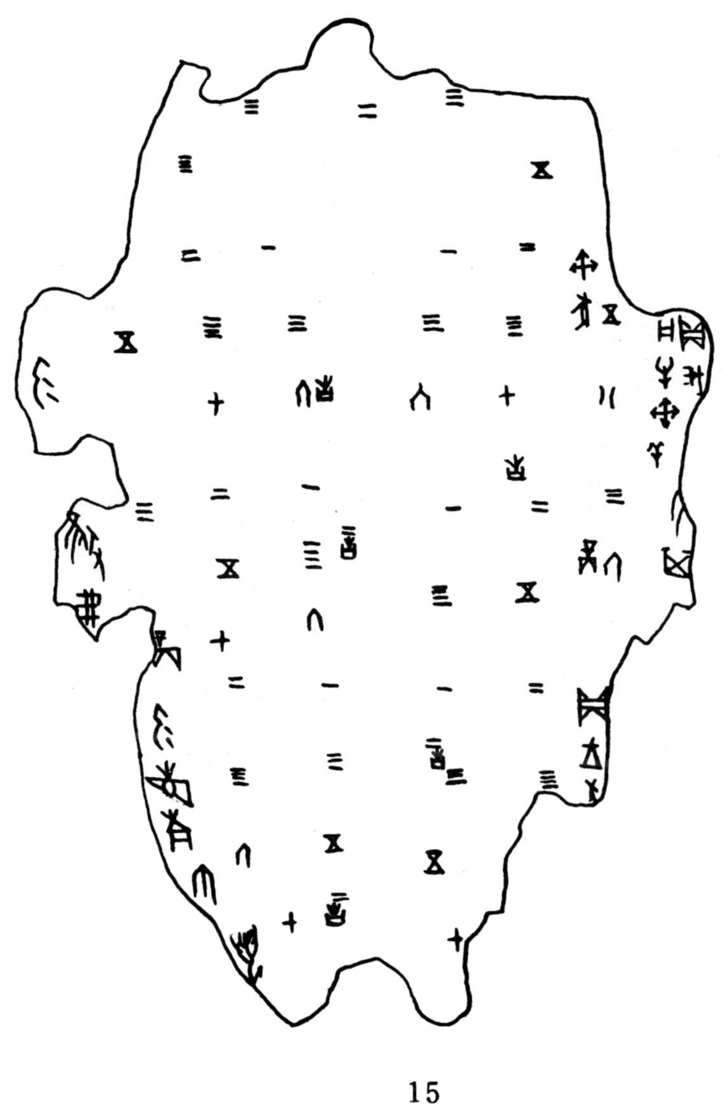

15

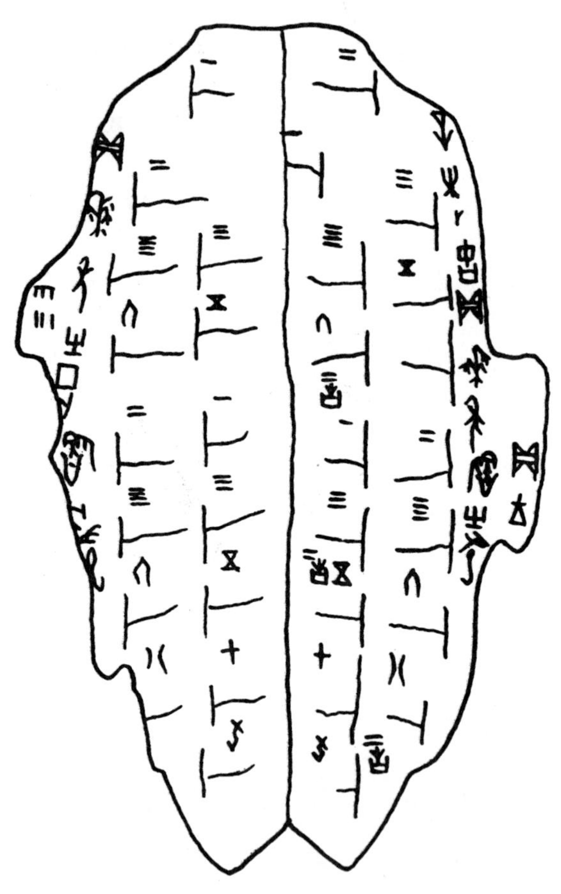

16

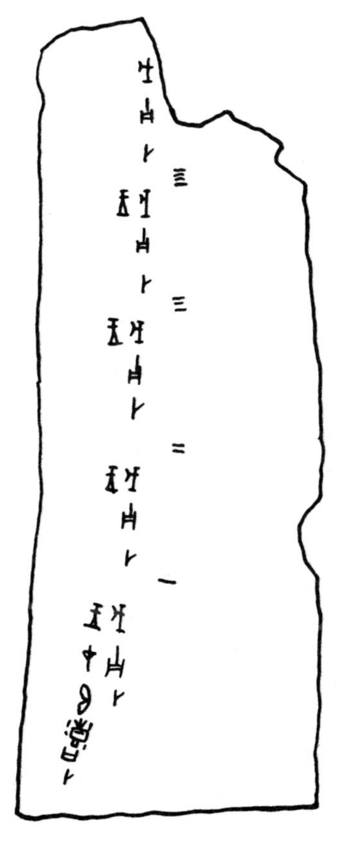

17

18

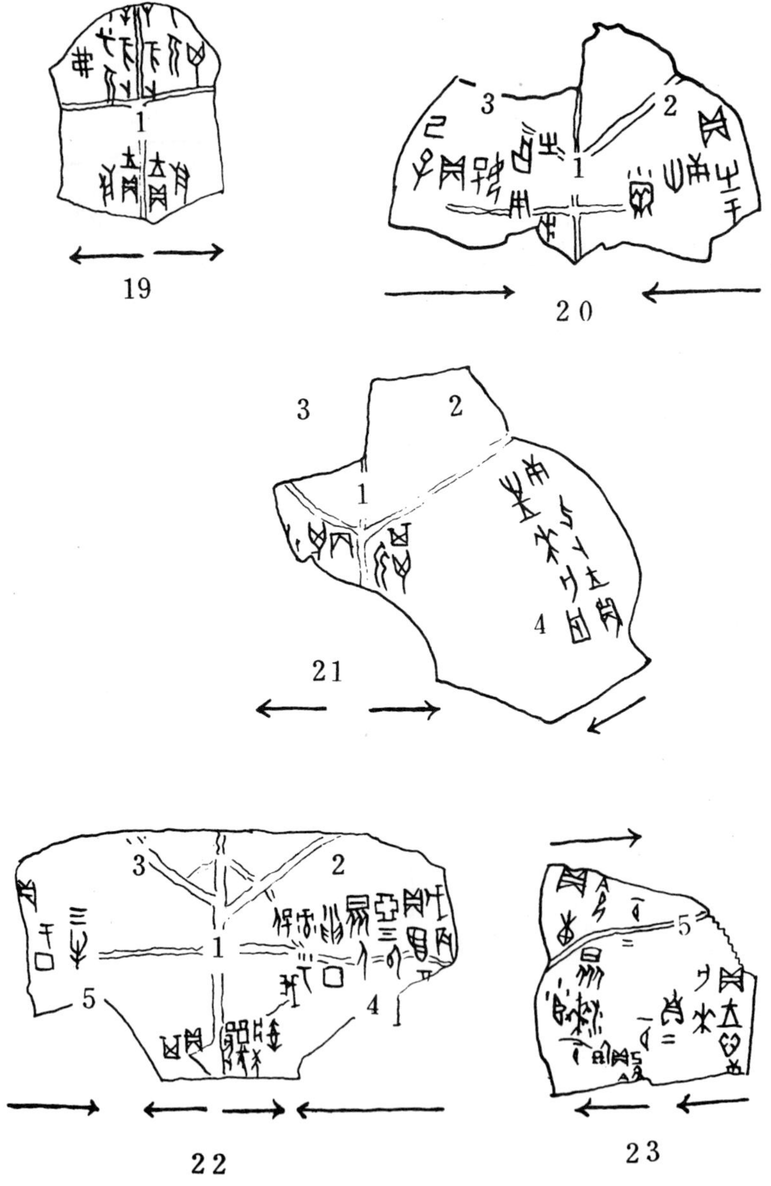

19
20
21
22
23

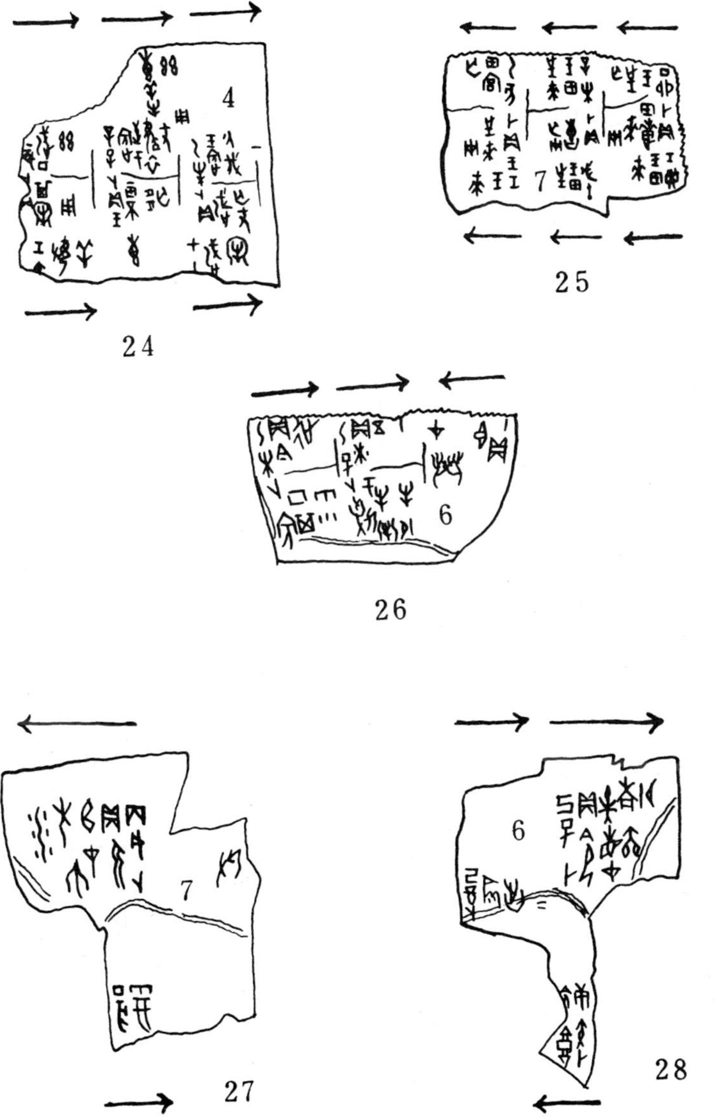

4
24
7
25
6
26
7
27
6
28

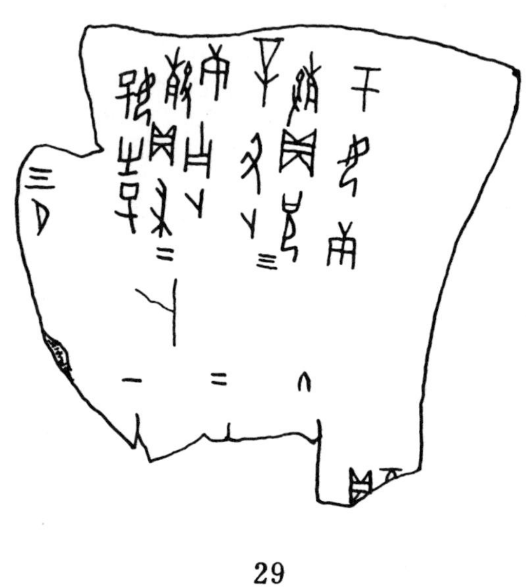

29

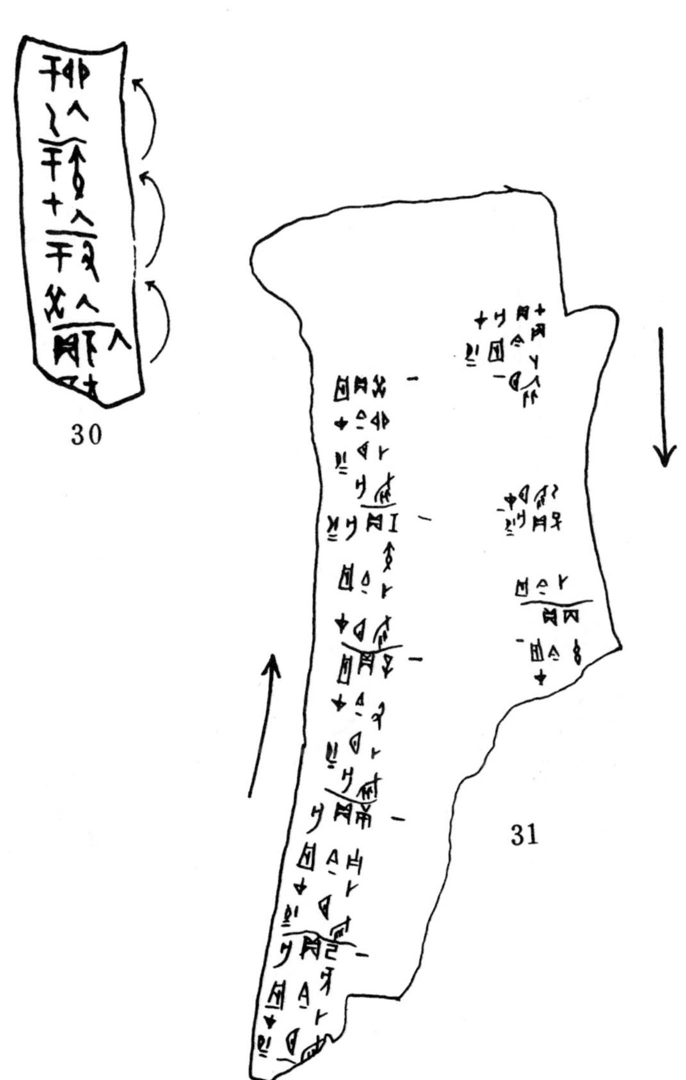

30

31

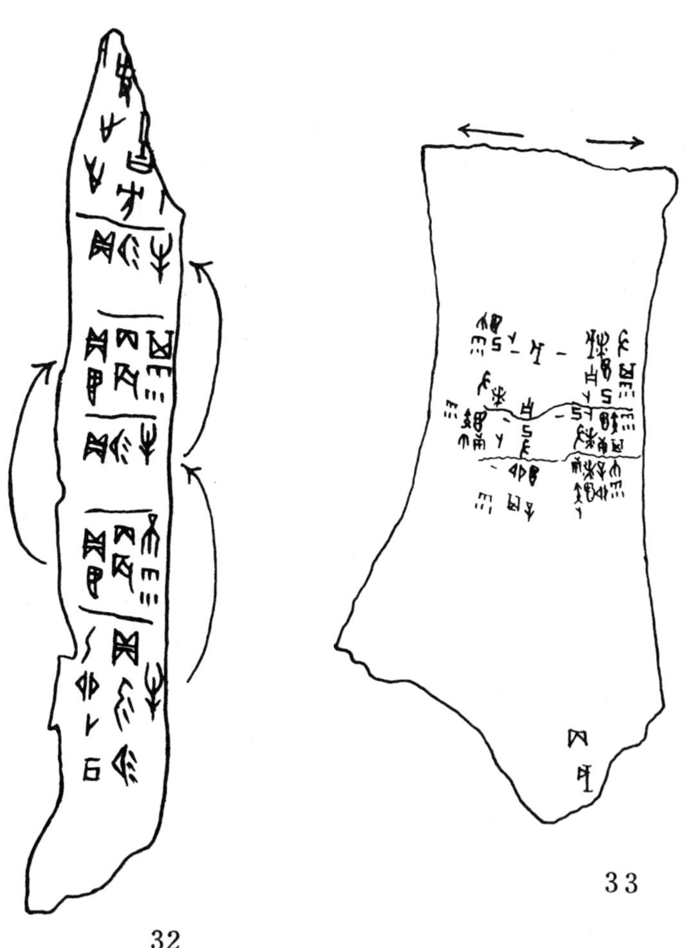

32

33

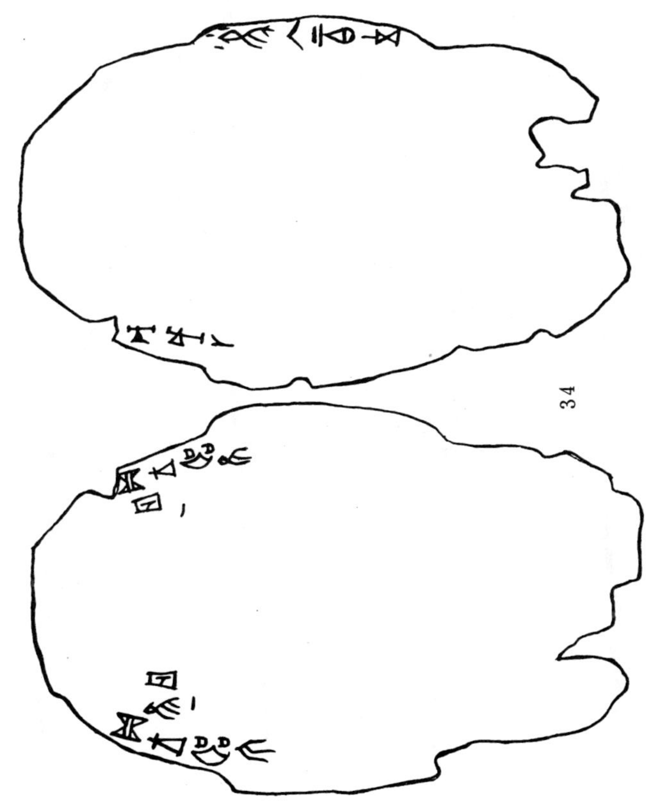

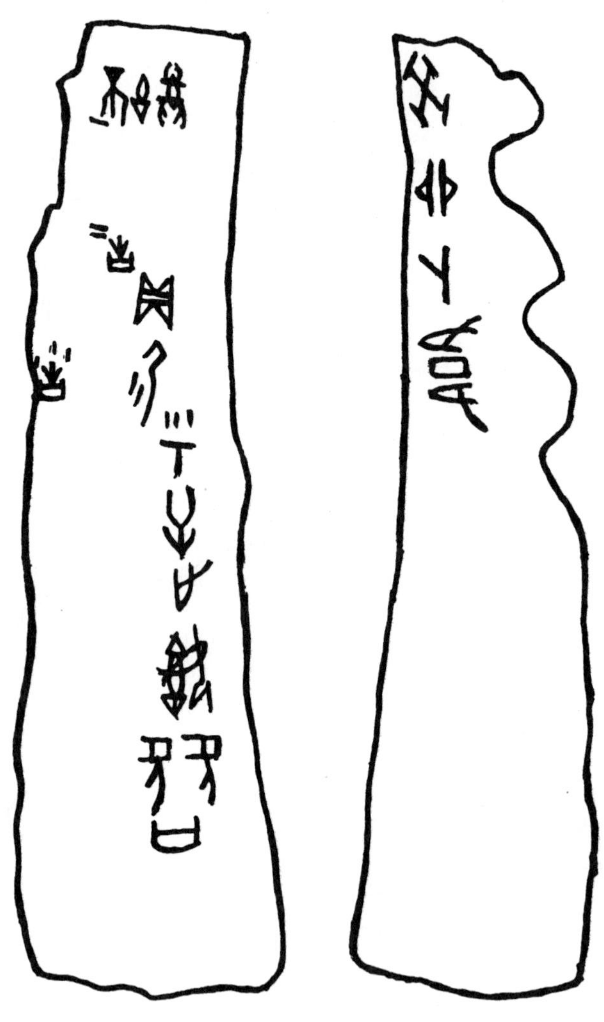

35

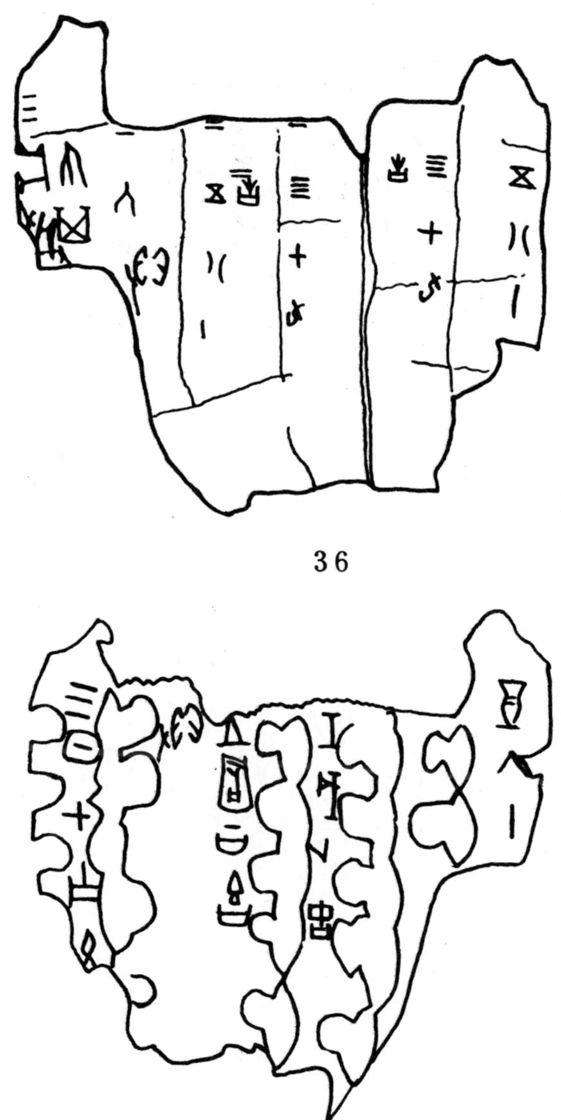

36

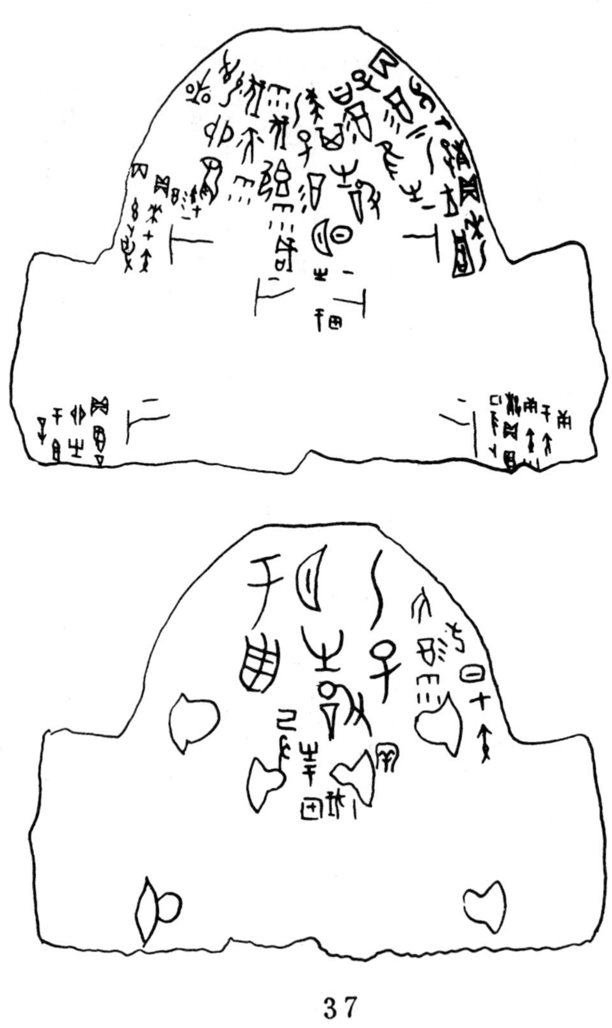

3 7

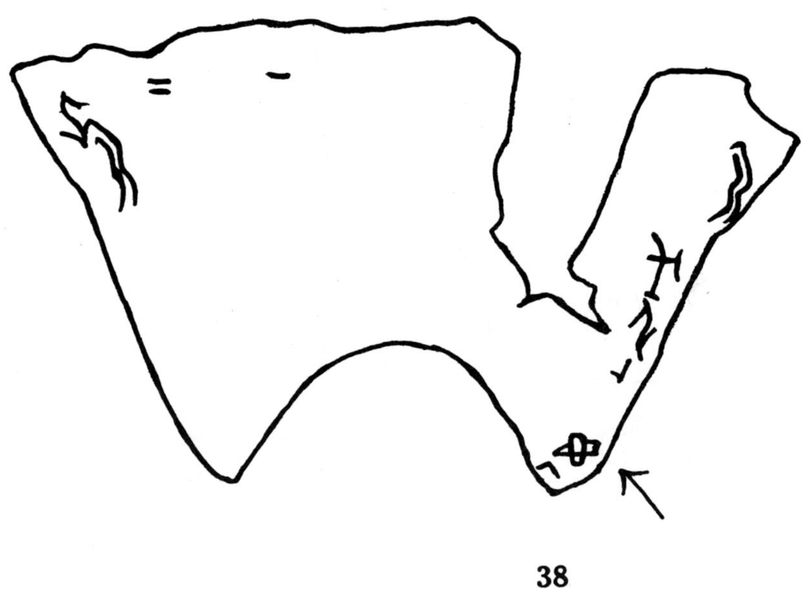

38

39

40

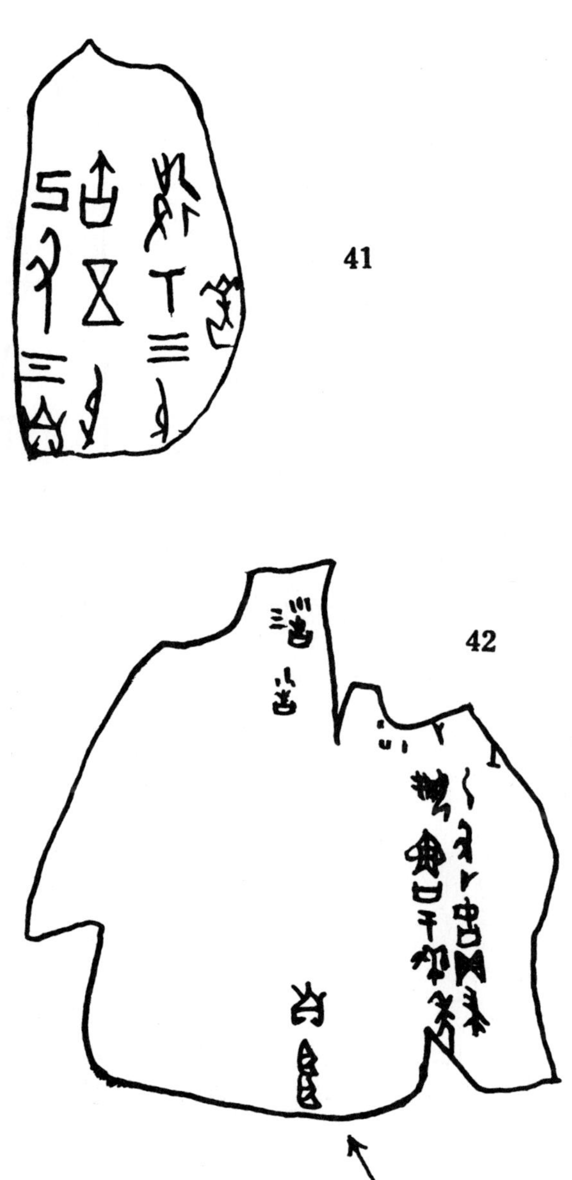

41

42

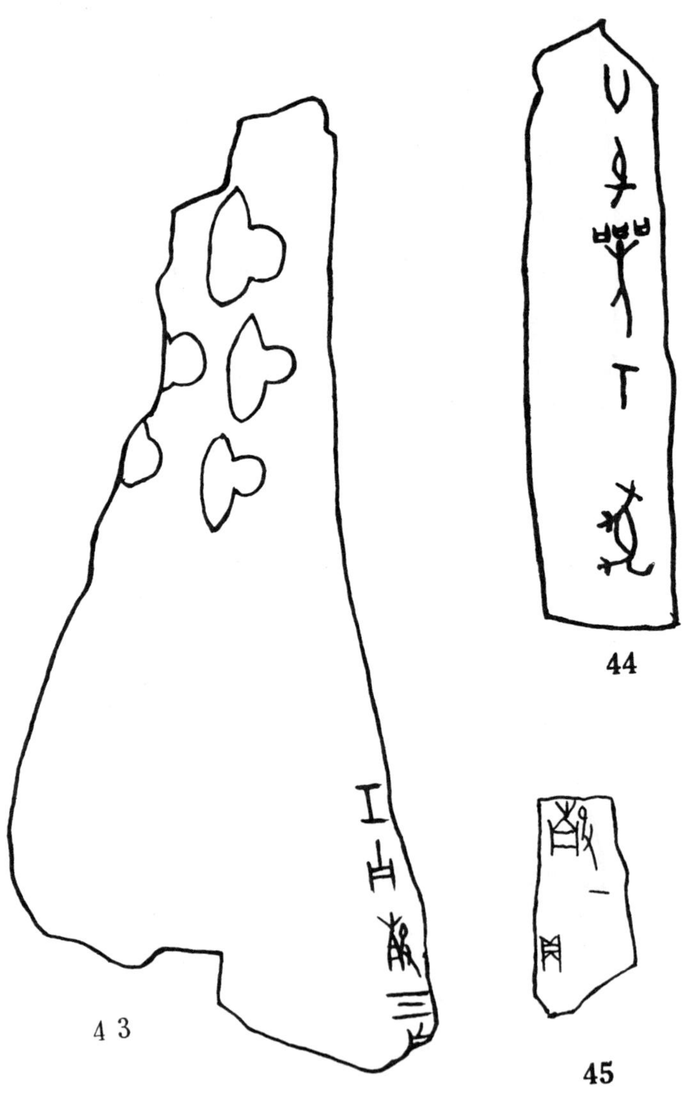

44
43
45

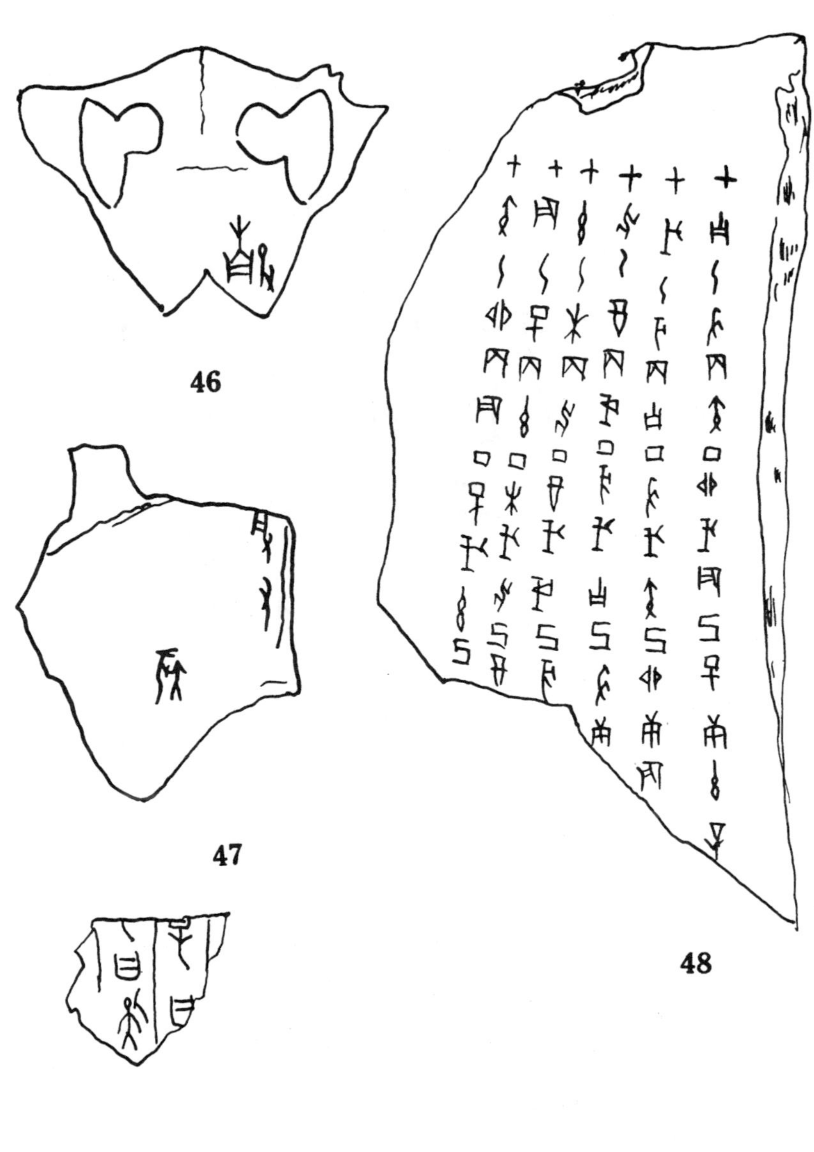

46

47

48

49

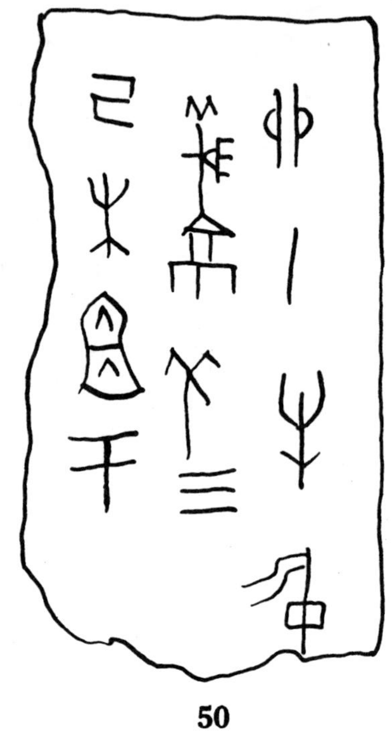

50

51

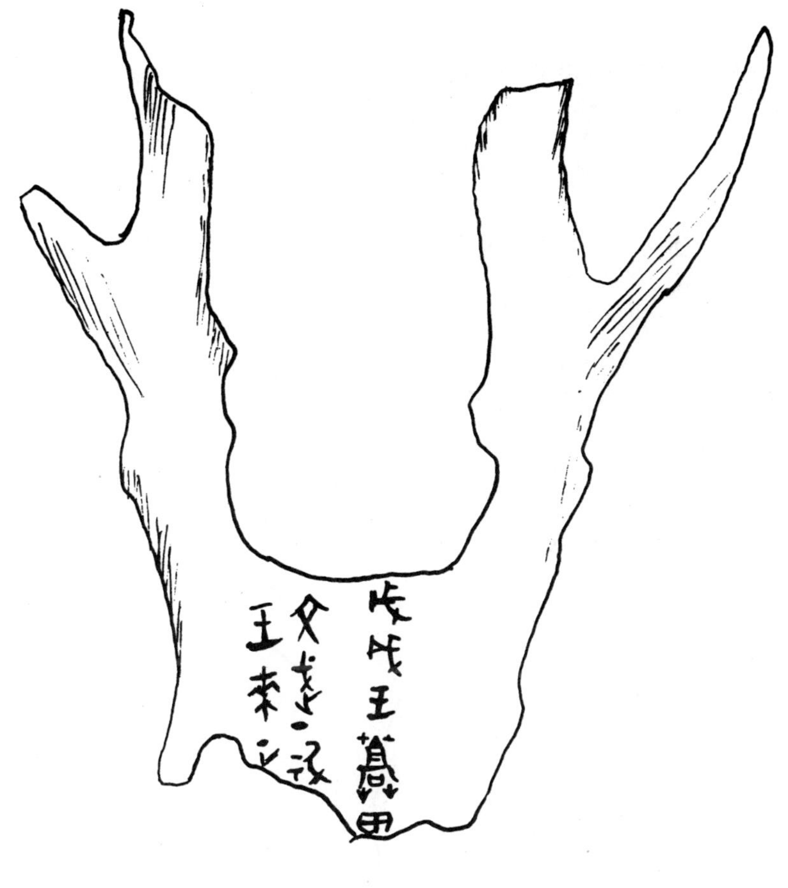

52

53

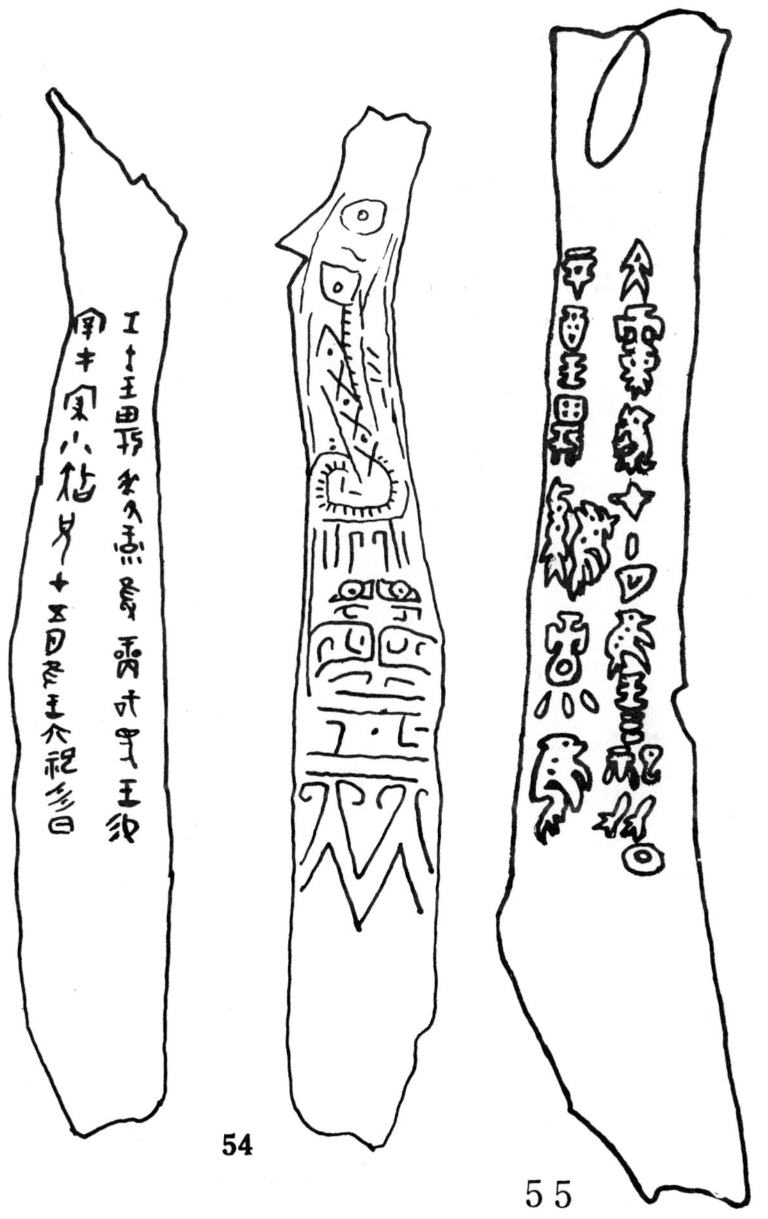

54

5 5

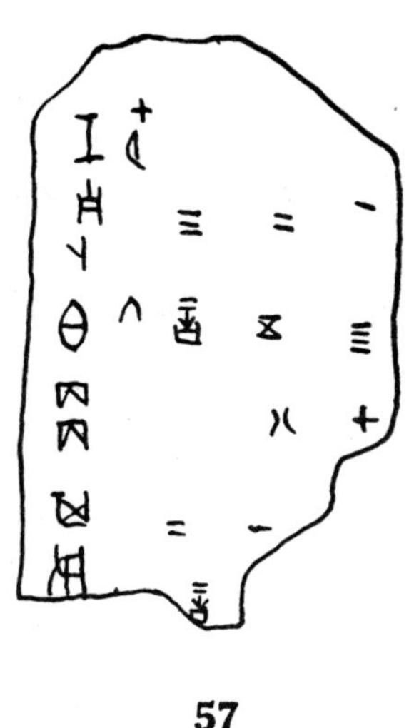

56　　　　　　　57

58

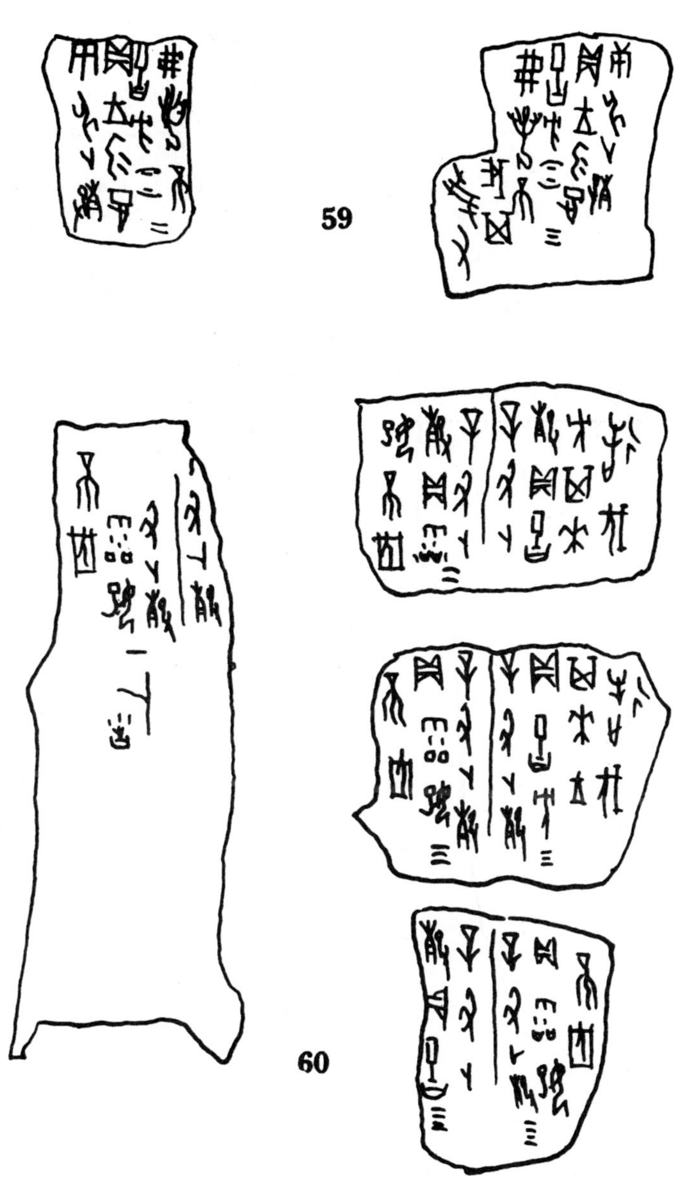

59

60

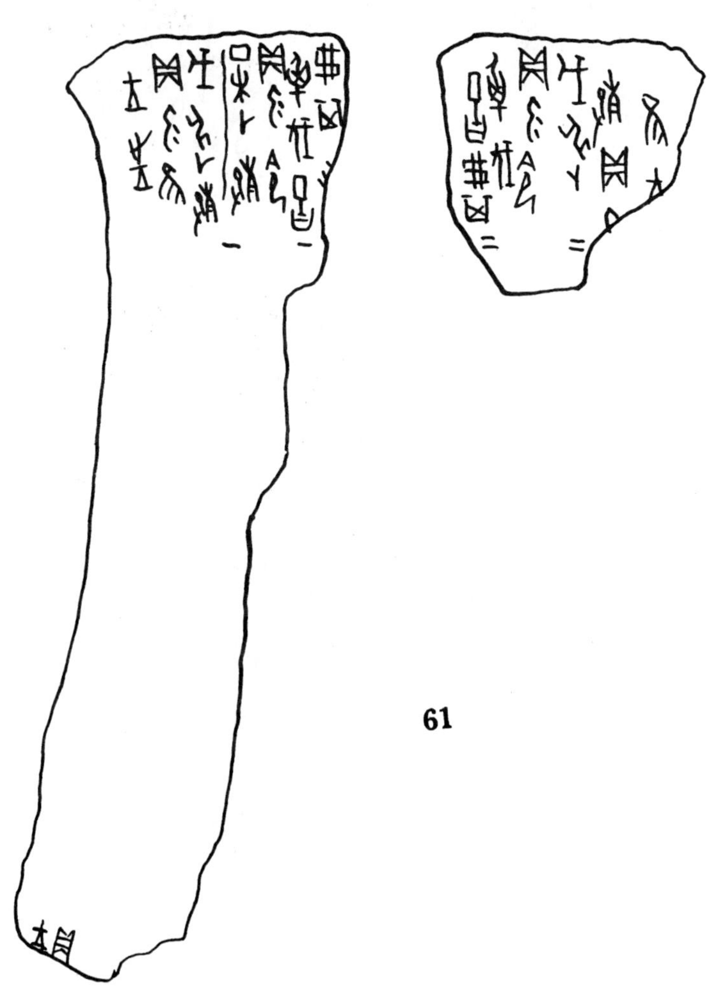

61

62

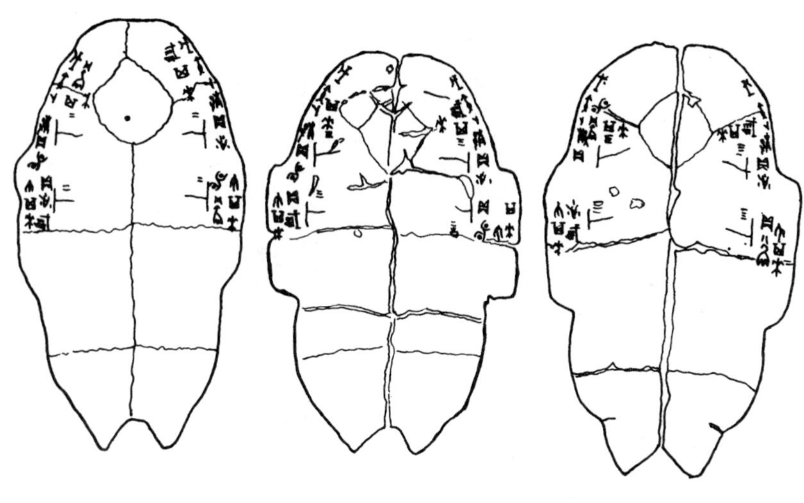

63

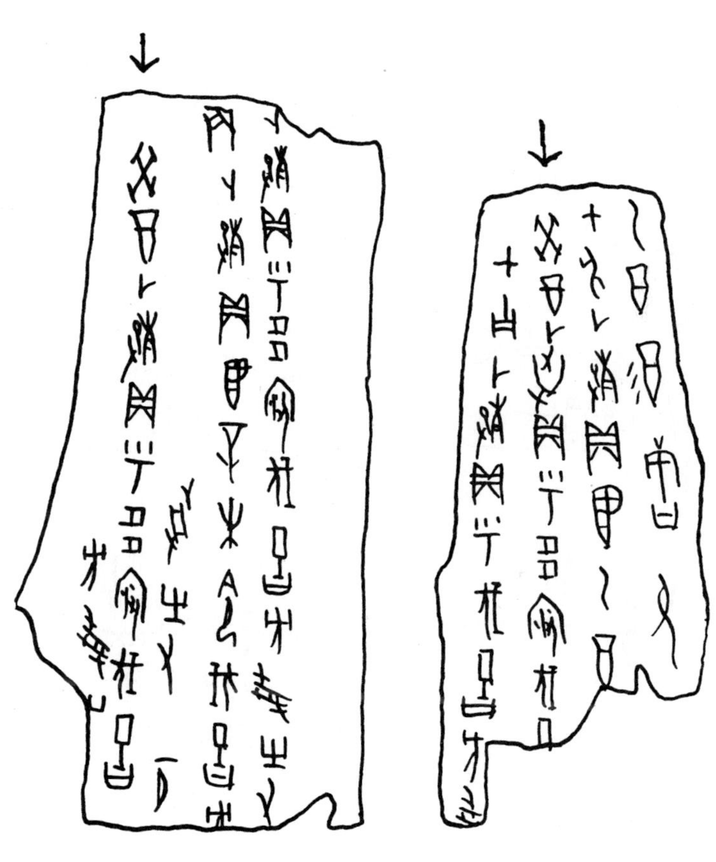

64

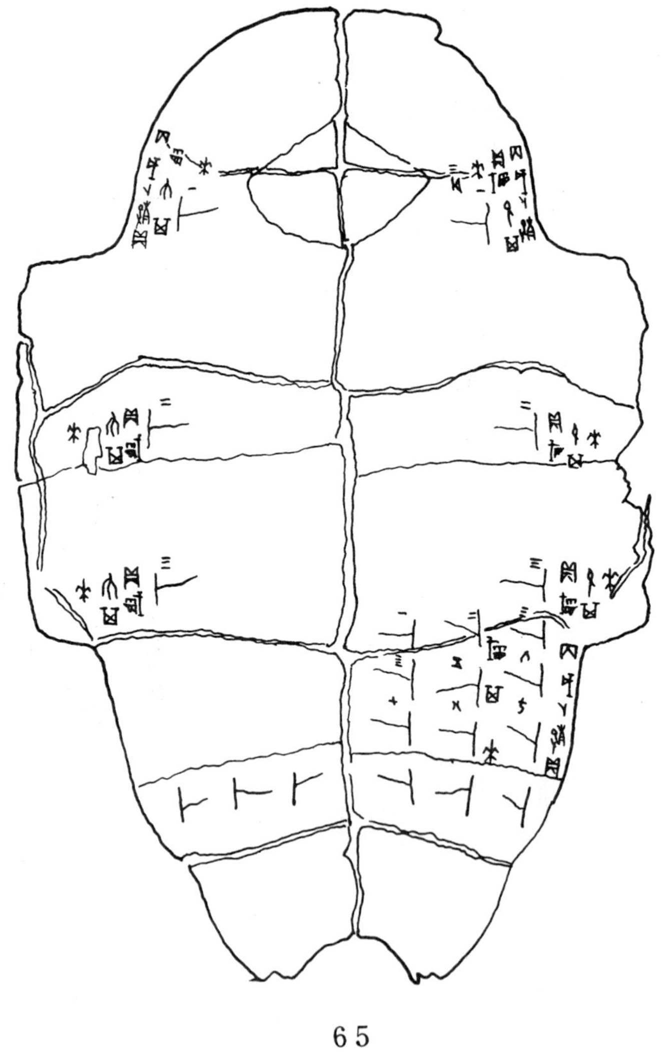

65

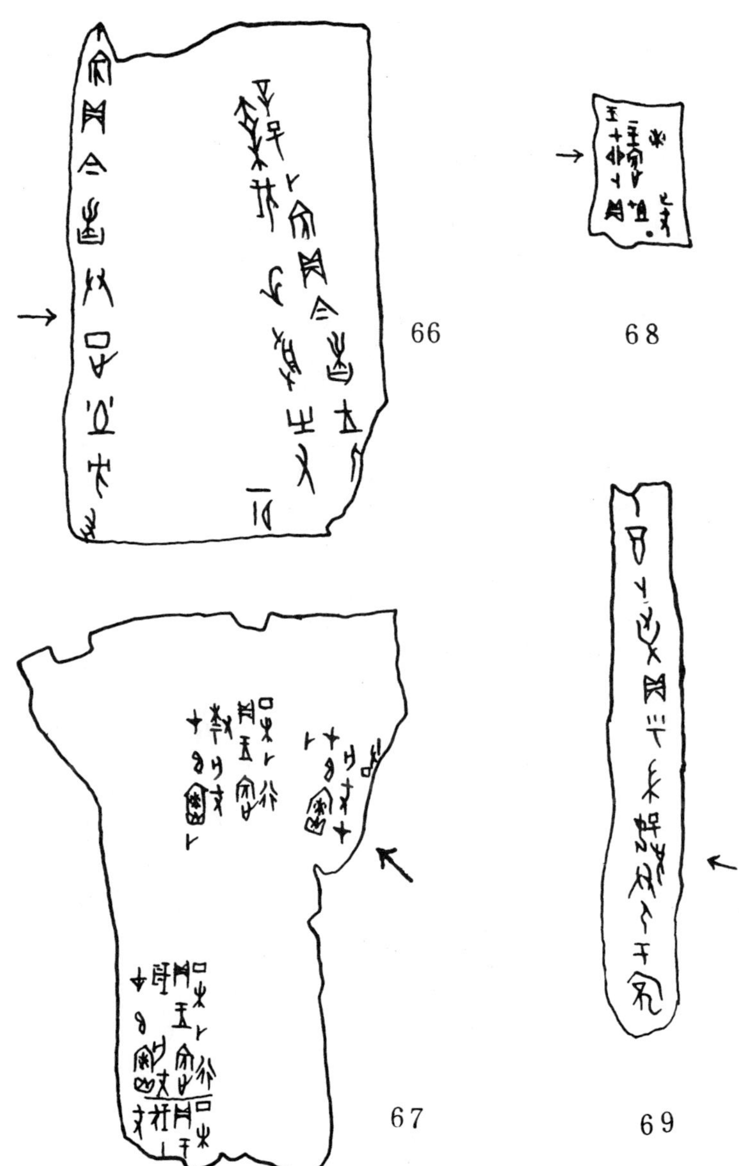

66

68

67

69

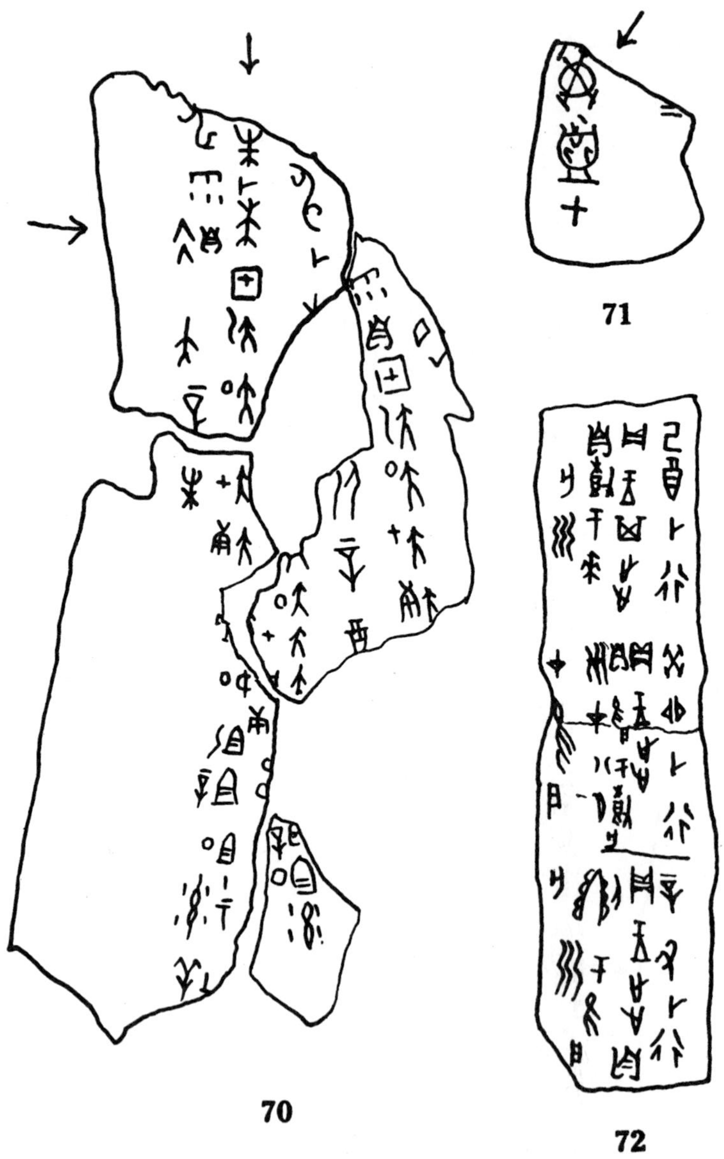

70

71

72

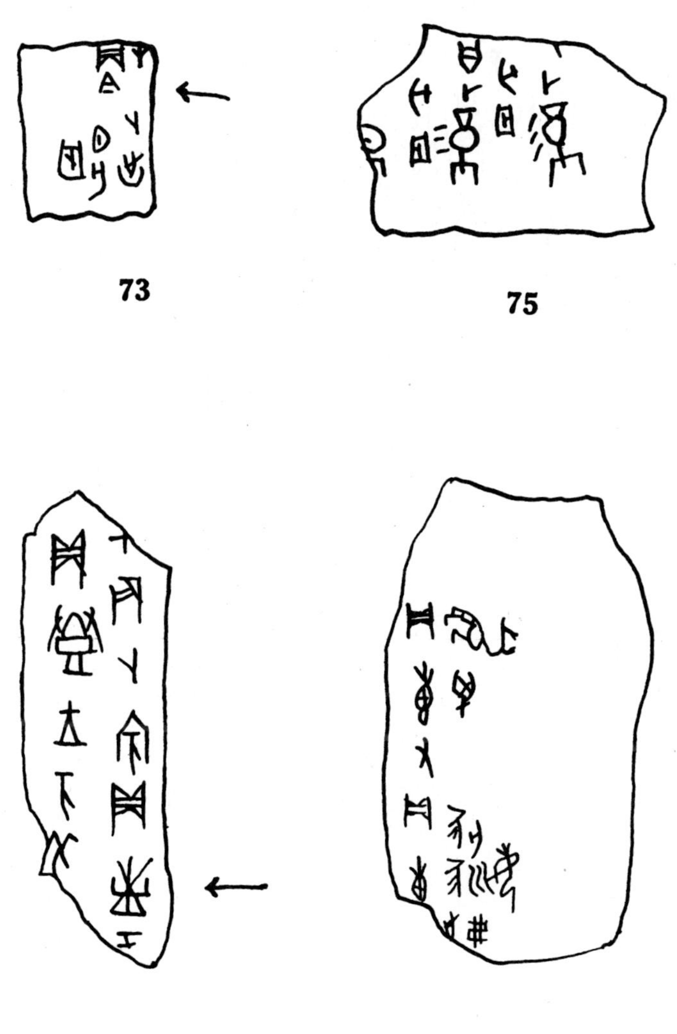

73

75

74

76

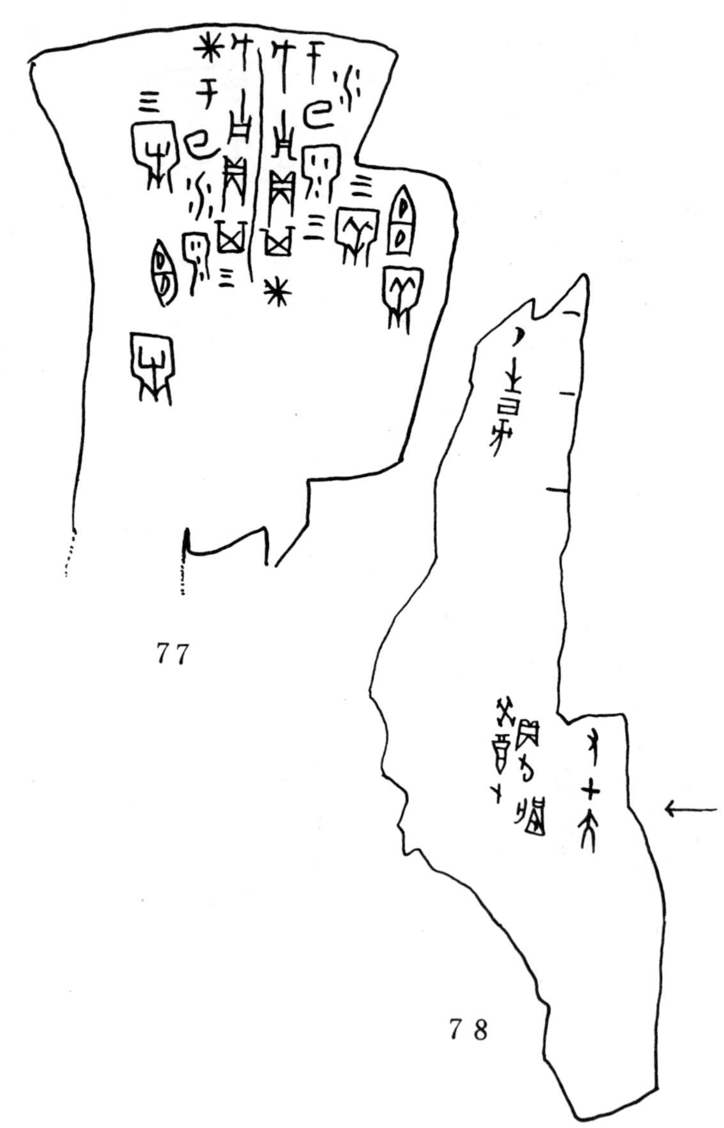

77

78

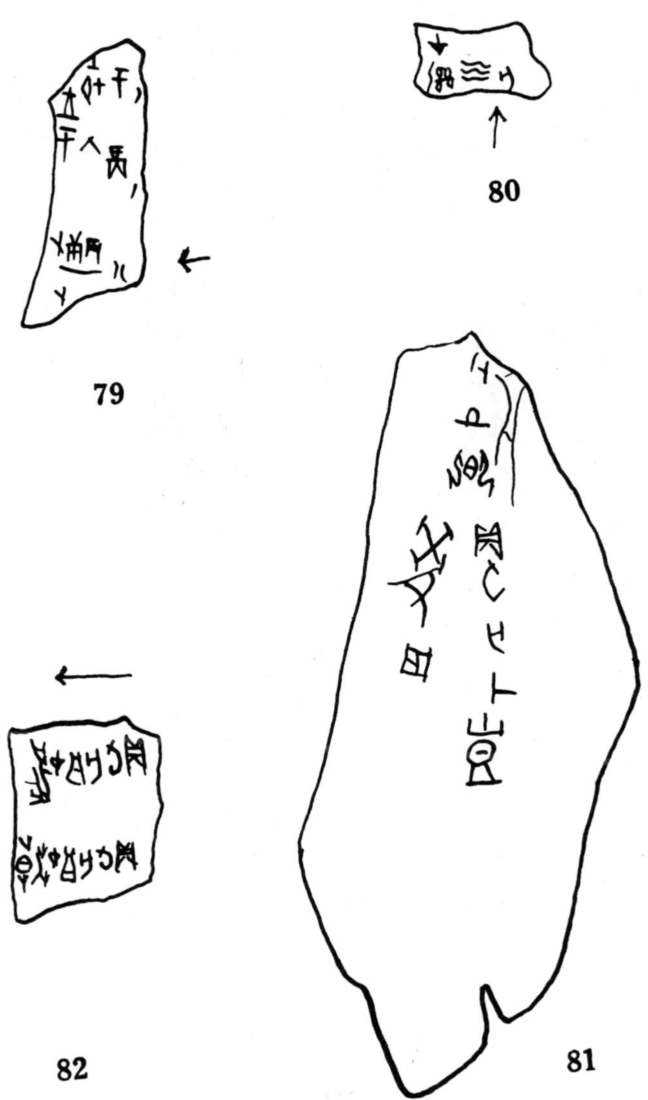

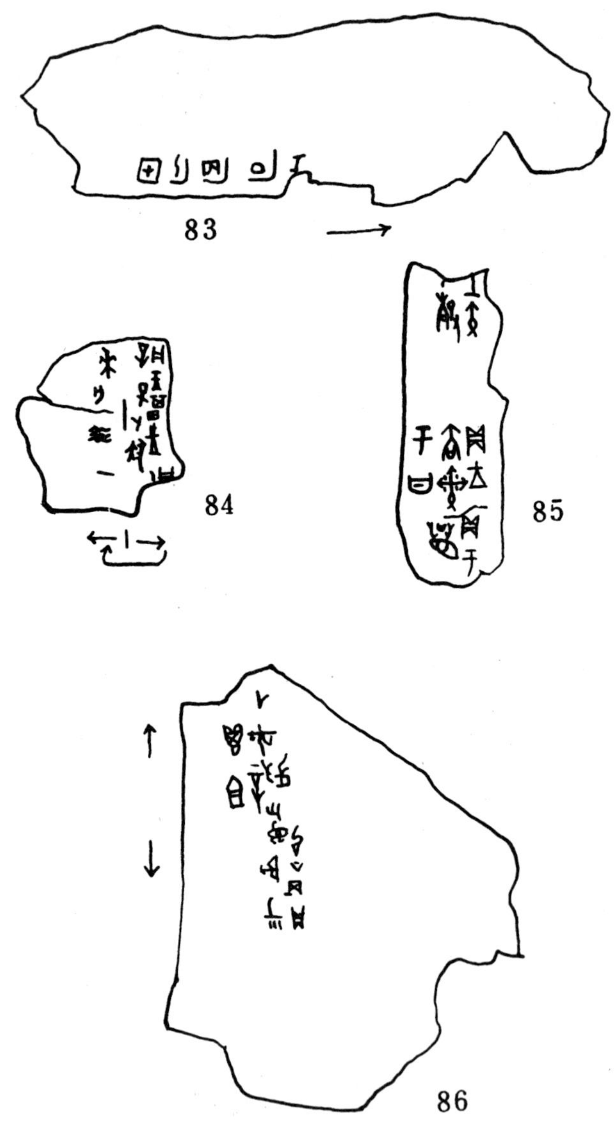

正(上)
正(下)
87

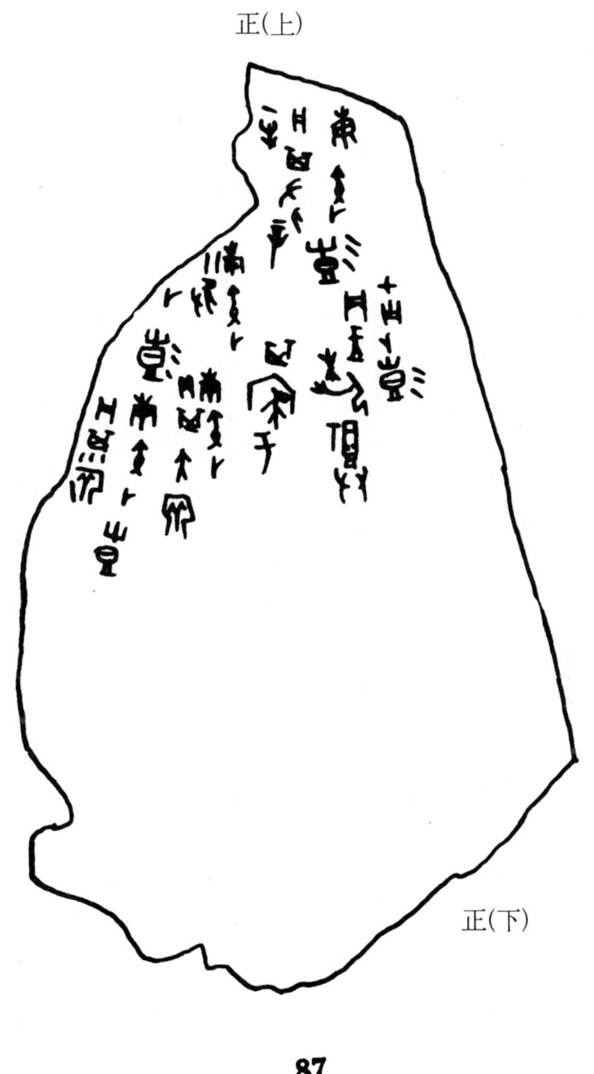

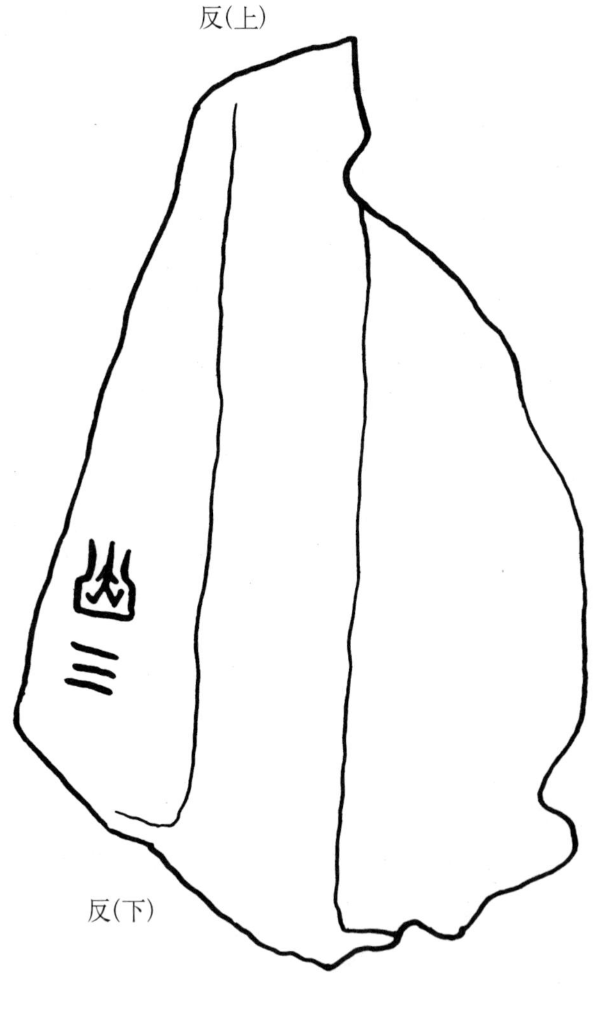

87

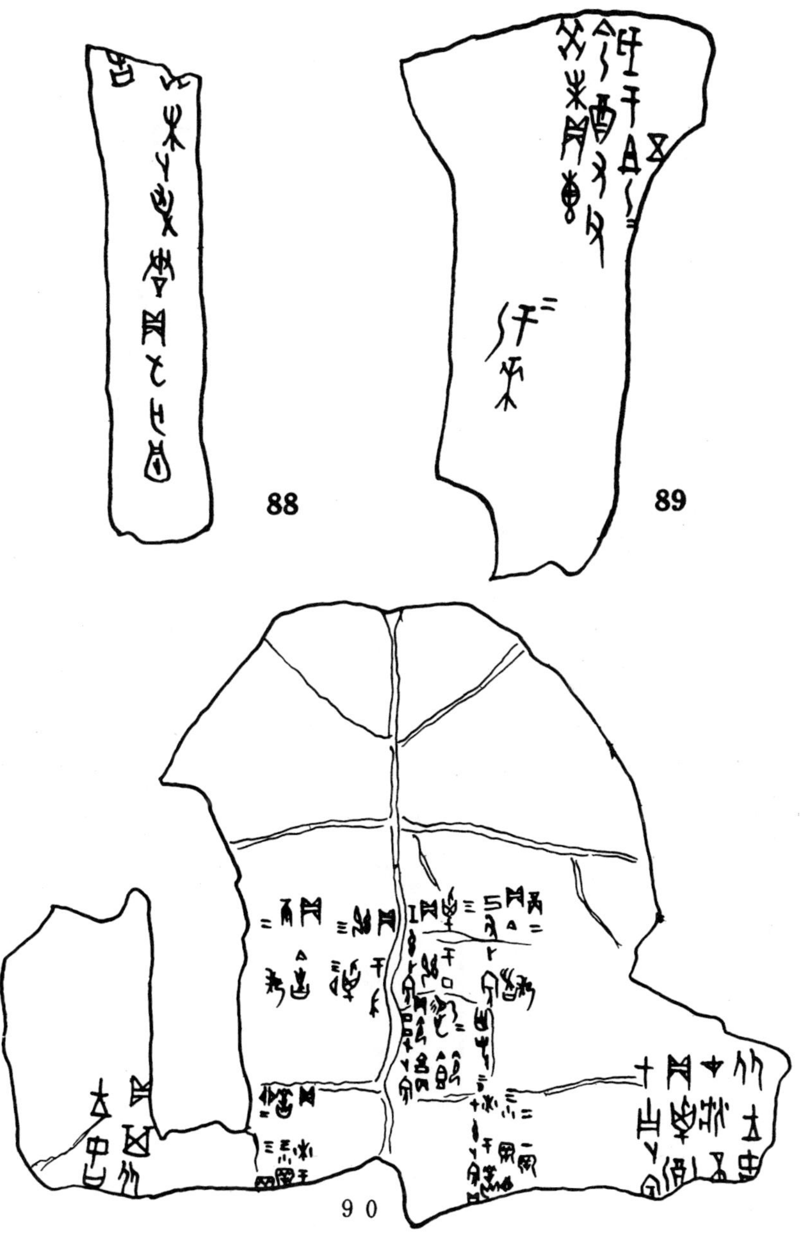

88

89

90

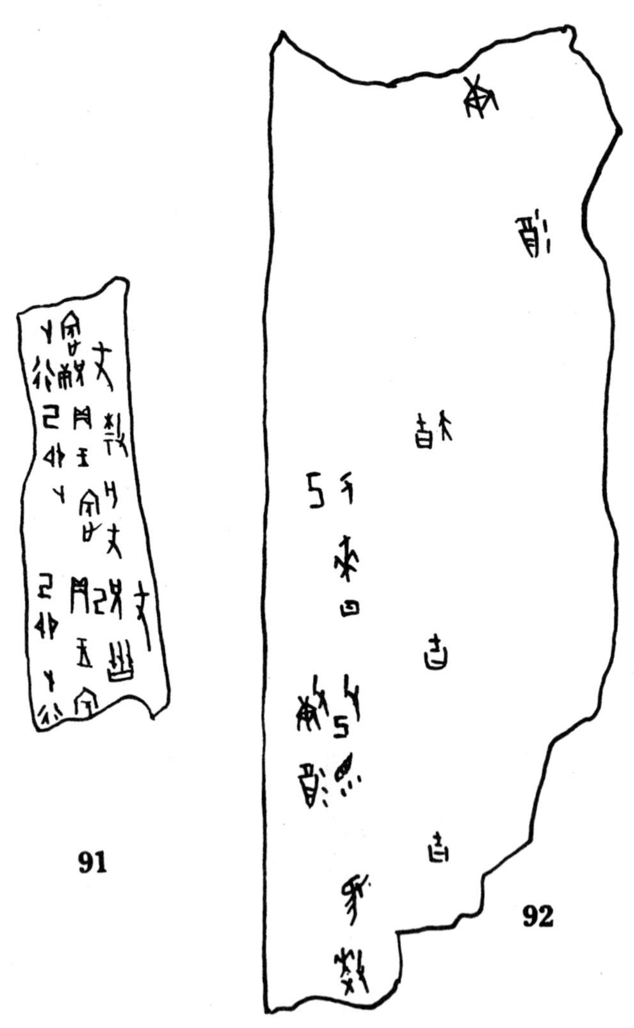

91

92

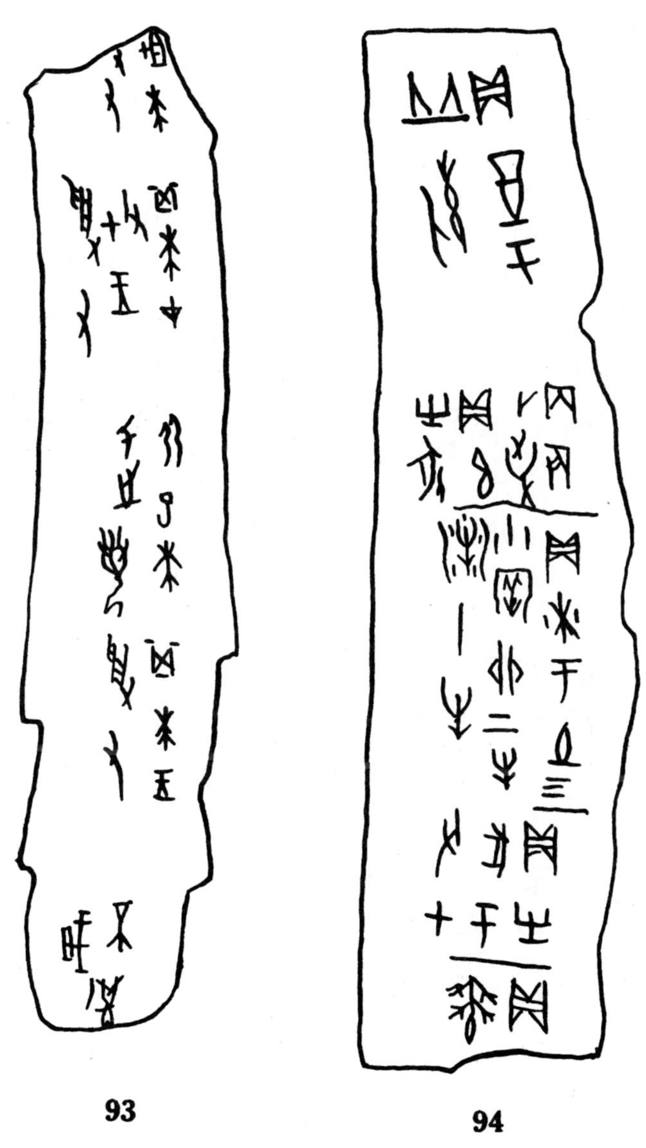

93　　　　　94

95

96

97

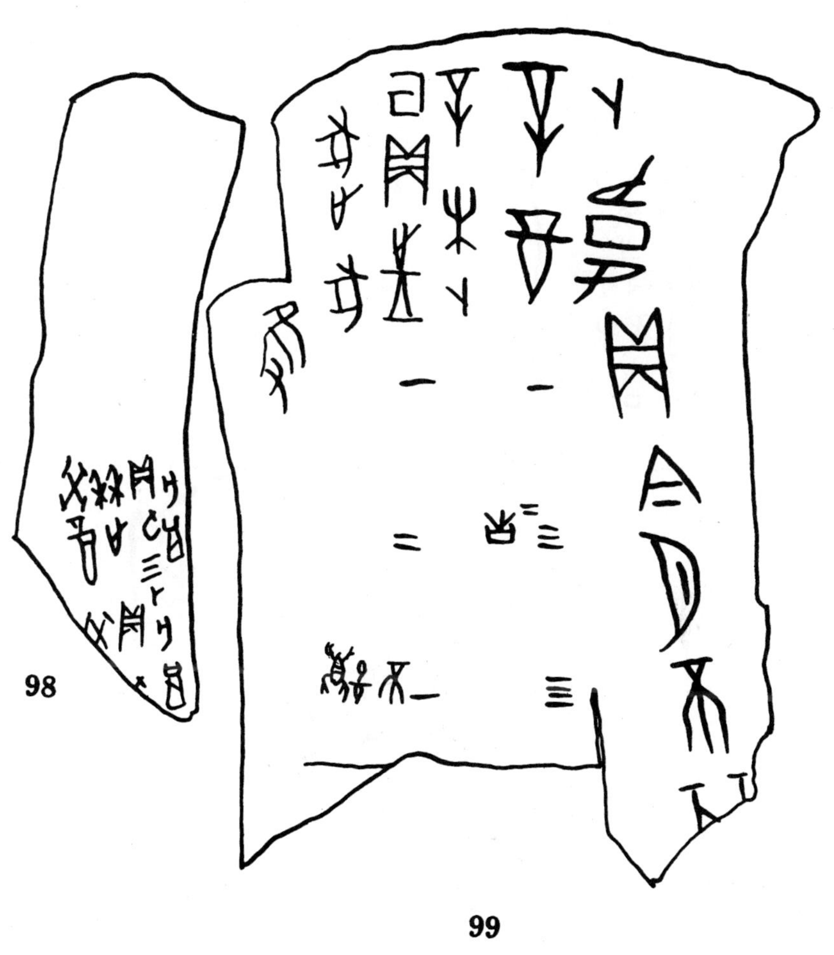

98

99

100
101

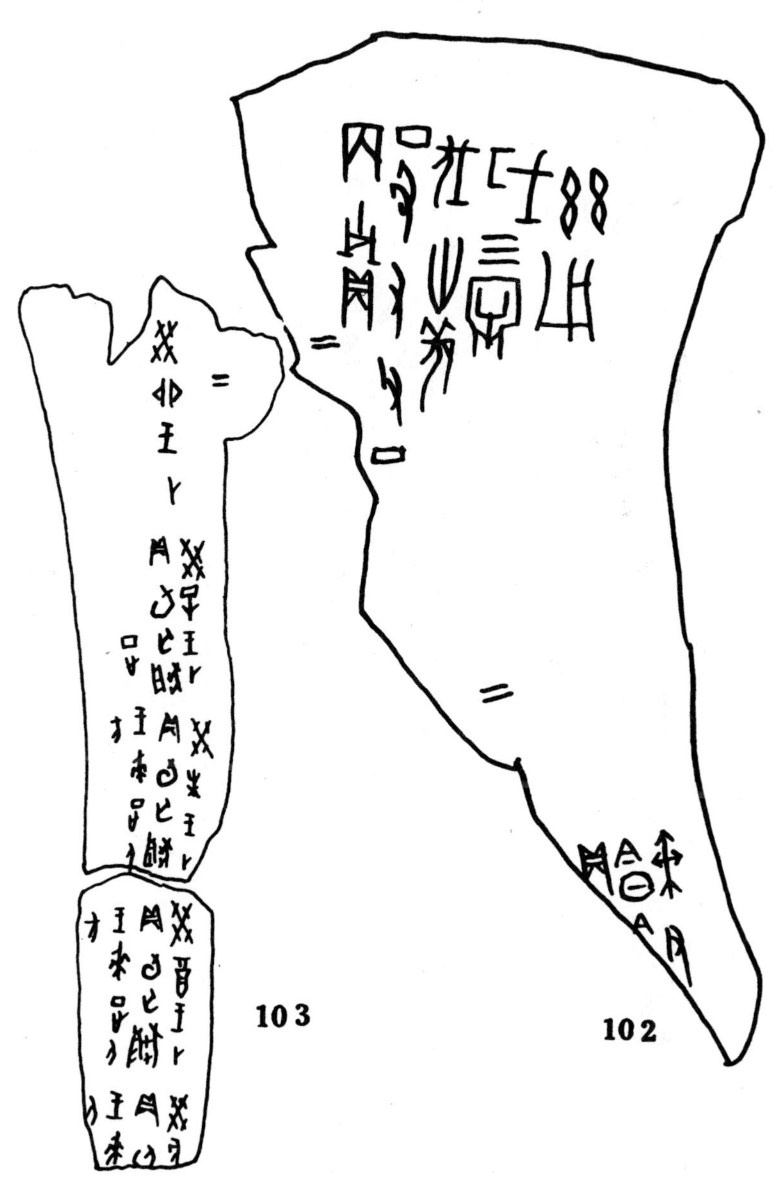

103
102

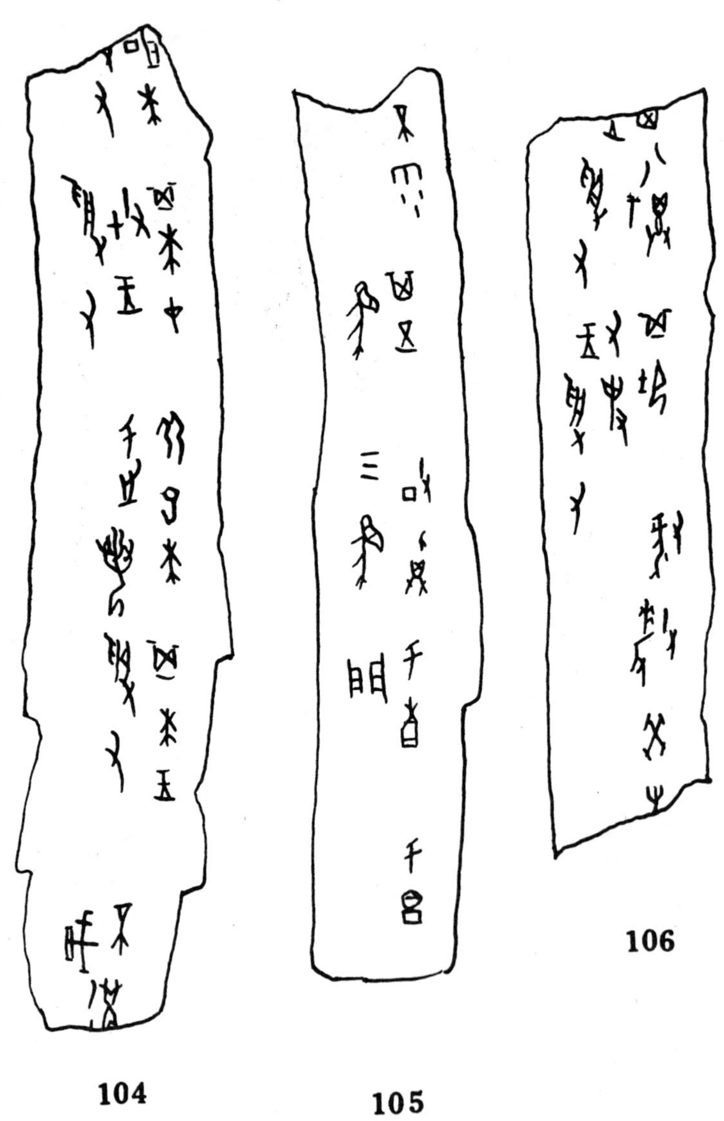

104
105
106

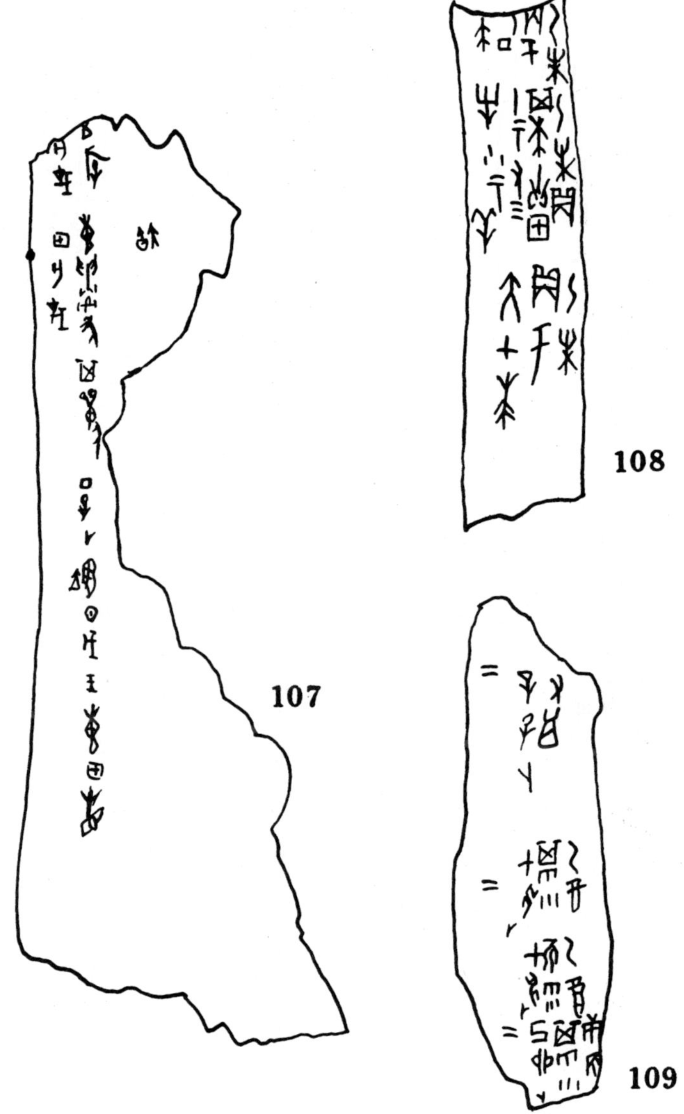

107

108

109

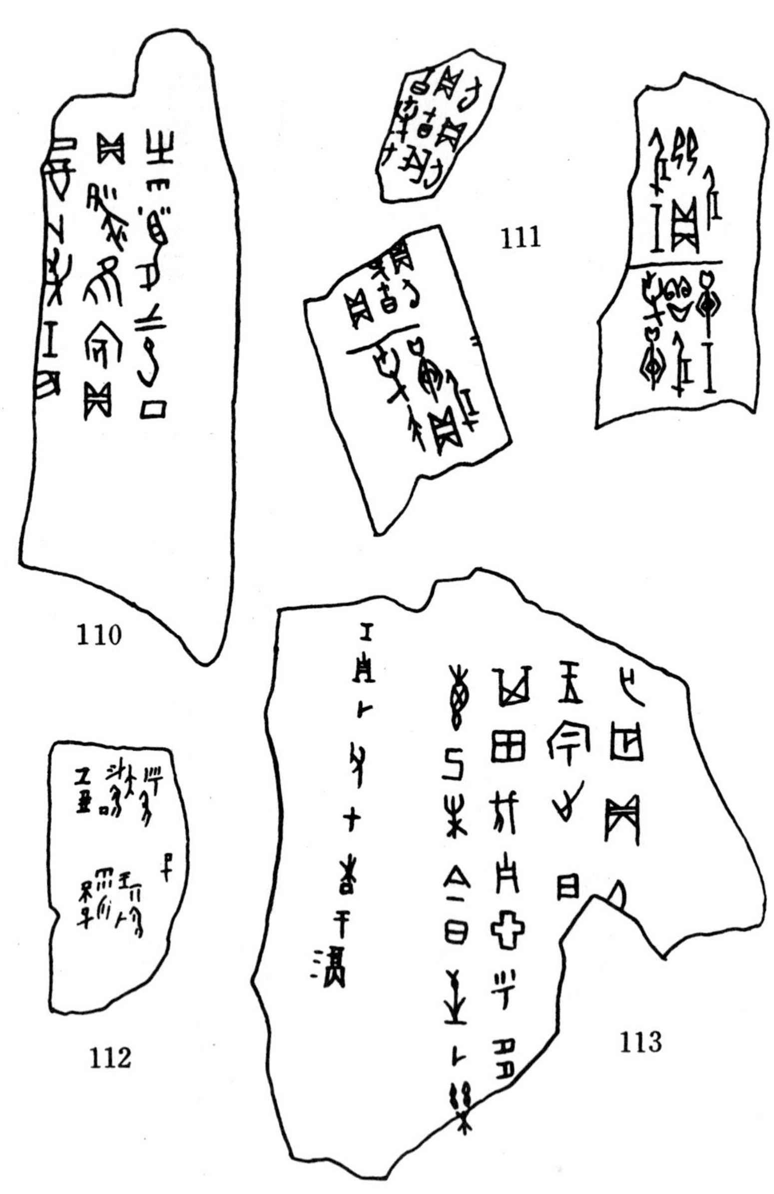

110
111
112
113

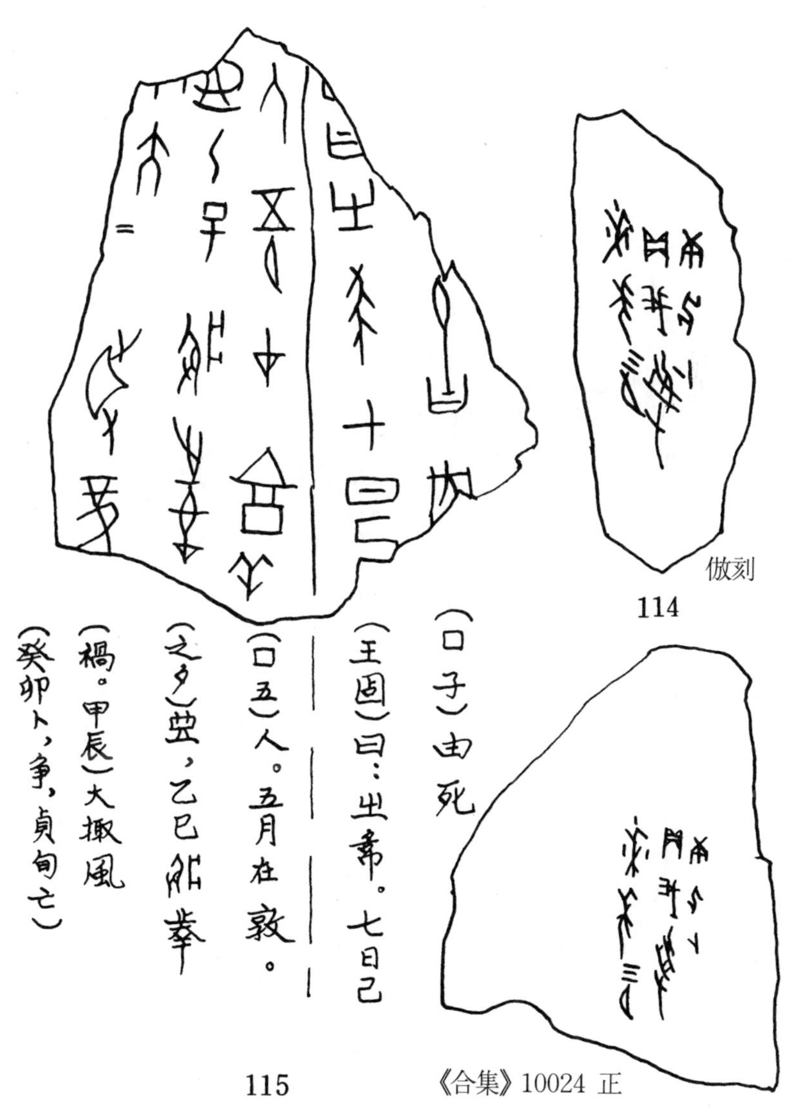

（癸卯卜，爭，貞旬亡
（禍。甲辰）大撤風
（之夕）虫，乙巳龀拳
（口五）人。五月在敦。
（王固）曰：出帝。七日己
（口子）由死

115　　《合集》10024 正

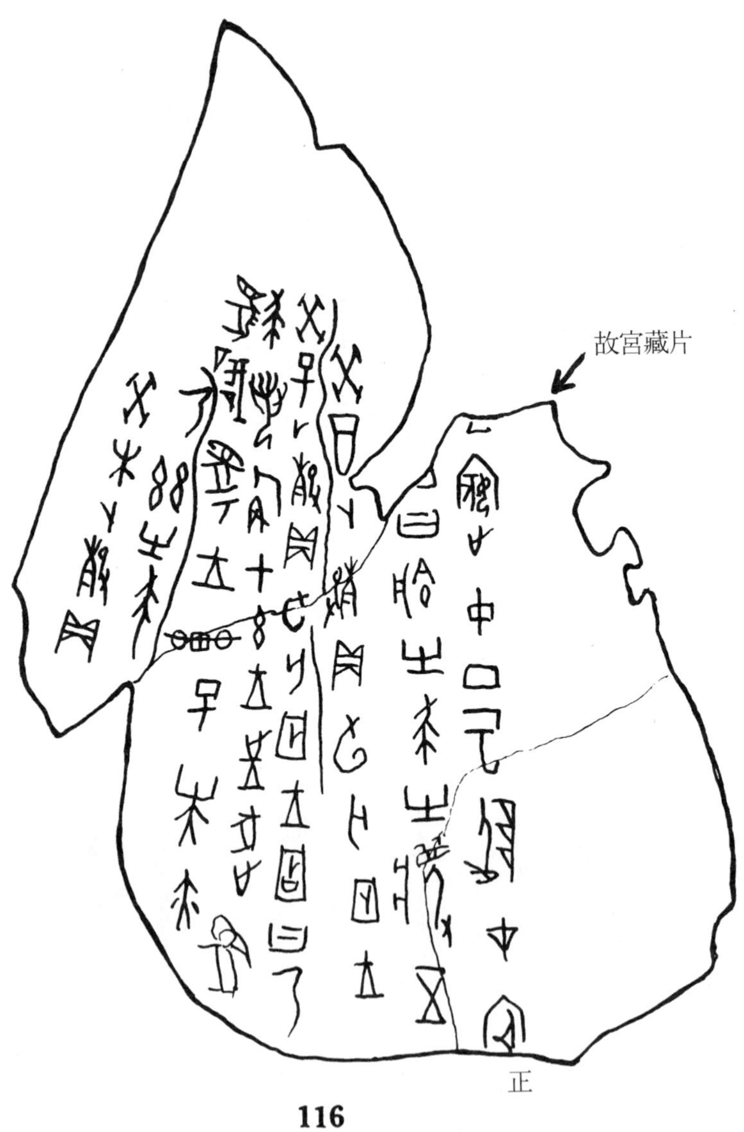

116

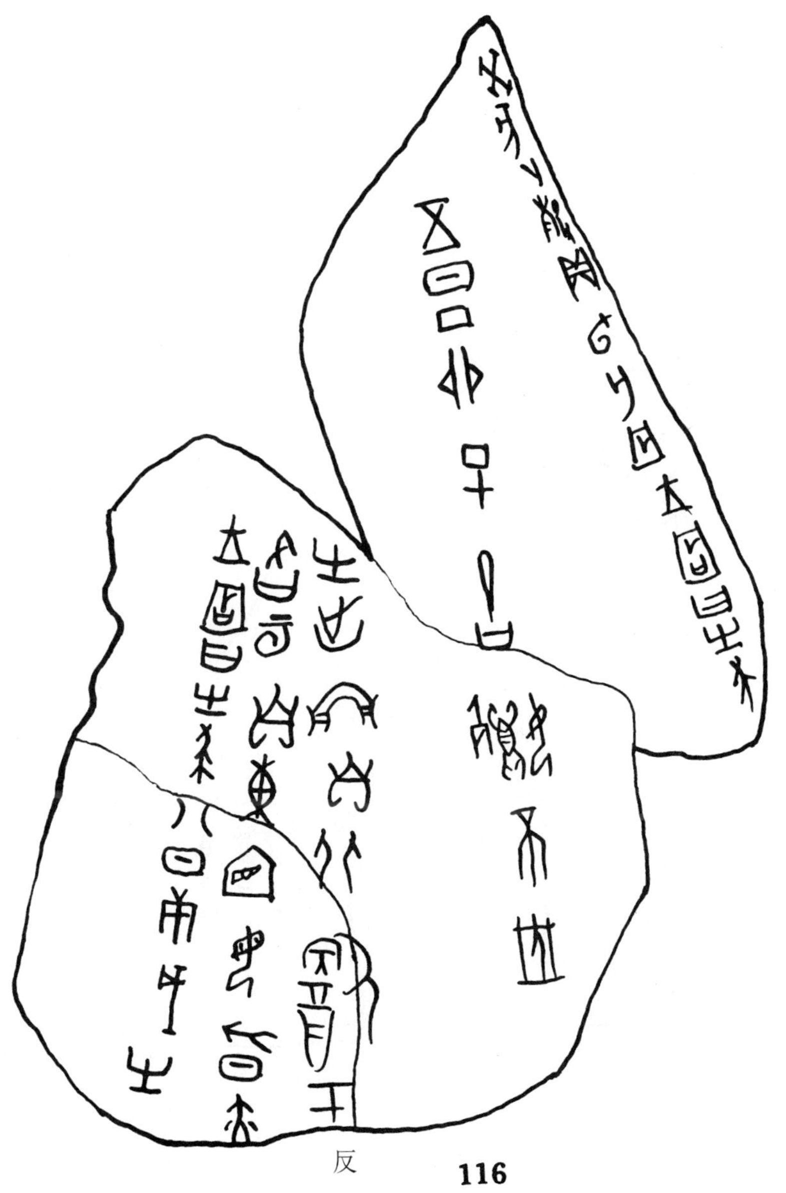

反

116

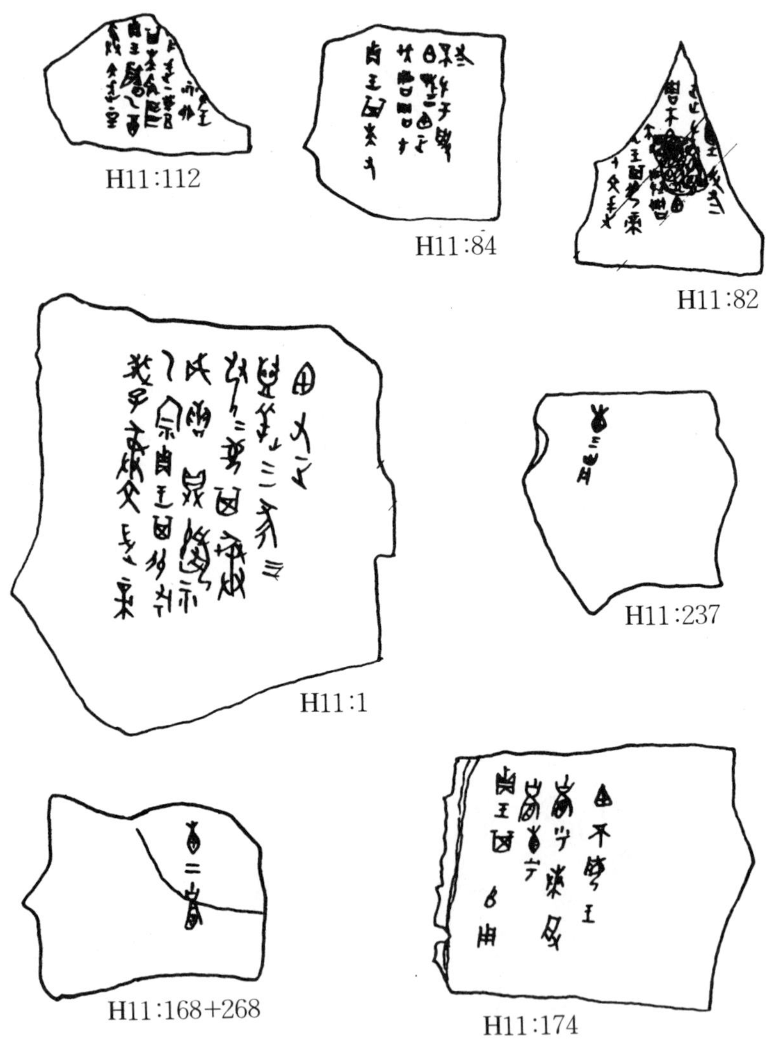

117

原 注

【胡厚宣 序】

1)《殷墟文字甲編釋文》稿本, 1936년. 屈萬里가 이를 정리 및 보충해서《殷墟文字甲編考釋》(臺北 中央研究院 歷史語言研究所, 1961년)을 펴내었다.

2) 董作賓,《殷墟文字乙編》上輯, 1948년; 中輯, 南京 中央研究院歷史語言研究所, 1949년; 下輯, 臺北 中央研究院 歷史語言研究所, 1953년. 中國科學院 考古研究所 重印, 科學出版社, 1956년.

3) 天津《益世報》·《人文週刊》, 제13기, 1937년 4월 2일. 또 開明書店《月報》, 1권 5기에 수록.

4)《史學月刊》1984년 제5기. 또《古籍整理出版情況簡報》제129기에 수록.

5)《大學月刊》, 2권 1기, 1943년.

6)《甲骨學商史論叢》2집(成都 齊魯大學 國學研究所, 1945년)에 수록.

7) 成都《中央日報》專刊, 1946년 4월 19일.

8) 天津《大公報》, 1947년 1월 8일. 또 上海《大公報》·《文史週刊》, 제13기, 1947년 1월 15일.

9) 成都《中央日報》專刊, 1946년 4월 20일.

10) 成都《中央日報》專刊, 1946년 4월 20일.

11)《甲骨學商史論叢》初集 제4책(成都 齊魯大學國學研究所, 1944년)에 수록.

12)《甲骨學商史論叢 自序》, 앞의 책에 수록.

13)《戰後京津新獲甲骨集》, 群聯出版社, 1954년.

14)《戰後寧滬新獲甲骨錄》, 來熏閣, 1951년.

15)《戰後南北所見甲骨錄》, 來熏閣, 1951년.

16)《甲骨續存》, 群聯出版社, 1955년.

17) 學習生活出版社, 1955년.

18) 商務印書館, 1951년.

19) 中華書局, 1952년.

20) 董作賓,《甲骨學五十年》, 臺北《大陸雜誌》, 1권 3기-6권 12기, 1950-1953년. 또 단행본, 大陸雜誌社, 藝文印書館 發行, 1955년.

21) 현재는 中國社會科學院에 속함.

22) 郭沫若 主編, 胡厚宣 總編輯,《甲骨文合集》, 1979-1982년.

23) 文物出版社, 1980년.

24) 文物出版社, 1980년.

25) 上海人民出版社, 1985년.

26) 黑龍江人民出版社, 1986년.

27) 人民出版社, 1986년.

28) 이 책은 上海古籍出版社에서 1987년 5월에 이미 출판하였다.

29) 科學出版社, 1956년.

30) 臺北, 藝文印書館, 1978년.

31) 中國社會科學出版社, 1981년.

32) 中國社會科學出版社, 1984년.

33) 《甲骨文與殷商史·前言》, 上海古籍出版社, 1983년.

【제1장】緒 論

1) 1899년 이래 殷墟 甲骨文 자료의 발견에 관한 것은 胡厚宣의 〈八十五年來甲骨文材料之再統計〉(《史學月刊》, 1984년 제5기) 참조. 西周 甲骨 자료의 통계에 관해서는, 王宇信의 《西周甲骨探論》(中國社會科學出版社, 1984년 4월), pp.19-20 참조.

2) 朱劍新, 《金石學》, p.3, 文物出版社, 1981년 신1판.

3) 中國 傳統 金石學의 발전 역사에 관해서는 朱劍新의 《金石學》, pp.34-64 참조.

4) 夏鼐, 〈什麼是考古學〉(《考古》, 1984년 제10기).

5) 夏鼐, 〈殷周金文集成·前言〉(《考古》, 1984년 제4기).

6) 夏鼐, 《中國文明的起源》(文物出版社, 1985년), p.3 참조.

7) 羅振常, 《洹洛訪古游記》, 宣統 3년(1911년) 2월 21일條의 기록, 蟫隱廬 印行, 1936년.

8) 胡厚宣, 《殷墟發掘》, p.2, 學習生活出版社, 1955년. 胡厚宣은 당시에 甲骨 자료가 총 16만 편이라고 통계내었다.

9) 王志俊, 〈關中地區仰韶文化刻劃符號綜述〉, 《考古與文物》, 1980년 제3기.

10) 青海省文物管理處考古隊 등, 〈青海樂都原始社會墓地反映出的主要問題〉, 《考古》, 1976년 제6기.

11) 郭沫若, 〈古代文字之辯證的發展〉, 《考古》, 1972년 제3기.

12) 汪寧生, 〈從原始記事到文字發明〉, 《考古學報》, 1981년 제1기.

13) 裘錫圭, 〈漢字形成問題的初步探索〉, 《中國語文》, 1978년 제3기.

14) 李學勤, 〈考古發現與中國文字起源〉, 《中國文化研究集刊》 제2집, 復旦大學出版社, 1985년 2월.

15) 孫善德, 〈青島市郊區發現新石器時代和殷周遺址〉, 《考古》, 1965년 제9기.

16) 商丘地區文管會 등, 〈1977年 河南永城王油坊遺址發掘概況〉, 《考古》, 1978년 제1기.

17) 洛陽發掘隊, 〈河南偃師二里頭遺址發掘簡報〉, 《考古》, 1965년 제5기.

18) 李先登, 〈王城崗遺址出土的銅器殘片及其它〉, 《文物》, 1984년 제11기.

19) 李學勤, 〈考古發現與中國文字起源〉. 大汶口 文化의 文字 성질 및 社會 성질에 관한 토론은 《大汶口文化討論文集》(齊魯書社, 1979년 11월)에 편입되었다.

20) 唐蘭, 《中國文字學》(上海古籍出版社, 1979년 신1판), pp.67-75 참조.

21) 唐蘭, 《古文字學導論》 增訂本(齊魯書社, 1981년) pp.402-403. 唐蘭, 《中國文字學》, pp.77-79 참조.

22) 夏鼐, 〈中國文明的起源〉(《文物》, 1985년 제8기) 참조. 이 글은 다시 夏鼐의 《中國文明的起源》, pp.85-87에 수록됨.

23) 陳夢家, 《殷墟卜辭綜述》(科學出版社, 1956년) pp.73-80 참조.

24) 管燮初, 《殷墟甲骨刻辭的語法研究》(中國科學院出版, 1953년) 및 陳夢家, 《殷墟卜辭綜述》, 제3장 〈文法〉 참조.

25) 王宇信, 《建國以來甲骨文研究》(中國社會科學出版社, 1981년 3월), 제5장 제1절 참조.

26) 王宇信, 《建國以來甲骨文研究》, 제5장 제2절 참조.

27) 王宇信, 《建國以來甲骨文研究》, 제4장 제3절 참조.

28) 王宇信, 《建國以來甲骨文研究》, 제5장 제4절 참조.

29) 王宇信, 《建國以來甲骨文研究》, 제5장 제3절 참조. 근래 발표된 商代의 官制를 다룬 論文으로는 裘錫圭의 〈甲骨卜辭中所見 '田'・'牧'・'衛' 等職官研究〉(《文史》 제19집), 楊昇南의 〈卜辭所見諸侯對商王室的臣屬關係〉(《甲骨文與殷商史》 제1집, 上海古籍出版社, 1983년), 王宇信의 〈商王朝的內外職官〉(《文史知識》, 1983년 제11기), 王貴民의 〈商朝官制及其歷史特點〉(《歷史研究》, 1986년 제4기) 등이 있다. 근래 발표된 商代의 軍制를 다룬 論文들로는 楊昇南의 〈略論商代軍隊〉(《甲骨探史錄》, 三聯書店, 1982년), 王貴民의 〈甲骨文所見的商代軍隊數則〉(《甲骨探史錄》), 王貴民의 〈就殷墟甲骨文所見試說 '司馬' 職名的起源〉(《甲骨文與殷商史》 제1집), 陳恩林의 〈商代軍隊組織略述〉(《全國商史學術討論會論文集》[《殷都學刊》 增刊], 1985년 2월) 등이 있다.

30) 王宇信, 《建國以來甲骨文研究》, 제5장 제6절 참조.

31) 王宇信, 《建國以來甲骨文研究》, 제5장 제5절 참조. 근래에 발표된 이 방면의 論文들로는 裘錫圭의 〈關於商代的宗族組織和貴族平民兩個階級的研究〉(《文史》 제17집), 羅琨의 〈殷卜辭中的高祖與商人的傳說時代〉(《全國商史學術討論會論文集》), 朱鳳翰의 〈論商人諸宗族與商王朝的關係〉(《全國商史學術討論會論文集》), 楊昇南의 〈從殷墟卜辭中的 '示'・'宗' 說到商代的宗法制度〉(《中國史研究》, 1985년 제3기) 등이 있다.

32) 王宇信, 《建國以來甲骨文研究》, 제6장 제1절 및 裘錫圭, 〈甲骨文中所見的商代農業〉(《全國商史學術討論會論文集》) 참조.

33) 王宇信, 《建國以來甲骨文研究》, 제6장 제2절 참조.

34) 王宇信, 《建國以來甲骨文研究》, 제6장 제4절 참조.

35) 胡厚宣, 〈論殷人治療疾病之方法〉, 《中原文物》, 1984년 제4기.

36) 王宇信, 《建國以來甲骨文研究》, 제6장 제5절 참조. 또 근래에 발표된 이 방면의

論文들로는 常正光의 〈殷曆考辨〉(《古文字研究論文集》, 1982년 5월), 張培瑜 등의 〈試論殷代曆法的月與月相的關係〉(《南京大學學報》, 1984년 제1기), 胡厚宣의 〈卜辭 '日月又食' 說〉(《出土文獻研究》, 文物出版社, 1985년), 宋鎭豪의 〈試論殷代的記時制度〉(《全國商史學術討論會論文集》) 등이 있다.

37) 王宇信, 《建國以來甲骨文研究》, 제4장 제1절 참조.

38) 王宇信, 《建國以來甲骨文研究》, 제4장 제4절 참조.

39) 王宇信, 《建國以來甲骨文研究》, 제4장 제3절 참조.

40) 王宇信, 《建國以來甲骨文研究》, 제4장 제3절 참조.

41) 〈1969-1977年殷墟西區墓葬發掘報告〉, 《考古學報》, 1979년 제1기.

42) 王宇信, 《建國以來甲骨文研究》, 제4장 제2절 참조.

43) 羅振玉, 《殷墟書契考釋·序》, 1915년.

44) 郭沫若, 《甲骨文字研究·重印弁言》, 《郭沫若全集》 考古編 제1권, 科學出版社, 1982년.

45) 郭沫若, 《金文叢考·重印弁言》, 人民出版社, 1954년.

46) 龔濟民·方仁念, 《郭沫若年譜》 上卷, pp.194-195, 天津人民出版社, 1982년.

47) 鳳子, 〈雨中千葉 — 訪郭老故居〉, 《光明日報》, 1981년 8월 16일.

48) 〈上海靑年古文字學社社章〉, 《古文字》 제1기, 1979년.

49) 余長安, 〈他拄着雙拐向上攀登〉, 《光明日報》, 1983년 8월 18일.

50) 王愼行, 〈用勤奮和毅力叩開古文字奧秘的大門〉, 《河北學刊》, 1985년 제6기.

51) 陳建敏과 나는 다년간 서신 왕래를 하였으며, 1984년 10월 '全國商史學術討論會'에서 처음 대면하였다. 1년 후인 1985년 12월 30일에 陳建敏은 갑자기 심장병이 발작하여 사망하였다. 소식을 듣고는 말문이 막혔으며 좀처럼 믿어지지가 않았다. 陳建敏은 겨우 37세의 한창 나이로 甲骨學 연구를 크게 해야 할 시기에 세상을 등진 것이다. 하늘이 오래지 않아 우리의 才人을 빼앗았으니, 오호 슬프도다. 陳建敏이 경험한 성공의 길은 청년 동지들이 배울 만하다.

52) 李學勤, 〈古文字學術討論會與古文字學的發展〉, 《中國史研究動態》, 1979년 제3기.

53) 仁言, 《殷都學刊》, 1985년 제1·2·3·4기에 게재됨.

54) 孟世凱, 文物出版社, 1980년 출판.

55) 蕭艾, 文物出版社, 1980년 출판.

56) 이상의 두 가지는 胡厚宣이 1985년 10월에 河南省 安陽에서 작성한 〈研究甲骨文的大好形勢〉라는 학술 보고 기록에 근거한 것이다.

57) 夏鼐, 《殷周金文集成·前言》

58) 王宇信, 《西周甲骨探論》, 제1편.

【제2장】甲骨文의 발견 연대와 발견자

1) 王國維,〈最近二三十年中中國新發現之學問〉,《學衡》제45기, 1925년.

2) 王襄,〈題易穭園殷契拓册〉,《河北博物院半月刊》제85기, 1935년.

3) 董作賓,〈甲骨年表〉,《史語所集刊》2本 3分, 1930년.

4) 胡厚宣,《五十年甲骨文發現的總結》(商務印書館, 1951년), pp.20-35 및 胡厚宣,《殷墟發掘》(學習生活出版社, 1955년), pp.11-13 참조.

5) 陳夢家,《殷墟卜辭綜述》, pp.1-3.

6) 王翁如,〈簠室殷契·跋〉,《歷史敎學》, 1982년 제9기.

7) 王襄,〈簠室殷契〉(《歷史敎學》, 1982년 제9기) 참조.

8) 王漢章,〈古董錄〉,《河北第一博物院畵報》제50기, 1933년.

9) 胡厚宣의 말에 의하면, 王懿榮의 자손 王福重은 1951년에 天津博物館에다 3백 편의 甲骨을 기증했으며, 王福莊의 수중에도 1백여 편을 가지고 있는데(그 중 2편은 方豪에게 주었으며, 현재 臺灣에 있다), 그래서 과거에는 王懿榮이 죽은 후에 전 甲骨이 劉鶚에게 팔렸다는 말이 전면적이지 못하다고 생각했다.

10) 王襄,〈題所錄貞卜文册〉,《河北博物院半月刊》제32·33기, 1933년.

11) 王襄,〈題易穭園殷契拓册〉.

12) 李先登의 〈孟廣慧舊藏甲骨選介〉라는 論文에서 인용.《古文字硏究》제8집(中華書局, 1983년 2월)에 수록.

13) 李先登,〈也談甲骨文的發現〉,《光明日報》, 1983년 11월 15일.

14) 陳夢家,《殷墟卜辭綜述》, p.651.

15) 王國維,〈最近二三十年中中國新發現之學問〉.

16) 陳夢家,《殷墟卜辭綜述》, p.647.

17) 陳夢家,《殷墟卜辭綜述》, p.647.

18) 陳夢家,《殷墟卜辭綜述》, p.647.

19) 胡厚宣,《五十年甲骨文發現的總結》, pp.20-32 및 胡厚宣,《殷墟發掘》, pp.18-25 참조. 陳夢家,《殷墟卜辭綜述》, pp.649-651.

20) pp.20-22.

21) pp.14-15.

22) p.648.

23) 王襄,〈題所錄貞卜文册〉.

24) 王襄,〈題易穭園殷契拓册〉.

25) 王襄,〈簠室殷契〉. 胡厚宣이 1984년에 개최된 全國商史學術討論會에서 한 말에 의하면, 그는 이 甲骨들의 摹寫本을 본 적이 있는데 확실히 小片이었다고 한다. 단지 그 중에서 3편을 선택하였다.

26) 胡厚宣,《五十年甲骨文發現的總結》, p.22.

27) 王襄,〈題易穭園殷契拓册〉.

28) 胡厚宣,《五十年甲骨文發現的總結》, p.35.

29) 王襄,〈簠室殷契〉.

30) 王國維,《觀堂集林》第9권, pp.409-450, 中華書局, 1959년 6월판.

31) 王翁如,〈簠室殷契·跋〉.

32) 羅振常,《洹洛訪古游記》, 宣統 3년(1911년) 2월 20일條.

33) 崔志遠,〈關於殷墟甲骨文發現的通信〉,《殷都學刊》, 1985년 제2기.

【제3장】甲骨文의 출토지와 시기의 확정 및 甲骨文의 명명

1) 사람들은 장기간 '殷墟 甲骨文'이라는 개념을 형성시켰다. 건국(1949년) 이후로, 특히 1977년에 西周 甲骨文이 대규모로 발견된 이후로 甲骨學 연구의 새로운 분야가 형성되어, 甲骨은 반드시 殷商 時期라는 전통적인 관념이 타파되었다. 보다 확실하게 말해서, 甲骨文은 마땅히 殷墟 甲骨과 西周 甲骨을 포함해야 한다. 殷墟 甲骨文이 87년 이래로 발견된 자료가 풍부해지고 연구가 비교적 성숙해졌기 때문에 '甲骨學'은 주로 殷墟 甲骨의 규율 연구를 가리킨다. 西周 甲骨이라는 새로운 분야는 本書의 下篇에서 소개될 것이다.

2) 羅振常,《洹洛訪古游記》, 宣統 3년(1911년) 2월 23일條.

3) 羅振玉,《殷商貞卜文字考·自序》, 玉簡齋石印, 1910년.

4)《史學雜誌》28編, 제8·9·10기(1909년)에 수록.

5) 羅振常,《洹洛訪古游記》, 宣統 3년(1911년) 3월 20일記.

6) 위의 책.

7) 劉鶚,《鐵雲藏龜·自序》, 抱殘守缺齋石印, 1903년.

8)《史學研究會演講集》제3집(1910년 7월)에 수록.

9)《安陽風物攬勝》(1984년), pp.141-145 참조.

10) 羑里의 정황에 관해서는 拙著《西周史話》(〈'八卦'與傳說中的羑里遺址〉, 中國青年出版社(《祖國叢書》版)) 참조.

11) 羅振玉,〈集蓼集〉,《貞松老人遺稿甲集》, p.31, 1941년.

12) 方法斂,〈中國原始文字考〉,《卡內基博物院報告》제4기, 1906년.

13) 郭沫若,《卜辭通纂·後記》, 科學出版社, 1983년 6월.

14) 朝歌의 정황에 관해서는《安陽風物攬勝》, pp.162-173 참조.

15) 秦文生,〈殷墟非殷都考〉,《鄭州大學學報》, 1985년 제1기.

16) 羅振玉,《殷墟古器物圖錄·序》, 1916년.

17) 羅振常,《洹洛訪古游記》, 宣統 3년(1911년) 2월 15일條.

18) 羅振玉,《殷墟書契·序》, 1913년.

19) 羅振常,《洹洛訪古游記》, 宣統 3년(1911년) 2월 18일條.

20) 羅振常,《洹洛訪古游記》, 宣統 3년(1911년) 2월 19일條.

21) 羅振常,《洹洛訪古游記》, 宣統 3년(1911년) 2월 29일條.

22) 羅振常,《洹洛訪古游記》, 宣統 3년(1911년) 3월 17일條.

23) 이 책은 1914년 10월에 影印 출판되었다. 또 후에 해적판과 '傳古別錄' 本이 나왔다. 그러나 '傳古別錄' 本은 쪽수에 잘못이 있어 원판 및 해적판과 다르다.

24) 문제를 설명하기 위해서는 관련 논술을 그림〔例圖〕과 대조해야 한다. 조판을 편리하게 하기 위해 필자는 책 뒤의 〈例圖〉 부분에 이를 모아 놓았다. 그림 1은 책 뒤에 있는 〈例圖〉 1번이다. 이하 모두 이를 따르며, 더 이상 注를 하지 않겠다.

25) 胡厚宣,《殷墟發掘》, pp.6-7.

26) 羅振常,《洹洛訪古游記》, 宣統 3년(1911년) 2월 16일條.

27) 王漢章, 〈古董錄〉,《河北第一博物院畫報》 제50기, 1933년.

28) 羅振玉,《殷商貞卜文字考 · 自序》.

29) 方法斂, 〈最近發現之周朝文字〉,《英國皇家亞洲文會雜誌》 10월호, 1911년.

30) 羅振玉,《殷墟書契 · 自序》, 1913년.

31) 羅振玉,《殷商貞卜文字考 · 自序》.

32) 羅振玉,《殷墟書契 · 自序》.

33) 王國維, 〈說殷〉,《觀堂集林》 제12권, pp.523-525.

34) 《史語所集刊》 2本 2分(1930년)에 수록.

35) 《慶祝蔡元培先生六十五歲論文集》 上册(1933년)에 수록.

36) 上海 《大公報》, 1947년 1월 15일자에 게재.

37) 胡厚宣,《殷墟發掘》, p.4.

38) 胡厚宣, 〈殷卜辭中的上帝和王帝〉 上,《歷史研究》, 1959년 제9기.

39) 張鈺哲 · 張培瑜, 〈殷周天象和征商年代〉(《人文雜誌》, 1985년 제5기) 참조. 武王의 征伐 연대에 관해서는 역대로 학설이 분분하나, 필자는 張鈺哲 등의 주장이 따를 만하다고 생각한다.

40) 《史記 · 宋微子世家》.

41) 《史記 · 秦本紀》에는 "……汾城을 공격하였는데, 즉 唐〔地名〕으로부터 寧新中〔地名〕을 공격하였으며, 寧新中을 安陽이라는 이름으로 바꾸었다. 攻汾城, 卽從唐拔寧新中, 寧新中更名安陽"이라고 기록되어 있다.

42) 胡厚宣,《殷墟發掘》, p.4.

43) 董作賓, 〈殷墟沿革〉(《史語所集刊》 2本 2分, 1930년) 참조. 매번 이 集刊을 열람할 때마다 표지 및 속표지에 찍혀 있는 '張秉權印'이라는 네 글자를 보게 된다. 이 책은 張秉權 선생이 소장했던 것으로서 현재는 中國社會科學院 歷史研究所 圖書館에 소장되어 있는데, 지금까지 37년이나 되었다. 張秉權 선생이 만일 당년의 옛 물건을 본다면 틀림없이 감개무량할 것이다. 필자는 그날이 하루 빨리 실현되기를 희망한다. 후학으로서 필자는 멀리서 선생의 건강을 축원하는 바이며, 아울러 이를 적어서 研究

所 내에 있는 동지에게 張秉權 선생에 대한 회념의 정을 보낸다.

44) 胡厚宣,《殷墟發掘》, pp.4-5.

45) 胡厚宣,《五十年甲骨文發現的總結》, p.32.

46) 胡厚宣,《建國以來甲骨文研究·序》, 中國社會科學出版社, 1981년.

47) 戴家祥,〈甲骨文的發現及其學術意義〉,《歷史敎學問題》1957년 제3기.

48) 胡厚宣,〈郭沫若同志在甲骨學上的巨大貢獻〉(《考古學報》, 1978년 제4기) 참조.

49) 戴志强 등,〈試論帝乙帝辛時期殷都未遷〉(《全國商史學術討論會論文集》)과 田濤,〈談朝歌爲殷紂帝都〉(위와 같은 論文集) 참조.

50) 彭金璋·曉田 등,〈試論河南偃師商城〉(위와 같은 論文集).

51) 秦文生,〈殷墟非殷都考〉,《鄭州大學學報》, 1985년 제1기. 日本 학자 宮崎市定은 1970년에 이미 이 견해를 제기하였으며, 그 말은 그가 쓴〈中國上代の都市國家とその墓地——商邑は何處にあつたか〉(正·補)(《東洋史研究》(28-4)·(29-2.3合), 1970년)에 보인다.

52)《論語·子路》.

53) 日本《史學研究會講演集》제3책에 수록.

54) 日本《史學雜誌》20권, 제8·9·10기에 수록.

55) 日本《東亞研究》5권, 제7·8기에 수록.

56) 北京《京報副刊》제20호(1924년 12월 25일)에 수록.

57)《新中國的考古發現與研究》, p.93, 文物出版社, 1984년. 또 南京博物院,〈南京北陰陽營第一·第二次的發掘〉,《考古學報》, 1958년 제1기.

58) 李學勤·唐雲明,〈河北藁城臺西甲骨的初步考察〉,《考古與文物》, 1982년 제3기.

59) 南京博物院,〈江蘇銅山丘灣古遺址的發掘〉,《考古》, 1973년 제2기.

60) 蕭良瓊,〈周原卜辭和殷墟卜辭之異同初探〉 참조. 이 論文에 붙어 있는 표 1·2·3은 전국 각지에서 종래 출토된 서로 다른 시기의 卜甲·卜骨을 통계낸 것으로서 자못 완비되어 있다.《甲骨文與殷商史》(上海古籍出版社, 1983년)에 수록.

61)《禮記·表記》.

62) 裴明相,〈略談鄭州商代前期的骨刻文字〉,《全國商史學術討論會論文集》.

63) 拙著,《西周甲骨探論》, 제1편.

64) 胡厚宣,《五十年甲骨文發現的總結》, pp.8-9와 胡厚宣,〈甲骨學緖論〉(《甲骨學商史論叢》2집 下册, 1944년) 참조.

【제4장】甲骨文의 발견과 甲骨學 연구의 몇 가지 단계

1) 本書 제1장 제1절 참조.

2) 胡厚宣,《五十年甲骨學論著目·序》, 中華書局, 1952년.

3) 商王朝 멸망 연대에 관한 견해는 일치하지 않는다. 여기에서 채용한 것은 張鈺

哲 등의 견해이다.

4) 《呂氏春秋·孟冬紀·節喪》

5) 《呂氏春秋·孟冬紀·安死》

6) 《呂氏春秋·孟冬紀·節喪》의 '不可止'에 대해 高誘는 "발굴을 그치게 할 수 없다 不可止其發掘"라고 주석하였다.

7) 《呂氏春秋·孟冬紀·安死》의 '扣'에 대해 高誘는 "扣, 發也"라고 하였는데, '발굴하다'는 의미이다.

8) 《漢書·郊祀志》

9) 胡厚宣, 《殷墟發掘》, p.5.

10) 董作賓, 〈殷墟沿革〉, 《史語所集刊》 2本 2分, 1930년.

11) 胡厚宣, 《殷墟發掘》, p.8.

12) 이상은 董作賓의 〈殷墟沿革〉을 참조.

13) 胡厚宣, 《五十年甲骨學論著目·序》

14) 胡厚宣, 《殷墟發掘》, p.9.

15) 胡厚宣, 《五十年甲骨學論著目·序》

16) 明義士, 《甲骨硏究講義》, 齊魯大學, 1933년 石印本.

17) 胡厚宣, 《五十年甲骨學論著目·序》

18) 胡厚宣, 《五十年甲骨文發現的總結》, pp.20-23.

19) 胡厚宣, 《五十年甲骨文發現的總結》, p.18 및 陳夢家, 《殷墟卜辭綜述》 p.141 참조.

20) 董作賓·胡厚宣, 《甲骨年表》, 1904년·1905년欄의 기록, 商務印書館, 1937년.

21) 胡厚宣, 《五十年甲骨文發現的總結》, p.17·24.

22) 董作賓·胡厚宣, 《甲骨年表》, 1909년·1910년欄의 기록.

23) 胡厚宣, 《五十年甲骨文發現的總結》, p.26.

24) 胡厚宣, 《五十年甲骨文發現的總結》, p.18.

25) 胡厚宣, 《五十年甲骨文發現的總結》, p.35.

26) 董作賓·胡厚宣, 《甲骨年表》, 1920년欄.

27) 董作賓·胡厚宣, 《甲骨年表》, 1923년欄.

28) 董作賓·胡厚宣, 《甲骨年表》, 1924년欄.

29) 董作賓·胡厚宣, 《甲骨年表》, 1925년欄.

30) 董作賓·胡厚宣, 《甲骨年表》, 1926년欄.

31) 董作賓·胡厚宣, 《甲骨年表》, 1928년欄.

32) 羅振常, 《洹洛訪古游記》, 宣統 3년(1911년) 2월 21일조의 기록.

33) 胡厚宣, 《殷墟發掘》, p.36.

34) 외국인이 殷墟 甲骨을 구입한 상황에 관해서는 胡厚宣, 《五十年甲骨文發現的總結》 pp.24-26과 胡厚宣, 《殷墟發掘》 pp.26-31 참조.

35) 董作賓·胡厚宣,《甲骨年表》, 1914년欄.

36) 董作賓·胡厚宣,《甲骨年表》, 1927년欄.

37) 嚴强·度偉,〈甲骨入藏山東記〉(《文物天地》, 1986년 제1기) 및 胡厚宣,〈甲骨入藏山東補記〉(《文物天地》, 1986년 제3기) 참조. 멘지스가 구입·소장한 甲骨에 관해서는 胡厚宣,《五十年甲骨文發現的總結》, pp.33-35 및 胡厚宣,《殷墟發掘》, pp.31-35를 참조.

38) 胡厚宣,《殷墟發掘》, p.36.

39) 胡厚宣,《殷墟發掘》, p.36.

40) 胡厚宣,《殷墟發掘》, p.37.

41) 羅振玉,《殷墟書契·序》, 1913년.

42) 束晳(261-303년)의 字는 廣微이며, 陽平 元城〔지금의 河北省 大名縣〕 출신이다. 西晉 시기의 文學者로서 博學多聞하다. 당시 汲郡 사람인 不準이 魏王의 墓를 도굴해서, 여러 수레 분량의 竹簡이 세상에 나왔는데, 이것이 이른바 '汲郡竹書'의 발견이다. 束晳은 그 위에 기록된 글자를 식별할 수 있었고, 아울러 정리 작업에 참가했으며,《束元平集》을 남겼다.

43) 羅振玉,《殷墟書契後編·序》, 1916년.

44) 羅振玉,《殷墟書契考釋·自序》, 1914년.

45) 羅振玉,《殷墟書契考釋·自序》.

46) 王國維,《觀堂集林》제9권, pp.406-450 참조.

47) 董作賓,〈民國十七年十月試掘安陽小屯報告書〉,《安陽發掘報告》제1기, 1929년.

48) 이상은 董作賓,〈民國十七年試掘安陽小屯報告書〉 참조.

49) 李濟,〈現代考古學與殷墟發掘〉,《安陽發掘報告》제2기, 1930년.

50) 尹達은 中國 考古學의 기초를 세운 이들 중의 한 사람으로서, 中國 考古學界와 歷史學界에서 존경을 받고 있고, 또 공헌이 많은 선배 학자이다. 王世民,〈尹達〉(《中國考古學年鑒》, 1984년, 文物出版社) pp.268-270 참조.

51) 傅斯年,〈本所發掘安陽殷墟之經過〉,《安陽發掘報告》제2기, 1930년.

52) 科學的 殷墟 발굴에서 과거 여러 해 동안 얻은 甲骨 및 중요 考古 자료의 발견에 관해서는 胡厚宣,《殷墟發掘》, pp.51-114와 胡厚宣,《五十年甲骨文發現的總結》, pp.36-46 참조.

53) 鄒衡,〈試論殷墟文化分期〉(《北京大學學報》, 1964년 제4·5기) 및 鄒衡,《夏商周考古論文集》(文物出版社, 1980년) 참조. 中國社會科學院 古考研究所 安陽發掘隊의 시기 구분은 鄒衡과 약간의 차이가 있는데,《新中國的考古發現與研究》(文物出版社, 1984년) pp.223-224의 綜述과 楊錫璋·楊寶成,〈殷代靑銅禮器的分期與組合〉(《殷墟靑銅器》, 文物出版社, 1985년) 및 鄭振香,〈論殷墟文化分期及其相關問題〉(《中國考古學研究》, 文物出版社, 1986년) 참조.

54) 鄒衡,〈試論鄭州新發現的殷商文化遺址〉,《夏商周考古學論文集》.

55) 《新中國的考古發現與硏究》, pp.215-219 참조.

56) 《新中國的考古發現與硏究》, pp.224-232와 楊育彬, 《河南考古》(中州古籍出版社, 1985년) pp.110-121 참조.

57) 〈慶祝蔡元培先生六十五歲論文集〉(《史語所集刊》 外編 제1종, 1933년)에 수록.

58) 石璋如, 〈小屯後五次發掘的重要發現〉(《六同別錄》 上冊, 1945년) 참조.

59) 이상은 胡厚宣이 1984년 10월에 全國商史學術討論會에서 발언한 기록 및 1985년 11월 13일에 胡厚宣과 이야기한 기록에 의거했다. 胡厚宣이 이야기한 내용은 銀耳가 정리를 한 후에 〈殷墟發掘的軼事趣聞〉(《殷都學刊》, 1984년 제4기)이라는 글로 발표하였다. 이밖에 董作賓의 《殷墟文字乙編・序》(《中國考古學報》, 제4기, 1949년)도 이 坑의 발굴 상황을 언급하고 있으므로 참조할 만하다.

60) 董作賓, 《殷墟文字乙編・序》 참조.

61) 胡厚宣, 《五十年甲骨文發現的總結》, p.47을 참조.

62) 胡厚宣, 《五十年甲骨文發現的總結》, pp.52-54 참조.

63) 〈1955年 秋安陽小屯殷墟的發掘〉, 《考古學報》, 1958년 제3기.

64) 《新中國的考古發現與硏究》, p.244.

65) 郭沫若, 〈安陽新出土的牛胛骨及其刻辭〉, 《考古》, 1972년 제2기.

66) 《新中國的考古發現與硏究》, p.244.

67) 〈1973年 安陽小屯南地發掘簡報〉, 《考古》, 1975년 제1기. 이미 《小屯南地甲骨》 上下冊에 수록되어 출판되었다.

68) 이미 《小屯南地甲骨》 上下冊에 수록되어 출판되었다.

69) 郭寶鈞, 〈1950年春殷墟發掘報告〉, 《中國考古學報》 제5책, 圖版 11, 1951년.

70) 〈1971年 安陽後岡發掘簡報〉, 《考古》, 1972년 제2기.

71) 〈1958至1959年 殷墟發掘簡報〉, 《考古》, 1961년 제2기.

72) 《新中國的考古發現與硏究》, p.245. 아울러 〈1973年 安陽小屯南地發掘簡報〉 및 《小屯南地甲骨上冊・序言》(中華書局, 1980년) 참조.

73) 《新中國的考古發現與硏究》, pp.245-246과 陳邦懷, 〈小屯南地甲骨中所發現的若干重要史實〉(《歷史硏究》, 1982년 제2기) 및 詹鄞鑫의 〈讀小屯南地甲骨札記〉(《考古與文物》, 1985년 제6기) 등 참조.

74) 《鄭州二里岡》, p.33. 科學出版社, 1959년.

75) 《新中國的考古發現與硏究》, p.245.

76) 李學勤, 〈談安陽小屯以外出土的有字甲骨〉, 《文物參考資料》, 1956년 제11기.

77) 裴明相, 〈略談鄭州商代前期的骨刻文字〉, 《全國商史學術討論會論文集》.

78) 陳夢家, 〈解放後甲骨的新資料和整理硏究〉, 《文物參考資料》, 1954년 제5기.

79) 趙振華, 〈洛陽兩周卜用甲骨的初步考察〉, 《考古》, 1985년 제4기.

80) 王宇信, 《西周甲骨探論》, pp.11-20과 本書 下篇 제13장 제1절 참조.

81) 胡厚宣,《五十年甲骨文發現的總結》, p.49.

82) ‘洛陽紙貴’는《晉書·左思傳》및《世說新語·文學》編에 나온다. 西秦 시기의 左思는 10년 동안 심혈을 기울여 〈三都賦〉를 썼는데, 처음에는 이 홀륭한 작품을 알아 주는 사람이 없다가 후에 당시의 명사인 皇甫謐·張載·劉逵·張華 등이 감상하고 높이 평가하여 이름이 크게 떨쳐졌다. 고상한 척하기 위해 문화 활동을 하던 洛陽의 부호들이 다투어 〈三都賦〉를 베꼈기 때문에 종이를 너무 많이 써서 한때 洛陽의 종이값이 올라 천고의 미담이 되었다.

83) 胡厚宣,《甲骨續存·序》(群聯出版社, 1955년) 참조.

84) 胡厚宣,〈郭沫若同志在甲骨學上的貢獻〉,《考古學報》, 1978년 제4기.

85) 嚴一萍,《商周甲骨文總集·序》, 藝文印書館, 1985년.

86) 陳全方,〈陝西岐山鳳雛村西周甲骨文槪論〉,《古文字硏究論文集》, 1982년 5월.

87) 董作賓,《殷墟文字乙編·序》.

88) 于省吾,《甲骨文字釋林·序》, 中華書局, 1979년.

89) 張政烺,〈卜辭裒田及其相關諸問題〉,《考古學報》, 1973년 제1기.

90) 胡厚宣,〈甲骨文商族鳥圖騰的遺迹〉,《歷史論叢》제1집, 中華書局, 1964년 및 胡厚宣,〈甲骨文所見商族鳥圖騰的新證據〉,《文物》, 1977년 제2기.

91) 裘錫圭,〈甲骨文中所見的商代五刑〉,《考古》, 1961년 제2기.

92)《甲骨文編·編輯序言》, 中華書局, 1965년.

93) 史語所出版, 1965년.

94) 汲古書院, 1967년.

95) 于省吾,〈憶郭老〉,《理論學習》(吉林大學學報哲學社會科學版), 1978년 제4기. 이 책의 편찬에 참가한 사람은 姚孝遂·趙誠·王貴民·王宇信·謝濟 등인데, 草稿는 이미 완성되었다.

96) 童恩正 등,〈關於使用電子計算機綴合商代卜甲碎片的初步報告〉,《考古》, 1977년 제1기.

97) 新中國의 殷商史 연구에서 얻은 성과에 관해서는 王宇信,《建國以來甲骨文硏究》제5장 참조.

98) 이 방면에 관한 論文들은 胡厚宣이 主編한《甲骨學與殷商史》제1집과 제2집(上海古籍出版社, 1983년·1986년) 및《全國商史學術討論會論文集》에 수록되어 있다.

99) 中國古文字學術硏究會는 1979년에 長春에서 창립되어 제1회 연례회를 개최하였으며, 제5회 연례회는 1984년에 西安에서 열렸고, 제6회 연례회는 1986년에 山東省 長島에서 열렸다.

【제5장】甲骨의 整治와 占卜

1)《史記·龜策列傳》.

2) 胡厚宣, 〈殷代卜龜之來源〉(《甲骨學商史論叢》 初集 4책) 참조.

3) 卞美年, 〈河南安陽遺龜〉, 《中國地質學會會志》 17권 1호, 1937년.

4) 陳夢家, 《殷墟卜辭綜述》, p.8 참조.

5) 胡厚宣, 〈殷代卜龜之來源〉 참조.

6) 胡厚宣, 〈殷代卜龜之來源〉 참조.

7) 陳夢家, 《殷墟卜辭綜述》, pp.4-5.

8) 胡厚宣, 〈殷代卜龜之來源〉.

9) 胡厚宣, 〈殷代卜龜之來源〉 참조.

10) 陳夢家, 《殷墟卜辭綜述》, p.9.

11) 董作賓, 〈商代龜卜之推測〉, 《安陽發掘報告》 제1기, 1929년.

12) 董作賓, 〈商代龜卜之推測〉 참조.

13) 董作賓, 〈新獲卜辭寫本後記〉, 《安陽發掘報告》 제1기, 1929년.

14) 董作賓, 〈新獲卜辭寫本後記〉.

15) 《一九七三年安陽小屯南地發掘簡報》.

16) 이상은 董作賓, 〈商代龜卜之推測〉 및 陳夢家, 《殷墟卜辭綜述》 pp.10-11 참조.

17) 董作賓, 〈商代龜卜之推測〉.

18) 이상은 中國社會科學院 古考研究所에서 小屯村 남쪽 지역을 정리한 甲骨學者의 최신 논술에 근거한 것이다. 〈小屯南地甲骨的鑽鑿形態〉(《小屯南地甲骨》 下冊 제3분책, 中華書局, 1983년) 참조.

19) 〈小屯南地甲骨的鑽鑿形態〉 참조.

20) 董作賓, 〈商代龜卜之推測〉.

21) 董作賓, 〈商代龜卜之推測〉.

22) 〈小屯南地甲骨的鑽鑿形態〉.

23) 董作賓, 〈甲骨文斷代研究例〉, 《慶祝蔡元培先生六十五歲論文集》, 1933년.

24) 趙銓 등의 〈甲骨文字契刻初探〉(《考古》, 1982년 제1기)에 의거함.

25) 郭寶鈞 등, 〈一九五○年春殷墟發掘報告〉, 《中國考古學報》 제5기, 1951년.

26) 《殷墟婦好墓》, pp.145-146. 文物出版社, 1980년.

27) 趙銓 등, 〈甲骨文字契刻初探〉.

28) 郭沫若, 〈古代文字之辯證的發展〉, 《奴隷制時代》, p.251, 人民出版社, 1973년.

29) 趙銓 등, 〈甲骨文字契刻初探〉 참조.

30) 陳夢家, 《殷墟卜辭綜述》, p.15.

31) 趙銓 등, 〈甲骨文字契刻初探〉 참조.

32) 陳夢家, 《殷墟卜辭綜述》, p.17 참조.

33) 胡厚宣, 〈武丁時五種記事刻辭考〉, 《甲骨學商史論叢》 初集 3책, 1944년.

34) 董作賓, 《殷墟文字乙編·序》.

35) 陳夢家, 《殷墟卜辭綜述》, p.15.

36) 趙銓 등, 〈甲骨文字契刻初探〉 참조.

37) 任日新, 〈山東諸城前寨遺址調査〉, 《文物》, 1974년 제1기. '旦'字는 于省吾의 해석을 따름.

38) 邵望平, 〈遠古文明的火花 — 陶尊上的文字〉, 《文物》, 1978년 제9기.

39) 董作賓, 《殷墟文字乙編 · 序》

40) 陳夢家, 《殷墟卜辭綜述》, p.16.

41) 董作賓, 《殷墟文字甲編 · 自序》(商務印書館, 1948년) p.8 참조.

42) 林聲, 〈記彝 · 羌 · 納西族的 '羊骨卜'〉(《考古》, 1963년 제3기) 및 林聲, 〈雲南永勝縣彝族(他魯人) '羊骨卜'的調査研究〉(《考古》, 1964년 제2기)와 汪寧生, 〈彝族和納西族的羊骨卜 —— 再論古代甲骨占卜習俗〉(《文物與考古論集》, 文物出版社, 1986년 12월) 등 참조.

【제6장】 甲骨學의 전문 용어 및 甲骨文例

1) 〈小屯南地甲骨的鑽鑿形態〉, 《小屯南地甲骨》 下冊 제3분책, p.1521, 中華書局, 1983년.

2) 張秉權, 〈卜辭腹甲的序數〉, 《史語所集刊》 28本上, 1956～1957년.

3) 胡厚宣, 〈卜辭同文例〉, 《史語所集刊》 9本, 1947년. 張秉權은 이에 대해 다른 견해를 갖고 "殷人의 貞卜은 가장 많은 것도 열다섯 차례에 불과하다"라고 주장하였다. 〈卜辭腹甲的序數〉 참조.

4) 胡厚宣, 〈卜辭同文例〉.

5) 張秉權, 〈卜辭腹甲的序數〉.

6) 張秉權, 〈卜辭腹甲的序數〉 참조.

7) 胡厚宣, 〈甲骨學緒論〉, 《甲骨學商史論叢》 2집 下冊.

8) 胡厚宣, 〈甲骨學緒論〉. 또 胡厚宣, 〈釋兹御兹用〉, 《史語所集刊》 8本 4分, 1940년.

9) 楊向奎, 〈釋不玄冥〉, 《歷史研究》, 1955년 제1기. 이 말에 대해 역대로 衆說이 분분한데, 선배 학자 孫詒讓 · 胡光煒 · 董作賓 · 郭沫若 · 許敬參 · 唐蘭 · 于省吾 등이 모두 考釋을 하였으니 《甲骨文字集釋》 13권, pp.3949-3964 참조. 현대의 晁福林은 '不再用'으로 읽고, "이 말의 실제 의미는 설령 甲骨의 정면에 아직 공백이 남아 있다고 하더라도 더 이상 사용하지 않음을 표시한다"고 말하였다. 〈甲骨文考釋兩篇〉(《語言文字研究專輯》下, 《中華文史論叢》 增刊, 上海古籍出版社, 1986년 6월) 참조. 현재 學界에서는 대부분 楊向奎의 學說을 따른다.

10) 胡厚宣, 〈甲骨學緒論〉 참조.

11) 董作賓, 〈大龜四版考釋〉, 《安陽發掘報告》 제3기, 1931년.

12) 董作賓, 〈骨文例〉, 《史語所集刊》 7本 1分, 1936년.

13) 董作賓, 〈商代龜卜之推測〉.

14) 董作賓, 〈商代龜卜之推測〉 참조. 胡厚宣에게도 이에 대한 논술이 있는데, 〈甲骨學
緖論〉 참조. 또 1972년 香港中文大學 聯合書院에서 출판한 李達良의 《龜版文例研究》
를 참조할 만하다.

15) 董作賓, 〈骨文例〉.

16) 董作賓, 〈骨文例〉 참조.

17) 胡厚宣은 이 유형의 卜辭를 〈獸骨相間刻辭例〉로 분류하였다. 〈卜辭雜例〉(《史語所
集刊》 8本 3分, 1939년) 참조.

18) 胡厚宣은 이 유형의 卜辭를 〈獸骨卜辭對貞例〉로 분류하였다. 〈卜辭雜例〉 참조.

19) 董作賓, 〈商代龜卜之推測〉.

20) 董作賓, 〈安陽侯家莊出土之甲骨文字〉, 《田野考古報告》 제1기, 1936년.

21) 唐蘭, 〈關於尾右甲卜辭〉, 《國學季刊》 5권 3기, 1935년.

22) 董作賓, 〈帚矛說〉, 《安陽發掘報告》 제4기, 1933년.

23) 郭沫若, 〈骨臼刻辭之一考察〉, 《古代銘刻彙考續編》, 1934년. 또 《甲骨文字研究》(《郭
沫若全集》 考古編 제1권, 科學出版社, 1982년)에 수록되었다.

24) 胡厚宣, 〈武丁時五種記事刻辭考〉 참조.

25) 胡厚宣, 〈武丁時五種記事刻辭考〉.

26) 胡厚宣, 〈卜辭記事文字史官簽名例〉, 《史語所集刊》 12本, 1948년.

27) 胡厚宣의 〈사관의 서명〔史官簽名〕〉에 대한 논술이 상세한데, 〈卜辭記事文字史官
簽名例〉 참조.

28) 郭沫若, 《卜辭通纂考釋》, pp.230-331, 科學出版社, 1983년.

29) 郭沫若, 《甲骨文字研究》.

30) 于省吾, 〈甲骨文 '家譜刻辭' 眞僞辨〉, 《古文字研究》 제4집, 中華書局, 1980년.

31) 胡厚宣, 〈甲骨文 '家譜刻辭' 眞僞問題再商榷〉, 《古文字研究》 제4집, 中華書局, 1980년.

32) 胡厚宣은 상세한 통계를 가지고 郭沫若에게 편지를 하였는데, 이 글은 郭沫若의
〈出土文物二三事〉(人民出版社, 1972년) pp.29-30에 수록되어 있다.

33) 陳夢家, 《殷墟卜辭綜述》, pp.325-327 참조.

34) 郭沫若, 《甲骨文字研究》.

35) 董作賓, 〈殷代 '文例' 分 '常例' · '特例' 二種說〉(《中國文字》 제6기) 참조.

36) 胡厚宣, 〈卜辭同文例〉.

37) 張秉權, 〈卜龜腹甲的序數〉 참조.

38) 胡厚宣, 〈卜辭同文例〉.

39) 胡厚宣, 〈卜辭同文例〉.

40) 胡厚宣의 〈卜辭同文例〉에 상세하게 논술되어 있으며, 아울러 附圖 273폭이 있으
므로 참조할 만하다.

41) 張秉權, 〈卜龜腹甲的序數〉 참조.

42) 張秉權, 〈卜龜腹甲的序數〉 참조.

43) 胡厚宣, 〈卜辭雜例〉.

44) 胡厚宣, 〈卜辭雜例〉.

45) 胡厚宣, 〈卜辭雜例〉.

46) 胡厚宣, 〈卜辭雜例〉.

47) 胡厚宣, 〈卜辭雜例〉.

48) 胡厚宣, 〈卜辭雜例〉.

49) 胡厚宣, 〈卜辭雜例〉.

【제7장】 甲骨文의 시기 구분(上)

1) 董作賓, 〈大龜四版考釋〉.

2) 王宇信, 《建國以來甲骨文硏究》, pp.7-8.

3) 胡厚宣, 《五十年甲骨學論著目·序》.

4) 陳夢家, 《殷墟卜辭綜述》, p.135.

5) 王國維, 〈殷卜辭中所見先公先王考〉, 《觀堂集林》, p.431.

6) 王國維, 〈殷卜辭中所見先公先王考〉, p.434.

7) 許進雄, 《殷墟卜辭後編·編者的話》, 藝文印書館, 1972년.

8) 멘지스의 이 序文은 발표되지 않았다. 여기서는 李學勤의 《小屯南地甲骨與甲骨分期》에 부록으로 실려 있는 멘지스의 〈殷墟卜辭後編序〉(《文物》, 1981년 제5기)에서 인용하였다.

9) 陳夢家, 《殷墟卜辭綜述》, pp.135-136.

10) 董作賓, 《殷墟文字甲編·自序》 참조.

11) 董作賓, 〈大龜四版考釋〉.

12) 李濟, 〈民國十八年秋季發掘殷墟之經過及其重要發現〉, 《安陽發掘報告》 제2기, p.226·236, 1930년.

13) 董作賓, 〈大龜四版考釋〉 참조.

14) 董作賓, 〈大龜四版考釋〉 참조.

15) 董作賓, 〈大龜四版考釋〉 참조.

16) 董作賓, 〈甲骨文斷代硏究例〉.

17) 王國維, 《觀堂集林》 권9.

18) 《史記·殷本紀》.

19) 《尙書·無逸》.

20) 陳夢家, 《殷墟卜辭綜述》, p.137.

21) 董作賓, 《殷墟文字甲編·自序》 참조.

22) 董作賓이 기록한 甲骨 자료의 출토 지역의 편입은 기본적으로 믿을 만하다. 그

러나 정확치 못한 곳도 있는데, 陳夢家의 《殷墟卜辭綜述》, pp.144-145에서는 그 전면
적이지 못한 곳에 대해 논박하였으므로 참고할 만하다.

23)《殷墟文字甲編》에 수록된 갱위의 기록은 이미 발표되었다. 石璋如,〈殷墟文字甲
編的五種分析》〉(《史語所集刊》53本 3分, 1982년 9월) 참조.

24) 陳夢家,《殷墟卜辭綜述》, p.140.

25) 陳夢家,《殷墟卜辭綜述》, p.141.

26) 郭沫若,《卜辭通纂·序》, 文求堂, 1933년.

27) 郭沫若,《卜辭通纂·後記》.

28) 郭沫若,《卜辭通纂·後記》.

29) 董作賓,〈甲骨文斷代研究例〉.

30) 李學勤,〈小屯南地甲骨與甲骨分期〉,《文物》, 1981년 제5기.

31) 陳夢家,《殷墟卜辭綜述》, p.139.

32) 董作賓,〈甲骨文斷代研究例〉.

33) 王宇信,《建國以來甲骨文研究》, p.13.

34) 鄒衡,〈試論殷墟文化分期〉(《北京大學學報》, 1964년 제4·5기) 참조.

35) 胡厚宣,《戰後寧滬新獲甲骨集·自序》, 또 《戰後南北所見甲骨錄·序》·《戰後京津
新獲甲骨集·序》·《甲骨續存·序》 등.

36)《新中國的考古發現與研究》, pp.223-224 및 《殷墟青銅器》(文物出版社, 1985년)·
《中國考古學研究》(文物出版社, 1986년) 참조.

【제8장】 甲骨文의 시기 구분(下)

1) 董作賓,〈甲骨文斷代研究例〉.

2) 丁山,〈新殷本紀〉,《史董》 제1책, 1930년.

3) 周鴻翔,《商殷帝王本紀》, 1958년.

4) 董作賓,〈殷曆譜〉,《史語所專刊》 4책, 1945년.

5) 島邦男,《殷墟卜辭研究》, 1953년. 溫天河·李壽林의 中譯本이 1975년에 鼎文書局
에서 출판되었다.

6) 陳夢家,《殷墟卜辭綜述》.

7) 李學勤,《殷代地理簡論》, 科學出版社, 1959년.

8) 許進雄,〈殷卜辭中五種祭祀研究〉,《文史叢刊》, 1969년.

9) 胡厚宣,〈甲骨文四方風名考〉,《甲骨學商史論叢》初集 2책.

10) 劉起釪,〈甲骨文與《尙書》研究〉,《甲骨文與殷商史》 제3집, 上海古籍出版社.

11) 董作賓,《殷墟文字乙編·序》.

12) 李學勤,〈帝乙時代的非王卜辭〉,《考古學報》, 1958년 제1기.

13) 貝塚茂樹,《京都大學人文科學研究所藏甲骨文字》本文篇,〈序論〉제2장을 참조.

14) 陳夢家,《殷墟卜辭綜述》第4장의 제4절·제7절·제8절.

15) 董作賓,《殷墟文字乙編·序》.

16) 胡厚宣,《甲骨續存·序》, 1955년.

17) 陳夢家,《殷墟卜辭綜述》, pp.145-155.

18) 陳夢家,《殷墟卜辭綜述》, pp.158-161.

19) 陳夢家,《殷墟卜辭綜述》, pp.162-165.

20) 李學勤,〈帝乙時代的非王卜辭〉 참조.

21) 李學勤,〈小屯南地甲骨與甲骨分期〉.

22) 姚孝遂,〈吉林大學所藏甲骨選釋〉,《吉林大學社會科學學報》, 1963년 제4기.

23) 〈一九七三年安陽小屯南地發掘簡報〉.

24) 蕭楠,〈安陽小屯南地發現的‘自組卜甲’——兼論‘自組卜辭’的時代及其相關問題〉(《考古》, 1976년 제4기) 참조.

25) 謝濟,〈武丁時另種類型卜辭分期的研究〉(《古文字研究》 제6집, 中華書局, 1981년) 참조.

26) 이러한 견해에 여전히 찬동하지 않는 학자들이 있다. 嚴一萍은《商周甲骨文總集》(藝文印書館, 1985년 출판)의 序文에서 전면적으로 자기의 의견을 논증하였다. 그는 "董作賓 선생은 ‘大乙’이라는 稱謂가 文武丁 시기라는 강력한 증거라고 지적하였으며, 25년 전에 나는 다시 ‘母戊’라는 稱謂를 추가하여 侑祭의 祭祀 계통과 함께 가장 중요한 것은 윤2월의 발견이다"고 지적하였다. 아울러 "이 문제들은 지층 혹은 甲骨을 정리하는 방법으로 해결할 수 있는가?"라고 문제를 제기하고, "만일 잘못된 지층 판단으로 甲骨의 시기를 단정한다면 그 결과는 뻔한 것이다"고 주장하였다. 또 "文武丁 시기임을 반대하는 甲骨 연구자들은 전반적인 고려를 해서 ‘그 전체를 관찰하는’ 방법으로 새롭게 이 문제를 생각해야 한다"고 호소하였다.

27) 李學勤,〈論 ‘婦好’ 墓的年代及有關問題〉,《文物》, 1977년 제11기.

28) 陳夢家,《殷墟卜辭綜述》, p.156.

29) 陳夢家,《殷墟卜辭綜述》, p.187.

30) 陳煒湛,〈‘歷組卜辭’的討論與甲骨文斷代研究〉(《出土文獻研究》, 文物出版社, 1985년) 참조.

31) 李學勤,〈論 ‘婦好’ 墓的年代及有關問題〉 참조.

32) 裘錫圭,〈論 ‘歷組卜辭’ 的時代〉(《古文字研究》 제6집, 中華書局, 1981년) 참조.

33) 林澐,〈小屯南地發掘與殷墟甲骨斷代〉(《古文字研究》 제9집, 中華書局, 1984년) 참조.

34) 蕭楠의 〈論武乙·文丁卜辭〉(《古文字研究》 제3집, 中華書局, 1980년) 및《小屯南地甲骨·前言》(中華書局, 1980년) 참조.

35) 陳煒湛,〈裘錫圭 ‘論歷組卜辭的時代’ 一文中二十組文例的商榷〉 참조.

36) 陳夢家,《殷墟卜辭綜述》, p.202.

37) 蕭楠,〈論武乙·文丁卜辭〉.

38) 董作賓, 〈殷曆譜·緖言〉(《史語所專刊》4책, 1945년) 및 董作賓, 《甲骨學六十年》(藝文印書館, 1965년), pp.102-118 참조.

39) 陳夢家, 《殷墟卜辭綜述》, p.153.

40) 陳夢家, 《殷墟卜辭綜述》, p.155.

41) 李學勤, 〈小屯南地甲骨與甲骨分期〉.

42) 董作賓, 《殷墟文字乙編·序》.

43) 李學勤, 〈小屯南地甲骨與甲骨分期〉.

44) 李學勤, 〈小屯南地甲骨與甲骨分期〉 注 8).

45) 《古文字研究》 제9집(中華書局, 1984년)에 수록.

46) 제1회 中國古文字學術討論會는 1978년 9월에 吉林省 長春市에서 열렸으며, 전국의 각 省과 市에서 古文字學者 51명이 회의에 참가하였다.

47) 陳煒湛, 〈'歷組卜辭'的討論與甲骨文斷代研究〉.

48) 郭沫若, 〈戊辰彝考釋〉, 《殷周靑銅器銘文研究》, 1931년.

49) 胡厚宣, 〈郭沫若同志在甲骨學上的巨大貢獻〉 인용.

50) 常玉芝, 〈說文武帝〉, 《古文字研究》 제4집, 中華書局, 1980년. 陳夢家는 이미 妣癸가 文丁의 배우자라고 지적하였다. 《殷墟卜辭綜述》, p.388 참조.

51) 林澐, 〈小屯南地甲骨的發掘與甲骨分期〉.

52) 陳煒湛, 〈'歷組卜辭'的討論與甲骨文斷代研究〉.

【제9장】甲骨文 자료를 사용하는 데 주의해야 할 몇 가지 문제

1) 胡厚宣, 〈讀曾毅公君 '殷墟書契續編校記'〉, 《甲骨學商史論叢》 初集 4책.

2) 《齊大季刊》 제2기(1933년 6월)에 수록.

3) 齊魯大學國學研究所의 《國學叢編》(1939년)에 수록.

4) 《甲骨學商史論叢》 初集 4책에 수록.

5) 王貴民, 〈一部大型的甲骨文資料彙編 —— 甲骨文合集〉, 《中國史研究動態》, 1979년 제9기.

6) 陳夢家, 《殷墟卜辭綜述》, p.652.

7) 胡厚宣, 〈臨淄孫氏舊藏甲骨文字考辨〉, 《文物》, 1973년 제9기.

8) 松丸道雄, 〈甲骨文僞造問題新探〉, 《古文字研究》 제6집, 中華書局, 1981년.

9) 董作賓, 〈民國十七年十月試掘安陽小屯報告書〉, 《安陽發掘報告》 제1기, 1929년.

10) 王宇信, 〈'西德·瑞士藏我國殷墟出土的甲骨文' 考辨〉, 《人文雜誌》1981년 제3기.

11) 胡厚宣, 〈泰州博物館所藏甲骨文字辨僞〉, 《殷都學刊》 1986년 제1기.

12) 胡厚宣, 〈甲骨文 '家譜刻辭' 眞僞問題再商榷〉, 《古文字研究》 제4집, 中華書局, 1980년.

13) 陳夢家, 《殷墟卜辭綜述》, p.652.

14) 陳夢家, 《殷墟卜辭綜述》, p.499.

15) 李學勤, 〈論殷代的親族制度〉, 《文史哲》, 1957년 제11기.

16) 于省吾, 〈略論甲骨文 '自上甲六示' 的廟號以及我國成文歷史的開始〉, 《社會科學戰線》, 1978년 창간호.

17) 《古文字硏究》 제4집(中華書局, 1980년)에 수록.

18) 陳夢家, 《殷墟卜辭綜述》, p.672.

19) 胡厚宣, 〈臨淄孫氏舊藏甲骨文字考辨〉, 《文物》, 1973년 제9기.

20) 徐錫臺, 〈西德·瑞士藏我國殷墟出土的甲骨文〉, 《人文雜誌》 1980년 제5기.

21) 王宇信, 〈'西德·瑞士藏我國殷墟出土的甲骨文' 考辨〉.

22) 이것은 1985년 11월 20일에 河南 安陽賓館과 河南 鄭州工藝廠에서 侯氏가 한 말에 근거해서 기록한 것이다.

23) 郭沫若, 《殷契粹編考釋》 제113편, 1937년.

24) 胡厚宣, 〈郭沫若同志在甲骨學上的巨大貢獻〉.

25) 胡厚宣, 《甲骨文合集·序》.

26) 胡厚宣, 〈記故宮博物院新收的兩片甲骨卜辭〉(《中華文史論叢》 제1집, 1981년) 참조.

27) 嚴一萍, 《商周甲骨文總集·序》, 藝文印書館, 1985년.

28) 蔡哲茂, 〈甲骨文合集綴合補遺〉, 《大陸雜誌》 제68권 6기, 1984년 6월. 또 동 간행물 제69권 2기, 1984년 8월.

29) 이상은 白玉崢, 〈讀甲骨綴合新編暨補編略論甲骨綴合〉(《中國文字》 제1기, 藝文印書館, 1980년) 참조.

30) 童恩正 등, 〈關於使用電子計算機綴合商代卜甲碎片的初步報告〉, 《考古》, 1977년 제3기.

31) 董作賓, 《殷墟文字甲編·自序》.

32) 胡厚宣, 《甲骨文合集·序》.

33) 胡厚宣, 《甲骨文合集·序》.

34) 甲骨文 속의 周祭에 관해서는 陳夢家의 《殷墟卜辭綜述》 제11장 제5절·제6절, 島邦男의 《殷墟卜辭硏究》 중국어판(鼎文書局, 1975년) 제1편 제1장 및 제4장 제1절, 許進雄의 〈殷卜辭中五種祭祀硏究〉 등 참조.

35) 常玉芝, 〈說文武帝〉.

36) 常玉芝, 〈說文武帝〉.

37) 常玉芝, 〈說文武帝〉.

【제10장】 甲骨의 기록 및 소장 현황

1) 胡厚宣, 〈八十五年來甲骨文材料之再統計〉, 《史學月刊》, 1984년 제5기.

2) 《隋書·經籍志》四에 "《雜碑集》二十二卷"이라 하였고, 注에 "梁나라에 《碑集》 10권이 있는데, 謝莊이 지었다. 《釋氏碑文》 30권은 梁나라 元帝가 지은 것이다 梁有《碑

集》十卷, 謝莊撰;《釋氏碑文》三十卷, 梁元帝撰"고 하였다.

3) 閻文儒,《中國考古學史》제3장(北京大學考古專業講義, 1963년 油印本) 참조.

4) 胡厚宣,《五十年甲骨學論著目》, p.34, 中華書局, 1952년. 또 胡厚宣,《殷墟發掘》, p.17 참조.

5) 胡厚宣,《殷墟發掘》, p.17.

6) 陳夢家,《殷墟卜辭綜述》, p.670.

7) 陳夢家,《殷墟卜辭綜述》, p.670.

8) 王懿榮과 劉鶚이 소장했던 甲骨의 기록 및 소장 현황에 관해서는 胡厚宣,《五十年甲骨文發現的總結》, pp.22-24 및 胡厚宣,《殷墟發掘》, pp.13-14와 pp.16-18 참조.

9) 郭沫若,《卜辭通纂·後記》, 日本 文求堂, 1933년.

10) 崔志遠,〈王襄及其甲骨文研究〉,《天津社會科學》, 1982년 제5기.

11) 嚴一萍,《重印 殷墟書契前編·序》, 1970년.

12) 嚴强·度偉,〈甲骨入藏山東記〉,《文物天地》, 1986년 제1기. 이 글에 기록된 甲骨 숫자에는 약간의 차이가 있는데, 胡厚宣이 이를 바로잡았다. 胡厚宣,〈甲骨入藏山東補記〉(《文物天地》, 1986년 제3기) 참조.

13) 胡厚宣,《殷墟發掘》, p.24.

14)《京都大學人文科學研究所藏甲骨文字》本文篇,〈序論〉제1장.

15) 胡厚宣,〈關於劉體智·羅振玉·明義士舊藏甲骨現狀的說明〉,《殷都學刊》, 1985년 제1기.

16) 郭沫若,《卜辭通纂·述例》, 日本 文求堂, 1933년.

17) 郭沫若,《殷契粹編·述例》, 科學出版社, 1956년.

18) 胡厚宣,《五十年甲骨文發現的總結》, pp.47-54. 또 胡厚宣,〈關於劉體智·羅振玉·明義士舊藏甲骨現狀的說明〉 참조.

19) 胡厚宣,〈甲骨文商族鳥圖騰的遺迹〉,《歷史論叢》제1집, 中華書局, 1964년. 또 胡厚宣,〈甲骨文所見商族鳥圖騰的新證據〉,《文物》, 1977년 제2기.

20) 胡厚宣,〈甲骨文所見殷代奴隸的反壓迫鬪爭〉,《考古學報》, 1976년 제1기.

21) 松丸道雄,〈日本散見甲骨文字搜彙〉五,《甲骨學》, 1976년 제11호. 松丸道雄의 이 글은 모두 제1·2·3·4·5·6부분으로 나누어져 있다. 제5부분을 제외하고 그 나머지는《甲骨學》7·8·9·10·12의 각호에 나눠서 발표되었다. 劉明輝가 全文을 중국어로 번역하여《古文字研究》제3집(中華書局, 1980년)에 발표하였는데, 총 4백84편의 甲骨이 기록되어 있으며, 매편마다 모두 수장가를 밝혔다.

22) 日本《甲骨學》6-10호(1958-1964년)에 수록.

23) 이 책을 출판사에 넘기기 전날 밤에 日本人 伊藤道治의《天理大學附屬天理參考館甲骨文字》(天理時報社出版, 1987년 2월)라는 책을 보고 天理參考館에 소장된 甲骨文이 이미 公布되있음을 알았다. 全書에는 총 6백92편의 甲骨文字가 수록되었다. 책 앞

에는 24판의 컬러도판이 있으며, 아울러 序·總論·遺跡 地圖 등이 있다. 또한《甲骨文字釋文》(別冊) 1권이 있다. 이 책 속에 수록된 甲骨은 寫眞과 拓本을 서로 대조하였으며, 인쇄 상태가 선명하다.

24) 1987년 5월 29일에 胡厚宣과 필자는 中國社會科學院에서 松丸道雄을 만났는데, 이야기를 나누는 중에 松丸道雄은, 三井源右衛門에 소장된 甲骨 3천 편은 정확치 않은데, 이유는 그 중 일부분이 이미 戰火에 훼멸되어 현재는 1천여 편만이 東洋文化研究所에 보존되어 있기 때문이라고 설명하였다

25) 胡厚宣,〈八十五年來甲骨文材料之再統計〉참조.

26) 胡厚宣,〈關於劉體智·羅振玉·明義士舊藏甲骨現狀的說明〉.

27) 이 甲骨들이 지하에서 발견된 상세한 상황에 관해서는 本書 제4장 제2절에 나온다. 原骨은 현재 山東省博物館에 소장되어 있다. 그러나 許進雄이《戰後南北所見甲骨錄·明義士所藏》에 기록된 8백47편이 바로 이것이라고 말한 것은 정확치 못하다. 胡厚宣은〈關於劉體智·羅振玉·明義士舊藏甲骨現狀的說明〉이라는 글에서, "이것은 故宮博物館에 소장된 것으로 원래는 멘지스가 소장했던 甲骨 중의 일부이다"라고 지적하였다.

28) 胡厚宣은〈關於劉體智·羅振玉·明義士舊藏甲骨現狀的說明〉에서 "사실 이 甲骨들은 훼멸되지 않았으며, 단지 山東에 매장되어 있지 않고 현재 北京의 故宮博物館에 있다"고 밝혔다.

29) 胡厚宣,《殷墟發掘》, p.33.

30) 胡厚宣,〈八十五年來甲骨文材料之再統計〉 및 胡厚宣,〈關於劉體智·羅振玉·明義士舊藏甲骨現狀的說明〉참조.

31) 胡厚宣,《五十年甲骨文發現的總結》, p.25 및 陳夢家,《殷墟卜辭綜述》, p.671, 제45조 참조.

32) 胡厚宣,《五十年甲骨文發現的總結》, p.25 및 陳夢家,《殷墟卜辭綜述》, p.671, 제45조 참조.

33) 胡厚宣,《五十年甲骨學論著目·序》.

34) 胡厚宣,〈八十五年來甲骨文材料之再統計〉참조.

35)《英國所藏甲骨集·前言》(中華書局, 1985년 9월) 참조.

36) 이 甲骨片은 일찍이 칼펜트의〈中國原始文字考〉(《卡內基博物館報告》제4기, 1906년에 수록), p.32에 기록되었다.

37)《英國所藏甲骨集·前言》및 齊文心,〈關於英藏甲骨整理中的幾個問題〉(《史學月刊》1986년 제3기) 참조.

38) 胡厚宣,〈八十五年來甲骨文材料之再統計〉참조.

39)《英國所藏甲骨集·前言》및 齊文心,〈關於英藏甲骨整理中的幾個問題〉참조.

40) 胡厚宣,〈八十五年來甲骨文材料之再統計〉.

41) 《殷墟文字甲編》의 坑位 기록은 이미 발표되었다. 石璋如, 〈殷墟文字甲編的五種分析〉 참조.

42) 胡厚宣, 〈八十五年來甲骨文材料之再統計〉 注 1).

43) 胡厚宣, 〈八十五年來甲骨文材料之再統計〉.

44) 石璋如, 〈殷墟文字甲編的五種分析〉 참조.

45) 于秀卿 등, 《古文字研究》 제6집(中華書局, 1981년)에 수록.

46) 柯辦, 〈郭沫若《甲骨文合集》獲獎〉, 《北京晚報》, 1983년 2월 19일. 本書를 출판사로 넘기기 전날 밤에 〈吳玉章獎金〉의 제1회 심사가 결정되었음을 알았으며, 《甲骨文合集》은 또한 歷史學 특등상을 수상하여 人民幣〔중국의 화폐 이름〕 5천 元을 받았다. 周建明, 〈'吳玉章獎金' 首次評獎〉(《人民日報》, 1987년 10월 10일, 제3판) 참조. 특별히 여기에 보충한다.

47) 胡厚宣, 《甲骨文合集・序》.

48) 《甲骨文合集・編輯凡例》, p.2 참조.

49) 甲骨學과 기타 각 학문의 관계 및 중요성에 관해서는 本書 제1장 제2절 및 王宇信, 《建國以來甲骨文研究》 제6장 참조.

50) 胡厚宣, 《甲骨文合集・序》.

51) 尹達, 《甲骨文合集・前言》, 中華書局, 1982년.

52) 尹達, 《甲骨文合集・前言》.

53) 胡厚宣, 《甲骨文合集・序》.

54) 尹達, 《甲骨文合集・前言》.

55) 趙誠, 〈甲骨文合集評介〉, 《光明日報》, 1983년 1월 31일.

【제11장】甲骨學과 殷商史 연구의 중요 서적

1) 蕭艾, 《甲骨文史話》, p.37, 文物出版社, 1980년.

2) 王宇信, 《建國以來甲骨文研究》, p.14.

3) 羅振玉, 《殷墟書契後編・序》, 1916년.

4) 羅振玉, 《殷商貞卜文字考・序》, 1910년.

5) 郭沫若, 《中國古代社會研究》, p.213, 科學出版社, 1955년.

6) 郭沫若, 《中國古代社會研究》, p.213.

7) 郭沫若, 《金文叢考・重印弁言》, 人民出版社, 1954년.

8) 《郭沫若全集》考古編 제1권 〈說明〉, 科學出版社, 1982년.

9) 于省吾, 《甲骨文字釋林・凡例》, 中華書局, 1979년.

10) 于省吾, 《甲骨文字釋林・序》, 中華書局, 1979년.

11) 楊樹達, 《卜辭瑣記・序》, 中國科學院 出版, 1954년.

12) 郭沫若, 《卜 批判書》, p.5, 科學出版社, 1956년.

13) 1987년 9월 1일에서 16일까지 河南省 安陽市에서 열렸던 中國殷商文化國際討論會 기간에, 日本 大東文化大學 전총장이며 유명한 학자인 池田末利 敎授는 嚴一萍이 1987년 8월에 미국 네바다 주에서 병으로 서거했다고 알렸다. 실로 池田末利 敎授가 말한 바와 같이, 嚴一萍은 甲骨學 연구의 발전을 위해서 적지않은 공헌을 하였다. 특히 여기에서 보충하여 대륙 학자가 그에게 애도를 보낸다. 1987년 10월 이 책의 원고를 송부하기 전날 밤에 저자가 삼가 기록하다.

14) 嚴一萍,《甲骨斷代問題·序》, 藝文印書館, 1982년.

15) 嚴一萍,《甲骨斷代問題》, p.85, 藝文印書館, 1982년.

16) 嚴一萍,《甲骨斷代問題》 제2장 참조.

17) 嚴一萍,《甲骨斷代問題·再序》, 藝文印書館, 1982년.

18) 嚴一萍,《甲骨斷代問題》, p.1.

19)《殷墟卜辭研究·中譯本自序》, 鼎文書局, 1957년.

20)《殷墟卜辭研究·中譯本自序》.

21) 范毓周,〈戴維.N.凱特利的 '商代史料'〉(《中國史研究動態》, 1980년 제12기) 참조.

22) 郭沫若,《金文叢考·重印弁言》, 人民出版社, 1954년.

23) 郭沫若,《中國古代社會研究·導論》, 人民出版社, 1954년.

24) 郭沫若,《中國古代社會研究·後記》(人民出版社, 1954년) 참조.

25) 郭沫若,《奴隸制時代》, p.25, 人民出版社, 1973년.

26) 胡厚宣,《甲骨學商史論叢·自序》(齊魯大學國學研究所 出版, 1944년) 참조.

27)《甲骨學商史論叢·高亨序》 참조.

28) 白川靜,〈胡厚宣氏的商史研究〉 下篇,《立命館文學》103호, p.56, 1953년.

29)《古代殷帝國》, p.202.

30) 周鴻翔,《商殷帝王本紀·自序》, 1958년.

31) 許藝,〈殷代地理簡論評介〉,《考古》, 1959년 제5기.

32) 許藝,〈殷代地理簡論評介〉.

33) 張政烺,〈卜辭裒田及其相關諸問題〉,《考古學報》, 1973년 제1기.

34) 王宇信,《建國以來甲骨文研究》, p.2.

35) 戴維. 恩. 凱特利,〈評 '建國以來甲骨文研究'〉. 譯文은《歷史敎學》, 1982년 제11기에 수록.

36) 高明,《古文字類編·序》, 中華書局, 1980년.

37)《甲骨文字集釋·屈萬里序》(臺灣 中央研究院 出版, 1975년) 참조.

38)《甲骨文字集釋·屈萬里序》 참조.

39) 王明閣,《甲骨學初論·後記》, 黑龍江人民出版社, 1986년.

【제12장】甲骨學에 공헌한 학자들 및 그 연구 특징

1) 胡厚宣, 〈《甲骨文合集》與商史研究工作〉, 《文史知識》, 1986년 제5기.

2) 이상은 胡厚宣의 《五十年甲骨學論著目·序言》(中華書局, 1952년)에 의거함.

3) 필명은 趙佩馨.

4) 1965년부터 中國에서는 '역사상 유례가 없는 革命'이 시작되어, 상당수의 中國 학자들이 연구 작업을 중단하도록 압박을 받았으며, 일체의 學術 刊行物이 모두 停刊 되었다. 1972년이 되어서야 비로소 周恩來·郭沫若의 배려하에 수년 동안 停刊되었 던 《文物》·《考古》·《考古學報》 등이 다시 발간되기 시작하였다.

5) 翁同和(1830-1904년)는 淸代 末葉의 대신이며, 維新派이다. 일찍이 淸나라 光緒 皇帝의 師傅를 지냈다. 戊戌變法 때는 帝黨의 영수가 되었으며, 維新派의 영수 康有 爲는 바로 그가 光緒帝에게 비밀히 추천한 사람이다.

6) 王崇煥(漢章)輯, 《王文敏公年譜》, 23年 丁酉 53歲條, 《中和》 4권 7기, 1943년 7월.

7) 吳大澂(1835-1902년)은 淸代 末葉의 유명한 金石學者·古文字學者이며, 著書로 는 《說文古籀補》·《愙齋集古錄》 등이 있다.

8) 〈王文敏公年譜〉, 25年 己亥 55歲條.

9) 〈王文敏公年譜〉, 21年 乙未 51歲條.

10) 〈王文敏公年譜〉, 26年 庚子 56歲條.

11) 趙洛, 〈義不苟生 —— 甲骨文的發現者王懿榮〉(《文物天地》 1984년 제2기) 참조. 〈甲 骨魂〉(3회 TV 연속극)은 安陽甲骨學會 회원인 劉志偉가 각본을 쓴 것인데, 王懿榮의 일생 경력을 소재로 해서, 그를 甲骨學者이며 민족의 영웅으로 위대하게 형상화시켜 재현한 것이다. 이 드라마는 이미 1987년 9월에 개최된 中國殷商文化國際討論會에서 방영되었다.

12) 王襄이 甲骨文을 감정하고 수장한 상황에 관해서는 이미 本書의 제2장에서 서술 했으므로 여기서는 생략한다.

13) 崔志遠, 〈王襄及其甲骨文研究〉(《天津社會科學》 1982년 제5기) 참조.

14) 王翁如, 〈簠室殷契跋〉(《歷史敎學》, 1982년 제9기) 참조.

15) 魯迅, 《中國小說史略》(人民文學出版社, 1973년), p.260 참조.

16) 羅振玉, 《夢郼草堂吉金圖·序》, 1917-1918년.

17) 胡厚宣, 《五十年甲骨文發現的總結》, pp.22-23 참조.

18) 劉鶚이 1909년에 사망한 뒤에 甲骨이 분산되고 기록된 정황에 관해서는 本書의 제10장 제2절에서 이미 소개하였으므로 참조.

19) 劉鶚, 《鐵雲藏龜·自序》, 蟬隱廬 出版, 1903년.

20) 蔣逸雪, 《劉鶚年譜》, 光緒 14年條, 齊魯書社, 1980년.

21) 蔣逸雪, 《劉鶚年譜》, 光緒 23年條.

22) 이상은 蔣逸雪의 《劉鶚年譜》를 참조.

23) 郭沫若, 〈卜辭中的古代社會〉, 《中國古代社會研究》, 人民出版社, 1954년.

24) 甘孺, 《永豊鄕人行年錄》(羅振玉年譜)(江蘇人民出版社, 1980년) 및 楊昇南, 《羅振玉傳略》(《中國現代史學家傳略》 제3집, 山西人民出版社, 1983년) 참조.

25) 郭沫若, 《中國古代社會研究·自序》, 人民出版社, 1954년.

26) 羅振玉, 《殷墟書契後編·序》, 1916년.

27) 郭沫若, 《卜辭中的古代社會》.

28) 羅振玉, 《殷墟書契考釋》, p.76, 1914년.

29) 陳煒湛·曾憲通, 〈論羅振玉和王國維在古文字學領域內的地位和影響〉(《古文字研究》 제4집, 中華書局, 1980년) 참조.

30) 羅振玉, 《殷商貞卜文字考·自序》, 1910년.

31) 楊昇南, 《羅振玉傳略》 참조.

32) 陳煒湛·曾憲通, 〈論羅振玉和王國維在古文字學領域內的地位和影響〉 참조.

33) 郭沫若, 《中國古代社會研究·自序》.

34) 王國維, 〈毛公鼎考釋序〉, 《觀堂集林》 권6, p.293, 中華書局, 1959년.

35) 蕭艾, 《王國維評傳》(浙江文藝出版社, 1983년), pp.103-108 및 pp.135-147 참조.

36) 周傳儒, 〈史學大師王國維〉(《歷史研究》, 1981년 제6기) 및 蕭艾, 《王國維評傳》 참조.

37) 蕭艾, 《王國維評傳》 pp.36-46 참조.

38) 袁英光, 〈王國維〉(《中國史學家評傳》 下, 中州古籍出版社, 1985년) 참조.

39) 蕭艾, 《王國維評傳》, p.152.

40) 陳煒湛·曾憲通, 〈論羅振玉和王國維在古文字學領域內的地位和影響〉 참조.

41) 蕭艾, 《王國維評傳》, pp.191-205.

42) 陳煒湛·曾憲通, 〈論羅振玉和王國維在古文字學領域內的地位和影響〉 참조.

43) 嚴一萍의 〈董作賓先生傳略〉(《甲骨學六十年》附錄, 藝文印書館, 1965년) 참조.

44) 陳夢家, 《殷墟卜辭綜述》, p.223.

45) 陳建敏, 〈董作賓後期的甲骨學研究〉(《中國史研究動態》, 1981년 제8기) 참조.

46) 董作賓, 《殷墟文字甲編·自序》.

47) 四川 樂山은 大渡河(옛 명칭은 沫水)와 靑衣江(옛 명칭은 若水)이 합쳐지는 곳이며, 郭沫若의 이름은 이 두 강의 옛 명칭을 합한 것이다.

48) 龔濟民·方仁念, 《郭沫若年譜》 上·下(天津人民出版社, 1982년·1983년) 참조.

49) 郭沫若의 《甲骨文合集》에 대한 공헌에 관해서는 王宇信, 《建國以來甲骨文研究》, pp.169-170 및 本書 제10장 제5절 참조.

50) 《建國以來甲骨文研究》 pp.171-175 참조.

51) 郭沫若, 《金文叢考·속표지》, 人民出版社, 1954년.

52) 郭沫若, 《金文叢考·重印弁言》, 人民出版社, 1954년.

53) 尹達, 〈郭沫若〉, 《中國史學家評傳》 下, 中州古籍出版社, 1985년.

54) 郭沫若, 《中國古代社會研究·新版引言》, 人民出版社, 1954년.

55) 郭沫若, 《文史論集》, p.8, 人民出版社, 1961년.

56) 郭沫若, 《文史論集》, p.8.

57) 郭沫若, 《中國古代社會研究·新版引言》.

58) 郭沫若, 《中國古代社會研究·後記》, 人民出版社, 1954년.

59) 郭沫若, 《奴隷制時代》, pp.95-96, 人民出版社, 1973년.

60) 胡厚宣, 〈蘇聯國立愛米塔什博物館藏甲骨〉, 《甲骨文與殷商史》 제3집, 上海古籍出版社.

61) 胡厚宣, 《五十年甲骨學論著目·序言》.

62) 陳子展, 〈題戰後南北所見甲骨錄〉. 〈四君〉은 郭沫若·董作賓·王國維·羅振玉을 가리킴.

63) 日本 《甲骨學》 1권 1호, p.23에 수록.

64) 白川靜, 〈胡厚宣氏的商史研究〉 上篇, 《立命館文學》 제102호, p.51.

65) 松丸道雄, 〈日本現存的殷墟甲骨〉, 《朝日新聞》 夕版, 1981년 8월 21일 5판.

66) 祝敏申, 〈國寶——記甲骨學家胡厚宣〉, 《人物》, 1983년 제2기.

67) 周永珍, 〈懷念陳夢家先生〉(《考古》, 1981년 제5기) 및 王世民, 〈陳夢家〉(《中國史學家評傳》 下, 中州古籍出版社, 1985년) 참조.

68) 위의 책

69) 王世民, 〈陳夢家〉 참조.

70) 《燕京學報》 제19기(1936년)에 수록.

71) 《燕京學報》 제20기(1937년)에 수록.

72) 燕京大學의 《文學年報》 제3기(1937년)에 수록.

73) 王世民, 〈陳夢家〉 참조.

74) 王宇信, 《建國以來甲骨文研究》, 제3장 제5절 참조.

75) 王世民, 〈陳夢家〉 참조.

76) 나머지 3인은 商承祚·容庚·柯昌濟.

77) 王國維, 《殷墟書契類編·序》, 1923년.

78) 曾禮, 〈唐蘭傳略〉(《中國當代社會科學家》 제3집, 書目文獻出版社, 1983년) 참조.

79) 唐蘭, 《古文字學導論》 增訂本, p.161, 齊魯書社, 1981년.

80) 唐蘭, 《古文字學導論》 增訂本, p.170.

81) 唐蘭, 《古文字學導論》 增訂本 참조.

82) 唐蘭, 《古文字學導論》 增訂本, pp.186-187.

83) 唐蘭, 《古文字學導論》 增訂本, pp.197-198.

84) 陳夢家, 《殷墟卜辭綜述》, p.70.

85) 唐蘭, 《中國文字學》, p.79, 上海古籍出版社, 1979년.

86) 朱德熙, 〈紀念唐立廠先生〉(《古文字研究》 제2집, 中華書局, 1981년) 참조.

87) 張政烺, 《古文字學導論·出版附記》, 齊魯書社, 1981년.

88) 일찍이 吳王 夫差의 劍과 少虞의 劍을 얻었기 때문에 '雙劍誃'를 서재 이름으로 삼았다.

89) 〈于省吾自傳〉(《中國現代社會科學家傳略》제3집, 山西人民出版社, 1983년) 참조.

90) 于省吾, 〈關於古文字研究的若干問題〉(《文物》, 1973년 제2기) 참조.

91) 〈于省吾自傳〉.

92) 王宇信, 《建國以來甲骨文研究》, pp.55-56.

93) 于省吾, 〈釋羌·苟·敬·美〉, 《吉林大學社會科學學報》, 1963년 제1기.

94) 于省吾, 《甲骨文字釋林·序》(中華書局, 1979년) 참조.

95) 《社會科學戰線》創刊號(1978년)에 수록.

96) 《東北人民大學人文科學學報》, 1955년 제2기에 수록.

97) 《東北人民大學人文科學學報》, 1957년 제1기에 수록.

98) 《考古》, 1972년 제4기에 수록.

99) 《考古》, 1962년 제9기에 수록.

100) 〈于省吾自傳〉.

101) 〈李學勤自傳〉, 《中國現代社會科學家傳略》제3집, 山西人民出版社, 1983년.

102) 〈李學勤自傳〉.

103) 李學勤, 〈小屯南地甲骨與甲骨分期〉.

104) 李學勤, 〈論 '婦好' 墓的年代及有關問題〉, 《文物》, 1977년 제11기.

105) 李學勤, 〈小屯南地甲骨與甲骨分期〉.

106) 王宇信, 《西周甲骨探論》, p.14 참조.

107) 李學勤, 〈論殷代的親族制度〉(《文史哲》, 1957년 제11기) 참조.

108) 忍言, 〈科學高峰·學術師承及其他 —— 李學勤治學經驗談〉, 《讀書》, 1981년 제2기.

109) 이상은 忍言, 〈科學高峰·學術師承及其他 —— 李學勤治學經驗談〉 참조.

110) 《古文字研究》제6집(中華書局, 1981년)에 수록.

111) 《文史》제17집(中華書局, 1983년)에 수록.

112) 《文史》제19집(中華書局, 1983년)에 수록.

113) 胡厚宣 主編의 《全國商史學術討論會論文集》에 수록.

114) 曉江, 〈刻苦治學的古文字學家〉(《北京晚報》, 1981년 4월 6일자) 참조.

115) 駿征, 〈鍥而不舍, 金石可鏤〉(《光明日報》, 1978년 6월 29일자) 참조.

116) 楊昇南, 〈商代軍隊略論〉, 《甲骨探史錄》. 王貴民, 〈就殷墟甲骨文所見 '司馬' 職名的起源〉, 《甲骨文與殷商史》.

117) 林澐, 〈小屯南地發掘與殷墟甲骨斷代〉, 《古文字研究》제9집.

118) 張永山, 〈論商代的 '衆人'〉, 《甲骨探史錄》.

119) 羅琨, 〈殷墟卜辭中的高祖與商人的傳說時代〉, 《全國商史學術討論會論文集》.

120) 謝濟, 〈試論歷組卜辭的分期〉, 《甲骨探史錄》.

121) 齊文心, 〈殷代的奴隷監獄和奴隷暴動〉, 《中國史研究》, 1979년 제1기.

122) 常玉芝, 〈關於周祭中武乙文丁等的祀序問題〉 《甲骨文與殷商史》.

123) 彭邦炯, 〈商代 '作邑' 蠡測〉, 《甲骨探史錄》.

【하편】

1) 《學術》 제1집(上海, 1940년)에 수록.

2) 傅斯年 등, 《城子崖》, p.72, 中央研究院 歷史語言研究所, 1934년.

【제13장】 甲骨學 연구의 새로운 분야

1) 陳夢家, 《殷墟卜辭綜述》, pp.25-26.

2) 郭寶鈞·林壽晋, 〈1952年 秋季洛陽東郊發掘報告〉, 《考古學報》 제9책, 1955년.

3) 陳夢家, 《殷墟卜辭綜述》, p.26.

4) 〈1975-1979年 洛陽北窯西周鑄銅遺址的發掘〉, 《考古》, 1983년 제5기.

5) 趙振華, 〈洛陽兩周卜用甲骨的初步考察〉, 《考古》, 1985년 제4기.

6) 趙振華, 〈洛陽兩周卜用甲骨的初步考察〉 참조.

7) 暢文齋·顧鐵符, 〈山西洪趙縣坊堆村出土的卜骨〉, 《文物參考資料》, 1956년 제7기.

8) 〈長安張家坡村西周遺址的重要發現〉, 《文物參考資料》, 1956년 제3기.

9) 《灃西發掘報告》(文物出版社, 1963년), p.111 참조.

10) 張亞初·劉雨, 〈從商周八卦數字符號談筮法問題〉 插圖(《考古》, 1981년 제2기) 참조.

11) 《灃西發掘報告》(文物出版社, 1963년), p.111 참조.

12) 〈北京地區的又一重要考古收獲〉(《考古》, 1976년 제4기) 참조.

13) 〈陝西岐山鳳雛村發現周初甲骨文〉(《文物》, 1979년 제10기) 참조.

14) 陳全方, 〈陝西岐山鳳雛村西周甲骨文概論〉(《古文字研究論文集》, 1982년 5월) 참조.

15) 陳全方, 〈陝西岐山鳳雛村西周甲骨文概論〉 및 〈岐山鳳雛村兩次發現周初甲骨文〉(《考古與文物》, 1982년 제5기) 참조.

16) 〈扶風縣齊家村西周甲骨發掘簡報〉(《文物》, 1981년 제9기) 참조.

17) 郭寶鈞, 〈1950年 春殷墟發掘報告〉, 《中國考古學報》 제5책, 1951년.

18) 陳夢家, 〈解放後甲骨的新資料和整理研究〉.

19) 暢文齋·顧鐵符, 〈山西洪趙縣坊堆村出土的卜骨〉, 《文物參考資料》 1956년 제7기.

20) 李學勤, 〈談安陽小屯以外出土的有字甲骨〉, 《文物參考資料》, 1956년 제11기.

21) 陳夢家, 《殷墟卜辭綜述》, p.28.

22) 陳夢家, 《殷墟卜辭綜述》, p.26·28 참조.

23) 陳全方의 글에서는 "鳳雛村의 有字 甲骨 전부는 2백92편이지만 우리가 발견해서 발표한 模寫本 중의 2편은 중복된 것이고, 부록 부분의 50편은 실제로는 49편이며,

이 때문에 실제로는 2백89편이 된다"고 하였다.

24) 日本 京都朋友書店, 1984년 6월.

25) 王玉哲, 〈陝西周原所出甲骨文的來源試探〉, 《社會科學戰線》, 1982년 제1기.

26) 徐中舒, 〈周原甲骨初論〉, 《古文字硏究論文集》, 1982년 5월.

27) 〈陝西岐山鳳雛村發現周初甲骨文〉.

28) 徐錫臺, 〈周原出土的甲骨文所見人名·官名·國名·地名淺釋〉, 《古文字硏究》 제1집, 中華書局, 1979년.

29) 李學勤·王宇信, 〈周原卜辭選釋〉, 《古文字硏究》 제4집, 中華書局, 1980년.

30) 위의 책.

31) 李學勤, 〈西周甲骨的幾點硏究〉, 《文物》 1981년 제9기.

32) 徐錫臺, 〈周原卜辭十篇選釋及斷代〉, 《古文字硏究》 제6집, 中華書局, 1981년.

33) 王玉哲, 〈陝西周原所出甲骨文的來源試探〉.

34) 李學勤, 〈西周甲骨的幾點硏究〉 참조.

35) 王宇信, 《西周甲骨探論》, pp.157-174 참조.

36) 唐蘭, 〈在甲骨金文中所見的一種已經遺失的中國古代文字〉, 《考古學報》, 1957년 제2기.

37) 李學勤, 〈談安陽小屯以外出土的有字甲骨〉.

38) 郭沫若, 〈古代文字之辯證的發展〉, 《考古學報》, 1972년 제1기.

39) 裘錫圭, 〈漢字形成問題的初步探索〉, 《中國語文》, 1978년 제3기.

40) 李學勤, 〈古文字學術討論會與古文字學的發展〉(《中國史硏究動態》, 1979년 제3기) 참조.

41) 〈中國考古學第一屆年會論文集(1979년)〉(文物出版社, 1980년)에 수록.

42) 《中國哲學》 제3집(1980년)에 수록.

43) 《考古》, 1981년 제2기에 수록.

44) 《古文字硏究》 제6집(中華書局, 1981년)에 수록.

45) 李學勤, 〈西周甲骨的幾點硏究〉 속의 〈卜與筮的關係〉 참조.

46) 陳全方, 〈陝西岐山鳳雛村西周甲骨文槪論〉.

47) 范毓周, 〈試論滅商以前的商周關係〉(《史學月刊》, 1981년 제1기) 참조.

48) 徐中舒, 〈周原甲骨初論〉.

49) 陳全方, 〈陝西岐山鳳雛村西周甲骨文槪論〉.

50) 王玉哲, 〈陝西周原所出甲骨文的來源試探〉.

51) 《考古與文物》, 1981년 제1기에 수록.

52) 《古文字硏究論文集》(1982년 5월)에 수록.

53) 陳全方, 〈陝西岐山鳳雛村西周甲骨文槪論〉.

54) 陳全方, 〈陝西岐山鳳雛村西周甲骨文槪論〉 및 徐錫臺, 〈探討周原甲骨文中有關周

初的曆法問題〉(《古文字研究》 제1집, 中華書局, 1979년) 참조.

55) 李學勤, 〈西周甲骨的幾點研究〉.

56) 《西周史研究》(1984년 8월)에 수록.

57) 《出土文獻研究》(文物出版社, 1985년)에 수록.

58) 《考古與文物》, 1986년 제2기에 수록.

59) 《考古與文物》, 1984년 제5기에 수록.

60) 崔思棣·崔恒昇, 〈古巢國地望考辨〉, 《安徽大學學報》, 1984년 제4기.

61) 林向, 〈周原卜辭中的'蜀'——兼論'早期蜀文化'與岷江上游石棺葬的族屬之二〉, 《考古與文物》, 1985년 제5기.

62) 《文物》, 1985년 제7기에 수록.

63) 모두 楊昇南, 〈一本研究西周甲骨繼往開來的著作〉(《社會科學評論》, 1985년 제8기) 참조.

64) 李學勤, 〈西周甲骨的幾點研究〉 및 趙振華, 〈洛陽兩周卜用甲骨的初步考察〉(《考古》, 1985년 제4기) 참조.

65) 趙振華, 〈洛陽兩周卜用甲骨的初步考察〉.

66) 李學勤의 〈續論西周甲骨〉(《人文雜誌》 1986년 제1기)에 의거함.

67) 李學勤, 〈西周甲骨的幾點研究〉 참조.

68) 趙振華, 〈洛陽兩周卜用甲骨的初步考察〉 참조.

69) 徐錫臺, 〈周原出土甲骨的字型與孔型〉, 《考古與文物》, 1980년 제2기.

70) 趙振華, 〈洛陽兩周卜用甲骨的初步考察〉.

71) 李學勤, 〈西周甲骨的幾點研究〉.

72) 趙振華, 〈洛陽兩周卜用甲骨的初步考察〉 참조.

73) 張政烺, 〈試釋周初青銅器銘文中的易卦〉, 《考古學報》, 1980년 제4기.

74) 〈扶風齊家村西周甲骨發掘簡報〉, 《文物》, 1981년 제9기.

75) 李學勤, 〈西周甲骨的幾點研究〉.

76) 徐錫臺, 〈周原出土甲骨的字型與孔型〉, 《考古與文物》, 1980년 제2기.

77) 李學勤, 〈西周甲骨的幾點研究〉.

78) 李學勤, 〈西周甲骨的幾點研究〉.

79) 范毓周, 〈試論滅商以前的商周關係〉 참조.

80) 石璋如, 《建築遺存》(遺址的發現與發掘: 乙編), 제7장 〈基址的時代〉 표127, 1959년 臺灣.

81) 李濟, 〈記小屯出土之青銅器〉, 《中國考古學報》 제3책, 1938년.

82) 〈河北藁城臺西村商代遺址發掘簡報〉, 《文物》, 1979년 제6기.

83) 〈1973年 安陽小屯南地發掘簡報〉.

84) 李學勤, 〈續論西周甲骨〉 참조.

85) 李學勤, 〈西周甲骨的幾點研究〉.

86) 이것은 王宇信의 《西周甲骨探論》이다. 독자들이 甲骨 模寫本 및 학자들의 그 甲骨에 대한 考釋을 찾아보기 편리하게 하기 위해서 필자는 책 속에서 삼위일체식의 번호를 달았는데, 즉 H11:112는 甲骨 模寫本의 出土 번호이고, 47은 彙釋 번호이며, 9는 그 책의 模寫本의 順序 번호이다. 이하 동일하므로 더 이상 각주를 달지 않겠다.

87) 〈扶風齊家村西周甲骨發掘簡報〉.

88) 王宇信, 《西周甲骨探論》 제5편 참조.

89) 각 片의 구체적인 고증은 王宇信의 《西周甲骨探論》 제4편 제2절 참조.

90) 앞의 〈岐山鳳雛甲骨文所見諸 '王' 時代表〉 및 〈岐山鳳雛甲骨文時代表〉에 보임.

91) 王宇信, 《西周甲骨探論》 제4편 제3절 참조.

92) 王宇信, 《西周甲骨探論》 제4편 참조.

【제14장】 周原에서 출토된 商代의 廟祭 甲骨

1) 王玉哲, 〈陝西周原所出的甲骨文來源試探〉.

2) 〈陝西岐山鳳雛村發現周初甲骨文〉.

3) 徐錫臺, 〈周原出土的甲骨文所見人名·官名·國名·地名淺釋〉. 또 〈周原卜辭十篇選釋及斷代〉.

4) 陳全方, 〈陝西岐山鳳雛村西周甲骨文概論〉.

5) 李學勤, 〈西周甲骨的幾點研究〉.

6) 李學勤·王宇信, 〈周原卜辭選釋〉.

7) 徐中舒, 〈周原甲骨初論〉.

8) 王宇信, 《西周甲骨探論》 제3편·제4편의 관련 논술 참조.

9) 王宇信은 〈周原卜辭選釋〉이라는 論文에서, 王玉哲은 〈陝西周原所出的甲骨文來源試探〉에서 일찍이 언급한 바가 있다.

10) 《左傳·隱公》 8년.

11) 《左傳·定公》 4년.

12) 《左傳·桓公》 2년.

13) 《左傳·隱公》 11년.

14) 《左傳·成公》 4년.

15) 《左傳·宣公》 2년.

16) 《史記·高祖本紀》.

17) 金景芳, 《古史論集》(齊魯書社, 1981년) pp.111-141 및 田昌五, 《古代社會斷代新論》(人民出版社, 1982년) pp.88-101 참조.

18) 《史記·周本紀》.

19) 王宇信, 《西周甲骨探論》 제2편 참조.

20) 于省吾, 〈釋必〉, 《甲骨文字釋林》, 中華書局, 1979년.

21) 常玉芝, 〈說文武帝〉.

22) 于省吾, 〈釋工〉, 《甲骨文字釋林》, 中華書局, 1979년.

23) 胡厚宣, 〈殷代工方考〉, 《甲骨學商史論叢》 초집 2책.

24) 于省吾, 〈釋凸〉, 《甲骨文字釋林》, 中華書局, 1979년.

25) 高明, 〈略論周原甲骨文的族屬〉(《考古與文物》, 1984년 제5기) 참조.

26) 楊樹達, 〈釋從犬〉, 《積微居甲文說》, 中國科學院, 1954년.

27) 唐蘭, 《殷墟文字記》(中華書局, 1981년) pp.52-54 참조.

28) 唐蘭, 〈陝西省岐山縣董家村新出西周重要銅器群銘辭的譯文和注釋〉, 《文物》, 1976년 제5기.

29) 楊昇南, 〈卜辭 '立事' 說〉(《殷都學刊》, 1984년 제2기) 및 胡厚宣, 〈殷代的史爲武官說〉(《全國商史學術討論會論文集》, 1985년) 참조.

30) 《左傳·定公》 4년(《十三經注疏》本, 中華書局, 1980년).

31) 郭沫若, 《殷契粹編考釋》, p.232, 科學出版社, 1965년.

32) 高明, 〈略論周原甲骨文的族屬〉 참조.

33) 陳夢家, 《殷墟卜辭綜述》, p.85 참조.

34) 楊樹達, 《詞詮》, p.322, 中華書局, 1965년 2판.

35) 范祥雍, 《古本竹書紀年輯校訂補》, p.23, 上海人民出版社, 1962년.

36) 胡厚宣, 《殷墟發掘》, p.83.

37) 王宇信, 〈武丁期戰爭卜辭分期之嘗試〉(《甲骨文與殷商史》 제3집, 上海古籍出版社) 참조.

38) 胡厚宣, 〈殷代工方考〉(《甲骨學商史論叢》, 初集 2책) 참조.

39) 王宇信, 〈武丁期戰爭卜辭分期之嘗試〉 참조.

40) 王國維, 〈殷卜辭中所見先公先王考〉, 《觀堂集林》, p.429.

41) 《太平御覽》 권83에 인용된 《紀年》.

42) 陳夢家, 《殷墟卜辭綜述》, p.410.

43) 王宇信, 〈周原出土廟祭甲骨商王考〉(中國古文字學術研究會第六屆年會論文으로서 《考古與文物》, 1988년 제2기) 참조.

44) 王宇信, 《西周甲骨探論》, pp.265-266 참조.

45) 王玉哲, 〈陝西周原所出的甲骨文來源試探〉.

46) 李學勤·王宇信, 〈周原卜辭選釋〉.

47) 楊昇南, 〈卜辭中所見諸侯國對商王室的臣屬關係〉(《甲骨文與殷商史》, 上海古籍出版社, 1983년) 참조.

48) 齊文心, 〈商殷時期古黃國初探〉(《古文字研究》 제12집, 中華書局, 1985년 10월) 참조.

49) 이에 관해서 王宇信은 별도로 〈周原甲骨刻辭行款的初步分析〉(《人文雜誌》, 1988년

제3기)이라는 論文을 발표하였다.

【제15장】 금후의 西周 甲骨學 연구

1) 王宇信, 《西周甲骨探論》, pp.174-178 및 李學勤, 〈續論西周甲骨〉과 王宇信, 〈周原甲骨刻辭行款的初步分析〉(《人文雜誌》, 1988년 제3기) 참조.

2) 王宇信, 《西周甲骨探論》, pp.178-185 참조.

3) 許進雄, 《卜骨上的鑽鑿形態》, 藝文印書館, 1978년.

4) 于秀卿 등, 〈甲骨的鑽鑿形態與分期斷代研究〉, 《古文字研究》 제6집, 中華書局, 1981년.

5) 王宇信, 《西周甲骨探論》, pp.259-270 참조.

【제16장】 甲骨文과 甲骨書法

1) 《群書治要》 권11의 注에서 인용.

2) 郭沫若, 《奴隸制時代·古代文字之辯證的發展》.

3) 唐蘭, 〈從大汶口文化的陶器文字看我國最早文化的年代〉, 《大汶口文化討論文集》, 齊魯書社, 1979년.

4) 裵明相, 〈略談鄭州商代前期的骨刻文字〉, 《全國商史學術討論會論文集》.

5) 羅振玉, 《集殷墟文字楹帖·跋》, 貽安堂影印本, 1921년.

6) 仁言, 〈殷墟甲骨文基礎七講〉(《殷都學刊》, 1985년 제1-4기) 참조.

【부록 5】 백 년 동안의 甲骨學 연구

1) 殷墟 甲骨文 발견의 시간과 최초의 발견자에 관해서 일찍이 학계에서는 한 차례 논쟁을 하였다. 필자는 이에 대해 상세한 고증을 하여, 1899년에 王懿榮이 甲骨文을 발견한 최초의 인물임이 확실함을 밝혔다. 이에 대해서는 王宇信의 〈殷墟 甲骨文의 발견에 관하여〉(《殷都學刊》 1984년 제4기) 및 崔志遠의 〈殷墟 甲骨文 발견에 관한 통신〉(《殷都學刊》 1985년 제2기)에 상세함.

2) 王宇信, 《建國以來甲骨文研究》(中國社會科學出版社, 1981년) 제4-6장 참조.

3) 胡厚宣, 《殷墟발굴》(學習生活出版社) 36쪽 및 胡厚宣, 〈85년 이래 甲骨文 자료의 재통계〉(《史學月刊》 1984년 제5기).

4) 王宇信, 《建國以來甲骨文研究》(中國社會科學出版社, 1981년) 3-5쪽 참조.

5) 戴家祥, 《甲骨文의 발견 및 그 학술적 의의》, 《歷史敎學問題》, 1957년 제3기.

6) 胡厚宣, 《殷墟發掘》, 29쪽.

7) 蕭艾, 〈제1부 考釋甲骨文的專著——《契文擧例》〉, 《社會科學前線》, 1978년 제2기.

8) 羅振玉, 〈殷墟書契·序〉.

9) 羅振玉, 〈殷墟書契後編·序〉.

10) 陳煒湛·曾憲通,〈論羅振玉和王國維在古文字領域內的地位和影響〉,《古文字研究》제4집, 中華書局, 1980년.

11) 董作賓,〈殷墟文字乙編·序〉, 또 胡厚宣,《殷墟發掘》99-101쪽.

12) 董作賓,〈殷墟文字甲編·自序〉.

13) 拙著,《建國以來甲骨文研究》20쪽.

14) 董作賓,〈商代龜卜之推測〉,《安陽發掘報告》제1기. 또〈甲骨例〉,《集刊》7본 1분. 胡厚宣,〈甲骨學緒論〉,《甲骨學商史論叢》2집 2책.

15) 胡厚宣,〈武丁時五種記事刻辭考〉,《甲骨學商史論叢》初集 3책.

16) 胡厚宣,〈卜辭同文例〉,《歷史語言研究所集刊》5본.

17) 胡厚宣,〈卜辭雜例〉,《歷史語言研究所集刊》8본 3분.

18) 王宇信,〈甲骨文研究〉(林甘泉 主編,《郭沫若與中國史學》, 中國社會科學出版社, 1992년).

19) 楊錫璋,〈殷墟發掘大事年表〉,《考古》1988년 제10기.

20)《建國以來甲骨文研究》26-27쪽.

21)〈1973年 安陽小屯南地發掘簡報〉,《考古》1975년 제1기.

22)《新中國的考古發現與研究》245쪽. 또《小屯南地甲骨·序言》, 中華書局, 1980년.

23) 陳邦懷,〈《小屯南地甲骨》中所發現的若干重要史實〉,《歷史研究》1982년 제2기.

24)〈1991年 安陽花園莊東地·南地發掘簡報〉,《考古》1993년 제6기.

25) 李學勤,〈談安陽小屯以外出土的有字甲骨〉,《文物參考資料》1956년 제11기.

26) 裵明相,〈略談鄭州商代前期的甲刻文字〉,《全國商史學術討論會論文集》, 1985년.

27) 王宇信,《西周甲骨探論》20쪽, 中國社會科學出版社, 1984년.

28) 陳全方,〈陝西岐山鳳雛村西周甲骨文概論〉,《古文字研究論集》, 1982년, 또〈岐山鳳雛村兩次發現周初甲骨文〉,《考古與文物》1982년 제5기.

29)〈河南舞陽賈湖新石器時代遺址第2至6次發掘簡報〉,《文物》1989년 제1기.

30) 鄭洪春·穆海亭,〈陝西長安花樓子客省莊二期文化遺址發掘〉,《考古與文物》1988년 5·6기 合本, 및《鎬京西周宮室》(西北大學出版社, 1995년) 39-40쪽 및 彩版·圖版·그림·拓本 참고.

31) 王宇信,〈一部科學的甲骨著錄〉,《人文雜誌》1987년 제3기.

32) 王宇信,《建國以來甲骨文研究》31쪽.

33) 柯辦,〈郭沫若《甲骨文合集》獲張〉,《北京晚報》, 1983년 2월 19일. 또 周建明,〈吳玉章獎金首次評獎〉,《人民日報》1987년 10월 10일.

34) 王貴民,〈一部大型的甲骨文資料彙編 ——《甲骨文合集》〉,《中國史研究動態》1979년 제9기.

35) 胡厚宣,〈郭沫若同志甲骨學上的巨大貢獻〉,《考古學報》1978년 제4기. 또 胡厚宣,〈甲骨文合集·序〉.

36) 趙誠,〈《甲骨文合集》評介〉,《光明日報》1983년 1월 31일.

37) 嚴一萍, 《商周甲骨文總集·序》, 藝文印書館, 1985년.

38) 嚴一萍은 그것이 '文武丁 시기'라는 주장을 여전히 견지하고 있다. 《商周甲骨文總集·序》.

39) 〈1973年 安陽小屯南地甲骨發掘簡報〉.

40) 李學勤, 〈論婦好墓的年代及有關問題〉, 《文物》 1977년 제11기.

41) 蕭楠, 〈再論武乙·文丁 卜辭〉, 《古文字研究》 제9집.

42) 董作賓, 《殷曆譜·緒言》, 史語所專刊, 1949년.

43) 于省吾, 《甲骨文字辭釋林·序》, 中華書局, 1979년.

44) 拙著, 《建國以來甲骨文研究》 53-57쪽 참조.

45) 拙著, 《建國以來甲骨文研究》 65-70쪽.

46) 拙著, 《建國以來甲骨文研究》 103쪽.

47) 앞에 인용한 胡厚宣의 《考古學報》의 글 및 《郭沫若與中國史學》의 王宇信의 글. 中國社會科學出版社, 1992년.

48) 앞에 인용한 陳煒湛의 글 및 楊昇南의 〈羅振玉傳略〉, 《中國現代社會科學家傳略》 제3집.

49) 《甲骨文與殷商史》 제3집.

50) 《史學月刊》 1984년 제5기.

51) 《殷都學刊》 1985년 제1기.

52) 이 과제는 楊昇南·王宇信이 책임을 맡아 현재 이미 작업을 시작하였다. 이 책은 1999년 甲骨文 발견 1백주년 기념 행사 때 출판될 것이다.

역자 후기

이 책은 中國社會科學院 歷史研究所 王宇信 敎授의 《甲骨學通論》(北京, 中國社會科學出版社. 1989년)을 완역한 것이다.

저자 王宇信 敎授는 1940년 5월 北京市 平谷縣 和平街에서 출생하였다. 1964년 北京大學 歷史學科에서 考古學을 전공한 후, 中國科學院 歷史研究所(현재 中國社會科學院에 속함) 胡厚宣 敎授의 갑골학상사 전공연구생으로 들어갔다. 甲骨學과 先秦史를 전공하였으며, 아울러 갑골학사상 기념비적인 저작 《甲骨文合集》의 편찬 작업에 참가하였다. 주요 저작으로는 《建國以來甲骨文研究》《西周史話》《西周甲骨探論》《甲骨學通論》 및 《甲骨文精萃選讀》(책임편집) 등이 있다. 논문으로는 〈關於江蘇銅山丘灣商代祭祀遺址〉〈試論殷墟五號墓的婦好〉〈《史記》鯀禹的失統與鯀禹傳說的史影〉 등이 있고, 이밖에도 甲骨學, 하상 시대 考古學 및 歷史學 논문 1백 편 이상이 있다. 근래에는 주로 중국 고대 문명과 하·상·주 정치 제도 연구에 종사하고 있다. 현재는 歷史研究所 研究員 및 山東大學 兼職敎授이자 中國殷商文化學會 理事·秘書長으로 활동하고 있다.

본서를 저술한 동기를 王宇信 敎授는 이렇게 말하고 있다.

"甲骨學 論著는 근 3천 종에 달해서 초학자들은 어디서부터 먼저 착수를 해야 할지 종잡을 수가 없다. 더욱이 비교적 이른 시기에 출판된 일부 論著들은 웬만한 도서관에서는 찾아볼 수조차 없다. 그래서 나는 일찍부터 내가 배운 것과 甲骨學 연구를 통해서 얻은 성과를 결합해 광대한 독학자의 요구에 부응하는 입문서를 집필해야겠다고 생각하였다."

본서를 번역하면서 역자는 많은 한계에 부딪쳐 곤란을 겪었다. 그 중에서도 특히 전문 술어의 개념 정의, 외국 인명·지명의 확인(일본 포함) 등의 문제가 역자를 괴롭혔다. 다행히 두산그룹 산하에 있는 연강재단의 중국학연구원으로 선발되어 1997년 8월부터 1년간 中國 山東大學에 연구학자로 가 있으면서 北京에 있는 저자를 두 차례 방문함으로써 번역을 하다가 풀리지 않았던 많은 의문점을 해결할 수 있었다. 또한 저자의 배려로 中國社會科學院 歷史研究所 先秦史研究室을 방문하여 張永山·楊昇南·顧潮(顧頡剛의 장녀) 등의 학자들을 만나고 甲骨 실물을 볼 수 있었으며, 특히 宋鎭壕 선생은 甲骨을 가지고서 일일이 鑽·

鑿·灼을 하는 방법에 대해서 설명을 해주었는데, 이런 것들이 번역을 마무리하
는 데 많은 도움이 되었다.

번역을 하면서 유의한 사항을 몇 가지 적어 보면 다음과 같다.

1) 원서에 인용된 甲骨文을 가급적 모두 번역하였다. 국내에 출간된 甲骨學
관련서는 그다지 많지 않으나, 그 중에는 인용된 甲骨文을 번역해 놓지 않은 책
들도 더러 있었다. 물론 甲骨文의 해석이 결코 쉬운 일은 아니며, 또 경우에 따
라서는 학자들간에 해석이 다르거나 전혀 해석이 불가능한 경우도 없지 않다.
부정확한 번역을 해주기보다는 차라리 이를 유보하고 내용 이해를 독자들에게
맡기려고 한 것 같다. 그렇지만 이러한 방침은 번역서를 이용할 수밖에 없는 독
자들에겐 너무 가혹한 처사이다. 본서에서도 동일한 고민이 있었지만 최대한 자
료를 동원해서 번역을 시도해 보았으며, 학자들간에 해석이 일치하지 않는 부분
은 기본적으로 王字信 敎授의 견해에 따랐다.

2) 讀音이 여러 개 있는 甲骨字는 王字信 敎授의 견해에 따랐다. 다만 商王의
이름에 사용된 '大'字는 예외이다. '大甲'·'大乙' 등은 王字信 敎授가 고민 끝
에 甲骨文에 '太'字가 없다는 것을 이유로 들어 '大甲'·'大乙' 식으로 읽어야
한다고 하였으나, 역자의 소견으로는 역대의 모든 문헌에 '太甲'(혹은 泰甲)·
'太乙' 등으로 기록되어 있고, 또 劉翔 등이 펴낸 《商周古文字讀本》(北京, 語文出
版社, 1989)에서 '大'의 음을 'tài'로 규정해 놓은 것으로 볼 때 우리 한자음으
로는 '태갑'·'태을'로 읽는 것이 타당하다고 판단하였다.

3) 鑽·鑿·灼·槽 등의 술어는, 쉬운 이해를 위하여 그 의미대로 우리말로 적
어 보려 하였으나 정확히 들어맞는 말을 찾기가 어려워 그대로 적어 놓았다. 앞
으로 사계에서 이에 대한 좀더 정확한 우리말을 찾아서(또는 만들어서) 확정하
는 것이 필요하다고 생각한다.

4) 원서에는 기존의 많은 저작들이 내용 가감 없이 직접 인용되어 있는데, 인
용된 저작들이 집필될 당시는 통일된 전문 술어가 정착되기 이전이기 때문에
저작마다 각기 다른 술어가 사용된 경우가 있다. 예를 들면 원서에는 甲骨文의
시기를 구분하는 술어로 '分期'와 '斷代'라는 용어가 함께 뒤섞여 사용되고 있
는데, 본서에서는 몇몇 특별한 경우를 제외하고는 일률적으로 '시기 구분'이라
고 번역하였다.

5) 서양의 저자와 저서는 가능한 원어를 찾아 적으려고 노력하였다. 중국인들
은 서양의 저자와 저서를 기록하면서 대개의 경우는 원어를 병기해 놓지 않고

자기 식대로 음역을 하여 그것을 통용시킨다. 그러다 보니 우리말로 옮길 경우 이를 한국 한자음으로 적든 중국음으로 적든 원래의 저자·저서와는 다른 그 무엇이 되기가 일쑤이다. 따라서 가능한 모든 자료를 찾아 원어명을 밝히고, 그 나라의 발음을 조사하여 옮겼다.

비록 나름대로 최선의 노력을 다하였지만 역자 능력의 한계 및 번역 자체의 어려움으로 수많은 오역이 있을 수 있다고 생각한다. 독자 제현께서 너그러운 마음으로 양해해 주시기를 부탁하며, 앞으로 나올 甲骨學 관련서에서 본서의 오역 부분이 바로잡히기를 기대해 본다.

1999년은 甲骨文이 발견된 지 꼭 1백주년이 되는 해였다. 河南省 安陽市 殷墟에서는 이를 기념하여 대규모의 '甲骨文 발견 1백주년 國際學術討論會'를 개최하였으며, 역자에게도 초청장을 보내 주었다. 애석하게도 여건이 허락하지 않아 참석은 못하였지만 성공적으로 마무리되었다는 소식을 전해들었다.

IMF 등 그동안 우여곡절을 겪고서도 이 책이 이만큼이나 꼴을 갖추어 나올 수 있었던 것은, 처음부터 본서를 기획하고 끈질지게 난삽한 원고를 교정해 준 한인숙 편집주간과 번거로운 甲骨文 모사 작업을 맡아 준 편집부원들 덕분이다. 정말 감사하게 생각한다.

2004년 1월 이 재 석

李宰碩
서울 출생
건국대학교 중어중문학과 졸업
성균관대학교 대학원 중어중문학과 석사, 박사
중국 산동대학에서 연구
민족문화추진회 국역연수원 졸업
건국대·성균관대·경희대·명지대·중국 산동대학 등에서 강의
현재 증산도사상연구소 연구위원
저작:《사서장구집주 음주의 훈고학적 연구》
번역서:《중국문화개론》《운기학설》《중국역대황제》
《가결》《중국소학사》 등

문예신서
43

甲骨學通論

초판발행 : 2004년 1월 20일

지은이 : 王宇信
옮긴이 : 李宰碩
총편집 : 韓仁淑
펴낸곳 : 東文選
제10-64호, 78. 12. 16 등록
110-300 서울 종로구 관훈동 74
전화 : 737-2795

편집설계 : 李姃昊

ISBN 89-8038-343-6 94720
ISBN 89-8038-000-3(문예신서)

東文選 文藝新書 56

中國小學史

胡奇光 지음
李宰碩 옮김

　중국 고전언어학은 습관적으로 〈소학〉이라고 일컫는다. 중국에서 〈소학〉은 매우 높고 심원한 학문으로서, 주로 문자학·음운학·훈고학 등 3개 부문을 포괄한다. 〈소학〉은 유가문화를 중심으로 하는 중국 고대 경적을 위해 소임을 한다. 근대에 이르러 〈소학〉은 중국학의 중요 구성부분, 혹은 핵심부분으로 간주되었다. 이것은 한어 고대 경적이 알기 어려운 한자와 이해하기 어려운 문언으로 기록되어 있으므로, 한자와 문언이라는 이 두 가지 중요한 관문을 열려고 하면 〈소학〉이라는 황금열쇠를 제대로 사용해야 하기 때문이다.

　본서는 상해 복단대학 胡奇光 교수의 대표적인 역작으로, 중국학이라는 거대한 산을 오르기 위해서는 반드시 갖추어야 할 공구서 중의 하나이다.

　이 책은 중국의 전통언어학을 통시적으로 서술하면서도, 그중에는 고대 중국어(즉 우리가 습관적으로 사용하는 〈漢文〉)를 해독하는 데 필수적으로 알아야 할 지식들을 체계 있게 설명해 주고 있기 때문에 중국학 전공자는 물론, 국학(한국학) 전공자도 큰 도움을 받을 것이다.

東文選 文藝新書 115

中國武俠史

陳 山 지음
姜鳳求 옮김

　영국의 웰스는 《인류의 운명》에서 〈대부분의 중국 사람들의 영혼 속에는 한 명의 유가儒家, 한명의 도가道家 그리고 한명의 도적(土匪)이 싸우고 있다〉는 관점을 인용하였다. 문일다聞一多는 웰스가 말한 〈도적〉은 중국 무협을 포함하고 있고, 도가는 다만 유가에 대한 보완일 뿐이라고 했다. 근래 어떤 학자는 〈묵협정신墨俠精神이 민간문화를 이루어 상층문화 정신과 대립하고 있다〉는 관점을 제시한 바 있다. 현대 작가 심종문沈從文은 민간사회 중에서 『유협정신游俠精神이 침윤侵潤되어 과거를 만들었고 미래도 형성하게 될 것이다』라고 했다. 결과적으로 말하면 상·하층문화 중에서 유儒와 俠은 중국 전통문화 정신의 중요한 두 체제인 것이다.

　중국에 있어 협俠은 유儒와 마찬가지로 선진先秦시대에 나타나 계속 존재해 오고 있는 오랜 역사를 지닌 사회계층이다. 협俠과 유儒의 문화정신은 일종의 〈초월의미超越意味〉를 내포하고 있어 심리적으로 광범위하고도 지속적인 영향을 주며, 중국 문화의 심층구조에 침투해 있다. 중국 지식인의 영혼 속에 부지불식不知不識 중 유儒의 그림자가 숨겨져 있다면, 중국 평민의 마음 깊은 곳에는 협俠의 그림자가 희미하게 반짝이고 있다. 그러므로 중국 역사상의 무협 현상을 연구하는 것은 중국 문화 기초인 민간문화의 뿌리를 깊게 연구하고, 이를 전면적으로 이해하기 위하여 매우 중요한 의미가 있는 일이다.

東文選 文藝新書 72

초문화사

장정밍 / 남종진 옮김

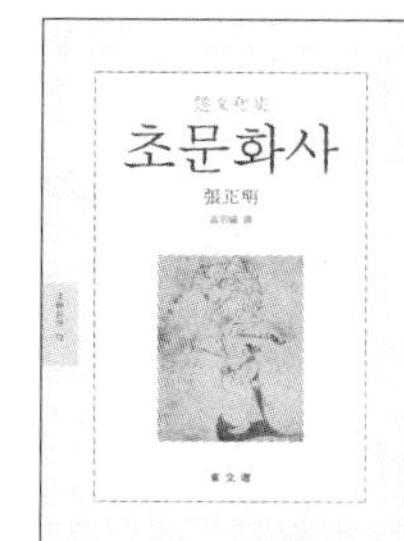

　고대의 중국 문화는 다원복합적인 것으로 그 주체가 되는 화하華夏 문화에 대해 말하자면 이원복합적이다. 여기에서 '이원'이란 간단히 말해서 북방 문화와 남방 문화를 의미한다. 만약 춘추 전국 시대로 한정짓는다면 황하 중·하류 문화와 장강 중·하류 문화를 가리킨다. 북방은 산천이 웅장하고, 남방은 경치가 아름답다. 초楚는 남방의 표준이다. 황제黃帝의 신성함과 염제炎帝의 광괴狂怪함 가운데 초민족은 염제 계통에 속한다. 용龍은 위엄 있고 씩씩하여 왠지 두려움을 느끼게 되고 봉鳳은 빼어나고 아름다워 가까이할 만한데, 초는 용을 억누르고 봉을 발양하였다. 유가儒家는 윤리를 중시하고 도가道家는 철리哲理를 중시하였는데, 초는 도가의 고향이다. 《시경詩經》은 바르면서도 꽃과 같고 초사楚辭는 독특하면서도 고운데, 초는 초사의 온상이다.

　예로부터 중국의 고대 문화를 논하는 사람들은 대부분 북방을 중시하고 남방을 경시하였으며, 황하를 중시하고 장강을 경시하였다. 또 황제를 중시하고 염제를 무시하였으며, 용을 중시하고 봉을 경시하였으며, 유가를 중시하고 도가를 경시하였다. 따지고 보면 그래도 초사만이 《시경》에 필적할 수 있었을 뿐이다. 그러나 초사는 많은 비난 또한 함께 받아 온 반면 《시경》은 예로부터 찬양만을 받아 왔다.

　초문화가 처음 그 모습을 드러냈을 당시에는 중원中原 문화의 말류와 초만楚蠻 문화의 잔영이 뒤섞인 것에 지나지 않아 특색도 두드러지지 않고, 수준 또한 높지 못하여 관심의 대상조차 되지 못했다. 춘추 중기는 초문화가 풍운을 만난 시기로, 이때부터 초문화는 새로운 면모를 드러내면서 중원 문화와 각축을 벌였고, 마침내는 우세한 자리를 차지하게 되었다. 이러한 융합, 성장, 발흥, 전화의 과정에 나타난 문화 발전의 법칙은 자못 흥미롭다.

東文選 文藝新書 156

중국문예심리학사

劉偉林 / 심규호 옮김

《중국문예심리학사》는 중국의 문예심리학 연구성과를 바탕으로 중국 각 시대의 문예심리를 조망하고 있는 논저이다. 저자는 "문학사는 일종의 심리학이며 영혼의 역사이다"라는 관점에 근거하여, 문예창작과 감상은 인간의 심리활동과 불가분의 관계에 있다는 원리를 고수하고 있다. 또한 심리학과 미학, 그리고 예술학을 상호 결합시키면서 先秦時代부터 시작하여 兩漢·魏晋南北朝·唐宋·明淸·近代에 이르기까지 전 역사과정을 6장으로 나누어, 중국 고대 2천여 년의 대표적인 문론가·미학가의 문예심리학 관점을 논술하고, 아울러 당시대의 시가·소설·희곡·서법·회화 등의 예술형식에 관한 문예심리학의 발전과정을 논술하고 있다.

이 책의 장점은 무엇보다도 문예심리학이라는 일관된 관점 속에서 방대한 자료에 대하여 심도 있고 독특한 해석과 논의를 진행하고 있다는 점이다. 또한 방법론에 있어서도 중국뿐만 아니라 서양의 문예심리학 이론을 아우르고 있다는 점에서 상호 비교는 물론이고, 고전 이론의 현대적 해석에 도움을 줄 수 있을 것이다.

이 책은 중국문예심리학 관련 연구에 있어 독창성과 더불어 최초의 史的 연구라는 점에서 많은 이들의 격려와 찬사를 받은 바 있다. 이 책은 문예심리학이라는 학문에 대하여 보다 쉽게 접근할 수 있는 계기가 될 것이고, 일반적으로 문학연구에서 도외시한 書論과 畵論 등을 詩·文論 등과 함께 다루고 있기 때문에 각 시대의 문예 상황에 대한 보다 심도 있는 연구에 큰 도움을 줄 것이다. 지금까지 우리나라에 소개된 개괄적인 중국문학이론사에서 한 걸음 더 나아가, 본서는 중국문예이론에 대한 전반적인 이해와 더불어 독특한 심리학 관점에 의한 다각적인 문예연구의 새로운 지평을 열어 줄 것이라고 확신한다.

東文選 文藝新書 161

漢語文字學史

黃德寬·陳秉新 지음
河永三 옮김

국내에 최초로 소개되는 중국문자학사.

한자는 매우 오랜 역사를 가지고 있으며, 한자에 대한 연구 또한 깊디깊은 연원을 갖고 있다. 그러나 한자 연구사를 비교적 전체적으로 총결한 저작은 중국에서도 매우 드물다.

본서는 첫째, 중국한자학의 발생과 발전이라는 문화를 배경으로 삼아 한자학의 역사를 인식해 보고자 하였다. 왜냐하면 문화와 학술의 한 현상으로서 한자학이라는 것의 발생과 발전은 결국 일정한 시대의 역사와 문화 및 학술사상의 변천과 밀접한 관련을 맺고 있기 때문이다.

둘째, 자료의 선택이라는 측면에서 우리는 한자학이라는 기본적인 틀에서 출발하여 한자학 발전을 가장 대표할 만한 것과 관련된 내용을 선별적으로 채택하여 이의 역사를 서술하였다.

셋째, 한자학의 역사와 시기구분적인 측면에 있어서 우리는 학술발전의 내재적 관계에 치중했다. 시기구분이라는 것은 학술사를 찬술할 때 맞부딪치는 가장 중요하고도 근본적인 임무의 하나이다. 한자 연구의 역사를 단순한 왕조별 구분사가 아닌 한자학 발전의 내재적 관계에 근거해 이를 창립·침체·진흥·개척발전 등과 같은 주제에 의한 시기구분법을 도입함으로써 한자학 연구사의 흐름을 한자 자체의 발전과 연계지어 이해 가능하도록 했다는 점이다.

넷째, 통시적 성질을 지닌 한자학에 관한 저작이기 때문에 거시적인 파악에 기초하여 요점을 간단명료하게 제시하되 논리정연해야 함은 물론 세밀한 분석과 깊이 있는 탐구를 병행하였다.

끝으로 한자학 연구의 개별적 성과물이나 인물 중심의 소재가 아닌 한자학의 이론을 중심으로 서술함으로써 한자학 연구의 이해를 더욱 체계적으로 개괄 가능케 하였다는 점을 특징으로 들 수 있겠다.

東文選 文藝新書 85

禮의 精神

柳　蕭 지음
洪　憙 옮김

　이 책에서 다루고 있는 〈예〉는, 현재 의미상의 문명적인 예의뿐만 아니라 사회의 도덕가치·민족정신·예술심리·풍속습관 등 여러 방면에 이르는 극히 넓은 문화적 범주를 뜻한다.

　〈예〉는 인류 문명의 자랑할 만한 많은 것들을 창조하였지만, 동시에 후인들로 하여금 지금까지 내던져 버리기 어려운 보따리를 짊어지게 하였다고 전제하고, 어떻게 하면 이 둘 사이에서 적합한 문명 발전의 길을 찾느냐를 모색하고 있다.

　정신문화상으로는 동양의 오랜 문명과 예의를 가지며, 물질문화상으로는 서양의 선진국가를 초월하여 동서양 문화의 성공적인 결합을 이루고자 함에 있어 그 정신을 다시 한번 되짚는다.

　또한 이 책은 〈예〉라는 한 각도에서 그 문화적인 심층구조와 겉으로 드러난 형태 사이의 관계를 논술하면서 통치자인 군주의 도덕윤리적 수양을 비롯하여, 일반 평민의 가족관계를 유지하고 사회의 안정을 유지하는 기초적인 조건에 이르기까지 저마다 자각하고 준수해야 할 도덕규범을 민족정신과 문화현상을 통해 비교분석하고 있다.

　【주요 내용】 禮의 기원과 작용 / 예의 제도와 禮樂의 교화 / 예와 중국의 민족정신 / 예악과 중국의 정치 / 국가와 가정 / 예의 권위 / 체제와 직능 / 윤리화된 철학 / 조상 숭배와 천명사상 / 儒學의 연원 / 예의 반란 / 종교감정과 현실이성 / 신화와 전통 / 士官의 문화와 巫祝의 문화 / 美와 善의 합일 / 詩教와 樂教 / 예의 형상 표현 /정치윤리 / 집단주의 / 여성의 예교와 여성의 정치 / 예의의 나라 / 윤리강령의 통속화 / 가족과 정치 / 예악의 문화 분위기 / 민족정신의 확대 / 정치적 곤경

東文選 文藝新書 18

신화, 미술, 제사

張光直 지음
李　徹 옮김

신화·예술·정치를 통해서 본 중국 고대 문명의 기원과 그 특징.

　아득한 고대로부터 현재에 이르기까지 중국 문명은 전세계 문명의 체계 중 어떠한 지위를 차지하고 있을까? 그것의 가치는 어디에 있으며, 그 특징은 무엇인가? 이 모든 것은 지금도 변화하고 있는 문화환경 속에 처해 있는 사람들이 생각지 않을 수 없는 문제이다. 본서의 저자는 이에 대해 특수한 각도에서 우리에게 명확한 해답을 제시해 준다. 아울러 그는 중국 문명의 기원이 되는 관건은 정치적 권위의 흥기와 발전에 있다고 보면서 이러한 정치 권력은 주로 도덕·종교, 희귀한 자원의 독점 등의 수단으로 취득하는데, 그 중 가장 중요한 것은 하늘과 땅, 인간과 신을 소통시켜 주는 수단의 독점이라고 피력하면서 세심한 논증을 하였다.

　저자는 고대 중국에서 정치적 권위를 획득하는 데 있어 필수불가결한 조건들로서 씨족·제사·예술·문자·도덕적 권위·무력·재력 등을 나열하고, 그것들의 내용 및 상관관계를 추적하고 있다. 그 서술방식이 간결명료하고 긴밀히 연결되어 있어 어느 한 구절도 그냥 지나칠 수 없으며, 곳곳에서 저자의 참신한 견해를 만날 수 있게 된다. 특히 제4장에서 청동기 위에 새겨진 동물 문양과 정치 권위 및 종교 행위와의 관계를 설명한 부분은 가히 독보적인 견해라고 할 수 있다.

東文選 文藝新書 58

꿈의 철학

-꿈의 미신, 꿈의 탐색

劉文英 지음
何永三 옮김

　꿈의 미신과 꿈의 탐색은 종교와 과학이라는 서로 다른 두 개의 범주에 속한다. 저자는 꿈의 미신에서 占夢의 기원과 발전, 占夢術의 비밀과 流傳, 꿈에 대한 갖가지 실례와 해석을 들어 고대인들의 꿈에 대한 미신을 종교학적 측면에서 다루고 있으며, 꿈의 탐색에서는 꿈의 본질과 특징, 꿈에 관한 구체적 문제들과 꿈을 꾸는 생리적·정신적 원인들에 관한 토론을 계통적으로 연구하고 있다.

　프로이트 이후 최대의 업적으로 평가받고 있는 이 책은, 그동안 꿈에 대한 서양식의 절름발이 해석에서 벗어나 동양인의 서양인과는 다른 독특한 사유구조와 이에 반영되어 있는 문화체계를 이해하는 데에 크게 도움을 줄 것이다. 꿈에 대한 미신은 인간의 꿈에 대한 일종의 몽매성을 반영하고 있으므로 해서 중국 문화를 연구하는 현대 학자들은 오랫동안 일고의 가치도 없는 것으로 여겨 왔다. 그러나 꿈에 대한 미신은 하나의 문화현상으로 그 역사적인 측면에서도 매우 오래 된 원류를 갖고 있을 뿐만 아니라, 사회생활과 사회심리학적인 수많은 부분에 대해 영향을 미쳐 왔으니 만큼, 각종의 다른 종교를 대하는 것과 마찬가지로 진지하게 이를 분석하고 연구해야 할 것이다.
　이 책의 저자는 오랫동안 중국 고대 철학을 전공한 학자로서 꿈에 관련된 갖가지 문화현상을 둘러보고, 그로부터 고대 중국인들의 심리상태와 그들이 추구하고자 했던 바와 사유방식 등을 이해하고자 하였다. 이를 위해 저자는 중국 고대 해몽의 기원과 발전에서부터 현대의 꿈에 대한 정신적 분석에 이르기까지 방대한 자료와 해박한 지식으로 명쾌하게 꿈을 분석해 나가고 있다.